C++, UML und Design Patterns

PROGRAMMER'S CHOICE

Die Wahl für professionelle Programmierer und Softwareentwickler. Anerkannte Experten wie z. B. Bjarne Stroustrup, der Erfinder von C++, liefern umfassendes Fachwissen zu allen wichtigen Programmiersprachen und den neuesten Technologien, aber auch Tipps aus der Praxis. Die Reihe von Profis für Profis!

Hier eine Auswahl:

C++ GUI-Programmierung mit Qt3

Mark Summerfield,
Jasmin Blanchette
528 Seiten, 1 CD
Euro 49,95 (D), 51,40 (A)
ISBN 3-8273-2186-7

Wer native, plattformunabhängige Anwendungen mit grafischer Oberfläche (GUI-Anwendungen) mit C++ erstellen will, findet zu der praktischen Qt-Bibliothek keine Alternative. Dieses Buch zeigt fundierte Vorgehensweisen zur Qt-Programmierung von Anfang bis Ende mit zahlreichen informativen Beispielen und Erläuterungen.

Entwurfsmuster

Erich Gamma, Richard Helm,
Ralph Johnson, John Vlissides
504 Seiten
Euro 49,95 (D), 51,40 (A)
ISBN 3-8273-2199-9

Dieses Buch ist der Klassiker für Entwurfsmuster und objektorientierte Softwareentwicklung!
Die Autoren formulieren 23 Entwurfsmuster, benennen und beschreiben sie und erläutern ihre Verwendung. Diese Entwurfsmuster bieten einfache und prägnante Lösungen für häufig auftretende Programmieraufgaben. Sie erlauben die Wiederverwendung bewährter Lösungsstrategien und ermöglichen die Verständigung über die eigene Arbeit. Übersetzung aus dem Amerikanischen von Dirk Riehle.

Helmut Herold, Michael Klar, Susanne Klar

C++, UML und Design Patterns

Grundlagen und Praxis der Objektorientierung

ADDISON-WESLEY

An imprint of Pearson Education

München • Boston • San Francisco • Harlow, England
Don Mills, Ontario • Sydney • Mexico City
Madrid • Amsterdam

Bibliografische Information Der Deutschen Bibliothek

Die Deutsche Bibliothek verzeichnet diese Publikation in der Deutschen Nationalbibliografie; detaillierte bibliografische Daten sind im Internet über <http://dnb.ddb.de> abrufbar.

Umwelthinweis:
Dieses Produkt wurde auf chlorfrei gebleichtem Papier gedruckt. Die Einschrumpffolie – zum Schutz vor Verschmutzung – ist aus umweltverträglichem und recyclingfähigem PE-Material.

5 4 3 2 1

07 06 05

ISBN 3-8273-2267-7

Einbandgestaltung: Marco Lindenbeck, webwo GmbH (mlindenbeck@webwo.de)
Lektorat: Sylvia Hasselbach, shasselbach@pearson.de
Korrektorat: Werner Siedenburg
Herstellung: Elisabeth Prümm, epruemm@pearson.de
Satz: LaTeX
Druck und Verarbeitung: Bercker, Kevelaer
Printed in Germany

Inhaltsverzeichnis

Kapitel 1

Einleitung

1.1 Idee dieses Buches

Objektorientiert Programmieren oder nicht – das ist längst keine Frage mehr. Doch wie erlernt man „Objektorientierte Programmierung“?

Füge zusammen, was zusammengehört

Auf der einen Seite steht die Programmiersprache, auf der anderen Seite die objektorientierte Philosophie und damit verbunden objektorientierte Analyse und Design. Zu beiden Themenbereichen gibt es mittlerweile viele Bücher auf dem Markt. Diese beleuchten allerdings meist nur einen Bereich von beiden genauer. Diese Situation wirft für den Einsteiger eine Reihe von Fragen auf:

- Wo soll er beginnen zu lesen?
- Was sind jeweils die zentralen Aspekte?
- Wie kann er das Gelernte praktisch üben und umsetzen?

C++ natürlich

Uns war es wichtig, ein C++-Grundlagen-Buch zu schaffen, das die wesentlichen Aspekte der objektorientierten Programmierung mit C++ zusammenfasst und so den Leser in die Lage versetzt, schnell in C++ auch größere, stabile Programme erstellen zu können.

..., aber auch UML

UML (***U**nified* ***M**odeling* ***L**anguage*) ist eine vereinheitlichte Modellierungssprache zur Beschreibung von objektorientierten Systemen, die als Industriestandard bei objektorientierter Analyse und Design eingesetzt wird.
Aus unserer Sicht sollten objektorientierter Entwurf und Programmiersprache nicht getrennt betrachtet werden. Wir wollen uns hier der Meinung von *Grady Booch* anschließen, der in seinem bekannten Werk „Objektorientierte Analyse und Design“ schreibt:
Coggings' Gesetz des Software-Engineerings sagt aus, dass „die Pragmatik Priorität vor der Eleganz haben muss, weil die Natur nicht beeindruckt werden kann.“ Eine

Schlussfolgerung aus diesem Gesetz ist, dass das Design niemals völlig sprachunabhängig sein kann. Die einzelnen Eigenschaften und die Semantik einer zugrunde liegenden Programmiersprache beeinflussen unsere Entscheidungen bezüglich des Designs, und ein Ignorieren dieser Einflüsse würde zu Abstraktionen führen, die die Besonderheiten der Sprache nicht ausnutzen oder die Mechanismen verwenden, die nicht in jeder Sprache effizient implementiert werden können.

Beim Aufbau der Didaktik war uns die praktische Umsetzbarkeit genauso wichtig wie eine ganzheitliche Sichtweise auf das Thema der Objektorientierung. Aus diesem Grund werden neben den C++-Konstrukten jeweils die zugehörigen UML-Konstrukte erläutert. Bei UML haben wir uns bemüht, einen Großteil des Sprachumfangs abzudecken. Allerdings haben wir nach dem Motto „Weniger ist mehr" bewusst einige Details weggelassen und nicht jedes Konstrukt bis ins letzte Detail beleuchtet. Der Sinn des objektorientierten Designs und der Analyse wird erst bei größeren Programmen wirklich ersichtlich. Dieses Buch arbeitet daher systematisch auf die Fallbeispiele hin, die den Abschluss dieses Buches bilden und eindrücklich zeigen, was objektorientierte Programmierung bedeutet.

... und Design Patterns (Entwurfsmuster)

Design Patterns (Entwurfsmuster) sind bewährte, generalisierte Lösungsideen zu immer wiederkehrenden Entwurfs-Problemen. Sie sind jedoch keine fertig codierten Lösungen, sondern sie beschreiben lediglich den Lösungsweg. Verschiedene Autoren haben solche Lösungsideen systematisch gesammelt und veröffentlicht. Die Vorteile, solche Entwurfsmuster im eigenen Software-Design einzusetzen, liegen auf der Hand:

- Das „Rad muss nicht nochmals neu erfunden werden".
- Da jedes Entwurfsmuster einen Namen hat, weiß in einschlägigen Software-Kreisen eben jeder, was gemeint ist, wenn es z. B. heißt: *„Hier setzen wir ein Kompositum ein"*.

Das bei Addison-Wesley erschienene Standardwerk zu Design Patterns *„Design Patterns (Elements of Reusable Object Oriented Software)"* führte 23 Lösungen zu bestimmten Problem-Klassen ein, die auch in diesem Buch mit Programmbeispielen vorgestellt werden.

... und auch noch ein bisschen GUI

Da das Buch praxisbezogen sein soll und heutzutage fast jede Applikation einen Anteil an grafischer Benutzeroberfläche (GUI[1]) besitzt, wollten wir auch zeigen, wie die objektorientierte Anbindung an einer GUI aussehen kann. Hier standen wir vor der Wahl, welche Klassen-Bibliothek wir verwenden. Wir haben uns für Qt entschieden, weil wir möglichst Betriebssystem-unabhängig bleiben wollten. Qt ist für Windows, MacOS, Linux und einer Vielzahl von Unix-Derivaten erhältlich.

---

[1] GUI (***G**raphical **U**ser **I**nterface*) steht für grafische Benutzeroberfläche

Trennen grundlegender und fortgeschrittener Themen

Das Buch begnügt sich nicht damit, nur grundlegende C++- bzw. UML-Konstrukte vorzustellen, sondern stellt auch tiefergehendes Wissen und nützliche Programmiertechniken vor:

- Um den Leser nicht von Beginn an zu überfordern, werden in den ersten vier Teilen die C++-Grundlagen vorgestellt, die fundamental für ein erfolgreiches objektorientiertes Programmieren bzw. Design sind. Diese Teile sollten in jedem Fall durchgearbeitet und verstanden werden.
- Fortgeschrittenere Konstrukte finden sich dann im Anhang A und nützliche Programmiertechniken im Anhang B. Diese beiden Kapitel zeigen dabei tiefergehende Konzepte und Konstrukte, die eventuell später durchgearbeitet oder nachgeschlagen werden können.

1.2 Beispiele und Übungen

500 Beispielprogramme

Zum besseren Verständnis werden immer wieder Beispiele (um die 500 Beispielprogramme mit etwa 25.000 Code-Zeilen) eingestreut, um typische Konstrukte oder Programmiertechniken aufzuzeigen, die es ermöglichen, später beim selbstständigen Programmieren in diesen Beispiel-Programmen nachzuschlagen, wenn ähnliche Problemstellungen vorliegen. Es sei an dieser Stelle darauf hingewiesen, dass sich so bisweilen auch umfangreichere Programmlistings ergeben, die vielleicht zunächst etwas abschreckend wirken; aber praxisnahes Programmieren, das durch dieses Buch vermittelt werden soll, hat eben selten etwas mit „Zwanzig-Zeilern" zu tun. Um diese Listings nicht allzu groß werden zu lassen, werden die Methoden oft *inline* definiert, was hoffentlich verziehen wird.
Es ist hier auch anzumerken, dass Programmlistings oft etwas komprimiert angegeben werden, um zu verhindern, dass diese sich über mehrere Seiten erstrecken.

Übungen

Um den Leser seine erworbenen Kenntnisse selbst testen zu lassen, befinden sich am Ende nahezu jeden Themengebiets Übungen:

- Einfachere Übungen finden sich dabei immer am Beginn des jeweiligen Übungsteils. Es ist wird dem Leser empfohlen, von diesen Übungen die eine oder andere zu bearbeiten.
- Am Ende der Übungsteile finden sich auch teilweise schwierigere und umfangreichere Übungen. Diese sind für Leser gedacht, die eine Herausforderung benötigen, oder können als Projekt in einer Übungsgruppe bearbeitet werden.

1.3 Voraussetzungen des Lesers

Ein gutes *Beherrschen der Programmiersprache C* wird in diesem Buch ebenso vorausgesetzt wie die Kenntnis der *wesentlichen C-Standardfunktionen*. Wie bei jedem fortgeschrittenen Programmier-Kurs kann auch hier ein Basiswissen über *grundlegende Datenstrukturen und Algorithmen* nur von Vorteil sein.

1.4 Download und Zusatzmaterial zu diesem Buch

Freie Downloads

Alle Programmbeispiele dieses Buches sowie die Lösungen zu den Übungen können von folgender Website heruntergeladen werden:

`http://www.addison-wesley.de/service/herold/CUD`

Auf dieser Webseite befinden sich die folgenden Dateien:

- **CUDsrc.zip**
  enthält den Quellcode zu allen Programmbeispielen dieses Buches sowie zu den Lösungen für die Übungen.
- **CUDloesung.pdf** (etwa 200 Seiten)
  Hier werden die jeweiligen Lösungen mit Erläuterungen gezeigt.

C++-Kurzfassung und die C++-Standardbibliothek als eBooks

Daneben ist folgende zip-Datei zu einem Preis von 19,95 Euro herunterladbar:

`CUDzusatz.zip`

Diese zip-Datei enthält die folgenden pdf-Dateien:

- **CUDanhang++.pdf** (etwa 180 Seiten)
  Dieser Anhang, der auf dieses Buch abgestimmt ist, untergliedert sich in zwei Teile:
  1. *Kurzfassung zu C++*
     Hier wird eine Kurzfassung zu C++ gegeben, die ein schnelles Nachschlagen von C++-Konstrukten und -Konzepten ermöglichen soll. In Klammern werden dabei die Seitenzahlen angegeben, wo man eine detailliertere Beschreibung zum jeweiligen Themenkomplex im Buch finden kann.
  2. *Mehr zu UML*
     Hier werden weitere UML-Konstrukte detaillierter vorgestellt.
- **C++stl.pdf** (430 Seiten) – beschreibt die C++-Standardbibliothek
  Die C++-Standardbibliothek ist eine Klassenbibliothek, deren Schwerpunkt auf allgemein gültigen Datenstrukturen und Algorithmen liegt. In diesem Buch wird die C++-Standardbibliothek mit ihrem Kernstück, der *Standard Template Library (STL)*, ausführlich anhand vieler Beispielprogramme aus Anwendersicht vorgestellt, um dem Leser ein schnelles Verständnis und Nachschlagen der einzelnen Komponenten und Konstrukte der C++-Standardbibliothek zu ermöglichen.
- **stlKurz.pdf** (14 Seiten) – Kurzfassung zur C++-Standardbibliothek
- **stlSrc.zip** – Programmbeispiele und Lösungen zum Buch `C++stl.pdf`

1.5 C++ – die objektorientierte Erweiterung zu C

Eine kurze Geschichte von C++

Kernighan und *Ritchie* entwickelten Anfang der 1970er Jahre die Programmiersprache C. Anfang der 1980er Jahre entwickelte *Bjarne Stroustrup* in den AT&T Bell Labs einen C-Nachfolger. Der wichtigste Fortschritt war die Einbindung der objektorientierten Programmierung, aber auch der C-Sprachumfang wurde verbessert. Der Name C++ entstand durch Anlehnung an den Inkrement-Operator ++ in C, weil C++ ein verbessertes C sein sollte. Ursprünglich sollte diese neue Sprache „*C with classes*" heißen. Zu Beginn wurde C++-Code durch einen Präcompiler (Präprozessor) in reinen C-Code umgesetzt, der dann mit einem normalen C-Compiler kompiliert werden konnte. Um C++-Programmdateien von C-Programmen unterscheiden zu können, wurde diesen statt `.c` die Endung `.cc`, `.C` oder `.cpp` gegeben, was im übrigen auch heute noch weitgehend Konvention ist. So erkennen z. B. auch heute noch Borland- oder Microsoft C++-Compiler C++-Programme an der Endung `.cpp`.

- 1998 wurde der aktuelle C++ Standard verabschiedet (*ISO/IEC 14882:1998*, auch als *C++98* bekannt).
- 2003 erschien das erste *Technical Corrigendum (TR1)*. Der C++ Standard mit dem TR1 nennt sich *ISO/IEC 14882:2003*.

Heute sind C/C++-Compiler für alle wichtigen Systeme verfügbar, wie z. B. Borland C++, Microsoft Visual C++ oder `cygwin` für WindowsXX-Systeme. Bei der Erstellung dieses Buches wurde der nicht kommerzielle und sehr leistungsfähige C++-Compiler `g++` verwendet, der für unterschiedliche Plattformen angeboten wird.

Programmiersprache C ist fast eine vollständige Teilmenge von C++

Im Laufe der Zeit, als sich C++ mehr und mehr verbreitete, stellte sich zwangsläufig die Frage, ob die Kompatibilität zur Sprache C beibehalten werden sollte. Durch das Beseitigen einiger C-Hinterlassenschaften hätte man C++ bereinigen können und so eine Reihe von Problemen vermieden. Man entschied sich jedoch aus vielen Gründen dagegen, von denen drei der wichtigsten nachfolgend genannt sind:

- Da viele Programmierer C und C++ auf den gleichen Maschinen nebeneinander verwenden, sollten die Unterschiede möglichst gering sein, um Fehler und Verwechslungen zu vermeiden.
- Es existieren viele C-Bibliotheken mit einigen Millionen Zeilen an C-Code. Diese Vielzahl an nützlichen Bibliotheksfunktionen sollten ohne Portierungsaufwand auch in C++ zur Verfügung stehen.
- Viele Programmierer kennen C bereits. Sie müssen somit nur die C++-Erweiterungen erlernen.

Die Programmiersprache C++ enthält somit, von einigen Ausnahmen abgesehen, die Sprache C als Teilmenge.

In wenigen Ausnahmen gibt es Unterschiede zwischen C- und C++-Compiler

In ganz wenigen Ausnahmen kann es einen Unterschied machen, ob man ein C-Programm mit einem C-Compiler oder aber mit einem C++-Compiler kompiliert.

Bei char-Konstanten 1 Byte in C++, aber int in C

Für `char`-Variablen dagegen wird weiterhin auch in C++ der Datentyp `int` verwendet. Programm 1.1 verdeutlicht dies. Es liefert abhängig davon, ob es mit einem C- oder einem C++-Compiler kompiliert wird, unterschiedliche Ausgaben.

Programm 1.1 – `erst.c`:
Unterschiedliches Verhalten bei Kompilierung mit C- bzw. C++-Compiler

```
#include <stdio.h>
int main(void) {
   char c = 'x';
   printf("char-Konst.: %d Bytes, char-Var: %d, int: %d Bytes\n",
          sizeof('x'),  sizeof(c),            sizeof(10));
   return 0;
}
```

- Kompilieren mit einem C-Compiler, wie z. B.: **cc erst.c -o erst**
  In diesem Fall liefert das ausführbare Programm die folgende Ausgabe:

```
char-Konst.: 4 Bytes, char-Var: 1, int: 4 Bytes
```

- Kompilieren mit einem C++-Compiler, wie z. B.: **g++ erst.c -o erst**
  In diesem Fall liefert das ausführbare Programm die folgende Ausgabe:

```
char-Konst.: 1 Bytes, char-Var: 1, int: 4 Bytes
```

C++ unterstützt nur noch Prototyp-Deklarationen

Während in C aus Kompatibilitätsgründen weiterhin die alten Funktionsdeklarationen aus der Vor-ANSI-Zeit unterstützt werden, gilt dies nicht mehr in C++. So ließe sich z. B. Programm 1.2 fehlerfrei mit einem C-Compiler, aber nicht mit einem C++-Compiler kompilieren.

Programm 1.2 – `zweit.c`:
Unterschiedliches Verhalten bei Kompilierung mit C- bzw. C++-Compiler

```
#include <stdio.h>
extern void fkt(); // veraltete Funktionsdeklaration (ohne Prototyp)
int main(void) {
   fkt(10, 20);
   return 0;
}
void fkt(a, b) //... veraltete Funktionsdefinition
   int a;
   int b;
{
   printf("a=%d, b=%d\n", a, b);
}
```

1.6 Übersicht zu diesem Buch

Teil I – Nicht-objektorientierte Erweiterungen in C++

Da C++ eine Erweiterung der weit verbreiteten prozeduralen Sprache C ist, werden in diesem 1. Teil (Kapitel 2-12) die wesentlichen Erweiterungen von C++ vorgestellt, die zwar sehr nützlich sind und ein besseres Programmieren als in C zulassen, aber C++ noch nicht zu einer objektorientierten Sprache machen.

Teil II – Strukturen, Klassen und Objekte in C++

- **Kapitel 13 – Erster Schritt zur Objektorientierung**
  In C++ können anders als in C nicht nur Daten in einer Struktur definiert werden, sondern es können dort auch Funktionen deklariert bzw. definiert werden. Dies war die Vorstufe, um aus dem prozedural-orientierten C eine objektorientierte Sprache C++ werden zu lassen. Dieses Kapitel stellt diese Erweiterung in C++ bei Strukturen vor.
- **Kapitel 14 – Einführung in die Objektorientierung**
  Dieses Kapitel zeigt zunächst, dass auch die Natur, in der wir leben, objektorientiert ist, bevor es die wesentlichen Aspekte vorstellt, welche die objektorientierte von der traditionellen (funktionalen) Softwareentwicklung unterscheiden.
- **Kapitel 15 – Klassen und Objekte**
  Hier werden die wesentlichen neuen Sprachelemente vorgestellt, die C++ zu einer objektorientierten Sprache machen. Durch die Neuerungen bei Strukturen, die in Kapitel 13 vorgestellt wurden, war bereits der erste entscheidende Schritt getan, um aufbauend auf C eine objektorientierte Sprache C++ zu schaffen. Um einen wirklichen Schritt in Richtung Objektorientierung zu tun, führte man das neue Schlüsselwort `class` ein, das sich weitgehend wie das Schlüsselwort `struct` verwenden lässt.
- **Kapitel 16 – Mehrere Klassen bzw. Objekte im Zusammenspiel**
  Anspruchsvollere C++-Programme bestehen nicht nur aus einer, sondern aus mehreren Klassen. Dieses Kapitel stellt Gesichtspunkte vor, die bei der Aufteilung von Klassen zu beachten sind, und wie man eine solche Aufteilung und die Beziehung der einzelnen Klassen zueinander in UML spezifizieren kann.

Teil III – Vererbung, Operatoren, Templates und Exceptions

- **Kapitel 17 – Vererbung**
  Dieses Kapitel zeigt, wie man in C++ *Klassen vererben* kann, so dass Eigenschaften von Ober- an Unterklassen weiter vererbt werden können. Nach der Vorstellung von einfacher Vererbung in C++ werden so genannte *virtuelle Methoden* vorgestellt, mit denen es möglich ist, erst zur Laufzeit des Programms die geeignete Methode auszuwählen. Zudem geht dieses Kapitel auch auf Aspekte ein, die beim Entwurf eigener Klassen-Vererbungshierarchien zu berücksichtigen sind.

- **Kapitel 18 – Überladen von Operatoren**
  Dieses Kapitel zeigt, wie man Operatoren (wie z. B. +, -, *= usw.), die standardmäßig von C++ angeboten werden, für eigene Klassen überladen kann und was bei einem solchen Überladen zu beachten ist.
- **Kapitel 19 – Templates**
  Hier werden *Templates* vorgestellt, mit denen man sich Schablonen für Funktionen oder Klassen erstellen kann, so dass man unter Heranziehung dieser Typ-unabhängigen Schablonen sich Funktionen bzw. Klassen für unterschiedliche Typen erzeugen lassen kann, ohne dass man den Code duplizieren muss.
- **Kapitel 20 – Exceptions (Ausnahme-Behandlung)**
  Zur Laufzeit eines Programms können Fehler-Situationen auftreten, die eine weitere Programmausführung nur bedingt oder gar nicht mehr erlauben, wie z. B. Division durch 0, nicht mehr genügend dynamischer Speicherplatz, fehlerhafte Eingaben durch den Benutzer, Zugriff auf ungültige Adressen im Hauptspeicher usw. Solche Fehler können dazu führen, dass ein Programm falsche Ergebnisse liefert oder aber abstürzt. C++ hat eigens für solche Fehler-Situationen einen neuen Mechanismus eingeführt: das *Exception-Handling* (Ausnahme-Behandlung), das in diesem Kapitel vorgestellt wird.

Teil IV – STL, RTTI, Namensräume, Memberzeiger

- **Kapitel 21 – Standard Template Library (STL)**
  Die *Standard Template Library (STL)* ist eine Klassenbibliothek aus templatisierten Klassen, deren Schwerpunkt auf allgemein gültigen Datenstrukturen und Algorithmen liegt. In diesem Kapitel wird eine kurze Einführung in die STL gegeben, um dem Leser ein Grundverständnis für die STL aus Anwendersicht zu geben, so dass er die STL heranziehen kann, wenn es z. B. darum geht, eine fundamentale Datenstruktur wie eine verkettete Liste zu verwenden.
- **Kapitel 22 – Laufzeit-Typinformationen (RTTI)**
  Dieses Kapitel zeigt, wie man zur Laufzeit eines Programms Informationen über den Typ eines Objekts erfragen kann, was man auch als *Laufzeit-Typinformation* (*run time type information, RTTI*) bezeichnet. Dazu stehen mit dem `dynamic_cast`-Operator, dem `typeid`-Operator und der `type_info`-Klasse drei Sprachelemente zur Verfügung. RTTI ist vor allem im Zusammenhang mit Polymorphismus von Interesse.
- **Kapitel 23 – Namensräume**
  Während in C nur ein globaler Namensraum vorhanden ist, kann man in C++ neben dem globalen Namensraum noch weitere Namensräume definieren. Dieses Kapitel zeigt, wie man sich solche eigene Namensräume definieren kann und was dabei zu beachten ist.

- **Kapitel 24 – Zeiger auf Klassenmember**
  Dieses Kapitel stellt Zeiger auf Klassenmember (*pointer-to-member*) vor, die in C++ eingeführt wurden, um dort die Adresse einer Klassen-Membervariable oder -funktion abzulegen. Da die Member einer Klasse anders als die Member von Objekten keine richtigen Adressen besitzen, sondern lediglich ein Offset (bezogen auf den Anfang der Klasse), musste man hierfür eigene Konstrukte einführen, die in diesem Kapitel vorgestellt werden.

Teil V – Entwurfsprinzipien und Entwurfsmuster

- **Kapitel 25 – Weitere UML-Konstrukte hinsichtlich OOD**
  Dieses Kapitel stellt weitere UML-Konstrukte vor, die für die Design-Phase vorgesehen sind, und die in späteren Kapiteln dieses Teils benötigt werden: *Pakete (packages)*, *Komponenten* und *Verteilungsdiagramme*.
- **Kapitel 26 – Entwurfsprinzipien**
  Dieses Kapitel stellt Grundprinzipien vor, die eingehalten werden sollten, um auch bei komplexeren Aufgabenstellungen ein stabiles objektorientiertes Design zu erzielen.
- **Kapitel 27 – Objektorientierte Vorgehensweise**
  In diesem Kapitel werden zentrale Aspekte vorgestellt, wie man in einem Projekt vorgehen kann, um ein objektorientiertes System zu erhalten. Dabei werden auch weitere UML-Konstrukte vorgestellt, die während der Analysephase eingesetzt werden können: *Anwendungsfalldiagramme*, *Aktivitätsdiagramme* und *CRC-Karten*. Es wird in diesem Kapitel kein vollständiges Verfahrensmodell aufgestellt oder beschrieben. Vielmehr werden in diesem Kapitel grundlegende Prinzipien vorgestellt, die dem Leser ein Grundverständnis für objektorientierte Projekte vermitteln sollen, um ihn so zu befähigen, in solchen Projekten erfolgreich mitarbeiten zu können.
- **Kapitel 28 – Entwurfsmuster (Design Patterns)**
  Dieses umfangreiche Kapitel stellt grundlegende Entwurfsmuster vor:
  Entwurfsmuster (Design Patterns) sind bewährte, generalisierte Lösungsideen zu immer wiederkehrenden Entwurfs-Problemen. Sie sind jedoch keine fertig codierten Lösungen, sondern sie beschreiben lediglich den Lösungsweg.
  Das Standardwerk zu Design Patterns ist das bei Addison-Wesley erschienene Buch *„Design Patterns (Elements of Reusable Object Oriented Software)“* von Erich Gamma, Richard Helm, Ralph Johnson und John Vlissides, das man scherzhaft auch *The GoF-Book* nennt, wobei GoF für *Gang of Four* (*Viererbande*) steht.
  Im GoF-Buch werden 23 Lösungen zu bestimmten Problem-Klassen präsentiert, die in diesem Kapitel mit Programmbeispielen kurz vorgestellt werden.

Teil VI – Portable GUI-Programmierung mit Qt

- **Kapitel 29 – Allgemeines zu Qt**
  Dieses Kapitel klärt zunächst einmal, was Qt überhaupt ist und welche Vorteile Qt gegenüber anderen GUI-Produkten[2] besitzt, bevor der wichtige Qt-Begriff *Widget* eingeführt wird.
  Danach wird dann kurz auf die bei Qt mitgelieferte Dokumentation eingegangen, bevor anschließend auf die Generierung von Qt-Programmen eingegangen wird.
- **Kapitel 30 – Grundlegende Konzepte und Konstrukte von Qt**
  Dieses Kapitel gibt anhand einfach nachvollziehbarer Beispielprogramme einen Überblick über die wesentlichen Konzepte und Konstrukte von Qt. Es zeigt zuerst den grundsätzlichen Aufbau eines Qt-Programms, bevor es das wichtige *Signal/Slot-Konzept* von Qt erläutert.
- **Kapitel 31 – Ein Malprogramm und ein grafisches Solitär-Spiel**
  In diesem umfangreicheren Kapitel wird ein einfaches Malprogramm zum Zeichnen mit der Maus auf dem Bildschirm erstellt, das dann in den folgenden Abschnitten schrittweise erweitert wird, um so wichtige Qt-Elemente vorzustellen. Dabei werden unter anderem auch *High-Level-* und *Low-Level-Events* vorgestellt. Abschließend zu diesem Kapitel wird das Solitär-Spiel aus Kapitel 26.9 auf Seite 616 grafisch realisiert.
- **Kapitel 32 – Ein Überblick zu den Qt-Widgets**
  Dieses Kapitel gibt einen kurzen Überblick über die wichtigsten Qt-Widgets, wobei es auch auf allgemeine Widget-Methoden und Konventionen eingeht, die für alle von `QWidget` abgeleiteten Klassen zutreffen. Zudem geht dieses Kapitel auch auf unterschiedliche Widget-Stile ein.

Teil VII – Fallbeispiele

Zum Abschluss dieses Buches werden in diesem Teil etwas komplexere Aufgabenstellungen vorgestellt und damit verdeutlicht, was objektorientierte Programmierung mit C++ bedeutet. An dieser Stelle war ein kleiner Spagat notwendig zwischen dem Umfang, der im Rahmen eines Buches Sinn macht, und einem Umfang, bei dem Objektorientierung erst richtig zur Geltung kommt. Der Leser soll hier an wirkliche C++-Projekte herangeführt werden. Vielleicht erschrickt der eine oder andere Leser zunächst, wenn er den Quellcode allein betrachtet, und fragt sich, wie man auf solch einen Ansatz kommt. Im Grunde genommen ist es jedoch nur eine Kombination aus all den Prinzipien, die wir im Laufe des Buches erläutert haben.

- **Kapitel 33 – Einige nützliche Klassen vorweg**
  Vor den einzelnen Fallbeispielen werden einige allgemein gültige Klassen vorgestellt, die in den Fallbeispielen genutzt werden. Diese Klassen sind so allgemein gültig, dass sie nicht nur für diese Fallbeispiele nützlich sind, sondern auch sehr gut in Projekten eingesetzt werden können, um auch dort die Arbeit zu erleichtern.

---

[2] GUI steht für *Graphical User Interface*.

- **Kapitel 34 – Funktionsplotter**
  In diesem ersten Fallbeispiel wird schrittweise ein Funktionsplotter entwickelt, bei dem der Anwender beliebige mathematische Formeln zu Funktionen eingeben kann und dann diese Funktionen grafisch dargestellt werden.
- **Kapitel 35 – Diagrammer-Bibliothek**
  Es gibt diverse Applikationen, die zur Darstellung von Wertepaaren ein Kurvendiagramm benutzen, z. B. Darstellung von Messwerten, Aktienkursverläufen, Statistiken, mathematischen Funktionen usw. In diesem Kapitel wird eine Klassenbibliothek entwickelt, mit der sich ein Kurvendiagramm leicht erstellen lässt. Diese Diagrammer-Bibliothek ist sowohl unter Windows als auch Linux/Unix einsetzbar, wobei die Struktur dieser Klassenbibliothek sehr flexibel ist, so dass auch andere Diagrammelemente oder Attribute hinzukommen können.

Anhang A – Weitere Konstrukte und Konzepte von C++

Hier werden weitere C++-Konstrukte und fortgeschrittenere Techniken in C++ vorgestellt, die nicht unbedingt für ein einfaches Programmieren in C++ erforderlich sind.

Anhang B – Nützliche Programmiertechniken

In diesem Teil des Anhangs werden Programmiertechniken vorgestellt, mit denen man gewisse Problemstellungen einfach und elegant lösen kann.

Teil I

Nicht-objektorientierte Erweiterungen in C++

Da C++ eine Erweiterung der weitverbreiteten prozeduralen Sprache C ist, werden hier zunächst die wesentlichen Erweiterungen von C++ vorgestellt, die zwar sehr nützlich sind und ein besseres Programmieren als in C zulassen, aber C++ noch nicht zu einer objektorientierten Sprache machen.
Die Kapitel A.1 bis A.9 ab Seite 963 stellen weitere nicht-objektorientierte Erweiterungen in C++ vor, die der Leser bei Bedarf später nachschlagen kann, die aber zuächst für ein einfaches Programmieren in C++ nicht unbedingt erforderlich sind.

Kapitel 2

Hilfreiche kleine Neuheiten

2.1 Zeilen-Kommentare mit //

Neben dem C-Kommentar, der innerhalb des Codes mit der Zeichenfolge `/*` eingeleitet und mit der Zeichenfolge `*/` beendet wird, bietet C++ zusätzlich noch die Zeichenfolge `//` zum Kommentieren an. Alle Zeichen ab `//` bis zum Zeilenende werden als Kommentar interpretiert:

```
double epsilon; /* C-Kommentar, der sich über mehr Zeilen erstrecken kann
                   und auch in C++ weiterhin verwendet werden kann.  */
double epsilon; // Ab hier bis Zeilenende Kommentar (nur in C++ mögl.)
```

Verwendet man in einem Programm konsequent nur den neuen C++-Kommentar `//`, so kann man unter Verwendung von `/*...*/` ganze Programmblöcke auskommentieren, wie z. B.:

```
/* ganzer Block z.Z. auskommentiert (wird momentan nicht benötigt)
   for (i=0; i<n-1; i++)      // Sortiere das Array 'a'
      for (j=i; j<n; j++)     // mit dem Bubble-Sort
         if (a[i] > a[j]) {
            int h = a[i];     //... Vertausche die beiden
            a[i] = a[j];      //... Werte a[i] und a[j]
            a[j] = h;
         }
*/
```

In C musste man zum Auskommentieren ganzer Programmblöcke folgende Vorgehensweise wählen:

```
#ifdef 0 /* oder: #ifdef name // name darf nicht mit #define def. sein */
   for (i=0; i<n-1; i++)      /* Sortiere das Array 'a' */
      for (j=i; j<n; j++)     /* mit dem Bubble-Sort    */
         if (a[i] > a[j]) {
            int h = a[i];     /*... Vertausche die beiden */
            a[i] = a[j];      /*... Werte a[i] und a[j]   */
            a[j] = h;
         }
#endif
```

2.2 Neuer Datentyp bool

C++ bietet einen neuen Datentyp `bool` mit den beiden Werten `true` und `false` an, den man in C oft schmerzlich vermisst. Häufige Anwendung findet `bool` als Rückgabetyp einer Funktion, die eine Bedingung prüft, wie z. B.:

```
bool isInteger(char *zeichkette);
bool istKleinUmlaut(int z) { return z == 'ä' || z == 'ö' || z == 'ü'; }
```

Konvertierung zwischen bool und int

Nach Definition hat `true` den Wert `1`, wenn es in eine ganze Zahl konvertiert wird, und `false` den Wert `0`. Umgekehrt können ganze Zahlen in `bool`-Werte konvertiert werden: ganze Zahlen ungleich 0 werden zu `true` und 0 wird zu `false`.

Programm 2.1 – `boolint.cpp`:
Konvertierung zwischen bool und int

```
#include <stdio.h>
int main(void) {
  bool b = true;
  int i1 = 200,  i2 = 0;
   printf("b=%d, i1=%d, i2=%d\n", b, i1, i2);
   i1 = b; // weist true (Wert 1) zu
   b = i2; // weist 0 (false) zu
   printf("b=%d, i1=%d, i2=%d\n", b, i1, i2);
   b++;  // inkrementiert b auf 1 (true)
   printf("b=%d, i1=%d, i2=%d\n", b, i1, i2);
   return 0;
}
```

Programm 2.1 gibt Folgendes aus:

```
b=1, i1=200, i2=0
b=0, i1=1, i2=0
b=1, i1=1, i2=0
```

Seit dem C99-Standard gibt es auch in C den Datentyp bool

Um den Datentyp `bool` mit seinen Werten `true` und `false` in C99-Programmen verwenden zu können, muss man `<stdbool.h>` inkludieren.

2.3 Inline-Funktionen

Da jeder Funktionsaufruf mit einer Laufzeiterhöhung (aufgrund des erforderlichen Stackmanagements) verbunden ist, wurden in C bei zeitkritischen Aufgabenstellungen oft Makros anstelle von Funktionen verwendet. Jeder Makroaufruf wurde dann vom Präprozessor (Precompiler) durch die entsprechenden Anweisungen direkt im Code ersetzt. Makros sind jedoch ziemlich fehleranfällig, da bei Makroaufrufen nur eine (etwas bessere) Ersetzung von Text stattfindet, was viele Nebeneffekte auslösen kann, wie z. B. mehrmalige Auswertung der Argumente.

Kombinieren der Vorteile von Makros und Funktionen mit inline

C++ bietet nun die Möglichkeit, so genannte `inline`-Funktionen zu definieren, um die Vorteile von Makros und Funktionen zu kombinieren:

- Vorteil von Makros:
  schnellere Ausführung, da der Code der entsprechenden `inline`-Funktion an der Aufrufstelle eingefügt wird und somit das Stackmanagement entfällt
- Vorteil von Funktionen:
  Auswertung der Argumente findet vor dem Funktionsaufruf statt

Die Deklaration von `inline`-Funktionen entspricht der normaler Funktionen, nur dass das Schlüsselwort `inline` am Beginn der Funktionsdeklaration angegeben wird. Programm 2.2 zeigt typische Seiteneffekte, die bei Makros, nicht aber bei `inline`-Funktionen auftreten können.

Programm 2.2 – `inline.cpp`:
Seiteneffekte von Makros, die bei inline-Funktionen nicht auftreten

```
#include <stdio.h>

#define QUAD_MAKRO(zahl)      ( (zahl) * (zahl) )
inline  int quad_inline(int zahl) { return zahl*zahl; }
int main(void)
{
   int z = 3;
   printf("QUAD_MAKRO(++z)   = %d\n", quad_makro(++z) );
        // QUAD_MAKRO(++z) wird zu:  ++z * ++z  --> 5*5
        //        --> Fehler, da '++z' zweimal ausgewertet wird
   z = 3;
   printf("quad_inline(++z) = %d\n", quad_inline(++z) );
        // quad_inline(++z) wird zu: quad_inline(4) --> 4*4
   return 0;
}
```

Programm 2.2 könnte z. B. Folgendes ausgeben:

```
quad_makro(++z)  = 25
quad_inline(++z) = 16
```

Vorsicht: Eventuelle Codeaufblähung durch inline-Funktionen

Da die Anweisungen von inline-Funktionen sowie auch die von Makros direkt im Code eingefügt werden, sollten beide nur für kleine Aufgaben eingesetzt werden, da dies sonst bei häufigen Aufrufen der entsprechenden inline-Funktionen bzw. Makros zu einer "Codeaufblähung" führt.

Schlüsselwort inline ist nur eine Empfehlung (keine Pflicht) für Compiler

Die Angabe von `inline` ist nur ein Hinweis an den Compiler, dass dieser versuchen soll, den Funktionscode *inline* zu generieren, anstatt den Code nur einmal anzulegen und dann über den üblichen Funktionsaufrufmechanismus aufzurufen.
In folgenden Situationen z. B. kann ein Compiler eine Funktion nicht *inline* erzeugen:

- **Keine inline-Generierung bei rekursiven Funktionen**
  Bei `inline`-Funktionen, die abhängig von einer übergebenen Variablen (mit einem zur Compilezeit noch nicht bekannten Wert) rekursiv arbeiten, ist es einem Compiler nur schwer möglich, diese *inline* zu generieren. In diesem Fall muss der Compiler den Code einmal bereitstellen und dann über den üblichen Funktionsaufrufmechanismus aufrufen. Allerdings ist es denkbar, dass ein intelligenter Compiler bei folgender Funktionsdeklaration:

```
inline long fakul(long n) {return (n<2) ? 1 : n*fakul(n-1);}
```

  z. B. für den Aufruf `fakul(5)` bereits die Konstante `120` einsetzt.

- **Keine inline-Generierung für Funktionen, deren Adresse benötigt wird**
  Wird die Adresse für eine `inline`-Funktion entweder implizit oder explizit im Programm angefordert, kann der Compiler eine solche Funktion ebenfalls nicht *inline* generieren, sondern muss wieder den Code nur einmal bereitstellen und dann über den üblichen Funktionsaufrufmechanismus aufrufen.

inline bei Funktionsprototypen ohne Definition wird ignoriert

Das Schlüsselwort `inline` wird vom Compiler nur bei Funktionsdefinitionen (mit Funktionskörper) ausgewertet:

```
inline float getUmfang(float r); // inline hier ignoriert (keine Def.)

 // Im folg. wird inline-Fkt. vom Comp. generiert, da hier Funktionsdef.
inline float getUmfang(float r) { return r*r*3.14159; }
```

inline-Funktionen können in Headerdateien definiert werden

Oft möchte man `inline`-Funktionen in Headerdateien unterbringen. Aufgrund der zuvor erwähnten Einschränkung muss man dann aber auch dort die Funktionsdefinition (mit Funktionskörper) angegeben. Wird nun eine solche Headerdatei mehrmals im Programm inkludiert, würde der Linker sich bei normalen Funktionen beschweren, dass die Funktion mehrmals definiert ist. Bei `inline`-Funktionen trifft dies nicht zu, da der Compiler `inline`-Funktionen einschließlich dem dazugehörigen Funktionskörper in seiner Symboltabelle hinterlegt, und bei jedem Aufruf dieser `inline`-Funktion dann den entsprechenden Funktionscode (Funktionskörper) einsetzt.

2.4 0-Zeiger und implizite 0-Rückgabe durch main

In C++ gilt Folgendes:

- **0 und NULL für ungültige Adressen bei Zeigern erlaubt**
  In C++ muss man nicht mehr `NULL` für ungültige Zeiger verwenden, sondern kann stattdessen den Wert `0` dort verwenden.

- **main() gibt implizit 0 zurück**
  Im Gegensatz zu C gibt die `main`-Funktion implizit den Wert 0 zurück, wenn eine entsprechende `return`-Anweisung in `main()` fehlt.

Kapitel 3

Deklarationen im Anweisungsteil und der Scope-Operator

In C war es vorgeschrieben, dass Variablen nur global oder am Anfang eines durch { } gekennzeichneten Blockes deklariert werden durften. Variablen-Deklarationen an beliebigen Stellen innerhalb des Anweisungsteils waren nicht erlaubt.

3.1 Variablen-Deklarationen nicht am Anfang eines Blocks

In C++ können nun Variablen-Deklarationen an jeder beliebigen Stelle im Code erfolgen. Die Lebensdauer und der Gültigkeitsbereich der deklarierten Variablen beschränkt sich dabei ab der Deklarationsstelle bis zum Ende des entsprechenden Blocks:

```
void function() {
   ........                  // ......
   printf("C-Anweisungen");  // beliebige C/C++-Anweisungen
   ........                  // ......
   int z = 5;               // Deklaration der Variablen 'z'
                            // Diese Variable ist nur innerhalb der Fkt.
                            // function() ab dieser Stelle bekannt

   .........
}

int main(void) {
   ........                     // ......
   printf ("C-Anweisungen");    // beliebige C/C++-Anweisung
   ........                     // ......
   for (int i = 1; i < 10; i++) {  // Deklaration der Variablen 'i'
      ......                       // Diese Variable ist nur innerhalb
                                   // dieser for-Schleife bekannt

   }
}
```

3.2 Variablen-Deklarationen in einer for-Schleife

Wie aus dem vorherigen Codeabschnitt ersichtlich wird, kann man auch temporär für die Dauer der Ausführung einer `for`-Schleife eine lokale Variable definieren. Dazu muss man die Deklaration (eventuell einschließlich der Initialisierung) als ersten Ausdruck im `for`-Schleifenkopf angeben.
Leider halten sich nicht alle Compiler an die Vorgabe durch den Standard, dass sich die Lebensdauer und der Gültigkeitsbereich einer im Code deklarierten Variablen ab der Deklarationsstelle bis zum Ende des entsprechenden Blocks erstreckt. Solche Compiler würden bei folgendem Codestück einen Fehler melden:

```
int main(void) {
   for (int i = 1; i < 10; i++) {
      ......
   }
   for (int i = 1; i < 20; i++) { // Fehler bei Nicht-Standard-Compilern:
      ......                      //   Redefinition von i
   }
}
```

Codearounds bei Nicht-Standard-C++-Compilern

Bei Nicht-Standard-C++-Compilern hat man drei Möglichkeiten, die Fehlermeldung zu beseitigen:

1. Verwenden der alten C-Variante (Deklaration am Blockanfang)

```
int main(void) {
   int i;
   for (i = 1; i < 10; i++) {
      ......
   }
   for (i = 1; i < 20; i++) {
      ......
   }
}
```

2. Einschließen jeder Schleife in einen eigenen Block

```
int main(void) {
   { //... 1.eigener Block
      for (int i = 1; i < 10; i++) {
         ......
      }
   } //... Ende 1.Block

   { //... 2.eigener Block
      for (int i = 1; i < 20; i++) {
         ......
      }
   } //... Ende 2.Block
   ......
}
```

3. Auskommentieren aller nachfolgenden lokalen Deklarationen

```
int main(void) {
   for (int i = 1; i < 10; i++) {
      ......
   }
   for (/* int */i = 1; i < 20; i++) {
      ......
   }
}
```

Initialisierung von in for-Schleifen deklarierten Variablen ist nicht zwingend

Eine Initialisierung einer im `for`-Schleifenkopf deklarierten Variablen ist nicht unbedingt erforderlich, wie dies im Programm 3.1 gezeigt ist, welches die erste auf der Kommandozeile angegebene Datei in die zweite auf der Kommandozeile angegebenen Datei kopiert.

Programm 3.1 – `copy.cpp`:
Kopieren einer Datei in eine andere

```
#include <stdio.h>
#include <stdlib.h>

int main(int argc, char *argv[]) {
  FILE *quelle, *ziel;
   if (argc != 3) {
      fprintf(stderr, "usage: %s quelle ziel\n", argv[0]); exit(1);
   }
   if ( (quelle=fopen(argv[1], "r")) == NULL) {
      fprintf(stderr, "kann '%s' nicht öffnen\n", argv[1]); exit(2);
   }
   if ( (ziel=fopen(argv[2], "w")) == NULL) {
      fprintf(stderr, "kann '%s' nicht öffnen\n", argv[2]); exit(3);
   }
   for (int i; (i=getc(quelle)) != EOF; putc(i, ziel))
      ;
}
```

Deklarationen in if- bzw. else-Zweigen gelten nur im jeweiligen Zweig

```
bool sommersemester;
 if  (sommersemester )
    for (int i=4; i<=9; i++)   // Gültigkeitsbereich dieses i
       sommerfaecher(i);       // nur bis hier
 else
    for (int i=9; i<=14; i++) // Gültigkeitsbereich dieses i
       winterfaecher(i%12+1); // nur bis hier
 //... keines der beiden i's ist hier mehr bekannt
```

Variablen-Deklarationen sind zwar auch in if-, switch- und while-Anweisungen erlaubt (siehe Kapitel A.9 auf Seite 978), werden aber selten angewendet.

3.3 Der Scope-Operator ::

Hat in C eine lokale Variable den gleichen Namen wie eine global deklarierte, kann auf die globale Variable innerhalb des Blocks nicht zugegriffen werden. In C++ dagegen ist dies mit dem so genannten *Scope-Operator* `::` (*Bereichs-Operator*) möglich. Diesen Operator muss man nur vor dem entsprechenden Variablennamen angeben, wenn man innerhalb eines Blocks auf eine gleichnamige globale Variable zugreifen möchte, wie dies in Programm 3.2 gezeigt ist.

Programm 3.2 – `scopeop.cpp`:
Demonstrationsbeispiel zum Scope-Operator

```
#include <stdio.h>

int wert = 10;  // globale Variable wert

int main(void)
{
   {
      int wert = 50;  // lokale Variable wert

      ::wert++;  // globale Var. wert inkrementieren

      wert = 1000;  // lokale Var. wert aendern

      printf(" %d\n", wert);    // Ausgabe: 1000 (lokale Var. wert)
      printf(" %d\n", ::wert); // Ausgabe: 11 (globale Var. wert)
   }
   printf(" %d\n", wert); // Ausgabe: 11 (globale Var. wert)
}
```

Mit dem Scope-Operator `::` ist nur ein Zugriff auf globale Variablen möglich, und nicht auf Variablen, die nur eine geschachtelte Ebene höher definiert sind. So würde z. B. der Compiler für Programm 3.3 einen Fehler melden.

Programm 3.3 – `scopeop2.cpp`:
Fehlerhafte Benutzung des Scope-Operators

```
#include <stdio.h>
   // keine globale Var. 'wert' hier deklariert
int main(void)
{
   int wert = 10; // keine globale, sondern lokale Variable auf 1. Ebene
   {
      int wert = 50;  // lokale Variable auf 2. Ebene

      ::wert++;  // Fehler, da keine globale Var. wert existiert

      wert = 1000;  // lokale Var. wert aendern
   }
}
```

Kapitel 4

Default-Parameter bei Funktionen

Es gibt Anwendungsfälle, bei denen nicht alle bei einer Funktionsdeklaration angegebenen Parameter bei jedem Aufruf wirklich benötigt werden. In solchen Fällen muss man in C beim Aufruf trotzdem für jeden Parameter ein entsprechendes Argument (*Dummy-Argument*) angeben. Nehmen wir als Beispiel eine Funktion `add_bis4()`, die bis zu vier ganze Zahlen (als Argumente anzugeben) addieren kann und das Ergebnis zurückgibt:

```
int add_bis4(int z1, int z2, int z3, int z4) {
   return(z1+z2+z3+z4);
}
```

Will man in C nun nur zwei Zahlen durch diese Funktion addieren lassen, muss man trotzdem alle vier Argumente angeben:

```
ergeb = add_bis4(25, 43, 0, 0);   /* in C: Dummy-Argumente 0, 0 */
```

C++ bietet nun für solche Fälle so genannte *Default-Parameter* an, denen man bereits bei der Deklaration/Implementierung einer Funktion voreingestellte Werte zuweisen kann, wie z. B.:

```
int add_bis4(int z1, int z2=0, int z3=0, int z4=0) { return(z1+z2+z3+z4); }
```

Gibt der Aufrufer der Funktion für die jeweiligen Default-Parameter keine Argumente an, so wird hierfür automatisch der entsprechende Default-Wert beim Aufruf verwendet:

```
ergeb = add_bis4(25, 43);      // entspr.: ergeb = add_bis4(25, 43, 0, 0);
ergeb = add_bis4(7, 4, -8);    // entspr.: ergeb = add_bis4(7, 4, -8, 0);
ergeb = add_bis4(53);          // entspr.: ergeb = add_bis4(53, 0, 0, 0);
```

Default-Parameter werden oft auch dazu verwendet, um für eine Funktion ein bestimmtes Standardverhalten vorzugeben. Werden beim Aufruf dieser Funktion keine Argumente für die optionalen Default-Parameter angegeben, so verhält sich die Funktion entsprechend ihrem festgelegten Standard. Möchte der Aufrufer aber die Funktion abweichend von ihrer Standardvorgabe ausführen lassen, kann er dies über die Angabe eigener Argumente (für die Default-Parameter) steuern. Nachfolgend ist hierzu ein Beispiel gegeben:

```
void kostrech(double einnahme, double ausgabe,
              char *waehrung="EUR", double factor=1.0)
{
   double gewinn = einnahme - ausgabe;
   printf("Einnahme: %.2f %s (%.2f EUR)\n",
          einnahme, waehrung, einnahme*factor);
   printf("Ausgabe : %.2f %s (%.2f EUR)\n",
          ausgabe,  waehrung, ausgabe*factor);
   printf("-----------------------------------\n");
   printf("Gewinn  : %.2f %s (%.2f EUR)\n", gewinn,
           waehrung, gewinn*factor);
}
```

Für diese Funktion sind nun z. B. folgende Aufrufe möglich:

```
kostrech(1370.34, 1250.76);    // Standardverhalten
    // Ausgabe bei diesem Aufruf:  Einnahme: 1370.34 EUR (1370.34 EUR)
    //                             Ausgabe : 1250.76 EUR (1250.76 EUR)
    //                             -----------------------------------
    //                             Gewinn  : 119.58 EUR (119.58 EUR)

kostrech(1800.0, 2500.0, "YEN", 0.0095);
    // Ausgabe bei diesem Aufruf:  Einnahme: 1800.00 YEN (17.10 EUR)
    //                             Ausgabe : 2500.00 YEN (23.75 EUR)
    //                             -----------------------------------
    //                             Gewinn  : -700.00 YEN (-6.65 EUR)

kostrech(23487.40, 21345.7, "USD", 1.02);
    // Ausgabe bei diesem Aufruf:  Einnahme: 23487.40 USD (23957.15 EUR)
    //                             Ausgabe : 21345.70 USD (21772.61 EUR)
    //                             -----------------------------------
    //                             Gewinn  : 2141.70 USD (2184.53 EUR)
```

Nachfolgend sind wichtige Punkte aufgezählt, die bei Default-Parametern zu beachten sind.

Default-Parameter sind nur am Ende der Parameterliste erlaubt

Es ist zu beachten, dass Default-Parameter immer nur für die „hinteren" (am weitesten rechts stehenden) Parameter innerhalb der Schnittstelle erlaubt sind. Würde nämlich beim Aufruf einer Funktion mit Default-Parametern ein mittleres Argument weggelassen werden, wäre es dem Compiler nicht möglich, herauszufinden, welcher Parameter entfallen ist. Demzufolge könnte er auch die nachfolgenden Argumente nicht richtig zuordnen.
Dazu folgendes Beispiel:

```
void f1(int a, int b, int c = 0);         // erlaubt
void f2(int a, int b = 0, int c = 0);     // erlaubt
void f3(int a, int b = 0, int c);         // NICHT erlaubt
```

Im Folgenden sind alle möglichen Aufrufformen dieser hier deklarierten Funktionen gezeigt:

```
f1( 1, 2, 3);    // Alle Argumente angegeben
f1( 1, 2);       // 3. Default-Argument weggelassen

f2( 4, 5, 6);    // Alle Argumente angegeben
f2( 4, 5);       // 3. Default-Argument weggelassen
f2( 4);          // 2. Und 3. Default-Argument weggelassen

// f3() - Aufruf nicht möglich, da Definition syntaktisch falsch
```

Funktionsprototypen müssen Default-Werte enthalten

Existiert zu einer Funktion ein Funktionsprototyp, so müssen die Default-Werte in jedem Fall im Prototyp angegeben werden und dürfen nicht zusätzlich nochmals bei der Funktionsdefinition angegeben werden.

Programm 4.1 – `kostrech2.cpp`: Funktionsprototyp mit den Default-Werten

```
#include <stdio.h>
void kostrech(double einnahme, double ausgabe, char *w="EUR", double factor=1.0);
int main(void) {
   kostrech(1370.34, 1250.76);
   kostrech(1800.0, 2500.0, "YEN", 0.0095);
   kostrech(23487.40, 21345.7, "USD", 1.02);
}
void kostrech(double einnahme, double ausgabe, char *w, double factor) {
  double gewinn = einnahme - ausgabe;
   printf("Einnahme: %.2f %s (%.2f EUR)\n", einnahme, w, einnahme*factor);
   printf("Ausgabe : %.2f %s (%.2f EUR)\n", ausgabe,  w, ausgabe*factor);
   printf("-----------------------------------\n");
   printf("Gewinn  : %.2f %s (%.2f EUR)\n", gewinn,   w, gewinn*factor);
   getchar();
}
```

Optionale Namen für Default-Parameter im Funktionsprototyp

Bei der Angabe von Default-Parametern im Funktionsprototyp müssen keine Namen angegeben werden. So wäre z. B. im Programm 4.1 auch folgende Prototyp-Deklaration möglich gewesen:

```
void kostrech(double einnahme, double ausgabe, char * ="EUR", double =1.0);
```

Jedoch muss man hierbei darauf achten, dass man kein Token angibt. Würde man das Leerzeichen zwischen `*` und `=` weglassen:

```
void kostrech(double einnahme, double ausgabe, char *="EUR", double =1.0);
```

würde dies zu einem Compilerfehler führen, da der Compiler dies dann als Token (zusammengesetzter Zuweisungsoperator `*=`) interpretieren würde.

Keine Default-Parameter bei variabler Parameterliste

Eine Angabe wie:

```
int func(int i=0, ... );
```

ist nicht erlaubt, da Default-Parameter nicht mit variablen Parameterlisten kombiniert werden dürfen.

Auswertung von Default-Ausdrücken bei der Deklaration

Die Default-Ausdrücke werden in der Umgebung der Deklaration und nicht bei den Aufrufen der Funktion ausgewertet. Programm 4.2 verdeutlicht dies.

Programm 4.2 – `verdoppel.cpp`:
Auswertung von Default-Ausdrücken in Deklarations-Umgebung

```
#include <stdio.h>

int wert = 10;  // Ohne diese Angabe --> Fehler in folg. Funktionsdekl.:

int verdoppel( int x = wert + 5 ) { return x + x; }

int main(void)
{
   int wert = 50;  // dieser 'wert' ist irrelevant für verdoppel

   printf(" %d\n", verdoppel());     // Ausgabe: 30
   printf(" %d\n", verdoppel(35)); // Ausgabe: 70

   ::wert = 55;  // ändert globale Variable wert und damit auch
                 // den Default-Wert bei der Funktion verdoppel
   printf(" %d\n", verdoppel());     // Ausgabe: 120
}
```

Programm 4.2 liefert die folgende Ausgabe:

```
30
70
120
```

Kapitel 5

Überladen von Funktionen (function overloading)

Es besteht oft der Wunsch, für ähnliche, aber doch unterschiedliche Aufgaben Funktionsaufrufe mit gleichem Namen verwenden zu können. Anwendungsfälle und mögliche Lösungen hierfür wurden bereits im vorigen Kapitel vorgestellt. Es gibt aber auch Anforderungen, die sich nicht mit Default-Parameter lösen lassen. Zum Beispiel könnte man eine Funktion `add()` benötigen, die Variablenwerte unterschiedlichen Datentyps addiert. In C waren hierfür immer Funktionen mit verschiedenen Namen notwendig:

```
void add_ii(int i1, int i2);              // Addiert zwei Ints
void add_dd(double d1, double d2);        // Addiert zwei Doubles
void add_iil(int i1, int i2, long l1);    // Addiert zwei Ints und ein Long
...
```

C++ bietet nun die Möglichkeit, mehrere Funktionen mit gleichen Namen, aber unterschiedlichen Schnittstellen zu implementieren. Man spricht dabei vom Überladen von Funktionen (*function overloading*).

Die Entscheidung, welche Funktion bei einem Aufruf ausgeführt wird, ist abhängig von der Anzahl, von der Reihenfolge und vom Datentyp der Argumente, da C++ intern zur Benennung einer Funktion nicht nur deren Namen, sondern auch die Anzahl, die Reihenfolge und die Typen der Parameter verwendet, was man auch als *Signatur der Funktion* bezeichnet.

Programm 5.1 ist ein Beispiel zum Überladen von Funktionen, indem es die Funktion `hoch()` zum Berechnen von x^y in drei Varianten anbietet. Abhängig davon, ob die Funktion `hoch()` mit zwei `int`-Argumenten, einem `int`-Argument oder aber einem `int`- und einem `double`-Argument aufgerufen wird, wird die geeignete Funktion vom Compiler ausgewählt.

Programm 5.1 – `overload.cpp`:
Überladen einer Funktion zur Berechnung von x^y

```
#include <stdio.h>
#include <math.h>

long   hoch(int y, int x)     { return (long)pow(x, y);  } // 1
long   hoch(int y)            { return (long)pow(10, y); } // 2
double hoch(int y, double x)  { return pow(x, y);        } // 3

int main(void)
{
   printf("  3^4 = %ld\n", hoch(4, 3));   // Nr. 1 wird aufgerufen
   printf(" 10^5 = %ld\n", hoch(5));      // Nr. 2 wird aufgerufen
   printf("2.3^4 = %f\n",  hoch(4, 2.3)); // Nr. 3 wird aufgerufen
}
```

Programm 5.1 liefert die folgende Ausgabe:

```
  3^4 = 81
 10^5 = 100000
2.3^4 = 27.984100
```

Um die einzelnen überladenen Funktionen unterscheiden zu können, vergibt der Compiler unterschiedliche Namen an die überladenen Funktionen, indem er z. B. die Anfangsbuchstaben der einzelnen Parametertypen an den Namen anhängt, was man auch als *name mangling* bezeichnet.
Nachfolgend ist dies für den Compiler g++ unter Linux/Unix gezeigt:

```
> g++ -c overload.cpp ⏎
> nm overload.o ⏎
0000003e T _Z4hochi
00000078 T _Z4hochid
00000000 T _Z4hochii
000000a4 T main
         U pow
         U printf
```

Nachfolgend werden wichtige Punkte vorgestellt, die beim Überladen von Funktionen zu beachten sind.

Konflikte beim Aufruf durch implizite Datentypumwandlung der Argumente

Da beim Aufruf von Funktionen für die Argumente eine implizite Datentypumwandlung in den Typ der Parameter stattfindet, wie z. B. von `int` nach `double` bzw. umgekehrt, kann es hier bei überladenen Funktionen zu Mehrdeutigkeiten kommen, so dass der Compiler nicht mehr entscheiden kann, welche der überladenen Funktionen aufzurufen ist.
So würde z. B. das Programm 5.2 zu einer Compiler-Fehlermeldung führen, da beim dritten `mult()`-Aufruf nicht klar ist, welche der beiden Funktionen aufzurufen ist.

Programm 5.2 – `overload2.cpp`:
Mehrdeutigkeit bei überladenen Funktionen („unsaubere" Argument-Typen)

```
#include <stdio.h>
#include <math.h>

int    mult(int y, int x)        { return x * y; } // Multipl. zwei Ints
double mult(double y, double x) { return x * y; } // Multipl. zwei Double

int main(void) {
   double y;

   y = mult( 251, 12 );   // Richtiger Aufruf (der ersten mult()-Funktion)
   y = mult( 4.2, 6.8 ); // Richtiger Aufruf (der zweiten mult()-Funktion)
   y = mult( 10, 2.7 );  // <-- Fehlerhafter Aufruf
}
```

Überladene Funktionen müssen verschiedene Signaturen besitzen

Dass überladene Funktionen verschiedene Signaturen besitzen, ist vor allen Dingen von Wichtigkeit, wenn man überladene Funktionen mit Default-Parametern verwendet. Hierbei kann es dann nämlich zu Mehrdeutigkeiten kommen. Hat man z. B. die beiden folgenden Funktionsdefinitionen:

```
long   hoch(int y, int x=10) { return (long)pow(x, y);  } // 1
long   hoch(int y)           { return (long)pow(10, y); } // 2
```

dann würde folgender Aufruf zu einer Compiler-Fehlermeldung führen, da in diesem Fall der Compiler nicht entscheiden kann, welche der beiden Funktionen er aufrufen soll:

```
hoch(4); // welche der beiden Funktionen ist aufzurufen --> nicht klar
         // --> Compiler-Fehler
```

Rückgabetyp zählt nicht zur Signatur einer Funktion

Da der Rückgabetyp nicht zur Signatur einer Funktion gehört, führt es auch zu einem Fehler, wenn zwei Funktionen die gleichen Parameterlisten besitzen und sich nur im Rückgabe-Datentyp unterscheiden. So würde z. B. der Compiler für die beiden folgenden überladenen Funktionen einen Fehler melden, da beide die gleiche Signatur besitzen und sich lediglich im Rückgabetyp unterscheiden:

```
long   hoch(int y, int x)  { return (long)pow(x, y);  }
double hoch(int y, int x)  { return pow(x, y);        }
```

Der Grund dafür, dass der Rückgabetyp nicht zur Signatur einer Funktion gehört, liegt in der Tatsache begründet, dass der Aufrufer einer Funktion den Rückgabewert ignorieren kann, und dann der Compiler nicht wüsste, welche der überladenen Funktionen mit gleicher Parameterliste er aufrufen sollte:

```
long   l = hoch(10, 6); // hier wäre es klar: long hoch(..)
double d = hoch(12, 4); // und hier auch:     double hoch(..)
hoch(7, 6); // hier Problem: Welches hoch(..) soll aufgerufen werden?
```

const-Parameter resultieren in anderer Signatur als normale Parameter

Bei der Signatur werden `const`-Parameter als verschieden betrachtet zu Parametern, die zwar den gleichen Typ haben, aber nicht `const` sind.

Programm 5.3 – `constoverload.cpp`:
const-Parameter sind verschieden zu nicht const-Parametern

```
void ausgabe(char *x, char *y)              { printf("1: %s,%s\n", x,y); }
void ausgabe(const char *x, const char *y) { printf("2: %s,%s\n", x,y); }
int main(void) {
  char *name1, *name2;
   ausgabe("Hans", "Anna");
   name1 = (char *)malloc(4); strcpy(name1, "Tom");
   name2 = (char *)malloc(4); strcpy(name2, "Jim");
   ausgabe(name1, name2);
}
```

Programm 5.3 liefert die folgende Ausgabe:

```
2: Hans,Anna
1: Tom,Jim
```

0 wird bei Konflikt als int-Wert und nicht als Zeiger gewertet

Programm 5.4 zeigt, dass bei Auftreten eines Konflikts bei einem `0`-Argument dieses als `int`-Wert und nicht als Zeiger gewertet wird. Möchte man in einer solchen Situation die Zeigervariante haben, muss man dies dem Compiler explizit mittels Casting des entsprechenden Arguments mitteilen.

Programm 5.4 – `overload4.cpp`:
0 ist bei Zweideutigkeit ein int-Wert und kein 0-Zeiger

```
void print(int zahl) { //......... 1. print()
   printf("Zahl = %d\n", zahl);
}
void print(char *name) { //....... 2. print()
   if (name != 0)
      printf("Name = %s\n", name);
   else
      printf("Name = unbekannt\n");
}
int main(void) {
   print(25);       // 1. print()
   print("Hans"); // 2. print()
   print(0);          // 1. print(), da 0 als int gewertet wird
   print((char *)0); // 2. print(), da nun explizit nach Zeiger gecastet
}
```

Programm 5.4 liefert die folgende Ausgabe:

```
Zahl = 25
Name = Hans
Zahl = 0
Name = unbekannt
```

Kapitel 6

Referenzen

6.1 Zugriffsmöglichkeiten in C

In C existieren prinzipiell aus Sicht des C-Programmierers zwei Arten des Zugriffs auf ein im Hauptspeicher liegendes Datum. Zum Verständnis werden beide hier noch einmal kurz vorgestellt:

1. Zugriff auf ein Datum direkt über eine Variable (einen Variablennamen)

```
int  a;        // Variable vom Typ Integer
                  //                              a: |  ?  |
int  b = 9;  // Variable vom Typ Integer mit Initialisierung
                  //                              a: |  ?  |
                  //                              b: |  9  |
a = b;       // Zuweisung des Wertes einer Variablen an eine andere
                  //                              a: |  9  |
                  //                              b: |  9  |
b = 5;       // Zuweisung eines Wertes an eine Variable
                  //                              a: |  9  |
                  //                              b: |  5  |
```

2. Zugriff auf ein Datum über einen Zeiger, der auf das Datum zeigt

```
int  a;        // Variable vom Typ Integer
int  b = 10; // Variable vom Typ Integer mit Initialisierung
int* zgr;     // Zeiger auf ein Datum vom Typ Integer

zgr  = &a;    // Zeiger erhält Adresse einer Variablen           (1)
*zgr = b;     // Wertzuweisung an vom Zeiger adressierte Variable (2)
```

Dieser Code bewirkt den in Abbildung 6.1 gezeigten Sachverhalt.

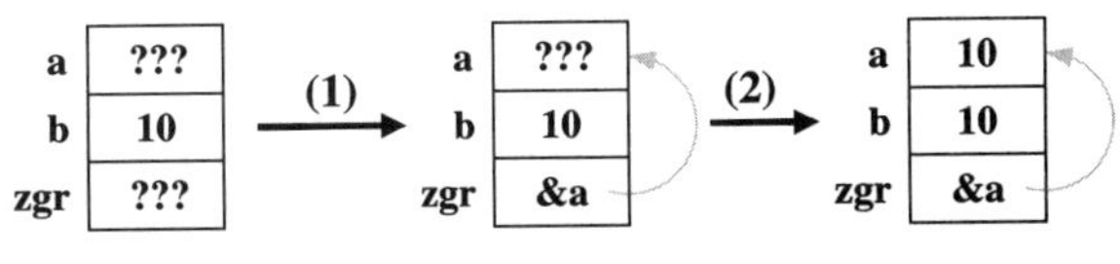

Abbildung 6.1: Zuweisung eines Wertes an eine Variable über einen Zeiger

6.2 Zugriff auf Daten über Referenzen in C++

Eine Referenz in C++ kann man sich als *zusätzlichen Namen* oder als *Alias* zu einer Variablen vorstellen. Dieses Alias kann man in der gleichen Art und Weise verwenden wie die referenzierte Variable.
Der folgende C++-Auszug zeigt eine Möglichkeit der Verwendung einer Referenz:

```
int  a;          // Variable vom Typ Integer
int  b = 10;     // Variable vom Typ Integer mit Initialisierung

int& ref = a;    // Referenz auf eine Variable vom Typ Integer

ref = 5;         // Wertzuweisung an Variable 'a' über Referenzvar. 'ref'
```

Dieser Code bewirkt den in Abbildung 6.2 gezeigten Sachverhalt.

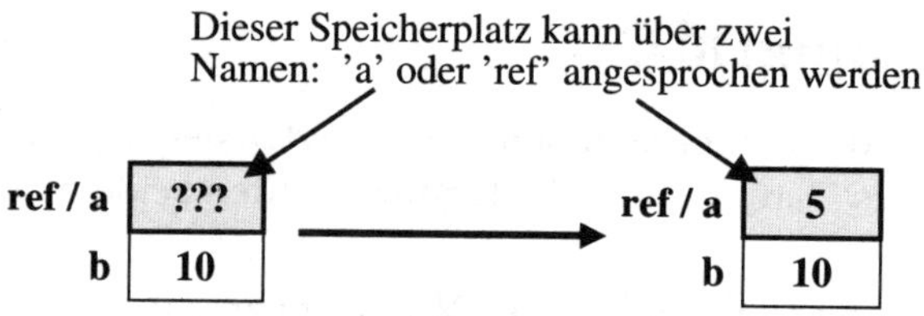

Abbildung 6.2: Zuweisung eines Wertes an eine Variable über eine Referenz

Referenzvariablen werden im Folgenden nur noch einfach als *Referenz* bezeichnet. Das Zeichen `&`, das in der Deklaration hinter dem Datentyp bzw. vor dem Variablennamen steht, bezeichnet man als *Referenzoperator*.
Es gelten die folgenden Regeln für die Verwendung von Referenzen:

Referenzoperator & entspricht nicht dem gleichnamigen Adressoperator &

Der Referenzoperator `&` ist nicht zu verwechseln mit dem durch das gleiche Zeichen dargestellten Adressoperator:

- Der *Adressoperator* wird zur *Ermittlung* der Adresse einer Variablen oder Funktion verwendet und darf niemals links von einem Zuweisungsoperator verwendet werden. Er muss immer vor dem Namen der entsprechenden Variablen bzw. Funktion stehen, zu der die Adresse zu ermitteln ist.
- Der *Referenzoperator* wird ausschließlich bei der *Deklaration* einer Referenz verwendet und steht auf der *linken* Seite der Zuweisung hinter dem entsprechenden Datentyp bzw. vor dem Variablennamen.

```
int  a = 7;        // Variable vom Typ Integer mit Initialisierung
int* zgr = &a;     // Verwendung des ADRESSoperators
tausch(&a, &b);    // Verwendung des ADRESSoperators

int& ref = a;      // Verwendung des REFERENZoperators
```

Referenz muss bei ihrer Deklaration initialisiert werden

Die Variable, die referenziert werden soll, kann der Referenz ausschließlich bei der Deklaration zugewiesen werden. Jede weitere im Programmablauf folgende Zuweisung an eine Referenz bedeutet eine Zuweisung an die referenzierte Variable. Daraus folgt, dass eine Referenz bei ihrer Deklaration initialisiert werden muss, da dies später nicht mehr möglich ist.

```
int  a = 5      // Variable vom Typ Integer mit Initialisierung
int  b = 7;     // Variable vom Typ Integer mit Initialisierung
int& ref1;     // Dekl. einer Referenz ohne Initialisierung nicht erlaubt
int& ref2 = a;  // deklariert 'ref2' als Referenz auf Variable 'a'
ref2 = b;       // Zuweisung des Wertes von Var. 'b' an Var. 'a'
```

Referenz-Datentyp muss dem der referenzierten Variablen entsprechen

Der Datentyp einer Referenz muss dem Datentyp der referenzierten Variablen entsprechen. Sollte trotzdem eine Variable durch eine Referenz anderen Datentyps referenziert werden müssen, ist explizite Typ-Umwandlung (*Casting*) notwendig:

```
double  d = 15.0;     // Variable vom Typ double
double& ref_1 = d;    // double-Referenz auf Variable 'd' -> OK
int&    ref_2 = d;    // int-Referenz auf Variable 'd' -> FEHLER
int&    ref_3 = (int&) d; // int-Referenz auf Variable 'd' -> OK,
                          // ABER: ref_3 kann nur als int verwendet
                          //       werden, nicht jedoch als double
const int&    ref_3 = 4;      // erlaubt
const int&    ref_3 = 2.73;  // NICHT erlaubt
```

6.3 Echtes Call-by-Reference bei Funktionen

Als erstes Anwendungsbeispiel für Referenzen soll eine Funktion erstellt werden, die die Werte der beiden übergebenen Variablen vertauscht. Dabei werden im Programm 6.1 drei verschiedene Funktionen zum Vertauschen vorgestellt:

- `tausch_neues_c()` zeigt, wie ein *echtes Call-by-Reference* in C++ möglich ist.
- `tausch_altes_c()` zeigt, wie im ursprünglichen C *Call-by-Reference* über Zeiger nachgebildet wurde.
- `tausch_falsch()` versucht Vertauschen über *Call-by-Value*, was fehlschlägt.

Programm 6.1 – `tausch.cpp`:
Variablentausch nach drei verschiedenen Verfahren

```
#include <stdio.h>
void tausch_neues_c (int& a, int& b);
void tausch_altes_c (int* a, int* b);
void tausch_falsch  (int a, int b);
int main(void) {
   int a_neuc = 3, b_neuc = 5,
       a_altc = 3, b_altc = 5,
       a      = 3,      b = 5;
```

```
    tausch_neues_c(a_neuc, b_neuc);
    tausch_altes_c(&a_altc, &b_altc);
    tausch_falsch (a, b);
    printf("Neues C (C++): a=%d, b=%d\n", a_neuc, b_neuc);
    printf("Altes C       : a=%d, b=%d\n", a_altc, b_altc);
    printf("       Falsch: a=%d, b=%d\n", a, b);
}
void tausch_neues_c(int& a, int& b) { //.... Echtes Call-by-Reference
    int hilf = a;
    a = b;
    b = hilf;
}
void tausch_altes_c(int* a, int* b) { //.... Unechtes Call-by-Reference
    int hilf = *a;                    //.... (Call-by-Value über Zeiger)
    *a = *b;
    *b = hilf;
}
void tausch_falsch(int a, int b) {    //.... Call-by-Value
    int hilf = a;                     //.... (kein Vertauschen der übergebenen
    a = b;                            //....  Argumente, da diese nur temporär
    b = hilf;                         //....  auf dem Stack getauscht werden.)
}
```

Programm 6.1 liefert die folgende Ausgabe:

```
Neues C (C++): a=5, b=3
Altes C       : a=5, b=3
       Falsch: a=3, b=5
```

Programm 6.2 zeigt, wie man den Inhalt von zwei Zeigern vertauschen kann, indem man Parameter vom Typ „Referenz auf einen Zeiger" verwendet.

Programm 6.2 – `zgrtausch.cpp`: Vertauschen von zwei int-Zeigern mit Referenz-Zeigern als Parameter

```
#include <stdio.h>
void tausch_zgr(int*& a, int*& b) {
   int *h = a;
   a = b;
   b = h;
}
int main(void) {
  int a = 100, b = 500,  *zgr1 = &a, *zgr2 = &b;
   printf("zgr1=%p (Wert=%d), zgr2=%p (Wert=%d)\n", zgr1, *zgr1, zgr2, *zgr2);
   tausch_zgr(zgr1, zgr2);
   printf("zgr1=%p (Wert=%d), zgr2=%p (Wert=%d)\n", zgr1, *zgr1, zgr2, *zgr2);
}
```

Programm 6.2 liefert z. B. die folgende Ausgabe:

```
zgr1=0xbffff3f8 (Wert=100), zgr2=0xbffff3f4 (Wert=500)
zgr1=0xbffff3f4 (Wert=500), zgr2=0xbffff3f8 (Wert=100)
```

6.4 Konstante Referenzparameter bei Wertübergabe an Funktionen

Schnellere Programme durch Übergabe von const-Referenzparameter

Mit der Übergabe von Referenzen anstelle großer Datenobjekte bei Funktionen kann die Laufzeit von Programmen erheblich verkürzt werden, da dann bei jedem Aufruf nicht das ganze Datenobjekt, sondern nur eine Referenz auf den Stack kopiert werden muss. Aus solchen Performance-Gründen werden oft Referenzparameter in Situationen verwendet, in denen eine einfache Wertübergabe ausreichen würde. Referenzparameter lassen leider nicht erkennen, ob diese in der Funktion nur als Werte oder als Referenzen verwendet werden. Werden Referenzparameter eingesetzt, um eine Wertübergabe (Kopieren großer Datenobjekte auf den Stack) zu umgehen und so schnellere Programme zu erhalten, sollte man diese Wertübergabe mit dem Schlüsselwort `const` kennzeichnen. So ist sofort erkennbar, dass die Daten in der Funktion nur gelesen und nicht verändert werden, wie z. B.:

```
void ausgabe(const int& a, const int& b) {
   printf(" 1. Wert: %d\n", a);
   printf(" 2. Wert: %d\n", b);
}
void tausch(int& a, int& b) {
   int hilf = a;
   a = b;
   b = hilf;
}
```

Programm 6.3 demonstriert, dass man schnellere Programme erhält, wenn man auch bei Wertübergabe Referenzen statt der großen Datenmengen selbst übergibt. Hier sollte man die Wertübergabe durch einen `const`-Referenzparameter anzeigen.

Programm 6.3 – `refschnell.cpp`:
Schnellere Programme durch (konstante) Referenzparameter

```
#include <stdio.h>
#include <time.h>
#define ANZ     50000
#define LAEUFE  10000  // evtl. höher setzen
struct x { int array[ANZ]; };
int b[ANZ];

void ohne_ref(struct x a)
{
   for (int i=0; i<ANZ; i++) // Sinnloser Code (nur zur Demonstration)
      b[i] = a.array[i];
}
void mit_ref(const struct x& a)
{
   for (int i=0; i<ANZ; i++) // Sinnloser Code (nur zur Demonstration)
      b[i] = a.array[i];
}
```

```
int main(void) {
  struct x  viel_daten;
  clock_t   start, stopp;
  int       i;
   start = clock();
   for (i=0; i<LAEUFE; i++) ohne_ref(viel_daten);
   stopp = clock();
   printf("ohne_ref: %.2f Sek\n", (double(stopp)-start) / CLOCKS_PER_SEC);
   start = clock();
   for (i=0; i<LAEUFE; i++) mit_ref(viel_daten);
   stopp = clock();
   printf(" mit_ref: %.2f Sek\n", (double(stopp)-start) / CLOCKS_PER_SEC);
}
```

Programm 6.3 liefert z. B. die folgende Ausgabe:

```
ohne_ref: 39.73 Sek
 mit_ref: 14.52 Sek
```

Temporäre Objekte sind immer const

Die Angabe von `const`-Referenzparameter ist erforderlich, wenn eine Funktion mit einem temporären Objekt aufgerufen wird, das der Benutzer entweder selbst angegeben hat oder aber das der Rückgabewert einer anderen Funktion ist. Da temporäre Objekte immer `const` sind, muss man hier den entsprechenden Referenzparameter als `const` deklarieren, wie es im folgenden Programm `refparaconst.cpp` gezeigt ist:

```
int  z(void)         { return 1; }
void x(int&)         { }
void y(const int&) { }
int main(void) {
   y(1);
   y(z());
   x(1);    // Für diesen Aufruf meldet Compiler Fehler
   x(z()); // und für diesen auch
}
```

6.5 Rückgabe von Referenzen durch Funktionen

Es ist auch erlaubt, dass Funktionen Referenzen als Rückgabe liefern.

Funktionen mit Referenz-Rückgaben sind auf linker Seite einer Zuweisung erlaubt

Funktionen, die Referenzen als Rückgabe liefern, können sowohl auf der linken als auch auf der rechten Seite einer Zuweisung stehen. Hier als kleines Beispiel das Programm 6.4, in dem eine Funktion implementiert wird, die aus einem globalen Array ein Element liefert. Der Inhalt des Elements soll dabei wahlweise über die zurückgegebene Referenz entweder verändert oder aber einer Variablen zugewiesen werden.

Programm 6.4 – `refarray.cpp`:
Aufruf einer Funktion auf der linken Seite einer Zuweisung

```
#include <stdio.h>

int   array[10] =  0, 1, 2, 3, 4, 5, 6, 7, 8, 9 ;

// Folg. Funktion liefert eine Referenz auf ein Element des Arrays.
// Diese Referenz kann wahlweise einer Variablen zugewiesen oder aber
// (der Inhalt der referenzierten Variablen) verändert werden
int&  get_array_element(int  index) {
   return array[index];    // Es wird hier bewusst keine Wertebereichs-prüfung
                           // durchgeführt, da für dieses Beispiel irrelevant

}

int main(void)
{
   int i;
   int v;      // Variable, der etwas zugewiesen werden soll

   v = get_array_element(5); // Zuweisung des Inhaltes von array[5]
   printf("v = %d\n", v);

   get_array_element(6) = v; // Zuweisung des Inhaltes von 'v' an das
                             // 7. Array-Element (array[6])
   for (i=0; i<10; i++)
      printf("%d ", array[i]);
   printf("\n");

   get_array_element(3)++;    // Erhöhen des Inhaltes von array[3] um 1
   for (i=0; i<10; i++)
      printf("%d ", array[i]);
   printf("\n");
}
```

Programm 6.4 liefert die folgende Ausgabe:

```
v = 5
0 1 2 3 4 5 5 7 8 9
0 1 2 4 4 5 5 7 8 9
```

Funktionen, die Referenzen liefern, können also auch auf der linken Seite einer Zuweisung eingesetzt werden, oder aber wieder als Argument einer Funktion eingesetzt werden, wenn der entsprechende Parameter dieser Funktion den gleichen Typ wie die zurückgegebene Referenz besitzt, wie es in Programm 6.5 gezeigt ist.

Programm 6.5 – `refchinesen.cpp`:
Weiteres Beispiel zu einer Funktion mit einer Referenz als Rückgabewert

```
#include <stdio.h>
#include <string.h>

struct text { char satz[1000]; } text1, text2, text3;
```

```
  // Folg. Funktion ersetzt im übergebenen String 'str' alle
  // Zeichen aus 'zeichen' durch das Zeichen 'ersetz' und liefert
  // zusätzl. diesen geänderten String als Referenz zurück
struct text& neuSatz( struct text &str, char *zeichen, char ersetz ) {
   for (unsigned i=0; i<strlen(str.satz); i++)
      for (unsigned j=0; j<strlen(zeichen); j++)
         if (str.satz[i] == zeichen[j]) {
            str.satz[i] = ersetz;
            break;
         }
   return str;
}
int main(void) {
   strcpy(text1.satz, "Drei Chinesen mit dem Kontrabass");
     // Alle kleingeschrieb. Vokale durch 'o' ersetzen, wobei
     //  beim ersten puts zurückgegebene Referenz ausgegeben wird, und
     //  beim zweiten puts der geänderte String selbst ausgegeben wird
   puts( neuSatz( text1, "aeoui", 'o' ).satz );
   puts( text1.satz ); printf("\n");
     // Alle kleingeschrieb. Vokale in 'satz1' durch 'u' ersetzen und
     // diesen geänderten String zusätzl. der Variablen 'satz2' zuweisen.
   text2 = neuSatz( text1, "aeoui", 'u' );
   puts( text2.satz ); printf("\n");
     // Zunächst in 'text1' die Buchstaben D,C,m,d und K durch Punkt ersetzen.
     // Dieser so als Referenz zurückgelieferte 'text1' wird dann direkt als
     // neues Argument für erneuten Aufruf von neuSatz() verwendet, wobei
     // nun alle Punkte und 's' durch einen Querstrich zu ersetzen sind.
   puts( neuSatz( neuSatz( text1, "DCmdK", '.' ), ".s", '-' ).satz );
   puts( text1.satz ); printf("\n");

   strcpy(text3.satz, "Drei Chinesen mit dem Kontrabass");
     // Zunächst in 'text3' die Buchstaben D,r,C,h,m und t durch Querstrich
     // ersetzen. In diesem so als Referenz zurückgelieferten 'text3' wird dann
     // das sechste Zeichen (neuSatz(..).satz[5]) durch 'X' ersetzt.
   neuSatz(text3, "DrChmt", '-').satz[5] = 'X';
   puts( text3.satz ); printf("\n");
}
```

Programm 6.5 liefert die folgende Ausgabe:

```
Droo Chonoson mot dom Kontroboss
Droo Chonoson mot dom Kontroboss

Druu Chunusun mut dum Kuntrubuss

-ruu -hunu-un -ut -u- -untrubu--
-ruu -hunu-un -ut -u- -untrubu--

--ei X-inesen -i- de- Kon--abass
```

Keine Rückgabe lokaler Variablen bei Referenzrückgaben

Programm 6.6 verdeutlicht, dass man bei Funktionen, die Referenzen oder Zeiger zurückgeben, niemals eine lokale Variable bzw. die Adresse einer lokalen Variablen zurückgeben darf, da solche lokale Variablen bzw. deren Adressen nach dem Verlassen der Funktion keine Gültigkeit mehr besitzen.

Programm 6.6 – `refrueck.cpp`:
Fehlerhafte Rückgabe lokaler Variablen bzw. deren Adressen

```
#include <stdio.h>

int& getRefZahl1(int z) {
   int zahl = z;
   return zahl; // <-- falsch, da Referenz auf lokale Variable
                //     zurückgegeben wird
}
int& getRefZahl2(int z) {
   return z; // <-- falsch, da Referenz auf lokale Variable
             //     (in diesem Fall Parameter) zurückgegeben wird
}
int *getZgrZahl1(int z) {
   int *zgr = &z;
   return zgr; // <-- falsch, da Zeiger auf lokale Variable
               //     zurückgegeben wird
}
int *getZgrZahl2(int z) {
   return &z; // <-- falsch, da Adresse von lokaler Variable
              //     (in diesem Fall Parameter) zurückgegeben wird
}
int main(void) {
   int  refZahl1, refZahl2;
   int  *zgrZahl1, *zgrZahl2;

   refZahl1 = getRefZahl1( 1 ) + getRefZahl1( 10 );
   refZahl2 = getRefZahl2( 2 ) + getRefZahl2( 20 );
   zgrZahl1 = getZgrZahl1( 3 );
   zgrZahl2 = getZgrZahl2( 4 );
   getZgrZahl2( 100 );
   printf("refZahl1 = %d\n"
          "refZahl2 = %d\n"
          "*refZgr1 = %d\n"
          "*refZgr2 = %d\n", refZahl1, refZahl2, *zgrZahl1, *zgrZahl2);
}
```

Programm 6.6 liefert z. B. folgende falsche Ausgabe:

```
refZahl1 = 20
refZahl2 = 40
*refZgr1 = 100
*refZgr2 = 100
```

6.6 Speicherallozierung mit Referenzen

Referenzen können neben Zeigern verwendet werden, um die Anfangsadresse eines dynamisch allozierten Speicherbereichs aufzunehmen. Programm 6.7 demonstriert dies.

Programm 6.7 – `refalloc.cpp`:
Dynamische Speicherallozierung mit Referenzen

```
#include <stdio.h>
#include <stdlib.h>

int main(void)
{
   int *zgr = (int *)malloc(sizeof(int));
   int &ref = *(int *)malloc(sizeof(int));

   if (zgr != 0) {
      *zgr = 100;
      printf("zgr %p: %d\n", zgr, *zgr);
      *zgr = 200;
      printf("zgr %p: %d\n", zgr, *zgr);
   }
   free(zgr);
   if (&ref != 0) {
      ref = 1000;
      printf("&ref %p: %d\n", &ref, ref);
      ref = 2000;
      printf("&ref %p: %d\n", &ref, ref);
   }
   free(&ref);
}
```

Programm 6.7 liefert z. B. die folgende Ausgabe:

```
zgr 0x8049738: 100
zgr 0x8049738: 200
&ref 0x8049748: 1000
&ref 0x8049748: 2000
```

6.7 Weiteres zu Referenzen

Hier wurde das Wesentliche zu Referenzen vorgestellt. In Kapitel A.7 auf Seite 973 werden weitere Punkte zu Referenzen vorgestellt, die der Leser bei Bedarf später nachschlagen kann, die aber zuächst für ein einfaches Programmieren in C++ nicht unbedingt erforderlich sind.

Kapitel B.1 auf Seite 1095 zeigt, wie man unter Verwendung von Referenzen unerlaubte Arrayzugriffe unterbinden kann, und Kapitel B.4 auf Seite 1099 zeigt, wie Referenzen eingesetzt werden können, um für Zugriffe auf verschachtelte Teile einer Struktur Abkürzungen einzuführen.

Kapitel 7

Die Operatoren new und delete

Beim Erstellen von Programmen ist es oft notwendig, dynamisch Speicherbereiche zu allozieren, diese zu verwenden und hinterher wieder freizugeben. In C geschieht dies über die Funktionen `malloc()`, `calloc()`, `realloc()` und `free()`:

```
int*  zgr;       // Zeigt später auf den reservierten Speicherbereich
zgr = (int*) malloc(20 * sizeof (int)); // Alloziere Speicher für 20 int's

if (zgr == NULL) {  // Prüfen, ob Speicherallozierung erfolgreich
   fprintf(stderr, "Speicherplatzmangel\n");
   exit(1);
}
zgr[3] = 34;     // Verwendung des allozierten Bereiches
free(zgr);       // Freigabe des allozierten Bereiches
```

In C++ existieren zusätzlich die beiden neuen Operatoren `new` und `delete` für die Allozierung und Freigabe von dynamischem Speicherplatz.

7.1 Der Operator new

Der Operator `new` ist für die Allozierung von Speicherplatz zuständig. Bei erfolgreicher Ausführung liefert `new` einen Zeiger auf den allozierten Speicherbereich.

```
int*    zgr_1 = new int;  // Allozierung eines int (mit 0 initialisiert)
char*   zgr_2 = new char; // Allozierung eines char (mit 0 initialisiert)

int**   zgr_3 = new int*;   // Allozierung eines int*
char**  zgr_4 = new char*;  // Allozierung eines char*

int*    zgr_5 = new int(10);    // Allozierung eines int mit Initialisierung
char*   zgr_6 = new char('a');  // Allozierung eines char mit Initialisierung

int*    zgr_7 = new int[15];     // Allozierung eines int-Arrays
char*   zgr_8 = new char[var];   // Allozierung eines char-Arrays
```

Für den Operator `new` gilt Folgendes:

- Beim Allozieren primitiver Typen initialisiert new den Speicherplatz mit 0.
- Speicherbereiche eines bestimmten Datentyps können direkt unter Angabe des Datentyps alloziert werden. Der Rückgabewert ist dabei immer ein Zeiger auf diesen Datentyp. Anders als die Funktionen m/c/realloc(), die als Rückgabe einen void-Zeiger (void *) liefern, gibt der Operator new einen Zeiger vom geeigneten Typ zurück, der nicht erst explizit – wie bei m/c/realloc() – mittels implizitem oder explizitem Casting entsprechend konvertiert werden muss.
- Zusätzlich kann bei der Allozierung der Speicher gleich initialisiert werden. Dies geschieht durch die Angabe der entsprechenden Initialisierungsparameter in runden Klammern direkt hinter dem Datentyp.
- Während m/c/realloc() Bibliotheksfunktionen sind, sind new und delete Operatoren der Sprache C++. Dadurch kennt der C++-Compiler und damit auch der erzeugte Programmcode den jeweiligen Datentyp.
- In C++ existiert kein Operator zur Funktion realloc(), um einen allozierten Speicherplatz zu vergrößern bzw. zu verkleinern. Dies muss der Programmierer selbst bewerkstelligen, indem er einen Speicherplatz der neuen Größe mit new alloziert, dann die Daten aus dem alten Speicherplatz in den neuen kopiert, bevor er den alten Speicherplatz mit delete[] freigibt, wie es in Kapitel B.3 auf Seite 1098 für interessierte Leser gezeigt ist.

Allozieren von Arrays

Durch Angabe einer Dimension in eckigen Klammern hinter dem Datentyp kann ein Array alloziert werden, wie z. B.:

```
int *array = new int[10]; // legt ein Array mit 10 int-Werten an
```

Der Nachteil hier ist, dass man den Zeiger array ändern kann, was ja bei Arrays, wo die Anfangsadresse immer konstant ist, nicht sein sollte. Möchte man hier nun einen konstanten Zeiger haben, muss man das Schlüsselwort const verwenden, wobei man const richtig einordnen muss:

```
const int *array = new int[10]; // variabler Zeiger auf konstante Arrayelemente
int const *array = new int[10]; // variabler Zeiger auf konstante Arrayelemente
```

Beide Angaben sind hier falsch, da man in beiden Fällen nicht einen konstanten Zeiger, sondern einen Zeiger auf ein Array mit konstanten Werten erzeugt. Dies würde dann bedeuten, dass man in dieses Array keine Werte mehr speichern kann, so dass für Anweisungen wie z. B. die Folgende der Compiler Fehler melden würde:

```
array[3] = 15; // kein Schreiben in Array mit konstanten Werten möglich
```

An den beiden obigen Deklarationen ist erkennbar, dass man das Schlüsselwort const nicht unbedingt am Anfang angeben muss. Bei der zweiten Angabe wird es sogar deutlicher, was wirklich konstant ist, da hier immer gilt: *Konstant ist, was vor const steht.* Richtig wäre somit die folgende Deklaration:

```
int* const array = new int[10]; // Richtiges Array mit konst. Anfangsadresse
```

Programm 7.1 – `constdynarray.cpp`:
Angabe von const bei dynamischen Arrays

```
#include <stdio.h>
int main(void) {
   int i;
   int *array1 = new int[10]; // Array, dessen Anfangsadr. geändert werden kann
   for (i=0; i<10; i++)
      array1[i] = i;
   array1 += 3; // Array beginnt nun bei array1[3]
   for (i=0; i<5; i++)
      printf("%d ", array1[i]);
   printf("... Ersten 5 Elemente (bei veränderter Anfangsadr.)\n");
   int const* array2 = new int[10]; // Falsche Arrays (mit konstanten Elementen)
   const int* array3 = new int[10];
   //..... keine Speicherung von Werten in Arrays möglich
   //   array2[1] = 20;
   //   array3[5] = 30;
   int* const array4 = new int[10]; // Richtiges Array mit konst. Anfangsadresse
   for (i=0; i<10; i++)
      array4[i] = i;
   // array4 += 3; // nicht mögl., da Anfangsadr. konstant
   for (i=0; i<5; i++)
      printf("%d ", array4[i]);
   printf("... Ersten 5 Elemente (bei nicht veränderbarer Anfangsadr.)\n");
}
```

Programm 7.1 liefert die folgende Ausgabe:

```
3 4 5 6 7 ... Ersten 5 Elemente (bei veränderter Anfangsadr.)
0 1 2 3 4 ... Ersten 5 Elemente (bei nicht veränderbarer Anfangsadr.)
```

7.2 Der Operator delete

Der Operator `delete` ist für die Freigabe des über `new` allozierten Speicherplatzes zuständig, wie z. B.:

```
delete zgr_1;      // Freigabe des reservierten int
delete zgr_2;      // Freigabe des reservierten char
delete []zgr_7;    // Freigabe des reservierten int-Arrays
delete []zgr_8;    // Freigabe des reservierten char-Arrays
```

Aus diesen Beispielen wird Folgendes ersichtlich:

- Zur Freigabe des allozierten Speicherbereiches muss nur die entsprechende Zeigervariable nach `delete` angegeben werden.
- Zur Freigabe eines Arrays ist vor dem Variablennamen (Zeiger) unabhängig von der Dimension des reservierten Arrays ein Klammerpaar `[]` anzugeben:

```
delete []zgr_8;    // Freigabe des reservierten char-Arrays
```

Unterschied zwischen Freigeben von Arrays und von einfachen Zeigern

Grundsätzlich gilt:

- **Mit new [] allozierter Speicher muss mit delete [] freigegeben werden**
  Hat man Arrays mit new [] alloziert, so sollte man diese auch mit delete [] und nicht mit delete wieder freigeben. Folgender Code ist z. B. gefährlich:

```
const int *array = new int[100];
....
delete array; // falsch, sauber wäre: delete [] array
```

  Bei diesem Code kann das Programmverhalten abhängig vom Compiler undefiniert sein. So werden eventuell 99 der 100 dynamisch allozierten int-Speicherplätze von array nicht freigegeben.
  Gefährlich kann dies bei typedefs für Arrays sein, wie z. B.:

```
typedef char PLZ [6];
.....
PLZ *ort = new PLZ; // reserviert Array von 6 char
.....
delete ort; // falsch, richtig wäre: delete [] ort;
```

  Um solche Fehler zu vermeiden, ist von typedefs für Array-Typen in C++ abzuraten.

- **Mit new allozierter Speicher muss mit delete freigegeben werden**
  Hat man einen Speicherplatz, auf den ein Zeiger zeigt, mit new alloziert, so sollte man diesen auch mit delete und nicht mit delete [] wieder freigeben. Folgender Code ist z. B. falsch:

```
int *zgr = new int;
....
delete [] zgr; // falsch, richtig wäre: delete zgr
```

  Auch bei diesem Code ist das Programmverhalten undefiniert.

Kein Mischen von m/c/realloc() und free() mit new und delete

Grundsätzlich gilt, dass man niemals beide Varianten mischen sollte. Ein mit new bzw. new [] allozierter Speicherbereich sollte niemals mit free(), sondern immer mit dem Operator delete bzw. delete [] auch wieder freigegeben werden. Umgedreht sollte ein mit m/c/realloc() allozierter Speicherbereich niemals mit delete bzw. delete [], sondern immer mit der Funktion free() wieder freigegeben werden.

7.3 Zweidimensionale Arrays und realloc() mit new

In Kapitel B.2 auf Seite 1096 wird gezeigt, wie man unter Verwendung von new und delete zweidimensionale dynamische Arrays in C++ realisieren kann.
Kapitel B.3 auf Seite 1098 zeigt eine mögliche Realisierung einer eigenen realloc()-Funktion mit new und delete.

Kapitel 8

Mischen von C mit C++ und Namensräume

Es ist möglich, C- und C++-Code zu mischen. Was dabei zu beachten ist, wird hier kurz vorgestellt.

8.1 Die Konstante __cplusplus

Jeder ANSI/ISO C++-Compiler definiert die Konstante `__cplusplus` („cplusplus" mit zwei führenden Unterstrichen).

Programm 8.1 – `cplusplus.c`:
Demoprogramm zur Konstante __cplusplus

```
#include <stdio.h>
#ifdef __cplusplus
#  define COMPILER "C++"
#else
#  define COMPILER "C"
#endif
int main(void) {
   printf("Ich wurde mit einem %s-Compiler kompiliert\n", COMPILER);
   return 0;
}
```

- Kompiliert man Programm 8.1 mit einem C-Compiler, wie z. B.:
  cc cplusplus.c
  so liefert es folgende Ausgabe:

```
Ich wurde mit einem C-Compiler kompiliert
```

- Kompiliert man Programm 8.1 mit einem C++-Compiler, wie z. B.:
  g++ cplusplus.c
  so liefert es folgende Ausgabe:

```
Ich wurde mit einem C++-Compiler kompiliert
```

8.2 Verwendung von C-Funktionen in C++

Normale C-Funktionen, die bereits mit einem C-Compiler kompiliert wurden und sich z. B. in einer Laufzeitbibliothek oder einem anderen Objektmodul befinden, können auch in C++ aufgerufen werden. Dabei ist jedoch Einiges zu beachten.

C++-Compiler vergeben an Funktionen andere Namen als C-Compiler

Nehmen wir als Beispiel folgendes einfache C-Modul `cfunk.c`, das eine Funktionsdefinition enthält:

```
int add(int x, int y) { return x + y; }
```

und ein C++-Modul `callcfunk.cpp`, das `add()` aus `cfunk.c` aufruft:

```
#include <stdio.h>
extern int add(int x, int y);
int main(void) {
   int a = 10, b = 20;
   printf("%d + %d = %d\n", a, b, add(a,b));
}
```

Nun müssen wir Folgendes durchführen:

1. Erzeugen eines Objektmoduls `cfunk.o` zu `cfunk.c` mit einem C-Compiler, wie z. B.: **gcc -c cfunk.c**
2. Kompilieren von `callcfunk.cpp` mit einem C++-Compiler und dann Linken mit `cfunk.o`, wie z. B.: **g++ callcfunk.cpp cfunk.o**
   Hier meldet der Linker dann aber einen Fehler, wie z. B.:

   ```
   In function 'main': undefined reference to 'add(int, int)'
   ```

Was hier passiert ist, lässt sich leicht erkennen, wenn man sich die Symboltabellen zu den beiden Objektmodulen `cfunk.o` und `callcfunk.o` anzeigen lässt. Dazu erzeugen wir uns zuerst ein Objektmodul zu `callcfunk.cpp`, wie z. B.:
g++ -c callcfunk.cpp
Nun kann man sich die Symboltabelle anzeigen lassen, wie z. B. mit dem Kommando `nm` unter Linux/Unix:

```
> nm cfunk.o ↵
00000000 T add
> nm callcfunk.o ↵
00000000 T main
         U printf
         U _Z3addii
```

An dieser Ausgabe erkennen wir, dass `cfunk.o` eine Definition zu `add` enthält, während `callcfunk.o` eine undefinierte Referenz `_Z3addii` enthält. Anders ausgedrückt: `callcfunk.o` versucht die Funktion mit dem Namen `_Z3addii` aufzurufen, der aber vom C-Compiler in `cfunk.o` der Name `add` und nicht dieser Name gegeben wurde.
Der Grund für die Vergabe von anderen Namen in C++ liegt darin begründet, dass in C++ Funktionen überladen werden können. Um die einzelnen überladenen

Funktionen unterscheiden zu können, vergibt der C++Compiler daher – wie bereits auf Seite 44 gezeigt – unterschiedliche Namen an die Funktionen, indem er z. B. die Anfangsbuchstaben der einzelnen Parametertypen an den Namen anhängt, was man auch als *name mangling* bezeichnet.
Wir könnten zwar das Problem lösen, wenn wir `cfunk.c` neu mit C++ kompilieren ließen. Das ist aber nicht immer möglich, z. B. dann nicht, wenn der Quellcode nicht verfügbar ist, was oft für fertige Funktionen in Laufzeitbibliotheken zutrifft.

Kennzeichnen von C-Funktionen mit extern "C"

Um dem C++-Compiler mitzuteilen, dass es sich bei einer Funktion um eine C- und nicht um eine C++-Funktion handelt, muss man bei der Deklaration nach dem `extern` nur `"C"` angeben, wie z. B.:

```
extern "C" int add(int x, int y);
```

Eine andere Möglichkeit ist:

```
extern "C" {
   int add(int x, int y);
   //... hier weitere C-Deklarationen möglich
}
```

Ändern wir nun unser C++-Programm `callcfunk.cpp` entsprechend:

```
#include <stdio.h>
extern "C" int add(int x, int y);
/* auch möglich:
extern "C" {
   int add(int x, int y);
}
*/
int main(void) {
   int a = 10, b = 20;
   printf("%d + %d = %d\n", a, b, add(a,b));
}
```

und lassen uns dazu ein Objektmodul erzeugen, wie z. B.: **g++ -c callcfunk.cpp**, so können wir an der Symboltabelle erkennen, dass der C++-Compiler nun der C-Konvention bei add folgt, und keinen eigenen Namen vergibt:

```
> nm callcfunk.o ↵
00000000 T main
         U printf
         U add
```

Nun könnte man auch beide Module kompilieren und fehlerfrei linken, wie z. B.: **g++ callcfunk.cpp cfunk.o**
Das fertige Programm würde dann die erwartete Ausgabe liefern:

```
10 + 20 = 30
```

Headerdateien sowohl für C++ als auch für C

Unter Verwendung der Konstante `__cplusplus` und von `extern "C"` ist es möglich, Headerdateien zu erstellen, die sowohl für C- als auch C++-Compiler geeignet sind, wie z. B.:

```
#ifdef __cplusplus
  extern "C"
  {
#endif

      int add(int x, int y);
      //... hier evtl. weitere C-Deklarationen

#ifdef __cplusplus
  }
#endif
```

8.3 Neue Headerdateien für C-Standardfunktionen

Die Standard-Headerdateien von C (`<stdio.h>`, `<math.h>`, `<stdlib.h>` usw.) können zwar auch weiterhin in C++ inkludiert werden, aber man sollte nun die neueren C-Standard-Headerdateien inkludieren, die eigens für C++ (als Templates) entworfen wurden. Die Namen dieser neueren C-Standard-Headerdateien haben in C++ das Präfix `c` und keine Endung `.h` mehr:

C-Headerdatei	neue Headerdatei in C++
<assert.h>	<cassert>
<ctype.h>	<cctype>
<float.h>	<cfloat>
<limits.h>	<climits>
<string.h>	<cstring>
<math.h>	<cmath>
...	...

Unter Verwendung der Konstante `__cplusplus` und von `extern "C"` ist es auch hier wieder möglich, Headerdateien anzubieten, die sowohl für C- als auch C++-Compiler geeignet sind, wie z. B.:

```
#ifdef __cplusplus
  #include <cstdio>
  #include <cmath>
  //......
#else
  #include <stdio.h>
  #include <math.h>
  //......
#endif
```

8.4 Namensräume (namespaces) in C++

In C ist nur ein globaler Namensraum vorhanden

In C ist nur ein globaler Namensraum vorhanden. Man kann sich das so vorstellen, dass man beim Verschicken von Briefen als Empfängeradresse keine Postleitzahl und keinen Stadtnamen, sondern nur den Namen des Empfängers und seine Straße mit Hausnummer angeben könnte. Dass dies eventuell zu Kollisionen führen könnte, ist nahe liegend. So ist es sicher denkbar, dass es in Deutschland zwei Personen gibt, die `Hans Meier` heißen und die beide in der `Hauptstrasse 3` wohnen.

Genau so ist es auch in C. Um dann solche Kollisionen zu vermeiden, hat man dann in größeren Projekten den Namen von Funktionen oder Variablen als Präfix oder auch als Postfix den entsprechenden Modulnamen angehängt, was in etwa folgender Empfängeradresse entspricht:

```
Hans Meier_12345_Musterstadt
Hauptstrasse 3
```

Dies ist zum einen umständlich und zum anderen nicht sehr schön.

Deshalb hat man sich in C++ entschlossen, neben dem globalen Namensraum noch weitere Namensräume zuzulassen, was in unserem Beispiel den Postleitzahlen und Stadtnamen entspricht.

So können Konflikte vermieden werden, da ein `Hans Meier` in Hamburg zu einem anderen Namensraum gehört als ein `Hans Meier` in Stuttgart.

Festlegen des Standard-Namensraums mit „using namespace std" in C++

Es gilt hier nun:

- Alle C++-Definitionen in einer Bibliothek oder in einem Programm sind einem bestimmten Namensraum zugeordnet. Hat nun eine andere Definition den gleichen Namen, befindet sich aber in einem anderen Namensraum, führt dies nicht zu Kollisionen.
- Inkludiert man nun Headerdateien, bei denen sich die Funktionsdeklarationen nicht im globalen, sondern in einem eigenen Namensraum befinden, wird der Compiler Fehler melden, da es Voreinstellung ist, dass er nach diesen Funktionen im globalen Namensraum sucht.
- Möchte man festlegen, dass der Compiler für das ganze Programm nicht im globalen Namensraum, sondern nur in einem bestimmten sucht, muss man am Anfang des Programms Folgendes angeben:

```
using namespace namensraum;
```

- Da sich alle Standard C++-Bibliotheken in dem Namensraum `std` befinden, wird in nahezu allen Programmen in diesem Buch Folgendes angegeben:

```
using namespace std;
```

Explizites Festlegen eines Namensraums für einen einzelnen Namen

In manchen Situationen ist es gefährlich, einen Namensraum für das ganze Programm festzulegen. In solchen Fällen kann man jederzeit durch Angabe des Namensraums mit einem doppelten Doppelpunkt vor dem entsprechenden Namen ganz gezielt einen Namensraum für diesen Namen wählen:

```
namensraum::name
```

Auf den globalen Namensraum kann man immer ohne Angabe eines Namensraums, sondern nur durch Voranstellen des doppelten Doppelpunkts vor den entsprechenden Namen zugreifen:

```
::name_aus_globalen_namensraum
```

Programm 8.2 – `namraum.cpp`:
Demoprogramm zu Namensräumen

```
#include <cstdio>
#include <cmath>
using namespace std;
namespace mein { // definieren eines eigenen Namensraums
   double sin(double x) {
      printf("sin heisst zu deutsch: Sünde\n");
      return 0;
   }
}
int main(void) {
   printf("sin(2.3) = %.2lf\n", sin(2.3)); // Aufruf von std::sin()
   mein::sin(2.3); // Aufruf von mein::sin()
   printf("sin(1.2) = %.2lf\n", ::sin(1.2)); // Aufruf von sin() aus globalen
                                             // Namensraum (alte C-Funktion)
}
```

Programm 8.2 liefert die folgende Ausgabe:

```
sin(2.3) = 0.75
sin heisst zu deutsch: Sünde
sin(1.2) = 0.93
```

Nachfolgend ein Ausschnitt aus einer möglichen Headerdatei `<cmath>`:

```
#include <math.h>
#undef cos // Makros aus <math.h> entfernen und stattdessen Funktionen verwenden
#undef sin
.....
namespace std {
   using ::cos; // bedeutet: cos aus globalen Namenraum verwenden
   using ::sin; // bedeutet: sin aus globalen Namenraum verwenden
   .....
};
```

In Kapitel 23 auf Seite 537 werden Namensräume detaillierter vorgestellt.

Kapitel 9

Strings und Vektoren in C++

In der C++-Standardbibliothek[1] gibt es eine Vielzahl von Datentypen, die das Programmieren im Vergleich zu C wesentlich erleichtern.
Hier werden zwei wichtige Datentypen aus der C++-Standardbibliothek kurz vorgestellt, um diese dann in den Beispielprogrammen der nachfolgenden Kapiteln bereits verwenden zu können.

9.1 Der Datentyp string aus der C++-Standardbibliothek

In C ist ein String (Zeichenkette) ein Array von Zeichen, dessen Ende durch ein `0`-Byte gekennzeichnet ist. Die C++-Standardbibliothek stellt nun mit `string` einen eigenen Datentyp zur Verfügung, der sich in zwei wesentlichen Punkten von den 0-terminierten `char*`-Strings in C unterscheidet:

1. Der Datentyp `string` stellt nützliche Funktionen zur Verfügung, um die jeweilige Zeichenkette bearbeiten zu können. Zudem wird in einem `string`-Objekt interne Information über die gespeicherte Zeichenkette gehalten, wie z. B. deren Inhalt, deren Startadresse, deren aktuelle und maximal mögliche Länge. Wird die maximal mögliche Länge überschritten, wird der Puffer, in dem sich die Zeichenkette befindet, automatisch verlängert, was man in C mühsam selbst realisieren musste.
2. Zeichenketten in `string`-Objekten werden nicht wie in C mit einem `0`-Byte abgeschlossen.

Damit wird dem C++-Programmierer einige Verantwortung abgenommen, so dass einige der häufigsten Fehler beim Programmieren in C vermieden werden können:

- Kein Überschreiben fremden Speicherplatzes außerhalb des reservierten Puffers mehr.
- Kein fehlerhafter Zugriff über nicht initialisierte oder falsche Zeiger mehr.
- Keine ungültige Zeiger mehr, nachdem der Speicherplatz für die Zeichenkette freigegeben wurde.

---

[1] wird detaillierter in Kapitel 21 auf Seite 487 behandelt

Um den `string`-Datentyp verwenden zu können, muss man folgende Headerdatei inkludieren:

```
#include <string>
```

Für den `string`-Datentyp werden eine Vielzahl von Operationen angeboten. Nachfolgend werden die Wichtigsten kurz vorgestellt:

- **Initialisieren von `string`-Variablen**
  Eine `string`-Variable lässt sich bei ihrer Definition bereits initialisieren. Dies kann auf zwei verschiedene Arten erfolgen:

```
string s1 = "zeichenkette"; // 1. Möglichkeit
string s2("zeichenkette");  // 2. Möglichkeit
```

- **Zuweisen von Zeichenketten an `string`-Variablen mit =**
  `string`-Variablen kann man jederzeit eine neue Zeichenkette oder eine andere `string`-Variable mit dem Zuweisungsoperator = zuweisen, wie z. B.:

```
s1 = "andere Zeichenkette";
s2 = s1;
```

- **Zusammenfügen von Zeichenketten bzw. `string`-Variablen mit +**
  `string`-Variablen bzw. Zeichenketten kann man mit dem Operator + zu einem String zusammenfügen, wie z. B.:

```
s1 = s2 + "Zeichenkette" + s3;
```

- **Anhängen von Zeichenketten bzw. `string`-Variablen mit +=**
  An `string`-Variablen kann man andere `string`-Variablen bzw. Zeichenketten mit dem Operator += anhängen, wie z. B.:

```
s1 += s2 + "Zeichenkette" + s3;
```

- **Löschen von Zeichen in `string`-Variablen mit `erase()`**
  Um Zeichen in einer `string`-Variablen zu löschen, muss man nur die Funktion `erase()` mit der Position aufrufen, ab der alle Zeichen bis zum Ende zu löschen sind, wie z. B.:

```
s1.erase(5); // löscht alle Zeichen ab Pos. 5 (Zählung beginnt bei 0)
```

- **Umwandeln einer `string`-Variablen in normalen C-String mit `c_str()`**
  Um sich den Inhalt einer `string`-Variablen als C-String zur Verfügung stellen zu lassen, was z. B. für die Formatangabe `%s` bei Ausgabe mit `printf()` erforderlich ist, steht die Funktion `c_str()` zur Verfügung, wie z. B.:

```
printf("%s", s1.c_str());
```

Dies ist nur ein Teil der Funktionalität, die zum Datentyp `string` angeboten wird, sollte aber hier ausreichen. Eine weitere kurze Beschreibung des Datentyps `string` befindet sich in Kapitel 21.1 auf Seite 487.

Programm 9.1 – `stringdemo.cpp`:
Demoprogramm zum Datentyp string

```
#include <cstdio>
#include <string>
using namespace std;

int main(void) {
   string s1, s2; // Leere Strings der Länge 0 ("")
   string s3 = "drei"; // Initialisieren des Strings bei Definition
   string s4("vier");    // Auch eine Möglichkeit der Initialisierung
   s2 = "two (zwei)"; // Zuweisen an einen String
   printf("s2 = %s\n", s2.c_str()); // c_str() liefert C-String (0-terminiert)
   s1 = "one, " + s3 + ", " + s4; // Zusammenfügen von Strings zu einem
   printf("s1 = %s\n", s1.c_str()); // c_str() liefert C-String (0-terminiert)
   s3 += " (three)"; // Anhängen an einen String
   printf("s3 = %s\n", s3.c_str()); // c_str() liefert C-String (0-terminiert)
   s1.erase(5); // in s1 alles ab 5. Zeichen löschen
   s4 = s1 + s2 + ", " + s3 +  ", " + s4 + "---";
   printf("s4 = %s\n", s4.c_str());
}
```

Programm 9.1 liefert die folgende Ausgabe:

```
s2 = two (zwei)
s1 = one, drei, vier
s3 = drei (three)
s4 = one, two (zwei), drei (three), vier---
```

9.2 Der Datentyp vector aus der C++-Standardbibliothek

Um Elemente in einem dynamischen erweiterbaren Array zu verwalten, bietet die C++-Standardbibliothek den Datentyp `vector` an. Verwendet man diesen Datentyp, muss man folgende Headerdatei inkludieren:

```
#include <vector>
```

Die Syntax zur Erzeugung eines Vektors ist z. B.:

```
vector<T> name(elemZahl)
```

Hiermit wird ein Vektor mit dem Namen *name* angelegt, der Elemente vom Typ *T* aufnehmen kann. Seine Anfangsgröße ist dabei *elemZahl*.
Um z. B. einen Vektor `ganzZahl` der Größe 20 anzulegen, der `int`-Zahlen speichern kann, müsste man folgenden Code angeben:

```
vector<int> ganzZahl(20);
```

Möchte man einen zunächst leeren Vektor `meinArray` für `double`-Zahlen anlegen, müsste man folgenden Code angeben:

```
vector<double> meinArray;
```

Für den `vector`-Datentyp werden eine Vielzahl von Operationen angeboten. Nachfolgend werden einige Wichtige kurz vorgestellt:

- **Zugriff auf Elemente im Vektor mit `[]` (wie bei C-Arrays)**

```
for (unsigned i=0; i < 20; i++)
   meinArray[i] = i;
```

- **Anhängen neuer Elemente im Vektor und Verlängern mit `push_back()`**

```
for (unsigned i=0; i < 10; i++)
   ganzZahl.push_back(i*i);
```

- **Erfragen der aktuellen Anzahl von Elementen im Vektor mit `size()`**

```
for (unsigned i=0; i < ganzZahl.size(); i++)
   printf("%d\n", ganzZahl[i]);
```

Dies ist nur ein Teil der Funktionalität, die zum Datentyp `vector` angeboten wird, sollte aber hier ausreichen. Eine weitere kurze Beschreibung des Datentyps `vector` befindet sich in Kapitel 21.6.2 auf Seite 496.

Programm 9.2 – `vectordemo.cpp`:
Demoprogramm zum Datentyp vector

```
#include <cstdio>
#include <vector>
using namespace std;
int main(void) {
  vector<char> v;
  char zeich;
   while ( (zeich = getchar() ) != EOF)
      v.push_back(zeich); // Zeichen am Ende des Vektors anfügen
   for (int i = v.size()-1; i >= 0; i--) // Vektor rückwärts ausgeben
      printf("%c", v[i]);
}
```

Programm 9.2 liest Text ein, und gibt diesen Text bei `EOF` wieder rückwärts aus, wie z. B.:

```
im lager ist↵
ein regal↵
Strg-D  [Unter Windows: Strg-Z]
lager nie
tsi regal mi
```

Startet man Programm 9.2 z. B. mit folgender Kommandozeile:
vectordemo < vectordemo.cpp
gibt es den Inhalt der Datei `vectordemo.cpp` rückwärts aus.

Kapitel 10

Neue Ein- und Ausgabebibliothek

In C++ stehen auch weiterhin die Funktionen `scanf()` und `printf()` zur Ein- und Ausgabe zur Verfügung.
Daneben bietet C++ aber eine zusätzliche auf Klassen basierende Bibliothek zur Ein- und Ausgabe an, die hier kurz vorgestellt wird.

10.1 Motivation für neue Ein-/Ausgabebibliothek

Im ursprünglichen C ist der Programmierer dafür verantwortlich, dass die Datentypen und die Anzahl der Argumente bei `printf()` mit dem Formatstring übereinstimmen. Dies führte oft zu Fehlern der Art, wie sie in Programm 10.1 gezeigt sind.

Programm 10.1 – `altea.cpp`:
Typische Fehler beim Ein- und Ausgeben mit scanf() und printf()

```
#include  <cstdio>

int main(void)
{
  double  d = 10.0;
  int     i = 10;

  printf("%f, %d\n", i, d); /* Falsche Ausgabe: i und d wurden vertauscht */

  scanf("%f", i);       /* zwei Fehler: 1. Falscher Datentyp
                                        2. Adressoperator vor i vergessen */
  printf("i=%d\n", i);
}
```

Um solche häufigen Fehler zu vermeiden, wurde ein anderes Verfahren für das Ein- und Ausgeben in C++ eingeführt: die so genannten *Streams*. Ihre Verwendung demonstriert das Programm 10.2.

Programm 10.2 – neuea1.cpp:
Ein- und Ausgeben mit den Streams cin und cout

```
#include <iostream> // Inkludieren der Headerdatei <iostream>

using namespace std; // Namensraum std

int main(void) {
  double  d = 10.0;
  int     i = 10;

  cout << i << endl << d << endl; // endl bewirkt einen Zeilenvorschub

  cout << "Bitte erste Zahl eingeben:" << endl;
  cin  >> i;
  cout << "Bitte zweite Zahl eingeben:" << endl;
  cin  >> d;
  cout << "Die beiden eingegebenen Zahlen waren:" << endl;
  cout << i << ", " << d << endl;
}
```

Programm 10.2 zeigt, dass Folgendes bei Verwendung dieser neuen Ein- und Ausgabebibliothek zu beachten ist:

- Inkludieren der C++-Headerdatei <iostream>.
- Festlegen des Standard-Namensraums std mit:

```
using namespace std;
```

- Beim Ein- bzw. Ausgeben einer Variablen muss nicht mehr das Format (Datentyp) angegeben werden, da dieses automatisch aus der Deklaration der entsprechenden Variablen ermittelt wird.

Ein möglicher Ablauf von Programm 10.2 ist:

```
10
10
Bitte erste Zahl eingeben:
2 ↵
Bitte zweite Zahl eingeben:
4.5 ↵
Die beiden eingegebenen Zahlen waren:
2, 4.5
```

Eine Anweisung wie z. B.

```
cout << "( " << i << ", " << d << " )" << endl;
```

legt fest, dass alle angegebenen Daten nacheinander (von links nach rechts) nach cout (in die Standardausgabe) geschrieben werden. endl spezifiziert ein *Newline* (\n). Genauso wie nach cout können Ausgaben auch nach cerr (in die Standardfehlerausgabe) geschrieben werden:

```
cerr << "Fehler beim Öffnen der Datei !!!" << endl;
```

Für die Ausgabe mit `cout` gilt Folgendes:

- Ganze Zahlen werden dezimal ausgegeben.
- Gleitpunktzahlen werden im Format `123.456` bzw. `1.23456e2` ausgegeben, je nachdem, was kürzer ist.
- Bei Strings (Datentyp `char *`) wird der Stringinhalt zeichenweise (bis zum abschließenden `\0`) ausgegeben.
- Bei anderen Zeigertypen (Nicht-Strings) wird die Adresse hexadezimal ausgegeben.
- Für boolesche Variablen oder Ausdrücke gibt `cout` 1 (für `true`) und 0 (für `false`) aus:

  ```
  bool  t = true,  f = false;
  cout << "true=" << t << ", false=" << f << ", (a<0)=" << (a < 0);
  ```

  liefert folgende Ausgabe:

  ```
  true=1, false=0, (a<0)=1
  ```

- Der Operator << hat die gleiche Priorität wie der Linksshift-Operator. Gibt man bei `cout` Ausdrücke an, die Operatoren mit niedrigerer Priorität enthalten, muss man diese klammern:

  ```
  cout << ((a >= 0) ? "positiv oder null" : "negativ") << ", a+10=" << a+10;
  ```

- Die Ausgabe der angegebenen Ausdrücke erfolgt zwar von links nach rechts, wobei jedoch die Reihenfolge ihrer Berechnung nicht festgelegt ist. Deshalb sind Ausdrücke mit Seiteneffekten wie der folgende unbedingt zu vermeiden:

  ```
  cout << "a = " << a << ", a^2 = " << (a *= a);
  ```

  Bei diesem Ausdruck ist das Ergebnis vom jeweiligen Compiler abhängig.

Der gleiche Mechanismus ist für die Eingabe möglich. Das Einlesen eines `double`-Werts beispielsweise kann folgendermaßen realisiert werden:

```
cin >> d;
```

Es wird von `cin`, also von der Standardeingabe ein `double`-Wert gelesen und in die Variable `d` geschrieben. Es ist zu beachten, dass nicht (wie bei `scanf()`) die Adresse der Variablen angegeben werden muss.

Die hier vorgestellten Schreibweisen beinhalten die folgenden Syntaxelemente:

`cin`, `cout`	Standardein- und Standardausgabe
`cerr`	Standardfehlerausgabe (ungepuffert)
`clog`	Standardfehlerausgabe (gepuffert)
<<	„Schreiben in…"
>>	„Lesen aus…"
`endl`	so genannter „Manipulator", der einen Zeilenvorschub bewirkt

10.2 Standardausgabestream cout

Zum Formatieren der Daten benutzt man so genannte *Manipulatoren*. Eine mit einem Manipulator eingestellte Vorgabe gilt je nach Art des Manipulators entweder nur für das nächste Ausgabeelement oder aber bis diese Vorgabe explizit wieder durch einen anderen Manipulator ausgeschaltet wird. Um Manipulatoren zu verwenden, muss die Headerdatei `<iomanip>` inkludiert werden.

setw – Beispiel für Manipulator, der nur für nächstes Ausgabeelement gilt

Programm 10.3 zeigt einen Manipulator, der sich nur auf das nächste Ausgabeelement bezieht. Es verwendet den Manipulator `setw(weite)`, um eine rechtsbündige Ausgabe mit mindestens `weite` Zeichen zu erreichen. Ist das nachfolgende Ausgabeelement schmäler, wird es links mit Leerzeichen aufgefüllt. Ist das darauffolgende Ausgabeelement aber breiter, wird es trotzdem vollständig ausgegeben, so dass in diesem Fall der Manipulator `setw(weite)` ohne Wirkung bleibt.

Programm 10.3 – `neuea2.cpp`:
Demonstrationsprogramm zum Manipulator setw

```
#include  <iostream>
#include  <iomanip>
using namespace std;
int main(void) {
   cout << "|" <<setw(30) << "Text mit 30 Zeichen" << "|" << "xx" <<"|" <<endl;
   cout << "|" <<setw(10) << "Text mit 10 Zeichen" << "|" << "xx" <<"|" <<endl;
}
```

Programm 10.3 liefert die folgende Ausgabe:

```
|           Text mit 30 Zeichen|xx|
|Text mit 10 Zeichen|xx|
```

hex, oct, dec – Beispiele für Manipulatoren, die nicht nur für eine Ausgabe gelten

Manipulatoren, bei denen die durch sie veranlasste Ausgabeform so lange gilt, bis mit einem anderen Manipulator eine andere Ausgabeform festgelegt wird, sind z. B. `hex`, `oct` oder `dec`, welche für `int`-Zahlen das Zahlensystem festlegen, in dem sie auszugeben sind, wie es Programm 10.4 zeigt.

Programm 10.4 – `neuea3.cpp`:
Demoprogramm zu den Manipulatoren hex, oct und dec

```
#include  <iostream>
#include  <iomanip>
using namespace std;
int main(void) {
   cout << hex     << "Hex: " << 30   << " " << 40;
   cout << " "     << 100     << " " << 255 << endl << dec;
   cout << "Dez: " << 30      << " " << 40;
   cout << " "     << 100     << " " << 255 << endl;
   cout << oct     << "Oct: " << 30   << " " << 40;
   cout << " "     << 100     << " " << 255 << endl << dec;
}
```

Programm 10.4 liefert die folgende Ausgabe:

```
Hex: 1e 28 64 ff
Dez: 30 40 100 255
Oct: 36 50 144 377
```

Tabelle 10.1 gibt einen Überblick über die wichtigsten Manipulatoren, wobei lediglich `setw` (mit * gekennzeichnet) nur für das nächste Ausgabeelement gilt.

Tabelle 10.1: Wichtige Manipulatoren

Manipulator	**Wirkung**
`setw(int weite) *`	Mindestzahl der auszugebenden Zeichen
`setfill(char z)`	Zeichen, mit dem ein Ausgabefeld aufzufüllen ist
`hex, oct, dec`	Zahlensystem bei Ausgabe ganzer Zahlen
`setprecision(int stellen)`	Nachkommastellen bei Ausgabe von Gleitpunktzahlen
`setiosflags(ios::flag)`	setzt Flags, die Ausgaben beeinflussen (siehe Tabelle 10.2)
`resetiosflags(ios::flag)`	Gegenstück zu `setiosflags()` erlaubt das Löschen einzelner Flags (siehe Tabelle 10.2)

Tabelle 10.2 zeigt die wichtigsten Flags, die mit dem Manipulator `setiosflags()` gesetzt bzw. mit dem Manipulator `resetiosflags()` gelöscht werden können. Dabei können auch zugleich mehrere Flags gesetzt bzw. gelöscht werden, indem man sie mittels bitweisem `OR` (|) verknüpft.

Tabelle 10.2: Wichtige Flags für setiosflags() und resetiosflags()

Flag	**Wirkung**
`ios::skipws`	„White spaces“ (Leer-, Tab-, Neuezeile-Zeichen) bei Eingabe ignorieren
`ios::left`	Linksbündige Ausgabe
`ios::right`	Rechtsbündige Ausgabe (Voreinstellung)
`ios::dec`	Dezimalkonvertierung
`ios::oct`	Oktalkonvertierung
`ios::hex`	Hexadezimalkonvertierung
`ios::uppercase`	Großbuchstaben (bei Ausgabe von Hexadezimal- bzw. `scientific`-Zahlen)
`ios::showpos`	Pluszeichen (+) bei positiven Ganzzahlen
`ios::scientific`	Gleitpunktzahlen bei der Ausgabe im Format 1.23456E12 (IEEE-Norm)
`ios::fixed`	Gleitpunktzahlen bei der Ausgabe im Format 123.456

Programm 10.5 demonstriert nochmals einige wichtige Flags für die Manipulatoren `setiosflags()` und `resetiosflags()`.

Programm 10.5 – `neuea4.cpp`:
Demoprogramm zu den Manipulatoren setiosflags() und resetiosflags()

```
#include <iostream>
#include <iomanip>
using namespace std;


#define MWST  0.15
```

```
struct {
   char  *artikel;
   double preis;
} quittung[] = { { "Gelbwurst",         1.12 }, { "Knäckebrot",        0.78 },
                 { "Limonade",          0.99 }, { "Flachbildschirm", 312.77 },
                 { "Marmelade",         1.23 }, { "Brötchen",          1.38 },
                 { "Taschenrechner",   19.74 } };
const int anzahl = sizeof quittung  / sizeof *quittung ;

int main(void) {
   int  i;
   float preis_summe=0, mwst_summe = 0;

   cout << setiosflags(ios::left) << setw(20) << "Artikel"
        << resetiosflags(ios::left) << setiosflags(ios::right)
        << setw(10) << "Preis"
        << setw(10) << "Mwst" <<endl;
   for (i=0; i < anzahl; i++) {
       char  *art  = quittung[i].artikel;
       float preis = quittung[i].preis;
       float mehrw = preis * MWST;
       cout << setiosflags(ios::left)
            << setw(20) << setfill('.') << art
            << resetiosflags(ios::left) << setiosflags(ios::right|ios::fixed)
            << setprecision(2) << setw(10) << setfill(' ') << preis
            << setw(10) << mehrw << endl;
       preis_summe += preis;
       mwst_summe  += mehrw;
   }
   cout << setw(50) << setfill('-') << " " << endl
        << setiosflags(ios::left) << setw(20) << setfill('.') << "Netto:"
        << resetiosflags(ios::left) << setiosflags(ios::right|ios::fixed)
        << setprecision(2) << setw(10) << setfill(' ') << preis_summe
        << setw(10) << mwst_summe << endl
        << "Brutto:" << setprecision(2) << setw(33) << setfill('_')
        << preis_summe + mwst_summe << endl;
}
```

Programm 10.5 liefert die folgende Ausgabe:

```
Artikel                  Preis      Mwst
...........Gelbwurst      1.12      0.17
..........Knäckebrot      0.78      0.12
............Limonade      0.99      0.15
.....Flachbildschirm    312.77     46.92
...........Marmelade      1.23      0.18
............Brötchen      1.38      0.21
......Taschenrechner     19.74      2.96
-------------------------------------------------
..............Netto:    338.01     50.70
Brutto:___________________________388.71
```

10.3 Standardeingabestream cin

`cin` dient dem Einlesen von Daten aus der Standardeingabe. Die einzulesenden Daten müssen in Variablen gespeichert werden, deren Datentyp dem Typ der einzulesenden Daten entsprechen muss. Die Zuweisung der Daten aus der Standardeingabe an die entsprechenden Variablen erfolgt über den Eingabeoperator `>>`. Beim Einlesen über den Eingabeoperator werden Sonderzeichen wie Leerzeichen, Tabulatorzeichen und die ⏎-Taste (*Whitespaces*) überlesen. Die nachfolgenden Zeichen werden so lange in den Datentyp der entsprechenden Variablen konvertiert, bis ein Zeichen auftritt, das nicht im entsprechenden Datentyp hinterlegt werden kann. Gibt man z. B. bei dem folgenden Codeausschnitt „ `34Jahre`" ein, wird der Variablen `i` nur der Wert `34` zugewiesen, der Rest (`Jahre`) bleibt ungelesen.

```
int i;
cin >> i;
```

Gleitpunktzahlen können auf die gleiche Weise eingelesen werden, wobei jedoch auch ein Dezimalpunkt und ein Exponent (`e` oder `E`) angegeben werden kann. Sollen mittels `cin` einzelne Zeichen eingelesen werden, muss eine Variable vom Typ `char` angegeben werden. Hierbei werden jedoch auch Whitespaces ignoriert. Um auch Whitespaces einzulesen, muss die Funktion `get()` verwendet werden:

```
char z;
cin.get(z);   // liest ein einzelnes Zeichen, auch Leerzeichen ein
```

Über den Manipulator `ws` (*whitespace*) können Leerzeichen auch überlesen (ignoriert) werden:

```
char z1, z2;
cin >> z1 >> ws >> z2;
```

Die Funktion ignore()

Über die Funktion `ignore()` kann eine festgelegte Anzahl von Zeichen aus dem Standardeingabestream ignoriert werden. Dazu muss in Klammern die Anzahl der zu überlesenden Zeichen angegeben werden.

```
char z1, z2;
cin >> z1;          // ein Zeichen wird eingelesen
cin.ignore(5);      // die nächsten 5 Zeichen werden überlesen (ignoriert)
cin >> z2;          // das nächste Zeichen wird eingelesen
```

Bei der Funktion `ignore()` kann auch ein zweiter Parameter angegeben werden, der einen Begrenzer (*delimiter*) festlegt. Tritt dieses Begrenzungszeichen innerhalb der angegebenen Zeichenanzahl auf, wird das Überlesen von Zeichen abgebrochen. Der voreingestellte Begrenzer ist `EOF` (*End-Of-File*). Um z. B. maximal 20 Zeichen bzw. aber auch weniger Zeichen zu überlesen, wenn das Zeilenendezeichen `\n` vorkommt, müsste die folgende Anweisung angegeben werden:

```
cin.ignore(20, '\n');
```

Die Funktion `ignore()` ist sehr nützlich, wenn noch nicht verarbeitete Zeichen, wie z. B. das Returnzeichen `\n` vor der nächsten Eingabe aus dem Eingabepuffer zu entfernen sind.
Programm 10.6, das diese Problematik verdeutlicht, zeigt unter anderem, dass man einen Namensraum für ein Element auch explizit spezifizieren kann, indem man dem entsprechenden Element den Namen des Namensraums mit zwei doppelten Doppelpunkten voranstellt, wie z. B. **std::**`cin`.

Programm 10.6 – `noignore.cpp`:
Fehlerhaftes Programm, da Eingabepuffer nicht geleert wird

```
#include  <iostream>
#include  <cctype>
#include  <cmath>
// kein using namespace std;
int main(void) {
   double i;
   char   taste;

   do {
      std::cout << std::endl << "Bitte eine Zahl eingeben: ";
      std::cin >> i;
      std::cout << "Wurzel zu " << i << " ist: " << sqrt(i) << std::endl;
      std::cout << std::endl;
      std::cout << "Noch ne Wurzelberechnung? (j/n): ";
      std::cin.get(taste);
   } while (tolower(taste) == 'j');
}
```

Startet man Programm 10.6, zeigt es z. B. das folgende Ablaufverhalten:

```
Bitte eine Zahl eingeben: 7 ↵
Wurzel zu 7 ist: 2.64575

Noch ne Wurzelberechnung? (j/n):
```

Obwohl der Benutzer noch gefragt wird, ob er eine weitere Wurzelberechnung wünscht, hat er keine Möglichkeit mehr, auf diese Frage zu antworten, da das Programm sich nach dieser Frage sofort beendet. Das Problem liegt dabei in der Tatsache, dass mit der Anweisung

```
std::cin >> i;
```

zwar alle Ziffern aus dem Eingabepuffer entfernt werden, jedoch nicht das `\n`-Zeichen (↵). Nach der Ausgabe der Frage nach einer weiteren Wurzelberechnung wird bei der Anweisung

```
std::cin.get(taste);
```

nun das noch im Eingabepuffer verbliebene Return-Zeichen `\n` gelesen, so dass der Benutzer gar nicht die Möglichkeit bekommt, auf diese Frage zu antworten. Da `\n` nicht gleich dem Zeichen `j` ist, wird die `do-while`-Schleife verlassen und das Programm beendet. Dieses Problem lässt sich mit der Funktion `ignore()` umgehen, wie es in Programm 10.7 gezeigt ist.

Programm 10.7 – `ignore.cpp`:
Richtiges Programm, da Eingabepuffer vor nächster Eingabe geleert wird

```
#include  <iostream>
#include  <cctype>
#include  <cmath>
using std::cout;
using std::cin;
using std::endl;
int main(void) {
  double i;
  char   taste;
   do {
      cout << endl << "Bitte eine Zahl eingeben: ";
      cin >> i;
      cin.ignore(100, '\n');  //..... Leeren des Eingabepuffers
      cout << "Wurzel zu " << i << " ist: " << sqrt(i) << endl;
      cout << endl;
      cout << "Noch ne Wurzelberechnung? (j/n): ";
      cin.get(taste);
   } while (tolower(taste) == 'j');
}
```

Zusätzlich zeigt Programm 10.7 eine andere Variante, den Namensraum für Elemente festzulegen, indem man diese explizit mit dem Namensraum am Anfang des Programms angibt:

```
using std::cout;
using std::cin;
using std::endl;
```

Zeichenketten einlesen mit der Funktion get()

Sollen Zeichenketten (*Strings*) eingelesen werden, kann dies zwar auch mit der Funktion `cin` geschehen. Dabei sind jedoch zwei Besonderheiten zu beachten:

- `cin` überliest führende Leer-und Tabulatorzeichen.
- `cin` beendet das Einlesen, wenn es auf Leer- bzw. Tabulatorzeichen trifft.

Diese Besonderheiten von `cin` verdeutlicht das Programm 10.8.

Programm 10.8 – `cinstring.cpp`:
Einlesen von Zeichenketten mit cin

```
#include  <iostream>
using namespace std;
int main(void) {
  char  str[100];
   cin >> str;
   cout << "\"" << str << "\"" << endl;
}
```

Programm 10.8 zeigt z. B. das folgende Ablaufverhalten:

```
    Hans Meier ↵
"Hans"
```

Sollen auch Leer- und Tabulatorzeichen mit eingelesen werden, so muss die Funktion `get()` verwendet werden, bei der anzugeben ist, wie viele Zeichen maximal einzulesen sind, wie dies in Programm 10.9 gezeigt wird:

Programm 10.9 – `cinget.cpp`:
Einlesen von Zeichenketten mit cin.get()

```
#include <iostream>
using namespace std;
int main(void) {
  char  str[100]; // für 99 Zeichen + \0 ausgelegt
   cin.get(str, 99);
   cout << "\"" << str << "\"" << endl;
}
```

Programm 10.9 zeigt z. B. das folgende Ablaufverhalten:

```
    Hans Meier ↵
"    Hans Meier"
```

Hierbei ist zu beachten, dass das Neuezeile-Zeichen `\n` (vom Drücken der Taste ↵) im Eingabepuffer verbleibt und beispielsweise mit `cin.ignore()` überlesen werden muss.

Zeilen einlesen mit der Funktion getline()

Um ganze Zeilen einzulesen, sollte die Funktion `getline()` verwendet werden, die die gleichen Parameter wie `get()` besitzt. Wie `get()` beendet `getline()` das Einlesen beim Neuezeile-Zeichen `\n`. Anders als bei `get()` wird jedoch bei `getline()` das Neuezeile-Zeichen `\n` auch gelesen. Dieses Zeichen wird jedoch nicht im String hinterlegt, sondern durch `\0` ersetzt. Programm 10.10, das die Zeilen und Zeichen eines Eingabetextes zählt, ist ein Demoprogramm zu `getline()`.

Programm 10.10 – `cingetline.cpp`:
Zählen der Zeichen und Zeilen eines Eingabetextes mit getline()

```
#include <iostream>
#include <cstring>
using namespace std;
int main(void) {
  char  str[1000]; // für 999 Zeichen + \0 ausgelegt
  int   l=0, c=0;
   while (cin.getline(str, 999) != 0) {
      l++;
      c += strlen(str) + 1; //  +1 wegen \n, das durch \0 ersetzt wurde
   }
   cout << l << " Zeilen; " << c << " Zeichen" << endl;
}
```

Startet man Programm 10.10 z. B. mit der Kommandozeile:
cingetline < cingetline.cpp
liefert es z. B. die folgende Ausgabe:

```
12 Zeilen; 340 Zeichen
```

Man hätte in Programm 10.10 statt eines C-Strings auch den C++-Datentyp `string` verwenden können, wie es in Programm 10.11 gezeigt ist.

Programm 10.11 – `cingetline2.cpp`:
Gleiche Funktionalität wie Programm 10.10 unter Verwendung des string-Datentyps

```
#include  <string>
#include  <iostream>
using namespace std;
int main(void) {
   string str;  // nun Verwendung des string-Datentyps
   int    l=0, c=0;
    while (getline(cin, str) != 0) {
       l++;
       c += str.length() + 1; // length() liefert Anzahl der Zeichen in str
    }
    cout << l << " Zeilen; " << c << " Zeichen" << endl;
}
```

10.4 Einfaches Lesen und Schreiben in Dateien

Um in einer Datei zu lesen oder zu schreiben, sind folgende Schritte erforderlich:

- **Inkludieren der Headerdatei `<fstream>`**

  ```
  #include <fstream>
  ```

- **Öffnen einer Datei zum Lesen mit `ifstream`**
  Um eine Datei zum Lesen zu öffnen, muss man eine `ifstream`-Variable (*input file stream*) anlegen, die sich dann wie `cin` verhält:

  ```
  ifstream leseName (dateiName);
  ```

- **Öffnen einer Datei zum Schreiben mit `ofstream`**
  Um eine Datei zum Schreiben zu öffnen, muss man eine `ofstream`-Variable (*output file stream*) anlegen, die sich dann wie `cout` verhält:

  ```
  ofstream schreibName (dateiName);
  ```

- **Lesen und Schreiben in einer Datei**
  Nachdem man die Datei entsprechend geöffnet hat, kann man aus ihr (*leseName*) wie mit `cin` lesen bzw. in ihr (*schreibName*) wie mit `cout` schreiben.

Beispielprogramme zum Ausgeben einer Datei mit Zeilennummerierung

Program 10.12 ist eine erste Variante, um den Inhalt einer Datei, deren Name auf der Kommandozeile angegeben wird, mit Zeilennummerierung auszugeben.

Programm 10.12 – `numer.cpp`:
Ausgabe einer Datei mit Zeilennummerierung

```
#include <fstream>
#include <string>
#include <iomanip>
#include <iostream>
using namespace std;
int main(int argc, char *argv[]) {
   if (argc != 2) { cerr << "usage: " << argv[0] << " dateiname" << endl; exit(1); }
   int l = 0;
   string zeile;
   ifstream eing(argv[1]);
   if (eing) // konnte Datei erfolgreich geöffnet werden
      while (getline(eing, zeile))
         cout << setw(5) << ++l << "  " << zeile << endl; // \n nicht in zeile
}
```

Programm 10.13, das das Gleiche wie Programm 10.12 leistet, benutzt den `string`-Datentyp, um in einem String den ganzen Inhalt der entsprechenden Datei zu speichern, bevor es diesen String dann als Ganzes ausgibt. Hat man einmal einen Dateiinhalt in einem String, vereinfacht dies das Suchen bzw. Ersetzen wesentlich gegenüber dem Suchen bzw. Ersetzen direkt in der Datei.

Programm 10.13 – `numer2.cpp`:
Gleiche Funktionalität wie Programm 10.12 unter Verwendung des string-Datentyps

```
#include <cstdio> // für sprintf()
#include <fstream>
#include <string>
#include <iomanip>
#include <iostream>
using namespace std;
int main(int argc, char *argv[]) {
   if (argc != 2) { cerr << "usage: " << argv[0] << " dateiname" << endl; exit(1); }
   int l = 0;
   char praefix[8];
   string zeile, dateiInhalt;
   ifstream eing(argv[1]);
   if (eing) { // konnte Datei erfolgreich geöffnet werden
      while (getline(eing, zeile)) {
         sprintf(praefix, "%5d  ", ++l);
         dateiInhalt += praefix + zeile + "\n";
      }
      cout << dateiInhalt; // Ausgabe des Strings mit ganzen Dateiinhalt
   }
}
```

Programm 10.14 leistet wieder das Gleiche wie Programm 10.12, benutzt dazu aber zusätzlich den `vector`-Datentyp, um dort die einzelnen Zeichen abzuspeichern.

Programm 10.14 – `numer3.cpp`:
Gleiche Funktionalität wie Programm 10.12 unter Verwendung des vector-Datentyps

```
#include  <fstream>
#include  <string>
#include  <vector>
#include  <iomanip>
#include  <iostream>
using namespace std;
int main(int argc, char *argv[]) {
   if (argc != 2) {
      cerr << "usage: " << argv[0] << " dateiname" << endl;
      exit(1);
   }
   string zeile;
   vector<string> v;
   ifstream eing(argv[1]);
   if (eing) // konnte Datei erfolgreich geöffnet werden
      while (getline(eing, zeile))
         v.push_back(zeile);
   for (unsigned l = 0; l < v.size(); l++)
      cout << setw(5) << l+1 << "  " << v[l] << endl;
}
```

Beispielprogramm zum Kopieren einer Datei in eine andere

Programm 10.15 kopiert den Inhalt der Datei, deren Name als erstes auf der Kommandozeile angegeben ist, in die Datei, deren Name als zweites auf der Kommandozeile angegeben ist.

Programm 10.15 – `mycopy.cpp`:
Kopieren einer Datei in eine andere

```
#include  <fstream>
#include  <iostream>
using namespace std;

int main(int argc, char *argv[]) {
   if (argc != 3) {
      cerr << "usage: " << argv[0] << " quelldatei zieldatei" << endl;
      exit(1);
   }
   char  zeich;
   ifstream eing(argv[1]); // Öffnen der zu lesenden Datei
   ofstream ausg(argv[2]); // Öffnen der zu schreibenden Datei

   if (eing && ausg) // konnten beide Dateien erfolgreich geöffnet werden
      while (eing.get(zeich))
         ausg << zeich;
}
```

Beispielprogramm zum einfachen Extrahieren von Wörtern aus einer Datei

Da der Operator >> *whitespaces* (Leer-, Tab- und Neuezeile-Zeichen) überliest, kann man ihn einsetzen, um aus einer Datei Wort für Wort zu lesen, wie es z. B. in Programm 10.16 gezeigt ist, das aus der auf der Kommandozeile angegebenen Datei alle Wörter in einen Vektor einliest, und diesen dann untereinander (jedes Wort in einer Zeile) ausgibt.

Programm 10.16 – `woerter.cpp`:
Inhalt einer Datei wortweise ausgeben

```
#include <fstream>
#include <string>
#include <vector>
#include <iostream>
using namespace std;

int main(int argc, char *argv[])
{
   if (argc != 2) {
      cerr << "usage: " << argv[0] << " dateiname" << endl;
      exit(1);
   }
   string wort;
   vector<string> woerter;
   ifstream eing(argv[1]);

   while (eing >> wort) // überliest alle whitespaces (Leerz., Tabs, Neuezeilz.)
      woerter.push_back(wort);

   for (unsigned i = 0; i < woerter.size(); i++)
      cout << woerter[i] << endl;
}
```

Kapitel 11

Neue Casting-Konstrukte

Der Einsatz von Casting-Operatoren ist nicht ganz ungefährlich, da sie die normale Typüberprüfung durch den Compiler ausschalten. Wenn möglich, sollte man Casting vermeiden. Dennoch wird Casting in manchen Situationen benötigt, weswegen C++ nicht nur das alte Casting-Konstrukt von C übernommen hat, sondern es entsprechend erweitert hat.

11.1 Casting im alten Stil (old-style casts)

Für Casting gibt es in C++ zwei alternative Konstrukte:

```
(typ)ausdruck // wie in C auch in C++ mögl.
typ(ausdruck) // nur in C++ mögl.
```

Die Kommentare im nachfolgenden Codeausschnitt verdeutlichen dies nochmals:

```
int   x;
float y = 10.3;
  x = (int)y; // sowohl in C als auch in C++ möglich
  x = int(y); // nur in C++ möglich
```

Die zweite Casting-Alternative, die neu in C++ und oft besser lesbar ist, kann allerdings nur verwendet werden, wenn der Typname nur aus einem Wort besteht.

11.2 Casting im neuen Stil (new-style casts)

C++ hat zusätzlich noch so genannte *new-style casts* eingeführt, die Casts in einem Programm eindeutig identifizieren und somit das Auffinden von Casts in Programmen – anders als bei *old-style casts*, die nur aus einem Typnamen mit Klammern bestehen – wesentlich erleichtern.

static_cast – Standard-Casting für eine Typkonvertierung

```
static_cast<typ>(ausdruck)
```

Der Operator `static_cast` wird verwendet, um ein statisches Casting durchzuführen. Statisches Casting liegt vor, wenn sich der Variablentyp zur Laufzeit nicht ändert, was z. B. für alle elementaren Datentypen zutrifft. Grundsätzlich gilt, dass `static_cast` an Stellen eingesetzt wird, an denen der Compiler auch implizit (ohne `static_cast`) in den entsprechenden Typ konvertieren könnte.

Programm 11.1 – `staticcast.cpp`:
Einsatz von static_cast

```
#include <climits>

void fkt(int) { }

int main(void) {
  int    i = INT_MAX;
  float  f = 2.5;

  //------------------------------------ Implizites Casting (ohne Verluste)
  f = i;
  f = static_cast<float>(i); //... Explizites Casting (hier nicht notwendig)

  //------------------------------- Implizites Casting (mit mögl. Verlusten)
  i = f;  //.... Warnung durch den Compiler
  i = static_cast<int>(f); // Explizites Casting (beseitigt die Warnung)
  i += f; //... Warnung durch den Compiler
  i += static_cast<int>(static_cast<float>(i) + f); // beseitigt Warnung
  i += static_cast<int>(f); // beseitigt auch Warnung (lesbarer)

  //---------------------------- Implizites Casting (bei Funktionsaufrufen)
  fkt(f); //.... Warnung durch den Compiler
  fkt(static_cast<int>(f)); //... Explizites Casting (hier nicht notwendig)
}
```

Kompiliert man Programm 11.1, gibt der Compiler z. B. folgende Warnungen aus:

```
staticcast.cpp: In function 'int main()':
staticcast.cpp:14: warning: assignment to 'int' from 'float'
staticcast.cpp:16: warning: assignment to 'int' from 'float'
staticcast.cpp:21: warning: passing 'float' for argument passing 1 of 'fkt(int)'
```

const_cast – Casting zum Entfernen von const bzw. volatile

```
const_cast<typ>(ausdruck)
```

Der Operator `const_cast` wird verwendet, um ein `const`- bzw. ein `volatile`-Objekt in ein nicht-`const`- bzw. nicht-`volatile`-Objekt zu konvertieren. Nimmt man die Adresse eines `const`-Objekts, erzeugt man einen Zeiger auf ein `const`-Objekt. Ein solcher Zeigerwert kann nicht einem nicht-`const`-Zeiger zugewiesen werden. Gleiches gilt auch für `volatile`. In solchen Fällen könnte man zwar *old-style cast* verwenden, aber in C++ sollte man stattdessen `const_cast` verwenden.

Programm 11.2 – `constcast.cpp`:
Einsatz von const_cast

```
void fkt(char *string) { }

int main(void)
{
  const char *land = "Deutschland";
  const int  konst = 0;

  // fkt(land);  Compilerfehler: invalid conversion from 'const char*' to 'char*'
  fkt(const_cast<char*>(land)); // richtiger Aufruf (kein Compilerfehler)
  int *zgr = (int*)&konst;           //... veraltet, aber erlaubt
  zgr  = const_cast<int*>(&konst); //... neuere Variante (sollte man verwenden)
  // long *l = const_cast<long*>(&konst); Fehler: const_cast nur für gleichen Typ
  //.. Compilerfehler: invalid const_cast from type 'const int*' to type ' long*'
}
```

reinterpret_cast – Casting in einen vollständig anderen Typ

```
reinterpret_cast<typ>(ausdruck)
```

Der Operator `reinterpret_cast` wird verwendet, um den Inhalt einer Speicherstelle in einen völlig neuen, vom ursprünglichen Datentyp vollständig unabhängigen Datentyp zu konvertieren. Nicht möglich ist hiermit allerdings das Entfernen der `const`-Eigenschaft.

Da das Ergebnis beim Operator `reinterpret_cast` oft implementations- und hardwareabhängig ist, sollte dieser Operator mit sehr großer Bedacht eingesetzt werden. Am häufigsten wird dieser Operator zum Casten von Zeigern eingesetzt.

Programm 11.3 – `reinterpret.cpp`:
Einsatz von reinterpret_cast

```
#include <cstdio>
typedef void (*voidFktZgr)(void); // voidFktZgr = Zeiger auf Funktion ohne
                                  //              Parameter und Rückgabewert
void voidFkt(void) { printf("Ich bin die 'voidFkt'\n");           }
int  intFkt(int i) { printf("Ich bin eine 'intFkt'\n"); return i; }

int main(void) {
   int        i;
   voidFktZgr fktZgrArray[2];

   for (i=0; i<2; i++) fktZgrArray[i] = &voidFkt;
   for (i=0; i<2; i++) (*fktZgrArray[i])();

   for (i=0; i<2; i++) {
      // fktZgrArray[i] = &intFkt; <-- ist nicht erlaubt
      fktZgrArray[i] = reinterpret_cast<voidFktZgr>(&intFkt);
   }
   for (i=0; i<2; i++) (*fktZgrArray[i])();
}
```

Programm 11.3 liefert die folgende Ausgabe:

```
Ich bin die 'voidFkt'
Ich bin die 'voidFkt'
Ich bin eine 'intFkt'
Ich bin eine 'intFkt'
```

Programm 11.4 zeigt einen weiteren möglichen Einsatz von `reinterpret_cast`, indem es die Adresse einer `float`-Zahl, die auf der Kommandozeile übergeben wird, einem `long`-Zeiger zuweist, um dann über diesen `long`-Zeiger auf die einzelnen Bits der `float`-Zahl zuzugreifen und deren Bitmuster auszugeben. Das Casting ist hierbei notwendig, da Bitoperationen wie >> oder & nur für ganze Zahlen (wie `int`, `long` usw.) und nicht für Gleitpunktzahlen erlaubt sind.

Programm 11.4 – `reinterpret2.cpp`:
Bitmuster zu Gleitpunktzahl mit reinterpret_cast auslesen

```
#include <cstdlib>
#include <cstdio>
int main(int argc, char *argv[]) {
   if (argc != 2) {
      fprintf(stderr, "usage: %s  zahl\n", argv[0]); exit(1);
   }
   float  zahl = atof(argv[1]);
   long   *byte = reinterpret_cast<long *>(&zahl);
   for (int i = sizeof(float)*8-1; i >= 0 ; i--)
      printf("%ld%s", (*byte >> i) & 1, (i==31 || i==23) ? " | " : "");
   // printf(" = %f\n", *byte); falsch; zuerst wieder zurück in float casten
   printf(" = %f\n", *reinterpret_cast<float *>(byte));
}
```

Programm 11.4 zeigt auch, dass nach einem `reinterpret_cast` nicht mehr der originale Datentyp verwendet werden kann, sondern dazu wieder ein Zurückcasten mittels `reinterpret_cast` erforderlich ist. So kann z. B. `byte` nicht direkt verwendet werden, um sich die dazugehörige `float`-Zahl ausgeben zu lassen. Dafür ist zuvor ein Zurückcasten nach `float *` notwendig, wie dies in der letzten Zeile geschehen ist. Mögliche Abläufe des Programms 11.4 sind:

```
> reinterpret2 12.625 ⏎
0 | 10000010 | 10010100000000000000000 = 12.625000
> reinterpret2 -2.1 ⏎
1 | 10000000 | 00001100110011001100110 = -2.100000
```

dynamic_cast – Dynamisches Casting zur Laufzeit

```
dynamic_cast<typ>(ausdruck)
```

Der Operator `dynamic_cast` wird zum Konvertieren während der Laufzeit eingesetzt, um z. B. einen Zeiger auf ein Objekt einer bestimmten Klasse in einen Zeiger auf ein anderes Objekt in der gleichen Klassenhierarchie zu setzen. Auf `dynamic_cast` wird in Kapitel 22 auf Seite 523 näher eingegangen.

Kapitel 12

Übungen

Signum-Funktion sgn() als Makro und als inline-Funktion

In der Mathematik gibt es die *Signum*-Funktion `sgn()`, die feststellt, ob es sich bei einer Zahl um eine positive Zahl, um eine negative Zahl oder um die Zahl 0 handelt. Dazu liefert diese Funktion Folgendes:

```
-1 für x < 0
 1 für x > 0
 0 für x = 0
```

Im folgenden Programm `signum.cpp` ist diese *Signum*-Funktion nachgebildet. Was würde dieses Programm ausgeben, oder hat es einen Fehler?

```
#include <iostream>
using namespace std;

#define sgnMakro(z)   (z > 0) - (z < 0)
inline int sgnFkt(int z)  return (z > 0) - (z < 0);

int main(void)
{
   int z1 = -2,
       z2 = -2;

   cout << "sgn(z1) = " << sgnMakro(++z1) << endl;
   cout << "sgn(z2) = " << sgnFkt(++z2) << endl;
}
```

Falsche und richtige Default-Parameterlisten

Welche der folgenden Default-Parameterlisten sind erlaubt und welche nicht?

```
void f1(int x, int y, int c = 0);
void f2(int x, int y = 0, int z = 0);
void f3(int x, int y = 0, int z);
void f4(int i=0, ...);
```

Überladen von Funktionen

Welche der folgenden Anweisungen sind erlaubt und welche nicht?

1. Anweisungsfolge:

```
long fkt(int b, int y=10) { }
long fkt(int b)           { }
```

2. Anweisungsfolge:

```
int    fkt(int a, int b)       { }
double fkt(double a, double b) { }
  y = fkt( 251, 12 );
  y = fkt( 4.2, 6.8 );
  y = fkt( 10, 2.7 );
```

3. Anweisungsfolge:

```
long f(int a, int b) { }
char f(int a, int b) { }
```

Vertauschen mit call-by-reference

Erstellen Sie ein Programm `swap.cpp`, das eine überladene Funktion `swap()` anbietet, mit der man sowohl `int`- und `double`-Variablen als auch `char`-Zeiger vertauschen kann. Das Vertauschen in der jeweiligen `swap()` Funktion soll dabei mit echtem *call-by-reference* erfolgen. Erstellen Sie diese drei Varianten der `swap()`-Funktion, indem Sie den folgenden Codeausschnitt entsprechend ergänzen:

```
#include <iostream>
using namespace std;

void swap(...) { ..... } // Vertauschen von zwei int-Variablen
void swap(...) { ..... } // Vertauschen von zwei double-Variablen
void swap(...) { ..... } // Vertauschen von zwei char-Zeiger
int main(void) {
   int    a=5,   b=10;
   double x=5.2, y=10.7;
   char   *str1 = "Eins", *str2 = "Zwei";
   swap( a, b );
   swap( x, y );
   swap( str1, str2 );
   cout << "a=" << a << ", b=" << b << endl;
   cout << "x=" << x << ", y=" << y << endl;
   cout << "str1=" << str1 << ", str2=" << str2 << endl;
}
```

Das Programm `swap.cpp` sollte dann folgende Ausgabe liefern:

```
a=10, b=5
x=10.7, y=5.2
str1=Zwei, str2=Eins
```

Überladen von Funktionen mit unterschiedlichen Vektoren

Erstellen Sie ein Programm `vectoradd.cpp`, das drei überladene `add()`-Funktionen beinhaltet, die jeweils den Inhalt des übergebenen Vektors zunächst ausgeben, wobei abhängig von der jeweiligen Funktion die Elemente des Vektors vom Typ `int`, `double` oder `string` sind. Im Falle eines `int`- oder `double`-Vektors soll die Funktion `add()` die Summe der darin enthaltenen Werte zurückgeben, und bei einem `string`-Vektor einen String, in dem alle Elemente aus dem Vektor zu einem String zusammengefügt sind. Ergänzen Sie dazu folgenden Codeausschnitt:

```
#include <vector>
#include <iostream>
using namespace std;

int    add( ... ) { ..... }
double add( ... ) { ..... }
string add( ... ) { ..... }

int main(void) {
  int i;

  vector<int>    ganzZahl;
  vector<double> gltPkt;
  vector<string> namen;
   for (i=0; i < 10; i++)
       ganzZahl.push_back(i*i);
   for (i=0; i < 5; i++)
       gltPkt.push_back(static_cast<double>(i) / (i+1));
   namen.push_back("eins");
   namen.push_back("zwei");
   namen.push_back("drei");
   namen.push_back("vier");
   int    ganz = add(ganzZahl); cout << " = " << ganz << endl;
   double glt  = add(gltPkt);   cout << " = " << glt  << endl;
   string text = add(namen);    cout << " = " << text << endl;
}
```

Das Programm `vectoradd.cpp` sollte dann folgende Ausgabe liefern:

```
0 + 1 + 4 + 9 + 16 + 25 + 36 + 49 + 64 + 81 = 285
0 + 0.5 + 0.666667 + 0.75 + 0.8 = 2.71667
eins + zwei + drei + vier = einszweidreivier
```

Eingabe und formatierte Ausgabe

Erstellen Sie ein Programm `schuh.cpp`, dass zu einem Schuh-Artikel jeweils folgende Daten einliest: Bezeichnung, Schuhabteilung (`m`: Männer, `f`: Frauen, `k`: Kinder) und Schuhgröße. Nach jeder Eingabe wird gefragt, ob der Anwender einen weiteren Schuh-Artikel eingeben will. Die Eingabe wird beendet, wenn der Anwender diese Frage mit „`n`" beantwortet oder maximal nach 10 Schuhen.

Anschließend sollen die eingelesenen Schuh-Daten formatiert in Spalten (wie im folgenden Programmablauf) wieder ausgegeben werden.

```
*** Eingabe von max. 10 Schuhartikeln:

Bezeichnung: Gummistiefel bunt ↵
Schuhabteilung: (m)aenner, (f)rauen, (k)inder: k ↵
Groesse: 21 ↵
--> Noch einen Artikel eingeben (j/n): j ↵

Bezeichnung: Camel Boots ↵
Schuhabteilung: (m)aenner, (f)rauen, (k)inder: m ↵
Groesse: 43 ↵
--> Noch einen Artikel eingeben (j/n): j ↵

Bezeichnung: Turnschuh Aerobic ↵
Schuhabteilung: (m)aenner, (f)rauen, (k)inder: f ↵
Groesse: 38 ↵
--> Noch einen Artikel eingeben (j/n): j ↵

Bezeichnung: Filzpantoffel ofenwarm ↵
Schuhabteilung: (m)aenner, (f)rauen, (k)inder: m ↵
Groesse: 45 ↵
--> Noch einen Artikel eingeben (j/n): n ↵

*** Formatierte Ausgabe aller Schuhartikel:
Gummistiefel bunt..   21    k
Camel Boots........   43    m
Turnschuh Aerobic..   38    f
Filzpantoffel ofenw   45    m
```

Zählen von Zeichen in Dateien

Erstellen Sie ein Programm `zeichzaehl.cpp`, das in allen auf der Kommandozeile angegebenen Dateien zählt, wie oft die einzelnen Zeichen aus dem ASCII-Code dort vorkommen, und das dann das Vorkommen aller druckbaren Zeichen ausgibt. So könnte sich z. B. folgender Ablauf ergeben:

```
> zeichzaehl *.cpp ↵
       | !   0 | "  48 | #  11 | $   0 | %   2 | &   6 | '  10
(  54  | )  54 | *   7 | +  22 | ,  24 | -  20 | .   4 | /  11
0  20  | 1  20 | 2  14 | 3   3 | 4   0 | 5   3 | 6   1 | 7   1
8   2  | 9   1 | :   2 | ;  59 | < 108 | =  43 | >  16 | ?   2
@   0  | A   2 | B   0 | C   0 | D   3 | E   1 | F   2 | G   0
H   0  | I   0 | J   0 | K   0 | L   0 | M   2 | N   0 | O   0
P   0  | Q   0 | R   0 | S   2 | T   0 | U   0 | V   5 | W   1
X   0  | Y   0 | Z   4 | [  10 |     3 | ]  10 | ^   0 | _   0
`   0  | a  90 | b  26 | c  58 | d  47 | e 122 | f  17 | g  31
h  45  | i 118 | j   6 | k   6 | l  49 | m  22 | n 110 | o  50
p  14  | q   0 | r  70 | s  70 | t  88 | u  38 | v  17 | w  16
x  11  | y   7 | z  48 | {  13 | |   1 | }  13 | ~   0 |
```

Primzahlen mit dem Sieb des Eratosthenes

Das *Sieb des Eratosthenes* zur Ermittlung von Primzahlen verwendet folgende Vorgehensweise: Zunächst wird auf die Zahl 2 positioniert, und dann alle Vielfachen von 2 herausgestrichen (fette Zahlen verbleiben im Array):

```
1 2 3 4 5 6 7 8 9 10 11 12 13 14 15 16 17 18 ...
  ^
```

Im nächsten Schritt wird um eine Zahl weiterpositioniert, in unserem Fall also auf 3. Ist diese Zahl noch vorhanden, so handelt es sich um eine Primzahl, von der wiederum alle Vielfachen zu streichen sind:

```
1 2 3 4 5 6 7 8 9 10 11 12 13 14 15 16 17 18 ...
    ^
```

Die nächste Primzahl nach 3 wäre dann 5 (noch nicht gestrichen), von der wieder alle Vielfachen zu streichen sind usw. Dieses Verfahren wird wiederholt, bis die Zahl `n` erreicht ist. Die im Array nicht gestrichenen Zahlen sind dann Primzahlen. Erstellen Sie ein Programm `primsieb.cpp`, das Primzahlen nach diesem Verfahren ermittelt, wobei es dazu den Datentyp `vector` verwendet, der boolesche Werte enthält: `false` zeigt dabei an, dass die entsprechende Zahl gestrichen wurde. Möglicher Ablauf des Programms `primsieb.cpp`:

```
Primzahlen bis wohin: 1000 (↵)
       2       3       5       7      11      13      17      19      23      29
     :::::::::::::::::::::::::::::::::::::::::::::::::::::::::::::::::::::::::::
     877     881     883     887     907     911     919     929     937     941
     947     953     967     971     977     983     991     997
```

Sortieren von Dateien

Erstellen Sie ein Programm `sortfile.cpp`, das den Inhalt (Zeilen) der Datei, die als erstes Argument angegeben ist, sortiert und in die als zweites Argument angegebene Datei ausgibt. Dabei sollten Sie die einzelnen Zeilen in einen `string`-Vektor einlesen. Ein Vergleichen von `string`-Variablen ist im übrigen mit den Operatoren <, > usw. möglich. Hat z. B. die Datei `namen.txt` den folgenden Inhalt:

```
Mueller, Hans
Wolters, Toni
Baller, Marion
Aller, Michael
```

und man ruft nun **./sortfile namen.txt namensort.txt** auf, so sollte danach die Datei `namensort.txt` folgenden Inhalt haben:

```
Aller, Michael
Baller, Marion
Mueller, Hans
Wolters, Toni
```

Default-Parameter und Überladen von Funktionen

Erstellen Sie ein Programm `konvert.cpp` mit folgender Funktionalität:

1. Zählen in beliebigem Zahlensystem von einem Start- bis zu einem Endwert
2. Zählen eines Zeichens in einem String

Für beide Zählarten soll eine überladene Funktion namens `zaehl()` existieren. Für die erste Form des Zählens (Zählen in beliebigem Zahlensystem) sollen folgende Voreinstellungen gelten, wenn beim Aufruf die entsprechenden Argumente fehlen:

Startwert: 1
Endwert: 5
Zahlensystem: 10

Erstellen Sie diese beiden Varianten der `zaehl()`-Funktion, indem Sie den folgenden Codeausschnitt entsprechend ergänzen:

```
#include <iostream>
#include <cstring>
#include <cctype>
using namespace std;

void zaehl( ... ) { // Zählen in einem beliebigen Zahlensystem
   .......
}

void zaehl( ... ) { // Zählen eines Zeichens in einem String
   .......
}

int main(void)
{
   zaehl();
   zaehl( 3, 9, 2 );
   zaehl( 20, 30, 16 );
   zaehl( 2 );

   zaehl( "Westernleder", 'e' );
   zaehl( "Abraham", 'a' );
}
```

Das Programm `konvert.cpp` sollte dann folgende Ausgabe liefern:

```
---- Zaehle von 1 bis 5 im 10er-System
        1, 2, 3, 4, 5,
---- Zaehle von 3 bis 9 im 2er-System
        11, 100, 101, 110, 111, 1000, 1001,
---- Zaehle von 20 bis 30 im 16er-System
        14, 15, 16, 17, 18, 19, 1A, 1B, 1C, 1D, 1E,
---- Zaehle von 2 bis 5 im 10er-System
        2, 3, 4, 5,
---- Das Zeichen 'e' kommt im String "Westernleder" 4 mal vor
---- Das Zeichen 'a' kommt im String "Abraham" 3 mal vor
```

Arrayzugriffe mit traditioneller Modultechnik

Erstellen Sie ein Programm `array.cpp`, das über folgende Funktionalität verfügt:

- Anlegen und Füllen eines `double`-Arrays mit Zufallszahlen
- Neues Füllen eines bereits existierenden `double`-Arrays
- Sortieren eines `double`-Arrays
- Ausgeben eines `double`-Arrays

Die Verwaltung des Arrays soll in traditioneller Modultechnik erfolgen:

- Deklarieren der nach außen sichtbaren Schnittstellen in einer Headerdatei (hier `array.h`)
- Implementieren der Schnittstellen in der `.cpp`-Datei (hier `array.cpp`)

Andere Module, die diese Array-Verwaltung nutzen wollen, müssen dann die Headerdatei `array.h` inkludieren. Zugriffe auf die Interna des Arrays haben die Module dabei nur über die in der Headerdatei angebotenen Funktionen. Dies ist vergleichbar zu einem Kaffeeautomaten, bei dem der Kunde immer nur die außen angebrachten Tasten drücken kann und niemals die Tür öffnen darf, um sich selbst seinen Kaffee zuzubereiten. Dieser „Array-Automat" ist mit einem solchen Kaffeeautomaten vergleichbar, wie es in Abbildung 12.1 gezeigt ist.

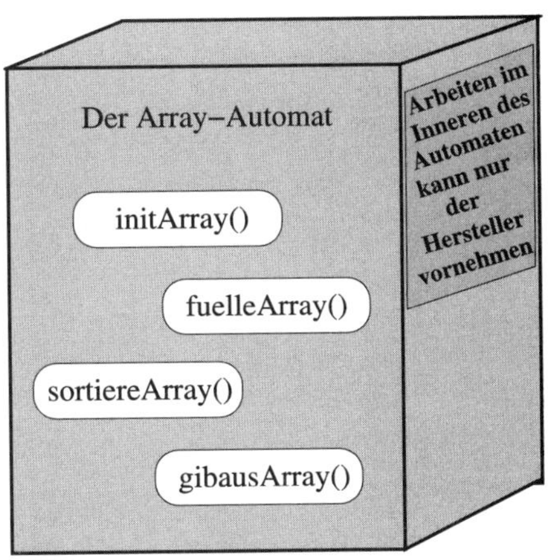

Abbildung 12.1: Der Array-Automat

Programm 12.1 – `array.h`:
Headerdatei für den „Array-Automaten"

```
#ifndef ARRAY_HEADER
#define ARRAY_HEADER

typedef struct {
   char   *name;       // Name des Arrays (als String)
   bool   sortiert;    // Array sortiert oder nicht
   int    anzahl;      // Anzahl der Elemente des Arrays
   double *meinArray;  // Anfangsadresse des Arrays
} array;
```

```
extern void initArray( array &a, char *name, int anzahl );
 // initialisiert das Array, indem es Speicherplatz für
 // 'anzahl'-Elemente alloziert und dann auch dieses Array mit
 // 'anzahl' zufälligen double-Zahlen füllt

extern void fuelleArray( array &a );
 // füllt ein bereits existierendes Array mit neuen zufälligen double-Zahlen

extern void sortiereArray( array &a, bool aufwaerts=true );
 // sortiert ein bereits existierendes Array abh. vom dritten Argument
 // entweder aufsteigend oder absteigend

extern void gibausArray( array &a );
 // gibt alle Elemente eines existierenden Arrays und zusätzliche
 // Information (Name, Elementzahl und ob sortiert oder nicht) aus

#endif
```

Mit dem Programm 12.2 lassen wir uns nun zwei Arrays mit unserem „Array-Automaten" verwalten:

Programm 12.2 – `arraymain.cpp`:
main-Funktion, in der zwei Arrays mit „Array-Automaten" verwaltet werden

```
#include "array.h"

int main(void)
{
    array array1, array2;

   initArray( array1, "array1", 10 );
   gibausArray( array1 );
   sortiereArray( array1 );
   gibausArray( array1 );
   sortiereArray( array1, false );
   gibausArray( array1 );

   fuelleArray( array1 );
   gibausArray( array1 );

   initArray( array2, "array2", 5 );
   sortiereArray( array2 );
   gibausArray( array2 );

   sortiereArray( array1, false );
   gibausArray( array1 );
}
```

Linkt man dieses Programm 12.2 mit dem noch zu erstellenden Modul `array.cpp` zusammen, sollte das Programm z. B. folgende Ausgabe liefern:

```
------------------------------------------- array1 ----
Groesse des Arrays: 10
    Array sortiert: nein
       3.41 3.67 1.86 2.01 0.62 2.33 0.08 0.45 1.04 2.16
------------------------------------------- array1 ----
Groesse des Arrays: 10
    Array sortiert: ja
       0.08 0.45 0.62 1.04 1.86 2.01 2.16 2.33 3.41 3.67
------------------------------------------- array1 ----
Groesse des Arrays: 10
    Array sortiert: ja
       3.67 3.41 2.33 2.16 2.01 1.86 1.04 0.62 0.45 0.08
------------------------------------------- array1 ----
Groesse des Arrays: 10
    Array sortiert: nein
       0.25 0.40 0.62 0.59 3.32 1.71 0.86 1.20 2.14 7.48
------------------------------------------- array2 ----
Groesse des Arrays: 5
    Array sortiert: ja
       0.62 1.86 2.01 3.41 3.67
------------------------------------------- array1 ----
Groesse des Arrays: 10
    Array sortiert: ja
       7.48 3.32 2.14 1.71 1.20 0.86 0.62 0.59 0.40 0.25
```

Rotieren eines Arrays

Erstellen Sie ein Programm `arrayrotate.cpp`, das eine Funktion `rotiereArray()` anbietet, mit der man den Inhalt eines Arrays rotieren lassen kann. Das zu rotierende Array ist dabei als Referenzparameter zu deklarieren. Über weitere Argumente soll der Aufrufer der Funktion steuern können, wie viele Elemente des Arrays zu rotieren sind und ob diese Elemente rechts oder links zu rotieren sind. Das rotierte Array soll die Funktion `rotiereArray()` als Referenz zurückgeben, so dass man diese Rückgabe wieder direkt als Argument an eine Funktion, wie z. B. an die Funktion `rotiereArray()` selbst übergeben kann.

Erstellen Sie die Funktion `rotiereArray()`, indem Sie den folgenden Codeausschnitt entsprechend ergänzen:

```
#include <iostream>
using namespace std;

const int groesse = 20;

struct arrayStruct {
   int  x[groesse];
};

.... rotiereArray( ... ) {
   .......
}
```

```
void ausgabe( const arrayStruct &a, const char *str ) {
   cout << "............" << str <<"...." << endl;
   for (int i=0; i<groesse; i++)
      cout << a.x[i] << " ";
   cout << endl << endl;
}

int main(void)
{
   arrayStruct array;

   for (int i=0; i<groesse; i++)
      array.x[i] = i+1;

   ausgabe( array, "Am Anfang" );
   rotiereArray( array );  // Voreinstellung: 1 Element rechts rotieren
   ausgabe( array, "rotiereArray(array)" );

   rotiereArray( array, 5, false ); // 5 Elemente links rotieren
   ausgabe( array, "rotiereArray(array, 5, false)" );

   rotiereArray( array, 4 ); // 4 Elemente rechts rotieren
   ausgabe( array, "rotiereArray(array, 4)" );

      // Zunächst 10 Elemente links rotieren und dann 5 Elemente rechts
   rotiereArray( rotiereArray(array, 10, false), 5 );
   ausgabe( array, "rotiereArray(rotiereArray(array, 10, false), 5)" );
}
```

Das Programm `arrayrotate.cpp` sollte dann folgende Ausgabe liefern:

```
............Am Anfang....
1 2 3 4 5 6 7 8 9 10 11 12 13 14 15 16 17 18 19 20

............rotiereArray(array)....
20 1 2 3 4 5 6 7 8 9 10 11 12 13 14 15 16 17 18 19

............rotiereArray(array, 5, false)....
5 6 7 8 9 10 11 12 13 14 15 16 17 18 19 20 1 2 3 4

............rotiereArray(array, 4)....
1 2 3 4 5 6 7 8 9 10 11 12 13 14 15 16 17 18 19 20

............rotiereArray(rotiereArray(array, 10, false), 5)....
6 7 8 9 10 11 12 13 14 15 16 17 18 19 20 1 2 3 4 5
```

Teil II

Strukturen, Klassen und Objekte in C++

- **Kapitel 13 – Erster Schritt zur Objektorientierung**
  In C++ können anders als in C nicht nur Daten in einer Struktur definiert werden, sondern es können dort auch Funktionen deklariert bzw. definiert werden. Dies war die Vorstufe, um aus dem prozeduralorientierten C eine objektorientierte Sprache C++ werden zu lassen. Dieses Kapitel stellt diese Erweiterung in C++ bei Strukturen vor.
- **Kapitel 14 – Einführung in die Objektorientierung**
  Dieses Kapitel zeigt zunächst, dass auch die Natur, in der wir leben, objektorientiert ist, bevor es die wesentlichen Aspekte vorstellt, welche die objektorientierte von der traditionellen (funktionalen) Softwareentwicklung unterscheiden.
- **Kapitel 15 – Klassen und Objekte**
  In diesem Kapitel werden die wesentlichen neuen Sprachelemente vorgestellt, die C++ zu einer objektorientierten Sprache machen. Durch die Neuerungen bei Strukturen, die in Kapitel 13 vorgestellt wurden, war bereits der erste entscheidende Schritt getan, um aufbauend auf C eine objektorientierte Sprache C++ zu schaffen. Um einen wirklichen Schritt in Richtung Objektorientierung zu tun, führte man das neue Schlüsselwort `class` ein, das sich weitgehend wie das Schlüsselwort `struct` verwenden lässt.
- **Kapitel 16 – Mehrere Klassen bzw. Objekte im Zusammenspiel**
  Anspruchsvollere C++-Programme bestehen nicht nur aus einer, sondern aus mehreren Klassen. Dieses Kapitel stellt Gesichtpunkte vor, die bei der Aufteilung von Klassen zu beachten sind, und wie man eine solche Aufteilung und die Beziehung der einzelnen Klassen zueinander in UML spezifizieren kann.

Kapitel 13

Funktionen in Strukturen – Erster Schritt zur Objektorientierung

13.1 Strukturen in C

Die Deklaration einer Struktur erfolgt in C über das Schlüsselwort `struct`. Nehmen wir als Beispiel einen eigenen Datentyp für Zeichenketten, der nicht nur die Zeichenkette selbst, sondern zusätzlich immer noch deren aktuelle Länge enthält:

```
struct zeichkette {  // Repräsentiert eine Zeichenkette
   char  zkette[100]; // Zeichenkette (maximal 99 Zeichen lang + \0)
   int   laenge;      // Aktuelle Länge der Zeichenkette
};
```

Durch diese Struktur wird ein neuer Datentyp `struct zeichkette` deklariert. Es können nun Variablen dieses neuen Typs deklariert werden:

```
struct zeichkette  gruss;  // Eine zu verwaltende Zeichenkette
struct zeichkette  satz;   // Eine zweite zu verwaltende Zeichenkette
```

In C++ kann dabei – anders als in C – das Schlüsselwort `struct` auch weggelassen werden (siehe auch Kapitel A.2 auf Seite 964), wie z. B.:

```
zeichkette  gruss;  // Eine zu verwaltende Zeichenkette
zeichkette  satz;   // Eine zweite zu verwaltende Zeichenkette
```

Der Zugriff auf Variable (*Membervariablen*) einer Struktur erfolgt über den Punktoperator (`.`) bzw. über den Pfeiloperator (`->`):

```
zeichkette  gruss;  // Eine zu verwaltende Zeichenkette
zeichkette* gruss_zgr = &gruss;  // Zeiger auf zu verwaltende Zeichenkette
                                 // zeigt nach Zuweisung auf gruss
strcpy(gruss.zeichkette, "Hallo");  // Speichere "Hallo" in gruss
gruss.laenge = 5;                   // Speichere Länge der Zeichenkette
printf("Ein Gruss       : %s\", gruss_zgr->zeichkette); // gibt Zeichenkette aus
printf("Länge des Gruss: %d\", gruss_zgr->laenge);      // gibt Länge aus
```

Schwäche von C-Strukturen

Deklariert man Strukturvariablen, so kann auf diese Variablen und deren Komponenten in C jede Funktion zugreifen. Programm 13.1 ist ein Demoprogramm hierzu.

Programm 13.1 – `cstruct.c`:
Unkontrollierter Zugriff auf Strukturvariablen in C

```
#include <stdio.h>
#include <string.h>

struct konto {
   char     name[100];
   unsigned nr;
   double   stand;
   unsigned pin;
};
void legeKontoAn(const char *name, unsigned n, unsigned p, struct konto *k) {
   strcpy(k->name, name);
   k->nr    = n;
   k->stand = 0;
   k->pin   = p;
}
void zahleEin(struct konto *k, double betrag) { k->stand += betrag; }
void hebeAb(struct konto *k, double betrag)   { k->stand -= betrag; }

void ueberweise(struct konto *von, struct konto *nach, double betrag) {
   hebeAb(von, betrag);
   zahleEin(nach, betrag);
}
int main(void)
{
   struct konto  eins, zwei;

   legeKontoAn("Hans Meyer", 12345, 4711, &eins);
   zahleEin(&eins, 1000);
   printf("%s (%d): %.2lf\n", eins.name, eins.nr, eins.stand);
   legeKontoAn("Emma Rober", 33226, 9999, &zwei);
   zahleEin(&zwei, 500);
   printf("%s (%d): %.2lf\n", zwei.name, zwei.nr, zwei.stand);
   printf("---------------------------- 300: eins --> zwei\n");
   ueberweise(&eins, &zwei, 300); // unkontrollierter Zugriff möglich
   printf("%s (%d): %.2lf\n", eins.name, eins.nr, eins.stand);
   printf("%s (%d): %.2lf\n", zwei.name, zwei.nr, zwei.stand);
   printf("---------------------------- 150: von eins weg\n");
   hebeAb(&eins, 150); // unkontrollierter Zugriff möglich
   printf("%s (%d): %.2lf\n", eins.name, eins.nr, eins.stand);
   printf("---------------------------- 200: zwei --> eins\n");
   ueberweise(&zwei, &eins, 200); // unkontrollierter Zugriff möglich
   printf("%s (%d): %.2lf\n", eins.name, eins.nr, eins.stand);
   printf("%s (%d): %.2lf\n", zwei.name, zwei.nr, zwei.stand);
```

```
   //.... keinerlei Schutz; sogar Zugriff auf Geheimnummer möglich
   printf("---------------------------- Die GEHEIMNUMMERN\n");
   printf("Pin von %s: %d\n", eins.name, eins.pin);
   printf("Pin von %s: %d\n", zwei.name, zwei.pin);
   return 0;
}
```

Programm 13.1 liefert die folgende Ausgabe:

```
Hans Meyer (12345): 1000.00
Emma Rober (33226): 500.00
---------------------------- 300: eins --> zwei
Hans Meyer (12345): 700.00
Emma Rober (33226): 800.00
---------------------------- 150: von eins weg
Hans Meyer (12345): 550.00
---------------------------- 200: zwei --> eins
Hans Meyer (12345): 750.00
Emma Rober (33226): 600.00
------------------------------ Die GEHEIMNUMMERN
Pin von Hans Meyer: 4711
Pin von Emma Rober: 9999
```

In Programm 13.1 ist erkennbar, dass jede beliebige Funktion die Inhalte der beiden Strukturvariablen `eins` und `zwei` lesen und überschreiben kann, wie es in Abbildung 13.1 gezeigt ist.

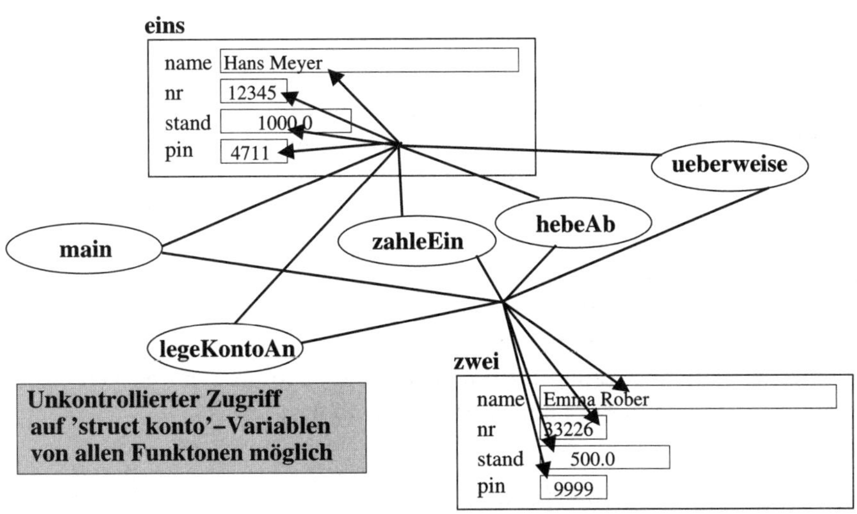

Abbildung 13.1: Unkontrollierter Zugriff auf Strukturvariablen durch beliebige Funktionen

Dass ein solcher unkontrollierter Zugriff auf Konten in der realen Welt im Chaos enden würde, versteht sich wohl von selbst. Auch in der Softareentwicklung sind unkontrollierte Zugriffe nicht ganz ungefährlich, da bei fehlerhaften Kontoständen nicht mehr nachvollziehbar ist, welche Funktion hierfür verantwortlich war.

13.2 Strukturen in C++

Hier werden kurz die wesentlichen Neuheiten vorgestellt, die in C++ im Zusammenhang mit Strukturen hinzugefügt wurden. Diese Erweiterungen waren die ersten entscheidenden Schritte, um aus der funktionalen Programmiersprache C die objektorientierte Sprache C++ werden zu lassen.

13.2.1 Memberfunktionen (Methoden) in Strukturen

Wie in den obigen Beispielen leicht zu erkennen ist, können innerhalb eines Programms *alle* Funktionen beliebig auf Member (Elemente) einer Struktur zugreifen. Damit ist auf den ersten Blick nicht ersichtlich, welche Funktionen wann und wie auf die Daten in einer Struktur zugreifen. C++ führt an dieser Stelle den Begriff *Memberfunktionen* (Methoden oder Elementfunktionen) ein. Eine *Memberfunktion* ist ebenso wie die Daten ein Element (Bestandteil) einer Struktur. So ist sofort zu erkennen, welche Funktionen welche Daten bearbeiten:

```
struct Konto {
    //.....Membervariablen
   char      name[100];
   unsigned nr;
   double    stand;
   unsigned pin;
    //.....Neu: Memberfunktionen = Teil der Struktur
   void initKonto(const char *nam, unsigned n, unsigned p);
   void zahleEin(double betrag);
   void hebeAb(double betrag);
   void ueberweise(struct Konto *nach, double betrag);
};
```

Die Funktionen `initKonto()`,`zahleEin()` usw. sind nun Bestandteil (Elemente) der Struktur `Konto` und können auch nur als solche verwendet werden. Wie auch bei den Datenkomponenten einer Struktur bedeutet dies, dass man zunächst eine Strukturvariable vom Typ `Konto` definieren muss (wie z. B. `eins`), um diese Memberfunktionen verfügbar zu machen, wobei sie jedoch dann immer nur Bestandteil dieser einen Strukturvariablen sind.
Definiert man eine zweite Strukturvariable vom Typ `Konto` (wie z. B. `zwei`), so sind die damit zur Verfügung gestellten Funktionen `initKonto()`,`zahleEin()` usw. nur innerhalb dieser zweiten Strukturvariablen verfügbar, da es sich dabei dann um eigene Elemente dieser neuen Struktur handelt.

13.2.2 Aufruf von Memberfunktionen

Der Aufruf von Memberfunktionen erfolgt äquivalent zum bisherigen Zugriff auf Elemente einer Struktur:

- über den Punktoperator (`.`) bei Strukturvariablen oder
- über den Pfeiloperator (`->`) bei Zeigern auf Strukturvariablen

Der folgende Ausschnitt des Programms 13.2, das das Gleiche wie Programm 13.1 leistet, demonstriert dies.

Programm 13.2 – `cppstruct1.cpp`:
Aufruf der Memberfunktionen aus Struktur Konto

```
#include <cstring>
#include <iomanip>
#include <iostream>
using namespace std;

struct Konto {
    //.....Membervariablen
   char      name[100];
   unsigned nr;
   double   stand;
   unsigned pin;
    //.....Neu: Memberfunktionen = Teil der Struktur
   void initKonto(const char *nam, unsigned n, unsigned p);
   void zahleEin(double betrag);
   void hebeAb(double betrag);
   void ueberweise(struct Konto *nach, double betrag);
};
//.... Definitionen von Memberfunktionen werden im nächsten Kapitel vorgestellt

int main(void) {
   Konto  eins, zwei; // Schlüsselwort 'struct' kann in C++ weggelassen werden

   cout << setiosflags(ios::fixed) << setprecision(2);
   eins.initKonto("Hans Meyer", 12345, 4711);
   eins.zahleEin(1000);
   cout << eins.name << " (" << eins.nr << "): " << eins.stand << endl;
   zwei.initKonto("Emma Rober", 33226, 9999);
   zwei.zahleEin(500);
   cout << zwei.name << " (" << zwei.nr << "): " << zwei.stand << endl;
   cout << "---------------------------- 300: eins --> zwei" << endl;
   eins.ueberweise(&zwei, 300);
   cout << eins.name << " (" << eins.nr << "): " << eins.stand << endl;
   cout << zwei.name << " (" << zwei.nr << "): " << zwei.stand << endl;
   cout << "---------------------------- 150: von eins weg" << endl;
   eins.hebeAb(150);
   cout << eins.name << " (" << eins.nr << "): " << eins.stand << endl;
   cout << "---------------------------- 200: zwei --> eins" << endl;
   zwei.ueberweise(&eins, 200);
   cout << eins.name << " (" << eins.nr << "): " << eins.stand << endl;
   cout << zwei.name << " (" << zwei.nr << "): " << zwei.stand << endl;
   //.... keinerlei Schutz; immer noch Zugriff auf Geheimnummer möglich
   cout << "---------------------------- Die GEHEIMNUMMERN" << endl;
   cout << "Pin von " << eins.name << ": " << eins.pin << endl;
   cout << "Pin von " << zwei.name << ": " << zwei.pin << endl;
}
```

13.2.3 Definition von Memberfunktionen

Bei der Definition von Memberfunktionen außerhalb der entsprechenden Struktur müssen diese der Struktur zugeordnet werden, indem man den Namen der Memberfunktionen den Strukturnamen mit doppelten Doppelpunkt (::) voranstellt:

```
rückgabetyp strukturName::membfktName(parameterListe) {
    //....Funktionskörper
}
```

Der folgende Codeausschnitt, der das obige Programm 13.2 ergänzt, soll diese Syntax noch einmal verdeutlichen:

```
//.......... siehe vorher in Programm 13.2

void Konto::initKonto(const char *nam, unsigned n, unsigned p) {
   strcpy(name, nam);
   nr    = n;
   stand = 0;
   pin   = p;
}
void Konto::zahleEin(double betrag) { stand += betrag; }
void Konto::hebeAb(double betrag)   { stand -= betrag; }
void Konto::ueberweise(struct Konto *nach, double betrag) {
   hebeAb(betrag);
   nach->zahleEin(betrag);
}

int main(void) { /*.... siehe vorher in Programm 13.2 */ }
```

Strukturkomponenten sind in Memberfunktion bekannt

Programm 13.2 zeigt unter anderem auch, dass bei einem Zugriff auf eine eigene Strukturkomponente (Membervariable oder -funktion) innerhalb einer Memberfunktion der Strukturname nicht mehr angegeben werden muss, wie z. B.:

```
void Konto::initKonto(const char *nam, unsigned n, unsigned p) {
   strcpy(name, nam); // statt strcpy(Konto::name, nam) (wäre aber auch erlaubt)
   nr    = n;     // statt Konto::nr    = n (wäre aber auch erlaubt)
   stand = 0;     // statt Konto::stand = 0 (wäre aber auch erlaubt)
   pin   = p;     // statt Konto::pin   = p (wäre aber auch erlaubt)
}
void Konto::ueberweise(struct Konto *nach, double betrag) {
   hebeAb(betrag); // statt Konto::hebeAb(betrag) (wäre aber auch erlaubt)
   nach->zahleEin(betrag); // statt nach->Konto::zahleEin(betrag) (wäre erlaubt)
}
```

Dieses Weglassen des Strukturnamens erklärt sich dadurch, dass hier bereits der Zusammenhang zwischen Struktur und Funktion (in der Strukturdeklaration) definiert wurde, so dass automatisch die Variable verwendet wird, die innerhalb der jeweiligen Struktur deklariert ist.

Inline-Technik bei Memberfunktionen

In Kapitel 2.3 auf Seite 32 wurde die von C++ angebotene Inline-Technik erläutert. Natürlich können auch Memberfunktionen als *Inline*-Funktionen definiert werden. Dies ist auf zwei verschiedene Arten möglich:

1. **Angabe von `inline` bei Funktionsdefinition außerhalb der Struktur**

```
inline void Konto::ueberweise(struct Konto *nach, double betrag) {
   hebeAb(betrag);
   nach->zahleEin(betrag);
}
```

2. **Implementierung der Funktion in der Struktur**
   Wird eine Memberfunktion bereits in der Struktur definiert (mit Angabe des Funktionskörpers), ist sie automatisch eine *inline*-Funktion, wie z. B.:

```
struct Konto {
     .....
   void initKonto(const char *nam, unsigned n, unsigned p); // nicht inline
   void zahleEin(double betrag) { kontoStand += betrag; } // inline-Funktion
   void hebeAb(double betrag)   { kontoStand -= betrag; } // inline-Funktion
   void ueberweise(struct Konto *nach, double betrag);  // hier nicht inline
};
```

Programm 13.3, das das Gleiche wie Programm 13.1 leistet, demonstriert nochmals diese beide Möglichkeiten, Funktionen *inline* zu definieren:

Programm 13.3 – `cppstruct2.cpp`:
Zwei Möglichkeiten, Funktionen als inline zu definieren

```
//............ siehe Programm 13.2
struct Konto {
   char     name[100];
   unsigned nr;
   double   stand;
   unsigned pin;

   void initKonto(const char *nam, unsigned n, unsigned p);
   void zahleEin(double betrag) { stand += betrag; } // inline-Funktion
   void hebeAb(double betrag)   { stand -= betrag; } // inline-Funktion
   void ueberweise(struct Konto *nach, double betrag);
};
void Konto::initKonto(const char *nam, unsigned n, unsigned p) { // nicht inline
   strcpy(name, nam);
   nr    = n;
   stand = 0;
   pin   = p;
}
inline void Konto::ueberweise(struct Konto *nach, double betrag) { // inline-Fkt.
   hebeAb(betrag);
   nach->zahleEin(betrag);
}
int main(void) { /*.... siehe Programm 13.2 */ }
```

Grundsätzlich gilt auch hier wieder, dass man Memberfunktionen nur dann *inline* definieren sollte, wenn sie wenige Codezeilen beinhalten. Welche der beiden Möglichkeiten für Inline-Memberfunktionen verwendet wird, bleibt dem Programmierer überlassen, wobei jedoch immer darauf zu achten ist, dass der Quellcode möglichst übersichtlich bleibt.

13.2.4 Schlüsselwort this – Zeiger auf Strukturobjekt selbst

Eine weitere Möglichkeit, auf die Membervariablen und -funktionen einer Struktur in einer Memberfunktion zuzugreifen, ist das Schlüsselwort `this`, was immer ein implizit zur Verfügung gestellter Zeiger auf das aktuelle Datenobjekt der Struktur selbst ist. Man hätte also z. B. die Implementierung der ersten vorherigen `Konto`-Funktionen auch wie folgt angeben können:

```
......
void Konto::initKonto(const char *nam, unsigned n, unsigned p) {
   strcpy(this->name, nam);
   this->nr    = n;
   this->stand = 0;
   this->pin   = p;
}
void Konto::zahleEin(double betrag) {
   this->stand += betrag;
}
void Konto::hebeAb(double betrag) {
   this->stand -= betrag;
}
void Konto::ueberweise(struct Konto *nach, double betrag) {
   this->hebeAb(betrag);
   nach->zahleEin(betrag);
}
......
```

Diese Implementierung entspricht vollständig der obigen. Hier wäre man allerdings auch ohne das Schlüsselwort `this` ausgekommen, wie wir oben gesehen haben. Der Zeiger `this` wird beispielsweise dann benötigt, wenn man in einer Memberfunktion zwischen gleichnamigen Membervariablen und Parametern unterscheiden muss, wie z. B.:

```
void Konto::initKonto(const char *name, unsigned n, unsigned p) {
   strcpy(this->name, name); // 'this->name' ist Membervar. aus Struktur
                             // und 'name' ist der Parameter
   nr    = n;
   stand = 0;
   pin   = p;
}
```

Eine andere Möglichkeit der Nutzung von `this` wäre eine Methode, die den Inhalt (`*this`) des aktuellen Objekts oder eine Referenz auf das aktuelle Objekt zurückliefert, wie wir später z. B. im Programm 13.9 auf Seite 119 sehen werden.

13.2.5 Überladen von Memberfunktionen und Default-Parameter

Memberfunktionen können – wie andere Funktionen auch – überladen werden und können auch Default-Parameter besitzen. Programm 13.4 demonstriert dies, indem es das Gleiche leistet wie Programm 13.1.

Programm 13.4 – `cppstruct3.cpp`:
Aufruf der Memberfunktionen aus Struktur Konto

```
............
struct Konto {
   char     name[100];
   unsigned nr;
   double   stand;
   unsigned pin;
     //.....Überladene Memberfunktionen
   void aendere(const char *nam, unsigned n, unsigned p);
   void aendere(double betrag, struct Konto *nach=0); // Default-Parameter
};
void Konto::aendere(const char *nam, unsigned n, unsigned p) {
   strcpy(name, nam);
   nr    = n;
   stand = 0;
   pin   = p;
}
void Konto::aendere(double betrag, struct Konto *nach) {
   stand += betrag;
   if (nach != 0)
      nach->stand -= betrag;
}
int main(void) {
   Konto eins, zwei;    cout << setiosflags(ios::fixed) << setprecision(2);
   eins.aendere("Hans Meyer", 12345, 4711);
   eins.aendere(1000);
   cout << eins.name << " (" << eins.nr << "): " << eins.stand << endl;
   zwei.aendere("Emma Rober", 33226, 9999);
   zwei.aendere(500);
   cout << zwei.name << " (" << zwei.nr << "): " << zwei.stand << endl;
   cout << "--------------------------- 300: eins --> zwei" << endl;
   eins.aendere(-300, &zwei);
   cout << eins.name << " (" << eins.nr << "): " << eins.stand << endl;
   cout << zwei.name << " (" << zwei.nr << "): " << zwei.stand << endl;
   cout << "--------------------------- 150: von eins weg" << endl;
   eins.aendere(-150);
   cout << eins.name << " (" << eins.nr << "): " << eins.stand << endl;
   cout << "--------------------------- 200: zwei --> eins" << endl;
   zwei.aendere(-200, &eins);
   cout << eins.name << " (" << eins.nr << "): " << eins.stand << endl;
   cout << zwei.name << " (" << zwei.nr << "): " << zwei.stand << endl;
```

```
   //.... keinerlei Schutz; immer noch Zugriff auf Geheimnummer möglich
   cout << "---------------------------- Die GEHEIMNUMMERN" << endl;
   cout << "Pin von " << eins.name << ": " << eins.pin << endl;
   cout << "Pin von " << zwei.name << ": " << zwei.pin << endl;
}
```

13.2.6 Schutztypen für Membervariablen und -funktionen

Unser Programm 13.4 weist trotz der Deklaration bzw. Definition der zugehörigen Funktionen in der Strukur weiterhin die Schwäche von C-Strukturen auf, da auch weiterhin jede Funktion auf alle Komponenten einer Strukturvariablen zugreifen kann, was z. B. an den letzten Zeilen in Programm 13.4 ersichtlich wird:

```
   //.... keinerlei Schutz; immer noch Zugriff auf Geheimnummer möglich
   cout << "---------------------------- Die GEHEIMNUMMERN" << endl;
   cout << "Pin von " << eins.name << ": " << eins.geheimNr << endl;
   cout << "Pin von " << zwei.name << ": " << zwei.geheimNr << endl;
```

Um einen uneingeschränkten Zugriff auf Strukturvariablen und/oder -funktionen zu vermeiden, führte man in C++ Schlüsselwörter ein, mit denen ein unterschiedlicher Zugriffsschutz für die einzelnen Elemente von Strukturen (Membervariablen und -funktionen) festgelegt werden kann. Man unterscheidet hier drei verschiedene Schutztypen:

- `public:` – Zugriff von überall möglich (Voreinstellung bei Strukturen)
  Auf Variablen und Funktionen, die diesem Schutztyp zugeordnet sind, kann von überall aus zugegriffen werden, also auch von Funktionen, die keine Memberfunktionen dieser Struktur sind. Dies ist die Voreinstellung bei Strukturen.
- `private:` – Zugriff nur von innerhalb der Struktur möglich
  Auf die diesem Schutztyp zugeordneten Variablen/Funktionen darf nur von den Memberfunktionen, die innerhalb der Struktur definiert sind, zugegriffen werden. Nach außen sind diese Variablen/Funktionen unsichtbar.
- `protected:` – Zwischenstufe zwischen `public` und `private`
  Dieser Schutztyp hat prinzipiell die gleiche Schutzfunktion wie `private`. Der eigentliche Unterschied zu `private` wird erst bei der Vererbung von Strukturen/Klassen ersichtlich. Deshalb wird auch erst später bei Vorstellung des Vererbungskonzepts von C++ näher darauf eingegangen.

```
struct Konto
{
public:
   void initKonto(const char *nam, unsigned nr, unsigned pin);
   void zahleEin(double betrag);
   bool hebeAb(double betrag);
   void ueberweise(struct Konto *nach, double betrag);
   char     *getName(void)     { return name;  } // inline
   unsigned getNummer(void)    { return nr;    } // inline
   double   getStand(void)     { return stand; } // inline
```

```
private:
   bool liesGeheimNr(void); // nur innerhalb der Struktur 'Konto' aufrufbar
   char     name[100]; // auf diese Membervariablen kann nicht mehr von
   unsigned nr;        // ausserhalb der Struktur zugegriffen werden
   double   stand;     //.......................................
   unsigned pin;       //.......................................
};
```

Abbildung 13.2 verdeutlicht nochmals, dass

- von Funktionen außerhalb dieser Strukturdeklaration nur auf die Memberfunktionen `initKonto()`, `zahleEin()` usw. zugegriffen werden,
- nicht jedoch auf die Membervariablen `name`, `nr`, `stand`, `pin` und auch nicht auf die private Memberfunktion `liesGeheimNr()`. Innerhalb der Memberfunktionen kann jedoch auf diese Membervariablen ebenso zugegriffen werden wie auf die private Memberfunktion `liesGeheimNr()`.

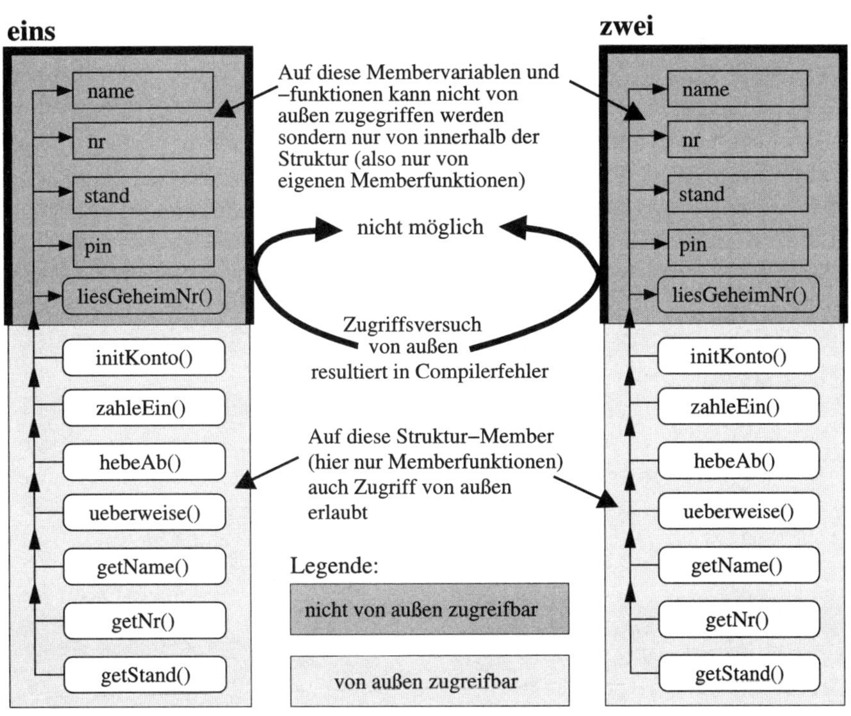

Abbildung 13.2: Zugriffsschutz für bestimmte Komponenten der Struktur `Konto`

Der Vorteil hier ist, dass die Membervariablen nicht unkontrolliert von außerhalb der Struktur, sondern nur noch über die nach außen sichtbaren Funktionen verändert werden können. Daneben ist es möglich, die interne Verwaltung des Kontos beliebig zu ändern, ohne die Schnittstelle zum Aufrufer (Funktionsnamen und Schnittstellen-Parameter) ändern zu müssen.

Die Struktur Konto mit Schutzmechanismen

Programm 13.5 zeigt nun eine Realisierung der Struktur `Konto` mit Schutztypen, die weitgehend der in Abbildung 13.2 entspricht.

Programm 13.5 – `cppstruct4.cpp`:
Eine Struktur Konto mit Schutztypen

```
....... /* siehe vorher */

struct Konto
{
public:
   void initKonto(const char *nam, unsigned nr, unsigned pin);
   void zahleEin(double betrag);
   bool hebeAb(double betrag);
   void ueberweise(struct Konto *nach, double betrag);
   char     *getName(void)     { return name;  } // inline
   unsigned getNummer(void)  { return nr;     } // inline
   double   getStand(void)    { return stand; } // inline
private:
   bool liesGeheimNr(void); // nur innerhalb der Struktur 'Konto' aufrufbar
   char     name[100]; // auf diese Membervariablen kann nicht mehr von
   unsigned nr;        // ausserhalb der Struktur zugegriffen werden
   double   stand;     //.........................................
   unsigned pin;       //.........................................
};
void Konto::initKonto(const char *name, unsigned nr, unsigned pin) {
   strcpy(this->name, name);
   this->stand = 0;
   this->nr  = nr;
   this->pin = pin;
}
void Konto::zahleEin(double betrag) {
   cout << "-----Eingezahlt auf Kto " << nr << ": " << betrag << endl;
   stand += betrag;
   cout << setw(30) << name << " (" << nr << "): " << stand << endl;
}
bool Konto::hebeAb(double betrag) {
   cout << "-----Abhebung von Kto " << nr << ": " << betrag << "   ";
   if (liesGeheimNr()) {
      stand -= betrag;
      cout << setw(30) << name << " (" << nr << "): " << stand << endl;
      return true;
   }
   return false;
}
void Konto::ueberweise(struct Konto *nach, double betrag) {
   cout << "--Ueberweisung von Kto " << nr << " ---> Kto " << nach->nr << endl;
   if (hebeAb(betrag))
      nach->zahleEin(betrag);
}
```

```
bool Konto::liesGeheimNr(void) {
   unsigned eingabe;
   cout << "Geheimnummer: ";
   cin >> eingabe;
   if (eingabe != pin) {
      cerr << ".....Falsche Geheimzahl" << endl;
      return false;
   }
   return true;
}
int main(void)
{
   Konto  eins, zwei; // Schlüsselwort 'struct' kann in C++ weggelassen werden
   cout << setiosflags(ios::fixed) << setprecision(2);
   eins.initKonto("Hans Meyer", 12345, 4711);
   zwei.initKonto("Emma Rober", 33226, 9999);
   eins.zahleEin(1000);
   zwei.zahleEin(500);
   eins.ueberweise(&zwei, 300);
   zwei.hebeAb(150);
   //... Daten für 'eins' über Memberfunktionen erfragen
   cout << setw(30) << eins.getName() << " (" << eins.getNummer() << "): "
        << eins.getStand() << endl;
}
```

Mögliche Abläufe des Programms 13.5 sind z. B.:

```
-----Eingezahlt auf Kto 12345: 1000.00
                    Hans Meyer (12345): 1000.00
-----Eingezahlt auf Kto 33226: 500.00
                    Emma Rober (33226): 500.00
--Ueberweisung von Kto 12345 ---> Kto 33226
-----Abhebung von Kto 12345: 300.00   Geheimnummer: 4711 ↵
                    Hans Meyer (12345): 700.00
-----Eingezahlt auf Kto 33226: 300.00
                    Emma Rober (33226): 800.00
-----Abhebung von Kto 33226: 150.00   Geheimnummer: 9999 ↵
                    Emma Rober (33226): 650.00
                    Hans Meyer (12345): 700.00
```

```
-----Eingezahlt auf Kto 12345: 1000.00
                    Hans Meyer (12345): 1000.00
-----Eingezahlt auf Kto 33226: 500.00
                    Emma Rober (33226): 500.00
--Ueberweisung von Kto 12345 ---> Kto 33226
-----Abhebung von Kto 12345: 300.00   Geheimnummer: 4612 ↵
.....Falsche Geheimzahl
-----Abhebung von Kto 33226: 150.00   Geheimnummer: 9999 ↵
                    Emma Rober (33226): 350.00
                    Hans Meyer (12345): 1000.00
```

Reihenfolge der einzelnen Schutztypen

In welcher Reihenfolge die einzelnen Schutztypen in einer Struktur anzugeben sind, ist nicht festgelegt. Für die Angabe des `public`-Teils am Anfang spricht, dass andere Nutzer dieser Struktur sofort erkennen, was nach außen sichtbar und somit für sie von Interesse ist. Der `private`-Teil ist für andere Nutzer einer Struktur im Normalfall nicht von Interesse.

public ist die Voreinstellung bei Strukturen

Wird in der Strukturdefinition kein Schutztyp angegeben bzw. sind bestimmte Variablen/Funktionen keinem Schutztypen zugeordnet, so sind diese – wie schon zuvor erwähnt – standardmäßig in Strukturen als `public` deklariert, weswegen häufig bei Strukturdeklarationen das einleitende Schlüsselwort `public` weggelassen wird:

```
struct Konto {
   // fehlendes public --> da Voreinstellung public ist
   void initKonto(const char *nam, unsigned nr, unsigned pin);
   void zahleEin(double betrag);
   .....
private:
   bool liesGeheimNr(void); // nur innerhalb der Struktur 'Konto' aufrufbar
   char     name[100]; // auf diese Membervariablen kann nicht mehr von
   .....
};
```

Trotz dieser Voreinstellung ist es aus Gründen der besseren Lesbarkeit empfehlenswert, das Schlüsselwort `public` anzugeben, so dass es sofort für jedermann erkennbar ist, auf welche Memberfunktionen und -variablen dieser Struktur von außen zugegriffen werden kann.

13.2.7 Der Scope-Operator in einer Memberfunktion

Soll statt einer lokalen Variablen in einer Struktur eine globale Variable gleichen Namens bzw. statt einer Memberfunktion eine globale Funktion gleichen Namens verwendet werden, muss der Variablen/Funktion der Scope-Operator (ein doppelter Doppelpunkt `::`) vorangestellt werden. Dadurch wird dem Compiler mitgeteilt, dass er statt der Strukturvariablen bzw. Memberfunktion die entsprechende globale Variable bzw. globale Funktion verwenden soll:

```
bool strukturname::function(int x, int y) {
   var_1   = 10;  // Zugriff auf eine Struktur-Variable
   x       = 20;  // Zugriff auf Parameter 'x'
   ::var_1 = 30;  // Zugriff auf eine globale Variable gleichen Namens
   ::x     = 40;  // Zugriff auf globale Variable 'x'

   function_1 ();    // Aufruf einer Member-Funktion
   ::function_1 (); // Aufruf einer globalen Funktion gleichen Namens
}
```

Anhand des Programms 13.6 soll der Scope-Operator in Memberfunktionen nochmals etwas näher erläutert werden.

Programm 13.6 – `cppstruct5.cpp`:
Eine eigene myString-Struktur

```
#include <cctype>
#include <cstring>
#include <iostream>
struct myString {
  public:
     void      set(const char *zkette) { strcpy(str, zkette); }
     char     *get(void)               { return str;         }
     myString  toUpper(void);  // liefert Zeichenkette in Grossbuchst.
  private:
     char str[100];
};
myString myString::toUpper(void) {
  myString temp;
   for (unsigned i=0; i <= strlen(str); i++)
      temp.str[i] = toupper( str[i] );
   return temp;
}
int main(void) {
   myString bayer, oberBayer; // zwei myString-Variablen
   bayer.set("Servus, Sepp");  // initialisiert bayer mit "Servus, Sepp"
   std::cout << "Bayer:      " << bayer.get() << std::endl;
     // oberBayer wird mit "SERVUS, SEPP" initialisiert
     //   - bayer.toUpper() liefert gross geschriebene Kopie von bayer
     //   - und davon liefert get() dann den String selbst
   oberBayer.set( bayer.toUpper().get() );
   std::cout << "OberBayer: " << oberBayer.get() << std::endl;
}
```

Programm 13.6 liefert die folgende Ausgabe:

```
Bayer:     Servus, Sepp
OberBayer: SERVUS, SEPP
```

Hätten wir z. B. im Programm 13.6 in der Struktur `myString` statt der `toUpper()`-Deklaration die folgende Deklaration (kleines u statt großes `U`) angegeben:

```
struct myString {
  public:
     void      set(const char *zkette) { strcpy(str, zkette); }
     char     *get(void)               { return str;         }
     myString  toupper(void);  // liefert Zeichenkette in Grossbuchst.
  private:
     char str[100];
};
```

dann hätte der Compiler einen Fehler im folgenden Code gemeldet, da er dann versucht hätte, die Struktur-eigene Memberfunktion `toupper()` (ohne Parameter) rekursiv statt der gleichnamigen Funktion aus der Standardbibliothek (mit einem `char`-Parameter) aufzurufen:

```
myString myString::toupper(void) {
  myString temp;
   for (unsigned i=0; i <= strlen(str); i++)
      temp.str[i] = toupper( str[i] ); // hier ist der Fehler
                     // Versuch, die Memberfunktion toupper() (ohne Param.)
                     // rekursiv statt der Bibl.funktion toupper() aufzurufen
   return temp;
}
```

Um dem Compiler in diesem Fall mitzuteilen, dass er die entsprechende Funktion aus der Standardbibliothek aufrufen soll, muss man hier dem Funktionsnamen einen doppelten Doppelpunkt voranstellen:

```
myString myString::toupper(void) {
  myString temp;
   for (unsigned i=0; i <= strlen(str); i++)
      temp.str[i] = ::toupper( str[i] ); // nun richtig
                         // Scope-Operator bewirkt, dass die Bibliotheksfunk.
                         // toupper() und nicht die gleichnamige Memberfunk.
                         // hier aufgerufen wird (kein rekursiver Aufruf mehr)
   return temp;
}
```

13.2.8 Konstruktoren zum Initialisieren von Strukturen

Wird eine Strukturvariable angelegt, so sind die Daten dieser Variablen zunächst undefiniert. Da die Daten meist privat sind, ist es auch nicht möglich, ihnen explizit (von außen) einen Wert zuzuweisen. Deswegen stellt man oft eigene Initialisierungsfunktionen für die Strukturen zur Verfügung, die der Nutzer einer Struktur dann explizit nach dem Anlegen einer Strukturvariablen aufrufen muss, wie z. B. die Memberfunktion `initKonto()` in unserer vorherigen `Konto`-Struktur.

Schwächen von eigens aufzurufenden Initialisierungsfunktionen

Explizit aufzurufende Initialisierungsfunktionen sind zum einen sehr umständlich und bergen zusätzlich die Gefahr, dass nach dem Anlegen einer Strukturvariablen der notwendige Aufruf der entsprechenden Initialisierungsfunktion vergessen wird. Besser wäre es, wenn man eine Strukturvariable bereits bei der Deklaration initialisieren könnte, wie man es z. B. für die Standarddatentypen kennt:

```
  int    sum  = 0;
  double wert = 7.24;
```

C++ bietet über so genannte *Konstruktoren* diese Möglichkeit der Initialisierung auch für Strukturvariablen an.

Konstruktoren sind spezielle Memberfunktionen mit dem Namen der Struktur

Um die Datenelemente einer Strukturvariablen bereits bei ihrer Deklaration initialisieren zu können, muss man eine spezielle Memberfunktion mit dem gleichen Namen wie die Struktur, einen so genannten *Konstruktor*, angeben.
Programm 13.7 ist eine Version mit Konstruktoren zu unserem Konto-Beispiel.

Programm 13.7 – kontokonstr.cpp:
Initialisieren von Konten mit Konstruktoren

```
#include <iomanip>
#include <iostream>
using namespace std;
//............................................................ Struktur Konto
struct Konto
{
public:
   Konto(const char *nam, unsigned n); // Konstruktor
   void buchung(double betrag, struct Konto *nach = 0);
private:
   char     name[100];
   unsigned nr;
   double   stand;
};
//.................................... Implementierung des Konstruktors Konto
Konto::Konto(const char *nam, unsigned n) {
   strcpy(name, nam);
   nr    = n;
   stand = 0;
}
//....................................... Implementierung der Methode buchung
void Konto::buchung(double betrag, struct Konto *nach) {
   stand += betrag;
   cout << name << " (" << nr << "): " << stand << endl;
   if (nach != 0) {
      nach->stand -= betrag;
      cout << nach->name << " (" << nach->nr << "): " << nach->stand << endl;
   }
}
//...................................................................... main
int main(void) {
   Konto  eins("Hans Meyer", 12345), // Initialisierung mit Konstruktoren
          zwei("Emma Rober", 33226);
   cout << setiosflags(ios::fixed) << setprecision(2);
   eins.buchung(1000);
   zwei.buchung(500);
   cout << "---------------------------- 300: eins --> zwei" << endl;
   eins.buchung(-300, &zwei);
   cout << "---------------------------- 150: von eins weg" << endl;
   eins.buchung(-150);
}
```

Programm 13.7 liefert die folgende Ausgabe:

```
Hans Meyer (12345): 1000.00
Emma Rober (33226): 500.00
---------------------------- 300: eins --> zwei
Hans Meyer (12345): 700.00
Emma Rober (33226): 800.00
---------------------------- 150: von eins weg
Hans Meyer (12345): 550.00
```

Aus Programm 13.7 wird Folgendes ersichtlich:

- Konstruktoren besitzen keinen Rückgabetyp (nicht einmal `void`).
- Argumentliste des Konstruktors ist bei der Erzeugung (Deklaration bzw. `new`-Aufruf direkt hinter dem Strukturnamen (ähnlich zu einem Funktionsaufruf) anzugeben.

Alternative Aufrufe von Konstruktoren mit nur einem Parameter

Wird ein Konstruktor mit nur einem Parameter aufgerufen, so sind die folgenden Arten von Deklarationen erlaubt:

```
strukturName var(param);
strukturName var = strukturName(param); // 1. Alternative
strukturName var = param;               // 2. Alternative
```

Bei den letzten beiden Alternativen wird eine lokale (namenlose) Strukturvariable erzeugt und entsprechend dem angegebenen Argument initialisiert. Diese lokale Strukturvariable wird dann der deklarierten Strukturvariablen zugewiesen.

Programm 13.8 – `personkonstr.cpp`:
Alternative Aufrufe von Konstruktoren mit nur einem Parameter

```
#include <cstring>
#include <iostream>
using namespace std;
struct Person {
  public:
     //................... Konstruktor (hier inline definiert)
     Person(const char *name) { strcpy(this->name, name); }
     void print(const char *var)  { cout << var << ": " << name << endl; }
  private:
     char name[100];
};
int main(void) {
   Person bayer1("Sepp");            // 1. Möglichkeit (bei einem Parameter)
   Person bayer2 = Person("Xaver"); // 2. Möglichkeit (bei einem Parameter)
   Person bayer3 = "Florian";        // 3. Möglichkeit (bei einem Parameter)
   bayer1.print("bayer1"); bayer2.print("bayer2"); bayer3.print("bayer3");
   Person schwede1("Lars"),           // 1. Möglichkeit (bei einem Parameter)
          schwede2 = Person("Sven"), // 2. Möglichkeit (bei einem Parameter)
          schwede3 = "Bjoern";        // 3. Möglichkeit (bei einem Parameter)
   schwede1.print("schwede1");schwede2.print("schwede2");schwede3.print("schwede3");
}
```

Programm 13.8 liefert die folgende Ausgabe:

```
bayer1: Sepp
bayer2: Xaver
bayer3: Florian
schwede1: Lars
schwede2: Sven
schwede3: Bjoern
```

Allgemeine Regeln für Konstruktoren

- Bei Konstruktoren darf kein Rückgabetyp (auch nicht `void`) angegeben werden.
- Konstruktoren können – wie andere Funktionen auch – überladen werden und können auch Default-Parameter besitzen.
- Konstruktoren sollten immer `public` sein.
- Konstruktoren können nicht explizit wie andere Funktionen aufgerufen werden. Sie werden immer automatisch aufgerufen, wenn eine neue Variable bzw. ein neues Objekt (OOP-Sprechweise) erzeugt wird. Eine Erzeugung eines temporären (namenlosen) Objekts ist jedoch möglich, um es einer anderen Strukturvariablen zuzuweisen. Ein solches temporäres Objekt darf jedoch – ähnlich zu einem arithmetischen Ausdruck in C (wie z. B. `2*3+x`) – nur auf der rechten Seite einer Zuweisung, als Argument bei einem Funktionsaufruf usw. angegeben werden.

Programm 13.9 – `datum.cpp`: Demoprogramm zu Konstruktoren

```
#include <iostream>
#include <iomanip>
#include <cstring>
#include <ctime>
using namespace std;
struct datum {
 public:
   datum() {                      //............... 1. Konstruktor
      struct tm h = heute_datum();
      tag   = h.tm_mday;
      monat = h.tm_mon+1; // Zählung beginnt bei 0
      jahr  = h.tm_year+1900;
   }
   datum(int tag, int monat) {    //............... 2. Konstruktor
      struct tm h = heute_datum();
      datum::tag   = tag;    // Zwei Möglichk., um Membervar. von anderen Variablen
      this->monat = monat; // (hier Parameter) gleichen Namens zu unterscheiden
      jahr         = h.tm_year+1900;
   }
   datum(int t, int m, int j) {   //............... 3. Konstruktor
      tag = t;   monat = m;   jahr = j;
   }

   datum(int t, char *m, int j) { //............... 4. Konstruktor
```

```
      tag   = t;
      monat = 0;
      char *monat_name[] = { "Jan", "Feb", "Mar", "Apr", "Mai", "Jun",
                             "Jul", "Aug", "Sep", "Okt", "Nov", "Dez" };
      for (int i=0; i<12; i++)
         if ( !strcmp( monat_name[i], m) ) {
            monat = i+1;
            break;
         }
      jahr  = j;
   }
   datum(struct datum& d, int abstand) { //........ 5. Konstruktor
      tag = d.tag + abstand;    monat = d.monat;    jahr  = d.jahr;
   }
   void gibaus( char *name ) { //....... Andere public-Routinen
      cout << setfill(' ') << setiosflags(ios::left) << setw(15) << name << ": "
         << setfill('0') << setiosflags(ios::right)
         << setw(2) << tag << "." << setw(2) << monat << "."
         << setw(2) << jahr << endl << resetiosflags(ios::right);
   }
   struct datum&  hole( void ) { return *this; }
 private:
   int    tag, monat, jahr;
   struct tm heute_datum() { // private-Memberfunktion
      time_t  zeit = time(NULL);
      return *localtime( &zeit );
   }
};

int main(void)
{
   //... Verwendung von verschiedenen Konstruktoren zum statischen Anlegen
   struct datum  heute;                        // verwendet 1. Konstruktor
   struct datum  april25( 25, 4 );             // verwendet 2. Konstruktor
   struct datum  weih2001( 24, 12, 2001 );     // verwendet 3. Konstruktor
   struct datum  weih2000( 24, "Dez", 2000 ); // verwendet 4. Konstruktor
   struct datum  morgen( heute.hole(), 1 );    // verwendet 5. Konstruktor
   heute.gibaus( "heute" );
   april25.gibaus( "april25" );
   weih2000.gibaus( "weih2000" );
   weih2001.gibaus( "weih2001" );
   morgen.gibaus( "morgen" );
   struct datum  *silvester2002, *vorgestern; //... und nun zum dynamischen Anlegen
   silvester2002 = new datum( 31, "Dez", 2002 ); // verwendet 4. Konstruktor
   silvester2002->gibaus( "silvester2002" );
   vorgestern = new datum( heute.hole(), -2 );   // verwendet 5. Konstruktor
   vorgestern->gibaus( "vorgestern" );
}
```

Programm 13.9 liefert z. B. die folgende Ausgabe:

```
heute          : 22.11.2004
april25        : 25.04.2004
weih2000       : 24.12.2000
weih2001       : 24.12.2001
morgen         : 23.11.2004
silvester2002  : 31.12.2002
vorgestern     : 20.11.2004
```

In Programm 13.9 wird unter anderem auch noch Folgendes gezeigt:

- **Zugriff auf Membervariablen statt auf gleichnamige Variablen**
  Beim zweiten Konstruktor im Programm 13.9 werden zwei Möglichkeiten gezeigt, wie man Membervariablen von anderen gleichnamigen Variablen (hier Parameter) im Code unterscheiden kann:
  1. durch Voranstellen des Strukturnamens, gefolgt vom Scope-Operator `::`
  2. durch Verwendung des Schlüsselworts `this` mit dem Pfeiloperator `->`.
- **Rückgabe einer Referenz auf das eigene Objekt mit `*this`**
  Programm 13.9 zeigt auch, wie man mit dem Schlüsselwort `this` eine Referenz auf das eigene Objekt zurückgegeben kann:

  ```
  struct datum&  hole( void ) { return *this;   }
  ```

  Eine solche Rückgabe (`return *this`) einer Referenz oder einer Kopie des eigenen Objekts ist nützlich, wenn man ein schon existierendes Objekt als Argument an einen Konstruktor oder an eine normale Funktion übergeben will, wie z. B.:

  ```
  struct datum  morgen( heute.hole(), 1 );    // verwendet 5. Konstruktor
  ...
  vorgestern = new datum( heute.hole(), -2 );   // verwendet 5. Konstruktor
  ```

Aufrufzeitpunkte von Konstruktoren

Ein Konstruktor ist eine Methode, die automatisch beim Erzeugen einer Variablen bzw. eines Objekts aufgerufen wird. Hierbei sind folgende Fälle zu unterscheiden:

- Bei *globalen Objekten* wird der Konstruktor einmal beim Programmstart aufgerufen.
- Bei *dynamisch erzeugten Objekten* wird der Konstruktor bei Ausführung des `new`-Operators aufgerufen.
- Bei *lokalen Objekten* wird der Konstruktor jedesmal aufgerufen, wenn die Programmausführung die entsprechende Definition erreicht.
- Bei *statisch lokalen Objekten* wird der Konstruktor nur einmal aufgerufen, und zwar dann, wenn die Programmausführung die entsprechende Definition erstmalig erreicht.
- Bei *temporären Objekten* wird der Konstruktor aufgerufen, wenn diese implizit oder explizit erzeugt werden.

Programm 13.10 verdeutlicht diese Aufrufzeitpunkte nochmals.

Programm 13.10 – `konstraufruf.cpp`:
Aufrufzeitpunkte von Konstruktoren

```
#include <iostream>
using namespace std;

struct Ausgabe {
  public:
     Ausgabe(const char *string) { cout << "..." << string << endl; }
};
void fkt(Ausgabe f) {
    Ausgabe fktLokal("fktLokal");
}
Ausgabe global("global");

int main(void) {
    Ausgabe lokalMain("lokalMain");
    Ausgabe *dynamisch = new Ausgabe("dynamisch");
    fkt(lokalMain);
    {
       static Ausgabe statisch1("statisch1");
       Ausgabe lokalMain2("lokalMain2");
    }
    static Ausgabe statisch2("statisch2");
}
```

Programm 13.10 liefert folgende Ausgabe:

```
...global
...lokalMain
...dynamisch
...fktLokal
...statisch1
...lokalMain2
...statisch2
```

Voreingestellter Standardkonstruktor (ohne Parameter)

Wird für eine Struktur kein Konstruktor definiert, so wird standardmäßig ein Konstruktor bereitgestellt, der keinerlei Aktion durchführt: der so genannte *Leer-*, *Default-*, oder *Standardkonstruktor*, der keine Parameter besitzt.

Definiert der Programmierer mindestens einen Konstruktor, so wird der Standardkonstruktor nicht mehr automatisch zur Verfügung gestellt, wie z. B.:

```
struct datum {
 public:
   datum(int t, int m, int j) {   //.. Eigener Konstruktor
      tag = t;   monat = m;   jahr = j;
   }
 private:
   int    tag, monat, jahr;
};
```

Zu dieser Struktur existiert kein Standardkonstruktor mehr, weswegen auch folgende Deklaration nicht möglich wäre:

```
struct datum  heute;
```

Sollte trotzdem ein Standardkonstruktor benötigt werden, muss er explizit vom Programmierer definiert werden. Hier gibt es nun mehrere Möglichkeiten, explizit einen Standardkonstruktor zu definieren:

- **Leerer Standardkonstruktor (ohne jegliche Anweisungen)**:

```
struct datum1 {
 public:
   datum1() { }      //...Standardkonstruktor ohne jegliche Anweisungen
   datum1(int t, int m, int j) //.. Eigener Konstruktor mit Parametern
   {
      tag = t;   monat = m;   jahr = j;
   }
   .....
};
```

- **Standardkonstruktor, der Membervariablen mit Default-Werten initialisiert**
  Sinnvoller ist es aber, einen Standardkonstruktor anzubieten, der die `private`-Variablen mit Default-Werten initialisiert:

```
struct datum2 {
 public:
   datum2()  //... Standardkonstruktor (setzt heutiges Datum)
   {
      struct tm h = heute_datum();
      tag   = h.tm_mday;
      monat = h.tm_mon+1; // Zählung beginnt bei 0
      jahr  = h.tm_year+1900;
   }
   datum2(int t, int m, int j)  //.. Eigener Konstruktor mit Parametern
   {
      tag = t;   monat = m;   jahr = j;
   }
   .....
};
```

- **Standardkonstruktor mit Default-Parametern**
  Eine Alternative wäre, einen Konstruktor mit Default-Werten anzubieten:

```
struct datum3 {
 public:
   datum3(int t=1, int m=1, int j=2000)  //.. mit Default-Parametern
   {
      tag = t;   monat = m;   jahr  = j;  //.. Voreingest. Datum 1.1.2000
   }
   .....
};
```

Bei diesen Strukturdeklarationen sind nun folgende Deklarationen möglich:

```
   struct datum1  termin; // keinerlei Initialisierung der private-Variablen;
                          // könnten später z.B. wie folgt gesetzt werden
                          //   termin = datum(12, 7, 2003);
   struct datum1  schaltTag2004( 29, 2, 2004 );
//---------------------------------------------------------------------
   struct datum2  heute; // initialisiert private-Variablen mit heutigem Datum
   struct datum2  schaltTag2004( 29, 2, 2004 );
//---------------------------------------------------------------------
   struct datum3  jan_1_2000; // initialisiert private-Variablen mit 1.1.2000
   struct datum3  monatsMitte(15); // setzt nur den Tag bei den private-Variablen
   struct datum3  apr30(30, 4); // setzt nur Tag und Monat bei den private-Var.
   struct datum3  schaltTag2004( 29, 2, 2004 );
```

Kein leeres Klammernpaar bei Standardkonstruktor-Aufrufen

Grundsätzlich gilt, dass man bei Deklaration von Strukturvariablen ohne Argumentlisten – anders als bei Funktionsaufrufen – kein leeres Klammernpaar angibt:

```
struct datum1 termin();     // nicht erlaubt; richtig:  struct datum1 termin;
struct datum2 heute();      // nicht erlaubt; richtig:  struct datum2 heute;
struct datum3 jan_1_2000(); // nicht erlaubt; richtig:  struct datum3 jan_1_2000;
```

13.2.9 Konstruktoren und Arrays

Bei der Deklaration von Strukturarrays kann man keine Argumente angeben, um so den jeweiligen Konstruktor für jedes einzelne Arrayelement ausführen zu lassen. Dies hat die folgenden Auswirkungen:

- Es können keine Konstruktoren mit Parametern aufgerufen werden.
- Es muss ein Standardkonstruktor für die jeweilige Struktur vorhanden sein.
- Zum Setzen der `private`-Variablen auf benutzerdefinierte Werte muss eine eigene `public`-Memberfunktion vorhanden sein.

Nachfolgend wird zunächst anhand eines Dualzählers gezeigt, wie diese Auswirkungen zu berücksichtigen sind, bevor Alternativen gezeigt werden, wie man diese Restriktion (keine Konstruktoren mit Parametern für Arrays) umgehen kann.

Eigene Initialisierungsfunktion für private-Variablen von Strukturarrays

Es soll ein Dualzähler entwickelt werden, bei dem jedes Bit durch folgende Struktur repräsentiert wird:

```
struct bit {
   public:
      bit() {}  //... Standardkonstruktor, notwendig, da nachfolg.
                //... Konstruktor mit Parametern angegeben
      bit( int umschaltIntervall ) { init(umschaltIntervall); } // 2. Konstr.
      void init(int umschaltIntervall) {
         modulus = umschaltIntervall;
         zaehler = bitWert = 0;
      }
```

```
      bool naechsterTakt(void) {
         zaehler = ++zaehler % modulus; // alle 'modulus'-Schritte
         if (zaehler == 0)              // Bit invertieren
            bitWert = !bitWert;
         return bitWert;
      }
   private:
      bool bitWert; // enthält immer aktuellen Bitwert
      int  modulus; // nach wie viel Schritten Bit invertieren?
      int  zaehler; // zählt die Schritte seit letztem Umschalten des Bits
};
```

Wir werden ein Array von solchen `bit`-Strukturen verwenden, wie z. B. zum Nachbilden eines Bytes (mit 8 Bits):

```
bit  bitArray[8];
```

Diese Struktur `bit` hat drei private Variablen, auf die nicht von außerhalb zugegriffen werden kann:

- `bitwert`: enthält immer den aktuellen Bitwert (`0` oder `1`).
- `modulus`: enthält für das jeweilige Bit die Anzahl der Schritte, nach denen dieses Bit immer umzuschalten ist:

```
              16   8   4   2   1   = modulus
               |   |   |   |   |
Zählvorgang:   0   0   0   0   0
               0   0   0   0   1
               0   0   0   1   0
               0   0   0   1   1
               0   0   1   0   0
               0   0   1   0   1
               0   0   1   1   0
               0   0   1   1   1
               0   1   0   0   0
```

  Das letzte Bit ist also bei jedem, das vorletzte Bit bei jedem zweiten, das drittletzte Bit bei jedem vierten Zählvorgang usw. umzuschalten.
- `zaehler`: wird bei jedem Zählvorgang um 1 erhöht. Wird der für das jeweilige Bit eingestellte `modulus`-Wert erreicht, wird `zaehler` wieder auf `0` gesetzt.

Ein Zugriff auf diese drei privaten Variablen ist niemals direkt von außen möglich. Für jede `bit`-Strukturvariable stehen zum Zugriff lediglich die beiden folgenden `public`-Methoden zur Verfügung:

- `void init(int umschaltIntervall)`:
  initialisiert das jeweilige Bit, indem es zum einen die private Variable `modulus` auf den über den Parameter `umschaltIntervall` übergebenen Wert setzt und die beiden privaten Variablen `bitwert` und `zaehler` auf `0` setzt.
- `bool naechsterTakt(void)`:
  inkrementiert zunächst den `zaehler` um 1. Sollte der `zaehler` damit den `modulus`-Wert erreicht haben, setzt sie `zaehler` auf den Wert 0 zurück und

invertiert den aktuellen Bitwert. Den aktuellen Bitwert liefert sie dann als Rückgabewert.

Damit man aber auch für die einzelnen Elemente des Arrays die `private`-Variablen entsprechend setzen kann, muss man eine eigene Memberfunktion (hier `init()`) zur Verfügung stellen.

Programm 13.11 zeigt eine erste mögliche Realisierung dieses Dualzählers. Da bei der Deklaration des Array `bitWort` keine Argumente (für den Konstruktor) angegeben werden können, muss ein Standardkonstruktor (hier mit leerem Anweisungsteil) zur Verfügung gestellt werden. Diese explizite Deklaration des Standardkonstruktors ist notwendig, da noch ein weiterer Konstruktor mit Parametern existiert und somit nicht mehr der automatisch zur Verfügung gestellte Standardkonstruktor vorhanden ist.

In Programm 13.11 wird in `main()` zunächst ein `bitArray` mit acht `bit`-Strukturvariablen (siehe auch Abbildung 13.3) definiert, bevor die Funktion `zaehle()` zweimal aufgerufen wird, um einmal bis fünf (Default-Wert) und einmal bis sieben dual zu zählen. Danach wird noch ein Zähler `mod5Zaehler` angelegt, der alle fünf Takte das Bit invertiert.

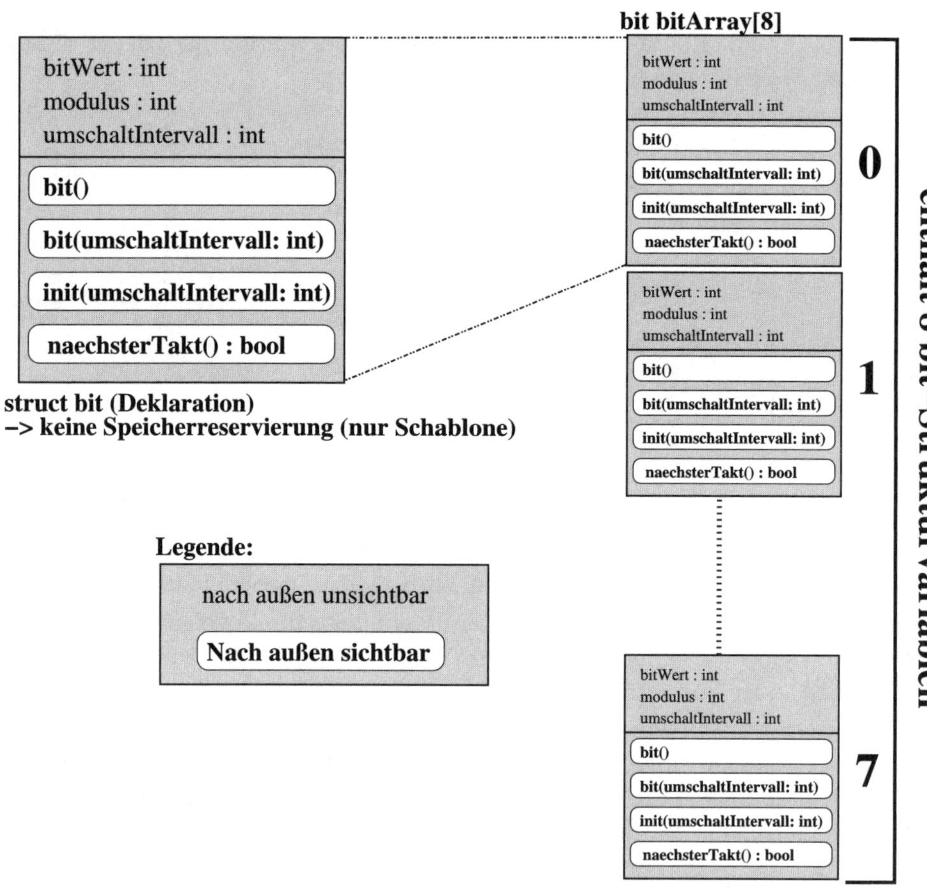

Abbildung 13.3: bitArray mit 8 bit-Strukturvariablen

Programm 13.11 – `dualzaehl.cpp`:
Dualzähler mit Standardkonstruktor und eigener Initialisierungsmethode

```
#include <iostream>
using namespace std;
const int bitZahl=8;
struct bit { /* siehe vorher */ }
void zaehle(bit bitWort[], int ende=5 ) {
   int z = 1;
   for (int i=0; i<bitZahl; i++, z*=2) // Umschaltintervalle mit 2er-Potenzen init.
      bitWort[i].init( z );
   for (int i=1; i <= ende; i++) {
      for (int j=bitZahl-1; j>=0; j--) // von oben im Array nach unten laufen
         cout << bitWort[j].naechsterTakt();  // Ausgabe des entspr. Bits
      cout << endl;
   }
   cout << "------------------------------" << endl;
}
int main(void) {
   bit bitArray[bitZahl]; //... benötigt Standardkonstruktor
   zaehle( bitArray );
   zaehle( bitArray, 7 );
   bit mod5Zaehler(5); //... verwendet 2. Konstruktor
   for (int i=0; i<=30; i++)
      cout << mod5Zaehler.naechsterTakt();
}
```

Programm 13.11 liefert die folgende Ausgabe:

```
00000001
00000010
00000011
00000100
00000101
------------------------------
00000001
00000010
00000011
00000100
00000101
00000110
00000111
------------------------------
0000111110000011111000001111100
```

Initialisieren von Arrays mit Initialisierungslisten von Konstruktoren

Eine Möglichkeit, Arrayelemente doch mit Konstruktoren, die Parameter besitzen, zu initialisieren, ist die Angabe der jeweiligen Konstruktoren in einer Initialisierungsliste bei der Deklaration des Arrays, wie dies im Programm 13.12 gezeigt ist, das die gleiche Ausgabe wie Programm 13.11 liefert.

Programm 13.12 – `dualzaehl2.cpp`:
Dualzähler mit Initialisierungsliste von Konstruktoren

```
#include <iostream>
using namespace std;
const int bitZahl=8;
struct bit {
  public:
    // bit() {}  //... kein Standardkonstruktor mehr notwendig
    bit( int umschaltIntervall ) {
      modulus = umschaltIntervall;
      zaehler = bitWert = 0;
    }
    // kein init() mehr notwendig
    bool naechsterTakt(void) {
      zaehler = ++zaehler % modulus; // alle 'modulus'-Schritte
      if (zaehler == 0)             // Bit invertieren
        bitWert = !bitWert;
      return bitWert;
    }
  private:
    bool bitWert; // enthält immer aktuellen Bitwert
    int  modulus; // nach wie viel Schritten Bit invertieren?
    int  zaehler; // zählt die Schritte seit letztem Umschalten des Bits
};
void zaehle(bit bitWort[], int ende=5 ) {
   // kein Aufruf von init() mehr
  for (int i=1; i <= ende; i++) {
    for (int j=bitZahl-1; j>=0; j--) // von oben im Array nach unten laufen
      cout << bitWort[j].naechsterTakt();  // Ausgabe des entspr. Bits
    cout << endl;
  }
  cout << "--------------------------------" << endl;
}
int main(void) {
  bit  bitArray1[bitZahl] = { bit(1),  bit(2),  bit(4),  bit(8),
                              bit(16), bit(32), bit(64), bit(128) };
  zaehle( bitArray1 );
  bit  bitArray2[] = { 1, 2, 4, 8, 16, 32, 64, 128 };
  zaehle( bitArray2, 7 );
  bit mod5Zaehler(5);
  for (int i=0; i<=30; i++)
    cout << mod5Zaehler.naechsterTakt();
}
```

Hat ein Konstruktor nur einen Parameter, muss man nicht explizit den Konstruktornamen angeben, sondern kann lediglich den Argumentwert in der Initialisierungsliste angeben, wie z.B.:

```
bit  bitArray1[bitZahl] = { 1, 2, 4, 8, 16, 32, 64, 128 };
```

Es ist nicht erforderlich, die Größe des Arrays explizit anzugeben. Man hätte z. B. im Programm 13.12 auch die Arraygröße weglassen können:

```
bit  bitArray1[] = { bit(1),  bit(2),  bit(4),  bit(8),
                     bit(16), bit(32), bit(64), bit(128) };
// oder:
bit  bitArray1[] = { 1, 2, 4, 8, 16, 32, 64, 128 };
```

In diesem Fall wäre die Arraygröße automatisch aus der Anzahl der Konstruktoren in der Initialisierungsliste berechnet worden.

Standardkonstruktor für fehlende Konstruktoren in der Initialisierungsliste

Gibt man in der Initialisierungsliste weniger Konstruktoren an als über die Arraygröße festgelegt, wird für die fehlenden Konstruktoren automatisch der Standardkonstruktor aufgerufen, der dann natürlich vorhanden sein muss, da sonst der Compiler einen Fehler melden würde. Programm 13.13 verdeutlicht dies nochmals.

Programm 13.13 – `mystringarray.cpp`:
Array mit nicht vollständiger Initialisierungsliste von Konstruktoren

```
#include <iostream>
#include <cstring>
struct myString {
  public:
     myString() { //....................... Standardkonstruktor
        char *defaultString = "___Nix";
        strcpy(str, defaultString );
     }
     myString(const char *zkette) { //.... Weiterer Konstruktor
        strcpy( str, zkette );
     }
     void  print(int i) { std::cout << i << ". " << str << std::endl; }
  private:
     char  str[100];
};
int main(void) {
   myString zahlen[6] = { "null", "eins", "zwei" };
   for (int i=0; i<6; i++)
      zahlen[i].print(i);
}
```

Programm 13.13 liefert die folgende Ausgabe:

```
0. null
1. eins
2. zwei
3. ___Nix
4. ___Nix
5. ___Nix
```

Verwenden von Zeigerarrays zum Initialisieren

Die Restriktion, dass man bei der Deklaration von Strukturarrays keine Argumente angeben kann, kann man umgehen, indem man nicht Strukturarrays, sondern Arrays von Strukturzeigern deklariert. Beim Allozieren (mit Operator `new`) des Speicherplatzes, auf den diese Strukturzeiger zeigen sollen, kann man dann – anders als bei einfachen Array-Deklarationen – Konstruktoren mit Argumenten angeben.

Programm 13.14 – `dualzaehl3.cpp`:
Dualzähler mit Zeigerarray

```
//.....
const int bitZahl=8;
struct bit {
   public:
      bit( int umschaltIntervall ) {
         modulus = umschaltIntervall;
         zaehler = bitWert = 0;
      }
      bool naechsterTakt(void) {
         zaehler = ++zaehler % modulus; // alle 'modulus'-Schritte
         if (zaehler == 0)              // Bit invertieren
            bitWert = !bitWert;
         return bitWert;
      }
   private:
      bool bitWert; // enthält immer aktuellen Bitwert
      int  modulus; // nach wie viel Schritten Bit invertieren?
      int  zaehler; // zählt die Schritte seit letztem Umschalten des Bits
};
void zaehle( bit *bZgrArray[], int ende=5 ) {
   int i, j, z=1;
   for (i=0; i<bitZahl; i++, z*=2)
      bZgrArray[i] = new bit(z); // bei new sind Argumente erlaubt und damit
                                 // Aufruf von Konstruktoren mit Param. mögl.
   for (i=1; i <= ende; i++) {
      for (j=bitZahl-1; j>=0; j--) // von oben im Array nach unten laufen
         cout << bZgrArray[j]->naechsterTakt();  // Ausgabe des entspr. Bits
      cout << endl;
   }
   cout << "------------------------------" << endl;
}
int main(void) {
   bit  *bitZgrArray[bitZahl]; //... Array von bit-Zeigern
   zaehle( bitZgrArray );
   zaehle( bitZgrArray, 7 );
   bit mod5Zaehler(5); //... verwendet 2. Konstruktor
   for (int i=0; i<=30; i++)
      cout << mod5Zaehler.naechsterTakt();
}
```

Programm 13.14 liefert die gleiche Ausgabe wie Programm 13.11.

13.2.10 Destruktoren zum Löschen von Strukturvariablen

Zu den Konstruktoren, die automatisch beim Anlegen (Definieren) einer Strukturvariablen bzw. eines Objekts (OOP-Sprechweise) aufgerufen werden, existiert ein Gegenstück, der so genannte *Destruktor*, der aufgerufen wird, wenn eine Strukturvariable (bzw. der von ihr belegte Speicherplatz) wieder entfernt wird.

Allgemeine Regeln für Destruktoren

Destruktoren sind spezielle Memberfunktionen mit dem gleichen Namen wie die Struktur und einem vorangestellten Tildezeichen ~.

```
~strukturname()
```

Ein vom Programmierer bereitgestellter Destruktor wird automatisch aufgerufen, bevor die entsprechende Struktur freigegeben wird. So hat der Programmierer die Möglichkeit, noch entsprechende Aktionen (wie z. B. das Sichern der Strukturdaten in einer Datei) vor dem Entfernen der Strukturdaten durchführen zu lassen.
Für Destruktoren gilt:

- Ein Destruktor verfügt weder über Parameter noch über einen Rückgabewert.
- Es gibt genau einen Destruktor pro Struktur.
- Anders als Konstruktoren darf man Destruktoren auch explizit aufrufen.
- Für jede Strukturvariable wird standardmäßig vom Compiler ein Destruktor bereitgestellt: der so genannte *Leer- oder Standarddestruktor.*
- Die automatischen Destruktoraufrufe finden in umgekehrter Reihenfolge zu den zugehörigen Konstruktoraufrufen statt.

Programm 13.15 – `destruktor.cpp`:
Demoprogramm zu Destruktoren

```
#include <cstring>
#include <iomanip>
#include <iostream>
using namespace std;

struct Zeichkette {
   Zeichkette(char *name, int z) { //............................. Konstruktor
      this->name = new char[strlen(name)+1]; // +1 wegen abschl. \0
      strcpy( this->name, name);
      n = z+1;
      cout << setfill('+') << setw(n) << "+ " << name << " (Konstruktor)" <<endl;
   }
   ~Zeichkette() { //............................................... Destruktor
      cout << setfill('-') << setw(n) << "- " << name << " (Destruktor)" << endl;
      delete name;
   }
private:
   char *name;
   int  n;
};
```

```
int main(void) {
   Zeichkette  z1("z1", 1), z2("z2", 2),
              *zgr1;
   zgr1 = new Zeichkette("zgr1", 3);
   delete zgr1;  //... Destruktor für zgr1 wird aufgerufen
   zgr1 = new Zeichkette("zgr1", 4);
   delete zgr1;  //... Destruktor für zgr1 wird wieder aufgerufen
    //... Destruktoren für z1 und z2 werden hier automatisch aufgerufen
}
```

Programm 13.15 liefert die folgende Ausgabe:

```
+ z1 (Konstruktor)
++ z2 (Konstruktor)
+++ zgr1 (Konstruktor)
--- zgr1 (Destruktor)
++++ zgr1 (Konstruktor)
---- zgr1 (Destruktor)
-- z2 (Destruktor)
- z1 (Destruktor)
```

Aufrufzeitpunkte von Destruktoren

Destruktoren werden automatisch in folgenden Fällen aufgerufen, um die entsprechende Strukturvariable (bzw. in OOP-Sprechweise: das *Objekt*) freizugeben:

- Bei *globalen und statischen (lokalen) Objekten* wird der Destruktor beim Verlassen des Programms aufgerufen. Dabei werden die Destruktoren von lokalen statischen Objekten vor denen von globalen Objekten aufgerufen.
- Bei *dynamisch erzeugten Objekten* wird der Destruktor bei Ausführung des `delete`-Operators aufgerufen.
- Bei *lokalen Objekten* wird der Destruktor jedesmal beim Verlassen des Blocks aufgerufen.
- Bei *temporären Objekten* wird der Destruktor aufgerufen, wenn diese nicht mehr benötigt werden.

Programm 13.16 verdeutlicht diese Aufrufzeitpunkte nochmals.

Programm 13.16 – `destraufruf.cpp`:
Aufrufzeitpunkte von Destruktoren

```
#include  <iomanip>
#include  <iostream>
using namespace std;
int n=0;

struct Ausgabe {
  public:
     Ausgabe(const char *str) { //....Konstruktor
        strcpy(name, str);
        n++;
        cout << setfill('+') << setw(n) << "+" << name << endl;
     }
```

```
      ~Ausgabe() { //....Destruktor
         cout << setfill('-') << setw(n) << "-" << name << endl;
         n--;
      }
   private:
      char name[100];
};
void fkt(Ausgabe f) {
   Ausgabe fktLokal("fktLokal");
}
Ausgabe global("global"); // Anlegen einer globalen Strukturvariablen

int main(void) {
   cout << "................. Am Anfang von main" << endl;
   Ausgabe lokalMain("lokalMain");
   Ausgabe *dynamisch = new Ausgabe("dynamisch");
   fkt(lokalMain);

   cout << "................... Vor lokalem Block" << endl;
   {
      static Ausgabe statischl("statischl");
      Ausgabe lokalMain2("lokalMain2");
   }
   cout << "................. Nach lokalem Block" << endl;
   static Ausgabe statisch2("statisch2");
   cout << "................... Am Ende von main" << endl;
}
```

Programm 13.16 liefert folgende Ausgabe:

```
+global
................. Am Anfang von main
++lokalMain
+++dynamisch
++++fktLokal
----fktLokal
---lokalMain
.................. Vor lokalem Block
+++statischl
++++lokalMain2
----lokalMain2
................. Nach lokalem Block
++++statisch2
................... Am Ende von main
----lokalMain
---statisch2
--statischl
-global
```

delete und der 0-Zeiger

Das Konstruktor/Destruktor-Konzept ist zwar sehr nützlich und elegant, kann aber auch zu schwer nachzuvollziehenden Fehlern führen. Typisch hierfür sind Programme, in denen Destruktoren zu einem Objekt mehrmals aufgerufen werden, z. B. weil ein Objekt versehentlich mehrmals mit dem Operator `delete` freigegeben wird. Diese Programme laufen zunächst fehlerfrei ab und stürzen dann aber plötzlich ab, wenn automatisch der jeweilige Destruktor ein zweites Mal aufgerufen wird. Der Destruktor versucht in diesem Fall, bereits freigegebenen Speicherplatz nochmals freizugeben, was zum Programmabsturz führt.
Hier sind zwei Punkte von Wichtigkeit:

- Der Operator `delete` setzt – genauso wie die Funktion `free()` – den Zeiger des freigegebenen Speicherplatzes nicht explizit auf den Wert `0`.
- Wird der Operator `delete` mit einem Zeiger aufgerufen, der den Wert `0` hat, so führt er keinerlei Aktion aus, gibt also auch keinen Speicher frei.

Mit diesem Wissen kann man nun Destruktoren angeben, die nur dann einen Speicherplatz freigeben, wenn dieser noch nicht freigegeben wurde. Dies erreicht man dadurch, dass man nach der Freigabe eines Speicherplatzes mit `delete` den entsprechenden Zeiger explizit auf den Wert `0` setzt, wie z. B.:

```
struct Zeichkette
{
public:
   Zeichkette( char *str ) { //............................ Konstruktor
      zeichk = new char[strlen(str)+1]; // +1 wegen abschl. \0
      strcpy( zeichk, str);
   }

   ~Zeichkette() { //...................................... Destruktor
      delete zeichk;
      zeichk = 0;
   }

private:
   char *zeichk;
};
```

Um mehrfache, meist unbewusste Destruktoraufrufe aufzudecken, ist es empfehlenswert, Testausgaben in die Konstruktoren und Destruktoren einzubauen.

Explizites delete im Destruktor zu jedem new im Konstruktor

Grundsätzlich gilt, dass ein Destruktor nicht den von einem Objekt dynamisch belegten Speicherplatz (mit `new`) freigibt, sondern nur dazu dient, die vom Konstruktor vorgenommenen Initialisierungen rückgängig zu machen. Hat man also in einem Konstruktor mit `new` (bzw. `m/c/realloc()`) Speicherplatz reserviert, sollte man einen eigenen Destruktor implementieren, um diesen Speicherplatz dort wieder mit `delete` (bzw. mit `free()`) freizugeben.

Unterschied zwischen den Operatoren delete und delete[]

Den Operator `delete[]` sollte man immer dann aufrufen, wenn man ein Array von Objekten mit `new` *`typ`*`[]` alloziert hat. Während der Operator `delete` nur ein Objekt freigibt, gibt der Operator `delete[]` ein ganzes Array von Objekten frei. Programm 13.17 verdeutlicht diesen Unterschied nochmals.

Programm 13.17 – `deleteop.cpp`:
Unterschied zwischen den Operatoren delete und delete[]

```
#include <iostream>
using namespace std;

struct Zeichen
{
public:
    Zeichen(void) { }
    ~Zeichen() {
        cout << "...Destruktor von Zeichen" << endl;
    }
};

int main(void)
{
   Zeichen *array = new Zeichen[5];
   cout << "Aufruf von delete[]" << endl;
   delete [] array;

   array = new Zeichen[5];
   cout << "Aufruf von delete" << endl;
   delete array;
}
```

Programm 13.17 liefert folgende Ausgabe:

```
Aufruf von delete[]
...Destruktor von Zeichen
...Destruktor von Zeichen
...Destruktor von Zeichen
...Destruktor von Zeichen
...Destruktor von Zeichen
Aufruf von delete
...Destruktor von Zeichen
Speicherzugriffsfehler
```

An dieser Ausgabe ist erkennbar, dass bei `delete[]` der Destruktor für jedes Element des allozierten Arrays aufgerufen wird, während er bei `delete` nur für ein Element aufgerufen wird, was ja hier falsch ist und sogar zum Programmabsturz führen kann, wenn hierdurch die interne Freispeicherliste zerstört wird.

Keine Destruktoraufrufe für Zeiger auf höheren Ebenen

Es ist wichtig zu wissen, dass Destruktoren nur für einfache Zeiger im Falle von `delete` bzw. für Arrays im Falle von `delete[]` aufgerufen werden. Programm 13.18 verdeutlicht dies, denn dieses Programm liefert keine Ausgabe.

Programm 13.18 – `delzgrzgr.cpp`:
Kein Destruktoraufruf für Zeiger auf höheren Ebenen

```
#include <iostream>
using namespace std;

struct Zeichen {
 public:
    Zeichen(void) { }
    ~Zeichen() { cout << "...Destruktor von Zeichen" << endl; }
};
int main(void) {
   Zeichen **zgrarray = new Zeichen* [3]; // alloziert Speicherpl. für 3 Zeiger

   zgrarray[0] = new Zeichen[10]; // allozieren jeweils Speicherpl. für 10 Zeichen
   zgrarray[1] = new Zeichen[10]; // .............................................
   zgrarray[2] = new Zeichen[10]; // .............................................

   delete [] zgrarray; // gibt zgrarray mit den darin enthaltenen Zeigern frei,
                       // aber nicht den Speicherplatz, auf den diese zeigen
}
```

In Programm 13.18 wird beim `delete[]`-Aufruf der Speicherplatz für das Zeigerarray `zgrarray` freigegeben und damit auch die darin enthaltenen Zeiger. Nicht freigegeben wird aber der Speicherplatz, auf den die Zeiger im Zeigerarray zeigen, so dass sich hier „Speicherleichen“ ergeben, wie es in Abbildung 13.4 gezeigt ist.

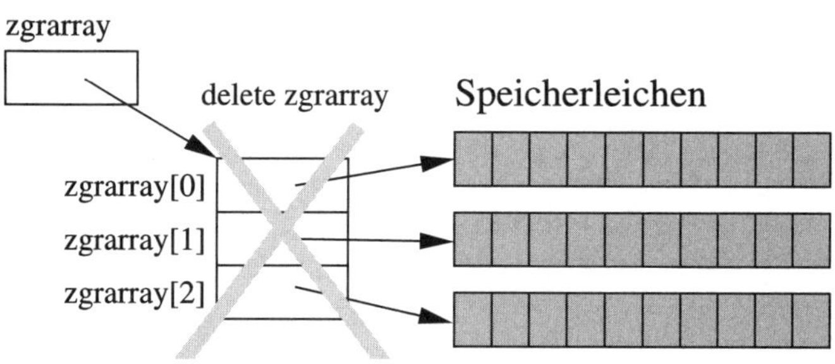

Abbildung 13.4: „Speicherleichen“ nach delete[]-Aufruf in Programm 13.18

Um Destruktoraufrufe für Zeiger auf höheren Ebenen zu erreichen, gibt es grundsätzlich zwei Möglichkeiten, die nachfolgend vorgestellt werden. Die beiden folgenden Programme 13.19 und 13.20 geben dann 30 Mal (3 mal 10) folgende Zeile aus:

```
...Destruktor von Zeichen // insgesamt wird diese Zeile 30 Mal ausgegeben
.......
```

Explizite delete[]-Aufrufe für jeden Zeiger im Array

Programm 13.19 verdeutlicht dies: Es durchläuft das ganze Zeigerarray und ruft für jeden Zeiger in diesem Array `delete []` auf, bevor es dann mit `delete []` das ganze Zeigerarray freigibt.

Programm 13.19 – `delzgrzgr1.cpp`:
Explizite delete-Aufrufe für jedes Element im Array

```
struct Zeichen {
 public:
    Zeichen(void) { }
    ~Zeichen() { cout << "...Destruktor von Zeichen" << endl; }
};
int main(void) {
   Zeichen **zgrarray = new Zeichen* [3]; // alloziert Speicherpl. für 3 Zeiger
   zgrarray[0] = new Zeichen[10]; // alloz. jeweils Speicherpl. für 10 Zeichen
   zgrarray[1] = new Zeichen[10]; // ......................................
   zgrarray[2] = new Zeichen[10]; // ......................................
   for (int i=0; i<3; i++)    // Speicherplatz freigeben, auf den
      delete [] zgrarray[i]; // die einzelnen Zeiger aus zgrarray zeigen
   delete [] zgrarray; // nun zgrarray mit darin enthaltenen Zeigern freigeben
}
```

Wrapper-Struktur mit Zeiger auf die entsprechende Strukturvariable

In diesem Fall erstellt man sich eine eigene so genannte *Wrapper-Struktur*, die als Membervariable einen Zeiger auf eine entsprechende Strukturvariable hat. Im Konstruktor alloziert man dann mit `new` Speicher für diese Zeiger-Membervariable und im Destruktor gibt man diesen Speicher wieder mit `delete []` frei. Programm 13.20 verdeutlicht diese Technik, indem es im Konstruktor Speicherplatz für 10 `Zeichen`-Objekte alloziert, die es im Destruktor mit `delete []` wieder freigibt.

Programm 13.20 – `delzgrzgr2.cpp`:
Wrapper-Struktur mit Zeiger auf das entsprechende Objekt

```
struct Zeichen {
 public:
    Zeichen(void) { }
    ~Zeichen() { cout << "...Destruktor von Zeichen" << endl; }
};
struct Wrapper {
 public:
    Wrapper(void) { zgr = new Zeichen[10]; } // alloziert Sp. für 10 Zeichen
    ~Wrapper(void) { delete []zgr; }         // gibt Speicherplatz wieder frei
 private:
    Zeichen *zgr;
};
int main(void) {
   Wrapper *zgrarray = new Wrapper[3]; // alloziert Speicherpl. für 3 Wrapper
   delete [] zgrarray; // gibt zgrarray frei, wobei jedoch zuerst Destruktoren
                      // für wrapper[0], wrapper[1], wrapper[2] aufgerufen werden
}
```

Kein Aufruf des Destruktors bei delete mit void-Objektzeigern

Es ist zu beachten, dass bei einem `delete` mit `void`-Strukturzeigern nicht der Destruktor der zugehörigen Struktur aufgerufen wird, was zu „Speicherleichen" führen kann. Programm 13.21 verdeutlicht dies nochmals.

Programm 13.21 – `voiddestr.cpp`:
Kein Aufruf des Destruktors bei delete mit void-Strukturzeigern

```
#include <iostream>
using namespace std;

struct Demo {
 public:
    Demo(char z) { cout << "Konstruktor für " << (id = z) << "....."; }
    ~Demo()      { cout << "Destruktor für "  << id << endl;           }
 private:
   char id;
};

int main(void) {
   Demo *a = new Demo('a'); delete a;
   void *b = new Demo('b'); delete (Demo*)b;
   void *c = new Demo('c'); delete c;        cout << endl; // kein Destr.aufruf
   Demo *d = new Demo('d'); delete (void*)d; cout << endl; // kein Destr.aufruf
}
```

Dass kein Destruktor bei einem `delete` mit `void`-Strukturzeigern aufgerufen wird, lässt sich an folgender Ausgabe erkennen:

```
Konstruktor für a.....Destruktor für a
Konstruktor für b.....Destruktor für b
Konstruktor für c.....
Konstruktor für d.....
```

13.3 Abschließende Bemerkungen

Durch die in diesem Kapitel vorgestellten neuen Konzepte und Konstrukte ist der von der Objektorientierung geforderte Zusammenhang zwischen Daten und Funktionen gewährleistet. Es liegt jedoch auch weiterhin in der Verantwortung des Programmierers, in wieweit er Strukturvariable wirklich nur über Memberfunktionen modifiziert, da auch weiterhin der Zugriff über beliebige Funktionen möglich ist.
Durch die in diesem Kapitel vorgestellten Neuerungen von C++ sind wir folglich der Objektorientierung schon ein gutes Stück näher gekommen. Die eigentlichen Erweiterungen, um aus der prozeduralorientierten Sprache C eine objektorientierte Sprache C++ werden zu lassen, werden in den folgenden Kapiteln vorgestellt.
Kapitel A.10 auf Seite 980 zeigt, dass in C++ auch Unions Memberfunktionen, Konstruktoren, Destruktoren, Schlüsselwörter `public:`, `private:`, `protected:` enthalten können. Dabei gilt weitgehend das Gleiche wie es eben für Strukturen vorgestellt wurde.

13.4 Übungen

Eine Kreis-Struktur

Erstellen Sie ein Programm `kreis.cpp`, das eine `Kreis`-Struktur realisiert. Ergänzen Sie dazu den folgenden Programmausschnitt von `kreis.cpp`:

```
#include <cmath>
#include <iomanip>
#include <iostream>
using namespace std;

struct Kreis {
  public:
     Kreis(double r=1) { ........ }
     Kreis(Kreis& k)   { ........ }
     void setzeRadius(double r)  { .......... }
     void setzeUmfang(double u)  { .......... }
     void setzeFlaeche(double f) { .......... }
     double getRadius(void)  { ........ }
     double getUmfang(void)  { ........ }
     double getFlaeche(void) { ........ }
     void print(void) {
        cout << setiosflags(ios::left)
             << "r=" << setw(8)  << radius
             << "f=" << setw(10) << flaeche
             << "u=" << setw(10) << umfang << endl;
     }
  private:
     double radius, umfang, flaeche;
     static const double PI = 3.14159;
};
int main(void) {
   Kreis eins(20),
         zwei, drei(eins);
   eins.print();
   zwei.print();
   drei.print();
   eins.setzeUmfang(drei.getUmfang()+1);
   eins.print();
   zwei.setzeFlaeche(drei.getFlaeche()-1200);
   zwei.print();
}
```

Programm `kreis.cpp` sollte die folgende Ausgabe liefern:

```
r=20      f=1256.64   u=125.664
r=1       f=3.14159   u=6.28318
r=20      f=1256.64   u=125.664
r=20.1592 f=1276.72   u=126.664
r=4.24592 f=56.636    u=26.6779
```

Auflösen von Namenskonflikten

Was ist an folgendem Programmausschnitt falsch, und wie könnte man die entsprechenden Fehler beheben?

```
struct Kreis
{
   ............
   void setzeRadius(double radius) {
      radius = radius;
      umfang  = 2*radius*PI;
      flaeche = radius*radius*PI;
   }
   void setzeUmfang(double umfang) {
      umfang  = umfang;
      radius  = umfang / (2*PI);
      flaeche = radius*radius*PI;
   }
   ............
};
```

Konstruktoren (1. Übung)

Programm 13.22 – `konstrukt.cpp`:
Was gibt dieses Programm aus?

```
#include <iostream>
using namespace std;

struct Complex
{
public:
   Complex(double r=0, double i=0);    // Konstruktor-Deklaration
private:
   double re, im;
};

Complex::Complex(double r, double i) // Konstruktor-Definition
{
   re = r;
   im = i;
   cout << "Konstruktor: (" << re << ", " << im << ")" << endl;
}

int main(void)
{
   Complex z1;          // impliziter Konstruktor-Aufruf mit Defaultwerten
   Complex z2(1), z3(1 ,2); // explizite Konstr.-Aufrufe mit ein/zwei Argumenten
   z1 = Complex(4, 5); // Konstruktor-Aufruf für ein temporäres Objekt
   z2 = Complex();     // Konstruktor-Aufruf für ein temporäres Objekt
}
```

Konstruktoren (2. Übung)

Programm 13.23 – `konstrukt2.cpp`:
Was gibt dieses Programm aus?

```
#include  <iostream>
#include  <iomanip>
using namespace std;

struct myString
{
public:
   myString(int w=0, const char *name = "no Name") {
      strcpy(this->name, name);
      this->w = w;
      cout << setw(w) << " " << "Konstruktor " << this->name << endl;
   }
   ~myString() { cout << setw(w) << " " << "Destruktor " << name << endl; }
private:
   int  w;
   char name[80];
};
myString global(0, "global");  // globales Objekt
myString *funk(void);         // Funktions-Prototyp

int main(void) {
   cout << "   ...Am Anfang von main()" << endl;
   myString           mainLokal1(6, "mainLokal1");  // lokales Objekt
   myString           mainLokal2(6);                // lokales Objekt
   static myString    mainLokalStatic(6, "mainLokalStatic"); // statisches Objekt
   myString           *zgrMyString;

   zgrMyString = funk();
   cout << "      In main() nach 1. Aufruf von funk()\n";
   zgrMyString = funk(); // Das beim 1. Aufruf von funk() erzeugte Objekt
                 // kann nicht mehr freigegeben werden, da der Zeiger
                 // darauf überschrieben wurde!
   cout << "      In main() nach 2. Aufruf von funk()" << endl;
   delete zgrMyString;
   myString(6, "temporaer"); // temporäres Objekt
   cout << "   ...Am Ende von main()" << endl;
}
myString *funk(void) {
   cout << "         ...Am Anfang von funk()" << endl;
   myString          funkLokal(9, "funkLokal");            // lokales Objekt
   static myString funkLokalStatic(9, "funkLokalStatic"); // statisches Objekt
   cout << "         ...Am Ende von funk()" << endl;
   return new myString(9, "dynamisch (Rückgabe von Zeiger)");
}
```

Konstruktoren und Destruktoren (1. Übung)

Programm 13.24 – `dualbyte.cpp`:
Was gibt dieses Programm aus?

```
#include <iostream>
using namespace std;
struct bit {
   public:
      bit()  { cout << "B";  } // Konstruktor
      ~bit() { cout << "b";  } // Destruktor
      void setBit(int wert) { bitwert = wert; }
      int  getBit(void)     { return bitwert; }
   private:
      int bitwert; // enthält immer aktuellen Bitwert
};
struct byte {
   public:
      byte(int z) { cout << " BYTE("  << (zahl=z) << ")\n"; } // Konstruktor
      ~byte()     { cout << "\nbyte(" << zahl     << ") ";  } // Destruktor
      void add(byte byt2) { cout << "\nadd()"; }
   private:
      bit  byt[8];
      int  zahl;
};
int main(void) {
   byte b1 = 1,
        b2 = 2;
   { //... Lokaler Block
      byte b3(3);    // Anlegen eines temporären byte-Objekts
      cout << "--------\n";
   } // temporäres byte-Objekt wird mit Verlassen des Blocks wieder zerstört

   b1.add(b2);
   cout << "\n.......";
}
```

Konstruktoren und Destruktoren (2. Übung)

Programm 13.25 – `konstrdestr.cpp`:
Was gibt dieses Programm aus?

```
#include <iostream>
using namespace std;

struct Complex {
public:
   Complex(double r = 0, double i = 0);       // Konstruktor-Deklaration
   ~Complex();                                // Destruktor-Deklaration
private:
   double re, im;
};
```

```
Complex::Complex(double r, double i) { // Konstruktor-Definition
   re = r;   im = i;
   cout << "Konstruktor: (" << re << ", " << im << ")" << endl;
}
Complex::~Complex() {                     // Destruktor-Definition
   cout << "Destruktor : (" << re << ", " << im << ")" << endl;
}
int main(void) {
   Complex z1;            // impliziter Konstr.-Aufruf mit Vorgabewerten
   Complex z2(1), z3(1, 2); // explizite Konstr.-Aufrufe mit ein/zwei Argumenten
   z1 = Complex(4, 5);    // Konstruktor-Aufruf für ein temp. Objekt
   z2 = Complex();        // Konstruktor-Aufruf für ein temp. Objekt
}
```

Programm, das nur Deklarationen enthält

Im Programm 13.26 befindet sich in der `main()`-Funktion keine einzige Ausgabeanweisung. Gibt das Programm 13.26 trotzdem etwas aus? Wenn ja, warum und was wird ausgegeben?

Programm 13.26 – `konstrdestr2.cpp`:
Programm, das nur Deklarationen enthält

```
#include <iostream>
using namespace std;
struct Programm {
  Programm() { cout << "..Programm wird geladen" << endl;   run(); }
  void run() {
     for (int i=0; i < 3; i++)
        cout << "...Programm wird ausgeführt" << endl;
  }
  ~Programm() { cout << "..Programm wird beendet; Adieu" << endl; }
};
struct Bruch {
   public:
      Bruch(int z=0, int n=1) {
         zaehler = z;   nenner = n;
         cout << "Bruch: " << zaehler << "/" << nenner << " erzeugt" << endl;
      }
      ~Bruch() {
         cout << "Bruch: " << zaehler << "/" << nenner << " entfernt" << endl;
      }
   private:
      int zaehler, nenner;
};
Programm meinProg;
int main(void) {
   Bruch *b1, b2(1,2), b3;
   b1 = new Bruch(3,4);
   {  Bruch b4(4);  }
}
```

Zugriff mit und ohne Scope-Operator

Programm 13.27 – `scopestruct.cpp`: Demonstrationsprogramm zum Scope-Operator ::

```
#include <iostream>
using namespace std;

//............ globale Variable und Funktion
int x;
void print(void) { cout << "x (global) = " << x << ", "; }

struct Strukt
{
 public:
   Strukt(void) : x(0) { }
   void print(void) {
      x++;
      cout << "x (Strukt) = " << x << ", ";
      ::x++;
      ::print(); cout << endl;
   }
 private:
   int x;  // Membervariable
};

int main(void)
{
   Strukt s;
   int x;      // lokales x verdeckt globales x
   x = 1;      // Zuweisung an lokales x
   ::x = 10;   // Zuweisung an globales x

   cout << "x (main lokal1) = "  << x   << endl;
   cout << "x (global) = "  << ::x << endl;
   {
      int x;     // verdeckt erstes lokales x
      x = 2;     // Zuweisung an zweites lokales x
      ::x = 20; // Zuweisung an globales x
      cout << "x (main lokal2) = "  << x   << endl;
      cout << "x (global) = "  << ::x << endl;
   }
   cout << "x (main lokal1) = "  << x   << endl;
   cout << "x (main global) = "  << ::x << endl;
   s.print();
   s.print();
}
```

Konstruktoren und Arrays

Programm 13.28 – `konstrarray.cpp`:
Was gibt dieses Programm aus?

```
#include <iostream>
using namespace std;

struct Complex {
  public:
     Complex(double r = 0, double i = 0);  // Konstruktor-Deklaration
     ~Complex();                          // Destruktor-Deklaration
  private:
     double re, im;
};
Complex::Complex(double r, double i) { // Konstruktor-Definition
   re = r;  im = i;
   cout << "Konstruktor: (" << re << ", " << im << ")\n";
}
Complex::~Complex() {                     // Destruktor-Definition
   cout << "Destruktor : (" << re << ", " << im << ")\n";
}
int main(void) {
   Complex z[3];          // 3 implizite Konstr.-Aufrufe mit Vorgabewerten
   Complex *k1 = new Complex(3, 4);
   Complex *k2 = new Complex(5);
   delete k1;
}
```

Array-Verwaltung mit Funktionen in Strukturen

In Kapitel 12 auf Seite 95 sollte eine Array-Verwaltung in traditioneller Modultechnik realisiert werden. Hier soll nun diese Array-Verwaltung mit den in diesem Kapitel neu kennengelernten Konstrukten realisiert werden. Programm 13.29 (`arraystruct.h`) zeigt die Headerdatei für diesen neuen „Array-Automaten".

Programm 13.29 – `arraystruct.h`:
Headerdatei zum neuen „Array-Automaten"

```
struct array
{
 public:
   array( char *name, int anzahl );
   void fill(void);
   void sort(bool aufwaerts=true);
   void print(void);

 private:
   char   *name;       // Name des Arrays (als String)
   bool   sortiert;    // Array sortiert oder nicht
   int    anzahl;      // Anzahl der Elemente des Arrays
   double *meinArray;  // Anfangsadresse des Arrays
```

```
    void tausch( double &a, double &b ) {
       double h = a;
       a = b;
       b = h;
    }
};
```

Mit dem Programm 13.30 lassen wir uns nun wieder zwei Arrays mit unserem neuen „Array-Automaten“ verwalten.

Programm 13.30 – `arraystructmain.cpp`:
main-Programm, in dem zwei Arrays mit „Array-Automaten“ verwaltet werden

```
#include "arraystruct.h"
int main(void)
{
   array  array1("array1", 10 ), array2("array2", 5);
   array1.print();
   array1.sort();         array1.print();
   array1.sort(false);    array1.print();
   array1.fill();         array1.print();
   array2.sort();         array2.print();
   array1.sort(false);    array1.print();
}
```

Linkt man dieses Programm 13.30 mit dem noch zu erstellenden Modul `array-struct.cpp` zusammen, sollte das Programm z. B. folgende Ausgabe liefern:

```
--------------------------------------------- array1 ----
 Groesse des Arrays: 10
     Array sortiert: nein
        0.22 3.98 1.45 37.55 1.02 44.84 0.10 16.98 1.05 2.38
--------------------------------------------- array1 ----
 Groesse des Arrays: 10
     Array sortiert: ja
        0.10 0.22 1.02 1.05 1.45 2.38 3.98 16.98 37.55 44.84
--------------------------------------------- array1 ----
 Groesse des Arrays: 10
     Array sortiert: ja
        44.84 37.55 16.98 3.98 2.38 1.45 1.05 1.02 0.22 0.10
--------------------------------------------- array1 ----
 Groesse des Arrays: 10
     Array sortiert: nein
        44.84 0.10 16.98 1.05 2.38 0.36 3.87 3.83 36.24 0.49
--------------------------------------------- array2 ----
 Groesse des Arrays: 5
     Array sortiert: ja
        0.22 1.02 1.45 3.98 37.55
--------------------------------------------- array1 ----
 Groesse des Arrays: 10
     Array sortiert: ja
        44.84 36.24 16.98 3.87 3.83 2.38 1.05 0.49 0.36 0.10
```

Taschenrechner mit Intervallarithmetik

Hier sollen Sie einen abstrakten Datentyp `intervall` entwerfen, der eine Intervallarithmetik realisiert. Die Intervallarithmetik bietet die Möglichkeit, eingangsbedingte Fehler während einer Rechnung unter Kontrolle zu halten. Für die Rechnungen sind hier nur Additionen, Subtraktionen, Multiplikationen und Divisionen erlaubt, wobei folgende Rechenregeln gelten:

```
(a1,b1)+(a2,b2) = (a1+a2,b1+b2)

(a1,b1)-(a2,b2) = (a1-b2,b1-a2)

(a1,b1)*(a2,b2) = (a,b);   a = min(a1*a2, a1*b2, b1*a2, b1*b2)
                           b = max(a1*a2, a1*b2, b1*a2, b1*b2)

(a1,b1)/(a2,b2) = (a,b);   a = min(a1/a2, a1/b2, b1/a2, b1/b2)
                           b = max(a1/a2, a1/b2, b1/a2, b1/b2)
```

Der im nachfolgenden Programm `irechner.cpp` gezeigte einfache Rechner kann Ausdrücke berechnen, die sich aus folgenden Elementen zusammensetzen:

- Gleitpunkt-Konstanten oder ganzzahlige Konstanten
- Intervall-Konstanten (x,y), wobei die Zahl x kleiner oder gleich y sein muss
- Operatoren +, -, *, / und = (Zuweisung)
- 26 Variablen mit den Namen a, b, c, .., z bzw. A, B, C, .., Z

Ansonsten gilt folgende Regelung für den Taschenrechner:

- Bei Zuweisungen wird nichts ausgegeben.
- Bei alleiniger Eingabe von Variablennamen wird deren Intervall-Wert und bei Eingabe von Ausdrücken (maximal zwei Operanden, die Gleitpunkt- bzw. Ganzzahlkonstanten sein müssen) wird das berechnete Ergebnis ausgegeben.

Programm 13.31 zeigt die Headerdatei zu diesem Intervall-Rechner. In dieser Headerdatei ist die Struktur `Intervall` definiert, die für die Verwaltung und das Rechnen mit Intervall-Zahlen zuständig ist.

Programm 13.31 – `intervall.h`:
Headerdatei mit der Struktur Intervall

```
#include <iostream>
using namespace std;

struct Intervall {
 public:
    Intervall(double low = 0, double high = 0) { set(low, high); } // Konstruktor
    void set(double low, double high) { this->low  = low; this->high = high;   }
    double getLow()             { return low;                                  }
    double getHigh()            { return high;                                 }
    void   print(void)          { cout << "(" << low << "," << high << ")" <<endl; }
    void   add(Intervall iv) { low  += iv.getLow(); high += iv.getHigh();      }
    void   sub(Intervall iv);
    void   mult(Intervall iv);
    void   divi(Intervall iv);
```

```
 private:
    double low, high;
    double a[4]; // hier die low- und high-Werte für zwei Intervalle sortieren
                 // a[0] dann Minimum und a[3] Maximum --> für mult und divi
    void sort(void); // zum Sortieren des Arrays a[]
};
```

Programm 13.32 zeigt die zugehörige `main`-Funktion zu dem Intervall-Rechner.

Programm 13.32 – `irechner.cpp`:
main-Funktion zum Intervall-Rechner

```
#include "intervall.h"

static int getIndex(int zeich) {
   int index = tolower(zeich)-'a';
   if (index >= 0 && index < 26)
      return index;
   cerr << "Unerlaubte Eingabe: " << zeich << endl;
   return -1;
}
int main(void) {
   char   zeich, zeich2, zeich3, zeich4, op, komma;
   int    index1, index2, index3;
   double z1, z2;
   Intervall buchstabe[26];
   while (1) {
      cin.get(zeich);
      if (cin.eof())
         break;
      else if (isalpha(zeich)) {
         cin.get(zeich2);
         if (zeich2 == '\n') {          //... buchstabe<CR>
            index1 = getIndex(zeich);
            if (index1 >= 0)
               buchstabe[index1].print();
         } else if (zeich2 == '=') {
            cin.get(zeich3);            //... buchstabe = buchstabe <op> buchstabe
            if (isalpha(zeich3)) {
               index1 = getIndex(zeich);
               index2 = getIndex(zeich3);
               if (index1 >= 0 && index2 >= 0)
                  buchstabe[index1] = buchstabe[index2];
               cin >> op >> zeich4;
               cin.ignore(100, '\n');
               index3 = getIndex(zeich4);
               if (index3 >= 0) {
                  switch (op) {
                     case '+': buchstabe[index1].add(buchstabe[index3]);   break;
                     case '-': buchstabe[index1].sub(buchstabe[index3]);   break;
```

```
                    case '*': buchstabe[index1].mult(buchstabe[index3]);  break;
                    case '/': buchstabe[index1].divi(buchstabe[index3]);  break;
                     default: cerr << "Unerlaubte Eingabe" << endl;
                              cin.ignore(100, '\n'); break;
                  }
               }
            } else if (zeich3 == '(') { //... buchstabe = (zahl <op> zahl)
               cin >> z1 >> komma >> z2;
               cin.ignore(100, '\n');
               index1 = getIndex(zeich);
               if (index1 >= 0)
                  buchstabe[index1].set(z1, z2);
            } else {
               cerr << "Unerlaubte Eingabe" << endl;
               cin.ignore(100, '\n');
            }
         }
      } else if (isdigit(zeich) || zeich == '-') {  //... zahl <op> zahl
         cin.unget();
         cin >> z1 >> op >> z2;
         cin.ignore(100, '\n');
         switch (op) {
            case '+': cout << z1+z2 << endl; break;
            case '-': cout << z1-z2 << endl; break;
            case '*': cout << z1*z2 << endl; break;
            case '/': cout << z1/z2 << endl; break;
             default: cerr << "Unerlaubte Eingabe" << endl;
                      cin.ignore(100, '\n'); break;
         }
      } else {
         cerr << "Unerlaubte Eingabe" << endl;
         cin.ignore(100, '\n');
      }
   }
}
```

Ihre Aufgabe ist es nun, die fehlenden Definitionen zu den Memberfunktionen `sub()`, `mult()`, `divi` und `sort()` der Struktur `intervall` in der Datei `intervall.cpp` zu implementieren.

Nachfolgend ein Beispiel für eine Verwendung der Intervall-Rechnung:

Eine Arbeitsgruppe A fertigt mit einer Maschine eine bestimmte Menge M eines Produkts in 18 bis 22 Stunden. Mit einer anderen Maschine benötigt das Arbeitsteam B für dieselbe Menge M desselben Produkts zwischen 28 und 32 Stunden. In welcher Arbeitszeit wird die Menge M des Produkts von beiden Teams gefertigt, wenn sie gleichzeitig an ihren Maschinen zu arbeiten beginnen. Die Formel zur Lösung dieser Aufgabenstellung lautet:

$$t = \frac{t_A \cdot t_B}{t_A + t_B}; \qquad t_A = (18,22); \quad t_B = (28,32)$$

Diese Formel kann man nun mit dem erstellten Programm berechnen, nachdem man die beiden Programmdateien `irechner.cpp` und `intervall.cpp` kompiliert und gelinkt hat, wie z. B. unter Linux/Unix:
g++ -o irechner irechner.cpp intervall.cpp

```
A=(18,22) ⏎
B=(28,32) ⏎
o=A*B ⏎
u=A+B ⏎
o ⏎
(504,704)
u ⏎
(46,54)
x=o/u ⏎
x ⏎
(9.33333,15.3043)
9.33333+15.3043 ⏎
24.6376
24.6376/2 ⏎
12.3188
15.3043-12.3188 ⏎
2.9855
Strg-D
```

Die beiden Teams werden also zwischen 9,3 und 15,3 Stunden für die Produktion der Menge M benötigen. Im Durchschnitt werden sie 12,3 Stunden benötigen, wobei eine Abweichung nach unten bzw. nach oben von ca. 3 Stunden möglich ist.

Rechnen mit deutschen Kommazahlen

Ergänzen Sie das folgende Programm `komma.cpp`, das eine Struktur `KommaZahl` zur Verfügung stellt, die ein Rechnen mit deutschen Kommazahlen ermöglicht:

```
#include <cstring>
#include <iostream>
using namespace std;

struct KommaZahl {
  public:
     KommaZahl(char *z)     { ........... }
     void add(char *z)      { ........... }
     void add(KommaZahl z) { ........... }
     void sub(char *z)      { ........... }
     void sub(KommaZahl z) { ........... }
     void mul(char *z)      { ........... }
     void mul(KommaZahl z) { ........... }
     void div(char *z)      { ........... }
     void div(KommaZahl z) { ........... }
     double getDouble(void) { return zahl; }
     char  *getString(void) { return str;  }
```

```
  private:
     double zahl;       // Gleitpunktzahl zur deutschen Kommazahl
     char   str[100]; // Deutsche Kommazahl als String
     ......... // evtl. private-Methoden
};
int main(void) {
   KommaZahl eins("2,345"),
             zwei("123.14159");
   cout << eins.getString() << " + 2,5 = ";
   eins.add("2,5");
   cout << eins.getString() << " (" << eins.getDouble() << ")" << endl;
   cout << eins.getString() << " - 2,5 = ";
   eins.sub("2,5");
   cout << eins.getString() << " (" << eins.getDouble() << ")" << endl;
   cout << zwei.getString() << " * " << eins.getString() << " = ";
   zwei.mul(eins);
   cout << zwei.getString() << " (" << zwei.getDouble() << ")" << endl;
   cout << zwei.getString() << " / 289 = ";
   zwei.div("289");
   cout << zwei.getString() << " (" << zwei.getDouble() << ")" << endl;
}
```

Hier noch einige Hilfen:

- Zum Auffinden des Kommas im String eignet sich die Funktion `strchr()`, so dass man dieses durch einen Punkt ersetzen kann, bevor man sich den String mittels `strtod()` in eine `double`-Zahl umwandeln lässt.
- Um eine `double`-Zahl in einen String umzuwandeln, kann man die Funktion `sprintf()` verwenden, wobei man dann anschließend nur den Punkt durch ein Komma ersetzen muss, um so die entsprechende deutsche Schreibweise im String zu erhalten.

Programm `komma.cpp` sollte die folgende Ausgabe liefern:

```
2,345 + 2,5 = 4,845 (4.845)
4,845 - 2,5 = 2,345 (2.345)
123,142 * 2,345 = 288,767 (288.767)
288,767 / 289 = 0,999194 (0.999194)
```

Peano-Axiome für natürliche Zahlen

Mittels Rekursion werden in der Mathematik unendliche Mengen durch endliche Aussagen beschrieben. Das Musterbeispiel ist die Menge N_0 der natürlichen Zahlen. Sie wird durch die *Axiome von Peano* gekennzeichnet:

1. `0` ist eine natürliche Zahl.
2. Zu jeder natürlichen Zahl `n` gibt es eine natürliche Zahl `n+1` als Nachfolger.
3. `0` ist nicht Nachfolger einer natürlichen Zahl.
4. Natürliche Zahlen mit gleichen Nachfolgern sind gleich.
5. Enthält eine Menge die Zahl `0` und mit jeder natürlichen Zahl `n` auch ihren Nachfolger, so enthält sie alle natürlichen Zahlen.

Das darauf basierende *Induktionsprinzip* oder auch *Prinzip der vollständigen Induktion* ermöglicht Aussagen über unendliche Mengen von natürlichen Zahlen.
Ergänzen Sie nun die Struktur `Peano` im folgenden Programm `peano.cpp`, so dass die vier Operationen Addition, Subtraktion, Multiplikation und Potenzierung für die natürlichen Zahlen mit Hilfe von `succ()` und `pred()` nachgebildet wird, ohne dass diese Struktur die Operatoren +, - und * verwendet.

```
#include <iostream>
using namespace std;

struct Peano {
  public:
     Peano(unsigned zahl) { z = zahl; }
     Peano add(Peano x) { return (x.z==0) ? z : succ().add(x.pred()); }
     Peano sub(Peano x) { ........... }
     Peano mul(Peano x) { ........... }
     Peano pot(Peano x) { ........... }
     unsigned get(void) { return z; }
  private:
     Peano succ(void) { return Peano(z+1);                 }
     Peano pred(void) { return (z==0) ? Peano(0) : Peano(z-1); }
     unsigned z;
};
int main(void) {
  struct Peano z1(9), z2(4);
   cout << z1.get() << " + " << z2.get() << " = " << z1.add(z2).get() << endl;
   cout << z1.get() << " - " << z2.get() << " = " << z1.sub(z2).get() << endl;
   cout << z1.get() << " * " << z2.get() << " = " << z1.mul(z2).get() << endl;
   cout << z1.get() << " ^ " << z2.get() << " = " << z1.pot(z2).get() << endl;
}
```

Programm `peano.cpp` sollte die folgende Ausgabe liefern:

```
9 + 4 = 13
9 - 4 = 5
9 * 4 = 36
9 ^ 4 = 6561
```

Game of Life

Die wesentliche Eigenschaft lebender Organismen ist ihre Fähigkeit zur Selbstreproduktion. Jeder Organismus kann Nachkommen erzeugen, die – bis auf Feinheiten – eine Kopie des erzeugenden Organismus sind. *John von Neumann* stellte folgende Fragen: „Sind auch Maschinen (z. B. Roboter) zur Selbstreproduktion fähig? Welche Art logischer Organisation ist dafür notwendig und hinreichend?"
S. M. Ulam schlug die Verwendung so genannter zellularer Automaten vor. Einen zellularen Automaten kann man sich anschaulich als eine in Quadrate (Zellen) aufgeteilte Ebene vorstellen. Auf jedem Quadrat befindet sich ein endlicher Automat, dessen Verhalten von seinem eigenen Zustand und den Zuständen seiner Nachbarn (Zellen) abhängt. Alle Automaten sind gleich und arbeiten im gleichen Takt.

Ein berühmtes Beispiel für einen zellularen Automaten ist das *Game of Life* (Lebensspiel) des englischen Mathematikers *John H. Conway*. Jede Zelle hat zwei Zustände (lebend, tot), und die Umgebung der Zelle besteht aus den angrenzenden acht Nachbarquadraten. Die Zeit verstreicht in diskreten Schritten. Von einem Schlag der kosmischen Uhr bis zum nächsten verharrt die Zelle im zuvor eingenommenen Zustand, beim Gong aber wird nach den folgenden Regeln erneut über Leben und Tod entschieden:

- *Geburt*: Eine tote Zelle feiert Auferstehung, wenn drei ihrer acht Nachbarn leben.
- *Tod durch Überbevölkerung*: Eine Zelle stirbt, wenn vier oder mehr Nachbarn leben.
- *Tod durch Vereinsamung*: Eine Zelle stirbt, wenn sie keinen oder nur einen lebenden Nachbarn hat.

Eine lebende Zelle bleibt also genau dann am Leben, wenn sie zwei oder drei lebende Nachbarn besitzt.

Der Reiz dieses Spiels liegt in seiner Unvorhersehbarkeit. Nach den oben angegebenen Regeln kann eine Population aus lebenden Zellen grenzenlos wachsen, sich zu einem periodisch wiederkehrenden oder stabilen Muster entwickeln oder aussterben. Erstellen Sie ein Programm `life.cpp`, das dieses Spiel simuliert. Dieses Programm soll zunächst zufällig eine Population verteilen und dann mit der Simulation starten. Lebende Zellen sollen dabei als Sternchen angezeigt und tote Zellen als Leerzeichen dargestellt werden. Das Spielfeld soll dabei eine Kugel darstellen, was bedeutet, dass die Zellen in der oberen Zeile Nachbarn zu den Zellen in der unteren Zeile und Zellen in der linken Spalte Nachbarn zu den Zellen in der rechten Spalte sind.

Ergänzen Sie nun den folgenden Ausschnitt des Programms `life.cpp`:

```
#include <iostream>
#include <cstdlib>
#include <ctime>
using namespace std;
struct zelle {
   public:
      zelle( bool lebt = false ) { this->lebt = lebt; }
      void setZelle( bool lebt ) { this->lebt = lebt; }
      bool getZelle( void )      { return lebt;       }
   private:
      bool lebt;
};
struct feld {
   public:
         //... Konstruktor (erzeugt Felder mit 'hoehe' x 'breite' Zellen)
      feld( int hoehe, int breite ) { ...... }
      int getHoehe(void)                  { .... }
      int getBreite(void)                 { .... }
      void set( int i, int j, bool lebt) { .... }
      bool get( int i, int j)             { .... }
      void naechsteGeneration( void )     { .... }
      void ausgabe(void)                  { .... }
```

```
   private:
      int  breite, hoehe, n;  // Nummer der Generation
      zelle **lifeFeld; // Zweidim. Array von 'zelle'-Elementen
      zelle **hilfFeld; // Zweidim. Array von 'zelle'-Elementen (Hilfsfeld)
      ......... // evtl. private-Methoden
};
int main(void) {
  const int breite = 30, hoehe  = 10, n = (hoehe*breite)/2;
  feld  spielFeld( hoehe, breite );
   srand( time(NULL) );
   for (int i=0; i<n; i++)
      spielFeld.set( rand()%hoehe, rand()%breite, true);
   spielFeld.ausgabe();
   while (1) {
      char eingabe;
      cin.get(eingabe);
      if (cin.eof())
         break;
      spielFeld.naechsteGeneration(); spielFeld.ausgabe();
   }
}
```

Nachfolgend ist ein mögliches Ablaufbeispiel zum Programm `life.cpp` gezeigt:

```
0. Generation
+------------------------------+
|*** *          * *  *  * * * *|
| **  *  * *     *  * *    *   |
| **** * *   *  **  ****  * ***|
|**  **    **  *      **   * ** |
|**   * * **  *   ** **** * * *|
|*    *  *  **         ** **   |
|* *  *** * *****       ** **  |
|  **      ** **    *  * **  *  |
|      **     *   ** *    *    |
|   *** * * *   *   * * * *****|
+------------------------------+    ⏎
1. Generation
+------------------------------+
|      * ***    *  ** *   *   *|
|     * * *       ***    **    |
|      *** **   ** *   *  *  **|
|       *  ***** **      *     |
|     *       *    * *      ***|
|    **                      * |
|  ********     *            *  |
| *** *  * **   * ***  **   *  |
|  *  ****  * *   ** ** * *    |
| ***** **     *  * * **  * * *|
+------------------------------+    ⏎
```

```
2. Generation
+------------------------------+
|* **      *     *    **  *  * |
|     *     *   *    *   *** **|
|             ***   *   * *    |
|       ****  ** * **        * |
|    ***    * **   *         ***|
|       **                     *|
| *     ****     * *        ** |
| *        *** *  * ****** *   |
|*         *** *        *    * |
|*****     *   * **       *  * |
+------------------------------+ ⏎
....................
....................
....................
211. Generation
+------------------------------+
|                              |
|                              |
|                              |
|                              |
|                              |
|  *                           |
|  *                           |
|  *                           |
|                              |
|                              |
+------------------------------+ ⏎
212. Generation
+------------------------------+
|                              |
|                              |
|                              |
|                              |
|                              |
|                              |
| ***                          |
|                              |
|                              |
|                              |
+------------------------------+
Strg-D
```

Man hat nun ein sich wiederholendes Muster.

Kapitel 14

Einführung in die Objektorientierung

Dieses Kapitel zeigt zunächst, dass auch die Natur, in der wir leben, objektorientiert ist, bevor es die wesentlichen Aspekte vorstellt, welche die objektorientierte von der traditionellen (funktionalen) Softwareentwicklung unterscheiden.

14.1 Klassen und Objektorientierung in der Natur

Um den Begriff *Objektorientierung* etwas zu verdeutlichen, zeigt dieses Kapitel, dass wir tagtäglich mit Klassen und Objekten zu tun haben. Beide Begriffe (*Klasse* und *Objekt*) werden hier im Zusammenhang mit unserer Umwelt vorgestellt.

Klassifizierung von real existierenden Objekten

Wir sind von vielen Dingen mit verschiedenen Eigenschaften umgeben. Nehmen wir z. B. „Herrn Meier", „das Kätzchen Mausi" und „Frau Schmidt". All dies sind aus der Sicht der Objektorientierung so genannte *Objekte*. Allerdings haben wir mit den obigen Begriffen bereits eine Klassifizierung der einzelnen Objekte vorgenommen, denn wir haben unbewusst – so wie wir es von Kindheit auf gelernt haben – jedes dieser real existierenden Objekte einer bestimmten Klasse zugewiesen.

Ohne eine solche Klassifizierung würden wir uns sehr schwer tun, jedes einzelne Objekt zu beschreiben. In diesem Fall müsste man z. B. das Objekt „Meier" wie folgt umschreiben: „Das aufrechtgehende und denkende Lebewesen Meier mit zwei Beinen und zwei Armen, das keine Kinder gebären kann und ..."

Um nun nicht für jedes individuelle Objekt die einzelnen Eigenschaften angeben zu müssen, haben wir schon als Kind gelernt, Klassen zu bilden und die einzelnen Objekte dann diesen Klassen zuzuordnen. Man denke dabei nur an Sätze von Kleinkindern wie „Da, ein Wau-Wau!". Diese Kinder haben für sich schon eine Klasse gebildet, der sie alle Hunde zuordnen, wobei sie vielleicht auch mal versehentlich eine Katze dieser Klasse zuordnen, aber das wird dann meist sofort von den Eltern korrigiert.

Klassen besitzen gewisse Eigenschaften

Jede Klasse besitzt unterschiedliche Eigenschaften. So besitzt z. B. die Klasse „Wau-Wau“ für ein Kleinkind die Eigenschaften „Fell“, „Vier Beine“, „Schwanz“, „Macht Wau-Wau“ usw., während die Klasse „Ball“ die Eigenschaften „rund“, „hüpft“, „bunt“ usw. besitzt. Solche Eigenschaften erlauben es dem Kleinkind und uns, Objekte mit gleichen Eigenschaften zu Klassen zusammenzufassen.

Klassen lassen sich hierarchisch anordnen

Ein sehr schönes Beispiel für eine Klassenhierarchie liefert uns die Natur. Betrachten wir einen Ausschnitt aus der Welt der Lebewesen. So beschreibt z. B. der Begriff *Lebewesen* umfassend alle möglichen (uns bekannten) Lebensformen auf unserem Planeten. Dahinter verbergen sich jedoch verschiedene Gruppen. So unterscheidet man z. B. *Tier* und *Mensch*. Diese Gruppen (Unterklassen) kann man aufgrund unterschiedlicher Eigenschaften wiederum unterteilen (Tier: *Wassertier, Landtier* etc.). Es sind dann weitere Differenzierungen möglich (Landtier: *Hund, Katze* usw.), wobei auch diese Spezialisierungen weitere Unterteilungen zulassen, wie es in Abbildung 14.1 gezeigt ist.

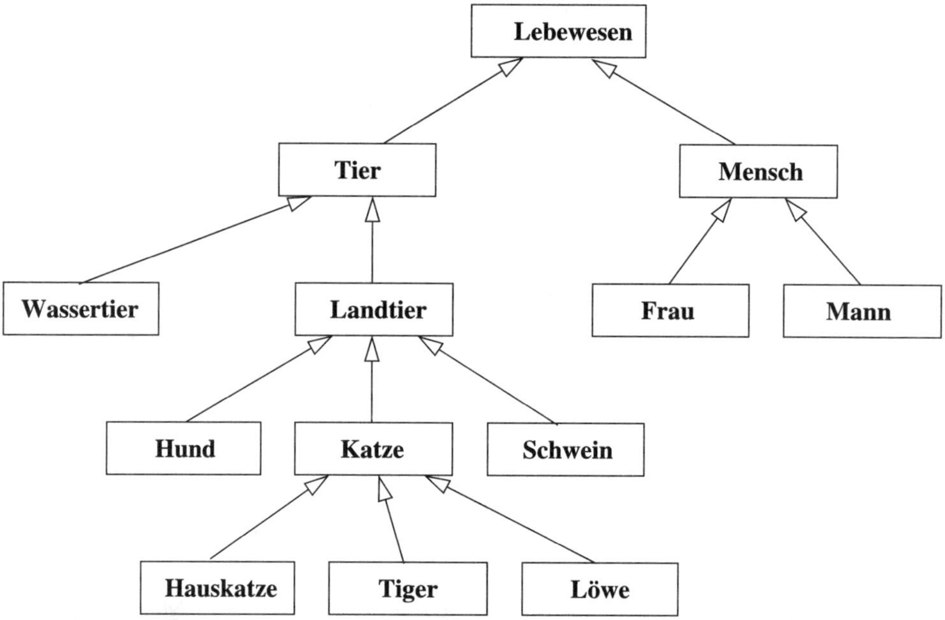

Abbildung 14.1: Mögliche Einteilung von Lebewesen (Ausschnitt davon)

Unterklassen erben die Eigenschaften von übergeordneten Klassen

Ordnet man jedem dieser Kästchen aus Abbildung 14.1 bestimmte Eigenschaften zu, so erkennt man, dass die Anzahl der Eigenschaften von oben nach unten zunimmt. Der obersten Klasse (*Lebewesen*) kann man nur die Eigenschaft *lebendig* zuordnen. Geht man nun eine Stufe tiefer und betrachtet die Gruppe *Tier*, so besitzt diese neue Eigenschaften (wie z. B. *nicht selbständig denkend*), während die Gruppe *Mensch* andere neue Charakteristika aufweist. Entscheidend ist, dass beide Gruppen, sowohl *Tier* als auch *Mensch*, die Eigenschaft *lebendig* von der ihr übergeordneten Klasse *Lebewesen* erben. Begeben wir uns noch weiter nach unten, so werden wir auf immer mehr (neue) Eigenschaften stoßen. Die Besonderheit liegt darin, dass eine Unterklasse sämtliche Eigenschaften der übergeordneten Klasse übernimmt (*erbt*). So ist letztendlich die genaue Beschreibung eines bestimmten Lebewesens möglich.

Objekte sind real existierende Exemplare (Instanzen) einer Klasse

Solange wir nur die Beschreibung eines bestimmten Lebewesens betrachten, sprechen wir also von *Klasse*. Nun gibt es aber von jeder möglichen untergeordneten Lebewesen-Klasse mehr oder weniger viele Vertreter (*Exemplare*). Hier sprechen wir dann von einem *Objekt* (auch als *Instanz* bezeichnet), das alle Eigenschaften der entsprechenden Klasse besitzt. So ist z. B. ein Löwe namens „Simba" in einem bestimmten Zoo ein Objekt (eine Instanz) der Klasse „Loewe", die von der Klasse „Katze" abgeleitet wurde, welche wiederum „Landtier" als Basisklasse hat usw.
Allgemein gilt also, dass die in der realen Welt vorkommenden Elemente immer spezifischere Eigenschaften aufweisen, je tiefer sie sich in einer entsprechenden Baumhierarchie (wie sie z. B. in Abbildung 14.1 gezeigt ist) befinden. Bei gleichartigen Objekten wird also nicht jedes einzelne Objekt für sich beschrieben, sondern es wird eine allgemeine Beschreibung (Klasse) für diesen Typ von Objekten gegeben. Mit Hilfe solcher Beschreibungen lassen sich dann die konkreten Objekte den jeweiligen Klassen zuordnen. Jedes individuelle Objekt ist dann ein Exemplar der entsprechenden Klasse (siehe auch Abbildung 14.2).

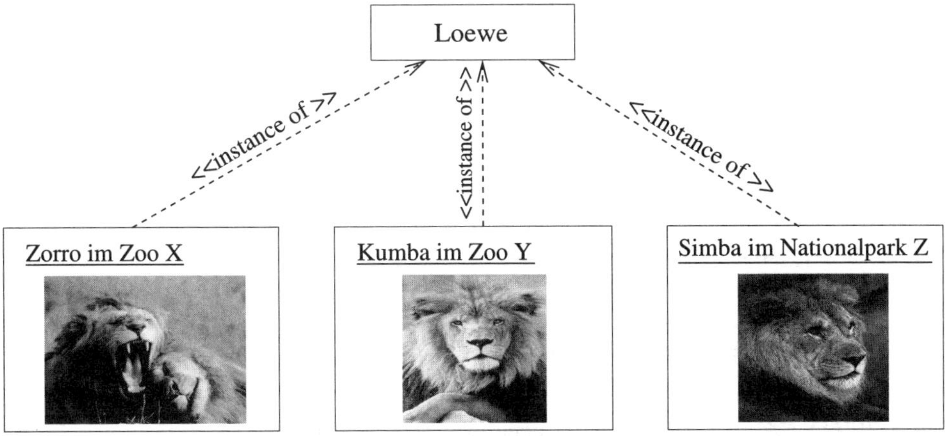

Abbildung 14.2: Objekte (Exemplare) zur Klasse Loewe

14.2 UML – Die Beschreibungssprache für objektorientierte Systeme

14.2.1 Kurze Beschreibung und Historie der UML

UML (*Unified Modeling Language*) ist eine Sprache und Notation, um objektorientierte Systeme zu beschreiben. So legt die UML z. B. Symbole für Klassen, Objekte und deren Beziehungen untereinander fest.

Objektorientierte Softwareentwicklung gibt es bereits seit den 70er Jahren

Am Anfang stand die Programmiersprache *Smalltalk*, die das Klassenkonzept von der Programmiersprache *Simula-67* übernahm und weiterentwickelte. Mit Beginn der 90er Jahre hat sich C++ als dominierende objektorientierte Sprache durchgesetzt. Seit 1996 gewinnt neben C++ noch *Java* an Bedeutung, während Smalltalk mehr und mehr zurückgedrängt wird.

Objektorientierte Analyse und Design gibt es erst seit Ende der 80er Jahren

Während die *objektorientierte Programmierung (OOP)* bereits seit den 70er Jahren existiert, erschienen erst Ende der 80er/Anfang der 90er Jahre die ersten Publikationen über *objektorientierte Analyse (OOA)* und *objektorientiertes Design (OOD)*:

- In der **Analysephase** wird zunächst geklärt, **was** zu tun ist.
- Erst in der **Designphase** wird festgelegt, **wie** dies zu tun ist.

Es entstanden mehrere Methoden und Notationen, wie z. B. *Booch, Coad/Yourdon, Shlaer/Mellor, Jacobson, Rumbaugh.*

Die drei Amigos – die Erfinder der UML

Im Herbst 1994 haben sich *Grady Booch* und *Jim Rumbaugh* bei der *Rational Software Corporation* zusammengeschlossen, um ihre erfolgreichen Methoden in Form einer gemeinsamen Notation zusammenzuführen. Ein Jahr später stieß noch *Ivar Jacobson* dazu. Anfang 1997 erblickte die *Unified Modeling Language* der so genannten „drei Amigos" *Booch, Jacobson* und *Rumbaugh* in ihrer ersten Version das Licht der objektorientierten Welt. Die UML kann mittlerweile als Industriestandard angesehen werden. Beinahe alle Hersteller von CASE-Tools (*CASE=Computer Aided Software Engineering*) unterstützen die UML.

UML unterstützt als Notation die OOA und OOD:

Sie zielt nicht auf eine spezielle Programmiersprache ab. Der Einsatz der UML hat damit folgende Vorteile:

- Der objektorientierte Sachverhalt kann in einer einfachen und normierten Darstellungsform beschrieben werden. Damit können Missverständnisse vermieden werden, Analyse- und Entwurfsfehler können bereits in einer früheren Phase (noch vor der Implementierung) entdeckt werden.
- Die durchgeführte Analyse und das Design können (theoretisch) in jeder x-beliebigen Programmiersprache umgesetzt werden.

Es gilt aber auch Folgendes:

- **UML ist nur eine Notation und keine Methodik:** Dies bedeutet, dass UML nur die Darstellung der eigenen Analyse- und Designaspekte ermöglicht, aber einem nicht den Entwurf selbst abnimmt. Hier ist immer noch die Kreativität, Erfahrung und Intelligenz des Menschen gefragt. Dies ist vergleichbar mit dem Plan eines Hauses. Hier bedient sich der Architekt gewisser genormter Darstellungsformen, aber die Planung des Hauses selbst mit seiner Zimmeranordnung, der Ausstattung usw. liegt in seiner Verantwortung.
- **UML legt nicht den Detaillierungsgrad eines Entwurfs fest:** Die UML macht keine Aussagen darüber, wie detailliert ein Sachverhalt darzustellen ist, so kann z. B. eine Klasse im Symbol nur durch ihren Namen beschrieben werden oder mit all ihren Elementen (Daten und Funktionen).

14.2.2 Klassen- und Objekt-Darstellung in UML

Die Löwen „Zorro", „Kumba" und „Simba" in Abbildung 14.2 sind alle Exemplare (Instanzen, Objekte) der Klasse „Loewe". Es ist offensichtlich, dass die Klasse „Loewe" kein eigenes Objekt ist, sondern eben nur eine Beschreibung. In der UML werden Klassen und Objekte als Rechtecke dargestellt. Zur Unterscheidung von Klassen und Objekten wird bei Objekten der Name unterstrichen, wie dies in Abbildung 14.3 gezeigt ist.

Abbildung 14.3: Objekt und Klasse in der UML-Notation

Um eine Objekt-Klassen-Beziehung (Exemplarbeziehung, Instanzbeziehung) darzustellen, wird zwischen einem Objekt und seiner Klasse ein gestrichelter Pfeil in Richtung der Klasse gezeichnet, wie es z. B. in Abbildung 14.4 gezeigt ist. Im Falle des Löwen „Simba" sagt man dann: *„Simba ist ein Exemplar der Klasse Loewe"* oder *„Simba ist eine Instanz der Klasse Loewe"*, wie es auch in Abbildung 14.4 gezeigt ist.

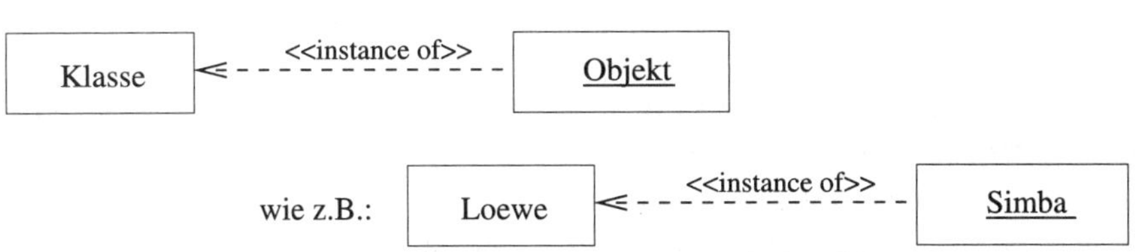

Abbildung 14.4: Objekt-Klassen-Beziehung

Auch in der objektorientierten Programmierung (OOP) kann man Klassen definieren, um einen bestimmten Sachverhalt genau zu beschreiben. Unter Verwendung dieser Beschreibung (Klasse) können dann Objekte (Instanzen) erzeugt werden, die dann eine greifbare Repräsentation der jeweiligen Beschreibung darstellen.

14.3 Objektorientierung in der Software

In diesem Kapitel werden die wesentlichen Konzepte vorgestellt, welche die objektorientierte Softwareentwicklung von der traditionellen (funktionalen) Softwareentwicklung unterscheiden.

14.3.1 Schritt 1: Zusammenfügen von Daten und Funktionen

Der erste Schritt zur Übernahme der Objektorientierung in die Softwareentwicklung war, dass man Daten und Funktionen, die in der funktionalen Softwareentwicklung noch als getrennte Einheiten nebeneinander standen, zu einer Einheit zusammenfügte, wie dies Abbildung 14.5 verdeutlicht.

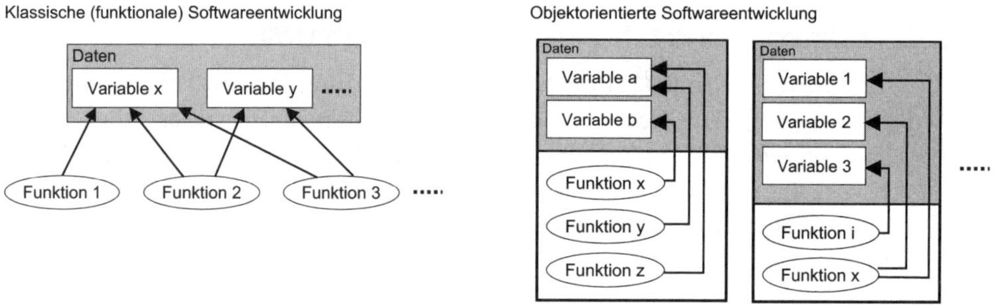

Abbildung 14.5: Klassische und objektorientierte Programmierung

Füge zusammen, was zusammengehört

Mit der Realisierung dieser Idee beseitigte man einen ersten großen Nachteil von nicht objektorientierten Programmen, die keinen direkten Bezug zwischen Daten und den Funktionen, die auf diese Daten lesend oder schreibend zugriffen, erkennen ließen.

Wie leicht aus Abbildung 14.5 zu erkennen ist, verschmelzen bei der objektorientierten Programmierung die Daten und die (diese Daten bearbeitenden) Funktionen zu einer Einheit, wodurch eine klare, eindeutige und überschaubare Softwarestruktur erreicht wird. Es lässt sich auf einen Blick erkennen, welche Daten durch welche Funktionen bearbeitet (verändert) werden.

14.3.2 Schritt 2: Datenkapselung und Zugriffsschutz

Ein zweiter großer Nachteil der klassischen funktionalen Programmierung ist ihr mangelndes Schutzkonzept, da sie einen ungeschützten (oft auch ungewollten) Zugriff „fremder" Funktionen auf Daten zulässt.

Zugriffsschutz in der objektorientierten Programmierung

Um diesen Nachteil zu beseitigen, woraus oft schwer auffindbare Fehler resultierten, führte die Objektorientierung ihr eigenes Schutzkonzept ein, indem sie Möglichkeiten anbietet, Daten und Funktionen einer Klasse verschiedenen Schutzgraden zuzuordnen:

- **privat – nur innerhalb der Klasse ansprechbar**
- **öffentlich – auch von außerhalb der Klasse ansprechbar**

So können bei entsprechender Definition die Daten einer Klasse nur über die vom Programmierer zur Verfügung gestellten Funktionen verändert werden. Ein unkontrollierter Zugriff durch Fremdfunktionen wird so verhindert. Abbildung 14.6 verdeutlicht diesen Sachverhalt. Diese Abbildung zeigt auch, dass ein Zugriff auf die geschützten Daten niemals direkt, sondern nur durch die nach außen sichtbaren Funktionen möglich ist.

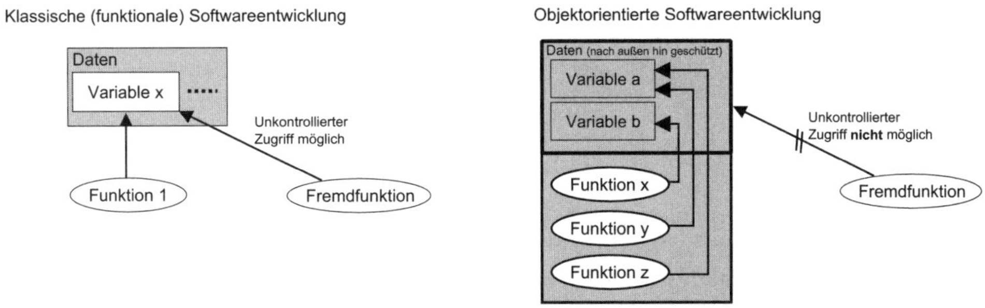

Abbildung 14.6: Zugriffsschutz in der objektorientierten Programmierung

Auch dieser Zugriffsschutz der objektorientierten Vorgehensweise gilt für viele Objekte in unserer realen Welt. Für den Nutzer eines Objekts ist nur von Interesse, was ein Objekt kann, und nicht, wie es dies intern durchführt.

Beispiel – Videorecorder

Nehmen wir z. B. einen Videorecorder oder einen Radio, die sich beide über Knöpfe bedienen lassen. Was dabei intern elektronisch abläuft, dürfte und sollte auch nicht für die meisten Benutzer von Interesse sein.

Beispiel – Kuh

Ein anderes Beispiel ist ein Bauer, der sich eine Milchkuh kauft. Für ihn ist nur interessant, dass er durch Drücken der „Euter-Knöpfe" (Zitzen) sich Milch von der Kuh liefern lassen kann. Den Bauer wird dabei weniger der biologische Vorgang interessieren, der zur Entstehung der Milch führt. Natürlich besitzt so eine Kuh noch weitere Schnittstellen zur Außenwelt, wie z. B. das Maul, das der Bauer mit Futter versorgen muss, oder den After, aus dem die Verdauungsreste ausgeschieden werden. Entscheidend ist, dass der Bauer sich nur um die nach außen sichtbaren Schnittstellen der Kuh kümmern muss, und normalerweise keinerlei Zugang zu den Interna der Kuh hat.

Beispiel – Kassen und Schlüssel in einer Schule

Nehmen wir z. B. eine Schule, in der es eine Schulkasse, Klassenkassen und einen Turnhallenschlüssel gibt. Es ist offensichtlich, dass bei einem unkontrollierten Zugriff auf die einzelnen Kassen und den Schlüssel, wie es in Abbildung 14.7 gezeigt ist, früher oder später Unregelmäßigkeiten in den Kassen auftreten würden und der Turnhallenschlüssel nicht mehr auffindbar wäre.

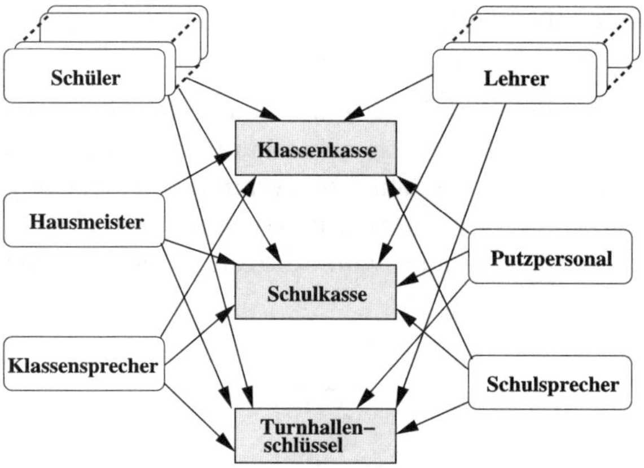

Abbildung 14.7: Ungeschützter Zugriff auf Kassen und Schlüssel in einer Schule

Hier ist sehr schön erkennbar, dass auch die reale Welt objektorientiert mit entsprechendem Zugriffsschutz organisiert ist, denn die einzelnen Objekte (hier Schlüssel und Kassen) liegen in der Verantwortlichkeit einer Person bzw. Institution. Möchte eine andere Person auf diese Objekte zugreifen, so ist dies niemals direkt möglich, sondern nur über die entsprechende verwaltende Person bzw. Institution, wie es in Abbildung 14.8 gezeigt ist.

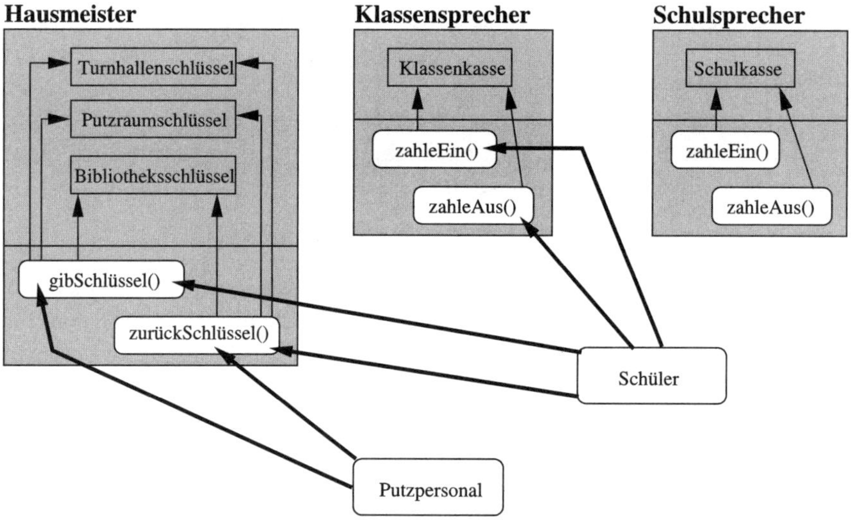

Abbildung 14.8: Objektorientierte Schule mit entsprechendem Zugriffsschutz

Möchte z. B. ein Schüler den Turnhallenschlüssel, so wird er sich an den Hausmeister wenden, und ihn um diesen Schlüssel bitten, da der Hausmeister für diesen Schlüssel verantwortlich ist. Niemals würde man allen Schülern einer Schule direkten Zugriff auf alle Kassen und Schlüssel der Schule ermöglichen, da dies zwangsläufig im Chaos enden würde.

14.3.3 Schritt 3: Wiederverwendung vorhandener Software

Wie bereits angesprochen, werden in der objektorientierten Programmierung Objekte aufgrund vorliegender Klassendefinitionen gebildet. Somit besteht die Möglichkeit, Klassendefinitionen für oft benötigte Sachverhalte in so genannten „Klassenbibliotheken" zu hinterlegen. Durch einfaches Übernehmen dieser Definitionen (und eventuellem Hinzufügen neuer Teile mit Hilfe des Vererbungsmechanismus) wird die Softwareentwicklung stark vereinfacht. Man spricht auch von Softwareentwicklung durch Reproduktion (Nachbildung) von Objektbeschreibungen (Klassendefinitionen).

14.4 Übungen

Aussagen zur Objektorientierung

Welche der folgenden Aussagen sind richtig?

1. Ein Objekt ist ein Exemplar einer Klasse.
2. Eine Klasse ist ein Objekt.
3. Bei der Vererbung erbt die übergeordnete Klasse alle Eigenschaften der Unterklasse.
4. Ein Objekt ist eine Klasse.
5. Eine Unterklasse erbt nur bestimmte, vom Benutzer wählbare Eigenschaften von ihrer Oberklasse.
6. Ein Objekt ist eine Instanz einer Klasse.
7. Eine Unterklasse ist eine Klasse, die durch Vererbung aus einer anderen Klasse entsteht.
8. Das Neue an der Objektorientierung ist die klare Trennung zwischen Daten und Funktionen, so dass beliebige Funktionen jederzeit auf globale Daten zugreifen können.
9. Eine Unterklasse erbt alle Eigenschaften von ihrer Oberklasse.
10. Eine Klasse ist ein Exemplar eines Objekts.
11. Die Objektorientierung ermöglicht die Wiederverwendbarkeit von Software.

OO-Modelle der realen Welt

In welchem Zusammenhang stehen jeweils die folgenden Begriffe (Klasse, Objekt, Unterklasse)? Zeichnen Sie hierzu korrespondierende Modelle in UML-Notation!

Beispiel:

Objektorientierte Sprache, PASCAL, Gesprochene Sprache, Sprache, Java, Englisch, Latein, Computersprache, Altgriechisch, C, Prozedurale Sprache, C++, Ausgestorbene Sprache, Deutsch

Abbildung 14.9 zeigt die Lösung zu dieser Aufgabenstellung.

Nachfolgend nun einige Übungen für Sie. Zeichnen Sie dazu das jeweils korrespondierende Modell (in UML-Notation) zu den nachfolgenden Begriffen!

- Tiere mit und ohne Beine

  Bello, Beinlos, Katze, „Ringel, meine Schlange", Zweibeiner, Hund, Fisch, Mensch, Lebewesen, Vierbeiner, „Mein Haustier", Hai, Schlange, Vogel, Rex, Mausi, „Mein Kater"

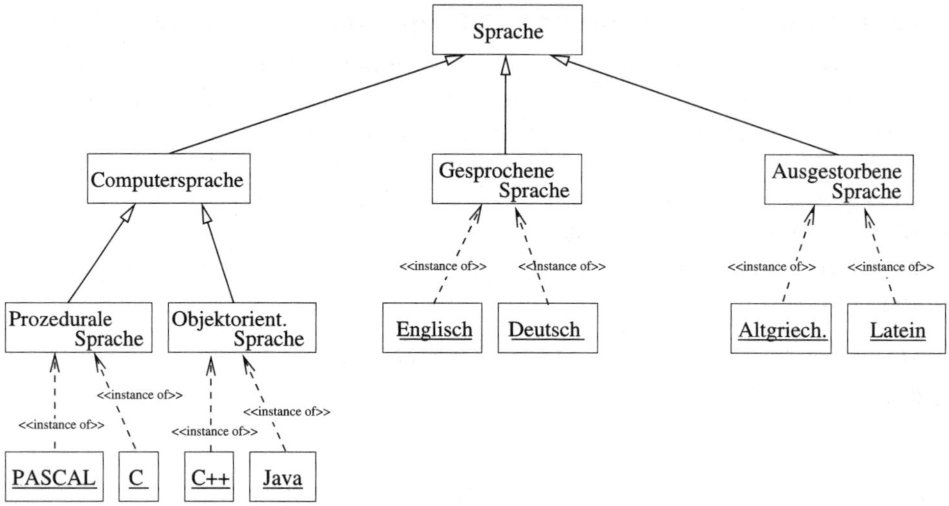

Abbildung 14.9: Objektorientiertes Modell zur Aufgabenstellung

- Die C-Datentypen
  Datentyp, Ganzzahl, Gleitpunktzahl, short, int, alphanumerisch, numerisch, char, float, char zeichen, double, int zaehler, float pi
- Unterschiedliche Menschen
  Adenauer, Seefahrer, Bundeskanzler, „Hans Meier", „H. Hesse", Pirat, Mensch, Nobelpreisträger, Politiker, Physik, Nixon, „A. Einstein", Literatur, Lincoln, Sindbad, amerik. Präsident

Kapitel 15

Klassen und Objekte

In diesem Kapitel werden die wesentlichen neuen Sprachelemente vorgestellt, die C++ zu einer objektorientierten Sprache machen.

15.1 Wichtige Begriffe aus der Welt der Objektorientierung

Bevor wir uns der genaueren Betrachtung der objektorientierten Programmierung in C++ zuwenden, sollen hier einige Begriffe geklärt werden, die in der Welt der OOP immer oder sehr häufig verwendet werden. Die Begriffe werden in Form einer Liste aufgeführt und kurz erläutert. In der folgenden Liste ist erkennbar, dass in der Objektorientierung oft unterschiedliche Begriffe für den gleichen Sachverhalt existieren:

- **Klasse**: ist die Beschreibung einer Datenstruktur:
  - Daten der Struktur
  - Funktionen, mit denen die Daten bearbeitet werden
  - Schutztypen, die Art des Zugriffs auf Daten und Funktionen festlegen.
- **Member**, **Element**: Beide Begriffe können verwendet werden, um allgemein die Bestandteile einer Klasse (Daten und Funktionen) zu bezeichnen.
  - **Eigenschaft**, **Attribut**, **Elementvariable**, **Membervariable**: Jeder dieser Begriffe kann verwendet werden, um einen Bestandteil einer Klasse, der Information enthält (also keine Funktionen), zu bezeichnen. Die in einem konkreten Objekt zu einer Klasse vorhandenen Daten bezeichnet man z. B. als *Attributwerte*. So könnte z. B. im Löwenbeispiel aus dem vorherigen Kapitel die Klasse `Loewe` das Attribut `alter` und das konkrete `Loewen`-Objekt „Zorro" den Attributwert `5` zum Attribut `alter` haben.
  - **Methode**, **Operation**, **Elementfunktion**, **Memberfunktion**, **Nachricht**, **Botschaft**: Jeder dieser Begriffe bezeichnet eine Funktion bzw. Prozedur einer Klasse (Struktur), mit deren Hilfe die Eigenschaften einer Klasse bearbeitet werden können.

- **Objekt, Instanz, Exemplar**: ist ein real existierendes Einzelstück, das nach dem Bauplan einer Klasse erstellt wurde. Es enthält sämtliche Eigenschaften und Methoden, die in der Klassendefinition enthalten sind. Die Inhalte der Eigenschaften (Werte der Variablen) sind jedoch in den jeweiligen Einzelstücken unterschiedlich. Die Eigenschaften und Methoden unterliegen dem angegebenen Zugriffsschutz.
- **Vererbung**: Von Vererbung spricht man, wenn auf Grundlage einer existierenden Klasse eine neue Klasse definiert wird. Die neue Klasse erhält alle Eigenschaften und Methoden der ursprünglichen Klasse. Zusätzlich können neue Eigenschaften und Methoden definiert werden.
  - **Unterklasse, Subclass**: Hiermit bezeichnet man eine Klasse, die durch Vererbung aus einer anderen Klasse entstanden ist.
  - **Basisklasse, Baseclass, Superclass**: Hiermit wird eine Klasse bezeichnet, von der eine andere Klasse mittels Vererbung abgeleitet wurde.

15.2 Das Schlüsselwort class

Durch die Neuerungen bei Strukturen, die in Kapitel 13 vorgestellt wurden, war bereits der erste entscheidende Schritt getan, um, aufbauend auf C, eine objektorientierte Sprache C++ zu schaffen. Um einen wirklichen Schritt in Richtung Objektorientierung zu tun, führte man das neue Schlüsselwort `class` ein, das sich weitgehend wie das Schlüsselwort `struct` verwenden lässt.

- **Unterschiede zwischen den Schlüsselwörtern `class` und `struct`**
  Die Unterschiede zwischen den Schlüsselwörtern `struct` und `class` sind sehr gering:
  - Während in einer `struct`-Definition alle Elemente der Struktur (Variable und Funktionen) standardmäßig `public` sind, sind in einer `class`-Definition alle Elemente standardmäßig `private`.
  - In Programmen, die wirklich objektorientiert entworfen sind, verwendet man üblicherweise `class`, während man in nicht-objektorientierten Programmen das Schlüsselwort `struct` benutzt.
- **Objektorientierung (nicht Klassenorientierung)**
  Es ist wichtig, sich stets vor Augen zu halten, dass man von Objektorientierung und nicht von Klassenorientierung spricht, d. h. im Vordergrund der Betrachtungen stehen zunächst immer die Objekte. Es sind Objekte, die wir Menschen in erster Linie wahrnehmen. Erst im zweiten Schritt abstrahieren wir, indem wir gemeinsame Verhaltensweisen und Eigenschaften von Gegenständen allgemein auffassen und dafür einen Begriff finden. Auf diese Weise vereinfachen wir unsere komplexe Welt, so dass wir sie leichter verstehen können. Das zeigt sich bereits im Kindesalter: *Bello und Rex haben vier Beine und machen Wau-Wau*. Beides sind Hunde. Hat dies das Kind einmal verstanden, kann es jeden x-beliebigen Hund als Hund identifizieren, auch wenn es dieses Objekt vorher noch nie gesehen hat. Objekte, die ein gemeinsames Verhalten aufweisen, werden in Klassen allgemein beschrieben.

- **Verhalten der Objekte nach außen steht im Vordergrund**
  Wichtig ist dabei, dass es in erster Linie um das Verhalten eines Objekts nach außen geht. Erst in zweiter Linie ergeben sich die Daten, die intern notwendig sind, um die Aufgabe nach außen erfüllen zu können. Neueinsteiger in die Objektorientierung konzentrieren sich häufig zu sehr auf die Daten. Wichtig ist, dass man sich den Unterschied zwischen einer C-`struct` und einer C++-`class` in der Bedeutung (nicht nur in der Syntax) bewusst macht.
- **Einsatz von Klassen**
  Klassen werden eingesetzt:
  - um Objekte mit gleichem Verhalten allgemein gültig zu beschreiben.
  - um einen komplexeren Sachverhalt zu kapseln.

  Ein Beispiel dafür, wie Klassen helfen, Komplexität zu reduzieren, sind Verwaltungsmechanismen. So können z. B. bei Zugriffen auf die Elemente eines Arrays viele Fehler gemacht werden (Speicherüber-/unterschreitung). Es wäre also z. B. sinnvoll, ein Integer-Array in einer Klasse zu kapseln und den Zugriff auf die Daten geschützt innerhalb dieser Klasse so zu realisieren, dass ungültige Zugriffe vermieden werden. Ist eine derartige Klasse einmal realisiert und getestet, können davon ohne Bedenken viele Objekte angelegt werden. Dadurch wird die Komplexität reduziert, da der Programmierer sich auf die eigentliche Lösung seines Problems konzentrieren kann und sich nicht mehr um gewisse Realisierungsdetails (Speichermanagement) kümmern muss.

15.3 Klassen – die objektorientierte C++-Variante zu C-Strukturen

15.3.1 Grundlegendes zu Klassen

Da alle neu eingeführten Konstrukte für Strukturen aus Kapitel 13 auch bei Klassen verwendet werden können, werden diese Konstrukte hier nicht nochmals ausführlich vorgestellt, sondern nur die wesentlichen Punkte dazu kurz wiederholt.

Memberfunktionen (Methoden) in Klassen

```
class Konto {
  public:
     void initKonto(const char *nam, unsigned n, unsigned p);
     void zahleEin(double betrag);
     void hebeAb(double betrag);
     void ueberweise(class Konto *nach, double betrag);
  private:
     char     name[100];
     unsigned nr, pin;
     double   stand;
};
```

Memberfunktionen können – wie andere Funktionen auch – überladen werden und Default-Parameter besitzen.

Die Schutztypen public, private und protected

Man unterscheidet drei verschiedene Schutztypen in Klassen:

- **`public` – Voreinstellung bei Strukturen**
  Auf `public`-Membervariablen und -funktionen kann von überall aus zugegriffen werden, also auch von Funktionen, die keine Memberfunktionen dieser Klasse sind.
- **`private` – Voreinstellung bei Klassen**
  Auf `private`-Membervariablen und -funktionen darf nur von Memberfunktionen zugegriffen werden, die innerhalb der Klasse definiert sind. Nach außen hin sind diese Variablen und Funktionen unsichtbar.
- **`protected` – Schutztyp für Vererbung**
  Dieser Schutztyp hat prinzipiell die gleiche Schutzfunktion wie `private`. Der eigentliche Unterschied zwischen `private` und `protected` wird erst später bei der Vorstellung des Vererbungskonzepts von C++ deutlich.

In welcher Reihenfolge die einzelnen Schutztypen in einer Klasse anzugeben sind, ist nicht festgelegt. Für die Angabe des `public`-Teils am Anfang spricht, dass andere Nutzer dieser Klasse sofort erkennen, was nach außen sichtbar und somit für sie von Interesse ist. Der `private`-Teil ist für andere Nutzer einer Klasse im Normalfall nicht von Interesse.

Aufruf von Memberfunktionen

Der Aufruf von Memberfunktionen erfolgt

- über den Punktoperator (`.`) bei Objekten oder
- über den Pfeiloperator (`->`) bei Zeigern auf Objekten

```
Konto  eins, *ktoZgr;
kontoZgr = &eins;
eins.initKonto("Hans Meyer", 12345, 4711);
kontoZgr->zahleEin(1000);
```

Definition von Memberfunktionen

Die Definition einer in einer Klasse deklarierten Funktion geschieht dadurch, dass vor dem Funktionsnamen der entsprechende Klassenname mit doppeltem Doppelpunkt (`::`) angegeben wird.

```
rückgabetyp klassenName::membfktName(parameterListe) {
    //....Funktionskörper
}
```

Der folgende Codeausschnitt soll diese Syntax noch einmal verdeutlichen:

```
void Konto::initKonto(const char *nam, unsigned n, unsigned p) {
   strcpy(name, nam);
   nr    = n;
   stand = 0;
   pin   = p;
}
void Konto::zahleEin(double betrag) { stand += betrag; }
```

Klassenmember sind in Memberfunktion bekannt

```
void Konto::initKonto(const char *nam, unsigned n, unsigned p) {
   strcpy(name, nam); // statt strcpy(Konto::name, nam) (wäre aber auch erlaubt)
   nr    = n;      // statt Konto::nr    = n (wäre aber auch erlaubt)
   stand = 0;      // statt Konto::stand = 0 (wäre aber auch erlaubt)
   pin   = p;      // statt Konto::pin   = p (wäre aber auch erlaubt)
}
void Konto::ueberweise(class Konto *nach, double betrag) {
   hebeAb(betrag); // statt Konto::hebeAb(betrag) (wäre aber auch erlaubt)
   nach->zahleEin(betrag); // statt nach->Konto::zahleEin(betrag) (wäre erlaubt)
}
```

Inline-Technik bei Memberfunktionen

Memberfunktionen können als *Inline*-Funktionen definiert werden:

1. **Angabe von `inline` bei Funktionsdefinition außerhalb der Klasse**

```
inline void Konto::ueberweise(class Konto *nach, double betrag) {
   hebeAb(betrag);
   nach->zahleEin(betrag);
}
```

2. **Implementierung der Funktion in der Klasse**
   Wird eine Memberfunktion bereits in der Klasse definiert (mit Angabe des Funktionskörpers), ist sie automatisch eine *inline*-Funktion, wie z. B.:

```
class Konto {
     .....
   void initKonto(const char *nam, unsigned n, unsigned p); // nicht inline
   void zahleEin(double betrag) { kontoStand += betrag; } // inline-Funktion
   void hebeAb(double betrag)   { kontoStand -= betrag; } // inline-Funktion
   void ueberweise(class Konto *nach, double betrag);  // hier nicht inline
};
```

Grundsätzlich gilt auch hier wieder, dass man Memberfunktionen nur dann *inline* definieren sollte, wenn sie wenige Codezeilen beinhalten.

Schlüsselwort this – Zeiger auf Objekt selbst

`this` wird z. B. dann benötigt, wenn man in einer Memberfunktion zwischen gleichnamigen Membervariablen und Parametern unterscheiden muss:

```
void Konto::initKonto(const char *name, unsigned n, unsigned p) {
   strcpy(this->name, name); // 'this->name' ist Membervar. aus Klasse
                             // und 'name' ist der Parameter
   nr    = n;
   stand = 0;
   pin   = p;
}
```

Eine andere Möglichkeit der Nutzung von `this` wäre eine Methode, die eine Kopie oder eine Referenz für das aktuelle Objekt (`*this`) zurückliefert, wie es z. B. im Programm `datum.cpp` auf Seite 119 geschehen ist.

Der Scope-Operator ::

Bei Zugriff auf Membervariablen bzw. -funktionen ist bei Eindeutigkeit die Angabe des Klassennamens optional. Folglich konnte zuvor statt `Konto::nr` nur `nr` bzw. statt `Konto::hebeAb(betrag)` nur `hebeAb(betrag)` angegeben werden. Der Scope-Operator wird allerdings in zwei Fällen benötigt,

- wenn man auf Membervariablen zugreifen will, die einen gleichen Namen wie lokale Variablen oder Parameter besitzen. In solchen Fällen muss man dem entsprechenden Namen den Klassennamen gefolgt von `::` oder aber auch `this->` voranstellen.
- wenn man in einer Memberfunktion statt auf eine Membervariable/-funktion der Klasse auf eine globale Variable (globales Objekt) gleichen Namens bzw. auf eine globale Funktion gleichen Namens zugreifen möchte. In diesem Fall muss der Variablen (Objekt) bzw. der Funktion der Scope-Operator (ein doppelter Doppelpunkt `::`) vorangestellt werden.

```
bool klassenname::memberfkt(int x, int y) {
   var_1    = 10;  // Zugriff auf eine Membervariable
   x        = 20;  // Zugriff auf Parameter 'x'
   ::var_1 = 30;  // Zugriff auf eine globale Variable gleichen Namens
   ::x      = 40;  // Zugriff auf globale Variable 'x'
   function_1 ();   // Aufruf einer Memberfunktion
   ::function_1 (); // Aufruf einer globalen Funktion gleichen Namens
}
```

Konstruktoren

Um die Datenelemente eines Objekts bereits bei seiner Deklaration initialisieren zu können, muss man eine spezielle Memberfunktion mit dem gleichen Namen wie die Klasse, einen so genannten *Konstruktor*, angeben:

```
class Konto {
  public:
     Konto(const char *nam, unsigned n, unsigned p); // Konstruktor
     void buchung(double betrag, struct Konto *nach = 0);
    .........
};
Konto::Konto(const char *nam, unsigned n, unsigned p) {
    strcpy(name, nam);
    nr    = n;
    stand = 0;
}
```

- Konstruktoren besitzen keinen Rückgabetyp (nicht einmal `void`).
- Argumentliste ist bei der Erzeugung (Deklaration bzw. `new`-Aufruf) direkt hinter dem Klassennamen (ähnlich zu Funktionsaufrufen) anzugeben.
- Es kann pro Klasse mehr als einen Konstruktor geben. Welcher Konstruktor beim Erzeugen eines Objekts aufzurufen ist, wird – wie beim Überladen von anderen Funktionen auch (siehe Seite 43) – über die Anzahl und die Datentypen der Parameter bei der Definition des entsprechenden Objekts festgelegt.

- Konstruktoren sollten immer `public` sein.
- Konstruktoren können nicht explizit wie andere Funktionen aufgerufen werden. Sie werden immer automatisch aufgerufen, wenn ein neues Objekt zu einer Klasse erzeugt wird. Eine Erzeugung eines temporären (namenlosen) Objekts ist jedoch möglich, um es einem anderen Objekt zuzuweisen. Ein solches temporäres Objekt darf jedoch – ähnlich zu einem arithmetischen Ausdruck in C (wie z. B. `2*3+x`) – nur auf der rechten Seite einer Zuweisung, als Argument bei einem Funktionsaufruf usw., angegeben werden.

Aufrufzeitpunkte von Konstruktoren

- Bei *globalen Objekten* wird Konstruktor beim Programmstart aufgerufen.
- Bei *dynamisch erzeugten Objekten* wird der Konstruktor bei Ausführung des `new`-Operators aufgerufen.
- Bei *lokalen Objekten* wird der Konstruktor jedesmal aufgerufen, wenn die Programmausführung die entsprechende Definition erreicht.
- Bei *statisch lokalen Objekten* wird Konstruktor nur einmal aufgerufen, wenn die Programmausführung die entsprechende Definition erstmalig erreicht.
- Bei *temporären Objekten* wird der Konstruktor aufgerufen, wenn diese implizit oder explizit erzeugt werden.

Alternative Aufrufe von Konstruktoren mit nur einem Parameter

Wird ein Konstruktor mit nur einem Parameter aufgerufen, so sind die folgenden Arten von Deklarationen erlaubt:

```
klassenName var(param);
klassenName var = klassenName(param); // 1. Alternative
klassenName var = param;              // 2. Alternative
```

Bei den letzten beiden Alternativen wird ein lokales (namenloses) Objekt erzeugt und entsprechend dem angegebenen Argument initialisiert. Dieses lokale Objekt wird dann dem deklarierten Objekt zugewiesen.

Der Standardkonstruktor

Wird für eine Klasse kein Konstruktor definiert, so wird standardmäßig ein Konstruktor bereitgestellt, der keinerlei Aktion durchführt:
der so genannte *Leer-, Default- oder Standardkonstruktor*, der keine Parameter besitzt. Definiert der Programmierer mindestens einen Konstruktor, so wird der Standardkonstruktor nicht mehr automatisch zur Verfügung gestellt. Sollte trotzdem ein Standardkonstruktor benötigt werden, muss er explizit vom Programmierer definiert werden. Der Programmierer kann einen Standardkonstruktor auf zwei verschiedene Arten definieren:

- Konstruktor ohne Parameter, oder
- Konstruktor mit Parametern, die alle mit Default-Werten vorbesetzt sind

Bei Deklarationen ohne Argumentliste darf anders als bei Funktionsaufrufen niemals ein leeres Klammernpaar angegeben werden:

```
datum1 termin();     // nicht erlaubt; richtig: datum1 termin;
```

Konstruktoren und Klassenarrays

Bei der Deklaration von Klassenarrays kann man keine Argumente angeben, um so den jeweiligen Konstruktor für jedes einzelne Arrayelement ausführen zu lassen. Dies hat die folgenden Auswirkungen:

- Es können keine Konstruktoren mit Parametern aufgerufen werden.
- Es muss ein Standardkonstruktor für die jeweilige Klasse vorhanden sein.
- Zum Setzen der `private`-Variablen auf benutzerdefinierte Werte muss eine eigene `public`-Memberfunktion vorhanden sein.

Um diese Restriktionen zu umgehen, gibt es z. B. folgende Möglichkeiten:

- **Angabe von Initialisierungslisten bei der Array-Deklaration**

```
class bit {
   public:
      bit(int umschaltIntervall) { .... } //.... Konstruktor
      ......
};
bit  bitArray[bitZahl] = { bit(1),  bit(2),  bit(4),  bit(8),
                           bit(16), bit(32), bit(64), bit(128) };
```

  Hat ein Konstruktor nur einen Parameter, muss man nicht explizit den Konstruktornamen angeben:

```
bit  bitArray1[bitZahl] = { 1, 2, 4, 8, 16, 32, 64, 128 };
```

  Gibt man in der Initialisierungsliste weniger Konstruktoren an als über die Arraygröße festgelegt, wird für die fehlenden Konstruktoren automatisch der Standardkonstruktor aufgerufen, der dann natürlich vorhanden sein muss.
  Man muss nicht die Größe des Arrays explizit angeben, wenn man diese automatisch durch den Compiler ermitteln lassen möchte:

```
bit  bitArray1[] = { bit(1),  bit(2),  bit(4),  bit(8),
                     bit(16), bit(32), bit(64), bit(128) }; // oder:
bit  bitArray1[] = { 1, 2, 4, 8, 16, 32, 64, 128 };
```

- **Arrays von Klassenzeigern**
  Bei Arrays von Klassenzeigern kann man beim Allozieren des Speichers (mit `new`) für die einzelnen Klassenzeiger Konstruktoren mit Argumenten angeben:

```
bit  *bitZgrArray[bitZahl]; //... Array von bit-Zeigern
for (i=0; i<bitZahl; i++, z*=2)
   bZgrArray[i] = new bit(z); // bei new sind Argumente erlaubt und damit
                              // Aufruf von Konstruktoren mit Param. mögl.
```

Destruktoren

Destruktoren werden immer automatisch aufgerufen, wenn ein Objekt wieder gelöscht wird. Ein Destruktor ist eine spezielle Memberfunktion mit dem gleichen Namen wie die Klasse und einem vorangestellten Tildezeichen ~.

- Ein Destruktor verfügt weder über Parameter noch über einen Rückgabewert.
- Es gibt genau einen Destruktor pro Klasse.

- Anders als Konstruktoren darf man Destruktoren auch explizit aufrufen.
- Bei *globalen und statischen (lokalen) Objekten* wird der Destruktor beim Verlassen des Programms aufgerufen. Dabei werden die Destruktoren von lokalen statischen Objekten vor denen von globalen Objekten aufgerufen.
- Bei *dynamisch erzeugten Objekten* wird der Destruktor bei Ausführung des `delete`-Operators aufgerufen.
- Bei *lokalen Objekten* wird der Destruktor immer beim Verlassen des Blocks aufgerufen, und bei *temporären Objekten* immer dann, wenn diese nicht mehr benötigt werden.
- Für jedes Objekt wird standardmäßig vom Compiler ein Destruktor bereitgestellt: der so genannte *Leer- oder Standarddestruktor*.
- Die automatischen Destruktoraufrufe finden in umgekehrter Reihenfolge zu den zugehörigen Konstruktoraufrufen statt.

15.3.2 Memberfunktionen sind nur einmal vorhanden

Während jedes Objekt einer Klasse seine eigenen Membervariablen erhält, sind die Memberfunktionen einer Klasse nur einmal für alle Objekte dieser Klasse vorhanden. Programm 15.1 verdeutlicht dies nochmals.

Programm 15.1 – `objsize.cpp`:
Memberfunktionen sind nur einmal vorhanden

```
#include <iostream>
class K {
  public:
     K(int w1, double w2)    { wert1 = w1; wert2 = w2; }
     int    getWert1(void)   { return wert1; }
     double getWert2(void)   { return wert2; }
  private:
     int    wert1;
     double wert2;
};
int main(void) {
   K obj1(1, 3.14),
     obj2(2, 6.19);
   std::cout << "sizeof(obj1) = " << sizeof(obj1) << std::endl;
   std::cout << "sizeof(obj2) = " << sizeof(obj2) << std::endl;
}
```

Programm 15.1 liefert folgende Ausgabe:

```
sizeof(obj1) = 12
sizeof(obj2) = 12
```

An dieser Ausgabe ist erkennbar, dass jedes Objekt seine eigenen Membervariablen besitzt, was hier eine `int`-Variable mit 4 Bytes und eine `double`-Variable mit 8 Bytes ist, so dass jedes Objekt 12 Bytes Speicherplatz für die Datenelemente belegt, aber keinerlei Speicherplatz für die Memberfunktionen.

15.3.3 Aufteilung einer Klasse in Headerdatei und cpp-Datei

Es ist in der Programmierpraxis üblich, dass man folgende Aufteilung vornimmt:

- **Klassendeklaration in Headerdatei (Endung `.h` oder auch `.hpp`)**
  Die Klassendeklarationen und sämtliche Inline-Funktionen müssen für den Nutzer (Kunden) sichtbar sein. Sie werden deshalb in Headerdateien untergebracht, die vom Quellcode des Nutzers inkludiert werden. Oft verwendet man dabei den Klassennamen als Dateinamen mit der Erweiterung `.hpp` bzw. `.h`.
- **Implementierung in C++-Datei (Endung `.cpp` oder `.c++` oder `.C`)**
  Der Quellcode der dazugehörigen Funktionsdefinitionen wird in einer Implementierungs-Datei untergebracht, die ebenfalls als Dateinamen den Klassennamen hat und üblicherweise Erweiterungen wie `.cpp` oder `.c++` oder `.C` hat. Hierbei gilt dann:
  - Die Implementierungs-Datei inkludiert ebenfalls die eigene Headerdatei, um die Konsistenz der Vereinbarungen zu gewährleisten.
  - Der Nutzer (Kunde) linkt die übersetzte Version dieser Datei (meist `.obj` oder `.o`) zu seinem eigenen Quellcode hinzu.
  - Sollte eine Klasse wertvolles Know-How einer Firma beinhalten, das nicht öffentlich zugänglich gemacht werden soll, dann wird üblicherweise auf den Einsatz von Inline-Funktionen verzichtet und dem Kunden nur die Headerdatei und die kompilierte Version der Implementierung (`*.obj` bzw. `*.o`) zur Verfügung gestellt.

Hat man eine eigene Klasse `Komplex` entworfen, ergibt sich folgende Aufteilung:

- **`komplex.h` – Klassendeklaration mit Inline-Funktionen**

```
#ifndef KOMPLEX_H
#define KOMPLEX_H

class Komplex {
  public:
     double getRe() { return re; }
     double getIm() { return im; }
     void   set(double r, double i = 0);
     void   print(void);
  private:
     double re, im;
};
#endif
```

- **`komplex.cpp` – Implementierung der „normalen" nicht Inline-Funktionen**

```
#include  <iostream>
#include  "komplex.h"
using namespace std;

void Komplex::set(double r, double i) { re = r; im = i; }

void Komplex::print(void) { cout << "(" << re << ", " << im << ")" << endl; }
```

- **Quellcode des Nutzers (z. B. in `komplexmain.cpp`)**

```
#include <iostream>
#include "komplex.h"
using namespace std;
int main(void) {
   Komplex k1, k2;
   k1.set(3);
   cout << k1.getRe() << ", " << k1.getIm() << endl;
   k1.print();
   k2.set(2, 4.5);
   cout << k2.getRe() << ", " << k2.getIm() << endl;
}
```

Im Rahmen dieses Buches wird diese Art der Aufteilung in Header- und Implementierungsdateien nicht vorgenommen, da dies zu sehr langen Listings führen würde. Dies würde den Umfang dieses Buches sprengen und zudem würde auch die Übersichtlichkeit darunter leiden. Bei der Bearbeitung großer Projekte sollte diese Aufteilung aber in jedem Fall eingehalten werden.

15.3.4 Namenskonventionen für Klassen

Um die Lesbarkeit von Programmen zu verbessern, ist es empfehlenswert, sich an projekt- bzw. unternehmensspezifische Konventionen zu halten, wie z. B.:

- Klassennamen beginnen mit dem Präfix „`C`" (`class`), um sie leicht von Objekten unterscheiden zu können.
- Membervariablen beginnen mit dem Präfix „`m_`" (`member`), um sie in Methoden leicht von anderen Variablen unterscheiden zu können.
- Methodennamen verwenden Groß-/Kleinschreibung zur besseren Lesbarkeit. Idealerweise beginnt der Methodenname mit einem Verb, wie z. B. `druckeArray()` oder `setValue()`.

In den nächsten Kapiteln werden weitere Details zu Klassen vorgestellt, die auch für Strukturen gelten, aber in Kapitel 13 verschwiegen wurden, da dieses Kapitel nur die wesentlichen Schritte von C in Richtung C++ erläutern sollte.

15.3.5 Übungen

Konstruktoren

Welche Voraussetzungen müssen erfüllt sein, damit die beiden Objekte `punkt1` und `punkt2` im folgenden Codeausschnitt angelegt werden können?

```
int main(void) {
   CPunkt  punkt1(10,20), punkt2;
}
```

1. Alle Konstruktoren der Klasse `CPunkt` müssen `public` sein.
2. Der Standardkonstruktor muss explizit definiert werden.
3. Es muss ein Konstruktor definiert sein, der zwei `int`-Parameter besitzt.

Allgemeine Aussagen zu C++

Welche der folgenden Aussagen ist/sind richtig?

1. Klassennamen müssen immer mit `C` anfangen, sonst meldet der Compiler einen Fehler.
2. Werden Funktionen in der Klassendefinition definiert, sind sie automatisch `inline`.
3. Inline-Funktionen sind automatisch `public`.
4. Eine Klasse ist ein komplexer, selbst definierter Datentyp, der nur aus einfachen C++ Datentypen wie `int`, `char` usw. bestehen darf.
5. Alle Methoden einer Klasse können von allen anderen Klassen aufgerufen werden.

Initialisierung von Membervariablen

Wo initialisiert man die (nicht statischen) Membervariablen eines Objekts?

1. In der Klasse.
2. Im Destruktor.
3. Im Konstruktor.
4. Wahlweise in der Klasse oder im Konstruktor.

Methoden einer Klasse

Welche der folgenden Aussagen trifft für Methoden einer Klasse zu?

1. Alle haben den gleichen Rückgabedatentyp.
2. Alle haben den gleichen Rückgabewert.
3. Sie können auf alle Membervariablen der Klasse zugreifen.
4. Sie können nur auf die `private`-Membervariablen der Klasse zugreifen.
5. Steht ihre Definition außerhalb der Klassendefinition, muss vor dem Funktionsnamen der Klassenname gefolgt von einem doppelten Doppelpunkt `::` angegeben werden.

Größe von Objekten

Was würde Programm 15.2 ausgeben?

Programm 15.2 – `objgroesse.cpp`:
Größe von Objekten

```
#include <iostream>
using namespace std;
class CArray {
  public:
     CArray(int groesse) {
        m_array = new double[groesse];
     }
     void print(void) {
        for (unsigned i=0; i<m_groesse; i++)
           cout << m_array[i] << ", ";
     }
```

```
  private:
     double   *m_array;
     unsigned m_groesse;
};
int main(void) {
   CArray hundert(100);
   cout << "sizeof(hundert) = " << sizeof(hundert) << endl;
   CArray tausend(1000);
   cout << "sizeof(tausend) = " << sizeof(tausend) << endl;
}
```

Rechner für Mehrwertsteuer

Geben Sie zum folgenden Programm `mwst.cpp` die fehlende Klasse `CMwst` an:

```
#include <iomanip>
#include <iostream>
using namespace std;
enum kennung { mwst, ohneMwst, mitMwst };
class CMwst { ....... };

int main(void) {
   CMwst eins(300.0, ohneMwst); // Voreinstellung: Mwst = 16%
   eins.print();
   eins.set(48.0, mwst);       eins.print();
   eins.set(348.0, mitMwst);   eins.print();
   cout << "------------------------------------------------------" << endl;
   CMwst zwei(500.0); // Voreinstellung: ohneMwst, Mwst = 16%
   zwei.print();
   cout << "------------------------------------------------------" << endl;
   CMwst drei(580.0, ohneMwst, 25);
   drei.print();
   drei.set(580.0); // Voreinstellung: ohneMwst, Mwst = 16%
   drei.print();
   drei.set(92.80, mwst); // Voreinstellung: Mwst = 16%
   drei.print();
   cout << "------------------------------------------------------" << endl;
   CMwst vier(1000.0, ohneMwst, 22);
   cout << setw(10) << vier.getNetto()   << " ("
        << setw(3)  << vier.getProzent() << "% Mwst: "
        << setw(6)  << vier.getMwst()    << ") ---> Brutto: "
        << setw(8)  << vier.getBrutto()  << endl;
}
```

Das Programm `mwst.cpp` sollte dann folgende Ausgabe liefern:

```
    300.00 (16.00% Mwst:  48.00) ---> Brutto:   348.00
    300.00 (16.00% Mwst:  48.00) ---> Brutto:   348.00
    300.00 (16.00% Mwst:  48.00) ---> Brutto:   348.00
------------------------------------------------------
    500.00 (16.00% Mwst:  80.00) ---> Brutto:   580.00
```

```
------------------------------------------------------
    580.00 (25.00% Mwst: 145.00) ---> Brutto:    725.00
    580.00 (16.00% Mwst:  92.80) ---> Brutto:    672.80
    580.00 (16.00% Mwst:  92.80) ---> Brutto:    672.80
------------------------------------------------------
   1000.00 (22.00% Mwst: 220.00) ---> Brutto:   1220.00
```

Ein Zeitenrechner

Die im Programm 15.3 gezeigte Klasse `CZeitRechner` soll Zeiten addieren, subtrahieren und mit einem Faktor multiplizieren können. Erstellen Sie ein Programm `zeitrechner.cpp`, das die fehlenden Implementierungen zu den fett gedruckten Memberfunktionen der Klasse `CZeitRechner` enthält.

Programm 15.3 – `zeitrechner.h`:
Die Klasse CZeitRechner

```
#include <cstring>

class CZeitRechner
{
  public:
     CZeitRechner(char *name="nn", int tage=0, int std=0, int min=0, int sek=0) {
        m_std_sek  = 60 * 60;
        m_tage_sek = 24 * m_std_sek;
        m_name = new char[strlen(name)+1];
        strcpy(m_name, name);
        set(tage, std, min, sek);
     }
     void set(int tage=0, int std=0, int min=0, int sek=0, bool ausgabe=false);
     void add(int tage=0, int std=0, int min=0, int sek=0, bool ausgabe=false);
     void add(CZeitRechner& zeit, bool ausgabe=false);
     void sub(int tage=0, int std=0, int min=0, int sek=0, bool ausgabe=false);
     void sub(CZeitRechner& zeit, bool ausgabe=false);
     void mult(double faktor, bool ausgabe=false);
     void print(void);
     int  getZeitInSek(void) { return m_zeit_in_sek;  }
     int  getTage(void)      { return m_tage;         }
     int  getStunden(void)   { return m_std;          }
     int  getMinuten(void)   { return m_min;          }
     int  getSekunden(void)  { return m_sek;          }

  private:
     char *m_name;
     int   m_tage, m_std, m_min, m_sek;
     int   m_zeit_in_sek, m_std_sek, m_tage_sek;
     void sek_in_zeit(void); // rechnet Sekunden in Zeit um
};
```

Testen Sie Ihr Programm dann z. B. mit der `main`-Funktion im Programm 15.4.

Programm 15.4 – `zeitrechnermain.cpp`:
`main`-Funktion zum Testen der Klasse CZeitRechner

```
#include <iostream>
#include <iomanip>
#include "zeitrechner.h"
using namespace std;
int main(void) {
   CZeitRechner zeit1("Zeit1", 2, 3, 35, 57);
   zeit1.add(0, 22, 45, 10, true);  cout << endl << endl;
   zeit1.sub(1, 30, 100, 100, true); cout << endl << endl;
   CZeitRechner zeit2("Zeit2", 0, 22, 45, 10),
                zeit3("Zeit3", 2,  3, 35, 57);
   zeit2.add(zeit3, true); cout << endl << endl;
   zeit3.set(1, 30, 100, 100);
   zeit2.sub(zeit3, true); cout << endl << endl;
   zeit3.mult(1.5, true);  cout << endl << endl;
   zeit2.mult(0.7, true);
}
```

Dieses Programm sollte dann folgende Ausgabe liefern:

```
             Zeit1:   2 Tage,   3 Std,   35 Min,   57 Sek  =    185757 Sek
                 +    0 Tage,  22 Std,   45 Min,   10 Sek  =     81910 Sek
----------------------------------------------------------------------------
             Zeit1:   3 Tage,   2 Std,   21 Min,    7 Sek  =    267667 Sek

             Zeit1:   3 Tage,   2 Std,   21 Min,    7 Sek  =    267667 Sek
                 -    1 Tage,  30 Std,  100 Min,  100 Sek  =    200500 Sek
----------------------------------------------------------------------------
             Zeit1:   0 Tage,  18 Std,   39 Min,   27 Sek  =     67167 Sek

             Zeit2:   0 Tage,  22 Std,   45 Min,   10 Sek  =     81910 Sek
                 +    2 Tage,   3 Std,   35 Min,   57 Sek  =    185757 Sek
----------------------------------------------------------------------------
             Zeit2:   3 Tage,   2 Std,   21 Min,    7 Sek  =    267667 Sek

             Zeit2:   3 Tage,   2 Std,   21 Min,    7 Sek  =    267667 Sek
                 -    2 Tage,   7 Std,   41 Min,   40 Sek  =    200500 Sek
----------------------------------------------------------------------------
             Zeit2:   0 Tage,  18 Std,   39 Min,   27 Sek  =     67167 Sek

             Zeit3:   2 Tage,   7 Std,   41 Min,   40 Sek  =    200500 Sek
....multipl. mit 1.5:
             Zeit3:   3 Tage,  11 Std,   32 Min,   30 Sek  =    300750 Sek

             Zeit2:   0 Tage,  18 Std,   39 Min,   27 Sek  =     67167 Sek
....multipl. mit 0.7:
             Zeit2:   0 Tage,  13 Std,    3 Min,   37 Sek  =     47017 Sek
```

Rechner für sehr große Zahlen

Die im Programm 15.5 gezeigte Klasse `CZahl` soll sehr große Zahlen (bis 10000 Stellen) als Strings verwalten und aber auch in der Lage sein, mit solchen Zahlen zu rechnen, indem sie diese addieren, subtrahieren und multiplizieren kann.

Programm 15.5 – `bigadd.h`:
Die Klasse CZahl

```
#include <iostream>
#include <cctype>
#include <cstring>
using namespace std;

const int maxSt = 10000;  // Zahlen bis 10000 Stellen möglich
class CZahl
{
public:
   CZahl(char *wert) { set(wert); }
   //............................................... mathematische Operationen
   void set(char *wert); // speichert Zahl (wert) im Memberarray 'm_zahl'
                         // von rechts nach links ab
                         // ---> erleichtert die mathemat. Operationen

   void add(CZahl z2); // addiert auf 'm_zahl' die Zahl 'z2' auf
   void add(char *wert)  { add(CZahl(wert)); }
    // Subtraktion erfolgt durch Aufaddieren des Zweierkomplements
   void sub(CZahl z2)    { add(z2.zweierKompl()); }
   void sub(char *wert)  { sub(CZahl(wert));      }
   void mult(CZahl z2); // multipliziert 'm_zahl' mit der Zahl 'z2'
   void mult(char *wert) { mult(CZahl(wert)); }
   //................................................................. print
   void print(void); // gibt 'm_zahl' aus.
                     // Liegt diese im 2er-Kompl. vor (m_zahl[0]==9)
                     // --> muss sie für Ausgabe konvertiert werden
private:
   char m_zahl[maxSt+1]; // enthält die Zahl als String (von rechts links)
   //.............................................. private Memberfunktionen
   CZahl& zweierKompl(void); // liefert das 2er-Komplement zur Zahl und liefert
                             // Referenz darauf zurück.
                             // 2er-Kompl.:
                             //  - ist im Dezimalsystem Differenz zu 999...9999
                             //  - lässt Subtraktion auf Addition zurückführen
   void schiebeLinks(void); // wird für Multiplikation benötigt, um nach dem
                            // Verfahren zu multiplizieren, wie es Mensch tut.
                            // ---> schiebt Zwischenergeb. 1 Stelle nach links
};
```

Erstellen Sie ein Programm `bigadd.cpp`, das die fehlenden Implementierungen zu den fett gedruckten Memberfunktionen der Klasse `CZahl` enthält. Testen Sie Ihr Programm dann z. B. mit der `main`-Funktion im Programm 15.6.

Programm 15.6 – `bigaddmain.cpp`:
main-Funktion zum Testen der Klasse CZahl

```
#include "bigadd.h"
int main(void) {
   CZahl a("12"),
         b("352"),
         c("1234567890123456897938347784734676346736346436634634634"
           "9239000094394394943949499494394390344904390439043934994"
           "8238843848431899999999999999999999999937273273737373737"),
         d("9238189489484832284399248384343483344838484398438944389"
           "8994231843843848484843894489894389438948948934893484388"
           "8943847878547857891923008327372373723732782373727227272"
           "827843784374378174743774783347489438 94");
   a.print(); cout << " + ";
   b.print(); cout << " = ";
   a.add(b);  a.print();  cout << endl << endl;
   b.print(); cout << " - 12 = ";
   b.sub("12"); b.print(); cout << endl << endl;
   b.set("-20");
   b.print(); cout << " * 12 = ";
   b.mult("12"); b.print(); cout << endl << endl;
   b.print(); cout << " + -350 = ";
   b.add("-350"); b.print(); cout << endl << endl;
   a.print(); cout << " * 12345678 = ";
   a.mult("12345678"); a.print(); cout << endl << endl;
   a.print(); cout << " * 12345678 = ";
   a.mult("12345678"); a.print(); cout << endl << endl;
   a.print(); cout << " * -3 = ";
   a.mult("-3");  a.print(); cout << endl << endl;
   c.print(); cout << " *" << endl;
   d.print(); cout << " =" << endl;
   c.mult(d); c.print(); cout << endl;
}
```

Dieses Programm sollte dann folgende Ausgabe liefern:

```
12 + 352 = 364

352 - 12 = 340

-20 * 12 = -240

-240 + -350 = -590

364 * 12345678 = 4493826792

4493826792 * 12345678 = 55479338561804976

55479338561804976 * -3 = -166438015685414928
```

```
12345678901234568979383477847346763467363464366346346349239000094394\
39494394949949439439034490439043904393499482388438484318999999999999\
999999999999993727327373737 *
92381894894848322843992483843434833448384843984389443898994231843843\
84848484389448989438943894894893489348438889438478785478578919230083\
273723737237327823737272272728278437843743781747437747833474894389 4 =
11405172106593984797293106160259458963221222319880878361597767227976\
15442573379138371089974545209271560414253414086534129624406919511230\
61136594051314603013044340379760643705191250060349655149572805989750\
59881590545848346943753863015483307513344574957427990745332840359291\
38400363182847547279891455954027961994007095753466966347814874422636\
4125541647791864123922111878
```

15.4 Klassen und Objekte in UML

Hier wird ein Beispielprogramm entworfen und implementiert, in dem nur eine Klasse benötigt wird. Eine sehr wichtige Datenstruktur in der Informatik ist der so genannte *Stack*. Ein Stack entspricht einem Stapel, wie z. B. einem Stapel von Papier oder einem Stapel von Brettern. Die Elemente können immer nur oben auf dem Stapel abgelegt werden. Ebenso kann auch immer nur das oberste Element vom Stapel genommen werden. Ein Stack ist also eine Datenstruktur, für die nur zwei Operationen definiert sind:

- `Push()` zum Ablegen eines Elements an oberster Stelle des Stacks und
- `Pop()` zum Entnehmen des Elements an oberster Stelle des Stacks

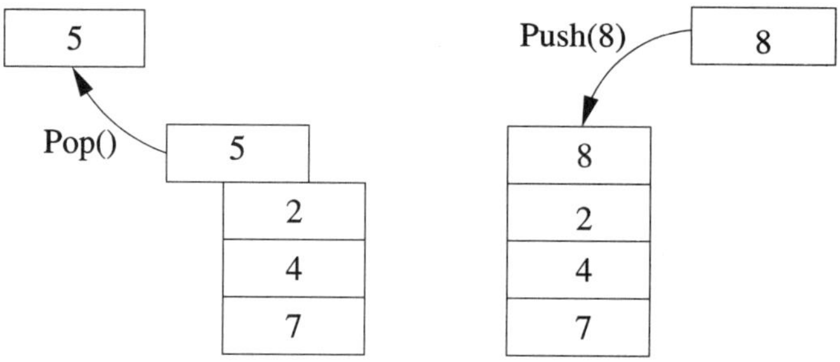

Abbildung 15.1: Funktionsweise eines Stacks, der für ganze Zahlen ausgelegt ist

Nachfolgend soll nun eine Klasse `CStack` entworfen werden, die als Elemente ganze Zahlen (also auch ASCII-Codes von Zeichen) verwalten kann.
Die maximale Größe unseres Stacks soll konstant sein. Daher bietet sich als eine einfache Realisierung ein eindimensionales Array an. Beim Anlegen des Stacks soll die maximale Größe jedoch angegeben werden können. Sie wird im Attribut `m_Max` gespeichert. Der oberste Wert steht im Array an der Stelle `m_Top`.

15.4.1 Klassen in UML

Abbildung 15.2 zeigt ein UML-Klassendiagramm zur Klasse `CStack`.

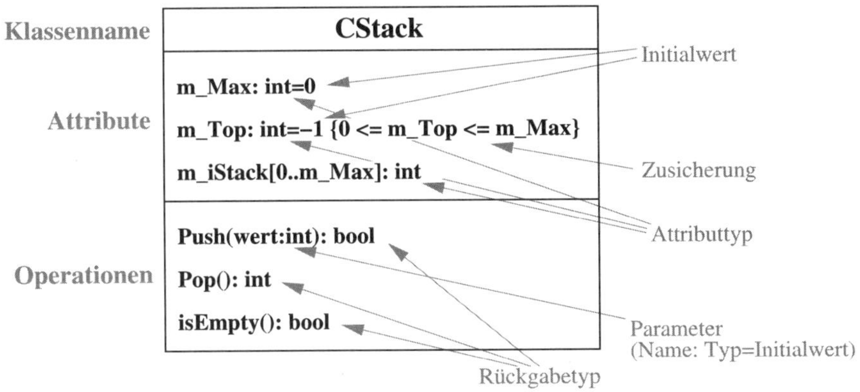

Abbildung 15.2: Klassen in UML (am Beispiel eines int-Stacks)

Da jede Klasse über einen Konstruktor und Destruktor verfügt, werden diese im Klassendiagramm nicht modelliert, auch wenn sie überladen werden. Neben den Attributen und Operationen wurde in Abbildung 15.2 noch eine Zusicherung modelliert. Zusicherungen sind Bedingungen, Voraussetzungen und Regeln, die die Objekte der Klasse erfüllen müssen. Sie werden in { } (geschweifte Klammern) angegeben. In unserem Fall darf die Anzahl der Elemente im Stack niemals negativ und auch nicht größer als die maximale Kapazität des Stacks (`m_Max`) sein.
Was hier nicht modelliert wurde, sind die Zugriffsspezifizierer, da in der Regel Attribute `private` und Methoden `public` sind, was hier auch der Fall ist. Um die Zugriffsspezifizierer aus C++ in der UML zu notieren, können die Elemente mit folgenden Präfixen gekennzeichnet werden:
- für `private`-Elemente
+ für `public`-Elemente
# für `protected`-Elemente (bei Vererbung)

Unsere Klasse `CStack` würde dann wie in Abbildung 15.3 aussehen.

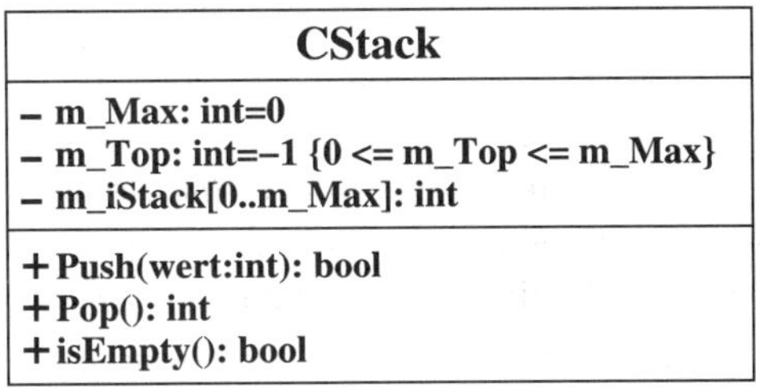

Abbildung 15.3: Klasse CStack mit Zugriffsspezifizierern

Abhängig vom Anwendungsfall, für den eine Klasse in UML angegeben wird, können auch – bis auf den Klassennamen – einzelne Teile des dreigeteilten Rechtecks weggelassen werden, wie dies in Abbildung 15.4 gezeigt ist.

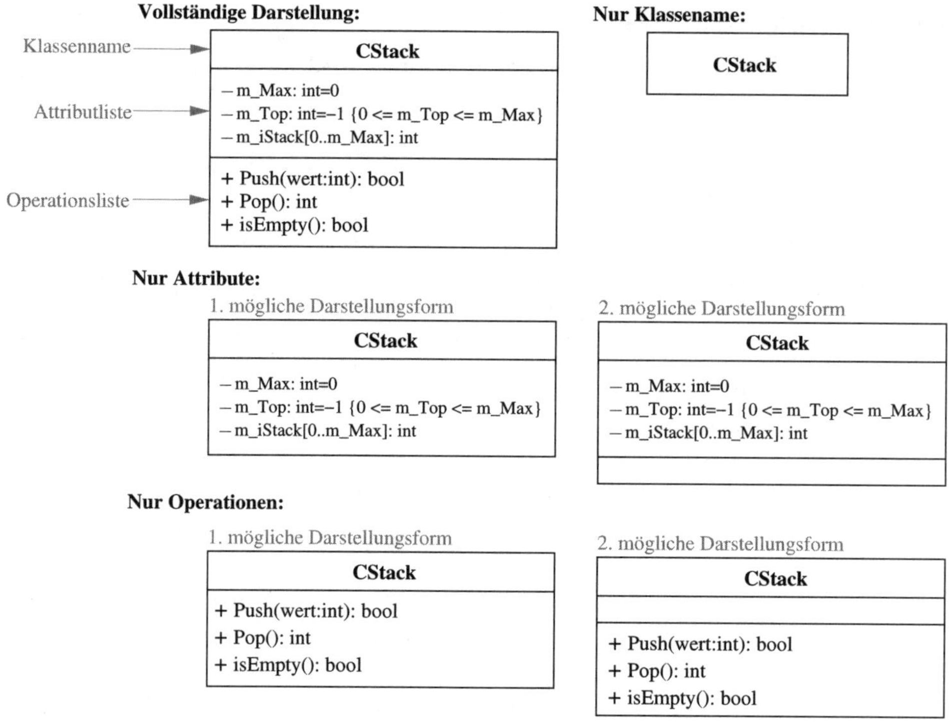

Abbildung 15.4: Unterschiedliche Klassendiagramme abhängig vom Anwendungsfall

Wie detailliert eine Klasse beschrieben wird, hängt davon ab, was der Ersteller eines Diagramms ausdrücken möchte. So ist es z. B. auch möglich, die Elemente einer Klasse vollständig wegzulassen (siehe Abbildung 15.4) und nur den Klassennamen anzugeben. Dies geschieht vor allem dann, wenn es mehr um die Beziehungen zwischen den Klassen als um die einzelnen Klassen an sich geht.

15.4.2 Objekte in UML

Objekte werden in UML-Diagrammen ähnlich wie Klassen dargestellt, nur dass der Objektname unterstrichen wird. Für die Attribute können beispielhaft Werte eingesetzt werden, wie dies in Abbildung 15.5 gezeigt ist. Auch bei Objekten ist nur der unterstrichene Objektname immer anzugeben, während die Attribute und ihre Werte wieder weggelassen werden können, wenn diese für den jeweiligen Anwendungsfall nicht von Interesse sind. Abbildung 15.5 zeigt alle möglichen Notationen für Objekte (am Beispiel von `zeichenStack`).

15.4.3 Beziehungen zwischen Objekten und Klassen in UML

Jedes Objekt kennt seine Klasse, zu der es gehört. In C++ kann – wie in den meisten objektorientierten Programmiersprachen – ein Objekt zur Laufzeit ermitteln, zu welcher Klasse es gehört. Dies ist mit `typeid` (siehe Kapitel 22.2 auf Seite 530) möglich. Da alle Objekte zwar unterschiedliche Attributwerte, jedoch die gleichen

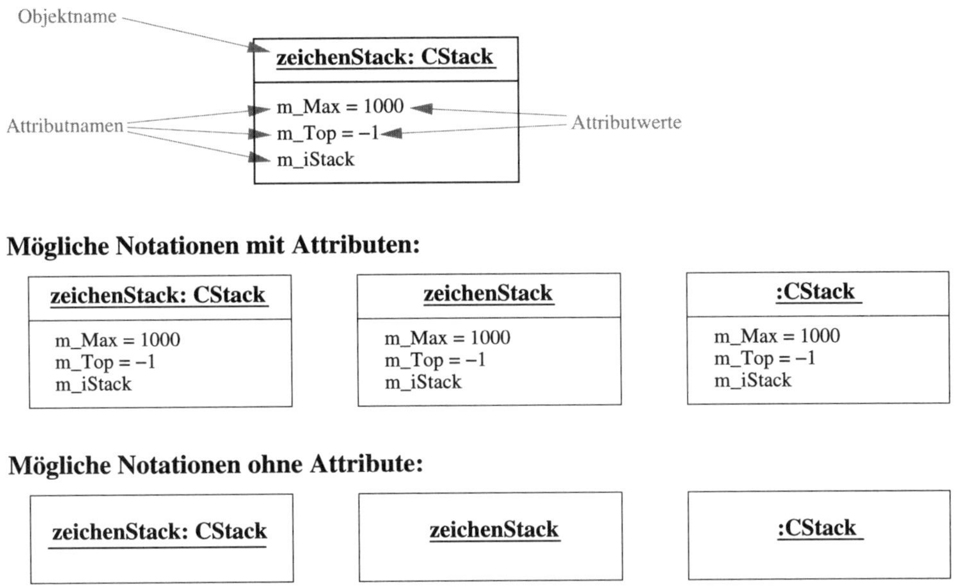

Abbildung 15.5: Notationsmöglichkeiten für Objekte in UML (bei zeichenStack)

Operationen besitzen, sind die Attribute dem Objekt und die Operationen der Klasse zugeordnet. Da jedes Objekt seine Klasse kennt, können alle Objekte zu einer Klasse diese (nur einmal vorhandenen) Operationen gemeinsam nutzen.

Während jedes Objekt seine Klasse kennt, weiß eine Klasse normalerweise nicht, welche Objekte von ihr erzeugt wurden. Um einen Zusammenhang zwischen Objekten und Klassen in UML zu modellieren, wird von den Objekten ein gestrichelter Pfeil in Richtung der jeweiligen Klasse, zu der sie gehören, gezeichnet. Dieser Pfeil wird dann mit «`instance of`» beschriftet, wie dies in Abbildung 15.6 gezeigt ist. Hierbei handelt es sich um ein so genanntes *Stereotyp*. Stereotypen sind projekt-, unternehmens- oder methodenspezifische Erweiterungen vorhandener Modellelemente der UML, durch die die Bedeutung einer Klasse bzw. einer Beziehung näher festgelegt werden kann. CASE-Werkzeuge unterscheiden teilweise zwischen visuellen Stereotypen (eigene Symbole) und textuellen Stereotypen, die in doppelten Winkelklammern (« . . . ») angegeben werden, z. B. «`instance of`» oder «`interface`» (siehe auch Kapitel B.14.1 auf Seite 1124).

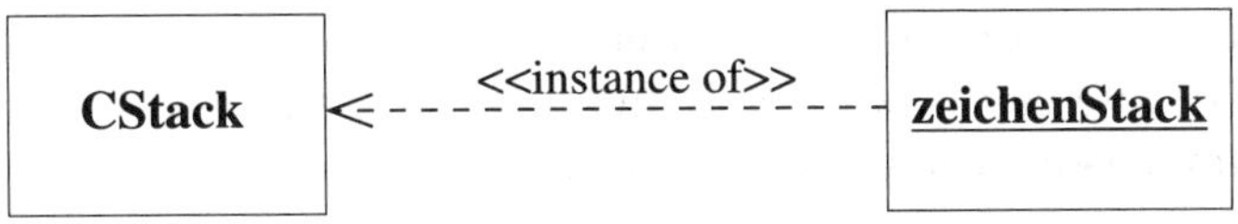

Abbildung 15.6: Klasse-Objekt-Beziehung in UML

15.4.4 Realisierung einer Stackklasse in C++

Programm 15.7 – `cstack.cpp`:
Realisierung eines Stacks mit einer Klasse

```
#include <iostream>
using namespace std;
class CStack {
   public:
      CStack(int maxEntries) { // Konstruktor
         m_Top = -1;    // Stack ist zunächst leer
         m_iStack = new int[maxEntries];
         m_Max = maxEntries-1;
      }
      ~CStack() { delete [] m_iStack; } // Destruktor
      bool Push(int value) {
         if (m_Top == m_Max) return false;
         m_iStack[++m_Top] = value;
         return true;
      }
      int  Pop()     { return (m_Top < 0) ? -1 : m_iStack[m_Top--]; }
      bool IsEmpty() { return m_Top < 0; }  // Stack leer ?
   private:
      int *m_iStack; // eigentlicher Stack (wird im Konstruktor alloziert)
      int m_Max;     // maximal gültiger Index
      int m_Top;     // Index, an dem oberster Wert liegt
};
int main(void) {
  CStack  zeichenStack(1000); // Stack für 1000 Zeichen
  char    zeich;
   cout << "Bitte geben Sie einen String ein:" << endl;
   while (cin.get(zeich) && zeichenStack.Push(zeich))
      ;
   while (!zeichenStack.IsEmpty())
      cout << (char)zeichenStack.Pop();
}
```

Möglicher Ablauf des Programms 15.7:

```
Bitte geben Sie einen String ein:
ein lager mit gazelle zagt im regal nie ↵
Strg-D
ein lager mi tgaz ellezag tim regal nie
```

Bei `Push()` wurde `bool` als Rückgabetyp gewählt, um anzuzeigen, ob der Wert im Stack gespeichert werden konnte oder nicht. Da `Pop()` den entsprechenden Wert aus dem Stack liefert, wurde hier `int` als Rückgabetyp gewählt. Es entsteht ein kleines Problem, wenn der Wert `-1` im Stack vorkommt, da dies zugleich auch auf einen Fehler hinweist. Bei `-1` müsste also zusätzlich mit `IsEmpty()` überprüft werden, ob der Stack leer ist. Solche Besonderheiten sollten gut dokumentiert sein.

15.4.5 Verhalten, Identität und Status eines Objekts

Durch die Definition einer Klasse wird noch keinerlei Speicher angelegt. Die Klasse ist lediglich der „Bauplan" für Objekte. Erst mit dem Anlegen eines Objekts zu einer Klasse wird Speicher entsprechend dem „Bauplan" der Klasse für dieses konkrete Objekt angelegt. Ebenso wie Lebewesen in der Natur werden auch Objekte irgendwann geboren und sterben auch wieder. Während ihres Lebens sind Objekte gekennzeichnet durch ihr *Verhalten*, ihre *Identität* und ihren *Status*:

Verhalten eines Objekts

legt fest, wie ein Objekt auf einen Methodenaufruf reagiert. Dieses Verhalten eines Objekts wird prinzipiell durch seine Klasse beschrieben.

Identität eines Objekts

ist grundsätzlich unterschiedlich zwischen Objekten der gleichen Klasse, da jedes Objekt seinen eigenen Satz von Daten besitzt, und somit über eine eigene Identität verfügt; siehe auch Abbildung 15.7.

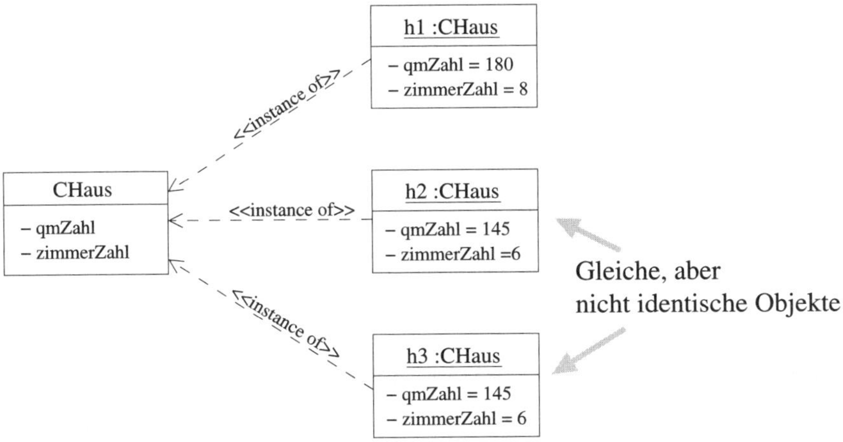

Abbildung 15.7: Gleiche, aber nicht identische Objekte

Status eines Objekts

ist der aktuelle Zustand der Daten eines Objekts. Je nachdem, welche Werte die Daten besitzen, kann ein Objekt sich in unterschiedlichen Zuständen befinden.
Ein Objekt der Klasse `CStack` kann folgende Zustände annehmen:

Stack ist leer:	`m_Top == -1`
Stack ist voll:	`m_Top == m_Max`
Stack ist im Füllzustand:	`0 <= m_Top < m_Max`

Beispiel zur Identität und Status von Objekten

Wenn wir zwei `CStack`-Objekte – wie z. B. `stapel1` und `stapel2` – anlegen, hat jedes dieser beiden Objekte seine eigene Identität und seinen eigenen Status. Je nach Status kann es auch sein, dass die Objekte auf den gleichen Methodenaufruf unterschiedlich reagieren, obwohl sie prinzipiell das gleiche Verhalten aufweisen.

Besitzen z. B. die Objekte `stapel1` und `stapel2` den aktuellen Zustand, wie er in Abbildung 15.8 gezeigt ist, so wird

- `stapel1` beim Methodenaufruf `stapel1.Push(5)` den Wert 5 im Stapel speichern und `true` als Rückgabewert liefern,
- während der Methodenaufruf `stapel2.Push(5)` den Wert 5 nicht auf den Stapel ablegt, da er bereits voll ist und dies nicht mehr möglich ist, was durch den Rückgabewert `false` angezeigt wird.

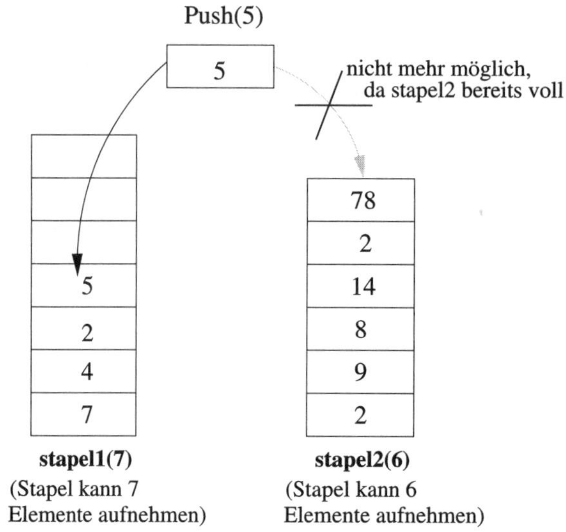

Abbildung 15.8: Identität und Status der CStack-Objekte `stapel1` und `stapel2`

15.4.6 UML-Diagramme für Objektzustände

Die UML stellt ein Diagramm zur Verfügung, um die Zustände eines Objekts (oder auch eines Systems) zu modellieren: das *Zustandsdiagramm* (engl. *state diagram*). Im Zustandsdiagramm werden neben den Zuständen auch die Zustandsübergänge (Transitionen) modelliert, d. h. wie das Objekt von einem Zustand in den nächsten gelangt. Verwandte Begriffe für ein Zustandsdiagramm sind daher auch *Zustandsübergangsdiagramm* (engl. *state transition diagram*) oder *Endlicher Automat*, der sich zu jedem Zeitpunkt in einer Menge endlicher Zustände befindet. Abbildung 15.9 zeigt das Zustandsdiagramm zur Klasse `CStack` im Programm 15.7.

Zustandsdiagramme sind für folgende Anwendungsfälle sehr hilfreich:

- zur Überprüfung, ob sich ein Objekt stabil verhält und nicht irgendwann in einen undefinierten Zustand gerät. Potentielle Fehler können so im Vorfeld vermieden werden. So hätten bei unserer Klasse `CStack` die Fälle `voll` und `leer` leicht übersehen werden können, was fatale Folgen gehabt hätte (Speicherüber-/unterschreitung).
- Für den Tester einer Klasse ist ein Zustandsdiagramm eine hilfreiche Grundlage, um eine Klasse auf Vollständigkeit zu überprüfen. Eine Klasse sollte prinzipiell so entworfen werden, dass jede Methode zu einem x-beliebigen Zeitpunkt aufge-

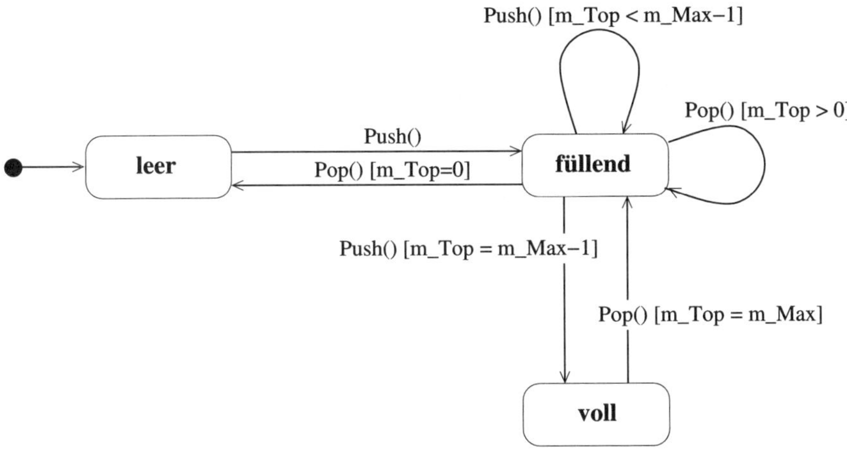

Abbildung 15.9: Zustandsdiagramm zur Klasse CStack

rufen werden kann, ohne dass das Objekt in einen undefinierten Zustand gerät. Es ist nicht sehr anwenderfreundlich (für den Anwender einer Klasse), wenn bei den Methodenaufrufen eine bestimmte Reihenfolge eingehalten werden muss. Auch dies lässt sich am Zustandsdiagramm überprüfen.

Zustandsdiagramme sind also sehr hilfreich, um das Verhalten eines Objekts in seiner Gesamtheit zu untersuchen. Je nach Klasse lohnt sich der Aufwand, ein solches Diagramm zu zeichnen, mehr oder weniger. Man sollte sich jedoch in jedem Fall Gedanken darüber machen, welche Zustände die Objekte während ihres Lebens einnehmen können. Im herunterladbaren Anhang zu diesem Buch werden weitere mögliche Notationen in UML-Zustandsdiagrammen behandelt.

15.4.7 Übungen

Klassen- und Objektdiagramm zu Monopoly

Erstellen Sie ein UML-Diagramm, in dem Sie zunächst eine Klasse `Strasse` für das Spiel Monopoly angeben. Eine Straße soll dabei immer einen Namen, einen Kaufpreis, einen Mietpreis und die Anzahl der Häuser auf ihr haben. Überlegen Sie sich einige vernünftige Methoden für die Klasse `Strasse`. Zu dieser Straße sollen dann noch die folgenden `Strasse`-Objekte in Beziehung stehen:

- **schlossallee**:

```
Kaufpreis: 4000
Mietpreis: 500
Anzahl der Häuser: 2
```

- **museumstrasse**:

```
Kaufpreis: 2200
Mietpreis: 180
Anzahl der Häuser: 0
```

Realisierung einer Queue (Warteschlange)

Eine weitere grundlegende Datenstruktur in der Informatik neben dem *Stack* ist die so genannte *Queue*, die eine Schlange vor einem Postschalter oder einem Eintritt in eine Veranstaltung simuliert. Es handelt sich dabei wieder um eine Datenstruktur, für die nur zwei Operationen definiert sind (siehe auch Abbildung 15.10):

- `Put()` zum Einfügen eines Elements am Ende der Queue und
- `Get()` zum Entfernen des Elements am Anfang der Queue.

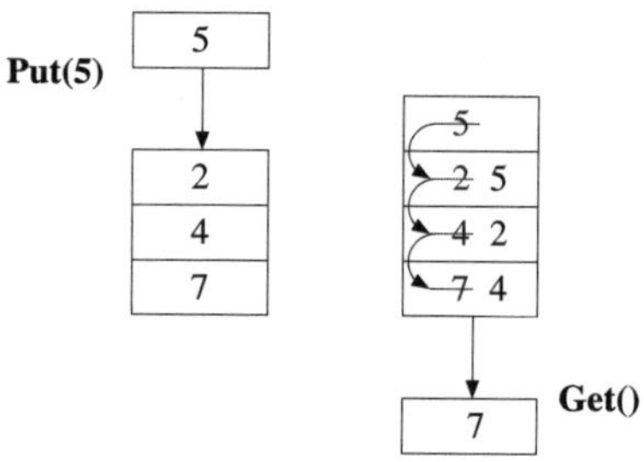

Abbildung 15.10: Funktionsweise einer Queue

Während ein Stack nach dem *LIFO*-Prinzip (*last in, first out*) arbeitet, arbeitet eine Queue nach dem *FIFO*-Prinzip (*first in, first out*). Ist die maximale Größe einer Queue konstant, bietet sich als eine einfache Realisierung ein Array an. Erstellen Sie hier nun ein Programm `queue.cpp`, das die Verwaltung einer Queue wie z. B. vor einem Postschalter oder in einem Wartezimmer übernimmt:

- Ankunft eines Kunden mit Eingabe des Namens
- Bedienung eines Kunden
- Auflisten der aktuellen Warteschlange, entsprechend der Reihenfolge

Programm 15.8 – `queue.h`:
Die Klasse CQueue zur Verwaltung einer Queue (Warteschlange)

```
class CQueue  {
 public:
   CQueue(int iMaxEntries);      // Konstruktor
   ~CQueue();                    // Destruktor
   bool    isEmpty() { return m_iCount==0;        } // Queue leer ? (inline)
   bool    isFull()  { return m_iCount==m_iMax; } // Queue voll ? (inline)
   bool    Put(char *name);              // reiht 'name' in Queue ein
   bool    Get(char *name, int maxLen); // liefert über 'name' die nächste
                                         // Person in der Queue
   void    Contents(); // gibt die Queue (in der Reihenfolge) aus
 private:
   char    **m_entries; // Array von Namen (wird im Konstruktor alloziert)
   int     m_iMax,    // Max. Anzahl von Personen, die Queue aufnehmen kann
           m_iCount, // aktuelle Anzahl von Personen in Queue
           m_iFirst, // Index der Person, die an 1. Stelle in Queue
           m_iLast;  // Index der Person, die an letzter Stelle in Queue
};
```

Erstellen Sie ein Programm `queue.cpp`, das die fehlenden Implementierungen zu den fett gedruckten Memberfunktionen der Klasse `CQueue` in Programm 15.8 enthält. Beachten Sie, dass beim Erreichen des Endes von Array `m_entries` wieder die vorderen freien Plätze benutzt werden sollen.
Testen Sie Ihr Programm dann z. B. mit der `main`-Funktion im Programm 15.9.

Programm 15.9 – `queuemain.cpp`:
main-Funktion zum Testen der Klasse CQueue

```
#include <iostream>
#include "queue.h"
using namespace std;
int main(void) {
  const int iMaxQueue = 10;
  CQueue    queue(iMaxQueue);
  char      eingabe, name[100];
   while (1) {
      cout << "(A)nkunft, (B)edienung, (Q)ueue ausgeben, (E)nde: ";
      cin >> eingabe; cin.ignore(100, '\n');  //..... Leeren des Eingabepuffers
      switch (tolower(eingabe)) {
         case 'e':
            exit(0);
         case 'a':
            if (!queue.isFull()) {
               cout << "... Name des Patienten: ";
               cin.getline(name, 99);
               queue.Put(name);
            } else
               cout << "...... Wartezimmer ist voll ...." << endl;
            break;
         case 'b':
            if (queue.isEmpty() || !queue.Get(name, sizeof(name)))
               cout << "...... Wartezimmer ist leer ...." << endl;
            else
               cout << "...... " << name << " wird nun bedient" << endl;
            break;
         case 'q':
            queue.Contents();
            break;
      }
   }
}
```

Bevor Sie mit der Implementierung beginnen, sollten Sie ein Klassen- und ein Zustandsdiagramm zu dieser Klasse zeichnen.
Nachfolgend ist ein möglicher Ablauf zu diesem Queue-Beispiel gezeigt:

```
(A)nkunft, (B)edienung, (Q)ueue ausgeben, (E)nde: a ⏎
... Name des Patienten: Hans Meier ⏎
(A)nkunft, (B)edienung, (Q)ueue ausgeben, (E)nde: a ⏎
... Name des Patienten: Antonia Weller ⏎
```

```
(A)nkunft, (B)edienung, (Q)ueue ausgeben, (E)nde: a ⏎
... Name des Patienten: Emil Zander ⏎
(A)nkunft, (B)edienung, (Q)ueue ausgeben, (E)nde: q ⏎
 1. Hans Meier
 2. Antonia Weller
 3. Emil Zander
(A)nkunft, (B)edienung, (Q)ueue ausgeben, (E)nde: b ⏎
...... Hans Meier wird nun bedient
(A)nkunft, (B)edienung, (Q)ueue ausgeben, (E)nde: b ⏎
...... Antonia Weller wird nun bedient
(A)nkunft, (B)edienung, (Q)ueue ausgeben, (E)nde: a ⏎
... Name des Patienten: Michaela Schwegler ⏎
(A)nkunft, (B)edienung, (Q)ueue ausgeben, (E)nde: a ⏎
... Name des Patienten: Martin Koller ⏎
(A)nkunft, (B)edienung, (Q)ueue ausgeben, (E)nde: q ⏎
 1. Emil Zander
 2. Michaela Schwegler
 3. Martin Koller
(A)nkunft, (B)edienung, (Q)ueue ausgeben, (E)nde: b ⏎
...... Emil Zander wird nun bedient
(A)nkunft, (B)edienung, (Q)ueue ausgeben, (E)nde: b ⏎
...... Michaela Schwegler wird nun bedient
(A)nkunft, (B)edienung, (Q)ueue ausgeben, (E)nde: b ⏎
...... Martin Koller wird nun bedient
(A)nkunft, (B)edienung, (Q)ueue ausgeben, (E)nde: b ⏎
...... Wartezimmer ist leer ....
(A)nkunft, (B)edienung, (Q)ueue ausgeben, (E)nde: e ⏎
```

15.5 Kopieren und Zuweisen von Objekten

In folgenden Fällen werden die Attributwerte eines Objekts in ein anderes Objekt derselben Klasse kopiert:

- *Initialisieren eines Objekts mit einem anderen Objekt derselben Klasse*
- *Übergabe eines Objekts als Argument bei einem Funktionsaufruf*
  Wird dagegen ein Zeiger oder eine Referenz übergeben, wird lediglich die Adresse des Objekts kopiert, und nicht seine Attributwerte.
- *Rückgabe eines Objekts als Funktionswert*

In allen diesen Fällen wird nicht der Standardkonstruktor benutzt, da die von ihm zugewiesenen Werte ohnehin sofort wieder durch die Werte des zu kopierenden Objekts überschrieben werden.
Stattdessen wird folgender spezieller Konstruktor in diesen Fällen aufgerufen:

```
klasse(const klasse &zuKopierendesObjekt)
```

Wurde vom Programmierer kein solcher Konstruktor explizit definiert, wird die voreingestellte Version dieses Konstruktors verwendet, die einfach der Reihe nach jedem Attribut die Attributwerte von *zuKopierendesObjekt* zuweist. Diese voreingestellte Standardimplementierung des Kopierkonstruktors kann jedoch in einigen Fällen zu Problemen führen, wie wir gleich sehen werden.

15.5.1 Flache und tiefe Objektkopien

Flache Objektkopie (byteweise kopieren)

Die Standardimplementierung des Kopierkonstruktors führt eine so genannte *flache Objektkopie* durch, da sie lediglich die Attributwerte des einen Objekts Byte für Byte in die entsprechenden Attribute des anderen Objekts kopiert. Dies reicht in vielen Fällen auch aus. Problematisch wird eine flache Objektkopie, wenn es sich bei den Attributen um Zeiger handelt. Denn es werden stets nur die Werte der Membervariablen (also die Zeigerwerte) kopiert, nicht jedoch der Speicherbereich, auf den die Zeiger zeigen. Dies führt dazu, dass anschließend beide Objekte auf den gleichen Speicherbereich zeigen. Will man dies vermeiden, müssen der so genannte *Kopierkonstruktor* und der *Zuweisungsoperator* überladen werden, um so eine so genannte *tiefe Objektkopie* durchführen zu lassen.

Tiefe Objektkopie (Nicht Zeiger, sondern Speicherplatz kopieren)

Von einer tiefen Objektkopie spricht man, wenn der gesamte Speicher kopiert wird, den das Objekt benötigt, d. h. bei einem Zeiger der Bereich, auf den der Zeiger verweist. Anschließend wird der Zeiger dann entsprechend auf den neuen kopierten Bereich gestellt, statt nur den Zeiger an sich wie bei der flachen Kopie zu kopieren. Die Auswirkungen einer fehlenden tiefen Objektkopie werden anhand des Kopierkonstruktors nachfolgend verdeutlicht.

15.5.2 Der Kopierkonstruktor

Explizite und implizite Aufrufe des Kopierkonstruktors

Der *Kopierkonstruktor* (engl. *copy constructor*) wird immer dann statt dem Standardkonstruktor aufgerufen, wenn beim Anlegen eines Objekts die Attributwerte von einem bestehenden Objekt derselben Klasse zu übernehmen, also zu kopieren sind:

1. Explizit beim Initialisieren eines Objekts mit einem anderen Objekt der gleichen Klasse.
2. Implizit, wenn beim Aufruf einer Funktion ein Objekt als Argument (mit *call-by-value*) übergeben wird. Hier wird ein lokales Objekt angelegt, in das die Werte des übergebenen Objekts kopiert werden.
3. Implizit, wenn ein Objekt als Returnwert zurückgeliefert wird. Man kann sich den Returnwert als ein namenloses Objekt auf dem Stack einer Funktion vorstellen, das nur kurzzeitig während der `return`-Anweisung angelegt wird und nach der Zuweisung an den Aufrufer wieder zerstört wird.

Programm 15.10 – `copyconstr1.cpp`:
Drei Fälle, in denen Kopierkonstruktor aufgerufen wird

```
#include  <iostream>
#include  <cstring>
#include  <ctime>
```

```
using namespace std;
class datum {
 public:
   datum()               { tag = monat = 1;                                    }
   datum(int t, int m) { tag = t; monat = m;                                }
   void set(datum d)     { tag = d.tag; monat = d.monat;                       }
   datum get(void)       { return *this;                                       }
   void print(char *nam) { cout << nam << ": " << tag << "." << monat << endl; }
 private:
   int tag, monat;
};
int main(void) {
   datum sommer1( 24, 7 ),
         sommer2 = sommer1;   // Fall 1: Kurzschreibweise zu:
                              //   datum sommer2(sommer1);
   sommer1.print("sommer1");
   sommer2.print("sommer2");
   datum sommer3;
   sommer3.set(sommer1);  // Fall 2: Objekt als Argument
   sommer3.print("sommer3");
   sommer2.get().print("sommer2"); // Fall 3: Objekt als Rückgabewert
}
```

Möglicher Ablauf des Programms 15.10:

```
sommer1: 24.7
sommer2: 24.7
sommer3: 24.7
sommer2: 24.7
```

Standard-Kopierkonstruktor führt flache Objektkopie durch

Wie bereits erwähnt, erstellt der standardmäßig zur Verfügung gestellte Kopierkonstruktor nur eine flache Kopie, was jedoch für Zeiger-Attribute nicht ausreicht. Wir wollen diese Problematik anhand einer Klasse `CStr` für Strings verdeutlichen. Diese Klasse kapselt eine Elementvariable vom Typ `char*`, um immer genau so viel Speicherplatz in Anspruch zu nehmen, wie wirklich benötigt wird.

Programm 15.11 – `copyconstr2.cpp`:
Klasse CStr ohne eigenen Kopierkonstruktor

```
#include <iostream>
#include <cstring>
using namespace std;
class CStr {
   char* m_str;
public:
   CStr(char* str) {
      if ( (m_str = new char[strlen(str)+1]) )
         strcpy(m_str, str);
   }
```

```
    bool setChar(unsigned pos, char b) {
        if(pos >= strlen(m_str)) // Ungültige Position
            return false;
        m_str[pos]=b;
        return true;
    }
    void print()  cout << m_str << endl;
};
int main(void) {
    CStr string1("Hallo");
    CStr string2 = string1;  // Kopierkonstruktor,
                             // da Zuweisung beim Anlegen des Objekts
    string2.setChar(1, 'e');
    string1.print();
    string2.print();
}
```

In diesem Beispiel verweisen die beiden Objekte `string1` und `string2` auf den gleichen Speicher, da standardmäßig nur eine flache Kopie erstellt wird. Damit führt das Programm 15.11 zu folgender (sicherlich nicht gewünschten) Ausgabe:

```
Hello
Hello
```

Abbildung 15.11 verdeutlicht die Situation, die sich im Programm 15.11 ergibt.

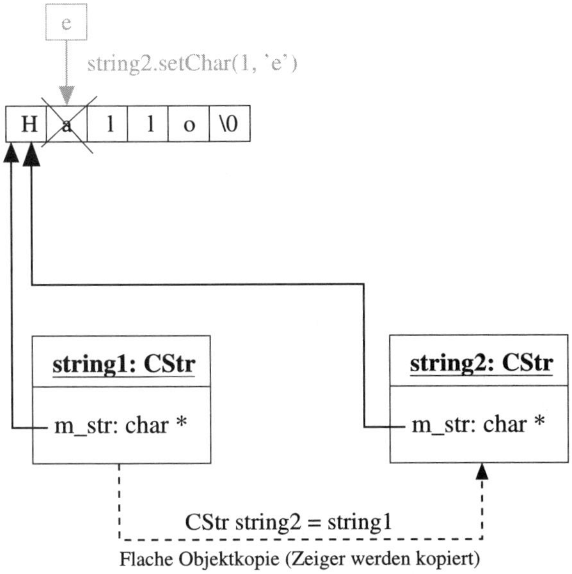

Abbildung 15.11: Flache Objektkopie bei CStr mit Standard-Kopierkonstruktor

Eigener Kopierkonstruktor zur Durchführung einer tiefen Objektkopie

Möchte man zwei voneinander unabhängige Strings, muss man also sicherstellen, dass eine tiefe Objektkopie stattfindet, wie es in Abbildung 15.12 gezeigt ist.

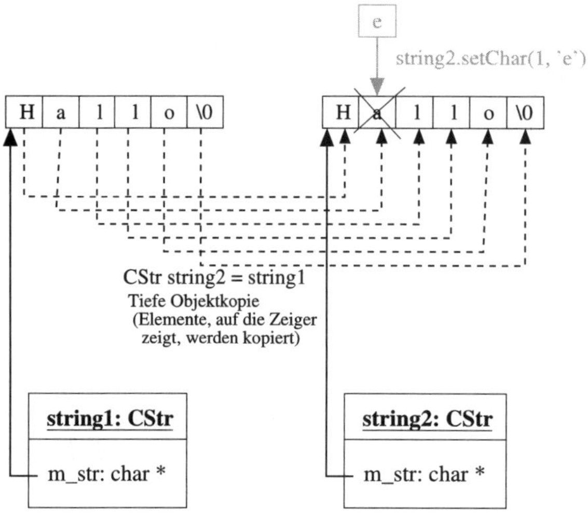

Abbildung 15.12: Tiefe Objektkopie bei CStr mit eigenem Kopierkonstruktor

Die tiefe Objektkopie erreichen wir durch Überladen des Kopierkonstruktors. Der Kopierkonstruktor besitzt mindestens einen Parameter, der stets eine Referenz auf ein Objekt der Klasse ist, zu der er selbst gehört. Dieser Parameter wird häufig mit `const` angegeben, was zwar nicht unbedingt erforderlich ist, aber sicherstellt, dass das zu kopierende Objekt durch den Kopiervorgang nicht versehentlich verändert wird. Optional können weitere Parameter vorhanden sein.

In unserem Programm 15.11 müssten wir also in der Klasse `CStr` zusätzlich noch einen eigenen Kopierkonstruktor einfügen, wie dies im Programm 15.12 gezeigt ist:

Programm 15.12 – `copyconstr3.cpp`:
Klasse CStr mit eigenem Kopierkonstruktor

```
#include <iostream>
#include <cstring>
using namespace std;
class CStr {
   char* m_str;
public:
   CStr()          { m_str = 0;                                              }
   CStr(char* str) { if ((m_str=new char[strlen(str)+1])) strcpy(m_str, str); }
   CStr(const CStr& copyObj) { //.................... Eigener Kopierkonstruktor
      if (copyObj.m_str) {  // m_str von copyObj ist nicht leer
         if ( (m_str = new char[strlen(copyObj.m_str)+1]) )
            strcpy(m_str, copyObj.m_str);
      } else
         m_str = 0;  // str ist ein leeres Stringobjekt
   }
```

```
    bool setChar(unsigned pos, char b) {
       if(pos >= strlen(m_str)) // Ungültige Position
          return false;
       m_str[pos]=b;
       return true;
    }
    void print() { cout << m_str << endl; }
};
int main(void) {
    CStr string1("Hallo");
    CStr string2 = string1;   // Kopierkonstruktor,
                              // da Zuweisung beim Anlegen des Objekts
    string2.setChar(1, 'e');
    string1.print();
    string2.print();
}
```

Nach dieser Definition würde Programm 15.12 nun Folgendes ausgeben:

```
Hallo
Hello
```

Es ist hier zu erwähnen, dass man bei einem eigenen Kopierkonstruktor natürlich nicht nur den Speicher, auf den Zeiger-Membervariablen zeigen, kopieren muss, sondern im Falle von einfachen Membervariablen, die keine Zeiger sind, auch deren Werte aus dem Quellobjekt in das Zielobjekt kopieren muss.

15.5.3 Der Zuweisungsoperator

Die Problematik mit flacher und tiefer Objektkopie betrifft nicht nur das Kopieren von Objekten (mit Kopierkonstruktoren), sondern ebenso das Zuweisen von Objekten an bereits bestehende. In diesem Fall wird der voreingestellte Zuweisungsoperator der Klasse aufgerufen, der standardmäßig eine flache Objektkopie erstellt. Dieser Zuweisungsoperator lässt sich jedoch – wie auch der Kopierkonstruktor – überladen. Wie dies geschehen kann, soll am Beispiel unserer Klasse `CStr` gezeigt werden. Die Klasse `CStr` muss dazu um eine Methode mit dem Namen `operator=` erweitert werden. Nachfolgend ist eine mögliche Realisierung des Zuweisungsoperators für unsere Klasse `CStr` gezeigt:

```
CStr& operator=(const CStr& rechtOp) { //................ Zuweisungsoperator
   if (m_str)
      delete[] m_str;
   if (rechtOp.m_str) {  // rechtOp ist nicht leer
      if ( (m_str = new char[strlen(rechtOp.m_str)+1]) )
         strcpy(m_str, rechtOp.m_str);
   } else
      m_str = 0;  // rechtOp ist ein leeres Stringobjekt
   return *this; // Ergebnis entspricht Wert des linken Operanden,
                 // der durch das aktuelle Objekt repräsentiert wird
}
```

Der überladene Zuweisungsoperator `operator=` erhält sowohl als Parameter als auch als Rückgabewert eine Referenz auf ein Objekt der eigenen Klasse, wobei gilt:

- Der Parameter entspricht dabei dem rechten Operanden der Zuweisung und
- das Objekt selbst dem linken Operanden.
- Bei einer Zuweisung wird meist der Wert des linken Operanden, also das Objekt selbst (`*this`) zurückgegeben.

Vergleicht man den Code des früher vorgestellten Kopierkonstruktors mit dem des Zuweisungsoperators, erkennt man, dass diese nahezu identisch sind, was nicht verwunderlich ist, da sie eine ähnliche Aufgabe haben, nämlich das Kopieren eines bestehenden Objekts. Der Unterschied ist jedoch, dass der Kopierkonstruktor für ein Objekt immer nur einmal (nämlich automatisch beim Anlegen des Objekts) aufgerufen wird, während der Zuweisungsoperator für ein Objekt im Programm mehrmals aufgerufen werden kann, nämlich explizit bei jeder Zuweisung.
Um Code einzusparen, können die beiden kombiniert werden, indem der Kopierkonstruktor den Zuweisungsoperator aufruft:

```
CStr(const CStr& copyObj) {   //......................... Kopierkonstruktor
   m_str = 0;         // Membervar. initialisieren, was Konstruktor-Aufgabe ist
   *this = copyObj; // Aufruf des Zuweisungsoperators
}
```

Diese Variante hat jedoch auch einen Nachteil: Ein Aufruf des Kopierkonstruktors dauert dann durch den zusätzlichen Methodenaufruf des Zuweisungsoperators (`operator=`) länger und ist daher weniger performant.

Programm 15.13 – `copyzuweis1.cpp`:
Klasse CStr mit eigenem Kopierkonstruktor und Zuweisungsoperator

```
class CStr {
   char* m_str;
public:
   CStr()          { m_str = 0;                                          }
   CStr(char* str) { if ((m_str=new char[strlen(str)+1])) strcpy(m_str, str); }
   CStr(const CStr& copyObj) {   //......................... Kopierkonstruktor
      m_str = 0;         // Membervar. initialisieren, was Konstruktor-Aufgabe ist
      *this = copyObj; // Aufruf des Zuweisungsoperators
   }
   CStr& operator=(const CStr& rechtOp) {//................. Zuweisungsoperator
      if (m_str)
         delete[] m_str;
      if (rechtOp.m_str) {  // rechtOp ist nicht leer
         if ( (m_str = new char[strlen(rechtOp.m_str)+1]) )
            strcpy(m_str, rechtOp.m_str);
      } else
         m_str = 0;  // rechtOp ist ein leeres Stringobjekt
      return *this; // Ergebnis entspricht Wert des linken Operanden,
   }
   bool setChar(unsigned pos, char b) { /* siehe Prog. 15.12 (copyconstr3.cpp) */ }
   void print()                       { cout << m_str << endl;                    }
};
```

```
int main(void) {
   CStr string1("Hallo");
   CStr string2 = string1;  // Kopierkonstruktor,
                            // da Zuweisung beim Anlegen des Objekts
   string2.setChar(1,'e');
   string1.print();
   string2.print();

   CStr gruss1("Servus, wie gehts");
   CStr gruss2;
   gruss2 = gruss1;  // Zuweisungsoperator
   gruss2.setChar(10, 'A');
   gruss1.print();
   gruss2.print();
}
```

Programm 15.13 liefert die folgende Ausgabe:

```
Hallo
Hello
Servus, wie gehts
Servus, wiA gehts
```

Neben dem Zuweisungsoperator = lassen sich in C++ auch andere Operatoren überladen und auf eigene Klassen anwenden. Was dabei zu beachten ist, wird später in Kapitel 18 auf Seite 385 näher erläutert.

15.5.4 Notwendigkeit eigener Konstruktoren und Zuweisungsoperatoren

Wichtig ist, dass bei der Definition einer eigenen Klasse prinzipiell folgende vom Compiler standardmäßig zur Verfügung gestellten Methoden überdacht werden sollten und gegebenfalls überladen werden müssen:

- **Der Standardkonstruktor** ist zu überladen, wenn man Membervariablen der Klassen beim Anlegen eines Objekts initialisieren muss.
- **Der Destruktor** ist zu überladen, wenn man beim Löschen eines Objekts Aufräumarbeiten durchführen muss, wie z. B. vom Objekt allozierten Speicherplatz mit `delete` freigeben oder Dateien schließen.
- **Der Standard-Kopierkonstruktor** ist zu überladen, wenn die Klasse Membervariablen besitzt, die Zeiger oder Referenzen sind.
- **Der Standard-Zuweisungsoperator** ist zu überladen, wenn die Klasse Zeiger als Membervariablen oder konstante Membervariablen (siehe Kapitel 18.8.1 auf Seite 406) besitzt.

Als Faustregel kann gelten, dass der Standard-Zuweisungsoperator immer dann überladen werden sollte, wenn auch der Standard-Kopierkonstruktor überladen wird und umgekehrt. Bei konstanten Membervariablen ist der Zuweisungsoperator in jedem Fall zu überladen, auch wenn der Standard-Kopierkonstruktor nicht überladen werden muss.

Speicherzugriffsfehler in Destruktoren bei flachen Kopien

Bei flachen Kopien kann es zu Speicherzugriffsfehlern kommen, wenn man im entsprechenden Destruktor den im Standardkonstruktor dynamisch allozierten Speicherplatz freigibt. Diese Problematik wird in Programm 15.14 verdeutlicht.

Programm 15.14 – `copyzuweis2.cpp`:
Speicherzugriffsfehler im Destruktor bei flachen Kopien

```
class CStr {
   char* m_str;
public:
   CStr(char* str) {
      if ( (m_str = new char[strlen(str)+1]) ) strcpy(m_str, str);
   }
   bool setChar(unsigned pos, char b) {
      if(pos >= strlen(m_str)) // Ungültige Position
         return false;
      m_str[pos]=b;
      return true;
   }
   void print()  { cout << m_str << endl; }
   CStr::~CStr() { delete [] m_str; } // Destruktor (neu)
};
int main(void) {
  CStr string1("Hallo");
  CStr string2 = string1;  // Kopierkonstr., da Zuweisung beim Anlegen des Obj.
   string2.setChar(1, 'e');
   string1.print();
   string2.print();
} // Aufruf von Destruktor für string1 und string2
```

In diesem Beispiel verweisen die beiden Objekte `string1` und `string2` auf den gleichen Speicher, da standardmäßig nur eine flache Kopie erstellt wird. Damit führt das Programm 15.14 zu folgender (sicherlich nicht gewünschten) Ausgabe und anschließend zum Absturz:

```
Hello
Hello
Speicherzugriffsfehler
```

Der Absturz erfolgt am Ende des Programms bei der Rückkehr aus `main()`. Hier wird erst der Destruktor von `string1` aufgerufen, in dem der Speicher, auf den `m_str` zeigt, mit `delete` freigegeben wird. Anschließend wird der Destruktor von `string2` aufgerufen und noch einmal versucht, den gleichen Speicher freizugeben, da auch `m_str` von `string2` auf diesen Speicher zeigt. Hier muss man also eine tiefe Objektkopie durchführen lassen, so dass `delete` nicht zwei- oder mehrmals für die gleiche Speicheradresse aufgerufen wird. Wenn hier kein Speicherzugriffsfehler auftritt, so hatte man nur Glück. In jedem Fall sollte man ein solches mehrmaliges Freigeben des gleichen Speicherbereichs unterbinden, da dies früher oder später in größeren Programmen zum Programmabsturz führt.

Kein Aufruf des Kopierkonstruktors bei anonymen Objekten

Anonyme Objekte liegen vor, wenn man nur zur Rückgabe bei `return` sich ein Objekt erzeugen lässt. Solche anonymen Objekte sind `const`-Objekte, deren Membervariablen nicht geändert werden können. Hier reicht der normale Konstruktor aus, so dass in diesem Fall nicht der Kopierkonstruktor aufgerufen wird.

Programm 15.15 – `anonym.cpp`:
Kein Aufruf des Kopierkonstruktors bei anonymen Objekten

```
#include <iostream>
using namespace std;
class Datum {
 public:
   Datum(int t=1, int m=1) { //........................... Standardkonstruktor
      tag   = new int(t); // Allozieren und Initialisieren
      monat = new int(m); // Allozieren und Initialisieren
   }
   Datum(const Datum& copyObj) {  //........................ Kopierkonstruktor
      cout << "...Kopierkonstruktor: ";
      tag   = new int(*(copyObj.tag));    // Allozieren und Initialisieren
      monat = new int(*(copyObj.monat)); // Allozieren und Initialisieren
   }
   void set(Datum d)       { *tag = *(d.tag); *monat = *(d.monat);               }
   Datum get(void)         { return *this;                                        }
   void print(char *nam) { cout << nam << ": " << *tag << "." << *monat << endl; }
 private:
   int *tag, *monat;
};
Datum weihnachten(void) {
   return Datum(24, 12); //... gibt anonymes Objekt zurück
}
int main(void) {
   Datum sommer1( 20, 7 ),
         sommer2 = sommer1, // Fall 1: Kurzschreibweise zu:  Datum sommer2(sommer1);
         sommer3;
   sommer1.print("sommer1");
   sommer2.print("sommer2");
   sommer3.set(sommer1); // Fall 2: Objekt als Argument
   sommer3.print("sommer3");
   sommer2.get().print("sommer2"); // Fall 3: Objekt als Rückgabewert
   cout << "--- kein Aufruf des Kopierkonstruktors: ";
   weihnachten().print("Weihnachten");
}
```

Programm 15.15 liefert die folgende Ausgabe:

```
...Kopierkonstruktor: sommer1: 20.7
sommer2: 20.7
...Kopierkonstruktor: sommer3: 20.7
...Kopierkonstruktor: sommer2: 20.7
--- kein Aufruf des Kopierkonstruktors: Weihnachten: 24.12
```

15.5.5 Alternativer Kopierkonstruktor und Zuweisungsoperator

Programm 15.16 zeigt eine alternative Realisierung des Kopierkonstruktors und Zuweisungsoperators, um Code-Duplizierung zu vermeiden. Es kapselt die entsprechenden Codeabschnitte in privaten Memberfunktionen (`copy()` und `destroy()`), die es dann bei Bedarf aufruft.

Programm 15.16 – `copyzuweis3.cpp`:
Alternative Realisierung des Kopierkonstruktors und Zuweisungsoperators

```
#include <iostream>
#include <cstring>
using namespace std;
class CStr {
 public:
   CStr()               { m_str = 0; }  //... Normale Konstruktoren
   CStr(const char* s)  { copy(s);   }
   CStr(const CStr& s)  { copy(s.m_str); } //... Kopier-Konstruktor
   CStr& operator=(const CStr& rechts) { //... Zuweisungsoperator
      if (this != &rechts) { // nichts tun, falls gleiches Objekt
         destroy();
         copy(rechts.m_str);
      }
      return *this;
   }
   ~CStr() { destroy(); } //... Destruktor
   const char *get(void) { return (m_str) ? m_str : ""; }
 private:
   char *m_str;
   void copy(const char *s) {
      if (s != 0 && (m_str=new char[strlen(s)+1]))
         strcpy(m_str, s);
      else
         m_str = 0;
   }
   void destroy(void) {
      if (m_str)
         delete [] m_str;
   }
};
void ausgabe(const char *text, CStr& s1, CStr& s2, CStr& s3, CStr& s4, CStr& s5) {
   cout << text << '\t' << s1.get() << '\t' << s2.get() << '\t' << s3.get()
                << '\t' << s4.get() << '\t' << s5.get() << endl;
}
int main(void) {
   CStr s1;              // Standard-Konstruktor
   CStr s2("Hallo");     // 2. Konstruktor
   CStr s3(s2);          // Kopierkonstruktor
   CStr s4 = s2;         // Kopierkonstruktor (nicht Zuweisungsoperator)
   CStr s5("5. String"); // Kopierkonstruktor
```

```
    ausgabe("1. Ausgabe: ", s1, s2, s3, s4, s5);
    s1 = s2 = s4; // Mehrfach-Zuweisung
    ausgabe("2. Ausgabe: ", s1, s2, s3, s4, s5);
    s1 = s2 = s3 = CStr(); // Zuweisung "leerer" temporärer Objekte
    ausgabe("3. Ausgabe: ", s1, s2, s3, s4, s5);
    s5 = s5; // Selbstzuweisung, nicht sinnvoll, muss aber möglich sein
    ausgabe("4. Ausgabe: ", s1, s2, s3, s4, s5);
}
```

Programm 15.16 liefert die folgende Ausgabe:

```
1. Ausgabe:              Hallo   Hallo   Hallo   5. String
2. Ausgabe:      Hallo   Hallo   Hallo   Hallo   5. String
3. Ausgabe:                              Hallo   5. String
4. Ausgabe:                              Hallo   5. String
```

Kapitel B.5 auf Seite 1099 zeigt Situationen, in denen man Kopierkonstruktor und Zuweisungsoperator ausschalten sollte, und welche Techniken man dabei anwenden kann.

15.5.6 Klassen, die Objekte als Membervariablen besitzen

Eine Klasse kann als Attribute wiederum Objekte anderer Klassen enthalten. Um zu entscheiden, ob Kopierkonstruktor und Zuweisungsoperator überladen werden müssen, genügt jedoch lediglich ein Blick auf die eigenen Membervariablen. Nur wenn diese Zeigertypen sind, muss eine Überladung stattfinden, denn eine flache Objektkopie bewirkt, dass für jedes Attribut des Objekts der Zuweisungsoperator aufgerufen wird. Enthält also eine Klasse Objekte als Membervariablen, so wird auch für jedes dieser „Member-Objekte" der entsprechende Zuweisungsoperator aufgerufen, wie z. B.:

```
class CAdresse {
    CStr m_Vorname;
    ...
};
int main(void) {
    CAdresse adr1, adr2;

    adr1 = adr2; // Standard-Zuweisungsoperator von CAdresse wird aufgerufen,
                 // dieser ruft nun intern den Zuweisungsoperator von CStr auf,
                 // um folgende Anweisung auszuführen:
                 //     adr1.m_Vorname = adr2.m_Vorname;
    ...
}
```

Würde die Klasse `CAdresse` für `m_Vorname` einen `char*` verwenden, müsste sie den Kopierkonstruktor und Zuweisungsoperator überladen. Da sie aber `CStr` verwendet, ist es hier die Aufgabe der Klasse `CStr`, einen entsprechenden Zuweisungsoperator bereitzustellen, was auch der Fall ist; siehe auch Programm 15.13 (`copyzuweis1.cpp`) auf Seite 200.

15.5.7 Übungen

Kopieren und Zuweisen von Personendaten

Geben Sie zu folgendem Programm `personcopy.cpp` die Klasse `CPerson` an!

```
#include <iostream>
#include <cstring>
using namespace std;
class CPerson { ...... }

int main(void) {
   CPerson person1("Hans", 25);
   CPerson person2 = person1;  // Kopierkonstruktor,

   person1.print();
   person2.print();
   person2.aendereName("Emma");
   person2.aendereAlter(33);
   cout << "---------------" << endl;
   person1.print();
   person2.print();
   CPerson person3;
   person3 = person2; // Zuweisung
   person3.aendereName("Gert");
   person3.aendereAlter(44);
   cout << "---------------" << endl;
   person2.print();
   person3.print();
}
```

Das Programm `personcopy.cpp` sollte dann die folgende Ausgabe liefern:

```
Hans (25)
Hans (25)
---------------
Hans (25)
Emma (33)
---------------
Emma (33)
Gert (44)
```

Kopieren und Zuweisen von Konten

Geben Sie zu folgendem Programm `kontocopy.cpp` die Klasse `CKonto` an!

```
#include <cstring>
#include <iomanip>
#include <iostream>
using namespace std;

class CKonto { ......... }
```

```
int main(void) {
   CKonto   emma1("Emma Rober", 33226, 1000),  // Anfangsguthaben: 1000
            emma2(emma1);  // Kopieren von emma1 nach emma2 (Bankwechsel)
   emma2.aendere(0, 56789); // neue Kontonr. (1. Param. für Ueberweisungen)

   cout << setiosflags(ios::fixed) << setprecision(2);
   emma2.aendere(-200); // emma2 hebt 200 ab
   emma1.print();
   emma2.print();
   cout << "----------------------------------" << endl;
   CKonto emma3;
   emma3 = emma2; //...... emma heiratet
   emma3.aendere(-300, 0, "Emma Meyer"); // emma3 hebt 300 ab und ändert Namen
                                          // 2. Param. 0 keine Kontonr-Änderung
   emma1.print();
   emma2.print();
   emma3.print();
}
```

Das Programm `kontocopy.cpp` sollte dann die folgende Ausgabe liefern:

```
Emma Rober (33226): 1000.00
Emma Rober (56789): 800.00
----------------------------------
Emma Rober (33226): 1000.00
Emma Rober (56789): 800.00
Emma Meyer (56789): 500.00
```

Realisierung einer Klasse CDoubleArray

Erstellen Sie ein Programm `doublearray.cpp`, das eine Klasse `CDoubleArray` enthält, die ein Array von `double`-Zahlen kapselt. Diese Klasse soll sicherstellen, dass es zu keinerlei Speicherüber- oder unterschreitung kommt. Die Größe des Arrays legt der Nutzer der Klasse beim Anlegen eines `CDoubleArray`-Objekts fest. Zum Setzen und Erfragen eines Arrayelements bietet diese Klasse die beiden Methoden `Set()` und `Get()` an. Außerdem verfügt diese Klasse über eine Methode `GetLen()`, um die Größe des Arrays erfragen zu können. Da es auch möglich sein soll, dass man ein Array-Objekt bereits beim Anlegen mit dem Inhalt eines anderen Arrays belegen kann, sollten Sie auch den Kopierkonstruktor überladen. Um eine Zuweisung eines Arrays an ein anderes Array zu ermöglichen, sollte zudem auch der Zuweisungsoperator überladen werden. Erstellen Sie zunächst ein Klassendiagramm, bevor Sie mit der Implementierung beginnen. Testen Sie Ihre Klasse mit einer geeigneten `main()`-Funktion, die neben typischen Anwendungsfällen natürlich auch Grenzfälle testen sollte, wie z. B. einen bewussten Versuch einer Speicherüberschreitung. Es wird hier und auch an anderen Stellen oft bewusst kein `main()` oder ein möglicher Programmablauf vorgegeben. Denn man kann es nicht früh genug üben, sich vernünftige Testfälle (hier in `main()`) auszudenken, um die Funktionsweise von Klassen zu gewährleisten.

Konstruktoren, Destruktoren, Kopierkonstruktor und Zuweisungsoperator

Geben Sie zum nachfolgenden Programm `klasse.cpp`, das nur eine `main()`-Funktion zeigt, die Klasse `CKlasse` an, so dass es folgende Ausgabe liefert:

```
Konstruktor CKlasse(A)

Kopierkonstruktor: Klasse(A)
Zuweisungsoperator: x = A

Konstruktor CKlasse(C)

Zuweisungsoperator: x = A

Destruktor CKlasse(C)
Destruktor CKlasse(B)
Destruktor CKlasse(A)
```

Die zugehörige `main()`-Funktion ist hierbei folgende:

```
int main(void) {
   CKlasse A("A"), // Standardkonstruktor
           B(A),   // Kopierkonstruktor
           C("C"); // Standardkonstruktor
   C = B;          // Zuweisungsoperator
   B.setName("B");
   C.setName("C");
}       // Destruktor von A,B,C
```

Kopierkonstruktor und Zuweisungsoperator

Programm 15.17 – `copyzuwkonstr.cpp`:
Welche Ausgabe liefert dieses Programm?

```
int objektZaehler = 0;

class CZahl {
 public:
   CZahl(int z = 0);                   // Standard-Konstruktor
   CZahl(const CZahl &z);              // Kopier-Konstruktor
   CZahl& operator=(const CZahl& rechtOp); // Zuweisungsoperator
   ~CZahl() { cout << m_id << ": " << m_zeile << " Destruktor" << endl; }
   int getZeile() { return m_zeile; }
 private:
   int  m_zeile, m_id;
};
CZahl::CZahl(int z) { // Standard-Konstruktor
   m_zeile = z;
   m_id    = ++objektZaehler;
   cout << m_id << ": " << m_zeile << " Standard-Konstruktor" << endl;
}
```

```
CZahl::CZahl(const CZahl &z) { // Kopier-Konstruktor
   m_zeile = z.m_zeile;
   m_id    = ++objektZaehler;
   cout << m_id << ": " << m_zeile << " Kopier-Konstruktor" << endl;
}
CZahl& CZahl::operator=(const CZahl& rechtOp) { // Zuweisungsoperator
   m_zeile = rechtOp.m_zeile;
   m_id    = ++objektZaehler;
   cout << m_id << ": " << m_zeile << " Zuweisungsoperator" << endl;
   return *this;
}
CZahl func(CZahl z) {
   cout << ".....am Anfang von func()" << endl;

   CZahl b(__LINE__); // Standard-Konstruktor (__LINE__ = aktuelle Zeilennr.)
   b = z;    // Zuweisung (kein Kopier-Konstruktor)
   cout << ".....am Ende von func()" << endl;
   return b;
}
int main(void) {
   CZahl b1(__LINE__); // Standard-Konstruktor (__LINE__ = aktuelle Zeilennr.)
   CZahl b2 = b1;      // Kopier-Konstruktor
   CZahl b3(b1);       // Kopier-Konstruktor

   cout << ".....vor Aufruf von func()" << endl;
   b1 = func(b2);     // Kopier-Konstruktor für Parameter und
                      // temporäres Objekt (Funktions-Rückgabewert)
   cout << ".....nach Aufruf von func()" << endl;
}
```

15.6 Konstante Memberfunktionen und Objekte

15.6.1 Konstante Memberfunktionen

Es ist möglich, Memberfunktionen mit `const` zu qualifizieren. Dazu muss man das Schlüsselwort `const` direkt hinter dem Funktionskopf angeben, wie z. B.:

```
class name {
   ....
   void get() const; // bei Deklaration der Memberfunktion in Klasse
   void get() const { // bei Definition der Memberfunktion in Klasse
      return memVar;
   }
};
```

`const` muss dabei sowohl bei der Deklaration als auch bei der Definition angegeben werden, wenn man die entsprechende Memberfunktion außerhalb der Klasse definiert. Es ist wohl offensichtlich, dass `const`-Konstruktoren und -Destruktoren nicht erlaubt sind.

Durch die Angabe des Schlüsselworts `const` hinter dem Funktionskopf ändert sich der Typ des `this`-Zeigers innerhalb der betreffenden Memberfunktion:

- **ohne `const` ⇒ `this` ist konstanter Zeiger auf das Objekt**

  ```
  klasse *const zgr;
  ```

  Dies bedeutet, dass der Zeigerwert von `this`, also die Adresse, an der sich das Objekt befindet, in dieser Memberfunktion nicht verändert werden kann, was selbstverständlich ist und deshalb auch immer gilt.

- **mit `const` ⇒ `this` ist konstanter Zeiger auf konstantes Objekt**

  ```
  const klasse *const zgr;
  ```

  Dies bedeutet, dass innerhalb dieser Memberfunktion keinerlei Veränderungen an den Objektkomponenten erlaubt sind, da alle Komponenten für diese Memberfunktion konstant sind. Es ist hier auch keine indirekte Veränderung der Objektkomponenten durch Aufruf anderer Memberfunktionen möglich. Memberfunktionen, die nur Werte zurückgeben, sollte man als `const` deklarieren.

15.6.2 Konstante Objekte

Um konstante Objekte zu definieren, muss bei der Deklaration des entsprechenden Objekts das Schlüsselwort `const` angegeben werden:

```
const klasse  objektname   oder
klasse const  objektname
```

Hier ist erkennbar, dass man das Schlüsselwort `const` nicht unbedingt am Anfang angeben muss. Bei der zweiten Angabe wird es sogar deutlicher, was wirklich konstant ist, da hier immer gilt: *Konstant ist, was vor `const` steht*:

```
klasse const *zgr;   // Zeiger auf konstantes Objekt
klasse * const zgr;  // Konstanter Zeiger auf veränderbares Objekt
```

15.6.3 Regeln für konstante Memberfunktionen und Objekte

1. Bei normalen Funktionen, die keine Memberfunktionen sind, ist diese Angabe von `const` hinter dem Funktionskopf nicht erlaubt.
2. Die Angabe von `const` bei Memberfunktionen ist Teil des Funktionstyps, also der Signatur, und teilt dem Compiler mit, dass er alles, was zu einer Änderung des Objekts führen könnte, unterbinden soll.
3. In `const`-Memberfunktionen dürfen nur `const`-Memberfunktionen aufgerufen werden. Aufrufe von nicht-`const`-Memberfunktionen sind nicht erlaubt.
4. In nicht-`const`-Objekten werden die nicht-`const`-Memberfunktionen aufgerufen, wenn solche vorhanden sind, ansonsten wird die entsprechende `const`-Memberfunktion aufgerufen.
5. In `const`-Objekten können außer den Konstruktoren und Destruktoren auch nur `const`-Memberfunktionen aufgerufen werden.

Programm 15.18 soll diese Regeln nochmals verdeutlichen.

Programm 15.18 – `constobj.cpp`:
(Nicht-)konstante Objekte und (nicht-)konstante Memberfunktionen

```
#include <iostream>
using namespace std;
/*
void normal_fkt(void) const { // Regel 1: const bei normaler Funktion nicht mögl.
   cout << "normal_fkt" << endl;
} */
class K {
 public:
    K() { }
                                   //.... Regel 2:
    void print1(void);             // a) Diese Memberfkt hat andere Signatur als b),
    void print1(void) const;  // b) da Schlüsselw. const Teil der Signatur ist
    void print2(void)              { cout << "print2: Ich bin non-const" << endl; }
    void print3(void) const {
       // print2(); //.... Regel3: nicht erlaubt, da print2 nicht const
       cout << "print3: Ich bin const" << endl;
    }
};
void K::print1(void) { // a)
   cout << "print1: a) Ich bin non-const" << endl;
}
void K::print1(void) const { // b)
   cout << "print1: b) Ich bin const" << endl;
}
int main(void) {
  K          nichtkonstObj;
  K const  konstObj;
   nichtkonstObj.print1(); //... Regel 4: ruft a) auf
   nichtkonstObj.print2(); //... Regel 4
   nichtkonstObj.print3(); //... Regel 4
   konstObj.print1();       //... Regel 5: ruft b) auf
   // konstObj.print2(); //... Regel 5: nicht möglich
   konstObj.print3();       //... Regel 5:
}
```

Programm 15.18 liefert die folgende Ausgabe:

```
print1: a) Ich bin non-const
print2: Ich bin non-const
print3: Ich bin const
print1: b) Ich bin const
print3: Ich bin const
```

Das Überladen von Memberfunktionen mit dem `const`-Attribut tritt häufig beim Überladen von Operatoren auf (siehe auch Kapitel 18).
Die Kapitel A.11 und A.12 ab Seite 982 zeigen Techniken, mit denen man ein Objekt gleichzeitig als konstantes sowie als nicht-konstantes verwenden kann.

Unsaubere Programmierung

Man sollte Memberfunktionen, die keine Änderung an einem Objekt durchführen, immer als `const` deklarieren. Leider führt eine „schlampige" Implementierung, bei der dieses `const` fehlt, meist nicht sofort zu einer Fehlermeldung. Erst dann, wenn man ein `const`-Objekt verwendet, meldet der Compiler aufgrund der 3. Regel beim Aufruf der entsprechenden Memberfunktion mit fehlendem `const` einen Fehler. So liefert der Compiler für Programm 15.19 z. B. folgende Fehlermeldung:

```
monat.cpp: In function 'void ausgabe(const CMonat &)':
monat.cpp:22: passing 'const CMonat' as 'this' argument of
              'void CMonat::print()' discards qualifiers
```

Programm 15.19 – `monat.cpp`:
Aufruf einer nicht konstanten Memberfunktion in einem const-Objekt

```
 1  #include <iostream>
 2  #include <cstring>
 3  using namespace std;
 4
 5  class CMonat {
 6   public:
 7     CMonat(int nr, char *name) {
 8        m_nr = nr;
 9        m_name = new char[strlen(name)+1];
10        strcpy(m_name, name);
11     }
12     void print(void) { //... keine const-Memberfunktion
13        cout << m_nr << ". Monat ist "<< m_name << endl;
14     }
15
16   private:
17     int  m_nr;
18     char *m_name;
19  };
20
21  void ausgabe(const CMonat& m) {
22     m.print();  // Fehler: print() ist keine const-Memberfunktion
23  }
24
25  int main(void) {
26     CMonat apr(4, "April");
27
28     ausgabe(apr);
29  }
```

Würde man in Programm 15.19 die Zeile 21 wie folgt ändern:

```
21  void ausgabe(CMonat& m) { //... kein const-Objekt als Parameter mehr
```

dann würde der Compiler zwar keinen Fehler mehr melden, aber die Implementierung wäre nicht optimal, da man Memberfunktionen, die keine Veränderungen am Objekt vornehmen, immer als `const` qualifizieren sollte. Deswegen wäre die richtige und saubere Korrektur im Programm 15.19 die folgende:

```
void print(void) const
```

15.6.4 Übungen

Eine Kreis-Klasse

Erstellen Sie ein Programm `kreisconst.cpp`, das eine `Kreis`-Klasse realisiert, wie es in der Übung von Kapitel 13.4 auf Seite 139 verlangt war, nur dass Sie hier die entsprechenden Methoden, die keine Änderungen am Objekt vornehmen, als `const` qualifizieren.

Eine Klasse für Bitoperationen

Programm 15.20 – `bitmap.h`:
Klasse Bitmap für Bitoperationen

```
#ifndef BITMAP_H
#define BITMAP_H

class Bitmap
{
 public:
   Bitmap();
   void Zero(void) { m_bitWort = 0; }       // setzt alle Bits auf 0
   void SetBits(int bitstoset[], int num); // setzt alle Bits, deren Nummer im
                                            // Array (Länge n) angegeben sind
   void SetBit(int bitnum);    // setzt das Bit mit der Nummer bitnum auf 1
   void ClearBit(int bitnum); // setzt das Bit mit der Nummer bitnum auf 0
   void SetAs(int bitnum, int setting); // setzt das Bit mit der Nummer bitnum
                                         // auf 'setting' (0 oder 1)
   int TestBit(int bitnum);         // liefert 1, wenn Bit mit Nummer bitnum
                                    // gesetzt ist, und ansonsten 0
   void FlipBit(int bitnum);          // invertiert das Bit mit der Nummer bitnum
   void Invert(void);                 // invertiert das ganze Bitmuster
   Bitmap And(const Bitmap& other);   // Bitmuster AND other
   Bitmap Or(const Bitmap& other);    // Bitmuster OR other
   Bitmap Xor(const Bitmap& other);   // Bitmuster XOR other
   Bitmap Not(void);                  // liefert invertiertes Bitmuster
   bool Equals(const Bitmap& other); // liefert true, wenn Bitmuster gleich
                                      // other ist, und ansonsten false
   int Count(void);                // liefert Anzahl gesetzter Bits
   void Print(const char *str);   // gibt Bitmuster aus

 private:
   unsigned int m_bitWort;
   int          m_maxBits;
};
#endif
```

Qualifizieren Sie zuerst die Memberfunktionen in Programm 15.20 (`bitmap.h`) mit `const`, bei denen dies möglich ist. Anschließend sollten Sie noch in der Datei `bitmap.cpp` die Implementierung zu diesen Memberfunktionen angeben. Zum Testen Ihrer Implementierung können Sie das Programm 15.21 verwenden.

Programm 15.21 – `bitmapmain.cpp`:
Test der Klasse Bitmap für Bitoperationen

```
#include <iostream>
#include "bitmap.h"
using namespace std;

void test1(void) {
   int somebits[] = { 0, 3, 4, 6, 9, 14, 21, 31 };
   int n = sizeof(somebits) / sizeof(int);
   Bitmap b1;
   b1.SetBits(somebits, n);
   b1.Print("Bits setzen: 0, 3, 4, 6, 9, 14, 21, 31");
   cout << "   Bit 20: " << b1.TestBit(20) << ","
        << "   Bit 21: " << b1.TestBit(21) << ";"
        << "   Insgesamt sind " << b1.Count() << " Bits gesetzt" << endl;
   b1.Invert();
   b1.Print("Bits sollten nun alle invertiert sein");

   b1.ClearBit(24);  b1.FlipBit(6);  b1.FlipBit(7);
   b1.Print("24.Bit gelöscht; 6. und 7.Bit umgedreht");

   Bitmap b2 = b1;
   b1.Print("Beide Bitmuster sollten gleich sein");  b2.Print("");
   if (b1.Equals(b2))
      cout << "      .... und sie sind es auch" << endl;
   else
      cout << "      .... und sie sind es nicht (irgendwas falsch)" << endl;
}
void test2(void) {
   int somebits[] = { 2, 4, 6, 8, 16 };
   int n = sizeof(somebits) / sizeof(int);
   Bitmap b1;
   b1.SetBits(somebits, n);

   int otherbits[] = { 2, 3, 6, 9, 16, 23, 25, 27 };
   int m = sizeof(otherbits) / sizeof(int);
   Bitmap b2;
   b2.SetBits(otherbits, m);

   Bitmap b3 = b1.Not();  b1.Print("Bitmuster (negiert)");
   cout << " ---------------------------------------------" <<endl;  b3.Print("");

   Bitmap b4 = b1.And(b2);  b1.Print("Zwei Bitmuster (And)");  b2.Print("");
   cout << " ---------------------------------------------" <<endl;  b4.Print("");
```

```
   Bitmap b5 = b1.Or(b2);   b1.Print("Zwei Bitmuster (Or)");   b2.Print("");
   cout << " --------------------------------------------" <<endl;  b5.Print("");
   Bitmap b6 = b1.Xor(b2);  b1.Print("Zwei Bitmuster (Xor)");  b2.Print("");
   cout << " --------------------------------------------" <<endl;  b6.Print("");
   b2.Print("Bitmuster (negiert)");
   cout << " --------------------------------------------" << endl;
   b2.Invert();  b2.Print("");
}
int main(void) {
   test1();
   test2();
}
```

Kompiliert und linkt man dieses Programm 15.21 (`bitmapmain.cpp`) und Ihre Implementierung im Programm `bitmap.cpp` z. B. wie folgt unter Linux/Unix:

```
user@linux:  > g++ -o bitmap bitmap.cpp bitmapmain.cpp ⏎
user@linux:  > _
```

so sollte ein Start dieses Programms die folgende Ausgabe liefern:

```
................................ Bits setzen: 0, 3, 4, 6, 9, 14, 21, 31
 | 0        | 8        | 16       | 24       |
 | 10011010 | 01000010 | 00000100 | 00000001 |
   Bit 20: 0,   Bit 21: 1;   Insgesamt sind 8 Bits gesetzt
................................ Bits sollten nun alle invertiert sein
 | 0        | 8        | 16       | 24       |
 | 01100101 | 10111101 | 11111011 | 11111110 |
.............................. 24.Bit gelöscht; 6. und 7.Bit umgedreht
 | 0        | 8        | 16       | 24       |
 | 01100110 | 10111101 | 11111011 | 01111110 |
.................................... Beide Bitmuster sollten gleich sein
 | 0        | 8        | 16       | 24       |
 | 01100110 | 10111101 | 11111011 | 01111110 |
 | 01100110 | 10111101 | 11111011 | 01111110 |
      .... und sie sind es auch
..................................................... Bitmuster (negiert)
 | 0        | 8        | 16       | 24       |
 | 00101010 | 10000000 | 10000000 | 00000000 |
 --------------------------------------------
 | 11010101 | 01111111 | 01111111 | 11111111 |
.................................................... Zwei Bitmuster (And)
 | 0        | 8        | 16       | 24       |
 | 00101010 | 10000000 | 10000000 | 00000000 |
 | 00110010 | 01000000 | 10000001 | 01010000 |
 --------------------------------------------
 | 00100010 | 00000000 | 10000000 | 00000000 |
..................................................... Zwei Bitmuster (Or)
 | 0        | 8        | 16       | 24       |
 | 00101010 | 10000000 | 10000000 | 00000000 |
 | 00110010 | 01000000 | 10000001 | 01010000 |
```

```
 ---------------------------------------------
 | 00111010 | 11000000 | 10000001 | 01010000 |
............................................... Zwei Bitmuster (Xor)
 | 0        | 8        | 16       | 24       |
 | 00101010 | 10000000 | 10000000 | 00000000 |
 | 00110010 | 01000000 | 10000001 | 01010000 |
 ---------------------------------------------
 | 00011000 | 11000000 | 00000001 | 01010000 |
................................................ Bitmuster (negiert)
 | 0        | 8        | 16       | 24       |
 | 00110010 | 01000000 | 10000001 | 01010000 |
 ---------------------------------------------
 | 11001101 | 10111111 | 01111110 | 10101111 |
```

15.7 Statische Klassenelemente und Objekte

15.7.1 Klassenbezogene Memberfunktionen und -variablen

Es gibt Anwendungsfälle, in denen nicht objektbezogene, sondern klassenbezogene Daten benötigt werden, d. h. dass die Daten nur einmal pro Klasse existieren und nicht individuell für jedes Objekt angelegt werden. Ein solches Datenelement wird als *statisch* bezeichnet und als `static` spezifiziert. Neben Datenelementen können auch Memberfunktionen als `static` vereinbart werden, um sie so als klassenbezogen festzulegen. Dabei gilt nun Folgendes:

- Auf ein statisches Datenelement können alle Objekte der Klasse gemeinsam zugreifen.
- Verändert ein Objekt ein statisches Datenelement, ist der Wert auch für alle anderen Objekte dieser Klasse geändert, da ein solches Datenelement für alle Objekte dieser Klasse nur einmal vorhanden ist.

Programm 15.22 erzeugt Zufallszahlen (von Klasse `CZufall`), wobei es sich immer merkt, wie viele Zufallszahlen gerade existieren.

Programm 15.22 – `zufall.cpp`:
Demonstrationsprogramm zu statischen Klassenelementen

```
#include <iostream>
#include <cstdlib>
#include <ctime>
using namespace std;
class CZufall {
 public:
   CZufall() {
      if (m_cnt==0)
         srand(time(NULL)); // nur erstes Mal Zuf.zahlengenerator initialisieren
      m_value = rand() % 1000; // Zufallszahl aus Intervall [0,999]
      m_cnt++;
   }
   ~CZufall() { m_cnt--; }
   int GetValue()       { return m_value; }
```

```
   int static GetCnt() { return m_cnt;   } // statische Memberfunktion
 private:
   int m_value;
   static int m_cnt;     // Dies ist nur die DEKLARATION des statischen
                         // Datenelements 'm_cnt' --> noch kein Speicher belegt.
};
int CZufall::m_cnt=0;     // DEFINITION des statischen Elements.
                          // Das Schlüsselwort static ist hier nicht erlaubt.
int main(void) {
  CZufall* werte[5];
   for(int i=0; i<5; i++) {
      werte[i] = new CZufall;
      cout << i+1 << ". Zufallszahl: " << werte[i]->GetValue() << endl;
   }
   cout << ".... Momentan " << CZufall::GetCnt() << " Zufallszahlen" << endl;
   {
      CZufall zahl1, zahl2, zahl3;
      cout << "...... Jetzt sind es " << CZufall::GetCnt()
           << " Zufallszahlen" << endl;
   }
   cout << ".... Nach Block: " << CZufall::GetCnt() << " Zufallszahlen" << endl;
   delete werte[4];
   delete werte[3];
   cout << ".... Nun noch: " << CZufall::GetCnt() << " Zufallszahlen" << endl;
}
```

Programm 15.22 liefert z. B. die folgende Ausgabe:

```
1. Zufallszahl: 684
2. Zufallszahl: 755
3. Zufallszahl: 955
4. Zufallszahl: 946
5. Zufallszahl: 898
.... Momentan 5 Zufallszahlen
...... Jetzt sind es 8 Zufallszahlen
.... Nach Block: 5 Zufallszahlen
.... Nun noch: 3 Zufallszahlen
```

Für statische Datenelemente bzw. Memberfunktionen gilt Folgendes:

1. **Deklaration in Klasse mit Schlüsselwort `static` → klassenbezogen**
   Die Deklaration von statischen Datenelementen innerhalb einer Klasse mit Angabe des Schlüsselworts `static` entspricht keiner Definition, was bedeutet, dass – anders als bei normalen (objektspezifischen) Membervariablen – kein Speicherplatz dafür reserviert wird, wenn ein Objekt von dieser Klasse angelegt wird, da statische Elemente klassenspezifisch sind.
2. **Definition (mit Initialisierung) außerhalb der Klasse ohne `static`**
   Da statische Datenelemente klassenbezogen sind und für sie beim Anlegen von Objekten kein Speicherplatz reserviert wird, müssen statische Datenelemente zusätzlich zur Deklaration (innerhalb der Klasse) noch außerhalb der Klasse

definiert werden, wobei sie dabei auch gleich initialisiert werden können. Werden sie nicht initialisiert, erhalten sie implizit den Wert 0:

```
int CZufall::m_cnt;   // Definition mit impliz. Initialisierung (kein static)
                      //  entspricht:  int CZufall::m_cnt = 0;
int CZufall::m_cnt=1; // Definition mit expliz. Initialisierung (kein static)
```

Da statische Membervariablen bereits vor den Konstruktoren einer Klasse existieren, können sie niemals in Konstruktoren initialisiert, sondern dort nur modifiziert werden. Es macht also keinen Sinn, statische Datenelemente im Konstruktor zu initialisieren, weil die Wertzuweisung sonst mit jedem Anlegen eines neuen Objekts erfolgen würde, was sicherlich nicht erwünscht ist.

3. **Kein Schlüsselwort `static` bei Definition von statischen Memberfunktionen außerhalb der Klasse**
   Werden statische Memberfunktionen außerhalb der Klasse definiert, darf auch hier nicht das Schlüsselwort `static` angegeben werden.
4. **Zugriff auf statische `public`-Klassenelemente über Klassenname bzw. über ein Objekt**
   Der Zugriff auf statische `public`-Elemente kann auf zwei Arten erfolgen:
   - durch Voranstellen von *klassenname*::, wie z. B.:

   ```
   CZufall::GetCnt()
   CZufall::m_cnt
   ```

   - über ein Objekt der Klasse:
     Wie bei normalen Attributen kann auch auf statische `public` Elemente über ein entsprechendes Objekt zugegriffen werden, wie z. B.:

   ```
   CZufall zahl;
    zahl.m_cnt = 6;  // nur, wenn m_cnt public ist; ist im Prog. zuweis.cpp
                     // nicht der Fall, also dort nicht möglich
    zahl.GetCnt()
   ```

   Auch wenn hier der Zugriff über ein Objekt stattfindet, so wirkt sich eine Änderung doch auf die nur einmal vorhandenen klassenbezogenen statischen Elemente aus, so dass solche Änderungen Auswirkung auf alle Objekte dieser Klasse haben. Eine Zuweisung an statische `public`-Elemente über ein Objekt ist zwar erlaubt, aber nicht empfehlenswert, denn sie ist nicht von der Zuweisung an eine normale Membervariable zu unterscheiden und damit möglicherweise irreführend. Da statische Elemente der Klasse gehören, sollte man sie deshalb besser direkt über den Klassennamen (erste Zugriffsform vorher) ansprechen.
5. **Zugriff auf statische private-Klassenelemente nur mittels Klassenname und bei der Definition**
   Sind statische Datenelemente `private` (was für Attribute üblich ist), kann auf sie nur durch Voranstellen von *klassenname*:: und nicht wie bei den statischen `public`-Elementen über ein Objekt zugegriffen werden. Allerdings gilt auch beim Zugriff über den Klassennamen, dass dies nur bei der Initialisierung

erlaubt ist (Punkt 2). Ansonsten kann auch wie bei anderen `private`-Elementen nicht direkt auf sie zugegriffen werden.

6. **Statische Memberfunktionen haben nur direkten Zugriff auf die statischen Elemente (Membervariablen und -funktionen)**
7. **Statische Datenelemente werden nicht von `new` und `sizeof` berücksichtigt**
   Da `static`-Datenelemente nicht zum individuellen Objekt gehören, werden sie auch nicht von den Operatoren `new` und `sizeof` berücksichtigt.
8. **Statische Memberfunktionen haben keinen versteckten `this`-Zeiger**
   Daher sind sie geringfügig performanter und können – wie bereits erwähnt – logischerweise nur auf die statischen Attribute zugreifen und nicht auf die jeweiligen Attribute des Objekts.
9. **Statische Memberfunktionen dürfen nicht inline definiert werden**
   Da statische Memberfunktionen global sind, müssen sie eine Adresse besitzen, und *inline*-Funktionen besitzen nun mal keine Adresse, da ihr Code direkt an den entsprechenden Aufrufstellen eingefügt wird.
10. **Statische Memberfunktionen dürfen nicht `const` deklariert werden**
11. **Statische Membervariablen sollten nicht in Headerdatei definiert (initialisiert) werden**
    Wird eine Headerdatei mehrmals inkludiert, führt dies zu einem Linker-Fehler, da die statische Membervariable dann mehrfach vorhanden ist.

Programm 15.23 – `staticdemo.cpp`:
Demonstrationsprogramm zu den Regeln von statischen Klassenelementen

```
#include <iostream>
using namespace std;
class Demo
{
 public:
   static int getStatPriv(int nr) { return (nr==1) ? priv1_stat : priv2_stat; }
   static void stat_func1(void) // Static-Funktionen können nur auf static-
   {                            // Datenelemente zugreifen!
      priv1_stat   = 100;    // erlaubt
      public1_stat = 1000;   // erlaubt
      //... 6. Regel: statische Funktionen nur Zugriff auf statische Elemente
      // m_normal = priv1_stat; // nicht erlaubt: nur Zugriff auf stat. Attribute
      // normal_func();         // nicht erlaubt: nur Zugriff auf stat. Funktionen
      //... 8. Regel: statische Funktionen haben keinen this-Zeiger
      // this->priv1_stat = 150; // nicht erlaubt
   }

   static void stat_func2(Demo &d);
   // static void stat_func3() const; //..10. Regel (static-Memberfkt nicht const)
   void normal_func() { // Memberfunktionen können auf alle Datenelemente zugreifen
      priv1_stat   = 1;    // erlaubt
      public1_stat = 10;   // erlaubt
      m_normal = priv2_stat; // erlaubt
   }
```

```
    //... 1. Regel: Deklaration von stat. Datenelementen mit Schlüsselwort static
    //              werden nicht bei Anlegen eines Objekts angelegt
    static int public1_stat;
    static int public2_stat;
  private:
    //... 1. Regel: Deklaration von stat. Datenelementen mit Schlüsselw. static;
    //              werden nicht bei Anlegen eines Objekts angelegt
    static int priv1_stat;
    static int priv2_stat;
    int        m_normal;
};
//... 2. Regel: static-Datenelemente müssen ausserhalb von Funktionen explizit
//              (ohne static) definiert werden! Nun wird Speicherplatz reserviert
int Demo::priv1_stat   = 10;  // auch 5. Regel
int Demo::priv2_stat   = 100; // auch 5. Regel
int Demo::public1_stat;  //... keine Initialisierung --> wird Wert 0 zugewiesen
int Demo::public2_stat = 200;
//... 3. Regel: Werden statische Memberfunktionen ausserhalb der Klasse definiert,
//              darf auch hier nicht das Schlüsselwort static angegeben werden
/* static */ void Demo::stat_func2(Demo &d) {
   d.m_normal = priv1_stat; // ist erlaubt
}
int main(void) {
   Demo d1, d2;  // Definition von 2 Objekten; keine Speicher-
                 // platzreservierung für static-Elemente!
   //... 2. Regel: Initialisierung muss ausserhalb global erfolgen
   // d1.public2_stat = 300; // nicht erlaubt
   // d1.priv2_stat   = 500; // nicht erlaubt
   cout << "public1_stat=" << Demo::public1_stat   << ", " // 4. Regel (1. Pkt)
        << "public2_stat=" << d1.public2_stat      << ", " // 4. Regel (2. Pkt)
        << "priv1_stat="   << Demo::getStatPriv(1) << ", " // 4. Regel (1. Pkt)
        << "priv2_stat="   << d2.getStatPriv(2)    << endl;// 4. Regel (2. Pkt)
   //... 5. Regel: Direkter Zugriff auf private stat. Elemente nicht erlaubt
   // cout << "priv1_stat=" << Demo::priv1_stat // nicht erlaubt
   //      << "priv2_stat=" << d1.priv1_stat    // nicht erlaubt
   //... 7. Regel: statische Datenelemente werden nicht berücksichtigt
   //       Ausgabe: Objekt d1: 4 Bytes (für m_normal)
   //         nicht:            20 Bytes (static-Datenelem. gehören nicht dazu)
   cout << "Objekt d1: "<< sizeof(d1) << " Bytes" << endl;
}
```

Programm 15.23 liefert die folgende Ausgabe:

```
public1_stat=0, public2_stat=200, priv1_stat=10, priv2_stat=100
Objekt d1: 4 Bytes
```

Um statische Membervariablen und -funktionen sofort als solche erkennen zu können, kann man ihren Namen mit dem Präfix „s_“ beginnen lassen, wie z. B.:

```
   static int s_public1_stat;
   static int s_public2_stat;
```

Anwendungsfälle für statische Memberfunktionen und -variablen sind z. B.:

- Beim ersten angelegten Objekt einer Klasse sind Initialisierungen erforderlich, die bei allen weiteren Objekten jedoch nicht mehr nötig sind, wie z. B. das Öffnen einer Datei.
- Wenn sicherzustellen ist, dass es im System nur ein Objekt dieser Klasse gibt.
- Wenn mitzuzählen ist, wie viele Objekte von einer Klasse angelegt werden.

Kapitel B.6 auf Seite 1103 zeigt eine Technik, mit der man sicherstellt, dass zu einer Klasse nur ein Objekt angelegt werden kann, und Kapitel B.7 auf Seite 1104 zeigt die „Copy-On-Write"-Technik, mit der man überflüssiges Kopieren im Kopierkonstruktor bzw. beim Zuweisungsoperator vermeiden kann.
Da statische Elemente sich auf die Klasse beziehen, werden sie auch als *Klassenattribute* bezeichnet. In der UML werden Klassenattribute unterstrichen. Die Klasse `CZufall` aus Programm 15.22 würde z. B. wie in Abbildung 15.13 dargestellt.

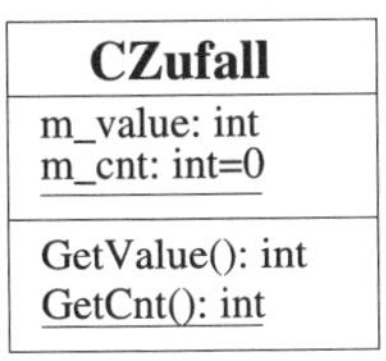

Abbildung 15.13: Klassendiagramm zur Klasse CZufall

Die Kapitel A.13 und A.14 ab Seite 985 gehen nochmals detaillierter auf die Zeitpunkte ein, an denen globale und lokale statische Objekte angelegt bzw. initialisiert werden, und was dabei zu beachten ist.

15.7.2 Konstante Klassendaten und static

Hat man konstante Daten in einer Klasse, kann man diese nicht einfach mit Zuweisung eines Wertes in der Klasse initialisieren. Definiert man sie aber als `static` und macht sie somit klassen- und nicht objektbezogen, dann ist eine Initialisierung möglich, wobei Folgendes gilt:

- Konstante Klassendaten, die Grunddatentypen wie `int`, `float` usw. besitzen, lassen sich direkt in der Klasse mit einem Wert initialisieren.
- Konstante Klassendaten, die selbstdefinierte Datentypen besitzen, müssen außerhalb der Klasse initialisiert werden.

Es ist noch zu erwähnen, dass `const`-Klassendaten eventuell zu schnelleren Programmen führen, da sie den Compilern Optimierungen erlauben.

Programm 15.24 – `constinit1.cpp`:
Initialisierung von Konstanten in Klassen mittels static

```
#include <iostream>
using namespace std;
class K1 {
 public:
   K1(int w=1)             { i = w;    }
```

```
    int getWert(void) const { return i; }
  private:
    int i;
};
class K2 {
  public:
    K2() { }
    void print1(void) { cout << "Pi = " << pi << endl;           }
    void print2(void) { cout << "K1::i = " << k1_obj.getWert() << endl; }
  private:
    // const float pi = 3.1415; // nicht erlaubt
    // const K1    k1_obj(10);  // nicht erlaubt
    static const float pi = 3.1415; // erlaubt
    static const K1    k1_obj;      // erlaubt
    // static const K1    k1_obj(2);   // wäre nicht erlaubt
};
const K1 K2::k1_obj(2);  // erlaubt
int main(void) {
   K2 obj1;
   K2 obj2;
    obj1.print1(); obj1.print2();
    obj2.print1(); obj2.print2();
}
```

Programm 15.24 liefert die folgende Ausgabe:

```
Pi = 3.1415
K1::i = 2
Pi = 3.1415
K1::i = 2
```

Bei dieser Vorgehensweise, dass man konstante Klassendaten `static` definiert, muss man sich bewusst sein, dass diese Konstante dann für alle Objekte dieser Klasse gleich ist, da sie ja klassen- und nicht objektbezogen ist. In Kapitel 16.2.2 auf Seite 259 werden wir eine bessere Variante kennen lernen, um konstante Memberelemente objektbezogen zu initialisieren, so dass unterschiedliche Objekte auch unterschiedliche Werte für konstante Memberelemente besitzen können.
In älteren C++-Versionen wurde `static const` in Klassen nicht unterstützt. Dort verwendete man dann eine enum-Deklaration. Dieser „Trick" funktionierte jedoch nur für ganzzahlige Konstanten und wird in Programm 15.25 gezeigt, um für den Leser auch ältere Programme nachvollziehbar zu machen.

Programm 15.25 – `enuminit.cpp`:
Nachbilden ganzzahliger Memberkonstanten mittels enum (veraltet)

```
#include <iostream>
using namespace std;
class K1 {
   const static int groesse = 100; // heute üblich
   int array[groesse];
};
```

```
class K2 {
   enum { groesse = 100 }; // alte Variante
   int array[groesse];
};
int main(void) {
   cout << "sizeof(K1) = " << sizeof(K1) << endl
        << "sizeof(K2) = " << sizeof(K2) << endl;
}
```

Programm 15.25 liefert die folgende Ausgabe:

```
sizeof(K1) = 400
sizeof(K2) = 400
```

15.7.3 Übungen

Vergabe und Löschen von Kundennummern

Erstellen Sie eine Klasse `CKunde`. Jeder Kunde soll über eine eindeutige Kundennummer verfügen, die automatisch beim Anlegen des Kunden vergeben wird. Sehen Sie für das Anlegen eines neuen Kunden eine eigene Methode `Anlegen()` vor und verwenden Sie nicht den Konstruktor, da dieser z. B. auch dann verwendet wird, wenn ein Kundenobjekt nur temporär angelegt wird, z. B. für eine Vertauschung innerhalb einer Methode. Analoges gilt für das Löschen eines Kunden (Freigeben einer Kundennummer); verwenden Sie auch hier eine eigene Methode `Loeschen()`. Geben Sie zum folgenden Programm `kunde.cpp`, das nur eine `main()`-Funktion zeigt, die Klasse `CKunde` und eventuell weitere Konstrukte an, so dass dieses Programm die folgende Ausgabe liefert:

```
Liste aller bisherigen Kunden:
    1
    2
    3
    4
    5
    6
    7
Liste aller aktuellen Kunden
(nach Loeschen und Anlegen zweier neuer Kunden):
    1
    2: fehlt
    3
    4
    5: fehlt
    6
    7
    8
    9
Naechste zu vergebende Nummer: 10
```

Vor der Implementierung der Klasse `CKunde` sollten Sie zuerst ein Klassendiagramm zeichnen. Die zugehörige `main()`-Funktion ist hierbei folgende:

```
#include <iostream>
#include <iomanip>
using namespace std;
class CKunde { ....... };
........
int main(void) {
  CKunde    kunde[8];
  CKunde    neuKunde1, neuKunde2;
  unsigned long kdnr;
  int           i;
   for (i=1; i < 8; i ++)
      kunde[i].Anlegen();
   cout << "Liste aller bisherigen Kunden:" << endl;
   for (i=1; i < 8; i++)
      cout << setw(5) << kunde[i].GetKdnr() << endl;
   kunde[2].Loeschen();
   kunde[5].Loeschen();
   neuKunde1.Anlegen();
   neuKunde2.Anlegen();
   cout << "Liste aller aktuellen Kunden" << endl
        << "(nach Loeschen und Anlegen zweier neuer Kunden):" << endl;
   for (i=1; i < 8; i++)
      if ( (kdnr = kunde[i].GetKdnr()) )
         cout << setw(5) << kdnr << endl;
      else
         cout << setw(5) << i << ": fehlt" << endl;
   cout << setw(5) << neuKunde1.GetKdnr() << endl;
   cout << setw(5) << neuKunde2.GetKdnr() << endl;
   cout << "Naechste zu vergebende Nummer: " << CKunde::GetNaechstNr() << endl;
}
```

Falsches Zählen von Objekt-Instanzen

Im Programm 15.26 wird versucht, über eine statische Membervariable mitzuzählen, wie viele Objekte aktuell von einer Klasse angelegt sind.

Programm 15.26 – `statcount.cpp`:
Falsches Zählen von Objekt-Instanzen

```
#include <iostream>
#include <iomanip>
using namespace std;

class CZaehl {
 public:
   CZaehl()  { obj_zaehler++;  print("Konstruktor"); }
   ~CZaehl() { obj_zaehler--;  print("Destruktor "); }

   static void print(const char* text) {
```

```
        cout << setw(35) << text << ": " << setw(2) << obj_zaehler << endl;
    }

  private:
    static int obj_zaehler;
};

int CZaehl::obj_zaehler = 0;

CZaehl fkt(CZaehl x) {
   x.print("Argument x innerhalb von fkt()");
   return x;
}

int main() {
   CZaehl obj1;
   CZaehl::print("nach Anlegen von obj1");
   CZaehl obj2 = fkt(obj1);
   CZaehl::print("nach fkt()-Aufruf");
}
```

Starten wir dieses Programm, erleben wir eine Überraschung:

```
                          Konstruktor:  1
                nach Anlegen von obj1:  1
       Argument x innerhalb von fkt():  1
                          Destruktor :  0
                      nach fkt()-Aufruf:  0
                          Destruktor : -1
                          Destruktor : -2
```

Was ist nur falsch an Programm 15.26?

Auto im Parkhaus sucht sich freien Platz

Erstellen Sie eine Klasse `CAuto_in_Parkhaus` für ein Auto, das in ein Parkhaus fährt. Da jedes Auto sich selbst seinen Parkplatz sucht, soll diese Klasse ein statisches Memberarray `s_besetzt` haben, auf das alle Autos zugreifen können, um sich einen freien Platz zu suchen. Geben Sie zu Programm `parkhaus.cpp` die Klasse `CAuto_in_Parkhaus` und eventuell weitere Konstrukte an!

```
#include  <iostream>
#include  <iomanip>
#include  <cstdlib>
#include  <ctime>
using namespace std;
#define PLAETZE 20 // evtl. ändern
......... // hier den fehlenden Code einfügen
int main(void) {
   int  autos_drinnen=0, x, zeit=0;
   bool offen = (zeit >= 6);
```

```
    CAuto_in_Parkhaus *car[1000] = { 0 }; // 1000 mögl. Autos fürs Parkhaus
    srand(time(0));
    do {
       if (zeit >= 6 && zeit <= 24 && !offen) {
          cout << "Verriegelung geöffnet" << endl;
       } else if (zeit < 6 && offen) {
          offen = false;
          cout  << "Verriegelung geschlossen" << endl;
       }
       if (offen) {
          for (int i=0; i<10; i++) { // In einer Stunde Simulation von 10 Autos
             if (rand()%2 && autos_drinnen < PLAETZE) {
                while (car[x=rand()%1000] != 0)
                   ;
                autos_drinnen++;
                car[x] = new CAuto_in_Parkhaus(x+1);
             } else if (autos_drinnen > 0) {
                while (car[x=rand()%1000] == 0)
                   ;
                autos_drinnen--;
                delete car[x];
                car[x] = 0;
             }
             belegungs_anzeige(zeit);
          }
       } else
          belegungs_anzeige(zeit);
       zeit = ++zeit % 24;
    } while (getchar() != EOF);
}
```

In Programm `parkhaus.cpp` wird angenommen, dass das Parkhaus von 0 bis 6 Uhr geschlossen ist. Bei jedem Tastendruck sollte das Programm `parkhaus.cpp` die Belegung der letzten Stunde ausgeben, wie z. B.:

```
..........
22:...x.x.x.x.xxx..x.x.
22:...x.x.xxx.xxx..x.x.
22:...x.x.xxx.xxx..xxx.
22:...x.x..xx.xxx..xxx.
22:...x.x..xx.xxxx.xxx.
22:...x.x..xx..xxx.xxx.
22:...x.x..xx..xxx..xx.
22:x..x.x..xx..xxx..xx.
22:xx.x.x..xx..xxx..xx.
22:.x.x.x..xx..xxx..xx.
⏎
23:.x.x.x..xx..xx...xx.
23:.x.x.x..xx.xxx...xx.
23:.x.xxx..xx.xxx...xx.
```

```
23:.x.xxx..xx.xxx..xxx.
23:.x.xxx..xx.xx...xxx.
23:.x.xxx...x.xx...xxx.
23:.x.xxx..xx.xx...xxx.
23:xx.xxx..xx.xx...xxx.
23:xx..xx..xx.xx...xxx.
23:xx...x..xx.xx...xxx.
↵
Verriegelung geschlossen
 0:xx...x..xx.xx...xxx.
↵
 1:xx...x..xx.xx...xxx.
↵
 2:xx...x..xx.xx...xxx.
```

15.8 Kein Zugriffsschutz bei Objekten, die gleicher Klasse angehören

Die Zugriffsspezifizierer in C++ (`private`, `protected`, `public`) beziehen sich auf die Klasse, nicht auf die Objekte. Dies bedeutet, dass Objekte derselben Klasse ungehindert untereinander auf ihre `private`-Elemente zugreifen können. Als Beispiel wird hier die Klasse `CStr` um eine Methode `append()` erweitert, mit der ein String an den gespeicherten String angehängt werden kann. Hier kann das aktuelle String-Objekt auf das Attribut `m_str` des Parameter-Objekts `anhaeng` direkt zugreifen, wie dies in Programm 15.27 gezeigt ist, das folgende Ausgabe liefert:

```
Hans Dampf
Hans Dampf
```

Programm 15.27 – `anhaeng.cpp`:
Klasse CStr ergänzt um die Methode append()

```
class CStr {
   ......
   CStr append(CStr anhaeng) {
      char *newStr;
      int len = m_str ? strlen(m_str) : 0;
      if ( (newStr = new char[len + strlen(anhaeng.m_str) + 1]) == 0)
         return *this; // kein Anhängen; String bleibt unverändert
      if ( len > 0) {
         strcpy(newStr, m_str);
         strcat(newStr, anhaeng.m_str);
         delete[] m_str;
      } else
         strcpy(newStr, anhaeng.m_str);
      m_str = newStr;
      return *this;
   }
```

```
};
int main(void)
{
   CStr s1("Hans"),
        s2;

   s2 = s1.append( CStr(" Dampf")); // Aufruf von append()

   s1.print(); // An s1 wurde " Dampf" angehängt, was auch für

   s2.print(); // s2 gilt, da s2 der veränderte String zugewiesen wurde
}
```

An dieser Stelle ist explizit darauf hinzuweisen, dass solch ein direkter Zugriff auf `private`-Elemente anderer Objekte in C++ zwar erlaubt ist, jedoch streng genommen dem Objektgedanken widerspricht. Im übertragenen Sinn würde dies bedeuten, dass ich in die Tasche meines Nachbarn greifen darf (eigentlich Privatsphäre), weil wir beide – mein Nachbar und ich – vom Typ Mensch sind. Objektorientierter wäre es also, wenn die Klasse `CStr` Methoden zur Verfügung stellen würde, mit denen die privaten Daten erfragt werden können, wie z. B. `getString()`.

Dies hat jedoch folgende Nebenwirkungen:

- Erfolgt der Zugriff auf die privaten Elemente über Methoden statt direkt, so ist dies unter Umständen weniger performant, weil ein Methodenaufruf erfolgen muss. Die Methoden sollten daher auf jeden Fall `inline` definiert werden.
- Gibt es `public`-Methoden, um die privaten Daten zu erfragen, so stehen diese nicht nur den Objekten der gleichen Klasse, sondern allen Objekten zur Verfügung, unabhängig davon, welcher Klasse diese angehören.

Es hat also durchaus seine Berechtigung, warum C++ dies so regelt.

Außerdem wäre ohne einen solchen direkten Zugriff das Überladen des Kopierkonstruktors bzw. des Zuweisungsoperators nicht so einfach. Die Klassen müssten dann immer erst für jedes Attribut eine entsprechende `get()`-Methode zur Verfügung stellen.

Kapitel 16

Mehrere Klassen bzw. Objekte im Zusammenspiel

16.1 Aufteilung in Klassen

Anspruchsvollere C++-Programme bestehen nicht nur aus einer, sondern aus mehreren Klassen. Hier stellt sich nun die Frage, welche Klassen benötigt werden. Eine erste einfache Grundregel, an die man sich bei der Analyse und dem Design von einfachen Programmen halten kann, ist die folgende Aussage:
Hinter jedem Substantiv, das in der Aufgabenbeschreibung vorkommt, verbirgt sich eine potentielle Klasse.
Dies soll nun zunächst anhand eines Beispiels gezeigt werden.
Es ist ein Programm zu erstellen, bei dem das Warten von *Personen* in einer *Warteschlange* simuliert wird. Ist die Person, die über einen Namen identifiziert wird, an der Reihe, so trägt sie ihr Anliegen vor.
Bei dieser Aufgabenstellung handelt es sich um eine Erweiterung der Übung von Seite 192, bei der lediglich der Name einer Person verwaltet wurde. Die Person wird hier jedoch nicht nur über einen Namen repräsentiert, sondern kann außerdem ihr Anliegen vortragen. Es lohnt sich daher, für die Person eine eigene Klasse einzuführen.
Stellen wir zunächst ein Klassendiagramm zu dieser Aufgabenstellung auf.

16.1.1 Klassendiagramm (statisches Design) für mehrere Klassen

Ein Klassendiagramm für mehrere Klassen zeigt die statischen Beziehungen zwischen den einzelnen Klassen, wie dies in Abbildung 16.1 gezeigt ist.
Für das Personen-Queue-Beispiel haben wir zwei Klassen vorgesehen:

- `CQueue`: Diese Klasse repräsentiert die Warteschlange und ist für die Verwaltung der Personen nach dem FIFO-Prinzip zuständig.
- `CPerson`: Diese Klasse repräsentiert eine Person mit all ihrem Verhalten (Methoden) und Attributen.

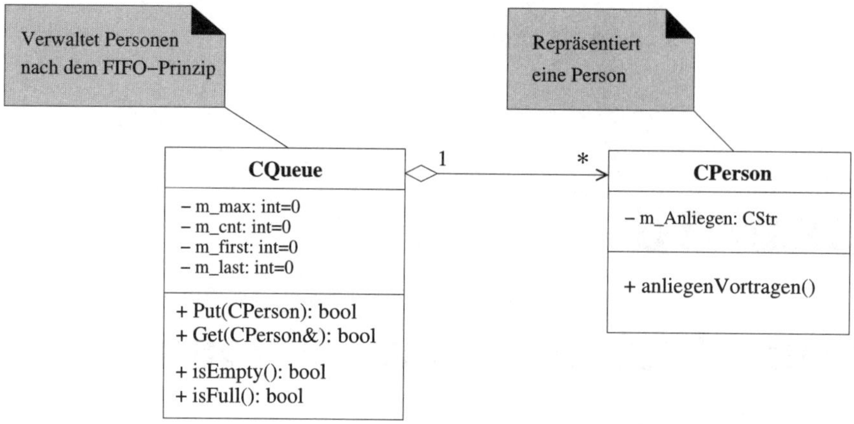

Abbildung 16.1: Klassendiagramm zu einer Warteschlange von Personen

Die Einführung der eigenen Klasse `CPerson` hat den Vorteil, dass wir nur diese Klasse bzw. die Methoden dieser Klasse ändern müssen, wenn wir das Verhalten der Person anders gestalten möchten, wie z. B. durch eine grafische oder akustische Ausgabe oder die Person stellt sich vorher mit Namen und Adresse (dann wäre sogar eine weitere Eigenschaft nötig) vor. Die restlichen Klassen des Programms (hier nur eine) können dabei unverändert übernommen werden. In unserem Fall hat das Verhalten der Person ja nichts mit der Verwaltung (`CQueue`) an sich zu tun.

Substantive sind nur potentielle Klassen

In einer ersten Grundregel gaben wir an, dass sich hinter jedem Substantiv eine potentielle Klasse verbirgt. Welche Substantive jedoch in der Aufgabenstellung vorkommen, hängt stark von der Formulierung derselben ab:

- Es gibt auch Substantive, die keine Klassen sind,
  z. B. Alter (der Person); hier handelt es sich um eine Eigenschaft von `CPerson`.
- Manchmal macht es auch Sinn, Klassen einzuführen, die auf den ersten Blick in der Aufgabenstellung – je nach Formulierung – als Substantive gar nicht erscheinen, z. B. eine eigene Klasse zum Ausgeben von Daten.

Orientierung an der Realität

Es ist hierbei empfehlenswert, sich auch einmal von der Formulierung der Aufgabenstellung zu lösen und mit Hilfe des gesunden Menschenverstandes nach Objekten zu suchen. Dies ist eigentlich auch gar nicht schwer, da es im Grunde unserem menschlichen Denken entspricht. Die stabilsten Software-Entwürfe sind oft die, die sich an der Realität orientieren. Freilich spiegelt die Software-Realität nicht immer unsere alltägliche Realität wider, und man muss erst einen Blick dafür gewinnen. Man kann sich glücklich schätzen, wenn man Tiere, Autos, Personen, Bücher oder Ähnliches aus der alltäglichen Welt in der Aufgabenstellung findet; diese eignen sich auch hervorragend zu didaktischen Zwecken in Lehrbüchern.

Allerdings hat auch die Software-Welt bei genauerem Hinsehen einiges an Objekten zu bieten, z. B. Verwaltungsmechanismen wie Stack, Queue, verkettete Liste und deren Elemente. Außerdem darf nicht übersehen werden, dass bei komplexeren Programmen ein Unterschied zwischen den Klassen der Analyse (OOA) und den Klassen des Designs (OOD) besteht. Denn das Design darf nicht nur die Realität von heute widerspiegeln, sondern muss auch die von morgen berücksichtigen. In Kapitel 26 wird daher auf designtechnische Aspekte näher eingegangen.

Eine Klasse – eine Aufgabe

An dieser Stelle wollen wir den designtechnischen Aspekt auf folgende Regel reduzieren, auf die alle im ersten Schritt gefundenen Klassen zu überprüfen sind:

Eine Klasse – eine Aufgabe,
d. h. jede Klasse sollte eine klar umrissene, überschaubare Aufgabe haben.

Die Aufgaben sollten dabei so gewählt sein, dass
- der Grad der Komplexität erniedrigt wird
- der Grad der Wiederverwendung erhöht wird.

Beides ist in unserem Fall gegeben: Die Klasse `CQueue` kümmert sich nur um die Verwaltung; das Verhalten der verwalteten Personen braucht die Queue nicht zu interessieren. Im Gegenzug ist es für eine Person irrelevant, wie die Verwaltung vonstatten geht, d. h. ob die Queue intern als Array oder z. B. als verkettete Liste realisiert ist. Eine andere Verwaltungsform würde also die Klasse `CPerson` nicht tangieren. Durch Trennung der Problemstellung in die beiden Klassen wird also sowohl die Komplexität erniedrigt als auch die Wiederverwendbarkeit erhöht.

UML-Klassendiagramme mit mehr als einer Klasse

Wenden wir uns nun dem Klassendiagramm zu unserer Aufgabenstellung in Abbildung 16.1 zu. Dieses enthält einige neue Notationen:
- Die *Rechtecke mit einem Knick in der rechten oberen Ecke* sind so genannte *Notizen,* welche eine Erklärung zur jeweiligen Klasse enthalten können.
- Bei der Linie zwischen der Klasse `CQueue` und der Klasse `CPerson` handelt es sich um eine so genannte *Aggregation*, ein Sonderfall einer so genannten *Assoziation*:
  - Eine *Assoziation* ist eine (ganz allgemeine) Beziehung zwischen verschiedenen Objekten einer oder mehrerer Klassen.
  - Beim Sonderfall der *Aggregation* stehen die Objekte zueinander in Beziehung wie ein Ganzes (`CQueue`) zu seinen Teilen (`CPerson`). Um eine Beziehung als Aggregation zu kennzeichnen, wird auf der Seite des Aggregats (des Ganzen) eine Raute gezeichnet.

  Die beiden Zahlen an den Enden der Linie geben an, wie viele Objekte auf der einen Seite der Aggregation (bzw. auch ganz allgemein bei Assoziationen) mit wie vielen Objekten auf der anderen Seite der Aggregation verbunden sind. In Abbildung 16.1 ist somit erkennbar, dass ein `CQueue`-Objekt aus keinem, einem oder mehreren (`*`) Objekten der Klasse `CPerson` besteht. Wäre die Warteschlange auf z. B. 10 Plätze begrenzt, würde statt des Sterns `*` dort `0..10` stehen.

Betrachtet man die Klasse `CPerson` genauer, stellt man fest, dass diese ein Attribut `m_Anliegen` vom Typ eines Strings benötigt. Würde man `m_Anliegen` als `char*` realisieren, müsste für `CPerson` der Kopierkonstruktor und der Zuweisungsoperator überladen werden. Um dies zu vermeiden und die Komplexität damit zu verringern, *aggregiert* `CPerson` für `m_Anliegen` ein Objekt des Typs `CStr`. Die Klasse `CStr` wird jedoch im Klassendiagramm von Abbildung 16.1 nicht explizit dargestellt, da sie eher als Datentyp fungiert.
Assoziationen bestehen streng genommen zwischen Objekten, nicht zwischen Klassen. Es ist jedoch üblich, von einer Assoziation zwischen Klassen zu sprechen, obwohl eigentlich die Objekte dieser Klassen gemeint sind.

16.1.2 Interaktionsdiagramme (dynamisches Design)

Objekte kommunizieren miteinander, indem sie Nachrichten (Botschaften) austauschen. Ein Objekt kann eine Nachricht an ein anderes Objekt schicken, indem es eine Methode (Operation) aufruft, die das andere Objekt anbietet. Anders ausgedrückt: Ein Objekt kann nur Nachrichten empfangen, zu denen es Operationen besitzt. Eine Nachricht wird durch den Namen der Operation (eventuell mit Argumenten in Klammern) und einem Pfeil dargestellt, wobei der Pfeil die Richtung der Nachricht anzeigt; siehe auch Abbildung 16.2.

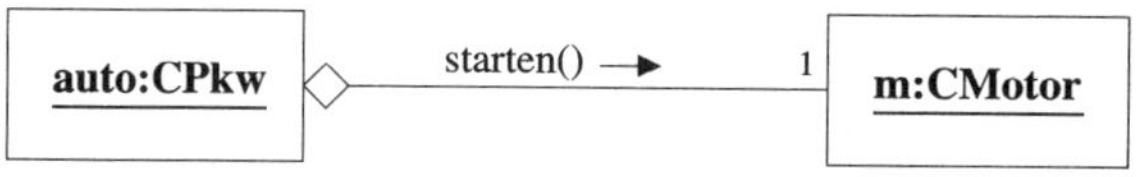

Abbildung 16.2: Nachrichtenaustausch

Neben Klassendiagrammen, die die (statischen) Beziehungen der Klassen untereinander in der Art eines Bauplanes darstellen, existieren auch so genannte *Interaktionsdiagramme (Sequenz- bzw. Kollaborationsdiagramme)*, mit denen man einen bestimmten Ablauf bzw. eine bestimmte Situation (dynamisch) darstellen kann. Ein Sequenz- bzw. Kollaborationsdiagramm gibt ein Szenario wieder und zeigt die einzelnen Botschaften der Objekte untereinander, die erforderlich sind, um einen vorgegebenen Ablauf zu erreichen.

Sequenzdiagramme stellen den zeitlichen Ablauf in den Vordergrund

Bei Sequenzdiagrammen gelten unter anderem folgende Regeln:

- *Objekte* werden durch gestrichelte senkrechte Linien (Lebenslinien) notiert, an denen oben über der Linie der Name bzw. das Objektsymbol steht. Die Zeit verläuft in Sequenzdiagrammen von oben nach unten.
- Graue oder auch nicht ausgefüllte senkrechte Balken zeigen an, welches Objekt gerade die Programmkontrolle besitzt, d. h. welches Objekt gerade den *Steuerungsfokus* besitzt, also aktiv ist.
- *Nachrichten* werden als waagrechte Pfeile zwischen den Objekt-Linien gezeichnet. Auf ihnen wird die entsprechende Nachricht in Textform (`nachricht()`) angegeben.

- *Antwort auf eine Nachricht* kann entweder als Text (`antwort:=nachricht()`) oder als eigener, dann aber gestrichelter Pfeil mit offener Pfeilspitze, angegeben werden.
- Wie im Zustandsdiagramm können die Nachrichten zusätzlich mit *Bedingungen* in der Schreibweise `[Bedingung] nachricht()` versehen werden.
- In einem Sequenzdiagramm können auch Zusicherungen in der Form {*`zusicherung`*} angegeben werden.
- Das Erzeugen von Objekten kann in einem Sequenzdiagramm auch dargestellt werden, indem eine Nachricht direkt auf Objektsymbol trifft, das zuvor nicht existierte.

Kollaborationsdiagramme zeigen die prinzipielle Zusammenarbeit

Bei Kollaborationsdiagrammen sind die dargestellten Sachverhalte ansonsten identisch zu denen von Sequenzdiagrammen und es gelten unter anderem folgende Regeln für Kollaborationsdiagramme:

- Zwischen den Objekten werden **Assoziationslinien (Beziehungslinien)** gezeichnet, auf denen die jeweilige Nachricht angegeben ist. Wer der Sender und wer der Empfänger dieser Nachricht ist, wird dabei durch einen kleinen Pfeil gezeigt. Werden Argumente mitgegeben, werden auch diese angegeben.
- **Sequenznummern** zeigen die zeitliche Reihenfolge der Nachrichten:
  - Die erste Nachricht beginnt mit der Nummer 1. Weitere Nachrichten werden aufsteigend nummeriert.
  - Werden innerhalb einer Operation wiederum neue Nachrichten gesendet, so erhalten diese eine Untersequenz-Nummer in der Form *NrOperation.NrNeueNachricht* Werden z. B. innerhalb der Operation `3` zwei weitere Nachrichten verschickt, so erhalten diese die Nummerierung `3.1` und `3.2`. Wird in `3.2` wieder eine Methode aufgerufen, erhält diese dann die Nummer `3.2.1`. So kann man zum einen die Schachtelungstiefe der Nachrichten sowie deren zeitliche Aufrufreihenfolge erkennen.
- Eine mögliche **Antwort auf eine Nachricht** kann – wie im Sequenzdiagramm – mit (*`antwort`* `:= nachricht(...)`) angegeben werden.
- Zu der Sequenznummer kann auch eine **Bedingung** `[bedingung]` angegeben werden, die erfüllt sein muss, damit die Nachricht gesendet werden kann.

Im herunterladbaren Anhang zu diesem Buch finden Sie weitere Regeln zu Sequenz- und Kollaborationsdiagrammen.

Sequenz- und Kollaborationsdiagramm zur Personen-Warteschlange

Abbildung 16.3 zeigt ein Sequenzdiagramm, in dem mehrere Szenarien zusammengefasst wurden:

- Das Anlegen von Wartezimmer und Personen,
- das Eintragen von Personen in die Queue (`Put()`) und
- das Abholen der Personen aus der Queue (`Get()`) mit anschließendem Fragen nach dem Anliegen.

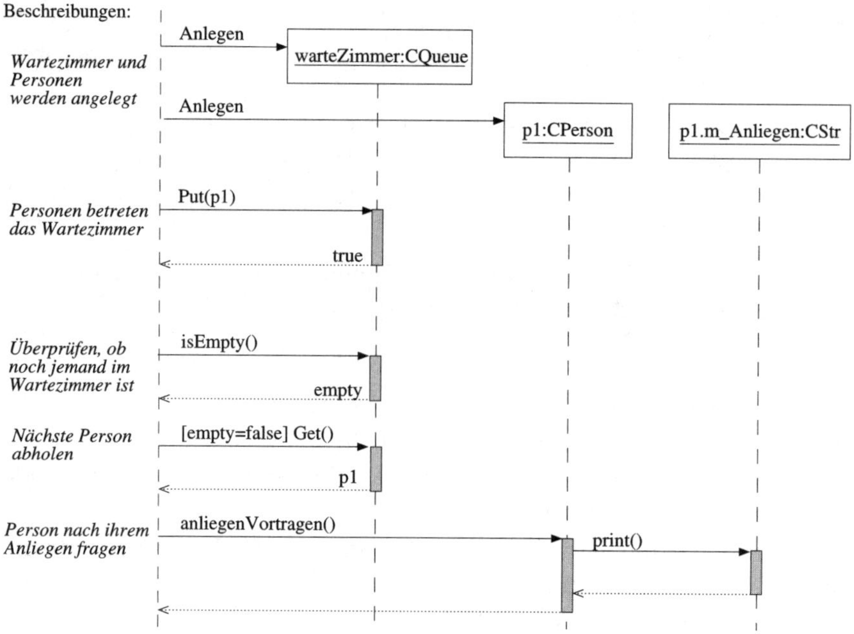

Abbildung 16.3: Sequenzdiagramm zu einer Warteschlange von Personen

Die Klasse `CStr` wurde hier mit aufgenommen, um zu zeigen, wann diese mit einer Nachricht angesprochen wird.
Das letzte Szenario (*Abholen einer Person aus dem Wartezimmer*) wird nun in Abbildung 16.4 in Form eines Kollaborationsdiagrammes gezeigt. Die dargestellten Sachverhalte sind dabei identisch.

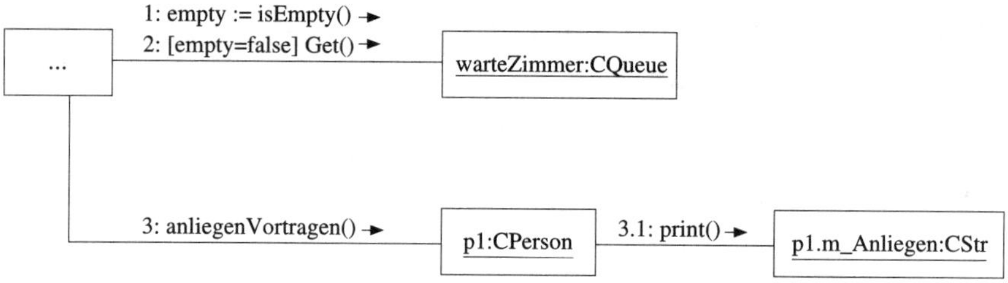

Abbildung 16.4: Kollaborationsdiagramm zu einer Warteschlange von Personen

In diesem Kollaborationsdiagramm in Abbildung 16.4 ist sofort erkennbar, dass das Wartezimmer nicht direkt mit der Person kommuniziert.
Allerdings muss dabei beachtet werden, dass ein Kollaborationsdiagramm – wie auch ein Sequenzdiagramm – immer nur einen speziellen Ablauf darstellt (hier, dass jemand eine Person aus dem Wartezimmer abholt und diese nach ihrem Anliegen fragt). Das Kollaborationsdiagramm aus Abbildung 16.4 wäre damit noch kein Beweis dafür, dass ein Objekt der Klasse `CQueue` nie mit einem Objekt der Klasse `CPerson` kommuniziert.

Schlussbemerkungen zu Sequenz- und Kollaborationsdiagrammen

Allgemein kann man zu Sequenz- und Kollaborationsdiagramm folgende Punkte zusammenfassen:

- Kollaborations- und Sequenzdiagramme werden verwendet, um einzelne Ablaufvarianten darzustellen. Sie sind weniger dazu geeignet, ein Verhalten präzise oder vollständig zu beschreiben. Hierfür sollten Zustandsdiagramme (siehe Kapitel 15.4.6 auf Seite 190) oder Aktivitätsdiagramme, die die Ablaufmöglichkeiten (eines Systems) beschreiben, herangezogen werden. Letztere werden jedoch mehr in der Analysephase (siehe Kapitel 27.2.3 auf Seite 634) eingesetzt.
- Der Haupteinsatz von Kollaborations- und Sequenzdiagrammen liegt darin, sich einzelner spezieller Ablaufsituationen bewusst zu werden, sie zu erklären oder zu dokumentieren. Sie lassen sich am Flip-Chart oder auf einer Tafel schnell skizzieren und diskutieren.
- In Kollaborations- und Sequenzdiagrammen lässt sich gut erkennen, wie intensiv die Kommunikation zwischen den Objekten für den betrachteten Fall ist.
- Klassen werden bei der Untersuchung der Sequenz- und Kollaborationsdiagramme gefunden.

Nachdem wir uns nun Gedanken über den Aufbau unserer Klassen und den Beziehungen unter den Objekten gemacht haben, müssen wir nun dieses Design noch in C++-Code umsetzen.

16.1.3 Implementierung der Personen-Warteschlange in C++

Zwischen den Diagrammen, die während der Designphase erstellt werden, und der Implementierung besteht folgender Zusammenhang:

- Die Kästchen aus dem Klassendiagramm resultieren in einer Klassenspezifikation (Schlüsselwort `class`).
- Die Botschaften/Nachrichten im Sequenzdiagramm resultieren in Methodenaufrufen. Die angesprochene Klasse muss also entsprechende Methoden anbieten.

Diese Tatsachen berücksichtigen auch CASE-Tools bei der automatischen Codegenerierung aus UML-Diagrammen.
Es hat sich eingebürgert, je Klasse ein eigenes Modul zu benutzen, woran auch bei der nachfolgend gezeigten Implementierung gehalten wird.

Deklaration (Schnittstelle) und Implementierung der Klasse CQueue

Programm 16.1 – `persqueue.h`:
Deklaration der Klasse CQueue

```
#include "person.h"
class CQueue  {
 public:
    CQueue(int max);
    ~CQueue();
    bool Get(CPerson& person);
```

```
    bool Put(CPerson person);
    bool isEmpty() { return m_cnt==0;      } // Queue leer?
    bool isFull()  { return m_cnt==m_max; } // Queue voll
 private:
    CPerson* m_entries;  // Einträge

    int m_max,       // Max. mögliche Anzahl Elemente
        m_cnt,       // Aktuelle Anzahl Elemente
        m_first,     // Index erster Eintrag
        m_last;      // Index letzter Eintrag
};
```

Programm 16.2 – `persqueue.cpp`: Implementierung der Klasse CQueue

```
#include  "person.h"
#include  "persqueue.h"

CQueue::CQueue(int max) {
    m_last = m_first = m_max = m_cnt = 0;
    if ( (m_entries= new CPerson[max+1]) )
       m_max=max;
}
CQueue::~CQueue() {
    if (m_entries)
       delete[] m_entries;
}
bool CQueue::Put(CPerson person) {
    if (!m_entries || isFull())
       return false;
    m_entries[m_last] = person;
    if (m_last < m_max)
       m_last++;
    else if (m_last == m_max)
       m_last=0;
    m_cnt++;
    return true;
}
bool CQueue::Get(CPerson& person) {
    if(isEmpty() || !m_entries)
       return false;
    person = m_entries[m_first];

    if (m_first < m_max)
       m_first++;
    else if (m_first == m_max)
       m_first=0;
    m_cnt--;
    return true;
}
```

Deklaration (Schnittstelle) und Implementierung der Klasse CPerson

Programm 16.3 – `person.h`:
Deklaration der Klasse CPerson

```
#include "cstr.h"

class CPerson {
 public:
    CPerson();
    CPerson(CStr anliegen);
    void anliegenVortragen();
 private:
    CStr m_Anliegen;
};
```

Programm 16.4 – `person.cpp`:
Implementierung der Klasse CPerson

```
#include "person.h"

CPerson::CPerson()
{
   m_Anliegen = "Ich bin nur zum Händchen halten mit gekommen ";
}
CPerson::CPerson(CStr Anliegen)
{
   m_Anliegen = Anliegen;
}
void CPerson::anliegenVortragen()
{
   m_Anliegen.print();
}
```

Deklaration (Schnittstelle) und Implementierung der Klasse CStr

Programm 16.5 – `cstr.h`:
Deklaration der Klasse CStr

```
class CStr {
    char* m_str;
 public:
    CStr();             // Standardkonstruktor
    CStr(char* str);    // Konstruktor
    ~CStr();            // Destruktor
    CStr(const CStr& str);                // Kopierkonstruktor
    CStr& operator= (const CStr& str);    // Zuweisungsoperator

    void print();
};
```

Programm 16.6 – `cstr.cpp`: Implementierung der Klasse CStr

```
#include <iostream>
#include <cstring>
#include <cstdlib>
#include "cstr.h"
using namespace std;

//------------------------------------------------- Standardkonstruktor
CStr::CStr()
{
   m_str=0;
}
//----------------------------------------------------------- Konstruktor
CStr::CStr(char* str)
{
   if ( (m_str = new char[strlen(str)+1]) )
      strcpy(m_str,str);

}
//----------------------------------------------------------- Destruktor
CStr::~CStr()
{
   if (m_str) // Speicherplatz für m_str wurde besorgt
      delete[] m_str;
}
//--------------------------------------------------- Kopierkonstruktor
CStr::CStr(const CStr& str)
{
    m_str=0;   // Membervar. initial. (Aufg. eines Konstr.)
    *this=str; // Aufruf des Zuweisungsoperators
}
//-------------------------------------------------- Zuweisungsoperator
CStr& CStr::operator=(const CStr& str)
{
    if (m_str)    // bisher allozierten Speicher freigeben
       delete[] m_str;

    if (str.m_str &&  (m_str=new char[strlen(str.m_str)+1]) )
       strcpy(m_str,str.m_str);
    else
       m_str=0; // str ist leeres Stringobjekt

    return *this;
}
//--------------------------------------------------------------- print()
void CStr::print()
{
    cout << m_str << endl;
}
```

main()-Funktion zur Personen-Queue-Realisierung

Programm 16.7 – `persqueuemain.cpp`: main()-Funktion zur Personen-Queue

```
#include  <iostream>
#include  "persqueue.h"
#include  "person.h"
#include  "cstr.h"
using namespace std;
int main(void) {
    CQueue warteZimmer(6);  // Kleines Wartezimmer mit nur 6 Stühlen
    CPerson patient;        // aktueller Patient
    CPerson p1("Ich bin immer so müde."),
            p2("Hust,hust, schnief...Ich glaube, ich bin erkältet."),
            p3("Überall tut es mir weh"),
            p4("Ich bin nervlich völlig am Ende!"),
            p5;
    CPerson karlValentin("Mein Magen tut weh, die Leber ist geschwollen,\n"
                         "             die Füsse wollen nicht so recht,\n"
                         "             das Kopfweh hört nicht mehr auf,\n"
                         "             und wenn ich von mir selbst reden darf:\n"
                         "             Ich fühle mich auch nicht so wohl!");
    // Die Patienten betreten das Wartezimmer...
    warteZimmer.Put(p2);
    warteZimmer.Put(p1);
    warteZimmer.Put(karlValentin);
    warteZimmer.Put(p5);
    warteZimmer.Put(p3);
    warteZimmer.Put(p4);
    // Der Arzt ruft einen nach dem anderen auf...
    int cnt=0;
    while (!warteZimmer.isEmpty()) {
        warteZimmer.Get(patient);   // "Der Nächste bitte..."
        cnt++;                      // für die Abrechnung ;-)

        cout << cnt << ".ter Patient des Tages:" << endl
                    << "    Arzt:    Was kann ich für Sie tun?" << endl
                    << "    Patient: ";
        patient.anliegenVortragen();
        //............................
        // Arzt behandelt den Patienten und Patient verabschiedet sich
        //............................
         // Während der Arzt beschäftigt ist, kommen noch weitere Patienten
        if (cnt%2==0) {  // jetzt ist wieder Platz für 2 weitere Patienten
            cout << "......................... Neuer Patient kommt..." << endl;
            warteZimmer.Put(CPerson("Mich hat es mit einer Grippe erwischt"));
        }
    }
}
```

Nachdem man alle Module kompiliert und zusammengelinkt hat, wie z. B. unter Linux/Unix:

g++ -o wartezimmer persqueuemain.cpp persqueue.cpp person.cpp cstr.cpp

kann man es aufrufen, wie z. B. unter Linux/Unix:

```
user@linux:  > ./wartezimmer ⏎
```

Folgende Ausgabe liefert dann dieses Programm:

```
1.ter Patient des Tages:
    Arzt:     Was kann ich für Sie tun?
    Patient: Hust,hust, schnief...Ich glaube, ich bin erkältet.
2.ter Patient des Tages:
    Arzt:     Was kann ich für Sie tun?
    Patient: Ich bin immer so müde.
................................ Neuer Patient kommt...
3.ter Patient des Tages:
    Arzt:     Was kann ich für Sie tun?
    Patient: Mein Magen tut weh, die Leber ist geschwollen,
             die Füsse wollen nicht so recht,
             das Kopfweh hört nicht mehr auf,
             und wenn ich von mir selbst reden darf:
             Ich fühle mich auch nicht so wohl!
4.ter Patient des Tages:
    Arzt:     Was kann ich für Sie tun?
    Patient: Ich bin nur zum Händchen halten mit gekommen
................................ Neuer Patient kommt...
5.ter Patient des Tages:
    Arzt:     Was kann ich für Sie tun?
    Patient: Überall tut es mir weh
6.ter Patient des Tages:
    Arzt:     Was kann ich für Sie tun?
    Patient: Ich bin nervlich völlig am Ende!
................................ Neuer Patient kommt...
7.ter Patient des Tages:
    Arzt:     Was kann ich für Sie tun?
    Patient: Mich hat es mit einer Grippe erwischt
8.ter Patient des Tages:
    Arzt:     Was kann ich für Sie tun?
    Patient: Mich hat es mit einer Grippe erwischt
................................ Neuer Patient kommt...
9.ter Patient des Tages:
    Arzt:     Was kann ich für Sie tun?
    Patient: Mich hat es mit einer Grippe erwischt
10.ter Patient des Tages:
    Arzt:     Was kann ich für Sie tun?
    Patient: Mich hat es mit einer Grippe erwischt
................................ Neuer Patient kommt...
11.ter Patient des Tages:
    Arzt:     Was kann ich für Sie tun?
    Patient: Mich hat es mit einer Grippe erwischt
```

Obwohl das Wartezimmer nur 6 Stühle hat, können 11 Patienten behandelt werden, da ja zwischendurch auch immer wieder Patienten behandelt werden und anschließend gehen.

Hier haben wir die Aufgabe der Queue so gewählt, dass sie die Personen lediglich verwaltet, sie jedoch nicht direkt anspricht. Es wäre auch denkbar, die Queue intelligenter zu machen und z. B. eine Methode `printAll()` zur Verfügung zu stellen, die alle Elemente der Queue anzeigt. Die Queue würde die Nachricht `printAll()` dann so umsetzen, dass sie das Anzeigen jeweils an die enthaltenen Elemente delegiert, indem sie für alle Personen `anliegenVortragen()` aufruft. Dies hätte jedoch den großen Nachteil, dass die Beziehung zwischen Queue und Personen enger wird. Die Queue muss damit das Verhalten einer Person kennen und wissen, dass die Methode zum Anzeigen `anliegenVortragen()` heißt. In unserem Fall braucht die Queue nichts über das Verhalten der Person zu wissen, da sie nicht direkt mit der Person kommuniziert. Die Queue ist damit allgemein gültiger. Die einzige Abhängigkeit, die in unserem Fall besteht, ist, dass unsere Queue speziell Personen verwaltet und nicht jeden beliebigen Typ verwalten kann. Wir werden aber in Kapitel 19 auf Seite 431 mit *Templates* noch einen C++-Mechanismus kennen lernen, um Klassen datentypunabhängig zu gestalten. Damit lässt sich dann eine Queue realisieren, die jeden x-beliebigen Typ verwalten kann.

Es kommt also stets darauf an, wie die Klasse eingesetzt werden soll, was also die Aufgabe der Klasse ist. Dementsprechend bietet es sich an, die Klasse speziell für die vorliegende Aufgabe intelligenter zu gestalten oder sie weniger speziell allgemein gültig zu entwerfen und damit offener für einen zukünftigen Einsatz zu sein.

16.1.4 Übungen

Realisierung eines Bruchrechners

Es ist ein Bruchrechner zu erstellen, der Brüche addieren, subtrahieren, multiplizieren und dividieren kann. Nach jeder Operation ist der Ergebnis-Bruch gekürzt auszugeben.

Machen Sie sich Gedanken über Ihre Klassenaufteilung, wobei Sie zu jeder Klasse zwei Dateien angeben sollten: Eine Headerdatei, in der sich die Klassen-Deklaration befindet und eine `.cpp`-Datei, in der sich die Implementierung zu dieser Klasse befindet.

Natürlich benötigen Sie auch eine Datei, wie z. B. `bruchmain.cpp`, in der sich die `main`-Funktion befindet.

Nachfolgend ist ein möglicher Ablauf Ihres Programms gezeigt:

```
          Bruchrechner mit folgenden Operationen
                 +  : Addieren
                 -  : Subtrahieren
                 *  : Multiplizieren
                 /  : Dividieren
                 k  : Kuerzen
                 e  : Ende
Geben Sie Ihren ersten Bruch ein (wie z.B. 3/15): 3/8 ⏎
```

```
Operation: + ⏎
Nächster Bruch: 1/8 ⏎
-------------------
   = 1 / 2
-------------------
Operation: - ⏎
Nächster Bruch: 1/4 ⏎
-------------------
   = 1 / 4
-------------------
Operation: * ⏎
Nächster Bruch: 3/1 ⏎
-------------------
   = 3 / 4
-------------------
Operation: * ⏎
Nächster Bruch: 1/2 ⏎
-------------------
   = 3 / 8
-------------------
Operation: / ⏎
Nächster Bruch: 1/4 ⏎
-------------------
   = 3 / 2
-------------------
Operation: * ⏎
Nächster Bruch: 1/6 ⏎
-------------------
   = 1 / 4
-------------------
Operation: e ⏎
```

Realisierung eines Paralleladdierers

Unter einem *Paralleladdierer* versteht man ein Schaltnetz, das zwei n-stellige Binärwörter (Dualzahlen) addiert. Abbildung 16.5 zeigt den Aufbau des Paralleladdierers aus einem Halbaddierer (HA) und einem Volladdierer (VA):

1. *Halbaddierer (HA):* liefert zu zwei Dualziffern eine Summe und Übertrag.
2. *Volladdierer (VA):* ordnet drei Dualziffern eine Summe und einen Übertrag zu.

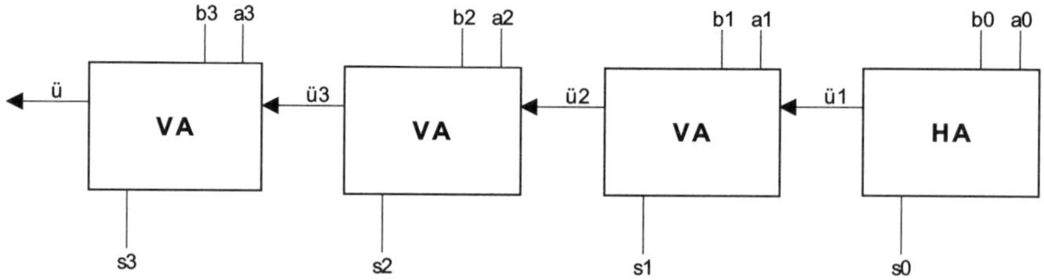

Abbildung 16.5: Vier-Bit-Paralleladdierer

Als Beispiel wollen wir hier einen *Vier-Bit-Paralleladdierer* nehmen, der zwei vierstellige Binärwörter (Dualzahlen) addiert, wie z. B.:

```
   1 0 1 0    a   (1. Summand)
 + 1 0 1 1    b   (2. Summand)
 1 0 1 0      u   (Übertrag)
 ----------------------------
 1 0 1 0 1    s   (Summe)
```

Es gelten dann folgende Wahrheitstabellen für den **Halbaddierer** und **Volladdierer**:

Halbaddierer				**Volladdierer**				
a	b	u	s	a	b	u	u′	s
0	0	0	0	0	0	0	0	0
0	1	0	1	0	0	1	0	1
1	0	0	1	0	1	0	0	1
1	1	1	0	0	1	1	1	0
				1	0	0	0	1
				1	0	1	1	0
				1	1	0	1	0
				1	1	1	1	1

Aus dieser Tabelle lässt sich dann Folgendes ableiten:

Halbaddierer: s = a XOR b u = a AND b

Volladdierer: s = (a XOR b) XOR u u′ = ((a XOR b) AND u) OR (a AND b)

Realisieren Sie nun einen solchen **Paralleladdierer**, wobei Sie sich eine entsprechende Aufteilung in Klassen mit einem Klassendiagramm überlegen sollten, bevor Sie Ihre Klassendeklarationen in der Headerdatei `paraadd.h` und die zugehörigen Implementierungen in der Datei `paraadd.cpp` angeben. Für die `main`-Funktion im Programm 16.8 sollten sich z. B. die folgenden Programmabläufe ergeben, wenn Sie die Stellenzahl dieses Paralleladdierers auf 16 festlegen:

```
1. Zahl: 11011 ↵
2. Zahl: 00000001011 ↵
0000000000100110 = 38 (10)
1. Zahl: 110111101 ↵
2. Zahl: 11111011100 ↵
0000100110011001 = 2457 (10)
```

Programm 16.8 zeigt die `main()`-Funktion zu diesem Paralleladdierer.

Programm 16.8 – `paraaddmain.cpp`:
main()-Funktion zum Paralleladdierer

```
#include "paraadd.h"
int main(void) {
  CParallelAdd  paraAdd;
  char          zahl1[max_stellen], zahl2[max_stellen];
   cout << "1. Zahl: "; cin >> zahl1;
   cout << "2. Zahl: "; cin >> zahl2;
   paraAdd.add(zahl1, zahl2);
   paraAdd.print();
}
```

Gemeinsamer Termin

In Gemeinschaften (Vereinen, Abteilungen,...) gibt es oft das Problem, dass ein gemeinsamer Termin gefunden werden muss (z. B. für die gemeinsame Weihnachtsfeier). Üblicherweise wird dazu eine Tabelle erstellt, in der alle Kandidaten eintragen können, welcher Termin für sie möglich wäre und welcher nicht. Der Termin, an dem die meisten Personen Zeit haben, wird dann genommen.
Erstellen Sie eine Klasse `CTerminFinder`, die diese Aufgabe übernimmt. Diese Klasse soll über folgende Methoden verfügen:

- `streichen(TerminNr)`
- `freigeben(TerminNr)`
- `getBestTermine()`

Der Einfachheit halber wird nicht gespeichert, welche Person ihre Stimme bereits abgegeben hat, sondern mit jedem `freigeben()` wird ein Zähler für diesen Termin hochgezählt und für jedes `streichen()` der Zähler für den Termin dekrementiert. Die Anzahl der Termine, die zur Auswahl stehen, wird beim Konstruktor angegeben. Erstellen Sie hierzu eine Headerdatei `terminfinder.h`, in der Sie die Klasse `CTerminFinder` deklarieren sowie eine Programmdatei `terminfinder.cpp`, in der Sie die zugehörige Implementierung angeben.
Berücksichtigen Sie, dass es auch mehrere Termine geben kann, an denen die meisten Personen Zeit haben. Die Methode `getBestTermine()` muss daher statt nur eines Wertes ein Array aus Terminnummern zurückliefern. Hier bietet sich eine eigene Klasse `CIntArray` an, die die Verwaltung eines `int`-Arrays übernimmt, wie es in Programm 16.9 gezeigt ist.

Programm 16.9 – `intarray.h`:
Die Klasse CIntArray

```
class CIntArray {
 public:
   CIntArray(int max);
   CIntArray(const CIntArray& array);              //.... Kopierkonstruktor
   CIntArray& operator=(const CIntArray& array); //.... Zuweisungsoperator
   bool set(int i, int value);  // schreibt im Array an Index i den Wert (value)
   bool get(int i, int& value); // liefert zum Index i den Wert (value)
   int getLen() {  return m_max; } // liefert max. Zahl von mögl. Werten im Array
 private:
   int *m_array;
   int  m_max;  // maximaler Index (Grösse des Arrays)
};
```

Erstellen Sie nun eine Headerdatei `terminfinder.h`, welche die Deklaration der Klasse `CTerminFinder` enthält und implementieren Sie dann diese beiden Klassen `CIntArray` und `CTerminFinder` in den Programmen `intarray.cpp` und `terminfinder.cpp`. Erstellen Sie zusätzlich eine geeignete `main()`-Funktion (in `terminfindermain.cpp`), um diese Klassen zu testen. Z. B. könnten Sie folgende Situation fest in `main()` vorgeben:

- Es wird jeweils ein Wochentag (5 mögliche Tage: MO-FR) gesucht, an dem man sich zum Kegeln treffen kann, und ein Tag zum Skatspielen.

- Hugo ist Kegler und Skatspieler und kann Montags und Mittwochs nie.
- Fritz ist nur Kegler und kann am Dienstag nicht.
- Anna spielt nur Skat und kann am Dienstag und Mittwoch nicht.
- Da Anna aus einem Verein ausgetreten ist, kann sie nun doch dienstags.

Geben Sie die jeweils besten Tage zum Kegeln und zum Skatspielen aus. Das Programm sollte dann in etwa Folgendes ausgeben:

```
Beste Termine fuer Kegeln: DO FR
Beste Termine fuer Skat: DI DO FR
```

Da die beiden *„TerminFinder"* nicht synchronisiert sind, hätte Hugo nun ein Problem, wenn beide Termine auf Donnerstag festgelegt werden.
Noch ein Hinweis zu dieser Übung: Es kommt immer darauf an, wie die Aufgabe einer Klasse definiert ist. Natürlich hätte hier auch die Ausgabe der besten Termine direkt in `CTerminFinder` erfolgen können, etwa in einer Methode `printBestTermine()`. Dann wäre der Einsatz der zweiten Klasse `CIntArray` überflüssig. Der Nachteil ist dann aber, dass die Klasse nicht so flexibel eingesetzt werden kann, etwa in GUI-Applikationen. In unserem Fall dagegen kümmert sich die Klasse lediglich um die Verwaltung der Terminliste und nimmt die Auswertung vor, ohne sie jedoch optisch aufzubereiten.

Objektkopien

Führen Sie zuerst die folgenden Schritte durch:

- Kopieren Sie zunächst die folgenden Dateien:
```
person.h             ->    person2.h
person.cpp           ->    person2.cpp
persqueue.h          ->    persqueue2.h
persqueue.cpp        ->    persqueue2.cpp
persqueuemain.cpp    ->    persqueuemain2.cpp
```
- Ändern Sie am Anfang von `persqueuemain2.cpp` die folgenden Zeilen:
```
#include "persqueue.h"  ->  #include "persqueue2.h"
#include "person.h"     ->  #include "person2.h"
```
  und enfernen Sie die folgende Zeile:
```
#include "cstr.h"
```
- Ändern Sie am Anfang von `persqueue2.h` die folgende Zeile:
```
#include "person.h"  ->  #include "person2.h"
```
- Ändern Sie am Anfang von `persqueue2.cpp` die beiden folgenden Zeilen:
```
#include "person.h"       ->  #include "person2.h"
#include "persqueue.h"'   ->  #include "persqueue2.h"
```

Programmieren Sie nun die Personen-Warteschlange aus Kapitel 16.1.3 ohne Verwendung der Klasse `CStr`, indem Sie das Attribut `CPerson::m_Anliegen` als `char*` implementieren. Dazu müssen Sie nun noch die beiden Dateien `person2.h` und `person2.cpp` entsprechend ändern. Merken Sie, wie dadurch die Komplexität steigt? Nachdem man alle Module kompiliert und zusammengelinkt hat, wie z. B. unter Linux/Unix:

g++ -o wartzimmer2 persqueuemain2.cpp persqueue2.cpp person2.cpp

kann man das ausführbare Programm **wartzimmer2** aufrufen. Es sollte dann die gleiche Ausgabe liefern wie auf Seite 240.

Sequenzdiagramme zum Monopoly-Spiel

Erstellen Sie zu folgenden Szenarien in einem Monopoly-Spiel Sequenzdiagramme:

- **Betreten einer Straße, zu der Miete zu zahlen ist**
  Der Spieler `Hans` betritt die Hafenstraße (Klasse `Strasse`) und muss für das Betreten der Hafenstraße nun 100 Euro Miete an den Besitzer zahlen.
- **Würfeln, Vorrücken und Kaufen einer noch nicht verkauften Straße**
  Spieler `Hans` würfelt eine Zahl und rückt dann auf dem Spielfeld um die gewürfelte Augenzahl vor. Da er mit dieser Zahl auf der Hafenstraße landet, betritt er diese auch. Ist die Hafenstraße noch nicht verkauft, kauft er sie für ihren Preis (1500 Euro).
- **Betreten des Gemeinschaftsfelds bewirkt das Ziehen einer Gewinnkarte von 200 Euro**
  Der Spieler `Hans` betritt das Gemeinschaftsfeld, was auslöst, dass die oberste Karte vom Gemeinschafts-Kartenstapel (Klasse `Kartenstapel`) zu ziehen ist. Diese Gemeinschaftskarte stellt sich als eine Gewinnkarte (Klasse `Karte`) von 200 Euro heraus, so dass die Bank an Hans 200 Euro zahlen muss.

Kollaborationsdiagramme zu Monopoly

Erstellen Sie zu folgenden Szenarien im Monopoly-Spiel Kollaborationsdiagramme:

- **Betreten des Westbahnhofs mit Zahlen von Miete**
  Der Spieler `Hans` betritt den `Westbahnhof` (Klasse `Bahnhof`). Dies erfordert, dass zunächst die Anzahl der Bahnhöfe ermittelt werden muss, die der Besitzer des Westbahnhofs sein eigen nennt. Aus dieser Anzahl berechnet dann der Westbahnhof selbst die erforderliche Miete. Ist Hans nicht selbst der Besitzer des Westbahnhofs, muss er an den Besitzer die berechnete Miete zahlen. Dazu soll zunächst der aktuelle Kontostand von Hans angezeigt werden, bevor Hans dem Besitzer den erforderlichen Mietbetrag überweist. Nach dieser Überweisung ist zunächst der neue Kontostand des Besitzers anzuzeigen, bevor dann auch noch der neue Kontostand von Hans (nach der Überweisung) angezeigt wird.
- **Auktion zum Verkaufen einer Straße**
  Ein Besitzer einer Straße möchte diese verkaufen. Dazu muss aus der Menge seiner Immobilien (Straßen, Bahnhöfe) zunächst einmal das Verkaufsobjekt (Straße) selektiert werden, das er verkaufen möchte. Danach eröffnet der Spieler eine temporäre Auktion, wobei er einen Mindestpreis vorgibt, für den er diese Straße verkaufen würde. In dieser Aktion kann nun jeder Spieler sein Gebot abgeben. Der Spieler mit dem Höchstgebot, das natürlich über dem festgesetzten Mindestpreis liegen muss, erhält dann diese Straße, indem er sie kauft und diese Straße zu seinen Immobilien hinzugefügt wird. Mit dem Ende der temporären Auktion verkauft schließlich der Verkäufer diese Straße und entfernt sie aus seinen Immobilien.

16.2 Initialisierung von Membervariablen

16.2.1 Initialisierungslisten bei Konstruktoren

Eine Membervariable kann jeden beliebigen Typ haben, also auch ein Objekt einer anderen Klasse sein. Als Beispiel soll hier eine Klasse `CZaehler` realisiert werden, die einen zweistelligen Zähler simuliert. Die beiden Ziffern sollen dabei als LCD-Nummern (Sieben-Segment-Anzeige) angezeigt werden. Für eine LCD-Ziffer soll dabei eine eigene Klasse benutzt werden, so dass sich ein Klassendiagramm ergibt, wie es in Abbildung 16.6 gezeigt ist.

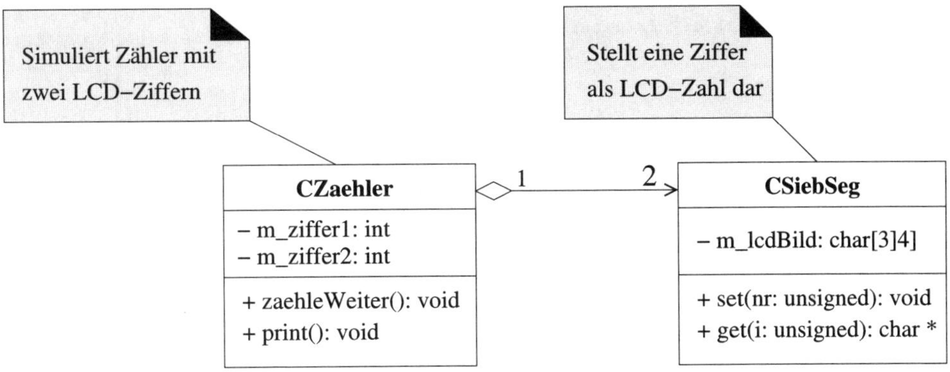

Abbildung 16.6: Klassendiagramm zu einem zweistelligen Zähler mit LCD-Nummern

Aus Abbildung 16.6 kann man Folgendes ablesen:

- Klasse `CZaehler`: hat zwei `private`-Membervariablen `m_ziffer1` und `m_ziffer2`, die die aktuelle Zahl als `unsigned`-Werte enthalten. Zudem wird aus dem Klassendiagramm (anhand der Raute) deutlich, dass diese Klasse auch zwei Membervariablen vom Typ `CSiebSeg` besitzt, die die entsprechende LCD-Darstellung der jeweiligen Ziffern als Strings enthalten. Daneben bietet die Klasse `CZaehler` noch die zwei `public`-Methoden `zaehleWeiter()` (zum Weiterzählen) und `print()` (zum Ausgeben der aktuellen Zahl) an.
- Klasse `CSiebSeg`: hat die `private`-Membervariable `m_lcdBild`, die die jeweilige Darstellung einer Ziffer als LCD-Nummer in Form dreier Strings mit jeweils 3 Zeichen enthält. Um eine Ziffer zu setzen, bietet sie die `public`-Methode `set()` und zum Erfragen der LCD-Darstellung zu der jeweiligen Ziffer bietet sie die `public`-Methode `get()` an, die dreimal aufzurufen ist, da sich eine LCD-Ziffer aus drei Zeilen zusammensetzt.

Betrachten wir nun die beiden Klassen `CSiebSeg` und `CZaehler` etwas genauer:

```
static const char *code[] = {
       " _ ", "   ", " _ ", " _ ", "   ", " _ ", " _ ", " _ ", " _ ", " _ ",
       "| |", "  |", " _|", " _|", "|_|", "|_ ", "|_ ", "  |", "|_|", "|_|",
       "|_|", "  |", "|_ ", " _|", "  |", " _|", "|_|", "  |", "|_|", " _|" };
```

```
class CSiebSeg {
 public:
   CSiebSeg(unsigned nr) { set(nr); } // Konstruktor

   void set(unsigned nr) { // speichert LCD in drei Strings ab
      strcpy(m_lcdBild[0], code[nr]);
      strcpy(m_lcdBild[1], code[nr+10]);
      strcpy(m_lcdBild[2], code[nr+20]);
   };
   char *get(unsigned i)  { return m_lcdBild[i]; }
 private:
   char m_lcdBild[3][4]; // 3 Zeilen mit 3 Zeichen (+ \0)
};

class CZaehler {
 public:
   CZaehler(unsigned z1 = 0, unsigned z2 = 0) {
      m_ziffer1 = z1;
      m_ziffer2 = z2;
   }
   void zaehleWeiter(void) { ..... }
   void print(void)        { ..... }
 private:
   CSiebSeg m_stelle1, m_stelle2;
   unsigned m_ziffer1, m_ziffer2;
};
```

Compilerfehler bei fehlendem Default-Konstruktor zu Membervariablen

Definiert man nun eine Variable für den Zähler, wie z. B.:

```
CZaehler counter( 2, 5);
```

so würde der Compiler einen Fehler melden, da er für die beiden Membervariablen `m_stelle1` und `m_stelle2` beim Anlegen des Objekts `counter` versuchen würde, deren Default-Konstruktor (ohne Parameter) aufzurufen. Dieser Default-Konstruktor existiert aber nicht, da wir einen eigenen Konstruktor `CSiebSeg(int nr)` definiert haben.

Umständliche und zeitaufwändige Lösung mittels Default-Konstruktor

Um diesen Fehler zu beseitigen, muss man zusätzlich für die Klasse `CSiebSeg` noch explizit einen Default-Konstruktor zur Verfügung stellen, der automatisch beim Erzeugen des Objekts `counter` für das Anlegen der beiden Membervariablen `m_stelle1` und `m_stelle2` aufgrund der folgenden Deklaration aufgerufen wird:

```
CSiebSeg m_stelle1, m_stelle2;
```

Um dann im Konstruktor `CZaehler(int z1=0, int z2=0)` für die Membervariablen `m_stelle1` und `m_stelle2` den Konstruktor `CSiebSeg(unsigned nr)` aufrufen zu lassen, damit sie mit der entsprechenden Nummer `nr` initialisiert werden, müsste man ihnen zusätzlich eine lokale Kopie eines `CSiebSeg`-Objekts zuweisen, wie dies nachfolgend gezeigt ist:

```
class CSiebSeg {
 public:
   CSiebSeg(unsigned nr=0) { set(nr); } // nun auch Default-Konstruktor
   ....
};
class CZaehler {
 public:
   CZaehler(unsigned z1 = 0, unsigned z2 = 0) {
      m_stelle1 = CSiebSeg(z1); // explizite Konstruktoraufrufe --> lokale
      m_stelle2 = CSiebSeg(z2); // Objekte, die dann zugewiesen werden
      m_ziffer1 = z1;
      m_ziffer2 = z2;
   }
   ....
};
```

Diese Lösung ist sehr umständlich und auch wenig performant, da zunächst überflüssigerweise implizit der Default-Konstruktor `CSiebSeg(0)` aufgerufen wird. Anschließend werden im Code des `CZaehler`-Konstruktors zwei lokale Objekte mit `CSiebSeg(z1)` und `CSiebSeg(z2)` erzeugt, die dann in die bereits zuvor angelegten Objekte `m_stelle1` und `m_stelle2` kopiert werden, um deren alte Inhalte, die ja durch den Aufruf des Default-Konstruktors mit `0` initialisiert wurden, zu überschreiben. Das Aufrufen des Default-Konstruktors ist also in diesem Fall völlig überflüssig.

Lösung des Problems mit Initialisierungslisten

Besser wäre es hier, die beiden Objekte `m_stelle1` und `m_stelle2` bereits beim Anlegen geeignet zu initialisieren, also den angebotenen Konstruktor `CSiebSeg(unsigned nr)` (statt des Default-Konstruktors `CSiebSeg(0)`) bereits zum Anlegezeitpunkt zu durchlaufen. C++ bietet hierfür eine eigene Konstruktion an, indem man hinter dem Funktionskopf des jeweiligen Konstruktors einen Doppelpunkt gefolgt von einer Liste von Konstruktoraufrufen zu den entsprechenden Membervariablen angibt:

```
klassenname(parameterliste) : membervar1(param1, ...), membervar2(param1, ...), ...
{
    .... Weitere Konstruktoranweisungen, wenn erforderlich
}
```

In dieser Initialisierungsliste nach dem Doppelpunkt müssen die einzelnen Konstruktoraufrufe für Membervariablen mit Kommas voneinander getrennt angegeben werden. Nun können wir unseren zweistelligen Zähler mit einer Sieben-Segment-Anzeige realisieren. Programm 16.10 zeigt die Implementierung des zweistelligen Zählers mit einer Sieben-Segment-Anzeige.

Programm 16.10 – `siebseg.cpp`:
Zweistelliger Zähler mit einer Sieben-Segment-Anzeige

```
#include <iostream>
using namespace std;
static const char *code[] = {
      " _ ", "   ", " _ ", " _ ", "   ", " _ ", " _ ", " _ ", " _ ", " _ ",
      "| |", "  |", " _|", " _|", "|_|", "|_ ", "|_ ", "  |", "|_|", "|_|",
      "|_|", "  |", "|_ ", " _|", "  |", " _|", "|_|", "  |", "|_|", " _|" };
class CSiebSeg {
 public:
   CSiebSeg(unsigned nr=0) { set(nr); } // Konstruktor
   void set(unsigned nr) { // speichert LCD in drei Strings ab
      strcpy(m_lcdBild[0], code[nr]);
      strcpy(m_lcdBild[1], code[nr+10]);
      strcpy(m_lcdBild[2], code[nr+20]);
   };
   char *get(unsigned i)  { return m_lcdBild[i]; }
 private:
   char m_lcdBild[3][4]; // 3 Zeilen mit 3 Zeichen (+ \0)
};
class CZaehler {
 public:
                                 //.... CZaehler-Konstruktor mit Initialisierungsliste
   CZaehler(unsigned z1 = 0, unsigned z2 = 0) : m_stelle1(z1), m_stelle2(z2) {
      m_ziffer1 = z1;
      m_ziffer2 = z2;
   }
   void zaehleWeiter(void) { // inkrementiert Zahl und passt LCD-Darstellung an
      if (++m_ziffer2 >= 10) {       // Wenn 2. Ziffer 10 erreicht
         m_ziffer2 = 0;              //  - diese Ziffer auf 0 zurücksetzen und
         m_stelle1.set(++m_ziffer1); //  - 1. Ziffer um 1 erhöhen
      }
      m_stelle2.set(m_ziffer2);
   }
   void print(void) { // holt die beiden LCD-Darstellungen und gibt diese aus
      for (unsigned i=0; i<3; i++) // Zu Ziffern Dreiergruppen in Zeile ausgeben
         cout << m_stelle1.get(i) << "  " << m_stelle2.get(i) << endl;
   }
 private:
   CSiebSeg m_stelle1, m_stelle2;
   unsigned m_ziffer1, m_ziffer2;
};
int main(void) {
   CZaehler  counter( 2, 5);
   unsigned  i=0;
   while (i++ < 10) {
      counter.zaehleWeiter();
      counter.print();
   }
}
```

Programm 16.10 liefert die folgende Ausgabe:

```
 _   _
 _| |_
|_  |_|
 _   _
 _|   |
|_    |
 _   _
 _| |_|
|_  |_|
 _   _
 _| |_|
|_   _|
 _   _
 _| | |
 _| |_|
 _
 _|   |
 _|   |
 _   _
 _|  _|
 _| |_
 _   _
 _|  _|
 _|  _|
 _
 _| |_|
 _|   |
 _   _
 _| |_
 _|  _|
```

Initialisierungslisten sind bei Implementierung des Konstruktors anzugeben

Definiert man einen Konstruktor nicht *inline*, was ja üblicherweise in der praktischen Programmierung der Fall ist, so ist die entsprechende Initialisierungsliste der Membervariablen nicht bei der Deklaration des Konstruktors in der Klasse, sondern erst bei der Definition des Konstruktors anzugeben:

```
class klasse {
  public:
     klasse(parameterlist); // bei Deklaration keine Initialisierungsliste
     ....
};                                  // Initialisierungsliste erst bei Definition
klasse::klasse(paramliste) : membervar1(param1, ...), membervar2(param1, ...), ... {
     .... Weitere Konstruktoranweisungen, wenn erforderlich
}
```

Eine solche Initialisierungsliste ist Teil der Implementierung und somit weder für den Nutzer der Klasse noch für den Compiler (zur Syntaxprüfung) von Interesse.

Membervariablen mit einfachen Datentypen in Initialisierungslisten

Es ist auch möglich, Membervariablen mit einfachen Datentypen (wie z. B. `int`, `double` usw.) in einer Initialisierungsliste anzugeben. In diesem Fall entspricht die Initialisierung der Zuweisung des in Klammern angegebenen Arguments. Programm 16.11 verdeutlicht diese Initialisierung von Membervariablen mit einfachen Datentypen über eine Initialisierungsliste. Dieses Programm zeigt unter anderem, dass eine angegebene Initialisierungsliste alle erforderlichen Aktionen für den Konstruktor enthalten kann und somit keine Anweisungen im Funktionskörper mehr erforderlich sind, so dass nur noch ein leeres Klammernpaar { } anzugeben ist.

Programm 16.11 – `einfachinit.cpp`:
Initialisierung von Membervariablen mit einfachen Datentypen über Initialisierungsliste

```
#include  <iostream>
#include  <iomanip>
#include  <cmath>
class CWurzelZahl {
 public:
   CWurzelZahl(int z)  : ganzZahl(z), wurzel( sqrt(z) ) { }
   void print(void) {
      std::cout << std::setw(5) << ganzZahl << ": "
                << std::setw(7) << std::setprecision(3) << wurzel << std::endl;
   }
 private:
   int   ganzZahl;
   float wurzel;
};
int main(void) {
  CWurzelZahl zwei(2), sechs(6), hundert(100);
   zwei.print();
   sechs.print();
   hundert.print();
}
```

Programm 16.11 liefert die folgende Ausgabe:

```
    2:    1.41
    6:    2.45
  100:      10
```

Membervariablen werden in Deklarationsreihenfolge initialisiert

Die Initialisierung der in einer Initialisierungsliste angegebenen Membervariablen findet vor Ausführung der eigentlichen Konstruktoranweisungen (innerhalb von {...}) statt, und zwar in der Reihenfolge, in der sie innerhalb der Klasse deklariert sind. Dies ist wichtig, da fälschlicherweise oft angenommen wird, dass die Reihenfolge in der Initialisierungsliste entscheidend ist, was nicht zutrifft.
Programm 16.12 liefert z. B. die folgende falsche Ausgabe:

```
Radius=5.20; Flaeche=12.53; Umfang=-12.55
Radius=11.50; Flaeche=0.00; Umfang=0.00
```

Programm 16.12 – `reihfolginit.cpp`*:*
Falsche Deklarationsreihenfolge für Initialisierung der Membervariablen

```
1  #include <iostream>
2  #include <cmath>
3
4  const double pi = 4*atan(1);
5
6  class CKreis {
7   public:
8     CKreis(double radius) : r(radius), flaeche(r*r*pi), umfang(r*2*pi) { }
9
10    void print(void) {
11       printf("Radius=%.2f; Fläche=%.2f; Umfang=%.2f\n", r, flaeche, umfang);
12    }
13  private:
14    double flaeche;
15    double umfang;
16    double r;  // hier ist der Fehler:
17               // 'r' muss vor 'flaeche' und 'umfang' definiert werden
18 };
19 int main(void) {
20    CKreis eins(5.2),
21           zwei(11.5);
22    eins.print();
23    zwei.print();
24 }
```

Diesen Fehler kann man beheben, indem man die Deklaration in der Zeile 16 vor den Deklarationen der beiden Membervariablen `flaeche` und `umfang` angibt:

```
13  private:
14    double r;  // nun Deklarationsreihenfolge richtig, da nun zuerst 'r' (unabh.
15               // von Reihenfolge in Initialisierungsliste) initialisiert wird
16    double flaeche;
17    double umfang;
```

Eine andere Möglichkeit, diesen Fehler zu beheben, ist die Angabe einer Initialisierungsliste, die unabhängig von der Deklarationsreihenfolge ist, wie z. B.:

```
CKreis(double radius) : r(radius),
                        flaeche(radius*radius*pi),
                        umfang(radius*2*pi)
{ }
```

Es macht im übrigen Sinn, dass Membervariablen in der Reihenfolge ihrer Deklaration und nicht in der Reihenfolge, in der sie in der Initialisierungsliste angegeben sind, initialisiert werden. Der Grund hierfür ist, dass Konstruktoren wie andere Funktionen überladen werden können. Dies bedeutet natürlich auch, dass bei den einzelnen Konstruktor-Varianten die Initialisierungslisten unterschiedlich sein können. Da für den Compiler aber die Reihenfolge von Konstruktoraufrufen im Hinblick auf die Destruktoren, die in umgekehrter Reihenfolge aufzurufen sind, von

Wichtigkeit ist, müsste der Compiler sich für jedes angelegte Objekt die Reihenfolge merken, in der die Membervariablen dieses Objekts initialisiert werden.
Dies erschien den Vätern von C++ zu aufwändig, weshalb sie festlegten, dass die Reihenfolge für die Konstruktion und Destruktion bei allen Objekten eines Typs die gleiche ist, nämlich die, in der die Membervariablen in der Klasse deklariert sind.

Für nicht angegebene Membervariablen wird Default-Konstruktor aufgerufen

Für Membervariablen, die in der Initialisierungsliste fehlen, wird der Default-Konstruktor aufgerufen. So würde z. B. der Compiler für das Programm 16.13 einen Fehler melden, da kein Default-Konstruktor für die Klasse `CQuadrat` existiert.

Programm 16.13 – `defaultinit.cpp`:
Fehlender Default-Konstruktor für Membervariable `quadrat`

```
#include <cstdio>
#include <cmath>

class CQuadrat
{
public:
   //... kein Default-Konstruktor
   CQuadrat(int z) : zahl(z*z) { }

   int get(void) { return zahl; }
private:
   int zahl;
};
class CZahl
{
public:
   CZahl(int z) : ganzZahl(z), wurzel(sqrt(z)) { }

   void print(void) {
      printf("%5d: %5.2f %d\n", ganzZahl, wurzel, quadrat.get());
   }
private:
   int      ganzZahl;
   float    wurzel;
   CQuadrat quadrat;
};
int main(void)
{
   CZahl zwei(2),
         sechs(6);

   zwei.print();
   sechs.print();
}
```

Damit Programm 16.13 fehlerfrei kompiliert werden kann, müsste man einen Default-Konstruktor für die Klasse `CQuadrat` angeben, wie z. B.:

```
        CQuadrat() : zahl(0)    { }
```

Dann würde dieses Programm die folgende Ausgabe liefern:

```
    2:  1.41 0
    6:  2.45 0
```

Möchte man in der Initialisierungsliste explizit einen Default-Konstruktor aufrufen, muss man nach der entsprechenden Membervariablen ein leeres Klammernpaar angeben, wie z. B.:

```
        CZahl(int z) : ganzZahl(z), wurzel(sqrt(z)), quadrat() { }
```

Dies führt dann zur gleichen Ausgabe wie zuvor.
Natürlich würde hier Folgendes Sinn machen:

```
        CZahl(int z) : ganzZahl(z), wurzel(sqrt(z)), quadrat(z) { }
```

Initialisieren von Arrays mit Werten verschieden von 0

Lokale Arrays lassen sich mit 0 initialisieren, wie z. B.:

```
void fkt(...) {
   int array[20] = { 0 };
   ....
}
```

Möchte man aber alle Elemente eines Arrays mit einem anderen Wert als 0 initialisieren, bietet C und auch C++ keine Standard-Lösung dazu. Unter Verwendung von Initialisierungslisten ist dies möglich, wie es Programm 16.14 zeigt.

Programm 16.14 – `initarray.cpp`:
Initialisieren von Arrays mit Werten verschieden von 0

```
........
class Integer {
 public:
    Integer(int i=100) : wert(i) { }
    void print(void) { cout << wert << ", "; }
 private:
    int wert;
};
int main(void) {
   Integer array[10];
   for (int i = 0; i < 10; i++)
      array[i].print();
}
```

Programm 16.14 liefert die folgende Ausgabe:

```
100, 100, 100, 100, 100, 100, 100, 100, 100, 100,
```

Man könnte sogar unter Verwendung einer globalen Variablen, was sicherlich nicht die feine Art ist, verschiedene Arrays mit unterschiedlichen Werten initialisieren, wie es zu Demonstrationszwecken in Programm 16.15 gezeigt ist.

Programm 16.15 – `initarray2.cpp`:
Initialisieren von Arrays mit unterschiedlichen Werten verschieden von 0

```
.........
int wert;
class Integer
{
 public:
    Integer(void) : wert(::wert) { }
    void print(void) { cout << wert << ", "; }
 private:
    int wert;
};

int main(void)
{
   int  i;
   ::wert = 20;
   Integer array1[10];
   for (i = 0; i < 10; i++)
      array1[i].print();
   cout << endl;
   ::wert = 30;
   Integer array2[15];
   for (i = 0; i < 15; i++)
      array2[i].print();
}
```

Programm 16.15 liefert die folgende Ausgabe:

```
20, 20, 20, 20, 20, 20, 20, 20, 20, 20,
30, 30, 30, 30, 30, 30, 30, 30, 30, 30, 30, 30, 30, 30, 30,
```

Situationen, in denen Zuweisungen Initialisierungslisten vorzuziehen sind

Grundsätzlich gilt, dass Initialisierungen mit Initialisierungslisten anders als Zuweisungen immer erlaubt und meist performanter als Zuweisungen sind. Zudem erleichtern Initialisierungslisten die Wartung einer Klasse.
Es gibt allerdings auch Situationen, in denen eine Initialisierung über Zuweisungen der einer mit Initialisierungslisten vorzuziehen ist. Dies gilt vor allen Dingen dann, wenn eine Klasse eine größere Anzahl von Membervariablen besitzt.
Nehmen wir als Beispiel das Programm 16.16, das ähnlich zu Programm `dualzaehl.cpp` auf Seite 127 ein duales Hochzählen ermöglicht. Dazu bietet dieses Programm eine Klasse `CBitwort` an, die sich aus mehreren `CBit`-Objekten zusammensetzt, die alle über eine Initialisierungsliste initialisiert werden.

Programm 16.16 – `dualcount.cpp`*:*
Dualzähler mit Initialisierungsliste für die einzelnen Bits eines Worts

```
#include <iostream>
using namespace std;
const int bitZahl=8;
class CBit {
  public:
    CBit( unsigned umschaltIntervall ) {  //.... Konstruktor
        modulus = umschaltIntervall;
        zaehler = bitWert = 0;
    }
    void naechsterTakt(void) {
      zaehler = ++zaehler % modulus; // alle 'modulus'-Schritte
      if (zaehler == 0)              // Bit invertieren
        bitWert = !bitWert;
      cout << bitWert;
    }
    void reset(void)  { zaehler = bitWert = 0; }
  private:
    bool      bitWert; // enthält immer aktuellen Bitwert
    unsigned  modulus; // nach wie viel Schritten Bit invertieren?
    unsigned  zaehler; // zählt die Schritte seit letztem Umschalten des Bits
};
class CBitwort {
  public:
      //.... Konstruktor
    CBitwort() : b7(128), b6(64), b5(32), b4(16), b3(8), b2(4), b1(2), b0(1) { }
    void zaehle( unsigned ende=5 ) {
      b7.reset(); b6.reset(); b5.reset(); b4.reset();
      b3.reset(); b2.reset(); b1.reset(); b0.reset();
      for (unsigned i=1; i<=ende; i++)
        naechsteZahl();
      cout << "-----------------" << endl;
    }
  private:
    CBit b7, b6, b5, b4, b3, b2, b1, b0;
    void naechsteZahl(void) {  //.... Private Memberfunktion
      b7.naechsterTakt();   b6.naechsterTakt();
      b5.naechsterTakt();   b4.naechsterTakt();
      b3.naechsterTakt();   b2.naechsterTakt();
      b1.naechsterTakt();   b0.naechsterTakt();
      cout << endl;
    }
};
int main(void) {
  CBitwort  bitWort;
  bitWort.zaehle();
  bitWort.zaehle(7);
}
```

Programm 16.16 liefert die folgende Ausgabe:

```
00000001
00000010
00000011
00000100
00000101
----------------
00000001
00000010
00000011
00000100
00000101
00000110
00000111
----------------
```

Nehmen wir nun an, dass wir dieses Programm auf eine Wortbreite von 16 Bits erweitern sollen. In diesem Fall wären hier erhebliche Änderungen erforderlich, während beim folgenden Programm 16.17, das keine Initialisierungsliste für die einzelnen Bits verwendet, lediglich die folgende Zeile:

```
const int bitZahl=16  // von 8 auf 16 geändert;
```

zu ändern wäre, und der Rest des Programms könnte unverändert übernommen werden. Im folgenden Listing des Programms 16.17 sind die Änderungen gegenüber dem Programm 16.16 fett gedruckt.

Programm 16.17 – `dualcount2.cpp`:
Dualzähler ohne Initialisierungsliste für die einzelnen Bits eines Worts

```
#include <iostream>
using namespace std;
const int bitZahl=16;
class CBit { /*... (unverändert) siehe Programm 16.16 */ };
class CBitwort {
   public:
      CBitwort() { //.... Konstruktor
         unsigned z = 1;
         for (int i=0; i<bitZahl; i++, z*=2)
            bit[i] = new CBit(z);
      }
      void zaehle(int ende=5) {
         int i;
         for (i=bitZahl-1; i>=0; i--)
            bit[i]->reset();
         for (i=1; i<=ende; i++)
            naechsteZahl();
         cout << "----------------" << endl;
      }
```

```
    private:
        CBit *bit[bitZahl];
        void naechsteZahl(void) {  //.... Private Memberfunktion
            for (int i=bitZahl-1; i>=0; i--)
                bit[i]->naechsterTakt();
            cout << endl;
        }
};
int main(void) { /*... (unverändert) siehe Programm 16.16 */ }
```

Programm 16.17 liefert die folgende Ausgabe:

```
0000000000000001
0000000000000010
0000000000000011
0000000000000100
0000000000000101
-----------------
0000000000000001
0000000000000010
0000000000000011
0000000000000100
0000000000000101
0000000000000110
0000000000000111
-----------------
```

Eine Änderung auf eine andere Wortbreite, wie z. B. 32, wäre also in Programm 16.17 ganz einfach ohne viel Aufwand möglich:

```
const int bitZahl=32  // von 16 auf 32 geändert;
```

16.2.2 Initialisierung von Memberkonstanten

In Kapitel 15.7.2 auf Seite 221 wurde eine Möglichkeit gezeigt, wie Konstanten in Klassen, denen man ja nicht über eine Zuweisung einen Wert zuweisen kann, initialisiert werden können. Dort wurden die entsprechenden Memberkonstanten `static` definiert, so dass diese Konstanten dann für alle Objekte dieser Klasse gleich sind, da sie ja klassen- und nicht objektbezogen sind.
Hier wird eine andere Variante vorgestellt, mit der man Memberkonstanten objekt- und nicht klassenbezogen initialisieren kann, so dass unterschiedliche Objekte auch unterschiedliche Werte für die konstanten Memberelemente besitzen können.
Programm 16.18 ist hierzu ein Demonstrationsbeispiel.

Programm 16.18 – `constinit2.cpp`:
Initialisierung von Konstanten in Klasse mittels Initialisierungsliste

```
#include <iostream>
#include <cstring>
using namespace std;
```

```
class CStrLen {
 public:
   CStrLen(int l) : m_maxLen(l), m_string(new char[l+1]) {
      // m_maxLen = l; ist nicht erlaubt
      m_string[m_len=0] = 0;
   }
   void append(char *str) {
      if (strlen(m_string) + strlen(str) <= m_maxLen) {
         strcat(m_string, str);
         m_len = strlen(m_string);
      }
   }
   void print(void) {
      cout << m_string << " (" << m_len << ";" << m_maxLen << ")" << endl;
   }
 private:
   const unsigned m_maxLen;
   char            *m_string;
   int              m_len;
};
int main(void) {
  CStrLen text(50);
   text.append("Hallo");                    text.print();
   text.append(", wie gehts denn so");  text.print();
}
```

Programm 16.18 liefert die folgende Ausgabe:

```
Hallo (5;50)
Hallo, wie gehts denn so (24;50)
```

Es ist noch zu erwähnen, dass `const`-Membervariablen eventuell zu schnelleren Programmen führen, da sie den Compilern Optimierungen erlauben.
Programm 16.19 zeigt eine Variante zu Programm `constinit1.cpp` auf Seite 221, wobei hier jedoch nicht `static`, sondern eine Initialisierungsliste verwendet wird, um die Konstanten in der Klasse zu initialisieren.

Programm 16.19 – `constinit3.cpp`:
Initialisierung von Memberkonstanten mittels Initialisierungsliste

```
#include <iostream>
using namespace std;

class K1 {
 public:
   K1(int w=1)                { i = w;     }
   int getWert(void) const { return i; }
 private:
   int i;
};
```

```
class K2 {
 public:
    K2() : pi(3.1415), k1_obj(20) {
       // pi = 3.1415; // nicht erlaubt
       // k1_obj(20);  // nicht erlaubt
    }
    void print1(void) { cout << "Pi = " << pi << endl;                }
    void print2(void) { cout << "K1::i = " << k1_obj.getWert() << endl; }
 private:
    const float pi      /* = 3.1415; //nicht erlaubt */;
    const K1    k1_obj /* = K1(20); //nicht erlaubt */;
};
int main(void) {
  K2 obj1;
  K2 obj2;
   obj1.print1();  obj1.print2();
   obj2.print1();  obj2.print2();
}
```

Programm 16.19 liefert die folgende Ausgabe:

```
Pi = 3.1415
K1::i = 20
Pi = 3.1415
K1::i = 20
```

Programm 16.20 verdeutlicht nochmals, dass bei der Initialisierung von Memberkonstanten mittels einer Initialisierungsliste jedes Objekt seine eigenen individuellen Werte für die entsprechenden Memberkonstanten besitzen kann.

Programm 16.20 – `constinit4.cpp`:
Objektbezogene Memberkonstanten mit unterschiedlichen Werten

```
#include <iostream>
using namespace std;

class K {
 public:
    K(int g) : groesse(g) { }
    void print(void) { cout << groesse << ", "; }
 private:
    const int groesse;
};
int main(void) {
   K obj1(10),      obj2(20),      obj3(30);
     obj1.print(), obj2.print(), obj3.print();
   cout << endl;
}
```

Programm 16.20 liefert die folgende Ausgabe:

```
10, 20, 30,
```

16.2.3 Initialisierung von Referenz-Membervariablen

Da Referenzen immer nur bei ihrer Definition initialisiert werden können, ist eine Zuweisung an Membervariablen, die Referenzen sind, nicht möglich. Referenz-Membervariablen müssen deshalb immer über einen Konstruktoraufruf in der Initialisierungsliste initialisiert werden. Programm 16.21 ist hierzu ein Demonstrationsbeispiel.

Programm 16.21 – `refinit.cpp`:
Initialisierung von Referenz-Membervariablen nur in Initialisierungsliste möglich

```
#include <iostream>
using namespace std;

class CRef
{
   public:
      CRef(int& nr) : m_nr(nr), m_ref(nr) {
         // m_ref = nr; ist nicht erlaubt
      }
      void set(int wert) {
         m_nr  = wert;
         m_ref = wert;
      }
      void print(void) {
         cout << "m_nr = " << m_nr << "; m_ref = " << m_ref << endl;
      }
   private:
      int  m_nr;
      int& m_ref;
};

int main(void)
{
   int a = 50;
   CRef ref(a);     ref.print();    cout << ".... a=" << a << endl;
   ref.set(1000);   ref.print();    cout << ".... a=" << a << endl;
   a = 99;          ref.print();    cout << ".... a=" << a << endl;
}
```

Programm 16.21 liefert die folgende Ausgabe:

```
m_nr = 50; m_ref = 50
.... a=50
m_nr = 1000; m_ref = 1000
.... a=1000
m_nr = 1000; m_ref = 99
.... a=99
```

16.2.4 Übungen

Das d'Hondtsche Höchstzählverfahren

Gemäß Bundeswahlgesetz werden die Sitze auf die Landeslisten nach dem „Höchstzählverfahren von d'Hondt" (dem Belgier *Victor d'Hondt*) verteilt. Es wird in den Erläuterungen zum Bundeswahlgesetz wie folgt beschrieben:

Dieses Höchstzählverfahren ist ein Rechenverfahren, durch das auf verhältnismäßig einfache Weise auf Grund der Stimmenzahl die proportionale Sitzverteilung ermittelt wird. Das Ergebnis entspricht nicht ganz, aber annähernd der mathematischen Proportion. Es besteht darin, dass die auf eine Wahlvorschlagsliste entfallenen Stimmen so oft durch 1, 2, 3 usw. geteilt werden, bis so viele 'Höchstzahlen' ermittelt sind, wie Sitze zu verteilen sind. In der Reihenfolge der so ermittelten Höchstzahlen werden jeder Partei dann die Sitze zugewiesen.

Angenommen, es seien insgesamt abgegeben:

```
für die Liste A  650500 Stimmen
              B  541600 Stimmen
              C  461500 Stimmen
              D   89200 Stimmen
              E   64800 Stimmen
```

und es seien insgesamt 31 Abgeordnete zu wählen.

Folgende Tabelle enthält dann die Quotienten und in Klammern die Reihenfolge der Sitzzuteilung:

```
           A          B          C          D          E
     650500(1)  541600(2)  461500(3)  89200(19)  64800(27)
durch 2  325250(4)  270800(5)  230750(6)  44600      32400
durch 3  216833(7)  180533(8)  153833(10)
durch 4  162625(9)  135400(11)  115375(13)
durch 5  130100(12)  108320(15)  92300(17)
.............................................
```

Würde man diese Rechnung fortsetzen, dann erhält die Partei A 12 Sitze, B erhält 9, C erhält 8 und D und E erhalten je einen Sitz.

Erstellen Sie ein Programm `dhondt.cpp`, das für solche Wahlen die Sitzverteilung nach dem d'Hondtschen Höchstzählverfahren berechnet. Die Namen der Parteien seien dabei fest im Programm vorgegeben. Im Programm `dhondt.cpp` sollten Sie zwei Klassen angeben:

- `CPartei` für die Parteien
- `CdHondt` für das d'Hondtsche Höchstzählverfahren

Die Membervariablen dieser beiden Klassen sollten Sie dabei mittels Initialisierungslisten initialisieren.

Möglicher Ablauf des Programms `dhondt.cpp` ist z. B.:

```
Wieviele Sitze sind zu vergeben: 31 ⏎
Geben Sie die abgegebenen Stimmen pro Partei ein
ZTU: 650500 ⏎
SPT: 541600 ⏎
```

```
FTB: 461500 ⏎
Greens: 89200 ⏎
PTS: 64800 ⏎

Soll jede einzelne Sitzzuteilung ausgegeben werden (j/n) ? j ⏎

...Sitz 1 geht an: ZTU (650500)
...Sitz 2 geht an: SPT (541600)
...Sitz 3 geht an: FTB (461500)
...Sitz 4 geht an: ZTU (325250)
...Sitz 5 geht an: SPT (270800)
...Sitz 6 geht an: FTB (230750)
...Sitz 7 geht an: ZTU (216833)
...Sitz 8 geht an: SPT (180533)
...Sitz 9 geht an: ZTU (162625)
...Sitz 10 geht an: FTB (153833)
...Sitz 11 geht an: SPT (135400)
...Sitz 12 geht an: ZTU (130100)
...Sitz 13 geht an: FTB (115375)
...Sitz 14 geht an: ZTU (108417)
...Sitz 15 geht an: SPT (108320)
...Sitz 16 geht an: ZTU (92929)
...Sitz 17 geht an: FTB (92300)
...Sitz 18 geht an: SPT (90267)
...Sitz 19 geht an: Greens (89200)
...Sitz 20 geht an: ZTU (81312)
...Sitz 21 geht an: SPT (77371)
...Sitz 22 geht an: FTB (76917)
...Sitz 23 geht an: ZTU (72278)
...Sitz 24 geht an: SPT (67700)
...Sitz 25 geht an: FTB (65929)
...Sitz 26 geht an: ZTU (65050)
...Sitz 27 geht an: PTS (64800)
...Sitz 28 geht an: SPT (60178)
...Sitz 29 geht an: ZTU (59136)
...Sitz 30 geht an: FTB (57688)
...Sitz 31 geht an: ZTU (54208)

Sitzverteilung:
    Partei | Sitze |     Prozent (Sitze) |   Prozent (Stimmen) |
-----------+-------+---------------------+---------------------|
       ZTU |    12 |               38.71 |               35.99 |
       SPT |     9 |               29.03 |               29.96 |
       FTB |     8 |               25.81 |               25.53 |
    Greens |     1 |                3.23 |                4.93 |
       PTS |     1 |                3.23 |                3.58 |
```

Kästners Kubikkilometer für alle Menschen

Der Kinderbuchautor *Erich Kästner* hat in einem seiner Bücher die interessante These aufgestellt, dass in einen Kubikkilometer alle Menschen passen würden. Ergänzen Sie das folgende Programm `kaestner.cpp` um eine Initialisierungsliste, so dass es nach dem Einlesen der durchschnittlichen Höhe, Breite und Tiefe eines Menschen, ausgibt, wie viele Milliarden Menschen bei solchen Maßen in einen Kubikkilometer passen würden.

```
#include <iostream>
#include <iomanip>
using namespace std;
class CBerech {
 public:
   CBerech(float l, float b, float t)
                        : //... zu ergänzender Code (Initialisierungsliste)
   {
      cout << endl << endl << "Bei diesen Mass-Angaben passen" << endl
           << setiosflags(ios::fixed)
           << "   " << mensch_zahl/mrd
           << " Mrd. Menschen in einen Kubik-Kilometer" << endl;
   }
 private:
   const double kubik_km_in_cm, mrd;
   double mensch_volumen, mensch_zahl;
};
int main(void) {
   float laenge, breite, tiefe;
   cout << "Wie lang ist durchschnittlich ein Mensch (in cm): ";
   cin >> laenge;
   cout << "Wie breit ist durchschnittlich ein Mensch (in cm): ";
   cin >> breite;
   cout << "Wie tief ist durchschnittlich ein Mensch (in cm): ";
   cin >> tiefe;
   CBerech menschKubikKm( laenge, breite, tiefe );
}
```

Mögliche Abläufe des Programms `kaestner.cpp`:

```
Wie lang ist durchschnittlich ein Mensch (in cm): 150 ⏎
Wie breit ist durchschnittlich ein Mensch (in cm): 55 ⏎
Wie tief ist durchschnittlich ein Mensch (in cm): 20 ⏎
Bei diesen Mass-Angaben passen
   6.060606 Mrd. Menschen in einen Kubik-Kilometer
```

```
Wie lang ist durchschnittlich ein Mensch (in cm): 135 ⏎
Wie breit ist durchschnittlich ein Mensch (in cm): 45 ⏎
Wie tief ist durchschnittlich ein Mensch (in cm): 17 ⏎
Bei diesen Mass-Angaben passen
   9.682885 Mrd. Menschen in einen Kubik-Kilometer
```

Geldscheine stapeln

In der Politik ist oft von zig Milliarden die Rede. Man kann sich meist nicht vorstellen, um welche gigantische Geldmenge es sich dabei handelt. Hier wird nun angenommen, dass Geldscheine übereinander gestapelt werden, um eine bestimmte Summe zu bilden. Das folgende Programm `geldstap.cpp` liest zunächst ein, welche Scheine (10 Euro oder 50 Euro oder ...) zum Stapeln verwendet werden sollen. Nachdem es noch den Betrag eingelesen hat, gibt es aus, wie hoch der Stapel wäre, wobei es für 1000 Scheine eine Höhe von 15 cm annimmt.

```
#include  <iostream>
#include  <iomanip>
using namespace std;

class CGeldStapel {
 public:
   CGeldStapel(float scheinWert, float betrag)
           : cm_zu_meter(0.01),
             meter_zu_km(0.001),
             scheinDicke(15.0/1000), // 15 cm für 1000 Scheine genommen
             scheinZahl(betrag/scheinWert),
             hoehe(scheinZahl*scheinDicke) {
      cout << setprecision(0) << setiosflags(ios::fixed) << endl
           << "Mit " << scheinWert << " Euro-Scheine werden "
           << betrag << " Euro gestapelt"<< endl
           << "Der Stapel wäre hoch: " << setprecision(2) << hoehe
           << " cm = " << hoehe*cm_zu_meter << " m = "
           << hoehe*cm_zu_meter*meter_zu_km << " km" << endl;
   }
 private:
   float cm_zu_meter;
   float meter_zu_km;
   float hoehe;
   float scheinZahl;
   float scheinDicke;
};
int  main(void) {
   float schein_wert, betrag;
   cout << "Welche Scheine sollen zum Stapeln verwendet werden: ";
   cin >> schein_wert;
   cout << "Welcher Betrag soll mit diesen Scheinen gestapelt werden: ";
   cin >> betrag;
   CGeldStapel stapel(schein_wert, betrag);
}
```

Warum liefert dieses Programm aber falsche Ergebnisse, wie z. B.:

```
Welche Scheine sollen zum Stapeln verwendet werden: 5 ↵
Welcher Betrag soll mit diesen Scheinen gestapelt werden: 1e10 ↵
Mit 5 Euro-Scheine werden 10000000000 Euro gestapelt
Der Stapel wäre hoch: 5.33 cm = 0.05 m = 0.00 k
```

16.3 Beziehungen zwischen Objekten

Der Ablauf in einem objektorientierten Programm entsteht dadurch, dass Objekte miteinander kommunizieren. Kommunikation zwischen Objekten bedeutet, dass die Objekte sich gegenseitig Nachrichten schicken, d. h. Methoden des anderen Objekts aufrufen, um entsprechende Aktionen anzustoßen. Die Voraussetzung für eine Kommunikation zwischen Objekten ist, dass diese sich kennen. Nachfolgend ist aufgelistet, welche Objekte eine C++-Methode kennt:

- globale Objekte
- lokale Objekte, wie z. B.

```
class CArzt
{
   ....
   void Behandeln() {
      CPerson patient;
      m_wartezimmer.Get(patient);
      patient.Untersuchen();
      ...
   }
}
```

- Parameter-Objekte, wie z. B.

```
class CArzt
{
   ....
   void Behandeln(CPerson patient) {
      patient.Untersuchen();
      ...
   }
}
```

- Attribut-Objekte (Membervariablen), wie z. B.

```
class CBitwort
{
   ...
private:
   CBit b7, b6, b5, b4, b3, b2, b1, b0;
   ...
};
```

oder:

```
class CRechnung
{
   ...
private:
   ...
   CAnschrift* m_Anschrift;
}
```

16.3.1 Assoziationen, Aggregationen und Kompositionen

Hier werden drei Arten von Beziehungen zwischen Objekten vorgestellt:

- **Assoziation – gleichrangige Beziehung zwischen Objekten**
  Über eine Assoziation zueinander in Beziehung stehende Objekte kennen sich lediglich, haben aber sonst keinerlei stärkere Beziehung zueinander.
- **Aggregation – Hierarchische Beziehung (Objekte sind Teile eines anderen)**
  Bei einer Aggregation, die eine Sonderform der Assoziation ist, handelt es sich – anders als bei einer Assoziation – um keine gleichwertige Beziehung zwischen zwei Klassen. Hierbei stehen stattdessen die Klassen zueinander in einer Hierarchie-Beziehung, wie ein Ganzes zu seinen Teilen. Eine Aggregation beschreibt, wie sich etwas Ganzes (Aggregat-Klasse auf der einen Seite) aus seinen Teilen (Klasse(n) auf der anderen Seite) logisch zusammensetzt.
- **Komposition – Stärkere Form der Aggregation**
  Die Komposition ist ihrerseits eine Sonderform der Aggregation, bei der die Einzelteile vom Ganzen (dem Aggregat) existenzabhängig sind. Dies bedeutet, dass beim Entfernen des Ganzen auch automatisch die Einzelteile nicht mehr existenzfähig sind, da sie nur im Zusammenhang mit dem Ganzen Sinn machen.

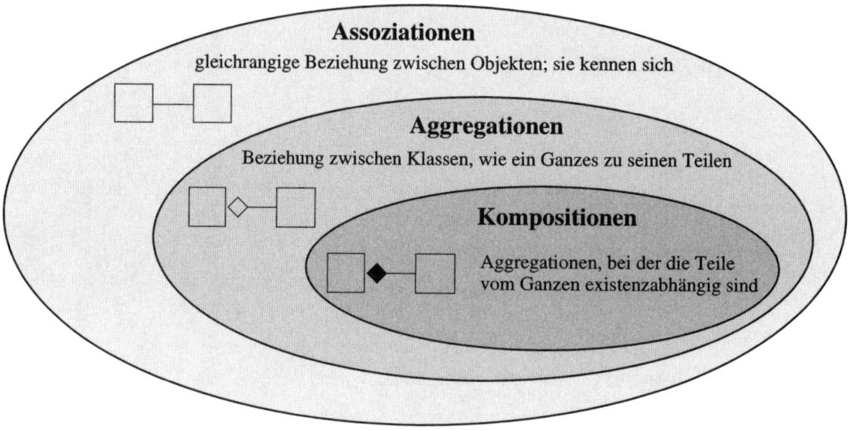

Abbildung 16.7: Assoziationen, Aggregationen und Kompositionen

16.3.2 UML-Darstellung

Assoziation (Benutzt-Beziehung)

Eine Assoziation stellt eine Beziehung zwischen Klassen dar. Ein einfaches Beispiel hierfür ist eine Beziehung zwischen einem Menschen und einer Menge von Büchern, wie es in Abbildung 16.8 gezeigt ist.

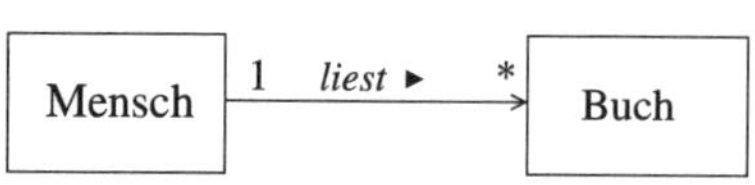

Abbildung 16.8: Assoziationsbeziehung zwischen Mensch und Buch

Im einfachsten Fall wird eine Assoziation nur in Form einer Linie zwischen zwei Klassen angegeben. Üblicherweise werden aber bei Assoziationen zusätzlich noch möglichst viele weitere Informationen angegeben:

- *Text auf der Linie*, der die Form der Beziehung näher beschreibt. Diese Beziehungsbeschreibung wird in UML kursiv geschrieben. Damit man den Klassennamen und die kursiv geschriebene Beziehungsbeschreibung in richtiger Richtung lesen kann, kann neben der Beziehungsbeschreibung ein kleines ausgefülltes Dreieck angegeben werden, dessen Spitze die Leserichtung anzeigt.
- *Anzahl (Kardinalität/Multiplizität*[1]), d. h. wie viele Objekte auf der einen Seite der Assoziation mit wie vielen auf der anderen verbunden sind, wie z. B.:

1	genau eins	0..3	null bis drei
1,3,5	eins oder drei oder fünf	1..4,8	eins bis vier oder acht
0..*	keines, eines oder mehrere	*	entspricht `0..*`
1..*	eines oder mehrere		

  Ein Fehlen der Kardinalitätsangabe wird immer als 1 interpretiert. Liegt das Minimum bei Null, bedeutet dies, dass die Beziehung optional ist.
- *Rollennamen*, die die Rolle der beteiligten Objekte in der Beziehung näher beschreiben, wie z. B. Gärtner, Werkzeug, Arbeitgeber oder Arbeitnehmer.
- *Sichtbarkeitsangaben* auf jeder Seite der Assoziation. Ist z. B. eine Assoziation mit Querstrich (`-`) als `private` gekennzeichnet, so kann zwar das Objekt selbst diese Assoziation benutzen, andere Klassen haben jedoch keinen Zugriff.

Abbildung 16.9 zeigt Beispiele für Assoziationen mit Multiplizitäten- und Rollenangaben.

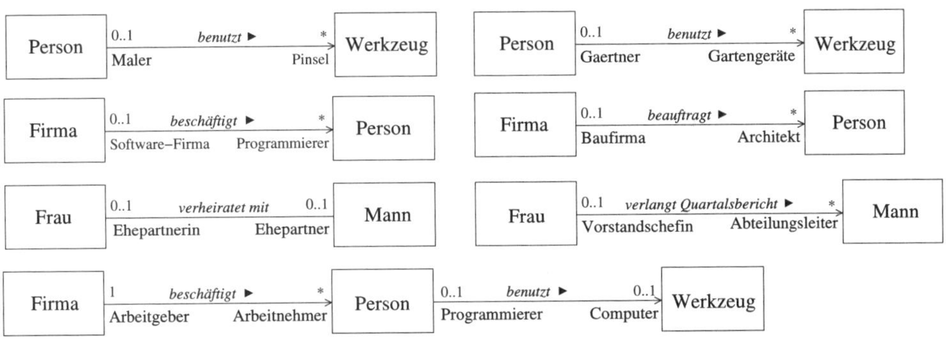

Abbildung 16.9: Assoziationen mit Multiplizitäten- und Rollenangaben

Abbildung 16.10 zeigt ein Beispiel für Assoziationen mit Sichtbarkeitsangaben.

Abbildung 16.10: Assoziation mit Sichtbarkeitsangaben

Assoziationen werden auch *Benutzt-Beziehungen* genannt.

---

[1] *Kardinalität*: Anzahl der Elemente <-> *Multiplizität*: Bereich erlaubter Kardinalitäten

Allgemein kann man zwischen (einseitig) gerichteten, bidirektionalen und ungerichteten Assoziationen unterscheiden, wobei jedoch in UML eine Unterscheidung von bidirektionalen und ungerichteten Assoziationen nicht möglich ist, wie es Abbildung 16.11 verdeutlicht.

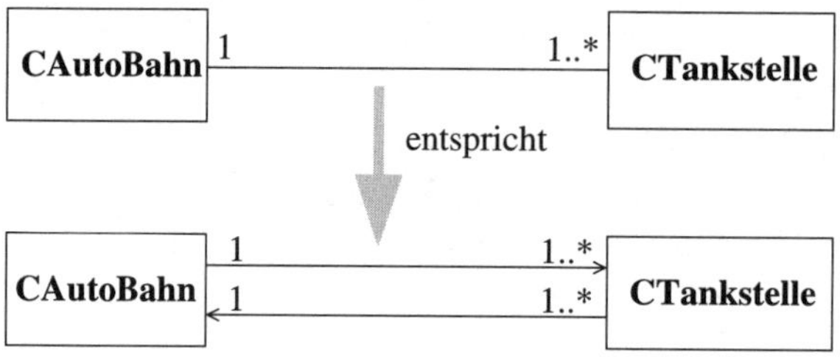

Abbildung 16.11: Ungerichtete Assoziationen entsprechen zwei gerichteten Assoziationen

In dem in Abbildung 16.11 gezeigten UML-Diagramm ist erkennbar, dass sich auf einer Autobahn oder in ihrer Nähe beliebig viele Tankstellen befinden können.
Da in UML keine Unterscheidung zwischen bidirektionalen und ungerichteten Assoziationen möglich ist, handelt es sich hier um zwei gerichtete Assoziationen, die voneinander unabhängig sind, wie es im unteren Teil von Abbildung 16.11 gezeigt ist. Dies bedeutet, dass jede Klasse die Verantwortung für ihre Beziehung zur anderen Klasse trägt. In diesem Fall bedeutet dies, dass jeder Autobahn bekannt ist, welche Tankstellen sich auf ihr in Raststätten oder in ihrer Nähe befinden. Umgekehrt ist jeder Tankstelle bekannt, auf welcher Autobahn sie sich befindet bzw. in welcher Nähe sich eine entsprechende Autobahn befindet.
Abbildung 16.12 soll den Unterschied zwischen bi- und unidirektionalen Assoziationen nochmals verdeutlichen.

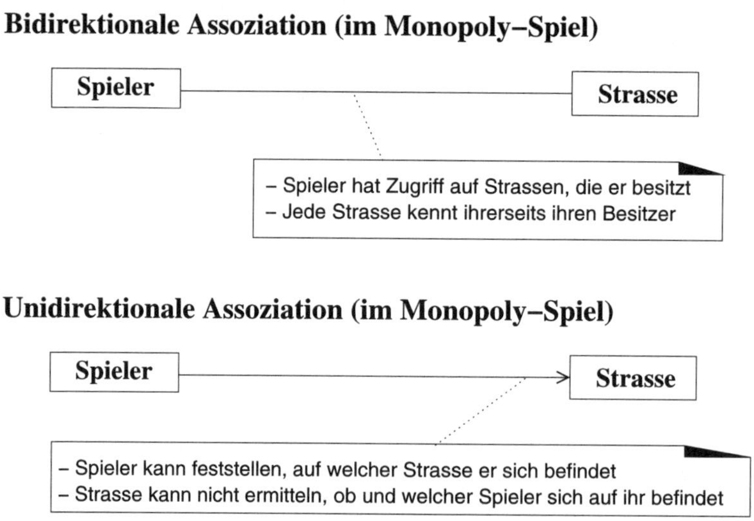

Abbildung 16.12: Unterschied zwischen uni- und bidirektionaler Assoziation

Links (Objektverbindungen)

Eine Assoziation beschreibt also eine Verbindung zwischen Klassen. Eine Beziehung zwischen zwei Objekten dieser Klasse bezeichnet man als *Objektverbindung* (engl. *link*). Objektverbindungen sind somit die Instanzen einer Assoziation.
Hat man z. B. eine Situation vorliegen, wo Geraden sich in Schnittpunkten schneiden, wie es in Abbildung 16.13 gezeigt ist, so könnte man das als Objektbeziehungen (Links) modellieren, wie es in Abbildung 16.14 gezeigt ist.

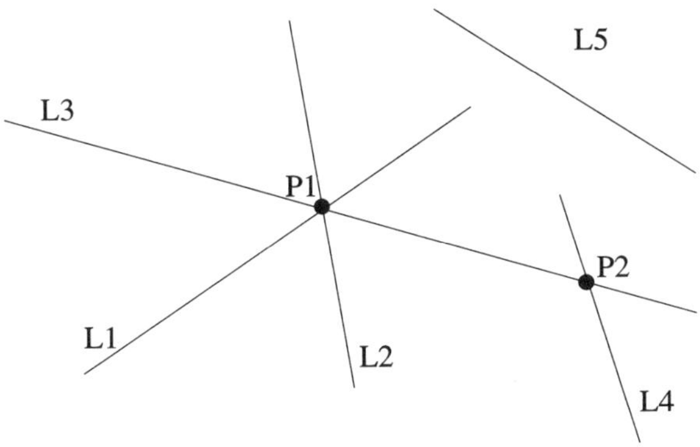

Abbildung 16.13: Linien mit Schnittpunkten

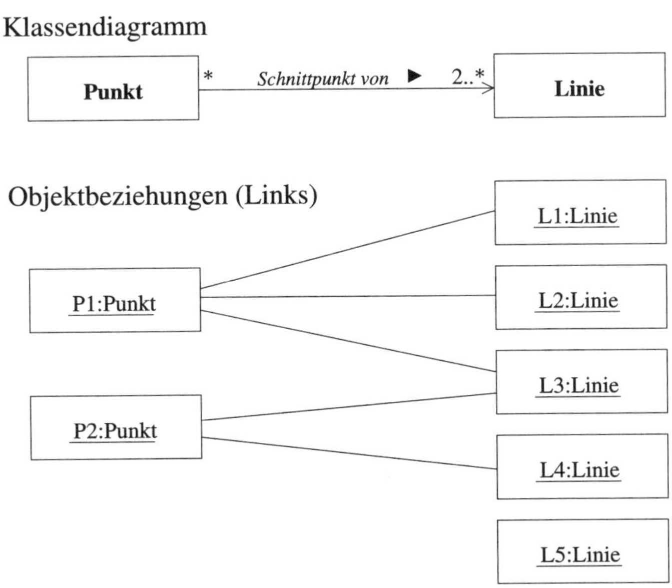

Abbildung 16.14: Objektbeziehungen (Links) zu Abbildung 16.13

Abbildung 16.15 zeigt ein weiteres Klassendiagramm mit einem zugehörigen Objektdiagramm.

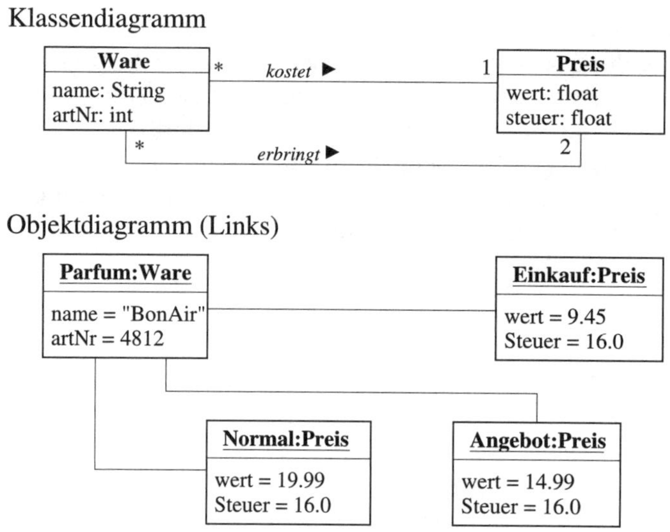

Abbildung 16.15: Klassendiagramm mit zugehörigem Objektdiagramm

Aggregation (Hat-Beziehung)

Eine Aggregation ist eine Sonderform der Assoziation: Bei einer Aggregation handelt es sich auch um eine Beziehung zwischen zwei Klassen, jedoch mit der Besonderheit, dass die Klassen zueinander in Beziehung stehen, wie ein Ganzes zu seinen Teilen. Eine Aggregation ist die Zusammensetzung eines Objekts aus einer Menge von Einzelteilen, wie z. B.:

- Ein *Ganzes und seine Teile* (z. B. Computer besteht aus CPU, Speicher usw.)
- Ein *Behälter und sein Inhalt* (z. B. Stack und seine Elemente)
- Eine *Kollektion und ihre Elemente* (z. B. Verein und seine Mitglieder)

Eine Stadt ist beispielsweise eine Aggregation aus Häusern, Straßen, Parks usw. Auch diese Teile können wiederum Aggregationen sein: ein Park besteht aus Bäumen, Sträuchern, Fußwegen usw. Aggregationen sind *Hat-Beziehungen*: Eine Stadt hat Straßen. Aggregationen werden manchmal auch als *Teile-Ganzes-Hierarchie* bezeichnet. Um eine Beziehung als Aggregation zu kennzeichnen, wird auf der Seite des Ganzen eine Raute gezeichnet. Abbildung 16.16 zeigt, wie die Aggregationsbeziehung zwischen Stadt, Park und Baum in der UML dargestellt werden kann.

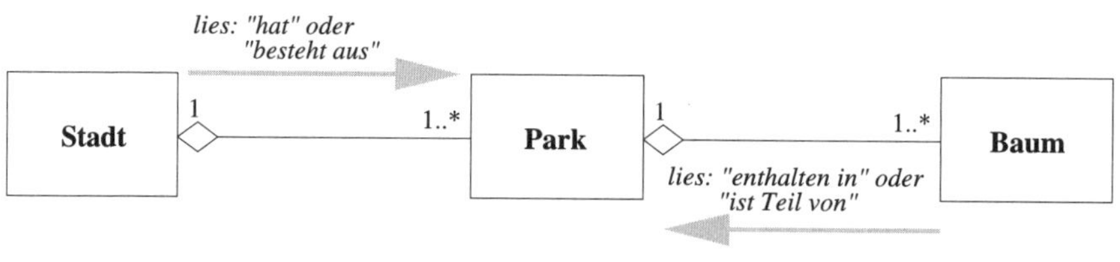

Abbildung 16.16: Beispiel für Aggregationen

Ein Aggregat kann zeitweise – und dies meistens am Anfang – auch die Kardinalität 0 haben, d. h. keine Teile beinhalten.

Delegation mittels Aggregation

Aggregate werden üblicherweise dazu verwendet, dass das Ganze stellvertretend für seine Einzelteile handelt, d. h. Operationen anbietet, die dann an die Einzelteile weitergeleitet (*propagiert/delegiert*) werden, z. B. eine Nachricht `Fahren()` an ein Objekt der Klasse `Pkw` könnte diese weiterleiten an ihre Bestandteile der Klasse `Rad` in Form der Nachricht `Drehen()`; siehe auch Abbildung 16.17.

Abbildung 16.17: Aggregation mit möglicher Delegation bei Pkw und Rad

Teile können gleichzeitig Teil verschiedener Aggregationen sein

Teile von normalen Aggregationen, die keine Kompositionen (siehe weiter unten) sind, können gleichzeitig Teil verschiedener Aggregationen sein, wobei diese Aggregats-Klassen Objekte unterschiedlicher Klassen oder derselben Klasse sein können. Abbildung 16.18 zeigt, dass eine Person gleichzeitig in mehreren Sportvereinen aktiv sein kann, wie z. B. im Fußball- und Schützenverein. Dennoch wird der Verein als Aggregat eingestuft, da er eine Einheit ist, die aus mehreren Mitgliedern besteht.

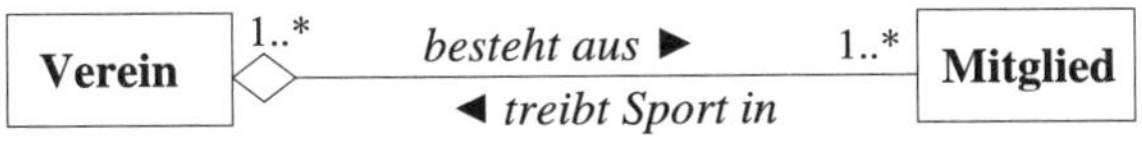

Abbildung 16.18: Gleiche Aggregats-Klasse für verschiedene Aggregationen

Abbildung 16.19 zeigt eine Aggregation, bei der Teile (`Person`) Bestandteile verschiedener Aggregate sind, wobei die Aggregate unterschiedliche Klassen (`Verein` und `Familie`) sind. Diese Abbildung verdeutlicht, dass ein Verein Mitglieder haben kann, die gleichzeitig auch Teil einer Familie sind.

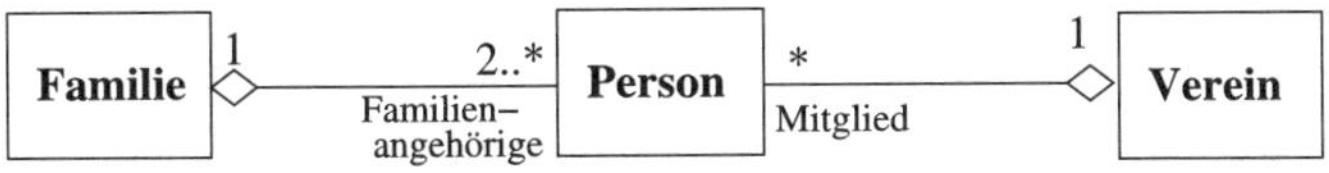

Abbildung 16.19: Verschiedene Aggregats-Klassen, die gleiche Teile besitzen

Baumartige Aggregationen wie in Abbildung 16.20 sind erlaubt

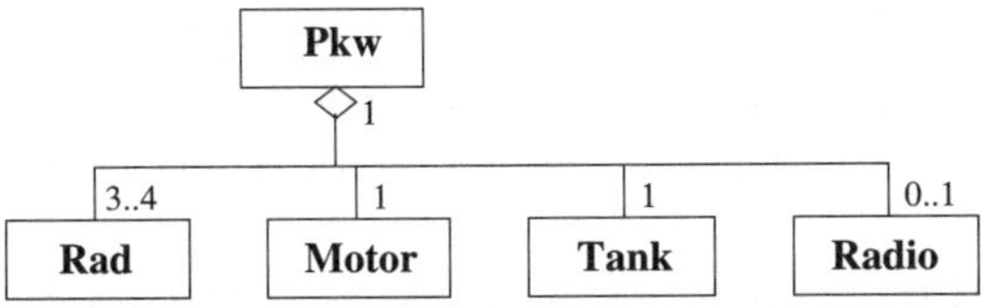

Abbildung 16.20: Baumartige Aggregationen

Komposition (Aggregation mit existenzabhängigen Teilen)

Eine Sonderform der Aggregation liegt vor, wenn die Einzelteile vom Aggregat (dem Ganzen) existenzabhängig sind. Man spricht in diesem Fall von einer *Komposition*. Ein Beispiel hierfür ist die Beziehung zwischen Geheimnummer und Bankkonto. Eine Geheimnummer gehört immer zu einem bestimmten Bankkonto. Wenn das Ganze (z. B. Bankkonto) also gelöscht werden soll, so werden auch alle existenzabhängigen Einzelteile (z. B. Geheimnummer) mitgelöscht, da sie keine Existenzberechtigung mehr haben. Bei einer normalen Aggregation würde dagegen nur das eine Objekt und die Beziehung zum anderen Objekt gelöscht, aber das andere Objekt würde weiterbestehen. Ein Beispiel für eine normale Aggregation ist die Beziehung: „Stadt hat Straßen". Die Straßen gehören zwar notwendigerweise zu einer Stadt, weshalb auch eine Aggregation vorliegt. Da die Straßen aber auch eigenständig betrachtet werden können, also unabhängig von der Stadt exististenzfähig sind, liegt bei dieser Beziehung eine normale Aggregation und keine Komposition vor.

Abbildung 16.21 verdeutlicht in der Gegenüberstellung den Unterschied zwischen Komposition und Aggregation.

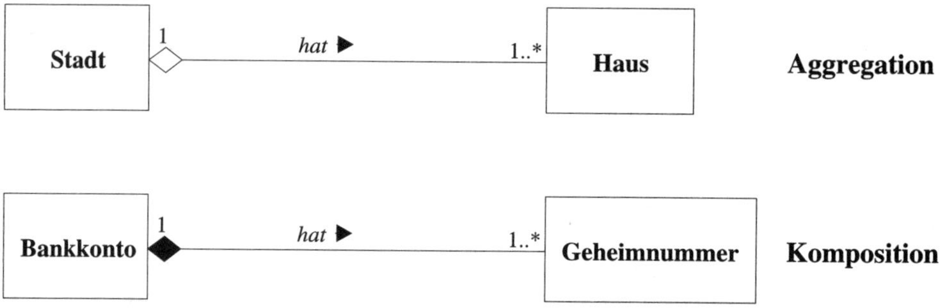

Abbildung 16.21: Aggregation versus Komposition

Für Kompositionen gilt Folgendes:

- Kompositionen werden in UML durch gefüllte Rauten gekennzeichnet.
- Sie haben auf der Seite des Aggregats immer die Kardinalität `1` oder `0..1`.
- Die Einzelteile einer existenzabhängigen Aggregation können immer nur zu einem Ganzen gehören und von diesem abhängig sein, da sie alleine ohne eine Beziehung zum Aggregat nicht „lebensfähig" sind.
- Auf der anderen Seite ist es natürlich nicht möglich, dass ein Einzelteil (wie z. B. die Geheimnummer) von verschiedenen Aggregaten (wie z. B. Bankkonto und PIN-Code für ein Handy) existenzabhängig ist; dies wäre ein Widerspruch.
- Ein Einzelteil kann jedoch neben der einen existenzabhängigen Beziehung beliebig viele normale Assoziationen und (nicht-existenzabhängige) Aggregationen zu anderen Klassen haben.
- Falls für die Teile eine variable Multiplizität `1..*` angegeben ist, müssen die Teile nicht gemeinsam mit dem Aggregat erzeugt werden, sondern können auch erst später angelegt werden. Danach gehören sie aber sofort zum Aggregat, da sie alleine nicht existenzfähig sind.

- Die Teile eines Aggregats können auch vor dem Aggregat selbst gelöscht werden, müssen aber in jedem Fall spätestens mit dem Aggregat selbst entfernt werden.
- Kompositionsbeziehungen können mit einer Multiplizitätsangabe, einem Beziehungsnamen, einem Leserichtungspfeil und Rollennamen angegeben werden.
- Mehrere Kompositionsbeziehungen zu einem Ganzen können baumartig angegeben werden, wie dies z. B. in Abbildung 16.22 gezeigt ist.

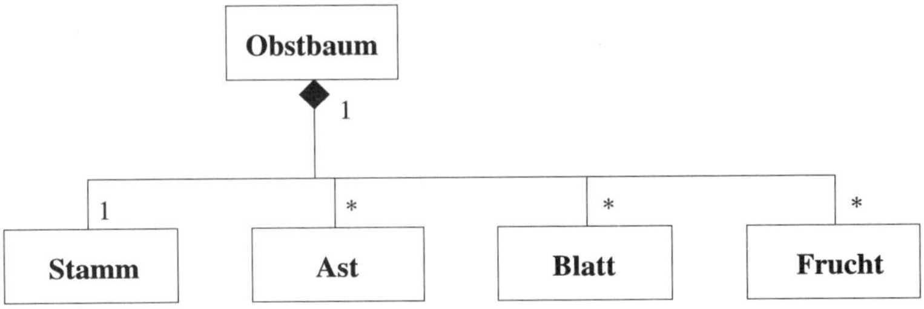

Abbildung 16.22: Baumartige Kompositionen

Bei einer Komposition übernimmt das Ganze bestimmte Aufgaben für die Gesamtheit der Einzelteile. Hat man z. B. eine Klasse `Rechnung`, die aus mehreren Rechnungspositionen besteht, so handelt es sich dabei um eine Komposition. Die Klasse `Rechnung` bietet dann z. B. Operationen wie z. B. `gesamtBetrag()`, `mwst()` oder `positionsAnzahl()` an.

Assoziation oder Aggregation bzw. Komposition

Die Entscheidung, ob es sich bei einer Beziehung um eine Assoziation oder eine Aggregation handelt, ist oft nicht ganz einfach. Dies liegt bereits darin begründet, dass die Wörter der deutschen Sprache oftmals nicht ganz eindeutig sind und im Kontext betrachet werden müssen. So handelt es sich bei einer Aggregation um eine *Hat-Beziehung*. Bei der Aussage *Ein Mensch hat ein Fahrrad* handelt es sich jedoch nicht um eine Aggregation, da der Mensch nicht aus einem Fahrrad besteht. Aber auch das Verb *besteht aus* bzw. *enthält* bedeutet nicht zwangläufig eine Aggregation. So kann es sich bei der Aussage *Eine Rechnung enthält eine Anschrift* auch nur um eine gewöhnliche Assoziation handeln, wenn die Anschrift kein fester Bestandteil der Rechnung ist, sondern die Rechnung lediglich auf eine Anschrift verweist.

Letzten Endes hängt die Stabilität eines Softwareprodukts aber nicht von dem richtigen Symbol im Klassendiagramm (Raute oder nicht) ab. Viel entscheidender ist es, zu analysieren, wie eng die Beziehung zwischen den Klassen (genau genommen den Objekten der Klassen) ist und welche Konsequenzen sich daraus ergeben. Ist z. B. die Beziehung zwischen Rechnung und Anschrift lediglich ein Verweis, so ist dies sicherlich weniger speicherintensiv als wenn jede Rechnung ihre eigene Anschrift aggregiert. Allerdings bedeutet dann ein Ändern der Anschrift, dass jede Rechnung – auch eine vergangene Rechnung – auf die geänderte Anschrift verweist. Inwieweit dies sinnvoll ist, hängt von der Applikation ab.

Nachfolgend einige Fragen, deren Beantwortung mit „ja" in einem konkreten Anwendungsfall auf eine Aggregation hinweist:

- Liegt *ist-Teil-von*-Beziehung vor?
- Gibt es Operationen auf das Ganze, die automatisch auch auf die Teile angewendet werden? Beispiel hierzu ist: Kopieren eines Verzeichnisses → Kopieren der einzelnen Dateien?
- Werden Attribute vom Ganzen auf die Teile übertragen (wie z. B. Alter einer Person → Altersangabe im Pass)?
- Muss das Aggregat seine Teile kennen, aber die Teile nicht unbedingt ihr Aggregat? So muss z. B. in Abbildung 16.20 der `Pkw` sehr wohl seinen `Motor` zum Starten und seinen `Tank` zum Abfragen des Füllstandes kennen. Umgedreht müssen weder der `Motor` noch der `Tank` den `Pkw` kennen, denn sie werden wohl z. B. nie die Farbe oder das Nummernschild des `Pkw` benötigen.

16.3.3 Realisierung in C++

Wichtig ist, dass sich eine in UML modellierte Beziehung wie z. B. eine Assoziation nicht „eins-zu-eins" in C++-Code umsetzen lässt und umgekehrt.
In UML wird durch die Beziehungsvarianten *Assoziation, Aggregation* oder *Komposition* die Festigkeit der Beziehung zum Ausdruck gebracht. Dies lässt sich in C++ jedoch unterschiedlich umsetzen.

Assoziation ⇒ lokales Objekt, Parameter-Objekt oder Zeiger

Die Assoziation ist eine sehr lose, oftmals temporär begrenzte Beziehung, die sich in C++ unterschiedlich realisieren lässt:

- als ein lokales Objekt in einer Methode oder
- als Parameter-Objekt oder
- als Membervariable, die ein Zeiger ist.

Programm 16.22 demonstriert diese drei Möglichkeiten der Realisierung in C++ anhand der in Abbildung 16.23 gezeigten Assoziationen.

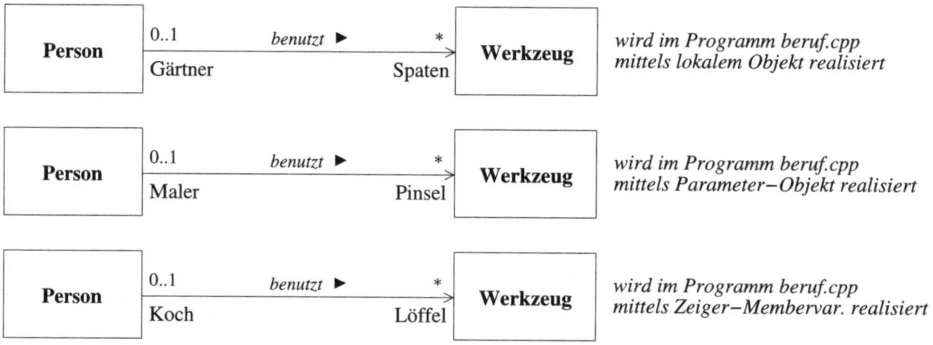

Abbildung 16.23: Assoziationen, die in Programm 16.22 realisiert werden

Programm 16.22 – `beruf.cpp`:
Drei Möglichkeiten, um Assoziationen in C++ zu realisieren

```
#include <iostream>
#include <cstring>
using namespace std;
class CWerkzeug {
  public:
    CWerkzeug(char *name) { strcpy(werkzName, name); }
    char *get(void)       { return werkzName;        }
  private:
    char werkzName[100];
};
class CBeruf {
  public:
    CBeruf(char *name) { strcpy(berufName, name); }
    CBeruf(char *name, char *w) { //.... Assoziation mittels Zeiger-Membervar.
       strcpy(berufName, name);
       werkz = new CWerkzeug(w);
    }
    void printBeruf1(char *werkz) { //.... Assoziation mittels lokalem Objekt
       CWerkzeug w(werkz);
       cout << berufName << " --> " << w.get() << " (Assoz. mit lokalem Objekt)\n";
    }
    void printBeruf2(CWerkzeug w) { //.... Assoziation mittels Parameter-Objekt
       cout << berufName << " --> " << w.get() << " (Assoz. mit Param.-Objekt)\n";
    }
    void printBeruf3(void) {
       cout << berufName << " --> " << werkz->get() << " (Assoz. mit Zeiger)\n";
    }
  private:
    char      berufName[100];
    CWerkzeug *werkz;
};
int main(void) {
   CBeruf g("Gärtner");
   g.printBeruf1("Spaten");

   CBeruf m("Maler");
   CWerkzeug p("Pinsel");
   m.printBeruf2(p);

   CBeruf k("Koch", "Löffel");
   k.printBeruf3();
}
```

Programm 16.22 liefert die folgende Ausgabe:

```
Gärtner --> Spaten (Assoz. mit lokalem Objekt)
Maler --> Pinsel (Assoz. mit Param.-Objekt)
Koch --> Löffel (Assoz. mit Zeiger)
```

Komposition ⇒ Membervariable

Die Komposition ist die stärkste aller Bindungen. Da die Teile bei der Komposition vom Aggregat existenzabhängig sind, bedeutet dies, dass die Teile mit dem Aggregat gemeinsam angelegt werden und (spätestens) wieder gelöscht werden, wenn auch das Aggregat zerstört wird. Dies wird also in C++ in den allermeisten Fällen so umgesetzt werden, dass die Teile als Membervariablen der Aggregatsklasse angelegt werden, und zwar als Wert. Denn so ist automatisch gewährleistet, dass die Teile und das Aggregat gemeinsam angelegt und zerstört werden. Ist die aggregierte Membervariable ein Zeiger, so kann es sich auch um eine Komposition handeln, wenn der Speicher im Konstruktor alloziert und im Destruktor wieder freigegeben wird. Abbildung 16.24 zeigt die Realisierung von Kompositionen in einer Klasse. In dieser Abbildung ist erkennbar, dass man die Rollennamen der einzelnen Kompositionen als Namen für die Membervariablen verwendet.

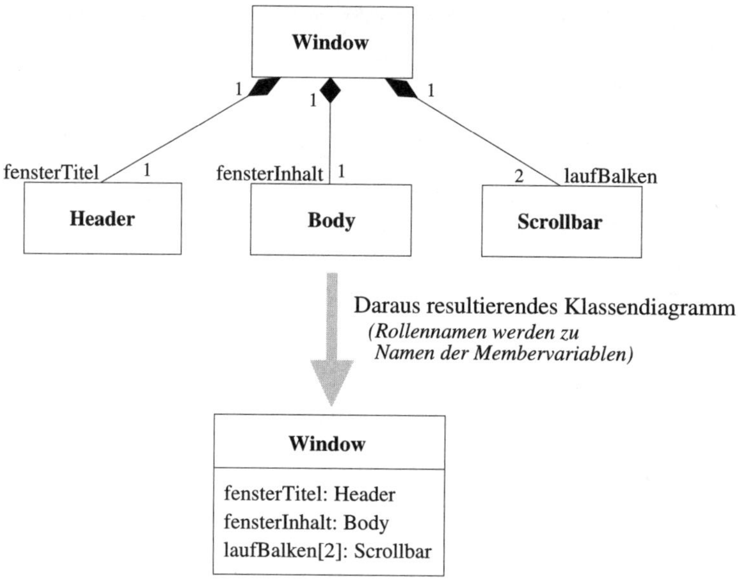

Abbildung 16.24: Umsetzung von Kompositionen in ein Klassendiagramm

Aggregation ⇒ Membervariable, die ein Zeiger ist

Eine Aggregation liegt zwischen Assoziation und Komposition. Das Aggregat wird wohl die Teile als Membervariablen aufnehmen, meist jedoch als Zeiger, wie z. B.:

```
class CAuto {
   CMotor* m_Motor;
   ...
}
```

In diesem Fall ist durch den Zeiger gewährleistet, dass auch ein Motorwechsel möglich ist. Ein Motor ist aber zweifelsohne ein Bestandteil eines Autos, so dass hier eine Aggregation vorliegt.

UML-Diagramme ⇒ spiegeln nicht zwangsläufig die Realisierung

An dieser Stelle wird noch einmal explizit darauf hingewiesen, dass die UML programmiersprachenunabhängig ist, d. h. eine UML-Beziehung macht keine Aussage darüber, wie die Beziehung programmtechnisch umgesetzt wird. Manche Programmiersprachen wie C++ verfügen über Zeiger, andere wie Java oder Smalltalk nicht. Es ist auch gefährlich, nur die statische Beziehung zwischen jeweils zwei Objekten zu betrachten und diese blind in Programmcode umzusetzen. Es muss auch das Umfeld berücksichtigt werden und wie sich die Objekte darin verhalten, also auch der dynamische Aspekt. Dementsprechend kann z. B. die Verwendung eines Zeigers Sinn machen oder auch nicht. An dieser Stelle sind also gesunder Menschenverstand und Übung nötig, um ein Gefühl dafür zu entwickeln, wie die Umsetzung in C++ am besten erfolgt.

Allgemein werden Assoziationen, Aggregationen und Kompositionen gewöhnlich in einer Klasse durch Hinzufügen einer Datenansammlung (wie z. B. Array, Menge (*Set*) usw.) und entsprechenden Standardoperationen (`add...()`, `get...()`, `remove...()`, `count...()` usw.) zum Bearbeiten dieser Assoziation realisiert. Die Einhaltung der angegebenen Multiplizitäten wird normalerweise innerhalb dieser Standardoperationen sichergestellt.

Abbildung 16.25: Aggregation zwischen einer Bibliothek und ihren Büchern

Die Aggregation aus Abbildung 16.25 könnte man z. B. wie folgt in C++ realisieren:

```
class CBuch {
    ....
 private:
    char *titel;
    char *autor;
    char *isbnNummer;
    ....
};
class CBibliothek {
 public:
    void neuesBuch(CBuch buch);
    void entferneBuch(CBuch buch);
    bool leiheBuch(CBuch buch);
    bool gibZurueckBuch(CBuch buch);
    ....
 private:
    CBuch *buecher;  // Array oder Binärbaum für alle Bücher oder
                     // Hashtabelle für alle Bücher oder ...

    ....
};
```

Kapitel A.16 auf Seite 1002 stellt rekursive Assoziationen vor. Zudem werden im herunterladbaren Anhang zu diesem Buch spezielle Assoziationen vorgestellt.

16.3.4 Übungen

Ein Vieleck

Realisieren Sie eine Klasse zur Verwaltung und Darstellung eines Vielecks. Ein Vieleck ist eine grafische Figur, bei der die einzelnen Ecken über Punkte angegeben sind und über Linien verbunden werden. Im Gegensatz zu einem Polygonzug (siehe nächste Übung) ist bei einem Vieleck von Anfang an bekannt, wie viele Ecken die Figur besitzen kann. Außerdem ist ein Vieleck immer eine geschlossene Figur, während es auch offene Polygonzüge gibt. Eine „Vieleck-Klasse" kann daher beispielsweise wie im folgenden Programm `vieleck.cpp` eingesetzt werden:

```
#include <iostream>
#include "punkt.h"
using namespace std;
enum farbe               { rot,   gruen,  blau,   gelb,   weiss,   schwarz  };
const char *farbName[] = { "rot", "grün", "blau", "gelb", "weiss", "schwarz" };

class CEigenschaften { // repräsentiert Rand- und Füllfarbe
   .......
};
class CVieleck { // repräsentiert ein Vieleck
   .......
};
int main(void) {
   CVieleck dreieck("Dreieck", 3), fuenfeck("Fünfeck", 5, blau, gelb);

   dreieck.set(0, CPunkt(2,3));  // 1. Punkt des Dreiecks
   dreieck.set(1, CPunkt(4,5));  // 2. Punkt des Dreiecks
   dreieck.set(2, CPunkt(2,8));  // 3. Punkt des Dreiecks
      // Der Anwender setzt 2.Punkt von dreieck um
   dreieck.set(1, CPunkt(4,6));
   dreieck.zeichnen();

   fuenfeck.set(0, CPunkt(1,2));  // 1. Punkt des Fünfecks
   fuenfeck.set(1, CPunkt(3,5));  // 2. Punkt des Fünfecks
   fuenfeck.set(2, CPunkt(4,6));  // 3. Punkt des Fünfecks
   fuenfeck.set(3, CPunkt(2,7));  // 4. Punkt des Fünfecks
   fuenfeck.set(4, CPunkt(1,8));  // 5. Punkt des Fünfecks
   fuenfeck.zeichnen();
}
```

Geben Sie zunächst ein Klassendiagramm zum Vieleck an, bevor Sie die Klassen `CPunkt`, `CEigenschaften` und `CVieleck` implementieren.
Dieses Programm `vieleck.cpp` sollte dann folgende Ausgabe liefern:

```
Dreieck:
   Randfarbe = schwarz, Füllfarbe = weiss
   Punkte: P(2, 3)  P(4, 6)  P(2, 8)
Fünfeck:
   Randfarbe = blau, Füllfarbe = gelb
   Punkte: P(1, 2)  P(3, 5)  P(4, 6)  P(2, 7)  P(1, 8)
```

Ein Polygonzug

Realisieren Sie eine Klasse zur Verwaltung und Darstellung eines Polygonzuges. Die einzelnen Punkte des Polygonzuges werden zur Laufzeit eingegeben, wie etwa in einer grafischen Oberfläche durch Mausklicks auf die entsprechende Position. Die Polygon-Klasse könnte z. B. wie im folgenden Programm `polygon.cpp` eingesetzt werden:

```
//==========================================================================
// Realisierung einer verketteten Liste mit Hilfe von Rekursion
//==========================================================================
#include <iostream>
#include <cstdlib>
#include "punkt.h"
//==============================================================
// class CListKnoten: Speichert einen Punkt und kennt Nachfolger.
//   Übertragene Aufgaben werden, wenn es Sinn macht,
//   auch an Nachfolger weitergemeldet (Prinzip: Stille Post)
//--------------------------------------------------------------
class CListElem {
   .......
};
//=======================================================================
// class CPolygon: Repräsentiert ein Polygon nach aussen.
//   Ein Polygon ist eine verkettete Liste von Punkten.
//   Intern wird nur ein Zeiger auf erstes Element gespeichert.
//   Alle Funktionsaufrufe werden an erstes Element in der Liste delegiert.
//-----------------------------------------------------------------------
class CPolygon {
   .......
};
//================================================
int main(void) {
  CPolygon poly; // Polygon anlegen; hier Grösse noch nicht festgelegt
   poly.insert(CPunkt(0,4));
   poly.insert(CPunkt(3,7));
   poly.insert(CPunkt(5,5));
   poly.insert(CPunkt(3,4));
   poly.insert(CPunkt(5,2));
   poly.insert(CPunkt(3,0));
   poly.zeichnen(); // Polygonzug drucken
    //... hier wird Destruktor von poly durchlaufen und rekursiv gesamter
    //... Polygonzug mit allen gespeicherten Punkten gelöscht
}
```

Da die Anzahl der Punkte beim Anlegen des Polygonzuges noch nicht bekannt ist und der Polygonzug während der Laufzeit an Punkten zunehmen kann, bietet sich als Verwaltungsstruktur eine einfach verkettete Liste an, bei der jedes Element lediglich seinen Nachfolger kennt (über einen Zeiger auf das nächste Element).
Die Klasse `CPunkt` hat aber an sich nichts mit einer verketteten Liste zu tun. Es ist daher unpassend, `CPunkt` direkt um einen Zeiger auf den nächsten Punkt

zu ergänzen. Wir führen stattdessen eine neue Klasse `CListElem` ein, die ein Element der verketteten Liste darstellt. `CListElem` enthält damit einen Zeiger auf das nächste Element und als eigentliches Datum ein `CPunkt`-Objekt. Die Elemente selbst werden bei Bedarf dynamisch mit `CPolygon::insert(...)` auf dem Heap (mit `new`) angelegt und jeweils vorne in die Liste eingehängt. Dies ist performanter als jedesmal beim Einhängen die Liste bis zum Ende zu durchlaufen. Das Drucken der Liste mit `CPolygon::zeichnen()` und das Löschen der Liste im Destruktor `~CPolygon` sollten hier jeweils an den Nachfolger (rekursiv) weitergemeldet werden. Geben Sie zunächst ein Klassendiagramm zum Polygon an, bevor Sie die Klassen `CPunkt` (in `punkt.h`), `CListElem` und `CPolygon` implementieren. Das Programm `polygon.cpp` sollte dann folgende Ausgabe liefern:

```
P(0, 4)
P(3, 7)
P(5, 5)
P(3, 4)
P(5, 2)
P(3, 0)
```

Assoziationen zum Monopoly-Spiel

Geben Sie jeweils ein Klassendiagramm mit entsprechenden Assoziationen zu den folgenden Begriffen bzw. Sätzen aus dem Monopoly-Spiel an:

- **Klassendiagramm 1**: *Teilnehmer, Strasse, besitzt, Spieler, Spiel, nimmt teil, Besitzer, befindet sich auf.*
- **Klassendiagramm 2**: *Ein Monopoly-Spiel hat insgesamt 22 Straßen. Diese sind in acht Straßengruppen aufgeteilt, wobei zu einer Straßengruppe entweder zwei oder drei Straßen gehören, die ihre Straßengruppe kennen. Straßengruppen kennen aber nicht ihre Straßen.*
- **Klassendiagramm 3**: *Ein Monopoly-Spiel hat insgesamt 22 Straßen und acht Straßengruppen, wobei einer Straßengruppe zwei oder drei Straßen zugeordnet sind. Die Straßen kennen dabei ihre Straßengruppe, und umgekehrt kennt jede Straßengruppe ihre Straßen.*
- **Klassendiagramm 4**: *An einem Monopoly-Spiel können zwischen 2 und 6 Spieler teilnehmen.*
- **Klassendiagramm 5**: *Ein Monopoly-Spielbrett hat 40 Spielfelder, 16 Ereigniskarten und 16 Gemeinschaftskarten, wobei das Ziehen von Ereignis- bzw. Gemeinschaftskarten durch das Betreten bestimmter Spielfelder ausgelöst wird.*

Erstellen Sie zusätzlich noch zwei C++-Programme zum Klassendiagramm 2 (`monopclass1.cpp`) und zum Klassendiagramm 3 (`monopclass2.cpp`), wobei diese Programme dann z. B. die folgenden Ausgaben liefern:

- Ausgabe durch das Programm `monopclass1.cpp`:

```
 0 (0),  1 (1),  2 (2),  3 (3),  4 (4),  5 (5),  6 (6),  7 (7)
 8 (0),  9 (1), 10 (2), 11 (3), 12 (4), 13 (5), 14 (6), 15 (7)
16 (0), 17 (1), 18 (2), 19 (3), 20 (4), 21 (5),
```

➤ Ausgabe durch das Programm `monopclass2.cpp`:

```
 0 (0),  1 (1),  2 (2),  3 (3),  4 (4),  5 (5),  6 (6),  7 (7)
 8 (0),  9 (1), 10 (2), 11 (3), 12 (4), 13 (5), 14 (6), 15 (7)
16 (0), 17 (1), 18 (2), 19 (3), 20 (4), 21 (5),
--------- Strassengruppen:
    0:  0,  8, 16,
    1:  1,  9, 17,
    2:  2, 10, 18,
    3:  3, 11, 19,
    4:  4, 12, 20,
    5:  5, 13, 21,
    6:  6, 14,
    7:  7, 15,
```

Mastermind gegen den Computer

Das Spiel „Moo" ist eine Computerversion zu dem bekannten Spiel „Superhirn" (auch unter dem Namen „Mastermind" bekannt). Stimmen Ziffern überein, werden diese als 'Kühe' bezeichnet. Befinden sich die Ziffern sogar an der richtigen Stelle, werden sie als 'Bullen' bezeichnet (und nicht als Kühe gezählt). Bei einer vierstelligen Zahl entsprechen also 4 'Bullen' der gesuchten Zahl.

Erstellen Sie ein Programm `moo.cpp`, das versucht, eine vom Spieler (Anwender) gedachte Zahl zu erraten. Wie viele Stellen die Zahl hat, soll beim Aufruf des Programms als Kommandozeilenargument angegeben werden. Realisieren Sie diese Aufgabenstellung vollkommen objektorientiert unter Einsatz mehrerer Klassen und Objekte. Stellen Sie zuvor ein Klassen- und ein Sequenzdiagramm zu dieser Aufgabenstellung auf.

Nachfolgend sind mögliche Abläufe dieses Programms `moo.cpp` gezeigt, wobei der Spieler sich beim ersten Ablauf die Zahl `4711` und beim zweiten Ablauf die Zahl `4321` gedacht hat:

```
./moo ⏎
Falscher Aufruf;  richtiger Aufruf: ./moo stellenzahl
./moo 4 ⏎
Denken Sie sich eine beliebige Kombination aus 4 Ziffern aus
Ich werde versuchen, sie zu erraten
Mein 1. Rateversuch: 0000
  Bullen: 0 ⏎
  Kuehe: 0 ⏎
Mein 2. Rateversuch: 1111
  Bullen: 2 ⏎
  Kuehe: 0 ⏎
Mein 3. Rateversuch: 1122
  Bullen: 0 ⏎
  Kuehe: 2 ⏎
Mein 4. Rateversuch: 3311
  Bullen: 2 ⏎
  Kuehe: 0 ⏎
```

```
Mein 5. Rateversuch: 4411
  Bullen: 3 ⏎
  Kuehe: 0 ⏎
Mein 6. Rateversuch: 4511
  Bullen: 3 ⏎
  Kuehe: 0 ⏎
Mein 7. Rateversuch: 4611
  Bullen: 3 ⏎
  Kuehe: 0 ⏎
Mein 8. Rateversuch: 4711
  Bullen: 4 ⏎
.... Die Lösung ist also: 4711
./moo 4 ⏎
Denken Sie sich eine beliebige Kombination aus 4 Ziffern aus
Ich werde versuchen, sie zu erraten
Mein 1. Rateversuch: 0000
  Bullen: 0 ⏎
  Kuehe: 0 ⏎
Mein 2. Rateversuch: 1111
  Bullen: 1 ⏎
  Kuehe: 0 ⏎
Mein 3. Rateversuch: 1222
  Bullen: 1 ⏎
  Kuehe: 1 ⏎
Mein 4. Rateversuch: 3123
  Bullen: 1 ⏎
  Kuehe: 2 ⏎
Mein 5. Rateversuch: 3214
  Bullen: 0 ⏎
  Kuehe: 4 ⏎
Mein 6. Rateversuch: 4132
  Bullen: 1 ⏎
  Kuehe: 3 ⏎
Mein 7. Rateversuch: 4321
  Bullen: 4 ⏎
.... Die Lösung ist also: 4321
```

Lösungshilfe:

- Anzahl der möglichen Kombinationen: `kombizahl` = $10^{Stellenzahl}$
- Erzeugen aller möglichen Kombinationen:

```
kombinationen = new char*[kombiZahl];
for (int i=0; i<kombiZahl; i++) { // alle mögl. Kombinationen erzeugen
   kombinationen[i] = new char[stellenZahl+1];
   sprintf(kombinationen[i], "%0*d", stellenZahl, i);
}
```

Nachfolgend einige Beispiel-Kombinationen, die sich abhängig von der Stellenzahl ergeben:

Stellenzahl	Kombinationen
2	00,01,02,03,...,97,98,99
3	000,001,002,003,...,997,998,999
4	0000,0001,0002,0003,...,9997,9998,9999
5	00000,00001,00002,00003,...,99997,99998,99999

- Immer wenn der Benutzer den Computervorschlag bewertet, also die richtigen Positionen und Ziffern eingegeben hat, geht das Programm wie folgt vor: Es durchläuft das Array `kombinationen` und bewertet alle noch nicht gestrichenen Kombinationen, indem es für jede Kombination annimmt, dass dies eine mögliche richtige Lösung wäre. Handelt es sich bei dieser Kombination um eine potentielle Lösung, so müsste für diese Kombination die Benutzerbewertung hinsichtlich des Computervorschlags zutreffen. Trifft dies nicht zu, wird diese Kombination `kombinationen[i]` gestrichen (Speicherplatz freigegeben und Zeiger auf `0`) gesetzt. Andernfalls verbleibt diese Kombination im Array `kombinationen`. Dieses Verfahren wird für jede noch nicht gestrichene Kombination durchgeführt.
- Anschließend bietet dieses Programm dem Benutzer die erste noch nicht gestrichene Kombination aus dem Array `kombinationen` zur erneuten Bewertung an usw.
- Befindet sich im Array `kombinationen` nur noch eine mögliche Kombination, so muss dies die Lösung sein.

Realisierung eines Taschenrechners

Es ist ein einfacher Taschenrechner zu erstellen, der Folgendes beherrscht:

- Die Operationen *Addition, Subtraktion, Multiplikation und Division*. Diese Operationen werden in einer Liste verwaltet, wobei das eingegebene Rechenzeichen in dieser Liste durchgereicht wird.
- Der Taschenrechner soll über ein X- und ein Y-Register verfügen, deren Inhalt ständig angezeigt wird. Jedes über die Tastatur eingegebene Zeichen wird über die Methode `taste(zeichen)` an das X-Register geschickt.
- Solange Ziffern oder ein Dezimalpunkt eingegeben werden, wird die eingegebene Zahl im X-Register aufgebaut.
- Sobald ein Rechenzeichen eingegeben wird, wird dies mit `rechne(zeichen)` an die Operationenliste geschickt und durch die einzelnen Operationen durchgereicht. Die Operation mit dem richtigen Rechenzeichen wird aktiv. Wird beim Durchreichen einer Operation auf eine Operation getroffen, die bereits aktiv ist, liest diese die Operanden aus den beiden Registern, führt ihre Berechnung aus, schreibt das Ergebnis ins X-Register und wird inaktiv, bevor sie das neue Rechenzeichen prüft, um eventuell wieder aktiv gesetzt zu werden. Die gerade aktive Operation soll auch immer angezeigt werden.
- Das =-Zeichen, das sich ebenfalls in der Operationenliste befindet, bewirkt, dass die zuletzt aktive Rechenoperation durchgeführt wird, und das Ergebnis im X-Register angezeigt wird. Soll mit diesem Ergebnis weitergerechnet werden, muss unmittelbar auf dem =-Zeichen das entsprechende Rechenzeichen eingegeben werden, um dieses in der Operationenliste zu aktivieren.

- Wird nach einem Rechenzeichen eine Zahl eingegeben, wird mit der Eingabe der ersten Ziffer der Inhalt vom X-Register in das Y-Register geschrieben und die neue Zahl im X-Register aufgebaut.
- Wird nach einem Rechenzeichen statt einer Zahl wieder ein Rechenzeichen eingegeben, wird dieses mit `korrigiere(zeichen)` an die Operationenliste geschickt. Diese Methode unterscheidet sich von `rechne(zeichen)` dadurch, dass eine eventuell aktivierte Operation keine Berechnung durchführt, sondern nur deaktiviert wird. Das übergebene `zeichen` wird durch diese Methode aktiviert.
- Die Taste `c` löscht das X-Register. Wird sie unmittelbar danach ein zweites Mal gedrückt, wird auch das Y-Register gelöscht und eine eventuell aktivierte Operation deaktiviert.
- Ausschalten des Rechners erfolgt mit der Taste `e`.

Stellen Sie zunächst ein Klassendiagramm zu dieser Aufgabenstellung auf.
Anschließend sollten Sie zu der Methode `taste(zeichen)` des X-Registers ein Zustandsdiagramm für die unterschiedlichen Zustände erstellen. Es empfehlen sich hier die folgenden Zustände: `ausgangsZustand`, `zahlZustand`, `berechZustand`, `korrigierZustand`, `clearZustand`.
Danach sollten Sie noch ein Sequenzdiagramm zu folgender Eingabe `14+7/3=` aufstellen.
Zuletzt sollten Sie den Taschenrechner noch im Programm `taschrech.cpp` realisieren. Ein mögliches Ablaufbeispiel zu diesem Programm ist nachfolgend gezeigt:

```
2 ⏎
-----------------------------------------
 x: 2    y: 0     aktiv: _
-----------------------------------------
3 ⏎
-----------------------------------------
 x: 23    y: 0     aktiv: _
-----------------------------------------
+ ⏎
-----------------------------------------
 x: 23    y: 0     aktiv: +
-----------------------------------------
4 ⏎
-----------------------------------------
 x: 4    y: 23     aktiv: +
-----------------------------------------
/ ⏎
-----------------------------------------
 x: 27    y: 23     aktiv: /
-----------------------------------------
8 ⏎
-----------------------------------------
 x: 8    y: 27     aktiv: /
-----------------------------------------
```

```
= ↵
----------------------------------------
 x: 3.375    y: 27     aktiv: =
----------------------------------------
* ↵
----------------------------------------
 x: 3.375    y: 27     aktiv: *
----------------------------------------
2 ↵
----------------------------------------
 x: 2    y: 3.375    aktiv: *
----------------------------------------
- ↵
----------------------------------------
 x: 6.75    y: 3.375     aktiv: -
----------------------------------------
4 ↵
----------------------------------------
 x: 4    y: 6.75     aktiv: -
----------------------------------------
c ↵
----------------------------------------
 x: 0    y: 6.75     aktiv: -
----------------------------------------
3 ↵
----------------------------------------
 x: 3    y: 6.75     aktiv: -
----------------------------------------
* ↵
----------------------------------------
 x: 3.75    y: 6.75     aktiv: *
----------------------------------------
9 ↵
----------------------------------------
 x: 9    y: 3.75     aktiv: *
----------------------------------------
= ↵
----------------------------------------
 x: 33.75    y: 3.75     aktiv: =
----------------------------------------
e ↵
```

Nachdem Sie Ihren Taschenrechner mit den vier Grundrechenarten implementiert haben, sollten Sie ihn im Programm `taschrech2.cpp` um den Potenzoperator ^ erweitern. Hier zeigt sich dann, wie gut Ihr Entwurf war, denn diese Erweiterung sollte mit minimalem Aufwand möglich sein.

16.4 Befreundete Funktionen und Klassen

Manchmal arbeiten Klassen mit einzelnen Funktionen oder mit anderen Klassen sehr eng zusammen. In diesen Fällen kann es sein, dass das strikte Prinzip der Datenkapselung sehr hinderlich ist.
In C++ ist es nun möglich, dass eine Klasse bestimmten globalen Funktionen oder auch Methoden anderer Klassen den Zugriff auf alle ihre Elemente (auch den `private`-Elementen) erlauben kann. Funktionen bzw. Klassen, denen dies möglich sein soll, werden als so genannte *Freunde* der Klasse angegeben. Dies geschieht dadurch, dass diese Funktionen bzw. Klassen innerhalb der Klasse mit dem Schlüsselwort `friend` deklariert werden. Abbildung 16.26 verdeutlicht die Zugriffsrechte von *friend*-Funktionen und -Klassen im Gegensatz zu „normalen" Funktionen bzw. Klassen.

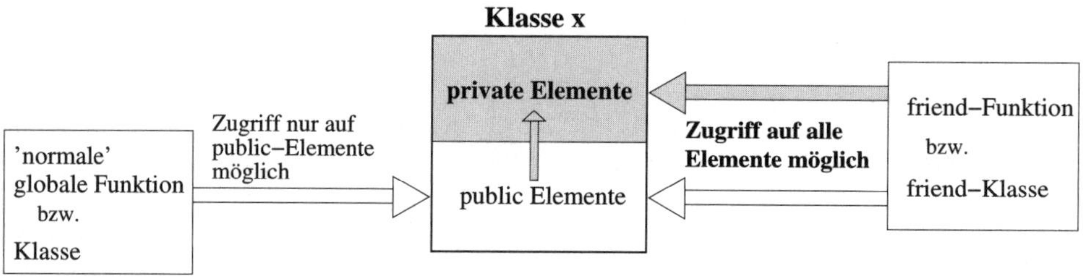

Abbildung 16.26: Besondere Zugriffsrechte für friend-Funktionen und -Klassen

Wie Abbildung 16.26 zeigt, wird durch solche Freunde das grundlegende Prinzip der Datenkapselung durchbrochen. Daher sollte dieses Sprachmittel mit Bedacht eingesetzt werden. Wir werden später noch Fälle kennen lernen, wo `friend`-Beziehungen durchaus Sinn machen bzw. sogar nötig sind. Als einfaches Beispiel, um die prinzipielle Syntax zu erklären, sind diese Fälle jedoch nicht geeignet. Die folgenden Beispiele dienen lediglich der Demonstration der Syntax und sind nicht unter dem Blickwinkel der objektorientierten Programmierung zu sehen.

16.4.1 Befreundete Funktionen

Als Beispiel stellen wir uns eine Klasse `CBruch` vor, die einen mathematischen Bruch repräsentiert. Da wir die Ausgabe des Bruches nicht direkt in `CBruch` vornehmen wollen, sehen wir hierfür nachfolgend einmal eine eigene globale Funktion `ausgeben()` und im nächsten Programm eine Memberfunktion `ausgeben()` einer anderen Klasse vor.

Befreundete globale Funktionen

Zur Ausgabe von Zähler und Nenner benötigen wir natürlich Zugriff auf diese Attribute von `CBruch`. Daher deklarieren wir in diesem Fall in `CBruch` die globale Funktion `ausgeben()` als Freund, wie dies in Programm 16.23 gezeigt ist.

Programm 16.23 – `globalfriend.cpp`:
Befreundete globale Funktion zur Ausgabe eines Bruches

```
#include <iostream>
using namespace std;

class CBruch {
      friend void ausgeben(const CBruch& b);;
   public:
      CBruch(const int z=0, const int n=1) : m_zaehler(z), m_nenner(n) { }
   private:
      int m_zaehler;
      int m_nenner;
};
void ausgeben(const CBruch& b) {
   cout << b.m_zaehler << "/" << b.m_nenner << endl; // Zugriff auf private-Attr.
}
int main(void) {
   CBruch b(1,3);
   cout << "Der Bruch ist:  ";
   ausgeben(b);
}
```

Aus Programm 16.23 wird Folgendes ersichtlich:

- **Deklarationen von `friend`-Funktionen können im `private-`, `protected-` oder `public`-Bereich angegeben werden.** Unabhängig davon, wo sie angegeben sind, erhalten sie Zugriffsrechte auf die privaten Daten der Klasse, in der sie angegeben sind.
- **`friend`-Deklarationen sollten aus Lesbarkeitsgründen am Anfang der Klasse stehen.** So kann ein Nutzer einer Klasse sofort sehen, welche Funktionen hier den Schutzmechanismus einer Klasse durchbrechen können.

Programm 16.23 liefert dann folgende Ausgabe:

```
Der Bruch ist:  1/3
```

Die globale Funktion `ausgeben()` in Programm 16.23 muss das `CBruch`-Objekt, das sie ausgeben soll, natürlich als Argument übergeben bekommen. Eine Methode `CBruch::ausgeben()` hingegen bräuchte dies nicht.

Die `friend`-Deklaration in Programm 16.23 hätte vermieden werden können, indem `CBruch` z. B. zwei Methoden `getZaehler()` und `getNenner()` zur Verfügung gestellt hätte. Stehen diese Methoden allerdings zur Verfügung, so können sie dann auch von allen anderen Funktionen und Klassen genutzt werden, was in diesem Fall sicherlich kein Schaden wäre. Diese Tatsache sollte man jedoch stets berücksichtigen.

Befreundete Memberfunktionen anderer Klassen

Freunde von Klassen können nicht nur globale Funktionen, sondern auch Methoden anderer Klassen sein. Dazu stellen wir uns vor, dass es eine Klasse `CKonsole` gibt, die eine korrespondierende Methode `ausgeben()` enthält, wie dies in Programm 16.24 gezeigt ist.

Programm 16.24 – `memberfriend.cpp`:
Befreundete Memberfunktion zur Ausgabe eines Bruches

```
#include <iostream>
using namespace std;

class CBruch; // Vorwärtsdeklaration von CBruch, da sie in CKonsole::ausgeben()
              // als Parameter verwendet wird
class CKonsole {
   public:
      void ausgeben(const CBruch& b);
};
class CBruch {
      friend void CKonsole::ausgeben(const CBruch& b);
   public:
      CBruch(const int z=0, const int n=1) : m_zaehler(z), m_nenner(n) { }
   private:
      int m_zaehler;
      int m_nenner;
};
void CKonsole::ausgeben(const CBruch& b) {
   cout << b.m_zaehler << "/" << b.m_nenner << endl; // Zugriff auf private-Attr.
}
int main(void) {
   CBruch b(1,3);
   CKonsole con;
   cout << "Der Bruch ist:  ";
   con.ausgeben(b);
}
```

Programm 16.24 liefert dann folgende Ausgabe:

```
Der Bruch ist:  1/3
```

Bemerkenswert in Programm 16.24 ist die Reihenfolge der Deklarationen und Definitionen, denn es besteht eine gegenseitige Abhängigkeit von `CKonsole` und `CBruch`. `CKonsole` beinhaltet die Methode `ausgeben()`, die als Parameter ein `CBruch`-Objekt hat. Damit muss `CBruch` vor `CKonsole` bekannt sein. Seinerseits benötigt `CBruch` die vorherige Definition von `CKonsole` für die `friend`-Deklaration. Für die Deklaration der Methode `ausgeben()` in `CKonsole` genügt eine Vorwärtsdeklaration von `CBruch`, allerdings nicht für deren Definition. Daher darf die Methode `CKonsole::ausgeben()` erst definiert werden, nachdem `CBruch` definiert ist.

Inline friend-Funktionen als Aliase zu privaten Memberfunktionen

Wie bereits erwähnt, ist die Verwendung von `friend`-Funktionen unter objektorientierten Gesichtspunkten sehr kritisch zu betrachten. Eine Anwendung von `friend`-Funktionen könnte sein, dass man sie als Alias-Funktionen zu privaten Memberfunktionen anbietet.

Dabei sollte man folgende Vorgehensweise wählen:

- **Globale `friend`-Funktion inline in Klasse definieren,** wobei hier lediglich die entsprechenden zugehörigen Memberfunktionen aufgerufen werden.
- **Entsprechende Memberfunktion `private` deklarieren bzw. definieren**

Programm 16.25 verdeutlicht diese Technik nochmals.

Programm 16.25 – `aliasfriend.cpp`:
Befreundete Alias-Funktionen zu privaten Memberfunktionen

```
#include <iostream>
using namespace std;

class CBruch {
      friend void ausgeben(CBruch& b) { b.print(); } // inline friend-Funktion
      friend void gibAus(CBruch& b)   { b.print(); } // inline friend-Funktion
      friend void show(CBruch& b)     { b.print(); } // inline friend-Funktion
      friend void imprimer(CBruch& b) { b.print(); } // inline friend-Funktion
   public:
      CBruch(const int z=0, const int n=1) : m_zaehler(z), m_nenner(n) { }
   private:
      int  m_zaehler;
      int  m_nenner;

      void print(void) { cout <<m_zaehler <<"/" <<m_nenner <<endl; } // private
};
int main(void) {
   CBruch b(1,3);
   cout << "Der Bruch ist:  ";  ausgeben(b);
   cout << "Der Bruch ist:  ";  gibAus(b);
   cout << "Der Bruch ist:  ";  show(b);
   cout << "Der Bruch ist:  ";  imprimer(b);
   // cout << "Der Bruch ist:  ";  print(b); // nicht mögl., da print() private
}
```

Programm 16.25 liefert folgende Ausgabe:

```
Der Bruch ist:  1/3
Der Bruch ist:  1/3
Der Bruch ist:  1/3
Der Bruch ist:  1/3
```

Als eine einfache Regel kann man festhalten, dass `friend`-Funktionen grundsätzlich vermieden werden sollten, außer man kann sie *inline* definieren, wobei sie nur eine Anweisung beinhalten, in der die entsprechende `private`-Memberfunktion aufgerufen wird.

16.4.2 Befreundete Klassen

In Programm 16.24 wäre nur die Methode `CKonsole::ausgeben()` ein Freund der Klasse `CBruch`. Eine weitere Methode `CKonsole::einlesen()` hätte z. B. keinen Zugriff auf die privaten Elemente von `CBruch`. Sollen jedoch alle Methoden der Klasse `CKonsole` Freunde der Klasse `CBruch` sein, so kann dies vereinfacht dadurch geschehen, dass die Klasse `CKonsole` komplett als Freund der Klasse `CBruch` deklariert wird, wie dies in Programm 16.26 gezeigt ist.

Programm 16.26 – `classfriend.cpp`:
`CKonsole` als befreundete Klasse zu `CBruch`

```
#include <iostream>
using namespace std;

class CBruch;

class CKonsole {
   public:
      void ausgeben(const CBruch& b);
      void einlesen(CBruch& b);
};
class CBruch {
   public:
      CBruch(int z=0, int n=1) {
         m_zaehler = z;
         m_nenner  = n;
      }
      friend class CKonsole;
   private:
      int m_zaehler;
      int m_nenner;
};
void CKonsole::ausgeben(const CBruch& b) {
   cout << b.m_zaehler <<"/" << b.m_nenner <<endl; // Zugriff auf private-Attr.
}
void CKonsole::einlesen(CBruch& b) {
   cout << "  Zähler: ";
   cin >> b.m_zaehler; // Zugriff auf private-Attribute
   cout << "  Nenner: ";
   cin >> b.m_nenner;  // Zugriff auf private-Attribute
}
int main(void)
{
   CBruch   b(1,3);
   CKonsole con;
   cout << "Bitte Bruch eingeben:" << endl;
   con.einlesen(b);
   cout << "Der Bruch ist:  ";
   con.ausgeben(b);
}
```

Nachfolgend ist ein möglicher Ablauf des Programms 16.26 gezeigt:

```
Bitte Bruch eingeben:
  Zähler: 2 ↵
  Nenner: 5 ↵
Der Bruch ist:  2/5
```

Im Programm 16.26 hätte man in der 17. Zeile auch das Schlüsselwort `class` weglassen können:

```
17          friend CKonsole; // statt friend class CKonsole;
```

Lässt man das Schlüsselwort `class` weg, dann muss allerdings die entsprechende befreundete Klasse zu diesem Zeitpunkt bereits deklariert sein, was im Programm 16.26 ja auch der Fall ist. Nichtsdestotrotz ist es empfehlenswert, grundsätzlich das Schlüsselwort `class` anzugeben.

16.4.3 Nachlese zu befreundeten Funktionen und Klassen

Hier noch einige Punkte zu `friend`-Funktionen und Klassen:

- Die Angabe von `friend` ist nur innerhalb von Klassendeklarationen erlaubt.
- `friend`-Deklarationen können sowohl im `private`-, `protected`- oder `public`-Bereich angegeben werden. Es macht jedoch Sinn, diese ganz am Anfang der Klasse oder aber im `public`-Bereich anzugeben, da sie eine Erweiterung des öffentlichen Zugriffs darstellen.
- Wie bereits erwähnt, sind `friend`-Deklarationen wegen der Durchbrechung der Datenkapselung mit Bedacht einzusetzen. Allerdings sei in diesem Zusammenhang darauf hingewiesen, dass jede Klasse selbst bestimmt, wer ihr Freund ist. Die Datenkapselung kann also nicht beliebig unterlaufen werden; vielmehr liegt es in der Hand des Designers, Freundschaftsbeziehungen so einzusetzen, dass das Programm dennoch objektorientiert bleibt.
  Manchmal ist es sogar so, dass mit einer `friend`-Deklaration eine elegantere Lösung erreicht wird. Dies werden wir später noch sehen. Es gibt sogar Anwendungsfälle, in denen eine `friend`-Deklaration nicht nur eine elegantere, sondern auch die einzige mögliche Lösung darstellt. Dies ist z. B. beim Überladen von Operatoren der Fall, wie wir in Kapitel 18 sehen werden.

16.4.4 Übungen

Addieren von Brüchen

Gegeben sei das folgende noch unvollständige Programm `bruchadd.cpp`:

```
#include <iostream>
using namespace std;
class CBruch {
  public:
    CBruch( int z = 1, int n = 1 ) : m_zaehler(z), m_nenner(n) { }
    .........
```

```
private:
    int m_zaehler, m_nenner;
    int ggT( int n, int m) { return (m==0) ? n : ggT(m, n%m); }
    void kuerzen( void ) {
       int ggTeiler = ggT( m_zaehler, m_nenner );
       m_zaehler /= ggTeiler;
       m_nenner  /= ggTeiler;
    }
};
.........
int main(void) {
   CBruch  b1( 1, 4 );  // 1. Bruch (1/4)
   CBruch  b2( 3, 8 );  // 2. Bruch (3/8)
   CBruch  b3;          // 3. Bruch (1/1)
    b1.add( b2 );     // Addiere b2 zu b1
    cout << "b1 = "; // Ausgabe von b1
    b1.print();
    b3 = add( b1, b2 ); // Addiere b1 und b2 --> b3
    cout << "b3 = ";    // Ausgabe von b3
    b3.print();
}
```

Ergänzen Sie Programm bruchadd.cpp, so dass es folgende Ausgabe liefert:

```
b1 = 5/8
b3 = 1/1
```

Bei Ihrer Ergänzung dürfen Sie allerdings keine get-Funktionen in CBruch angeben, die m_zaehler bzw. m_nenner zurückliefern.

Array von ungekürzten und gekürzten Brüchen

Gegeben sei das folgende noch unvollständige Programm brucharray.cpp:

```
#include <iostream>
#include <cstdlib>
using namespace std;
class CBruch {
 public:
    CBruch( int z=1, int n=1 ) : m_zaehler(z), m_nenner(n) { }
    ......
 private:
    int m_zaehler, m_nenner, m_zaehlerGekuerzt, m_nennerGekuerzt;
    int ggT( int n, int m) { return (m==0) ? n : ggT(m, n%m); }
    void kuerzen( void ) {
       int ggTeiler = ggT( m_zaehler, m_nenner );
       m_zaehlerGekuerzt = m_zaehler / ggTeiler;
       m_nennerGekuerzt  = m_nenner  / ggTeiler;
    }
};
```

```
class CBruchArray {
 public:
   CBruchArray()     { .... }
   void print(void) { .... }
 private:
   CBruch bruchArray[20];
};
int main(void) {
    srand(time(NULL));
    CBruchArray b;
    b.print();
}
```

Ergänzen Sie dieses Programm `brucharray.cpp`, indem Sie beim Anlegen der Klasse `CBruchArray` die Zähler und Nenner der einzelnen Brüche auf Zufallszahlen zwischen 1 und 100 setzen. Zusätzlich soll noch im Konstruktor von `CBruchArray` die Methode `kuerzen()` für jeden einzelnen zufällig erzeugten Bruch aufgerufen werden. In der Methode `print()` der Klasse `CBruchArray` sollen dann alle Brüche ausgegeben werden, wobei bei Brüchen, die kürzbar waren, noch der gekürzte Bruch dazu in Klammern mit auszugeben ist.
Programm `brucharray.cpp` sollte z. B. eine Ausgabe wie die folgende liefern:

```
3/97
7/98 (1/14)
25/7
86/75
63/3 (21/1)
22/45
87/2
48/14 (24/7)
83/9
42/42 (1/1)
72/83
47/78
29/16
48/63 (16/21)
34/92 (17/46)
88/87
36/88 (9/22)
95/94
20/12 (5/3)
14/32 (7/16)
```

Bei Ihrer Ergänzung dürfen Sie allerdings keine `get`-Funktionen in `CBruch` angeben, die die Werte der `private`-Membervariablen zurückliefern.

Viele fragwürdige Freunde

Was gibt das folgende „schlechte" Programm `friendviel.cpp` aus?

```
#include <iostream>
using namespace std;
class A;
class B {
 public:
    void andereFkt(void) { }
    void BFreundfkt(A* x);
};
class A {
    friend void global_freund1(A*, int); // Globale friend-Funktionen
    friend void global_freund2(void);    // ........................
    friend void B::BFreundfkt(A* a);  // Von B nur Memberfkt. BFreundfkt Freund
    friend class C;                   // ganze Klasse C ist Freund
 public:
    void print(const char *text) { cout << text << ": i=" << i << endl; }
 private:
    int i;
};
void global_freund1(A* x, int i) { x->i = i; }
void global_freund2(void) {
   A a;
   a.i = 20;
   a.print("global_freund2");
}
void B::BFreundfkt(A* x) { x->i = 100; }
class C {
 public:
    void CFreundklasse1(A* x)  { x->i += 10; }
    void CFreundklasse2(A* x)  { x->i += 20; }
};
int main(void) {
   A a;  B b;  C c;
     global_freund1(&a, 10); a.print("global_freund1");
     global_freund2();
     b.BFreundfkt(&a);     a.print("BFreundfkt");
     c.CFreundklasse1(&a); a.print("CFreundklasse1");
     c.CFreundklasse2(&a); a.print("CFreundklasse2");
}
```

16.5 Geschachtelte Klassen und das Huhn-Ei-Problem

Kapitel A.15 auf Seite 992 zeigt, dass Klassen auch innerhalb von anderen Klassen definiert werden können, und Kapitel B.8 auf Seite 1109 zeigt eine Technik, mit der man das so genannte „Huhn-Ei-Problem“ lösen kann. Beim „Huhn-Ei-Problem“ (Was war zuerst?) treten Abhängigkeiten zwischen den Klassen auf, so dass die eine Klasse die andere kennen muss und umgekehrt.

Teil III

Vererbung, Operatoren, Templates und Exceptions

- **Kapitel 17 – Vererbung**
  Dieses Kapitel zeigt, wie man in C++ *Klassen vererben* kann, so dass Eigenschaften von Oberklassen an Unterklassen weitervererbt werden. Nach der Vorstellung von einfacher Vererbung in C++ werden so genannte *virtuelle Methoden* vorgestellt, mit denen es möglich ist, erst zur Laufzeit des Programms die geeignete Methode auszuwählen. Zudem geht dieses Kapitel auch auf Aspekte ein, die beim Entwurf eigener Klassen-Vererbungshierarchien zu berücksichtigen sind.
- **Kapitel 18 – Überladen von Operatoren**
  Dieses Kapitel zeigt, wie man Operatoren (wie z. B. +, -, *= usw.), die standardmäßig von C++ angeboten werden, für eigene Klassen überladen kann und was bei einem solchen Überladen zu beachten ist.
- **Kapitel 19 – Templates**
  In diesem Kapitel werden *Templates* vorgestellt, mit denen man sich Schablonen für Funktionen oder Klassen erstellen kann, so dass man unter Heranziehung dieser typunabhängigen Schablonen sich Funktionen bzw. Klassen für unterschiedliche Typen erzeugen lassen kann, ohne dass man den Code duplizieren muss.
- **Kapitel 20 – Exceptions (Ausnahmebehandlung)**
  Zur Laufzeit eines Programms können Fehlersituationen auftreten, die eine weitere Programmausführung nur bedingt oder gar nicht mehr erlauben, wie z. B. Division durch 0, nicht mehr genügend dynamischer Speicherplatz, fehlerhafte Benutzereingaben, Zugriff auf ungültige Adressen im Hauptspeicher usw. Solche Fehler können dazu führen, dass ein Programm falsche Ergebnisse liefert oder aber abstürzt. C++ hat eigens für solche Fehlersituationen einen neuen Mechanismus eingeführt: das *Exception-Handling* (Ausnahmebehandlung), das in diesem Kapitel vorgestellt wird.

Kapitel 17

Vererbung

17.1 Allgemeines zur Vererbung

Klassen lassen sich hierarchisch anordnen

Nehmen wir nochmals die Einteilung der Lebewesen, wie sie in Abbildung 14.1 auf Seite 158 gezeigt ist.

In einer solchen Hierarchie gilt dann Folgendes:

- **Alle Lebewesen einer Klasse verfügen über identische Eigenschaften.**
- **Klassen in einer tieferen Hierarchiestufe sind eine Spezialisierung der direkt übergeordneten Klasse.**
- **Die von einer Klasse abgeleiteten Unterklassen verfügen immer über alle Eigenschaften der Oberklasse.** Eigenschaften werden also automatisch an Unterklassen *weitervererbt*.
- **Die von einer Klasse abgeleiteten Unterklassen können neben den geerbten Eigenschaften weitere eigene Eigenschaften hinzufügen.** So erbt z. B. die Klasse `Hund` in Abbildung 14.1 auf Seite 158 alle Eigenschaften von der Klassen `Landtier`, erweitert diese aber um eigene speziellere Eigenschaften, wie z. B. *„kann bellen"*.

Solche Hierarchien lassen sich jedoch nicht nur für Lebewesen entwerfen, sondern ebenso für Daten und Konzepte, wie sie in der Softwareentwicklung vorkommen. Da eine solche Hierarchie dem Stammbaumprinzip entspricht, spricht man auch von *Vererbung* von Eigenschaften. Die Klasse, die Eigenschaften weitervererbt, wird *Oberklasse* (bzw. *Basisklasse* oder *Superklasse*) genannt, und Klassen, die etwas erben, heißen *Unterklassen* (bzw. *Subklassen*) oder *abgeleitete Klassen*.

Im Zusammenhang mit der Vererbungshierarchie verwendet man zwei Begriffe:

- *Generalisierung*: Eine Oberklasse ist eine Generalisierung der Unterklassen.
- *Spezialisierung*: Eine Unterklasse ist eine Spezialisierung der Oberklasse.

Eine abgeleitete Klasse kann wiederum als Basisklasse für weitere Unterklassen dienen.

Vererbung ist keine Komposition

Die *Vererbung* ist nicht zu verwechseln mit einer *Komposition* (siehe auch Seite 274):

- Bei einer *Komposition* enthalten Objekte einer Klasse Objekte von anderen Klassen als Membervariablen.
- Bei einer *Vererbung* dagegen wird eine Klasse auf der Basis einer zuvor definierten Klasse definiert. Das führt zunächst dazu, dass die neue Klasse über die gesamte Funktionalität ihrer Oberklassen verfügt, von denen sie *abgeleitet* ist. Zusätzlich kann die neue Klasse aber auch noch diese *geerbte* Funktionalität durch die Definition eigener Membervariablen und -funktionen erweitern.

Während bei einer *Komposition* also eine Klasse eine andere *enthält*, gilt bei der *Vererbung*, dass eine abgeleitete Klasse eine andere Klasse *ist*, die zumindest über die Funktionalität ihrer Oberklasse verfügt.
Wichtig ist, dass es sich bei der Vererbung um eine Beziehung zwischen Klassen (und nicht Objekten) handelt.

Typische Anwendungsfälle für Vererbung

Des Vererbungsmechanismus bedient man sich in folgenden Fällen:

- Es wird eine Klasse benötigt, die eine Spezialisierung oder Erweiterung einer bereits vorhandenen Klasse ist.
- Eine Klasse vereint die Eigenschaften mehrerer vorhandener Klassen.
- Man entwickelt zwei oder mehr Klassen parallel, und erkennt nachträglich, dass hier viel Gemeinsamkeiten vorliegen, für die man dann eine Basisklasse einführt. Dieser Fall sollte bei einem guten Design nicht auftreten, da er eine Umstrukturierung der vorhandenen Klassen erfordert, was sehr mühsam und fehleranfällig ist.

17.2 Design einer kleinen Grafikbibliothek mit UML

Wie die Vererbung in UML dargestellt wird und wie sie in C++ realisiert werden kann, wird in diesem und dem folgenden Kapitel am Beispiel einer kleinen Grafikbibliothek gezeigt.
Das Ziel ist es hier, für Softwareentwickler, die verschiedene grafische Anwendungen implementieren, eine Grafikbibliothek zur Verfügung zu stellen, die bereits einige Grafikobjekte enthält. Da dieses Beispiel in erster Linie der Demonstration des Vererbungsmechanismus dient, ist die Funktionalität der Bibliothek sehr gering gewählt:

- Die Grafikobjekte sollen lediglich positioniert, verschoben und gezeichnet werden können.
- Als Grafikobjekte sollen zunächst nur Rechtecke und Kreise erzeugbar sein.

Die zu entwickelnde Bibliothek ist zwar aufgrund des geringen Umfangs an Funktionalität in der Praxis kaum einsetzbar, aber sie zeigt den Mechanismus der Vererbung sehr anschaulich.

Darstellung der Vererbung in UML

Unsere Grafikbibliothek stellt also allgemein/*generell* Grafikobjekte zur Verfügung und derzeit *speziell* Rechtecke und Kreise. Es lässt sich demnach eine Vererbungshierarchie aufstellen, wie sie in Abbildung 17.1 in UML-Notation gezeigt ist.

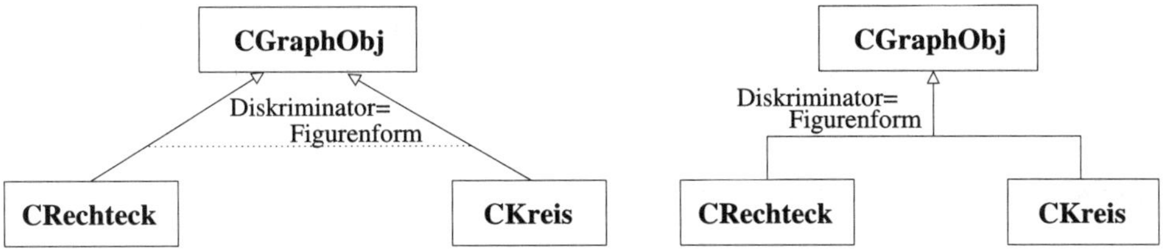

Abbildung 17.1: Vererbungshierarchie für Grafikobjekte in UML-Notation

Bei der Darstellung der Vererbung in UML gilt Folgendes:

- In UML wird die Vererbungsbeziehung durch einen Pfeil von der Unterklasse auf die Oberklasse angezeigt.
- Die Pfeile drücken eine **Ist-ein-Beziehung** aus, wie z. B.: *Ein Kreis (`CKreis`) **ist ein** Grafikobjekt (`CGraphObj`).*
- Die Pfeile können auch gebündelt werden, wie dies rechts in Abbildung 17.1 gezeigt ist.
- Die Unterscheidung zwischen Ober- und Unterklasse erfolgt häufig aufgrund eines vom Designer festgelegten Unterscheidungsmerkmals, das auch als *Diskriminator* bezeichnet wird. Der Diskriminator in Abbildung 17.1 ist die Figurenform.

Abbildung 17.1 ist ein Beispiel für eine so genannte *Einfachvererbung*. Daneben sind auch *Mehrfachvererbungen* möglich, bei der eine Klasse auch mehr als eine Oberklasse besitzen kann, worauf in Kapitel 17.6 auf Seite 362 näher eingegangen wird.

Eigenschaften der Grafikobjekte

Im ersten Schritt sollen nun die gefundenen Klassen näher spezifiziert werden, d. h. die Attribute und Operationen ermittelt werden, über die diese Klassen verfügen. Dazu muss man sich nähere Gedanken über die Gemeinsamkeiten und die Unterschiede zwischen den Klassen (Diskriminator) machen.
Alle Grafikobjekte verfügen über folgende Eigenschaften:

- Sie besitzen eine Position.
- Sie können verschoben werden.
- Sie können dargestellt/gezeichnet werden.

Da diese Eigenschaften für alle Figuren gelten sollen, werden sie in der Klasse `CGraphObj` untergebracht.
Da bei der Generalisierung bzw. Spezialisierung von Klassen eine Unterklasse die Eigenschaften ihrer Oberklasse erbt, kann damit automatisch nun z. B. auch ein Kreis an eine Position gesetzt, verschoben und dargestellt werden.

Ein erstes Design für ein Rechteck und einen Kreis (ohne Vererbung)

Worin unterscheidet sich dann aber z. B. ein Kreis von einer allgemeinen geometrischen Figur? Nun, ein Kreis stellt sich anders dar als ein Rechteck. Welche Auswirkungen hat eine andere Figur noch? Ihre interne Verwaltung ist unter Umständen anders. Normalerweise wird ein Rechteck repräsentiert durch die linke obere und die rechte untere Ecke `(x1,y1)-(x2,y2)`. Einen Kreis definiert man über seinen Mittelpunkt (`xm,ym`) und seinen Radius. Abbildung 17.2 bringt dies zum Ausdruck.

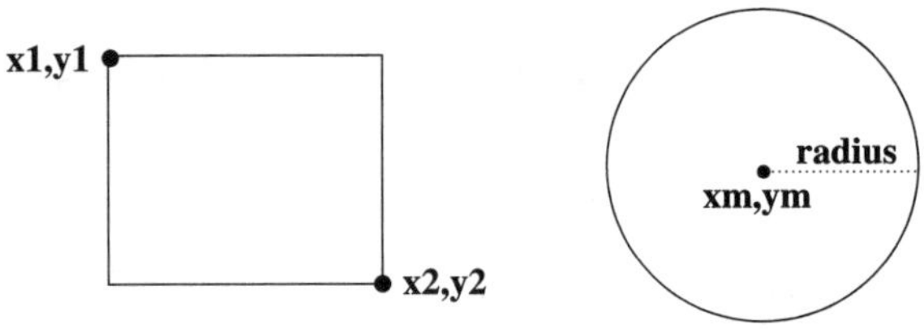

Abbildung 17.2: Darstellung der verschiedenen Grafikobjekte

Wählt man diese Art des Designs, wie es in Abbildung 17.2 gezeigt ist, muss man für jede mögliche Figur verschiedene Routinen zum Zeichnen, Löschen und Verschieben verwenden. Für das Zeichnen und Löschen lässt sich dies zwar auch bei anderen Entwürfen kaum vermeiden, da diese beiden Operationen eng mit dem Aussehen der jeweiligen Figur zusammenhängen.
Wäre aber auch ein anderes Design denkbar, so dass zumindest das *Verschieben* von Kreisen und Rechtecken gleich ist?

Ein zweites Design für ein Rechteck und einen Kreis (mit Vererbung)

Für das Verschieben lässt sich hier jedoch auch ein anderer Ansatz finden, wie er in Abbildung 17.3 gezeigt ist.

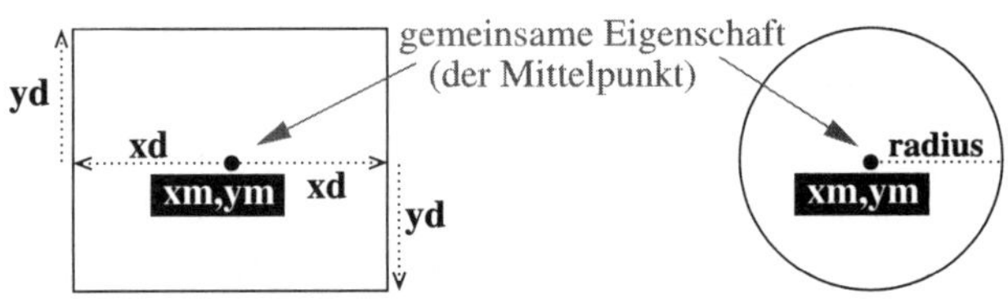

Abbildung 17.3: Deltas zu den Mittelpunkten der jeweiligen Grafikobjekte

Betrachtet man jedes Grafikobjekt unabhängig von seiner Form einfach nur als großen Punkt, so stellt man fest, dass alle „Punkte“ um ein bestimmtes Delta-X und ein Delta-Y verschoben werden. Somit könnte das Verschieben verallgemeinert werden, indem statt des ganzen Grafikobjektes einfach nur ein Punkt verschoben wird. Wie erhält man dann aber nun die Formen der einzelnen Grafikobjekte? Nun, man speichert die Koordinaten der einzelnen Figuren relativ zu dem definierten Punkt (*Mittelpunkt*) der Figur:

- beim Rechteck: `xd` ist der Abstand der linken und rechten Seite und `yd` ist der Abstand der oberen und unteren Seite vom Mittelpunkt.

➤ beim Kreis: `radius`.

Zeichnen und Löschen der Grafikobjekte erfolgt dann relativ zum Mittelpunkt. Abbildung 17.4 zeigt das Ergebnis dieser Überlegungen als UML-Klassendiagramm.

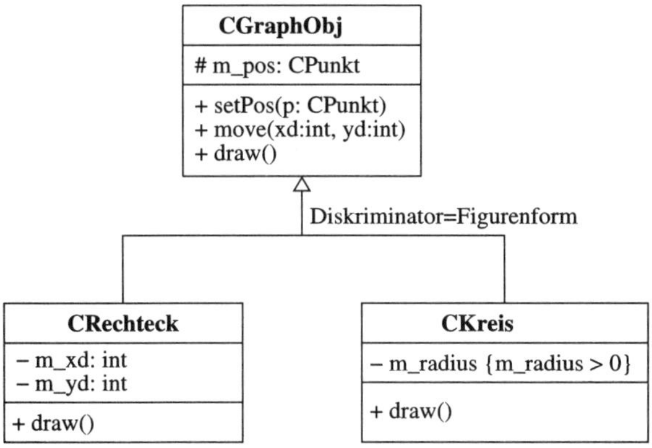

Abbildung 17.4: Erstes UML-Klassendiagramm zur Grafikbibliothek

Wie bereits zuvor erwähnt, muss die Methode `draw()` für jedes Grafikobjekt neu implementiert werden, da sie sich auf die Geometrie der Figuren bezieht. Die Methoden `setPos()` und `move()` jedoch können bei diesem Design für alle Figuren verwendet werden, denn sie beziehen sich auf die Position des Grafikobjektes, die jede Figur besitzt. Also werden diese Methoden in der Klasse `CGraphObj` definiert. Durch die in Abbildung 17.4 gezeigte Klassenhierarchie erben die Unterklassen diese Methoden. Die Methode `draw()` muss jedoch in den Unterklassen explizit neu definiert werden, um die betreffende Figur neu zu zeichnen. Die Methode `move()` dagegen wird an die Unterklassen vererbt, so dass diese sie verwenden können, ohne dass sie sie selbst definiert haben.

17.3 Einfache Vererbung in C++

17.3.1 Syntax für die Vererbung

In C++ gilt die folgende Syntax für die Vererbung von Klassen:

```
class Unterklasse : schutztyp Basisklasse
{
    ...  // Übliche Definitionen von Eigenschaften und Methoden
};
```

➤ *`Unterklasse`* ist hierbei der Name der neu zu definierenden Klasse.

➤ *`Basisklasse`* ist der Name der Klasse, deren Eigenschaften in der *`Unterklasse`* übernommen werden sollen.

➤ *`schutztyp`* gibt an, wie auf die von der *`Basisklasse`* geerbten Eigenschaften und Methoden zugegriffen werden darf.

Für eine abgeleitete Unterklasse gilt nun Folgendes:

- **Kein Zugriff auf `private`-Elemente der Basisklasse**
  Auf `private`-Elemente der Basisklasse kann grundsätzlich nicht zugegriffen werden, unabhängig davon, welcher Schutztyp für die Basisklasse in der abgeleiteten Klasse angegeben wird. Dies mag zunächst erstaunen, ist aber nichts Anderes als eine konsequente Anwendung des Kapselungsprinzips. Wäre es nicht so, bräuchte man eine vorhandene Klasse nur abzuleiten, um Zugriff auf alle privaten Elemente zu bekommen.
- **`private`-Ableitung macht `public`- und `protected`-Elemente `private`**
  Ist `private` für die Basisklasse in der abgeleiteten Klasse angegeben, können die Methoden der abgeleiteten Klassen auf die geerbten `public`- und `protected`-Elemente der Basisklasse zugreifen. Dies gilt jedoch nicht für Unterklassen, die durch weitere Vererbung der abgeleiteten Klasse entstehen. Die `public`- und `protected`-Elemente der Basisklasse sind somit `private`-Elemente in der direkt abgeleiteten Unterklasse.
- **Bei `public`-Ableitung bleiben Zugriffsrechte unverändert**
  Wird `public` für die Basisklasse in der abgeleiteten Klasse angegeben, so können die Methoden der abgeleiteten Klasse auf alle `public`- und `protected`-Elemente der Basisklasse zugreifen. Dieses Zugriffsrecht wird auch an eventuelle weitere Unterklassen der abgeleiteten Klasse vererbt.
- **`protected` – die Zwischenstufe zwischen `private` und `public`**
  Nun wird auch deutlich, warum das Schlüsselwort `protected` eingeführt wurde. Ohne dieses Schlüsselwort müsste man alle Elemente einer Basisklasse, die weitervererbt werden sollen, als `public` einstufen. Damit könnten aber auch andere „fremde" Funktionen auf diese Elemente zugreifen, womit das wichtigste Prinzip der Objektorientierung aufgehoben wäre. Um nun nur vererbten Klassen und nicht dem ganzen Programm Zugriff auf bestimmte Elemente einer Klasse zu erlauben, musste eine Zwischenstufe zwischen den beiden extremen Schutztypen `private` und `public` eingeführt werden, nämlich der Schutztyp `protected`. Bei Verwendung von `protected` für Klassenelemente, erhält eine Klasse zwei Schnittstellen nach außen:
  - *Kunden-Schnittstelle*: Kunden dürfen nur auf `public`-Elemente zugreifen.
  - *Erben-Schnittstelle*: Erben dürfen sowohl auf die `public`- als auch auf die `protected`-Elemente zugreifen.

In Tabelle 17.1 sind die Zugriffsrechte in einer abgeleiteten Klasse bei den möglichen Kombinationen von Schutztypen in der Basisklasse und den unterschiedlichen Ableitungsformen zusammengefasst. Dabei wird Folgendes ersichtlich:

- Auf ein `private`-Element einer Basisklasse kann in einer abgeleiteten Klasse grundsätzlich nicht mehr zugegriffen werden.
- Bei `public` abgeleiteten Klassen werden die Zugriffsrechte der Basisklasse unverändert übernommen und bei `protected` abgeleiteten Klassen ändert sich nur der Schutztyp von `public`-Elementen in `protected`.

An dieser Stelle sind noch zwei Punkte zu erwähnen:

- Wird bei der Ableitung einer Klasse kein Schutztyp für die Basisklasse angegeben, so impliziert dies eine `private`-Ableitung.

- Die in Tabelle 17.1 angegebenen Beschränkungen der Zugriffsrechte durch eine `private`- oder `protected`-Ableitung gelten nur für „normale" Klassenelemente. Die Zugriffsrechte von `static`-Elementen bleiben davon unberührt.

		Zugriffsattribut in Basisklasse		
		`private`	`protected`	`public`
Ableitung erfolgt:	`private`	–	`private`	`private`
	`protected`	–	`protected`	`protected`
	`public`	–	`protected`	`public`

Tabelle 17.1: Zugriffsrechte in abgeleiteten Klassen auf Elemente der Basisklasse

Programm 17.1 – `erb1.cpp`:
Einfaches Demonstrationsprogramm zur Vererbung in C++

```
#include <iostream>
using namespace std;
//................................................... Mensch (Basisklasse)
class Mensch
{
public:
   void setAlter(int alter) { m_alter = alter; }
   int  getAlter()          { return m_alter;  }
   int  groesse; // public-Variable
private:
   int  m_alter;
};
//...................................... Student (abgeleitet von Mensch)
class Student : public Mensch // direkte Basisklasse = Mensch
{
public:
   void setMatrikelnr(int matrikelnr) { m_matrikelnr = matrikelnr; }
   int  getMatrikelnr()               { return m_matrikelnr;       }
   void print(void) {
      cout << "Student.matrikelnr = " << m_matrikelnr << endl; // beides ok
      cout << "Student.groesse = " << groesse << endl;
      // Folg. geht nicht (private-Elem. von Mensch für Student nicht verfügbar)
      // cout << "Student.alter = " << m_alter << endl;
   }
private:
   int m_matrikelnr;
};
//............................................................... main
int main(void) {
   Mensch  m;
   Student s;

   m.setAlter(50);  cout << "Mensch.alter = " << m.getAlter() << endl;
   m.groesse = 172; cout << "Mensch.groesse = " << m.groesse << endl << endl;
```

```
35
36     s.setMatrikelnr(12345);
37     cout << "Student.matrikelnr = " << s.getMatrikelnr() << endl;
38
39     s.setAlter(22);  // Abgeleitete Klasse erbt Eigenschaften der Basisklasse
40     cout << "Student.alter = " << s.getAlter() << endl;
41     s.groesse = 185; cout << "Student.groesse = " << s.groesse << endl;
42 }
```

Programm 17.1 liefert die folgende Ausgabe:

```
Mensch.alter = 50
Mensch.groesse = 172

Student.matrikelnr = 12345
Student.alter = 22
Student.groesse = 185
```

Im Programm 17.1 wird die Funktion `print()` überhaupt nicht aufgerufen. Mit ihr soll lediglich demonstriert werden, dass ein Zugriff auf Klassenelemente, die in der Basisklasse `Mensch` als `private` vereinbart wurden, in der abgeleiteten Klasse `Student` nicht erlaubt ist.
Hätte man in Programm 17.1 die Zeile 14 wie folgt geändert:

```
14  class Student : private Mensch // jetzt private Ableitung
       //.... oder:
14  class Student : Mensch // jetzt private Ableitung
```

dann werden die `public`-Elemente der Klasse `Mensch` in der Klasse `Student` als `private` behandelt, womit dann kein direkter Zugriff auf sie von außen mehr möglich ist. Der Compiler erkennt dies und gibt z. B. folgende Fehlermeldungen aus:

```
erb1a.cpp:7: error: 'void Mensch::setAlter(int)' is inaccessible
erb1a.cpp:39: error: within this context
erb1a.cpp:8: error: 'int Mensch::getAlter()' is inaccessible
erb1a.cpp:40: error: within this context
erb1a.cpp:9: error: 'int Mensch::groesse' is inaccessible
erb1a.cpp:41: error: within this context
erb1a.cpp:9: error: 'int Mensch::groesse' is inaccessible
erb1a.cpp:41: error: within this context
```

public-Ableitung ist der häufigste Anwendungsfall

Hierbei teilt man die Elemente der Basisklasse gezielt nach ihrem Einsatzgebiet in `public`, `protected` und `private` ein und nimmt dann eine `public`-Ableitung vor.
Kapitel B.9 auf Seite 1111 zeigt Anwendungsgebiete, in denen man Unterklassen `private` bzw. `protected` von einer Basisklasse ableitet.

17.3.2 Restriktionen bei der Vererbung

Kein direkter Zugriff auf protected-Elemente von außerhalb der Klasse

Auf `protected`-Elemente der Basisklasse kann natürlich in der Basisklasse selbst, aber auch in von ihr abgeleiteten Unterklassen direkt zugegriffen werden. Andere Klassen dagegen können nicht – wie bei `public`-Elementen – direkt auf `protected`-Elemente dieser Basisklasse zugreifen.

Programm 17.2 – `erb2.cpp`:
Kein direkter Zugriff auf protected-Elemente einer Klasse von außerhalb

```
#include <stdio.h>
#include  <iostream>
using namespace std;
//.................................................... Mensch (Basisklasse)
class Mensch
{
public:
   void setAlter(int alter) { m_alter = alter; }
   int  getAlter()          { return m_alter;  }
   int  groesse; // public-Variable
protected:
   char geschlecht;
private:
   int  m_alter;
};

//......................................... Student (abgeleitet von Mensch)
class Student : public Mensch // direkte Basisklasse = Mensch
{
public:
   void setMatrikelnr(int matrikelnr) { m_matrikelnr = matrikelnr; }
   int  getMatrikelnr()               { return m_matrikelnr;       }

   void print(char g) {
      cout << "Student.matrikelnr = " << m_matrikelnr << endl; // alle drei ok
      cout << "Student.groesse = " << groesse << endl;
      geschlecht = g; // in Klasse direkter Zugriff auf protected-Elemente erlaubt
      cout << "Student.geschlecht = " << geschlecht << endl;

      // Folg. geht nicht (private-Elem. von Mensch für Student nicht verfügbar):
      //  cout << "Student.alter = " << m_alter << endl;
   }
private:
   int m_matrikelnr;
};
//................................................................ main
int main(void) {
   Mensch  m;
   Student s;
```

```
    m.setAlter(50);  cout << "Mensch.alter = " << m.getAlter() << endl;
    m.groesse = 172; cout << "Mensch.groesse = " << m.groesse << endl <<endl;
    // m.geschlecht = 'w'; // Auf protected-Elemente kein direkter Zugriff erlaubt

    s.setMatrikelnr(12345);
    cout << "Student.matrikelnr = " << s.getMatrikelnr() << endl;

    s.setAlter(22);  //...Abgeleitete Klasse erbt Eigenschaften der Basiskl.
    cout << "Student.alter = " << s.getAlter() << endl;
    s.groesse = 185; cout << "Student.groesse = " << s.groesse << endl << endl;
    // s.geschlecht = 'm'; // Auf protected-Elemente kein direkter Zugriff erlaubt
    s.print('m');
}
```

Programm 17.2 liefert die folgende Ausgabe:

```
Mensch.alter = 50
Mensch.groesse = 172

Student.matrikelnr = 12345
Student.alter = 22
Student.groesse = 185

Student.matrikelnr = 12345
Student.groesse = 185
Student.geschlecht = m
```

Konstruktoren, Destruktoren, operator= und Freunde werden nicht vererbt

Wie bereits zuvor erwähnt, besitzt eine abgeleitete Klasse alle Eigenschaften (Elemente) ihrer Basisklassen, zuzüglich derer, die sie selbst definiert, wobei es jedoch auch einige Ausnahmen gibt. Nicht vererbt werden:

- Konstruktoren und Destruktoren
- Operator `operator=`
- Freundschaften mit anderen Klassen, wie z. B.:

```
class Vater                    { friend class Freund; .... };
class Freund                   { .... };
class SohnFreund : public Freund { .... };
```

Hier ist die Klasse `Freund` befreundet mit der Klasse `Vater`, aber nicht die Klasse `SohnFreund`.

Unions können nicht vererbt werden

Während von Strukturen genauso wie von Klassen weitere Unterstrukturen abgeleitet werden können, ist dies nicht für Unions erlaubt, da Unions keine Basisklassen für weitere Ableitungen sein dürfen.

17.3.3 Abgeleitete Klassen und ihre Elemente

Programm 17.3 zeigt eine erste einfache C++-Realisierung der Klassen für die früher entworfene Grafikbibliothek.

Programm 17.3 – `graphik.h`:
Einfache C++-Realisierung der Klassen für die Grafikbibliothek

```
#include <iostream>
using namespace std;
//.................................................................... CPunkt
class CPunkt
{
public:
   CPunkt(int x=0, int y=0)  : m_x(x), m_y(y) { }
   void setPoint(CPunkt p)          { m_x = p.m_x; m_y = p.m_y;            }
   void movePoint(int dX=0, int dY=0) { m_x += dX; m_y += dY;              }
   void drawPoint()         { cout << "P(x,y) = " << m_x << ", " << m_y << endl; }
private:
   int m_x, m_y;
};
//.................................................................. CGraphObj
class CGraphObj
{
public:
   CGraphObj(int x=0, int y=0) { m_pos.setPoint(CPunkt(x, y)); }
   void setPos(CPunkt p)       { m_pos.setPoint(p);            }
   void move(int dX, int dY)   { m_pos.movePoint(dX, dY);      }
   void draw()                 { m_pos.drawPoint();            }
protected:
   CPunkt m_pos;
};
//.................................................................. CRechteck
class CRechteck: public CGraphObj
{
public:
   CRechteck() : m_xd(1), m_yd(1) { }
   void draw() { cout << "Rechteck(xd,yd) = " << m_xd << ", " << m_yd << endl; }
private:
   int m_xd, m_yd;
};
//.................................................................... CKreis
class CKreis: public CGraphObj
{
public:
   CKreis() : m_radius(1) { }
   void draw() { cout << "Kreis(radius) = " << m_radius << endl; }
private:
   int m_radius;
};
```

Unterklassen verfügen über die geerbten Elemente der Basisklasse und den zusätzlich eigens definierten Elementen, d. h. dass z. B. die Klasse `CKreis` im Programm 17.3 über folgende Elemente verfügt:

von `CGraphObj` geerbte		eigene neu definierte	
Attribute	Methoden	Attribute	Methoden

`m_pos`	`setPos()`
	`move()`
	`draw()`
		`m_radius`	`draw()`

Dass dies so ist, lässt sich an den beiden folgenden Punkten erkennen:

- Speicherbedarf
- Zur Verfügung stehende Methoden

Speicherbedarf

Der Speicherbedarf von `CKreis` ergibt sich aus dem Speicherbedarf von `CGraphObj` und den zusätzlichen Attributen in der abgeleiteten Klasse `CKreis`. Dies kann anhand des Programms 17.4 gezeigt werden.

Programm 17.4 – `erbsize.cpp`:
Speicherbedarf von abgeleiteten Klassen

```
#include <iomanip>
#include "graphik.h"

int main(void) {
  CGraphObj gr;
  CRechteck r;
  CKreis k;
   cout << "Speicher von gr: " << setw(2) << sizeof(gr) << endl;
   cout << "Speicher von r:  " << setw(2) << sizeof(r)  << endl;
   cout << "Speicher von k:  " << setw(2) << sizeof(k)  << endl;
}
```

Auf einem 32-Bit-System liefert Programm 17.4 folgende Ausgabe:

```
Speicher von gr:  8
Speicher von r:  16
Speicher von k:  12
```

- Das Grafikobjekt `gr` nimmt 8 Bytes in Anspruch: `2 * 4 Bytes` für die `int`-Membervariablen von `CPunkt`.
- Das Rechteck `r` nimmt 16 Bytes in Anspruch: 8 Bytes geerbt von `CGraphObj` + 8 Bytes für die beiden eigenen Membervariablen `m_xd` und `m_yd`.
- Der Kreis `k` nimmt 12 Bytes in Anspruch: 8 Bytes geerbt von `CGraphObj` + 4 Bytes für die eigene Membervariable `m_radius`.

Wichtig ist, dass der Speicher in jedem Fall benötigt wird, auch wenn die Elemente in der abgeleiteten Klasse nicht zugreifbar sind, weil die Basisklasse z. B. `private`-Membervariablen beinhaltet. Wird in `CGraphObj` z. B. kurzzeitig zu Demozwecken eine `private`-Membervariable (`int x`) eingeführt:

```
class CGraphObj
{
   .....
private:
   int x;  // zu Demozwecken für Speicherbedarf
};
```

liefert Programm 17.4 folgende Ausgabe, an der erkennbar ist, dass der Speicherbedarf sich jeweils um 4 Bytes erhöht hat:

```
Speicher von gr: 12
Speicher von r:  20
Speicher von k:  16
```

Hier wird auch deutlich, dass abgeleitete Klassen nur dann neu kompiliert werden, wenn sich die Datenelemente in der Basisklasse ändern, nicht aber wenn neue Memberfunktionen in der Basisklasse hinzugefügt werden. Ändert sich aber der Prototyp einer Memberfunktion in der Basisklasse, die in der abgeleiteten Klasse aufgerufen wird, zieht dies Änderungen in der abgeleiteten Klasse nach sich, was natürlich auch ein Neukompilieren der entsprechenden abgeleiteten Klasse erfordert.

Zur Verfügung stehende Methoden

Die Methode `move()` kann auch für einen `CKreis` aufgerufen werden, obwohl sie in dieser Klasse nicht explizit erwähnt wurde.
Zum Beispiel wird folgender Code ohne Fehler übersetzt und ausgeführt:

```
#include "graphik.h"

int main(void)
{
   CKreis k;

   k.setPos(CPunkt(2, 3)); // Aufruf von Methoden, die nicht explizit in Klasse
   k.move(4, 5);           // vorhanden sind, aber geerbt wurden.
}
```

Dass die Methoden auch korrekt ausgeführt werden, lässt sich durch entsprechende `cout`-Anweisungen in den Methoden `setPos()` und `move()` nachvollziehen.

17.3.4 Überschreiben von Memberfunktionen

Obwohl `CKreis` bereits durch Vererbung von `CGraphObj` über eine `draw()`-Methode verfügt, definiert `CKreis` eine eigene Methode mit der gleichen Signatur. Wird nun für einen Kreis die Methode `draw()` aufgerufen, so wird die Methode
`CKreis::draw()`
verwendet, und nicht die Methode
`CGraphObj::draw()`
Man sagt `CKreis::draw()` *überschreibt* oder *überdeckt* die geerbte Methode.

Die Methode `CGraphObj::draw()` kann jedoch dennoch unter Verwendung des Scope-Operators `::` aufgerufen werden, wie dies das folgende Programm zeigt:

```
#include "graphik.h"

int main(void) {
   CKreis k;

   k.setPos(CPunkt(2, 3)); // Aufruf von Methoden, die nicht explizit in Klasse
   k.move(4, 5);           // vorhanden sind, aber geerbt wurden.

   k.draw(); // Eigene Methode draw() überdeckt
             // die geerbte Methode von CGraphObj
   k.CGraphObj::draw(); // Expliziter Aufruf der Methode draw()
                        // der Klasse CGraphObj
}
```

Dieses Programm liefert dann folgende Ausgabe:

```
Kreis(radius) = 1
P(x,y) = 6, 8
```

Da beim Kreis stets der Mittelpunkt und der Radius interessieren und es nicht besonders anwenderfreundlich ist, wenn der Benutzer der Klasse dazu zwei Methoden aufrufen muss, macht es Sinn, die Methoden `draw()` der Klassen `CKreis` und `CRechteck` wie folgt zu implementieren:

```
class CRechteck: public CGraphObj
{
public:
   ....
   void draw() {
      CGraphObj::draw(); // Würde hier nur draw() aufgerufen werden, würde eine
                         // endlose Rekursion in Methodenaufrufen stattfinden
      cout << "Rechteck(xd,yd) = " << m_xd << ", " << m_yd << endl;
   }
private:
   int m_xd, m_yd;
};
class CKreis: public CGraphObj
{
public:
   ....
   void draw() {
      CGraphObj::draw(); // Würde hier nur draw() aufgerufen werden, würde eine
                         // endlose Rekursion in Methodenaufrufen stattfinden
      cout << "Kreis(radius) = " << m_radius << endl;
   }
private:
   int m_radius;
};
```

17.3.5 Überschreiben, Überladen und Mehrdeutigkeiten

Überschreiben versus Überladen

Bei der Vererbung kann es zu Namenskonflikten kommen. Es ist nämlich möglich, dass die abgeleitete Klasse ein Element definiert, dessen Name auch in der Basisklasse verwendet wird. In diesem Zusammenhang ist es wichtig, zwischen dem zuvor vorgestellten *Überschreiben (overriding)*, das auch als *Redefinition (redefinition)* bezeichnet wird, und dem *Überladen (overloading)* von Funktionen zu unterscheiden:

- Beim *Überladen* wird derselbe Operationsname innerhalb einer Klasse mit verschiedenen Parameterschnittstellen verwendet.
- Beim *Überschreiben* hingegen wird eine Operation der Oberklasse mit der gleichen Signatur in der Unterklasse neu implementiert, wie es in Abbildung 17.5 gezeigt ist.

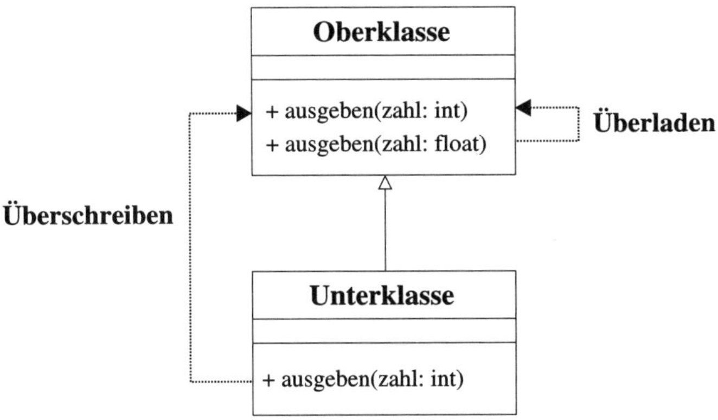

Abbildung 17.5: Überschreiben versus Überladen

Programm 17.5 demonstriert nochmals den Unterschied zwischen Überschreiben und Überladen.

Programm 17.5 – `erb3.cpp`:
Überschreiben und Überladen sind zwei unterschiedliche Konzepte

```
#include <iostream>
using namespace std;

class Vater
{
public:
   void set(int w)     { m_wert = w;                                          }
   void print(void)    { cout << "Vater = " << m_wert << ", x = " << x <<endl; }
   int  getWert(void) { return m_wert;                                         }
   int  x; //... public-Variable
private:
   int m_wert;
};
```

```
class Sohn : public Vater
{
public:
   void set(float w)        { m_wert = w; }
    //............................... Zwei überladene print()-Varianten
   void print(char *name) {
      cout << name << " = " << m_wert << "; x = " << x << endl;
   }
   void print(void) { //.... überschreibt Vater::print()
      cout << "Sohn=" << m_wert << ", Sohn.x= " << x
           << "; Vater=" << Vater::getWert() << ", Vater.x=" << Vater::x << endl;
   }
   int  x; //... public-Variable
private:
   float m_wert;
};
int main(void) {
   Sohn s;

   s.set(10);          // set von Sohn wird aufgerufen
   s.x = 100;          // x von Sohn
   s.print("Sohn");  // print(char *) von Sohn

   s.Sohn::set(20);  // set von Sohn wird aufgerufen (explizite Angabe)
   s.Sohn::x = 200;  // x von Sohn (explizite Angabe)
   s.print("Sohn");  // print() von Sohn

   s.Vater::set(50);  // set von Vater wird aufgerufen
   s.Vater::x = 500;  // x von Vater
   s.Vater::print();  // print() von Vater

   s.print();  // print() von Sohn
}
```

Programm 17.5 liefert die folgende Ausgabe:

```
Sohn = 10; x = 100
Sohn = 20; x = 200
Vater = 50, x = 500
Sohn=20, Sohn.x= 200; Vater=50, Vater.x=500
```

Gleiche Namen und Auflösen von Mehrdeutigkeiten

Es gelten hierbei die folgenden Regeln:

- **Namenszuordnung erfolgt in Klassenhierarchie „von unten nach oben"**
  Ist von einem Element nur der Name angegeben, sucht der Compiler die Vererbungshierarchie „von unten nach oben" ab, beginnend mit der Klasse des angesprochenen Objekts in Richtung der Basisklasse. Das erste gefundene Element wird dann genommen.

- **Explizite Auswahl mittels Scope-Operator ::**
  Diesen automatischen Suchvorgang kann man unterbinden, indem man die explizite Form angibt, wie z. B. `s.`**`Vater::`**`set(50)`.
- **Eine Methode verdeckt alle gleichnamigen Methoden aus einer Basisklasse**
  Wird in einer abgeleiteten Klasse eine Methode mit einem gleichen Namen wie eine Methode aus einer Basisklasse definiert, so verdeckt diese Methode alle gleichnamigen Methoden aus den Basisklassen, unabhängig davon, ob sie eine gleiche oder unterschiedliche Signatur besitzt. Um in der abgeleiteten Klasse eine gleichnamige Methode aus einer Basisklasse aufzurufen, muss man dann den Scope-Operator `::` verwenden; siehe auch Programm 17.6.
- **Gleichnamige Elemente in Vererbungshierarchie existieren parallel**
  Ein Element in einer abgeleiteten Klasse *ersetzt nicht* ein gleichnamiges Element in der Basisklasse, sondern beide existieren parallel (und verbrauchen Speicher). Deswegen ist diese Art der Überlagerung auch nicht identisch zum Überladen von Funktionen. Ein Überladen von Funktionsnamen findet nur auf der gleichen Ableitungsstufe statt, wie z. B.
  `print(void)` und `print(char *name)` in der Klasse `Sohn`.

Daneben sind noch die beiden folgenden Punkte zu erwähnen:

- Es kann ein und dieselbe Klasse indirekt über zwei oder mehr Hierarchiestufen mehrfach abgeleitet werden. Ihre Elemente sind dann auch wirklich mehrfach in der abgeleiteten Klasse enthalten und müssen wieder mittels voll qualifizierter Namen unterschieden werden. Darauf wird in Kapitel 17.6 auf Seite 362 näher eingegangen.
- Ist man Herr über seine eigenen Klassen, sollte man grundsätzlich solche Kollisionen, wie sie in diesem Kapitel beschrieben wurden, vermeiden, indem man eindeutige Namen vergibt. Vermeiden lassen sich solche Namenskonflikte allerdings nicht, wenn man eigene Klassen von Basisklassen ableitet, die man nicht selbst entworfen hat.

Programm 17.6 demonstriert nochmals die Regeln, die bei gleichnamigen Methoden in Basisklassen und abgeleiteten Klassen gelten.

Programm 17.6 – `erbnamgleich.cpp`:
Gleichnamige Methoden in Basisklassen und abgeleiteten Klassen

```
#include <iostream>
using namespace std;

class Basis {
 public:
    int  f(void)   const { cout << "Basis::f(void)"   << endl; return 1; }
    int  f(double) const { cout << "Basis::f(double)" << endl; return 1; }
    void g(void)         { cout << "Basis::g(void)"   << endl;           }
};
class Sub1 : public Basis {
 public:
    //.... Überschreiben von g() --> beide f() aus Basis verfügbar
    int  g(char) const { cout << "Sub1::g(char)" << endl; return 1; }
};
```

```
class Sub2 : public Basis {
 public:
    //.... Überschreiben von f(void) --> kein f() aus Basis mehr verfügbar
    int  f(void) const { cout << "Sub2::f(void)" << endl; return 2; }
};
class Sub3 : public Basis {
 public:
    //.... Überschreiben von f(void) (anderer Rückgabetyp)
    //       --> kein f() aus Basis mehr verfügbar
    void f(void) const { cout << "Sub3::f(void)" << endl; }
};
class Sub4 : public Basis {
 public:
    //.... Neudefinition von f() (anderer Parametertyp
    //       --> kein f() aus Basis mehr verfügbar
    int  f(char) const { cout << "Sub4::f(char)" << endl; return 4; }
};
int main(void) {
  Sub1 s1;   Sub2 s2;   Sub3 s3;   Sub4 s4;
   int x = s1.f(); //... Basis::f(void)
   s1.f(3.14);     //... Basis::f(double)
   s1.Basis::g();  //... Basis::g(void)
   x = s1.g('a');  //... Sub1::g(char)
   cout << "-------------------------" << endl;
   x = s2.f();             //... Sub2::f(void)
   x = s2.Basis::f();      //... Basis::f(void)
   x = s2.Basis::f(3.14); //... Basis::f(double)
   // x = s2.f(3.14);// nicht mögl., da Basis::f(double) nicht verfügbar
   s2.g();                 //... Basis::g(void)
   cout << "-------------------------" << endl;
   s3.f();                 //... Sub3::f(void)
   x = s3.Basis::f();      //... Basis::f(void)
   x = s3.Basis::f(3.14); //... Basis::f(double)
   // x = s3.f(); // nicht mögl., da Basis::f() (mit Rückgabe) nicht verfügbar
   // x = s3.f(3.14); // nicht mögl., da Basis::f(double) nicht verfügbar
   s3.g();                 //... Basis::g(void)
   cout << "-------------------------" << endl;
   x = s4.f('a');          //... Sub4::f(char)
   x = s4.Basis::f();      //... Basis::f(void)
   x = s4.Basis::f(3.14); //... Basis::f(double)
   // x = s4.f();     // nicht möglich, da Basis::f() nicht verfügbar
   // x = s4.f(3.14);// falsch, da Basis::f(double) nicht verfügbar
   s4.g();                 //... Basis::g(void)
}
```

Programm 17.6 liefert die folgende Ausgabe:

```
Basis::f(void)
Basis::f(double)
Basis::g(void)
```

```
Sub1::g(char)
--------------------------
Sub2::f(void)
Basis::f(void)
Basis::f(double)
Basis::g(void)
--------------------------
Sub3::f(void)
Basis::f(void)
Basis::f(double)
Basis::g(void)
--------------------------
Sub4::f(char)
Basis::f(void)
Basis::f(double)
Basis::g(void)
```

17.3.6 Konstruktor- und Destruktoraufrufe

Automatische Konstruktor- und Destruktoraufrufe der Basisklassen

Im Zusammenhang mit der Vererbung musste auch das Konstruktor-Konzept erweitert werden:

- Grundsätzlich kann ein Konstruktor und Destruktor nicht vererbt werden.
- Es wird jedoch automatisch ein Konstruktor der Basisklasse vor dem Konstruktor der abgeleiteten Klasse aufgerufen und der Destruktor der Basisklasse nach dem Destruktor der abgeleiteten Klasse.

Programm 17.7 – `erb4.cpp`:
Reihenfolge von Konstruktor- und Destruktoraufrufen bei abgeleiteten Klassen

```
#include <iostream>
using namespace std;
class Vater
{
public:
   Vater()          { cout << "Standard-Konstruktor Vater" <<endl; m_alter = 0; }
   ~Vater()         { cout << "Destruktor Vater" << endl;                      }
protected:
   int m_alter;
};
class Sohn : public Vater
{
public:
   Sohn(int alter) { cout << "Expliz. Konstruktor Sohn" <<endl; m_alter = alter; }
   ~Sohn()         { cout << "Destruktor Sohn" << endl;                         }
};
int main(void) {
   Sohn s(12);
}
```

Programm 17.7 liefert die folgende Ausgabe:

```
Standard-Konstruktor Vater
Expliz. Konstruktor Sohn
Destruktor Sohn
Destruktor Vater
```

Abbildung 17.6 verdeutlicht die Aufrufreihenfolge von Konstruktoren und Destruktoren in Bezug auf Ober- und Unterklasse.

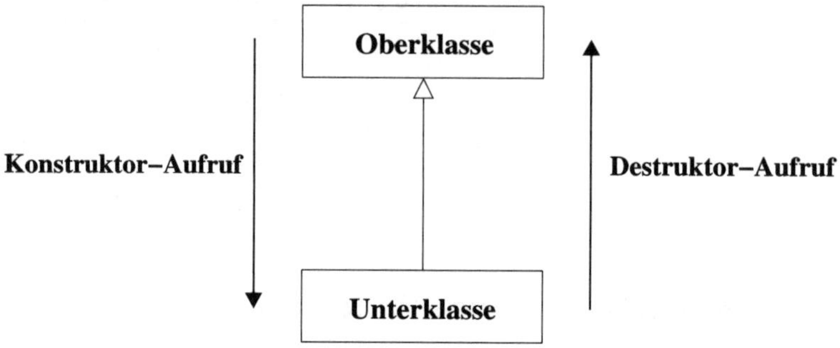

Abbildung 17.6: Reihenfolge von Konstruktor-/Destruktoraufrufen bei abgeleiteten Klassen

Als kleine Merkhilfe kann man sich also ein „U" vorstellen, wie es in Abbildung 17.7 gezeigt ist.

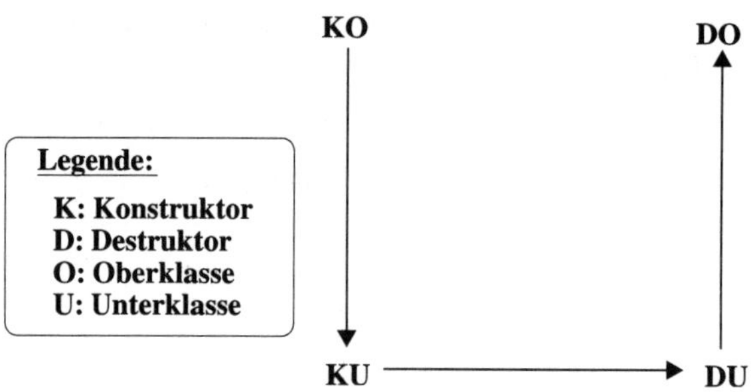

Abbildung 17.7: Merkhilfe für Reihenfolge bei Konstruktor-/Destruktoraufrufen

Explizite Aufrufe eigener Basisklassen-Konstruktoren in Initialisierungsliste

Wenn keine besonderen Maßnahmen getroffen werden, wird immer der Standardkonstruktor der Basisklasse aufgerufen. Soll stattdessen ein anderer selbstdefinierter Konstruktor für die Basisklasse aufgerufen werden, dann kann dies mit Initialisierungslisten (siehe auch Kapitel 16.2.1 auf Seite 247) erfolgen.
Programm 17.8 zeigt, wie man eigene Konstruktoren aus der Basisklasse mittels einer Initialisierungsliste in einer abgeleiteten Klasse aufrufen lassen kann.

Programm 17.8 – `erb5.cpp`:
Expliziter Aufruf von Basisklassen-Konstruktoren mittels Initialisierungslisten

```
#include <iostream>
using namespace std;
class Vater
{
public:
   Vater()           { cout << "Standard-Konstruktor Vater" <<endl; m_alter = 0;   }
   Vater(int age)    { cout << "Expliz. Konstruktor Vater" <<endl;  m_alter = age; }
   ~Vater()          { cout << "Destruktor Vater" << endl;                         }
protected:
   int m_alter;
};
class Sohn : public Vater
{
public:
   Sohn(int age) : Vater(age) { cout << "Expliz. Konstruktor Sohn" << endl; }
   ~Sohn()                    { cout << "Destruktor Sohn" << endl;          }
};
int main(void) {
   Sohn s(12);
}
```

Programm 17.8 liefert die folgende Ausgabe:

```
Expliz. Konstruktor Vater
Expliz. Konstruktor Sohn
Destruktor Sohn
Destruktor Vater
```

Der explizite Aufruf eines Konstruktors über die Initialisierungsliste ist grundsätzlich die bessere Alternative, weil überflüssige Aktionen vermieden werden. So wird z. B. in Programm 17.7 die Membervariable von `m_alter` zunächst durch den Standardkonstruktor von `Vater` auf `0` gesetzt, um dann unmittelbar danach durch den `Sohn`-Konstruktor wieder überschrieben zu werden, um sie auf den tatsächlich gewünschten Wert zu setzen. Im Programm 17.8 dagegen erfolgt dies mit einem Zugriff, ohne dass `m_alter` unnötigerweise zuvor auf `0` gesetzt wird.
Die Konstruktor-Definition für eine abgeleitete Klasse sieht somit wie folgt aus:

```
klasse::klasse(parliste)
       : basisklasse1(parliste), basisklasse2(parliste),
         membervar1(parliste), membervar2(parliste), ...
{ ... }
```

Folgende Punkte sind hierbei zu beachten:

1. **Reihenfolge der Basisklassen-Deklaration (nicht Initialisierungsliste)**
   Auch bei den Basisklassen ist – genauso wie bei den Membervariablen – nicht die Reihenfolge in der Initialisierungsliste maßgeblich, sondern die der Deklaration. Der Grund hierfür ist, dass der Nutzer von Klassen meist nicht deren Implementierung kennt, sondern lediglich deren Deklaration aus der Headerdatei. So

kann er nachvollziehen, in welcher Reihenfolge die Basisklassen-Konstruktoren in abgeleiteten Klassen aufgerufen werden.

2. **Standardkonstruktor für Basisklassen, die in Initialisierungsliste fehlen**
   Wird für eine Basisklasse kein Konstruktor in der Initialisierungsliste angegeben, wird deren Standardkonstruktor aufgerufen, der natürlich dann auch vorhanden sein muss.
3. **Membervariablen werden in der Reihenfolge ihrer Deklaration in der Klasse initialisiert**
4. **Anweisungen im Konstruktor werden zuletzt ausgeführt**
   Nach dem Abarbeiten der Initialisierungslisten werden die Anweisungen im Konstruktor selbst ausgeführt.

Basisklassen-Membervariablen in Initialisierungsliste (nicht kompilierbar)

Programm 17.9 kann nicht kompiliert werden.

Programm 17.9 – `erb6.cpp`:
Basisklassen-Membervariablen nicht in Initialisierungslisten abgeleiteter Klassen erlaubt

```
 1 class Vater {
 2    protected:
 3       int m_alter;
 4 };
 5 class Sohn : public Vater {
 6    public:
 7       Sohn(int alter) : m_alter(alter) { } // falsch
 8 };
 9 int main(void)
10 {
11    Sohn s(12);
12 }
```

Für Programm 17.9 meldet der Compiler folgenden Fehler:

```
erb6.cpp: In constructor 'Sohn::Sohn(int)':
erb6.cpp:7: error: class 'Sohn' does not have any field named 'm_alter'
```

Die Fehlermeldung resultiert aus der Tatsache, dass der `Sohn`-Konstruktor die Variable `m_alter` über eine Initialisierungsliste initialisieren möchte, was allerdings nicht erlaubt ist, da `m_alter` keine Membervariable der Klasse `Sohn` ist.

Richtiges, aber schlechtes Programm mit Zuweisung an Basisklassen-Membervariable im Konstruktor

Ändert man in Programm 17.9 die 7. Zeile wie folgt:

```
7       Sohn(int alter) { m_alter = alter; } // richtig, aber schlechter Stil
```

dann würde der Compiler zwar keinen Fehler mehr melden, aber dennoch ist diese Lösung kritisch zu betrachten, da über eine Zuweisung eine Initialisierung vorgetäuscht wird.

Im Anweisungsteil des Konstruktors kann man zwar auf nicht-private Membervariablen der Basisklassen zugreifen. Trotzdem sollten dort keine Zuweisungen stattfinden, um Membervariablen aus der Basisklasse zu initialisieren, da zu diesem Zeitpunkt der Konstruktor der Basisklasse, der für die Initialisierung seiner Membervariablen vorgesehen ist, bereits ausgeführt wurde.

Richtiges und gutes Programm mit Aufruf des Basisklassen-Konstruktors

Programm 17.10 – `erb7.cpp`:
Guter Programmierstil, um Membervariablen der Basisklasse zu initialisieren

```
class Vater
{
   public:
      Vater(int alter) : m_alter(alter) { }
   protected:
      int m_alter;
};
class Sohn : public Vater
{
   public:
      Sohn(int alter) : Vater(alter) { } // richtig und guter Stil
};
int main(void)
{
   Sohn s(12);
}
```

17.3.7 Vererbung von statischen Methoden

Für `static`-Methoden gilt bei der Vererbung weitgehend das Gleiche wie für nicht-`static`-Methoden:

- `static`-Methoden werden an abgeleitete Klassen vererbt.
- Wird eine `static`-Methode in einer abgeleiteten Klasse neu definiert, so sind – wie auch bei nicht-`static`-Methoden – alle gleichnamigen überladenen Methoden aus der Basisklasse verdeckt.
- Definiert man eine neue gleichnamige `static`-Methode in einer abgeleiteten Klasse mit einer anderen Signatur, so sind ebenfalls alle gleichnamigen Methoden aus der Basisklasse verdeckt.

Einen Unterschied gibt es jedoch: *`static`-Methoden können nicht `virtual` deklariert werden (siehe auch Kapitel 17.4.2 auf Seite 336).*

17.3.8 Substitutionsprinzip

Zuweisung von Unterklassen-Objekten an Oberklassen-Objekte

Das *Substitutionsprinzip* besagt, dass für die Objekte einer Basisklasse jederzeit Objekte der abgeleiteten Klassen eingesetzt werden können, da es sich ja bei der Vererbung um eine *Ist-ein-Beziehung* handelt, z. B. *Ein Kreis ist ein Grafikobjekt* und *Ein Rechteck ist ein Grafikobjekt*. Daher ist in C++ folgender Code möglich:

```
int main(void) {
   CGraphObj gr;
   CRechteck r;
   CKreis k;
//...
   gr = k; // Ein Kreis ist ein Grafikobjekt
   gr = r; // Ein Rechteck ist ein Grafikobjekt
// ...
}
```

Folgende Anweisung ist jedoch nicht erlaubt, da ein Grafikobjekt nicht zwangsläufig ein Kreis ist.

```
k = gr; // Zuweisung eines Objekts einer Basisklasse an ein Objekt der Unterklasse
        // ist NICHT ERLAUBT, denn:
        //    Ein Grafikobjekt ist nicht zwangsläufig ein Kreis
```

Betrachtet man die Attributwerte im Speicher, so geht bei der Zuweisung `gr=k` eine Information verloren, nämlich der Radius. Dieser ist aber für ein allgemeines Grafikobjekt auch nicht von Interesse. Abbildung 17.8 verdeutlicht diesen Sachverhalt.

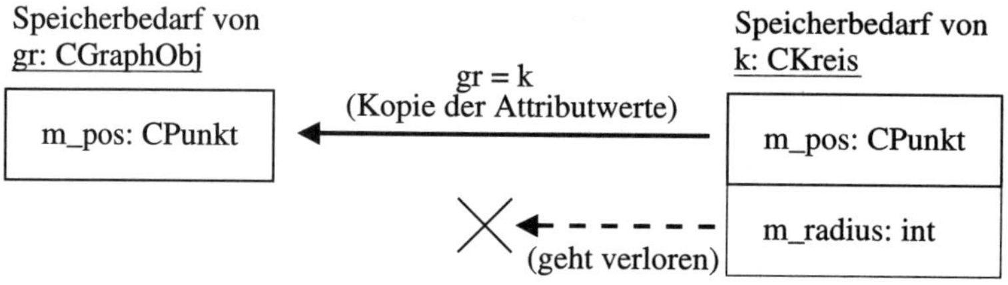

Abbildung 17.8: Speicherbelegung bei Zuweisung von Unter- an Oberklasse

Als Grundregel bei der Zuweisung von Objekten zwischen Basis- und abgeleiteten Klassen kann man sich Folgendes merken:

Die Quelle muss das Ziel vollständig ausfüllen, wobei Datenverlust erlaubt ist. Zuweisungen, bei denen nicht alle Elemente des Ziels gesetzt werden, sind nicht erlaubt.

Programm 17.11 verdeutlicht dies nochmals.

Programm 17.11 – `erb8.cpp`:
Zuweisung von Unterklassen-Objekten an Oberklassen-Objekte

```
#include <iostream>
using namespace std;
class Vater
{
  public:
    Vater(int alter) : m_alter(alter) { }
    void print(void) { cout << "Vater: Alter=" << m_alter << endl; }
  protected:
    int m_alter;
};
```

```
class Sohn : public Vater
{
   public:
      Sohn(int a, int f) : Vater(a), m_freunde(f) { }
      void print(void) {
         cout << "Sohn: Alter=" << m_alter <<", Freunde=" << m_freunde << endl;
      }
   private:
      int m_freunde;
};

int main(void) {
   Vater v(43);
   Sohn  s(12, 10);

   v.print();
   s.print();
   // s = v; // nicht erlaubt
   v = s; // Vater erhält das Alter 12; Zahl der Sohnfreunde geht verloren
   v.print();
   s.print();
}
```

Programm 17.11 liefert die folgende Ausgabe:

```
Vater: Alter=43
Sohn: Alter=12, Freunde=10
Vater: Alter=12
Sohn: Alter=12, Freunde=10
```

Natürlich wäre es möglich, dass man auch Objekte von Oberklassen Unterklassen-Objekten zuweisen kann, indem man den Zuweisungsoperator der Unterklasse überlädt. So müsste man im Programm 17.11 in der Klasse `Sohn` den Zuweisungsoperator überladen, wie z. B.:

```
Sohn& operator=(const Vater& father) {
   ...
}
```

Hier liegt es natürlich nun in der Verantwortung des Programmierers, was er mit den „überhängenden" Daten der Unterklasse (hier `m_freunde`) zu tun gedenkt.

Zuweisung von Unterklassen-Zeigern an Oberklassen-Zeiger

Wird einem Oberklassen-Zeiger die Adresse eines Unterklassen-Objekts zugewiesen, so legt der Zeigertyp und nicht der Objekttyp fest, auf welchen Klassentyp dieser Zeiger zeigt. Dies hat dann die Auswirkung, dass dem Zeiger auch nur die Elemente zur Verfügung stehen, die seinem Klassentyp entsprechen. Andere Elemente des Objekts, dessen Adresse ihm zugewiesen wird, stehen ihm nicht zur Verfügung. Programm 17.12, das die Vererbungshierarchie aus Abbildung 17.9 realisiert, soll dies nochmals verdeutlichen.

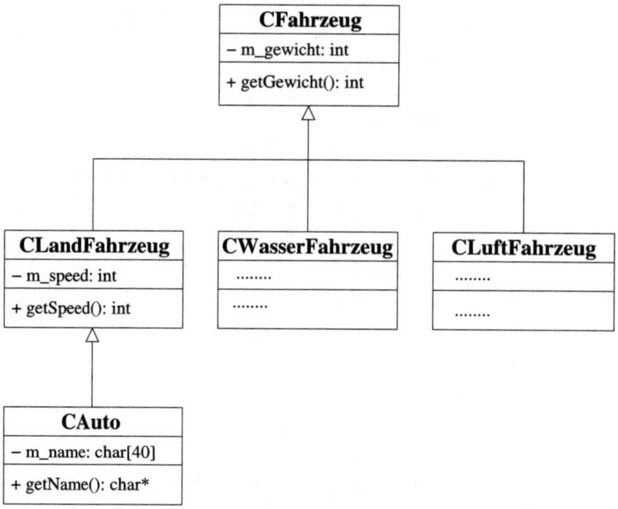

Abbildung 17.9: Vererbungshierarchie zu Fahrzeugarten

Programm 17.12 – `erb9.cpp`:
Zuweisung von Unterklassen-Zeigern an Oberklassen-Zeiger

```
#include <iostream>
using namespace std;
class CFahrzeug { //.............................................. CFahrzeug
  public:
     CFahrzeug(int g=0) : m_gewicht(g) { }
     int  getGewicht(void) const { return m_gewicht; }
  private:
     int m_gewicht;
};
class CLandFahrzeug : public CFahrzeug { //.................... CLandFahrzeug
  public:
     CLandFahrzeug(int g=0, int s=0) : CFahrzeug(g), m_speed(s) { }
     int  getSpeed(void) const { return m_speed;  }
  private:
     int m_speed;
};
class CWasserFahrzeug : public CFahrzeug { }; //............ CWasserFahrzeug
class CLuftFahrzeug : public CFahrzeug { };   //.............. CLuftFahrzeug

class CAuto : public CLandFahrzeug { //............................... CAuto
  public:
     CAuto(int g=0, int s=0, char const *name = "")
        : CLandFahrzeug(g, s) { strcpy(m_name, name); }
     char const *getName(void) const { return m_name;        }
  private:
     char m_name[40];
};
```

```
//................................................................ main
int main(void) {
   CAuto gogo(1000, 99, "Runner");

   CFahrzeug      *fahrZgr = &gogo; // nur Methode: getGewicht()

   cout << "Fahrzeug.Gewicht: " << fahrZgr->getGewicht() << endl;
   // cout << "Fahrzeug.Speed:    " << fahrZgr->getSpeed() << endl; // nicht mögl.
   // cout << "Fahrzeug.Name:     " << fahrZgr->getName() << endl;  // nicht mögl.
   cout << "-------------------------" << endl;

   CLandFahrzeug *landZgr = &gogo; // nur Methoden: getGewicht(), getSpeed()
   cout << "LandFahrzeug.Gewicht: " << landZgr->getGewicht() << endl;
   cout << "LandFahrzeug.Speed:   " << landZgr->getSpeed() << endl;
   // cout << "LandFahrzeug.Name:     " << landZgr->getName() << endl; // nicht mögl.
   cout << "-------------------------" << endl;

   CAuto *autoZgr = &gogo; // alle Methoden verfügbar
   cout << "Auto.Gewicht: " << autoZgr->getGewicht() << endl;
   cout << "Auto.Speed:   " << autoZgr->getSpeed() << endl;
   cout << "Auto.Name:    " << autoZgr->getName() << endl;
   cout << "-------------------------" << endl;

   cout << "sizeof(*fahrZgr)=" << sizeof(*fahrZgr) << endl;
   cout << "sizeof(*landZgr)=" << sizeof(*landZgr) << endl;
   cout << "sizeof(*autoZgr)=" << sizeof(*autoZgr) << endl;

   fahrZgr = landZgr;
   fahrZgr = autoZgr;
   // landZgr = fahrZgr; // nicht möglich
   landZgr = autoZgr;
   // autoZgr = fahrZgr; // nicht möglich
   // autoZgr = landZgr; // nicht möglich
}
```

Programm 17.12 liefert die folgende Ausgabe:

```
Fahrzeug.Gewicht: 1000
-------------------------
LandFahrzeug.Gewicht: 1000
LandFahrzeug.Speed:   99
-------------------------
Auto.Gewicht: 1000
Auto.Speed:   99
Auto.Name:    Runner
-------------------------
sizeof(*fahrZgr)=4
sizeof(*landZgr)=8
sizeof(*autoZgr)=48
```

Die hier beschriebenen Auswirkungen bei Zuweisung von Unterklassen-Zeigern an Oberklassen-Zeiger gelten natürlich auch für die Zuweisung von Unterklassen-Referenzen an Oberklassen-Referenzen.
Wenn man z. B. eine Funktion mit einem `CFahrzeug`-Referenzparameter definiert, kann zwar dieser Funktion ein Objekt jeder von `CFahrzeug` abgeleiteten Klasse übergeben werden, aber innerhalb der Funktion kann über dieses Objekt nur auf `public`-Elemente von `CFahrzeug` zugegriffen werden.
Wie Programm 17.13 zeigt, kann man auch Vollzugriff auf die Elemente abgeleiteter Klassen über Basisklassenzeiger erreichen, wenn man *Casting* einsetzt.

Programm 17.13 – `erb9a.cpp`:
Casting von Basisklassenzeigern ermöglicht Zugriffe auf Elemente von Unterklassen

```
//.... Siehe Programm 17.12 (erb9.cpp)

int main(void) {
   CAuto gogo(1000, 99, "Runner");
   CFahrzeug  *fahrZgr = &gogo; // nur Methode: getGewicht()

   cout << "Fahrzeug.Gewicht: " << fahrZgr->getGewicht() << endl;
   // cout << "Fahrzeug.Speed:    " << fahrZgr->getSpeed() << endl; // nicht mögl.
   // cout << "Fahrzeug.Name:     " << fahrZgr->getName() << endl;  // nicht mögl.

      //........ Casting ermöglicht vollen Zugriff
   cout << "Fahrzeug.Speed:    " << ((CAuto *)fahrZgr)->getSpeed() << endl;
   cout << "Fahrzeug.Name:     " << ((CAuto *)fahrZgr)->getName()  << endl;
}
```

Programm 17.13 liefert die folgende Ausgabe:

```
Fahrzeug.Gewicht: 1000
Fahrzeug.Speed:   99
Fahrzeug.Name:    Runner
```

17.3.9 Übungen

Überschreiben von Funktionen

Programm 17.14 – `dezahexa.cpp`:
Was gibt dieses Programm aus?

```
#include <iostream>
using namespace std;
class Dezimalziffer {
 public:
   Dezimalziffer(int z) : m_Ziffer(z) { }
   void ausgeben(void)                { cout << "Dezimal: " << m_Ziffer <<endl; }
 private:
   int m_Ziffer;
};
```

```
class Hexaziffer : public Dezimalziffer
{
 public:
   Hexaziffer(int z) : Dezimalziffer(z<10 ? z : z-'A'+10), m_Ziffer(z) { }

   void ausgeben(void) {
      Dezimalziffer::ausgeben(); // Aufrufen der Methode aus Basisklasse
      cout << "Hexadezimal: " << char(m_Ziffer) << endl;
   }
 private:
   int m_Ziffer;
};

int main(void)
{
   Dezimalziffer d(10);
   d.ausgeben();
   Hexaziffer h('D');
   h.ausgeben();
}
```

Konstruktor-/Destruktoraufrufe

Was geben die fünf folgenden Programme aus?

Programm 17.15 – `autofahr.cpp`:
1. Übung zu Konstruktor-/Destruktoraufrufen bei Vererbung

```
#include <iostream>
class CFahrzeug
{
   public:
      CFahrzeug()  { std::cout << "KF->"; }
      ~CFahrzeug() { std::cout << "DF->"; }
};
class CAuto : public CFahrzeug
{
   public:
      CAuto()  { std::cout << "KA->"; }
      ~CAuto() { std::cout << "DA->"; }
};

int main(void)
{
   CAuto myAuto;
}
```

Programm 17.16 – `blumen.cpp`:
2. Übung zu Konstruktor-/Destruktoraufrufen bei Vererbung

```
#include  <iostream>
using namespace std;
//-----------------------------------------------------
// Makro zur Definition von Konstruktor und Destruktor.
#define KD(KLASSE)                                        \
 public:                                                  \
   KLASSE()  { cout << "Konstruktor " << #KLASSE << endl; } \
   ~KLASSE() { cout << "Destruktor "  << #KLASSE << endl; }
//-----------------------------------------------------
class Pflanze      { KD(Pflanze)      };
class Bluetenblatt { KD(Bluetenblatt) };
//-----------------------------------------------------
class Blume: public Pflanze {
   Bluetenblatt m_bluete[2];
   KD(Blume);
};
//-----------------------------------------------------
class Rose: public Blume { KD(Rose) };
//-----------------------------------------------------
int main(void) {
   Rose Rosenstrauss[3];
   cout << "---------------------" << endl;
   cout << "Alle Blumen welken..." << endl;
   cout << "---------------------" << endl;
}
```

Programm 17.17 – `dackel.cpp`:
3. Übung zu Konstruktor-/Destruktoraufrufen bei Vererbung

```
#include <iostream>
using namespace std;
class Tier {
   public:
      Tier()  { cout << endl << "+Tier" << endl; }
      ~Tier() { cout << endl << "-Tier" << endl; }
};
class Bein {
   public:
      Bein()  { cout << "+Bein"; }
      ~Bein() { cout << "-Bein"; }
};
class Hund : public Tier {
      Bein m_beine[4];
   public:
      Hund()  { cout << endl << "+Hund" << endl; }
      ~Hund() { cout << endl << "-Hund" << endl; }
};
```

```
class Dackel : public Hund {
      char m_name[100];
   public:
      Dackel(char *name) {
         strcpy(m_name, name);
         cout << "+Dackel (" << m_name << ")" << endl;
      }
      ~Dackel() { cout << endl << "-Dackel (" << m_name << ")"; }
};
int main(void)
{
   Dackel d1("Hansi"),
          d2("Maxi");

   cout << endl << "*****************" << endl;
   cout         << "Alle Hunde bellen" << endl;
   cout         << "*****************" << endl;
}
```

Programm 17.18 – `abc.cpp`*:*
4. Übung zu Konstruktor-/Destruktoraufrufen bei Vererbung

```
#include <iostream>
using namespace std;
class A {
   int wert;
public:
   A(int x) : wert(x) { cout << "A ("  << wert << "), "; }
   ~A()               { cout << "~A (" << wert << "), "; }
   void f(void) const { cout << "f(A), ";                }
};
class B {
   int wert;
public:
   B(int x) : wert(x) { cout << "B ("  << wert << "), ";          }
   ~B()               { cout << "~B (" << wert << "), " << endl; }
   void f(void) const { cout << "f(B), ";                         }
};
class C : public B {
   A a;
public:
   C(int x) : B(x+1), a(x+2) { cout << "C, "; }
   ~C()                      { cout << "~C, "; }
   void f(void) const        { a.f(); B::f(); }
};
int main(void)
{
   C c(10);
}
```

Programm 17.19 – `abcd.cpp`:
5. Übung zu Konstruktor-/Destruktoraufrufen bei Vererbung

```
#include <iostream>
using namespace std;

#define CLASS(ID) class ID { \
                    public: \
                      ID(int) { cout        << #ID ", "; } \
                      ~ID()   { cout << "~" << #ID ", "; } \
                    };
CLASS(Basis);
CLASS(A);
CLASS(B);
CLASS(C);
CLASS(D);

class Sub : public Basis
{
   A a;
   B b;
public:
   Sub(int) : a(1), b(2), Basis(3) { cout << "Sub, ";  }
   ~Sub()                          { cout << "~Sub, "; }
};
class Subsub : public Sub
{
   C c;
   D d;
public:
   Subsub() : c(2), d(3), Sub(1) { cout << "Subsub, "  << endl; }
   ~Subsub()                     { cout << "~Subsub, ";         }
};
int main(void)
{
   Subsub obj;
}
```

Linie in Grafikbibliothek

Erweitern Sie die Grafikbibliothek um eine Klasse für Linien. Bei genauerer Betrachtung ist dabei erkennbar, dass auch eine Linie sich über einen Mittelpunkt und Deltas (ähnlich wie beim Rechteck) darstellen lässt. Die Deltas sind dann die Abstände zwischen dem Mittelpunkt und den Endpunkten der Linie. Erstellen Sie nun zum Programm 17.20 die fehlende Headerdatei `graphline.h`, so dass das Programm 17.20 die folgende Ausgabe liefert:

```
Rechteck(xd,yd) = 1,1; P(x,y) = 4,5
  Kreis(radius) = 2;   P(x,y) = 2,3
   Linie(xd,yd) = 2,1; P(x,y) = 5,4
```

Programm 17.20 – `graphline.cpp`:
main-Funktion mit CRechteck-, CKreis- und CLinie-Objekten

```
#include "graphline.h"
int main(void) {
  CRechteck r(4, 5);
  CKreis    k(2, 3, 2);
  CLinie    l(5, 4, 2);
   r.draw();  k.draw();  l.draw();
}
```

Klassenmodell zu Autos, Dreirädern usw.

Erstellen Sie ein Klassenmodell zu folgenden Erkenntnissen:

- Autos, Dreiräder, Fahrräder, Motorräder können alle fahren.
- Wenn ein Auto fährt, macht es „Brumm brumm, tüt tüt“ und ein Fahrrad macht „Kling kling“.

Setzen Sie Ihr Klassenmodell anschließend in C++ um. Das Fahren und die Geräusche simulieren Sie durch entsprechende Ausgaben. Erstellen Sie zu Programm 17.21 (`fahrzeuge.cpp`) die fehlende Headerdatei `fahrzeuge.h`, so dass dieses Programm die folgende Ausgabe liefert:

```
----------------------------------
...faehrt und faehrt und faehrt...
......Brumm brumm, tuet tuet.
----------------------------------
...faehrt und faehrt und faehrt...
----------------------------------
...faehrt und faehrt und faehrt...
......Kling kling.
----------------------------------
...faehrt und faehrt und faehrt...
----------------------------------
...faehrt und faehrt und faehrt...
......Brumm brumm, tuet tuet.
```

Programm 17.21 – `fahrzeuge.cpp`:
main-Funktion mit CAuto-, CMotorrad-, CFahrrad und CDreirad-Objekten

```
#include "fahrzeuge.h"
int main(void) {
  CAuto     auto1, auto2;
  CDreirad  dreiradPauli;
  CFahrrad  blechEsel;
  CMotorrad mySuzi;
   auto1.fahren();
   dreiradPauli.fahren();
   blechEsel.fahren();
   mySuzi.fahren();
   auto2.fahren();
}
```

Erweitern des Klassenmodells zu Fahrzeugen

Autos, Dreiräder usw. besitzen Räder. Wenn eines dieser Fahrzeuge fährt, bedeutet dies, dass sich seine Räder drehen. Bauen Sie diese Erkenntnisse in Ihr Klassenmodell aus der vorherigen Übung ein. Überlegen Sie gut, an welcher Stelle in der Klassenhierarchie Sie das Drehen der Räder ansiedeln wollen und warum gerade da. Setzen Sie Ihr Klassenmodell anschließend in C++ um.
Erstellen Sie zum Programm 17.22 (`fahrzeuge2.cpp`), das bis auf das Inkludieren der neuen Headerdatei `fahrzeuge2.h` identisch zum vorherigen Programm 17.21 (`fahrzeuge.cpp`) ist, die fehlende Headerdatei `fahrzeuge2.h`, so dass dieses Programm die folgende Ausgabe liefert:

```
---------------------------------
Rad-Drehung Rad-Drehung Rad-Drehung Rad-Drehung
......Brumm brumm, tuet tuet.
---------------------------------
Rad-Drehung Rad-Drehung Rad-Drehung
---------------------------------
Rad-Drehung Rad-Drehung
......Kling kling.
---------------------------------
Rad-Drehung Rad-Drehung
---------------------------------
Rad-Drehung Rad-Drehung Rad-Drehung Rad-Drehung
......Brumm brumm, tuet tuet.
```

Programm 17.22 – `fahrzeuge2.cpp`:
main-Funktion zum erweiterten Fahrzeug-Klassenmodell

```
#include "fahrzeuge2.h"
int main(void) {
  CAuto     auto1, auto2;
  CDreirad  dreiradPauli;
  CFahrrad  blechEsel;
  CMotorrad mySuzi;
   auto1.fahren();
   dreiradPauli.fahren();
   blechEsel.fahren();
   mySuzi.fahren();
   auto2.fahren();
}
```

Ableiten eines Lkws von einem Auto

Erstellen Sie ein Programm `lkw.cpp`, dass das Programm 17.12 (`erb9.cpp`) von Seite 324 um eine Klasse `CLkw` erweitert, die von der Klasse `CAuto` abgeleitet ist. Diese Klasse `CLkw` soll eine `private`-Membervariable `m_anhGewicht` für das Gewicht des Anhängers enthalten. Daneben soll diese Klasse noch die beiden folgenden `public`-Memberfunktionen enthalten:

```
void setGewicht(int gew); // setzt das Anhängergewicht (m_anhGewicht)

int getGewicht(void); // liefert das Gesamtgewicht vom Lkw
                      // (sein eigenes Gewicht + Gewicht des Anhängers)
```

Für die folgende `main()`-Funktion:

```
.............
int main(void) {
   CLkw laster(1000, 120, "Brummi", 2000);

   cout << laster.getName() << ":" << endl
        << "   Gewicht:        " << laster.CAuto::getGewicht() << endl
        << "   Geschw.:        " << laster.getSpeed()          << endl
        << "   Gesamtgewicht: " << laster.getGewicht()        << endl;
}
```

sollte das Programm `lkw.cpp` die folgende Ausgabe liefern:

```
Brummi:
   Gewicht:       1000
   Geschw.:       120
   Gesamtgewicht: 3000
```

17.4 Virtuelle Methoden und Polymorphismus

17.4.1 Frühe Bindung

Zeigertyp legt zu verwendende Klasse fest

Auf Seite 323 haben wir erfahren, dass bei der Zuweisung der Adresse eines Unterklassen-Objekts an einen Oberklassen-Zeiger der Zeigertyp und nicht der Objekttyp festlegt, auf welchen Klassentyp dieser Zeiger zeigt. Dies hat dann die Auswirkung, dass dem Zeiger auch nur die Elemente zur Verfügung stehen, die seinem Klassentyp entsprechen. Andere Elemente des Objekts, dessen Adresse ihm zugewiesen wird, stehen ihm nicht zur Verfügung.
Programm 17.23 demonstriert dieses Verhalten.

Programm 17.23 – `bindzeit.cpp`:
Bei früher Bindung legt Zeigertyp zu verwendende Klasse fest

```
#include <iostream>

class Oberklasse {
 public:
   void print(void) { std::cout << "Ich bin die Oberklasse"  << std::endl; }
};
class Unterklasse : public Oberklasse {
 public:
   void print(void) { std::cout << "Ich bin die Unterklasse" << std::endl; }
};
```

```
int main(void) {
    Unterklasse u, u1, u2;
    Oberklasse  *o1 = &u,
                *o2[2] = { &u1, &u2 };
    o1->print();
    std::cout << "------------------------" << std::endl;
    for (int i=0; i<2; i++)
        o2[i]->print();
}
```

Programm 17.23 liefert die folgende Ausgabe:

```
Ich bin die Oberklasse
------------------------
Ich bin die Oberklasse
Ich bin die Oberklasse
```

An der Ausgabe ist erkennbar, dass immer die Methode `Oberklasse::print()` aufgerufen wird, was sicherlich nicht erwünscht war.

Demonstrationsprogramm zur frühen Bindung

Im Programm 17.24 wird zunächst eine Zeichnung aus zwei Rechtecken und drei Kreisen erstellt. Diese Zeichnung wird dann vollständig mittels einer `for`-Schleife ausgegeben, indem die Adressen der einzelnen Grafikobjekte in dem Array `bild[]` abgelegt werden. Die Elemente dieses Arrays haben den Typ `CGraphObj*`.

Programm 17.24 – `drawall.cpp`:
Ausgabe aller Grafikobjekte mittels eines Arrays von CGraphObj-Elementen*

```
#include <iostream>
using namespace std;
//............................................................... CPunkt
class CPunkt {
 public:
   CPunkt(int x=0, int y=0)  : m_x(x), m_y(y) { }
   void setPoint(CPunkt p)              { m_x = p.m_x; m_y = p.m_y;              }
   void movePoint(int dX=0, int dY=0) { m_x += dX; m_y += dY;                  }
   void drawPoint()          { cout <<"P(x,y) = " << m_x << ", " << m_y << endl; }
 private:
   int m_x, m_y;
};
//............................................................ CGraphObj
class CGraphObj {
 public:
   CGraphObj(int x=0, int y=0) { m_pos.setPoint(CPunkt(x, y)); }
   void setPos(CPunkt p)       { m_pos.setPoint(p);            }
   void move(int dX, int dY)   { m_pos.movePoint(dX, dY);      }
   void draw()                 { m_pos.drawPoint();            }
 protected:
   CPunkt m_pos;
};
```

```
//.................................................................. CRechteck
class CRechteck: public CGraphObj {
 public:
   CRechteck(int Xm=0, int Ym=0, int Xd=1, int Yd=1)
       : CGraphObj(Xm, Ym), // ruft zuerst Konstr. CGraphObj mit Arg. (Xm, Ym) auf
         m_xd(Xd), m_yd(Yd)
   { }
   void draw() {
      CGraphObj::draw();
      cout <<"    Rechteck(xd,yd) = " << m_xd << ", " << m_yd << endl;
   }
 private:
   int m_xd, m_yd;
};
//..................................................................... CKreis
class CKreis: public CGraphObj {
 public:
   CKreis(int Xm=0, int Ym=0, int Radius=1)
       : CGraphObj(Xm, Ym), // ruft zuerst Konstr. CGraphObj mit Arg. (Xm, Ym) auf
         m_radius(Radius) { }
   void draw() {
      CGraphObj::draw();
      cout << "    Kreis(radius) = " << m_radius << endl;
   }
 private:
   int m_radius;
};
//........................................................................ main
int main(void) {
   CRechteck r1(4,5), r2;
   CKreis    k1(1,1), k2(2,3,2), k3(2,2);
   CGraphObj* bild[5] = { &k1, &k2, &r1, &r2, &k3 };
   for (int i=0; i<5; i++) {
      bild[i]->draw();
      cout << "-------------------------" << endl;
   }
}
```

Programm 17.24 liefert die folgende Ausgabe:

```
P(x,y) = 1, 1
-------------------------
P(x,y) = 2, 3
-------------------------
P(x,y) = 4, 5
-------------------------
P(x,y) = 0, 0
-------------------------
P(x,y) = 2, 2
-------------------------
```

An der Ausgabe ist erkennbar, dass immer die Methode `CGraphObj::draw()` aufgerufen wird, was sicherlich nicht erwünscht war. Denn schließlich soll sich ja ein Kreis so darstellen, wie es von einem Kreis erwartet wird, nämlich mit `CKreis::draw()`.

Der Grund hierfür ist, dass Zeiger auf `CGraphObj`-Objekte verwendet werden. Beim Linken wird daher bei der Anweisung `bild[i]->draw()` die Startadresse für `CGraphObj::draw()` eingetragen, denn woher soll der Linker wissen, auf welches Objekt der jeweilige Zeiger wirklich zeigt: auf ein allgemeines Grafikobjekt, auf einen Kreis oder auf ein Rechteck? Der Zeiger kann ja während der Laufzeit jederzeit auf ein anderes Grafikobjekt gesetzt werden. Man spricht daher in diesem Zusammenhang von *früher Bindung* oder *statischer Bindung* (*early binding* oder *static binding*), da zu einem frühen Zeitpunkt, nämlich bereits beim Linken, festgelegt wird, welche Methode aufgerufen wird.

17.4.2 Späte Bindung mit virtuellen Methoden in Basisklasse

Bei virtuellen Methoden legt Objekttyp zu verwendende Klasse fest

Wie lässt sich das im vorherigen Abschnitt behandelte Problem nun aber lösen? C++ bietet hierzu die Möglichkeit, Methoden mit dem Schlüsselwort `virtual` zu kennzeichnen. Wird eine solche virtuelle Methode aufgerufen, so wird beim Linken an dieser Stelle keine feste Sprungadresse eingetragen, sondern der Methodenaufruf wird erst zur Laufzeit des Programms der tatsächlichen Methode zugeordnet. Dies bezeichnet man daher auch als *späte Bindung* oder *dynamische Bindung* (*late binding* oder *dynamic binding*).

Soll die Methode `print()` im Programm 17.23 sich also auf das jeweilige Objekt beziehen, auf das der jeweilige Oberklassen-Zeiger zeigt, muss vor der Methode `print()` in der Basisklasse `Oberklasse` das Schlüsselwort `virtual` angegeben werden:

```
.....
class Oberklasse {
 public:
   virtual void print(void) { std::cout << "Ich bin die Oberklasse" <<std::endl; }
};
.....
```

Nach dieser Änderung würde das Programm 17.23 die folgende Ausgabe liefern:

```
Ich bin die Unterklasse
-------------------------
Ich bin die Unterklasse
Ich bin die Unterklasse
```

Soll die Methode `draw()` in Programm 17.24 sich auf das jeweilige Objekt beziehen, auf das ein `CGraphObj`-Zeiger zeigt, muss vor der Methode `draw()` in der Basisklasse `CGraphObj` das Schlüsselwort `virtual` angegeben werden:

```
.....
class CGraphObj {
 public:
   CGraphObj(int x=0, int y=0) { m_pos.setPoint(CPunkt(x, y)); }
   void setPos(CPunkt p)       { m_pos.setPoint(p);            }
   void move(int dX, int dY)   { m_pos.movePoint(dX, dY);      }
   virtual void draw()         { m_pos.drawPoint();            }
 protected:
   CPunkt m_pos;
};
.....
```

Nach dieser Änderung würde Programm 17.24 die gewünschte Ausgabe liefern:

```
P(x,y) = 1, 1
   Kreis(radius) = 1
-------------------------
P(x,y) = 2, 3
   Kreis(radius) = 2
-------------------------
P(x,y) = 4, 5
   Rechteck(xd,yd) = 1, 1
-------------------------
P(x,y) = 0, 0
   Rechteck(xd,yd) = 1, 1
-------------------------
P(x,y) = 2, 2
   Kreis(radius) = 1
-------------------------
```

Das Schlüsselwort `virtual` muss nur in der Oberklasse angegeben werden, denn es gilt:
Einmal `virtual` in der Vererbungshierarchie deklariert, immer `virtual`.
Es bietet sich jedoch aus dokumentarischen Gründen an, `virtual` auch vor den entsprechenden Methoden der abgeleiteten Klassen zu schreiben.

Polymorphismus

Die Eigenschaft, mit dem gleichen Methodenaufruf unterschiedliche Ergebnisse zu erzielen, wird auch als *Polymorphismus* bzw. *Polymorphie* (dt. wörtlich: *Vielgestaltigkeit*) bezeichnet. Oder objektorientiert ausgedrückt: Polymorphismus bedeutet, dass kompatible Objekte unterschiedlicher Klassen auf ein und dieselbe Nachricht unterschiedlich reagieren können. Dies findet sich ja auch häufig in der Realität wieder: Oder was passiert, wenn ein Franke und ein Hannoveraner beide „Suppenteller" sagen sollen? (siehe auch Übung auf Seite 351)
Abbildung 17.10 zeigt, wie sich in der UML Ansammlungen von Objekten unterschiedlicher Klassen, an die eine Botschaft geschickt wird, darstellen lassen. In Abbildung 17.10 wird angenommen, dass das Array `bild[]` in einer Klasse `CZeichnung` gekapselt ist.

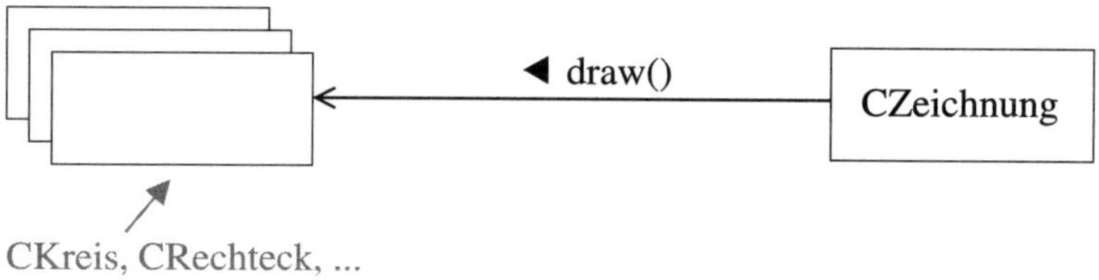

Abbildung 17.10: Mögliche Darstellung von Polymorphismus in UML

Interne Realisierung der späten Bindung mit virtueller Methodentabelle

Wie wird nun die späte Bindung, die die Voraussetzung für Polymorphismus ist, intern durch den Compiler realisiert?

Der Trick ist, dass das Objekt selbst weiß, welche Methode in seinem Fall aufgerufen werden muss, indem es einen Zeiger auf eine Tabelle besitzt, in der die für ihn richtigen Einsprungadressen der virtuellen Methoden stehen. Welche virtuellen Methoden die richtigen sind, hängt von der Klasse ab, zu der das Objekt gehört. Jede Klasse, die mindestens eine virtuelle Funktion besitzt, verfügt über eine so genannte *Virtual Method Table (VMT)*, in der die Adressen auf die virtuellen Methoden gespeichert sind.

Ein Objekt einer Klasse mit polymorphen Eigenschaften (=virtuellen Methoden) hat dann einen so genannten *virtual method pointer (vmp)*, der auf die für die zugehörige Klasse gültige VMT zeigt. `vmp` ist ein verborgener (für den Programmierer nicht zugreifbarer) Zeiger, über den dann zur Laufzeit die richtige Methode aufgerufen wird.

Man kann sich dies so vorstellen, dass Aufrufe wie

```
bild[0]->draw()
bild[0]->istPSymmetrisch()
```

etwa umgesetzt werden in:

```
bild[0]->vmp[0]
bild[0]->vmp[1]
```

Abbildung 17.11 zeigt den Zusammenhang zwischen dem *vmp* im Objekt und der *VMT* der jeweiligen Klassen. Für jede virtuelle Methode gibt es in jeder *VMT* einen Eintrag. Hier wird angenommen, dass die beiden Methoden `draw()` und `istPSymmetrisch()` in der Basisklasse `CGraphObj` als virtuell deklariert wurden, wobei `draw()` in den Klassen `CRechteck`, `CKreis` und `CVieleck` neu definiert wird, während die Methode `istPSymmetrisch()` nur in der Klasse `CVieleck` neu definiert wird.

Dass der *vmp* tatsächlich vorhanden ist, verdeutlicht Programm 17.25.

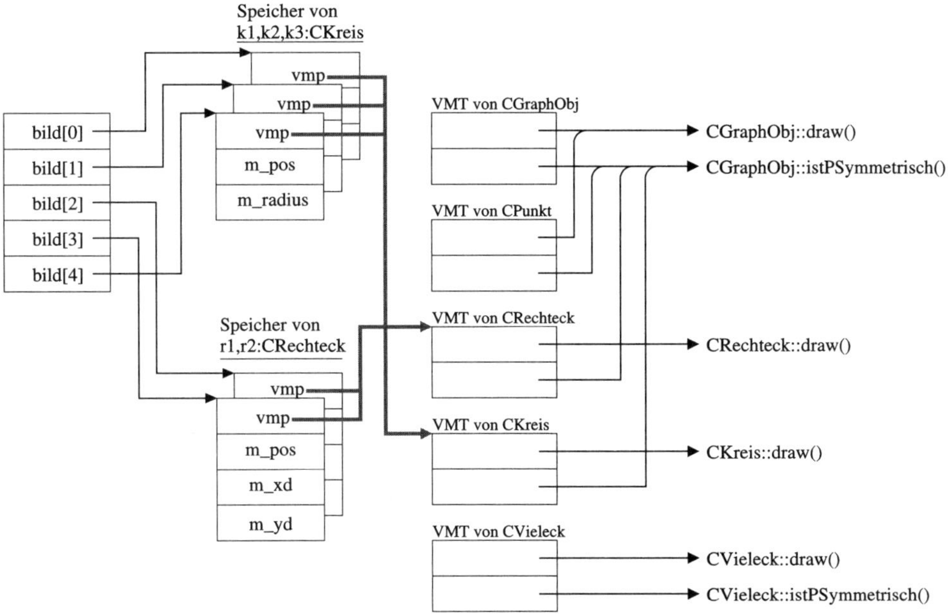

Abbildung 17.11: Interne Realisierung des Polymorphismus

Programm 17.25 – `virtsize.cpp`:
Ausgabe des belegten Speichers bei Objekten mit virtuellen Funktionen

```
//...... siehe Programm 17.24 (drawall.cpp)

//.................................................................... CGraphObj
class CGraphObj {
 public:
   CGraphObj(int x=0, int y=0) { m_pos.setPoint(CPunkt(x, y)); }
   void setPos(CPunkt p)       { m_pos.setPoint(p);            }
   void move(int dX, int dY)   { m_pos.movePoint(dX, dY);      }
   virtual void draw()         { m_pos.drawPoint();            }
 protected:
   CPunkt m_pos;
};
//...... siehe Programm 17.24 (drawall.cpp)
int main(void) {
   CGraphObj  gr;
   CRechteck  r;
   CKreis     k;
   CPunkt     p;

   cout << "sizeof(gr) = " << sizeof(gr) << endl;
   cout << "sizeof(r)  = " << sizeof(r)  << endl;
   cout << "sizeof(k)  = " << sizeof(k)  << endl;
   cout << "sizeof(p)  = " << sizeof(p)  << endl;
}
```

Programm 17.25 liefert folgende Ausgabe:

```
sizeof(gr) = 12
sizeof(r)  = 20
sizeof(k)  = 16
sizeof(p)  = 8
```

Entfernt man kurzzeitig (zum Zwecke der Demonstration) das Schlüsselwort `virtual` vor der Methode `draw()` in der Klasse `CGraphObj`, liefert dieses Programm die folgende Ausgabe:

```
sizeof(gr) = 8
sizeof(r)  = 16
sizeof(k)  = 12
sizeof(p)  = 8
```

Die jeweils 4 Byte mehr entsprechen der Größe eines Zeigers (des *vmp*) auf einem 32-Bit-System. Die Ausgabe ändert sich auch nicht, wenn in der Klasse `CGraphObj` weitere virtuelle Methoden definiert werden.
Hieraus wird auch ersichtlich, dass eine abgeleitete Klasse in jedem Fall rekompiliert werden muss, wenn eine virtuelle Funktion in der Basisklasse hinzugefügt wird, aber zuvor keine virtuelle Funktion in der Basisklasse vorhanden war, da in diesem Fall der *vmp* in der abgeleiteten Klasse aufgenommen werden muss.

Regeln für virtuelle Methoden

Folgende Punkte sind noch bei virtuellen Methoden zu beachten:

- **Von Basisklassen mit virtuellen Methoden abgeleitete Klassen haben immer einen *vmp***
  Gibt es eine abgeleitete Klasse, die keine virtuelle Methode der Basisklasse überlädt, so hat sie dennoch einen *virtual method pointer*.
- **Überschreiben virtueller Methoden ist nur mit gleicher Signatur und gleichem Rückgabetyp möglich**
  Virtuelle Methoden können in der abgeleiteten Klasse nicht mit einer abweichenden Parameterliste überschrieben werden. Wird die Funktion in einer abgeleiteten Klasse mit einer (auch nur geringfügig) abweichenden Signatur definiert, dann stellt sie eine neue, völlig unabhängige Methode der Unterklasse dar.
  In jedem Fall gilt auch für virtuelle Methoden das Gleiche wie für normale Methoden (siehe auch Seite 314): Wird in einer abgeleiteten Klasse eine Methode mit einem gleichen Namen wie eine virtuelle Methode aus einer Basisklasse definiert, so verdeckt diese Methode alle gleichnamigen Methoden aus den Basisklassen, unabhängig davon, ob sie eine gleiche oder unterschiedliche Signatur besitzt. Um in der abgeleiteten Klasse eine gleichnamige Methode aus einer Basisklasse aufzurufen, muss man dann den Scope-Operator `::` verwenden.
  Anders als bei nicht-virtuellen Methoden ist das Definieren einer virtuellen Methode mit gleicher Signatur, aber unterschiedlichem Rückgabetyp in einer abgeleiteten Klasse nicht erlaubt.

Programm 17.26 – `virtuebschreib.cpp`:
Regeln für Signatur und Rückgabetyp beim Überschreiben virtueller Methoden

```
#include <iostream>

class Oberklasse
{
 public:
   virtual void print(void)   { std::cout << "Ich bin Oberklasse" <<std::endl;}
   virtual void print(char *) { std::cout << "Ich bin Oberklasse" <<std::endl;}
};
class Unterklasse : public Oberklasse
{
 public:
     //...Neue Methode (const in Signatur); verdeckt alle print aus Oberklasse
   void print(void) const { std::cout << "Ich bin Unterklasse" << std::endl; }
     //...Neue eigenständige Methode von Unterklasse (unterschiedl. Signatur)
   void print(int x)      { std::cout << "x = " << x << std::endl;          }
     //... nicht erlaubt: gleiche Signatur, aber unterschiedl. Rückgabetyp
   // int  print(void)     { std::cout << "Rückgabe" << std::endl; return 0;  }
};
int main(void)
{
   Unterklasse u;
   Oberklasse  *o = &u;
   o->print(); // print() von Oberklasse
   // o->print(5);  ist nicht mögl., da Oberklasse kein solches print besitzt
   u.print();
   u.print(5);
   // u.print("Hallo"); // nicht mögl., da print(void) aus Basiskl. verdeckt
}
```

Programm 17.26 liefert die folgende Ausgabe:

```
Ich bin Oberklasse
Ich bin Unterklasse
x = 5
```

- **Konstruktoren können nicht virtuell sein**
- **Statische Memberfunktionen können nicht `virtual` deklariert werden**
- **Späte Bindung ist nur mit Zeigern und Referenzen möglich**

Programm 17.27 – `objfrueh.cpp`:
Späte Bindung nur bei Zeigern und Referenzen

```
#include <iostream>
using namespace std;
class Basis {
 public:
   virtual void print(void) const { cout << "Ich bin Basis" << endl; }
};
```

```
class Sub : public Basis {
 public:
    virtual void print(void) const { cout << "Ich bin Sub" << endl; }
};
int main(void) {
   Sub    obj1;
   Basis  *zgr = &obj1;
   Basis& ref  = obj1;
   Basis  obj2;

   zgr->print(); //... bei Zeigern und Referenzen späte Bindung
   ref.print();
   obj2.print(); //... bei Objekten frühe Bindung
}
```

Programm 17.27 liefert die folgende Ausgabe:

```
Ich bin Sub
Ich bin Sub
Ich bin Basis
```

Neue Methoden in Unterklassen sind Basisklassenzeigern unbekannt

Programm 17.28 – `neuinsub.cpp`:
Neue Methoden in abgeleiteten Klassen sind Basisklassenzeigern nicht bekannt

```
.....
class Basis {
 public:
   virtual void fkt1(void) const { cout << "Basis::fkt1, ";          }
   virtual void fkt2(void) const { cout << "Basis::fkt2" << endl; }
};
class Sub : public Basis {
 public:
  void fkt2(void) const { Basis::fkt1(); cout << "Sub::fkt2" << endl;        }
  //... Neue virtuelle Funktion
  virtual void neuFkt(void) const {Basis::fkt1();cout <<"Sub::neuFkt"<<endl;}
};
int main(void) {
  Basis *basisZgr[] = { new Basis, new Sub };
   basisZgr[0]->fkt2();
   basisZgr[1]->fkt2();
   // basisZgr[1]->neuFkt(); // nicht mögl., da neuFkt() in Basis unbekannt
   ((Sub *)basisZgr[1])->neuFkt(); // dies ist möglich
}
```

Programm 17.28 liefert die folgende Ausgabe:

```
Basis::fkt2
Basis::fkt1, Sub::fkt2
Basis::fkt1, Sub::neuFkt
```

Programm 17.28 zeigt aber auch, dass man durch ein explizites Casting des Basisklassenzeigers in einen entsprechenden Subklassen-Zeiger die dort neu hinzugefügten Methoden bekannt macht. Das Problem hierbei ist jedoch, dass man meist nicht den Typ der entsprechenden Subklasse kennt. Dieses Problem lässt sich jedoch mittels dynamischer Laufzeit-Typinformationen lösen, die in Kapitel 22 auf Seite 523 beschrieben werden.

- **Frühe Bindung bei Aufruf virtueller Methoden im Konstruktor/Destruktor**
  Ruft man in einem Konstruktor oder Destruktor eine virtuelle Methode auf, so wird die entsprechende eigene lokale virtuelle Methode der Basisklasse und nicht die der zugehörigen abgeleiteten Klasse verwendet.

Programm 17.29 – kondesvirt.cpp:
Frühe Bindung bei Aufruf virtueller Methoden im Konstruktor und Destruktor

```
.....
class Basis {
 public:
    Basis()           { print1(); }
    virtual ~Basis() { print2(); }
    virtual void print1(void) const { cout << "Basis, ";          }
    virtual void print2(void) const { cout << "~Basis" << endl; }
};
class Sub : public Basis {
 public:
    Sub()           { print1(); }
    virtual ~Sub() { print2(); }
    virtual void print1(void) const { cout << "Sub" << endl; }
    virtual void print2(void) const { cout << "~Sub, ";       }
};
int main(void) {
   Basis  *zgr = new Sub;
   delete zgr;
}
```

Programm 17.29 liefert die folgende Ausgabe:

```
Basis, Sub
~Sub, ~Basis
```

17.4.3 Virtuelle Destruktoren

Konstruktoren dürfen nicht virtuell deklariert werden, da beim Erzeugen von Objekten immer die tatsächliche Klasse bereits zur Compilezeit festgelegt wird.
Bei Destruktoren ist dies anders:
Ist ein Destruktor in der Basisklasse virtuell deklariert und wird z. B. `delete` mit einem Basisklassenzeiger auf ein Objekt der abgeleiteten Klasse aufgerufen, so werden alle Destruktoren entsprechend der Vererbungshierarchie richtig abgearbeitet. Dies ist besonders wichtig, wenn es um Speicherverwaltung geht.
Als Beispiel hierzu dient Programm 17.30, in dem der Destruktor der Klasse `CVater` nicht virtuell deklariert ist, was zur Folge hat, dass bei der `delete`-Anweisung in

main() der Destruktor von CVater statt dem von CKind aufgerufen wird. Damit entsteht eine „Speicherleiche", weil der in CKind dynamisch angelegte Speicher nie mehr freigegeben wird, was ja Aufgabe des Destruktors von CKind gewesen wäre.

Programm 17.30 – virtdestr1.cpp:
Nicht virtueller Destruktor

```
#include <iostream>
//................................................................ CVater
class CVater {
   public:
      CVater(int l) : m_vaterZgr(new int[l]), m_laenge(l) {
         std::cout << "Konstruktor CVater" << std::endl;
      }
      ~CVater() {
         if (m_vaterZgr)
            delete [] m_vaterZgr;
         std::cout << "Destruktor von CVater" << std::endl;
      }
   private:
      int *m_vaterZgr, m_laenge;
};
//................................................................ CKind
class CKind : public CVater {
   public:
      CKind(int l) : CVater(l), m_kindZgr(new int[l]), m_laenge(l) {
         std::cout << "Konstruktor CKind" << std::endl;
      }
      ~CKind() {
         if (m_kindZgr)
            delete [] m_kindZgr;
         std::cout << "Destruktor von CKind" << std::endl;
      }
   private:
      int *m_kindZgr, m_laenge;
};
//................................................................ main
int main(void) {
   CVater *Vzgr = new CKind(10);
   delete Vzgr;
}
```

Dass der Destruktor der Klasse CKind nicht aufgerufen wird und somit eine „Speicherleiche" entsteht, lässt sich an der folgenden Ausgabe durch das Programm 17.30 erkennen:

```
Konstruktor CVater
Konstruktor CKind
Destruktor von CVater
```

Würde man in Programm 17.30 beim Destruktor von `CVater` in der Zeile 8 noch `virtual` angeben:

```
8    virtual ~CVater() {
```

dann würde eine solche „Speicherleiche" vermieden, was sich an folgender Ausgabe erkennen lässt:

```
Konstruktor CVater
Konstruktor CKind
Destruktor von CKind
Destruktor von CVater
```

Grundsätzlich kann man somit für Destruktoren Folgendes festhalten:

- Ein Destruktor sollte immer dann für eine Klasse bereitgestellt werden, wenn in einer Klasse Speicher alloziert wird.
- Ein virtueller Destruktor sollte immer dann für eine Klasse definiert werden, wenn die Klasse mindestens eine virtuelle Funktion enthält. Auch wenn man keinen Speicher in der Basisklasse alloziert, was häufig vorkommt, muss man trotzdem einen leeren virtuellen Destruktor definieren, um so zu erzwingen, dass die Destruktoren der abgeleiteten Klassen aufgerufen werden. Programm 17.31 verdeutlicht dies nochmals.

Programm 17.31 – `virtdestr2.cpp`:
Fehlender virtueller Destruktor in Klasse Vater

```
#include <iostream>
//............................................................ CVater
class CVater {
   public:
      CVater(int l) : m_laenge(l) {
         std::cout << "Konstruktor CVater" << std::endl;;
      }
      ~CVater() { }
   private:
      int m_laenge;
};
//............................................................ CKind
class CKind : public CVater {
   public:
      CKind(int l) : CVater(l), m_kindZgr(new int[l]), m_laenge(l) {
         std::cout << "Konstruktor CKind" << std::endl;
      }
      ~CKind() {
         if (m_kindZgr)
            delete [] m_kindZgr;
         std::cout << "Destruktor von CKind" << std::endl;
      }
   private:
      int *m_kindZgr, m_laenge;
```

```
25 };
26 //........................................................... main
27 int main(void) {
28    CVater* Vzgr = new CKind(10);
29    delete Vzgr;
30 }
```

Dass der Destruktor der Klasse `CKind` nicht aufgerufen wird und somit auch hier wieder eine „Speicherleiche" entsteht, lässt sich an der folgenden Ausgabe durch das Programm 17.31 erkennen:

```
Konstruktor CVater
Konstruktor CKind
```

Würde man in Programm 17.31 beim leeren Destruktor von `CVater` in der Zeile 8 nun noch `virtual` angeben:

```
8   virtual ~CVater() { }
```

dann würde diese „Speicherleiche" wieder vermieden, was sich an folgender Ausgabe erkennen lässt:

```
Konstruktor CVater
Konstruktor CKind
Destruktor von CKind
```

17.4.4 Polymorphie statt switch-Anweisung

Polymorphismus ist switch-Anweisung ähnlich

Bei Polymorphismus wird je nach Objekttyp eine andere Methode aufgerufen. Würde man zu jedem Objekt eine Kennung einführen, so könnte man den Polymorphismus für das Zeichenbeispiel auch mit folgendem Pseudocode umschreiben:

```
#define GROBJ 0
#define KREIS 1
#define RECT  2
#define PKT   3
...
   switch(m_id) {
      case GROBJ:
      case PKT:
         CGraphObj::draw()
         break;
      case KREIS:
         CKreis::draw()
         break;
      case RECT:
         CRechteck::draw()
         break;
```

```
    ...
}
```

Dieser Code diente hier nur zur Verdeutlichung, denn genau für Anwendungsfälle wie diesen wurde der Polymorphismus eingeführt. Es gilt nämlich, dass eigentlich jede `switch`-Anweisung in C++ durch Polymorphismus ersetzt werden kann.

Vorteil des Polymorphismus gegenüber switch-Anweisung

Polymorphismus hat gegenüber einer `switch`-Anweisung den großen Vorteil, dass er sich nahezu automatisch (bis auf die Angabe des Schlüsselworts `virtual`) vollzieht, während bei einer `switch`-Anweisung mit jeder neuen Unterklasse an allen betroffenen Stellen an die zusätzlich nötige `case`-Marke gedacht werden müsste.

Polymorphismus mit sich selbst reproduzierenden Objekten

Es soll hier nun ein Programm erstellt werden, bei dem der Benutzer festlegt, welche Grafikobjekte in der Zeichnung vorkommen sollen. Programm 17.32 zeigt, wie in diesem Anwendungsfall vollständig auf eine `switch`-Anweisung verzichtet werden kann. Hintergrund der Überlegung ist, dass jedem Grafikobjekt die Fähigkeit verliehen wird, sich selbst zu reproduzieren. Ist dies geschehen, so muss von jeder Art lediglich ein Exemplar in einem Array hinterlegt werden. Über den Index wird dann das Exemplar ausgewählt, das vervielfältigt werden soll. Die Klassen der Grafikbibliothek werden dazu mit zwei weiteren virtuellen Methoden ausgestattet:

- `CGraphObj* create()`: legt ein neues Objekt der eigenen Klasse (auf dem Heap) an und gibt den Zeiger darauf zurück.
- `char* getTypName()`: liefert einen String (`char*`) für die Klasse zurück (für die Menü-Beschriftung).

Programm 17.32 – `graphpolym.cpp`:
Polymorphismus statt switch

```
#include <iostream>
#include <iomanip>
using namespace std;
class CPunkt {
 public:
   CPunkt(int x=0, int y=0) : m_x(x), m_y(y) { }
   void setPoint(CPunkt p)            { m_x = p.m_x; m_y = p.m_y;                 }
   void movePoint(int dX=0, int dY=0) { m_x += dX; m_y += dY;                    }
   void drawPoint()         { cout <<"P(x,y) = " << m_x << ", " << m_y << endl; }
 private:
   int m_x, m_y;
};
class CGraphObj {
 public:
   CGraphObj(int x=0, int y=0) { m_pos.setPoint(CPunkt(x, y)); }
   void setPos(CPunkt p)       { m_pos.setPoint(p);            }
   void move(int dX, int dY)   { m_pos.movePoint(dX, dY);      }
   virtual void draw()         { m_pos.drawPoint();                    }
   virtual CGraphObj* create() { return new CGraphObj;                 }
```

```
    virtual char* getTypName()  { return "Ein einfaches Grafik-Objekt"; }
  protected:
    CPunkt m_pos;
};
class CRechteck: public CGraphObj {
  public:
    CRechteck(int Xm=0, int Ym=0, int Xd=1, int Yd=1)
                                   : CGraphObj(Xm, Ym), m_xd(Xd), m_yd(Yd) { }
    virtual void draw() {
       CGraphObj::draw();
       cout <<"   Rechteck(xd,yd) = " << m_xd << ", " << m_yd << endl;
    }
    virtual CGraphObj* create() { return new CRechteck;  }
    virtual char* getTypName()  { return "Ein Rechteck"; }
  private:
    int m_xd, m_yd;
};
class CKreis: public CGraphObj {
  public:
    CKreis(int Xm=0, int Ym=0, int r=1) : CGraphObj(Xm,Ym), m_radius(r) { }
    virtual void draw() {
       CGraphObj::draw();
       cout << "   Kreis(radius) = " << m_radius << endl;
    }
    virtual CGraphObj* create() { return new CKreis;  }
    virtual char* getTypName()  { return "Ein Kreis"; }
  private:
    int m_radius;
};
#define ANZ_GROBJ   3    // Anzahl der Grafikobjekte in der Zeichnung
int main(void) {
    char zeich;
    CGraphObj *zeichnung [ANZ_GROBJ]; // Zeichnung anlegen

    CGraphObj *grTyp[] = { // Copy-Station (von jeder Sorte 1 Repräsentant anlegen)
         (new CKreis),
         (new CRechteck),
         // (new CLinie), //... mögliche Erweiterungen
         // (new CPunkt),
         // (new CVieleck)
    };
    int maxIndex = sizeof(grTyp) / sizeof(grTyp[0])-1, // Max. Index bei grTyp[]
         eingabe, x, y, i;
    //..... Auswahl an Grafik-Objekten treffen
    cout << "Geben Sie " << ANZ_GROBJ << " Grafikobjekte ein:" << endl;
    for (i=0; i < ANZ_GROBJ; i++) {
       cout << "-------------------------------------------" << endl;
       for (int j=0; j<= maxIndex; j++)
          cout << setw(2) << j << ": " << grTyp[j]->getTypName() << endl;
       do {
```

```
            cout << "     Welche Figur soll kreiert werden (0-" << maxIndex << "): ";
            cin >> eingabe;
         } while( (eingabe < 0) || (eingabe > maxIndex) );
         zeichnung[i]= grTyp[eingabe]->create();  // Grafik-Objekt anlegen
         cout << "     Position p(x,y): "; // Position (Mittelpunkt) einlesen
         cin >> x >> zeich >> y;
         zeichnung[i]->setPos(CPunkt(x,y));
      }
      //..... Die Grafik-Objekte zeichnen sich
      cout << "================= Die Zeichnung wird nun erstellt" << endl;
      for (i=0; i < ANZ_GROBJ; i++) {
         cout << "......................" << (i+1) << ". Element" << endl;
         zeichnung[i]->draw();
      }
      //..... Speicher wieder freigeben
      for (i=0; i < ANZ_GROBJ; i++) delete zeichnung[i]; // Grafikelem. in Zeichnung
      for (i=0; i < maxIndex; i++)  delete grTyp[i];     // Kopier-Station
}
```

Ein möglicher Ablauf von Programm `graphpolym.cpp` wäre z. B.:

```
Geben Sie 3 Grafikobjekte ein:
-----------------------------------------------
 0: Ein Kreis
 1: Ein Rechteck
    Welche Figur soll kreiert werden (0-1): 0 ↵
    Position p(x,y): 23,5 ↵
-----------------------------------------------
 0: Ein Kreis
 1: Ein Rechteck
    Welche Figur soll kreiert werden (0-1): 1 ↵
    Position p(x,y): 7,2 ↵
-----------------------------------------------
 0: Ein Kreis
 1: Ein Rechteck
    Welche Figur soll kreiert werden (0-1): 0 ↵
    Position p(x,y): 20,9 ↵
================= Die Zeichnung wird nun erstellt
......................1. Element
P(x,y) = 23, 5
   Kreis(radius) = 1
......................2. Element
P(x,y) = 7, 2
   Rechteck(xd,yd) = 1, 1
......................3. Element
P(x,y) = 20, 9
   Kreis(radius) = 1
```

Dass mit Hilfe von Polymorphismus `switch`-Anweisungen vermieden werden können, dürfte versierte C-Programmierer nicht verwundern, denn auch in C lassen sich bei Funktionsaufrufen `switch`-Anweisungen vermeiden, wenn man

Arrays aus Funktionszeigern einführt. In C++ setzt die interne Realisierung des Polymorphismus mit den *VMTs* auf ein ähnliches Prinzip.
Entscheidend am Polymorphismus ist jedoch nicht das Vermeiden von `switch`-Anweisungen, sondern die damit verbundene Philosophie:
Artverwandte Objekte lassen sich gemeinsam verwalten, aber jedes Objekt reagiert auf seine eigene, eventuell ganz unterschiedliche Art und Weise.

17.4.5 Statischer und dynamischer Polymorphismus

Zuweilen wird unterschieden zwischen statischem und dynamischem Polymorphismus:

- *Statischer Polymorphismus* findet beim Überladen von Funktionen statt, wie es in Kapitel 5 auf Seite 43 vorgestellt wurde. Beim Überladen von Funktionen werden mehrere Funktionen mit gleichem Namen, aber unterschiedlichen Parameterlisten definiert. Welche Funktion dann auszuführen ist, entscheiden dabei die Anzahl und die Argumente beim Aufruf dieser Funktion. Beim statischen Polymorphismus wählt der Compiler bei einem Funktionsaufruf die entsprechende Funktion aus und „brennt" deren Adresse fest ins Programm ein. Hier findet also eine *statische/frühe* Bindung statt.
- *Dynamischer Polymorphismus* dagegen setzt die *dynamische/späte Bindung* voraus. Hierbei wird die Adresse der auszuführenden Funktion erst zur Laufzeit des Programms und nicht schon zur Compilezeit ermittelt. Die Signaturen der Methoden sind hier im Gegensatz zum statischen Polymorphismus identisch.

Es lässt sich darüber streiten, ob es sich beim statischen Polymorphismus überhaupt um Polymorphie handelt, da es eben nicht ein und dieselbe Nachricht ist, die an unterschiedliche Objekte verwandter Art geschickt wird, denn die Nachricht unterscheidet sich streng genommen in der Signatur.

17.4.6 Übungen

Speicherbedarf bei virtuellen Funktionen

Was würde Programm 17.33 (`virtbytes.cpp`) ausgeben?
1) 32 2) 28 3) 24 4) 16 5) 8

Programm 17.33 – `virtbytes.cpp`:
Speicherbedarf bei virtuellen Funktionen

```
#include <iostream>

class CGraphObj {
 public:
   CGraphObj()          {}
   virtual ~CGraphObj() {}
   virtual void draw()  {}
 protected:
   char m_farbe[20];
};
```

```
class CPunkt : public CGraphObj {
 public:
   CPunkt(int x, int y) : m_x(x), m_y(y) { }
   virtual ~CPunkt() {}
 private:
   int m_x, m_y;
};
int main(void) {
   CPunkt  myPoint(0, 0);
   std::cout << sizeof(myPoint) << std::endl;
}
```

Speicherbedarf bei abgeleiteten Klassen

Welche Beziehung zwischen dem Speicherbedarf eines Objektes der Basisklasse und einer abgeleiteten Klasse ist richtig, wenn `CAuto` von `CFahrzeug` abgeleitet ist?

1. `sizeof(CAuto) <= sizeof(CFahrzeug)`
2. `sizeof(CAuto) > sizeof(CFahrzeug)`
3. `sizeof(CAuto) >= sizeof(CFahrzeug)`
4. `sizeof(CAuto) < sizeof(CFahrzeug)`

Ein Suppenteller in Franken

Was gibt das folgende Programm 17.34 aus?

1. `Suppenteller---Subbendeller---Suppenteller---`
2. `Suppenteller---Suppenteller---Suppenteller---`

Programm 17.34 – `virtfrank.cpp`:
Überschreiben von Methoden in abgeleiteten Klassen

```
#include <iostream>
#include <cstring>
class CMensch {
 public:
   void sprechen(char *str) { std::cout << str; }
};
class CFranke : public CMensch {
 public:
   void sprechen(char *str) {
      for (unsigned i=0; i<strlen(str); i++)
         switch (str[i]) {
            case 'p':  std::cout << "b";     break;
            case 'P':  std::cout << "B";     break;
            case 't':  std::cout << "d";     break;
            case 'T':  std::cout << "D";     break;
             default:  std::cout << str[i];  break;
         }
   }
};
```

```
int main(void) {
  CMensch *Entwickler[3], Heinrich, Ursula;
  CFranke  Schorsch;
   Entwickler[0] = &Heinrich;
   Entwickler[1] = &Schorsch;
   Entwickler[2] = &Ursula;
   for (int i=0; i<3; i++) {
      Entwickler[i]->sprechen("Suppenteller");
      std::cout << "---";
   }
}
```

Franken und Berliner

Programm 17.35 liefert die folgende Ausgabe:

```
.................................... Mensch
Alle: Ich hole jetzt ein Taxi.
Alle: Wir machen eine ganz tolle Party.
.................................. Berliner
Alle: Ich hole jetzt ein Taxi.
Alle: Wir machen eine ganz tolle Party.
.................................... Franke
Alle: Ich hole jetzt ein Taxi.
Alle: Wir machen eine ganz tolle Party.
```

Programm 17.35 – `dialekt.cpp`:
Berliner und Franke sprechen über eine geerbte Methode

```
#include <iostream>
using namespace std;
//----------------------------------------
class CMensch {
 public:
   void satz1() { cout << "Alle: Ich hole jetzt ein Taxi.";           }
   void satz2() { cout << "Alle: Wir machen eine ganz tolle Party."; }
   void beide_saetze_sprechen() {
      satz1(); cout << endl;
      satz2(); cout << endl;
   }
};
class CBerliner : public CMensch {
 public:
   void satz1() { cout << "Berliner: Ick hole jetzt ne Droschke.";      }
   void satz2() { cout << "Berliner: Wir machen ne janz tolle Sause."; }
};
class CFranke : public CMensch {
 public:
   void satz1() { cout << "Franke: I hol etz a Daxi.";               }
   void satz2() { cout << "Franke: Mer macha a ganz dolla Bardi."; }
};
```

```
26 int main (void) {
27     CMensch   mensch;
28     CBerliner berliner;
29     CFranke   franke;
30
31     cout << "................................... Mensch" << endl;
32     mensch.beide_saetze_sprechen();
33     cout << "................................. Berliner" << endl;
34     berliner.beide_saetze_sprechen();
35     cout << "................................... Franke" << endl;
36     franke.beide_saetze_sprechen();
37 }
```

Das Programm 17.35 soll nun folgende Ausgabe liefern:

```
.................................... Mensch
Alle: Ich hole jetzt ein Taxi.
Alle: Wir machen eine ganz tolle Party.
.................................. Berliner
Berliner: Ick hole jetzt ne Droschke.
Berliner: Wir machen ne janz tolle Sause.
.................................... Franke
Franke: I hol etz a Daxi.
Franke: Mer macha a ganz dolla Bardi.
```

Welche Funktionen muss man dazu in Programm 17.35 mindestens als `virtual` deklarieren: Funktion(en) in Zeile 6, 7, 8, 16, 17, 22, 23?

Rechnen mittels virtueller Methoden

Was gibt das folgende Programm 17.36 (`virtrech.cpp`) aus?

Programm 17.36 – `virtrech.cpp`:
Rechnen mittels virtueller Methoden

```
#include <iostream>
using namespace std;
class Basis {
 public:
    virtual void fkt(int x, int y) const { cout << x << " + " << y << " = "; }
};
class Sub : public Basis {
 public:
    void fkt(int x, int y) const { Basis::fkt(x,y); cout << (x+y); }
};
void gibAus1(Basis  b, int x, int y) { b.fkt(x, y);  cout << endl; }
void gibAus2(Basis *b, int x, int y) { b->fkt(x, y); cout << endl; }
void gibAus3(Basis& b, int x, int y) { b.fkt(x, y);  cout << endl; }
int main(void) {
  Sub   s;
   gibAus1(s,  12, 23);  gibAus2(&s, 12, 23);  gibAus3(s,  12, 23);
}
```

Virtuelle und nicht-virtuelle Destruktoren

Was gibt das folgende Programm `virtdestr3.cpp` aus?

```
#include <iostream>
class Basis1 {
 public:
    ~Basis1() { std::cout << "~Basis1" << std::endl; }
};
class Sub1 : public Basis1 {
 public:
    ~Sub1() { std::cout << "~Sub1, "; }
};
class Basis2 {
 public:
    virtual ~Basis2() { std::cout << "~Basis2" << std::endl; }
};
class Sub2 : public Basis2 {
 public:
    ~Sub2() { std::cout << "~Sub2, "; }
};
int main(void) {
   Basis1 *bzgr1 = new Sub1; delete bzgr1;
   Basis2 *bzgr2 = new Sub2; delete bzgr2;
}
```

Tierhierarchie

Was gibt das folgende Programm `raubtiere.cpp` aus?

```
#include <iostream>
using namespace std;
class Tier {
   public:
      Tier() {}
      void ichBin() { cout << "Ich bin ein Tier" << endl;      }
      void iAm()    { cout << "...und ein Lebewesen" << endl; }
   protected:
      char m_name[100];
};
class Raubtier : public Tier {
   public:
      Raubtier() {}
      virtual void ichBin() { cout << "Ich bin ein Raubtier" << endl;    }
      void iAm()            { cout << "...fresse andere Tiere" << endl; }
};
class Katze : public Raubtier {
   public:
      Katze() {}
      void ichBin() { cout << "Ich bin eine Katze" << endl;          }
      void iAm()    { cout << "...und immer auf der Jagd" << endl; }
};
```

```
class Hund : public Raubtier {
   public:
      Hund() {}
      void ichBin() { cout << "Ich bin ein Hund" << endl;           }
      void iAm()    { cout << "...und jage gern im Rudel" << endl; }
};
class Loewe : public Katze {
   public:
      Loewe(char *name) { strcpy(m_name, name); }
      void ichBin()      { cout << "Ich bin " << m_name << ", ein Löwe" <<endl;}
      virtual void iAm() { cout << "...und der König der Tiere" << endl;       }
};
class Tiger : public Katze {
   public:
      Tiger(char *name) { strcpy(m_name, name); }
      void ichBin()      { cout << "Ich bin " << m_name << ", ein Tiger" <<endl;}
      virtual void iAm() { cout << "...und habe ein gestreiftes Fell" << endl;  }
};
class Kojote : public Hund {
   public:
      Kojote(char *name) { strcpy(m_name, name); }
      void ichBin()      { cout << "Ich bin " << m_name << ", ein Kojote" <<endl;}
      virtual void iAm() { cout << "...und heule nachts gerne" << endl;          }
};
int main(void) {
   Raubtier *zoo[] = { new Loewe("Leo"), new Tiger("Toni"), new Kojote("Kolja") };
   for (int i=0; i<3; i++) {
      cout << "--------------------------------" << endl;
      zoo[i]->ichBin();
      zoo[i]->iAm();
   }
}
```

Parkplatz mit Polymorphismus

Erstellen Sie ein Programm `parkplatz.cpp` mit einer `main()`-Funktion, welche die folgende Situation widerspiegelt: Vor einem Geschäft gibt es einen Parkplatz mit 10 Parkbuchten. Bei Geschäftsschluss fahren alle dort parkenden Fahrzeuge vom Parkplatz. Die Fahrzeugklassen können Sie aus der Übung auf Seite 332 übernehmen, indem Sie die Datei `fahrzeuge2.h` nach `fahrzeuge3.h` kopieren und eventuell dieser Aufgabenstellung anpassen. Parken auf dem Parkplatz beispielsweise ein Fahrrad, ein Auto, ein Motorrad und noch ein Auto, so sollte das Programm `parkplatz.cpp` für den Geschäftsschluss Folgendes ausgeben:

```
--------------------------------
Rad-Drehung Rad-Drehung
......Kling kling.
--------------------------------
Rad-Drehung Rad-Drehung Rad-Drehung Rad-Drehung
......Brumm brumm, tuet tuet.
```

```
--------------------------------
Rad-Drehung Rad-Drehung
--------------------------------
Rad-Drehung Rad-Drehung Rad-Drehung Rad-Drehung
......Brumm brumm, tuet tuet.
```

Polymorpher Taschenrechner

Der Taschenrechner aus der Übung in Kapitel 16.3.4 auf Seite 285 soll hier mittels Vererbung und Polymorphismus realisiert werden. Setzen Sie dazu das Klassendiagramm aus Abbildung 17.12 in ein C++-Programm um, das aus den beiden Dateien `calculator.h` und `calculator.cpp` besteht.

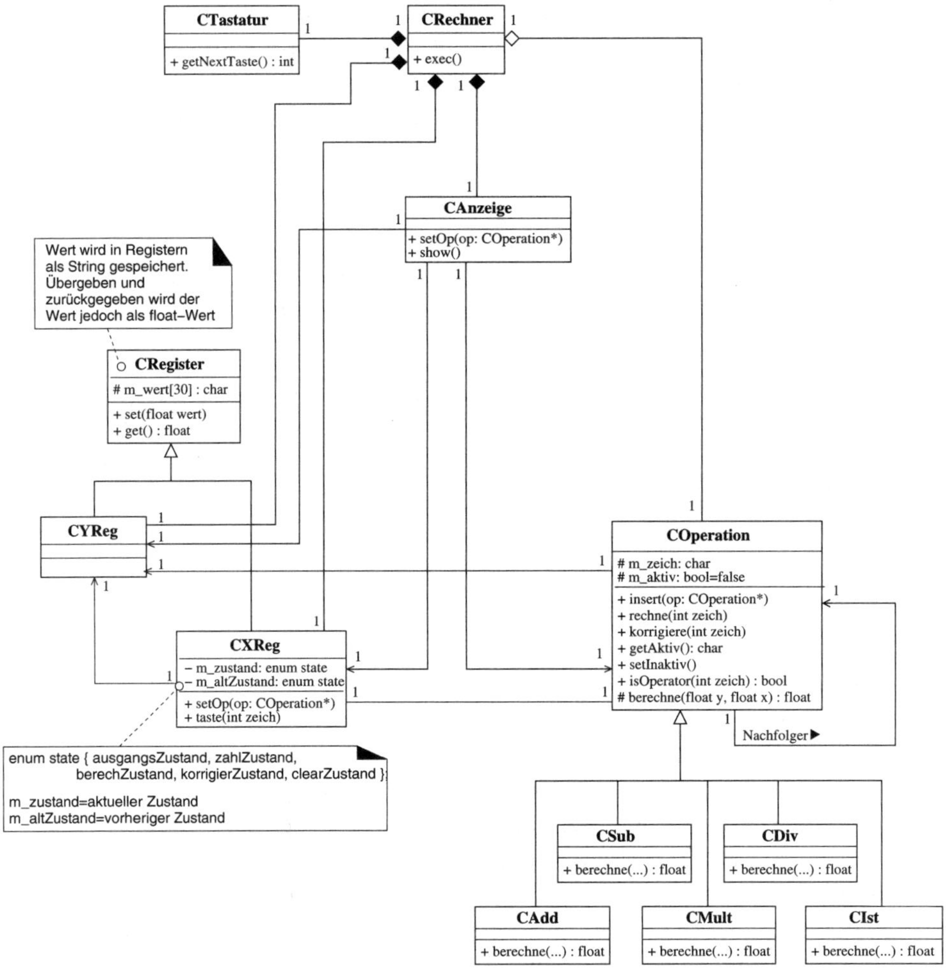

Abbildung 17.12: Klassendiagramm zum Taschenrechner

17.5 Abstrakte Klassen

Klassen, von denen niemals Objekte erzeugt werden können, bezeichnet man als *abstrakte Klassen*.

17.5.1 Abstrakte Klassen in UML

Betrachtet man einmal die Klasse `CGraphObj` in der Grafikbibliothek, so stellt man fest, dass es in der Realität wohl kaum Objekte dieser Klasse geben wird, sondern vielmehr nur Kreise, Rechtecke usw., also Objekte der abgeleiteten Klassen. Es bietet sich daher an, die Klasse `CGraphObj` als abstrakte Klasse zu realisieren, da sie nur existiert, um gemeinsame Eigenschaften der Unterklassen zu abstrahieren.
Abstrakte Klassen werden in einem UML-Klassendiagramm dadurch gekennzeichnet, dass entweder der Eigenschaftswert *{abstrakt}* unterhalb des Klassennamens oder aber der Klassenname selbst in kursiver Schreibweise angegeben wird. In Abbildung 17.13 ist die Klasse `CGraphObj` als abstrakte Klasse gekennzeichnet.

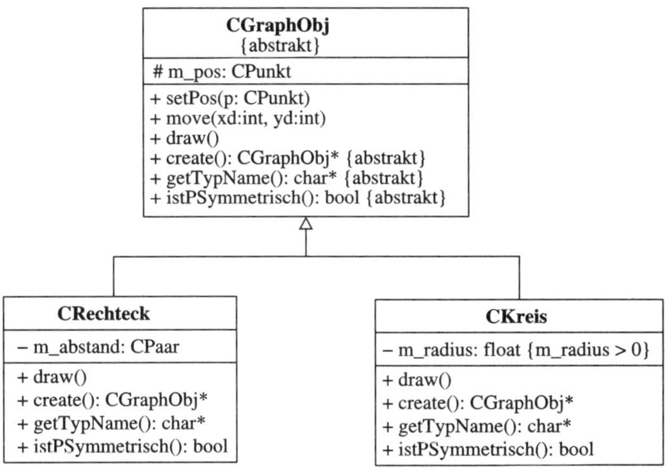

Abbildung 17.13: UML-Notation von abstrakten Klassen

Da nun – wie gerade erwähnt – ein allgemeines Grafikobjekt keinen Sinn macht, sind auch die Implementierungen der Methoden `create()` und `getTypName()` überflüssig. Wichtig ist nur, dass alle Grafikobjekte diese Methoden zur Verfügung stellen. Deshalb werden diese Methoden als abstrakt gekennzeichnet, um auszudrücken, dass die Klasse für diese Methoden keine Implementierung vorsieht.
In Abbildung 17.13 wurde auch die Methode `istPSymmetrisch()` in `CGraphObj` als abstrakt angegeben. Dies hat den Vorteil, dass nun jede abgeleitete Klasse diese Methode implementieren muss und damit gezwungen ist, sich über die Punktsymmetrie Gedanken zu machen. Bietet die Basisklasse dagegen bereits eine standardmäßige Implementierung, so kann es leicht vorkommen, dass eine abgeleitete Klasse übersieht, dass diese Implementierung für sie gar nicht zutrifft und die Methode daher fälschlicherweise nicht überschreibt.

17.5.2 Abstrakte Klassen in C++

Abstrakte Klassen dienen also dazu, bestimmte Konzepte, Schnittstellen, Methoden bzw. Eigenschaften vorzugeben, die dann in abgeleiteten Klassen entsprechend modifiziert werden können.

Rein virtuelle Methoden

In C++ wird eine Klasse zur abstrakten Klasse, indem mindestens eine ihrer virtuellen Methoden mit 0 (Null) initialisiert wird. Solche virtuellen Methoden werden auch als *rein virtuelle Methoden (engl. pure virtual methods)* bezeichnet. Nachfolgend ist gezeigt, wie abstrakte Klassen in C++ definiert werden und wie sie benutzt werden können:

```
class klasse
{
   virtual datentyp funktionsname(paramliste) = 0; // Reine virtuelle Methode
};


klasse  object_1;   // nicht möglich, da klasse eine abstrakte Klasse ist
                    // --> Compiler-Fehler
klasse* zgr;   // Zeiger von abstrakten Klassen sind dagegen erlaubt.
```

Wird eine solche rein virtuelle Methode in der abgeleiteten Unterklasse nicht neu definiert, bleibt diese Methode rein virtuell und die Unterklasse ist ebenfalls eine abstrakte Klasse.

Die Klasse `CGraphObj` aus Abbildung 17.13 kann man nun in C++ wie folgt realisieren:

- In `graphik.h` werden die rein virtuellen Methoden mit 0 (Null) initialisiert:

```
class CGraphObj
{
protected:
   CPunkt m_Pos;
public:
   CGraphObj(int x=0, int y=0);
   void setPos(CPunkt p);
   void move(int xd, int yd);
   virtual void draw();
   virtual CGraphObj* create()=0;
   virtual char* getTypName()=0;
   virtual bool  istPSymmetrisch()=0;
};
```

- In `graphik.cpp` wird keine Implementierung für die rein virtuellen Methoden, sondern nur für die anderen Methoden angegeben:

```
CGraphObj::CGraphObj(int x, int y)    { m_Pos.setPoint(CPunkt(x, y)); }
void CGraphObj::setPos(CPunkt p)      { m_Pos.SetPoint(p);             }
void CGraphObj::move(int xd, int yd) { m_Pos.movePoint(xd, yd);       }
void CGraphObj::draw()                { m_Pos.drawPoint();             }
```

Regeln für rein virtuelle Methoden

- **Keine rein virtuellen Destruktoren (bis auf eine Ausnahme)**
  Es muss vermieden werden, dass eine rein virtuelle und damit gar nicht existente Methode explizit oder implizit aufgerufen wird. Situationen, in denen das versehentlich geschehen kann, sind vor allem die implizit stattfindenden Destruktoraufrufe. Wird nämlich ein Objekt einer abgeleiteten Unterklasse zerstört, so wird zuerst der Destruktor dieser Unterklasse aufgerufen, bevor dann implizit der Destruktor der Basisklasse aufgerufen wird. Ist nun der Destruktor der Basisklasse als rein virtuell definiert, existiert er nicht und kann nicht aufgerufen werden, was der Linker erkennt und mit einer Fehlermeldung quittiert. C++ ermöglicht jedoch hier auch eine Ausnahme, auf die in Kapitel A.18 auf Seite 1017 näher eingegangen wird.
- **Rein virtuelle Methoden mit leeren Anweisungen in Vererbungshierarchie**
  Manchmal tritt die Situation auf, dass man eine rein virtuelle Methode auf einer bestimmten Ableitungsebene zwar nicht realisieren möchte, da man sie dort nicht benötigt, man aber trotzdem Objekte dieser Klasse erzeugen lassen möchte. In diesem Fall definiert man sie auf dieser Ebene mit einer leeren Anweisungsliste oder lässt sie eine Fehlermeldung ausgeben.
- **Rein virtuelle konstante Methoden**
  Oft werden rein virtuelle Methoden als `const` deklariert. Dies ermöglicht das Erzeugen von konstanten Objekten zu den abgeleiteten Klassen. Dabei ist zu beachten, dass auch für rein virtuelle `const`-Methoden dieselben Regeln wie für andere `const`-Memberfunktionen gelten:
  Da eine rein virtuelle `const`-Methode in abgeleiteten Klassen nur dann überschrieben wird, wenn dort der gleiche Prototyp (einschließlich `const`) angegeben ist, muss sie auch dort mit `const` qualifiziert werden. Dies bedeutet, dass eine rein virtuelle `const`-Methode der Basisklasse dazu führt, dass diese Methode auch in den abgeleiteten Klassen niemals Daten ändern kann, auch wenn die entsprechenden Membervariablen erst neu in der abgeleiteten Klasse hinzugekommen sind. Das muss man berücksichtigen, vor allen Dingen auch deshalb, da abstrakte Basisklassen oft keine eigenen Daten, sondern nur Methoden enthalten.

Abstrakte Klassen und Polymorphismus

Beim Polymorphismus geht es darum, dass Objekte gemeinsam angesprochen werden können, aber entsprechend ihrer eigenen speziellen Art reagieren. Um die Objekte gemeinsam ansprechen zu können, muss also garantiert sein, dass sie über die gleichen Methoden verfügen. Genau hier bietet sich eine gemeinsame abstrakte Klasse an, die festlegt, über welche Methoden diese Objekte verfügen. Man könnte es sich so vorstellen, dass diese Basisklasse der „gemeinsame Griff" ist, über den man alle Objekte „anpacken" kann. Eine Basisklasse, die rein abstrakt ist, also nur aus abstrakten Methoden besteht, macht also durchaus sehr viel Sinn.
Die Basisklasse `CGraphObj` besitzt auch nicht abstrakte Methoden, da hier der Ansatz gewählt wurde, dass alle Grafikobjekte einen Mittelpunkt haben. Methoden, die sich auf den Mittelpunkt beziehen, sind daher auch dort implementiert. Würde man einen anderen Ansatz wählen, bei dem jedes Grafikobjekt seine Daten so ver-

waltet, wie es für ihn am effizientesten ist, so lässt sich die Basisklasse `CGraphObj` auch als rein abstrakte Klasse definieren. Sie legt damit lediglich fest, über welche Methoden Grafikobjekte verfügen und stellt somit den „gemeinsamen Griff" dar, um diese Grafikobjekte gemeinsam verwalten zu können. Abbildung 17.14 zeigt das zugehörige Klassendiagramm.

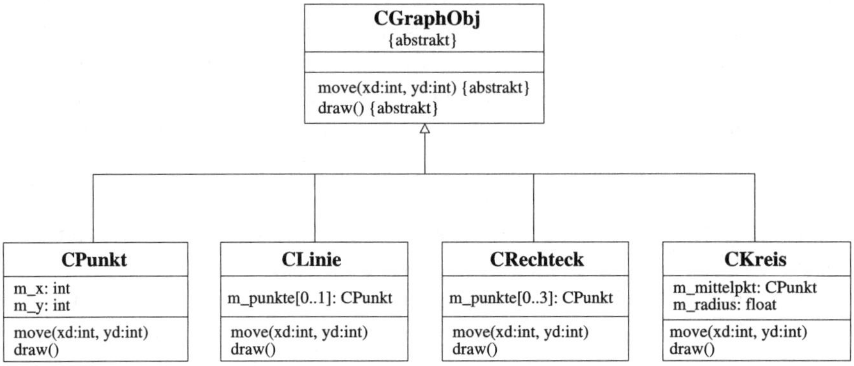

Abbildung 17.14: `CGraphObj` als rein abstrakte Basisklasse

Für rein abstrakte Klassen wird im übrigen kein *vmp* angelegt, da niemals von ihnen Objekte angelegt werden können.

17.5.3 Übungen

„Dummy"-Methoden in Basisklasse

Im Programm 17.37 wird eine „Dummy"-Methode `flaeche()` in der Basisklasse `CFigur` angegeben, um diese dann an die Unterklassen `CKreis` und `CQuadrat` vererben zu können, wo sie dann neu definiert wird. Wie könnte man nun diese sinnlose Code-Erzeugung in der Basisklasse `CFigur` vermeiden?

Programm 17.37 – `quadkreis.cpp`:
Sinnlose Code-Erzeugung bei „Dummy"-Methoden in Basisklasse

```
#include <iostream>
class CFigur {
   public:
      virtual double flaeche() const { return 0; }
};
class CKreis : public CFigur {
   public:
      CKreis(double r)       { radius = r;                          }
      double flaeche() const { return 3.14159265 * radius * radius; }
   private:
      double radius;
};
class CQuadrat : public CFigur {
   public:
      CQuadrat(double l)     { laenge = l;                  }
```

```
        double flaeche() const { return laenge * laenge; }
    private:
        double laenge;
};
int main(void) {
  CKreis   k(12);
  CQuadrat q(12);
  CFigur   *figurZgr;
   figurZgr = &k;
   std::cout << "Fläche des Kreises:  " << figurZgr->flaeche() << std::endl;
   figurZgr = &q;
   std::cout << "Fläche des Quadrats: " << figurZgr->flaeche() << std::endl;
}
```

Zoo mit zufälligen Tieren

Erstellen Sie ein Klassendiagramm und ein Programm (`zoo.h` und `zoo.cpp`), das einen Zoo simuliert, bei dem sich die einzelnen Bewohner wie folgt vorstellen:

```
Hallo, mein Name ist ....
Ich lebe ... (im Wasser / auf der Erde / in der Luft)
Ich bin ....Tierart
```

Folgende Tierarten sollen im Zoo vorhanden sein:
Hund, Katze, Maus, Schmetterling, Biene, Vogel, Wal, Hai
Der Zoo soll zufällig mit Tieren gefüllt werden. Die Namen werden dabei den Tieren ebenfalls zufällig zugeordnet. Als Namen könnten z. B. verwendet werden:
Wotan, Pluto, Maya, Lukas, Flipper, Tarzan, Kucki, Slappi, Fury, Moritz.
Möglicher Ablauf des Programms `zoo.cpp` (hier für 5 Tiere):

```
Wie viele Tiere sollen im virtuellen Zoo sein: 5 ⏎
.............................. 1. Tier
Hallo, mein Name ist Maya
Ich lebe auf dem Land
Ich bin eine Katze
.............................. 2. Tier
Hallo, mein Name ist Kucki
Ich lebe in der Luft
Ich bin ein Vogel
.............................. 3. Tier
Hallo, mein Name ist Moritz
Ich lebe im Wasser
Ich bin ein Hai
.............................. 4. Tier
Hallo, mein Name ist Wotan
Ich lebe im Wasser
Ich bin ein Wal
.............................. 5. Tier
Hallo, mein Name ist Kucki
Ich lebe in der Luft
Ich bin ein Schmetterling
```

17.6 Mehrfachvererbung und virtuelle Basisklassen

C++ erlaubt beim Ableiten von Klassen die Angabe mehrerer Basisklassen.

17.6.1 Mehrfachvererbung in C++

Bei einer Mehrfachvererbung erbt die abgeleitete Klasse die Eigenschaften aller Basisklassen, wobei grundsätzlich die gleichen Regeln wie beim Ableiten von nur einer Basisklasse gelten:

```
class CDatum {
    ...
};
class CZeit {
    ...
};
class CZeitpunkt : public CDatum, public CZeit {
    ...
};
```

Abbildung 17.15 zeigt, wie Mehrfachvererbung in UML dargestellt wird.

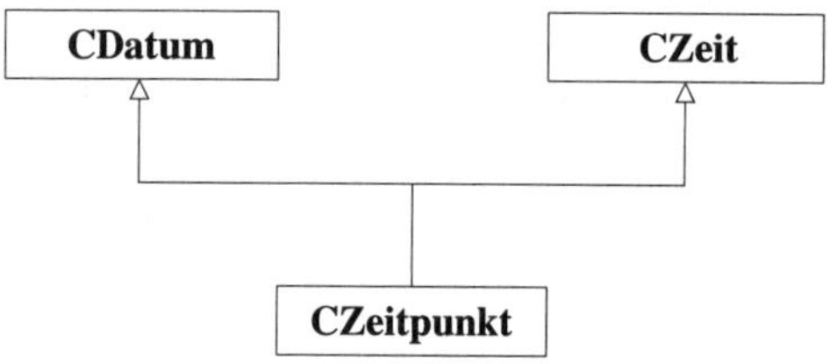

Abbildung 17.15: UML-Darstellung für Mehrfachvererbung

Bei der Mehrfachvererbung gilt Folgendes:

- Die neue Klasse wird wie bisher deklariert. Nach dem Doppelpunkt können nun aber mehrere Namen von Basisklassen angegeben werden, die durch ein Komma voneinander zu trennen sind.
- Vor jedem Namen einer Basisklasse kann ein Schutztyp (`public`, `protected`, `private`) angegeben werden. Wird der Schutztyp weggelassen, wird `private` angenommen.
- Die Daten und Methoden aller Basisklassen befinden sich nun automatisch in der neuen abgeleiteten Klasse. Hier können nun jedoch auch Erweiterungen vorgenommen werden. Treten Namenskonflikte auf, können diese unter Zuhilfenahme des Scope-Operators `::` gelöst werden.
- Die Konstruktoren der Basisklassen werden in der Reihenfolge ihrer Deklaration ausgeführt, und nicht in der ihrer Angabe bei der Ableitung.

Programm 17.38 verwendet die Mehrfachvererbung für die Implementierung der Klasse `CZeitpunkt`, die von den Klassen `CDatum` und `CZeit` abgeleitet ist. Die

Klasse `CZeitpunkt` fasst nur bereits vorhandene Eigenschaften der Basisklassen zusammen, um eine neue Funktionalität anzubieten, nämlich die Methode `ausgeben()`, die ihrerseits nur die Methode `ausgeben()` der beiden Klassen `CDatum` und `CZeit` aufruft. Da in beiden Basisklassen und in der abgeleiteten Klasse eine Methode gleichen Namens (`ausgeben()`) existiert, kann auf die Basisklassenmethoden nur mit der Angabe des Basisklassennamens gefolgt vom Scope-Operator `::` zugegriffen werden. Würde der Name nur in einer Klasse auftreten, wäre das Voranstellen des Basisklassennamens mit dem Scope-Operator nicht notwendig.

Programm 17.38 – `mehrerb1.cpp`:
Demonstrationsprogramm zur Mehrfachvererbung

```
#include <cstdio>
class CDatum { //......................................... Basisklasse CDatum
 public:
   CDatum( int t, int m, int j ) : m_tag(t), m_monat(m), m_jahr(j) { }
   void ausgeben() { printf("%02d.%02d.%02d", m_tag, m_monat, m_jahr); }
 protected:
   int m_tag, m_monat, m_jahr;
};
class CZeit { //.......................................... Basisklasse CZeit
 public:
   CZeit( int h, int mi, int s ) : m_std(h), m_min(mi), m_sek(s) { }
   void ausgeben() { printf("%02d:%02d:%02d", m_std, m_min, m_sek); }
 protected:
   int m_std, m_min, m_sek;
};
//................................ Klasse CZeitpunkt (erbt CDatum und CZeit)
class CZeitpunkt : public CDatum, public CZeit {
 public:
   CZeitpunkt(int t, int m, int j, int h, int mi, int s)
            : CDatum(t, m, j), CZeit(h, mi, s) { }
   void ausgeben() {
      CDatum::ausgeben(); // Aufruf von CDatum-ausgeben()
      printf(", ");
      CZeit::ausgeben();  // Aufruf von CZeit-ausgeben()
   }
};
int main(void) {
  CZeitpunkt  z(24, 12, 2003, 16, 35, 9);
   z.ausgeben();          printf("\n");
   z.CDatum::ausgeben(); printf("\n");
   z.CZeit::ausgeben();  printf("\n");
}
```

Programm 17.38 liefert die folgende Ausgabe:

```
24.12.2003, 16:35:09
24.12.2003
16:35:09
```

Speicherlayout bei Mehrfachvererbung

Programm 17.39 – `mehrerb2.cpp`:
Demonstrationsprogramm zum Speicherlayout bei Mehrfachvererbung

```
#include <iostream>
using namespace std;
class CVater {
   public:
      void setAlter(int alter) { m_alter = alter;                           }
      void print(void)         { cout << "Vater.alter=" << m_alter << endl; }
   protected:
      int m_alter;
};
class CMutter {
   public:
      void setAlter(int alter) { m_alter = alter;                            }
      void print(void)         { cout << "Mutter.alter=" << m_alter << endl; }
   protected:
      int m_alter;
};
class CSohn : public CVater, public CMutter {
   public:
      void setAlter(int alter) { m_alter = alter; }
      void print(void) {
         cout << "Sohn."; CVater::print();  // Aufruf von CVater-print()
         cout << "Sohn."; CMutter::print(); // Aufruf von CMutter-print()
         cout << "Sohn.alter=" << m_alter << endl;
      }
   private:
      int m_alter;
};
int main(void) {
  CSohn   s;
  CMutter m;
  CVater  v;
   cout << "sizeof(Vater)  = " << sizeof(CVater) << endl;
   cout << "sizeof(Mutter) = " << sizeof(CMutter) << endl;
   cout << "sizeof(Sohn)   = " << sizeof(CSohn) << endl;
   cout << "--------------------------------" << endl;
   cout << "Adr. von Vater : " << &v << endl;
   cout << "Adr. von Mutter: " << &m << endl;
   cout << "Adr. von Sohn  : " << &s << endl;
   cout << "--------------------------------" << endl;
   CVater  *vaterZgr  = &s;
   CMutter *mutterZgr = &s;
   cout << "Adr. von Sohn.Vater : " << vaterZgr << endl;
   cout << "Adr. von Sohn.Mutter: " << mutterZgr << endl;
   cout << "--------------------------------" << endl;
   m.setAlter(50); m.print();
   v.setAlter(53); v.print();
```

```
   cout << "...................." << endl;
   s.setAlter(13);  s.CVater::setAlter(48);  s.CMutter::setAlter(45);
   s.print(); cout << "...................." << endl;
   v.print(); m.print();
}
```

Abbildung 17.16 zeigt ein mögliches Speicherlayout zum Programm 17.39.

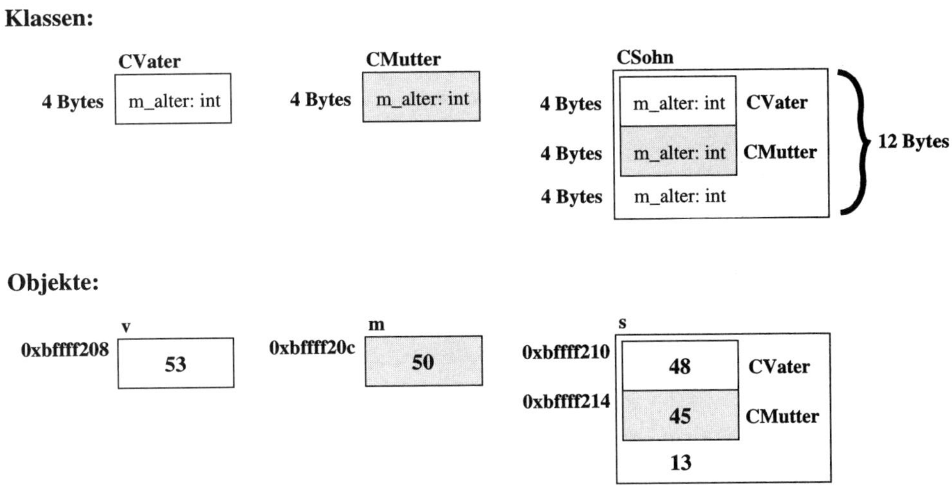

Abbildung 17.16: Speicherlayout zum Programm 17.39

Programm 17.39 liefert die folgende Ausgabe:

```
sizeof(Vater)  = 4
sizeof(Mutter) = 4
sizeof(Sohn)   = 12
--------------------------------
Adr. von Vater : 0xbffff208
Adr. von Mutter: 0xbffff20c
Adr. von Sohn  : 0xbffff210
--------------------------------
Adr. von Sohn.Vater : 0xbffff210
Adr. von Sohn.Mutter: 0xbffff214
--------------------------------
Mutter.alter=50
Vater.alter=53
....................
Sohn.Vater.alter=48
Sohn.Mutter.alter=45
Sohn.alter=13
....................
Vater.alter=53
Mutter.alter=50
```

Auflösen von Mehrdeutigkeiten mit dem Scope-Operator ::

Namenskonflikte können auch bei der Mehrfachvererbung auftreten, wenn eine Klasse von mehreren Basisklassen abgeleitet wird, in denen gleiche Elementnamen vorkommen. Hier muss man dann bei den entsprechenden mehrdeutigen Elementen explizit mittels des Scope-Operators `::` die betreffende Basisklasse spezifizieren. Eine implizite Auswahl, wie z. B. eine Unterscheidung nach Länge der Ableitungswege, findet glücklicherweise nicht statt. Anhand des Programms 17.40 soll das Auflösen von Mehrdeutigkeiten bei der Mehrfachvererbung gezeigt werden.

Programm 17.40 – `mehrerb3.cpp`:
Auflösen von Namenskonflikten bei Mehrfachvererbung

```
#include <iostream>
using namespace std;
class CVater {
   public:
     int alter;
};
class COma {
   public:
     int alter;
};
class CMutter  : public COma { };
class CSohn    : public CVater, public CMutter {
   public:
      void print(void) {
         cout << "Sohn.Vater="    << CVater::alter
              << ", Sohn.Oma="    << COma::alter
              << ", Sohn.Mutter=" << CMutter::alter << endl;
         // cout << "Sohn=" << CSohn::alter << endl; // nicht mögl., da mehrdeutig
      }
};
int main(void) {
  CSohn   s;
  CMutter m;
  CVater  v;
  COma    o;
   cout << "sizeof(Oma)    = " << sizeof(COma)    << endl;
   cout << "sizeof(Vater)  = " << sizeof(CVater)  << endl;
   cout << "sizeof(Mutter) = " << sizeof(CMutter) << endl;
   cout << "sizeof(Sohn)   = " << sizeof(CSohn)   << endl;
   cout << "Adr. von Oma   : " << &o << endl;
   cout << "Adr. von Vater : " << &v << endl;
   cout << "Adr. von Mutter: " << &m << endl;
   cout << "Adr. von Sohn  : " << &s << endl;
   CVater  *vaterZgr  = &s;
   COma    *omaZgr    = &s;
   CMutter *mutterZgr = &s;
   cout << "Adr. von Sohn.Vater : " << vaterZgr  << endl;
   cout << "Adr. von Sohn.Oma   : " << omaZgr    << endl;
```

```
    cout << "Adr. von Sohn.Mutter: " << mutterZgr << endl;
    cout << "-------------------------------" << endl;
    v.alter = 50;   o.alter = 80;   m.alter = 49;
    // s.alter = 10; // nicht möglich, da mehrdeutig
    s.CVater::alter = 48;  // setzt CVater.alter
    s.COma::alter = 72;    // setzt COma.alter
    s.print();
    s.CMutter::alter = 45; // setzt COma.alter, da CMutter diese Membervar. erbt
    s.print();
    cout << "Vater.alter="    << v.alter << ", Oma.alter=" << o.alter
         << ", Mutter.alter=" << m.alter << endl;
}
```

Abbildung 17.17 zeigt ein mögliches Speicherlayout zum Programm 17.40.

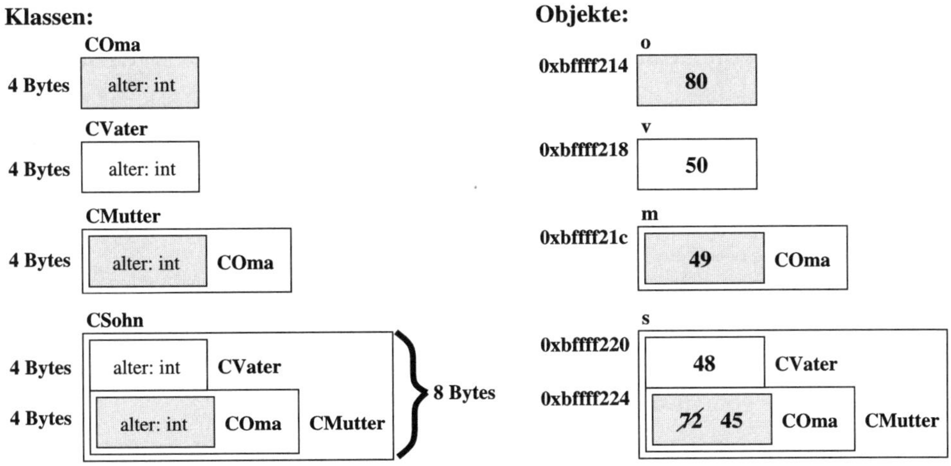

Abbildung 17.17: Speicherlayout zum Programm 17.40

Programm 17.40 liefert z. B. die folgende Ausgabe:

```
sizeof(Oma)    = 4
sizeof(Vater)  = 4
sizeof(Mutter) = 4
sizeof(Sohn)   = 8
Adr. von Oma    : 0xbffff214
Adr. von Vater  : 0xbffff218
Adr. von Mutter: 0xbffff21c
Adr. von Sohn   : 0xbffff220
Adr. von Sohn.Vater  : 0xbffff220
Adr. von Sohn.Oma    : 0xbffff224
Adr. von Sohn.Mutter: 0xbffff224
-------------------------------
Sohn.Vater=48, Sohn.Oma=72, Sohn.Mutter=72
Sohn.Vater=48, Sohn.Oma=45, Sohn.Mutter=45
Vater.alter=50, Oma.alter=80, Mutter.alter=49
```

17.6.2 Virtuelle Basisklassen

Direkte mehrfache Ableitung von ein und derselben Klasse ist nicht erlaubt

Ein wesentlicher Punkt bei der Mehrfachvererbung ist noch zu beachten. Eine Klasse darf nämlich nicht direkt von ein und derselben Klasse mehrfach abgeleitet werden. Dadurch würden unauflösbare Namenskonflikte entstehen, da jeder Name der gleichen Basisklasse mehrfach vorkommen würde, so dass man solche Namenskonflikte auch nicht mehr mit dem Scope-Operator `::` auflösen könnte:

```
class A { ... };

class B : public A, public A  // nicht erlaubt
{ ... };
```

Indirekte mehrfache Ableitung von ein und derselben Klasse ist erlaubt

Eine direkte mehrfache Ableitung von ein und derselben Klasse ist nicht erlaubt, dafür aber eine indirekte mehrfache Ableitung von ein und derselben Klasse:

```
class A { ... };

class A1 : public A { ... };

class A2 : public A { ... };

class B : public A1, public A2
{ ... };
```

Das Klassendiagramm in Abbildung 17.18 zeigt eine solche indirekte Mehrfachvererbung aus einer gemeinsamen Basisklasse.

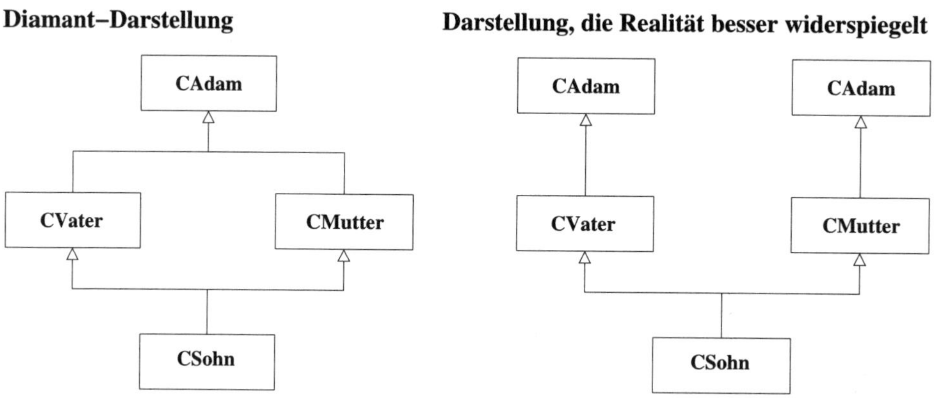

Abbildung 17.18: Mehrfachvererbung aus einer gemeinsamen Basisklasse

Programm 17.41 ist eine mögliche C++-Realisierung des Klassendiagramms aus Abbildung 17.18.

Programm 17.41 – `mehrerb4.cpp`:
Mögliche C++-Realisierung des Klassendiagramms aus Abbildung 17.18

```
#include <iostream>
using namespace std;
class CAdam {
  public:
    int adamAlter;
};
class CVater : public CAdam {
  public:
    int vaterAlter;
};
class CMutter : public CAdam {
  public:
    int mutterAlter;
};
class CSohn   : public CVater, public CMutter {
  public:
    void print(void) {
       cout << "Sohn.Vater.Adam.alter="    << CVater::adamAlter
            << ", Sohn.Mutter.Adam.alter=" << CMutter::adamAlter << endl;
       cout << "Sohn.Vater.alter="     << vaterAlter
            << ", Sohn.Mutter.alter=" << mutterAlter
            << ", sohn.alter="        << sohnAlter << endl;
    }
    int sohnAlter;
};
int main(void) {
  CSohn s;
   cout << "sizeof(Adam)   = " << sizeof(CAdam)     << endl;
   cout << "sizeof(Vater)  = " << sizeof(CVater)    << endl;
   cout << "sizeof(Mutter) = " << sizeof(CMutter)   << endl;
   cout << "sizeof(Sohn)   = " << sizeof(CSohn)     << endl;
   cout << "Adr. von Sohn  : " << &s << endl;
   // CAdam   *adamZgr = &s; // nicht möglich, da mehrdeutig
   CAdam   *adamVaterZgr  = (CVater *)&s;  // so möglich
   CAdam   *adamMutterZgr = (CMutter *)&s; // so möglich
   CVater  *vaterZgr  = &s;
   CMutter *mutterZgr = &s;
   cout << "Adr. von Sohn.Adam(Vater) : " << adamVaterZgr  << endl;
   cout << "Adr. von Sohn.Adam(Mutter): " << adamMutterZgr << endl;
   cout << "Adr. von Sohn.Vater       : " << vaterZgr      << endl;
   cout << "Adr. von Sohn.Mutter      : " << mutterZgr     << endl;
   cout << "--------------------------------------"        << endl;
   // s.adamAlter    = 20000; // nicht möglich, da mehrdeutig
   s.CVater::adamAlter = 10000;
   s.CMutter::adamAlter = 9999;
   s.vaterAlter = 50;   s.mutterAlter = 49; s.sohnAlter = 14;
   s.print();
}
```

Programm 17.41 liefert die folgende Ausgabe:

```
sizeof(Adam)   = 4
sizeof(Vater)  = 8
sizeof(Mutter) = 8
sizeof(Sohn)   = 20
Adr. von Sohn  : 0xbffff200
Adr. von Sohn.Adam(Vater) : 0xbffff200
Adr. von Sohn.Adam(Mutter): 0xbffff208
Adr. von Sohn.Vater       : 0xbffff200
Adr. von Sohn.Mutter      : 0xbffff208
--------------------------------------
Sohn.Vater.Adam.alter=10000, Sohn.Mutter.Adam.alter=9999
Sohn.Vater.alter=50, Sohn.Mutter.alter=49, sohn.alter=14
```

Abbildung 17.19 zeigt ein mögliches Speicherlayout zum Programm 17.41.

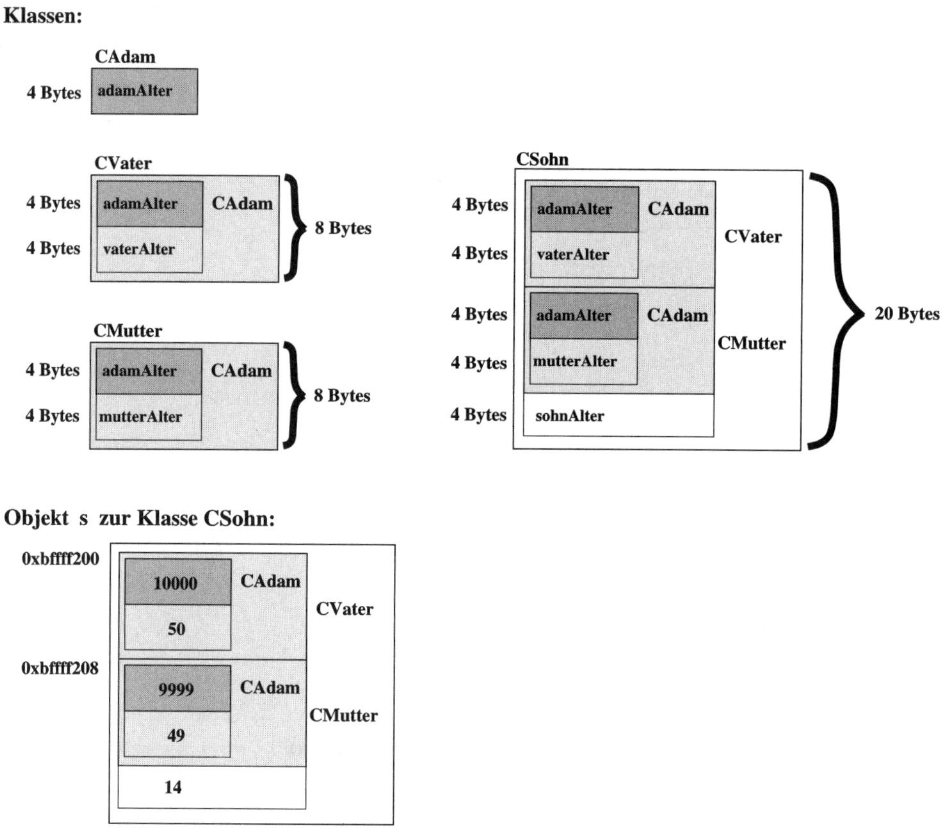

Abbildung 17.19: Speicherlayout zum Programm 17.41

Wie in Abbildung 17.19 erkennbar ist, erbt die Klasse `CSohn` die Klasse `CAdam` zweimal und enthält damit deren Elemente (hier `adamAlter`) zweimal. Deshalb muss man auch bei einem Zugriff auf die Elemente der indirekt geerbten Basisklasse den Scope-Operator :: verwenden, um das entsprechende Element aus der Basisklasse zu spezifizieren:

```
// s.adamAlter    = 20000; // nicht möglich, da mehrdeutig
s.CVater::adamAlter = 10000;
s.CMutter::adamAlter = 9999;
```

Genauso ist es nicht möglich, einen Zeiger der indirekt geerbten gemeinsamen Basisklasse auf die abgeleitete Klasse zu setzen, ohne dass man explizit mittels Casting die dabei vorliegende Mehrdeutigkeit auflöst:

```
// CAdam    *adamZgr = &s; // nicht möglich, da mehrdeutig
CAdam    *adamVaterZgr  = (CVater *)&s;  // so möglich
CAdam    *adamMutterZgr = (CMutter *)&s; // so möglich
```

Virtuelle Basisklassen

Sollen die Elemente einer indirekt mehrfach geerbten Basisklasse nur einmal in abgeleiteten Klassen vorhanden sein, so muss man bei der Ableitung das Schlüsselwort `virtual` angeben:

```
class A { ... };
class A1 : virtual public A { ... };
class A2 : virtual public A { ... };
class B : public A1, public A2 { ... }; // virtual hier nicht mehr notwendig
```

Programm 17.42 – `mehrerb5.cpp`:
Demonstrationsbeispiel zu virtuellen Basisklassen

```
#include <iostream>
using namespace std;
class CAdam {
   public:
     int adamAlter;
};
class CVater : virtual public CAdam {
   public:
     int vaterAlter;
};
class CMutter : virtual public CAdam {
   public:
     int mutterAlter;
};
class CSohn   : public CVater, public CMutter { // virtual hier nicht mehr notw.
   public:
     void print(void) {
        cout << "Sohn.Vater.Adam.alter="     << adamAlter
             << ", Sohn.Mutter.Adam.alter=" << adamAlter << endl;
        cout << "Sohn.Vater.Adam.alter="     << CVater::adamAlter // auch erlaubt
             << ", Sohn.Mutter.Adam.alter=" << CMutter::adamAlter << endl;
        cout << "Sohn.Vater.alter="    << vaterAlter
             << ", Sohn.Mutter.alter=" << mutterAlter
             << ", sohn.alter="        << sohnAlter << endl;
```

```
        cout << "...................................................." <<endl;
    }
    int sohnAlter;
};
int main(void) {
    CSohn s;

    cout << "sizeof(Adam)   = " << sizeof(CAdam)   << endl;
    cout << "sizeof(Vater)  = " << sizeof(CVater)  << endl;
    cout << "sizeof(Mutter) = " << sizeof(CMutter) << endl;
    cout << "sizeof(Sohn)   = " << sizeof(CSohn)   << endl;
    cout << "Adr. von Sohn  : " << &s << endl;
    CAdam   *adamZgr = &s; // jetzt möglich, da nur einmal vorhanden
    CAdam   *adamVaterZgr  = (CVater *)&s;  // weiterhin möglich
    CAdam   *adamMutterZgr = (CMutter *)&s; // weiterhin möglich
    CVater  *vaterZgr  = &s;
    CMutter *mutterZgr = &s;
    cout << "Adr. von Sohn.Adam         : " << adamZgr       << endl;
    cout << "Adr. von Sohn.Adam(Vater)  : " << adamVaterZgr  << endl;
    cout << "Adr. von Sohn.Adam(Mutter) : " << adamMutterZgr << endl;
    cout << "Adr. von Sohn.Vater        : " << vaterZgr      << endl;
    cout << "Adr. von Sohn.Mutter       : " << mutterZgr     << endl;
    cout << "-------------------------------------"          << endl;
    s.vaterAlter  = 50;
    s.mutterAlter = 49;
    s.sohnAlter   = 14;
    s.adamAlter   = 2000; // jetzt möglich, da nur einmal vorhanden
    s.print();
    s.CVater::adamAlter = 1000; // weiterhin möglich
    s.print();
    s.CMutter::adamAlter = 999; // weiterhin möglich
    s.print();
}
```

Programm 17.42 liefert die folgende Ausgabe:

```
sizeof(Adam)   = 4
sizeof(Vater)  = 12
sizeof(Mutter) = 12
sizeof(Sohn)   = 24
Adr. von Sohn  : 0xbffff200
Adr. von Sohn.Adam          : 0xbffff214
Adr. von Sohn.Adam(Vater)   : 0xbffff214
Adr. von Sohn.Adam(Mutter)  : 0xbffff214
Adr. von Sohn.Vater         : 0xbffff200
Adr. von Sohn.Mutter        : 0xbffff208
-------------------------------------
Sohn.Vater.Adam.alter=2000, Sohn.Mutter.Adam.alter=2000
Sohn.Vater.Adam.alter=2000, Sohn.Mutter.Adam.alter=2000
Sohn.Vater.alter=50, Sohn.Mutter.alter=49, sohn.alter=14
```

```
.....................................................
Sohn.Vater.Adam.alter=1000, Sohn.Mutter.Adam.alter=1000
Sohn.Vater.Adam.alter=1000, Sohn.Mutter.Adam.alter=1000
Sohn.Vater.alter=50, Sohn.Mutter.alter=49, sohn.alter=14
.....................................................
Sohn.Vater.Adam.alter=999, Sohn.Mutter.Adam.alter=999
Sohn.Vater.Adam.alter=999, Sohn.Mutter.Adam.alter=999
Sohn.Vater.alter=50, Sohn.Mutter.alter=49, sohn.alter=14
.....................................................
```

Abbildung 17.20 zeigt ein mögliches Speicherlayout zum Programm 17.42.

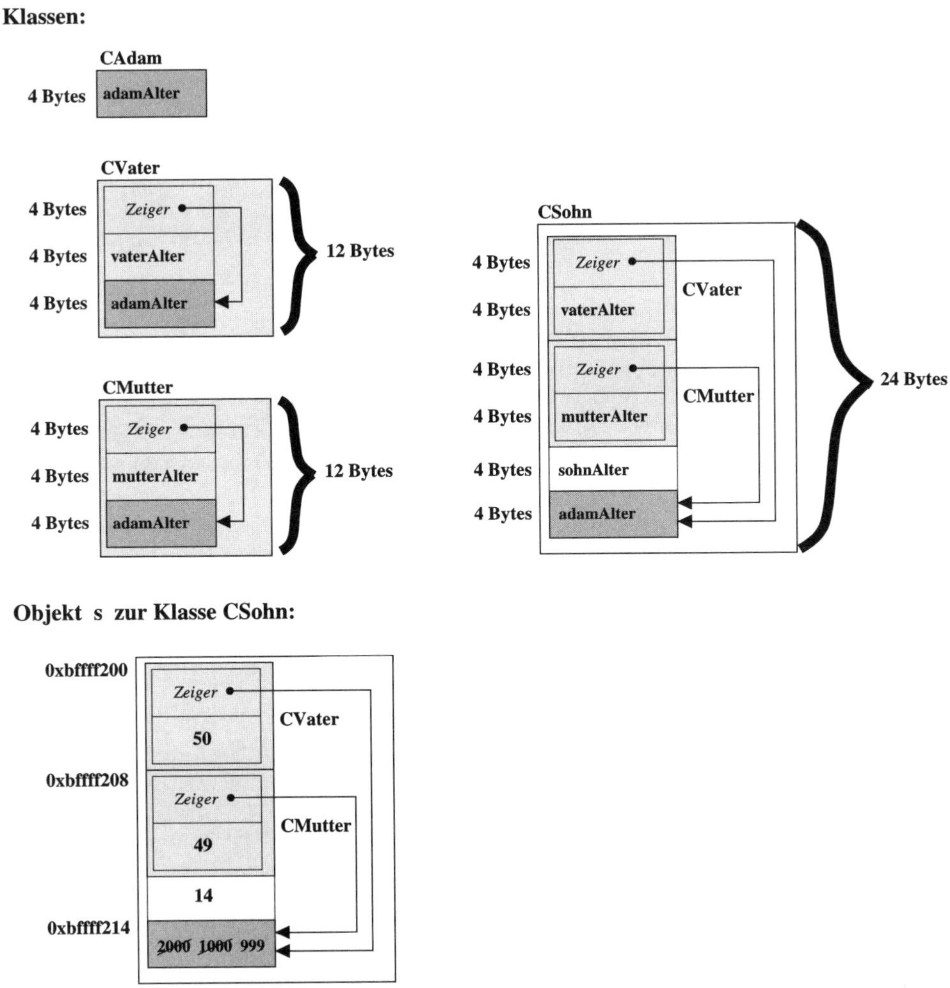

Abbildung 17.20: Speicherlayout zum Programm 17.42

In Abbildung 17.20 ist erkennbar, dass wegen der virtuellen Ableitung von `CVater` und `CMutter` die Bestandteile der Klasse `CAdam` in der Klasse `CSohn` nur noch einmal vorhanden sind. Dies wird dadurch realisiert, dass die virtuell von `CAdam` abgeleiteten Klassen (`CVater` und `CMutter`) einen verborgenen Zeiger auf den gemeinsamen `CAdam`-Teil enthalten.

In umgekehrte Richtung existieren jedoch keine Zeiger. Dies hat die Auswirkung, dass sich virtuelle Basisklassen nicht mit einem *statischen Casting* in abgeleitete Klassen konvertieren lassen:

```
CSohn s;
CAdam *adamZgr = &s; // ist möglich:
                     // Casting von abgeleit. Klasse auf Basisklasse

CSohn *s2 = (CSohn *)adamZgr; // nicht möglich; Compiler meldet Fehler wie:
                              // cannot cast up from virtual baseclass 'CAdam'
```

Solche Konstruktionen sind nur mit einem *dynamischen Casting* möglich, wie es in Programm 17.43 gezeigt ist.

Programm 17.43 – `mehrerb5a.cpp`:
Upcasting mittels dynamic_cast

```
#include <iostream>
using namespace std;
class CAdam {
   public:
     int adamAlter;
     virtual ~CAdam() { } // um polymorphe Klasse zu erhalten
};
class CVater : virtual public CAdam { /* siehe Prog. 17.42 (mehrerb5.cpp) */ }
class CMutter: virtual public CAdam { /* siehe Prog. 17.42 (mehrerb5.cpp) */ }
class CSohn  : public CVater, public CMutter { // virtual hier nicht mehr notw.
   /* siehe Programm 17.42 (mehrerb5.cpp) */
};
int main(void)
{
   CSohn s;

   cout << "sizeof(Adam)   = " << sizeof(CAdam)    << endl;
   cout << "sizeof(Vater)  = " << sizeof(CVater)   << endl;
   cout << "sizeof(Mutter) = " << sizeof(CMutter)  << endl;
   cout << "sizeof(Sohn)   = " << sizeof(CSohn)    << endl;
   cout << "-------------------------------------" << endl;
   CAdam   *adamZgr = &s; // jetzt möglich, da nur einmal vorhanden
   s.vaterAlter  = 50;
   s.mutterAlter = 49;
   s.sohnAlter   = 14;
   s.CVater::adamAlter = 1000; // weiterhin möglich
   s.CMutter::adamAlter = 999; // weiterhin möglich
   CSohn *s2 = dynamic_cast<CSohn*>(adamZgr);
   s2->print();
}
```

In Programm 17.43 musste aus der Basisklasse `CAdam` eine polymorphe Klasse gemacht werden, um das dynamische Casting anwenden zu können. Dies wird hier durch Hinzufügen eines virtuellen Destruktors erreicht. Programm 17.43 liefert dann die folgende Ausgabe, an der unter anderem erkennbar ist, dass durch das Hinzufügen des virtuellen Konstruktors in allen Klassen ein *vmp* aufgenommen wird, so dass in diesen Klassen der Speicherbedarf um vier Bytes anwächst:

```
sizeof(Adam)   = 8
sizeof(Vater)  = 16
sizeof(Mutter) = 16
sizeof(Sohn)   = 28
-----------------------------------
Sohn.Vater.Adam.alter=999, Sohn.Mutter.Adam.alter=999
Sohn.Vater.Adam.alter=999, Sohn.Mutter.Adam.alter=999
Sohn.Vater.alter=50, Sohn.Mutter.alter=49, sohn.alter=14
.......................................................
```

Folgende Punkte sind bei virtuellen Ableitungen noch zu beachten:

- Das Schlüsselwort `virtual` kann dabei vor bzw. nach dem Schutztyp (`public`, `protected`, `private`) angegeben werden.

```
class CVater : virtual public CAdam { .... }
class CMutter : public virtual CAdam { .... }
```

- Entscheidend ist die Art der Ableitung und nicht der Name der Basisklasse:

```
class Frau : virtual public Mensch { ... };
class Lehrberuf : public Mensch { ... }; // keine virtuelle Ableitung
class Lehrerin : public Frau, public Lehrberuf { ... };
```

  Hier gibt es dann wieder zwei `Mensch`-Exemplare, denn die Klasse `Mensch` wird einmal virtuell (über `Frau`) und einmal nicht-virtuell (über `Lehrberuf`) an die Klasse `Lehrerin` vererbt.

Zusammenfassend kann hier festgehalten werden: Virtuelle Ableitungen werden – anders als virtuelle Methoden – vom Compiler bearbeitet. Entsprechend der Vorgabe, ob eine Ableitung virtuell ist oder nicht, konstruiert der Compiler seine Klassen aus anderen Klassen. Virtuelle Ableitungen vermeiden zum einen Mehrdeutigkeiten beim Aufruf von Memberfunktionen aus der Basisklasse und zum anderen das Duplizieren von Membervariablen aus der Basisklasse.

Einsatz von virtuellen und nicht virtuellen Basisklassen

Kapitel B.12 auf Seite 1115 zeigt anhand von zwei Beispielen, wann der Einsatz von virtuellen Basisklassen sinnvoll ist und wann nicht.

17.6.3 Implizite Konstruktoraufrufe bei Mehrfachvererbung

Nachfolgend werden die implizit stattfindenden Konstruktoraufrufe bei Mehrfachvererbung gezeigt. Dabei werden die unterschiedlichen Kombinationen der Ableitung mit virtuellen und nicht-virtuellen Basisklassen gezeigt:

Konstruktoraufrufe beim nicht-virtuellen Ableiten aller Basisklassen

Programm 17.44 – `mehrerb6.cpp`:
Demonstrationsbeispiel zum nicht-virtuellen Ableiten aller Basisklassen

```
#include <iostream>
//---------------------------------------------
class CAdam {
   public:
     CAdam() { std::cout << "Adam, "; }
};
//---------------------------------------------
class CVater : public CAdam {
   public:
     CVater() { std::cout << "Vater, "; }
};
//---------------------------------------------
class CMutter : public CAdam {
   public:
     CMutter() { std::cout << "Mutter, "; }
};
//---------------------------------------------
class CSohn  : public CVater, public CMutter {
   public:
     CSohn() { std::cout << "Sohn" << std::endl; }
};
//---------------------------------------------
int main(void) {
   CSohn s;
}
```

Programm 17.44 liefert die folgende Ausgabe:

```
Adam, Vater, Adam, Mutter, Sohn
```

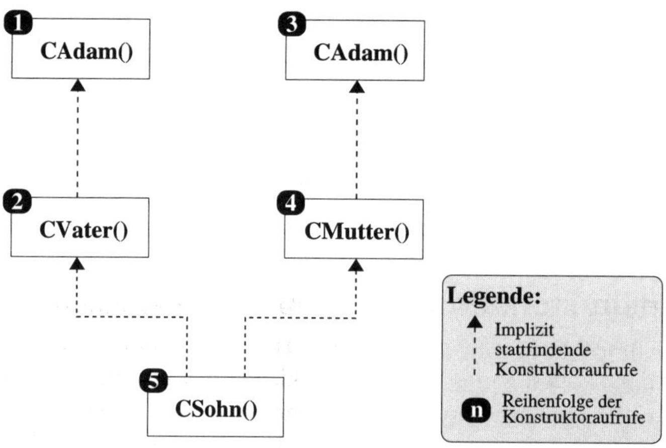

Abbildung 17.21: Implizit stattfindende Konstruktoraufrufe im Programm 17.44

Konstruktoraufrufe beim virtuellen Ableiten von allen Basisklassen

Werden alle Basisklassen virtuell abgeleitet, werden die Konstruktoren der Basisklassen jeweils nur einmal aufgerufen, und zwar in der Klassenhierarchie „von oben nach unten" und „von links nach rechts" entsprechend ihrer Angabe bei der Ableitung.

Programm 17.45 ist ein Demonstrationsbeispiel zum virtuellen Ableiten aller Basisklassen, wobei hier nur die Unterschiede zum Programm 17.44 gezeigt sind.

Programm 17.45 – `mehrerb7.cpp`:
Demonstrationsbeispiel zum virtuellen Ableiten von allen Basisklassen

```
//..................... siehe Programm 17.44 (mehrerb6.cpp)
 8  class CVater : virtual public CAdam {
....
13  class CMutter : virtual public CAdam {
....
```

Programm 17.45 liefert die folgende Ausgabe:

```
Adam, Vater, Mutter, Sohn
```

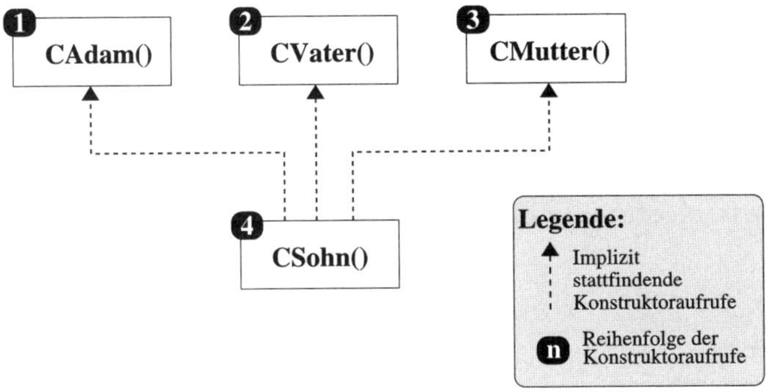

Abbildung 17.22: Implizit stattfindende Konstruktoraufrufe im Programm 17.45

Würde man in Programm 17.45 in der Zeile 18 die Reihenfolge der Ableitung vertauschen:

```
18 class CSohn : public CMutter, public CVater { // CVater und CMutter vertauscht
```

dann würde dieses Programm folgende Ausgabe liefern:

```
Adam, Mutter, Vater, Sohn
```

Konstruktoraufrufe beim virtuellen und nicht-virtuellen Ableiten von Basisklassen

Werden nicht alle Basisklassen, sondern nur einige virtuell abgeleitet, werden zuerst die Konstruktoren der virtuell angegebenen Basisklassen jeweils nur einmal aufgerufen, und zwar in der Klassenhierarchie „von oben nach unten" und „von links nach rechts" entsprechend ihrer Angabe bei der Ableitung. Danach finden die impliziten Konstruktoraufrufe für die nicht virtuell angegebenen Basisklassen statt. Die Programme 17.46 und 17.47 sind Demonstrationsbeispiele hierzu, wobei hier nur die Unterschiede zum Programm 17.44 gezeigt sind.

Programm 17.46 – `mehrerb8.cpp`:
Demonstrationsbeispiel zum virtuellen Ableiten von nicht allen Basisklassen

```
//...................... siehe Programm 17.44 (mehrerb6.cpp)
class CVater : public CAdam {
....
class CMutter : virtual public CAdam {
....
```

Programm 17.46 liefert die folgende Ausgabe:

```
Adam, Adam, Vater, Mutter, Sohn
```

Programm 17.47 – `mehrerb9.cpp`:
Demonstrationsbeispiel zum virtuellen Ableiten von nicht allen Basisklassen

```
//...................... siehe Programm 17.44 (mehrerb6.cpp)
class CVater : virtual public CAdam {
....
class CMutter : public CAdam {
....
```

Programm 17.47 liefert die folgende Ausgabe:

```
Adam, Vater, Adam, Mutter, Sohn
```

Abbildung 17.23 zeigt die implizit stattfindenden Konstruktoraufrufe zu den Programmen 17.46 und 17.47.

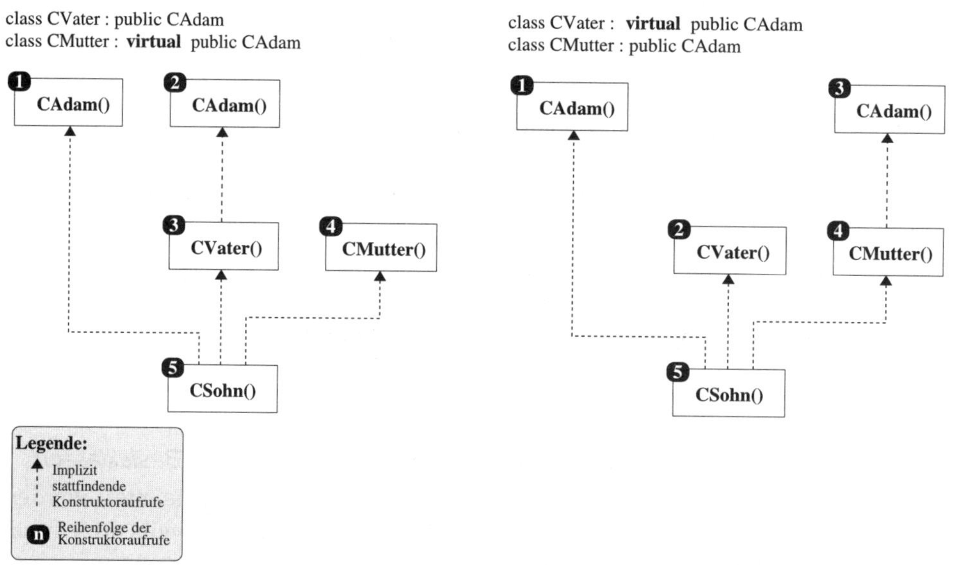

Abbildung 17.23: Implizit stattfindende Konstruktoraufrufe in Programm 17.46 und 17.47

Grundsätzlich stattfindende Initialisierungsreihenfolge bei der Vererbung

Es gilt immer die folgende Reihenfolge, in der ein Objekt bei der Vererbung initialisiert wird:

1. Konstruktoren der virtuell angegebenen Basisklassen werden jeweils nur einmal aufgerufen, und zwar in der Klassenhierarchie „von oben nach unten" und „von links nach rechts" entsprechend ihrer Angabe bei der Ableitung.
2. Implizite Konstruktoraufrufe für die nicht virtuell angegebenen Basisklassen.
3. Implizite oder in Initialisierungsliste angegebene Konstruktoren für die Member-Objekte der Klasse in der Reihenfolge ihrer Deklaration.
4. Aufruf des Konstruktors der abgeleiteten Klasse selbst.

Programm 17.48 – `initreihe.cpp`:
Demonstrationsbeispiel zur Initialisierungsreihenfolge bei Vererbung

```
#include <iostream>
using namespace std;
class M { //..................................................M
 public:
    M(const char *s) { cout << "M(" << s << ")-"; }
};
class A { //..................................................A
    M m;
 public:
    A() : m("A") { cout << "A, "; }
    virtual ~A() {}
};
class B { //..................................................B
    M m;
 public:
    B() : m("B") { cout << "B, "; }
    virtual ~B() {}
};
class C { //..................................................C
    M m;
 public:
    C() : m("C") { cout << "C, "; }
    virtual ~C() {}
};
class D { //..................................................D
    M m;
 public:
    D() : m("D") { cout << "D, "; }
    virtual ~D() {}
};
class E : public A, virtual public B, virtual public C { //.........E
    M m;
 public:
    E() : m("E") { cout << "E, " << endl; }
};
```

```
class F : virtual public B, virtual public C, public D { //.........F
    M m;
 public:
    F() : m("F") { cout << "F, " << endl; }
};
class G : public E, public F { //...................................G
    M m;
 public:
    G() : m("G") { cout << "G, " << endl; }
};
int main(void) { //..............................................main
   G g;
}
```

Programm 17.48 liefert die folgende Ausgabe:

```
M(B)-B, M(C)-C, M(A)-A, M(E)-E,
M(D)-D, M(F)-F,
M(G)-G,
```

Abbildung 17.24 verdeutlicht die Initialisierungsreihenfolge in Programm 17.48.

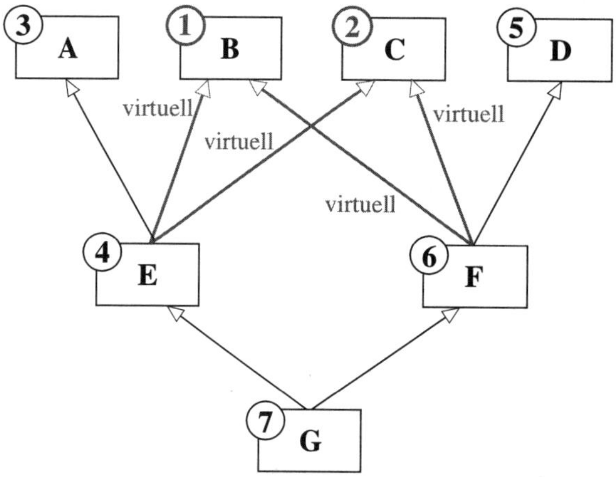

Abbildung 17.24: Implizit stattfindende Konstruktoraufrufe im Programm 17.48

17.6.4 Mehrfachvererbung – das Goto der 90er Jahre

Mehrfachvererbung sollte man am besten vermeiden, da dies Programme erheblich verkompliziert. Mehrfachvererbung wird auch als das „Goto der 90er Jahre" bezeichnet. Sie wurde in C++ eingeführt, um Probleme lösen zu können, die in speziellen Situationen auftreten. In Kapitel B.13 auf Seite 1119 werden solche speziellen Situationen bzw. Anwendungsfälle vorgestellt.

17.6.5 Übungen

Ehe abgeleitet von Mensch über Mann/Frau

Erstellen Sie ein Programm `ehe.cpp`, das die Vererbungshierarchie von Abbildung 17.25 realisiert.

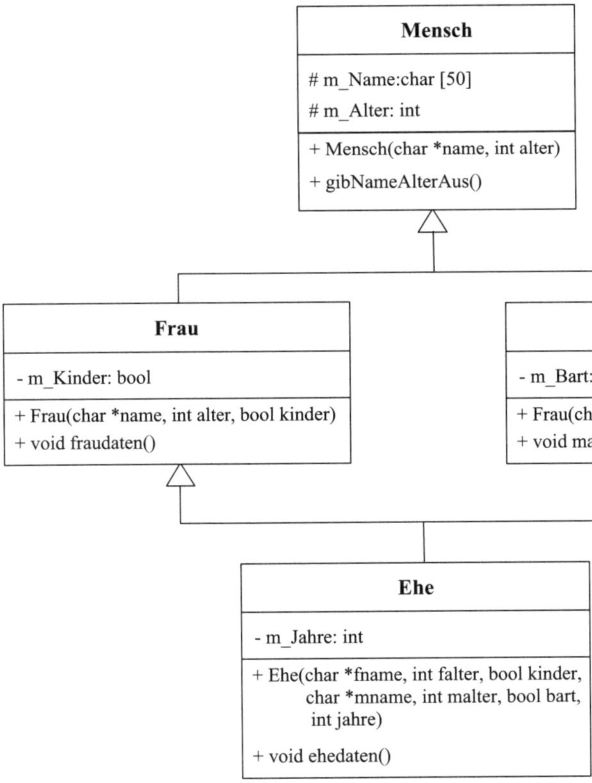

Abbildung 17.25: Ehe, mehrfach abgeleitet von Mensch über Mann/Frau

Die Methode `ehedaten()` soll zur Ausgabe der einzelnen Partnerdaten die beiden Methoden `fraudaten()` und `manndaten()` aus ihren beiden Basisklassen aufrufen, bevor die Methode `ehedaten()` ihrerseits ausgibt, wie lange die Ehe schon besteht. Die beiden Methoden `fraudaten()` und `manndaten()` sollen ihrerseits die Methode `gibNameAlterAus()` aus ihrer gemeinsamen Basisklasse zur Ausgabe des Namens und des Alters des jeweiligen Ehepartners aufrufen, bevor sie ihrerseits geschlechtsspezifisch ausgeben, ob Kinder bzw. ein Bart vorhanden ist. Ergänzen Sie dazu das nachfolgende Programm `ehe.cpp`:

```
......
int main(void) {
   Ehe  e1("Vera", 35, true, "Hans", 39, false, 12),
        e2("Kerstin", 63, true, "Otto", 66, true, 34);
   e1.ehedaten();
   e2.ehedaten();
}
```

so dass es folgende Ausgabe liefert:

```
Vera: ist 35 Jahre alt und hat Kinder
Hans: ist 39 Jahre alt und hat keinen Bart
Sie sind seit 12 Jahre verheiratet
---------------------------------------------
Kerstin: ist 63 Jahre alt und hat Kinder
Otto: ist 66 Jahre alt und hat einen Bart
Sie sind seit 34 Jahre verheiratet
---------------------------------------------
```

Hai als fleischfressender Fisch

Erstellen Sie zu dem in Abbildung 17.26 gezeigten Klassendiagramm ein Programm `hai.cpp`, so dass der Name (`m_name`) von `CTier` in der Klasse `CHai` nur einmal vorhanden ist. Ergänzen Sie dazu das nachfolgende Programm `hai.cpp`:

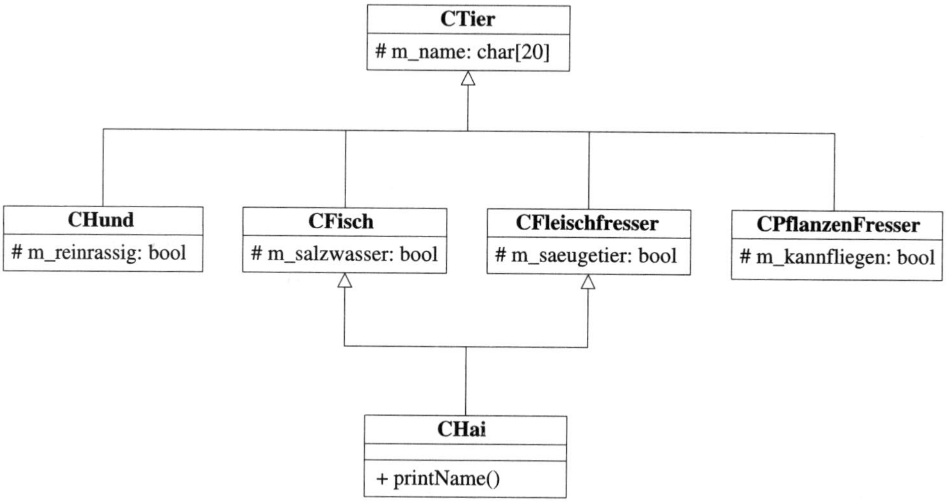

Abbildung 17.26: Hai als fleischfressender Fisch

```
..........
int main(void) {
   CHai  h1("Killer"),
         h2("Torpedo");
   h1.printName();
   h2.printName();
}
```

so dass es folgende Ausgabe liefert:

```
Killer
Torpedo
```

17.7 Weiteres zur Vererbung

Im Anhang finden sich weitere Punkte hinsichtlich Vererbung:

- Kapitel A.17 auf Seite 1010 behandelt etwas detaillierter weitere Aspekte, die beim Entwurf einer Klassenhierarchie zu beachten sind.
- Kapitel A.18 auf Seite 1016 zeigt, dass man für rein virtuelle Methoden bzw. Destruktoren in der Basisklasse eine Definition angeben kann, so dass zwar weiterhin kein Objekt zu dieser Basisklasse angelegt werden kann, aber abgeleitete Klassen diesen vorgegebenen Code aufrufen können.
- Kapitel A.19 auf Seite 1018 zeigt, dass bei virtuellen Basisklassen bei der Mehrfachvererbung Mehrdeutigkeiten auftreten können und wie man solche Mehrdeutigkeiten auflösen kann.
- Kapitel B.9 auf Seite 1111 zeigt zwei Anwendungsfälle, in denen man Unterklassen `private` bzw. `protected` von einer Basisklasse ableitet.
- Kapitel B.10 auf Seite 1112 zeigt, wie man verhindern kann, dass die Basisklasse dem Nutzer einer von dieser abgeleiteten Klasse bekannt ist, er aber doch Memberfunktionen aus dieser Basisklasse nutzen kann.
- Kapitel B.11 auf Seite 1114 zeigt, wie man Klassen bereitstellen kann, die ausschließlich als Basisklassen für weitere Vererbung verwendet werden können.
- Kapitel B.12 auf Seite 1115 zeigt anhand von zwei Beispielen, wann der Einsatz von virtuellen Basisklassen sinnvoll ist und wann nicht.
- Kapitel B.13 auf Seite 1119 zeigt spezielle Situationen bzw. Anwendungsfälle, in denen Mehrfachvererbung sinnvoll eingesetzt werden kann.
- Kapitel B.14 auf Seite 1122 zeigt, dass Mehrfachvererbung auch sehr sinnvoll und nötig im Zusammenhang mit Schnittstellen ist, die in diesem Kapitel vorgestellt werden.

Kapitel 18

Überladen von Operatoren

18.1 Implementieren eines eigenen Datentyps CBruch

Wie zum Teil bereits erwähnt wurde, werden Klassendeklarationen und die dazu erzeugten Objekte oft dazu verwendet, abstrakte Datenmodelle zu repräsentieren. Ein Beispiel hierfür sind die Bruchzahlen. C++ stellt standardmäßig keinen Datentyp `CBruch` zur Verfügung. Wir sind jedoch mit Hilfe von Klassen dazu in der Lage, einen eigenen Datentyp `CBruch` zu implementieren. Programm 18.1 soll diese Implementierung ansatzweise verdeutlichen. In diesem Programm wird die globale Funktion `add()` als befreundete Funktion der Klasse `CBruch` festgelegt. Damit wird der globalen Funktion `add()`, die zwar nicht Mitglied der Klasse `CBruch` ist, trotzdem Zugriff auf die privaten Daten dieser Klasse gewährt. Somit kann diese Funktion auch von Nicht-Mitgliedern dieser Klasse aufgerufen werden.

Programm 18.1 – `bruchtyp.cpp`:
Bereitstellen eines Datentyps CBruch für Bruchzahlen

```
#include <iostream>
using namespace std;

//.......................................................... Klasse CBruch
class CBruch {
    friend CBruch add( const CBruch& b1, const CBruch& b2 ); // glob. friend-Fkt
 public:
    CBruch( int z = 1, int n = 1 ) : m_zaehler(z), m_nenner(n) { }
    void add( const CBruch& b ) { //..................... Addition eines Bruches
       m_zaehler = m_zaehler*b.m_nenner + b.m_zaehler*m_nenner;
       m_nenner *= b.m_nenner;
       kuerzen();
    }
    void print(const char *name) const { //.............. Ausgabe eines Bruches
       cout << name << " = " << m_zaehler << "/" << m_nenner << endl;
    }
```

```
private:
    int m_zaehler, m_nenner;
    int ggT( int n, int m) { return (m==0) ? n : ggT(m, n%m); }
    void kuerzen( void ) {
       int ggTeiler = ggT( m_zaehler, m_nenner );
       m_zaehler /= ggTeiler;
       m_nenner  /= ggTeiler;
    }
};
//...................................................... Globale Funktion add()
CBruch add(const CBruch& b1, const CBruch& b2) {
   CBruch  sum;
   sum.m_zaehler = b1.m_zaehler* b2.m_nenner + b2.m_zaehler*b1.m_nenner;
   sum.m_nenner  = b1.m_nenner * b2.m_nenner;
   sum.kuerzen();
   return sum;
}
int main(void) {
   CBruch  b1( 1, 4 );  // 1. Bruch (1/4)
   CBruch  b2( 3, 8 );  // 2. Bruch (3/8)
   CBruch  b3;          // 3. Bruch (1/1)
    b1.add( b2 );     // Addiere b2 zu b1
    b1.print("b1");  // Ausgabe von b1
        // Da add eine friend-Funktion ist, kann sie wie eine andere
        // globale Funktion aufgerufen werden, ohne dass man zuerst
        // ein Objekt der Klasse Bruch erzeugen muss
    b3 = add( b1, b2 ); // Addiere b1 und b2 --> b3
    b3.print("b3");     // Ausgabe von b3
}
```

Startet man Programm 18.1, liefert es die folgende Ausgabe:

```
b1 = 5/8
b3 = 1/1
```

18.2 Operatorfunktionen für binäre Operatoren

Operatorfunktionen

Mit Programm 18.1 wurde das Rechnen mit Bruchzahlen eingeführt. Jedoch entspricht die Notation der Berechnungen nicht der, wie man sie von den C/C++-Standarddatentypen kennt. Es wäre doch schön, wenn man Folgendes schreiben könnte:

```
b1 += b2;    statt   b1.add (b2);
b1 -= b2;    statt   b1.sub (b2);
```

oder

```
b3 = b1 + b2;    statt    b3 = add (b1, b2);
b3 = b1 - b2;    statt    b3 = sub (b1, b2);
```

C++ bietet hier die Möglichkeit, nicht nur Funktionen, sondern auch Operatoren zu überladen, was man auch als *operator overloading* bezeichnet. Solche *Operatorfunktionen* haben immer als Namen das Präfix `operator` gefolgt vom entsprechenden Operatorzeichen, wie z. B.:

```
operator+(...)  // für das Operatorzeichen +  (plus)
operator-(...)  // für das Operatorzeichen -  (minus)
operator==(...) // für das Operatorzeichen == (gleich)
operator!=(...) // für das Operatorzeichen != (ungleich)
operator||(...) // für das Operatorzeichen || (logisches OR)
operator&(...)  // für das Operatorzeichen &  (bitweises AND)
......
```

Um einen Operator zu überladen, muss also die entsprechende *Operatorfunktion* implementiert werden. Dies kann in der Regel entweder als globale Funktion oder als Methode der Klasse geschehen.
Die Parameter einer Operatorfunktion richten sich in Anzahl und Typ nach den Operanden der Operation. Wie sicherlich aus C bekannt ist, unterscheidet man bei den Operatoren zwischen *binären, unären* und *ternären Operatoren*.

- *Binäre Operatoren* besitzen zwei Operanden (z. B. Additions-Operator +).
- *Unäre Operatoren* besitzen nur einen Operanden (z. B. Negations-Operator `!`).
- Daneben gibt es noch einen *ternären Operator* mit drei Operanden, den `?:`-Operator, der aber nicht überladen werden kann.

Überladen von Operatoren als Methoden einer Klasse

Programm 18.2 zeigt die entsprechenden Zeilen fett gedruckt, die im Programm 18.1 zu ändern sind, um für die Klasse `CBruch` den binären Operator + zu überladen.

Programm 18.2 – `bruchtyp2.cpp`:
Überladen der binären Operatoren + und += als Methoden für die Klasse CBruch

```
#include <iostream>
using namespace std;
class CBruch {
 public:
    CBruch( int z = 1, int n = 1 ) : m_zaehler(z), m_nenner(n) { }
    const CBruch operator+ (const CBruch& b) const {
       CBruch  sum;
       sum.m_zaehler = m_zaehler* b.m_nenner + b.m_zaehler*m_nenner;
       sum.m_nenner  = m_nenner * b.m_nenner;
       sum.kuerzen();
       return sum;
    }
    CBruch& operator+= (const CBruch& b) {
       *this = *this + b; // Aufruf von operator+
       return *this;
    }
    void print(const char *name) const { //........ Ausgabe eines Bruches
       cout << name << " = " << m_zaehler << "/" << m_nenner << endl;
    }
```

```
 private:
    int m_zaehler, m_nenner;

    int ggT( int n, int m) { return (m==0) ? n : ggT(m, n%m); }
    void kuerzen(void) { /*.... siehe Programm 18.1 */ }
};
int main(void)
{
   CBruch  b1( 1, 4 );  // 1. Bruch (1/4)
   CBruch  b2( 3, 8 );  // 2. Bruch (3/8)
   CBruch  b3;          // 3. Bruch (1/1)
    b1 += b2;        // Addiere b2 zu b1
    b1.print("b1");  // Ausgabe von b1
    b3 = b1 + b2;   // Addiere b1 und b2 --> b3
    b3.print("b3"); // Ausgabe von b3
}
```

Dieses Programm 18.2 liefert die gleiche Ausgabe wie das vorherige Programm 18.1. In Programm 18.2 lässt sich nun Folgendes erkennen:

- Eine Operatorfunktion setzt sich zusammen aus dem Schlüsselwort `operator` und dem jeweiligen Operatorzeichen.
- Das Ergebnis der Operation ist der Rückgabewert der Operatorfunktion.
- Bei binären Operationen einer Operatorfunktion, die eine Klassen-Methode ist, ist der 1. (linke) Operand durch die Klasse selbst repräsentiert, der 2. (rechte) Operand wird als Parameter übergeben.

Überladen von Operatoren als globale Funktionen

Alternativ lassen sich Operatorfunktionen auch als globale Funktionen definieren, wie dies in Programm 18.3 gezeigt ist.

Programm 18.3 – `bruchtyp3.cpp`:
Überladen der binären Operatoren + und += als globale Funktionen für die Klasse CBruch

```
#include <iostream>
using namespace std;
//............................................................ Klasse CBruch
class CBruch {
    friend const CBruch  operator+  (const CBruch& b1, const CBruch& b2);
    friend        CBruch& operator+= (CBruch& b1, const CBruch& b2);
 public:
    CBruch( int z = 1, int n = 1 ) : m_zaehler(z), m_nenner(n) { }
    void print(const char *name) const { //......... Ausgabe eines Bruches
       cout << name << " = " << m_zaehler << "/" << m_nenner << endl;
    }
 private:
    int m_zaehler, m_nenner;
    int ggT( int n, int m) { return (m==0) ? n : ggT(m, n%m); }
    void kuerzen(void) { /*.... siehe Programm 18.1 */ }
};
```

```
//............................................ Globale Operatorfunktionen
const CBruch operator+ (const CBruch& b1, const CBruch& b2) {
   CBruch  sum;
   sum.m_zaehler = b1.m_zaehler* b2.m_nenner + b2.m_zaehler*b1.m_nenner;
   sum.m_nenner  = b1.m_nenner * b2.m_nenner;
   sum.kuerzen();
   return sum;
}
CBruch& operator+= (CBruch& b1, const CBruch& b2) {
   b1 = b1 + b2;
   return b1;
}
//................................................................... main
int main(void) {
   CBruch  b1( 1, 4 );  // 1. Bruch (1/4)
   CBruch  b2( 3, 8 );  // 2. Bruch (3/8)
   CBruch  b3;          // 3. Bruch (1/1)
    b1 += b2;          // Addiere b2 zu b1
    b1.print("b1");    // Ausgabe von b1
    b3 = b1 + b2;     // Addiere b1 und b2 --> b3
    b3.print("b3"); // Ausgabe von b3
}
```

Dieses Programm 18.3 liefert wieder die gleiche Ausgabe wie das Programm 18.1.

Unterschiede zwischen Methoden- und globalen Operatorfunktionen

Zwischen den Überladen von Operatoren als Methoden und dem Überladen mittels globaler Funktionen sind folgende Unterschiede zu beachten:

- Als Parameter bei der Operatorfunktion müssen bei globalen Funktionen – anders als bei Methoden – beide Operanden angegeben werden, also der 1. (linke) und der 2. (rechte) Operand. Bei der Methodenvariante ist der 1. Parameter automatisch durch den `this`-Zeiger der Klasse vorhanden.
- Die globale Funktion muss innerhalb der Klassendeklaration mit dem Schlüsselwort `friend` angegeben werden, damit diese auf die `private`-Elemente der Klasse zugreifen darf. Alternativ könnte die Klasse natürlich auch `public`-Methoden zur Verfügung stellen, um die Attribute abzufragen, wie z. B. `getNenner()` und `getZaehler()`.

Die erste Variante (Operatorfunktion als Methode) ist sicherlich eher im Sinne der Objektorientierung, da die Operation auf die Klasse angewendet wird. Außerdem werden bei einer Operation oft die privaten Elemente einer Klasse benötigt und man erspart sich dann so das Schlüsselwort `friend`, das im Sinne der Objektorientierung stets erst einmal fragwürdig erscheint.

Es gibt Fälle, in denen man keine Wahl hat, ob die Operatorfunktion als Methode oder als globale Funktion implementiert wird. Solche Anwendungsfälle werden nachfolgend vorgestellt.

Die Operatoren =, (), [], -> und -> lassen sich nur als Methode überladen*

Siehe dazu auch Kapitel 18.8 auf Seite 406.

Globale Operatorfunktion erforderlich, wenn linker Operand Standarddatentyp ist

Eine globale Operatorfunktion muss verwendet werden, wenn der linke Opearnd einen Standarddatentyp besitzt, wie z. B. bei einem Ausdruck wie: `4 + bruch1`. Programm 18.4 verdeutlicht dies nochmals.

Programm 18.4 – `bruchtyp4.cpp`:
Überladen der binären Operatoren + und += für die Klasse CBruch

```
#include <iostream>
using namespace std;
//............................................................. Klasse CBruch
class CBruch {
 public:
   CBruch( int z = 1, int n = 1 ) : m_zaehler(z), m_nenner(n) { }
   void print(const char *name) const { //........ Ausgabe eines Bruches
      cout << name << " = " << m_zaehler << "/" << m_nenner << endl;
   }
   //.... 1) Addition von Bruch mit einer Zahl (rechter Op.)
   const CBruch operator+ (const int &zahl) const {
      CBruch  sum;
      sum.m_zaehler = zahl * m_nenner + m_zaehler;
      sum.m_nenner  = m_nenner;
      sum.kuerzen();
      return sum;
   }
   //.... 2) Addition einer Zahl (rechter Operand auf Bruch)
   CBruch& operator+= (const int& zahl) {
      *this = *this + zahl;
      return *this;
   }
   //.... 3) Addition einer Zahl (linker Operand) auf Bruch; muss global sein
   friend const CBruch operator+ (const int& zahl, const CBruch& b2);
 private:
   int m_zaehler, m_nenner;
   int ggT( int n, int m) { return (m==0) ? n : ggT(m, n%m); }
   void kuerzen(void) { /*.... siehe Programm 18.1 */ }
};
//..................................................... Globale Operatorfunktion
const CBruch operator+ (const int& zahl, const CBruch& b2) {
  CBruch  sum;
  sum.m_zaehler = zahl * b2.m_nenner + b2.m_zaehler;
  sum.m_nenner  = b2.m_nenner;
  sum.kuerzen();
  return sum;
}
//....................................................................... main
int main(void) {
  CBruch  b1( 2, 4 );  // 1. Bruch (2/4)
  CBruch  b2( 3, 8 );  // 2. Bruch (3/8)
  CBruch  b3;          // 3. Bruch (1/1)
```

```
    b1 += 2;          // ruft 1. Methoden-Operatorfunktion operator+() auf
    b1.print("b1"); // Ausgabe von b1
    b2 = b1 + 3;      // ruft 2. Methoden-Operatorfunktion operator+=() auf
    b2.print("b2"); // Ausgabe von b2
    b3 = 4 + b2;      // ruft globale Operatorfunktion 3) auf
    b3.print("b3"); // Ausgabe von b3
}
```

Programm 18.4 liefert die folgende Ausgabe:

```
b1 = 5/2
b2 = 11/2
b3 = 19/2
```

Globale Operatorfunktion erforderlich, wenn linker Operand nicht veränderbare Klasse ist

Eine globale Operatorfunktion muss verwendet werden, wenn der linke Operand eine Klasse ist, die man nicht verändern kann, weil es sich z. B. um eine Klasse aus einer Bibliothek handelt und der Quellcode nicht zur Verfügung steht, wie z. B. die Klasse `ostream`. Programm 18.5 verdeutlicht dies nochmals.

Programm 18.5 – `bruchtyp5.cpp`:
Überladen des Ausgabeoperators << als globale Funktion

```
#include <fstream>
#include <iostream>
using namespace std;
//.......................................................... Klasse CBruch
class CBruch {
    //...... operator<< muss global sein, da kein Zugriff auf ostream
    friend ostream& operator<< (ostream& ausg,  const CBruch& b);
public:
    CBruch( int z = 1, int n = 1 ) : m_zaehler(z), m_nenner(n) { }

    const CBruch operator+ (const CBruch& b) const {
       CBruch  sum;
       sum.m_zaehler = m_zaehler* b.m_nenner + b.m_zaehler*m_nenner;
       sum.m_nenner  = m_nenner * b.m_nenner;
       sum.kuerzen();
       return sum;
    }
    CBruch& operator+= (const CBruch& b) {
       *this = *this + b; // Aufruf von operator+
       return *this;
    }
private:
    int m_zaehler, m_nenner;
    int ggT( int n, int m) { return (m==0) ? n : ggT(m, n%m); }
    void kuerzen(void) { /*.... siehe Programm 18.1 */ }
};
```

```
//.................................................. Globale Operatorfunktionen
ostream& operator<< (ostream& ausg, const CBruch& b) {
   ausg << b.m_zaehler << "/" << b.m_nenner;
   return ausg;
}
int main(void) {
   CBruch  b1( 1, 4 );  // 1. Bruch (1/4)
   CBruch  b2( 3, 8 );  // 2. Bruch (3/8)
   CBruch  b3;          // 3. Bruch (1/1)
    ofstream datei("bruch.txt");
    b1 += b2;
    cout  << "b1 = " << b1 << endl; // Ausgabe von b1 (nach cout)
    datei << "b1 = " << b1 << endl; // Ausgabe von b1 (nach "bruch.txt")
    b3 = b1 + b2;
    cout  << "b3 = " << b3 << endl; // Ausgabe von b3 (nach cout)
    datei << "b3 = " << b3 << endl; // Ausgabe von b3 (nach "bruch.txt")
}
```

Programm 18.5 gibt nicht nur Folgendes am Bildschirm aus, sondern schreibt das Gleiche auch in die Datei `bruch.txt`.

```
b1 = 5/8
b3 = 1/1
```

In Programm 18.5 wäre man ohne `friend`-Beziehung ausgekommen, wenn die Klasse `CBruch` `public`-Methoden zum Erfragen der Attribute zur Verfügung gestellt hätte, wie z. B. `getNenner()` und `getZaehler()`. In Kapitel 18.7 auf Seite 400 wird detaillierter das Überladen der Operatoren << und >> vorgestellt.

Überblick zum Überladen von binären Operatoren

Es gibt somit die folgenden Möglichkeiten zum Überladen eines binären Operators:

- **1. Variante für Methoden-Operatorfunktionen**

```
class Klasse {
   //... Binärer Operator als inline-Methode
   const rückgabetyp operator+ (const typ& param) const {
      .... // Anweisungen
   }
};
```

- **2. Variante für Methoden-Operatorfunktionen**

```
class Klasse {
   //... Binärer Operator als Methode nur deklariert
   const rückgabetyp operator+ (const typ& param) const;
};
....
//.... Code ausserhalb der Klasse
const rückgabetyp Klasse::operator+ (const typ& param) const {
   .... // Anweisungen
}
```

Globale Operatorfunktion

```
class Klasse {
   //... Globale Funktion als friend
   friend const rückgabetyp operator+ (const int typ& param1,
                                        const int typ& param2);
};
const rückgabetyp operator+ (const int typ& param1, const int typ& param2) {
   .... // Anweisungen
}
```

Hier muss einer der beiden Parameter vom Typ her eine Klasse bzw. eine Referenz auf eine Klasse sein. So wird verhindert, dass die Operatoren für die Standarddatentypen wie `int` oder `float` durch einen Programmierer überladen und somit neu definiert werden.

18.3 Operatorfunktionen für unäre Operatoren

18.3.1 Einfache unäre Operatoren

Für unäre Operatoren gilt Analoges wie für binäre Operatoren, mit dem Unterschied, dass hier der rechte Parameter entfallen kann. Eine gewisse Ausnahme in der Syntax bilden die Inkrement- und Dekrementoperatoren, die im nächsten Kapitel detailliert besprochen werden.
Programm 18.6 zeigt als Beispiel das Überladen des unären Vorzeichenoperators - in der Methodenvariante innerhalb der Klasse `CBruch`.

Programm 18.6 – `bruchtyp6.cpp`:
Überladen des unären Vorzeichenoperators - für die Klasse CBruch

```
#include <iostream>
using namespace std;
//.............................................................. Klasse CBruch
class CBruch
{
 public:
   CBruch( int z = 1, int n = 1 ) : m_zaehler(z), m_nenner(n) { }
   void print(char *name) { //..................... Ausgabe eines Bruches
      cout << name << " = " << m_zaehler << "/" << m_nenner << endl;
   }

   const CBruch operator- () const {
       // Erzeugt ein temporäres unbenanntes CBruch-Objekt, initialisiert
       // es mit -m_zaehler und m_nenner, und  gibt es als Wert zurück.
     return CBruch(-m_zaehler, m_nenner);
   }

 private:
   int m_zaehler, m_nenner;
};
```

```
//.................................................................... main
int main(void) {
    CBruch b1( 2, 4 );   // 1. Bruch (2/4)
    CBruch b2( 3, 8 );   // 2. Bruch (3/8)
    CBruch b3;           // 3. Bruch (1/1)

     b1 = -b2;
     b1.print("b1");  // Ausgabe von b1
     b3 = -b1;
     b3.print("b3"); // Ausgabe von b3
}
```

Programm 18.6 liefert die folgende Ausgabe:

```
b1 = -3/8
b3 = 3/8
```

18.3.2 Unterscheidung von Präfix- und Postfix-Operatoren

In C existieren sowohl vom Inkrement- als auch vom Dekrement-Operator zwei verschiedene Varianten, nämlich zum einen die *Präfix*-Variante, bei der der Operator *vor* der Variablen steht (Ausführen der Operation *vor* dem Auswerten der vollständigen Anweisung), sowie die *Postfix*-Variante, bei der der Operator *hinter* der Variablen steht (Ausführen der Operation *nach* dem Auswerten der vollständigen Anweisung):

```
int a; // Variablen-Definition
  ++a;   // Operator steht vor der Variablen
  a++;   // Operator steht nach der Variablen
```

Um die Präfix- und Postfix-Version des betreffenden Operators beim Überladen syntaktisch auseinander halten zu können, gilt Folgendes:

- **Präfix-Operatorfunktion hat keinen zusätzlichen Parameter**

```
class Klasse {
   const Klasse& operator++ (); // Präfix-Inkrement-Operator; Methodenvariante
   const Klasse& operator-- (); // Präfix-Dekrement-Operator; Methodenvariante
};
const Klasse& operator++ (Klasse& k1); // Präfix-Inkrement; globale Funktion
const Klasse& operator-- (Klasse& k1); // Präfix-Dekrement; globale Funktion
```

- **Postfix-Operatorfunktion hat einen zusätzlichen `int`-Parameter**
  Dieser Parameter dient einzig und allein als Kennung für die Postfix-Operatorfunktion und hat darüber hinaus keinerlei weitere Bedeutung.

```
class Klasse {
   const Klasse operator++ (int); // Postfix-Inkrement; Methodenvariante
   const Klasse operator-- (int); // Postfix-Dekrement; Methodenvariante
};
const Klasse operator++ (Klasse& k1, int); // Postfix-Inkrement; glob. Funktion
const Klasse operator-- (Klasse& k1, int); // Postfix-Dekrement; glob. Funktion
```

Dieser zusätzliche `int`-Parameter sollte innerhalb der Operatorfunktion *nicht* verwendet werden. Er dient lediglich dem Compiler zur Unterscheidung der Präfix- bzw. Postfix-Version.

Es gilt somit Folgendes:

```
++a;   // definiert durch: const Klasse& Klasse::operator++ (); bzw.
       //                  const Klasse& operator++ (Klasse& k1);
a++;   // definiert durch: const Klasse Klasse::operator++ (int); bzw.
       //                  const Klasse operator++ (Klasse& k1, int);
```

Um die semantische Bedeutung des Postfix-Operators beizubehalten, ist es bei der Implementierung wichtig, dass als Rückgabewert das ursprüngliche und nicht das modifizierte Objekt zurückgegeben wird, wie dies in Programm 18.6 gezeigt ist.

Programm 18.7 – `bruchtyp7.cpp`:
Klasse CBruch mit Inkrement-Operator (Präfix und Postfix)

```
#include <iostream>
using namespace std;
//.............................................................. Klasse CBruch
class CBruch {
 public:
    CBruch( int z = 1, int n = 1 ) : m_zaehler(z), m_nenner(n) { }

    void print(char *name) { //.................... Ausgabe eines Bruches
       cout << name << " = " << m_zaehler << "/" << m_nenner << endl;
    }
    const CBruch& operator++() { //........ PRÄFIX-Operator
       m_zaehler += m_nenner;
       return *this;    // verändertes Objekt in Kopie zurückgeben
    }
    const CBruch operator++(int) { //..... POSTFIX-Operator
       CBruch tmp = *this;        // Objektwert sichern
       m_zaehler += m_nenner;
       return tmp;  // Kopie des nicht veränderten Objektes zurückgeben
    }
 private:
    int m_zaehler, m_nenner;
};
//........................................................................ main
int main(void) {
   CBruch  b1(1, 2), b2;
    b1.print("b1");  // Ausgabe von b1
    b2 = ++b1;
    b1.print("   Nach b2 = ++b1:   b1");  // Ausgabe von b1
    b2.print("   Nach b2 = ++b1:   b2");  // Ausgabe von b2
    b1 = CBruch(1, 2);
    b1.print("b1");  // Ausgabe von b1
    b2 = b1++;
    b1.print("   Nach b2 = b1++:   b1");  // Ausgabe von b1
    b2.print("   Nach b2 = b1++:   b2");  // Ausgabe von b2
}
```

Es ist erkennbar, dass im Programm 18.7 bei der Postfix-Version für den `int`-Parameter kein Name angegeben wurde. Dies ist auch nicht notwendig, da er ja nicht verwendet wird, sondern lediglich als Kennzeichnung für die Postfix-Version dient. Programm 18.7 liefert die folgende Ausgabe:

```
b1 = 1/2
   Nach b2 = ++b1:   b1 = 3/2
   Nach b2 = ++b1:   b2 = 3/2
b1 = 1/2
   Nach b2 = b1++:   b1 = 3/2
   Nach b2 = b1++:   b2 = 1/2
```

Diese Ausgabe verdeutlicht noch einmal die Wirkungsweise von Präfix im Gegensatz zu Postfix. Das Objekt `b1` wird immer inkrementiert. Bei der *Präfix-Version* findet die Inkrementierung *vor* der Zuweisung statt, bei der *Postfix-Version nach* der Zuweisung.

Auch wenn es nicht zwingend vorgeschrieben ist, sollte man darauf achten, dass die überladenen Operatorversionen sich semantisch so zueinander verhalten wie die Originale. Die Präfix-Version sollte also eine Referenz auf das veränderte Objekt zurückgeben, und die Postfix-Version das ursprüngliche unveränderte Objekt. Deswegen empfiehlt sich die folgende Vorgehensweise:

```
class K {
     const k& operator++()     { /* inkrementieren */; return *this;         }
     const k  operator++(int) { K tmp = *this; operator++(); return tmp; }
};
```

Wenn wie hier die Postfix- auf die Präfix-Version zugreift, ist die Konsistenz auch bei Änderungen an `operator++()` jederzeit gewährleistet, z. B. wenn dieser nicht um den Wert `1`, sondern um den Wert `10` inkrementiert wird.

18.4 Parameter und Rückgabewerte

In den vorherigen Programmen dieses Kapitels wurden die Parameter und Rückgabewerte der überladenen Operatoren auf die unterschiedlichsten Arten deklariert: `const` oder nicht `const`, als Referenz oder nicht als Referenz usw. C++ schreibt hier zwar keine feste Regeln vor, aber aus Semantikgründen sollte man sich doch an folgende Regeln halten:

1. **Grundsätzlich Referenz-Parameter verwenden (aus Performanzgründen)**
2. **`const`-Referenzen für Parameter, die keine Änderung erfahren:**
   - *Der Parameter bei binären Member-Operatorfunktionen*
     Dies ist der rechte Operand des binären Operators, der durch diesen Operator nicht geändert wird.
   - *Der zweite Parameter bei binären globalen Operatorfunktionen*
     Dies ist der rechte Operand des binären Operators, der durch diesen Operator nicht geändert wird.

- *Der erste Parameter bei binären globalen Operatorfunktionen, die keine Zuweisungen sind*
  Handelt es sich um einen binären Operator, der kein Zuweisungsoperator ist, so wird in diesem Fall auch nicht der linke Operand geändert (wie z. B. `+`, `<<`, `==`, `||` usw.).
- *Der Parameter bei den unären globalen Operatorfunktionen `+`, `-`, `!` und `~`.*

3. **Rückgabe von nicht-`const`-Referenzen bei**
   - Zuweisungsoperatoren
4. **Rückgabe von `const`-Referenzen bei**
   - unäres `+`
   - Präfixoperatoren
5. **Rückgabe von `const`-Objekten bei**
   - binären Operatoren, die keine Zuweisungs-, Vergleichs- oder logische Operatoren sind.
   - unäre `-`, `!` und `~`
   - Postfixoperatoren
6. **Rückgabe von `bool` bei**
   - Vergleichsoperatoren
   - logischen Operatoren

Die Tabellen 18.1 und 18.2 geben nochmals einen Überblick über die empfehlenswerten Parameter und Rückgabewerte beim Überladen von Operatoren, wobei hier folgende Abkürzungen verwendet werden:

M	=	Memberfunktion
G	=	Globale Funktion
K	=	`const`-Parameter bzw. `const`-Objekt (bei Rückgabe)
K&	=	`const`-Referenz als Parameter bzw. als Rückgabe
O	=	Kein `const`-Parameter bzw. kein `const`-Objekt als Rückgabe
O&	=	Keine `const`-Referenz als Parameter bzw. als Rückgabe
O*	=	Adresse eines Objekts als Rückgabe

	`+ - * / %` `^ & | << >>`		`+= -= *= /= %= =(M)` `^= &= |= <<= >>=`		`== != < >` `<= >= && ||`	
	M	G	M	G	M	G
Parameter	K&	K&, K&	K&	O&, K&	K&	K&, K&
Rückgabe	K	K	O&	O&	bool	bool
const-Memberfunktion	x				x	

Tabelle 18.1: Parameter und Rückgabewerte beim Überladen binärer Operatoren

	`+`		`- ~ !`		`&`		Präfix `++ --`		Postfix `++ --`	
	M	G	M	G	M	G	M	G	M	G
Parameter		K&		K&		O&		O&		O&
Rückgabe	K&	K&	K	K	O*	O*	K&	K&	K	K
const-Memberfunktion	x		x							

Tabelle 18.2: Parameter und Rückgabewerte beim Überladen unärer Operatoren

Das Programm `opoverload.cpp`, das sich in den herunterladbaren Programmbeispielen befindet und hier aus Platzgründen nicht abgedruckt ist, ermöglicht es, sich die jeweilige Prototyp-Deklaration zu einem Operator anzeigen zu lassen. Dazu muss man nur den jeweiligen Operator mit dem Präfix `b` (für binär) bzw. `u` (für unär) auf der Kommandozeile angeben, wie z. B.:

```
./opoverload b+= ↵
---------------- Binäre Operatoren als Memberfunktionen
      O& operator+= (const K& rechts);
-------------- Binäre Operatoren als globale Funktionen
      O& operator+= (O& links, const K& rechts);
./opoverload u! ↵
----------------- Unäre Operatoren als Memberfunktionen
const K  operator! () const;
--------------- Unäre Operatoren als globale Funktionen
const K  operator! (const K& operand);
./opoverload u++ ↵
----------------- Unäre Operatoren als Memberfunktionen
const K& operator++ ();  // Präfix
const K  operator++ (int);   // Postfix
--------------- Unäre Operatoren als globale Funktionen
const K& operator++ (O& operand);  // Präfix
const K  operator++ (O& operand, int);   // Postfix
```

Ruft man dieses Programm ohne weitere Argumente auf, so gibt es alle Prototyp-Deklarationen zu den überladbaren Operatoren aus:

```
---------------- Binäre Operatoren als Memberfunktionen
const K  operator+ (const K& rechts) const;
const K  operator- (const K& rechts) const;
.....
-------------- Binäre Operatoren als globale Funktionen
const K  operator+ (const K& links, const K& rechts);
const K  operator- (const K& links, const K& rechts);
.....
----------------- Unäre Operatoren als Memberfunktionen
const K& operator+ () const;
const K  operator- () const;
.....
const K& operator++ ();  // Präfix
const K& operator-- ();  // Präfix
const K  operator-- (int);   // Postfix
const K  operator++ (int);   // Postfix
--------------- Unäre Operatoren als globale Funktionen
const K& operator+ (const K& operand);
const K  operator- (const K& operand);
.....
const K& operator++ (O& operand);  // Präfix
const K& operator-- (O& operand);  // Präfix
const K  operator-- (O& operand, int);   // Postfix
const K  operator++ (O& operand, int);   // Postfix
```

18.5 Funktionscharakter der Operatorfunktionen

An dieser Stelle soll noch einmal explizit darauf hingewiesen werden, dass es sich beim Überladen von Operatoren um Funktionen bzw. Methoden handelt.
Dies hat zur Konsequenz, dass hier die üblichen Regeln (bis auf eine Ausnahme) wie auch für normale Funktionen/Methoden gelten, z. B. sind auch hier möglich:

- mehrere Methoden mit gleichem Namen, aber unterschiedlicher Signatur (z. B. Addition eines `int` auf `CBruch`, aber auch Addition eines `double`, ...)
- virtuelle Methoden (siehe Kapitel 17.4.2 auf Seite 336)
- Funktionstemplates (siehe Kapitel 19.1 auf Seite 431)

Die große Ausnahme stellen Default-Parameter dar. Sie sind bei Operatorfunktionen nicht erlaubt (siehe auch Kapitel 18.6).
Da es sich bei Operatorfunktionen um Funktionen handelt, ist es auch möglich, die Funktionen direkt aufzurufen und nicht die Kurzform zu verwenden:

```
CBruch b1, b2, b3;
 b3 = b1.operator+ (b2); // statt: b3 = b1 + b2; (binärer Operator als Methode)
 b2 = b1.operator++ ();  // statt: b2 = ++b1; (Inkr.-Op. als Methode (Präfix))
 b2 = b1.operator++ (0); // statt: b2 = b1++; (Inkr.-Op. als Methode (Postfix))
 b3 = operator+ (b1, b2); // statt: b3 = b1 + b2; (binärer Op. als glob. Fkt.)
 b2 = operator++ (b1);    // statt: b2 = ++b1; (Inkr.-Op. als glob. Fkt. (Präfix))
 b2 = operator++ (b1, 0); // statt: b2 = b1++; (Inkr.-Op. als glob. Fkt. (Postfix))
```

18.6 Einschränkungen beim Überladen von Operatoren

Für das Überladen von Operatoren gelten folgende Einschränkungen:

- Es können prinzipiell folgende Operatoren überladen werden:

```
+    -    *    /    %    ^    &    |    ~    !
=    <    >    +=   -=   *=   /=   %=   ^=   &=
|=   <<   >>   <<=  >>=  ==   !=   <=   >=   &&
||   ++   --   ->*  ,    ->   []   ()   new  delete
```

  Im nächsten Kapitel wird anhand von Beispielen das Überladen der Ein- und Ausgabeoperatoren (>> und <<) gezeigt. Kapitel 18.8 zeigt dann anhand von Beispielen das Überladen des Zuweisungsoperators =, des Indexoperators `[]`, des Funktionsoperators `()` und des Pfeiloperators `->`. Kapitel A.26 demonstriert das Überladen der Operatoren `new` und `delete`.

- Folgende Operatoren können nur in Form von Methoden, also nicht durch globale Methoden überladen werden:

```
=  Zuweisungsoperator    [] Indexoperator    () Funktionsaufrufsoperator
-> Pfeiloperator         Cast-Operator
```

- Folgende Operatoren können nicht überladen werden:

```
sizeof   ?:   .   .*   ::   #   ##
```

- Die *Priorität* und *Assoziativität* eines Operators wird durch das Überladen nicht verändert. Sie entspricht nach wie vor den aus C bekannten Regeln.
- Die Operandenzahl eines Operators kann durch Überladen nicht verändert werden, d. h. aus einem unären Operator lässt sich kein binärer Operator herstellen und umgekehrt. Ausnahmen sind hierbei jedoch `new` und `delete`.
- Es ist nicht möglich, neue Operatorzeichen, wie z. B. `**` für Potenzierung, zu definieren. Die Verwendung beliebiger ASCII-Zeichen als Operatoren könnte leicht zu Mehrdeutigkeiten bei der Auswertung von Ausdrücken führen.
- Eine Operatorfunktion *muss* entweder eine (nicht-statische) Methode einer Klasse oder eine globale Funktion sein, die zumindest einen Parameter besitzt, der vom Typ her eine Klasse bzw. eine Referenz auf eine Klasse ist. Ausnahmen sind hier wieder `new` und `delete`. Auf diese Weise wird erreicht, dass die vorgegebene Funktionsweise für Standarddatentypen nicht verändert werden kann.
- Für die fest vorgeschriebenen Parameter einer Operatorfunktion können keine Default-Werte vorgegeben werden.
- Die Shift-Operatoren << und >> werden in C++ standardmäßig zur Ein- und Ausgabe über so genannte `iostreams` benutzt (siehe auch nächstes Kapitel). Um Missverständnisse zu vermeiden, sollte man sich an diese Konvention halten und diese Operatoren nicht mit einer anderen Bedeutung versehen. Das Überladen dieser Ein- und Ausgabeoperatoren wird nachfolgend vorgestellt.

18.7 Überladen der Ein- und Ausgabeoperatoren (>> und <<)

Hier wird gezeigt, dass man auch diese beiden Operatoren überladen kann, um eine Stream-Ausgabe für eigene Datentypen (Klassen) festzulegen.

18.7.1 Stream-Ausgabe für elementare Datentypen

Die C++ Standard-Bibliothek vereinbart über die Headerdatei `<iostream>` unter anderem die Klasse `ostream`. Für die Ausgabe elementarer Datentypen wird in dieser Klasse der Operator << vielfach überladen, da man ja beliebige Datentypen (wie z. B. `int`, `double`, Zeiger usw.) in ein `ostream`-Objekt schreiben kann:

```
class ostream {
  public:
     ostream& operator<< (bool& wert);
     ostream& operator<< (short& wert);
     ostream& operator<< (unsigned short& wert);
     ostream& operator<< (int& wert);
     ostream& operator<< (unsigned int& wert);
     ostream& operator<< (long& wert);
     ostream& operator<< (unsigned long& wert);
     ostream& operator<< (float& wert);
     .....
};
```

`cout` ist ein vordefiniertes globales Objekt der Klasse `ostream` (ähnlich wie in C der vordefinierte `FILE`-Zeiger `stdout`). Eine Anweisung wie:

```
cout << 1;
```

wird vom Compiler umgesetzt in

```
cout.operator<< (1);
```

Die aufgerufene Operatorfunktion `operator<<` führt dann die eigentliche Ausgabe durch. Da alle <<-Operatorfunktionen eine Referenz auf das aktuelle Streamobjekt (hier: `cout`) als Rückgabewert liefern, ist eine Verkettung mehrerer Ausgaben in einem Ausdruck möglich, so dass die folgende Anweisung:

```
cout << 1 << 2;
```

wie folgt abgearbeitet wird:

1. `cout << 1`: schreibt in das `ostream`-Objekt `cout` den Wert `1` und liefert eine Referenz auf das `ostream`-Objekt zurück, was hier `cout` ist, so dass dann anschließend noch Folgendes ausgeführt wird:
2. `cout << 2`: schreibt den Wert `2` in das `ostream`-Objekt `cout`.

Der Operator << wird immer von links nach rechts abgearbeitet. Diese Eigenschaft kann durch das Überladen auch nicht verändert werden. Die obige Anweisung entspricht somit:

```
(cout << 1) << 2;
```

Dieser Aufruf wird intern wie folgt realisiert:

```
cout.operator<< (1).operator<< (2);
```

Da durch das Überladen die Priorität des Operators << nicht verändert wird, muss man Ausdrücke, die Operatoren mit niedrigerer Priorität als der Operator << enthalten, klammern:

```
cout << a + b; // keine Klammern notwendig, da + höherprior als << ist
cout << (a & b); // Klammern notwendig, da & (bitweises AND)
                 // eine niedrigere Priorität als << hat
```

18.7.2 Benutzerdefinierte Stream-Ausgabe für eigene Klassen

C++ bietet gegenüber C den Vorteil, dass die Syntax, die zur Ausgabe der elementaren Datentypen eingesetzt wird, auch auf eigene Klassen erweitert werden kann. Dazu muss man die Operatorfunktion `operator<<()` global überladen, wie z. B. für unsere Klasse `CBruch`:

```
ostream& operator<<(ostream& os, const CBruch& b) {
   return os << '(' << b.getZaehler() << "/" << b.getNenner() << ')';
}
```

Wenn nun z. B. `b1` ein Objekt der Klasse `CBruch` ist, dann kann man diesen Bruch wie folgt ausgeben:

```
cout << b1;
```

Für das Überladen des Operators << gilt Folgendes:

- **Operator << kann nur mittels einer globalen Funktion überladen werden**
  Man kann die Operatorfunktion nicht als Memberfunktion in der entsprechenden Klasse überladen, da dann das entsprechende Objekt (hier `b1`) der linke Operand sein müsste.
  Hier soll aber der linke Operand immer das `ostream`-Objekt `cout` und der rechte Operand ein Objekt der eigenen Klasse sein. Folglich ist nur eine globale Operatorfunktion möglich, die außerhalb der Klasse definiert wird und keine Einschränkungen hinsichtlich der Reihenfolge der Operanden aufweist.
- **Rückgabe einer Referenz auf `ostream`**
  Um eine Verkettung mehrerer Ausgaben zu ermöglichen, sollte immer eine Referenz auf das Stream-Objekt (hier: `os`) als Funktionswert zurückgegeben werden. Es ist hier innerhalb der Operatorfunktion kein direkter Zugriff auf die privaten Membervariablen `m_zaehler` und `m_nenner` möglich. Soll ein direkter Zugriff ermöglicht werden, müsste die Funktion `operator<<()` als `friend` in der Klasse `CBruch` deklariert werden.

Programm 18.8 demonstriert nochmals das Überladen des Operators <<.

Programm 18.8 – `ausoverload.cpp`:
Überladen des Operators << für die Klasse CBruch

```
#include <iostream>
using namespace std;
//.......................................................... Klasse CBruch
class CBruch
{
public:
    CBruch( int z = 1, int n = 1 ) : m_zaehler(z), m_nenner(n) { }
    int getZaehler(void) const { return m_zaehler; }
    int getNenner(void)  const { return m_nenner;  }

    const CBruch operator+ (const CBruch& b) const {
       CBruch  sum;
       sum.m_zaehler = m_zaehler* b.m_nenner + b.m_zaehler*m_nenner;
       sum.m_nenner  = m_nenner * b.m_nenner;
       sum.kuerzen();
       return sum;
    }
    CBruch& operator+= (const CBruch& b) {
       *this = *this + b; // Aufruf von operator+
       return *this;
    }
private:
    int m_zaehler, m_nenner;
```

```
    int ggT( int n, int m) { return (m==0) ? n : ggT(m, n%m); }
    void kuerzen(void) { /*.... siehe Programm 18.1 */ }
};
//.......................................................... operator<<
ostream &operator<<(ostream &os, const CBruch &b) {
   return os << '(' << b.getZaehler() << "/" << b.getNenner() << ')';
}
//.............................................................. main
int main(void) {
    CBruch  b1( 1, 4 );  // 1. Bruch (1/4)
    CBruch  b2( 3, 8 );  // 2. Bruch (3/8)
    CBruch  b3;          // 3. Bruch (1/1)

    b1 += b2;
    cout << "b1 = " << b1 << endl;  // Ausgabe von b1

    b3 = b1 + b2;
    cout << "b3 = " << b3 << endl;  // Ausgabe von b3
}
```

Programm 18.8 liefert die folgende Ausgabe:

```
b1 = (5/8)
b3 = (1/1)
```

18.7.3 Stream-Eingabe für elementare Datentypen

Für die Eingabe von elementaren Datentypen stellt die C++-Bibliothek die ebenfalls über die Headerdatei `<iostream>` vereinbarte Klasse `istream` zur Verfügung. Für die Eingabe elementarer Datentypen wird in dieser Klasse der Operator >> vielfach überladen, da man ja beliebige Datentypen (wie z. B. `int`, `double`, Zeiger usw.) aus einem `istream`-Objekt lesen kann, wie z. B.:

```
class istream {
  public:
     istream& operator>> (bool& wert);
     istream& operator>> (short& wert);
     istream& operator>> (unsigned short& wert);
     istream& operator>> (int& wert);
     istream& operator>> (unsigned int& wert);
     istream& operator>> (long& wert);
     istream& operator>> (unsigned long& wert);
     istream& operator>> (float& wert);
     istream& operator>> (double& wert);
     istream& operator>> (long double& wert);
     istream& operator>> (void*& wert);
     .....
};
```

`cin` ist dabei ein vordefiniertes globales Objekt der Klasse `istream`.

Bei der Eingabe numerischer Werte sind natürlich auch falsche Eingaben möglich (wie z. B. Eingabe eines Buchstabens anstatt einer Ziffer). Eine einfache Möglichkeit, eine falsche Eingabe abzufangen, ist:

```
cin >> i;
if (cin) {
   // Eingabe ok!
   // ...
} else {
   cin.clear();               // Fehlerstatus löschen
   cin.ignore(INT_MAX, '\n'); // alle restl. Zeichen im Eingabepuffer überlesen
   // ...
}
```

Das Streamobjekt `cin` wird hierbei nach der Eingabe wie eine boolesche Variable abgefragt. Ist der Wert `true`, war die Eingabe erfolgreich, andernfalls liegt ein Eingabefehler vor. Vor einem weiteren Eingabeversuch muss zunächst der Fehlerzustand über `clear()` zurückgesetzt werden und die bisher eingegebenen Zeichen, die noch nicht übernommen worden sind, müssen mit `ignore()` aus dem Eingabepuffer entfernt werden (entweder `INT_MAX` Zeichen oder aber bis zu einem Neuezeilezeichen, je nachdem was zuerst zutrifft).

18.7.4 Benutzerdefinierte Stream-Eingabe für eigene Klassen

Auch die Stream-Eingabe kann in C++ auf benutzerdefinierte Klassen erweitert werden. Dazu muss man die Operatorfunktion `operator>>()` global überladen, wie z. B. für unsere Klasse `CBruch`:

```
istream& operator>>(istream& is, CBruch& b) {
   int  z, n;
   is >> z >> n;
   b.set(z, n);
   return is;
}
```

Wenn nun z. B. `b1` ein Objekt der Klasse `CBruch` ist, dann kann man diesen Bruch wie folgt einlesen:

```
   cin >> b1;
```

Für das Überladen des Operators >> gilt wieder Folgendes:

- **Operator >> kann nur mittels einer globalen Funktion überladen werden**
  Aus den gleichen Gründen, die bereits beim Überladen des Ausgabeoperators >> erläutert wurden, kann auch `operator>>()` nicht als Memberfunktion in der entsprechenden Klasse überladen werden.
- **Rückgabe einer Referenz auf `istream`**
  Um eine Verkettung mehrerer Eingaben zu ermöglichen, sollte auch hier immer eine Referenz auf das Stream-Objekt (hier: `is`) als Funktionswert zurückgegeben werden. Es ist auch hier innerhalb der Operatorfunktion kein direkter Zugriff

auf die privaten Membervariablen `m_zaehler` und `m_nenner` möglich. Soll ein direkter Zugriff möglich sein, dann muss die Funktion `operator>>()` als `friend` in der Klasse `CBruch` deklariert werden.

Programm 18.9 demonstriert nochmals das Überladen des Operators >>.

Programm 18.9 – `einoverload.cpp`:
Überladen des Operators >> für die Klasse CBruch

```
#include <iostream>
using namespace std;
//........................................................ Klasse CBruch
class CBruch {
  public:
    CBruch( int z = 1, int n = 1 ) : m_zaehler(z), m_nenner(n) { }

    void set(int z, int n) { m_zaehler = z; m_nenner = n; }

    //.... Rest dieser Klasse identisch zu Programm 18.8
};
//........................................................... operator<<
ostream &operator<<(ostream& os, const CBruch& b) {
   return os << '(' << b.getZaehler() << "/" << b.getNenner() << ')';
}
//........................................................... operator>>
istream& operator>>(istream& is, CBruch& b) {
   int z, n;
   is >> z >> n;
   b.set(z, n);
   return is;
}
//................................................................. main
int main(void) {
    CBruch  b1, b2, b3;

    cout << "1. Bruch: ";   cin >> b1;
    cout << "2. Bruch: ";   cin >> b2;

    b1 += b2;
    cout << "b1 = " << b1 << endl;  // Ausgabe von b1

    b3 = b1 + b2;
    cout << "b3 = " << b3 << endl;  // Ausgabe von b3
}
```

Ein mögliches Ablaufbeispiel zu Programm 18.9 ist:

```
1. Bruch: 1 4 ↵
2. Bruch: 3 8 ↵
b1 = (5/8)
b3 = (1/1)
```

18.8 Spezielle Operatoren

Folgende Operatoren können nur durch Memberfunktionen (und nicht durch globale Funktionen) überladen werden:

- Zuweisungsoperator =
- Indexoperator `[]`
- Funktionsoperator `()`
- Pfeiloperator `->`
- Cast-Operatoren
- *Pointer-to-Member-Dereference*-Operator `->*` (siehe Kapitel 24 auf Seite 559)

Nachfolgend wird anhand von Beispielen das Überladen der ersten vier dieser Operatoren demonstriert. Das Überladen von Cast-Operatoren wird auf Seite 1031 in Kapitel A.23 vorgestellt. Auf den *Pointer-to-Member-Dereference*-Operators wird in Kapitel 24 auf Seite 559 näher eingegangen.

18.8.1 Überladen des Zuweisungoperators =

In Kapitel 15.5.3 auf Seite 199 wurde das Überladen des Zuweisungsoperators bereits näher erläutert. Nachfolgend wird das Überladen des Zuweisungsoperators für unsere String-Klasse `CStr` nochmals gezeigt:

```
CStr& operator=(const CStr& rechtOp) { //................ Zuweisungsoperator
   if (m_str)
      delete[] m_str;
   if (rechtOp.m_str) {  // rechtOp ist nicht leer
      if ( (m_str = new char[strlen(rechtOp.m_str)+1]) )
         strcpy(m_str, rechtOp.m_str);
   } else
      m_str = 0;  // rechtOp ist ein leeres Stringobjekt
   return *this; // Ergebnis entspricht Wert des linken Operanden,
                 // der durch das aktuelle Objekt repräsentiert wird
}
```

Es ist erkennbar, dass die Funktion `operator=()` sowohl als Parameter als auch als Rückgabewert eine Referenz auf ein Objekt der eigenen Klasse erhält, wobei dann Folgendes gilt:

- Der Parameter entspricht dem rechten Operanden der Zuweisung.
- Das Objekt selbst entspricht dem linken Operanden.
- Der Rückgabewert ist der Wert der Operation.

Der Standard-Zuweisungsoperator einer Klasse ist zu überladen, wenn man Objekte dieser Klasse einander zuweisen will, und diese Klasse:

- Membervariablen besitzt, die Zeiger oder Referenzen sind, bzw.
- konstante Membervariablen besitzt.

Der voreingestellte Zuweisungsoperator kann im zweiten Fall nicht aufgerufen werden, denn er führt Zuweisungen an alle Membervariablen durch, also auch an die konstanten. Den Versuch, konstante Membervariablen zu verändern, bemerkt

der Compiler und meldet einen Fehler. Eine einfache Möglichkeit, diese Fehlermeldungen zu beseitigen, ist das Überladen des Zuweisungsoperators, wobei man in diesem Fall nur die nicht-konstanten Membervariablen einander zuweist.
Für das Programm 18.10 liefert der C-Compiler z. B. die folgende Fehlermeldung:

```
constjahr.cpp:22: error: non-static const member 'const int CMonat::m_jahr',
                  can't use default assignment operator
```

Interessant an Programm 18.10 sind dabei die Zeilen 22 und 25. Während der Compiler für die Zeile 22 einen Fehler meldet, meldet er keinen für die Zeile 25. Der Grund hierfür ist, dass in Zeile 22 der Zuweisungsoperator aufgerufen wird, während in Zeile 25 der Konstruktor aufgerufen wird. Die Zeile 25 ist nämlich nur eine andere Schreibweise für:

```
25      CMonat urlaub(juli); // identisch zu:  CMonat urlaub = juli;
```

Programm 18.10 – `constjahr.cpp`:
Fehlerhaft: kein überladener Zuweisungsoperator bei konstanten Membervariablen

```
 1 #include <iostream>
 2 using namespace std;
 3
 4 char *name[] = { "kein Monat",
 5       "Januar", "Februar", "Maerz",    "April",   "Mai",      "Juni",
 6       "Juli",   "August",  "September", "Oktober", "November", "Dezember" };
 8 class CMonat {
 9  public:
10     CMonat(int nr=0, int jahr=2005) : m_nr(nr), m_jahr(jahr) { }
11
12     void print(void) { cout << name[m_nr] << "/" << m_jahr << endl; }
13  private:
14     int       m_nr;
15     const int m_jahr;
16 };
17 int main(void) {
18    CMonat juli(7);
19    juli.print();
20
21    CMonat sommermonat;
22    sommermonat = juli;  //... Zuweisungsoperator
23    sommermonat.print();
24
25    CMonat urlaub = juli; //... Konstruktoraufruf (nicht Zuweisungsoperator)
26    urlaub.print();
27 }
```

Würde man in Programm 18.10 in Zeile 11 den Zuweisungsoperator überladen:

```
   CMonat& operator= (const CMonat& monat) { m_nr = monat.m_nr; return *this; }
```

so könnte dieses Programm fehlerfrei kompiliert werden, und es würde dann folgende Ausgabe liefern:

```
Juli/2005
Juli/2005
Juli/2005
```

18.8.2 Überladen des Indexoperators []

Der Indexoperator `[]` wird verwendet, um in Objekten, die mehrere Elemente enthalten (so genannte Container), ein einzelnes Objekt mittels eines Index auszuwählen. Daneben lassen sich durch Überladen dieses Operators Arrayindizierungen mit zusätzlicher Funktionalität versehen, wie z. B. Abprüfen von Indexgrenzen, automatische Allozierung usw.

Überladen des Indexoperators zum Überprüfen der Indexgrenzen

Programm 18.11 zeigt, wie man den Indexoperator überladen kann, um einen Zugriff auf unerlaubten Speicher bei Angabe eines ungültigen Index zu verhindern.

Programm 18.11 – `indexarray.cpp`:
Überladen des Indexoperators zum Überprüfen der Indexgrenzen

```
#include <iostream>
#include <cstring>
using namespace std;
//........................................................ Klasse CIntArray
class CIntArray
{
public:
   CIntArray(unsigned max=1) : m_max(max) { //.................... Konstruktor
      if (m_max < 1) {
         cerr << "CIntArray: Grösse muss >= 1 sein" << endl;
         exit(1);
      }
      m_array = new int[max];
   }
   ~CIntArray() { //.......................................... Destruktor
      delete m_array;
      m_max   = 0;
      m_array = 0;
   }
   CIntArray(const CIntArray& other) { copy(other); } //..... Kopierkonstruktor
   const CIntArray& operator=(const CIntArray& other) { //.. Zuweisungsoperator
      if (this != &other) {
         delete m_array;
         copy(other);
      }
      return *this;
   }
```

```
   int& operator[](unsigned index) { //........ Überladen des Indexoperators []
      pruefeIndex(index);
      return m_array[index];
   }
   int  getLen() const { return m_max; }

private:
   int      *m_array;
   unsigned  m_max;    // maximaler Index (Grösse des Arrays)

   void copy(const CIntArray& other) {
      m_max   = other.m_max;
      m_array = new int[m_max];
      memcpy(m_array, other.m_array, m_max*sizeof(int));
   }
   void pruefeIndex(unsigned index) const {
      if (index < 0 || index >= m_max) {
         cerr << "    ----> Ungültiger Index: " << index << endl;
         exit(1);
      }
   }
};
//..................................................................... main
int main(void) {
   CIntArray quad(7);
   int i;

   for (i=0; i < quad.getLen(); i++) // Array mit Quadratzahlen füllen
      quad[i] = i*i;
   for (i=0; i < quad.getLen(); i++)  // Ausgabe der Quadrat-Zahlen
      cout << i << " : " << quad[i] << endl;
   cout << "------------" << endl;
   for (i=0; i < quad.getLen(); i++) // Jede Quadratzahl im Array inkrementieren
      quad[i]++;
   for(i=0; i < quad.getLen(); i++)  // Ausgabe des veränderten Arrays
      cout << i << " : " << quad[i] << endl;
   quad[20] = 400; // Auf unerlaubten Index zugreifen (nur zum Testen)
}
```

Programm 18.11 liefert die folgende Ausgabe:

```
0 : 0
1 : 1
2 : 4
3 : 9
4 : 16
5 : 25
6 : 36
------------
```

```
0 : 1
1 : 2
2 : 5
3 : 10
4 : 17
5 : 26
6 : 37
    ----> Ungültiger Index: 20
```

18.8.3 Überladen des Funktionsoperators ()

Beim Überladen des Funktionsoperators gilt Folgendes:

- *Der Funktionsoperator `operator() (...)` gilt als binärer Operator,* wobei der linke Operand das Objekt selbst ist und der rechte die Parameterliste. Genaugenommen ist der Funktionsoperator also – abhängig von der Parameterzahl – ein Operator mit beliebiger Operandenzahl.
- *Man erhält Funktions-Objekte (auch Funktoren genannt).* Durch das Überladen des Funktionsoperators kann ein Objekt wie eine Funktion verwendet werden. Solche Funktions-Objekte werden eingesetzt:
  - anstelle von Zeigern auf Funktionen oder
  - um *inline*-Funktionen anzubieten, die nicht in Kombination mit Zeigern auf Funktionen verwendet werden können, oder
  - in Kombination mit generischen Algorithmen.

  Wegen der Memberfunktion `operator() (...)` lassen sich Funktions-Objekte wie normale Funktionen aufrufen, sind aber variabler, da sie über zusätzliche Datenkomponenten verfügen können.

Demonstrationsbeispiele zum Überladen des Funktionsoperators ()

Programm 18.12 – `funkoperat.cpp`:
Beispiel zum Überladen des Funktionsoperators

```
#include <iostream>
#include <iomanip>
using namespace std;
//------------------------------------------------------------ Klasse CMwst
class CMwst {
 public:
   CMwst(float w) { m_wert = w; }
   void operator ()(float& w, int op) const {
      switch(op) {
         case '*': w *= 1+m_wert;                 break;
         case '%': w = w / (1+m_wert) * m_wert; break;
      }
   }
 private:
   float m_wert;
};
```

```
//---------------------------------------------------- Klasse CFloatArray
class CFloatArray {
 public:
   CFloatArray(int max) : m_max(max) {
      m_array = new float[max];
      for (int i=0; i<max; i++)
         m_array[i] = 0;
   }
   float& operator [](int index) const {
      if (index < 0 || index >= m_max) {
         cerr << "   ----> Ungültiger Index: " << index << endl;
         exit(1);
      }
      return m_array[index];
   }
   void print(void) const {
      for (int i=0; i<m_max; i++)
         cout << "   " << i << ": "
              << setiosflags(ios::fixed)<< setprecision(2)<< m_array[i] << endl;
   }
 private:
   int   m_max;
   float *m_array;
};
//------------------------------------------------------------------- main
int main(void) {
   int i;
   CFloatArray preis(3);
   preis[0] = 9.90;
   preis[1] = 100;
   preis[2] = 1298.90;

   cout << "Netto-Preise:" << endl; preis.print();
   CMwst mwst(0.16);
   for (i=0; i<3; i++)
      mwst(preis[i], '*'); // Aufruf des überladenen Funktionsoperators
   cout << "Preise mit Mwst:" << endl; preis.print();

   for (i=0; i<3; i++)
      mwst(preis[i], '%'); // Aufruf des überladenen Funktionsoperators
   cout << "Mwst davon:" << endl; preis.print();
}
```

Programm 18.12 liefert die folgende Ausgabe:

```
Netto-Preise:
   0: 9.90
   1: 100.00
   2: 1298.90
```

```
Preise mit Mwst:
   0: 11.48
   1: 116.00
   2: 1506.72
Mwst davon:
   0: 1.58
   1: 16.00
   2: 207.82
```

Programm 18.13 zeigt, wie man den Funktionsoperator überladen kann, um sich aus einem String einen Teilstring als String-Objekt liefern zu lassen.

Programm 18.13 – `teilstring.cpp`:
Teilstring-Objekt durch Überladen des Funktionsoperators

```
#include <iostream>
#include <cstring>
using namespace std;
//---------------------------------------------------------------- Klasse CStr
class CStr {
 public:
   CStr() : m_str(0) { } //....................................Konstruktoren
   CStr(const char* str) : m_str(new char[strlen(str)+1]) { strcpy(m_str, str); }
   ~CStr()         { if (m_str) delete[] m_str;    } //.... Destruktor
   CStr(const CStr& str) { m_str = 0; *this = str; } //.... Kopierkonstruktor
   CStr& operator=(const CStr& str) { //.................. Zuweisungsoperator
      if (m_str)
         delete[] m_str;
      if (str.m_str && (m_str = new char[strlen(str.m_str)+1]))
         strcpy(m_str, str.m_str);
      else
         m_str = 0;
      return *this;
   }
   CStr operator() (int start=0, int anzahl=0) {
      char *strNeu;
      int len = strlen(m_str);
      if (start < 0 || start >= len)
         start = 0;
      if (anzahl <= 0 || start+anzahl >= len)
         anzahl = len-start;
      if ( (strNeu = new char[anzahl+1]) ) {
         strncpy(strNeu, &m_str[start], anzahl);
         strNeu[anzahl] = 0;
         CStr str(strNeu);
         delete[] strNeu;
         return str;
      } else
         return CStr(); // leeren String zurückgeben
   }
```

```
    void print(void) { cout << m_str << endl; }
  private:
    char *m_str;
};

//------------------------------------------------------------------------ main
int main(void) {
    CStr text("Donauschiffer"), fluss, beruf;

    text().print();  // Aufruf des überladenen Funktionsop. ohne Argumente

    fluss = text(0, 5); // Aufruf des überladenen Funktionsop. mit 2 Argumenten
    fluss.print();

    beruf = text(5);    // Aufruf des überladenen Funktionsop. mit 1 Argument
    beruf.print();

    text(2, 4).print(); // Aufruf des überladenen Funktionsop. mit 2 Argumenten
}
```

Programm 18.13 liefert die folgende Ausgabe:

```
Donauschiffer
Donau
schiffer
naus
```

18.8.4 Überladen des Pfeiloperators ->

Der Pfeiloperator -> fällt etwas aus dem Rahmen. Er ist ein unärer Operator, auch wenn dies auf den ersten Blick nicht offensichtlich ist.
Der Ausdruck (überladene Operator ->)

```
obj.operator->()
```

muss Folgendes zurückgeben:

- **(Referenz auf) Memberobjekt von `obj` mit eigenem Operator ->**
  Auf das gelieferte Memberobjekt muss hier in jedem Fall der eigene überladene Operator -> anwendbar sein, was an folgendem Ausdruck verdeutlicht werden soll:

  ```
  obj->name
  ```

  Dieser Ausdruck wird intern, wenn `obj` selbst kein Zeiger ist, wie folgt interpretiert:

  ```
  (obj.operator->()).operator->().name

  //... Aufgelöst entspricht dies folgenden Aufrufen:
  (obj.operator->())            // 1. liefert memberObj von obj
  memberObj.operator->().name // 2. liefert name von memberObj
  ```

In diesem Fall liefert der Gesamtausdruck die Komponente *name* des zurückgegebenen Memberobjekts. Es wird hier also die Funktion **operator->()** entsprechend oft aufgerufen.

- **Zeiger auf Memberobjekt von *obj* ohne eigenen Operator ->**
  In diesem Fall muss die Adresse eines Memberobjekts von *obj* zurückgegeben werden, so dass der Standardoperator -> hierauf angewendet werden kann.

Programm 18.14 – pfeilover.cpp:
Demonstrationsprogramm zum Überladen des Pfeiloperators ->

```
#include <iostream>
using namespace std;
//........................................... Rückgabe eines Zeigers bei ->
class A {
  public:
     void print(void) { cout << "wert = " << wert << endl; }

     int  wert; // zur Demonstration public
};
class Zgr {
  public:
     Zgr() : a(new A) { }
     A *operator->() const { // liefert Adresse von a für Standardop. ->
        cout << "A->";
        return a;
     }
  private:
     A *a;
};
//.... Rückgabe eines Memberobjekts (hier Ref.) mit eigenem operator->() bei ->
class B {
  public:
     B() : a(new A) { }
     A *operator->() const { // hier Zeiger auf A zurückgeben
        cout << "B->";
        return a;
     }
  private:
     A *a;
};
class Ref {
  public:
     B& operator->() { // hier Referenz auf B zurückgeben
        cout << "Ref->";
        return b;
     }
  private:
     B b;
};
```

```
int main(void) {
    Zgr z;
    z->wert = 10;   cout << endl; // Zugr. mit ->, obwohl z kein expliz. Zeiger ist
    z->print();

    Ref r;
    r->wert = 20;   cout << endl; // Zugr. mit ->, obwohl r kein expliz. Zeiger ist
    r->print();
}
```

Programm 18.14 liefert die folgende Ausgabe:

```
A->
A->wert = 10
Ref->B->
Ref->B->wert = 20
```

Der Pfeiloperator -> wird überladen, um folgende Zeiger zu realisieren:

- **Smart-Pointer**
  Wie in Programm 18.14 gezeigt, erlaubt das Überladen des Pfeiloperators -> es, normale Objekte unter Verwendung der Zeigersemantik anzusprechen, und wird häufig zur Realisierung so genannter *Smart-Pointer* („Intelligente Zeiger") verwendet, die in Kapitel B.17 auf Seite 1144 vorgestellt werden.
- **Referenz-Pointer**
  Häufigen Einsatz finden Smart-Pointer, um so genannte *Referenz-Pointer* einzuführen. Bei Referenz-Pointern zählt man mit, wie viele Zeiger im Moment auf ein Objekt zeigen. Erst wenn der letzte Referenz-Pointer, der auf das Objekt zeigt, zerstört wird, wird bei dieser Technik auch das Objekt selbst entfernt. *Referenz-Pointer* werden ebenfalls in Kapitel B.17 auf Seite 1146 vorgestellt.

18.9 Vorsicht beim Überladen von Operatoren

Überladen von Operatoren scheint verlockend, da man insbesondere bei kleinen Beispielen hübsche Effekte erzielen kann. Man sollte es jedoch überlegt einsetzen:

- **Programme können für andere unverständlich werden**
  So ist es z. B. wenig ratsam, den Operator ! so zu überladen, dass er zur Ausgabe von Warnungen verwendet werden kann:

  ```
  if (!zgr)
      !"Speicherplatzmangel";
  ```

- **Vorgegebene Priorität der Operatoren beim Überladen beachten**
  Man sollte grundsätzlich beim Überladen von Operatoren niemals falsche Prioritäten vortäuschen. So ist es z. B. wenig ratsam, den bitweisen XOR-Operator ^ so zu überladen, dass er Funktionalität des Potenzoperators erhält, denn der Nutzer dieser Klasse nimmt implizit an, dass dieser Potenzoperator ^ höhere Priorität besitzt als z. B. Addition, Subtraktion, Multiplikation oder Division. Dies trifft allerdings nicht zu, da auch ein überladener Operator weiterhin die

für ihn festgelegte Priorität behält, und die ist nun mal beim bitweisen XOR-Operator ^ niedriger als die der arithmetischen Operatoren. Der Nutzer der Klasse könnte dann z. B. Ausdrücke wie den folgenden angeben:

```
x = a ^ b + c  // falsch; entspricht: x = a ^ (b + c)
```

Eine solche Vortäuschung von anderen Prioritäten als die vorgegebenen, macht eine Klammerung notwendig, was sehr fehleranfällig ist. Richtig wäre nämlich der folgende Ausdruck:

```
x = (a ^ b) + c  // richtig
```

Es gilt grundsätzlich Folgendes:
Überlädt man Operatoren für eine Klasse, so sollte dies vollständig und konsistent erfolgen.

18.10 Weiteres zum Überladen von Operatoren

Im Anhang finden sich weitere Punkte zum Überladen von Operatoren:

- Überblick zu den überladbaren binären Operatoren (Kapitel A.20; Seite 1022)
- Überblick zu den überladbaren unären Operatoren (Kapitel A.21; Seite 1028)
- (Named) return value optimization (Kapitel A.22; Seite 1030)
- Überladen der Cast-Operatoren (Kapitel A.23; Seite 1031)
- Mehrdeutigkeiten bei überladenen Cast-Operatoren (Kapitel A.24; Seite 1039)
- Implizite Typkonvertierung und Cast-Operatoren (Kapitel A.25; Seite 1046)
- Überladen der Operatoren new und delete (Kapitel A.26; Seite 1052)
- Überladen von new[] und delete[] in einer Klasse (Kapitel A.27; Seite 1063)
- Überladen des Komma-Operators (Kapitel A.28; Seite 1067)
- Assoziative Arrays mit überladenen Indexoperator (Kapitel B.15; Seite 1138)
- Einfacherer Code mit Funktions-Objekten (Kapitel B.16; Seite 1143)
- Smart- und Referenz-Pointer (Kapitel B.17; Seite 1144)

18.11 Übungen

Ein Uhrzeit-Rechner

Geben Sie im folgenden Programm `uhrzeit.cpp` die fehlende Klasse `CUhrzeit` an. Die Klasse sollte Uhrzeiten addieren und subtrahieren können. Auch sollten Sie den Ausgabeoperator << überladen.

```
#include <iostream>
#include <iomanip>
using namespace std;

class CUhrzeit { ........ };
ostream &operator<<(ostream &os, const CUhrzeit &z) { ... }
```

```
int main(void) {
  CUhrzeit mittag(12, 0, 0); // Mittag, punkt 12 Uhr
  cout << "Mittag: " << mittag;

  CUhrzeit kurznachMittag = mittag;
  kurznachMittag += CUhrzeit(0, 15); // Nun ist es 15 Minuten später
  cout << "15 Minuten später: " << kurznachMittag;

  CUhrzeit ziemlichFrueh;
  ziemlichFrueh = mittag - CUhrzeit(3, 20, 53);
  cout << "3 Std, 20 Min, 53 Sek vor Mittag war es: " << ziemlichFrueh;
}
```

Startet man Programm `uhrzeit.cpp`, sollte es folgende Ausgabe liefern:

```
Mittag: 12:00:00
15 Minuten später: 12:15:00
3 Std, 20 Min, 53 Sek vor Mittag war es: 08:39:07
```

Bruchrechner mit überladenen Operatoren

Erstellen Sie eine Headerdatei `bruchop.h`, in der sich eine Klassendeklaration `CBruch` für einen Bruchrechner befindet, der folgende Operatoren anbietet:

```
   =   - (Vorzeichen)  + (Vorzeichen)   +  +=    -  -=    *  *=    /  /=
   ++   --  (Präfix- und Postfix-Variante)
   <  >  ==  !=  <=  >=   (Vergleichsoperatoren)
```

In der Datei `bruchop.cpp` sollten Sie dann die Implementierung dieser Klasse angeben. Testen Sie dann Ihr Programm mit dem Programm 18.15.

Programm 18.15 – `bruchopmain.cpp`:
main-Funktion zum Bruchrechner

```
#include <iostream>
#include <iomanip>
#include <cstring>
#include "bruchop.h"
using namespace std;

CBruch b1(1, 2), b2(3, 4), b3(2, 5), b4;

void printAll(const char *text, const char *comment="") {
   if (strlen(comment) > 0)
      cout << "+--------+-------+------+-------+"
              "-------------------- " << comment <<endl;
   cout << "| "
        << resetiosflags(ios::left) << setw(3) << b1.getZaehler() << "/"
        << setiosflags(ios::left)   << setw(3) << b1.getNenner()  << "|"
        << resetiosflags(ios::left) << setw(3) << b2.getZaehler() << "/"
        << setiosflags(ios::left)   << setw(3) << b2.getNenner()  << "|"
        << resetiosflags(ios::left) << setw(3) << b3.getZaehler() << "/"
```

```
        << setiosflags(ios::left)   << setw(3) << b3.getNenner()  << "|"
        << resetiosflags(ios::left) << setw(3) << b4.getZaehler() << "/"
        << setiosflags(ios::left)   << setw(3) << b4.getNenner()  << "| "
        << text << endl;
}
void printVergleich(char z1, char z2, char z3, char z4) {
    cout << "|    " << (z1==1 ? 'x' : ((z1 != 0) ? z1 : ' ')) << "    |    "
                    << (z2==1 ? 'x' : ((z2 != 0) ? z2 : ' ')) << "    |    "
                    << (z3==1 ? 'x' : ((z3 != 0) ? z3 : ' ')) << "    |    "
                    << (z4==1 ? 'x' : ((z4 != 0) ? z4 : ' ')) << "    |" << endl;
}
int main(void) {
    cout << "| " << " b1   | b2   | b3   | b4   |" << endl;
    printAll("Am Anfang");
    b4 = b1;                  printAll("b4 = b1", "Zuweisung");
    b4 = -b2;                 printAll("b4 = -b2", "Vorzeichen");
    b4 = - -b2;               printAll("b4 = - -b2");
    b4 = +-b2;                printAll("b4 = +-b2");
    b1 += b2;                 printAll("b1 += b2", "Addition");
    b1 += 5;                  printAll("b1 += 5");
    b1 = b2 + b3;             printAll("b1 = b2 + b3");
    b1 = b2 + 5;              printAll("b1 = b2 + 5");
    b1 = 6 + b2;              printAll("b1 = 6 + b2");
    b1 -= b2;                 printAll("b1 -= b2", "Subtraktion");
    b1 -= 3;                  printAll("b1 -= 3");
    b1 = b2 - b3;             printAll("b1 = b2 - b3");
    b1 = b2 - 2;              printAll("b1 = b2 - 2");
    b1 = 4 - b2;              printAll("b1 = 4 - b2");
    b1 *= b3;                 printAll("b1 *= b3", "Multiplikation");
    b1 *= 5;                  printAll("b1 *= 5");
    b1 = b2 * b3;             printAll("b1 = b2 * b3");
    b1 = b3 * 10;             printAll("b1 = b3 * 10");
    b1 = 8 * b2;              printAll("b1 = 8 * b2");
    b1 /= b3;                 printAll("b1 /= b3", "Division");
    b2 /= 3;                  printAll("b2 /= 3");
    b1 = b2 / b3;             printAll("b1 = b2 / b3");
    b1 = b3 / 4;              printAll("b1 = b3 / 4");
    b1 = 2 / b2;              printAll("b1 = 2 / b2");
    b4 += b1 + b2 * b3;       printAll("b4 += b1 + b2 * b3", "Komplexere Ausdrücke");
    b4 -= b1 + b2 * b3 - CBruch(7, 20);   printAll("b4 -= b1 + b2 * b3 - 7/20");
    b1 = ++b4 - b3;           printAll("b1 = ++b4 - b3", "Postfix-/Präfix");
    b1 = b4++ + ++b3;         printAll("b1 = b4++ + ++b3");
    b1 = b4-- - --b3;         printAll("b1 = b4-- - --b3");
    b4 = b3;  printAll(".............", "Vergleiche");
    printVergleich('>', b1>b2, b1>b3, b1>b4);
    printVergleich(b2>b1, '>', b2>b3, b2>b4);
    printVergleich(b2<b1, '<', b2<b3, b2<b4);
    printVergleich(b1<b4, b2<b4, b3<b4, '<');
    printVergleich(b1==b3, b2==b3, '=', b4==b3);
```

```
    printVergleich(b1==b2, '=', b3==b2, b4==b2);
    printVergleich(b1!=b2, '~', b3!=b2, b4!=b2);
    printVergleich(b1!=b4, b2!=b4, b3!=b4, '~');
    printVergleich(b1<=b4, b2<=b4, b3<=b4, 'k');
    printVergleich(b1>=b4, b2>=b4, b3>=b4, 'g');
}
```

Nachdem Sie Ihr Programm zusammen mit dem Programm 18.15 kompiliert und gelinkt haben, wie z. B.: **g++ -o bruchop bruchopmain.cpp bruchop.cpp** sollte es die folgende Ausgabe liefern:

```
|   b1   |  b2   |  b3   |  b4   |
|   1/2  |  3/4  |  2/5  |  0/1  | Am Anfang
+--------+-------+-------+-------+-------------------- Zuweisung
|   1/2  |  3/4  |  2/5  |  1/2  | b4 = b1
+--------+-------+-------+-------+-------------------- Vorzeichen
|   1/2  |  3/4  |  2/5  | -3/4  | b4 = -b2
|   1/2  |  3/4  |  2/5  |  3/4  | b4 = - -b2
|   1/2  |  3/4  |  2/5  | -3/4  | b4 = +-b2
+--------+-------+-------+-------+-------------------- Addition
|   5/4  |  3/4  |  2/5  | -3/4  | b1 += b2
|  25/4  |  3/4  |  2/5  | -3/4  | b1 += 5
|  23/20 |  3/4  |  2/5  | -3/4  | b1 = b2 + b3
|  23/4  |  3/4  |  2/5  | -3/4  | b1 = b2 + 5
|  27/4  |  3/4  |  2/5  | -3/4  | b1 = 6 + b2
+--------+-------+-------+-------+-------------------- Subtraktion
|   6/1  |  3/4  |  2/5  | -3/4  | b1 -= b2
|   3/1  |  3/4  |  2/5  | -3/4  | b1 -= 3
|   7/20 |  3/4  |  2/5  | -3/4  | b1 = b2 - b3
|  -5/4  |  3/4  |  2/5  | -3/4  | b1 = b2 - 2
|  13/4  |  3/4  |  2/5  | -3/4  | b1 = 4 - b2
+--------+-------+-------+-------+-------------------- Multiplikation
|  13/10 |  3/4  |  2/5  | -3/4  | b1 *= b3
|  13/2  |  3/4  |  2/5  | -3/4  | b1 *= 5
|   3/10 |  3/4  |  2/5  | -3/4  | b1 = b2 * b3
|   4/1  |  3/4  |  2/5  | -3/4  | b1 = b3 * 10
|   6/1  |  3/4  |  2/5  | -3/4  | b1 = 8 * b2
+--------+-------+-------+-------+-------------------- Division
|  15/1  |  3/4  |  2/5  | -3/4  | b1 /= b3
|  15/1  |  1/4  |  2/5  | -3/4  | b2 /= 3
|   5/8  |  1/4  |  2/5  | -3/4  | b1 = b2 / b3
|   1/10 |  1/4  |  2/5  | -3/4  | b1 = b3 / 4
|   8/1  |  1/4  |  2/5  | -3/4  | b1 = 2 / b2
+--------+-------+-------+-------+-------------------- Komplexere Ausdrücke
|   8/1  |  1/4  |  2/5  |147/20 | b4 += b1 + b2 * b3
|   8/1  |  1/4  |  2/5  | -2/5  | b4 -= b1 + b2 * b3 - 7/20
+--------+-------+-------+-------+-------------------- Postfix-/Präfix
|   1/5  |  1/4  |  2/5  |  3/5  | b1 = ++b4 - b3
|   2/1  |  1/4  |  7/5  |  8/5  | b1 = b4++ + ++b3
|   6/5  |  1/4  |  2/5  |  3/5  | b1 = b4-- - --b3
```

```
+--------+-------+-------+-------+-------------------- Vergleiche
|   6/5  |  1/4  |  2/5  |  2/5  | ..............
|    >   |   x   |   x   |   x   |
|        |   >   |       |       |
|    x   |   <   |   x   |   x   |
|        |   x   |       |   <   |
|        |       |   =   |   x   |
|        |   =   |       |       |
|    x   |   ~   |   x   |   x   |
|    x   |   x   |       |   ~   |
|        |   x   |   x   |   k   |
|    x   |       |   x   |   g   |
```

Arrayrechner mit überladenen Operatoren

Erstellen Sie eine Headerdatei `arrayop.h` mit einer Klasse `CArray` für einen Arrayrechner mit `double`-Zahlen, der folgende Operatoren anbietet:

```
=   [] (Indexoperator)   - (Vorzeichen)      + (Vorzeichen)
+  +=    -  -=    *  *=    /  /=
==  !=  (Vergleichsoperatoren)
>>  <<  (Ein-/Ausgabeoperatoren)
```

Testen Sie dann Ihr Programm mit dem Programm 18.16.

Programm 18.16 – `arrayop.cpp`:
main-Funktion zum Arrayrechner

```
#include <cstdlib>
#include "arrayop.h"
using namespace std;
int main(void) {
  CArray zufall(7), mwst(zufall), mitMwst(mwst.getLen());
   for (unsigned i=0; i < zufall.getLen(); i++) {
      zufall[i] = double(rand()%1000) / (rand()%100);
      mwst[i] = 0.14;
   }
   cout << "zufall:  " << zufall;
   cout << "mwst:    " << mwst;
   mitMwst = zufall + zufall * mwst;
   cout << "mitMwst: "<< mitMwst;
  CArray neuMwst(mwst);
   neuMwst = 0.06 + mwst;
   cout << "neuMwst: " << neuMwst;
   if (mitMwst != zufall)
      cout << "   mitMwst == zufall: false" << endl;
   if (mitMwst == (zufall + zufall * mwst))
      cout << "   mitMwst == (zufall + zufall * mwst): true" << endl;
   cout << "(2*zufall + -zufall) - zufall / 0.14 + zufall / mwst: " << endl;
   cout << "          " << ((2*zufall + -zufall) - zufall / 0.14 + zufall / mwst);
}
```

Programm 18.16 sollte folgende Ausgabe liefern:

```
zufall:   4.45, 51.80, 22.66,  4.20, 30.90, 13.41, 11.69,
mwst:     0.14,  0.14,  0.14,  0.14,  0.14,  0.14,  0.14,
mitMwst:  5.08, 59.05, 25.83,  4.78, 35.23, 15.28, 13.33,
neuMwst:  0.20,  0.20,  0.20,  0.20,  0.20,  0.20,  0.20,
   mitMwst == zufall: false
   mitMwst == (zufall + zufall * mwst): true
(2*zufall + -zufall) - zufall / 0.14 + zufall / mwst:
          4.45, 51.80, 22.66,  4.20, 30.90, 13.41, 11.69,
```

Rechner für Dezimal- und Dualzahlen

Ergänzen Sie das folgende Programm `dualrech.cpp` um die Klasse `CDual`, so dass es ein gleichzeitiges – also auch gemischtes – Rechnen mit Dezimal- und Dualzahlen ermöglicht.

```
#include <cstdlib>
#include <cstring>
#include <iomanip>
#include <iostream>
using namespace std;
const unsigned n = sizeof(long)*8;
class CDual {
   ......... // hier fehlenden Code einfügen
};
int main(void) {
   CDual zehn = 10, einundzwanzig = 21, zwoelf = "1100", tausend,
         million20 = (long)1e6, neunzig;
   long twentyone, thirtyone, hundert = 100, million52 = (long)1e6;
   cout << setw(20) << "hundert: "        << CDual(hundert)
        << setw(20) << "einundzwanzig: " << einundzwanzig
        << setw(20) << "zwoelf: "        << zwoelf;
   zwoelf += hundert;
   cout << setw(20) << "zwoelf += hundert: " << zwoelf;
   cout << setw(20) << "tausend: " << (tausend = zehn + long(990));
   million20 = million20 + "10100";
   cout << setw(20) << "million20: " << million20;
   twentyone = (long)einundzwanzig; //... long-Cast von CDual
   cout << setw(20) << "twentyone: " << twentyone << endl;
   thirtyone = long(zehn + einundzwanzig); //... long-Cast von CDual
   cout << setw(20) << "thirtyone: " << thirtyone << endl;
   million52 = (long)million52 + twentyone + thirtyone; // long-Cast für million52
   cout << setw(20) << "million52: " << CDual(million52);
   neunzig = (long)twentyone + (long)thirtyone + 38; // long-Casts
   cout << setw(20) << "neunzig: " << neunzig;
}
```

Nachdem Sie das Programm `dualrech.cpp` um die Klasse `CDual` ergänzt haben, sollte es die folgende Ausgabe liefern:

```
         hundert: 00000000000000000000000001100100 (100)
   einundzwanzig: 00000000000000000000000000010101 (21)
          zwoelf: 00000000000000000000000000001100 (12)
zwoelf += hundert: 00000000000000000000000001110000 (112)
         tausend: 00000000000000000000001111101000 (1000)
       million20: 00000000000011110100001001010100 (1000020)
       twentyone: 21
       thirtyone: 31
       million52: 00000000000011110100001001110100 (1000052)
         neunzig: 00000000000000000000000001011010 (90)
```

Implizites Casting

Programm 18.17 – `castueb.cpp`:
Was gibt dieses Programm aus?

```
#include <cstring>
#include <iostream>
using namespace std;
//------------------------------------------------------------- Klasse CStr
class CStr {
     friend ostream &operator<<(ostream& os, const CStr& s) {
        return os << ((s.m_gesetzt) ? s.m_str : "....Leerer String")
                  << " (" << s.m_len << ")" << endl;
     }
  public:
     //............................................... Konstruktoren
     CStr()        : m_len(0), m_str(0)              , m_gesetzt(false) { }
     CStr(int n)   : m_len(n), m_str(new char[n+1]), m_gesetzt(false) { }
     CStr(const char *s)
           : m_len(strlen(s)), m_str(new char[m_len+1]), m_gesetzt(true) {
        strcpy(m_str, s);
     }
     CStr(const CStr& s) : m_len(0), m_str(0), m_gesetzt(false) {
        *this = s;
     }
     //.......................................... Zuweisungsoperator
     CStr& operator= (const CStr& s) {
        if (m_str)
           delete[] m_str;
        m_str = 0;
        m_len = 0;
        m_gesetzt = false;
        if ( (s.m_str) && (m_str = new char[strlen(s.m_str)+1]) ) {
           strcpy(m_str, s.m_str);
           m_len = strlen(m_str);
           m_gesetzt = true;
        }
        return *this;
     }
```

```
   private:
      int   m_len;
      char *m_str;
      bool  m_gesetzt;
};
//---------------------------------------------------------------------- main
int main(void) {
   CStr s1 = 'x',
        s2 = CStr("Hans"),
        s3("Emilia"),
        s4("Michaela");
   cout << s1 << s2 << s3 << s4;
}
```

Sollte es Unerwartetes ausgeben, lokalisieren Sie den Fehler und beheben Sie ihn.

Realisierung von Mengenoperationen über ein Array

Erstellen Sie eine Headerdatei `mengenarray.h`, in der sich eine Klassendeklaration `CMenge` befindet, die Mengenoperationen zur Verfügung stellt. Die Elemente einer Menge sollen dabei `int`-Zahlen sein.
Folgende Mengenoperationen soll die Klasse `CMenge` anbieten:

- Zuweisung einer ganzen Menge bzw. eines Elements (Operator =)
- Vereinigung zweier Mengen bzw. einer Menge mit einem Element (Operatoren +=, +)
- Durchschnitt zweier Mengen bzw. einer Menge und einem Element (Operatoren /=, /)
- Restmenge aus zwei Mengen bzw. aus einer Menge und einem Element (Operatoren -=, -)
- Prüfung, ob eine Menge Teilmenge einer anderen bzw. ein Element in einer Menge enthalten ist (Operator <=)
- Prüfung, ob eine Menge bzw. ein Element eine echte Teilmenge einer anderen sind (Operator <)
- Prüfung, ob zwei Mengen gleich bzw. ungleich sind, wobei auch ein Element bei dieser Prüfung zugelassen ist (Operatoren ==, !=)

In der Datei `mengenarray.cpp` sollten Sie dann die Implementierung dieser Klasse angeben. Testen Sie dann Ihr Programm mit dem Programm 18.18.

Programm 18.18 – `mengenarraymain.cpp`: main-Funktion zum Array mit Mengenoperationen

```
#include  <iostream>
#include  "mengenarray.h"
using namespace std;
ostream &operator<<(ostream &os, const CMenge &m) {
   for (int i=0; i<m.getMax(); i++)
      os << m.getElement(i) << ", ";
   return os << endl;
}
```

```
int main(void) {
   CMenge  eins, zwei, drei, vier, fuenf;
   int  i;

   for (i=0; i<8; i++)
      eins = eins + (i+i);
   cout << "eins: " << eins;

   zwei += 5;
   zwei += 9;                    cout << "zwei: " << zwei;
   drei = eins + zwei;           cout << "drei = eins + zwei: " << drei;
   vier = drei - eins + zwei;    cout << "vier = drei - eins + zwei: " << vier;
   fuenf = eins / drei;          cout << "fuenf = eins / drei: " << fuenf;
   vier -= zwei;                 cout << "vier -= zwei: " << vier;

   if (eins < drei)
      cout << "eins ist echte Teilmenge von drei" << endl;
   if (fuenf <= eins) {
      cout << "fuenf ist Teilmenge von eins, ";
      if (fuenf < eins)
         cout << "und zwar eine echte" << endl;
      else
         cout << "aber keine echte" << endl;
   }
   if (fuenf == eins)
      cout << "Die Mengen fuenf und eins sind gleich" << endl;
   if (drei != eins)
      cout << "Die Mengen drei und eins sind nicht gleich" << endl;
   if (9 <= drei)
      cout << "9 ist in drei enthalten" << endl;
   if (drei - vier == fuenf)
      cout << "drei - vier == fuenf" << endl;
   if (zwei / drei == vier)
      cout << "Durchschnitt von zwei und drei == vier" << endl;
}
```

Nachdem Sie Ihr Programm zusammen mit dem Programm 18.18 kompiliert und gelinkt haben, wie z. B.:

g++ -o mengenarray mengenarraymain.cpp mengenarray.cpp

sollte es die folgende Ausgabe liefern:

```
eins: 0, 2, 4, 6, 8, 10, 12, 14,
zwei: 5, 9,
drei = eins + zwei: 0, 2, 4, 5, 6, 8, 9, 10, 12, 14,
vier = drei - eins + zwei: 5, 5, 9, 9,
fuenf = eins / drei: 0, 2, 4, 6, 8, 10, 12, 14,
vier -= zwei: 5, 9,
eins ist echte Teilmenge von drei
fuenf ist Teilmenge von eins, aber keine echte
```

```
Die Mengen fuenf und eins sind gleich
Die Mengen drei und eins sind nicht gleich
9 ist in drei enthalten
drei - vier == fuenf
Durchschnitt von zwei und drei == vier
```

Matrizen durch Überladen des Funktionsoperators

Erstellen Sie eine Headerdatei `matrixfunk.h`, in der sich eine Klassendeklaration `CMatrix` befindet, die den Funktionsoperator `()` so überlädt, dass auf Matrix-Elemente mit `matrix(i,j)` statt `matrix[i][j]` zugegriffen werden kann. Auch soll bei diesem Zugriff über den Funktionsoperator die Zählung bei 1 und nicht wie beim Array-Zugriff bei 0 beginnen. Zudem sollten Sie in der Klasse `CMatrix` die Operatoren `+=`, `-=`, `+` und `-` so überladen, dass auch ganze Matrizen addiert bzw. subtrahiert werden können.
In der Datei `matrixfunk.cpp` sollten Sie dann die Implementierung der Klasse `CMatrix` angeben. Testen Sie dann Ihr Programm mit dem Programm 18.19.

Programm 18.19 – `matrixfunkmain.cpp`: main-Funktion zur Klasse CMatrix

```
#include <iostream>
#include "matrixfunk.h"
using namespace std;
//............................................................ main()
int main(void) {
   CMatrix m1(4,6);
   for (int i=1; i<=4; i++)
      for (int j=1; j<=6; j++)
         m1(i,j) = i*j;
   CMatrix m2(4,6);
   for (int i=1; i<=4; i++)
      for (int j=1; j<=6; j++)
         m2(i,j) = i+j;
   cout << m1 << "+" << endl;
   cout << m2 << "=" << endl;
   CMatrix m3(4,6);
   m3 = m1 + m2;
   m3(2,3) = 999;
   cout << m3;
   cout << "------------------------------------------" << endl;
   cout << m1 << "-" << endl;
   cout << m2 << "=" << endl;
   m1 -= m2;
   cout << m1;
}
```

Nachdem Sie Ihr Programm zusammen mit dem Programm 18.18 kompiliert und gelinkt haben, wie z. B.:
g++ -o matrixfunk matrixfunkmain.cpp matrixfunk.cpp
sollte es die folgende Ausgabe liefern:

```
  1.00   2.00   3.00   4.00   5.00   6.00
  2.00   4.00   6.00   8.00  10.00  12.00
  3.00   6.00   9.00  12.00  15.00  18.00
  4.00   8.00  12.00  16.00  20.00  24.00
+
  2.00   3.00   4.00   5.00   6.00   7.00
  3.00   4.00   5.00   6.00   7.00   8.00
  4.00   5.00   6.00   7.00   8.00   9.00
  5.00   6.00   7.00   8.00   9.00  10.00
=
  3.00   5.00   7.00   9.00  11.00  13.00
  5.00   8.00 999.00  14.00  17.00  20.00
  7.00  11.00  15.00  19.00  23.00  27.00
  9.00  14.00  19.00  24.00  29.00  34.00
----------------------------------------
  1.00   2.00   3.00   4.00   5.00   6.00
  2.00   4.00   6.00   8.00  10.00  12.00
  3.00   6.00   9.00  12.00  15.00  18.00
  4.00   8.00  12.00  16.00  20.00  24.00
-
  2.00   3.00   4.00   5.00   6.00   7.00
  3.00   4.00   5.00   6.00   7.00   8.00
  4.00   5.00   6.00   7.00   8.00   9.00
  5.00   6.00   7.00   8.00   9.00  10.00
=
 -1.00  -1.00  -1.00  -1.00  -1.00  -1.00
 -1.00   0.00   1.00   2.00   3.00   4.00
 -1.00   1.00   3.00   5.00   7.00   9.00
 -1.00   2.00   5.00   8.00  11.00  14.00
```

Array mit negativen und nicht ganzzahligen Indizes

Geben Sie im nachfolgenden Programm `negativindex.cpp` die fehlende Klasse `CArray` an, indem Sie dort den Indexoperator `[]` so überladen, dass auch negative und nicht ganzzahlige Indizes bei der Indizierung von `CArray`-Objekten möglich sind.

```
#include <iostream>
#include <iomanip>
#include <cmath>
using namespace std;
const double PI = 4*::atan(1); // PI mittels Aufruf der math-Funktion atan
class CArray { .... }
int main(void) {
   double x;
   CArray cosArray(0.2);
   for (x=-PI; x<=PI; x+=0.2)
      cosArray[x] = cos(x);
   cout << cosArray;
```

```
   CArray mathfunkArray(0.1);
   cout << "----------------------------------------------------------" << endl;
   for (x=-PI; x<=PI; x+=0.1)
      mathfunkArray[x] = ::cos(x) * ::cos(x) * ::sin(x);
   cout << mathfunkArray;
   cout << "----------------------------------------------------------" << endl;
   for (x=-PI; x<=PI; x+=0.1)
      mathfunkArray[x] = ::cos(x) * ::cos(x) * ::sin(x) * ::exp(::cos(x)*::sin(x));
   cout << mathfunkArray;
}
```

Nachdem Sie Ihr Programm `negativindex.cpp` kompiliert und gelinkt haben, wie z. B.: **g++ -o negativindex negativindex.cpp**
sollte es z. B. die folgende Ausgabe liefern:

```
*
*
*
    *
       *
            *
                 *
                       *
                             *
                                   *
                                        *
                                             *
                                                  *
                                                      *
                                                         *
                                                          *
                                                          *
                                                         *
                                                       *
                                                    *
                                                *
                                           *
                                     *
                               *
                         *
                    *
              *
         *
     *
  *
 *
 *
-------------------------------------------------------------
                            *
                     *
              *
        *
   *
 *
 *
 *
  *
     *
          *
               *
                   *
                       *
                           *
                            *
                            *
                           *
                         *
                     *
                 *
            *
       *
   *
 *
 *
 *
  *
     *
           *
```

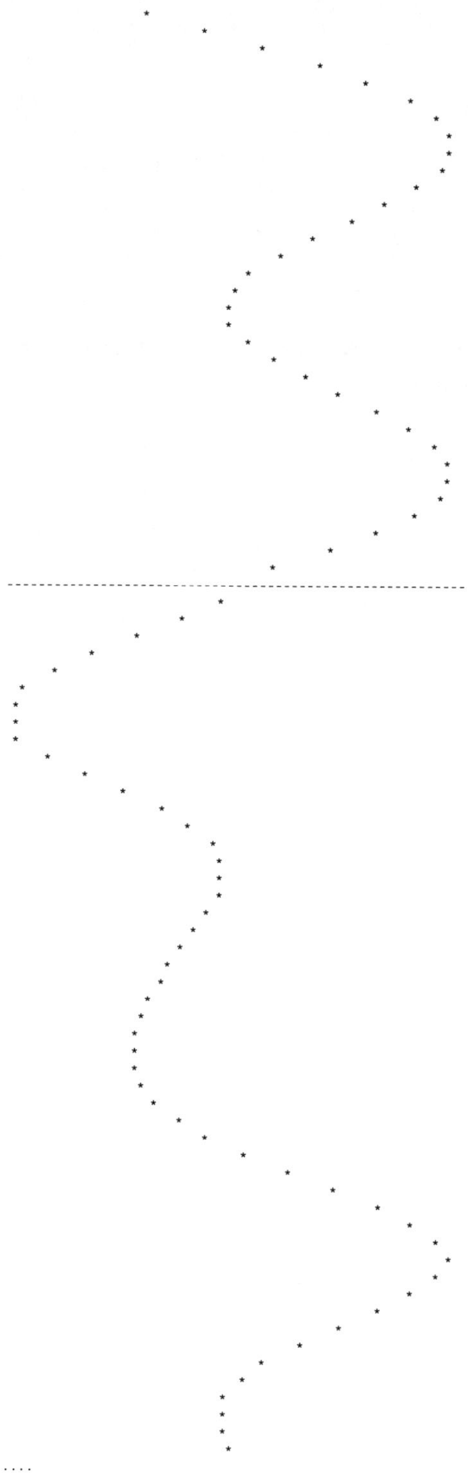

Rechner für sehr große Zahlen

Erstellen Sie eine Headerdatei `rechgross.h`, in der sich eine Klassendeklaration `CZahl` für einen Rechner befindet, der grundlegende Rechenoperationen für ganze Zahlen mit Tausenden von Stellen durchführen kann, wobei er der Einfachheit halber nicht für negative Zahlen ausgelegt werden muss. Der Rechner soll folgende Operatoren anbieten:

```
+  +=   -  -=   *  *=
++   --                 (Präfix- und Postfix-Variante)
<  >  ==  !=  <=  >=    (Vergleichsoperatoren)
```

In der Datei `rechgross.cpp` sollten Sie dann die Implementierung dieser Klasse angeben. Testen Sie dann Ihr Programm mit dem Programm 18.20.

Programm 18.20 – `rechgrossmain.cpp`: main-Funktion zum „Groß-Zahlen-Rechner"

```
#include <iostream>
#include "rechgross.h"
using namespace std;

ostream &operator<<(ostream &os, const CZahl &z) {
   const char *zahl = z.getZahl(); // Zahlen rückwärts gespeichert, um Rechnen
   for (int i=z.getStellen()-1, j=0; i>=0; i--) // zu erleichtern
      os << int(zahl[i]) << ((j=++j%70) ? "" : "\\\n");
   os << endl;
   return os;
}
int main(void)
{
   CZahl a("12"),
         b("352"),
         c, d;

   cout << "a = " << a;
   cout << "b = " << b << "--------------------\n";

   a += b;
   cout << "a += b;\na = " << a << "--------------------\n";

   b -= "12";
   cout << "b -= 12;\n" << "b = " << b << "--------------------\n";

   cout << "a = " << a;
   a *= "61263762733250949";
   cout << "a *= 61263762733250949\n" << "a = " << a << "--------------------\n";

   cout << "a = " << a;
   c = a * "827327191620020029716"; cout << "c = a * 827327191620020029716\n";
   cout << "c = " << c;  cout << "--------------------\n";
```

```
    if ( (d = a * "8474747747") > c )
       cout << "d = " << d << " ist grösser als \nc = " << c;
    else
       cout << "d = " << d << " ist kleiner als \nc = " << c;
    cout << "--------------------\n";

    cout << "d = " << d << "c = " << c;
    c *= d *= c * c * c;
    cout << "c *= d *= c * c * c\n" << "d = \n" << d << "c = \n" << c;
}
```

Nachdem Sie Ihr Programm zusammen mit dem Programm 18.20 kompiliert und gelinkt haben, wie z. B.:

```
g++ -o rechgross  rechgrossmain.cpp rechgross.cpp
```

sollte es die folgende Ausgabe liefern:

```
a = 12
b = 352
--------------------
a += b;
a = 364
--------------------
b -= 12;
b = 340
--------------------
a = 364
a *= 61263762733250949
a = 22300009634903345436
--------------------
a = 22300009634903345436
c = a * 8273271916200200297l6
c = 18449404344343972972568408824016532976176
--------------------
d = 188986956411475419296503732692
 ist kleiner als
c = 18449404344343972972568408824016532976176
--------------------
d = 188986956411475419296503732692
c = 18449404344343972972568408824016532976176
c *= d *= c * c * c
d =
1186803663540090723114278497324595795439940491248930690681823386495755\
9941008661061554141847478770487653123472292047827031113331908304832081\
51732436992
c =
2189582066599989258918163363887677355826780325282458386958124514943705\
6362489246664632020938358044894044174748501213379708214784284588745036\
015969415397876222965812868832217458781915157102592
```

Kapitel 19

Templates

Es gibt in der Softwareentwicklung Anwendungsfälle, in denen man bestimmte Algorithmen oder Strukturen benötigt, die für unterschiedliche Daten verwendet werden können. Trotz der Tatsache, dass sich der Code für die verschiedenen Daten nicht unterscheidet, muss er im Normalfall mehrmals implementiert werden, wie z. B.:

- *Stack-Strukturen* (siehe auch Seite 184): Ein Stack kann in verschiedenen Anwendungen gebraucht werden. Hierbei können die unterschiedlichsten Daten abgelegt werden. Einmal sind es Personendaten, in einem anderen Fall Umsatzzahlen oder Bilder von Karten für ein Kartenspiel. Der Algorithmus zur Verwaltung der Daten im Stack ist jedoch in jedem Fall der Gleiche.
- *Organisation von Daten in Listen*: Bei einer Listenverwaltung ist es meist nicht von Interesse, welche Art von Daten verwaltet wird. Das Einhängen von Elementen, das Suchen bestimmter Daten, das Löschen von Datensätzen ist unabhängig vom Typ der Daten.
- *Sortier-Algorithmen*: Auch hier ist es meist unwichtig, welche Art von Daten sortiert werden.

Um solchen Anwendungsfällen gerecht zu werden, gibt es in C++ die Möglichkeit, mit so genannten *Templates* zu arbeiten. *Templates* sind Vorlagen, die bestimmte Mechanismen oder Algorithmen bereitstellen, ohne zu wissen, mit welcher Art von Daten sie arbeiten. Dies wird erst später durch den Benutzer der Templates festgelegt.

Templates bringen folgende Vorteile mit sich:

- Es wird Code reduziert, was sich positiv auf die Fehleranfälligkeit auswirkt.
- Die Implementierung wird abstrakter, woraus eine bessere Wiederverwendung des Codes resultiert; siehe auch Kapitel 26 auf Seite 571.

Templates lassen sich auf Funktionen und Klassen anwenden.

19.1 Funktionstemplates

Hier soll zunächst eine Funktion entwickelt werden, die die Werte in einem Array addiert und die entsprechende Summe als Rückgabewert liefert:

```
int summeArray(int array[], unsigned n) {
    int summe = 0;
    for (unsigned i=0; i < n; i++)
        summe += array[i];
    return summe;
}
```

Diese Funktion wird sicherlich eine falsche Summe liefern, wenn man sie mit einem `array`-Parameter aufruft, bei dem dieses Array `double`-Werte enthält. Also müsste man hier eine weitere überladene Funktion für `double`-Werte angeben:

```
double summeArray(double array[], unsigned n) {
    double summe = 0;
    for (unsigned i=0; i < n; i++)
        summe += array[i];
    return summe;
}
```

Nun benötigt man z. B. eine weitere Funktion, der man ein Array mit Brüchen (vom Typ `CBruch`) übergibt:

```
CBruch summeArray(CBruch array[], unsigned n) {
    CBruch summe = 0;
    for (unsigned i=0; i < n; i++)
        summe += array[i];
    return summe;
}
```

Hier ist bereits erkennbar, dass man ständig die Funktion duplizieren muss, und nur die entsprechenden Typen ändern muss. Besser wäre hier eine Schablone, die man beim Aufruf entsprechend mit den jeweiligen Typen konfiguriert. Dies ist mit den nachfolgend vorgestellten Funktionstemplates möglich.

19.1.1 Definition von Funktionstemplates

Um ein Funktionstemplate zu definieren, muss der eigentlichen Funktionsdefinition das Schlüsselwort `template`, gefolgt von `<typename` *`Platzhalter`*`>` vorangestellt werden. Der *`Platzhalter`* ist hierbei der Name, der überall in der Funktion für den Typ eingesetzt wird, der variabel sein soll:

- Soll der Rückgabetyp variabel sein, muss hierfür der zuvor spezifizierte *`Platzhalter`* angegeben werden.
- Ebenso muss für alle variablen Parametertypen und nicht festgelegten lokalen Variablentypen der zuvor spezifizierte *`Platzhalter`* angegeben werden.

Allgemein gilt somit folgende Syntax für die Definition von Funktionstemplates:

```
template <typename T>
T function (T var1, T var2) { .... }
```

Statt des Schlüsselworts `typename` kann auch das Schlüsselwort `class` angegeben werden, was aber heute als veraltet gilt, da es sich hier um einen Typ- und nicht um einen Klassennamen handelt:

```
template <class T> // class möglich, aber heute veraltet
T function (T var1, T var2) { .... }
```

Das Funktionstemplate zu unserer Funktion `summeArray()` von vorher hätte somit z. B. folgendes Aussehen:

```
template <typename T>
T summeArray(T array[], unsigned n) {
   T summe = 0;
   for (unsigned i=0; i < n; i++)
      summe += array[i];
   return summe;
}
```

Der Name `T` für den Platzhalter (im Falle nur eines variablen Typs) hat sich eingebürgert, aber ist nicht zwingend vorgeschrieben. Man hätte z. B. auch Folgendes angeben können:

```
template <typename eins>
eins summeArray(eins array[], unsigned n) {
   eins summe = 0;
   for (unsigned i=0; i < n; i++)
      summe += array[i];
   return summe;
}
```

Üblicherweise definiert man Funktionstemplates in einer Headerdatei, da der Compiler zum Übersetzungszeitpunkt beim Aufruf des entsprechenden Funktionstemplates den zugehörigen Code an der entsprechenden Stelle einsetzen muss. Der Vollständigkeit halber sei erwähnt, dass man Funktionstemplates auch nur deklarieren kann, wobei sich dann die zugehörige Definition an einer anderen Stelle befinden muss, wie es z. B. in Programm 19.1 gezeigt ist.

Programm 19.1 – `functempldekl.cpp`:
Deklaration von Funktionstemplates

```
#include <iostream>
using namespace std;
template <typename T> //...... Deklaration eines Funktionstemplates
T summeArray(T array[], unsigned n);
int main(void) {
   //.... Code; u.a. Aufruf des Funktionstemplates (siehe nächstes Kapitel)
}
template <typename T> // hier die Definition zum Funktionstemplate
T summeArray(T array[], unsigned n) {
   T summe = 0;
   for (unsigned i=0; i < n; i++)
      summe += array[i];
   return summe;
}
```

19.1.2 Erzeugen von Funktionen zu Funktionstemplates

Bei der Erzeugung einer konkreten Funktion zu einem Funktionstemplate muss der gewünschte Datentyp nicht explizit angegeben werden. Der Compiler nimmt in diesem Fall den Datentyp des ersten angegebenen Arguments für den `Platzhalter` als den relevanten Datentyp für die Funktion, die in diesem Fall erzeugt wird. Der Typ des Rückgabewerts beim Erzeugen einer Funktion zu einem Funktionstemplate wird dabei nicht zur Bestimmung des `Platzhalter`-Typs herangezogen. Die Erzeugung (Instanziierung) einer konkreten Funktion zu einem Funktionstemplate kann auf verschiedene Arten erfolgen, die nachfolgend vorgestellt werden. Beim Aufruf eines Funktionstemplates wird der entsprechende zugehörige Funktionscode erzeugt. Wie Programm 19.2 zeigt, sind Aufrufe eines Funktionstemplates sehr einfach.

Programm 19.2 – `functempl1.cpp`:
Aufsummieren der Werte von Arrays mit unterschiedlichen Elementtypen mittels Funktionstemplate

```
#include  <iostream>
using namespace std;

class CBruch {
 public:
    CBruch( int z = 1, int n = 1 ) : m_zaehler(z), m_nenner(n) { }

    void print(void) { cout << m_zaehler << "/" << m_nenner << endl; }

    const CBruch operator+= (const CBruch& b) {
        m_zaehler = m_zaehler* b.m_nenner + b.m_zaehler*m_nenner;
        m_nenner  = m_nenner * b.m_nenner;
        return *this;
    }
 private:
    int m_zaehler, m_nenner;
};
template <typename T>
T summeArray(T array[], unsigned n) {
   T summe = 0;
   for (unsigned i=0; i < n; i++)
       summe += array[i];
   return summe;
}
int main(void) {
   int    ganz [5] = { 10, 20, 30, 40, 50                       };
   double gebr [4] = { 3.14, 12.43, 7.0, 2.0                    };
   CBruch bruch[3] = { CBruch(1,2), CBruch(3,4), CBruch(3,2) };

   cout << "Summe von ganz : " << summeArray(ganz, 5) << endl;
   cout << "Summe von gebr : " << summeArray(gebr, 4) << endl;
   CBruch sum = summeArray(bruch, 3);
   cout << "Summe von bruch: "; sum.print();
}
```

Programm 19.2 liefert folgende Ausgabe:

```
Summe von ganz : 150
Summe von gebr : 24.57
Summe von bruch: 44/16
```

19.1.3 Default-Werte bei Funktionstemplates

Man kann zwar keine Default-Typen für die Parameter bei Funktionstemplates festlegen, aber man kann Template-Parameter als Default-Argumente verwenden, wie es in Programm 19.3 gezeigt ist.

Programm 19.3 – `functempldef.cpp`:
Template-Parameter als Default-Argumente

```
#include <iostream>
using namespace std;

/* Default-Typen nicht bei Funktionstemplates erlaubt:
template<typename T = int>
T add(T array[], int n, T summe = 0) {
   ....
} */

//... Template-Parameter als Default-Argumente erlaubt
template<typename T>
T add(T array[], int n, T summe = T()) {
   for (int i=0; i<n; i++)
      summe += array[i];
   return summe;
}
int main(void) {
   int z[] = { 1, 2, 3, 4, 5 };
   cout << add(z, sizeof z / sizeof *z) << endl; // gibt aus: 15
}
```

Der dritte Parameter bei `add()` erhält als Default-Wert den Rückgabewert des Aufrufs von `T()`, was in diesem Fall, wo ein `int`-Array übergeben wird, durch den Aufruf von `int()` ersetzt wird. `int()` ist in diesem Fall (wie auch `double()`, `float()` usw.) ein so genannter *Pseudo-Konstruktor*, der eine Initialisierung mit 0 durchführt, also den Parameter `summe` auf 0 setzt.

19.1.4 Spezialisierung von Funktionstemplates

In den bisherigen Beispielen haben wir das Funktionstemplate `summeArray` immer für Typen verwendet, für die der Operator += entweder implizit (Standarddatentypen `int` und `double`) oder explizit (selbst definierter Operator += in der Klasse `CBruch`) definiert ist.

Das Funktionstemplate `summeArray` würde z. B. nicht für Typen funktionieren, für die der Operator += nicht definiert ist, wie z. B. für Strings (Datentyp `char *`). In solchen Fällen kann man sich eine spezielle Variante zu einem Funktionstemplate definieren, indem man `template <>` vor dem entsprechenden Funktionskopf angibt, für den dabei die gleiche Syntax gilt, die im vorherigen Abschnitt beim expliziten Erzeugen von Funktionen zu Templates mittels Deklarationen beschrieben wurde. Üblicherweise gibt man dann hier die entsprechende Funktionsdefinition an; siehe auch Programm 19.4.

Programm 19.4 – `functempl1b.cpp`:
Spezielles Funktionstemplate für Strings

```
#include <iostream>
using namespace std;
class CBruch { /*.... siehe Programm 19.2 */ }

template <typename T>
T summeArray(T array[], unsigned n) {
   T summe = 0;
   for (unsigned i=0; i < n; i++)
       summe += array[i];
   return summe;
}
template <> char *summeArray<char *>(char *array[], unsigned n) {
   double        summe = 0;
   static char   rueckgabe[50];
   for (unsigned i=0; i < n; i++)
       summe += atof(array[i]);
   sprintf(rueckgabe, "%g", summe);
   return rueckgabe;
}
int main(void) {
  int    ganz [5] = { 10, 20, 30, 40, 50                  };
  double gebr [4] = { 3.14, 12.43, 7.0, 2.0               };
  CBruch bruch[3] = { CBruch(1,2), CBruch(3,4), CBruch(3,2) };
  char   *str [4] = { "3.14", "12.43", "7.0", "2.0"        };
   cout << "Summe von ganz : " << summeArray(ganz, 5) << endl;
   cout << "Summe von gebr : " << summeArray(gebr, 4) << endl;
   CBruch sum = summeArray(bruch, 3);
   cout << "Summe von bruch: "; sum.print();
   cout << "Summe von str  : " << summeArray(str, 4) << endl;
}
```

Programm 19.4 liefert folgende Ausgabe:

```
Summe von ganz : 150
Summe von gebr : 24.57
Summe von bruch: 44/16
Summe von str  : 24.57
```

Die Angabe des Typs in <> nach dem Funktionsnamen kann auch weggelassen werden, wenn der Compiler den einzusetzenden *`Platzhalter`*-Typ selbst aus der Parameterliste ermitteln kann. So hätte man in Programm 19.4 statt

```
template <> char *summeArray<char *>(char *array[], unsigned n) {
```

auch Folgendes angeben können:

```
template <> char *summeArray(char *array[], unsigned n) {
```

Würde man auch noch `template <>` weglassen, so würde es sich hier um eine normale Funktionsdefinition handeln, was erlaubt ist, da Funktionstemplates und normale Funktionen gegenseitig überladen werden dürfen:

```
char *summeArray(char *array[], unsigned n) { // normale überladene Fkt. zum
                                              // gleichnamigen Funktionstemplate
```

19.1.5 Überladen von Funktionstemplates

Funktionstemplates lassen sich sowohl gegenseitig als auch mit normalen Funktionen gleichen Namens überladen, wie es in Programm 19.5 gezeigt ist.

Programm 19.5 – `functemploverl.cpp`:
Überladen von Funktionstemplates

```
#include <iostream>
#include <cstring>
using namespace std;
char zeichk[100];
template<typename T> //....................................(1) Funktionstemplate
T add(const T& a, const T& b) {
   cout << "1: "; return a + b;
}
template<typename T> //.....................(2) (überladenes) Funktionstemplate
T add(const T& a, const T& b, const T& c) {
   cout << "2: "; return a + b + c;
}
double add(double x, double y) { //......(3) normale Funktion mit gleichem Namen
   cout << "3: "; return x + y;
}
const char *add(const char *a, const char *b) { //..(4) normale gleichnamige Fkt
   cout << "4: ";
   strcpy(zeichk, a);
   return strcat(zeichk, b);
}
int main(void) {
   const char *str1 = "Hallo", *str2 = ", wie gehts";
   cout << add(10, 20)         << endl; // (1) Template
   cout << add(10, 20, 30)     << endl; // (2) Template
   cout << add(10.3, 20.6)     << endl; // (3) normale Funktion
   cout << add<>(10.3, 20.6)   << endl; // (1) Template
   cout << add(10, 20.5)       << endl; // (3) normale Funktion
   cout << add(str1, str2)     << endl; // (4) normale Funktion
   // cout << add(10, 20.5, 30) << endl; // nicht möglich
}
```

Programm 19.5 liefert folgende Ausgabe:

```
1: 30
2: 60
3: 30.9
1: 30.9
3: 30.5
4: Hallo, wie gehts
```

Das Programm 19.5 verdeutlicht, dass beim Überladen von Funktionstemplates der Compiler immer die Funktion aufruft, die am besten zum jeweiligen Aufruf passt.

- `add(10, 20)`: Funktionstemplate (1)
  Dieses Funktionstemplate passt direkt. Bei einem Aufruf der normalen Funktion (3) müssten die beiden Argumente erst von `int` nach `double` konvertiert werden. Würde das Funktionstemplate (1) nicht existieren, dann würde allerdings die normale Funktion (3) aufgerufen, wobei die beiden `int`-Argumente für den Aufruf in `double` konvertiert werden.
- `add(10, 20, 30)`: Funktionstemplate (2)
  Hier hat der Compiler keine andere Möglichkeit.
- `add(10.3, 20.6)`: Normale Funktion (3)
  Der normalen Funktion (3) wird hier Vorzug gegenüber dem Funktionstemplate (1) gegeben, da sie direkt passt.
- `add<>(10.3, 20.6)`: Funktionstemplate (1)
  Um den Compiler zu zwingen, dass er bei Auswahlmöglichkeiten zwischen normalen Funktionen und Funktionstemplates das Funktionstemplate verwendet, muss man beim Aufruf nach dem Funktionsnamen ein leeres spitzes Klammernpaar <> angeben.
- `add(10, 20.5)`: Normale Funktion (3)
  Hier hat der Compiler keine andere Möglichkeit, da kein Funktionstemplate für diesen Aufruf existiert. Bei diesem Aufruf wird das erste Argument (10) implizit nach `double` konvertiert.
- `add(str1, str2)`: Normale Funktion (4)
  Der normalen Funktion (4) wird hier Vorzug gegenüber dem Funktionstemplate (1) gegeben, da die normale Funktion hier direkt passt.

19.1.6 Mehrdeutigkeiten bei Funktionstemplates

Für gleiche Platzhalter muss gleicher Typ beim Aufruf angegeben werden:

Programm 19.6 – `functempl2.cpp`:
Für gleiche Platzhalter muss gleicher Typ angegeben werden

```
template <typename T>
T add(T a, T b)
{
   return a + b;
}
```

```
int main(void) {
   int    var_i1 = 10,  var_i2 = 20,  var_i3;  // Drei Variablen vom Typ int
   double var_d1 = 3.2, var_d2 = 4.5, var_d3;  // Drei Variablen vom Typ double

   var_i3 = add(var_i1, var_i2); // Aufruf der Funktion mit Typ int
   var_d3 = add(var_d1, var_d2); // Aufruf der Funktion mit Typ double
   // var_i3 = add(var_i1, var_d2); // nicht mögl., da kein add(int, double)
}
```

Auflösen von Mehrdeutigkeiten durch Festlegen des Platzhaltertyps beim Aufruf

Mehrdeutigkeiten lassen sich auflösen, indem man nach dem Funktionsnamen in spitzen Klammern den gewünschten Typ angibt, der für den Platzhalter im Funktionstemplate einzusetzen ist, wie es z. B. in Programm 19.7 gezeigt ist.

Programm 19.7 – `functempl2a.cpp`:
Explizites Festlegen des Platzhaltertyps beim Funktionstemplate-Aufruf

```
#include <iostream>

template <typename T>
void add(T a, T b) {
   std::cout << a + b << std::endl;
}

int main(void)
{
   int    var_i1 = 10,  var_i2 = 20;   // Zwei int-Variablen
   double var_d1 = 3.2, var_d2 = 4.5;  // Zwei double-Variablen

   add(var_i1, var_i2); // Aufruf der Funktion mit Typ int
   add(var_d1, var_d2); // Aufruf der Funktion mit Typ double
   add<int>(var_i1, var_d2);     // Aufruf der Funktion mit Typ int
   add<double>(var_i1, var_d2); // Aufruf der Funktion mit Typ double
}
```

Programm 19.7 liefert folgende Ausgabe:

```
30
7.7
14
14.5
```

Auflösen von Mehrdeutigkeiten mittels typename

Möchte man in einem Funktionstemplate einen Zeiger auf ein Element einer Klasse definieren, so interpretiert dies der Compiler als eine Multiplikation, wenn in der Klasse ein gleichnamiger Typname zu diesem Klassenelement existiert. Hier muss man dem Compiler mit dem Schlüsselwort `typename` explizit mitteilen, dass er den Typ und nicht das Klassenelement verwenden soll. Programm 19.8 verdeutlicht dies.

Programm 19.8 – `functempl3.cpp`:
Verwendung von typename, um Mehrdeutigkeiten aufzulösen

```
#include <iostream>
class Klasse {
 public:
    enum        x { eins=1, zwei }; // Typdefinition
    static int  x;                  // gleichnamige static-Variable
};
int Klasse::x=20;

template <typename T>
void fkt(T) {
   // T::x *zgr; // nicht mögl., da hier versucht wird, Member T::x mit
   //            // dem nicht definierten Zeiger zgr zu multiplizieren
   typename T::x *zgr; // hier wird ein Zeiger auf enum-Typ x definiert
   std::cout << (T::x * 5) << std::endl; // multipliziert T::x mit 5
}
int main(void) {
   Klasse k;
   fkt(k);
}
```

Programm 19.8 liefert folgende Ausgabe:

```
100
```

19.1.7 Funktionstemplates mit mehreren Platzhaltern

Man kann bei der Deklaration/Definition eines Funktionstemplates auch mehrere *`Platzhalter`* angeben. Diese müssen dann innerhalb der spitzen Klammern (<...>) nach dem Schlüsselwort `template` durch Kommas getrennt angegeben werden. Die allgemeine Syntax ist dabei:

```
//................ Definition eines Funktionstemplates mit mehreren Platzhaltern
template <typename T1, typename T2>
void function (T1 var1, T2 var2) { .... }
//............................................ Verwendung von Funktionstemplates
int main(void) {
  char    var_char;   // 1. Variable vom Typ char
  int     var_int;    // 2. Variable vom Typ int
  double  var_double; // 3. Variable vom Typ double
   function (var_char, var_int);    // Aufruf der Funktion mit char und int
   function (var_int, var_double); // Aufruf der Funktion mit int und double
}
```

Explizites Festlegen der Platzhaltertypen beim Funktionstemplate-Aufruf

Wie auf Seite 439 gezeigt wurde, kann man den jeweils zu verwendenden Typ für den Platzhalter explizit festlegen, indem man nach dem Funktionsnamen in spitzen Klammern den gewünschten Typ angibt, der für den Platzhalter im Funktionstemplate einzusetzen ist. Sind nun mehrere Platzhalter vorhanden, so ist dies auch möglich. In diesem Fall muss man dann nacheinander die zu verwendenden Typen in der Reihenfolge der entsprechenden Platzhalter in der Parameterliste in den spitzen Klammern durch Kommas getrennt angeben.

Programm 19.9 – `functempl4.cpp`:
Explizites Festlegen der Platzhaltertypen beim Funktionstemplate-Aufruf

```
#include <iostream>
template <typename T1, typename T2>
void add(T1 a, T2 b) { std::cout << T2(a + b + 0.5) << std::endl; }
int main(void) {
   int    i1 = 10,  i2 = 20;  // Zwei Variablen vom Typ int
   double d1 = 3.2, d2 = 4.5; // Zwei Variablen vom Typ double

   add(i1, i2); // add(int, int)
   add(d1, d2); // add(double, double)
   add(i1, d2); // add(int, double)
   add<double, double>(i1, i2); // add(double, double)
   add<int, double>(i1, i2);    // add(int, double)
}
```

Programm 19.9 liefert folgende Ausgabe:

```
30
8.2
15
30.5
30.5
```

19.2 Klassentemplates

19.2.1 Definition und Deklaration von Klassentemplates

Definition von Klassentemplates mit inline-Methoden

Um ein Klassentemplate zu definieren, muss der eigentlichen Klassendefinition das Schlüsselwort `template` gefolgt von `<typename` *`Platzhalter`*`>` vorangestellt werden. In der folgenden Klassendefinition muss bei den als Datentyp-unabhängig zu deklarierenden Variablen sowie bei den Parametern und Rückgabewerten in den Methoden statt eines festen Datentyps ein Platzhalter angegeben werden. Im Folgenden ist die allgemeine Syntax einer Klassentemplate-Definition gezeigt:

```
template <typename T>
class Klassentemplate
{
public:
    void meth1(T x) { ... }
    T    meth2(char x, T y) { ... }
    T    meth3(T x) { ... }
private:
    T    variable;
};
```

Statt des Schlüsselworts `typename` kann auch hier wieder beim Klassentemplate das Schlüsselwort `class` angegeben werden:

```
template <class T> // statt typename auch class erlaubt
class Klassentemplate {
   ....
};
```

Definition von Klassentemplates mit nicht-inline-Methoden

Es ist auch möglich, Klassentemplates mit Methoden zu definieren, die nicht *inline* sind. In diesem Fall muss vor der Definition der entsprechenden Methode ausserhalb der Klasse wie bei der Definition des Klassentemplates wieder `template <typename T>` angegeben werden. Weiterhin muss nach dem Klassennamen noch der Name des Platzhalters *T* in spitzen Klammern (<...>) angegeben werden:

```
template <typename T>
class Klassentemplate {
  public:
      void meth1(T x);
      T    meth2(char x, T y);
      T    meth3(T x);
  private:
      T    variable;
};
template <typename T>
void Klassentemplate<T>::meth1(T x) { ... }

template <typename T>
T Klassentemplate<T>::meth2(char x, T y) { ... }

template <typename T>
T Klassentemplate<T>::meth3(T x) { ... }
```

Auch wenn eine solche Definition von nicht-*inline*-Methoden möglich ist, wird man üblicherweise alle Deklarationen und Definitionen zu Klassentemplates in einer Headerdatei angeben, da der Compiler zum Übersetzungszeitpunkt für das Anlegen entsprechender Klassen zu einem Klassentemplate den zugehörigen Code kennen muss.

Natürlich könnte man die außerhalb des Klassentemplates definierten Methoden auch *inline* definieren, indem man das Schlüsselwort `inline` bei deren Definition angibt.

Die wiederholte Angabe des Platzhalters hinter dem Klassennamen ist notwendig, da es nicht immer möglich ist, einen allgemein gültigen Code anzugeben, der für alle gewünschten Datentypen verwendet werden kann. Werden beispielsweise innerhalb des Codes Vergleiche mit den Operatoren < und > durchgeführt, so wird man spätestens bei der Verwendung des Datentyps `char*` auf Schwierigkeiten treffen. Hier bietet C++ die Möglichkeit, für bestimmte Datentypen eine spezielle Implementierung zur Verfügung zu stellen (siehe auch Kapitel 19.2.4 auf Seite 447).

Default-Typen bei Klassentemplates

Anders als bei Funktionstemplates kann man bei Klassentemplates für die Platzhalter Default-Typen angeben, die zu verwenden sind, wenn der Nutzer eines Klassentemplates keinen Typ explizit festlegt (siehe auch Programm 19.10):

```
template <typename T = int>  // int ist Default-Typ für T
class Klassentemplate {
    //... siehe vorher
};
```

Deklaration von Klassentemplates

Klassentemplates lassen sich auch nur deklarieren:

```
template <typename T> //... Deklaration eines Klassentemplates
class Klassentemplate;
// ...oder auch:
template <class T> //... Deklaration eines Klassentemplates
class Klassentemplate;
```

19.2.2 Erzeugen von Klassen zu Klassentemplates

Klassen zu Klassentemplates werden erzeugt, wenn ein Objekt dazu definiert bzw. deklariert wird.

Typische Definition von Objekten zu Klassentemplates

Bei der Definition eines Klassentemplates wird noch nicht festgelegt, welcher Datentyp für *T* einzusetzen ist. Dieser wird erst vom Nutzer dieser Klasse festgelegt, indem er bei der Definition eines Objekts dem Klassennamen den gewünschten Datentyp in spitzen Klammern (< . . . >) anfügt:

```
int main(void) {
   Klassentemplate<char>  object_1; // Definition eines Objektes und Belegen
                                    // des Platzhalters T mit dem Datentyp char
   Klassentemplate<int>  object_2;  // Definition eines Objektes und Belegen
                                    // des Platzhalters T mit dem Datentyp int
}
```

Durch die Angabe des Datentyps `char` bzw. `int` wird dem Compiler mitgeteilt, dass der im Klassentemplate angegebene Platzhalter *T* durch den Datentyp `char` bzw. `int` ersetzt werden soll. Unser nun „ausgefülltes" Template entspricht also (je nach angegebenem `char` oder `int`) einer der folgenden Klassendefinitionen:

```
class Klassentemplate { //... Klasse zu  Klassentemplate<char> object_1;
  public:
      void meth1(char x) { ... }
      char meth2(char x, char y) { ... }
      char meth3(char x) { ... }
  private:
      char variable;
};
```

```
class Klassentemplate { //... Klasse zu  Klassentemplate<int>  object_2;
  public:
      void meth1(int x) { ... }
      int  meth2(char x, int y) { ... }
      int  meth3(int x) { ... }
  private:
      int  variable;
};
```

Beim späteren Methodenaufruf muss der gewünschte Datentyp nicht explizit angegeben werden, da er dem Compiler bereits durch die Definition des entsprechenden Objekts (zu dem die Methode gehört) bekannt ist.
Programm 19.10 definiert ein Klassentemplate `CArray` zu einem Array, zu dem dann Klassen und Objekte angelegt werden können, in denen das jeweilige Array Elemente mit unterschiedlichen Typen besitzen kann.

Programm 19.10 – `classtempl1.cpp`:
Array für beliebige Datentypen

```
#include <iostream>
using namespace std;
template<typename T = int>
class CArray {
 public:
    T& operator[](int index) {
        if (index < 0 || index >= max) {
           cerr << "     ----> Ungültiger Index: " << index << endl; exit(1);
        }
        return m_array[index];
    }
 private:
    enum { max = 5  };
    T    m_array[max];
};
int main(void) {
  int           i;
  //.................... Instantiierung von Objekten zum Klassentemplate
  CArray<int>     r1; // int-Array durch explizite Angabe
  CArray<>        r2; // int-Array, da Default-Platzhalter int ist
  CArray<double> f1, f2; // double-Arrays durch explizite Angabe
   for (i=0; i < 5; i++) {
      r1[i] = i;
      f1[i] = r1[i] * r1[i] * 3.14;
   }
   for (i=0; i < 5; i++) {
      r2[i] = i+5;
      f2[i] = r2[i] * r2[i] * 3.14;
   }
   for (i=0; i < 5; i++)
      cout << r1[i] << ": " << f1[i] << ",     " << r2[i] << ": " << f2[i] << endl;
}
```

Programm 19.10 liefert die folgende Ausgabe:

```
0: 0,     5: 78.5
1: 3.14,    6: 113.04
2: 12.56,    7: 153.86
3: 28.26,    8: 200.96
4: 50.24,    9: 254.34
```

Man hätte in Programm 19.10 den überladenen Operator `operator[]` auch nicht *inline* definieren können:

```
#include <iostream>
using namespace std;
template<typename T = int>
class CArray {
 public:
    T& operator[](int index);
 private:
    enum { max = 5  };
    T    m_array[max];
};
template<typename T> // keine Default-Angabe mehr
T& CArray<T>::operator[](int index) {
   if (index < 0 || index >= max) {
      cerr << "    ----> Ungültiger Index: " << index << endl;
      exit(1);
   }
   return m_array[index];
}
int main(void) { /* siehe Programm 19.10 */ }
```

Deklaration eines Objekts zu einem Klassentemplate

Soll zu einem Klassentemplate ein Objekt nur deklariert, und nicht definiert werden, so ist dies mit dem Schlüsselwort `extern` möglich:

```
extern Klassen_Template<char> object_1; // Deklaration von Objekten
extern Klassen_Template<int>  object_2; // .......................
```

19.2.3 Klassentemplates mit Nicht-Typparametern

Bei Klassentemplates können in den spitzen Klammern nach `template` nicht nur Typparameter angegeben werden, sondern es sind auch Parameter erlaubt, die keine Typen sind, wie z. B.:

```
template<typename T, int max>
class CArray { ... };
```

Dabei ist für den entsprechenden Parameter auch ein Default-Wert erlaubt:

```
template<typename T = int, int max = 5>
class CArray { ... };
```

Es ist dabei noch Folgendes zu beachten:

- Bei Verwendung eines solchen Klassentemplates muss das für den Nicht-Typparameter angegebene Argument ein konstanter Ausdruck sein, da bereits der Compiler hierfür die entsprechende Klasse anlegt.
- Solche fest vorgegebenen Parameter werden intern gespeichert und sind keine Membervariablen, so dass sie auch nur intern im entsprechenden Klassentemplate ansprechbar sind.

Programm 19.11 – `classtempl2.cpp`:
Klassentemplate mit zusätzlichem Nicht-Typparameter

```
#include <iostream>
using namespace std;
template<typename T = int, int max = 5>
class CArray {
 public:
    T& operator[](int index) {
       if (index < 0 || index >= max) {
          cerr << "     ----> Ungültiger Index: " << index << endl; exit(1);
       }
       return m_array[index];
    }
 private:
    T m_array[max];
};
int main(void) {
  int  i, var;
  //.................... Instantiierung von Objekten zum Klassentemplate
  CArray<int>    r1;     // int-Array[5]
  CArray<>       r2;     // int-Array[5], da Default-Platzhalter int ist
  CArray<double> f1;     // double-Array[5]
  CArray<double, 10> f2; // double-Array[10]
   for (i=0; i < 5; i++) {
      r1[i] = i;
      f1[i] = r1[i] * r1[i] * 3.14;
   }
   for (i=0; i < 5; i++) {
      r2[i] = i+5;
      f2[i] = r2[i] * r2[i] * 3.14;
   }
   for (i=0; i < 5; i++)
      cout << r1[i] << ": " << f1[i] << ",    " << r2[i] << ": " << f2[i] << endl;
   for (i=5; i < 10; i++)
      f2[i] = 1.0/i;
   for (i=5; i < 10; i++)
      cout << f2[i] << ", ";
   //.............. nicht möglich, da Template-Argumente konstant sein müssen
   // cin >> var;
   // CArray<double, var> f3; // double-Array[var]
}
```

Programm 19.11 liefert die folgende Ausgabe:

```
0: 0,     5: 78.5
1: 3.14,    6: 113.04
2: 12.56,    7: 153.86
3: 28.26,    8: 200.96
4: 50.24,    9: 254.34
0.2, 0.166667, 0.142857, 0.125, 0.111111,
```

19.2.4 Spezialisierung von Klassentemplates

Wie bei Funktionstemplates kann es auch bei Klassentemplates vorkommen, dass man kein allgemein gültiges Klassentemplate angeben kann. So wird z. B. der Compiler für die vorletzte Zeile in Programm 19.12 einen Fehler melden, da dort versucht wird, ein Objekt zum Klassentemplate `CAdd` mit dem Datentyp `char *` anzulegen, für den der Operator += nicht definiert ist.

Programm 19.12 – `classtempl3.cpp`:
Spezielles Klassentemplate für Strings

```
#include  <iostream>
using namespace std;
//..................................................... Klassentemplate CAdd
template<typename T>
class CAdd {
 public:
   CAdd(T array[], unsigned n) : m_sum(0) {
      for (unsigned i=0; i < n; i++)
          m_sum += array[i];
   }
   void print(char *text) { cout << text << m_sum << endl; }
 private:
   T  m_sum;
};
//.... hier fehlt spezialisiertes Klassentemplate CAdd zu char *

//................................................................... main
int main(void)
{
   int    ganz[5] = { 10, 20, 30, 40, 50                };
   double gebr[4] = { 3.14, 12.43, 7.0, 2.0             };
   char   *str[4] = { "Ich ", "bin ", "nun ", "ein String"  };

   CAdd<int>      iSum(ganz, 5); iSum.print("Summe von ganz: ");
   CAdd<double> dSum(gebr, 4); dSum.print("Summe von gebr: ");
   CAdd<char*>  sSum(str, 4);  sSum.print("Zusammengefügt: "); // hier Fehler
}
```

Um den Fehler in Programm 19.12 zu beheben, müsste man ein spezialisiertes Klassentemplate `CAdd` einfügen, wie es z. B. nachfolgend gezeigt ist:

```
template<> // leeres spitzes Klammernpaar (Spezialisiertes Klassentemplate CAdd)
class CAdd<char *> {
 public:
    CAdd<char *>(char *array[], unsigned n) {
        m_sum = new char [1000]; // der Einfachheit halber
        *m_sum = 0;
        for (unsigned i=0; i < n; i++)
            strcat(m_sum, array[i]);
    }
    void print(char *text) { cout << text << m_sum << endl; }
 private:
    char *m_sum;
};
```

Programm 19.12 liefert dann folgende Ausgabe:

```
Summe von ganz: 150
Summe von gebr: 24.57
Zusammengefügt: Ich bin nun ein String
```

Für die Definition eines expliziten spezialisierten Klassentemplates gilt Folgendes:

- Voranstellen von `template<>`
- Hinter jedem Klassentemplate-Namen muss in spitzen Klammern der entsprechende spezielle Datentyp angegeben werden, wie z. B.:
  - bei der Klassendeklaration: `class CAdd<char *> { ... }`
  - beim Konstruktornamen: `CAdd<char *>(...) { ... }`
  - beim Destruktornamen: `~CAdd<char *>() { ... }`
- Ersetzen aller Typparameter im Klassentemplate durch den entsprechenden speziellen Datentyp.
- Ein spezialisiertes Klassentemplate muss nach dem allgemeinen Klassentemplate definiert werden.

Man wäre in diesem Fall auch ohne ein solches spezialisiertes Klassentemplate `CAdd` ausgekommen, indem man eine völlig neue Klasse `CAddString` definiert hätte:

```
class CAddString { // Normale Klasse CAddString
 public:
    CAddString(char *array[], unsigned n) {
        m_sum = new char [1000]; // der Einfachheit halber
        *m_sum = 0;
        for (unsigned i=0; i < n; i++)
            strcat(m_sum, array[i]);
    }
    void print(char *text) { cout << text << m_sum << endl; }
 private:
    char *m_sum;
};
```

und dann in `main()` folgenden Code angegeben hätte:

```
    CAddString   sSum(str, 4);  sSum.print("Zusammengefügt: ");
```

Teilweise Spezialisierung von Klassentemplates

In Situationen, in denen ein Template mehr als einen Parameter besitzt, ist anstelle einer vollständigen auch eine teilweise Spezialisierung von Klassentemplates möglich, wie es in Programm 19.13 gezeigt ist.

Programm 19.13 – `classtempl4.cpp`:
Teilweise Spezialisierung von Klassentemplates

```
#include <iostream>
using namespace std;
template<typename T, int z, int s> // allgemeines Klassentemplate: Tab<T, z, s> (1)
class Tab {
 public:
    Tab() { cout << "(1) t[" << z << "," << s << "]: " << sizeof(t) << endl; }
 private:
    T  t[z][s];
};
template<typename T, int s> //............ spez. Klassentemplate: Tab<T, 2, s> (2)
class Tab<T, 2, s> { // 2 Zeilen
 public:
    Tab() { cout << "(2) t[" << 2 << "," << s << "]: " << sizeof(t) << endl; }
 private:
    T  t[2][s];
};
template<typename T, int z> //............ spez. Klassentemplate: Tab<T, z, 4> (3)
class Tab<T, z, 4> { // 4 Spalten
 public:
    Tab() { cout << "(3) t[" << z << "," << 4 << "]: " << sizeof(t) << endl; }
 private:
    T  t[z][4];
};
int main(void) {
   Tab<int, 10, 20> t1; // (1)
   Tab<double, 2, 6>t2; // (2)
   Tab<char, 100, 4>t3; // (3)
   // Tab<int, 2, 4>  t4; // nicht mögl., da mehrdeutig bei spez. Klassentempl.
}
```

Programm 19.13 liefert die folgende Ausgabe:

```
(1) t[10,20]: 800
(2) t[2,6]: 96
(3) t[100,4]: 400
```

Grundsätzlich gilt, dass bei mehreren Möglichkeiten zum Anlegen einer Klasse zu einem Klassentemplate das jeweils spezialisiertere Klassentemplate herangezogen wird. Die vorletzte auskommentierte Zeile in Programm 19.13 ist nicht möglich, da der Compiler hier nicht entscheiden kann, welches der beiden spezialisierten Klassentemplates er verwenden soll. Damit auch die vorletzte Zeile kompilierbar wird, müsste man noch das folgende spezialisierte Klassentemplate in Programm 19.13 einfügen:

```
......
//................................... spez. Klassentemplate: Tab<T, 2, 4> (4)
template<typename T>
class Tab<T, 2, 4> { // 2 Zeilen, 4 Spalten
 public:
    Tab() { cout << "(4) t[" << 2 << "," << 4 << "]: " << sizeof(t) << endl; }
 private:
    T  t[2][4];
};
int main(void) {
   Tab<int, 10, 20> t1; // (1)
   Tab<double, 2, 6>t2; // (2)
   Tab<char, 100, 4>t3; // (3)
   Tab<int, 2, 4>   t4; // (4) nun möglich
}
```

Dann würde Programm 19.13 die folgende Ausgabe liefern:

```
(1) t[10,20]: 800
(2) t[2,6]: 96
(3) t[100,4]: 400
(4) t[2,4]: 32
```

Programm 19.14 demonstriert nochmals, dass bei mehreren Möglichkeiten zum Anlegen einer Klasse zu einem Klassentemplate das jeweils spezialisiertere Klassentemplate herangezogen wird.

Programm 19.14 – `classtempl5.cpp`:
Spezialisierte Klassentemplates haben Vorzug gegenüber allgemeineren

```
#include <iostream>
using namespace std;
template<typename T, typename U>
class C             { public: void fkt() { cout << "(1), "; } };
template<typename U>
class C<int, U>     { public: void fkt() { cout << "(2), "; } };
template<typename T>
class C<T, double> { public: void fkt() { cout << "(3), "; } };
template<typename T, typename U>
class C<T*, U>      { public: void fkt() { cout << "(4), "; } };
template<typename T, typename U>
class C<T, U*>      { public: void fkt() { cout << "(5), "; } };
template<typename T, typename U>
class C<T*, U*>     { public: void fkt() { cout << "(6), "; } };
template<typename T>
class C<T, T>       { public: void fkt() { cout << "(7), "; } };
int main(void) {
   C<float, int>    o1; o1.fkt(); // (1): T,   U
   C<int, float>    o2; o2.fkt(); // (2): int, U
   C<float, double>o3; o3.fkt(); // (3): T,   double
   C<float*, float>o4; o4.fkt(); // (4): T*,  U
```

```
    C<float, float*>o5; o5.fkt(); // (5): T,    U*
    C<float*, int*> o6; o6.fkt(); // (6): T*,   U*
    C<float, float> o7; o7.fkt(); // (7): T,    T
    //.....Folg. nicht möglich, da Konflikt zwischen ....
    // C<int, int>        o8;  o8.fkt(); // (2): int, U      <--> (7): T, T
    // C<double, double> o9;  o9.fkt(); // (3): T, double <--> (7): T, T
    // C<float*, float*>o10; o10.fkt(); // (4), (5), (6) und (7)
    // C<int, int*>      o11; o11.fkt(); // (1), (2) und (5)
    // C<int*, int*>     o12; o12.fkt(); // (4), (5), (6) und (7)
}
```

Programm 19.14 liefert die folgende Ausgabe:

```
(1), (2), (3), (4), (5), (6), (7),
```

19.2.5 Klassentemplates und statische Datenelemente

Werden in Klassentemplates statische Datenelemente definiert, so wird für diese bei jeder Instantiierung einer Klasse zu diesem Klassentemplate ein eigener Speicher angelegt. Allerdings gilt weiterhin, dass für alle Objekte einer so instantiierten Klasse dieser Speicherplatz nur einmal vorhanden ist:

```
template <typename T>
class KTempl {
    static int objZaehler;
};
```

Legt man mittels dieses Klassentemplates zwei Objekte an:

```
KTempl<double> obj1;
KTempl<double> obj2;
```

so existiert die statische Membervariable `objZaehler` nur einmal für die beiden Objekte `obj1` und `obj2`. Statische Membervariablen von Klassentemplates müssen wie statische Membervariablen von Klassen außerhalb der Klasse definiert werden, wobei jedoch zuvor `template<...>` anzugeben ist:

```
template <typename T>
int KTempl<T>::objZaehler = 0;
```

Hat die statische Membervariable keinen festen Typ, sondern ist z. B. ein Zeiger auf den Parametertyp des Klassentemplates, weil sie eine verkettete Liste realisiert, so ist folgende Vorgehensweise erforderlich:

```
template <typename T>
class KTempl {
   static KTempl *next;
};
template <typename T>
KTempl<T> *KTempl<T>::next = 0;
```

19.3 Templates in der UML

Obwohl Templateklassen über die Grundphilosophie der Objektorientierung hinausgehen und auch nicht in allen objektorientierten Sprachen vorhanden sind, bietet die UML hierfür ein eigenes Symbol an. Templateklassen werden in der UML auch als *parametrisierbare Klassen* oder als *generische Klassen* bezeichnet. Die mit Hilfe einer parametrisierbaren Klasse angelegte Klasse wird *parametrisierte Klasse* genannt (engl. *parameterized class, bound element*). In der UML gibt es zwei Notationen für Templates, die anhand des folgenden Beispiels gezeigt werden:

```
template <class Element> //......... Definition des Templates
class CWarteschlange {
   public:
      void Anfuegen(<Element>* i);
      void Entnehmen(<Element>* i);
      ...
};
//................................. Verwendung des Templates
class CPatient;
class CPkw;
...
CWarteschlange<CPatient> Wartezimmer;
CWarteschlange<CPkw> Stau;
```

Da ein Template keine konkrete Klasse, sondern nur eine Schablone für eine Klasse ist, gibt es eine Darstellungsform, in der nur die konkreten parametrisierten Klassen notiert werden, wie dies in Abbildung 19.1 gezeigt ist.

Abbildung 19.1: UML-Notation für parametrisierte Klassen

In Abbildung 19.2 wird der Zusammenhang zwischen Template und parametrisierter Klasse deutlich. Man spricht hier von *Bindung* bzw. davon, dass die *parametrisierte Klasse* an die *generische Klasse gebunden* ist. Daher wird die parametrisierte Klasse auch als *bound element* bezeichnet. Ein Template wird in der grafischen Notation wie eine Klasse dargestellt, jedoch zusätzlich mit einem gestrichelten Rechteck in der rechten oberen Ecke, in dem die Parameter angegeben werden.

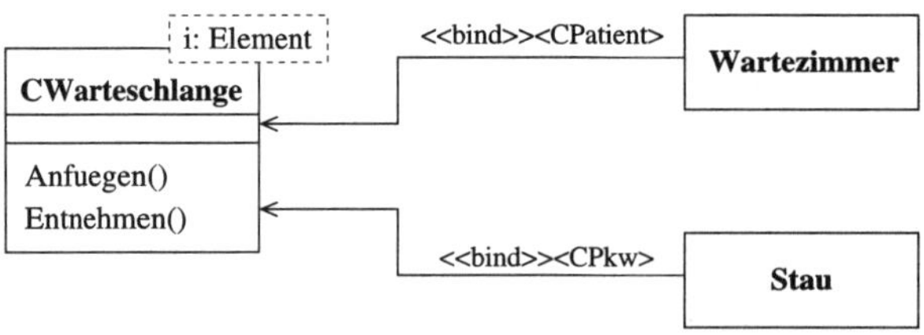

Abbildung 19.2: UML-Notation für Bindung von Template und parametrisierten Klassen

19.4 Weiteres zu Templates

Im Anhang finden sich weitere Punkte zu Templates:

- Verschiedene Typen für Rückgabe und Parameter (Kapitel A.29; Seite 1068)
- Instanzen zu Templates durch Deklaration (Kapitel A.30; Seite 1069)
- Instanzen zu Templates bei Funktionszeigern (Kapitel A.31; Seite 1071)
- Member-Templates (Kapitel A.32; Seite 1071)
- Initialisieren zweidimensionaler Arrays (Kapitel B.18; Seite 1150)
- Weniger Speicherverbrauch mittels lazy initialization (Kapitel B.19; Seite 1151)
- Klassentemplates als Typen bei Klassentemplates (Kapitel B.20; Seite 1153)
- Klassentemplates mit Klassentemplate-Parametern (Kapitel B.21; Seite 1154)

19.5 Übungen

Funktionstemplate zum Vertauschen von zwei Objekten

Ergänzen Sie das folgende Programm `swaptempl.cpp` um die Klasse `CBruch` und um ein Funktionstemplate, mit dem sich der Inhalt von zwei Objekten vertauschen lässt.

```
#include  <iostream>
using namespace std;
#define ausgabe(x,y) cout << "[" << x << "," << y << "]  ";
//............................................................ CBruch-Klasse
class CBruch
{
  // hier die Definition zur Klasse CBruch einfügen
};
//...................................................... Funktionstemplate tausch
  // hier das Funktionstemplate tausch() einfügen

//.......................................................................... main
int main( void ) {
   int      i1 = 5,       i2 = 100;      // int-Variablen
   double   d1 = 3.14,    d2 = 99.5;     // double-Variablen
   char     c1 = 'x',     c2 = 'y';      // char-Variablen
   char    *s1 = "Hans", *s2 = "Renate"; // char-Zeiger
   CBruch   b1(3,4),      b2(7, 3);      // CBruch-Objekte

   cout << "....Vor Vertauschen:  ";
   ausgabe(i1, i2); ausgabe(d1, d2); ausgabe(c1, c2); ausgabe(s1, s2);
   b1.print(); b2.print();

   tausch(i1, i2);  // Tausche die zwei int
   tausch(d1, d2);  // Tausche die zwei double
   tausch(c1, c2);  // Tausche die zwei char
   tausch(s1, s2);  // Tausche die zwei Strings
```

```
    // tausch( i1, s2 );  // Dieser Aufruf ist nicht möglich!
    tausch( b1, b2 );  // Tausche die zwei Brüche

    cout << endl << "....Nach Vertauschen: ";
    ausgabe(i1, i2); ausgabe(d1, d2); ausgabe(c1, c2); ausgabe(s1, s2);
    b1.print(); b2.print();
    cout << endl;
}
```

Programm `swaptempl.cpp` sollte dann folgende Ausgabe liefern:

```
....Vor Vertauschen:  [5,100]  [3.14,99.5]  [x,y]  [Hans,Renate]  (3,4) (7,3)
....Nach Vertauschen: [100,5]  [99.5,3.14]  [y,x]  [Renate,Hans]  (7,3) (3,4)
```

Unterschiedliche Klassen zu einem Klassentemplate

Was gibt Programm 19.15 aus?

Programm 19.15 – `templausgabe.cpp`:
Unterschiedliche Klassen zu einem Klassentemplate

```
#include <iostream>
using namespace std;
//......................................... Klassendeklaration für Datentyp
template <typename T>
class Datentyp {
 private:
     T  value;
 public:
     Datentyp (T init_value);
     void    set(T init_value);
     T       get();
};
//.......................................... Klassendefinition für Datentyp
template <typename T>
Datentyp<T>::Datentyp(T init_value) {
   value = init_value;
}
template <typename T>
void Datentyp<T>::set(T init_value) {
   value = init_value;
}
template <typename T>
T Datentyp<T>::get() {
   return value;
}
int main(void) {
   Datentyp<int>    a = 10;
   Datentyp<char>   b = 'a';
   Datentyp<double> c = 15.4;
   Datentyp<char*>  d = "Text";
```

```
    cout << a.get() << ", " << b.get() << ", "
         << c.get() << ", " << d.get() << endl;

    a.set(a.get()+12);
    b.set('b');
    c.set(a.get()+20.1);
    d.set("Neuer Text");

    cout << a.get() << ", " << b.get() << ", "
         << c.get() << ", " << d.get() << endl;
}
```

Ein Stack-Klassentemplate

Ergänzen Sie das folgende Programm `stacktempl.cpp` um ein Klassentemplate, das einen Stack für beliebige Datentypen anbietet.

```
#include <iostream>
using namespace std;

//..................................................... Stack-Klassentemplate

  // hier das Klassentemplate Stack einfügen

//.................................................................... main
int main(void)
{
   Stack<double> double_stack; //.................... Stack für double-Werte
   double dbl = 2.3;  // willkürlicher Wert
   while (double_stack.push(dbl)) // bis Stack voll ist
      dbl += 1.2;
   while (double_stack.pop(dbl)) // bis Stack leer ist
      cout << dbl << ", ";
   cout << endl << "-------------------------------------------" << endl;

   Stack<int, 10> int_stack; //........................ Stack für int-Werte
   int i = 120;  // willkürlicher Wert
   while (int_stack.push(i)) // bis Stack voll ist
      i++;
   while (int_stack.pop(i)) // so lange pop, bis der Stack leer ist
      cout << i << ", ";
   cout << endl;
}
```

Programm `stacktempl.cpp` sollte dann folgende Ausgabe liefern:

```
7.1, 5.9, 4.7, 3.5, 2.3,
-------------------------------------------
129, 128, 127, 126, 125, 124, 123, 122, 121, 120,
```

Kapitel 20

Exceptions (Ausnahmebehandlung)

Zur Laufzeit eines Programms können Fehlersituationen auftreten, die eine weitere Programmausführung nur bedingt oder gar nicht mehr erlauben, wie z. B.:

- Division durch 0
- Überlauf (zu großer oder zu kleiner Wert für einen Datentyp)
- nicht mehr genügend dynamischer Speicherplatz vorhanden
- fehlerhafte Eingaben durch den Benutzer
- Zugriff auf ungültige Adressen im Hauptspeicher usw.

Solche Fehler können dazu führen, dass ein Programm falsche Ergebnisse liefert oder aber abstürzt. In C werden solche Fehler üblicherweise wie folgt abgefangen:

- Abfragen, ob Operation erfolgreich war, wie z. B.:

```
double *str;
...
if ( (str = malloc(100*sizeof(double)) == NULL) {
   fprintf(stderr, "Speicherplatzmangel\n");
   exit(1);
}
```

- Einrichten von Signalhandlern mit der Funktion `signal()`, wie z. B.:

```
#include  <stdio.h>
#include  <signal.h>
void null_division(int sig) {
   fprintf(stderr, ".... Division durch 0 abgefangen\n");
   exit(2);
}
int  main(void) {
   int z;
   signal(SIGFPE, null_division); // Einrichten Signalhandler für SIGFPE
   z = 123/(10-10);
   return 0;
}
```

Dieses Programm würde die Division durch 0 abfangen, indem es die Signalhandler-Routine `null_division` aufruft, dort den entsprechenden Text ausgibt und sich dann beendet.

- Verwenden der beiden Funktionen `longjmp()` und `setjmp()`
  Mit den beiden Funktionen `setjmp()` und `longjmp()` ist es möglich, aus einer beliebig tief in der Aufrufhierarchie befindlichen Funktion an einen zuvor durchlaufenen und markierten Punkt (`setjmp()`) – über mehrere Ebenen hinweg – zurückzukehren (`longjmp()`), was zwar unschön ist, aber für bestimmte Anwendungsfälle in C benötigt wurde.

C++ unterstützt zwar weiterhin die eben vorgestellten Techniken, hat aber auch zusätzlich einen neuen Mechanismus eingeführt: das *Exception-Handling* (Ausnahmebehandlung), das in diesem Kapitel vorgestellt wird.

20.1 Die Schlüsselwörter try, catch und throw

Für Exceptions stehen die folgenden Schlüsselwörter zur Verfügung:

- **`try`: Anweisungen, in denen Exceptions auftreten können**
  Der `try`-Block klammert die Anweisungen, in denen Exceptions (Fehler) auftreten können, wie z. B.:

```
try
{
    // Anweisungen, in denen Exceptions auftreten können
}
```

- **`catch`: Anweisungen, die beim Auftreten von Exceptions auszuführen sind**
  Der `catch`-Block, der unmittelbar dem `try`-Block folgen muss, enthält Anweisungen, die beim Auftreten von Exceptions im voranstehenden `try`-Block ausgeführt werden.
  Ein Beispiel für das Abfangen von aufgetretenen `char *`-Exceptions ist:

```
try
{
    // Anweisungen, in denen Exceptions auftreten können
}
catch (char *text)
{
    // auszuführende Anweisungen beim Auftreten von char * Exceptions
}
```

- **`throw` *`ausdruck`*: Explizites Auslösen von Exceptions**
  Die `throw`-Anweisung löst eine Exception aus, indem sie den Wert von *`ausdruck`* schickt. Die folgende Anweisung schickt z. B. eine `char *`-Exception:

```
throw "kein Speicherplatz mehr vorhanden";
```

  und die folgende Anweisung würde z. B. eine `int`-Exception schicken:

```
throw 4711;
```

Programm 20.1 ist ein erstes Demonstrationsbeispiel zu Exceptions.

Programm 20.1 – `exception1.cpp`: Demonstrationsbeispiel zu Exceptions

```
#include <iostream>
using namespace std;
void fkt(void) {
   try
   {
      throw 1; // Schicken einer int-Exception
   }
   catch (int n)  // int-Exception abfangen
   {
      cout << "...abgefangen in fkt (int-Exception): " << n << endl;
   }
}
int main(void) {
   fkt();
   //..................................................... 1. try/catch-Folge
   try
   {
      cout << "Vor Schicken einer char *-Exception in main" << endl;
      throw "raus aus try-Block";
      cout << "Diese Anweisung wird nie erreicht" << endl;
   }
   catch (const char *txt)
   {
      cout << "...abgefangen in main (char *-Exception): " << txt << endl;
   }
   //..................................................... 2. try/catch-Folge
   try
   {
      cout << "Vor Schicken einer int-Exception in main" << endl;
      throw 2;
   }
   catch (int n) {
      cout << "...abgefangen in main (int-Exception): " << n << endl;
   }
   //..............................................................
   cout << "und tschüss" << endl;
}
```

Programm 20.1 liefert die folgende Ausgabe:

```
...abgefangen in fkt (int-Exception): 1
Vor Schicken einer char *-Exception in main
...abgefangen in main (char *-Exception): raus aus try-Block
Vor Schicken einer int-Exception in main
...abgefangen in main (int-Exception): 2
und tschüss
```

20.2 Auslösen von Exceptions mit throw

Exceptions können mit `throw` gefolgt von einem Ausdruck explizit erzeugt werden. In diesem Fall wird der Wert des angegebenen Ausdrucks geschickt, wie z. B.:

```
throw "Here we go";    // erzeugt eine char*-Exception
throw 753;             // erzeugt eine int-Exception
throw 3.1415;          // erzeugt eine double-Exception
throw string("eins zwei");  // erzeugt eine string-Exception
```

Objekte, die lokal in Funktionen definiert sind, werden automatisch gelöscht, wenn diese Funktionen eine Exception erzeugen. Wird jedoch so ein lokales Objekt selbst über eine Exception geschickt, wird zuerst eine Kopie zu diesem lokalen Objekt erzeugt, bevor dieses gelöscht wird. Anschließend wird die Kopie des Objekts geschickt. Programm 20.2 verdeutlicht das Anlegen einer Objektkopie, wenn ein Objekt mittels `throw` geschickt wird.

Programm 20.2 – `exception2.cpp`:
Schicken eines Objekts mit throw erzeugt Objektkopie

```
#include <iostream>
#include <string>
using namespace std;

//------------------------------------------------------------------------ Klasse K
class K {
  public:
     K(string name)     : m_name(name) { cout << "K(" << m_name << "), "; }

     K(const K& other)  : m_name(other.m_name + "-Kopie")
     {
        cout << endl << "K(" << m_name << "), ";
     }

     ~K() { cout << "~K(" << m_name << ")" << endl; }

     void fkt()
     {
        K zwei("zwei");
        cout << m_name << ".fkt(), ";

        throw zwei;
        cout << "Diese Stelle wird nie erreicht";
     }

     void gruss() { cout << m_name << " sagt Hallo" << endl; }

  private:
     string m_name;
};
```

```
int main(void) {
   K eins("eins");
   try {
      eins.fkt();
   } catch (K co) {
      cout << endl << "....Exception abgefangen: ";
      co.gruss();
   }
   cout << endl << "...good bye" << endl;
}
```

Programm 20.2 liefert die folgende Ausgabe:

```
K(eins), K(zwei), eins.fkt(),
K(zwei-Kopie), ~K(zwei)

K(zwei-Kopie-Kopie),
....Exception abgefangen: zwei-Kopie-Kopie sagt Hallo
~K(zwei-Kopie-Kopie)
~K(zwei-Kopie)

...good bye
~K(eins)
```

Hätte man bei `catch` eine Referenz angegeben, wie z. B.:

```
   catch (K& co)
```

dann wäre der Kopierkonstruktor nicht wiederholt aufgerufen worden, und Programm 20.2 hätte die folgende Ausgabe geliefert:

```
K(eins), K(zwei), eins.fkt(),
K(zwei-Kopie), ~K(zwei)

....Exception abgefangen: zwei-Kopie sagt Hallo
~K(zwei-Kopie)

...good bye
~K(eins)
```

An dieser Ausgabe ist erkennbar, dass die `K(zwei-Kopie-Kopie)` nicht erzeugt wurde. Die Angabe eines Zeigers bei `catch` dagegen, wie z. B.

```
   catch (K *co) // Fehler, da Zeiger auf lokales Objekt
```

wäre ein Fehler, da dann an `catch` ein ungültiger Zeiger auf ein lokales Objekt übergeben wird, das durch `throw` bereits gelöscht wurde.
Die Angabe eines Zeigers auf ein mit `new` dynamisch erzeugtes Objekt bei `throw` dagegen ist ungefährlich. In diesem Fall muss man lediglich dafür sorgen, dass das dynamisch erzeugte Objekt nach dem Abfangen der Exception wieder gelöscht wird, um eine „Speicherleiche" zu vermeiden.

20.3 Abfangen von Exceptions

20.3.1 Der try-Block

Programm 20.3 – `exception3.cpp`:
Demonstrationsprogramm zu try

```
#include <iostream>
using namespace std;
class FehlerKlasse {
  public:
     FehlerKlasse(const char *str = 0) : txt(str) {}
     const char *getText() { return txt; }
  private:
     const char *txt;
};
void fkt1() { throw FehlerKlasse("fang mich bitte ab");              }
void fkt2() { throw FehlerKlasse("bitte, bitte fang mich auch ab");  }
void fkt3() { throw FehlerKlasse("mich faengst du leider nicht ab"); }
int main(void) {
   try {
      try { //... Geschachtelter try/catch-Block
         int z = 2 * 3; // lokale Definition
         cout << "2 * 3 = " << z << endl;
         fkt1();
      }
      catch (FehlerKlasse f) {
         cout << "...Fehler (innen): " << f.getText() << endl;
      }
      fkt2();
   }
   catch (FehlerKlasse f) {
      cout << "...Fehler (aussen): " << f.getText() << endl;
   }
   fkt3(); // Programmbeendigung, da geschickte Exception nicht abgefangen wird
   cout << "ich werde nicht mehr ausgeführt" << endl;
}
```

Programm 20.3 liefert die folgende Ausgabe:

```
2 * 3 = 6
...Fehler (innen): fang mich bitte ab
...Fehler (aussen): bitte, bitte fang mich auch ab
Abgebrochen
```

Aus Programm 20.3 wird unter anderem Folgendes ersichtlich:

- Der `try`-Block enthält in geschweiften Klammern Anweisungen, in denen Exceptions indirekt bzw. direkt (mittels `throw`) auftreten können.
- `throw`-Anweisungen müssen nicht direkt im `try`-Block angegeben werden, sondern können sich auch in tieferen Blöcken befinden, wie z. B. in Funktionen, die im `try`-Block aufgerufen werden.

- Innerhalb der geschweiften Klammern eines `try`-Blocks sind alle Konstrukte erlaubt, die auch in anderen C++-Blöcken erlaubt sind, wie z. B. lokale Definitionen, mehrere Anweisungen usw.
- Schachtelung von `try`-Blöcken ist erlaubt. So kann man z. B. den ganzen Code von `main()` in einen `try`-Block einbetten. Dies ist dann der äußere Block, zu dem Exceptions abgefangen werden können. Ruft man in diesem `try`-Block von `main()` weitere Funktionen auf, so kann man in diesen Funktionen wieder neue tiefer geschachtelte `try`-Blöcke angeben, um Exceptions auf diesen Ebenen zu erzeugen.
- Tritt eine Exception außerhalb eines Blocks (direkt mit `throw` oder indirekt) auf, so wird die voreingestellte Aktion auf nicht abgefangene Exceptions ausgeführt, was normalerweise die Beendigung des Programms ist.

20.3.2 Der catch-Block

Die dem `try`-Block unmittelbar folgenden `catch`-Blöcke sind die so genannten *Exception-Handler*. Sie enthalten die Anweisungen, die auszuführen sind, wenn Exceptions im zugehörigen voranstehenden `try`-Block auftreten.

Syntax für Exception-Handler

Da beim Auftreten von Exceptions der Wert des jeweiligen Ausdrucks geschickt wird, muss man für jeden möglichen Typ von Wert, der geschickt werden kann, einen entsprechenden `catch`-Block angeben. Für welchen Typ der jeweilige `catch`-Block dabei zuständig ist, kann man nach dem Schlüsselwort `catch` in Form eines Parameters in `()` angeben.
Die allgemeine Syntax zum Abfangen von Exceptions ist somit:

```
try {
    // Anweisungen, in denen Exceptions auftreten können
} catch(typ1 param1) {
    // Exception-Handler zu typ1
} catch(typ2 param2) {
    // Exception-Handler zu typ2
} catch(typ3 param3) {
    // Exception-Handler zu typ3

}  /* usw. */ {

} catch(typN paramN) {
    // Exception-Handler zu typN
}
```

Auf die Parameter (`param1`, `param2` usw.) kann innerhalb der geschweiften Klammern wie bei Funktionen zugegriffen werden. Benötigt man diese Namen nicht im entsprechenden `catch`-Block, so reicht wie bei Funktionen auch die alleinige Angabe des Typs.

Wichtige Regeln für try, catch und throw

Es gelten unter anderem folgende grundlegende Regeln:

1. Wird in einem `try`-Block keine Exception ausgelöst, so wird auch keiner der Exception-Handler ausgeführt. In diesem Fall wird nach Ausführung der letzten Anweisung im `try`-Block das Programm hinter dem letzten `catch`-Block fortgesetzt.
2. Die Ausführung einer `throw`-Anweisung im `try`-Block löst eine Exception aus, und bewirkt, dass keine weiteren eventuell im `try`-Block vorhandenen Anweisungen ausgeführt werden. Allerdings werden in diesem Fall noch die Destruktoren für alle in diesem `try`-Block lokal definierten Objekte aufgerufen, bevor der Code des entsprechenden Exception-Handlers ausgeführt wird.
3. Tritt in einem `try`-Block eine Exception auf, wird aus den `catch`-Blöcken der erste Exception-Handler ausgeführt, zu dem der entsprechende Typ der Exception passt und die restlichen Exception-Handler werden einfach ignoriert. Es wird also grundsätzlich immer nur maximal einer der angegebenen Exception-Handler beim Auftreten einer Exception ausgeführt. Nachdem der Code eines Exception-Handlers ausgeführt wurde, wird die Programmausführung hinter dem letzten Exception-Handler zu diesem `try`-Block fortgesetzt. Wenn im Exception-Handler selbst `return`, `exit()` oder `throw` aufgerufen wird, trifft dies natürlich nicht zu.
4. Tritt in einem `try`-Block eine Exception auf, aber es ist kein geeigneter Exception-Handler dazu vorhanden, wird die voreingestellte Aktion für nicht abgefangene Exceptions ausgeführt, was normalerweise die Beendigung des Programms ist.

Programm 20.4 verdeutlicht nochmals diese Regeln.

Programm 20.4 – `exception4.cpp`:
Regeln für try, catch und throw

```
#include <iostream>
using namespace std;

int main(void) {
   //.............................................................. Regel 1
   try {
      cout << "Regel 1: Hier tritt keine Exception auf; also"          << endl;
      cout << "         wird auch kein Exception-Handler aufgerufen"   << endl;
      cout << "-----------------------------------------------------" << endl;
   }
   catch (const char *txt) { cout << "char *-Exception-Handler"  << endl; }
   catch (int wert)        { cout << "int-Exception-Handler"     << endl; }
   catch (double wert)     { cout << "double-Exception-Handler"  << endl; }
   //.............................................................. Regel 2
   try {
      cout << "Regel 2: Das wird ausgegeben" << endl;
      cout << "         das auch noch"       << endl;
      throw "-----------------------------------------------------";

      cout << "....das wird nicht mehr ausgegeben" << endl;
```

```
   }
   catch (const char *str) { cout << str << endl; }

   //............................................................. Regel 3
   short s = 0;
   int   i = 0;
   long  l = 0;

   try {
      throw 5; // Voreinstellung für ganze Zahlen ist int (wie bei Funktionen)
   }
   catch (short wert) { s = wert * 10;   }
   catch (int wert)   { i = wert * 100;  } // Ausführen dieses Exception-Handl.
   catch (long wert)  { l = wert * 1000; }
   cout << "Regel 3: " << "s=" << s << ", "
        << "i=" << i << ", "
        << "l=" << l << endl << "          ";
   try {
      throw 3.14; // Voreinst. für Gleitpkt-Zahlen = double (wie bei Funktionen)
   }
   catch (float wert)  { cout << "float:  " << wert << endl; }
   catch (double wert) { cout << "double: " << wert << endl; } // wird ausgeführt
   cout << "-----------------------------------------------------" << endl;

   //............................................................. Regel 4
   try {
      cout << "Regel 4: ";
      throw 50; // Voreinstellung für ganze Zahlen ist int (wie bei Funktionen)
   }
   catch (short wert) { cout << "short: " << wert << endl; }
   catch (long wert)  { cout << "long:  " << wert << endl; }
   //.... hier Abbruch, da kein Exception-Handler für int vorhanden

   cout << "Ich werde nicht mehr ausgeführt :-(" << endl;
}
```

Programm 20.4 liefert die folgende Ausgabe:

```
Regel 1: Hier tritt keine Exception auf; also
         wird auch kein Exception-Handler aufgerufen
-----------------------------------------------------
Regel 2: Das wird ausgegeben
         das auch noch
-----------------------------------------------------
Regel 3: s=0, i=500, l=0
         double: 3.14
-----------------------------------------------------
Regel 4: Abgebrochen
```

Wiederholtes Aufsetzen am gleichen Programmpunkt

Es gibt Situationen, in denen das Auftreten einer Exception nicht so kritisch ist, so dass man versuchen kann, einen gerade nicht erfolgreich ausgeführten Programmteil nochmals ausführen zu lassen. In solchen Fällen kann man den entsprechenden `try`-Block nochmals ausführen, indem man z. B. die entsprechende Funktion erneut aufruft, oder aber den `try`-Block direkt in einer Schleife einbettet, wie es in Programm 20.5 gezeigt ist.

Programm 20.5 – `exception5.cpp`:
Wiederholtes Aufsetzen am gleichen Programmpunkt

```
#include <cstdlib>
#include <ctime>
#include <iomanip>
#include <iostream>
using namespace std;
int fkt(int z) {
   try {
      cout << setw(3) << z;
      if (z%5 != 0)
         throw " ist nicht durch 5 teilbar";
      cout << " ist durch 5 teilbar" << endl;
   } catch (const char *mld) {
      cout << mld << endl;
      return false;
   }
   return true;
}
int main(void) {
   srand(time(NULL));
   while (!fkt(rand()%100))
      ;
   cout << "----------------------------------" << endl;
   while (true) {
      int x = rand() % 100;
      try {
         cout << setw(3) << x;
         if (x%4 != 0)
            throw " ist nicht durch 4 teilbar";
         cout << " ist durch 4 teilbar" << endl;
         break;
      } catch (const char *mld) { cout << mld << endl; }
   }
}
```

Programm 20.5 liefert z. B. die folgende Ausgabe:

```
83 ist nicht durch 5 teilbar
44 ist nicht durch 5 teilbar
75 ist durch 5 teilbar
```

```
-----------------------------------
83 ist nicht durch 4 teilbar
78 ist nicht durch 4 teilbar
60 ist durch 4 teilbar
```

20.3.3 Typunabhängiges Abfangen mehrerer Exceptions

Manchmal möchte man nur für Exceptions mit bestimmten Typen eigene Exception-Handler einrichten, und für die restlichen Exceptions einen gemeinsamen *Default*-Exception-Handler verwenden. Ein solcher *Default*-Exception-Handler lässt sich einrichten, indem man anstelle eines Parameters drei Punkte (*Ellipse*) angibt:

```
catch(...) {
   // Code des Default-Exception-Handlers
}
```

Da die Typen der `catch`-Blöcke in der Reihenfolge ihrer Angabe geprüft werden, sollte man einen *Default*-Exception-Handler immer als letztes angeben, da dieser sonst auch für die Exceptions verwendet wird, für die explizit eigene typabhängige Exception-Handler angegeben wurden, was sicherlich nicht erwünscht ist.

Programm 20.6 – `exception6.cpp`:
Demonstrationsprogramm zu einem Default-Exception-Handler

```
#include <iostream>
using namespace std;
int main(void) {
   for (int i=0; i<5; i++) {
      try {
         switch (i) {
            case 0: throw "Ein Text";
            case 1: throw 10;
            case 2: throw 'x';
            case 3: throw 3.1415;
            case 4: throw string("Ein String");
         }
      }
      catch (double wert) { cout << i << ": " << wert << endl; }
      catch (int    wert) { cout << i << ": " << wert << endl; }
      catch (...)         { cout << i << ": Default"  << endl; }
   }
}
```

Programm 20.6 liefert z. B. die folgende Ausgabe:

```
0: Default
1: 10
2: Default
3: 3.1415
4: Default
```

20.4 Weiterleiten von Exceptions

Explizites Weiterleiten mit leerem throw

Gibt man in einem `catch`-Block eine leere `throw`-Anweisung an, so wird die abgefangene Exception einfach auf die nächst höhere Ebene weitergeleitet. Die nächst höhere Ebene ist die Funktion oder der `try`-Block, der diese Exception nicht abfing. Bevor man jedoch eine abgefangene Exception im entsprechenden Exception-Handler mit einem leeren `throw` weiterleitet, kann man auf dieser Ebene noch weitere Anweisungen ausführen lassen, wie es in Programm 20.7 gezeigt ist.

Programm 20.7 – `exception7.cpp`:
Weiterleiten von Exceptions auf nächst höhere Ebene mit leerem throw

```
#include <iostream>
using namespace std;
void fkt(void) {
   try {
      throw 40;   // Hierfür kein eigener Exception-Handler vorhanden
   } catch (...) {
      cout << "fkt-Default-Handler: leite Exception weiter"
              " auf eine Ebene höher" << endl;
      throw; // weiterleiten auf nächst höhere Ebene
   }
}
int main(void) {
   try {
      try {
         throw 2.12;   // Hierfür kein eigener Exception-Handler vorhanden
      }
      catch (const char *txt) { cout << "Innen: char *-Exception" << endl; }
      catch (int wert)        { cout << "Innen: int-Exception"    << endl; }
      catch (...) {
         cout << "Innen Default-Handler: leite Exception weiter"
                 " auf eine Ebene höher" << endl;
         throw; // weiterleiten auf nächst höhere Ebene
      }
   } catch(double r) {
      cout << "...Aussen (Kreisumfang): " << (2 * r * 3.1415) << endl;
   }
   try {
      fkt();
   } catch(int i) { cout << "...Aussen: 2 * " << i << " = " << (2 * i) << endl; }
}
```

Programm 20.7 liefert die folgende Ausgabe:

```
Innen Default-Handler: leite Exception weiter auf eine Ebene höher
...Aussen (Kreisumfang): 13.32
fkt-Default-Handler: leite Exception weiter auf eine Ebene höher
...Aussen: 2 * 40 = 80
```

Automatisches Weiterleiten bei Fehlen eines geeigneten Exception-Handlers

Ist kein geeigneter Exception-Handler zu einem `try`-Block vorhanden, wird die Exception automatisch auf die nächst höhere Ebene weitergeleitet. Die nächst höhere Ebene ist die Funktion oder der `try`-Block, der diese Exception nicht abfing. Dieses automatische Weiterleiten auf die nächst höhere Ebene wird fortgesetzt, bis ein geeigneter Exception-Handler gefunden wird, der diese Exception behandeln kann. Wird kein solcher geeigneter Exception-Handler gefunden, wird die voreingestellte Aktion für nicht abgefangene Exceptions ausgeführt, was normalerweise die Beendigung des Programms ist. Anders als beim leeren `throw` hat man hier keine Möglichkeit, weitere Aktionen vor dem Auslösen einer Exception durchzuführen, da hier ja das Weiterleiten implizit geschieht, und nicht wie bei `throw` explizit durch den jeweiligen Programmierer gesteuert werden kann.

Programm 20.8 – `exception8.cpp`:
Automatisches Weiterleiten nicht abgefangener Exceptions auf nächst höhere Ebene

```
#include <iostream>
using namespace std;
void fkt2(void) {
   try { throw 40; // Hierfür kein eigener Exception-Handler vorhanden
   } catch (const char *txt) { cout << txt << endl; }
}
void fkt(void) { fkt2(); }
int main(void) {
   try { //... Automat. Weiterleiten nicht abgefang. Except. in tieferem try-Block
      try {
         throw 2.12; // auf dieser Ebene kein eigener Exception-Handler vorh.
      } catch (const char *txt) { cout << txt << endl; }
   } catch(double r) { // fängt Exception aus tiefer geschacht. try-Block ab
      cout << "...Kreisumfang: " << (2 * r * 3.1415) << endl;
   }
   try { //...... Automat. Weiterleiten nicht abgefang. Except. in einer Funktion
      fkt();
   } catch(int i) { // fängt Exception aus fkt2 (tiefere Ebene) ab
      cout << "...2 * " << i << " = " << (2 * i) << endl;
   }
   try { //... Kein Abfangen automat. weitergeleiteter Exception auf höherer Ebene
      try {
         throw 3.14; // auf dieser Ebene kein eigener Exception-Handler vorh.
      } catch (const char *txt) { cout << txt << endl; }
   } catch(int wert) { cout << wert << endl; }
   //... Programmabbruch, da in Aufrufhierarchie kein geeigneter Exception-Handler
   cout << "Ich werde nicht mehr ausgeführt" << endl;
}
```

Programm 20.8 liefert die folgende Ausgabe:

```
...Kreisumfang: 13.32
...2 * 40 = 80
Abgebrochen
```

20.5 Nicht abgefangene Exceptions

Wird eine Exception nicht abgefangen, so wird – wie bereits öfters erwähnt – die voreingestellte Aktion für nicht abgefangene Exceptions ausgeführt, was normalerweise die Beendigung des Programms ist. Für die Beendigung des Programms sind dabei die folgenden Funktionen von Wichtigkeit:

- **`terminate()` beendet das Programm anormal**: Wird eine Exception nicht abgefangen, wird automatisch diese spezielle Bibliotheksfunktion `terminate()` aufgerufen, die in der Headerdatei `<exception>` deklariert ist. Die Voreinstellung ist, dass `terminate()` die C-Bibliotheksfunktion `abort()` aufruft, die das Programm abrupt beendet. Ein `abort()`-Aufruf führt zu einer anormalen Programmbeendigung, wobei keine weiteren internen Beendigungs-Funktionen aufgerufen werden. So finden z. B. keine Destruktor-Aufrufe für globale und statische Objekte statt. `terminate()` wird im übrigen auch aufgerufen, wenn in einem Destruktor eines lokalen Objekts oder in einem Konstruktor oder Destruktor eines globalen oder statischen Objekts eine Exception auftritt.
- **`set_terminate()` zum Installieren einer eigenen Beendigungs-Funktion**
  Mit der Funktion `set_terminate()` kann man nun eine eigene *terminate()*-Funktion installieren, deren Namen (Funktionszeiger) man hierbei lediglich als Argument angeben muss. Als Rückgabe liefert `set_terminate()` einen Zeiger auf die zuvor installierte *terminate()*-Funktion, so dass man jederzeit wieder die zuvor eingerichtete *terminate()*-Funktion mittels `set_terminate()` installieren kann. Für die eigene *terminate()*-Funktion, deren Aufgabe es ist, noch erforderliche Aktionen (wie z. B. Dateien zu schließen oder Puffer zu *flushen*) vor der Programmbeendigung durchzuführen, gilt Folgendes:
  - sie darf keine Parameter und keinen Rückgabetyp (`void`) besitzen.
  - sie darf keine Exception auslösen.
  - sie darf nicht zurückkehren, muss sich also mit `exit()` beenden, um zu verhindern, dass die ursprüngliche *terminate()*-Funktion das Programm nach wie vor mittels `abort()` anormal beendet.

Programm 20.9 – `exception9.cpp`:
Installation einer eigenen terminate()-Funktion mit und ohne exit()

```
#include <iostream>
using namespace std;
void my_terminate1(void) {
   cout << "...terminate1-Handler aufgerufen" << endl;  exit(2);  // mit exit()
}
void my_terminate2(void) {
   cout << "...terminate2-Handler aufgerufen" << endl;  // kein exit()
}
int main(int argc, char *argv[]) {
   set_terminate( (argc > 1) ? my_terminate1 : my_terminate2 );
   cout << "Vor nicht abgefangener Exception" << endl;
   throw 100;
   cout << "Ich werde nicht mehr ausgegeben" << endl;
}
```

Ruft man Programm 20.9 mit einem beliebigen Argument auf der Kommandozeile auf, liefert es die folgende Ausgabe:

```
Vor nicht abgefangener Exception
...terminate1-Handler aufgerufen
```

Bei einem Aufruf ohne Argument liefert dieses Programm folgende Ausgabe:

```
Vor nicht abgefangener Exception
...terminate2-Handler aufgerufen
Abgebrochen
```

Programm 20.10 – `exception10.cpp`:
Auftreten einer Exception in einem Destruktor eines lokalen Objekts

```
#include <exception>
#include <iostream>
using namespace std;

void my_terminate() { cout << "...Ich bin my_terminate" << endl; exit(1); }

//........... Adresse alter terminate()-Funktion speichern
void (*altes_terminate)() = set_terminate(my_terminate);
class Klasse {
 public:
    ~Klasse() { cout << "~Klasse" << endl;
        throw "Exception im Destruktor :-((";
    }
    void fkt() { cout << "Klasse::fkt()" << endl;
       throw 10; // bewirkt Aufruf des Destruktors
    }
};

int main(void) {
   try {
      Klasse obj;
      obj.fkt();
      // hier Destruktor-Aufruf für obj
   } catch (...) { // fängt nicht Exception von Klasse-Destruktor ab
      cout << "Exception abgefangen" << endl;
   }
}
```

Programm 20.10 liefert die folgende Ausgabe:

```
Klasse::fkt()
~Klasse
...Ich bin my_terminate
```

20.6 Vordefinierte Standard-Exceptions

Die C++-Standardbibliothek stellt vordefinierte Exceptions zur Verfügung, auf die man in seinem Programm zugreifen kann und sogar sollte, wenn möglich. Sollte die Funktionalität einer Standard-Exception nicht ausreichen, kann man sich eine eigene Klasse von einer solchen Standard-Exceptionklasse ableiten und entsprechend erweitern.

Die in der Headerdatei `<exception>` definierte Klasse `exception` ist die gemeinsame Basisklasse für alle Standard-Exceptionklassen. Von dieser Klasse `exception` sind die beiden folgenden wichtigen Klassen abgeleitet, die beide in der Headerdatei `<stdexcept>` (inkludiert selbst `exception`) definiert sind:

- `logic_error`: für logische Fehler, wie z. B. Übergabe eines unerlaubten Arguments. Solche Fehler sind prinzipiell vermeidbar.
- `runtime_error`: für Laufzeitfehler, wie z. B. Hardwarefehler, Speicherplatzmangel usw. Solche Fehler sind nicht vorhersehbar.

Alle von `logic_error` bzw. `runtime_error` abgeleiteten Klassen stellen einen Konstruktor mit einem `string`-Argument zur Verfügung, so dass man die entsprechende Fehlermeldung dort hinterlegen kann. Um später die hinterlegte Fehlermeldung zu erfragen, stellen alle diese Klassen eine Methode `what()` zur Verfügung, deren Rückgabetyp `const char *` ist.

Programm 20.11 zeigt das Ableiten einer eigenen Klasse von der Standard-Exceptionklasse `runtime_error`.

Programm 20.11 – `exception11.cpp`:
Ableiten eigener Klasse von der Standard-Exceptionklasse runtime_error

```
#include <stdexcept>
#include <iostream>
using namespace std;

class EinFehler : public runtime_error {
  public:
     EinFehler(const string& txt = "") : runtime_error(txt) {}
};
int main(void) {
   try {
      throw EinFehler("Fehler aufgetreten");
   } catch(EinFehler& fehl) {
      cout << fehl.what() << endl;
   }
}
```

Programm 20.11 liefert die folgende Ausgabe:

```
Fehler aufgetreten
```

Tabelle 20.1 zeigt nun Klassen, die nun ihrerseits von `logic_error`, `runtime_error` oder aber direkt von `exception` abgeleitet sind. Diese Klassen kann man wieder direkt verwenden oder aber eigene Klassen von ihnen ableiten.

abgeleitete Klassen von `logic_error`	
`domain_error`	für Über- bzw. Unterschreiten von Wertebereichen
`invalid_argument`	für unzulässige Argumente bei Funktionen
`length_error`	für Überschreiten der maximal zulässigen Länge
`out_of_range`	für unzulässige Indizes außerhalb eines Bereichs
abgeleitete Klassen von `runtime_error`	
`range_error`	für Bereichsfehler bei Berechnungen
`overflow_error`	für Überläufe bei arithmetischen Berechnungen
`underflow_error`	für Unterläufe bei arithmetischen Berechnungen
abgeleitete Klassen von `exception`	
`bad_alloc`	für Fehler bei dynamischer Speicherallozierung
`bad_cast`	für unzulässige `dynamic_cast` (siehe Kapitel 22.1)
`bad_typeid`	für Nullzeiger bei `typeid(*zgr)` (siehe Kapitel 22.2)

Tabelle 20.1: Vordefinierte Standard-Exceptions

Programm 20.12 – `exception12.cpp`:
Demoprogramm zu den von logic_error bzw. runtime_error abgeleiteten Klassen

```
#include <stdexcept>
#include <iostream>
using namespace std;

class Array {
 public:
   Array(int n, int mult=1) : anz(n*mult) {
      try {
         m_array = new int [n*mult];
      } catch (bad_alloc& b) { // Abfangen vordef. bad_alloc
         cerr << "...Speicherplatzmangel" << endl;
      }
   }
   int& operator[] (int index) {
      if (index < 0 || index >= anz) {
         char txt[100];
         sprintf(txt, "...Unerlaubter Index: %d", index);
         throw out_of_range(txt); // vordef. out_of_range() schicken
      }
      return m_array[index];
   }
 private:
   int  anz, *m_array;
};
class MeinDiv0 : public range_error {
   public:
      MeinDiv0(const string& txt = "") : range_error(txt) {}
};
int main(void) {
   Array a(10);
```

```
    try {
       a[5]  = 50;
       a[20] = 200; // löst Exception aus
    } catch (out_of_range& fehler) { cerr << fehler.what() << endl; }
    Array b(100000000, 100000); // löst Exception aus
    try {
       int z = 12,
           x = z*2/z-2;
       if (x == 0) {
          char meldung[100];
          sprintf(meldung, "...Division durch 0 in Zeile %d", __LINE__+3);
          throw MeinDiv0(meldung);
       }
       z = z/x;
    } catch(MeinDiv0& fehl) { cout << fehl.what() << endl; }
    cout << "hier gehts weiter" << endl;
}
```

Programm 20.12 liefert die folgende Ausgabe:

```
...Unerlaubter Index: 20
...Speicherplatzmangel
...Division durch 0 in Zeile 50
hier gehts weiter
```

20.7 Exception-Spezifikationen

Exception-Spezifikationen bei Funktionsdeklarationen/-definitionen

Exceptions, die in einer Funktion auftreten können, gehören zu den Eigenschaften einer Funktion, die dem Nutzer dieser Funktion ebenso bekannt sein sollten wie der Prototyp der Funktion, damit dieser nicht nur die Funktion mit den entsprechenden Argumenten aufrufen kann, sondern auch geeignete Exception-Handler einrichten kann. Mögliche Exceptions, die in einer Funktion auftreten können, muss man dabei unmittelbar nach dem Funktionskopf (auch nach einem eventuellen `const`) innerhalb von `throw()` angeben, wie z. B.:

- `void fkt_mit_exc(....) `**`throw(char *, int)`**`;`
  legt fest, dass in der Funktion `fkt_mit_exc()` sowohl `int`- als auch `char*`-Exceptions auftreten können.
- `void fkt_ohne_exc(....) `**`throw()`**`;`
  legt fest, dass in der Funktion `fkt_ohne_exc()` keine Exceptions auftreten.
- `void fkt(....);`
  legt fest, dass in `fkt()` jeder beliebige Typ von Exceptions auftreten kann.

Es sind dabei die folgenden Punkte zu beachten:

- Der Funktionskopf, der bei der Deklaration angegeben wird, muss exakt (einschließlich entsprechender `throw()`-Liste) mit dem bei der Definition der Funktion übereinstimmen.

- In einer Funktion, die eine `throw()`-Liste von möglichen Exceptions spezifiziert, dürfen keine anderen Exception-Typen auftreten, als in der Liste angegeben sind. Versucht die Funktion, eine andere Exception auszulösen, führt dies zu einem Laufzeitfehler.

Programm 20.13 – `exception13.cpp`:
Beispiel zu Exception-Spezifikationen

```
#include <cstdlib>
#include <ctime>
#include <string>
#include <iostream>
using namespace std;
void fkt_si() throw(string, int); // kann string- oder int-Exceptions auslösen
class Klasse {
  public:
     void fkt_i(int) const throw(int); // kann int-Exceptions auslösen
};
void Klasse::fkt_i(int x) const throw(int) {
   if (x)
      throw x; // bei x != 0 ausgelöst
}
void fkt_si(int x) throw(string, int) {
    Klasse().fkt_i(x);
    throw string("Dieser Text wird geschickt, wenn x==0");
}
void falsche_throw_liste() throw(int) { // kann int-Exceptions auslösen
    throw 12.5; //.... löst aber double-Exception aus
}
int main(void) {
   srand(time(NULL));
   try {
      fkt_si(rand()%2);
   }
   catch (string txt) { cerr << "...Text abgefangen: " << txt  << endl; }
   catch (int wert)   { cerr << "...Int abgefangen: "  << wert << endl; }
   try {
      cerr << "Rufe nun 'falsche_throw_liste()' auf" << endl;
      falsche_throw_liste(); // führt zu Laufzeitfehler
   } catch(...) { cerr << "...werde nicht mehr aufgerufen" << endl; }
}
```

Nachfolgend sind die zwei möglichen Ausgaben durch Programm 20.13 gezeigt:

```
...Int abgefangen: 1
Rufe nun 'falsche_throw_liste()' auf
Abgebrochen
```

```
...Text abgefangen: Dieser Text wird geschickt, wenn x==0
Rufe nun 'falsche_throw_liste()' auf
Abgebrochen
```

Die Funktionen unexpected() und set_unexpected()

Es wurde bereits zuvor erwähnt, dass in einer Funktion, die eine `throw()`-Liste von möglichen Exceptions spezifiziert, keine anderen Exception-Typen auftreten dürfen, als in der Liste angegeben sind. Ansonsten führt dies zu einem Laufzeitfehler, was die Voreinstellung ist. Möchte man ein anderes Verhalten erzwingen, so sind die beiden folgenden speziellen Funktionen von Wichtigkeit:

- **`unexpected()` ruft `terminate()` auf**
  Schickt eine Funktion eine andere Exception als in ihrer Exception-Spezifikation angegeben, führt dies zum Aufruf der speziellen Bibliotheksfunktion `unexpected()`, die ihrerseits mit einem Aufruf der zuvor vorgestellten speziellen Funktion `terminate()` das Programm anormal beenden lässt.
- **`set_unexpected()` zum Installieren einer *unexpected()*-Funktion**
  Mit der in der Headerdatei `<exception>` deklarierten Funktion `set_unexpected()` kann man nun eine eigene *unexpected()*-Funktion installieren, deren Namen (Funktionszeiger) man hierbei lediglich als Argument angeben muss. Als Rückgabe liefert `set_unexpected()` einen Zeiger auf die zuvor installierte *unexpected()*-Funktion, so dass man jederzeit wieder die zuvor eingerichtete *unexpected()*-Funktion mittels `set_unexpected()` installieren kann.

Programm 20.14 – `exception14.cpp`:
Installation einer eigenen unexpected()-Funktion

```
#include <exception>
#include <iostream>
using namespace std;
bool erstemal = true;
void mein_unexpected() {
   cerr << "......Unerwartete Exception abgefangen" << endl;
   if (erstemal) {
      erstemal = false;
      throw 200;
   }
   exit(1);
}
void fkt(int i) throw(int, double) {
   switch (i) {
      case 1: throw 100;
      case 2: throw 3.1415;
      case 3: throw "Unerlaubte Exception (wird in int umgewandelt)";
      case 4: throw "Unerlaubte Exception (Programmabbruch)";
   }
}
int main(void) {
   set_unexpected(mein_unexpected); // ignoriert den Rückgabewert
   for (int i=1; i<=4; i++)
      try { fkt(i);
      } catch (int wert)    { cerr << "... int abgefangen: "    << wert << endl;
      } catch (double wert) { cerr << "... double abgefangen: " << wert << endl; }
}
```

Programm 20.14 liefert die folgende Ausgabe:

```
... int abgefangen: 100
... double abgefangen: 3.1415
......Unerwartete Exception abgefangen
... int abgefangen: 200
......Unerwartete Exception abgefangen
```

Üblicherweise schreibt eine eigene *unexpected()*-Funktion eine entsprechende Notiz in eine Logdatei, in der Fehler mitprotokolliert werden, und ruft dann `exit()` auf, um das Programm zu beenden. In einer eigenen *unexpected()*-Funktion kann jedoch auch wie in Programm 20.12 eine andere Execption ausgelöst oder aber die gleiche Exception weitergeleitet werden. Schickt die eigene *unexpected()*-Funktion eine neue Exception, die in der `throw()`-Liste der Funktion, die den Aufruf der *unexpected()*-Funktion auslöste, vorhanden ist, so wird nun diese neue Exception von dieser Funktion geschickt, was auch in Programm 20.12 gezeigt ist.

Schicken einer nicht erlaubten Exception in der unexpected()-Funktion

Wird von der eigenen *unexpected()*-Funktion eine Exception geschickt, die sich nicht in der `throw()`-Liste der entsprechenden Funktion befindet, so gibt es zwei Möglichkeiten:

- `std::bad_exception` ist in `throw()`-Liste der Funktion vorhanden:
  In diesem Fall wird die von der Funktion geschickte Exception durch die Exception `std::bad_exception` (definiert in `<exception>`) ersetzt.
- `std::bad_exception` ist in `throw()`-Liste der Funktion nicht vorhanden:
  In diesem Fall wird die Funktion `terminate()` aufgerufen.

Programm 20.15 – `exception15.cpp`:
Möglichkeiten beim Schicken von unerlaubten Exceptions in unexpected()

```
#include <exception>    // Für std::bad_exception
#include <iostream>
using namespace std;
//.................................................... Exception-Klassen
class K1 {};
class K2 {};
//..................................................... mein_terminate()
void mein_terminate() {
   cout << "...mein_terminate() aufgerufen; und tschüs" << endl;
   exit(0);
}
//................................................. mein_unexpected1/2()
void mein_unexpected1() { throw K1(); }
void mein_unexpected2() { throw;      }
//.................................................. Funktionen für main()
void schickK2() { throw K2(); } // in ohne() und mit() aufgerufen, da Compiler
                                // unerlaubtes throw K2() dort entdeckt.
void ohne() throw(K1)                { schickK2(); }
void mit()  throw(K1, bad_exception) { schickK2(); }
```

```
int main(void) {
   set_terminate(mein_terminate);
   set_unexpected(mein_unexpected1);
   try { ohne(); // führt zum Aufruf von mein_unexpected1() --> Exception K1
   } catch(K1&) { cout << "...K1-Exception von ohne() abgefangen" << endl; }
   set_unexpected(mein_unexpected2);
   try { mit(); // führt zum Aufruf von mein_unexpected2() --> bad_exception
   } catch (bad_exception&) {
     cout << "...bad_exception von mit() abgefangen" << endl;
   }
   try { ohne(); // führt zum Aufruf von mein_unexpected2()
                 //    --> bad_exception --> terminate()
   } catch (...) { cout << "Ich werde nie ausgeführt" << endl; }
}
```

Programm 20.15 liefert die folgende Ausgabe:

```
...K1-Exception von ohne() abgefangen
...bad_exception von mit() abgefangen
...mein_terminate() aufgerufen; und tschüs
```

20.8 Weiteres zu Exceptions

Im Anhang finden sich weitere Punkte zu Exceptions:

- Exceptions in Konstruktoren (Kapitel A.33; Seite 1083)
- Exceptions in Destruktoren (Kapitel A.34; Seite 1087)
- Exceptions versus setjmp()/longjmp() (Kapitel A.35; Seite 1089)
- Exception-Spezifikationen bei Vererbung (Kapitel A.36; Seite 1092)

20.9 Übungen

Stack-Unwinding

Wird ein `try`-Block aufgrund einer Exception vorzeitig verlassen, so wird der zugehörige Exception-Handler nicht sofort angesprungen, sondern zuvor wird der Stack sauber abgebaut, was man auch als *Stack-Unwinding* bezeichnet. So werden z. B. lokal angelegte Objekte mittels Destruktoraufrufen aus dem Stack entfernt.

Mit dieser Kenntnis sollten Sie in der Lage sein, die Frage zu beantworten, was Programm 20.16 ausgibt.

Programm 20.16 – `stackunwind.cpp`:
Was gibt dieses Programm aus?

```
#include <string>
#include <fstream>
#include <iostream>
using namespace std;
class CFehler {
  public:
     CFehler(char* name) : m_Name(name) { }
  private:
     string m_Name;
};
class CDatei {
  public:
     void open(char *dateiName) {
        ifstream datei(dateiName);
        if (!datei)  // Fehler, z.B. Datei existiert nicht
           throw CFehler(dateiName);
     }
};
class CKlasse {
  public:
     CKlasse()  { cout << "CKlasse-Konstruktor: "; }
     ~CKlasse() { cout << "CKlasse-Destruktor: ";  }
};
int main(void) {
   try {
      CKlasse obj;
      cout << "....CKlasse Objekt angelegt" << endl;
      CDatei  d;
      d.open("datei.txt");
   }
   catch(...) {
      cout << " ....Fehler beim Oeffnen der Datei" << endl;
   }
   cout << "....Anweisung nach try-catch-Block" << endl;
}
```

Geschachtelte try-catch-Blöcke

Programm 20.17 – `exceptschachtel.cpp`:
Was gibt dieses Programm aus?

```
#include <string>
#include <iostream>
using namespace std;
int main(void)
   try {
      int i = 0;
      while (++i <= 2) {
         try {
            cout << "...Innerer " << i << ". try-Block" << endl;
            if (i == 1)
               throw string("Ein Text");
            else
               throw 123;
         } catch(int n) {
            cout << "...Inneres int-catch: " << n << endl;
            throw;
         } catch(string str) {
            cout << "...Inneres string-catch: " << str << endl;
         }
         cout << "Nach innerem try-Block" << endl;
      }
   } catch (int nr) {
      cout << "Äusseres catch: " << nr << " aufgetreten." << endl;
   } catch (...) { cout << "Äusseres catch: " << endl; }
```

Eigene terminate()-Funktion

Programm 20.18 – `terminate.cpp`:
Was gibt dieses Programm aus?

```
#include <exception>
#include <iostream>
using namespace std;

void myTerminate(void) {
   cout << "...Programmende wegen Fehler" << endl;
}
int main(void) {
   set_terminate(myTerminate);
   try {
      cout << "...try-Block" << endl;
      throw 123;
   }
   catch(char *str) { cout << str; }
}
```

Vordefinierte Standard-Exceptions

Programm 20.19 – `stdexcept.cpp`:
Was gibt dieses Programm aus?

```
#include <vector>
#include <stdexcept>
#include <iostream>
using namespace std;
//............................................................. Klasse Array
class Array {
 public:
   Array(int n) : anz(n) {
      try {
         m_array = new int [n];
      }
      catch (bad_alloc& b) { // Abfangen vordef. bad_alloc
         cerr << "...Speicherplatzmangel" << endl;
      }
   }
   int& operator[] (int index) {
      if (index < 0 || index >= anz) {
         char txt[100];
         sprintf(txt, "...Unerlaubter Index: %d", index);
         throw out_of_range(txt); // vordef. out_of_range() schicken
      }
      return m_array[index];
   }
 private:
   int  anz, *m_array;
};
//.......................................................................... main
int main(void) {
   Array a(100);
   try {
      a[5]   = 5;
      a[200] = 200;
   }
   catch (out_of_range& fehler) { cerr << fehler.what() << endl; }

   try {
      new double [int(1e20)];
   } catch (bad_alloc& b) { // Abfangen vordef. bad_alloc
      cerr << "...Speicherplatzmangel" << endl;
   }
   try {
      throw length_error("...Laengen-Fehler");
   } catch (length_error& fehl) { cerr << fehl.what() << endl; }
   cout << "und tschuess" << endl;
}
```

Exception-Spezifikationen

Programm 20.20 – `unexpected.cpp`:
Was gibt dieses Programm aus?

```
#include <exception>
#include <iostream>
using namespace std;

//.......................................................... mein_unexpected
void mein_unexpected(void) {
   static int i = 0;
   cerr << ++i << ". unerwartete Exception abgefangen: ";
   if (i==1)
      throw 4711;
   cerr << endl;
   exit(0);
}

//........................................................................ fkt
void fkt(int i) throw(int, double) {
   switch (i) {
      case 1: throw 100;
      case 2: throw 3.1415;
      case 3: throw "Hallo";
      case 4: throw "...und tschuess";
   }
}
//....................................................................... main
int main(void) {
   set_unexpected(mein_unexpected);
   for (int i=1; i<=4; i++)
      try {
         fkt(i);
      }
      catch (double wert) { cerr << wert << endl; }
      catch (int    wert) { cerr << wert << endl; }
}
```

Overflow- und Underflow-Exceptions in einem Stack

Erstellen Sie zu Programm 20.21 die fehlende Headerdatei `stackexcept.h`, so dass dieser Stack eine Overflow- bzw. Underflow-Exception schickt, wenn `push()` auf einen vollen Stack bzw. `pop()` auf einen leeren Stack durchgeführt wird.

Programm 20.21 – `stackexcmain.cpp`:
Nutzen eines Stacks mit Overflow- und Underflow-Exceptions

```
#include "stackexcept.h" // Diese Headerdatei ist zu erstellen
#include <iostream>
using namespace std;
```

```
int main(void) {
   int i;
   Stack<int> intStack(10);

   for (i=0; i<=11; i++)
      try {
         intStack.push(i);
      } catch(StackOverflow) {
         cerr << ".....Overflow bei intStack" << endl;
      }
   for (i=0; i<=10; i++)
      try {
         cout << intStack.pop() << ", " << flush;
      } catch(StackUnderflow) {
         cerr << ".....Underflow bei intStack" << endl;
      }

   double d = 0.0;
   Stack<double> doubleStack(5);
   while (1) {
      try {
         doubleStack.push(d = d+0.7);
      } catch(StackOverflow) {
         cerr << ".....Overflow bei doubleStack" << endl;
         break;
      }
   }
   while (1) {
      try {
         cout << doubleStack.pop() << ", " << flush;
      } catch(StackUnderflow) {
         cerr << ".....Underflow bei doubleStack" << endl;
         break;
      }
   }
}
```

Programm 20.21 sollte folgende Ausgabe liefern:

```
.....Overflow bei intStack
.....Overflow bei intStack
9, 8, 7, 6, 5, 4, 3, 2, 1, 0, .....Underflow bei intStack
.....Overflow bei doubleStack
3.5, 2.8, 2.1, 1.4, 0.7, .....Underflow bei doubleStack
```

Teil IV

STL, RTTI, Namensräume, Memberzeiger

- **Kapitel 21 – Standard Template Library (STL)**
  Die *Standard Template Library (STL)* ist eine Klassenbibliothek aus templatisierten Klassen, deren Schwerpunkt auf allgemein gültigen Datenstrukturen und Algorithmen liegt. In diesem Kapitel wird eine kurze Einführung in die STL gegeben, um dem Leser ein Grundverständnis für die STL aus Anwendersicht zu geben, so dass er die STL heranziehen kann, wenn es z. B. darum geht, eine fundamentale Datenstruktur wie eine verkettete Liste zu verwenden.
- **Kapitel 22 – Laufzeit-Typinformationen (RTTI)**
  Dieses Kapitel zeigt, wie man zur Laufzeit eines Programms Informationen über den Typ eines Objekts erfragen kann, was man auch als *Laufzeit-Typinformation* (*run time type information, RTTI*) bezeichnet. Dazu stehen mit dem `dynamic_cast`-Operator, dem `typeid`-Operator und der `type_info`-Klasse drei Sprachelemente zur Verfügung. RTTI ist vor allem im Zusammenhang mit Polymorphismus von Interesse.
- **Kapitel 23 – Namensräume**
  Während in C nur ein globaler Namensraum vorhanden ist, kann man in C++ neben dem globalen Namensraum noch weitere Namensräume definieren. Dieses Kapitel zeigt, wie man sich solche eigenen Namensräume definieren kann und was dabei zu beachten ist.
- **Kapitel 24 – Zeiger auf Klassenmember**
  Dieses Kapitel stellt Zeiger auf Klassenmember (*pointer-to-member*) vor, die in C++ eingeführt wurden, um dort die Adresse einer Klassen-Membervariablen oder -funktion abzulegen. Da die Member einer Klasse anders als die Member von Objekten keine richtigen Adressen besitzen, sondern lediglich ein Offset (bezogen auf den Anfang der Klasse), musste man hierfür eigene Konstrukte einführen, die in diesem Kapitel vorgestellt werden.

Kapitel 21

Standard Template Library (STL)

Die *Standard Template Library (STL)* ist eine Klassenbibliothek aus templatisierten Klassen, deren Schwerpunkt auf allgemein gültigen Datenstrukturen und Algorithmen liegt.
Die STL wurde ursprünglich bei Hewlett-Packard in jahrelanger Forschungsarbeit entwickelt und 1994 als Teil des ISO/ANSI C++-Standards akzeptiert. Seitdem gehört sie als ein Bestandteil der C++-Standardbibliothek zum Sprachumfang von C++.
Wir möchten an dieser Stelle die STL nur kurz vorstellen. Für ein tieferes Verständnis wollen wir auf das herunterladbare eBook *„Die C++-Standardbibliothek"* (siehe auch Seite 20) verweisen. Uns ist hier vor allem ein Grundverständnis für die STL aus Anwendersicht wichtig, um Klassen der STL einsetzen zu können, statt das Rad noch einmal neu zu erfinden, wenn es z. B. darum geht, eine fundamentale Datenstruktur wie eine verkettete Liste zu verwenden.

21.1 Der Klasse string

Die Klasse `string` wurde zwar bereits in Kapitel 9.1 auf Seite 67 eingeführt, wird aber hier nochmals kurz im Rahmen der STL vorgestellt. Der *String* ist eine Sonderform eines Containers. Dieser Container entspricht einem `char`-Array mit Verwaltungsfunktionalität. Es ist sehr empfehlenswert, in Programmen – soweit möglich – mit der Klasse `string` zu arbeiten und nicht mit `char*`, da die Klasse `string` bereits Operatoren zum Vergleichen und zum Anfügen von Strings enthält und außerdem die Verwaltung des nötigen Speicherplatzes übernimmt.
Programm 21.1 zeigt exemplarisch, wie die Klasse `string` den Umgang mit Strings vereinfacht.

Programm 21.1 – `stlstring.cpp`:
Demoprogramm zur Klasse string

```
#include <string>     // STL-Klasse string
#include <iostream>
using namespace std;
```

```
int main(void) {
   string myfirstString;  // ein leeres string Objekt

   myfirstString =  "Hallo, ";
   myfirstString += "wie geht's denn so?";
   cout << myfirstString << endl;

   cout << "Neuer String?: ";
   cin >> myfirstString;
   cout << "String jetzt: " << myfirstString << endl;
}
```

Wie Programm 21.1 beispielhaft zeigt, wird der nötige Speicherplatz stets automatisch verwaltet. Außerdem sind in der Klasse einige Operatoren entsprechend überladen (z. B. der Zuweisungsoperator und der Operator +=) und die Klasse ist `cin`- und `cout`-fähig.
In Bezug auf `cin` verhält sich die Klasse `string` wie `char*`, d. h. es wird mit dem Operator >> nur das erste eingegebene Wort eingelesen und nicht die ganze Zeile, wie dies bei `cin.getline()` der Fall wäre.
Ein möglicher Ablauf von Programm 21.1 ist:

```
Hallo, wie geht's denn so?
Neuer String?: Ach ganz gut ⏎
String jetzt: Ach
```

21.2 Die Klasse pair

Um zwei Elemente als ein Paar zu verwalten (wie z. B. x- und y-Koordinaten einer Kurve), bietet die STL die Klasse `pair` an. Verwendet man diese Klasse, muss man folgende Headerdatei inkludieren:

```
#include <utility>
```

Der folgende Code legt z. B. zwei `pair`-Objekte an, die jeweils einen Namen einer Person mit deren Alter enthalten:

```
  pair<string, int> person1("Hans", 37),
                    person1("Antonia", 27);
```

Folgende Konstruktoren bietet die Templateklasse `pair<T1,T2>` unter anderem an:

`pair()`
: Default-Konstruktor; nur möglich, wenn sowohl `T1` als auch `T2` ihrerseits Default-Konstruktoren anbieten.

`pair(const T1& first, const T2& second)`
: Dieser Konstruktor erzeugt ein `pair`-Objekt aus `first` und `second`.

`pair(const pair& p)`
: Kopierkonstruktor

Wichtige Methoden der Templateklasse `pair<T1,T2>` sind:

`pair& operator=(const pair& p)`
: Zuweisungsoperator

`first`
: liefert erste Komponente des Paares.

`second`
: liefert zweite Komponente des Paares.

`bool operator==(const pair& p1, const pair& p2)`
`bool operator!=(const pair& p1, const pair& p2)`
: nur möglich, wenn `T1` und `T2` auf Gleichheit geprüft werden können. Der Operator == liefert `true`, wenn die ersten beiden Elemente und die zweiten beiden Elemente von `p1` und `p2` gleich sind, und ansonsten `false`. Der Operator == und damit auch abgeleitet der Operator `!=` könnten z. B. wie folgt realisiert sein:

```
template <class T1, class T2>
bool operator==(const pair<T1, T2>& p1, const pair<T1, T2>& p2) {
  return p1.first == p2.first && p1.second == p2.second;
}
template <class T1, class T2>
bool operator!=(const pair<T1, T2>& p1, const pair<T1, T2>& p2) {
  return !(p1 == p2);
}
```

`bool operator<(const pair& p1, const pair& p2)`
: nur möglich, wenn `T1` und `T2` miteinander verglichen werden können. Der Operator < liefert `true`, wenn das erste Element von `p1` kleiner als das erste Element von `p2` ist, oder aber das erste `p2`-Element nicht kleiner als das erste `p1`-Element ist, aber dafür das zweite `p1`-Element kleiner als das zweite `p2`-Element ist, was sich z. B. wie folgt realisieren lässt:

```
template <class T1, class T2>
bool operator<(const pair<T1, T2>& p1, const pair<T1, T2>& p2) {
  return p1.first < p2.first ||
         (!(p2.first < p1.first) && p1.second < p2.second);
}
```

Neben dem Operator < sind noch die restlichen Vergleichsoperatoren vorhanden, die sich ja leicht mittels des Operators < realisieren lassen, wie z. B.:

```
bool operator<=(...) { return !(p2 < p1); }
bool operator> (...) { return   p2 < p1;  }
bool operator>=(...) { return !(p1 < p2); }
```

Zusätzlich bietet die Klasse `pair` noch die folgende globale Funktion an, die keine Memberfunktion ist:

`make_pair(const T1& p1, const T2& p2)`
: ist äquivalent zu `pair<T1, T2>(p1, p2)`

Programm 21.2 – `stlpair.cpp`:
Einfaches Demoprogramm zur Klasse pair

```
#include <utility>
#include <iostream>
using namespace std;

int main(void) {
   int  i, j;
   typedef pair<string, int> myPair;
   pair<string, int> person[6] = { myPair(),  // Default-Konstruktor
                                   myPair("Hans", 20),
                                   myPair("Emil", 30),
                                   myPair("Anton", 25),
                                   make_pair("Anton", 12) }; // make_pair-Aufruf
   person[5].first  = "Zorro";
   person[5].second = 10;
   //................................................. Sortieren nach Namen
   for (i=0; i<5; i++)
      for (j=i+1; j<6; j++)
          if (person[i] > person[j])
             swap(person[i], person[j]); // allgemeine Routine zum Vertauschen
   cout << ".... Nach Namen sortiert:" << endl;
   for (i=0; i<6; i++)
      cout << person[i].first << ", " << person[i].second << endl;
   //................................................. Sortieren nach Alter
   for (i=0; i<5; i++)
      for (j=i+1; j<6; j++)
          if (person[i].second > person[j].second)
             swap(person[i], person[j]); // allgemeine Routine zum Vertauschen
   cout << ".... Nach Alter sortiert:" << endl;
   for (i=0; i<6; i++)
      cout << person[i].first << ", " << person[i].second << endl;
}
```

Programm 21.2 liefert die folgende Ausgabe:

```
.... Nach Namen sortiert:
, 0
Anton, 12
Anton, 25
Emil, 30
Hans, 20
Zorro, 10
.... Nach Alter sortiert:
, 0
Zorro, 10
Anton, 12
Hans, 20
Anton, 25
Emil, 30
```

21.3 Das grundlegende Konzept der STL

Die STL ist eine Bibliothek von Templateklassen, die größtenteils nebeneinander stehen und nicht voneinander abgeleitet sind. Sie baut fast ausschließlich auf die Template-Mechanismen von C++ auf. Durch ihre hohe Abstraktion ist es möglich, mit einer kleinen Anzahl von Klassen einen Großteil von Standardproblemen abzudecken. Der Schwerpunkt der STL liegt auf *Datenstrukturen und Algorithmen, die auf die Datenstrukturen* angewendet werden. Die STL unterscheidet dazu:

- *Container* („Behälter") sind Templateklassen, die Objekte eines Datentyps aufnehmen und verwalten, z. B. eine Liste von Integern. Alle Container sind als Templates realisiert.
- *Iteratoren:* Jeder Container verfügt über Iteratoren, mit deren Hilfe auf ein einzelnes Datenelement des Containers zugriffen werden kann.
- *Algorithmen* sind Templatefunktionen, die eine gewisse Funktionalität implementieren, die auf einen Container bzw. auf dessen Iterator angewendet werden kann, z.B. Sortieren.

Hinsichtlich der Verwendung der STL-Klassen gilt:

- Die Headerdateien der STL besitzen nicht die Extension `.h`. Die folgende Tabelle zeigt die Headerdateien, die inkludiert werden müssen, wenn man die entsprechende Funktionalität aus der STL nutzen möchte:

Headerdatei	bei Verwendung von	
`<utility>`	`pair`	
`<list>`	`list`	*sequentielle Container*
`<vector>`	`vector`	
`<deque>`	`deque`	
`<stack>`	`stack`	*Container-Adaptoren*
`<queue>`	`queue, priority_queue`	
`<set>`	`set, multiset`	*Assoziative Container*
`<map>`	`map, multimap`	
`<algorithm>`	Algorithmen	*STL-Algorithmen*
`<numeric>`	spezielle mathematische Operationen	

- Alle Bezeichner der STL sind im Standard-Namensraum `std` enthalten.
- Die STL ist so aufgebaut, dass die verschiedenen Container möglichst in der gleichen Weise benutzt werden können:
  - Der Zugriff auf die Elemente im Container ist über Iteratoren möglich.
  - Methoden für gleichartige Operationen besitzen den gleichen Namen. So liefert z. B. die Methode `size()` – unabhängig vom jeweiligen Containertyp – grundsätzlich die Anzahl der Elemente im Container zurück.

  Diese Gleichbehandlung ist zum einen für den STL-Nutzer von Vorteil und zum anderen ist sie ein entscheidendes Mittel, um verschiedene Algorithmen mit den verschiedenen Containern zusammenarbeiten zu lassen.

Wir wollen nun zunächst das Prinzip der Iteratoren anhand eines Containers vorstellen und die wichtigsten grundsätzlich vorhandenen Methoden nennen. Erst dann werden wir einige Container vorstellen, wobei Sie in den dortigen Beispielen die Verwendung der vorgestellten Prinzipien sehen werden.

21.4 Das Prinzip der Iteratoren

Wie bereits erwähnt, verfügt jeder Container über einen oder mehrere zugehörige *Iterator(en)*. Das Prinzip des Iterators werden wir im Folgenden am Beispiel der STL-Liste erklären. Alle anderen Container arbeiten nach dem gleichen Prinzip.

Die STL-Klasse `list` repräsentiert eine *doppelt verkettete Liste*. Dieser Begriff wird bei der Beschreibung des Containers „Liste" in Kapitel 21.6.1 noch genauer erklärt.

Programm 21.3 legt eine Liste von Integern an und füllt diese mit einigen Werten, bevor es diese Liste mittels eines *Vorwärts-Iterators* und dann mittels eines *Rückwärts-Iterators* durchläuft und jeweils die einzelnen Elemente (hier ganze Zahlen) ausgibt.

Programm 21.3 – `stllist.cpp`:
Demoprogramm zum list-Container mit Vorwärts- und Rückwärts-Iterator

```
#include <list>
#include <iostream>
using namespace std;

int main(void) {
   list<int> myList;

   //............................................ Liste mit Zahlen füllen
   for (int i=1; i <= 4; i++)
      myList.push_back(i);

   //.................................................. Vorwärts-Iterator
   list<int>::iterator it;
   // Durchlaufen der Liste
   //    von Anfang:   it = myList.begin())
   //    bis Ende:     it != myList.end();
   //    schrittweise: ++it
   for (it=myList.begin(); it != myList.end(); ++it)
      cout << *it << " "; // *it = Zugriff auf Listen-Element
   cout << endl;

   //................................................ Rückwärts-Iterator
   list<int>::reverse_iterator rit;
   // Durchlaufen der Liste
   //    vom Ende:     rit = myList.rbegin())
   //    bis Anfang:   rit != myList.rend();
   //    schrittweise: ++rit
   for (rit=myList.rbegin(); rit != myList.rend(); ++rit)
      cout << *rit << " "; // *rit = Zugriff auf Listen-Element
   cout << endl;
}
```

Programm 21.3 liefert die folgende Ausgabe:

```
1 2 3 4
4 3 2 1
```

Abbildung 21.1 verdeutlicht den Ablauf im Programm 21.3.

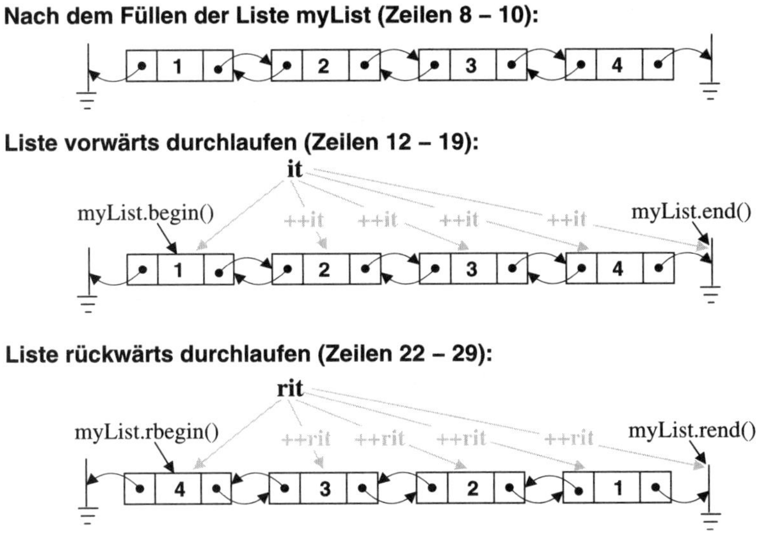

Abbildung 21.1: Iteratoren bei myList im Programm 21.3

Um die Liste `myList` in Programm 21.3 zu durchlaufen, benötigen wir einen Iterator. Dieser ermöglicht es uns, auf die einzelnen Elemente schrittweise zuzugreifen. Iteratoren sind Klassen, die innerhalb des jeweiligen Containers definiert sind, und stehen daher über den Scopeoperator `::` zur Verfügung.

Vorwärts-Iterator – Durchlaufen einer Liste von Anfang an

Um einen Vorwärts-Iterator anzulegen, kann Folgendes angegeben werden:

```
list<int>::iterator it;
```

Dieser Iterator `it` entspricht zum einen einem Zeiger auf den Containertyp (in unserem Fall: `int`) und zum anderen hat er Zusatzfunktionalität (Operator `++`), um durch die Liste zu iterieren:

- Als Erstes muss dieser Iterator auf den Anfang der Liste positioniert werden:

  ```
  it = myList.begin();
  ```

  Danach zeigt der Iterator `it` auf das Container-Element mit dem Wert 1.

- Da der Iterator auch ein Zeiger auf das Element ist, kann der Wert dieses Elementes nun wie folgt ausgegeben werden:

  ```
  cout << *it;
  ```

- Das Ende einer Liste wird durch einen Ende-Iterator gekennzeichnet, der mit der Methode `end()` abgefragt werden kann. Zeigt ein Iterator auf dieses Element, bedeutet dies, dass er auf das `NULL`-Element zeigt, das nicht mehr ausgegeben werden kann.

Die ganze Liste lässt sich somit wie folgt vorwärts ausgeben:

```
for (it=myList.begin(); it != myList.end(); ++it)
   cout << *it << " "; // *it = Zugriff auf Listen-Element
```

Rückwärts-Iterator – Rückwärtiges Durchlaufen einer Liste vom Ende an

Neben dem Vorwärts-Iterator gibt es bei den meisten Containern auch einen Rückwärts-Iterator (*Reverse-Iterator*), der sich wie folgt anlegen lässt:

```
list<int>::reverse_iterator rit;
```

- Dieser Rückwärts-Iterator `rit` arbeitet nach denselben Prinzipien wie der Vorwärts-Iterator, nur dass Beginn und Ende vertauscht sind.
- Die entsprechenden Methoden lauten `rbegin()` und `rend()`.

Die ganze Liste lässt sich somit wie folgt rückwärts ausgeben:

```
for (rit=myList.rbegin(); rit != myList.rend(); ++rit)
   cout << *rit << " "; // *rit = Zugriff auf Listen-Element
```

21.5 Wichtige Methoden von Containern

In diesem Kapitel wollen wir die zentralen Methoden vorstellen, über die die Container verfügen. Auch hier gilt wieder, dass dies längst nicht alle Methoden sind, und im Zweifelsfall in weiterführender Literatur, wie z. B. dem eBook *„Die C++-Standardbibliothek"* (siehe auch Seite 20), nachgeschlagen werden sollte.

Methoden zum Zugriff auf Anfang und Ende von Containern

Methode	gibt zurück ...
`back()`	Wert des letzten Elementes
`front()`	Wert des ersten Elementes
`begin()`	Iterator auf das erste Element
`end()`	Iterator auf Ende-Element nach dem letzten (= `NULL`-Element)
`rbegin()`	Reverse-Iterator auf erstes Element von hinten (= letztes Element)
`rend()`	Reverse-Iterator auf Element nach dem letzten Element von hinten (= Ein Element vor dem `begin()`, ist auch `NULL`-Element)

Methoden zum Ermitteln der (maximalen) Elementanzahl in Containern

Methode	gibt zurück ...
`size()`	die Anzahl der Elemente im Container
`maxsize()`	die maximale mögliche Größe für den aktuellen Container
`empty()`	`true`, falls der Container leer ist, sonst `false`

Methoden zum Löschen von Elementen in Containern

`erase()`	löscht ein Element bzw. Element-Bereich eines Containers
`clear()`	löscht alle Elemente des Containers

Methoden zum Einfügen von Elementen in Containern

`insert()`	Diese Methode hat je nach Containertyp unterschiedliche Parameter. Bei Containern, die ihre Elemente unsortiert halten, wird ein Iterator benötigt, um die Stelle des Einfügens zu kennzeichnen. Bei sortierten Containern ist dies (logischerweise) nicht nötig.

Container, die ihre Elemente unsortiert halten, bieten noch folgende Methoden an:

`push_back()`,	`push_front()`	Anhängen am Ende bzw. am Anfang
`pop_back()`,	`pop_front()`	Entfernen am Ende bzw. am Anfang

Methoden zum Suchen von Elementen in sortierten Containern

Sortierte Container bieten eine Methode `find()` zum Suchen eines Wertes innerhalb des Containers. Das Ergebnis der Suche ist ein Iterator. Wird kein entsprechendes Element gefunden, wird `end()` geliefert.

21.6 Die grundlegenden STL-Container

In diesem Kapitel werden die grundlegenden Container der STL vorgestellt. Auch hier kann und soll nicht auf alle Funktionalitäten der Container eingegangen werden. Jeder Container (und die hier aufgeführten sind längst nicht alle) wäre ein eigenes, umfangreicheres Kapitel wert. Dies ist aber nicht Ziel des Buches. Aus unserer Sicht ist es wichtig, die Grundtypen und Prinzipien zu kennen.

21.6.1 Die Klasse list

Eine *Liste* verwaltet den jeweiligen Datentyp in einer aufeinander folgenden Reihe. Das Besondere an einer Liste ist, dass an jeder beliebigen Stelle einfach Elemente eingefügt und gelöscht werden können. Die STL-Liste ist als doppelt verkettete Liste realisiert, bei der jedes Element seinen Vorgänger und Nachfolger kennt; siehe auch Abbildung 21.1 auf Seite 493. Im Gegensatz dazu kennt bei einer einfach verketteten Liste jedes Element lediglich seinen Nachfolger.
Die Verwendung einer STL-Liste haben wir bereits beim Prinzip der Iteratoren in Kapitel 21.4 auf Seite 492 gezeigt. Der Vollständigkeit halber wollen wir hier jedoch noch ein zweites Beispiel in Programm 21.4 zeigen.

Programm 21.4 – `stllist2.cpp`:
Weiteres Demoprogramm zum list-Container mit Vorwärts-Iterator

```
#include <list>
#include <iostream>
using namespace std;

class CPunkt {
  public:
     CPunkt(int x=0, int y=0) : m_x(x), m_y(y) { }
     ~CPunkt() { }
     void show() { cout << "P(" << m_x << ", " << m_y << ")" << endl; }
```

```
    private:
        int m_x;
        int m_y;
};

int main(void)
{
    list<CPunkt>  polygon; // STL-Liste für Punkte

    //... Polygonzug erstellen
    polygon.push_back( CPunkt(1, 2) );
    polygon.push_back( CPunkt(3, 4) );
    polygon.push_back( CPunkt(5, 6) );
    polygon.push_back( CPunkt(7, 3) );
    polygon.push_back( CPunkt(9, 9) );

    //... Einzelne Punkte des Polygonzugs ausgeben
    list<CPunkt>::iterator it;
    for (it=polygon.begin(); it != polygon.end(); ++it)
        it->show();
}
```

Programm 21.4 liefert die folgende Ausgabe:

```
P(1, 2)
P(3, 4)
P(5, 6)
P(7, 3)
P(9, 9)
```

21.6.2 Die Klasse vector

Die Klasse `vector` wurde zwar bereits in Kapitel 9.2 auf Seite 69 eingeführt, wird aber hier nochmals kurz im Rahmen der STL vorgestellt. Ein *Vektor* entspricht einem Array im Sinne von C mit dem Unterschied, dass dieses Array dynamisch wachsen kann, wie dies in Abbildung 21.2 dargestellt ist.

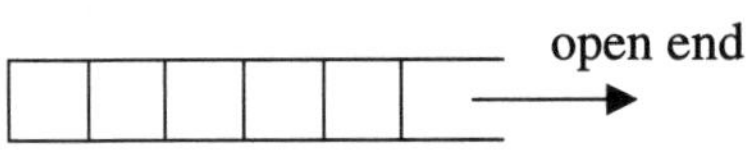

Abbildung 21.2: Ein STL-Vektor kann dynamisch wachsen

Der Hauptvorteil eines Vektors gegenüber einer Liste ist, dass hier auf das n .te Element direkt über den Index-Operator zugegriffen werden kann. Bei der Liste dagegen muss die Liste Element für Element durchlaufen werden, bis das n. te Element erreicht ist. Das Anhängen und Löschen von Elementen am Ende des Vektors ist optimal schnell, jedoch nicht in der Mitte des Containers.

Programm 21.5 zeigt die Verwendung der STL-Klasse `vector`.

Programm 21.5 – `stlvector.cpp`:
Demoprogramm zum vector-Container

```
#include <vector>    // STL-Klasse Vektor
#include <iostream>
using namespace std;

int main(void) {
   int  i;
   vector<int> zahlen(5);  // int-Vektor mit 5 Elementen
   //... Vektor füllen über Index-Operator
   for (i=0; i < zahlen.size(); i++)
      zahlen[i] =i;

   //... Vektor vergrössert sich bei Bedarf
   zahlen.insert(zahlen.end(), 10);    // Zahl 10 anhängen
   zahlen.push_back(100);              // Zahl 100 anhängen
   zahlen.insert(zahlen.end()-1, 50); // Zahl 50 vor letztes Element einfügen

   //... Vorwärts-Ausgabe des Vektors als Array
   for (i=0; i < zahlen.size(); i++)
      cout << zahlen[i] << "  ";
   cout << endl;

   //... Vorwärts-Ausgabe des Vektors über Iterator
   vector<int>::iterator it;
   for (it=zahlen.begin(); it != zahlen.end(); ++it)
      cout << *it << "  ";
   cout << endl;
   cout << "-------------------------" << endl;

   //... Rückwärts-Ausgabe des Vektors als Array
   for (i=zahlen.size()-1; i >= 0; i--)
      cout << zahlen[i] << "  ";
   cout << endl;

   //... Rückwärts-Ausgabe des Vektors über Iterator
   vector<int>::reverse_iterator rit;
   for (rit=zahlen.rbegin(); rit != zahlen.rend(); ++rit)
      cout << *rit << "  ";
}
```

Programm 21.5 liefert die folgende Ausgabe:

```
0  1  2  3  4  10  50  100
0  1  2  3  4  10  50  100
--------------------------
100  50  10  4  3  2  1  0
100  50  10  4  3  2  1  0
```

21.6.3 Die Klasse deque

Deque ist die Abkürzung für *double ended queue*. Sie ist dahingehend optimiert, dass man sehr schnell Elemente am Anfang oder Ende anfügen kann. Das Einfügen von Elementen in der Mitte dauert dagegen länger. Die Deque eignet sich für alle Aufgaben, bei denen ein *FIFO* oder *LIFO*-Puffer benötigt wird.

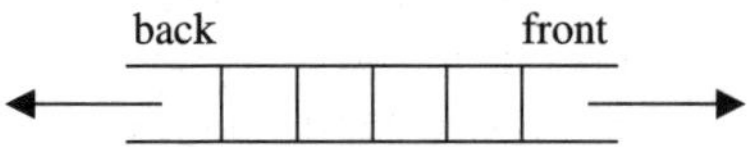

Abbildung 21.3: Eine STL-Deque ermöglicht Zugriffe auf Elemente an beiden Enden

Programm 21.6 – `stldeque.cpp`:
Demoprogramm zum deque-Container

```
#include <deque>        // STL-Klasse deque
#include <iostream>
using namespace std;
int main(void) {
   int         i;
   deque<int> dq;  // Eine deque
   for(i=0; i < 10; i++) //... Deque hinten füllen
      if (i%2 == 0)
         dq.push_back(i); // gerade Zahlen am Ende anfügen
      else
         dq.push_front(i); // ungerade Zahlen am Anfang einfügen
   //... Benutzung der Deque als FIFO
   while (!dq.empty()) {
      cout << *dq.begin() << "  ";
      dq.pop_front();
   }
   cout << endl;
   for (i=0; i < 10; i++) //... Deque erneut füllen (immer vorne einfügen)
      dq.push_front(i);
   //... Benutzung der Deque als LIFO
   while (!dq.empty()) {
      cout << *(dq.end()-1) << "  ";
      dq.pop_back();
   }
}
```

Programm 21.6 liefert die folgende Ausgabe:

```
9  7  5  3  1  0  2  4  6  8
0  1  2  3  4  5  6  7  8  9
```

Die Methoden `pop_front()` und `pop_back()` entfernen das erste bzw. letzte Element der Sequenz. Das Element selbst wird dabei nicht zurückgegeben. Der Zugriff darauf muss daher vorher erfolgen. Da der Ende-Iterator immer hinter das letzte Element zeigt, muss beim Zugriff über `end()` immer auf das vorherige Element (`dq.end()-1`) zugegriffen werden.

21.6.4 Der Klassen stack und queue

In der STL gibt es auch die Klassen `stack` und `queue`, die nach den Prinzipien arbeiten, die wir bereits im Laufe dieses Buches kennen gelernt haben:

- Für einen FIFO-Puffer könnte damit auch die STL-Klasse `queue` und
- für einen LIFO-Puffer die STL-Klasse `stack` benutzt werden.

Die Benutzung von `stack` bzw. `queue` erscheint dabei einfacher als die der `deque`, weil beim Zugriff auf die Elemente kein Iterator benötigt wird. Stattdessen gibt es bei `stack` und `queue` für den Zugriff auf die Elemente eigene Methoden. Intern arbeiten die beiden Klassen jedoch mit einer Containerklasse, die sie aggregieren. Anfragen an die Klasse werden dann an den aggregierten Container entsprechend delegiert. Standardmäßig arbeiten `stack` und `queue` mit dem Container `deque`. Es kann aber auch im Konstruktor ein anderer Container gewählt werden, wie dies in Programm 21.7 gezeigt ist.
Hier werden alle Zahlen von 0 bis 9 in eine Queue gestellt und anschließend wieder ausgelesen, um sie dann auf einen Stack zu packen. Dann werden die Werte vom Stapel wieder gelesen und ausgegeben. Der Stack benutzt als internen Container eine `deque` (Voreinstellung), während die Queue eine Liste (`list`) verwendet.

Programm 21.7 – `stlstackqueue.cpp`:
Demoprogramm zu stack- und queue-Container

```
#include <iostream>
#include <stack>
#include <queue>
#include <list>
using namespace std;
int main(void) {
   int wert;        // Ein Wert aus Queue bzw. Stack
   queue<int, list<int> > myQueue; // int-Queue mit list-Container
   stack<int> myStack; // int-Stack mit Default-Container (deque)
   //... Zahlen von 0 bis 9 in die Queue stellen
   for (int i=0; i< 10 ; i++)
      myQueue.push(i);  // Queue-Wert schreiben
   //... Zahlen von der Queue holen und in den Stack ablegen
   cout << "Werte von der Queue: ";
   while (!myQueue.empty()) {
      wert = myQueue.front(); // Queue-Wert lesen
      cout << wert << "  ";   // und ausgeben
      myQueue.pop();          // Queue-Wert löschen
      myStack.push(wert);  // Stack-Wert schreiben
   }
   //... Zahlen aus dem Stack holen und anzeigen
   cout << endl << "Werte vom Stack:      ";
   while (!myStack.empty()) {
      wert = myStack.top();  // Stack-Wert lesen
      cout << wert << "  ";
      myStack.pop();           // Stack-Wert löschen
   }
}
```

Programm 21.7 liefert die folgende Ausgabe:

```
Werte von der Queue: 0  1  2  3  4  5  6  7  8  9
Werte vom Stack:     9  8  7  6  5  4  3  2  1  0
```

Beachten Sie in Programm 21.7, dass beim Anlegen von `myQueue` der zweite Template-Parameter wiederum eine Templateklasse (`list<int>`) ist. Damit folgen zwei schließende spitze Klammern aufeinander. Diese sind durch ein Leerzeichen getrennt, da der Compiler sonst fälschlicherweise annehmen würde, dass es sich hier bei >> um den Shift-Operator (nach rechts) handelt.

21.6.5 Die Klasse priority_queue

Eine weitere Datenstruktur, die die STL über die Klasse `priority_queue` zur Verfügung stellt, ist die so genannte *Prioritäts-Warteschlange.* Eine Prioritäts-Warteschlange ist eine besondere Form einer `queue`, da hier die Elemente – unabhängig von der Reihenfolge des Einfügens – entsprechend eines vorgegebenen Sortierkriteriums in die Warteschlange eingefügt werden. Ein Beispiel für eine Prioritäts-Warteschlange wäre eine Auto-Warteschlange vor einer Ampel. Kommt hier ein Krankenwagen mit Blaulicht und Sirene an, so machen die davor stehenden Autos Platz und lassen den Krankenwagen vorbei an die erste Stelle in der Warteschlange. Verwendet man `priority_queue`, muss man die Headerdatei <queue> inkludieren. Mit folgender Angabe wird ein leeres `priority_queue`-Objekt mit dem Namen *name* angelegt, das Elemente vom Typ *T* aufnehmen kann.

```
priority_queue<T> name
```

Folgende Methoden sind im Zusammenhang mit `priority_queue` wichtig, da diese Methoden denen von der Klasse `stack` ähneln, sich aber anders verhalten:

`void push(const T& elem)`: fügt das Element `elem` in der Prioritäts-Warteschlange entsprechend seiner Priorität ein.

`void pop()`: entfernt das höchstpriore Element an der ersten Stelle aus der Prioritäts-Warteschlange, liefert es aber nicht zurück.

`const T& top() const`: liefert `const`-Referenz auf das an erster Stelle stehende Element, entfernt dieses Element aber nicht aus der Warteschlange.

Programm 21.8 – `stlprioq1.cpp`:
Einfaches Demoprogramm zur Klasse priority_queue

```
#include <iostream>
#include <queue>
using namespace std;

int main(void)
{
   priority_queue<int> prioq;
   cout << "Eingefügt in folg. Reihenfolge: ";

   for (unsigned i = 0; i < 20; i++) {
      unsigned z = rand()%10;
```

```
      cout << z << " ";
      prioq.push(z);
   }
   cout << endl << "Reihenfolge in priority_queue: ";
   while (!prioq.empty()) {
      cout << prioq.top() << " ";
      prioq.pop();
   }
}
```

Programm 21.8 liefert z. B. die folgende Ausgabe:

```
Eingefügt in folg. Reihenfolge: 3 6 7 5 3 5 6 2 9 1 2 7 0 9 3 6 0 6 2 6
Reihenfolge in priority_queue:  9 9 7 7 6 6 6 6 6 5 5 3 3 3 2 2 2 1 0 0
```

Interne Realisierung einer Prioritäts-Warteschlange

Bei der Klasse `priority_queue` handelt es sich um eine so genannte *Container-Adaptorklasse*, die sich intern unter Verwendung der sequentiellen Containerklassen `vector` oder `deque` realisieren lässt. Die Voreinstellung ist, dass die Klasse `priority_queue` intern als `vector` realisiert wird:

```
   priority_queue<T, vector<T> > pq; // entspr.: priority_queue<T> pq;
```

Möchte man eine `deque`-Realisierung, muss man folgende Syntax verwenden:

```
   priority_queue<T, deque<T> > pq;
```

Programm 21.9 gibt die Zeilen der Datei `namen.txt` absteigend sortiert aus.

Programm 21.9 – `stlprioq2.cpp`:
Interne Realisierung einer Prioritäts-Warteschlange als vector

```
#include <fstream>
#include <queue>
#include <vector>
#include <string>
#include <iostream>
using namespace std;
int main(void) {
   ifstream eing("namen.txt");
   priority_queue<string> pq; // = priority_queue<string, vector<string> > pq;
   //....Datei zeilenweise lesen und Zeilen in Prioritäts-Warteschl. speichern
   string zeile;
   while (getline(eing, zeile))
      pq.push(zeile + "\n");
   while (!pq.empty()) { // In Prioritäts-Warteschl. gespeicherten Zeilen ausgeben
      cout << pq.top();
      pq.pop();
   }
}
```

Alternativ könnte man die Prioritäts-Warteschlange in Programm 21.9 auch intern als Deque realisieren lassen, indem man die fett gedruckte Zeile wie folgt angibt:

```
    priority_queue<string, deque<string> > pq;
```

Hat die Datei `namen.txt` den folgenden Inhalt:

```
Berta
Michael
Zorro
Aaron
Anton
```

so würde Programm 21.9 in beiden Fällen Folgendes ausgeben:

```
Zorro
Michael
Berta
Anton
Aaron
```

Festlegen anderer Sortierkriterien für Prioritäts-Warteschlangen

Wie wir zuvor gesehen haben, ist die Voreinstellung, dass Elemente in einer Prioritäts-Warteschlange mittels des Operators `operator<` abwärts sortiert werden. Eine Möglichkeit, eine andere Sortierreihenfolge in einer Prioritäts-Warteschlange zu erreichen, ist eine eigene Wrapper-Klasse, in der man den Operator `operator<` entsprechend der gewünschten Sortierreihenfolge überlädt, wie es Programm 21.10 zeigt.

Programm 21.10 – `stlprioq3.cpp`:
Aufsteigendes Sortieren mittels einer eigenen Wrapper-Klasse

```
#include <fstream>
#include <queue>
#include <string>
#include <iostream>
using namespace std;
//...............................................Wrapper-Klasse myString
class myString {
  public:
     myString(const string s) : m_str(s) { }
     string getString() const                  { return m_str;          }
     bool operator< (const myString& r) const { return m_str > r.m_str; }
  private:
     string m_str;
};
//................................................................main
int main(void) {
   ifstream eing("namen.txt");
   priority_queue<myString> pq;
```

```
   //....Datei zeilenweise lesen und Zeilen in Prioritäts-Warteschl. speichern
   string zeile;
   while (getline(eing, zeile))
      pq.push(zeile + "\n");

   //....In Prioritäts-Warteschlange gespeicherten Zeilen ausgeben
   while (!pq.empty()) {
      cout << pq.top().getString();
      pq.pop();
   }
}
```

Programm 21.10 gibt dann den Inhalt der Datei `namen.txt` aufsteigend sortiert aus:

```
Aaron
Anton
Berta
Michael
Zorro
```

Programm 21.11 zeigt, wie man unter Verwendung einer Wrapper-Klasse eine Prioritäts-Warteschlange auch nach mehreren Schlüsseln sortieren lassen kann.

Programm 21.11 – `stlprioq4.cpp`:
Sortieren einer Prioritäts-Warteschlange nach mehreren Schlüsseln

```
#include <string>
#include <queue>
#include <iostream>
using namespace std;
//.............................................................CArtikel
class CArtikel {
     friend bool operator< (const CArtikel& l, const CArtikel& r) {
        return (l.m_regal > r.m_regal ||
                (l.m_regal == r.m_regal && l.m_nr > r.m_nr));
     }
     friend ostream& operator<<(ostream& os, const CArtikel& art) {
        return os << art.m_regal << art.m_nr << ": " << art.m_name;
     }
  public:
     CArtikel(char regal = 'A', int nr = 1, string name="")
           : m_regal(regal), m_nr(nr), m_name(name) { }
  private:
     char   m_regal;
     int    m_nr;
     string m_name;
};
//.................................................................main
int main(void) {
   priority_queue<CArtikel> lager;
```

```
    lager.push(CArtikel('X', 3, "Radiergummi"));
    lager.push(CArtikel('B', 2, "Schulhefte"));
    lager.push(CArtikel('M', 1, "Malstifte"));
    lager.push(CArtikel('B', 1, "Notizbloecke"));
    lager.push(CArtikel('X', 2, "Locher"));
    lager.push(CArtikel('M', 2, "Bleistifte"));
    lager.push(CArtikel('X', 1, "Tintenkiller"));
    while (!lager.empty()) {
        cout << lager.top() << endl;
        lager.pop();
    }
}
```

Programm 21.11 liefert die folgende Ausgabe:

```
B1: Notizbloecke
B2: Schulhefte
M1: Malstifte
M2: Bleistifte
X1: Tintenkiller
X2: Locher
X3: Radiergummi
```

21.6.6 Das Klassen set und multiset

- Ein *Set* ist eine Menge von Objekten, bei der jedes Element *nur einmal* vorkommen darf. Da die Elemente zu jedem Zeitpunkt *sortiert* vorliegen, kann sehr schnell festgestellt werden, ob ein Wert im *Set* vorhanden ist oder nicht.
- Ein *Multiset* entspricht einem *Set*, jedoch mit dem Unterschied, dass in einem *Multiset* mehrere Elemente den gleichen Wert besitzen dürfen.

Verwendet man *Sets* oder *Multisets*, muss man folgende Headerdatei inkludieren:

```
#include <set>
```

Programm 21.12 zeigt die Verwendung der STL-Klassen `set` und `multiset`.

Programm 21.12 – `stlset1.cpp`:
Demoprogramm zu den STL-Klassen set und multiset

```
#include <cstring>
#include <iterator>
#include <set>
#include <iostream>
using namespace std;
int main(void) {
    char z;
    set<char> menge1;
    multiset<char> multiMenge1;
    set<char>::iterator it;
    multiset<char>::iterator itMulti;
```

```
    for (unsigned i=0; i < 50; i++) {
        cout << (z = 'a'+rand()%26);
        menge1.insert(z);
        multiMenge1.insert(z);
    }
    cout << endl;

    for (it = menge1.begin(); it != menge1.end(); it++)
        cout << *it;
    cout << endl;
    for (itMulti = multiMenge1.begin(); itMulti != multiMenge1.end(); itMulti++)
        cout << *itMulti;
    cout << endl;
}
```

Programm 21.12 liefert z. B. die folgende Ausgabe:

```
nwlrbbmqbhcdarzowkkyhiddqscdxrjmowfrxsjybldbefsarc
abcdefhijklmnoqrswxyz
aabbbbbcccddddde ffhhijjkkllmmnooqqrrrrrssswwwxxyyz
```

Da die Werte im Set sortiert gehalten werden, kann nach einem Wert auch mit der Methode `find()` gesucht werden. Wie man in Programm 21.13 sieht, liefert diese Methode einen Iterator auf das gefundene Element zurück. Wird das Element nicht gefunden, so entspricht der Rückgabewert dem Ende-Iterator. Da die Position des Elementes nun bekannt ist, kann es mit der Methode `erase()` aus dem Set gelöscht werden. Programm 21.13, das das Ziehen von Lottozahlen simuliert, nutzt die Tatsache aus, dass in einem Set ein Wert nur einmal vorkommen darf.

Programm 21.13 – `stlset2.cpp`:
Ziehen von Lottozahlen mittels der STL-Klasse set

```
#include <cstdlib>
#include <ctime>
#include <iterator>
#include <set>
#include <iostream>
using namespace std;

int main(void)
{
    unsigned i;
    srand(time(0));
    set<int> zahlen; // Zahlen von 1 bis 49
    set<int> lotto;  // für gezogene Lottozahlen
    set<int>::iterator it;

    //... Zahlen 1 bis 49 in Set 'zahlen' einfügen
    for (i=1; i<=49; i++)
        zahlen.insert(i);
```

```
    //... 6 Lottozahlen aus Set 'zahlen' ziehen und in Set 'lotto' einfügen
    for (i=1; i<=6; i++) {
       do {
          it = zahlen.find( rand()%49+1 ); // Zufallszahl suchen
       } while ( it == zahlen.end() ); // wenn nicht mehr vorhanden --> neue Zahl
       lotto.insert(*it); // gefundene Lottozahl zu lotto hinzufügen
       zahlen.erase(it);  // gezogene Zahl aus zahlen löschen
    }
    //... Ausgeben der gezogenen Lottozahlen (sind automatisch sortiert)
    cout << "Die Lottozahlen sind: ";
    for (it = lotto.begin(); it != lotto.end(); it++)
       cout << *it << ", ";
    cout << endl;
}
```

Programm 21.13 liefert z. B. die folgende Ausgabe:

```
Die Lottozahlen sind: 7, 9, 10, 16, 23, 46,
```

Als Template-Parameter beim Set kann natürlich ein beliebiger Datentyp angegeben werden, also auch eine eigene Klasse. Beispielsweise wäre es damit möglich, mit Hilfe eines Sets eine sortierte Adressenliste zu verwalten, wie es Programm 21.14 zeigt.

Programm 21.14 – `stlset3.cpp`:
Verwendung eines STL-Sets mit CAdresse-Elementen

```
#include <string>
#include <set>            // STL-Klasse set
#include <iostream>
using namespace std;
class CAdresse {
  public:
     CAdresse(string name="", string ort="") : m_name(name), m_ort(ort) { }
     virtual ~CAdresse() {}
     void Ausgeben() const { cout << m_name << ", " << m_ort << endl; }
     bool operator< (const CAdresse adr2) const {
        return m_name < adr2.m_name || m_ort < adr2.m_ort;
     }
  private:
     string m_name, m_ort;
};
int main(void) {
   /*multi*/set<CAdresse> mySet;      // ein STL Set
   mySet.insert(CAdresse("Pauli", "Neustadt"));
   mySet.insert(CAdresse("Pauli", "Muenchen"));
   mySet.insert(CAdresse("Donald", "Entenhausen"));
   mySet.insert(CAdresse("Daisy",  "Entenhausen"));
   mySet.insert(CAdresse("Donald", "Entenhausen"));
   mySet.insert(CAdresse("Petrus", "Himmelreich"));
```

```
    //... Löschen von Pauli aus Neustadt
    /*multi*/set<CAdresse>::iterator it;
    it = mySet.find(CAdresse("Pauli", "Neustadt"));

    if (it == mySet.end())
       cout << "'Pauli aus Neustadt' wurde nicht gefunden!" << endl;
    else {
       mySet.erase(it);
       cout << "'Pauli aus Neustadt' gelöscht. Es sind nun noch "
            << mySet.size() << " Elemente im Set." << endl;
    }
    //... Ausgabe der Set-Werte
    cout << endl << "Inhalt des Sets:" << endl;
    for (it=mySet.begin(); it != mySet.end(); it++)
       it->Ausgeben();
}
```

Programm 21.14 liefert die folgende Ausgabe:

```
'Pauli aus Neustadt' gelöscht. Es sind nun noch 4 Elemente im Set.

Inhalt des Sets:
Daisy, Entenhausen
Donald, Entenhausen
Petrus, Himmelreich
Pauli, Muenchen
```

Damit die Klasse `set` weiß, wie sie die Elemente sortieren soll, muss der Operator < für die entsprechende Klasse, die im Set aufzunehmen ist, vorhanden sein. Bei Standard-Datentypen ist dies der Fall, ebenso bei der STL-Klasse `string`. Für unsere eigene Klasse `CAdresse` dagegen müssen wir also den Operator < überladen, damit das Set das Sortierkriterium kennt.

Beim Überladen des Operators < muss man wissen, dass die Klasse `set` den Vergleich mit `const`-Objekten durchführt, was bedeutet, dass sowohl der Parameter als auch die Methode selbst `const` deklariert sein muss, denn in C++ können `const`-Objekte nur auf `const`-Methoden zugreifen. Dies ist ein gewisser Selbstschutz, denn der Compiler überprüft, dass in einer mit `const` gekennzeichneten Methode der Zugriff auf die Membervariablen nur lesend und nicht schreibend erfolgt.

Bemerkenswert ist in diesem Zusammenhang auch, dass der Operator < sowohl bei der Methode `find()` als auch bei der Methode `insert()` verwendet wird.

Würde sich der Vergleich z. B. nur auf den Namen beziehen und den Ort außer Acht lassen, so würden Personen mit gleichem Namen (aber unterschiedlichen Wohnorten) nur einmal ins Set aufgenommen werden.

Folgende Implementierung des Operators <:

```
bool operator< (const CAdresse adr2) const
{
   return m_name < adr2.m_name; // || m_ort < adr2.m_ort;
}
```

würde daher zu folgender Ausgabe führen:

```
'Pauli aus Neustadt' gelöscht. Es sind nun noch 3 Elemente im Set.

Inhalt des Sets:
Daisy, Entenhausen
Donald, Entenhausen
Petrus, Himmelreich
```

Es fehlt „*Pauli aus Muenchen*". Er wurde nie ins Set aufgenommen, da der ursprünglich vorhandene „*Pauli aus Neustadt*" vorher ins Set eingefügt wurde und damit bereits ein „*Pauli*" vorhanden war.
Würde man in Programm 21.14 statt `set`-Definitionen `multiset`-Definitionen verwenden, so würde dieses Programm die folgende Ausgabe liefern:

```
'Pauli aus Neustadt' gelöscht. Es sind nun noch 5 Elemente im Set.

Inhalt des Sets:
Daisy, Entenhausen
Donald, Entenhausen
Donald, Entenhausen
Petrus, Himmelreich
Pauli, Muenchen
```

21.6.7 Die Klassen map und multimap

Die *Map* ist ein so genanntes *assoziatives Array*, d. h. es werden zwei Datentypen angegeben, zwischen denen eine Assoziation (eine Verbindung) besteht. Man spricht von *Schlüssel-Werte-Paaren*: Zu jedem Element gehört neben dem eigentlichen Wert ein identifizierender Schlüssel, nach dem sortiert wird. So könnte man z. B. ein Telefonbuch als Map realisieren, wobei der Name der Schlüssel und die entsprechende Telefonnummer und Adresse die zugehörigen Daten zu diesem Schlüssel sind.
Der Hauptunterschied zwischen einer *Map* und einer *Multimap* ist, dass in einer Multimap zu einem Schlüssel mehrere Einträge vorhanden sein dürfen, was bei einer Map nicht möglich ist. Anders als bei Maps können sich in Multimaps auch mehrere identische Werte befinden, denen identische Schlüssel zugeordnet sind.
Verwendet man *Maps* oder *Multimaps*, muss man folgende Headerdatei inkludieren:

```
#include <map>
```

Die Syntax zum Anlegen eines `map`- bzw. `multimap`-Objekts ist z. B. folgende:

```
map<schlüsselTyp, datenTyp> name
multimap<schlüsselTyp, datenTyp> name
```

Hiermit wird ein `map`- bzw. `multimap`-Objekt mit dem Namen *name* angelegt. Der *schlüsselTyp* kann als Index verwendet werden. Das Ergebnis ist dann vom *datenTyp*.
Mit folgendem Code wird z. B. eine Map angelegt, die `int`-Schlüssel besitzt und als zugehörige Daten `bool`-Werte:

```
include <map>
...
map<int,bool> myfirstMap;
```

Das Besondere bei der Map ist, dass sie einem Array entspricht, dessen Index-Typ durch den Typ des Schlüssels bestimmt wird. Somit sind z. B. folgende Angaben möglich:

```
bool erg;
erg = myfirstMap[25];
```

Dadurch kann die Map wie ein Array benutzt werden, allerdings kann das Array Lücken haben. So kann es z. B. sein, dass es einen Index 25 gibt und der nächstfolgende Index 100 ist. Maps werden vor allen Dingen verwendet, um Wertepaare sortiert zu halten, wie z. B. Kundennummern zu Adressen (`map<int,CAdresse>`). Die Verwendung einer Map sieht auf den ersten Blick etwas anders aus als die der anderen Container, denn der Iterator zeigt hier nicht direkt auf einen der angegebenen Containertypen (Schlüssel oder Wert), sondern auf eine Klasse `pair`, die beide Containertypen enthält.
Programm 21.15 zeigt die Verwendung der STL-Klassen `map` und `multimap`.

Programm 21.15 – `stlmap1.cpp`:
Demoprogramm zu den STL-Klassen map und multimap

```
#include <string>
#include <map>
#include <iostream>
using namespace std;
int main(void) {
   typedef pair<string,int> paar;
   paar zahlen[] = { paar("eins",  1), paar("zwei",  2), paar("drei", 3),
                     paar("eins", 11), paar("zwei", 22) };
   unsigned anz = sizeof(zahlen) / sizeof(*zahlen);
   map<string,int> map1;        // Leere Map
   multimap<string,int> mmap1; // Leere Multimap
   map<string,int>::iterator it1;        // Map-Iterator
   multimap<string,int>::iterator mit1; // Multimap-Iterator

   for (unsigned i=0; i < anz; i++) {
      map1.insert(zahlen[i]);
      mmap1.insert(zahlen[i]);
   }
   cout << "SingleMap: "; //.....Ausgabe des Map-Inhalts
   for (it1 = map1.begin(); it1 != map1.end(); it1++)
      cout << "(" << it1->first << ": " << it1->second << "), ";
   cout << endl;
   cout << "MultiMap:  "; //.....Ausgabe des Multimap-Inhalts
   for (mit1 = mmap1.begin(); mit1 != mmap1.end(); mit1++)
      cout << "(" << mit1->first << ": " << mit1->second << "), ";
}
```

Programm 21.15 liefert die folgende Ausgabe:

```
SingleMap: (drei: 3), (eins: 1), (zwei: 2),
MultiMap:  (drei: 3), (eins: 1), (eins: 11), (zwei: 2), (zwei: 22),
```

Programm 21.16 ist ein weiteres Demoprogramm zur STL-Klasse `map`.

Programm 21.16 – `stlmap2.cpp`:
Weiteres Demoprogramm zur STL-Klasse map

```
#include <string>
#include <map>
#include <iomanip>
#include <iostream>
using namespace std;

int main(void) {
   map<string, int> myMap; // Map anlegen
   //... Map über Indexoperator füllen
   myMap["hugo"] = 30;
   //... Weitere Werte mit insert() eintragen -> hier ist ein pair notwendig
   pair<string,int> paar;
   paar.first = "berta";
   paar.second = 55;
   myMap.insert(paar);
   myMap.insert(pair<string, int>("fritzi", 18));
   //... Zu einem Namen nach dem Alter suchen
   string name;
   cout << "Name?: ";
   cin >> name;
   map<string, int>::iterator it;
   it = myMap.find(name);
   if (it == myMap.end())
      cout << name << " ist nicht in der Liste!"    << endl
           << "Der Wert ist daher: " << myMap[name] << endl;
   else
      // Die Ausgabe ist über Iterator und über Indexoperator möglich
      cout << name << " ist " << it->second << " Jahre alt..." << endl
           << "... wirklich, schon: " << myMap[name] << " Jahre." << endl;
   //... Ganzen Inhalt der Map anzeigen
   cout << endl << "Die Liste: " << endl;
   for (it=myMap.begin(); it != myMap.end(); ++it)
      cout << "Name: " << setiosflags(ios::left) << setw(9) << it->first
           << "Alter: " << it->second <<endl;
}
```

Wie man bei der Ausgabe in Programm 21.16 sieht, zeigt der Iterator eben nicht direkt auf einen `string` oder `int`, sondern auf ein `pair` aus `string` und `int`. Auf die Elemente des `pair` kann über die `public`-Eigenschaften `first` und `second` zugegriffen werden. Auch die Methode `insert()` verlangt als Parameter ein `pair`. Möglicher Ablauf des Programms 21.16:

```
Name?: fritzi ⏎
fritzi ist 18 Jahre alt...
... wirklich, schon: 18 Jahre.

Die Liste:
Name: berta    Alter: 55
Name: fritzi   Alter: 18
Name: hugo     Alter: 30
```

Diese Ausgabe verdeutlicht, dass die Map ihre Elemente sortiert nach dem Schlüssel hält.
Nun noch ein weiterer möglicher Ablauf des Programms 21.16:

```
Name?: susi ⏎
susi ist nicht in der Liste!
Der Wert ist daher: 0

Die Liste:
Name: berta    Alter: 55
Name: fritzi   Alter: 18
Name: hugo     Alter: 30
Name: susi     Alter: 0
```

Nun ist `susi` auch in der Liste, weil bei der Ausgabe auf `myMap[susi]` zugegriffen wurde.
Analog zur Klasse `set` muss auch bei der Map für den Schlüsseltyp der Operator < realisiert sein, damit das Einfügen (`insert()`) und Finden (`find()`) funktionieren kann. Für die Klasse `string` ist dies ja bekanntlich der Fall.

Der Indexoperator operator[] bei der Klasse map

Die Klasse `map` bietet anders als die Klasse `multimap` den Indexoperator `[]` an, um über einen Schlüssel auf einen Wert in der Map zuzugreifen:

`data_type operator[](const S& schlüssel)` (*nicht bei multimap*)

liefert eine Referenz auf den Wert (Objekt), der dem Schlüssel `schlüssel` in der Map zugeordnet ist. Sollte die Map den angegebenen Schlüssel nicht enthalten, wird automatisch ein neues Datenelement zu diesem Schlüssel angelegt, das entweder den Default-Wert erhält oder aber mittels des entsprechenden Default-Konstruktors angelegt wird. Multimaps bieten den Indexoperator nicht an, was ja auch nachvollziehbar ist, denn welcher Wert sollte dort zurückgeliefert werden, wenn der entsprechende Schlüssel mehrfach in der Map vorhanden ist?

Programm 21.17 – `stlmap3.cpp`:
Demoprogramm zum Indexoperator bei map-Objekten

```
#include <string>
#include <map>
#include <iomanip>
#include <iostream>
using namespace std;
```

```
int main(void) {
   map<string,int> m; // Map anlegen
   map<string, int>::iterator it; // Map-Iterator

   m["Zorro"] = 49;  // Mittels Indexoperator eintragen
   m["Emil"]  = 30;
   m.insert(make_pair("Hans", 22)); // Mittels insert eintragen

   for (it = m.begin(); it != m.end(); ++it)
      cout << setw(6) << it->first << ": " << it->second << endl;
   cout << "-------------------------------" << endl;
   if (m["Gerta"] == 28)  // Legt Gerta-Schlüssel mit Default-Wert 0 an
      cout << "...Gerta ist nicht 28 Jahre alt" << endl;
   for (it = m.begin(); it != m.end(); ++it)
      cout << setw(6) << it->first << ": " << it->second << endl;
}
```

Programm 21.17 liefert die folgende Ausgabe:

```
  Emil: 30
  Hans: 22
 Zorro: 49
-------------------------------
  Emil: 30
 Gerta: 0
  Hans: 22
 Zorro: 49
```

Programm 21.18 erstellt unter Verwendung einer Map eine Wortstatistik zu einer Datei. Als Schlüssel in der Map verwendet es die extrahierten Worte, deren Werte (Zähler) es dann mittels des Indexoperators erhöht.

Programm 21.18 – `stlmap4.cpp`:
Wortstatistik zu einer Datei unter Verwendung einer Map

```
#include <cctype>
#include <fstream>
#include <iterator>
#include <map>
#include <string>
#include <iomanip>
#include <iostream>
using namespace std;

int main(void)
{
   ifstream datei("stlmap4.cpp"); // Input-Stream auf Datei
   istreambuf_iterator<char> it(datei), end; // auf Dateianfang und für Ende
   map<string, int> worte; // Map (Wort als Schlüssel und Zähler als Wert)
   string str;
```

```
   for ( ; it != end; it++) {
      if (isalpha(*it))
         str += tolower(*it);
      else {
         if (isalpha(str[0]))
            worte[str]++;
         str.clear();
      }
   }
   map<string, int>::iterator wit;
   for (wit = worte.begin(); wit != worte.end(); wit++)
      cout << setw(15) << setiosflags(ios::left)    << wit->first << ":"
           << setw(10) << setiosflags(ios::right)   << wit->second
                       << resetiosflags(ios::right) << endl;
   cout << "....include kommt " << worte["include"] << " mal vor" << endl;
}
```

Programm 21.18 liefert die folgende Ausgabe:

```
als            :         2
auf            :         2
begin          :         1
cctype         :         1
..........................
..........................
wit            :         6
wort           :         1
worte          :         5
zaehler        :         1
....include kommt 9 mal vor
```

21.7 Algorithmen

Algorithmen sind globale Funktionen (keine Methoden), die auf einen Container bzw. auf dessen Iteratoren angewendet werden. Jeder Algorithmus kann Anforderungen an einen Container-Datentyp und an den Container stellen. Es gibt z. B. einen Algorithmus `sort()`, der es ermöglicht, einen `vector` oder eine `deque` zu sortieren. Voraussetzung ist, dass der verwaltete Datentyp den Operator < zur Verfügung stellt.

Es gibt eine Vielzahl von Algorithmen, um Container zu bearbeiten. Zum Teil sind die Algorithmen für sehr spezielle Problemstellungen vorgesehen, weshalb wir hier auch wieder auf entsprechende Literatur verweisen, wie z. B. dem eBook *„Die C++-Standardbibliothek"* (siehe auch Seite 20). Nachfolgend werden stellvertretend nur einige wichtige Algorithmen kurz vorgestellt. Verwendet man STL-Algorithmen, muss man bei manchen Compilern die folgende Headerdatei inkludieren, da diese Headerdatei die Funktionstemplates der Algorithmen enthält:

```
#include <algorithm>
```

21.7.1 Sortieren mit sort()

Zum Sortieren steht die Funktion `sort()` zur Verfügung. So würde z. B. der folgende Codeausschnitt den Vektor `myVector` sortieren.

```
vector<int> myVector;

myVector.push_back(80);
myVector.push_back(10);
myVector.push_back(120);
myVector.push_back(17);
sort(myVector.begin(), myVector.end());
```

Nach der letzten Codezeile ist der Vektor `myVector` sortiert. Dies ist hier möglich, weil Standard-Datentypen wie z. B. `vector` oder `deque` den Operator < automatisch zur Verfügung stellen. Würde dagegen ein (eigener) Datentyp bzw. eine (eigene) Klasse verwendet werden, die keinen Operator < zur Verfügung stellt, würde der Compiler einen Fehler melden.
Es gibt die verschiedensten Algorithmen, um einen Vektor zu sortieren. Die Funktion `sort()` dient hier nur als Beispiel. Auf welche Art sortiert werden sollte, hängt von der Datenbeschaffenheit ab. Nicht jeder Algorithmus eignet sich für jede Datenmenge gleich gut, z. B. ist ein Quicksort – trotz seines Namens – nicht immer die schnellste Methode, um eine Menge zu sortieren.

21.7.2 Umkehren der Reihenfolge mit reverse()

Hier wird der Algorithmus `reverse()` kurz vorgestellt, der die Reihenfolge der Elemente in einem Container umkehrt, wie es Programm 21.19 demonstriert.

Programm 21.19 – `stlreverse.cpp`:
Einfaches Demoprogramm zum Algorithmus reverse()

```
#include <vector>
#include <iostream>
#include <algorithm>
using namespace std;
int main(void) {
   unsigned  i;
   //................................................. vector (Container)
   vector<int> v(10); // deklariert einen Vector mit 10 Elementen
   for (i=0; i < v.size(); i++)
       v[i] = i;
   for (i=0; i < v.size(); i++)
      cout << v[i] << ", ";
   cout << endl;
   //................................................ reverse (Algorithmus)
   reverse(v.begin(), v.end()); // Inhalt von Vector v umkehren
   for (i=0; i < v.size(); i++)
      cout << v[i] << ", ";
   cout << endl;
}
```

Programm 21.19 liefert die folgende Ausgabe:

```
0, 1, 2, 3, 4, 5, 6, 7, 8, 9,
9, 8, 7, 6, 5, 4, 3, 2, 1, 0,
```

21.7.3 Iterieren von Containern mit for_each()

for_each() mit Angabe einer Funktionsadresse

Manche Algorithmen erwarten als Parameter einen Funktionspointer. Ein schönes Beispiel hierfür ist der Algorithmus `for_each()`. Er iteriert durch einen Container und ruft für jedes Element die Funktion auf, die als Argument übergeben wurde, wie es Programm 21.20 demonstriert.

Programm 21.20 – `stlforeach.cpp`:
Einfaches Demoprogramm zum Algorithmus for_each()

```
#include <iostream>
#include <list>
#include <algorithm>
using namespace std;

//............................................................... ausgabe
void ausgabe(int element) {
   cout << element << ", ";
}
//............................................................... halbiere
void halbiere(int &element) { // hier Referenz, da Element geändert wird
   element /= 2;
}
int main(void) {
   list<int> myList;
   for (int i=0; i<=100; i+=10)
      myList.push_back(i);
   for_each(myList.begin(), myList.end(), ausgabe); cout << endl;
   for_each(myList.begin(), myList.end(), halbiere);
   for_each(myList.begin(), myList.end(), ausgabe); cout << endl;
}
```

Programm 21.20 liefert die folgende Ausgabe:

```
0, 10, 20, 30, 40, 50, 60, 70, 80, 90, 100,
0, 5, 10, 15, 20, 25, 30, 35, 40, 45, 50,
```

In Programm 21.20 wird für jedes Element der Liste zunächst die Funktion `ausgabe()` aufgerufen, dann die Funktion `halbiere()` und anschließend wieder die Funktion `ausgabe()`. Dadurch ist es möglich, auf Schleifen und die damit verbundene Fehleranfälligkeit weitestgehend zu verzichten. Allerdings darf nicht übersehen werden, dass der zusätzlich nötige Code (hier die Funktionen `ausgabe()` und `halbiere()`) auch Fehler enthalten können.

for_each() mit Angabe einer Funktionsklasse

Eine weitere Möglichkeit, die bei `for_each()` benutzt werden kann, sind Funktionsklassen. Hier handelt es sich um Klassen, die den Funktionsoperator überladen haben. Damit ist es möglich, von einem zum nächsten Aufruf einen Kontext mitzuführen, wie dies in Programm 21.21 gezeigt ist.

Programm 21.21 – `stlforeach2.cpp`:
STL-Algorithmus for_each() mit einer Funktionsklasse

```
#include <iostream>
#include <list>
#include <algorithm>
using namespace std;
class CAusgabe {
  public:
    CAusgabe() { m_zaehler = 0; }
    void operator() (int elem) { cout << m_zaehler++ << ": " << elem << endl; }
  private:
    int m_zaehler;
};
class CZweiPot {
  public:
    CZweiPot() { m_zweipotenz = 1; }
    void operator() (int& elem) {
      elem *= m_zweipotenz;
      m_zweipotenz *= 2;  // Nächste 2er-Potenz
    }
  private:
    int m_zweipotenz;
};
int main(void)
{
   list<int> myList;

   CAusgabe  out;
   CZweiPot  zweiPot;
   for (int i=1; i<=5; i++)
     myList.push_back(1);
   for_each(myList.begin(), myList.end(), out); cout << endl;
   for_each(myList.begin(), myList.end(), zweiPot);
   for_each(myList.begin(), myList.end(), out);
}
```

Programm 21.21 liefert die folgende Ausgabe:

```
0: 1
1: 1
2: 1
3: 1
4: 1
```

```
0: 1
1: 2
2: 4
3: 8
4: 16
```

Uns war bei diesem Kapitel vor allem auch wichtig, dass der generische Ansatz der STL deutlich wird. Das Besondere an der STL und ihren Algorithmen ist, dass man mit einer kleinen Anzahl von Funktionen und Methoden viel bewirken kann. In den Fallbeispielen in Kapitel VII auf Seite 857 werden je nach Bedarf STL-Konstrukte eingesetzt. Wenn es sich dabei um Konstrukte handelt, die im Rahmen dieses Kapitels nicht vorgestellt wurden, so werden diese dann dort entsprechend kurz erläutert.

21.8 Keine Fehlerbehandlung in der STL

Die STL führt so gut wie keine Fehlerbehandlung durch, da sie der Philosophie folgt, dass der Programmierer dafür verantwortlich ist, keine Fehler zu machen:

- Versucht man z. B. auf einen Ende-Iterator schreibend zuzugreifen, wird das höchstwahrscheinlich zu einem Programmabsturz führen, oder
- löscht man z. B. ein Element mit `erase()` und greift hinterher mit einem Iterator auf das Element zu, ist nicht sicher, wie das Programm reagiert.

Kurzum: Es liegt in der Verantwortung des Programmierers, nur sinnvolle Operationen auszuführen. Der Vorteil dieser Philosophie ist, dass die STL eine sehr hohe Performance hat, da sie sich nicht um Fehlerbehandlung kümmert.

21.9 Vorteile der STL

Für die Verwendung der STL in eigenen Projekten sprechen folgende Gründe bzw. Vorteile, die STL mit sich bringt:

- *Realisierung mit Templates → schnelle Programme*
  Die Auswertung der Typen geschieht zur Compilezeit, was bedeutet, dass die STL typsicher ist, und deshalb keine Laufzeiteinbußen auftreten, wie etwa durch polymorphe Methodenzugriffe, wenn die Generizität mit Vererbung realisiert wird.
- *Standardisierung → leichte Portierbarkeit*
  Programme, die die STL statt anderer vergleichbarer Klassen benutzen, sind leichter portierbar, da sich die Compilerhersteller am Standard orientieren.
- *Ausgetesteter Code → weniger Programmierfehler*
  Vorhandener (getesteter) Code vermeidet Fehler. Wichtig ist dabei jedoch, die Funktionsweise genau zu kennen, damit es dann nicht im Gegenzug zu fehlerhafter Benutzung der Bibliotheksklassen kommt.

21.10 Übungen

Sortierte Namensliste

Erstellen Sie ein Programm `namsetsort.cpp`, das zunächst beliebig viele Namen einliest und diese dann sortiert wieder ausgibt. Die Ausgabe soll dabei über `for_each()` erfolgen. Ein möglicher Ablauf dieses Programms könnte sein:

```
Gib nun zeilenweise Namen ein (Abbruch mit EOF):
Hugo ↵
Berta ↵
Anton ↵
Emil ↵
Fritz ↵
Strg-D bzw. Strg-D (unter Windows)
Die Namen sortiert sind:
Anton
Berta
Emil
Fritz
Hugo
```

Das Josephus-Spiel

Im Jahre 67 n. Chr. wurde die galiläische Stadt Jotapata, unter Führung des jüdischen Historikers Josephus (37-100) ein Zentrum des antirömischen Widerstands, nach 47tägiger Belagerung von Kaiser Vespasian eingenommen. Josephus und seine 40 Soldaten zogen sich in eine Zisterne zurück. Um der Sklaverei zu entgehen, wollten die Soldaten sich selbst umbringen. Josephus beschwor sie vergebens, davon abzulassen. Damit er wenigstens seinen Freund und sich selbst rettet, schlug Josephus als Tötungsritual den alten römischen Brauch der *decimatio* (Aussonderung jedes Zehnten) vor. An welche Stelle des Kreises stellte er seinen Freund und sich, um zu überleben? Erstellen Sie ein Programm `josephus.cpp`, das die Nummern der Personen in einer Liste einordnet, bevor es die einzelnen Nummern nach der oben beschriebenen Regel aus der Liste löscht, wobei es jede gelöschte Nummer immer ausgibt. Nach jedem Löschen einer Nummer gilt der Kreis als wieder geschlossen. Mögliche Abläufe des Programms `josephus.cpp` sind:

```
Wie viele Personen: 41 ↵
Der wievielte soll immer ausgesondert werden: 10 ↵
In folgender Reihenfolge wird ausgesondert:
10, 20, 30, 40, 9, 21, 32, 2, 14, 26, 38, 11, 24, 37, 12, 27, 1, 17, 34, 8, 29, 6,
28, 7, 33, 16, 41, 25, 18, 5, 3, 39, 4, 15, 23, 13, 36, 22, 31, 19, 35,
Wie viele Personen: 100 ↵
Der wievielte soll immer ausgesondert werden: 2 ↵
In folgender Reihenfolge wird ausgesondert:
2, 4, 6, 8, 10, 12, 14, 16, 18, 20, 22, 24, 26, 28, 30, 32, 34, 36, 38, 40, 42, 44,
46, 48, 50, 52, 54, 56, 58, 60, 62, 64, 66, 68, 70, 72, 74, 76, 78, 80, 82, 84, 86,
88, 90, 92, 94, 96, 98, 100, 3, 7, 11, 15, 19, 23, 27, 31, 35, 39, 43, 47, 51, 55,
59, 63, 67, 71, 75, 79, 83, 87, 91, 95, 99, 5, 13, 21, 29, 37, 45, 53, 61, 69, 77,
85, 93, 1, 17, 33, 49, 65, 81, 97, 25, 57, 89, 41, 9, 73,
```

Kubikzahlen über Polyas Sieb

Erstellen Sie ein Programm `polya.cpp`, das das so genannte *Polya Sieb* realisiert:

- Die natürlichen Zahlen werden zunächst in einer Reihe hingeschrieben.

```
          1    2    3    4    5    6    7    8    9   10   11   12   13....
```

- Danach streicht man – beginnend mit der 3 – jede dritte Zahl heraus.

```
Durch Herausstreichen jeder dritten Zahl erhält man dann:
          1    2    4    5    7    8   10   11   13....
```

- Schließlich betrachtet man die Summenfolge der so verbleibenden Zahlen.

```
Die Summenfolge ist dann:
          1
          3 = 1+2
          7 = 1+2+4
         12 = 1+2+4+5
         19 = 1+2+4+5+7
         27 = 1+2+4+5+7+8
         37 = 1+2+4+5+7+8+10
         48 = 1+2+4+5+7+8+10+11
         .................
```

- Streicht man nun beginnend mit der zweiten Zahl jede zweite Zahl aus dieser Summenfolge und
- bildet dann erneut die Summenfolge, so ergibt sich eine Zahlenfolge, die die Kubikzahlen enthält.

Sie sollten Polyas Sieb dadurch realisieren, dass sie die Zahlen immer wieder zwischen zwei Queues hin und herschieben, wobei beim Übertragen aus einer in die andere Queue immer das nächste der oben erwähnten Kriterien angewendet wird.

Ein möglicher Programmablauf von `polya.cpp` ist z. B.:

```
Wie viele Zahlen: 25 ↵
1, 2, 3, 4, 5, 6, 7, 8, 9, 10, 11, 12, .... 19, 20, 21, 22, 23, 24, 25,
1, 2, 4, 5, 7, 8, 10, 11, 13, 14, 16, 17, 19, 20, 22, 23, 25,
1, 3, 7, 12, 19, 27, 37, 48, 61, 75, 91, 108, 127, 147, 169, 192, 217,
1, 7, 19, 37, 61, 91, 127, 169, 217,
1, 8, 27, 64, 125, 216, 343, 512, 729,
```

Print-Container

Erstellen Sie in einer Headerdatei `PrintContainer.h` eine Funktion `Print-Container()`, die den Inhalt eines Containers ausgibt, indem sie durch den angegebenen Container iteriert.

Die folgende `main()`-Funktion in Programm 21.22 zeigt, wie die globale Funktion `PrintContainer()` beispielsweise verwendet werden kann:

Programm 21.22 – `printmain.cpp`:
Verwendung der Funktion PrintContainer()

```
#include "PrintContainer.h"
#include <list>
#include <vector>
#include <set>
#include <cstdlib>
#include <ctime>
#include <iostream>
using namespace std;
int main(void) {
   int zufZahl; // Zufallszahl
   list<int>    aList;
   vector<char> aVector;
   set<int>     aSet;
   //.... Container mit Zufallszahlen füllen
   srand(time(0));
   for (int i=0; i < 5; i++) {
      zufZahl = rand() % 26;
      aList.push_back(zufZahl);
      aVector.push_back('A' + zufZahl);
      aSet.insert(zufZahl);
   }
   //.... Container ausgeben
   PrintContainer(aList, "--");
   PrintContainer(aVector, ", ");
   PrintContainer(aSet);
}
```

Wie in Programm 21.22 zu sehen ist, kann die gleiche globale Funktion `PrintContainer()` für unterschiedliche Containertypen verwendet werden, hier beispielhaft für `list`, `vector` und `set`.
Programm 21.22 liefert dann z. B. die folgende Ausgabe:

```
19--3--24--9--19--
T, D, Y, J, T,
3 9 19 24
```

Umsatzberechnung (Maps in einer Map)

Erstellen Sie ein Programm `stlumsatz.cpp`, das aus einer Datei die Umsätze der unterschiedlichen Abteilungen liest, diese dann zusammenaddiert und entsprechend aufbereitet ausgibt. Hat die Datei `umsatz.txt` z. B. den folgenden Inhalt:

```
12/2005:  23453.56
03/2006:   4444.12
01/2006:   6353.42
12/2005:  63674.65
02/2006:  90963.73
12/2005:  52523.84
```

```
02/2006:   3453.55
01/2006:  12342.33
11/2005:  62353.43
03/2006:  53535.64
```

und man ruft das Programm wie folgt auf
stlumsatz umsatz.txt
so sollte es die folgende Ausgabe liefern:

```
..............................2005
          11:       62353.43
          12:      139652.05
      Gesamt:      202005.48
..............................2006
          01:       18695.75
          02:       94417.28
          03:       57979.76
      Gesamt:      171092.79
```

Verwenden Sie bei diesem Programm eine Map mit dem jeweiligen Jahr als Schlüssel, wobei in dieser Map dann aber die einzelnen Summen für die Monate wieder als Maps realisiert sein sollten, wie z. B.:

```
map<int, map<int, double> > jahrUmsatz;
```

Zum Durchlaufen benötigen Sie nun zwei Iteratoren:

```
map<int, map<int, double> >::iterator jit; // für Jahre
map<int, double>::iterator mit; // für Monate im jeweiligen Jahr
```

Geburtstagsverwaltung

Schreiben Sie unter Verwendung der STL ein Programm `gebtag.cpp` zur Verwaltung von Geburtstagen. Mit diesem Programm soll es möglich sein, alle Personen auszugeben, die in den nächsten x Tagen Geburtstag haben. Der Wert x ist dabei vom Benutzer vorzugeben. Dieses Programm könnten Sie dann als Memo verwenden, das Sie jeden Tag beim Start Ihres Systems an die bevorstehenden Geburtstage erinnert. Unter Linux/Unix bietet sich hier z. B. ein Eintrag in der `.profile` an, und unter Windows in der `Autostart`.
Hat man z. B. eine Datei `gebtag.txt` mit folgendem Inhalt:

```
10
17 01 1971    :Susi
23 01 1980    :Hansi
13 04 1995    :Paulchen
01 05 2001    :Baby Newborn
12 05 1938    :Ewald
13 05 1976    :Lotti OhneSorge
23 05 1900    :Benjamin Blume
06 12 2000    :Nikolaus
24 12 0000    :Christkind
```

und man startet das Programm beispielsweise am `16.01`, könnte sich folgender Programmablauf ergeben:

```
Geburtstage in den nächsten 10 Tagen:
17.01.1971  Susi
23.01.1980  Hansi

Was wollen Sie tun?
e: Ende
l: Ganze Liste zeigen
x: Anzahl der vorausschauenden Tage setzen
n: neuen Eintrag in die Liste vornehmen

>> l ↵
Geburtstagsliste:
17.01.1971  Susi
23.01.1980  Hansi
13.04.1995  Paulchen
01.05.2001  Baby Newborn
12.05.1938  Ewald
13.05.1976  Lotti OhneSorge
23.05.1900  Benjamin Blume
06.12.2000  Nikolaus
24.12.0000  Christkind

Was wollen Sie tun?
e: Ende
l: Ganze Liste zeigen
x: Anzahl der vorausschauenden Tage setzen
n: neuen Eintrag in die Liste vornehmen

>> x ↵
Wieviele Tage vorausblicken?: 110 ↵
Geburtstage in den nächsten 110 Tagen:
17.01.1971  Susi
23.01.1980  Hansi
13.04.1995  Paulchen
01.05.2001  Baby Newborn

Was wollen Sie tun?
e: Ende
l: Ganze Liste zeigen
x: Anzahl der vorausschauenden Tage setzen
n: neuen Eintrag in die Liste vornehmen

>> e ↵
Und tschuess...
```

Kapitel 22

Laufzeit-Typinformationen (RTTI)

Die *Laufzeit-Typinformation* (*run time type information, RTTI*) ermöglicht es, zur Laufzeit eines Programms Informationen über den Typ eines Objekts zu erhalten. Dazu stehen mit dem `dynamic_cast`-Operator, dem `typeid`-Operator und der `type_info`-Klasse drei Sprachelemente zur Verfügung.
RTTI ist vor allem im Zusammenhang mit Polymorphismus von Interesse. In gewissen Situationen ist es nämlich erforderlich, zu wissen, welches Objekt nun tatsächlich hinter dem Basisklassenzeiger liegt, über den die Objekte gemeinsam verwaltet werden. RTTI ist nur bei polymorphen Klassen möglich, d. h. bei Klassen, die mindestens eine virtuelle Methode in der Basisklasse besitzen. Die Beschränkung auf polymorphe Klassen kommt daher, dass RTTI nur dort wirklich Sinn macht und polymorphe Klassen über eine so genannte *Virtual Method Table (VMT)* (siehe auch Seite 338) verfügen, in der die Adressen auf die virtuellen Methoden gespeichert sind und diese VMT einfach vom RTTI-Mechanismus mitbenutzt werden kann. Im Übrigen kann man jede Klasse polymorph machen, indem man eine beliebige Methode, wie z. B. den Destruktor `virtual` deklariert.

22.1 dynamic_cast-Operator – Dynamisches Casting zur Laufzeit

Mit dem `dynamic_cast`-Operator ist es möglich, während der Laufzeit eines Programms einen Basisklassenzeiger auf eine polymorphe Klasse in einen Zeiger einer abgeleiteten Klasse zu konvertieren bzw. zu überprüfen, ob die Konvertierung möglich ist, d. h. ob der Basisklassenzeiger tatsächlich auf ein Objekt der abgeleiteten Klasse verweist.
Als Beispiel wollen wir noch einmal unsere Grafik-Bibliothek heranziehen. Sollen Grafikobjekte gemeinsam verwaltet werden – z. B. als Elemente einer Zeichnung – kann dies über eine gemeinsame Basisklasse geschehen. Polymorphismus ermöglicht es dabei, dass jedes abgeleitete Element individuell auf die gleiche Methode (`draw()`) reagiert. Da die gemeinsame Verwaltung aber über Basisklassenzeiger geschieht, können die Objekte nur Methoden aufrufen, die in der Basisklasse definiert sind. Abbildung 22.1 verdeutlicht dies nochmals. Wie in Abbildung 22.1 zu sehen

ist, ist es nicht möglich, die Methode `istQuadrat()` der Klasse `CRechteck` über einen `CGraphObj`-Zeiger aufzurufen, da in der Klasse `CGraphObj` die Methode `istQuadrat()` nicht definiert ist. Der entsprechende Zeiger `CGraphObj*` muss zuerst in einen Zeiger des Typs `CRechteck` konvertiert werden. Dies ist mit Hilfe des *dynamic_cast*-Operators möglich. Ist die Typumwandlung nicht möglich, da der entsprechende `CGraphObj`-Zeiger z. B. auf einen Kreis zeigt und nicht auf ein Rechteck, dann liefert der `dynamic_cast`-Operator einen `0`-Zeiger.

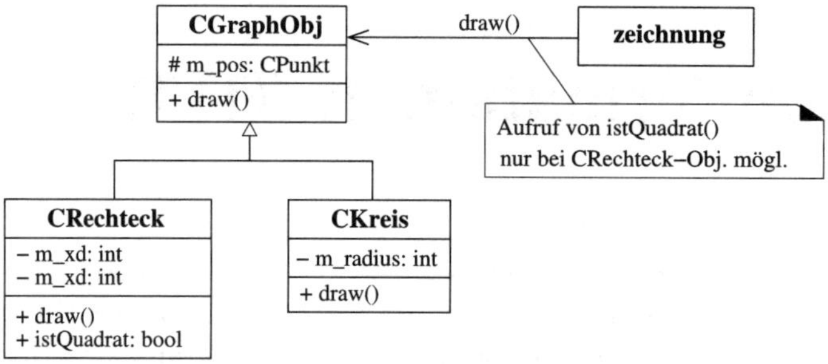

Abbildung 22.1: CGraphObj-Elemente können direkt nur draw() aufrufen

Die Syntax des `dynamic_cast`-Operators ist:

```
dynamic_cast <zieltyp> (ausdruck)
```

Programm 22.1 – `rtti1.cpp`:
Demonstrationsprogramm zum dynamic_cast-Operator

```
#include <iostream>
using namespace std;
class CPunkt {
   int m_x, m_y;
 public:
   CPunkt(int x=0, int y=0) : m_x(x), m_y(y) { }
};
class CGraphObj {
 public:
   CGraphObj(int x=0, int y=0) : m_pos(x, y) { }
   virtual void draw() { cout << "CGraphObj gezeichnet" << endl; }
 protected:
   CPunkt m_pos;
};
class CRechteck: public CGraphObj {
 public:
   CRechteck(int Xm=0, int Ym=0, int Xd=1, int Yd=1)
       : CGraphObj(Xm, Ym), m_xd(Xd), m_yd(Yd) { }
   void draw()           { cout << "Rechteck gezeichnet"; }
   bool istQuadrat(void) { return m_xd == m_yd;           }
 private:
   int m_xd, m_yd;
};
```

```
class CKreis: public CGraphObj {
 public:
   CKreis(int Xm=0, int Ym=0, int r=1) : CGraphObj(Xm, Ym), m_radius(r) { }
   void draw() { cout << "Kreis gezeichnet" << endl; }
 private:
   int m_radius;
};
#define MAX  4

int main(void) {
   CGraphObj *zeichnung[MAX] = { 0 };
   CRechteck *zgrRechteck;

   zeichnung[0]= new CKreis;
   zeichnung[1]= new CRechteck(2, 3, 5, 5); // Ein Quadrat  (5 == 5)
   zeichnung[2]= new CRechteck(0, 0, 2, 6); // Kein Quadrat (2 != 6)
   zeichnung[3]= new CKreis;

   for (int i=0; i < MAX; i++) {
      zeichnung[i]->draw();
      // Prüfen, ob Zeichenelement Rechteck ist: wenn ja, ausgeben, ob Quadrat
      if ( (zgrRechteck = dynamic_cast<CRechteck*> (zeichnung[i])) )
           cout << " (" << (zgrRechteck->istQuadrat() ? "ein" : "kein")
                << " Quadrat)" << endl;
   }
}
```

Programm 22.1 liefert die folgende Ausgabe:

```
Kreis gezeichnet
Rechteck gezeichnet (ein Quadrat)
Rechteck gezeichnet (kein Quadrat)
Kreis gezeichnet
```

Der `dynamic_cast`-Operator erfordert, dass die Klassen, auf die er angewendet wird, polymorph sind, also mindestens eine `virtual`-Methode enthalten. Es reicht z. B. auch aus, wenn die entsprechende Klasse nur einen `virtual`-Destruktor enthält.

Programm 22.1 diente lediglich der Demonstration des `dynamic_cast`-Operators. Es ist allerdings sehr fragwürdig, ob dies ein stabiles Design darstellt. Denn grundsätzlich sollten solche so genannten *DownCasts* vermieden werden, da sie das Programm auf Dauer unübersichtlich und daher schwer wartbar machen. Der große Vorteil des Polymorphismus, allgemein gültig programmieren zu können, wird hier ausgehebelt.

Es gibt jedoch auch Anwendungen, wie z. B. Klassenbrowser, eigene Exception-Klassen, Debugger oder Datenbanken, in denen der `dynamic_cast`-Operator sinnvoll eingesetzt werden kann. Nachfolgend wird dies anhand einer eigenen Exception-Klasse und anhand eines kleinen Klassenbrowsers demonstriert.

Beispiel – Eine polymorphe Exception-Klasse

Programm 22.2 – `polyexcept.h`:
Abstrakte Basisklasse mit speziellen abgeleiteten Fehlerklassen

```
#ifndef POLYEXCEPT_H
#define POLYEXCEPT_H

#include <iostream>
#include <cstring>

//.........................................My_Exception (abstrakte Basisklasse)
class My_Exception {
      friend std::ostream &operator<< (std::ostream &str, My_Exception const &e) {
          return str << e.m_meldung;
      }
    public:
        virtual ~My_Exception() {}
        virtual void exec() const = 0;
    protected:
        My_Exception(const char *txt) : m_meldung(new char[strlen(txt)+1]) {
           strcpy(m_meldung, txt);
        }
    private:
        char *m_meldung;
};

//...................................................................Meldung
class Meldung : public My_Exception {
  public:
     Meldung(const char *txt) : My_Exception(txt) {}
     void exec() const { std::cerr << "...Meldung: "; }
};

//...................................................................Warnung
class Warnung : public My_Exception {
  public:
     Warnung(const char *txt) : My_Exception(txt) {}
     void exec() const { std::cerr << "...Warnung: "; }
};

//.....................................................................Fatal
class Fatal : public My_Exception {
  public:
     Fatal(const char *txt) : My_Exception(txt) {}
     void exec() const { exit(1); }
};
#endif
```

Programm 22.3 – `rtti2.cpp`:
Demonstration zur Nutzung der polymorphen Exception-Klasse aus Programm 22.2

```
#include "polyexcept.h"
#include <iostream>
using namespace std;
void bearbeite(My_Exception const *e) {
   if ( !dynamic_cast<const Meldung*>(e) && !dynamic_cast<const Warnung*>(e) ) {
      cerr << "...Fataler Fehler: " << *e << endl;
      e->exec();
      throw;  // Exception auf höhere Ebene weiterleiten
   }
   e->exec(); // Bearbeite Meldung bzw. Warnung
   cerr << *e << endl;
   delete e;
}
int main(void) {
   try {
      throw new Meldung("Programm gestartet");
   } catch (My_Exception const *e) { bearbeite(e); }
   try {
      throw new Warnung("bin mittendrin");
   } catch (My_Exception const *e) { bearbeite(e); }
   try {
      throw new Fatal("Ich habe fertig");
   } catch (My_Exception const *e) { bearbeite(e); }
   cerr << "Werde nicht mehr ausgeführt" << endl;
}
```

Programm 22.3 liefert die folgende Ausgabe:

```
...Meldung: Programm gestartet
...Warnung: bin mittendrin
...Fataler Fehler: Ich habe fertig
```

Beispiel – Ein kleiner Klassenbrowser

Programm 22.4 – `rtti3.cpp`:
Kleiner Klassenbrowser mit dem dynamic_cast-Operator

```
#include <iostream>
#include <cstdlib>
#include <ctime>
using namespace std;
class CFarbe {
 public:
   virtual void print(void) { }
};
class CRot : public CFarbe {
 public:
   void printRot(void) { cout << "R, "; }
};
```

```
class CGruen : public CFarbe {
 public:
   void printGruen(void) { cout << "G, "; }
};
class CBlau : public CFarbe {
 public:
   void printBlau(void) { cout << "B, "; }
};
class CLila : public CFarbe {
 public:
   void printLila(void) { cout << "L, "; }
};
#define MAX  20

int main(void) {
  CFarbe *farbe[MAX] = { 0 };
  CRot   *zgrRot;
  CGruen *zgrGruen;
  CBlau  *zgrBlau;
  CLila  *zgrLila;
   srand(time(0));
   for (int i=0; i < MAX; i++)
      switch (rand()%4) {
         case 0 : farbe[i] = new CRot;   break;
         case 1 : farbe[i] = new CGruen; break;
         case 2 : farbe[i] = new CBlau;  break;
         case 3 : farbe[i] = new CLila;  break;
      }
   //... Kleiner Klassenbrowser
   for (int f=0; f < MAX; f++)
      if ( (zgrRot = dynamic_cast<CRot*> (farbe[f])) )
         zgrRot->printRot();
      else if ( (zgrGruen = dynamic_cast<CGruen*> (farbe[f])) )
         zgrGruen->printGruen();
      else if ( (zgrBlau = dynamic_cast<CBlau*> (farbe[f])) )
         zgrBlau->printBlau();
      else if ( (zgrLila = dynamic_cast<CLila*> (farbe[f])) )
         zgrLila->printLila();
   cout << endl;
}
```

Programm 22.4 liefert z. B. folgende Ausgaben:

```
G, G, B, R, B, G, R, B, L, G, R, B, G, L, B, G, L, R, L, L,
```

```
L, G, L, B, R, B, G, R, R, B, G, L, R, G, B, B, R, R, G, B,
```

```
B, G, B, G, L, B, G, R, B, L, B, G, L, B, L, R, B, L, L, G,
```

dynamic_cast-Operator bei Referenzen

Man kann den `dynamic_cast`-Operator auch mit Referenzen anstelle von Zeigern verwenden, aber hierbei ist zu beachten, dass es keine `0`-Referenzen wie bei Zeigern gibt, weshalb der `dynamic_cast`-Operator bei nicht erfolgreicher Konvertierung nicht einen `0`-Wert liefert, sondern stattdessen die Exception `bad_cast` schickt.

Programm 22.5 – `rtti4.cpp`:
Abfangen von Exceptions bei dynamic_cast mit Referenzen

```
#include <iostream>
#include <cstdlib>
#include <ctime>
using namespace std;
class CFarbe {
 public:
   virtual void print(void) { }
};
class CRot : public CFarbe {
 public:
   void printRot(void) { cout << "R, "; }
};
class CBlau : public CFarbe {
 public:
   void printBlau(void) { cout << "B, "; }
};
class CLila : public CFarbe {
 public:
   void printLila(void) { cout << "L, "; }
};
void bearbeite(CFarbe &farbe) {
   try { //... 1. Cast-Versuch
      dynamic_cast<CRot&>(farbe).printRot(); //... Bei Erfolg --> Ausgabe und
      return;                                 //... Rückkehr
   }
   catch(bad_cast) { cout << "x"; }  // 1. Cast-Versuch ging schief --> Ausg. x

   try { //... 2. Cast-Versuch
       dynamic_cast<CBlau&>(farbe).printBlau(); // Bei Erfolg --> Ausgabe und
       return;                                  //... Rückkehr
   }
   catch(bad_cast) { cout << "y"; }  // 2. Cast-Versuch ging schief --> Ausg. y

   try { //... 3. Cast-Versuch
       dynamic_cast<CLila&>(farbe).printLila(); // Bei Erfolg --> Ausgabe und
       return;                                  //... Rückkehr
   }
   catch(bad_cast) { cout << "z"; }  // 3. Cast-Versuch ging schief --> Ausg. z
}
#define MAX  5
```

```
int main(void) {
   CFarbe *farbe[MAX] = { 0 };
   srand(time(0));
   for (int i=0; i < MAX; i++)
      switch (rand()%3) {
         case 0 : farbe[i] = new CRot;   break;
         case 1 : farbe[i] = new CBlau;  break;
         case 2 : farbe[i] = new CLila;  break;
      }
   for (int f=0; f < MAX; f++) //... Kleiner Klassenbrowser
      bearbeite(*farbe[f]);
}
```

Programm 22.5 liefert z. B. folgende Ausgaben:

```
R, xB, xyL, xyL, xB, // oder:
xyL, xB, R, xyL, xB, // oder:
xyL, R, xB, xB, xyL, // oder: ....
```

22.2 typeid-Operator – Ermitteln des Objekttyps

Mit Hilfe des `typeid`-Operators kann der Typ eines Objekts ermittelt werden. Als Parameter ist dabei ein Ausdruck oder eine Typbezeichnung erlaubt:

```
typeid(ausdruck)      oder
typeid(typname)
```

- Der Rückgabewert des `typeid`-Operators ist eine Referenz auf ein konstantes Objekt der Klasse `type_info`, die in der Headerdatei `<typeinfo>` definiert ist. Zu den `public`-Methoden der Klasse gehören die Operatoren `==` und `!=`, mit denen zwei Typen auf Gleich- bzw. Ungleichheit geprüft werden können.
- Die Klasse `type_info` hat eine `public`-Methode `name()`, die den entsprechenden Typnamen in Form eines Strings liefert.

Die Klasse type_info

Die Klasse `type_info` kann zwar unterschiedlich implementiert sein, aber sie bietet in jedem Fall zumindest die folgenden Methoden an:

```
class type_info {
  public:
    int operator== (const type_info &rechts) const; //..................gleich
    int operator!= (const type_info &rechts) const; //................ungleich
    const char *name(void) const; //.........................liefert Typnamen
    bool before(const type_info &rechts) const; //.........für interne Zwecke
    virtual ~type_info(); //....................................Destruktor
  private:
    type_info(const type_info &rechts); //.........privater Kopierkonstruktor
    type_info &operator= (const type_info rechts); //...privater Zuw.-Operator
};
```

Die Memberfunktion `before()`, die mit dem Adressoperator `&` vergleichbar ist, kann verwendet werden, um die Vergleichsreihenfolge von Typen zu ermitteln. Sie ist für interne Zwecke vorgesehen. Es gibt jedoch keine Garantie, dass diese Memberfunktion das Gleiche in unterschiedlichen Programmen oder sogar bei verschiedenen Abläufen des gleichen Programms liefert.

Programm 22.6 – `rtti5.cpp`:
Demonstrationsprogramm zum typeid-Operator

```
#include <iostream>
#include <typeinfo>
using namespace std;
class CPunkt {
 public:
   CPunkt(int x=0, int y=0) : m_x(x), m_y(y) { }
 private:
   int m_x, m_y;
};
class CGraphObj {
 public:
   CGraphObj(int x=0, int y=0) : m_pos(x, y) { }
   virtual void draw() { cout << "CGraphObj: "; }
 protected:
   CPunkt m_pos;
};
class CRechteck: public CGraphObj {
 public:
   CRechteck(int Xm=0, int Ym=0, int Xd=1, int Yd=1)
        : CGraphObj(Xm, Ym), m_xd(Xd), m_yd(Yd) { }
   void draw()            { cout << "Rechteck: "; }
 private:
   int m_xd, m_yd;
};

class CKreis: public CGraphObj {
 public:
   CKreis(int Xm=0, int Ym=0, int r=1) : CGraphObj(Xm, Ym), m_radius(r) { }
   void draw() { cout << "Kreis: "; }
 private:
   int m_radius;
};

int main(void)
{
   CGraphObj *zeichnung[4] = { 0 };

   zeichnung[0]= new CKreis;
   zeichnung[1]= new CRechteck(2, 3, 5, 5);
   zeichnung[2]= new CRechteck(0, 0, 2, 6);
   zeichnung[3]= new CKreis;
```

```
    for (int i=0; i < 4; i++) {
       zeichnung[i]->draw();
       cout << typeid(*zeichnung[i]).name();
       if (typeid(*zeichnung[i]) == typeid(CRechteck))
          cout << " <--- also ein Rechteck";
       if (i >0 && typeid(*zeichnung[i]) == typeid(*zeichnung[i-1]))
          cout << " <--- gleicher Typ wie Vorgänger";
       cout << endl;
    }

    //... typeid auch auf Standard-Datentypen anwendbar
    cout << "Name (double): " << typeid(3.14).name() << endl;
    cout << "Name (int):    " << typeid(1200).name() << endl;

    if (typeid(14.3) == typeid(1.3e-2))
       cout << "Typ(14.3) == Typ(1.3e-2)" << endl;

    if (typeid(12) != typeid(12.0))
       cout << "  Typ(12) != Typ(12.0)" << endl;

    //... typeid auch auf type_info und auf sich selbst anwendbar
    CKreis k;
    cout << "type_info:           " << typeid(type_info).name() << endl;
    cout << "typeid(typeid(k)): " << typeid(typeid(k)).name() << endl;
}
```

Programm 22.6 liefert z. B. die folgende Ausgabe:

```
Kreis: 6CKreis
Rechteck: 9CRechteck <--- also ein Rechteck
Rechteck: 9CRechteck <--- also ein Rechteck <--- gleicher Typ wie Vorgänger
Kreis: 6CKreis
Name (double): d
Name (int):    i
Typ(14.3) == Typ(1.3e-2)
  Typ(12) != Typ(12.0)
type_info:          St9type_info
typeid(typeid(k)): N10__cxxabiv120__si_class_type_infoE
```

Die von der Methode `name()` gelieferten Namen sind implementierungsabhängig.

Anwendung des typeid-Operators auf nicht-polymorphe Klassen

Aus Programm 22.6 wird ersichtlich, dass der `typeid`-Operator nicht nur auf polymorphe Klassen (mit mindestens einer virtuellen Methode) angewendet werden kann, sondern auch auf beliebige andere Datentypen. Allerdings wird dann der Typ nicht dynamisch zur Laufzeit über die VMT ermittelt, sondern statisch bereits zum Kompilierungszeitpunkt. Dies lässt sich leicht zeigen, indem man die Methode `draw()` in `CGraphObj` nicht virtuell deklariert:

```
class CGraphObj {
 public:
   CGraphObj(int x=0, int y=0) : m_pos(x, y) { }
   void draw() { cout << "CGraphObj: "; } // nicht mehr virtuell
 protected:
   CPunkt m_pos;
};
```

Durch diese kleine Änderung ergibt sich nun folgende Programmausgabe:

```
CGraphObj: 9CGraphObj
CGraphObj: 9CGraphObj <--- gleicher Typ wie Vorgänger
CGraphObj: 9CGraphObj <--- gleicher Typ wie Vorgänger
CGraphObj: 9CGraphObj <--- gleicher Typ wie Vorgänger
.... Rest der Ausgabe identisch zu vorher
```

Es ist nunmehr der Typ des Zeigers relevant und nicht der Typ des Objekts, auf das der Zeiger zeigt. Dieser war ja zuvor flexibel und musste daher zur Laufzeit jedes Mal über die VMT ermittelt werden. Die VMT ist allerdings nur vorhanden, wenn es sich um eine polymorphe Klasse (mit mindestens einer virtuellen Methode) handelt, was nun durch diese kleine Änderung nicht mehr der Fall ist.

Intern übergebener Argumenttyp beim typeid-Operator

Nehmen wir an, dass wir folgende Definitionen haben:

```
   Basis *bZgr = new Sub; // Sub ist von polymorpher Klasse Basis abgeleitet
   Basis &bRef = *bZgr;
```

Folgende Tabelle zeigt, welcher Argumenttyp dann jeweils intern beim `typeid`-Operator übergeben wird.

`typeid(...)`	bZgr	*bZgr	bRef
Argumenttyp	Basisklassen-Referenzzeiger	abgeleitete Klasse	abgeleitete Klasse

Programm 22.7 verdeutlicht dies nochmals.

Programm 22.7 – `rtti6.cpp`:
Intern übergebener Argumenttyp beim typeid-Operator

```
#include <iostream>
#include <typeinfo>
using namespace std;

class Basis {
 public:
   virtual void print(void) { cout << "Basis" << endl; }
};

class Sub : public Basis {
 public:
   void print(void) { cout << "Sub" << endl; }
};
```

```
int main(void) {
  Basis *bZgr = new Sub;
  Basis &bRef = *bZgr;
   cout << " typeid(bZgr) == typeid(Sub *)   : "
        << (typeid(bZgr) == typeid(Sub *) ? "true " : "false")  << " ("
        << typeid(bZgr).name() << ", " << typeid(Sub *).name()  << ")"  << endl;
   cout << " typeid(bZgr) == typeid(Basis *): "
        << (typeid(bZgr) == typeid(Basis *) ? "true " : "false")  << " ("
        << typeid(bZgr).name() << ", " << typeid(Basis *).name() << ")" << endl;
   cout << " typeid(bZgr) == typeid(Sub)     : "
        << (typeid(bZgr) == typeid(Sub) ? "true " : "false")  << " ("
        << typeid(bZgr).name() << ", " << typeid(Sub).name()  << ")"    << endl;
   cout << " typeid(bZgr) == typeid(Basis)   : "
        << (typeid(bZgr) == typeid(Basis) ? "true " : "false")  << " ("
        << typeid(bZgr).name() << ", " << typeid(Basis).name()  << ")"  << endl;
   cout << endl;
   cout << "typeid(*bZgr) == typeid(Sub)     : "
        << (typeid(*bZgr) == typeid(Sub) ? "true " : "false")  << " ("
        << typeid(*bZgr).name() << ", " << typeid(Sub).name()  << ")"   << endl;
   cout << "typeid(*bZgr) == typeid(Basis)   : "
        << (typeid(*bZgr) == typeid(Basis) ? "true " : "false")<< " ("
        << typeid(*bZgr).name() << ", " << typeid(Basis).name()<< ")"   << endl;
   cout << endl;
   cout << " typeid(bRef) == typeid(Sub)     : "
        << (typeid(bRef) == typeid(Sub) ? "true " : "false")   << " ("
        << typeid(bRef).name() << ", " << typeid(Sub).name()   << ")"   << endl;
   cout << " typeid(bRef) == typeid(Basis)   : "
        << (typeid(bRef) == typeid(Basis) ? "true " : "false") << " ("
        << typeid(bRef).name() << ", " << typeid(Basis).name() << ")"   << endl;
}
```

Programm 22.7 liefert die folgende Ausgabe:

```
 typeid(bZgr) == typeid(Sub *)   : false (P5Basis, P3Sub)
 typeid(bZgr) == typeid(Basis *): true  (P5Basis, P5Basis)
 typeid(bZgr) == typeid(Sub)     : false (P5Basis, 3Sub)
 typeid(bZgr) == typeid(Basis)   : false (P5Basis, 5Basis)

typeid(*bZgr) == typeid(Sub)     : true  (3Sub, 3Sub)
typeid(*bZgr) == typeid(Basis)   : false (3Sub, 5Basis)

 typeid(bRef) == typeid(Sub)     : true  (3Sub, 3Sub)
 typeid(bRef) == typeid(Basis)   : false (3Sub, 5Basis)
```

Einsatz des typeid-Operators

Wie auch der `dynamic_cast`-Operator sollte der `typeid`-Operator nicht dazu missbraucht werden, um unnötige Fallunterscheidungen durchzuführen und die durch den Polymorphismus gewonnene Allgemeingültigkeit unnötig zu zerstören. Er sollte daher ebenso mit Bedacht eingesetzt werden.

Laufzeit-Typinformationen nur bei vollständigen Typen

Laufzeit-Typinformationen können nur zu vollständigen Typen ermittelt werden, also nicht bei `void`-Zeigern:

```
void    *v = new Klasse;
// Klasse *k = dynamic_cast<Klasse*>(v); // nicht möglich
// cout << typeid(*v).name() << endl;    // nicht möglich
```

22.3 Übung

Identifizieren von Objekttypen

Was gibt das Programm 22.8 (`typeid.cpp`) aus?

Programm 22.8 – `typeid.cpp`:
Identifizieren von Objekttypen mit typeid

```
#include <iostream>
#include <typeinfo>
using namespace std;

class GraphObj { public: virtual ~GraphObj() {}; };
class Kreis    : public GraphObj {};
class Rechteck : public GraphObj {};

int main(void) {
   GraphObj *g[]={ new Kreis,new Rechteck,new Kreis,new Rechteck,new Kreis };
   Kreis    *k = new Kreis;
   Rechteck *r = new Rechteck;

   for (unsigned i=0; i < sizeof(g) / sizeof(*g); i++)
      if (typeid(*g[i]) == typeid(*k))
         cout << "Kreis, ";
      else if (typeid(g[i]) == typeid(r))
         cout << "Rechteck, ";
   cout << endl;
}
```

Kapitel 23

Namensräume

Möchte man z. B. ein Programm entwickeln, in dem `gruss()`-Funktionen vorhanden sind, die einen Gruß in unterschiedlichen Sprachen ausgeben, könnte man unterschiedliche Funktionen anbieten, wie z. B. `grussDeutsch()`, `grussEnglisch()`, `grussFranzoesisch()` usw. Eine andere Möglichkeit wäre hier aber auch die Verwendung von so genannten Namensräumen (*name spaces*). Während in C nur ein globaler Namensraum vorhanden ist, kann man in C++ neben dem globalen Namensraum noch weitere Namensräume definieren.

23.1 Definition von Namensräumen

Namensräume (*name spaces*) lassen sich wie folgt definieren:

```
namespace name_des_namensraums {
    //... Deklaration von Variablen, Funktionen, Strukturen, Klassen usw.
    //... oder aber auch die Definition weiterer (geschachtelter) Namensräume
}
int main(void) { .... }
```

Es gelten unter anderem folgende Regeln für Namensraum-Definitionen:

1. **Namensraum-Definitionen sind nur auf globaler Ebene erlaubt**
   Somit kann eine Namensraum-Definition nicht innerhalb von Blöcken (`{...}`), also nicht innerhalb von Funktionen angegeben werden.
2. **Schachtelung von Namensraum-Definitionen ist erlaubt**
   Dies bedeutet, dass innerhalb einer Namensraum-Definition wieder weitere Namensräume definiert werden dürfen.
3. **Semikolon nach der schließenden geschweiften Klammer ist optional**
4. **Eine Namensraum-Definition kann an anderer Stelle erweitert werden**
5. **Ein Namensraum kann unterschiedliche Namen (Aliase) besitzen**
   Dies ist z. B. nützlich, wenn man Bibliotheken verwendet, in denen lange Namen an Namensräume vergeben wurden, man aber stattdessen einen kürzeren Namen in seinem Programm verwenden möchte:

```
namespace mathe = Bibliothek_mit_mathematischen_Routinen;
```

Programm 23.1 demonstriert nochmals die eben vorgestellten Regeln:

Programm 23.1 – `namespace1.cpp`:
Regeln für Namensraum-Definitionen

```
#include <iostream>
//... Regel 1) Namensräume können nur auf globaler Ebene definiert werden
namespace Deutsch
{
   void gruss(void) { std::cout << "Guten Tag" << std::endl; }
   namespace Bayerisch //... Regel 2) Schachtelung von Namensräumen ist erlaubt
   {
      void gruss(void) { std::cout << "Servus" << std::endl; }
   }
}
namespace Englisch
{
   void gruss(void) { std::cout << "Good Day" << std::endl; }
}; // Regel 3) <-- Semikolon kann angegeben werden, muss aber nicht

namespace Franzoesisch
{
   void gruss(void) { std::cout << "Bonjour" << std::endl; }
}
//... Regel 4) Erweiterungen der bereits zuvor definierten Namensräume
//... Erweiterungen können z.B. auch in verschiedenen Headerdateien stattfinden
namespace Deutsch
{
   void gruss2(void) { std::cout << "Auf Wiedersehen" << std::endl; }
}
namespace Englisch
{
   void gruss2(void) { std::cout << "Good Bye" << std::endl; }
}
namespace Franzoesisch
{
   void gruss2(void) { std::cout << "Adieu" << std::endl; }
}

// Regel 5) Weiterer Name German für den Namensraum Deutsch:
namespace German = Deutsch;
  //... Nun besitzt entspr. Namensraum zwei Namen, über die er ansprechbar ist:
  //... 'German' und 'Deutsch'

int main(void) {
  //... Regel 1) Namensraum-Definitionen nur auf globaler Ebene erlaubt
  // namespace Amerikanisch { //... hier nicht erlaubt
  //    void gruss(void) { std::cout << "Hello, how are you" << std::endl; }
  // }
}
```

Deklarationen statt Definitionen in Namensräumen

Es ist erlaubt, in einem Namensraum nur Deklarationen anzugeben, und die dazugehörigen entsprechenden Definitionen außerhalb des Namensraums anzugeben:

```
namespace Franzoesisch
{
   void gruss(void); // nur Deklaration
}
......
void Franzoesisch::gruss(void) // ausserhalb des Namensraums zugehörige Definition
{
    printf("Bonjour\n");
}
```

Dies ermöglicht es, einen Namensraum mit allen seinen Deklarationen in einer Headerdatei unterzubringen, die dann von unterschiedlichen Programmdateien inkludiert werden kann. Die Definitionen zu den Deklarationen im Namensraum können dann in der zur entsprechenden Headerdatei gehörigen Programmdatei einmal angegeben werden.

Definitionen/Deklarationen in unbenannten Namensräumen sind static

Es ist erlaubt, Namensräume ohne Namen (*unnamed namespaces*) zu definieren:

```
namespace
{
   int x;                  // entspricht in C:  static int x;
   void fkt(...) { ... } // entspricht in C:  static void fkt(...) { ... }
   ...
}
......

int main(void)
{
   ...
}
```

Auf Variablen und Funktionen, die in einem unbenannten Namensraum definiert bzw. deklariert sind, kann nur in der entsprechenden Programmdatei (*translation unit*) zugegriffen werden, so dass sie zwar global in dieser Datei sind, aber auf sie nicht von einer anderen Programmdatei aus zugegriffen werden kann, so als ob sie `static` definiert bzw. deklariert wurden. Das Schlüsselwort `static` kann zwar auch weiterhin in C++ benutzt werden, wobei es aber in C++ hauptsächlich innerhalb von Klassen verwendet wird (siehe auch Kapitel 15.7 auf Seite 216). In Situationen, in denen `static`-Variablen oder -Funktionen benötigt werden, werden in C++ vorzugsweise unbenannte Namensräume statt dem Schlüsselwort `static` verwendet.

23.2 Zugriff auf Elemente in Namensräumen

Um auf die Einheiten in einem Namensraum zuzugreifen, gibt es mehrere Möglichkeiten, die nachfolgend vorgestellt werden.

23.2.1 Zugriff auf Namensräume mit dem Scope-Operator ::

Eine Möglichkeit auf die Elemente in einem Namensraum zuzugreifen, ist die Verwendung des Scope-Operators `::`, wie es in Programm 23.2 gezeigt ist.

Programm 23.2 – `namespace2.cpp`:
Zugriff auf Namensraum-Elemente mit dem Scope-Operator ::

```
#include <iostream>
namespace Deutsch {
   int d;
   void gruss(void)  { std::cout << "Guten Tag"        << std::endl; }
   void gruss2(void) { std::cout << "Auf Wiedersehen" << std::endl; }
   namespace Bayerisch {
       int b;
       void gruss(void)  { std::cout << "Gruess Gott" << std::endl; }
       void gruss2(void) { std::cout << "Servus"      << std::endl; }
   }
}
namespace Englisch {
   void gruss(void)  { std::cout << "Good Day" << std::endl; }
   void gruss2(void) { std::cout << "Good Bye" << std::endl; }
}
namespace German = Deutsch;

int main(void) {
    Deutsch::gruss();
    German::gruss2();
    German::Bayerisch::gruss();
    Deutsch::Bayerisch::gruss2();
    Englisch::gruss();
    Englisch::gruss2();
    Deutsch::d = 17;
    German::Bayerisch::b = 7;
}
```

Programm 23.2 liefert die folgende Ausgabe:

```
Guten Tag
Auf Wiedersehen
Gruess Gott
Servus
Good Day
Good Bye
```

Implizite Namensraum-Zuordnung bei Funktionsaufrufen mit Koenig lookup

Wird eine Funktion ohne explizite Spezifikation eines Namensraums mittels des Scope-Operators `::` aufgerufen, werden implizit deren Argumente verwendet, um den Namensraum dieser Funktion aufzufinden. Diese implizite Regel wird auch als *Koenig lookup* bezeichnet.

Programm 23.3 – `koenig.cpp`:
Demonstrationsprogramm zum Koenig lookup

```
#include <cstring>
#include <iostream>

namespace Deutsch {
   enum typ { eins, zwei };
   struct d {
       char str[20];
   };
   void gruss(struct d x) { std::cout << x.str << " ";                }
   void gruss(typ x)      { std::cout << "...und Tschuess" << std::endl; }
}
namespace Englisch {
   enum typ { one, two };
   struct e {
       char str[20];
   };
   void gruss(struct e x)  { std::cout << x.str << "  ";              }
   void gruss(typ x)       { std::cout << "...and Good Bye" << std::endl; }
}
int main(void) {
    Deutsch::d   dtext;
    Englisch::e  etext;
    strcpy(dtext.str, "Guten Tag");
    strcpy(etext.str, "Good Day");
    gruss(dtext);
    gruss(Deutsch::eins);
    gruss(etext);
    gruss(Englisch::one);
}
```

Programm 23.3 liefert die folgende Ausgabe:

```
Guten Tag ...und Tschuess
Good Day  ...and Good Bye
```

23.2.2 Das Schlüsselwort using

Greift man öfters auf Elemente aus dem gleichen Namensraum zu, dann ist es sehr störend und aufwändig, vor jedem Element immer wieder den Namen des Namensraums mit dem Scope-Operator `::` anzugeben. Um dies zu vermeiden, wurde das Schlüsselwort `using` eingeführt, das nachfolgend vorgestellt wird.

Die using-Deklaration

Mit using-Deklarationen kann man im entsprechenden Gültigkeitsbereich festlegen, dass ab einer bestimmten Stelle für einen einfachen Namen ein entsprechender vollqualifizierter Name aus einem Namensbereich zu verwenden ist:

```
using namensraum::element_aus_namensraum;
```

Programm 23.4 – namespace3.cpp:
Demonstrationsprogramm zur using-Deklaration

```
#include <cmath>
#include <iostream>
#include <iomanip>

const double pi = 4*atan(1);

void print(void) { std::cout << "Ich bin globaler Namensraum" <<std::endl; }

namespace MathGrad {
    // Zugriff auf globales sin, cos, ... aus math.h mit ::sin(), ::cos(), ...
   double sin(double grad) { return ::sin(grad/180 * pi); }
   double cos(double grad) { return ::cos(grad/180 * pi); }
   //.........
   void print(void) { std::cout << "Ich bin MathGrad" << std::endl; }
}

namespace AndererNamensraum {
   void print(void) { std::cout << "Ich bin AndererNamensraum" <<std::endl; }
}

int main(void)
{
   std::cout << setiosflags(std::ios::fixed) << std::setprecision(2)
             << "sin(pi/2) = " << sin(pi/2) << std::endl // sin (aus math.h)
             << "cos(pi)   = " << cos(pi/2) << std::endl; // cos (aus math.h)

    //... using-Deklarationen
   using MathGrad::sin; //...ab hier: für sin --> MathGrad::sin einsetzen
   using MathGrad::cos; //...ab hier: für cos --> MathGrad::cos einsetzen
   std::cout << "sin(90 Grad)  = " << sin(90) << std::endl      // MathGrad::sin
             << "sin(pi/2)     = " << ::sin(pi/2) << std::endl // sin (math.h)
             << "cos(180 Grad) = " << cos(90) << std::endl      // MathGrad::cos
             << "cos(pi)       = " << ::cos(pi/2) << std::endl;// cos (math.h)

    //... using-Deklaration
   using MathGrad::print; //...ab hier: für print --> MathGrad::print einsetzen
   print();   // MathGrad::print()
   ::print(); // globales print()
   AndererNamensraum::print();
}
```

Programm 23.4 liefert die folgende Ausgabe:

```
sin(pi/2) = 1.00
cos(pi)   = 0.00
sin(90 Grad)  = 1.00
sin(pi/2)     = 1.00
cos(180 Grad) = 0.00
cos(pi)       = 0.00
Ich bin MathGrad
Ich bin globaler Namensraum
Ich bin AndererNamensraum
```

Aus Programm 23.4 wird ersichtlich, dass man auf ein gleichnamiges Element

- aus einem anderen Namensraum durch Angabe des entsprechenden vollqualifizierten Namens (wie z. B. `AndererNamensraum::print()`) und
- aus dem globalen Namensraum durch Voranstellen des Scope-Operators `::`

zugreifen kann.

Keine Zuteilung von Typinformation bei using-Deklarationen

Da `using`-Deklarationen lediglich vollqualifizierten Namen Kennungen, aber keine Typinformationen zuteilen, wird für den Fall, dass ein Namensraum überladene Funktionen enthält, diesen allen die gleiche Kennung zugeteilt, was aber keine Einschränkung ist, da durch Anfügen der Argumente die entsprechende der überladenen Funktionen ausgewählt werden kann.

Programm 23.5 – `namespace4.cpp`:
using-Deklaration und überladene Funktionen im Namensraum

```
#include  <cmath>
#include  <iostream>
#include  <iomanip>
const double pi = 4*atan(1);
namespace MathGrad {
 double sin(double grad) { std::cout << "(double) "; return ::sin(grad/180 * pi); }
 double sin(int  grad)   { std::cout << "(int)    "; return ::sin(grad/180.0*pi); }
}
int main(void) {
   using MathGrad::sin; //...ab hier: für sin --> MathGrad::sin einsetzen
   std::cout << setiosflags(std::ios::fixed) << std::setprecision(2);
   std::cout << "sin(90 Grad)=" << sin(90.0) << std::endl;// MathGrad::sin(double)
   std::cout << "sin(90 Grad)=" << sin(90)   << std::endl;// MathGrad::sin(int)
}
```

Programm 23.5 liefert die folgende Ausgabe:

```
(double) sin(90 Grad)=1.00
(int)    sin(90 Grad)=1.00
```

using-Deklarationen an gleichen Stellen erlaubt wie normale Deklarationen

Dies bedeutet, dass `using`-Deklarationen sowohl global als auch lokal in Blöcken erlaubt sind. Wird eine `using`-Deklaration lokal angegeben, so verdeckt sie – wie eine normale Deklaration – ab dieser Stelle bis zum Ende des Blocks eine eventuell auf höherer Ebene angegebene `using`-Deklaration in der Hierarchie.

Programm 23.6 – `namespace5.cpp`:
Globale und lokale using-Deklarationen

```
#include <iostream>
namespace A {
   void print(void) { std::cout << "A, "; }
}
namespace B {
   void print(void) { std::cout << "B, "; }
}
using A::print; // globale Deklaration

int main(void) {
   print();    // A::print()
   ::print(); // A::print()
   B::print();
   std::cout << std::endl << "----------------------------" << std::endl;
   using B::print; // verdeckt globale Dekl.: using A::print;
   print();    // B::print()
   ::print(); // A::print()
   A::print();
   std::cout << std::endl << "----------------------------" << std::endl;
   for (int i=1; i<=2; i++) {
      print();    // B::print()
      ::print(); // A::print()
      A::print();
      std::cout << "  |  ";
      using A::print; // verdeckt übergeordnete Dekl.: using B::print;
      print();    // A::print()
      ::print(); // A::print()
      A::print();
      std::cout << std::endl << "----------------------------" << std::endl;
   }
}
```

Programm 23.6 liefert die folgende Ausgabe:

```
A, A, B,
----------------------------
B, A, A,
----------------------------
B, A, A,  |  A, A, A,
----------------------------
B, A, A,  |  A, A, A,
----------------------------
```

Keine gleichnamige normale Definition/Deklaration und using-Deklaration

Wird global oder lokal in einem Block eine `using`-Deklaration angegeben, so darf kein Objekt des gleichen Namens auf dieser Ebene definiert oder deklariert werden.

Programm 23.7 – `namespace6.cpp`:
Gleichnamige normale Deklaration/Definition und using-Deklaration im selben Block ist nicht erlaubt

```
#include <iostream>
namespace A {
   int x;
   int y;
}
using A::x;
//... Neudef. gleicher Namen wie in using-Dekl. (auf gleicher Ebene) nicht erlaubt
// int x;
int main(void) {
   int x = 0; //... Neudef. gleicher Namen in tieferer Ebene erlaubt
   std::cout << "x = " << x << std::endl;
   using A::y;
   y = 1;
   std::cout << "y = " << y << std::endl;
   //... Neudef. gleicher Namen wie in using-Dekl. (gleiche Ebene) nicht erlaubt
   // int y;
   {
      int y = 2; //... Neudef. eines gleichen Namens in tieferem Block erlaubt
      std::cout << "y = " << y << std::endl;
   }
   std::cout << "y = " << y << std::endl;
}
```

Programm 23.7 liefert die folgende Ausgabe:

```
x = 0
y = 1
y = 2
y = 1
```

using-Deklarationen sind auch in Namensräumen erlaubt

Wird eine `using`-Deklaration in einem Namensraum angegeben, so verdeckt sie – wie eine normale Deklaration – ab dieser Stelle bis zum Ende des Namensraums eine eventuell auf höherer Ebene angegebene `using`-Deklaration im Namensraum.

Programm 23.8 – `namespace7.cpp`:
using-Deklarationen in Namensräumen

```
#include <iostream>

namespace A {
  inline void x(void) { std::cout << "A::x, "; }
  inline void y(void) { std::cout << "A::y, "; }
}
```

```
namespace B {
  inline void x(void) { std::cout << "B::x, "; }
  inline void y(void) { std::cout << "B::y, "; }
}
void fkt1() {
  using B::x;
  x();      // B::x();
  A::x(); // vollqualifizierter Name
}
namespace Z {
  using A::x;
  using B::y;
  //.......
}
void fkt2() {
  Z::x(); // A::x();
  Z::y(); // B::y();
}
int main(void) {
   fkt1(); std::cout << std::endl;
   fkt2(); std::cout << std::endl;
}
```

Programm 23.8 liefert die folgende Ausgabe:

```
B::x, A::x,
A::x, B::y,
```

Die using-Direktive

Mit `using`-Direktiven kann man im entsprechenden Gültigkeitsbereich festlegen, dass ab einer bestimmten Stelle für einfache Namen alle entsprechend vollqualifizierten Namen aus einem Namensbereich zu verwenden sind:

```
using namespace namensraum;
```

Programm 23.9 – `namespace8.cpp`:
Demonstrationsprogramm zur using-Direktive

```
#include <iostream>
namespace A {
   void print1(void) { std::cout << "Ich bin Namensraum A (print1)\n"; }
   void print2(void) { std::cout << "Ich bin Namensraum A (print2)\n"; }
}
namespace B {
   void print1(void) { std::cout << "Ich bin Namensraum B (print1)\n"; }
   void print2(void) { std::cout << "Ich bin Namensraum B (print2)\n"; }
}
namespace C {
   void ausgabe1(void) { std::cout << "Ich bin Namensraum C (ausgabe1)\n"; }
   void ausgabe2(void) { std::cout << "Ich bin Namensraum C (ausgabe2)\n"; }
}
```

```
using namespace C; //...ab hier: Namensraum C verwenden
int main(void) {
   ausgabe1(); // C::ausgabe1();
   using namespace A; //...ab hier: zusätzl. Namensraum A verwenden
   print1();  // A::print1()
   print2();  // A::print2()
   B::print1();
   B::print2();
   ausgabe2(); // C::ausgabe2();
}
```

Programm 23.9 liefert die folgende Ausgabe:

```
Ich bin Namensraum C (ausgabe1)
Ich bin Namensraum A (print1)
Ich bin Namensraum A (print2)
Ich bin Namensraum B (print1)
Ich bin Namensraum B (print2)
Ich bin Namensraum C (ausgabe2)
```

Aus Programm 23.9 wird ersichtlich:

- `using`-Direktiven können global oder lokal angegeben werden. Während eine globale `using`-Direktive für die ganze Programmdatei (*translation unit*) Gültigkeit besitzt, gelten lokale `using`-Direktiven nur im entsprechenden Block ab der Stelle, an der sie angegeben sind, bis zum Ende des jeweiligen Blocks.
- Es können sowohl lokal als auch global mehrere `using`-Direktiven angegeben werden. Es versteht sich von selbst, dass dann die Namen in den dabei spezifizierten Namensräumen unterschiedlich sein müssen, bzw. im Falle von überladenen Funktionen unterschiedliche Parameter besitzen müssen.
- Möchte man nach Angabe von `using`-Direktiven auf gleichnamige Elemente aus einem anderen Namensraum zugreifen, muss man den entsprechenden vollqualifizierten Namen angeben (wie z. B. `B::print1()`).

using-Direktiven sind auch in Namensräumen erlaubt

Werden `using`-Direktiven in Namensräumen angegeben, so gilt dort das Gleiche für sie, wie wenn sie außerhalb von Namensräumen angegeben sind.

Programm 23.10 – `namespace9.cpp`:
using-Direktiven in Namensräumen

```
#include  <iostream>
namespace A {
   inline void x(void) { std::cout << "A::x, "; }
   inline void y(void) { std::cout << "A::y, "; }
}
namespace B {
   inline void x(void) { std::cout << "B::x, "; }
   inline void y(void) { std::cout << "B::y, "; }
}
```

```
void fkt1() {
   using namespace B;
   x();      // B::x();
   A::x(); // vollqualifizierter Name
}
namespace Z {
   using namespace A;
   //.......
}
void fkt2() {
   using namespace Z;
   x(); // A::x();
   y(); // A::y();
}
int main(void) {
   fkt1();  std::cout << std::endl;
   fkt2();  std::cout << std::endl;
}
```

Programm 23.10 liefert die folgende Ausgabe:

```
B::x, A::x,
A::x, A::y,
```

Keine globalen using-Direktiven in Headerdateien

Man sollte keine globalen `using`-Direktiven wie z. B.:

```
  using namespace std;
```

in einer Headerdatei angeben, da dann jede Programmdatei, die diese Headerdatei inkludiert, diesen Namensraum automatisch geöffnet hat und somit der ganze Namensraum-Schutzmechanismus von C++ ausgeschaltet würde.

Alte C++-Headerdateien und Namensräume

Vor der Einführung von Namensräumen waren auch die neuen C++-Headerdateien (ohne `.h`) noch nicht standardisiert. Um nun Aufwärtskompatibilität mit älteren C++-Programmen zu gewährleisten, wurden die alten C++-Headerdateien (mit `.h`) mit `using`-Deklarationen versehen. So hat nun die Headerdatei `<iostream.h>` z. B. folgenden Inhalt:

```
//............................... Headerdatei iostream.h
....
#include <iostream>

using std::cout;
using std::cin;
using std::cerr;
using std::clog;
using std::ios;
....
```

Wichtige Unterschiede zwischen using-Direktiven und -Deklarationen

Eine `using`-Direktive wie z. B.:

```
using namespace X;
```

legt fest, dass alle Namen aus dem Namensraum `X` zur Verwendung bereitgestellt werden, aber diese Namen werden noch nicht wie bei `using`-Deklarationen deklariert und damit als eigene Namen dem aktuellen Namensraum hinzugefügt.

Programm 23.11 – `namespace10.cpp`:
Unterschiede zwischen using-Direktiven und -Deklarationen

```
#include <cmath>
#include <iostream>
#include <iomanip>
const double pi = 4*atan(1);
void print(void) { std::cout << "Ich bin globaler Namensraum" << std::endl; }
namespace MathGrad {
   double sin(double grad) { return ::sin(grad/180 * pi);  }
   double sin(int    grad) { return ::sin(grad/180.0 * pi); }
   double cos(double grad) { return ::cos(grad/180 * pi);   }
}
namespace MeinMath  { double cos(double grad) { return ::cos(grad/180 * pi); } }
namespace MeinMath2 { double cos(double grad) { return ::cos(grad/180 * pi); } }
int main(void) {
   std::cout << setiosflags(std::ios::fixed) << std::setprecision(2)
             << "sin(pi/2) = " << sin(pi/2) << ", "        // sin (aus math.h)
             << "cos(pi) = "   << cos(pi/2) << std::endl; // cos (aus math.h)
   using namespace MathGrad;  //... MathGrad-Namensraum zur Verfügung stellen
   using namespace MeinMath2; //... MeinMath2-Namensraum zur Verfügung stellen
   using MathGrad::cos; //...explizit cos als MathGrad::cos deklarieren
   //... Folg. nicht mögl., da doppelte Deklaration
   // using MeinMath::cos;
   std::cout << "cos(180) = "  << cos(90)      << ", "        // MathGrad::cos
             << "cos(pi) = "   << ::cos(pi/2) << std::endl  // cos (aus math.h)
             << "sin(90) = "   << sin(90)      << ", "        // MathGrad::sin(int)
             << "sin(pi/2) = " << ::sin(pi/2) << std::endl; // sin (aus math.h)
   //... Folg. nicht mögl, da sin(double) in math.h und MathGrad vorh.
   // std::cout << "sin(90)  = " << sin(90.0) << std::endl;
   print();   // globales print()
   ::print(); // globales print()
}
```

Programm 23.11 liefert die folgende Ausgabe:

```
sin(pi/2) = 1.00, cos(pi) = 0.00
cos(180) = 0.00, cos(pi) = 0.00
sin(90) = 1.00, sin(pi/2) = 1.00
Ich bin globaler Namensraum
Ich bin globaler Namensraum
```

In Programm 23.11 lassen sich folgende Unterschiede zwischen `using`-Direktiven und -Deklarationen erkennen:

- **Namensräume bei `using`-Direktiven können gleiche Namen enthalten**
  Da die Namen aus den Namensräumen bei `using`-Direktiven nicht deklariert werden, sondern nur der Namensraum zur Verfügung gestellt wird, der bei Bedarf zu durchsuchen ist, können solche Namensräume gleiche Namen enthalten, wie z. B. die Funktion `cos()` in den Namensräumen `MathGrad`, `MeinMath` und `MeinMath2`. Die beiden folgenden Zeilen

```
using namespace MathGrad;  //... MathGrad-Namensraum zur Verfügung stellen
using namespace MeinMath2; //... MeinMath2-Namensraum zur Verfügung stellen
```

  sind daher erlaubt. Würde man unmittelbar danach die Funktion `cos()` aufrufen, würde der Compiler einen Fehler liefern, da er nicht wüsste, welche Funktion aus den beiden Namensräumen hier aufzurufen ist.

- **Namen bei `using`-Deklarationen werden als neue Namen eingeführt**
  Da die Namen bei `using`-Deklarationen als neue Namen an entsprechender Stelle eingeführt werden, kann nicht der gleiche Name nochmals als normale bzw. `using`-Deklaration in diesem Gültigkeitsbereich angegeben werden:

```
using MathGrad::cos; //...explizit cos als MathGrad::cos deklarieren
//... Folg. nicht mögl., da doppelte Deklaration
// using MeinMath::cos;
```

- **Konflikte bei `using`-Direktiven mit Namen in anderen Namensräumen**
  Wie vorher erwähnt, können Namensräume von `using`-Direktiven gleiche Namen enthalten. Dies ist erlaubt, so lange man nicht einen solchen Namen verwendet. So stellt z. B. im Programm 23.11 sowohl der Namensraum von `math.h` als auch der Namensraum `MathGrad` eine Funktion `sin(double)` zur Verfügung. Würde man in diesem Programm nun `sin(90.0)` aufrufen, wüsste der Compiler nicht, welche Funktion aus den beiden Namensräumen hier aufzurufen ist. Bei einem Aufruf von `sin(90)` dagegen hätte der Compiler keine Schwierigkeiten, da nur eine Funktion `sin(int)` im Namensraum `MathGrad` vorhanden ist, aber nicht im Namensraum von `math.h`.

```
std::cout << "sin(90) = "   << sin(90)      << ", "         // MathGrad::sin(int)
          << "sin(pi/2) = " << ::sin(pi/2) << std::endl; // sin (aus math.h)
//... Folg. nicht mögl, da sin(double) in math.h und MathGrad vorh.
// std::cout << "sin(90)  = " << sin(90.0) << std::endl;
```

  Solche versteckt vorhandenen Namensräume sind ein Nachteil von `using`-Direktiven gegenüber `using`-Deklarationen, bei denen immer eindeutig festgelegt wird, welcher Name zu verwenden ist.

23.3 Geschachtelte Namensräume

```
namespace Deutsch {
    namespace Bayerisch {
        int  b;
        void gruss() { std::cout << "  Servus (" << b << ")" << std::endl; }
    }
}
```

Es gibt nun mehrere Möglichkeiten, auf die Elemente im geschachtelten Namensraum `Bayerisch` zuzugreifen:

- **Angabe von vollqualifizierten Namen**

```
int main(void) {
   Deutsch::Bayerisch::b = 1;
   Deutsch::Bayerisch::gruss();
}
```

- **Angabe mehrerer using-Deklarationen**

```
using Deutsch::Bayerisch::b;
using Deutsch::Bayerisch::gruss;
int main(void) {
   b = 2;
   gruss();
}
```

- **Angabe einer using-Deklaration**

```
using Deutsch::Bayerisch;
int main(void) {
   Bayerisch::b = 3;     // In diesem Fall muss noch das Präfix des entspr.
   Bayerisch::gruss(); // Unter-Namensraums vor den Elementen angegeben werden
}
```

- **Angabe einer using-Direktive**

```
using namespace Deutsch::Bayerisch;
int main(void) {
   b = 4;
   gruss();
}
```

- **Angabe mehrerer using-Direktiven**

```
using namespace Deutsch;
using namespace Bayerisch;
int main(void) {
   b = 5;
   gruss();
}
```

Kombination aus using-Direktiven und -Deklarationen

```
using namespace Deutsch;
using Bayerisch::gruss;
using Bayerisch::b;
int main(void) {
   b = 6;
   gruss()
}
```

Bei Verwendung von vollqualifizierten Namen wäre es natürlich möglich gewesen, ein Alias einzuführen, um sich etwas Tipparbeit zu ersparen:

```
namespace DB = Deutsch::Bayerisch;
int main(void) {
   DB::b = 7;
   DB::gruss();
}
```

Ein solches Namensraum-Alias könnte dann auch bei den using-Deklarationen und -Definitionen verwendet werden.

Programm 23.12 – namespace11.cpp:
Demoprogramm zu Zugriffsmöglichkeiten auf Elemente in geschachtelten Namensräumen

```
#include <iostream>
namespace Deutsch {
   namespace Bayerisch {
      int b;
      void gruss() { std::cout << " Servus (" << b << ")" << std::endl; }
   }
}
namespace DB = Deutsch::Bayerisch;

void vollquali(void) {
   std::cout << "Vollqualifizierter Name:";
   Deutsch::Bayerisch::b = 1;
   Deutsch::Bayerisch::gruss();
}
void using_dekl1(void) {
   std::cout << "using-Deklarationen:     ";
   using Deutsch::Bayerisch::b;
   using Deutsch::Bayerisch::gruss;
   b = 2;
   gruss();
}
void using_dekl2(void) {
   std::cout << "using-Deklaration:       ";
   using Deutsch::Bayerisch;
   Bayerisch::b = 3;
   Bayerisch::gruss();
}
```

```
void using_direktive1(void) {
   std::cout << "using-Direktive:         ";
   using namespace Deutsch::Bayerisch;
   b = 4;
   gruss();
}
void using_direktive2(void) {
   std::cout << "using-Direktiven:        ";
   using namespace Deutsch;
   using namespace Bayerisch;
   b = 5;
   gruss();
}
void using_direk_dekl(void) {
   std::cout << "using-Direktiven/Dekl.: ";
   using namespace Deutsch;
   using Bayerisch::gruss;
   using Bayerisch::b;
   b = 6;
   gruss();
}
void vollquali_alias(void) {
   std::cout << "Vollqualif. mit Alias:  ";
   DB::b = 7;
   DB::gruss();
}
int main(void) {
   vollquali();

   using_dekl1();
   using_dekl2();

   using_direktive1();
   using_direktive2();

   using_direk_dekl();

   vollquali_alias();
}
```

Programm 23.12 liefert folgende Ausgabe:

```
Vollqualifizierter Name:  Servus (1)
using-Deklarationen:      Servus (2)
using-Deklaration:        Servus (3)
using-Direktive:          Servus (4)
using-Direktiven:         Servus (5)
using-Direktiven/Dekl.:   Servus (6)
Vollqualif. mit Alias:    Servus (7)
```

Definition von Elementen außerhalb eines geschachtelten Namensraums

Elemente in einem geschachtelten Namensraum (wie z. B. Funktionen) können dort nur deklariert, aber außerhalb dieses geschachtelten Namensraums definiert werden. Was dabei zu beachten ist, wird anhand von Programm 23.13 demonstriert.

Programm 23.13 – `namespace12.cpp`:
Definition von Elementen außerhalb eines geschachtelten Namensraums

```
#include <iostream>
namespace Deutsch { //........ Definition im geschachtelten Namensraum
   int d;
   namespace Bayerisch {
       int b;
       void gruss() {
          std::cout << "  Servus (" << d << ", " << b << ")" << std::endl;
       }
   }
}
namespace German { //........ Definition im übergeordneten Namensraum
   int d;
   namespace Bavarian {
       int b;
       void gruss();
   }
   void Bavarian::gruss() {
      std::cout << "  Hello, I'm Bavarian ("
                << d << ", " << Bavarian::b << ")" << std::endl;
   }
}
namespace Allemand { //.................. Definition auf globaler Ebene
   int d;
   namespace Bavarois {
       int b;
       void gruss();
   }
}
void Allemand::Bavarois::gruss() {
   std::cout << "  Bonjour, je suis Bavarois ("
             << Allemand::d << ", " << Allemand::Bavarois::b << ")" << std::endl;
}
int main(void) {
   Deutsch::d = 10;   Deutsch::Bayerisch::b=1;   Deutsch::Bayerisch::gruss();
   German::d = 20;    German::Bavarian::b=2;     German::Bavarian::gruss();
   Allemand::d = 30;  Allemand::Bavarois::b=3;   Allemand::Bavarois::gruss();
}
```

Programm 23.13 liefert die folgende Ausgabe:

```
  Servus (10, 1)
  Hello, I'm Bavarian (20, 2)
  Bonjour, je suis Bavarois (30, 3)
```

Programm 23.13 verdeutlicht Folgendes:

- Wird eine Funktion aus einem untergeordneten Namensraum in einer übergeordneten Ebene definiert, dann sind dort nur die Namen dieser Ebene und die übergeordneter Ebenen, aber nicht die untergeordneter Ebenen bekannt:

```
void Bavarian::gruss() {
   printf("  Hello, I'm Bavarian (%d, %d)\n", d, Bavarian::b);
}
```

- Wird eine Namensraum-Funktion auf globaler Ebene definiert, muss man für alle Elemente aus diesem Namensraum vollqualifizierte Namen angeben:

```
void Allemand::Bavarois::gruss() {
    printf("  Bonjour, je suis Bavarois (%d, %d)\n",
            Allemand::d, Allemand::Bavarois::b);
}
```

In beiden Fällen könnte man hier natürlich auch wieder `using`-Deklarationen oder -Direktiven verwenden.

23.4 Namensräume in Headerdateien

Wenn auf Elemente aus Namensräumen in Headerdateien zugegriffen wird, sollte man grundsätzlich keine `using`-Direktiven in diesen Headerdateien angeben, wenn diese Headerdateien Klassen oder Funktionen für Bibliotheken deklarieren. Verwendet man nämlich `using`-Direktiven in Headerdateien, schränkt man Nutzer dieser Headerdateien auf diesen Namensraum ein, was dann sogar zu Namenskonflikten führen kann, wenn der Nutzer dieser Headerdateien versucht, gleichnamige Elemente aus anderen Namensräumen zu verwenden. Dies soll anhand eines kleinen Beispiels verdeutlicht werden:

```
//.................................................... toll.h

namespace Eigen {
    class Toll {
       public:
          Toll() { }
    };
    Toll cout;
}
```

```
//.................................................... using.h

#include "toll.h"
using namespace Eigen;
class Ausgabe {
   public:
      Ausgabe(Toll& t) { }
};
```

```
//............................................ usingmain.cpp

#include <iostream>
#include "using.h"

using std::cout;
using std::endl;

int main(void) {
   cout << "Hallo" << endl;
}
```

Kompiliert man dieses Programm `usingmain.cpp`, liefert der Compiler z. B. folgende Fehlermeldungen:

```
usingmain.cpp:8: error: use of ‘cout’ is ambiguous
/usr/include/g++/iostream: error: first declared as ‘std::ostream std::cout’ here
                 toll.h:7: error: also declared as ‘Eigen::Toll Eigen::cout’ here
```

Entfernt man die `using`-Direktive aus `using.h` und gibt stattdessen vollqualifizierte Namen an, besteht dieses Problem nicht mehr:

```
//................................................ nousing.h

#include "toll.h"
class Ausgabe {
   public:
      Ausgabe(Eigen::Toll& t) { }
};
```

Das folgende Programm `nousingmain.cpp` lässt sich dann fehlerfrei kompilieren und gibt „`Hallo`“ aus:

```
#include <iostream>
#include "nousing.h"

using std::cout;
using std::endl;

int main(void)
{
   cout << "Hallo" << endl;
}
```

Allgemein kann man festhalten, dass Headerdateien, die allgemein verwendet werden können, keine `using`-Direktiven enthalten sollten. Headerdateien, die lediglich für eigene Zwecke verwendet werden, können dagegen bei Bedarf `using`-Direktiven enthalten, da diese unter der Kontrolle des jeweiligen Programmierers sind.

23.5 Namensräume und Vererbung

- Namensräume sind zwar keine Klassen, aber jede Klasse ist zugleich ein eigener Namensraum, da sie einen Namensraum für ihre Komponenten darstellt.
- Der Namensraum einer abgeleiteten Klasse ist in dem der Basisklasse eingeschachtelt.

Nachfolgend werden zwei Anwendungsbereiche gezeigt, in denen die Verwendung von `using` im Zusammenhang mit Vererbung von Bedeutung ist.

Überschreiben statt Überladen virtueller Methoden in abgeleiteten Klassen

Programm 23.14 – `namespace13.cpp`:
Überschreiben statt Überladen von virtuellen Methoden in abgeleiteten Klassen

```
1  #include  <iostream>
2  using namespace std;
3  //........................................................... Basis
4  class Basis {
5    public:
6       virtual void fkt(void)  { cout << "Basis::fkt(void)" << endl; }
7       virtual void fkt(int i) { cout << "Basis::fkt(int)"  << endl; }
8  };
9  //............................................................. Sub
10 class Sub : public Basis {
11   public:
12      //... fkt() überschreibt, überlädt aber nicht die beiden Basis-fkt()
13      virtual void fkt(char *str) { cout << "Sub::fkt(char*)" << endl; }
14 };
15 //............................................................ main
16 int main(void) {
17     Sub  s;
18     s.fkt("Hallo");
19     s.fkt();    // hier Fehler, da keine fkt(void) in Sub
20     s.fkt(3);  // hier Fehler, da keine fkt(int) in Sub
21 }
```

Für Programm 23.14 meldet der Compiler z. B. die folgenden Fehler:

```
namespace13.cpp:19: error: no matching function for call to 'Sub::fkt()'
namespace13.cpp:13: error: candidates are: virtual void Sub::fkt(char*)
namespace13.cpp:20: error: invalid conversion from 'int' to 'char*'
```

Diese Fehlermeldungen resultieren daher, dass die Methode `fkt(char *)` in der abgeleiteten Klasse `Sub` die beiden gleichnamigen Funktionen in der Basisklasse `Basis` überschreibt, anstatt sie zu überladen.

Über ein `Sub`-Objekt lässt sich somit nur die Funktion `fkt(char*)` aus der `Sub`-Klasse, aber keine der beiden Methoden `fkt(...)` aus der Basisklasse `Basis` aufrufen. Es gilt hier nämlich immer folgende Regel:

Überladen von Funktionen findet nur auf der gleichen Ableitungsebene statt.

Mittels einer `using`-Deklaration lassen sich nun aber Methoden aus einem übergeordneten Namensraum in einen Namensraum einer abgeleiteten Klasse eingliedern.

Das Problem aus Programm 23.14 lässt sich somit – wie in Programm 23.15 gezeigt – lösen.

Programm 23.15 – `namespace14.cpp`:
Eingliedern von Basisklassen-Methoden in abgeleitete Klassen mittels using-Deklaration

```
....... // siehe Programm 23.14
//................................................................... Sub
class Sub : public Basis {
  public:
     using Basis::fkt; // Eingliedern der Funktionen fkt() aus Basis
     virtual void fkt(char *str) { cout << "Sub::fkt(char*)" << endl; }
};
//.................................................................. main
int main(void) {
   Sub s;
   s.fkt("Hallo");
   s.fkt();
   s.fkt(3);
}
```

Da nun innerhalb der Klasse `Sub` ein ganz normales Überladen stattfindet, lässt sich Programm 23.15 jetzt fehlerfrei kompilieren. Es liefert dann die folgende Ausgabe:

```
Sub::fkt(char*)
Basis::fkt(void)
Basis::fkt(int)
```

Bei private-Ableitung Basisklassen-Methoden public bereitstellen

Mittels einer `using`-Deklaration ist es in einer `private` abgeleiteten Klasse möglich, eine geerbte Methode dort als `public` zur Verfügung zu stellen, wie es in Programm 23.16 gezeigt ist.

Programm 23.16 – `namespace15.cpp`:
In private abgeleiteter Klasse geerbte Methoden public bereitstellen

```
#include <iostream>
class Basis {
  public:
     void basisPrivat(void)  { std::cout << "basisPrivat()" << std::endl; }
};
class Sub : private Basis {
  public:
     using Basis::basisPrivat; // basisPrivat() trotz private-Ableit. public
};
int main(void) {
   Basis b;
   Sub   s;
   // b.basisPrivat(); // nicht möglich
   s.basisPrivat(); // dies ist aber möglich
}
```

Kapitel 24

Zeiger auf Klassenmember

Zeiger sind Variablen, die zur Laufzeit die Speicheradresse von Daten oder Funktionen enthalten können.
Memberzeiger (*pointer-to-member*) wurden in C++ eingeführt, um dort die Adresse eines Klassenmembers abzulegen. Das Problem war nun aber, dass Klassen ja nur eine Beschreibung sind, für die niemals Speicher mit einer entsprechenden Adresszuteilung angelegt wird. Da nun aber die Member einer Klasse anders als die Member von Objekten keine richtigen Adressen besitzen, sondern lediglich ein Offset (bezogen auf den Anfang der Klasse), musste man hierfür eigene Konstrukte einführen.

24.1 Zeiger auf Membervariablen in Klassen

Für die Syntax von Zeigern auf Klassen-Membervariablen gilt Folgendes:

- **Definition/Deklaration von Zeigern auf Klassen-Membervariablen**

  ```
  typ Klasse::*memberZeiger;
  typ Klasse::*memberZeiger = &Klasse::memberName; // mit Initialisierung
  ```

  Es ist zu erwähnen, dass &*Klasse::memberName* keine richtige Adresse ist, weswegen ein solches Konstrukt auch nur im Zusammenhang mit Zeigern auf Klassenmember verwendet werden kann.

- **Neue Operatoren .* und ->* für Zugriff mittels Klassenmember-Zeiger**

  ```
  objekt.*memberZeiger;
  objektZgr->*memberZeiger;
  ```

  Hier ist zu erwähnen, dass Zeiger auf Klassenmember nicht die volle Funktionalität von normalen Zeigern besitzen. So ist lediglich das Ablegen der Adresse eines Klassenmember und das Lesen des aktuellen Inhalts des Klassenmember-Zeigers möglich. Andere Operationen, wie z. B. In-/Dekrementieren des Zeigerwerts oder Vergleichen wie bei normalen Zeigervariablen sind hier nicht erlaubt.

Programm 24.1 – memberzgr1.cpp:
Einfaches Demonstrationsbeispiel zu Zeigern auf Klassen-Membervariablen

```
#include <iostream>
using namespace std;
class Klasse {
  public:
     void print(void) { cout <<"x=" << x <<", y=" << y <<", z=" << z << endl; }
     int x, y, z;
};
int main(void) {
   Klasse  obj,
          *zgr = &obj;
   //........................... Normale Objekte und Objektzeiger
   obj.x  = 10;
   zgr->y = 20;
   obj.z  = zgr->x + obj.y;
   zgr->print();
   //.................................... Zeiger auf Klassenmember
   int Klasse::*membZgr = &Klasse::x;    obj.*membZgr  = 100;
   membZgr = &Klasse::y;                 zgr->*membZgr = 200;
   membZgr = &Klasse::z;                 obj.*membZgr  = zgr->x + obj.y;
   zgr->print();
}
```

Programm 24.1 liefert dann folgende Ausgabe:

```
x=10, y=20, z=30
x=100, y=200, z=300
```

24.2 Zeiger auf Methoden in Klassen

Für die Syntax von Zeigern auf Klassen-Methoden gilt Folgendes:

- **Definition/Deklaration von Zeigern auf Klassen-Methoden**

```
typ (Klasse::*methZgr)(paramListe) const;
typ (Klasse::*methZgr)(paramListe) const = &Klasse::methode; // mit Initialis.
```

Es ist zu erwähnen, dass anders als bei normalen Funktionen, die keine Memberfunktionen sind, der Adressoperator `&` hier bei der Initialisierung immer anzugeben ist.
Bei der Angabe des entsprechenden Methodennamens ist hier keine Argumentliste erforderlich, da aufgrund des Typs des Memberzeigers die entsprechende Methode automatisch bestimmt werden kann.

- **Neue Operatoren `.*` und `->*` für Zugriff mittels Klassenmember-Zeiger**

```
(objekt.*methZgr)(argumentListe);
(objektZgr->*methZgr)(argumentListe);
```

Programm 24.2 – `memberzgr2.cpp`:
Einfaches Demonstrationsbeispiel zu Zeigern auf Klassen-Methoden

```
#include <iostream>
using namespace std;
class Klasse {
  public:
    void meth1(int w) const { cout << "meth1: " << w << endl; }
    void meth2(int w) const { cout << "meth2: " << w << endl; }
};
int main(void) {
  Klasse obj, *zgr = &obj;
  void (Klasse::*methZgr1)(int) const;
  methZgr1 = &Klasse::meth1;
  (obj.*methZgr1)(10);
  void (Klasse::*methZgr2)(int) const = &Klasse::meth2;
  (zgr->*methZgr2)(20);
}
```

Programm 24.2 liefert die folgende Ausgabe:

```
meth1: 10
meth2: 20
```

Programm 24.3 zeigt, wie man mittels eines Arrays von Zeigern auf Methoden in einer Klasse diese nacheinander aufrufen kann.

Programm 24.3 – `memberzgr3.cpp`:
Array von Zeigern auf Klassen-Methoden

```
#include <iostream>
using namespace std;
class Klasse {
  public:
    int eins(int w) const { cout << "eins: " << w   << ", "; return w;   }
    int zwei(int w) const { cout << "zwei: " << w*2 << ", "; return w*2; }
    int drei(int w) const { cout << "drei: " << w*3 << "  "; return w*3; }
};
int main(void) {
   Klasse  obj, *zgr = &obj;
   unsigned  i, sum = 0;
   int (Klasse::*mZgr[])(int) const = { // Array von Zeigern auf Klassenmethoden
                                  &Klasse::eins,
                                  &Klasse::zwei,
                                  &Klasse::drei };
   for (i=0; i<sizeof(mZgr) / sizeof(*mZgr); i++)
      sum += (obj.*mZgr[i]) (i*10);
   cout << "  ...Summe: " << sum << endl;
   sum = 0;
   for (i=0; i<sizeof(mZgr) / sizeof(*mZgr); i++)
      sum += (zgr->*mZgr[i]) (i*10);
   cout << "  ...Summe: " << sum << endl;
}
```

Programm 24.3 liefert die folgende Ausgabe:

```
eins: 0, zwei: 20, drei: 60    ...Summe: 80
eins: 0, zwei: 20, drei: 60    ...Summe: 80
```

Um den Nutzer einer solchen Klasse so komplizierte Aufrufe über Zeiger auf Klassenmethoden zu ersparen, kann man den bzw. die Zeiger auf Klassen-Member im `private`-Teil der entsprechenden Klasse unterbringen und ihm eine `public`-Methode anbieten, über die er gezielt die gewünschte Methode mittels einer Kennung auswählen kann, wie es in Programm 24.4 gezeigt ist.

Programm 24.4 – `memberzgr4.cpp`:
Privaten Zeiger auf Klassen-Member und public-Auswahlmethode

```
#include <iostream>
using namespace std;
class Klasse {
  public:
     enum { EINS=0, ZWEI=1, DREI=2 };
     Klasse() {
        mZgr[0] = &Klasse::eins; // Angabe von '&Klasse::' hier notwendig
        mZgr[1] = &Klasse::zwei;
        mZgr[2] = &Klasse::drei;
     }
     int rufeAuf(int nr, int wert) {
        if (nr < 0 || nr >= anz)
           return 0;
        return (this->*mZgr[nr])(wert);
     }
     unsigned getMethZahl(void) { return anz; }
  private:
     //.... Methoden nun private
     int eins(int w) const { cout << "eins: " << w   << ", "; return w;   }
     int zwei(int w) const { cout << "zwei: " << w*2 << ", "; return w*2; }
     int drei(int w) const { cout << "drei: " << w*3 << "  "; return w*3; }
     enum { anz = 3 };
     int (Klasse::*mZgr[anz])(int) const; // Array von Methodenzeigern
};
int main(void) {
   Klasse  obj;
   int     sum = 0;
     //... Durchlaufen aller angebotenen Methoden
   for (unsigned i = 0; i < obj.getMethZahl(); i++)
     sum += obj.rufeAuf(i, i*10);
   cout << "  ...Summe: " << sum << endl;
     //... Gezielter Aufruf bestimmter Methoden
   sum  = obj.rufeAuf(Klasse::DREI, 30);
   sum += obj.rufeAuf(Klasse::EINS, 10);
   sum += obj.rufeAuf(Klasse::ZWEI, 20);
   cout << " ...Summe: " << sum << endl;
}
```

Die in Programm 24.4 vorgestellte Technik hat nicht nur den Vorteil, dass die Nutzung dieser Klasse vereinfacht wird, sondern auch, dass weitere Methoden hinzugefügt werden können, auf die der private Methoden-Klassenzeiger zeigt, ohne dass bestehender Code, der diese neuen Methoden nicht benötigt, geändert werden muss.

Es sind hierbei noch die beiden folgenden Punkte zu beachten:

- Bei der Initialisierung der Zeiger auf Klassenmethoden muss man den Klassennamen mit doppeltem Doppelpunkt vor dem entsprechenden Methodennamen angeben:

```
mZgr[1] = &Klasse::zwei; // nicht möglich: mZgr[1] = &zwei;
```

- Da festgelegt ist, dass Zeiger auf Klassenmember immer einem bestimmten Objekt zugeordnet sein müssen, wenn über ihre Adresse auf Speicher zugegriffen wird, muss man beim `return` in der Methode `rufeAuf()` auch Folgendes angeben:

```
(this->*mZgr[nr])(wert); // nicht möglich: *(mZgr[nr])(wert);
```

Programm 24.4 liefert die folgende Ausgabe:

```
eins: 0, zwei: 20, drei: 60     ...Summe: 80
drei: 90  eins: 10, zwei: 40,   ...Summe: 140
```

Die gleiche Technik kann angewendet werden, wenn man eine Klasse hat, die unterschiedliche Funktionalität für verschiedene Benutzer-Kategorien anbietet, wie es in Programm 24.5 gezeigt ist.

Programm 24.5 – `memberzgr5.cpp`:
Klasse mit unterschiedlicher Funktionalität für verschiedene Benutzer-Kategorien

```
#include <iostream>
using namespace std;

enum { SUPERUSER=0, NORMAL=1, GAST=2 };
//.................................................Klasse1 (traditionell)
class Klasse1 {
  public:
     Klasse1(int kennung) : m_kennung(kennung) {}
     void welcheRechte(void) { // switch muss bei jedem Aufruf ausgewertet werden
        switch (m_kennung) {
           case SUPERUSER: cout << "alleRechte, ";   break;
           case NORMAL:    cout << "normalRechte, "; break;
           case GAST:      cout << "gastRechte, " ;  break;
           default:        cout << "keineRechte, ";  break;
        }
     }
   private:
     int m_kennung;
};
```

```
//...................................Klasse2 (mit Zeiger auf Klassen-Methoden)
class Klasse2
{
  public:
     Klasse2(int kennung)
     {
        switch (kennung) {
           case SUPERUSER: mZgr = &Klasse2::alleRechte;   break;
           case NORMAL:    mZgr = &Klasse2::normalRechte; break;
           case GAST:      mZgr = &Klasse2::gastRechte;   break;
           default:        mZgr = &Klasse2::keineRechte;  break;
        }
     }
     void welcheRechte(void) { (this->*mZgr)(); }

   private:
     void alleRechte(void)   const { cout << "alleRechte, ";   }
     void normalRechte(void) const { cout << "normalRechte, "; }
     void gastRechte(void)   const { cout << "gastRechte, " ;  }
     void keineRechte(void)  const { cout << "keineRechte, ";  }

     void (Klasse2::*mZgr)(void) const;
};

int main(void)i
{
   Klasse1  root1(SUPERUSER);  root1.welcheRechte();
   Klasse1  normal1(NORMAL);   normal1.welcheRechte();
   Klasse1  gast1(GAST);       gast1.welcheRechte();
   Klasse1  unbekannt1(25);    unbekannt1.welcheRechte();
   cout << endl;

   Klasse2  root2(SUPERUSER);  root2.welcheRechte();
   Klasse2  normal2(NORMAL);   normal2.welcheRechte();
   Klasse2  gast2(GAST);       gast2.welcheRechte();
   Klasse2  unbekannt2(25);    unbekannt2.welcheRechte();
}
```

Programm 24.5 liefert die folgende Ausgabe:

```
alleRechte, normalRechte, gastRechte, keineRechte,
alleRechte, normalRechte, gastRechte, keineRechte,
```

24.3 Zeiger auf Klassenmember und Vererbung

Zeiger auf Klassenmember können auch im Zusammenhang mit Vererbung eingesetzt werden. Inbesondere werden bei Zeigern auf Klassen-Methoden auch virtuelle Funktionen unterstützt, wie es Programm 24.6 zeigt.

Programm 24.6 – memberzgr6.cpp:
Zeiger auf Klassen-Methoden unterstützen virtuelle Funktionen

```
#include <iostream>
using namespace std;
//...............................................................Basis
class Basis
{
  public:
            void fkt1() { cout << "Basis::fkt1()" << endl; }
    virtual void fkt2() { cout << "Basis::fkt2()" << endl; }
};
//.................................................................Sub
class Sub : public Basis
{
  public:
    void fkt1() { cout << "Sub::fkt1()" << endl; }
    void fkt2() { cout << "Sub::fkt2()" << endl; }
};
//................................................................main
int main(void)
{
   void (Basis::*mZgrfkt)() = &Basis::fkt2;

   Sub sub;
   (sub.*mZgrfkt)();    // fkt2 ist virtuell --> Aufruf von Sub::fkt2()

   mZgrfkt = &Basis::fkt1;
   (sub.*mZgrfkt)();    // fkt1() nicht virtuell --> Aufruf von Basis::fkt1()

   Basis *bZgr = &sub;
   (bZgr->*mZgrfkt)(); // fkt1() nicht virtuell --> Aufruf von Basis::fkt1()

   mZgrfkt = &Basis::fkt2;
   (bZgr->*mZgrfkt)(); // fkt2() ist virtuell--> Aufruf von Sub::fkt2()
}
```

Programm 24.6 liefert die folgende Ausgabe:

```
Sub::fkt2()
Basis::fkt1()
Basis::fkt1()
Sub::fkt2()
```

24.4 Größe von Zeigern auf Member in Klassen

Während Zeiger auf Klassenmethoden auf 32-Bit-Prozessoren üblicherweise 8 Bytes belegen, belegen normale Zeiger und Zeiger auf Klassen-Membervariablen nur 4 Bytes. Programm 24.7 zeigt nicht nur dies, sondern zeigt auch eine Möglichkeit, sich solche 8-Byte-Zeiger ausgeben zu lassen.

Programm 24.7 – `memberzgr7.cpp`:
Unterschiedliche Zeigergrößen und Ausgabe von 8-Byte-Zeigern

```
#include <cstdio>
#include <iomanip>
#include <iostream>
using namespace std;
class Klasse {
  public:
     void fkt(void) { cout << "bin eine Funktion" << endl; }
     int  m_wert;
};
int main(void) {
   cout << "....Speicherplatzgrösse für unterschiedliche Zeiger-Arten"  << endl
        << "Zeiger auf Klassen-Membervar.: " << sizeof(&Klasse::m_wert) << endl
        << "   Zeiger auf Klassen-Methode: " << sizeof(&Klasse::fkt)    << endl
        << "         normaler Datenzeiger: " << sizeof(int *)           << endl
        << "     normaler Funktionszeiger: " << sizeof(&printf)         << endl;
   cout << "....Falsche Ausgabe bei 8-Byte Zeiger auf Klassen-Methoden" << endl;
   printf( "printf: %p\n", &Klasse::fkt);
   cout << "  cout: "   << &Klasse::fkt << endl;
   cout << "....Richtige Ausgabe bei 8-Byte Zeiger auf Klassen-Methoden" << endl;
   union {
      void (Klasse::*kZgr)(); // Zeiger auf Klassen-Methode (8 Byte)
      unsigned *teil;         // Overlay-Technik (unsigned-Zeiger) darüberlegen
   } u = { &Klasse::fkt };
   printf( "printf: %p::%p\n", u.teil[0], u.teil[1]);
   cout.fill('0');
   cout << "  cout: " << hex << "0x" << setw(8) << u.teil[0]
                        << "::0x" << setw(8) << u.teil[1] << endl;
}
```

Programm 24.7 liefert die folgende Ausgabe:

```
....Speicherplatzgrösse für unterschiedliche Zeiger-Arten
Zeiger auf Klassen-Membervar.: 4
   Zeiger auf Klassen-Methode: 8
         normaler Datenzeiger: 4
     normaler Funktionszeiger: 4
....Falsche Ausgabe bei 8-Byte Zeiger auf Klassen-Methoden
printf: 0x8048c4c
  cout: 1
....Richtige Ausgabe bei 8-Byte Zeiger auf Klassen-Methoden
printf: 0x83e58955::0xec8308ec
  cout: 0x83e58955::0xec8308ec
```

Teil V

Entwurfsprinzipien und Entwurfsmuster

- **Kapitel 25 – Weitere UML-Konstrukte hinsichtlich OOD**
  Dieses einführende Kapitel stellt weitere UML-Konstrukte vor, die für die Designphase vorgesehen sind, und die in späteren Kapiteln dieses Teils benötigt werden: *Pakete (packages)*, *Komponenten* und *Verteilungsdiagramme*.
- **Kapitel 26 – Entwurfsprinzipien**
  Dieses Kapitel stellt Grundprinzipien vor, die eingehalten werden sollten, um auch bei komplexeren Aufgabenstellungen ein stabiles objektorientiertes Design zu erzielen. Dazu zeigt es zunächst, dass auch die Natur, in der wir leben, objektorientiert ist, bevor es die wesentlichen Aspekte vorstellt, welche die objektorientierte von der traditionellen (funktionalen) Softwareentwicklung unterscheiden.
- **Kapitel 27 – Objektorientierte Vorgehensweise**
  In diesem Kapitel werden zentrale Aspekte vorgestellt, wie man in einem Projekt vorgehen kann, um ein objektorientiertes System zu erhalten. Dabei werden auch weitere UML-Konstrukte vorgestellt, die während der Analysephase eingesetzt werden können: *Anwendungsfalldiagramme*, *Aktivitätsdiagramme* und *CRC-Karten*. Es wird in diesem Kapitel kein vollständiges Verfahrensmodell aufgestellt oder beschrieben. Vielmehr werden in diesem Kapitel grundlegende Prinzipien vorgestellt, die dem Leser ein Grundverständnis für objektorientierte Projekte vermitteln sollen, um ihn so zu befähigen, in solchen Projekten erfolgreich mitarbeiten zu können.
- **Kapitel 28 – Entwurfsmuster (Design Patterns)**
  Dieses umfangreiche Kapitel stellt grundlegende Entwurfsmuster vor:
  Entwurfsmuster (Design Patterns) sind bewährte, generalisierte Lösungsideen zu immer wiederkehrenden Entwurfsproblemen. Sie sind jedoch keine fertig codierten Lösungen, sondern sie beschreiben lediglich den Lösungsweg.
  Das Standardwerk zu Design Patterns ist das bei Addison-Wesley erschienene Buch *Design Patterns (Elements of Reusable Object Oriented Software)* von *Erich Gamma, Richard Helm, Ralph Johnson* und *John Vlissides*, das man scherzhaft auch *The GoF-Book* nennt, wobei *GoF* für *Gang of Four* (*Viererbande*) steht. Im GoF-Buch werden 23 Lösungen zu bestimmten Problemklassen präsentiert, die in diesem Kapitel mit Programmbeispielen kurz vorgestellt werden.

Kapitel 25

Weitere UML-Konstrukte hinsichtlich OOD

25.1 Pakete/Packages

Ein Paket (*package*) fasst Modellelemente (z. B. Klassen) zusammen. Pakete dienen dazu, das Gesamt-Modell in kleinere überschaubare Einheiten zu gliedern. Ein Paket kann selbst Pakete enthalten. Das oberste Paket beinhaltet dabei das gesamte System. Zwischen den Paketen werden häufig noch Abhängigkeitsbeziehungen modelliert. Abbildung 25.1 zeigt die Darstellung von Paketen in UML.

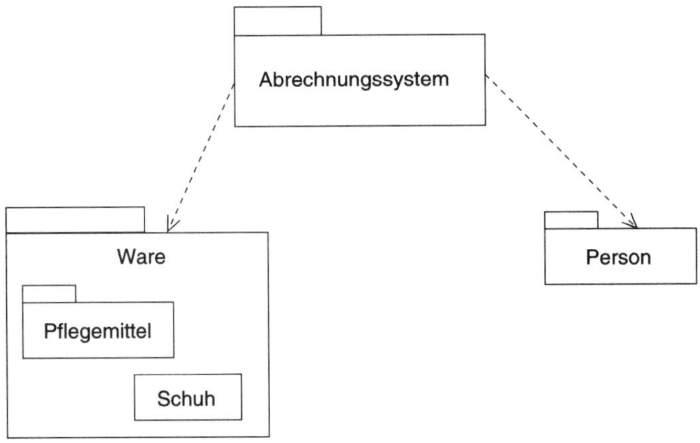

Abbildung 25.1: UML-Notation für Pakete (packages)

Pakete haben nicht zwangsläufig etwas mit der Aufteilung der Klassen auf physikalische Programmeinheiten zu tun. Pakete betonen in der UML mehr die logische Sicht auf das System. Für die physikalische Aufteilung des Systems gibt es in der UML ein weiteres Element, die Komponente, die im nächsten Abschnitt vorgestellt wird. Trotzdem verwenden viele Entwickler hauptsächlich die Darstellungsform des Paketes.

25.2 Komponenten

Eine Komponente ist ein physikalisch vorhandenes Softwaremodul, wie z. B. eine Quellcode-Datei, Binärcode, DLL oder ausführbares Programm. Ein zentraler Aspekt einer Komponente ist, welche Schnittstellen sie nach außen zur Verfügung stellt. Im *Komponentendiagramm* können die Abhängigkeitsbeziehungen zwischen den Komponenten dargestellt werden. Abbildung 25.2 zeigt die mögliche Darstellungsformen von Komponenten in UML.

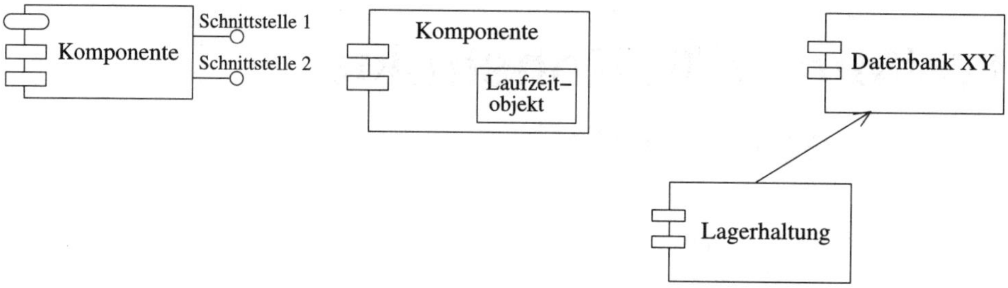

Abbildung 25.2: UML-Notation für Komponenten

25.3 Verteilungsdiagramm

Ein Verteilungsdiagramm (*deployment diagram*) zeigt, welche Komponenten und Objekte auf welchen pysikalisch vorhandenen so genannten „Knoten" (Prozessen, Prozessoren, Computern) laufen.

Die Knoten (*nodes*) werden in der UML als Quader dargestellt. Knoten werden entweder nur mit ihrem Namen bezeichnet oder aber auch zusätzlich noch mit der Angabe des Knotentyps in der Form *Name:Knotentyp*. Knoten, die miteinander kommunizieren, werden über eine Assoziationslinie miteinander verbunden. Abbildung 25.3 zeigt ein Verteilungsdiagramm in UML.

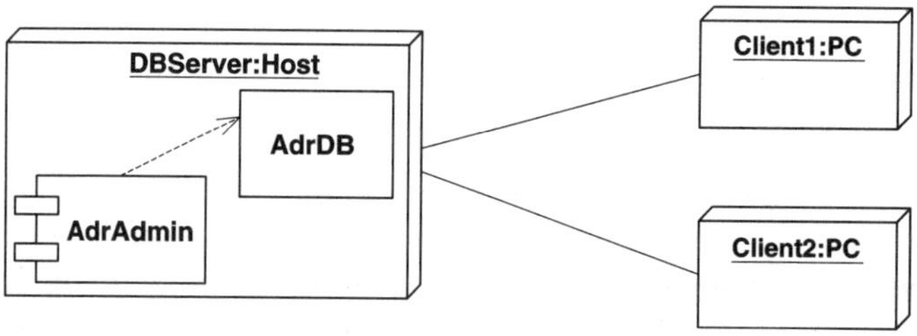

Abbildung 25.3: Verteilungsdiagramm in UML

Da Diagramme dieser Art häufig mit herkömmlichen Zeichenprogrammen erstellt werden, werden statt der Quader dann meistens Clip-Arts, wie z. B. Computer-, Workstation-, Server-Bildchen usw. verwendet.

Kapitel 26

Entwurfsprinzipien

Allein die Verwendung der Sprache C++ oder von Klassenbibliotheken garantiert noch keine Wiederverwendbarkeit des Codes. Viel entscheidender ist ein stabiles, objektorientiertes Design unter Berücksichtigung der Mittel, die C++ zur Verfügung stellt.

Dieses Kapitel stellt Grundprinzipien vor, die eingehalten werden sollten, um auch bei komplexeren Aufgabenstellungen ein stabiles objektorientiertes Design zu erzielen.

Die folgenden Grundprinzipien stellen Facetten ein und desselben Problemkreises dar; d. h. jedes für sich wird letzten Endes nicht alleine angewendet werden. Vielmehr wird der Leser im Laufe des Kapitels feststellen, dass die Grundprinzipien ineinander greifen.

Ziele aller Grundprinzipien sind stets:

- Komplexität reduzieren
- Wiederverwendbarkeit erhöhen
- Wartbarkeit erhöhen

26.1 Analysiere das Design iterativ nach Vor- und Nachteilen

Bei diesem Prinzip geht es eher um das Vorgehen, wie man zu einem stabilen Design kommt, als um einen Entwurfsaspekt, der berücksichtigt werden sollte. Für die Lösung einer Problemstellung gibt es oft mehrere Möglichkeiten, die jeweils ihre Vor- und Nachteile besitzen. Dies haben wir bereits an einigen Stellen im Buch gesehen, wie z. B. beim Personen-Queue-Beispiel oder unserer Grafikbibliothek. Der erste Entwurf muss daher nicht der letzten Endes eingesetzte Entwurf sein. Wichtig ist, dass man stets die Vor- und Nachteile der möglichen Entwürfe analysiert, sich überlegt, wie man die Nachteile eventuell auflösen kann, bzw. die mit dem Entwurf verbundenen Nachteile bewusst in Kauf nimmt, weil die Vorteile des Entwurfs bestechender sind.

Ein Entwurf kann schrittweise in einem evolutionären Prozess verfeinert werden, wie dies in Abbildung 26.1 dargestellt ist.

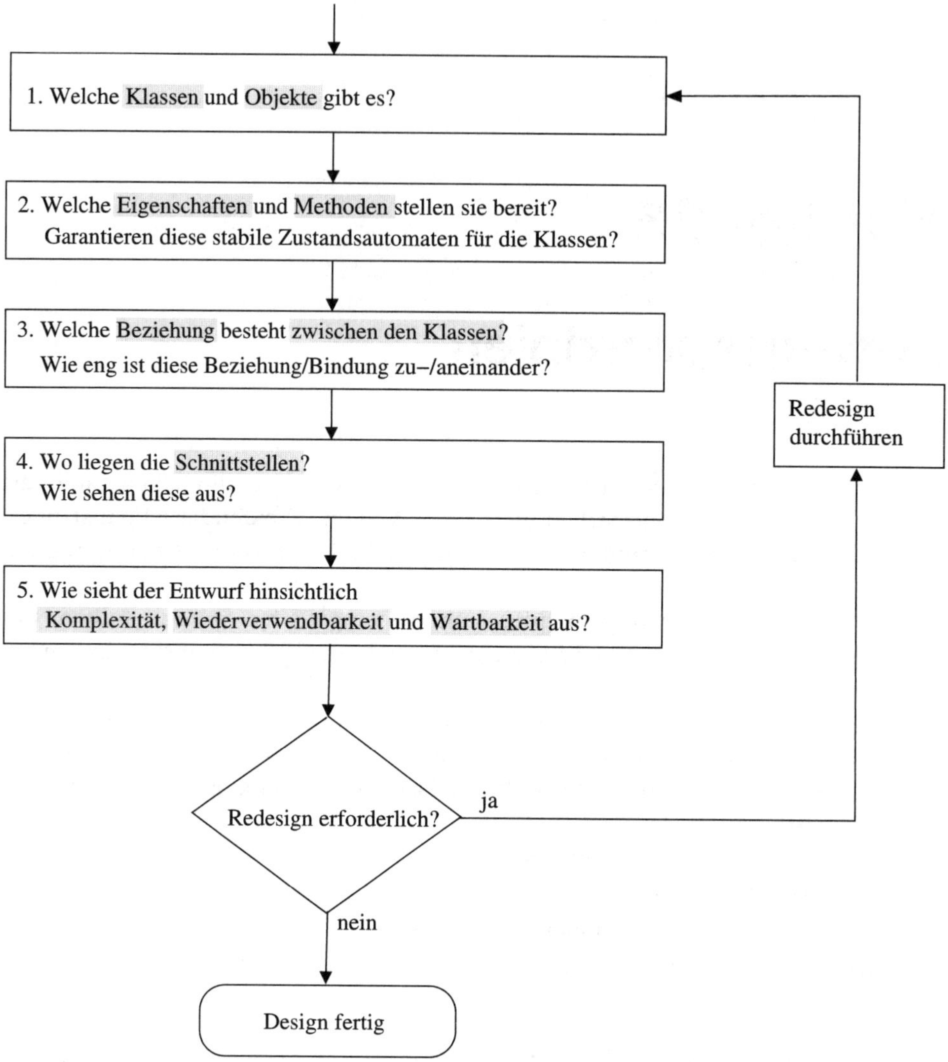

Abbildung 26.1: Evolutionärer Entwurf beim objektorientierten Design

Beispiel zu einem iterativen Design

Als einfaches Beispiel für unterschiedliche Designmöglichkeiten wollen wir einen Bruchrechner erstellen. Aus einer ersten Analyse ergibt sich eine Klasse `CBruch`, die einen Bruch repräsentiert und das Rechnen mit diesem zulässt. Betrachtet man jedoch die Ein- und Ausgabe der Brüche näher, ergeben sich hierfür mehrere Möglichkeiten. Wir betrachten hier nur die Ausgabe, wobei für die Eingabe dann Analoges gilt.

1. **Methode `Ausgeben(void)` in Klasse `CBruch`**
   Die Klasse `CBruch` wird bei dieser Möglichkeit um eine Methode `Ausgeben()` erweitert, die die Ausgabe übernimmt.
   - **Vorteil:**
     Kein hoher Aufwand bei der Ersterstellung der Problemlösung (nur eine Klasse).
   - **Nachteil:**
     Die Ausgabe ist fest mit der Bruchklasse verbunden. Soll die Ausgabe anders erfolgen, wie z. B. Ausgabe in einem speziellen Window oder auf dem Drucker, muss die Klasse modifiziert werden. Der Grad der Wiederverwendbarkeit sinkt hier also stark.
2. **Methode `Ausgeben(ostream& out)` in Klasse `CBruch`**
   Die Klasse `CBruch` wird bei dieser Möglichkeit um eine Methode
   `Ausgeben(ostream& out)`
   erweitert, die in den Stream ausgibt, der als Parameter übergeben wird.
   - **Vorteil:**
     Diese Methode ist flexibler als die bei der 1. Möglichkeit, denn hier kann durch das Stream-Konzept von C++ jeder Ausgabestrom angegeben werden, der von `ostream` abgeleitet ist. Auf diese Weise kann die Ausgabe z. B. sowohl direkt auf Konsole (`cout`) oder in Datei (`ofstream`) als auch in einen String (`ostrstream`) ausgegeben werden.
   - **Nachteil:**
     Die Ausgabe ist trotzdem nach wie vor mit der Bruchklasse verbunden. Die gewonnene Flexibilität erstreckt sich nur auf Streams, eine Ausgabe in ein spezielles Window wäre hier nur über den Umweg *string-Stream* möglich.
3. **Methode `Out(CBruch& b)` in einer neuen Klasse `CBruchIO`**
   Bei dieser Möglichkeit wird eine neue Klasse `CBruchIO` eingeführt, deren Aufgabe die Ausgabe eines Bruches ist. Der Bruch, der ausgegeben werden soll, wird als Argument an die Methode `Out` dieser neuen Klasse `CBruchIO` übergeben.
   - **Vorteil:**
     Die Ausgabe ist vollständig von `CBruch` entkoppelt. Wird eine andere Ausgabe für den Bruch gewünscht, so muss nur die Klasse `CBruchIO` ausgetauscht werden, während die Klasse `CBruch` unverändert weiter verwendet werden kann.
   - **Nachteil:**
     Es muss eine eigene Klasse `CBruchIO` erstellt werden.

Wir entscheiden uns für die dritte Möglichkeit, da hier die Wiederverwendbarkeit der Klasse `CBruch` am höchsten ist. Abbildung 26.2 zeigt das zugehörige Klassenmodell und Abbildung 26.3 ein zugehöriges Sequenzdiagramm, in dem das Szenario der Addition zweier Brüche `b1` und `b2` dargestellt wird.

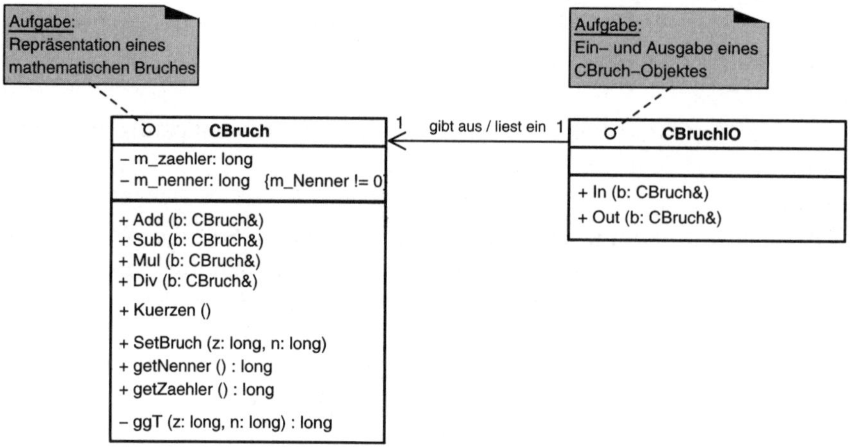

Abbildung 26.2: Klassendiagramm zum CBruch/CBruchIO-Beispiel

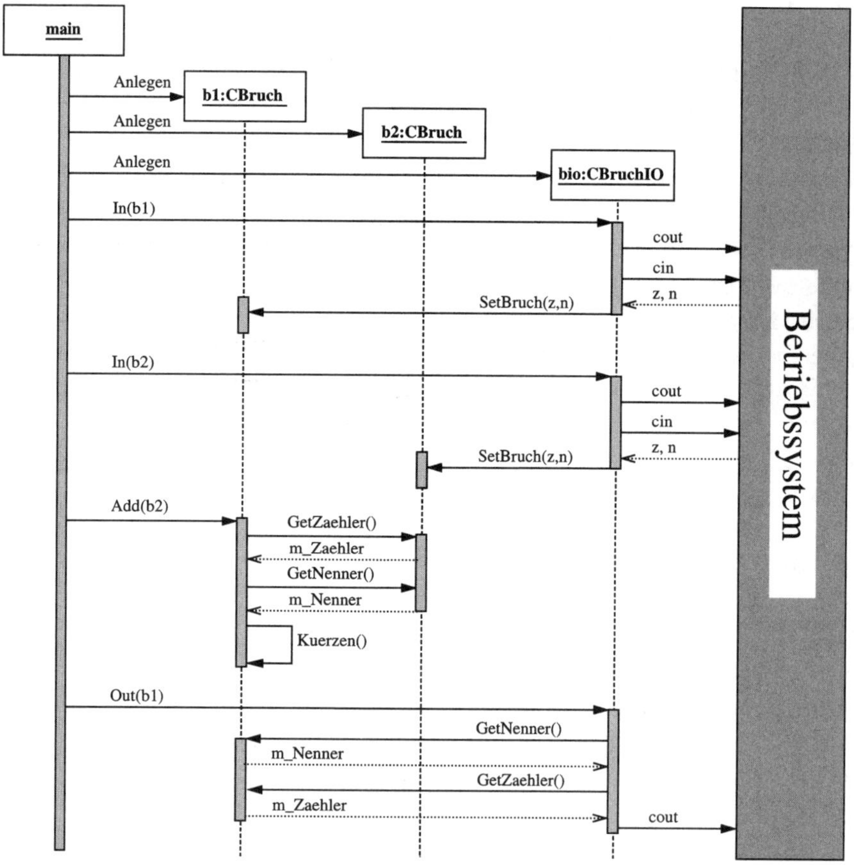

Abbildung 26.3: Sequenzdiagramm zum CBruch/CBruchIO-Beispiel

Um lediglich ein Programm zur Bruchrechnung zu erstellen, wäre es jedoch *overdesigned*, die Ein- und Ausgabe des Bruches vom eigentlichen Bruch zu trennen. Ist nicht abzusehen, ob eine derartige Bruchklasse auch in späteren Projekten verwendbar sein soll, stellt sich die Frage, ob der Mehraufwand für die Erstimplementierung gerechtfertigt ist. Das Sequenzdiagramm macht auch deutlich, welcher Kommunikationsaufwand durch Einführung der zweiten Klasse `CBruchIO` während der Laufzeit des Programms entsteht, auch wenn dieser wohl kaum Auswirkung auf die Performance hat, wenn die Methoden `GetNenner()`, `GetZaehler()` und `SetBruch()` *inline* definiert werden.
Dieses einfache Beispiel sollte verdeutlichen, dass es stets Sinn macht, die Vor- und Nachteile der unterschiedlichen Designs gegeneinander abzuwägen. Klassen- und Sequenzdiagramm können dabei gute Dienste leisten.
Der Blick für Vor- und Nachteile eines Designs soll durch weitere Entwurfsprinzipien, die nachfolgend vorgestellt werden, verdeutlicht werden. Viele der Prinzipien würde der eine oder andere Leser jedoch nach reiflichen Überlegungen (und entsprechenden Projekterfahrungen) mit Hilfe seines „gesunden Menschenverstandes" auch selbst herausfinden.

26.2 Abstrahiere auf die Zukunft hin

Um eine flexible und wiederverwendbare Software zu erhalten, ist es wichtig, dass das Design nicht nur die heutige Realität widerspiegelt, sondern auch die von morgen. Der Schlüssel hierzu ist ein möglichst hoher Grad an Abstraktion, d. h. dass möglichst viele Teile allgemein gültig gelöst sind. Besonders wichtig ist die Abstraktion an den Stellen im System, an denen sich am wahrscheinlichsten Änderungen ergeben werden. Daher gilt es, genau diese Stellen ausfindig zu machen.
Einen hohen Grad an Abstraktion erreicht man besonders durch:

- *Allgemein gültige Schnittstellen* (siehe auch Kapitel 26.4 auf Seite 578)
- *Generische Code-Entwicklung* (siehe auch Kapitel 26.6 auf Seite 587)

Oftmals ist es – gerade für Neueinsteiger – nicht offensichtlich, an welchen Stellen Abstraktionen besonders Sinn machen. Hier ist ein gewisser Weitblick erforderlich. Hilfestellungen können hier jedoch leisten:

- *Entwurfsmuster* (siehe Kapitel 26.8.1 auf Seite 601 und Kapitel 28 auf Seite 641),
- die *Fallbeispiele* in Teil VII auf Seite 857 und
- natürlich auch *kompetente, erfahrene Kollegen bzw. Consultants.*

Übung: Lehrer-Kreide-Tafel

Erstellen Sie ein Klassendiagramm zu folgender Aussage: „Der Lehrer schreibt mit der Kreide an die Tafel". Wo könnten hier Abstraktionen Sinn machen?

- Ist die Fähigkeit des Schreibens an Kreide und Tafel gebunden?
  Oder kann der Lehrer vielleicht auch mit Kugelschreiber auf Papier schreiben?
- Was wäre zukünftig noch denkbar?
- Wie könnten all diese Fälle abstrahiert werden?

26.3 Eine Klasse – eine Aufgabe

„Eine Klasse – eine Aufgabe“ bedeutet, dass jede Klasse eine klar umrissene, überschaubare Aufgabe haben sollte. Wichtig dabei ist, dass sowohl der Entwickler als auch der Nutzer der Klasse diese Aufgabe auch überblicken können.
Besonders die Definition, wo sich die Grenze einer Aufgabe befindet und wo eine neue beginnt, ist sehr subjektiv und wird daher häufig von Entwickler zu Entwickler unterschiedlich empfunden. Deshalb ist es wichtig, in der Praxis ein Maß zu haben, an dem man erkennen kann, ob die jeweils definierte Aufgabe zu komplex ist oder nicht. Entscheidende Faktoren für die Komplexität einer Klasse sind:

- **Zeit, die zum Erklären ihrer Aufgabe benötigt wird**:
  Liegt diese Zeit über 20-30 Minuten, ist die Klasse sehr wahrscheinlich zu komplex gewählt. (Frei nach Luther: *Predige über was Du willst, aber nicht über 20 Minuten*. Hintergrund hierfür ist, dass die Aufnahmefähigkeit der meisten Menschen bei ca. 20 Minuten liegt. Wird diese Zeit überschritten, kann der Zuhörer die Informationen meist nicht mehr aufnehmen. Die Aufgabe der Klasse ist dann zu komplex gewählt.
- **Anzahl der unterschiedlichen Partner, mit denen die Klasse kommuniziert**:
  Werden dies zu viele, ist die Aufgabe zu komplex, denn jede Art von Partner muss berücksichtigt werden.

Beispiel für Auflösen von Komplexität

Das folgende Beispiel zeigt, wie Komplexität aufgelöst werden kann. Ein häufiges Problem in der Praxis ist ein dynamischer NLS-Support[1] für Programme, d. h. die Realisierung von Mehrsprachigkeit. Im einfachsten Fall geht es darum, dass alle Texte, die das Programm ausgibt – je nach Konfiguration – in einer anderen Sprache ausgegeben werden sollen. Hierfür könnte man eine Klasse `CNlsSupport` – wie in Abbildung 26.4 gezeigt – implementieren, die dieses Problem löst.

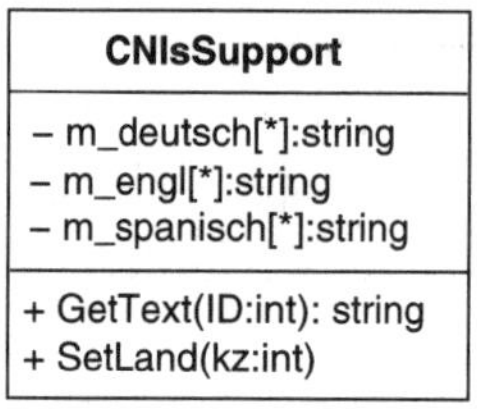

Abbildung 26.4: NLS-Unterstützung realisiert in einer Klasse

Die Klasse `CNlsSupport` aus Abbildung 26.4 würde über eine Methode `GetText()` verfügen, mit der anhand einer übergebenen `ID` ein landesspezifischer Text ermittelt werden kann. Mit der Methode `SetLand()` wird die Landessprache festgelegt, in der der Text auszugeben ist.
Der Nutzer der Klasse `CNlsSupport` hat es hier recht einfach, da er nur zwei Methoden und deren Funktion kennen muss.

[1] NLS = National Language Support

Auflösen von Komplexität mittels Delegation (Teile-und-Herrsche)

Der Implementierer der Klasse `CNlsSupport` hat das große Problem, dass er innerhalb der Klasse `CNlsSupport` die vollständige Verwaltung realisieren muss. Der unerfahrene Programmierer wird dies in aller Regel mittels einiger Arrays und zusätzlicher privater Hilfsmethoden durchführen. Dadurch wird allerdings das Problem mit jeder dazukommenden Landessprache komplexer und unüberschaubarer. Deshalb ist dann hier bei konsequenter Implementierung eine Aufteilung in viele kleine Klassen fast zwingend notwendig.
Pro Landessprache bietet sich hier eine Klasse an, die das intern verwendete Sprach-Array kapselt. Damit ist der Änderungsaufwand bei `CNlsSupport` zwar immer noch hoch, wenn eine neue Landessprache hinzukommt, aber insgesamt ist die Struktur übersichtlicher, wie dies Abbildung 26.5 zeigt.

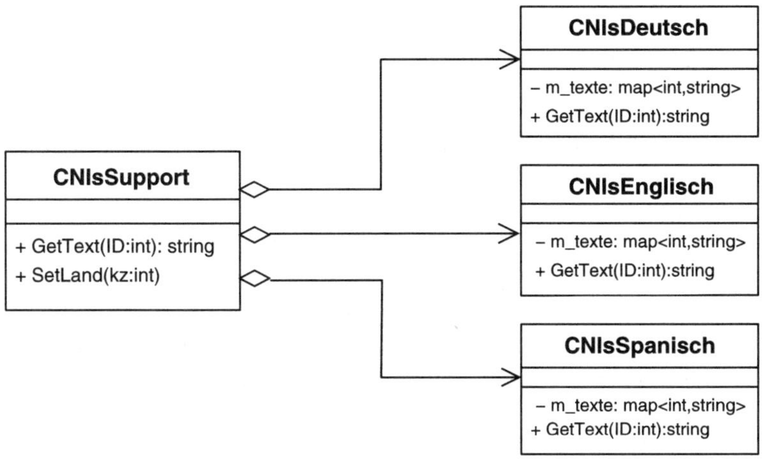

Abbildung 26.5: NLS-Unterstützung mit verschiedenen Sprachklassen

Das Mittel, das wir hier eingesetzt haben, um die Komplexität zu reduzieren, ist *Delegation*. Die Anfrage `GetText()` eines User-Objektes an `CNlsSupport` wird an die jeweilige Sprachklasse delegiert, die für die eigentliche Übersetzung zuständig ist. `CNlsSupport` übernimmt nur noch die Verwaltung der Sprachklassen (Prinzip: *Teile und Herrsche*).

Weiteres Auflösen von Komplexität durch Verallgemeinerung/Generalisierung

Wie die Komplexität weiter reduziert werden kann, liegt fast auf der Hand. Denn bei unserem jetzigen Entwurf würde `CNlsSupport` mit jeder neuen Landessprache einen weiteren Kommunikationspartner erhalten; dabei lässt sich die Aufgabe der Klasse `CNlsSupport` doch ganz einfach allgemein beschreiben:
Sie verwaltet Sprachklassen und leitet Anfragen entsprechend an sie weiter.
Wir können demnach hier das Mittel der *Verallgemeinerung/Generalisierung* einsetzen und führen eine Basisklasse `CNlsSprache` für alle Sprachen ein. Damit erhalten wir ein Klassendiagramm, wie es in Abbildung 26.6 gezeigt ist.
Auf diese Weise hat die Klasse `CNlsSupport` immer nur einen Kommunikationspartner, nämlich die Basisklasse `CNlsSprache`. Über diese Basisklasse lassen sich

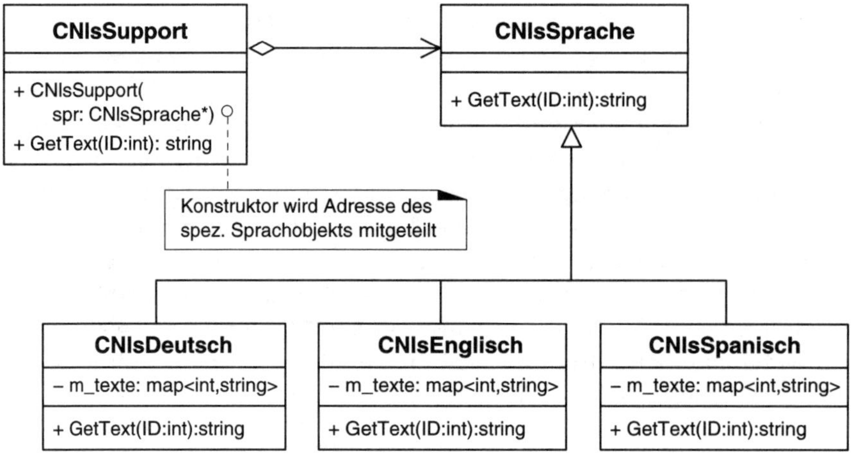

Abbildung 26.6: NLS-Unterstützung delegiert an verallgemeinerte Basisklasse

nun alle Sprachen gemeinsam verwalten. Wird eine weitere Sprache eingeführt, hat dies keine Auswirkung mehr auf die Klasse `CNlsSupport`, da diese nur mit `CNlsSprache` in Beziehung steht. Damit bleibt eine Erweiterung um weitere Sprachen überschaubar und ist mit wesentlich weniger Änderungsaufwand verbunden. In diesem Fall wurde also neben der Reduzierung der Komplexität gleichzeitig auch die Flexibilität und Wiederverwendung erhöht. Das hier verwendete Mittel der Verallgemeinerung führt in konsequenter Weiterentwicklung zur nächsten Regel (*Programmiere auf Schnittstelle hin*), die im nächsten Abschnitt erläutert wird.

Übung: Realisierung der NLS-Unterstützung in C++

Setzen Sie den vorgestellten Entwurf zur NLS-Unterstützung in ein C++-Programm `nlssupport.cpp` um. Sie können sich dabei auf die Sprachen Deutsch und Englisch beschränken und beispielsweise folgende Texte verwenden:

ID	Text in Deutsch	Text in Englisch
1	Ja	Yes
2	Nein	No
3	Wollen Sie das Programm wirklich beenden?	Do you really want to exit the program?
4	Wollen Sie die Änderungen speichern?	Do you want to save the changes?

26.4 Programmiere auf die Schnittstelle hin

Für den Nutzer einer Klasse sind lediglich die `public`-Methoden der Klassen von Interesse. Sie stellen die *Schnittstelle* des Objekts dar und legen die Anfragen fest, auf die das Objekt reagieren kann. Um zu gewährleisten, dass ein Objekt leicht zu verwenden ist, muss der Entwickler der Klasse die Schnittstelle übersichtlich und einfach gestalten. Den Nutzer interessiert nur, welche Methoden es gibt (d. h. wie die Schnittstelle aussieht), jedoch nicht wie die Methoden implementiert sind.

Ziel: gemeinsame Schnittstelle für unterschiedliche Realisierungen

Ziel ist es also, die komplexe Funktionalität eines Objektes über wenige, einfach zu verstehende Methoden abzubilden.

Wie auch im alltäglichen Leben kommt es zu den meisten Missverständnissen an den Schnittstellen. Und die Missverständnisse werden meist umso größer je komplexer die Kommunikationsabläufe sind. Daher ist es wichtig, *die Anzahl und den Umfang der Schnittstellen so weit wie möglich zu reduzieren* (idealerweise gegen Null). Dies kann z. B. dadurch geschehen, dass man Schnittstellen verallgemeinert, d. h. eine gemeinsame Schnittstelle für unterschiedliche Realisierungen findet.

Eine *gemeinsame Schnittstelle* sorgt dafür, dass der Nutzer der Schnittstelle nicht wissen muss, mit welcher Implementierung er es zu tun hat. Dadurch wird die Implementierung austauschbar. Dieses Prinzip findet in vielen Bereichen des alltäglichen Lebens Anwendung. Ein schönes Beispiel ist die Bedienung eines PKWs: Wenn man in der Fahrschule einmal gelernt hat, wie man mit Kupplung, Gaspedal, Bremse und Schaltung umzugehen hat, ist es ein Leichtes, diese Schnittstelle PKW auf andere Fahrzeugtypen anzuwenden. Diese Tatsache wird im Klassendiagramm von Abbildung 26.7 zum Ausdruck gebracht.

Abbildung 26.7: Beziehung zwischen Auto(marke) und Fahrer

Das Entscheidende hierbei ist, dass sowohl der Fahrer als auch der Konstrukteur des Fahrzeugs eine klare Vorstellung davon haben, wie die Schnittstelle auszusehen hat. Dadurch fällt es dem Konstrukteur leichter, das Fahrzeug zu konstruieren, da die Bedürfnisse des Fahrers bereits geklärt sind und nicht jedesmal wieder neu individuell darauf eingegangen werden muss. Im Gegenzug fällt es dem Fahrer leichter, das Fahrzeug zu führen, da er nicht wissen muss, wie der Konstrukteur das Fahrzeug konstruiert hat. Das Negativ-Beispiel wäre, dass jede Automarke ihr eigenes Bedienkonzept für einen PKW hätte. An diesem Beispiel lässt sich schön erkennen, wie wichtig es ist, einheitliche, leicht verständliche und übersichtliche Schnittstellen zu haben. Wären die Bedienkonzepte von Computern und Software-Applikationen soweit vereinheitlicht, wie dies beim Auto der Fall ist, wäre es ein Leichtes für jeden Laien, den Umgang mit dem PC zu erlernen.

Verallgemeinerung von Schnittstellen über Vererbung

Softwaretechnisch findet die Verallgemeinerung von Schnittstellen über Vererbung statt, d. h. die allgemeine Schnittstelle wird in eine gemeinsame Basisklasse gelegt (siehe auch Kapitel B.14 auf Seite 1122).

Wir wollen an dieser Stelle noch einmal das Tierwelt-Beispiel aus der Übung von auf Seite 361 aufgreifen, um die zentralen Punkte beim Schnittstellengedanken zusammenzufassen. Dazu führen wir hier für den Zoo noch eine eigene Klasse `CZoo` ein, die Zoo-Tiere aufnimmt, genau genommen Elemente vom Typ `IZooTier`. Die Zoo-Tierwelt würde sich dann wie im Klassendiagramm von Abbildung 26.8 darstellen.

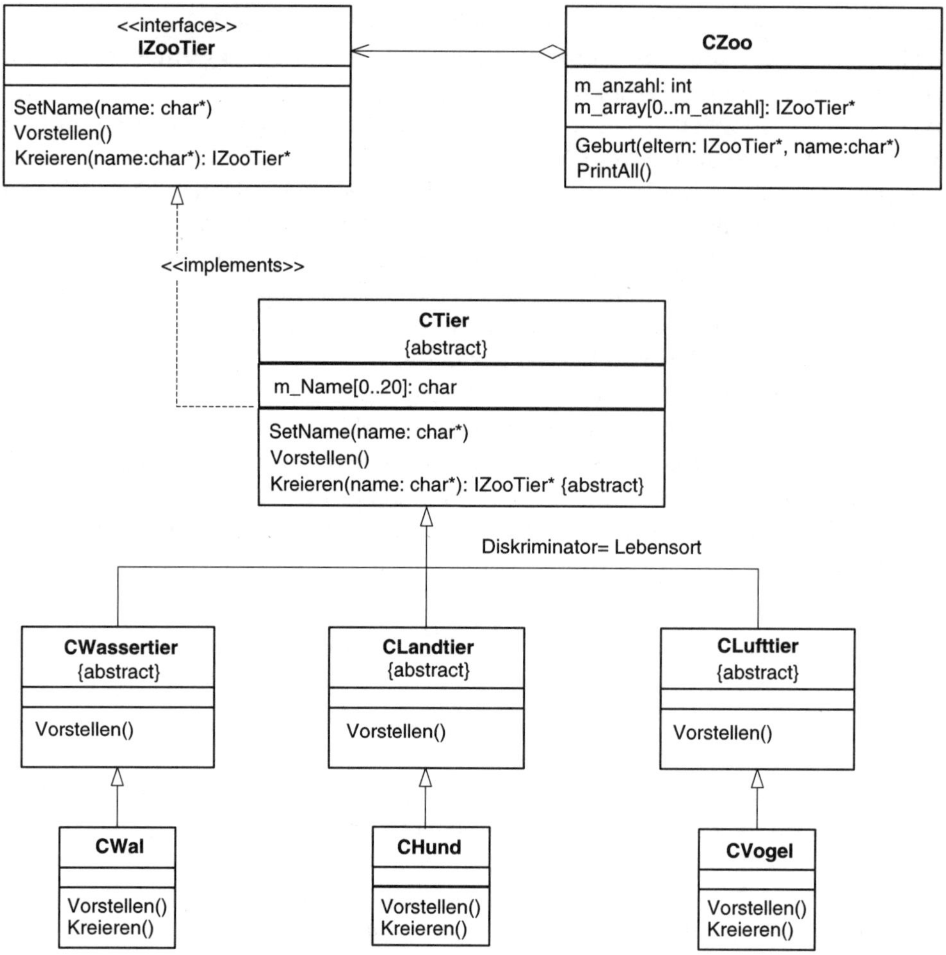

Abbildung 26.8: Klassendiagramm zum Zoo (Tierwelt)

In Abbildung 26.8 stellt `IZooTier` die Schnittstelle dar, die alle Zoo-Tiere gemeinsam haben. Dadurch muss der Nutzer, der ein Zoo-Tier anspricht, nicht wissen, um was für eine konkrete Implementierung es sich handelt. Er benötigt implementierungstechnisch lediglich einen Zeiger vom Typ der Tier-Schnittstelle `IZooTier`, um mit einem x-beliebigen Tier zu kommunizieren.
Ein weiterer Vorteil der gemeinsamen Schnittstelle ist, dass erst sie es ermöglicht, alle Tiere gemeinsam in einem Container (z. B. Array, verkettete Liste usw.) zu verwalten. Auf diese Weise kann ein Zoo konstruiert werden, der jedes Tier aufnehmen kann, das die Schnittstelle `IZooTier` realisiert. Durch Polymorphismus ist dennoch gewährleistet, dass jedes Tierobjekt individuell auf jede Botschaft der Schnittstelle reagiert. Auch zukünftige Tiere können jederzeit (ohne dass `CZoo` modifiziert werden muss) in den Zoo aufgenommen werden, solange diese die Zoo-Tier-Schnittstelle realisieren, wie dies in Abbildung 26.9 zum Ausdruck gebracht wird.

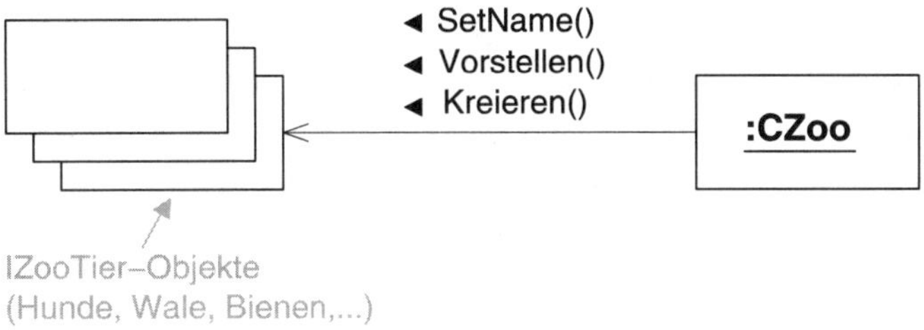

Abbildung 26.9: Polymorphismus beim Zoo-Tier-Beispiel

Schnittstellenklassen vermeiden zusätzliche Kompilierungen

Ein Zoo hätte natürlich auch mit `CTier*` realisiert werden können. Dann stellt aber die Klasse `CTier` die Schnittstelle dar. Das heißt, wenn sich an `CTier` im Nachhinein etwas ändert, so wirkt sich dies unter Umständen compilierungstechnisch auch auf `CZoo` aus (z. B. andere *Virtual Method Table* bei zusätzlicher virtueller Funktion), obwohl die zusätzliche Änderung an `CTier` nur ein Tier an sich betrifft und für den Zoo vielleicht irrelevant ist. Verwaltet `CZoo` dagegen `IZooTier*` und ist damit von `CTier` entkoppelt, so könnte die Vererbungshierarchie auch im Nachhinein ganz anders aufgebaut werden, ohne dass dies `CZoo` tangiert. Denn für `CZoo` ist es bedeutungslos, in welcher Hierarchiestufe die Klasse steht, die die Schnittstelle `IZooTier` implementiert bzw. auf welche Hierarchiestufen sich die Implementierung aufteilt.

Schnittstellenklassen entkoppeln Definition und Implementierung

Noch ein Vorteil der gemeinsamen Schnittstelle ist, dass Definition und Implementierung der Schnittstellenfunktionalität zeitlich entkoppelt sind. Dadurch könnte compilierungstechnisch bereits der Zoo realisiert werden, ohne dass eine konkrete Tierklasse vorhanden sein muss. Die konkreten Tierobjekte müssten erst zur Laufzeit vorhanden sein. Dadurch ist es z. B. möglich, dass ein Entwickler eine Schnittstelle definiert und dann andere Entwickler gleichzeitig verschiedene Klassen für diese Schnittstelle implementieren. Von dieser Tatsache wird auch bei der *Komponentenorientierten Softwareentwicklung* (CORBA, COM) Gebrauch gemacht.

Realisierung von Schnittstellenklassen

C++ sieht für den Umgang mit Schnittstellen kein eigenes Sprachkonstrukt vor. Das Mittel hierfür ist Ableitung. In der Regel werden Schnittstellen in C++ über abstrakte Basisklassen (Betonung liegt auf abstrakt) realisiert. Es ist jedoch nicht zwangsläufig notwendig, dass die Basisklasse abstrakt ist, um eine gemeinsame Schnittstelle zu erhalten und von Polymorphismus Gebrauch machen zu können. Allerdings sollten folgende Dinge berücksichtigt werden:

- Es liegt in der Natur der Sache, dass Schnittstellen keine Daten enthalten, sondern nur Methoden.
- Es interessiert bei einer Schnittstelle nur, welche Methoden existieren und nicht, wie diese realisiert sind. Daher genügt eine Schnittstellenklasse, die ausschließlich aus rein virtuellen (= abstrakten) Methoden besteht.

Die Struktur der Software bleibt so übersichtlicher, als wenn Definition und Implementierung der Schnittstelle in einer Klasse gemeinsam vorhanden sind.

- Bei Schnittstellenklassen wird der Implementierer der abgeleiteten Klasse gezwungen, die vollständige Schnittstelle zu implementieren und muss nichts über die Basisklasse wissen – außer der Schnittstelle.
  Die Gefahr, dass er mit seiner Implementierung konträr zu der Implementierung der Basisklasse läuft, ist damit nicht gegeben.

Klassenvererbung versus Schnittstellenvererbung

Wie wir ebenfalls gesehen haben, unterscheidet die objektorientierte Literatur an dieser Stelle die Begriffe *Klassenvererbung* und *Schnittstellenvererbung*:

- Bei *Klassenvererbung* (ganz gewöhnliche Vererbung in C++) geht es in erster Linie darum, implementierten Code wiederzuverwenden. Klassenvererbung hat den Vorteil, dass Arbeit gespart wird, da bereits bestehender Code verwendet wird. Allerdings muss dann die abgeleitete Klasse die Funktionalität der Basisklasse kennen, um nicht konträr zu laufen.
- Im Gegensatz dazu beschreibt die *Schnittstellenvererbung*, wann ein Objekt anstelle eines anderen Objektes verwendet werden kann. Dies wird in C++ am einfachsten dadurch realisiert, dass sich die Objekte von einer gemeinsamen Schnittstellenklasse (mit ausschließlich abstrakten Methoden) ableiten. Wird keine Schnittstellenklasse verwendet, besteht die Gefahr, dass Flexibilität verloren geht, weil z. B. das Schlüsselwort `virtual` vergessen wird und damit kein Polymorphismus stattfindet.
  Der große Vorteil der Schnittstellenvererbung ist die Flexibilität. Ein Nachteil ist, dass bei der Lösung über Schnittstellenklassen mit jeder Erweiterung der Schnittstelle alle abgeleiteten Klassen diese implementieren müssen, da die Methoden ja abstrakt sind. Es ist daher wichtig, dass die Schnittstellen möglichst frühzeitig im Projekt vollständig definiert werden.

In C++ ist der Übergang zwischen Schnittstellenvererbung und Klassenvererbung fließend, da beide das Sprachmittel „Vererbung" verwenden. Es ist daher auch eine Mischform denkbar und unter Umständen sogar sinnvoll.

Erweitern bestehender oder Einführen neuer Schnittstellenklassen?

Sind bestehende Objekte um zusätzliche Schnittstellenfunktionalität zu erweitern, so ist zu überlegen, ob eine bestehende Schnittstelle erweitert wird oder dafür eine neue Schnittstelle eingeführt wird. Es ist dabei auch stets zu analysieren, ob die neue Funktionalität zwangsläufig etwas mit der existierenden Schnittstelle zu tun hat. Eine weitere Schnittstelle hat nämlich den Vorteil, dass dann nicht alle Klassen beide Schnittstellen realisieren müssen; sondern jede Klasse realisiert die Schnittstelle, die tatsächlich für sie relevant ist.

Schnittstellen zwischen unterschiedlichen Packages bzw. Komponenten

Anzahl und Umfang von Schnittstellen interessieren besonders auch zwischen Klassen aus unterschiedlichen Packages bzw. Komponenten. Es ist wichtig, die Kommunikation zwischen den verschiedenen Packages und Subprojekten (z. B.

HW-Steuerung, Datenhaltung, GUI) möglichst gering zu halten. Ist dies nicht der Fall, wird das Projekt schnell unübersichtlich und damit fehleranfällig. Um dies zu vermeiden, sollten sich die externen Klassen eines Packages in der Regel als reine Schnittstelle nach außen darstellen, d. h. in C++ als rein abstrakte Klassen implementiert werden.
Abbildung 26.10 verdeutlicht, dass Schnittstellenklassen die Kommunikationswege zwischen Packages übersichtlicher gestalten.

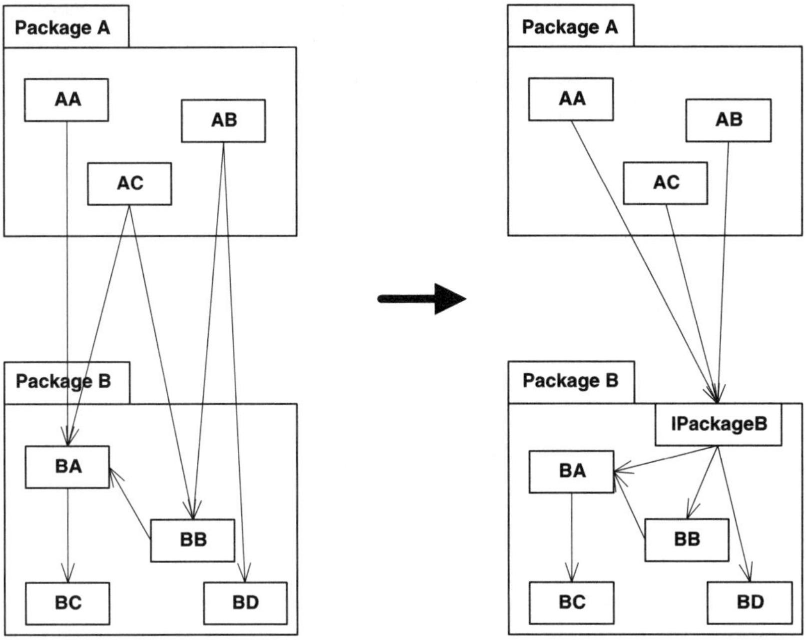

Abbildung 26.10: Schnittstellenklasse macht Kommunikationswege übersichtlicher

Eine gemeinsame Schnittstelle wirkt sich auch positiv auf den Test der implementierenden Klassen bzw. des Packages aus, denn es kann dann auf die Schnittstelle hin gestestet werden. Die Anzahl der Testfälle kann so reduziert werden. Die gleichen Testfälle, die sich auf die gemeinsame Schnittstelle beziehen, können auf alle Implementierungen der Schnittstelle angewendet werden.

26.5 Ziehe Aggregation der Vererbung vor

Die meisten Programmierer empfinden Vererbung, wenn sie diese neu kennen lernen, als eine „tolle Sache", denn damit haben sie endlich das Mittel, sich vom Allgemeinen hin zum Speziellen zu bewegen und so werden die Programme dann auch aufgebaut.

Beispiel – Mächtige Basisklasse in einer GUI-Bibliothek

Ein schönes Beispiel hierfür ist so manche GUI-Bibliothek. In diesen Bibliotheken gibt es dann meist eine sehr mächtige Basisklasse „Fenster", von der sich alle ableiten und durch Veränderung der Methoden ihre eigenen speziellen Fenster entwickeln. Abbildung 26.11 zeigt einen möglichen Ausschnitt aus einer solchen Klassenhierarchie.

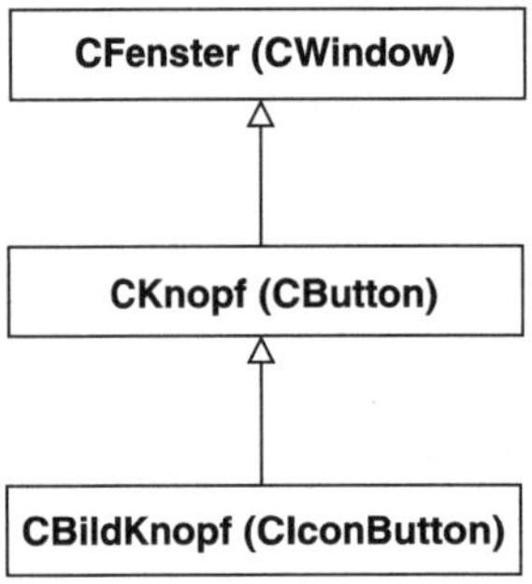

Abbildung 26.11: Mögliche Klassenhierarchie (Ausschnitt) einer GUI-Bibliothek

Dieses Vorgehen ist auf den ersten Blick angenehm und spart auch scheinbar Arbeit, da ja in der Basisklasse `CFenster` die Grundfunktionalität (z. B. Größe, Reaktion auf Mausklicks und Tastendrücke,...) bereits implementiert ist und beim Knopf (*Button*) nur noch Kleinigkeiten, z. B. die Gestalt des Rahmens, geändert werden müssen.

Nachteil: Geringere Wartbarkeit und hohe Redundanz bei vielen neuen Fenstern mit zusätzlicher Funktionalität

Das Fatale an diesem Vorgehen wird allerdings erst im Laufe der Zeit offensichtlich. Stellen wir uns vor, der Entwickler muss ein weiteres Fenster zum Darstellen von Bildern programmieren. Jetzt hat er die Wahl:

- Er kann sich entweder von `CFenster` ableiten und muss die Bildfunktionalität, die bei `CBildKnopf` vorhanden ist, neu implementieren, oder
- er leitet sich von `CBildKnopf` ab und muss die veränderten Funktionalitäten von `CKnopf` durch Überschreiben rückgängig machen.

Je komplexer die Anzahl und Vielfältigkeit der Fenster wird, umso mehr Redundanz bekommt der Entwickler in seinen Quellcode. Dadurch sinkt die Wartbarkeit des Quellcodes. Um diesen Sachverhalt noch zu verdeutlichen, wurde in Abbildung 26.12 zusätzlich eine weitere Darstellungsform (*Movie*) eingefügt.

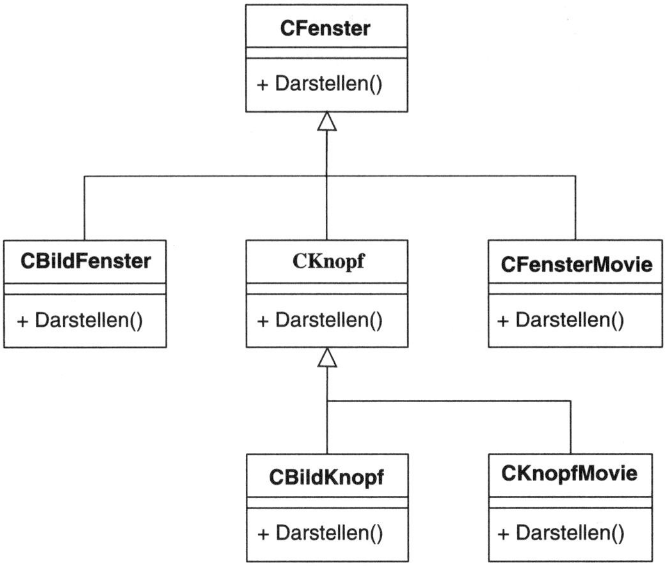

Abbildung 26.12: Darstellung bei Fenster und Knopf über Ableitung

Aggregation wäre hier ein wesentlich besseres Stilmittel

Im einfachsten Fall würde eine eigene Klasse `CFenDarstellung` hinzugefügt, die die Darstellungen im Fensterbereich übernimmt. Diese Klasse erhält dann verschiedene Ausprägungen, wie z. B. `CFenDarstBild` zur Darstellung eines Bildes oder `CFenDarstText` zur Darstellung eines Textes, wie es in Abbildung 26.13 gezeigt ist.

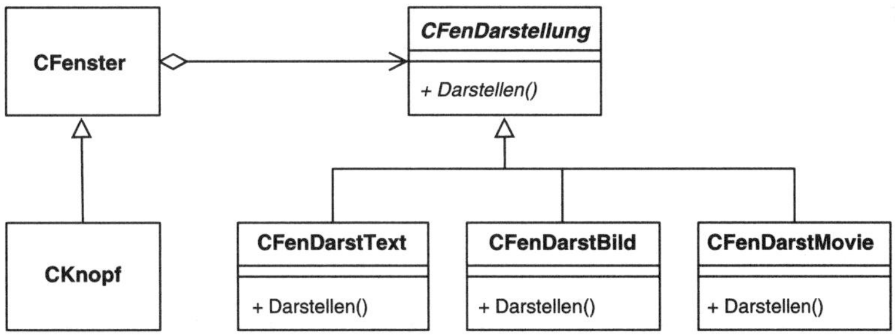

Abbildung 26.13: Darstellung bei Fenster und Knopf über Ableitung

In Abbildung 26.13 ist die Fensterklasse `CFenster` nun unvollständig; sie stellt ein Fenster ohne die Möglichkeit der Ausgabe dar. Nur zusammen mit einem Objekt zur Fensterausgabe (`CFenDarstellung`) ist die vollständige Funktionalität gegeben. Mit anderen Worten: Die Klassen `CFenster` und `CFenDarstellung` bilden zusammen ein „Team" und lösen gemeinsam eine Problemstellung. Dadurch, dass beide Teampartner – je nach Problemstellung – austauschbar sind, wird ein wesentlich höherer Grad an Flexibilität erreicht.

Beispiel – Teambildung mittels Aggregation beim Wiener im Schlafrock

Das Prinzip lässt sich auch im alltäglichen Leben wiederfinden. Um einen „Wiener im Schlafrock“ zu vertreiben, wird ein Bäckermeister kaum das Handwerk des Metzgers dazu lernen (würde Vererbung entsprechen). Vielmehr bezieht der Bäcker die fertigen Wiener vom Metzger und integriert/aggregiert sie in seinem Backteig (Aggregation). So ist es auch im richtigen Leben effektiver, „Teams“ zu bilden, als eine einzelne Person so zu spezialisieren, dass sie alle Aufgaben des Teams übernehmen kann. Natürlich sollte nicht verheimlicht werden, dass Aggregation nicht das All-Heilmittel ist. Eine übermäßige Aufteilung einer Problemstellung auf verschiedene Klassen führt immer zu einem erhöhten Kommunikationsaufwand zwischen den Objekten. Dieser Kommunikationsaufwand erschwert die Fehlersuche und kann zu Performance-Einbußen führen (wie im richtigen Leben!).

Übung: Segelboot

Beim Klassendiagramm in Abbildung 26.14 entsteht die Klasse `Segelboot` durch Mehrfachvererbung. Lösen Sie diese Mehrfachvererbung auf, indem Sie stattdessen Aggregation einsetzen.

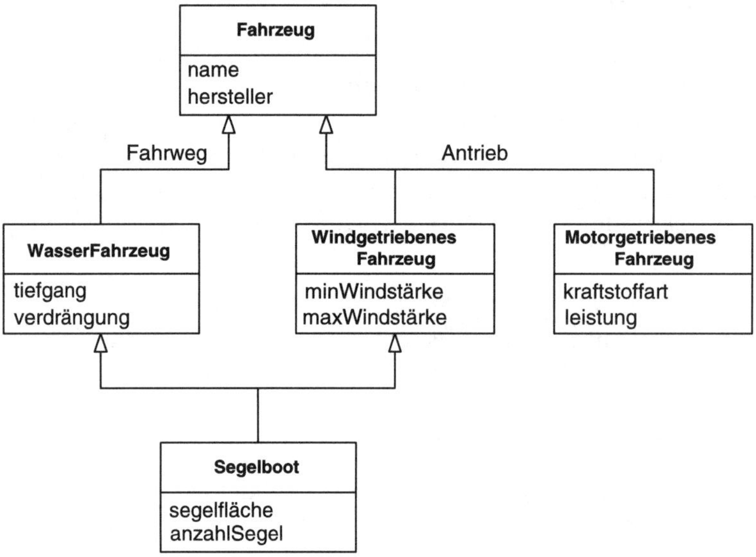

Abbildung 26.14: Mehrfachvererbung beim Segelboot

Übung: Ente

In der „Zoo-Übung“ auf Seite 361 haben wir die Tiere nach Lebensort kategorisiert. Wenn man an eine Ente denkt, ist dieser Klassenentwurf vielleicht nicht ganz so glücklich, denn eine Ente lebt sowohl im Wasser als auch auf der Erde als auch in der Luft. Wie könnte dieses „Problem“ durch eine andere Klassenstruktur gelöst werden?

26.6 Generischer Code vermeidet Fehler

Es kann immer nur die Anwesenheit von Fehlern bewiesen werden, nie deren Abwesenheit. Aus dieser Aussage kann man nun Folgendes schließen: Nur nicht vorhandener Code garantiert eine 100%ige Fehlerfreiheit oder anders ausgedrückt: Je weniger Code vorhanden ist, desto wartbarer ist die Software.
Diese These ist natürlich etwas überzogen, da sie bei konsequenter Anwendung dafür sorgen würde, dass Code aus dem Programm gestrichen wird, was zu Lasten der Funktionalität gehen kann. Gerade C++ bietet eine sehr effiziente Möglichkeit, Quellcode einzusparen: nämlich durch Templates. Dies wollen wir nachfolgend an einem Beispiel verdeutlichen.

Generische Klassen zur Vermeidung von Code-Duplizierung

In der objektorientierten Welt werden häufig Konstrukte benötigt, die eine ganze Anzahl gleichartiger Objekte aufnehmen und verwalten können. Klassen, die eine solche Aufgabe wahrnehmen, bezeichnet man auch als *Containerklassen*.
Stellen wir uns vor, wir wollten eine Adressverwaltung realisieren. Hier liegt es nahe, eine Containerklasse `CAdressenListe` zu implementieren, die eine Liste von `CAdresse`-Objekten verwalten kann.
Müsste ein weiterer Container für eine andere Problemstellung, z. B. das Verwalten von Grafikobjekten (`CGrObj`), erstellt werden, müsste auch eine neue Klasse `CGrObjListe` implementiert werden. Das Problematische hieran ist, dass es kein triviales Unterfangen ist, eine doppelt verkettete Liste zu implementieren. Hier können viele Fehler gemacht werden. Wenn man sich allerdings den Code von `CGrObjListe` und `CAdressenListe` anschauen würde, würde man feststellen, dass die Implementierung nahezu identisch ist.

Realisierung einer allgemeinen Klasse mittels einer gemeinsamen Schnittstelle

Ohne Template-Sprachkonstrukt könnte die hier benötigte Verallgemeinerung der Problemstellung nur durch eine gemeinsame Schnittstelle gelöst werden, wie es z. B. in Abbildung 26.15 gezeigt ist.

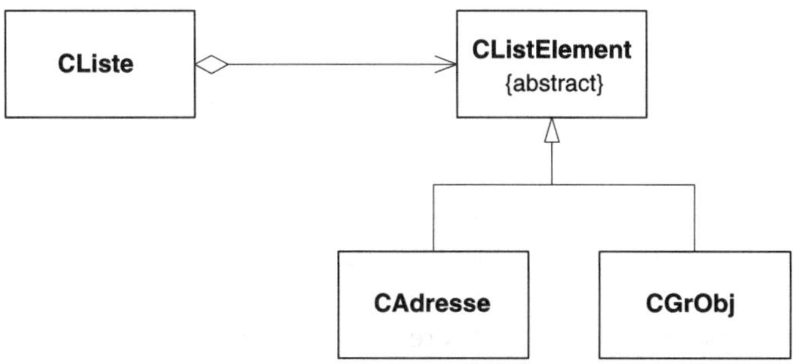

Abbildung 26.15: Realisierung einer allgemeinen Liste über Ableitung

Realisierung einer allgemeinen Klasse mittels Templates

Da C++ Templates anbietet, kann man hier die allgemeine Liste mittels einer Templateklasse realisieren, wie es in Abbildung 26.16 gezeigt ist.

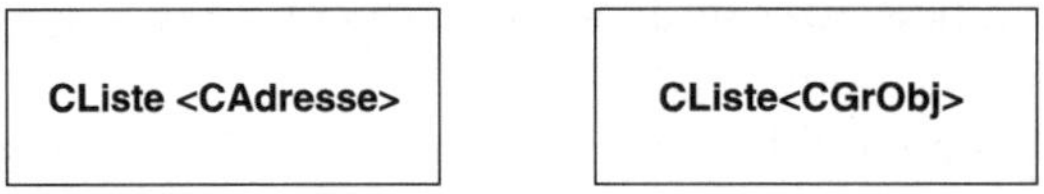

Abbildung 26.16: Realisierung einer allgemeinen Liste über Template

Template-Variante hat Vorteile gegenüber der Schnittstellen-Variante

Beide Varianten sparen durch Verallgemeinerung / Abstraktion der Problemstellung Code ein. Dennoch hat die Template-Variante Vorteile:

- *Bei der Template-Variante wird auf Vererbung verzichtet:*
  - Das Klassendiagramm (und die Software) bleibt dadurch eine Stufe übersichtlicher.
  - Mit Hilfe der Template-Liste kann ohne weiteres eine Liste einer x-beliebigen Klasse realisiert werden.
  - Bei der Variante mit Ableitung muss bei Klassen, die bereits eine Basisklasse besitzen, auf Mehrfachvererbung zurückgegriffen werden.
- *Die Template-Liste stellt sicher, dass sich in der Liste immer nur Objekte desselben Typs befinden:* In unserem Beispiel entweder nur Adressen oder nur Grafikobjekte. Streng genommen macht es keinen Sinn, eine gemeinsame Basisklasse für Adressen und Grafikobjekte zu haben, weil diese nichts miteinander zu tun haben.
  Werden in einem Projekt zwei Listen unterschiedlichen Typs benötigt, kann es leicht durch *Copy-Paste*-Aktionen vorkommen, dass ein Objekt aus Versehen in die falsche Liste eingefügt wird. Bei der Template-Variante würde diesen Fehler der Compiler feststellen, aber bei der Variante mit der Ableitung nicht. Eine entsprechende Überprüfung müsste also zur Laufzeit stattfinden. Dies bedeutet nicht nur eine weitere Fehlerquelle, sondern wirkt sich auch negativ auf die Performance aus.

Viele Containerklassen muss man in C++ nicht mehr implementieren, weil hierfür die STL bereits fertige Lösungen bietet (siehe auch Kapitel 21 auf Seite 487).

Beispiel – Generische Templateklasse für einen Ringpuffer

Um Anhaltspunkte dafür zu geben, worauf bei der Entwicklung von eigenen Templates zu achten ist, wollen wir als weiteres Beispiel eine Containerart verwenden, die es in der STL so nicht gibt, nämlich einen Ringpuffer. Dieser Ringpuffer entspricht von der Funktionsweise in etwa einer STL-Queue, allerdings können sich zu einem Zeitpunkt nur eine begrenzte Anzahl von Einträgen in ihm befinden.
Außerdem ist der Methodenumfang im Beispiel auf ein Minimum beschränkt, um Übersicht zu bewahren. Der Vorteil eines Ringpuffers ist, dass er ohne `new` und `delete` auskommt und damit eine sehr hohe Performance hat, die vor allem bei Kommunikation mit hardwarenahen Schichten wichtig wird.

In den allermeisten Anwendungsfällen wird die Performance der STL-Queue ausreichen. Für Spezialfälle, in denen man völlig auf `new` und `delete` verzichten muss, muss man allerdings auf solche klassischen Ringpuffer zurückgreifen.

Funktionsweise von Klasse CRing

Wie in Abbildung 26.17 zu sehen ist, enthält unser Ringpuffer einen Speicherplatz mehr als er Einträge besitzt. Dadurch kann die Implementierung einfach gehalten werden, denn es ist klar geregelt, dass der Ringpuffer dann voll ist, wenn der Schreibzeiger einen Eintrag vor dem Lesezeiger steht. Ist dies der Fall, so bleibt der Eintrag leer und der Schreibzeiger wird nicht mehr inkrementiert. Ohne den leeren Eintrag würden Schreib- und Lesezeiger in zwei Fällen an der gleichen Position sein: wenn der Puffer voll und wenn er leer ist.

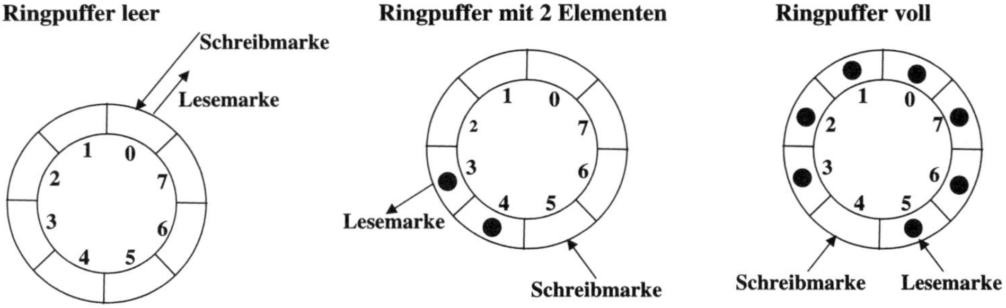

Abbildung 26.17: Funktionsweise der Klasse `CRing`

Realisierung der Ringpuffer-Klasse

Die Headerdatei 26.1 zeigt die Realisierung dieser Ringpuffer-Klasse.

- Entscheidend sind die Methoden `Lese()` und `Schreibe()`. Mit `Schreibe()` wird ein neuer Eintrag in den Ringpuffer eingefügt und mit `Lese()` ein Eintrag aus dem Ringpuffer gelesen.
- Intern ist der Ringpuffer über ein statisches Array realisiert (`m_Slot`). Dadurch kann vollständig auf `new` und `delete` verzichtet werden. Die Größe des Arrays wird über den Template-Parameter `Size` realisiert, was bedeutet, dass beim Festlegen des Typs auch zugleich bereits die Größe des Ringpuffers festgelegt wird. Damit ist bei Verwendung eines statischen Ringpuffer-Objektes bereits zum Übersetzungszeitpunkt klar, ob genügend Speicher für das Objekt vorhanden ist. Ein Laufzeit-Fehler kann nur entstehen, wenn der Ringpuffer mit `new` angelegt wird.

Programm 26.1 – `ring.h`:
Die Templateklasse CRing

```
template<class RingType,int Size=20>
class CRing {
  public:
     CRing() : m_Schreibe(0), m_Lese(0) { }
```

```
    bool Leer() { return (m_Lese==m_Schreibe); }
    bool Voll() {
        int Neu = m_Schreibe;
        Inc(Neu);
        return Neu == m_Lese;
    }
    bool Lese(RingType &Slot) {
        if (Leer())
            return false;
        Slot = m_Slots[m_Lese];
        Inc(m_Lese);
        return true;
    }
    bool Schreibe(const RingType &Slot) {
        if (Voll())
            return false;
        m_Slots[m_Schreibe] = Slot;
        Inc(m_Schreibe);
        return true;
    }
  private:
    RingType m_Slots[Size+1];
    int      m_Schreibe, m_Lese;
    void Inc(int& Pos) { Pos=(Pos+1)%(Size+1); }
};
```

Programm 26.2 – `ring.cpp`:
Demoprogramm zur Verwendung der Klasse CRing

```
#include "ring.h"
#include <iostream>
using namespace std;
int main(void) {
    CRing<short,15> RingShort;
    short s=0;
    for(int i=0; i < 60; i++)
        RingShort.Schreibe(s++);
    cout << "RingShort: ";
    while (RingShort.Lese(s))
        cout << s << ", ";
    cout << endl;
    CRing<char,20> RingChar;
    for(int c=0; c < 50; c++)
        RingChar.Schreibe(static_cast<char>(c+'a'));
    cout << "RingChar: ";
    char zeich;
    while (RingChar.Lese(zeich))
        cout << zeich << ", ";
    cout << endl;
}
```

Programm 26.2 liefert die folgende Ausgabe:

```
RingShort: 0, 1, 2, 3, 4, 5, 6, 7, 8, 9, 10, 11, 12, 13, 14,
RingChar: a, b, c, d, e, f, g, h, i, j, k, l, m, n, o, p, q, r, s, t,
```

Durch die Implementierung des Ringpuffers als Template müssen die entsprechenden Methoden der Klasse nur einmal implementiert werden. Dies wirkt sich auch positiv auf den Test der Klasse aus: Die Klasse an sich muss nur einmal mit einem beliebigen Datentyp getestet werden. Ab dann kann von einem richtigen Funktionieren der `CRing`-Klasse ausgegangen werden. Zu beachten ist hierbei allerdings, dass bei jedem Template natürlich Annahmen über die Parametertypen gemacht werden. Es muss also bei der Verwendung einer Templateklasse der verwendete Parametertyp im Hinblick auf die Annahmen untersucht werden.
In unserem Fall werden über den Template-Parameter `Ringtype` folgende Annahmen gemacht:

- `Ringtype` verfügt über einen `public`-Defaultkonstruktor.
- `Ringtype` verfügt über einen `public`-Zuweisungsoperator.
- Sowohl Defaultkonstruktor als auch Zuweisungsoperator dürfen keine Fehler produzieren, da diese von `CRing` nicht abgefangen werden. Sind diese Methoden nicht fehlerfrei zu implementieren, muss mit Exception-Handling gearbeitet werden. Zum Beispiel könnte es ein Problem geben, wenn tiefe Objekte verwendet werden, denn diese bräuchten im Zuweisungsoperator ein `new`. Bei `new` muss jedoch immer damit gerechnet werden, dass auch kein Speicher reserviert werden kann.

Werden diese Annahmen von dem eingesetzten `Ringtype` erfüllt, ist die Implementierung des Templates funktionstüchtig. Daraus folgt: Wird in konkreten Projekten eine Templateklasse eingesetzt, sollte Folgendes beachtet werden:

1. Die Annahmen, die die Templateklasse macht, sollten klar dokumentiert sein. Zu beachten ist hier, dass der Compiler stets nur die Syntax, nicht aber die Semantik überprüfen kann; z. B. wenn eine Templateklasse davon ausgeht, dass der Parametertyp über eine Methode `Copy()` verfügt, kann der Compiler feststellen, wenn diese Methode fehlt. Er kann aber nicht überprüfen, ob die Methode auch so funktioniert, wie es das Template erwartet. Gerade hier ist die Dokumentation deshalb sehr wichtig.
2. Die eingesetzten Typen sollten darauf hin untersucht/getestet werden, ob die Annahmen auch zu 100% erfüllt werden.

Richtig eingesetzte Templates erniedrigen die Fehlerwahrscheinlichkeit eines Programms, da sich ein Großteil der Fehler bereits zum Kompilierungszeitpunkt finden lässt und das Template mit einigen wenigen Typen vollständig getestet werden kann.

Hinweis:

Die hier implementierte Ringpuffer-Klasse wird in der Praxis so eher selten vorkommen, da Ringpuffer meist im Umfeld von Multithreading-Applikationen benötigt werden und damit über entsprechende Synchronisationsmechanismen verfügen müssen.

26.7 Beachte Ownership des Speichers

Ein wichtiger Aspekt der objektorientierten Programmierung unter C++ ist das so genannte *Ownership* (Wem gehört der Speicher?), d. h.

- wer legt Speicher an und
- wer gibt diesen Speicher wieder frei und
- wie viele Objekte greifen zwischenzeitlich auf diesen Speicher zu?

26.7.1 Unterschiedliche Arten von Ownership

1. *Exclusive Ownership*: Wer den Speicher anlegt, gibt ihn auch wieder frei. Kein anderes Objekt darf den Speicher nutzen. Beispielsweise gilt *Exclusive Ownership* beim Attribut `m_Slot` der Klasse `CRing`, weil `CRing` als einziger mit diesem Speicher arbeiten kann.
2. *Forward Ownership*: Einer legt Speicher an (meist mit `new`) und „verschenkt" ihn dann an ein anderes Objekt. Dieses Objekt gibt ihn entweder wieder frei oder „verschenkt" ihn weiter.
3. *Common Ownership*: Einer legt den Speicher an, viele Objekte arbeiten mit dem Speicher. Wenn keiner mehr mit dem Speicher arbeitet, wird er von irgendjemandem wieder freigegeben.

26.7.2 Exclusive Ownership

Aus objektorientierter Sicht ist es ideal, wenn ein Programm ausschließlich mit Exclusive Ownership arbeitet. Dadurch ist zu jedem Zeitpunkt klar, wem welcher Speicher gehört, wie der Speicher angelegt wurde und wie er gelöscht werden muss. Hier kann es kaum zu Fehlern kommen. Allerdings resultiert Exclusive Ownership in häufigen Kopieraktionen, um Speicher zwischen den Objekten auszutauschen, was sich sehr schlecht auf die Performance auswirkt.

`CRing` z. B. aus dem vorherigen Kapitel ist vollständig als *Exclusive Ownership* realisiert, d. h. jeder Aufruf der Methode `Lese()` bzw. `Schreibe()` resultiert in einem Kopieren des Objektes, das gelesen bzw. in den Puffer geschrieben wird. Dies wirkt sich besonders bei großen Objekten stark auf die Performance aus.

26.7.3 Forward Ownership erfordert Absprachen

Etwas schwieriger wird es bereits bei *Forward Ownership*, da sich hier Erzeuger und Zerstörer des Objektes einig sein müssen. Ein Problem könnte beispielsweise entstehen, wenn Klasse `A` eine bestehende C-Funktion verwendet, die Speicher mit `malloc()` anlegt und dann den Zeiger auf diesen Speicher an Klasse `B` weitergibt. Klasse `B` weiß vielleicht nicht, wie Klasse `A` den Speicher reserviert hat und gibt den Speicher mit `delete` wieder frei. Dies kann je nach Implementierung des Compilers zu Fehlern führen, da `malloc()` und `new` nicht zwingend auf dem gleichen Heap arbeiten müssen. Ferner könnte Klasse `B` das Freigeben natürlich auch ganz vergessen. Es ist hier also in jedem Fall eine Absprache zwischen dem Implementierer der Klasse `A` und dem der Klasse `B` notwendig.

26.7.4 Common Ownership erfordert projektweite Regelung

Der komplexeste Fall ist das *Common Ownership*. Hier benötigt man für ein Programm idealerweise eine Regelung, die im gesamten Projekt einheitlich Anwendung findet, wie z. B. *Reference-Counting*. Hierbei wird mitgezählt, wie viele Referenzen augenblicklich auf das jeweilige Objekt bestehen. Wir wollen dies anhand des Ringpuffer-Beispiels zeigen. Stellen wir uns vor, wir benötigen einen Ringpuffer, der nicht Objekte, sondern Zeiger auf Objekte verwaltet. Wir benötigen hierzu zwei Klassen:

- Eine Klasse `CData`, die für ein Datum Reference-Counting realisiert, und
- eine Klasse `CRingPtr`, die in einem Ringpuffer Zeiger auf Objekte verwaltet, die Reference-Counting realisieren.

Programm 26.3 – `ringptr.h`:
Mögliche Realisierung der Klasse CRingPtr

```
// Klasse CRingPtr:
// realisiert Ringpuffer für Datenelemente, die über Reference-Counting verfügen.
// Ein Datenelement (RingType) muss folgende Methode zur Verfügung stellen:
//   --> AddRef() zum Erhöhen des Referenzzählers
// Beim Lesen gilt Forward Ownership, d.h. der Nutzer der Klasse ist für das
// Erniedrigen des Referenzzählers selbst zuständig. Die Klasse RingType muss
// daher natürlich auch eine Methode zum Erniedrigen des Referenzzählers besitzen,
// etwa ReleaseRef(). Diese wird in CRingPtr jedoch nicht verwendet.
template<class RingType,int Size=20>
class CRingPtr {
  public:
     CRingPtr() : m_Schreibe(0),  m_Lese(0) { }
     bool Leer() { return (m_Lese==m_Schreibe); }
     bool Voll() {
        int neu = m_Schreibe;
        Inc(neu);
        return neu==m_Lese;
     }
     bool Lese(RingType &Slot) { // Forward Ownership: Gelesene Element steht
                               // Aufrufer direkt zur Verfügung --> kein ReleaseRef()
        if (Leer())
           return false;
        Slot = m_Slots[m_Lese];
        Inc(m_Lese);
        return true;
     }
     bool Schreibe(const RingType &Slot) {
        if (Voll())
           return false;
        m_Slots[m_Schreibe] = Slot;
        Slot->AddRef();
        Inc(m_Schreibe);
        return true;
     }
```

```
  private:
     RingType  m_Slots[Size+1];
     int       m_Schreibe, m_Lese;
     void Inc(int &Pos) { Pos=(Pos+1)%(Size+1); }
};
```

Programm 26.4 – `ringpuffer.cpp`:
Die Klasse CData mit Reference-Counting und eine main-Funktion

```
#include "ringptr.h"
#include <cstdlib>
#include <iostream>
using namespace std;
// Klasse CData:  kapselt ein Datum, um ein Reference-Counting ausführen zu können.
// Das Reference-Counting entspricht den Anforderungen von CRingPtr.
class CData {
  public:
     CData(int Data=0) : m_Cntr(0), m_Data(data) { }
     void AddRef() { m_Cntr++; }
     void ReleaseRef() {
        if (--m_Cntr==0) {
           cout << "\b\b\b\b\b(" << m_Data << ")  "; // Nur für Debugzwecke
           delete this;
        }
     }
     ostream &Print(ostream &out) { return out << m_Data; }
  protected:
     ~CData() { }  // Destruktor ist protected!
  private:
     int m_Cntr;  // Zähler für die Referenzen
     int m_Data;  // eigentliches Datum
};
ostream& operator <<(ostream &out,CData *Data) {
  return Data->Print(out);
}
int main(void) {
  CRingPtr<CData*,7> RingData1;
  CRingPtr<CData*,7> RingData2;
  int Zufall;
  //.......... Ringpuffer 1 und 2 "zufällig" füllen
  for(int i=0; i < 10; i++) {
     CData *pD=new CData(i);
     pD->AddRef();
     Zufall=i%3;
     if (Zufall==0 || Zufall==1)
        RingData1.Schreibe(pD);
     if (Zufall==0 || Zufall==2)
        RingData2.Schreibe(pD);
     pD->ReleaseRef();
  }
```

```
   //...........Leser 1 liest aus Ringpuffer 1
   cout << "Leser1: ";
   CData *pR;
   while (RingData1.Lese(pR)) {
      cout << pR << "     ";
      pR->ReleaseRef();
   }
   //...........Leser 2 liest aus Ringpuffer 2
   cout << endl << "Leser2: ";
   while (RingData2.Lese(pR)) {
      cout << pR << "     ";
      pR->ReleaseRef();
   }
   cout << endl;
}
```

Programm 26.4 liefert dann z. B. die folgende Ausgabe, wobei Freigaben mittels `ReleaseRef()` in der Klasse `CData` durch Klammerung des jeweiligen Elements angezeigt werden:

```
Leser1: 0     1(1)  3     4(4)  6     7(7)  9
Leser2: 0(0)  2(2)  3(3)  5(5)  6(6)  8(8)  9(9)
```

In Programm 26.4 generiert die Funktion `main()` 10 Werte, die sie „zufällig" auf die beiden Ringpuffer 1 und 2 verteilt. Die Werte werden durch die Klasse `CData` verwaltet.

Aussehen nach dem zufälligen Füllen der Ringpuffer

Nachdem die beiden Ringpuffer zufällig in der for-Schleife gefüllt wurden, ergibt sich für die Puffer ein Aussehen wie in Abbildung 26.18.

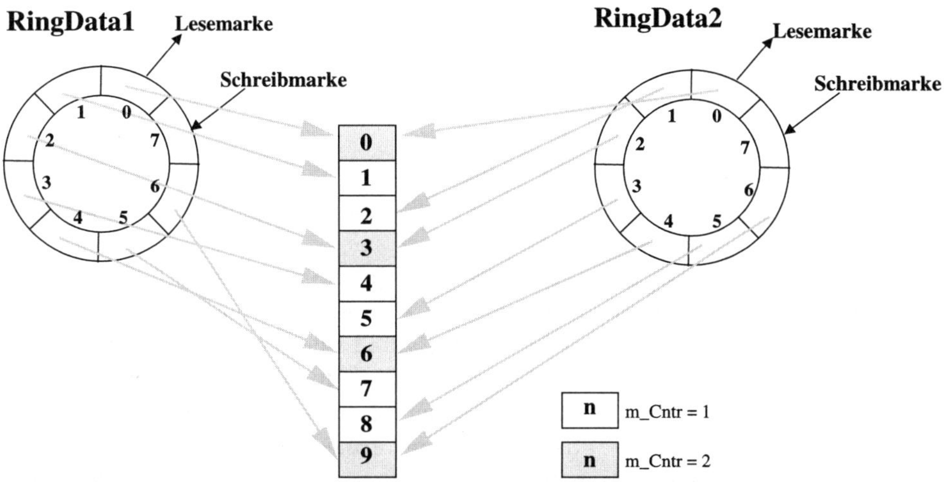

Abbildung 26.18: Nach dem zufälligen Füllen der Ringpuffer durch die for-Schleife

main() ruft für jedes generierte Objekt Addref() und ReleaseRef() auf:

Beim Anlegen eines Objektes (`new CData`) registriert sich `main()` mit `pD->AddRef()` bei diesem Objekt, denn es hat nun einen Zeiger darauf. Nachdem der Zeiger an den Ringpuffer übergeben wurde, gibt `main()` den Anspruch darauf frei (`pD->ReleaseRef()`). Abbildung 26.19 verdeutlicht dies zu obiger Ausgabe, wo die Adresse des zuerst erzeugten Werts 0 in beide Puffer eingetragen wurde.

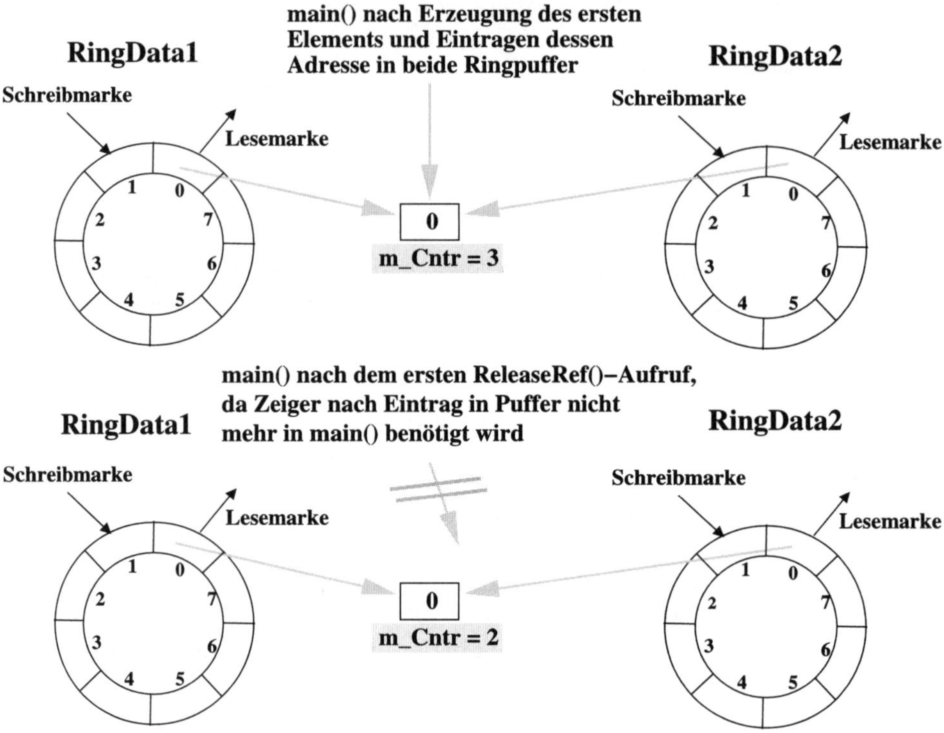

Abbildung 26.19: main() gibt nach Eintragen der jeweiligen Adresse in einen oder auch beide Puffer seinen Anspruch wieder frei

Lesen der Daten aus den Ringpuffern

Nachdem der erste Leser den ganzen ersten Ringpuffer ausgelesen hat, ergibt sich ein Aussehen wie in Abbildung 26.20.

Hier ist erkennbar, dass bedingt durch die Aufrufe von `ReleaseRef()` alle Speicherplätze freigegeben wurden, die nur eine Referenz auf sich hatten. Das waren genau die, deren Adresse nur in `RingData1` und nicht auch gleichzeitig in `RingData2` eingetragen wurden. Alle Adressen, die in beiden Ringpuffern eingetragen waren, haben jetzt nur noch eine Referenz auf sich, da der Referenzzähler für sie mittels des Aufrufs `ReleaseRef()` um 1 erniedrigt wurde.

Mit dem Auslesen der Adressen aus `RingData2` und den zugehörigen Aufrufen von `ReleaseRef()` werden dann auch noch diese letzten Speicherplätze wieder freigegeben, da bei diesen allen der Referenzzähler auf 0 erniedrigt wird.

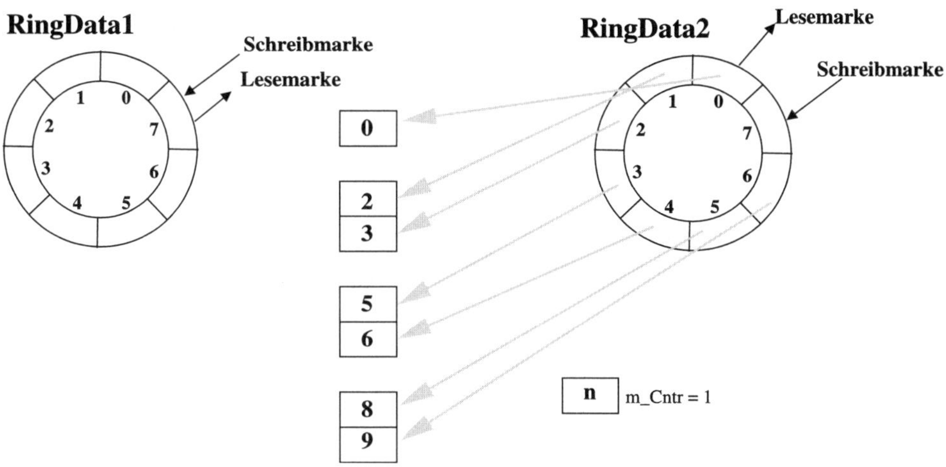

Abbildung 26.20: Nach dem Auslesen aller Adressen aus dem ersten Ringpuffer

Weitere Hinweise zum Reference-Counting

Aus Sicht des Ringpuffers erfolgt ein Besitzanspruch auf das `CData`-Objekt ab dem Zeitpunkt des Hineinschreibens. Es mag vielleicht auf den ersten Blick etwas seltsam erscheinen, dass dieser nicht wieder beim Lesen freigegeben wird. Stattdessen gibt `main()` den Besitzanspruch frei, nachdem der Zeiger nach der Ausgabe nicht mehr benötigt wird (`pR->ReleaseRef()`). Der Grund hierfür ist, dass beim Lesen ein *Forward Ownership* erfolgt, d. h. dass der Ringpuffer den Speicher weiterreicht an den Aufrufer, denn es ist beim Lesevorgang fest davon auszugehen, dass das Objekt anschließend vom Aufrufer verwendet wird. Warum also im Puffer erst ein `ReleaseRef()` tätigen, wenn anschließend gleich wieder ein `AddRef()` erfolgen wird. Solche „Absprachen" sind durchaus legitim, sollten jedoch entsprechend kommentiert sein, wie es auch in Programm 26.4 geschehen ist.

Die Templateklasse `CRingPtr` stellt also gegenüber `CRing` eine weitere Anforderung an `RingType`:

- `RingType` muss die Verwaltung des Reference-Counting übernehmen und dabei über die Methode `AddRef()` verfügen.

Ferner sollte für `RingType`-Klassen Folgendes beachtet werden:

- Aus Sicherheitsgründen sollten Klassen mit Reference-Counting nur dynamisch angelegt werden können. Dies erfordert einen `protected`-Destruktor.
- `AddRef()` und `ReleaseRef()` sollten virtuell sein, damit auch Basispointer richtig über den Ringpuffer weitergegeben werden können.

Smart Pointer für Reference Counting

Smart Pointer sind Objekte, die sich wie Zeiger verhalten und sich auch wie Zeiger benutzen lassen, aber eine größere Funktionalität anbieten. Es handelt sich also um *intelligente Zeiger*, eben *„smart" Pointer*. Die zusätzliche Funktionalität erledigen sie automatisch im Hintergrund, weswegen sie bisweilen auch als *Auto Pointer* bezeichnet werden. Die enthaltene Intelligenz muss natürlich programmiert werden.

Um einen Smart Pointer zu realisieren, verwendet man eine Templateklasse, die den eigentlichen Zeiger kapselt. Der Template-Parameter spezifiziert den Typ, auf den gezeigt wird. Eine Smart-Pointer-Klasse sieht typischerweise wie folgt aus:

```
template < class T> //.... Typische Smart-Pointer-Klasse
class CSmartPtr {
  public:
     CSmartPtr(T* realPtr=0) : m_Ptr(realPtr) { } //... Standardkonstruktor
     ~CSmartPtr(); //.... Destruktor
     CSmartPtr(const CSmartPtr& Ptr);            //... Kopierkonstruktor
     CSmartPtr& operator=(const CSmartPtr& Ptr); //... Zuweisungsoperator
     T *operator->(); //... Dereferenzierungsoperatoren
     T& operator*();
  private:
     T *m_Ptr; //... der gekapselte Pointer
};
```

Damit sich Objekte dieser Klasse wie Zeiger verhalten, werden die Dereferenzierungsoperatoren (-> und *) überladen. Auch Objektkopien werden bedacht, indem der Zuweisungsoperator und der Kopierkonstruktor überladen wird.
Für unseren Ringpuffer realisieren wir einen Smart Pointer in der Klasse `CRefPtr`, wie es in Programm 26.5 gezeigt ist.

Programm 26.5 – `refptr.h`:
Smart Pointer über die Klasse CRefPtr

```
template<class RefType>
class CRefPtr {
 public:
   CRefPtr(RefType *Ptr=0) : m_Ptr(Ptr)          { AddPtr(); } // Defaultkonstr.
   CRefPtr(const CRefPtr &Ptr) : m_Ptr(Ptr.m_Ptr) { AddPtr(); } // Kopierkonstr.
   const CRefPtr& operator =(const CRefPtr &Ptr) { //...Zuweisungsoperator
      ReleasePtr(); // aktueller Zeiger kann momentan auf anderes Obj. zeigen
                    // Diese Referenz muss nun erst erniedrigt werden,
                    // bevor die Referenz des neuen Objektes erhöht wird.
      m_Ptr = Ptr.m_Ptr;
      AddPtr();
      return Ptr;
   }
   ~CRefPtr() { ReleasePtr(); } //...Destruktor  -> gibt Pointer frei
   //....Referenzieren auf den Pointer des RefType's
   RefType* operator ->() { return m_Ptr;  }
   RefType& operator*()   { return *m_Ptr; }
 private:
   RefType *m_Ptr;
   void AddPtr() { if (m_Ptr) m_Ptr->AddRef(); } //...Pointer sichern (AddRef)
   void ReleasePtr() { //...Pointer freigeben (ReleaseRef)
      if (m_Ptr)
         m_Ptr->ReleaseRef();
      m_Ptr = 0;
   }
};
```

Einige Erläuterungen zu dem Smart Pointer `CRefPtr`:

- Der Referenzzähler der eingesetzten Klasse (in unserem Fall `CData`) muss mit `AddRef()` erhöht werden, wenn ein neuer Smart Pointer angelegt wird oder ein bestehender Smart Pointer kopiert wird.
- Es ist zu beachten, dass bei einer Zuweisung der gekapselte Pointer vorher auf ein anderes Objekt zeigen kann, dessen Referenzzähler dann natürlich vorher mit `ReleaseRef()` erniedrigt werden muss, bevor der Pointer auf das neue Objekt gesetzt wird.
- Der Referenzzähler der eingesetzten Klasse muss mit `ReleaseRef()` erniedrigt werden, wenn der Pointer zerstört wird.
- Die Dereferenzierungsoperatoren besitzen hier keine besondere „Intelligenz", sondern geben entsprechend nur den intern gekapselten Pointer zurück.

Mit Hilfe dieses Smart Pointers aus Programm 26.5 kann dann wieder die Klasse `CRing` verwendet werden. In Programm 26.6 ist dabei die einzige erforderliche Änderung gegenüber Programm 26.1 fett angegeben.

Programm 26.6 – `ring2.h`:
Die geänderte Klasse CRing bei Verwendung von Smart Pointern

```
template<class RingType,int Size=20>
class CRing
{
  public:
     CRing() : m_Schreibe(0), m_Lese(0) { }

     bool Leer() { return (m_Lese==m_Schreibe); }
     bool Voll() { /* siehe Programm 26.1 */ }

     bool Lese(RingType &Slot) {
        if (Leer())
           return false;
        Slot = m_Slots[m_Lese];
        m_Slots[m_Lese] = RingType(); // Löschen des Pointers in der Tabelle
        Inc(m_Lese);
        return true;
     }
     bool Schreibe(const RingType &Slot) { /* siehe Programm 26.1 */ }

  private:
     RingType m_Slots[Size+1];
     int      m_Schreibe, m_Lese;
     void Inc(int& Pos) { Pos=(Pos+1)%(Size+1); }
};
```

Die `main()`-Funktion wird um Einiges einfacher, denn hier muss man nun nicht mehr `AddRef()` und `ReleaseRef()` aufrufen, um die Referenzzähler zu erhöhen bzw. zu erniedrigen, wie es in Programm 26.7 gezeigt ist, wobei die Änderungen gegenüber Programm 26.4 wieder fett angegeben sind.

Programm 26.7 – ringpuffer2.cpp:
Die geänderte Klasse CRing bei Verwendung von Smart Pointern

```
#include "ring2.h"
#include "refptr.h"
#include <iostream>
using namespace std;
class CData { /* siehe Programm 26.4 */ }
ostream& operator <<(ostream &out, CRefPtr<CData> &Data) {
   return Data->Print(out);
}
int main(void) {
    //..... 2 Ringpuffer anlegen mit Smart Pointern auf CData
   CRing<CRefPtr<CData>,7> RingData1;
   CRing<CRefPtr<CData>,7> RingData2;
   int Zufall;
   //.......... Ringpuffer 1 und 2 "zufällig" füllen
   for (int i=0; i<10; i++) {
      CRefPtr<CData> pD=new CData(i); // nicht mehr pD->AddRef() notwendig
      Zufall=i%3;
      if (Zufall==0 || Zufall==1)
         RingData1.Schreibe(pD);
      if (Zufall==0 || Zufall==2)
         RingData2.Schreibe(pD);
      // nicht mehr pD->ReleaseRef() notwendig
   }
   //...........Leser 1 liest aus Ringpuffer 1
   cout << "Leser1: ";
   CRefPtr<CData> pR;
   while (RingData1.Lese(pR))
      cout << pR << "     "; // nicht mehr pR->ReleaseRef() notwendig
   //...........Leser 2 liest aus Ringpuffer 2
   cout << endl << "Leser2: ";
   while (RingData2.Lese(pR))
      cout << pR << "     "; // nicht mehr pR->ReleaseRef() notwendig
}
```

- Statt `CData*` wird hier nun der Smart Pointer `CRefPtr` eingesetzt, der auf ein `CData`-Objekt zeigt, also ein `CRefPtr<CData>`.
- An der Klasse `CData` muss dabei nichts geändert werden. Sie enthält nach wie vor die Methoden `AddRef()` und `ReleaseRef()`. Diese Methoden werden nun jedoch nicht vom Ringpuffer, sondern vom Smart Pointer genutzt.
- Da nun überall statt `CData*` der Smart Pointer `CRefPtr<CData>` verwendet wird, sieht das globale Überladen des <<-Operators wie folgt aus:

```
ostream& operator <<(ostream &out, CRefPtr<CData> &Data) {
   return Data->Print(out);
}
```

26.8 Achte auf Gleichförmigkeit des Codes

Eine Gleichförmigkeit des Codes ist besonders bei größeren und/oder länger lebigen Projekten wichtig; gerade auch dann, wenn mehrere Entwickler beteiligt sind.
Nicht selten scheitert die Wiederverwendung der Programm(teil)e daran, dass der Quellcode zu unübersichtlich ist und sich durch falsche Verwendung/Erweiterung der bestehenden Klassen Fehler einschleichen. Zudem wird die Einarbeitung von neuen Mitarbeitern in bestehenden, unübersichtlichen Quellcode schnell teuer.
Die beste Übersichtlichkeit und Transparenz erzielt man durch Gleichförmigkeit des Codes, d. h. dass es einige wenige Prinzipien gibt, die konsequent im Projekt angewendet werden. Die folgenden Abschnitte zeigen solche möglichen Prinzipien.

26.8.1 Verwendung von Entwurfsmustern

Was sind Entwurfsmuster?

- Entwurfsmuster (*design patterns*) sind bewährte, generalisierte Lösungsideen zu immer wiederkehrenden Entwurfsproblemen. Sie sind jedoch keine fertig codierten Lösungen, sondern sie beschreiben lediglich den Lösungsweg.
- Entwurfsmuster sind keine fertige Theorie. Es gibt lediglich verschiedene Autoren, die solche Lösungsideen systematisch gesammelt und veröffentlicht haben. In Kapitel 28 auf Seite 641 werden Entwurfsmuster detailliert vorgestellt.
- Die Vorteile, solche Entwurfsmuster im eigenen Software-Design einzusetzen, liegen auf der Hand:
  - Das „Rad muss nicht nochmal neu erfunden werden".
  - Da jedes Entwurfsmuster einen Namen hat, weiß in einschlägigen Software-Kreisen eben jeder, was gemeint ist, wenn es z. B. heißt: „Hier setzen wir eine Abstrakte Fabrik ein."

Hier soll zunächst anhand eines Beispiels verdeutlicht werden, was ein Entwurfsmuster ist und wie sich dieses in C++ umsetzen lässt. Detaillerter wird in Kapitel 28 auf Seite 641 auf eine Vielzahl von Entwurfsmustern eingegangen.

1. Beispiel – Abstrakte Fabrik

Als erstes Beispiel für ein Entwurfsmuster wollen wir die so genannte *Abstrakte Fabrik* (*Abstract Factory*) vorstellen.
Stellen wir uns vor, wir wollen in einer Steuerungs-Software die Anbindung an die Hardware abstrahieren. Die Ansteuerung der Hardware-Komponenten soll sowohl über das CAN-BUS-Protokoll als auch über die RS 232-Schnittstelle möglich sein. Beispielhaft verwenden wir als HW-Komponenten: Motoren und Kolben.

Abstrakte Basisklasse für jede HW-Komponente

Um die Ansteuerung der HW-Komponenten zu abstrahieren, führen wir für jede HW-Komponente eine abstrakte Basisklasse ein. In konkreten abgeleiteten Klassen wird dann eine Realisierung für CAN und RS232 angeboten. Abbildung 26.21 zeigt das zugehörige Klassendiagramm.

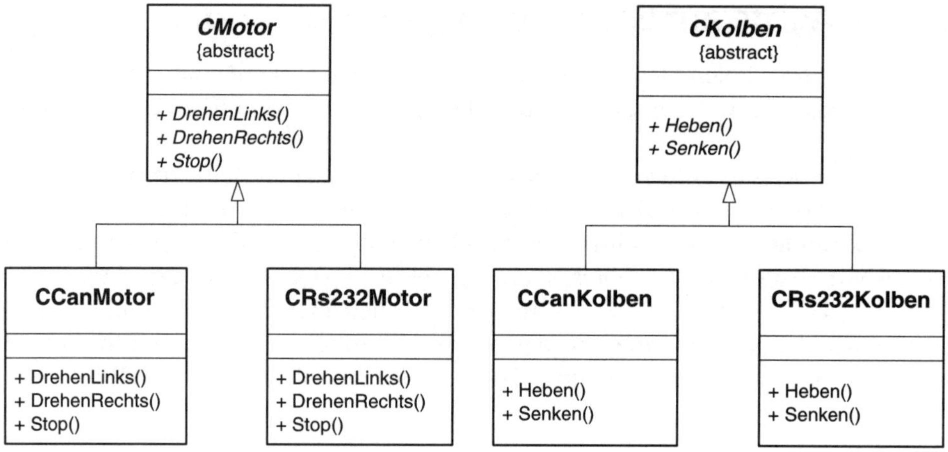

Abbildung 26.21: Klassendiagramm zu HW-Komponenten (Motoren und Kolben)

Nun können wir im Programm über die abstrakte Basisklasse einen Motor anhalten (`CMotor::Stop()`), ohne zu wissen, ob es sich um einen CAN-Motor oder einen RS232-Motor handelt.
Allerdings haben wir dadurch ein Problem noch nicht gelöst: Beim Anlegen der Motoren-Objekte müssen wir (für den `new`-Operator) jedesmal wissen, ob wir einen CAN-Motor oder einen RS232-Motor haben wollen. Viel schöner wäre es, wenn wir lediglich an einer Stelle im Programm angeben müssten, ob wir nun mit RS232 oder mit CAN arbeiten wollen.

Abstrahieren des Erzeugungsprozesses

Die Lösung des Problems liegt darin, dass wir auch den Erzeugungsprozess selbst abstrahieren. Dazu führen wir eine abstrakte Klasse `CHWKompFabrik` ein, die das Erzeugen von Hardware-Komponenten übernimmt. In abgeleiteten Klassen (`CCanFabrik` und `CRs232Fabrik`) wird das konkrete Anlegen der jeweiligen Komponente realisiert. Abbildung 26.22 zeigt das zugehörige Klassendiagramm.
Nun müssen wir nur noch an einer Stelle im Programm wissen, ob wir die HW-Komponenten via CAN oder RS232 ansprechen wollen. An jeder anderen Stelle im Programm (selbst beim Erzeugen der Komponenten) sind wir durch die abstrakten Klassen unabhängig vom verwendeten HW-Protokoll. Dies verdeutlicht nachfolgend die Implementierung des Beispiels in C++.

Realisierung einer abstrakten Fabrik in C++

In Programm 26.8 zeigen wir zunächst die Benutzung der Klassen aus Sicht des Klienten (hier `main()`), bevor wir dann in Programm 26.9 die Definitionen der einzelnen Klassen betrachten.

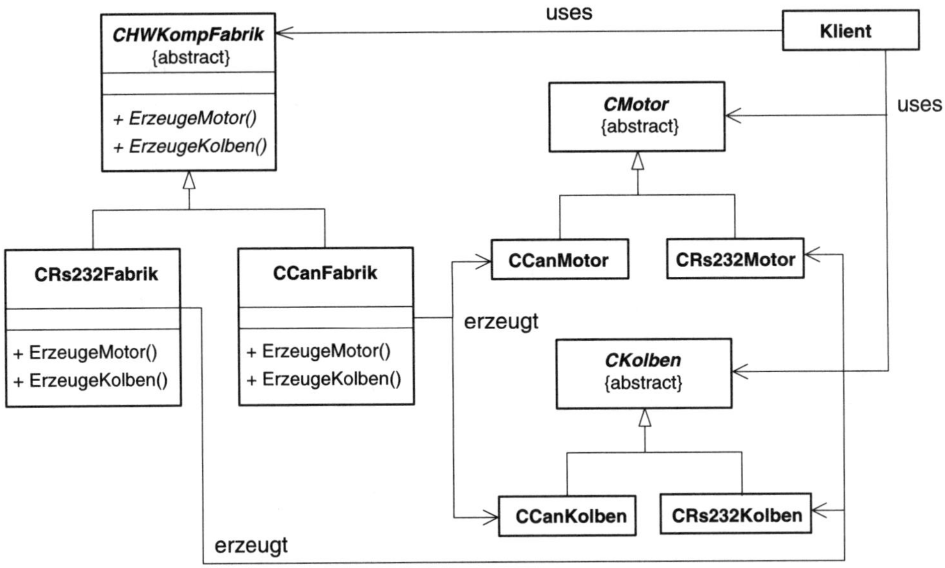

Abbildung 26.22: Abstrakte Fabrik für HW-Komponenten (Motoren und Kolben)

Programm 26.8 – `abstrfabrik.cpp`:
Nutzung der Abstrakten Fabrik

```
#include "abstrfabrik.h"

int main(void) {
   int konfig;
   cout << "Konfiguration (CAN: 0, RS232: 1)?: ";
   cin >> konfig;
   //... Basispointer HWKompFabrik: Hier entscheidet sich, ob CAN oder RS232
   CHWKompFabrik *pFabrik;
   if (konfig==0)
      pFabrik = new CCanFabrik;
   else
      pFabrik = new CRs232Fabrik;
   //.................................... evtl. weiterer Code

   //... Motor anlegen
   CMotor *pMotor = pFabrik->ErzeugeMotor();
   pMotor->DrehenLinks();
   //... Kolben anlegen
   CKolben *pKolben = pFabrik->ErzeugeKolben();
   pKolben->Heben();
   //... noch ein Motor
   CMotor *pMotor2 = pFabrik->ErzeugeMotor();
   pMotor2->DrehenLinks();
   //... Fabrik und alle fabrizierten Objekte löschen
   delete pFabrik; delete pMotor; delete pKolben; delete pMotor2;
}
```

Es gilt nun Folgendes:

- In Programm 26.8 wird lediglich am Anfang entschieden, welche Fabrik nun verwendet wird: `CCanFabrik` oder `CRs232Fabrik`. Wird nun ein Motor benötigt, so muss nicht mehr unterschieden werden, ob nun ein CAN-Motor angelegt wird oder ein RS232-Motor, denn dies ergibt sich automatisch aus der Wahl der Fabrik am Anfang.
- Wie im richtigen Leben ist die Fabrik nur für die Produkt-Erzeugung zuständig und liefert das erzeugte Produkt an den Auftraggeber. Für die „Entsorgung" nach dem Gebrauch ist der Verbraucher selbst zuständig. Es gilt hier also *Forward Ownership*. Daher müssen alle erzeugten Objekte nach Gebrauch (bei uns am Ende von `main()`) wieder gelöscht werden.
- Die Einführung einer *HWKomponentenFabrik* hat einen positiven Nebeneffekt: Sie sichert die Abhängigkeiten zwischen den konkreten HWKomponentenKlassen ab. Es macht keinen Sinn, einen CAN-Motor zusammen mit einem RS232Kolben zu verwenden. Diese Konsistenzbedingung ergibt sich automatisch aus der HWKomponentenFabrik.

Programm 26.9 zeigt die Implementierung der einzelnen Klassen. Der Einfachheit halber wurden alle Klassen in einer Datei definiert. In einem ernsthaften Projekt würde man die Klassen auf entsprechende `.h`- und `.cpp`-Dateien aufteilen. Es bietet sich sogar an, für die einzelnen Realisierungen, CAN und RS232, jeweils eigene *DLLs* oder *shared objects / shared libraries* vorzusehen und dann je nach Konfiguration nur die entsprechende *DLL* bzw. *shared object/library* zu laden. Beim Laden könnte dann gleich automatisch die entsprechende konkrete Fabrik angelegt werden.

Programm 26.9 – `abstrfabrik.h`:
Realisierung der HW-Komponenten und deren Fabriken

```
#include <iostream>
using namespace std;
//============================================================ Motoren
class CMotor {
  public:
     virtual ~CMotor() {}
     virtual void DrehenLinks() = 0;
     // ... DrehenRechts(), Stop
};
class CCanMotor : public CMotor {
  public:
     virtual ~CCanMotor() {}
     virtual void DrehenLinks() { cout << "CAN-Motor links gedreht" << endl; }
     // ... DrehenRechts(), Stop()
};
class CRs232Motor : public CMotor {
  public:
     virtual ~CRs232Motor() {}
     virtual void DrehenLinks() { cout << "RS232-Motor links gedreht" << endl; }
     // ... DrehenRechts(), Stop()
};
```

```
//========================================================================== Kolben
class CKolben {
  public:
    virtual ~CKolben() {}
    virtual void Heben() = 0;
    // ... Senken()
};
class CCanKolben : public CKolben {
  public:
    virtual ~CCanKolben(){ cout << "DCK" << endl;                    }
    virtual void Heben() { cout << "CAN-Kolben gehoben" << endl; }
    // ... Senken()
};
class CRs232Kolben : public CKolben {
  public:
    virtual ~CRs232Kolben() {}
    virtual void Heben() { cout << "RS232-Kolben gehoben" << endl; }
    // ... Senken()
};
//============================================= Fabriken für HardwareKomponenten
class CHWKompFabrik {    // abstrakte Fabrik
  public:
    virtual ~CHWKompFabrik() {}
    virtual CMotor  *ErzeugeMotor() = 0;
    virtual CKolben *ErzeugeKolben()= 0;
};
class CCanFabrik : public CHWKompFabrik {
    virtual ~CCanFabrik() {}
    virtual CMotor  *ErzeugeMotor()  { return new CCanMotor;  }
    virtual CKolben *ErzeugeKolben() { return new CCanKolben; }
};
class CRs232Fabrik : public CHWKompFabrik {
    virtual ~CRs232Fabrik()          { cout << "DRF" << endl;    }
    virtual CMotor  *ErzeugeMotor()  { return new CRs232Motor;  }
    virtual CKolben *ErzeugeKolben() { return new CRs232Kolben; }
};
```

Für Programm 26.9 gilt Folgendes:

- Da die Klassen `CMotor`, `CKolben` und `CHWKompFabrik` in Programm 26.9 abstrakte Klassen sind, enthalten sie nur abstrakte Methoden, d. h. sie sind in C++ rein virtuell.
- Außer den abstrakten Methoden sollte auch der Destruktor `virtual` definiert werden, damit dann beim Löschen des Objektes über den Basispointer auch der Destruktor der konkreten Klasse durchlaufen wird. Da ein Destruktor natürlich nicht rein virtuell angegeben werden kann, ist hier eine leere Implementierung ({}) angegeben.
- Lediglich bei `~CRs232Fabrik` und `~CCanKolben` wurde eine entsprechende `cout`-Anweisung eingefügt, um bei der Ausgabe zu demonstrieren, dass hier auch richtig die Destruktoren der konkreten Objekte durchlaufen werden.

Mögliche Programmabläufe des Programms 26.8 sind:

```
Konfiguration (CAN: 0, RS232: 1)?: 0 ↵
CAN-Motor links gedreht
CAN-Kolben gehoben
CAN-Motor links gedreht
DCK
```

```
Konfiguration (CAN: 0, RS232: 1)?: 1 ↵
RS232-Motor links gedreht
RS232-Kolben gehoben
RS232-Motor links gedreht
DRF
```

Allgemeines Entwurfsmuster „Abstrakte Fabrik"

Was hier anhand des HW-Komponente-Beispiels gezeigt wurde, lässt sich auch allgemein für Produkte/Objekte und deren Erzeugung beschreiben. Wir erhalten damit ein Entwurfsmuster, das eine Lösungsidee allgemein (ohne auf einen konkreten Anwendungsfall abzuzielen) beschreibt. Das hier gefundene Entwurfsmuster wird als *Abstrakte Fabrik* bezeichnet und ist allgemein in Abbildung 26.23 dargestellt.

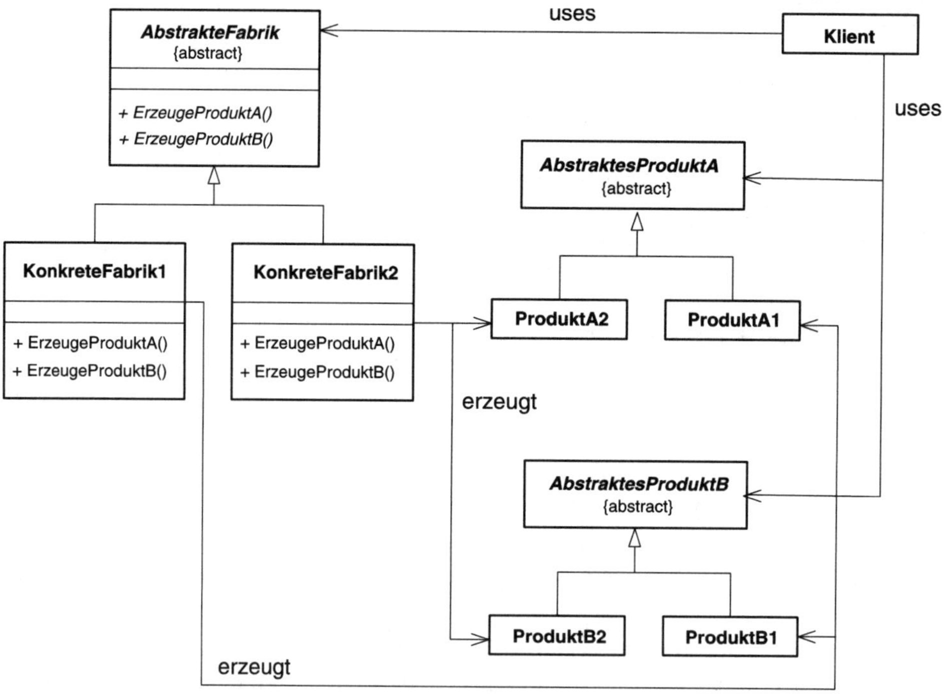

Abbildung 26.23: Das allgemeine Entwurfsmuster „Abstrakte Fabrik"

2. Beispiel – Das Entwurfsmuster „Kompositum"

Hier wird schrittweise ein zweites Entwurfsmuster *Kompositum* (engl. *Composite*) vorgestellt. Dabei soll verdeutlicht werden, dass es auch möglich ist, selbst Entwurfsmuster zu finden, ohne die publizierten Muster studiert zu haben, was nicht heißt, dass man sich die Lektüre eines solchen Werkes sparen sollte.

1. Schritt: Eine Zeichnung besteht aus einem oder mehreren Grafikobjekten

Das Klassendiagramm in Abbildung 26.24 verdeutlicht dies.

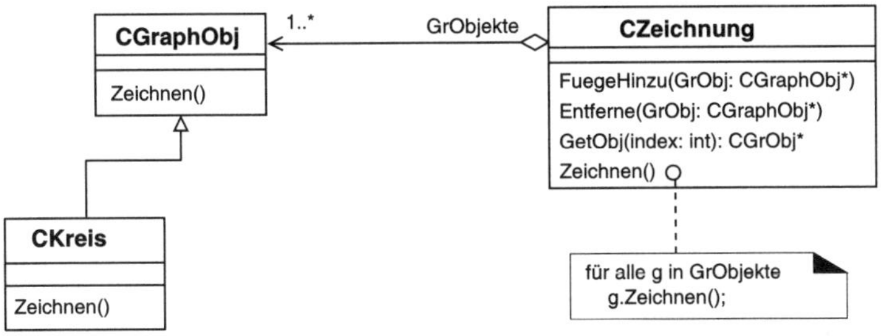

Abbildung 26.24: Aggregations-Beziehung zwischen Zeichnung und Grafikobjekt

2. Schritt: Gruppieren von Grafikobjekten zu einem Grafikobjekt

Einzelne Grafikobjekte lassen sich zu Gruppen zusammenfassen. Sie stellen dann eine Mini-Zeichnung dar. Eine Gruppe von Grafikobjekten kann dabei dann genauso wie ein einzelnes Grafikobjekt als Ganzes verschoben, gelöscht usw. werden. Somit kann eine Gruppe von Grafikobjekten (Zeichnung) wiederum als ein Grafikobjekt betrachtet werden, wie dies in Abbildung 26.25 gezeigt ist.

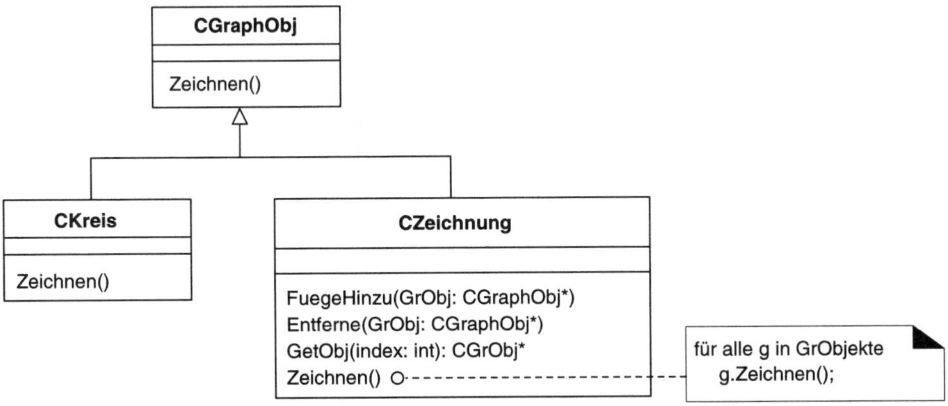

Abbildung 26.25: Auch eine Zeichnung kann als Grafikobjekt angesehen werden

3. Schritt: Zusammenfügen der beiden Klassendiagramme

Führt man Abbildung 26.24 und Abbildung 26.25 zusammen, so erhält man ein Klassendiagramm wie in Abbildung 26.26, in dem die Methoden aus `CZeichnung` auch in der Basisklasse aufgenommen wurden. Damit kann der Nutzer/Client alle Grafikobjekte in der gleichen Weise benutzen (unabhängig davon, ob Kreis oder Zeichnung), da sie über die Basisklasse eine gemeinsame Schnittstelle haben.

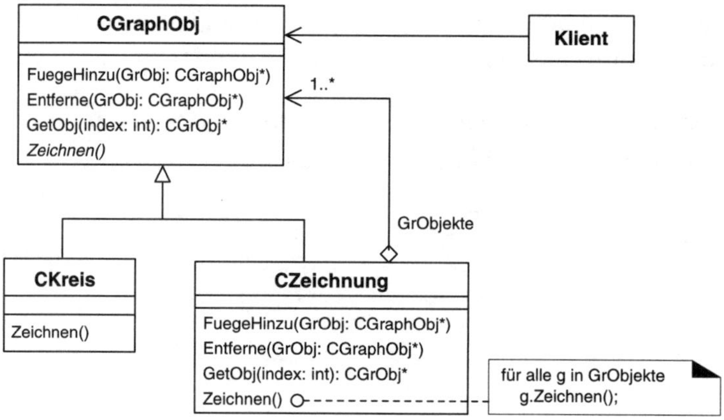

Abbildung 26.26: Rekursive Beziehung zwischen Grafikobjekt und Zeichnung

Wie Abbildung 26.26 zum Ausdruck bringt, handelt es sich bei der Beziehung zwischen Grafikobjekt und Zeichnung um eine Rekursion: Eine Zeichnung kann neben Grafikobjekten auch wiederum Zeichnungen enthalten.

4. Schritt: Klassendiagramm aus 3. Schritt bei Stücklistengenerator

Eine derartige Rekursion lässt sich auch bei anderen Aufgabenstellungen, wie z. B. bei einem Stücklistengenerator feststellen, wie es Abbildung 26.27 andeutet.

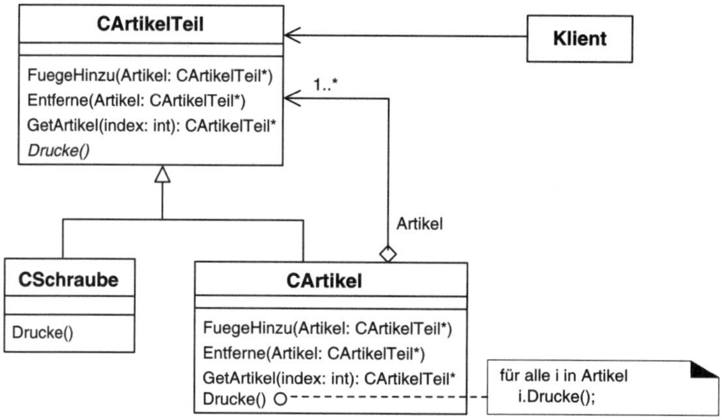

Abbildung 26.27: Stücklistengenerator: Rekursive Beziehung zwischen Artikel und Teile

Die Gemeinsamkeiten zwischen den Elementen in einer Zeichnung und den Teilen in einem Stücklistengenerator sind also:

- Beide besitzen eine *Teile-Ganzes-Hierarchie*, wobei die Aggregation rekursiv ist (Teile können wieder Teile enthalten).
- Klienten können alle Objekte (unabhängig davon, ob zusammengesetzt oder einzeln) einheitlich behandeln.

5. Schritt: Das allgemeine Entwurfsmuster „Kompositum"

Allgemein lässt sich hierfür eine Struktur aufstellen, die als Entwurfsmuster *Kompositum* bezeichnet wird. Beim Kompositum wird das Ganze als Kompositum (dt. Zusammensetzung) bezeichnet, ein Teil als Blatt (in Anlehung an eine rekursive Baumstruktur).

Abbildung 26.28 zeigt die grundlegende Struktur des Kompositum-Musters.

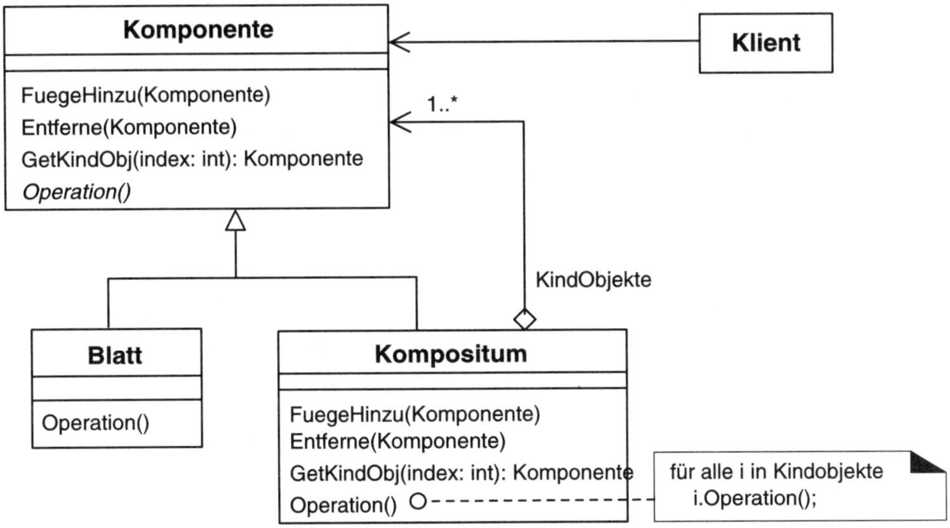

Abbildung 26.28: Grundlegende Struktur des Kompositum-Musters

Da Entwurfsmuster programmiersprachenunabhängig sind, wurden bei den Parametern der Kompositum-Methoden in Abbildung 26.28 keine Zeiger notiert. In C++ sollten die Kindobjekte jedoch Zeiger sein, um Polymorphismus zu ermöglichen.

Typischer Einsatzfall für das Kompositum-Muster

ist eine Objektstruktur, wie sie in Abbildung 26.29 dargestellt ist.

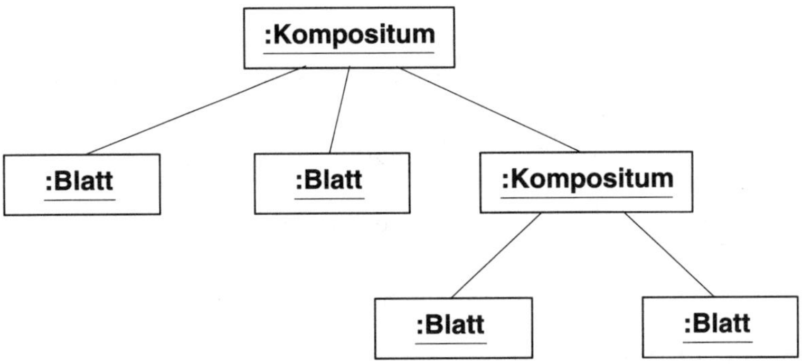

Abbildung 26.29: Typische Objektstruktur für den Einsatz des Kompositum-Musters

Allgemeines zu Entwurfsmustern und deren Verwendung

- Entwurfsmuster lösen in der Regel nur kleine Probleme allgemein gültig.
- Eine weitere Kunst besteht daher darin, bei der eigenen Problemstellung zu erkennen, wo welche Entwurfsmuster bei der Lösung helfen können. Im nächsten Schritt müssen die gefundenen Entwurfsmuster dann richtig kombiniert für den eigenen konkreten Anwendungsfall umgesetzt werden. Im Rahmen der Fallbeispiele werden weitere Entwurfsmuster vorgestellt und deren Zusammenspiel exemplarisch gezeigt.
- Neben den weltweit publizierten Entwurfsmustern macht es durchaus auch Sinn, Lösungsideen im eigenen Unternehmen zu sammeln und zu katalogisieren. Können diese Lösungsideen dann auch allgemein gültig (z. B. durch Templates) realisiert werden, können daraus firmenspezifische Klassenbibliotheken und Frameworks entstehen, die wiederkehrende Problematiken im Umfeld des Unternehmens allgemein lösen.
- Die größte Gleichförmigkeit des Codes erreicht man dadurch, dass man entsprechend dem Baustein-Prinzip möglichst viele kleine Entwurfsmuster und Lösungansätze kombiniert verwendet, um das gesamte Problem zu lösen.
- Hinsichtlich Gleichförmigkeit ist es meist besser, einen Lösungsansatz zu verwenden, der nur zu 90% auf das Problem passt, aber allgemein (im Unternehmen oder weltweit) bekannt ist und eine 10%-Anpassung vorzunehmen, als eine Lösung speziell für den vorliegenden Fall völlig neu zu entwerfen.

Übung – Anwendung der abstrakten Fabrik auf GUI-Elemente

Sie (bzw. Ihre Kollegen) haben beschlossen, dass die Elemente in der GUI so entworfen werden sollen, dass sowohl eine Motif-Oberfläche als auch eine MFC-Oberfläche[2] unterstützt wird. Zeigen Sie anhand von Editfeld und Knopf, wie das prinzipielle Design der Oberflächenelemente dazu aussehen könnte, so dass nur an einer Stelle im Quellcode entschieden werden muss, ob nun Motif oder MFC eingesetzt wird.

26.8.2 Einhaltung von Programmierrichtlinien

Ein weiterer Punkt, um möglichst gleichförmigen Code zu erreichen, ist die Einhaltung von Programmierrichtlinien (*coding guidelines*). Obwohl diese in erster Linie auf die Phase der Implementierung abzielen, gibt es doch einige Regeln, die sich bereits auf das Design auswirken; dies betrifft vor allem die Regeln für die Namensgebung von z. B. Klassen und Methoden, die bereits im (Fein-)Design beachtet werden sollten. Die folgenden Abschnitte führen einige Richtlinien auf, mit Hilfe derer die Gleichförmigkeit des Codes gesteigert werden kann.

Namensgebung

Auch wenn ein Sprichwort sagt „Namen sind Schall und Rauch", so ist dies für die Transparenz des Codes tödlich. Mögliche Namenskonventionen können z. B. sein:

[2] MFC=Microsoft Foundation Classes

- *Klassennamen sollten stets ein Präfix besitzen*, um diese als Klasse zu kennzeichnen. Um Namenskonflikte in größeren Projekten zu vermeiden, bieten sich Präfixe pro Arbeitspakete an, wie z. B. `CViewBruch`.
- *Membervariablen sollten durch das Präfix* `m_` deutlich von lokalen Variablen unterschieden werden.
- *Eine Klasse, die Zugriff auf ihre Attribute ermöglicht, sollte dies stets über eine entsprechende* `set`*- und* `get`*-Methode tun.*
- *Die Namen der Methoden sollten gemäß ihrer Funktionalität einheitlich sein*: Verfügt z. B. eine Klasse über die Eigenschaft, sich selbst zu vervielfältigen, sollte dies stets über die Methode `Clone()` erfolgen, und nicht einmal über `Clone()`, einmal über `Copy()` und ein anderes Mal z. B. über `reproduce()`. Auf diese Weise kann sich eine Dienstklasse darauf verlassen, dass sich ein Objekt reproduzieren kann, sobald es in der Klasse eine Methode `Clone()` gibt. Fehlverwendungen einer Klasse werden damit vermieden.

Methodengröße

Es sollte im gesamten Projekt darauf geachtet werden, dass die Anzahl der *Lines of Code* in den Methoden möglichst klein gehalten wird. Die Erfahrung zeigt, dass die Fehleranfälligkeit mit der Größe einer Methode steigt. Was in der funktionalen Programmierung gilt, besitzt auch in der objektorientierten Programmierung weiterhin Gültigkeit.

Stabile Klassen

Um den stabilen Einsatz einer Klasse zu garantieren, sollte man sich bei einer Klasse grundsätzlich über folgende Punkte Gedanken machen:

- Konstruktor und Destruktor
- Zuweisungsoperator (nur bei tiefer Kopie notwendig)
- Kopierkonstruktor (nur bei tiefer Kopie notwendig)

Um abzusichern, dass diese Punkte bei jeder Klasse beachtet wurden, macht es eventuell (je nach Projektsituation) Sinn, entsprechende Kommentare vorzuschreiben, wenn gewisse Punkte für die Klasse nicht realisiert werden müssen, weil z. B. die Klasse keine Zeiger enthält und somit eine flache Kopie durchgeführt wird.

Ist man der Meinung, dass einer der obigen Punkte nicht realisiert werden muss, weil er im Projekt nicht zum Einsatz kommt, so sollte man ihn dennoch definieren, jedoch `private`. Auf diese Weise ist sichergestellt, dass ihn nicht irgendeiner aus Versehen benutzt. Ein Fall, bei dem es z. B. Sinn macht, den Kopierkonstruktor bewusst `private` zu deklarieren, ist bei Objekten, die einen sehr großen Speicherbedarf haben, z. B. ein Array mit insgesamt 10 MB, was bei Bildverarbeitung leicht der Fall sein kann. Durch einen `private` Kopierkonstruktor wird verhindert, dass das Objekt mittels *Call-by-Value* übergeben wird, da es dann nur noch über *Call-by-Reference* übergeben werden kann, was hier einen Performance-Gewinn bedeutet.

Hinweis: Vorsicht ist geboten, wenn eine Klasse um Attribute in Form von Zeigern erweitert wird, denn dann muss über den Kopierkonstruktor und den Zuweisungsoperator neu nachgedacht werden!

26.9 Verwendung eines MVC-Designs

MVC steht für *Model-View-Controller* und ist ein Architekturmuster, das aus der Programmiersprache Smalltalk stammt.

Trennen der Daten (Model) von ihrer Präsentation (View)

Der Grundgedanke der MVC-Architektur ist, dass die eigentlichen Daten von ihrer Präsentation getrennt werden. Gründe hierfür sind:

- **Zu Daten sind mehrere Views möglich,** wie es in Abbildung 26.30 gezeigt ist.

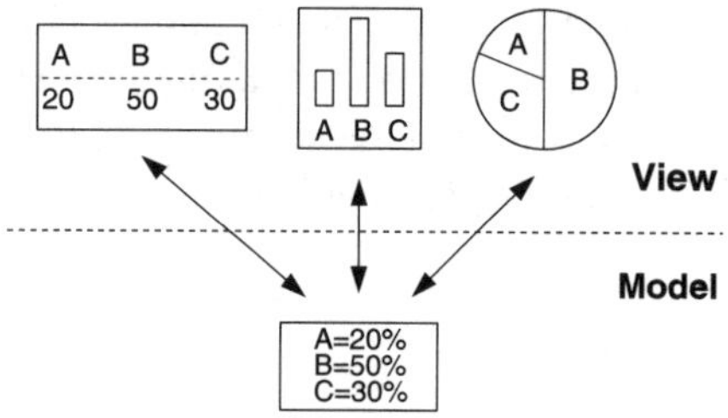

Abbildung 26.30: Ein Model mit mehreren Views

- **Strukturierung der Präsentation (View) meist anders als interne Datenhaltung (Model):** Ein weiterer Grund der Trennung zwischen *Model* (Daten) und *View* (Präsentation) ist, dass die Präsentation häufig einem anderen Gliederungsschema folgt, als dies bei der Strukturierung der intern verwendeten Objekte Sinn macht. Bei einer grafischen Benutzeroberfläche folgt die Dialoghierarchie sicherlich anderen Kriterien als die der verwendeten Objekte; es ist sogar möglich, dass das gleiche Datum in unterschiedlichen Dialogen dargestellt wird, und dies vielleicht auch auf unterschiedliche Weise.

Controller ist zuständig für die Interaktion mit dem Anwender

Beim MVC-Prinzip kommt nun noch ein weiterer Part hinzu: der *Controller*. Dieser übernimmt die Interaktion mit dem Anwender (z. B. Reaktion auf Mausklicks und andere Eingaben) und stellt damit die Sicht auf die technische Ablaufsteuerung dar.

Model spielt zentrale Rolle und ist völlig unabhängig von Controller und View

Der zentrale Aspekt bei einer MVC-Architektur ist, dass das Model völlig unabhängig von Controller und View ist. Dem Model kommt die zentrale Rolle zu. Es repräsentiert das Fachkonzept und trägt das eigentliche Fachwissen in sich. Wenn View- oder Controllerobjekte geändert oder ausgetauscht werden, ist das Model davon nicht betroffen. Damit können Model-Klassen unabhängig von ihrer Repräsentation und Ansteuerung entworfen und realisiert werden und es ist möglich, dass es für ein Model mehrere unterschiedliche Views gibt, ohne dass dies zu Änderungen im Model führen muss; siehe auch Abbildung 26.31.

In Abbildung 26.31 beziehen sich die eingezeichneten Pfeilrichtungen auf die Abhängigkeiten der drei Teile untereinander und nicht auf die Kommunikationsrichtung. Hierbei gilt dann Folgendes:

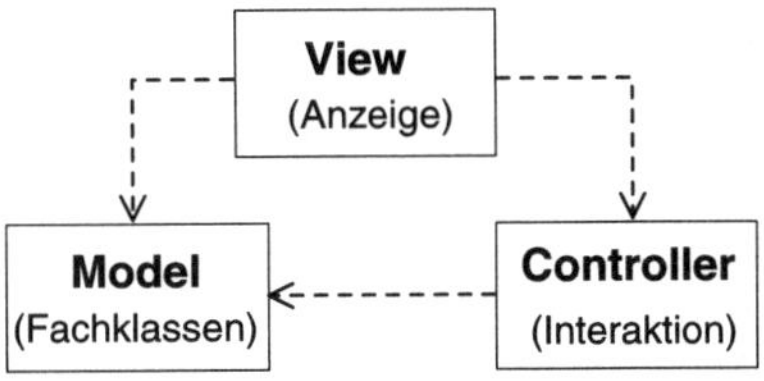

Abbildung 26.31: Abhängigkeiten zwischen Model, View und Controller

- Ändert sich am Model etwas, wird sich sehr wahrscheinlich auch am View (an der Darstellung der Daten) etwas ändern, weil der View das Model nutzt.
- Ändert sich am View etwas, hat dies keine Auswirkungen auf das Model.
- Zuweilen ist die Beziehung zwischen Controller und View auch beidseitig. Dies hängt davon ab, wie unabhängig diese voneinander realisiert sind.
- Die Beziehung *V-M* und *C-M* ist niemals beidseitig, da der zentrale Aspekt der MVC-Architektur ist, dass das Model vom *VC*-Teil völlig unabhängig ist.

Änderungen im Model erfolgen im View direkt oder über Controller

Unabhängigkeit bedeutet hier aber nicht, dass das Model den View nicht kennen darf. Es weiß nur nicht, wie seine Daten auf der Oberfläche dargestellt werden und darf nicht direkt auf die Daten des Views zugreifen. Analoges gilt für die Beziehung *M-C*. So kann bei einer Wert-Änderung die Triggerung (Ansteuerung) des Views durch den Controller oder direkt durch das Model erfolgen. Beispielsweise sind hier dynamische Abläufe denkbar, wie sie in Abbildung 26.32 dargestellt sind.

1. Variante (Model aktualisiert View)

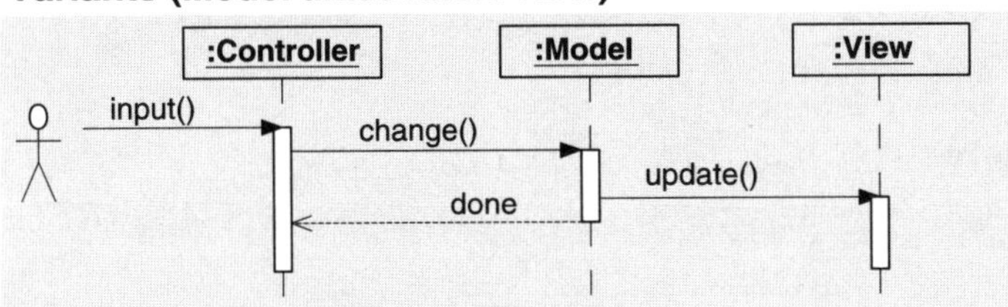

2. Variante (Controller aktualisiert View)

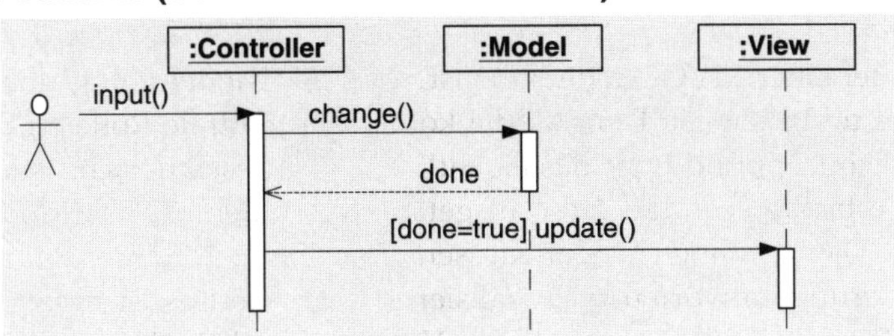

Abbildung 26.32: Zwei Varianten des dynamischen Ablaufs beim MVC-Design

26.9.1 Beispiel – MVC-Architektur für einen Wecker

Den Einsatz einer MVC-Architektur wollen wir anhand des einfachen Beispiels eines „Weckers" zeigen:

- **Model:** Ein Wecker verwaltet Zeiten, die aktuelle Zeit und eine Alarmzeit.
- **View:** Zeiten könnten durch unterschiedliche Anzeigen präsentiert werden.
- **Controller:** Die Zeiten können wie folgt angesteuert werden:
  - Die Zeiten können durch den Benutzer des Weckers eingestellt werden. Wir wollen beim Einstellen der Zeit annehmen, dass die eigentliche Zeit nur von einem Administrator modifiziert werden darf, das Stellen der Weckzeit ist dagegen jedem Nutzer des Weckers erlaubt.
  - Ein weiterer Controller wäre z. B. ein Taktgeber, der die Zeit zyklisch inkrementiert.

Programm 26.10 – `wecker.cpp`:
Mögliche Implementierung der MVC-Architektur bei einem Wecker

```
#include <iostream>
using namespace std;
//............................................................. CViewer
class CViewer {  // Basisklasse für alle Views
  public:
     virtual void Update()=0;
};
//........................................................... CModelUhr
class CModelUhr {
  public:
     CModelUhr() : m_pView(0)      { SetUhr(0, 0, 0); }
     void AddViewer(CViewer *pV) { m_pView = pV;      }
     void Update() {
        if (m_pView)
           m_pView->Update();
     }
     bool SetUhr(int std, int min, int sec) {
        m_std = std % 24; //Konsistenzcheck.....
        m_min = min % 60;
        m_sec = sec % 60;
        Update();
        return true;
     }
     bool GetUhr(int &std, int &min, int &sec) {
        std = m_std;
        min = m_min;
        sec = m_sec;
        return true;
     }
  private:
     int m_std, m_min, m_sec;
     CViewer *m_pView; // Model kennt View (Basisklasse!); bei Bedarf aktualis.
};
```

```
//...................................................... CViewUhr
class CViewUhr : public CViewer {
  public:
    CViewUhr(CModelUhr *pUhr, const char *Name) : m_pUhr(pUhr), m_pName(Name) { }
    virtual void Update() {
        int h,m,s;
        m_pUhr->GetUhr(h, m, s);
        cout << m_pName << h << ":" << m << ":" << s << endl;
    }
  private:
    CModelUhr    *m_pUhr;  // UhrView kennt das UhrModel
    const char *m_pName;
};
//........................................................ CCtrl
class CCtrl {  // Basisklasse für alle Controller
  public:
    virtual void DoIt()=0;
};
//.................................................... CCtrlSetUhr
class CCtrlSetUhr : public CCtrl {
  public:
    CCtrlSetUhr(CModelUhr *pU) : m_pUhr(pU) { }
    void DoIt() {
        int h, m, s;
        cout << "Stunde: ";   cin >> h;
        cout << "Minuten: ";  cin >> m;
        cout << "Sekunden: "; cin >> s;
        m_pUhr->SetUhr(h, m, s);
    }
  private:
    CModelUhr *m_pUhr; // UhrController kennt das UhrModel
};
//.......................................................... main
int main(void) {
    CModelUhr Uhr;
    CModelUhr Wecker;
    CViewUhr VUhr(&Uhr, ".....Uhrzeit: ");
    CViewUhr VWecker(&Wecker, ".....Weckzeit: ");
    CCtrlSetUhr Admin(&Uhr);
    CCtrlSetUhr Benutzer(&Wecker);
    Uhr.AddViewer(&VUhr);
    Wecker.AddViewer(&VWecker);
    Admin.DoIt();
    Benutzer.DoIt();
}
```

Wie dieses kleine Beispiel eindrucksvoll zeigt, ist keines der drei Teile (M-V-C) alleine ausführbar, sondern sie arbeiten zusammen. Es können jedoch unterschiedliche Instanzen der entsprechenden Ausprägungen angelegt werden. Welche Instanzen dann konkret miteinander zusammenarbeiten, wird in `main()` festgelegt. Da die Verbindungen sehr „locker" sind, könnten sie jederzeit leicht ausgetauscht werden. Ein mögliches Ablaufbeispiel zu Programm 26.10 wäre:

```
Stunde: 11 ↵
Minuten: 32 ↵
Sekunden: 46 ↵
.....Uhrzeit: 11:32:46
Stunde: 7 ↵
Minuten: 105 ↵
Sekunden: 30 ↵
.....Weckzeit: 7:45:30
```

An diesem Ablauf zeigt sich der Konsistenzcheck der Daten, der stets Aufgabe des Models ist.

Controller sind nicht immer erforderlich

Der Einsatz von Controllern in Programmen ist manchmal gering. Ein Controller macht erst dann wirklich Sinn, wenn die damit verbundene Funktionalität komplexer ist, z. B. wenn durch eine Aktion an der Benutzeroberfläche mehrere Modelklassen betroffen sind. Beschränkt sich die Funktionalität des Controllers lediglich auf das Setzen eines Wertes, so wird dafür vielleicht gar keine eigene Controller-Klasse eingeführt und diese Funktionalität z. B. dem View zugeordnet. Manche Klassenbibliotheken (z. B. die *Microsoft Foundation Classes*) fassen View- und Controller-Anteil völlig zusammen, womit jedoch in bestimmten Fällen Flexibilität verloren geht.
Flexibilität wird erreicht, indem Teile voneinander unabhängig entworfen werden und damit leichter austauschbar sind. Dies betrifft nicht nur die Anbindung an das Model (Fachkonzeptschicht), sondern auch die Anbindung an andere Teile des Systems, z. B. die Anbindung an eine eventuell hinter dem Model liegende Datenbank oder die Anbindung an eine externe Hardware. Dieser Aspekt dürfte nicht neu sein, da wir ihn bereits in mehreren vorhergehenden Kapiteln immer wieder angesprochen haben, wie z. B. in Kapitel 26.4 auf Seite 578.

26.9.2 Beispiel – Das Spiel Solitär als Terminal-Variante

Hier soll das bekannte Spiel *Solitär* zunächst als Terminal-Variante entwickelt werden, bevor es dann in Kapitel 31.7 auf Seite 841 als grafische Variante mit Mausunterstützung realisiert wird. Hier empfiehlt es sich, das *Model* getrennt vom *Controller* und *View* zu realisieren, wobei hier *Controller* und *View* so eng verknüpft sind, dass diese beiden hier zusammengefasst werden.

Headerdatei für die unterschiedlichen Kartenbilder

wir geben den 52 Karten fortlaufende Nummern von 1 bis 52, die nach ihrer Wertigkeit von oben nach unten geordnet sind. Somit können wir für die Kartenbilder die Headerdatei `kartbild.h` erstellen.

Programm 26.11 – `kartbild.h`:
Headerdatei für die unterschiedlichen Kartenbilder

```
#include <string>
using namespace std;
enum werteArt                    { as, konig, dame,  bube, zehn, neun, acht, sieb,
                                   sechs, fuenf, vier, drei, zwei, empty };
static string werteName[] = { "A", "K", "Q", "J", "10", "9",  "8", "7",
                                   "6", "5", "4", "3",  "2" };
enum farbeArt                    { kreuz, pik, herz, karo, nichts };
static string farbeName[] = { "+",    "^", "v",   "<>" };

class CBild {
  public:
     CBild(int wert, int farbe) {
       if (wert >= 0 && wert < 13 && farbe >= 0 && farbe < 4)
          m_bild  = farbeName[farbe] + "-" + werteName[wert];
       else if (wert == 13)
          m_bild = "k  ";
     }
     string get() const { return m_bild; }
  private:
     string m_bild;
};
```

Headerdatei für die Verwaltung einer Karte

Für die Verwaltung einer Karte schalten wir der Headerdatei `kartbild.h` eine eigene Headerdatei `karte.h` vor, damit wir bei Umstellung auf Grafik nur die Headerdatei 26.11 (`kartbild.h`) ändern müssen, aber nicht die Headerdatei 26.12 (`karte.h`), da sich durch diese Umstellung ja nicht die Verwaltung einer Karte ändert, sondern nur deren Aussehen.

Programm 26.12 – `karte.h`:
Headerdatei für die Verwaltung einer Karte

```
#include "kartbild.h"
class CKarte {
  public:
     CKarte() { }
     CKarte(int nr) : m_wert((nr-1)/4), m_farbe((nr-1)%4),
                      m_bild(new CBild(m_wert, m_farbe)), m_sichtbar(false) { }
     int    getWert()      const { return m_wert;      }
     int    getFarbe()     const { return m_farbe;     }
     CBild *bild()         const { return m_bild;      }
     bool   istSichtbar() const { return m_sichtbar; }
     void   setSichtbar(bool s) { m_sichtbar = s;     }
  private:
     int    m_wert;
     int    m_farbe;
     CBild *m_bild;
     bool   m_sichtbar;
};
```

Headerdatei für die Verwaltung von Kartenstapeln

Um Kartenstapel zu verwalten, von denen es bekanntlich mehrere im Spiel *Solitär* gibt, stellen wir die Headerdatei `kartenstapel.h` zur Verfügung.

Programm 26.13 – `kartenstapel.h`:
Headerdatei für die Verwaltung von Kartenstapeln

```
#include <cstdlib>
#include <ctime>
#include <vector>
#include "karte.h"
class CStapel {
 public:
   CStapel() { }
   void ablegen(CKarte karte) { stapel.push_back(karte); }
   CKarte& getKarte(int i, bool remove=false) {
      if (stapel.empty() || ((i < 0 || i >= int(stapel.size())) && remove))
         exit(1);
      else if (remove) {
         karte = stapel[i];
         if (remove)
            stapel.pop_back();
         return karte;
      } else
         return stapel[i];
   }
   CKarte& ziehen()               { return getKarte(stapel.size()-1, true);  }
   CKarte& getOberste()           { return getKarte(stapel.size()-1, false); }
   bool istSichtbar(int i)        { return getKarte(i).istSichtbar();        }
   void setSichtbar(bool s)       { getOberste().setSichtbar(s);             }
   int  getKartenZahl()     const { return stapel.size()-1;                  }
   bool leer()                    { return stapel.size() <= 1;               }
   void leeren(int nr) {
      while (!stapel.empty())
         stapel.pop_back();
      ablegen(CKarte(nr));
   }
   void mischen(int nr) {
      CStapel hilfStapel1,
              hilfStapel2;
      srand(time(0));
      hilfStapel1.leeren(nr);
      hilfStapel2.leeren(nr);
      for (int i=0; i<10; i++) {    // 10 mal Folgendes ausführen:
         while (!leer()) //  vom Stapel ziehen und zufällig
            if (rand()%2==0)          //   entweder auf 'hilfStapel1' oder
               hilfStapel1.ablegen(ziehen());
            else                      //    'hilfStapel2' legen
               hilfStapel2.ablegen(ziehen());
         while (!hilfStapel1.leer()) // 'hilfStapel1' zurück auf Stapel legen
            ablegen(hilfStapel1.ziehen());
```

```
        while (!hilfStapel2.leer()) // 'hilfStapel2' zurück auf Stapel legen
           ablegen(hilfStapel2.ziehen());
     }
  }
 private:
   vector<CKarte> stapel; // eigentlicher Stapel
   CKarte         karte;
};
```

Model realisiert die Regeln für Solitär

Die Regeln für das Spiel *Solitär* übernimmt das *Model*, das durch die beiden Programmdateien 26.14 (`model.h`) und 26.15 (`model.cpp`) realisiert wird.

Programm 26.14 – `model.h`:
Headerdatei für die Solitär-Regeln

```
#include "kartenstapel.h"
class CModel {
 public:
   void neuesSpiel();
   void naechsteZiehen(void);
   void ziehenLegen(int nach);
   void ziehenAblegen(int nach);
   void umlegen(int von, int nach, int n = 1);
   void ablegen(int von, int nach);
   void zurueckLegen(int von, int nach);
   CStapel &getZiehStapel(int i)   { return ziehStapel[i];   }
   CStapel &getAblageStapel(int i) { return ablageStapel[i]; }
   CStapel &getLegeStapel(int i)   { return legeStapel[i];   }
   bool fertig();
 private:
   CStapel kstapel;
   CStapel ziehStapel[2];
   CStapel ablageStapel[4];
   CStapel legeStapel[7];
   bool legeRegeln(CStapel von, CStapel nach, int n = 1);
   bool ablageRegeln(int nr, CStapel von, CStapel nach);
   void macheObenSichtbar();
};
```

Programm 26.15 – `model.cpp`:
Implementierung der Solitär-Regeln

```
#include "model.h"
#define KARTENZAHL  52
void CModel::neuesSpiel() {
   int  i, j;
   //.................. Alle Stapeln (evtl. vom vorherigen Spiel) leeren
   kstapel.leeren(KARTENZAHL+1);
   for (i=0; i<2; i++)
      ziehStapel[i].leeren(KARTENZAHL+1);
```

```
   for (i=0; i<7; i++)
      legeStapel[i].leeren(KARTENZAHL+1);
   for (i=0; i<4; i++)
      ablageStapel[i].leeren(KARTENZAHL+1);
   //............................. Karten geordnet ablegen und mischen
   for (i=1; i<=KARTENZAHL; i++) // In 'kstapel' Karten geordnet ablegen
      kstapel.ablegen( CKarte(i) );
   kstapel.mischen(KARTENZAHL+1); // Karten mischen
   //............................................ Legestapel erzeugen
   for (i=0; i<7; i++)
      for (j=i; j<7; j++)
         legeStapel[j].ablegen(kstapel.ziehen());
   //............................. Rest der Karten in Ziehstapel legen
   while (!kstapel.leer())
      ziehStapel[0].ablegen(kstapel.ziehen());
   ziehStapel[1].ablegen(ziehStapel[0].ziehen()); // Erste Karte aufdecken
   macheObenSichtbar(); // obersten aufdecken
}
void CModel::naechsteZiehen(void) {
   if (!ziehStapel[0].leer())
      ziehStapel[1].ablegen(ziehStapel[0].ziehen());
   else if (!ziehStapel[1].leer() && ziehStapel[0].leer()) {
      while (!ziehStapel[1].leer())
         ziehStapel[0].ablegen(ziehStapel[1].ziehen());
      ziehStapel[1].ablegen(ziehStapel[0].ziehen());
   }
   macheObenSichtbar(); // obersten aufdecken
}
void CModel::ziehenLegen(int nach) {
   if (!ziehStapel[1].leer() && nach >= 0 && nach < 7 &&
      legeRegeln(ziehStapel[1], legeStapel[nach]))
     legeStapel[nach].ablegen(ziehStapel[1].ziehen());
}
void CModel::ziehenAblegen(int nach) {
   if (!ziehStapel[1].leer() && nach >= 0 && nach < 4 &&
       ablageRegeln(nach, ziehStapel[1], ablageStapel[nach]))
      ablageStapel[nach].ablegen(ziehStapel[1].ziehen());
}
void CModel::umlegen(int von, int nach, int n) {
   if (von >= 0 && von < 7 && nach >= 0 && nach < 7) {
      if (legeRegeln(legeStapel[von], legeStapel[nach], n)) {
         CStapel hilfStapel;
         hilfStapel.leeren(KARTENZAHL+1);
         for (int i=0; i < n; i++)
            hilfStapel.ablegen(legeStapel[von].ziehen());
         while (!hilfStapel.leer())
            legeStapel[nach].ablegen(hilfStapel.ziehen());
      }
   }
}
```

```
void CModel::ablegen(int von, int nach) {
   if (von >= 0 && von < 7 && nach >= 0 && nach < 4 &&
       ablageRegeln(nach, legeStapel[von], ablageStapel[nach]))
      ablageStapel[nach].ablegen(legeStapel[von].ziehen());
}
void CModel::zurueckLegen(int von, int nach) {
   if (von >= 0 && von < 4 && nach >= 0 && nach < 6 &&
      legeRegeln(ablageStapel[von], legeStapel[nach]))
     legeStapel[nach].ablegen(ablageStapel[von].ziehen());
}
bool CModel::fertig() {
   macheObenSichtbar();
   for (int i=0; i<4; i++)
      if (ablageStapel[i].getOberste().getWert() != konig)
         return false;
   return true;
}
bool CModel::legeRegeln(CStapel von, CStapel nach, int n) {
   int kartNr = von.getKartenZahl() - (n-1);
   if (kartNr >= 0 && von.getKarte(kartNr).istSichtbar()) {
      CKarte vonKarte  = von.getKarte(kartNr);
      CKarte nachKarte = nach.getOberste();
      int farbSumme = int(vonKarte.getFarbe()) + int(nachKarte.getFarbe()),
          vonWert   = int(vonKarte.getWert()),
          nachWert  = int(nachKarte.getWert());
      return (vonWert == konig && nachWert == empty) ||
             ( vonKarte.getFarbe() != int(nachKarte.getFarbe()) &&
               farbSumme >= 2 && farbSumme <= 4 && vonWert-1 == nachWert );
   }
   return false;
}
bool CModel::ablageRegeln(int nr, CStapel von, CStapel nach) {
   CKarte vonKarte  = von.getOberste();
   CKarte nachKarte = nach.getOberste();
   int vonWert   = int(vonKarte.getWert()),
       nachWert  = int(nachKarte.getWert());
   return (nr == int(vonKarte.getFarbe())) &&
          ( (nachWert == empty && vonWert == int(as)) ||
            (nachWert == int(as) && vonWert == int(zwei))  ||
            (vonWert != int(zwei) && vonWert+1 == nachWert) );
}
void CModel::macheObenSichtbar() {
   if (!ziehStapel[1].leer())
      ziehStapel[1].setSichtbar(true);
   for (int i=0; i<7; i++) // Oberste Karte sichtbar machen
      if (!legeStapel[i].leer())
          legeStapel[i].setSichtbar(true);
}
```

Realisierung von Controller und View

Wie bereits erwähnt, fassen wir hier auf Grund ihrer engen Verknüpfung *Controller* und *View* zusammen. Hierzu erstellen wir die Programmdateien 26.16 (`cntrlview.h`) und 26.17 (`cntrlview.cpp`).

Programm 26.16 – `cntrlview.h`:
Headerdatei für Controller und View

```
#ifndef CNTRLVIEW_H
#define CNTRLVIEW_H
#include "model.h"
class CController {
  public:
     CController();
  private:
     CModel *model;
     CBild  *rueckSeite, *leerFeld;
     void zeigeKarten();
};
#endif
```

Programm 26.17 – `cntrlview.cpp`:
Implementierung von Controller und View

```
#include "cntrlview.h"
#include <cctype>
#include <iomanip>
#include <iostream>
using namespace std;
CController::CController() : model(new CModel) {
   leerFeld   = new CBild(13, 0);
   rueckSeite = new CBild(13, 1);
   string eing;
   while (1) {
      model->neuesSpiel();
      while (!model->fertig()) {
         zeigeKarten();
         cout << "N      : Naechste Karte aus Ziehstapel umdrehen"     << endl
              << "ZLn    : Ziehstapel ---------------> Legestapel n"    << endl
              << "ZAn    : Ziehstapel ---------------> Ablagestapel n"  << endl
              << "LnLm   : Legestapel n -------------> Legestapel m"    << endl
              << "LnLmx  : Legestapel n (x Karten) --> Legestapel m"    << endl
              << "LnAm   : Legestapel n -------------> Ablagestapel m"  << endl
              << "AnLm   : Ablagestapel n -----------> Legestapel m"    << endl
              << "S      : Neues Spiel beginnen"                        << endl
              << "Q      : Spiel beenden"                               << endl;
         cin >> eing;
         switch (tolower(eing[0])) {
            case 'n':
               model->naechsteZiehen();
               break;
```

```
            case 'z':
               if (tolower(eing[1]) == 'l')
                  model->ziehenLegen(atoi(&eing[2]));
               else if (tolower(eing[1]) == 'a')
                  model->ziehenAblegen(atoi(&eing[2]));
               break;
            case 'l':
               if (tolower(eing[2]) == 'l')
                  if (eing.length() == 4)
                     model->umlegen(atoi(&eing[1]), atoi(&eing[3]));
                  else
                     model->umlegen(atoi(&eing[1]), eing[3]-'0', eing[4]-'0');
               else if (tolower(eing[2]) == 'a')
                  model->ablegen(atoi(&eing[1]), atoi(&eing[3]));
               break;
            case 'a':
               if (tolower(eing[2]) == 'l')
                  model->zurueckLegen(atoi(&eing[1]), atoi(&eing[3]));
               break;
            case 'q':
               return;
         }
         if (tolower(eing[0]) == 's')
            break;
      }
   }
}
void CController::zeigeKarten() {
   int  i, j;
   cout << "Ziehstapel:                        Ablagestapel:\n"
        << "                              +      ^      v     <>\n"
        << "   0     1                    0      1      2      3\n\n"
        << "   " << (model->getZiehStapel(0).leer() ? '-' : 'k') << " ";
   if (model->getZiehStapel(1).leer())
      cout << "    _ ";
   else
      cout << setw(7) << model->getZiehStapel(1).getOberste().bild()->get();
   cout << "              ";
   for (i=0; i<4; i++)
      if (model->getAblageStapel(i).leer())
         cout << "    _ ";
      else
         cout << setw(7) << model->getAblageStapel(i).getOberste().bild()->get();
   cout << "\n\n\n                                        Legestapel\n"
        "                             "
        "0      1      2      3      4      5      6\n\n";
   int max = model->getLegeStapel(0).getKartenZahl();
   for (j=1; j<7; j++)
      if (model->getLegeStapel(j).getKartenZahl() > max)
         max = model->getLegeStapel(j).getKartenZahl();
```

```
   for (i=1; i<=max; i++) {
      cout << "                              ";
      for (j=0; j<7; j++) {
         int kartZahl = model->getLegeStapel(j).getKartenZahl();
         if (i>kartZahl)
            cout << "       ";
         else if (i<=kartZahl) {
            if (model->getLegeStapel(j).leer())
               cout << "   _   ";
            else if (!model->getLegeStapel(j).istSichtbar(i))
               cout << setw(7) << rueckSeite->get();
            else
               cout << setw(7) << model->getLegeStapel(j).getKarte(i).bild()->get();
         }
      }
      cout << endl;
   }
   cout << endl << endl;
}
```

main-Funktion zum Solitär-Spiel

Programm 26.18 – `mainsolitaer.cpp`: main-Funktion zum Solitär-Spiel

```
#include "cntrlview.h"
int main(void) {
   new CController;
}
```

Kompilieren, Linken und Testen des Solitär-Spiels

Nun müssen wir die einzelnen Programmdateien zum Solitär-Spiel noch kompilieren und linken, wie z. B. unter Linux/Unix:

g++ -o solitaer mainsolitaer.cpp model.cpp cntrlview.cpp

Nun können wir unser Programm `solitaer` testen, wie z. B.:

```
Ziehstapel:                                Ablagestapel:
                                         +       ^       v       <>
   0     1                               0       1       2       3
   k     <>-8                            _       _       _       _


                                              Legestapel
                                      0       1       2       3       4       5       6

                                   <>-A       k       k       k       k       k       k
                                           <>-2       k       k       k       k       k
                                                    ^-J       k       k       k       k
                                                            ^-6       k       k       k
                                                                    ^-3       k       k
                                                                            +-Q       k
                                                                                    +-K
```

```
N     : Naechste Karte aus Ziehstapel umdrehen
ZLn   : Ziehstapel ---------------> Legestapel n
ZAn   : Ziehstapel ---------------> Ablagestapel n
LnLm  : Legestapel n -------------> Legestapel m
LnLmx : Legestapel n (x Karten) --> Legestapel m
LnAm  : Legestapel n -------------> Ablagestapel m
AnLm  : Ablagestapel n -----------> Legestapel m
S     : Neues Spiel beginnen
Q     : Spiel beenden
10a3 ↵
Ziehstapel:                         Ablagestapel:
                               +      ^      v     <>
   0     1                     0      1      2      3
   k    <>-8                   _      _      _     <>-A

                                         Legestapel
                             0      1      2      3      4      5      6

                                    k      k      k      k      k      k
                                   <>-2    k      k      k      k      k
                                           ^-J    k      k      k      k
                                                  ^-6    k      k      k
                                                         ^-3    k      k
                                                                +-Q    k
                                                                       +-K
N     : Naechste Karte aus Ziehstapel umdrehen
ZLn   : Ziehstapel ---------------> Legestapel n
ZAn   : Ziehstapel ---------------> Ablagestapel n
LnLm  : Legestapel n -------------> Legestapel m
LnLmx : Legestapel n (x Karten) --> Legestapel m
LnAm  : Legestapel n -------------> Ablagestapel m
AnLm  : Ablagestapel n -----------> Legestapel m
S     : Neues Spiel beginnen
Q     : Spiel beenden
11a3 ↵
Ziehstapel:                         Ablagestapel:
                               +      ^      v     <>
   0     1                     0      1      2      3
   k    <>-8                   _      _      _     <>-2

                                         Legestapel
                             0      1      2      3      4      5      6

                                    v-3    k      k      k      k      k
                                           k      k      k      k      k
                                           ^-J    k      k      k      k
                                                  ^-6    k      k      k
                                                         ^-3    k      k
                                                                +-Q    k
                                                                       +-K
```

```
N      : Naechste Karte aus Ziehstapel umdrehen
ZLn    : Ziehstapel ---------------> Legestapel n
ZAn    : Ziehstapel ---------------> Ablagestapel n
LnLm   : Legestapel n -------------> Legestapel m
LnLmx  : Legestapel n (x Karten) --> Legestapel m
LnAm   : Legestapel n -------------> Ablagestapel m
AnLm   : Ablagestapel n -----------> Legestapel m
S      : Neues Spiel beginnen
Q      : Spiel beenden
1610 ↵
Ziehstapel:                             Ablagestapel:
                                    +      ^      v      <>
   0     1                          0      1      2      3
   k    <>-8                        _      _      _     <>-2

                                              Legestapel
                                  0      1      2      3      4      5      6

                                 +-K    v-3     k      k      k      k      k
                                                k      k      k      k      k
                                               ^-J     k      k      k      k
                                                      ^-6     k      k      k
                                                             ^-3     k      k
                                                                    +-Q   <>-J
N      : Naechste Karte aus Ziehstapel umdrehen
ZLn    : Ziehstapel ---------------> Legestapel n
ZAn    : Ziehstapel ---------------> Ablagestapel n
LnLm   : Legestapel n -------------> Legestapel m
LnLmx  : Legestapel n (x Karten) --> Legestapel m
LnAm   : Legestapel n -------------> Ablagestapel m
AnLm   : Ablagestapel n -----------> Legestapel m
S      : Neues Spiel beginnen
Q      : Spiel beenden
1615 ↵
Ziehstapel:                             Ablagestapel:
                                    +      ^      v      <>
   0     1                          0      1      2      3
   k    <>-8                        _      _      _     <>-2

                                              Legestapel
                                  0      1      2      3      4      5      6

                                 +-K    v-3     k      k      k      k      k
                                                k      k      k      k      k
                                               ^-J     k      k      k      k
                                                      ^-6     k      k      k
                                                             ^-3     k    <>-5
                                                                    +-Q
..............
..............
```

In Kapitel 31.7 auf Seite 841 wird eine grafische Variante mit Mausunterstützung zu diesem Solitär-Spiel entwickelt. Ist unser Entwurf hier gut, so können wir die folgenden Programme dort unverändert übernehmen:

- Programm 26.12 (`karte.h`)
- Programm 26.13 (`kartenstapel.h`)
- Programm 26.14 (`model.h`)
- Programm 26.15 (`model.cpp`)

Änderungen sollten dort nur in den folgenden Programmen erforderlich sein:

- Programm 26.11 (`kartbild.h`)
- Programm 26.16 (`cntrlview.h`)
- Programm 26.17 (`cntrlview.cpp`)
- Programm 26.18 (`mainsolitaer.cpp`)

Unterteilung der Anwendung in Schichten

In vielen Software-Architekturen wird die Anwendung in Schichten unterteilt. Diese Schichten werden dann als *layers* oder *tiers* bezeichnet. Eine typische *three-tier architecture* sieht z. B. wie in Abbildung 26.33 aus.

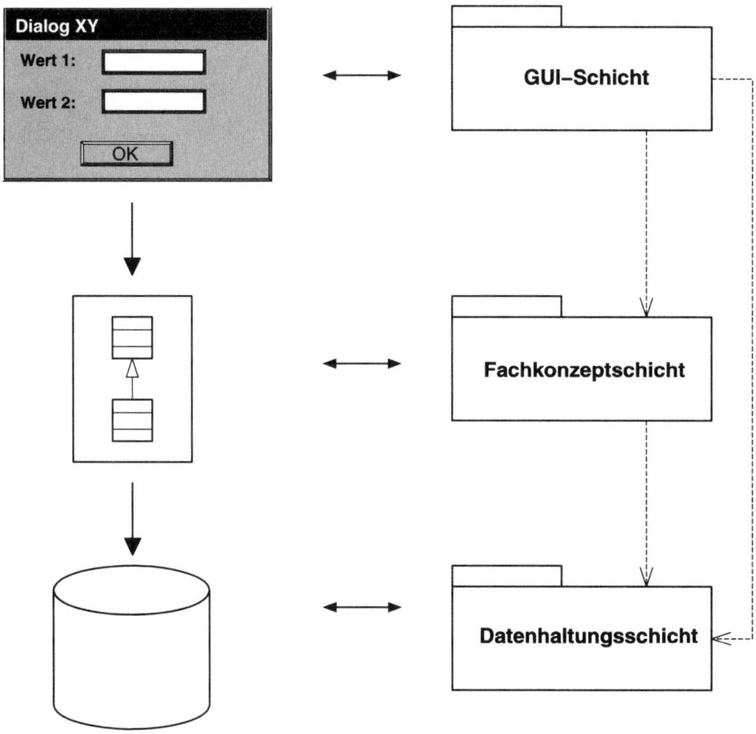

Abbildung 26.33: Eine typische Drei-Schicht-Architektur (three tier architecture)

26.10 Ausblick

Die in diesem Kapitel genannten Entwurfsprinzipien bieten eine gute Ausgangslage, um ein stabiles objektorientiertes Design zu erhalten.
Daneben gibt es aber auch noch weitere Aspekte, die beim objektorientierten Design berücksichtigt werden müssen, wie z. B. Nebenläufigkeit. Die Thematik „Objektorientierung und Multithreading" darf nicht unterschätzt werden. Da dies aber nicht alle Projekte betrifft und wir den Rahmen des Buches nicht sprengen wollen, haben wir uns bewusst auf die unserer Meinung nach zentralen Entwurfsprinzipien beschränkt.
Objektorientierung ist eine Philosophie und Kunst, die letzten Endes nur dadurch gelernt werden kann, indem an Projekten mitgearbeitet wird – nach dem Prinzip „Learning by Doing". Um sich jedoch (vorprogrammierte) Fehltritte zu ersparen, sollte darauf geachtet werden, dass im Projekt erfahrene OO-Entwickler beteiligt sind, die die Neueinsteiger coachen und deren Arbeit kritisch unter die Lupe nehmen. Für einen ersten Einstieg sind die Fallbeispiele im Teil VII auf Seite 857 sehr hilfreich, die den Einsatz der Entwurfsprinzipien bei etwas umfangreicheren Aufgabenstellungen zeigen.

Kapitel 27

Objektorientierte Vorgehensweise

Die UML ist lediglich eine Notation, um objektorientierte Systeme zu beschreiben. Sie macht jedoch keine Aussagen darüber, wie man ein objektorientiertes System erhält.

Wir wollen in diesem Kapitel zentrale Aspekte zusammentragen, wie man in einem Projekt vorgehen kann, um ein objektorientiertes System zu erhalten. Es soll hier kein vollständiges Verfahrensmodell aufgestellt oder beschrieben werden. Vielmehr sollen hier grundlegende Prinzipien aufgeführt werden, um ein Grundverständnis für objektorientierte Projekte zu erhalten und darin erfolgreich mitarbeiten zu können.

27.1 Grundprinzipien der objektorientierten Softwareentwicklung

Objektorientierte Softwareentwicklung (OOSE) erfolgt

- Anwendungsfallgetrieben
- Architektur- und Komponentenzentriert
- Iterativ und Inkrementell

Nachfolgend werden die einzelnen Begriffe nun näher erläutert.

27.1.1 Anwendungsfallgetrieben

Anwendungsfallgetrieben bedeutet, dass zur Ermittlung der Anforderungen an das System sämtliche möglichen Anwendungsfälle beleuchtet werden.

Die Anwendungsfälle beschreiben die grundsätzlichen Abläufe aus Sicht des Anwenders. Nach der systematischen Erarbeitung der Anwendungsfälle können diese priorisiert werden, um festzulegen, welche Anwendungsteile zuerst realisiert werden.

27.1.2 Architektur- und Komponentenzentriert

Architektur- und Komponentenzentriert bedeutet, dass die Software-Architektur im Mittelpunkt der Entwicklung steht.

Die Software-Architektur beschreibt, wie das System prinzipiell aufgebaut ist, d. h. in welche Komponenten, Subsysteme und Schichten sich das System gliedern lässt und wie diese zusammenwirken. Das Vorgehen und die Entwicklung des Systems müssen darauf abgestimmt sein.

Die Software-Architektur muss vor allem die zentralen Anwendungsbereiche des Systems und die damit verbundenen Problematiken, die so genannten *Domain Problems* berücksichtigen. Auch wenn die Wünsche und Anforderungen des Kunden sich sehr wahrscheinlich (bereits während der Entwicklung) ändern, so bleibt die Hauptproblematik jedoch die Gleiche: So wird z. B. bei einer Bildverarbeitung immer die Hauptaufgabe das Verwalten und Bearbeiten von Bildern bleiben. Hieran wird sich nichts ändern, es können sich aber durchaus Änderungen bei den einzelnen Anforderungen ergeben.

Die aufgestellte Architektur muss anschließend kritisch mit den erfassten Anwendungsfällen gegengeprüft werden, ob sie diesen (und auch zukünftig zu erwartenden) standhält.

27.1.3 Iterativ und inkrementell

Iterativ und inkrementell bedeutet, dass das System in mehreren Schritten entwickelt wird.

Es werden dabei in jedem Schritt immer wieder die Phasen

- Analyse (was ist zu tun),
- Design (wie wird es getan),
- Implementierung und
- Test

durchlaufen.

Dies ist eine andere Vorgehensweise als beim klassischen Wasserfallmodell, bei dem das gesamte System zuerst vollständig analysiert, dann entworfen (*designed*), anschließend implementiert und getestet wurde.

Die zu Beginn erfassten Anwendungsfälle stellen also lediglich eine grobe Anforderungsbeschreibung dar, die dann im Laufe der Entwicklungsschritte immer detaillierter wird.

Wichtig ist bei der Zerlegung des Systems in die Entwicklungsschritte, dass

- am Ende jeder *Iteration* ein Teilergebnis vorliegt und somit
- die Gesamtfunktionalität des zu entwickelnden Systems mit jedem Schritt *inkrementell* wächst.

Auf diese Weise können Fehler, ob nun Realisierungsfehler oder Spezifikationsfehler, zu einem frühen Zeitpunkt erkannt werden.

27.2 UML-Konstrukte für die Analysephase

27.2.1 Diagramme für die Analysephase

Wir haben bisher im Zuge von OOD folgende UML-Diagramme kennen gelernt:

- Klassen- und Objektdiagramme (siehe Kapitel 16.1.1)
- Sequenz- und Kollaborationsdiagramme (siehe Kapitel 16.1.2)
- Zustandsdiagramme (siehe Kapitel 15.4.6)

Diese Diagramme sind nicht auf das Design beschränkt und können auch bereits in der Analysephase eingesetzt werden, wobei dann Folgendes gilt:

- Die Betrachtung ist in diesem Fall dann einfach gröber.
- Den Klassen/Objekten kommt dann eher eine semantische Bedeutung zu.
- Die Klassen der Analyse werden kaum 1:1 in C++-Klassen umgesetzt werden.
  - So kann z. B. eine Klasse `Artikel` aus der Analyse im Design in mehreren Klassen `CArtikel`, `CArtikelView` und `CArtikelData` realisiert werden, wenn eine MVC-Architektur wie in Kapitel 26.9 verwendet wird.
  - Ein anderes Beispiel sind Containerklassen, wie z. B. eine Liste, die in der Analyse kaum vorkommen wird, weil hier nicht von Interesse ist, wie die Verwaltung intern realisiert wird.
  - Schnittstellenklassen und Polymorphismus sind eher Design-Aspekte.
- Wird in der Analyse ein Zustandsdiagramm eingesetzt, so beziehen sich die Zustände dann weniger auf ein konkretes Objekt, sondern auf die Zustände des Systems.

In den folgenden Abschnitten lernen wir weitere UML-Konstrukte kennen, die hauptsächlich in der Analyse eingesetzt werden.

27.2.2 Anwendungsfalldiagramm (Use Case Diagram)

Ein Anwendungsfalldiagramm (use case diagram) zeigt den Zusammenhang zwischen Anwendungsfällen und den daran beteiligten Akteuren.

Anwendungsfall – Externes Systemverhalten aus Anwendersicht

Ein *Anwendungsfall* beschreibt eine typische Interaktion zwischen dem Anwender und dem System, d. h. er stellt das externe Systemverhalten aus der Sicht des Anwenders dar:

- *Der Anwender wird dabei als so genannter Akteur dargestellt*
  Ein Akteur ist genau genommen eine außerhalb des Systems liegende „Klasse", d. h. es könnte sich auch um ein externes, angeschlossenes System handeln. Ein Anwendungsfall wird durch einen Akteur (typischerweise der Anwender des Systems) angestoßen und muss zu einem für den Akteur wahrnehmbaren Ergebnis führen.
- *Ein Anwendungsfall beschreibt einen typischen Arbeitsablauf*
  Ein anderer Begriff dafür ist auch *Geschäftsprozess*.

Beispiel – Use Case Diagram zu einem Arztsystem

Als Beispiel wollen wir ein Arztsystem betrachten. Abbildung 27.1 zeigt die dort vorkommenden Geschäftsprozesse.

- Ein Geschäftsprozess/Anwendungsfall wird als Oval dargestellt,
- ein Akteur durch ein Strichmännchen.
- Eine Linie zwischen Akteur und Geschäftsprozess bedeutet, dass eine Kommunikation stattfindet.

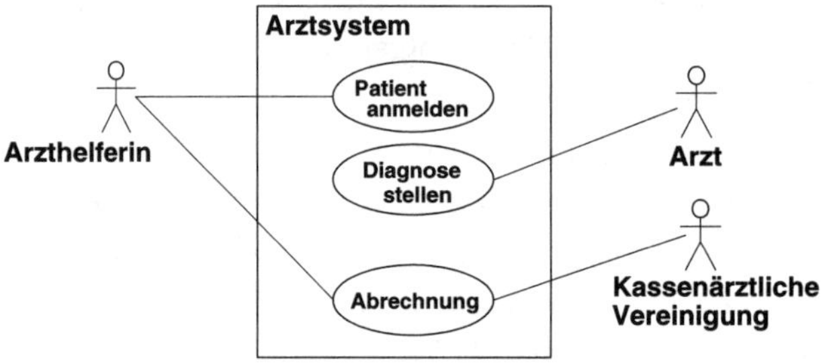

Abbildung 27.1: Use Case Diagram zu einem Arztsystem

Die Stereotypen «include» und «extend»

Ein Geschäftsprozess setzt sich meist aus Einzelschritten zusammen, die auch als *Aktivitäten* bezeichnet werden.

Ähneln sich Abläufe, so können diese in eigenen Anwendungsfällen herausgelöst werden, um sie nicht doppelt beschreiben zu müssen. Die Beziehung zwischen dem eigentlichen Anwendungsfall und den herausgelösten Fällen wird durch die Stereotypen `«include»` oder `«extend»` beschrieben, je nachdem ob es sich um eine Benutzt- oder Erweiterungsbeziehung handelt:

- `«include»` (Benutztbeziehung): wird verwendet, wenn das gleiche Stück Anwendungsfallbeschreibung in unterschiedlichen Anwendungsfällen vorkommt. Der Anwendungsfall, auf den der Pfeil dabei zeigt, kann niemals allein, sondern immer nur als Bestandteil des Anwendungsfalles, von dem der Pfeil kommt, ausgeführt werden.
- `«extend»` (Erweiterungsbeziehung): wird verwendet, um Variationen eines Anwendungsfalles zu zeigen, beispielsweise Fehler- und Ausnahmesituationen, spezielle Abweichungen oder Erweiterungen des Standardfalles.

Die Stereotypen `«include»` und `«extend»` könnten also in unserem Arztsystem-Beispiel – wie in Abbildung 27.2 gezeigt – eingesetzt werden.

Einsatz und Schwächen von Anwendungsfalldiagrammen

- Wie man im vorherigen Beispiel sieht, können mit `«include»` und `«extend»` Zusammenhänge angedeutet werden, allerdings ist nicht erkennbar, wie die Benutzung bzw. die Erweiterung erfolgt. Dies muss zusätzlich beschrieben werden. Daher wird auf diese Darstellungsform häufig verzichtet.
- Da Anwendungsfälle rein textuell beschrieben werden, werden Anwendungsfalldiagramme häufig durch Verhaltensdiagramme detailliert und illustriert.

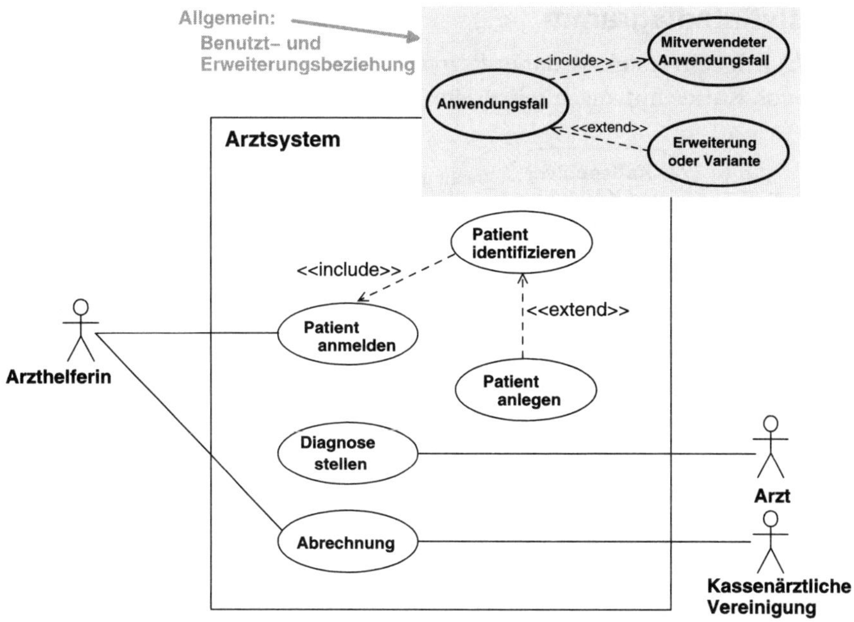

Abbildung 27.2: Benutzt- und Erweiterungsbeziehung bei Anwendungsfällen

Meist wird als Verhaltensdiagramm hier das *Aktivitätsdiagramm* (siehe nächsten Abschnitt) eingesetzt, in manchen Fällen auch das *Sequenz-, Kollaborations-* oder *Zustandsdiagramm.*

- Anwendungsfalldiagramme sind nur eine Notationsform, um Anwendungsfälle zu beschreiben. Die Beschreibung derselben kann natürlich auch in anderer Form erfolgen, z. B. innerhalb der *Anforderungs-Spezifikation*/des *Pflichtenheftes.*

Wichtig ist, dass man sich über sämtliche möglichen Anwendungsfälle Gedanken macht und diese dem Kunden zur Gegenprüfung vorlegt, um sicherzustellen, dass das System vollständig analysiert ist.

Übung – Hotelbuchung

Erstellen Sie ein Anwendungsfalldiagramm zu einer Hotelbuchung, bei der der Gast an der Rezeption eines Hotels ankommt, und ein Zimmer beim Portier bucht:

- Der Portier verwendet die Daten der Anmeldung zur Zimmerreservierung.
- Stellt der Portier bei der Zimmerreservierung fest, dass das Zimmer noch zu reinigen ist, veranlasst er, dass das Reinigungspersonal dieses zuerst reinigt.
- Aufgabe des Reinigungspersonals ist auch das Auffüllen der Minibar.

Übung – Haftpflichtschaden

Nehmen wir an, dass Sie aus Versehen Ihr Fahrrad auf das Auto Ihres Nachbarn haben fallen lassen. Betrachten Sie diesen Anwendungsfall „Abwicklung Haftpflichtschaden" nun aus der Sicht Ihrer Haftpflichtversicherung. Erstellen Sie hierzu nun ein Anwendungsfalldiagramm, wobei Sie, Ihr Nachbar und eventuell ein externer Gutachter dabei die Akteure sein sollen.

27.2.3 Aktivitätsdiagramm

Abbildung 27.3 zeigt ein erstes *Aktivitätsdiagramm*, das die die Ablaufmöglichkeiten beim Kochen von Kaffee mit anschließendem Trinken des Kaffees zeigt.

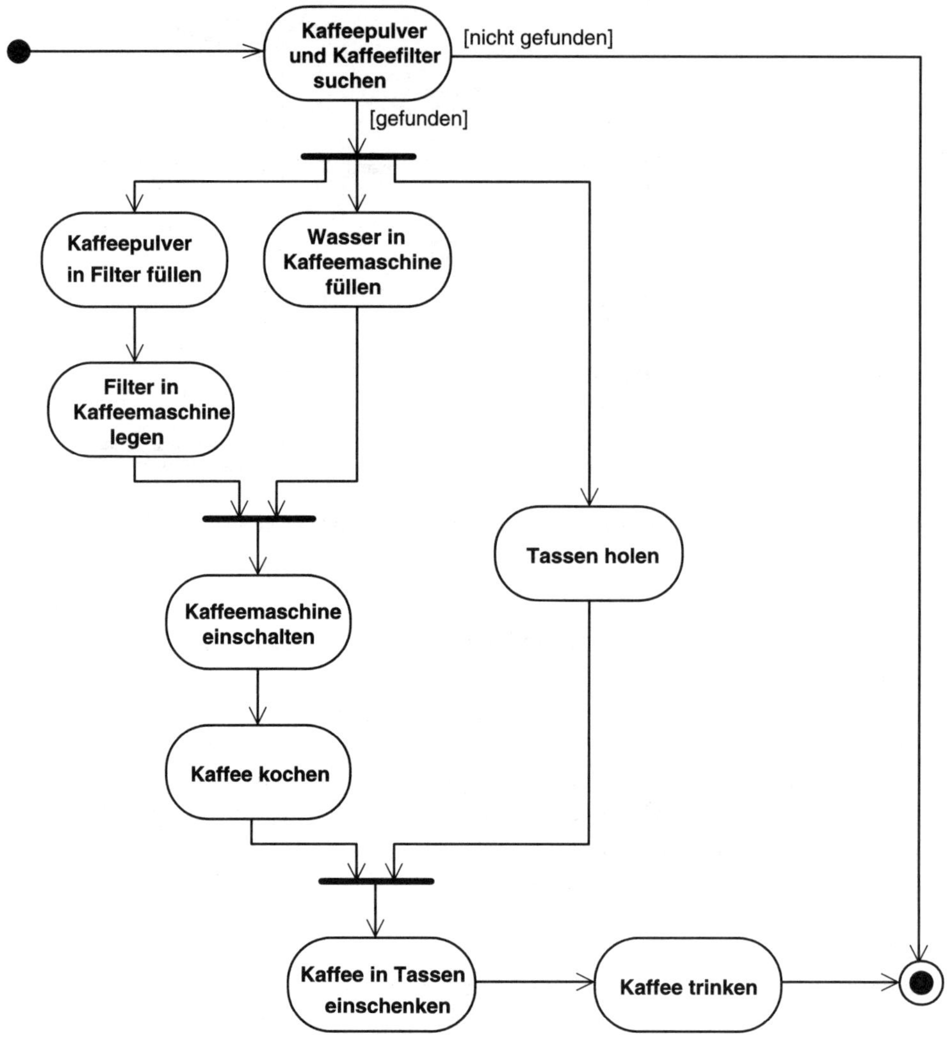

Abbildung 27.3: Aktivitätsdiagramm zu „Kaffee kochen und trinken“

Ein *Aktivitätsdiagramm (activity diagram)* beschreibt die Ablaufmöglichkeiten eines Systems:

- Im Diagramm werden die einzelnen Aktivitäten und deren Zusammenhänge notiert, z. B. ob die Aktivitäten sequentiell oder parallel stattfinden, ob sie von irgendwelchen Bedingungen abhängig sind usw.
- Neben den Aktivitäten können auch Zustände im Aktivitätsdiagramm notiert werden, wenn durch die Aktivität ein Zustandswechsel erfolgt. Aktivitätsdia-

gramme werden daher auch als eine spezielle Form des Zustandsdiagramms betrachtet. Der Fokus liegt hier aber eindeutig auf den Aktivitäten.

- Aktivitätsdiagramme ähneln prozeduralen Flussdiagrammen, allerdings sind im Aktivitätsdiagramm die Aktivitäten eindeutig Objekten zugeordnet.

Beispiel – Aktivitätsdiagramm mit Verantwortlichkeitsbereichen

Aktivitätsdiagramme können in *Verantwortlichkeitsbereiche* (auch so genannte *swim lanes*) aufgeteilt werden. Die einzelnen Verantwortlichkeitsbereiche werden im Diagramm durch senkrechte Linien voneinander getrennt, wobei jede Aktivität dann genau einem Verantwortlichkeitsbereich zugeordnet ist. Ein Verantwortlichkeitsbereich kann dabei einem oder mehreren Objekten zugeordnet sein. Das Aktivitätsdiagramm in Abbildung 27.4 beschreibt die Ablaufmöglichkeiten beim Bezahlen einer Ware. Oben werden die beteiligten Objekte notiert, die die jeweilige Aktivität auslösen.

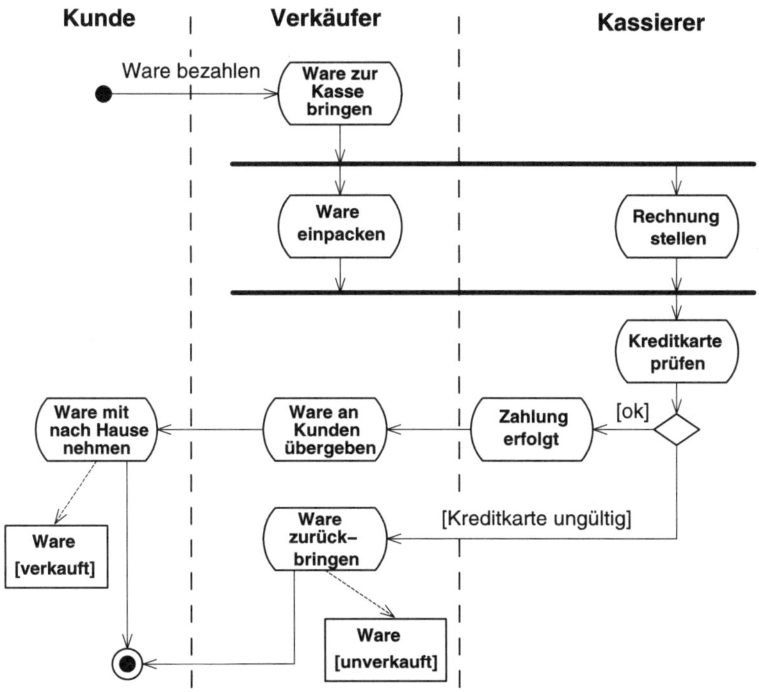

Abbildung 27.4: Aktivitätsdiagramm zum Vorgang „Ware bezahlen"

Beispiel – Aktivitätsdiagramm mit Signalen

In Aktivitätsdiagrammen können auch Signale eingefügt werden, die während eines Prozesses an ein externes Objekt gesendet bzw. von einem solchen empfangen werden können. Das Aktivitätsdiagramm in Abbildung 27.5 demonstriert ein- und ausgehende Signale anhand des Prozesses „Schlafen".

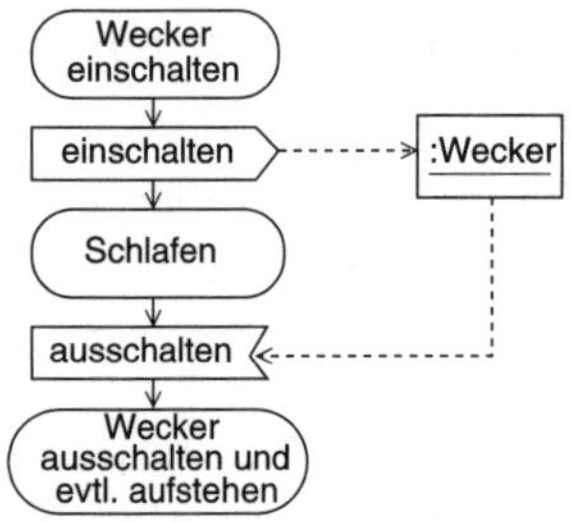

Abbildung 27.5: „Schlafen" mit ein- und ausgehenden Signalen

Wichtige Symbole eines Aktivitätsdiagramms im Überblick

Abbildung 27.6 zeigt die wichtigsten Symbole für Aktivitätsdiagramme.

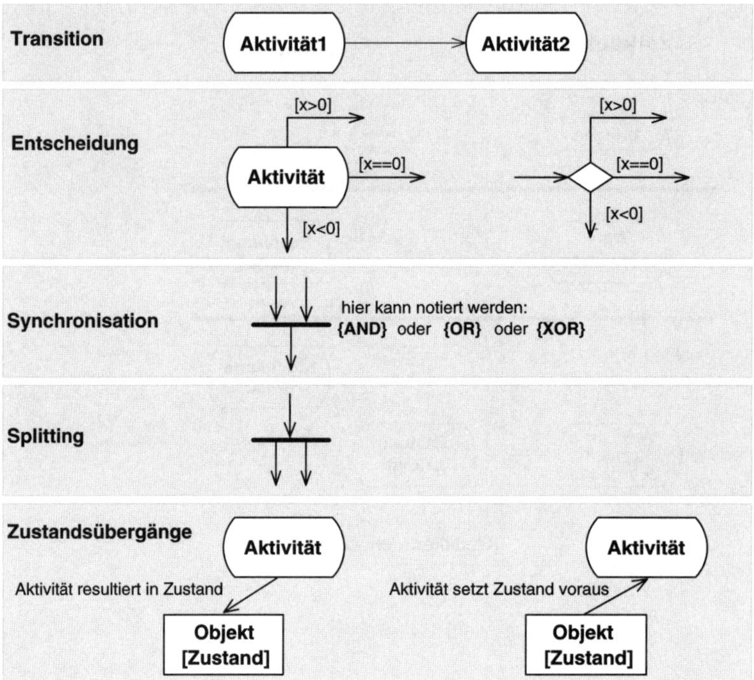

Abbildung 27.6: Die wichtigsten Notations-Elemente eines Aktivitätsdiagramms

Da eine Aktivität ein einzelner Schritt in einem Verarbeitungsablauf ist, werden die Aktivitätsdiagramme auch sehr oft im Zusammenhang mit Anwendungsfallbeschreibungen eingesetzt.

Übung – Essen bestellen, verzehren und bezahlen

Erstellen Sie ein Aktivitätsdiagramm, das die Ablaufmöglichkeiten beim Vorgang „Essen bestellen, verzehren und bezahlen" beschreibt. Verwenden Sie dabei als Verantwortlichkeitsbereiche *Gast*, *Ober* und *Küche*.

27.2.4 CRC-Karten

CRC-Karten werden hauptsächlich während der Analysephase eingesetzt, um während einer Diskussion im Team ein erstes OOA-Klassendiagramm zu modellieren. CRC-Karten sind Karteikarten, auf denen die Klasse, ihre Verantwortlichkeiten und andere Beteiligte festgehalten werden. *CRC* ist die Abkürzung für *Class-Responsibilities-Collaborators*, was zu deutsch soviel wie *Klasse-Verantwortlichkeiten-Beteiligte* bedeutet. Der Einfachheit halber spricht man oft auch nur von *Klassenkarten*. Neben dem Teilwort *Class* bedeuten die beiden restlichen Worte, aus denen die Abkürzung CRC resultiert, Folgendes:

- *Responsibilities (Verantwortlichkeiten)*
  Eine Klasse ist verantwortlich für die Informationen (*Attribute*), über die ihre Objekte verfügen sollen, und für die *Operationen*, die ihre Objekte ausführen müssen, um die an sie gestellten Aufgaben und Anforderungen zu erfüllen. Zu erwähnen ist, dass Verantwortlichkeiten nicht nur die Daten, sondern auch Operationen auf die Daten umfasst.
- *Collaborators (Beteiligte)*
  Dies sind die anderen Klassen, mit denen eine Klasse kooperieren muss, um die an sie gestellten Aufgaben und Anforderungen zu erfüllen, denn meist kann eine Klasse nicht alle Verantwortlichkeiten alleine und ohne Hilfe erfüllen. Beteiligte sind somit Partnerklassen, auf deren Hilfe eine Klasse angewiesen ist.

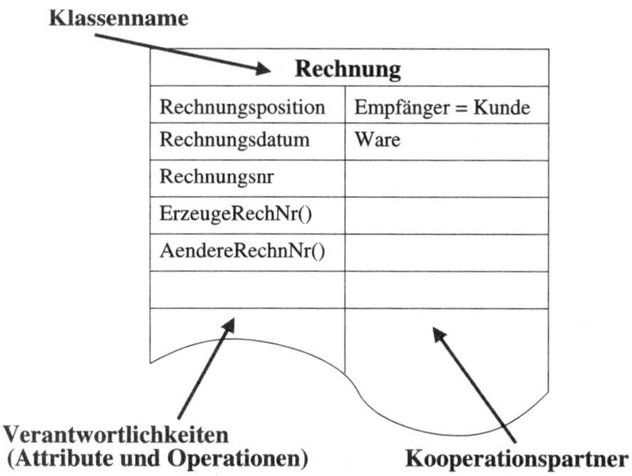

Abbildung 27.7: Ausschnitt einer CRC-Karte für eine Rechnung

Zusammenfassend kann über CRC-Karten Folgendes festgehalten werden:

- Sie ermöglichen die Strukturierung und Ausarbeitung von Begriffen aus dem Anwendungsbereich und sind ein Schritt in Richtung Klassendiagramme. Dazu werden Klassenkarten erstellt, und zwar für jede mögliche Klasse eine.
- Sie dienen zur Modellierung eines Systems an Pinnwänden und so zur Diskussion eines Entwurfs in einem Team, um entsprechende Gruppierungen und Verbindungen von Klassen aufzustellen.
- Sie dienen dazu, die unterschiedlichen Rollen herauszufinden, die Objekte in verschiedenen Situationen einnehmen können.

27.3 Entwicklungsphasen im Überblick

Der *Entwicklungsprozess* lässt sich grob in die Phasen *Analyse, Grob-Design, Realisierung und Systemtest mit -einführung* unterteilen, wie dies in Abbildung 27.8 gezeigt ist.

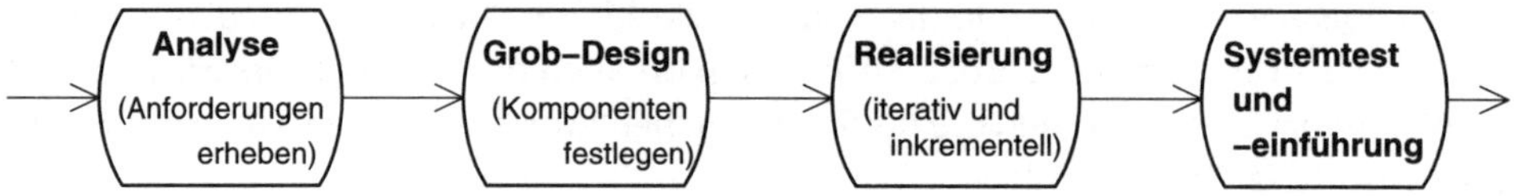

Abbildung 27.8: Mögliche Phasen in einem objektorientierten Entwicklungsprozess

Analysephase

Während der Analysephase werden die Anforderungen an das System (im groben) ermittelt. Eventuell erfolgt in dieser Phase zuerst eine Vorstudie, die kurz beschreibt, worin die Aufgabe bzw. das Problem überhaupt besteht und welche grundsätzlichen Lösungsalternativen es gibt.
Typische Tätigkeiten in der Analysephase sind:

- Erfassen aller Anwendungsfälle, eventuell mit Hilfe von Use-Case-Diagrammen
- Erstellen eines Architekturmodells
- Erstellen eines Prototypen (vor allem in GUI-Applikationen)
- Erstellen eines fachlichen Glossars, in dem zentrale Begriffe im Projekt geklärt werden
- Erstellen einer Anforderungs-Spezifikation als Vertragsgrundlage
- Priorisieren der Anwendungsfälle
- Festlegen von Entwicklungsrichtlinien
- Toolauswahl
- Aufwandsabschätzung
- ...

Grob-Design-Phase

Während der Grob-Design-Phase werden aus den Erkenntnissen der Analysephase sinnvolle Entwicklungseinheiten (Komponenten) für die weitere Anwendungsentwicklung identifiziert und beschrieben. Hier macht eine iterative und inkrementelle Vorgehensweise noch keinen Sinn. Die Realisierungsphase erfolgt iterativ und inkrementell, d. h. für jede Komponente werden wiederum (dieses Mal in Feinplanung) die Phasen *Analyse, Design, Implementierung und Test* durchlaufen, während das System mit jedem Inkrement an Gesamtfunktionalität gewinnt. Natürlich wird der Analyse- und Design-Anteil mit jeder weiteren Iteration geringer. Damit eine iterative und inkrementelle Vorgehensweise möglich ist, müssen die Teilergebnisse der Komponententeams regelmäßig synchronisiert werden. Auch wenn die Komponenten weitgehend unabhängig voneinander entwickelt werden, müssen zu festgelegten Zeitpunkten bestimmte vereinbarte Ergebnisse erzielt werden, so genannte *Meilensteine*.

Systemtest

Der Systemtest ist häufig Voraussetzung für eine Abnahme des Systems beim Kunden. Sofern Komponenten oder Subsysteme vor anderen vollständig fertig gestellt wurden, können die Abnahmen hierfür auch bereits früher erfolgen und das System eventuell schrittweise beim Kunden eingeführt werden. Für diese Phase darf die Vorarbeit nicht unterschätzt werden: Testfälle und -daten für die Abnahme müssen vorbereitet sein, ebenso die Systemumgebung zur Integration beim Kunden; Rückfalllösungen sollten einkalkuliert werden und die Schulung der Anwender darf ebenfalls nicht vergessen werden.

27.4 Ausblick

Was im Rahmen eines Projektes nie vergessen werden darf, sind *Projektmanagement*, *Qualitätssicherung* und *Konfigurationsmanagement*. Objektorientierte Projekte erfordern sicherlich an der einen oder anderen Stelle andere Verfahren als Projekte im prozeduralen Programmierstil. Durch die iterative und inkrementelle Vorgehensweise muss z. B. gerade auch im Projektmanagement ein Umdenkungsprozess stattfinden.

Kapitel 28

Entwurfsmuster (Design Patterns)

In diesem Kapitel werden Entwurfsmuster vorgestellt:

- Entwurfsmuster (*Design Patterns*) sind bewährte, generalisierte Lösungsideen zu immer wiederkehrenden Entwurfsproblemen. Sie sind jedoch keine fertig codierten Lösungen, sondern sie beschreiben lediglich den Lösungsweg.
- Entwurfsmuster sind keine fertige Theorie. Es gibt lediglich verschiedene Autoren, die solche Lösungsideen systematisch gesammelt und veröffentlicht haben.
- Die Vorteile, solche Entwurfsmuster im eigenen Software-Design einzusetzen, liegen auf der Hand:
  - Das „Rad muss nicht nochmal neu erfunden werden".
  - Da jedes Entwurfsmuster einen Namen hat, weiß in einschlägigen Software-Kreisen eben jeder, was gemeint ist, wenn es z. B. heißt: *„Hier setzen wir eine Abstrakte Fabrik ein"*.

Das Standardwerk zu Design Patterns ist das schon erwähnte GoF-Buch „Design Patterns (Elements of Reusable Object Oriented Software)". Hier werden 23 Lösungen zu bestimmten Problemklassen präsentiert, die in diesem Kapitel mit Programmbeispielen kurz vorgestellt werden.

28.1 Überblick über die Entwurfsmuster

Kategorien von Entwurfsmustern

Das GoF-Buch stellt 23 Patterns vor, die es in drei Kategorien einteilt:

1. **Erzeugungsmuster (creationals patterns)**:
   Die Entwurfsmuster dieser Kategorie ermöglichen es, ein System unabhängig davon zu machen, wie seine Objekte erzeugt und zusammengesetzt werden:
   - *Klassenbasierte Erzeugungsmuster* verwenden hierbei Vererbung.
   - *Objektbasierte Erzeugungsmuster* delegieren die Erzeugung an ein anderes Objekt.

2. **Strukturmuster (structural patterns)**:
   Die Entwurfsmuster dieser Kategorie geben Regeln vor, um Klassen und Objekte zu größeren Strukturen zusammenzusetzen:
   - *Klassenbasierte Strukturmuster* verwenden hierbei Vererbung, um Schnittstellen und Implementierungen zusammenzuführen.
   - *Objektbasierte Strukturmuster* zeigen Lösungswege auf, mit denen sich Objekte zusammenführen lassen, um zusätzliche Funktionalität zu gewinnen. Anders als die klassenbasierten Strukturmuster ermöglichen diese Muster eine Änderung der Objektstrukturen während der Laufzeit.
3. **Verhaltensmuster (behavioral patterns)**:
   Diese Kategorie von Entwurfsmustern umfasst die meisten Muster. Sie konzentrieren sich auf die Zusammenarbeit und den Nachrichtenaustausch zwischen Objekten und Klassen. So beschreiben sie die Art und Weise der Interaktionen zwischen den Objekten und machen somit während der Laufzeit stattfindende Kontrollflüsse leichter nachvollziehbar:
   - *Klassenbasierte Verhaltensmuster* verwenden hierzu Vererbung, um das Verhalten unter den Klassen zu verteilen.
   - *Objektbasierte Verhaltensmuster* verwenden hierzu Aggregation oder Komposition.

Tabelle 28.1 gibt einen Überblick über die 23 Entwurfsmuster aus dem GoF-Buch.

	Erzeugungsmuster	**Strukturmuster**	**Verhaltensmuster**
Klassenbasiert	Fabrikmethode (*factory method*)	Adapter (Klasse)	Schablonenmethode (*template method*) Interpreter (*interpreter*)
Objektbasiert	Abstrakte Fabrik (*abstract factory*) Erbauer (*builder*) Prototyp (*prototype*) Singleton (*singleton*)	Adapter (Objekt) Brücke (*bridge*) Kompositum (*composite*) Dekorierer (*decorator*) Fassade (*facade*) Fliegengewicht (*flyweight*) Proxy (*proxy*)	Zuständigkeitskette (*chain of responsiblility*) Befehl (*command*) Iterator (*iterator*) Vermittler (*mediator*) Memento (*memento*) Beobachter (*observer*) Zustand (*state*) Strategie (*strategy*) Besucher (*visitor*)

Tabelle 28.1: Klassifizierung der Entwurfsmuster

Nachfolgend werden die einzelnen Entwurfsmuster kurz beschrieben, wobei die Zahl in Klammern die Häufigkeit ihres Einsatzes in der praktischen Softwareentwicklung (von 5 bis 1: je größer, um so häufiger) anzeigt.

Erzeugungsmuster (creational patterns)

- **Abstrakte Fabrik** (*abstract factory*) (4; Seite 652)
  Schnittstelle zum Erzeugen von Familien verwandter oder voneinander abhängiger Objekte, ohne ihre konkreten Klassen zu benennen.
- **Fabrikmethode** (*factory method*) (4; Seite 658)
  Schnittstelle mit Operationen zum Erzeugen eines Objekts, wobei jedoch die Unterklassen entscheiden, von welcher Klasse das zu erzeugende Objekt ist.
- **Singleton** (5; Seite 664)
  Zulassen einer einzigen Objekt-Instanz zu einer Klasse.
- **Erbauer** (*builder*) (3; Seite 666)
  Trennen der Erzeugung eines komplexen Objekts von dessen Repräsentation, so dass derselbe Erzeugungsprozess unterschiedliche Repräsentationen erzeugen kann.
- **Prototyp** (*prototype*) (2; Seite 671)
  Erzeugen eines neuen Objekt zu einer Klasse, indem man ein Bestehendes klont bzw. das geklonte Objekt an die entsprechenden Bedürfnisse anpasst.

Strukturmuster (structural patterns)

- **Kompositum (*composite*)** (5; Seite 678)
  Zusammenfügen von Objekten zu Baumstrukturen, um *Teil-Ganzes-Hierarchien* zu repräsentieren. Das *Kompositum*-Muster ermöglicht es Klienten, sowohl einzelne Objekte als auch Kompositionen von Objekten einheitlich zu behandeln.
- **Fassade (*facade*)** (5; Seite 681)
  Anbieten einer einheitlichen Schnittstelle zu einer Menge von Schnittstellen eines Subsystems, um dessen Benutzung zu vereinfachen.
- **Proxy** (5; Seite 684)
  Kontrollierter Zugriff auf Objekte durch vorgeschaltete Stellvertreterobjekte.
- **Adapter (Klassenadapter, Objektadapter)** (4; Seite 689)
  Anpassen der Schnittstelle einer Klasse an eine andere Schnittstelle, damit Klassen zusammenarbeiten können, die wegen inkompatibler Schnittstellen ansonsten nicht miteinander zusammenarbeiten könnten.
- **Dekorierer (*decorator*)** (4; Seite 692)
  Dynamisches Erweitern der Funktionalität eines Objekt um zusätzliche Zuständigkeiten, ohne Unterklassen zu bilden.
- **Brücke (*bridge*)** (3; Seite 700)
  Entkoppeln einer Abstraktion von ihrer Implementierung, so dass beide unabhängig voneinander variiert werden können.
- **Fliegengewicht (*flyweight*)** (2; Seite 706)
  Gemeinsames Nutzen kleiner Objekte, um die Anzahl von Objekt-Instanzen zu verringern.

Verhaltensmuster (behavioral patterns)

- **Iterator** (5; Seite 711)
  Ermöglichen eines sequentiellen Zugriffs auf die Elemente eines Aggregat-Objekts, ohne seine zugrundeliegende Repräsentation offenzulegen.

- **Beobachter (*observer*)** (5; Seite 716)
  Definieren einer *1-zu-n*-Abhängigkeit zwischen Objekten, so dass die Änderung des Zustands eines Objekts dazu führt, dass alle abhängigen Objekte benachrichtigt und automatisch aktualisiert werden.
- **Schablonenmethode (*template method*)** (5; Seite 721)
  Definieren eines Grundgerüsts eines Algorithmus in einer Methode und Delegieren spezifischer Schritte eines Algorithmus an die jeweiligen Unterklassen. Die Schablonenmethode ermöglicht es Unterklassen, bestimmte Schritte eines Algorithmus zu überschreiben, ohne seine Struktur zu verändern.
- **Befehl (*command*)** (4; Seite 725)
  Einkapseln einer Anforderung (Befehl) in ein Objekt. Dies ermöglicht es z. B. Operationen in eine Queue (Warteschlange) zu stellen, ein Logbuch zu führen und Operationen wieder rückgängig zu machen.
- **Zustand (*state*)** (4; Seite 732)
  Einem Objekt ermöglichen, sein Verhalten zu ändern, wenn sein interner Zustand sich ändert, so als ob das Objekt seine Klasse gewechselt hätte.
- **Strategie (*strategy*)** (4; Seite 740)
  Definieren einer Familie von Algorithmen und diese einzeln kapseln und austauschbar machen. Das *Strategie*-Muster ermöglicht es, den Algorithmus unabhängig von den Klienten, die ihn verwenden, zu variieren.
- **Zuständigkeitskette (*chain of responsibility*)** (3; Seite 744)
  Entkoppeln eines Senders einer Anforderung von dem Empfänger dieser Anforderung, indem man mehr als einem Objekt die Möglichkeit gibt, die Anforderung zu bearbeiten. Dies wird dadurch realisiert, dass das empfangende Objekt die Anforderung an ein nächstes Objekt in einer Kette (Liste) von Objekten weiterreicht, bis ein Objekt die Anforderung bearbeitet.
- **Vermittler (*mediator*)** (2; Seite 748)
  Definieren eines Objekts, das das Zusammenspiel einer Menge von Objekten in sich kapselt. So wird es ermöglicht, dass man Interaktionen zwischen Objekten unabhängig von diesen variieren kann.
- **Besucher (*visitor*)** (2; Seite 754)
  Kapseln einer auf den Elementen einer Objektstruktur auszuführenden Operation als ein Objekt. So kann man eine neue Operation definieren, ohne die Klassen, die ein *Besucher* bearbeitet, ändern zu müssen.
- **Interpreter** (1; Seite 762)
  Definieren einer Grammatik sowie eines Interpreters für eine vorgegebene Sprache, wobei der Interpreter mittels der vorgegebenen Grammatik Sätze aus der Sprache zu interpretieren versucht.
- **Memento** (1; Seite 769)
  Externes Sichern des internen Zustands eines Objekts ohne seine Kapselung zu verletzen, so dass das Objekt später in diesen Zustand zurückversetzt werden kann.

Bevor wir ab Kapitel 28.3 die GoF-Erzeugungsmuster vorstellen, stellen wir zunächst zwei nicht in dieser Form im GoF-Buch erwähnten Fabrik-Muster vor, um den Leser mit Mustern im Allgemeinen vertraut zu machen.

28.2 Fabrik mit statischer Methode und polymorphe Fabrik

28.2.1 Fabrik (factory) mit statischer Methode in Basisklasse

Soll ein System so ausgelegt sein, dass man leicht neue Objekttypen hinzufügen kann, ohne dass man den Rest des Codes dazu ändern muss, empfiehlt sich der Einsatz von so genannten *Fabriken (factories)*. Hierbei stellt man eine gemeinsame Fabrik zur Verfügung, die alleine für die Erzeugung von Objekten verantwortlich ist. Wenn nun die Erzeugung von Objekten nicht mehr beliebig über den Code verstreut ist, sondern immer nur über eine solche gemeinsame Fabrik geschieht, muss man beim Hinzufügen neuer Objekttypen lediglich die Fabrik modifizieren und der Rest des Codes bleibt davon unberührt.

Da es in der praktischen Softwareentwicklung immer sehr wahrscheinlich ist, dass man Programme um neue Objekttypen erweitern muss, sind die hier und nachfolgend vorgestellten Fabrikmuster mit die wichtigsten Entwurfsmuster überhaupt.

Eine Möglichkeit, eine Fabrik zu realisieren, ist die Definition einer statischen Methode in der Basisklasse, wie es in Programm 28.1 gezeigt ist.

Programm 28.1 – `fabrik1.cpp`:
Fabrik mit einer statischen Methode in der Basisklasse

```
#include <vector>
#include <iostream>
using namespace std;
//............................................... Abstrakte Basisklasse CTier
class CTier {
  public:
     virtual ~CTier() {}
     virtual void ichLiefere() = 0;
     virtual void ichMache()   = 0;
     static CTier* fabrik(const string& type);
};
//............................................. Von CTier abgeleitete Klassen
class CSchaf : public CTier {
     friend class CTier;
  public:
     virtual void ichLiefere() { cout << "Als Schaf liefere ich Wolle "; }
     virtual void ichMache()   { cout << "... und mache: Maeh" << endl;  }
  private:
     CSchaf() {} // Privater Konstruktor
};
class CKuh : public CTier {
     friend class CTier;
  public:
     virtual void ichLiefere() { cout << "Als Kuh liefere ich Milch "; }
     virtual void ichMache()   { cout << "... und mache: Muh" << endl; }
  private:
     CKuh() {} // Privater Konstruktor
};
```

```
//......................................... fabrik (Statische Methode von CTier)
CTier* CTier::fabrik(const string& typ) {
   if (typ == "Schaf") return new CSchaf;
   if (typ == "Kuh")   return new CKuh;
   cerr << "...Unbekanntes Tier: " << typ << endl;
   exit(1);
}
//.............................................................................. main
int main(void) {
   unsigned  i;
   vector<CTier*> tiere;
   // Testdaten (hier statisch); normalerweise von anderen Komponenten geliefert
   char  *bauernHof[] = { "Schaf", "Kuh", "Kuh", "Schaf", "Schaf" };
   for (i = 0; i < sizeof(bauernHof) / sizeof(*bauernHof); i++)
      tiere.push_back(CTier::fabrik(bauernHof[i]));
   for (i = 0; i < tiere.size(); i++) {
      tiere[i]->ichLiefere();
      tiere[i]->ichMache();
   }
}
```

Programm 28.1 liefert folgende Ausgabe:

```
Als Schaf liefere ich Wolle ... und mache: Maeh
Als Kuh liefere ich Milch ... und mache: Muh
Als Kuh liefere ich Milch ... und mache: Muh
Als Schaf liefere ich Wolle ... und mache: Maeh
Als Schaf liefere ich Wolle ... und mache: Maeh
```

Abbildung 28.1 zeigt das Klassendiagramm zu einer Fabrik mit einer statischen Methode in der Basisklasse.

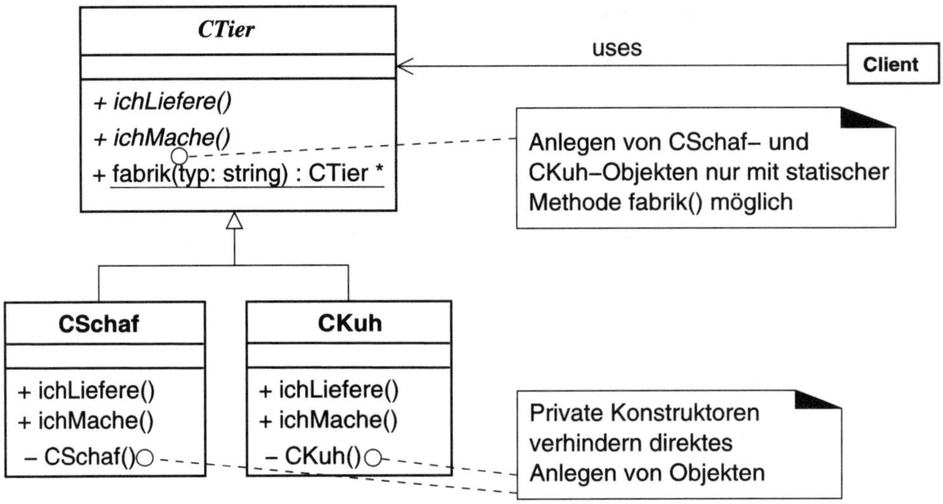

Abbildung 28.1: Fabrik mit einer statischen Methode in der Basisklasse

- Die statische Methode `fabrik()` in der Klasse `CTier` besitzt einen `string`-Parameter, der den Typ des zu erzeugenden Objekts festlegt. Statt dem Datentyp `string` für diesen Parameter wäre auch jeder andere Datentyp denkbar, wie z. B. eine `int`-Kennung. Jedenfalls müsste nur die Methode `fabrik()` entsprechend erweitert werden, wenn ein neuer Objekttyp hinzuzufügen ist. Der Rest des Codes bliebe unverändert.
- Um sicherzustellen, dass Objekte nur über die Methode `fabrik()` erzeugt werden können, wurden die Konstruktoren zu `CSchaf` und `CKuh` als `private` deklariert. Die Basisklasse `CTier` ist dann in diesen beiden Klassen als `friend` deklariert, so dass (nur) diese Basisklasse den `private`-Konstruktor dieser Klassen `CSchaf` und `CKuh` aufrufen darf.

Um nun einen neuen Objekttyp wie z. B. `CHuhn` zu Programm 28.1 hinzuzufügen, müssten nur die in Programm 28.2 gezeigten Änderungen vorgenommen werden.

Programm 28.2 – `fabrik1a.cpp`:
Hinzufügen einer neuen Klasse CHuhn zu Programm 28.1

```
//....... identisch zu Programm 28.1
class CHuhn : public CTier { // neue Klasse CHuhn
      friend class CTier;
   public:
      virtual void ichLiefere() { cout << "Als Huhn liefere ich Eier " ; }
      virtual void ichMache()   { cout << "... und gackere" << endl;     }
   private:
      CHuhn() {} // Privater Konstruktor
};
//........................................ fabrik (Statische Methode von CTier)
CTier* CTier::fabrik(const string& typ) {
   if (typ == "Schaf") return new CSchaf;
   if (typ == "Kuh")   return new CKuh;
   if (typ == "Huhn")  return new CHuhn; // Huhn zur Basisklasse hinzugefügt
   cerr << "...Unbekanntes Tier: " << typ << endl;
   exit(1);
}
//............................................................................ main
int main(void) {
   unsigned  i;
   vector<CTier*> tiere;
   char  *bauernHof[] = { "Huhn", "Kuh", "Kuh", "Schaf", "Huhn", "Schaf" };
   //... Rest identisch zu Programm 28.1
}
```

Programm 28.2 liefert dann folgende Ausgabe:

```
Als Huhn liefere ich Eier ... und gackere
Als Kuh liefere ich Milch ... und mache: Muh
Als Kuh liefere ich Milch ... und mache: Muh
Als Schaf liefere ich Wolle ... und mache: Maeh
Als Huhn liefere ich Eier ... und gackere
Als Schaf liefere ich Wolle ... und mache: Maeh
```

Der Nachteil bei dieser Fabrik ist, dass die Basisklasse `CTier` aufgrund der dort vorhandenen statischen Methode `fabrik()` jede abgeleitete Klasse kennen muss, so dass bei Hinzukommen neuer Objekttypen auch ein entsprechender Eintrag in der statischen Methode `fabrik()` erforderlich ist, was bei größeren Projekten natürlich mehr als unschön ist. Zudem kann es sein, dass man keinen Zugriff auf die Basisklasse hat, da diese sich z. B. in einer fertigen Bibliothek befindet.
Dieser Nachteil, dass die Basisklasse alle abgeleiteten Klassen kennen muss, tritt bei der nachfolgend vorgestellten polymorphen Fabrik nicht mehr auf.

28.2.2 Polymorphe Fabrik

Anders als bei der zuvor vorgestellten Fabrik ist es bei einer *polymorphen Fabrik* möglich, dass man von einer *Basis-Fabrik* unterschiedliche Typen von Fabriken ableiten kann, wie es in Programm 28.3 gezeigt ist.

Programm 28.3 – `fabrik2.cpp`:
Polymorphe Fabriken

```
#include <string>
#include <map>
#include <vector>
#include <algorithm>
#include <iostream>
using namespace std;
//............................................. Abstrakte Basisklasse CTier
class CTier {
  public:
     virtual ~CTier() {}
     virtual void ichLiefere() = 0;
     virtual void ichMache()   = 0;
};
//.......................................................... CTierFabrik
class CTierFabrik {
     friend class CTierArtCloneStation;
  public:
     virtual ~CTierFabrik() {}
     static CTier* createTier(const string& id) {
        if (tierArt.find(id) != tierArt.end())
           return tierArt[id]->create();
        else {
           cerr << "Unbekanntes Tier: " << id << endl;
           exit(1);
        }
     }
  private:
     virtual CTier* create() = 0;
     static  map<string, CTierFabrik*> tierArt;
};
map<string, CTierFabrik*> CTierFabrik::tierArt; // zu jeder Tierart ein Exemplar
```

```
//............................................ Von CTier abgeleitete Klassen
class CSchaf : public CTier {
  public:
    virtual void ichLiefere() { cout << "Als Schaf liefere ich Wolle "; }
    virtual void ichMache()   { cout << "... und mache: Maeh" << endl;  }
  private:
    CSchaf() {} // Privater Konstruktor
    class CFabrik : public CTierFabrik {
      public:
        CTier *create() { return new CSchaf; }
    };
};
class CKuh : public CTier {
  public:
    virtual void ichLiefere() { cout << "Als Kuh liefere ich Milch "; }
    virtual void ichMache()   { cout << "... und mache: Muh" << endl; }
  private:
    CKuh() {} // Privater Konstruktor
    class CFabrik : public CTierFabrik {
      public:
        CTier *create() { return new CKuh; }
    };
};

//... Clone-Station (zu jeder Tierart ein Exemplar zum Initial. von CTierFabrik)
class CTierArtCloneStation {
  private:
    CTierArtCloneStation() {
      CTierFabrik::tierArt["Schaf"] = new CSchaf::CFabrik;
      CTierFabrik::tierArt["Kuh"]   = new CKuh::CFabrik;
    }
    static CTierArtCloneStation archeNoah;
};
CTierArtCloneStation CTierArtCloneStation::archeNoah; // statische Clone-Station

//.............................................................. main
int main(void) {
   unsigned  i;
   vector<CTier*> tiere;
   // Testdaten (hier statisch); normalerweise von anderen Komponenten geliefert
   char  *bauernHof[] = { "Schaf", "Kuh", "Kuh", "Schaf", "Schaf" };
   for (i = 0; i < sizeof(bauernHof) / sizeof(*bauernHof); i++)
      tiere.push_back(CTierFabrik::createTier(bauernHof[i]));
   for (i = 0; i < tiere.size(); i++) {
      tiere[i]->ichLiefere();
      tiere[i]->ichMache();
   }
}
```

Programm 28.3 liefert die gleiche Ausgabe wie Programm 28.1.

Abbildung 28.2 zeigt das Klassendiagramm zu den polymorphen Fabriken in Programm 28.3.

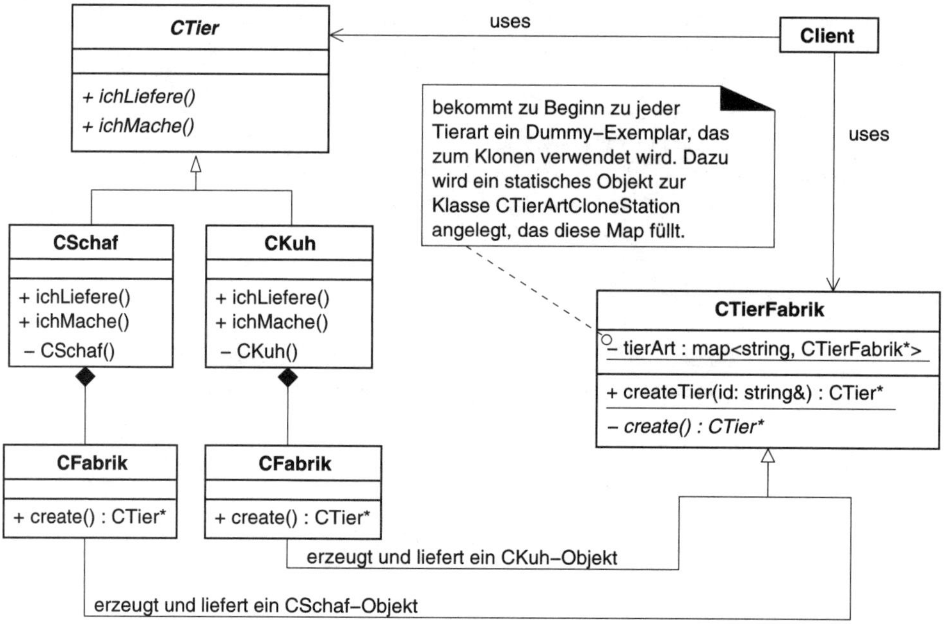

Abbildung 28.2: Polymorphe Fabriken

- Das auf Seite 658 vorgestellte Entwurfsmuster *Fabrikmethode (Factory Method)* ist eine spezielle Ausprägung einer *polymorphen Fabrik*. In Programm 28.3 wurde das Programm 28.1 so modifiziert, dass die Fabrikmethoden in unterschiedlichen Klassen als virtuelle Methoden vorhanden sind.
- Die Fabrikmethode `create()` ist in der Klasse `CTierFabrik` `virtual` deklariert. Da sie zusätzlich noch `private` ist, kann sie niemals direkt aufgerufen werden, wohl aber überschrieben werden.
- Die von `CTier` abgeleiteten Klassen müssen deshalb eigene von `CTierFabrik` abgeleitete Fabriken besitzen, in denen sie die Methode `create()` überschreiben, um so ein Objekt ihres eigenen Typs zu erzeugen und zurückzuliefern. Diese eigenen von `CTierFabrik` abgeleiteten Fabriken sind wieder `private`, so dass ein Zugriff auf sie nur über die `CTierFabrik` erfolgen kann.
- Soll ein konkretes Exemplar zu einer Tierart angelegt werden, muss die Methode `createTier()` aus der Basisklasse `CTierFabrik` aufgerufen werden. Dies ist eine statische Methode, die die Map `tierArt` benutzt, um die entsprechende Fabrik zu finden, die für die über den Parameter `id` geforderte Tierart zuständig ist. Über diese für die Tierart spezifische Fabrik ruft sie dann die zur jeweiligen Unterklasse (`CSchaf` oder `CKuh`) gehörige Methode `create()` auf.
- In der Klasse `CTierArtCloneStation` wird bereits zu Beginn über das statische Objekt `archeNoah` jeweils ein Exemplar (Objekt) zu jeder möglichen Tierart-Fabrik angelegt, das in die Map `tierArt` der Basisklasse `CTierFab-`

rik eingetragen wird. Dies ist notwendig, damit bei Anforderung eines neuen Exemplars zu einer Tierart, bereits ein entsprechendes Clone-Objekt vorhanden ist und mit der Methode CTierFabrik::createTier() gefunden werden kann.

Um neue Objekttypen zu diesem Design hinzuzufügen, muss man die entsprechende neue Klasse mit einer eigenen Fabrik versehen und die Klasse CTierArtCloneStation entsprechend erweitern, so dass ein Objekt dieses neuen Typs mit in die Map tierArt der Basisklasse CTierFabrik eingetragen wird.

Programm 28.4 verdeutlicht dies, indem es eine neue Klasse CHuhn hinzufügt. Dabei ist erkennbar, dass anders als in Programm 28.2 keine Änderung der Basisklasse mehr erforderlich ist.

Programm 28.4 – fabrik2a.cpp:
Hinzufügen einer neuen Klasse CHuhn zu Programm 28.3

```
//....... identisch zu Programm 28.3
class CHuhn : public CTier
{
  public:
     virtual void ichLiefere() { cout << "Als Huhn liefere ich Eier " ;        }
     virtual void ichMache()   { cout << "... und gackere" << endl;            }
  private:
     CHuhn() {} // Privater Konstruktor
     class CFabrik : public CTierFabrik {
        public:
           CTier *create() { return new CHuhn; }
     };
};
class CTierArtCloneStation
{
  private:
     CTierArtCloneStation() {
        CTierFabrik::tierArt["Schaf"] = new CSchaf::CFabrik;
        CTierFabrik::tierArt["Kuh"]   = new CKuh::CFabrik;
        CTierFabrik::tierArt["Huhn"]  = new CHuhn::CFabrik;
     }
     static CTierArtCloneStation archeNoah;
};
CTierArtCloneStation CTierArtCloneStation::archeNoah; // statische Clone-Station
//............................................................................ main
int main(void)
{
   unsigned  i;
   vector<CTier*> tiere;
   char  *bauernHof[] = { "Huhn", "Kuh", "Kuh", "Schaf", "Huhn", "Schaf" };

   //... Rest identisch zu Programm 28.3
}
```

Programm 28.4 liefert die gleiche Ausgabe wie Programm 28.2.

28.3 Erzeugungsmuster (creational patterns)

28.3.1 Abstrakte Fabrik (abstract factory)

Abbildung 28.3 zeigt das allgemeine Klassendiagramm zum Entwurfsmuster *Abstrakte Fabrik.*

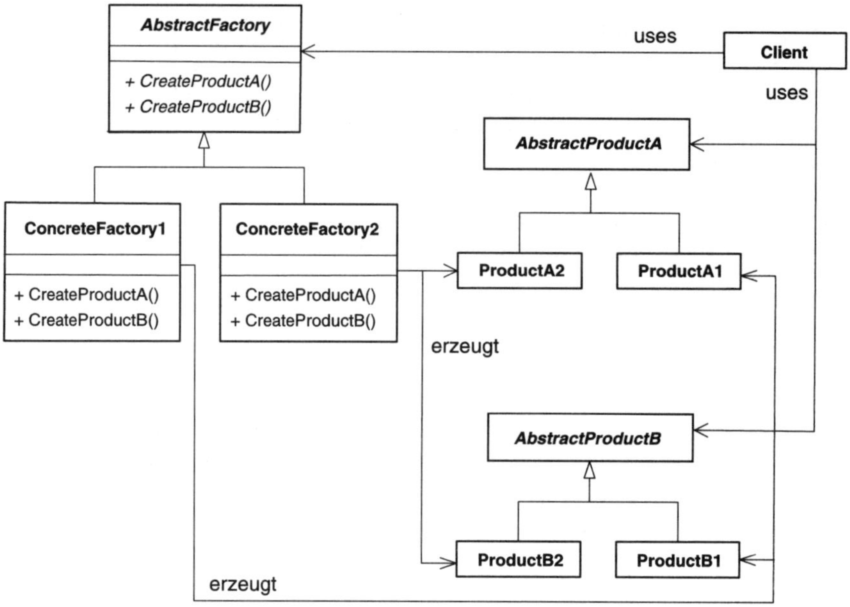

Abbildung 28.3: Das allgemeine Entwurfsmuster Abstrakte Fabrik

- **Grundidee der Abstrakten Fabrik:**
  Anbieten einer Schnittstelle zum Erzeugen von Familien verwandter oder voneinander abhängiger Objekte, ohne ihre konkreten Klassen zu benennen.
- **Teilnehmer:**
  - `AbstractFactory`
    deklariert eine abstrakte Schnittstelle für Operationen, die konkrete Produktobjekte erzeugen.
  - `ConcreteFactory`
    implementiert die Operation zur Erzeugung konkreter Produktobjekte.
  - `AbstractProduct`
    deklariert Schnittstelle für einen bestimmten Typ von Produktobjekten.
  - `Product`
    * definiert ein von der entsprechenden konkreten Fabrik zu erzeugendes Produktobjekt.
    * implementiert die Schnittstellen von `AbstractProduct`.
  - `Client`
    verwendet nur die Schnittstellen, die von den Klassen `AbstractFactory` und `AbstractProduct` deklariert werden.

- **Anwendbarkeit:**
  Das Entwurfsmuster *Abstrakte Fabrik* wird verwendet, wenn
  - System unabhängig davon sein soll, wie seine Produkte erzeugt, zusammengesetzt und repräsentiert werden.
  - System mit einer von mehreren Produktfamilien konfiguriert werden soll.
  - eine Familie von verwandten Produktobjekten entworfen wurde, für die sicherzustellen ist, dass sie nur zusammen verwendet werden.
  - eine Klassenbibliothek von Produkten zur Verfügung zu stellen ist, von denen nur die Schnittstellen, nicht aber ihre Implementierungen offengelegt werden soll.
- **Verwandte Muster:**
  - `AbstractFactory`-Klassen werden oft mit *Fabrikmethoden* (*factory methods*; siehe Seite 658) oder unter Verwendung des *Prototyp*-Musters (siehe Seite 671) implementiert.
  - `ConcreteFactory` ist oft ein *Singleton* (siehe Seite 664).

Beispiel zum Entwurfsmuster „Abstrakte Fabrik“

Die abstrakte Fabrik ähnelt der zuvor vorgestellten polymorphen Fabrik, wobei sie jedoch mehrere Fabrikmethoden besitzt, die jeweils unterschiedliche Typen von Objekten erzeugen, wie es Programm 28.5 zeigt.

Programm 28.5 – `fabrik3.cpp`:
Demoprogramm zu einer abstrakten Fabrik

```
#include <string>
#include <iostream>
using namespace std;
//.................................................. Basisklassen für Produkte
class CProdukt2 {
  public:
     virtual void ichLiefere() = 0;
};
class CProdukt1 {
  public:
     virtual void ichMache(CProdukt2*) = 0;
};
//........................... von Produkt1 abgeleitete Produktklassen (Schreie)
class CSchafSchrei : public CProdukt1 {
  public:
     CSchafSchrei(string name) : m_name(name) { }
     virtual ~CSchafSchrei() { }
  private:
     string m_name;
     virtual void ichMache(CProdukt2 *p) {
        cout << "Schaf " << m_name << ": Maeh; ich liefere ";
        p->ichLiefere();
     }
};
```

```
class CKuhSchrei : public CProdukt1 {
  public:
     CKuhSchrei(string name) : m_name(name) { }
     virtual ~CKuhSchrei() { }
  private:
     string m_name;
     virtual void ichMache(CProdukt2 *p) {
        cout << "Kuh " << m_name << ": Muh; ich liefere ";
        p->ichLiefere();
     }
};

//..................... ....... von Produkt2 abgeleitete Produktklassen (Nutzen)
class CSchafProdukt : public CProdukt2 {
  public:
     void ichLiefere() { cout << " Wolle" << endl; }
};
class CKuhProdukt : public CProdukt2 {
  public:
     void ichLiefere() { cout << " Milch" << endl; }
};

//............................................................ abstrakte Fabrik
class CAbstrFabrik {
  public:
     virtual CProdukt1 *makeSchrei()  = 0;
     virtual CProdukt2 *makeProdukt() = 0;
};

//........................................................... konkrete Fabriken
class CSchafFabrik : public CAbstrFabrik {
  public:
     CSchafFabrik(string name) : m_name(name) { }
     virtual ~CSchafFabrik() { }
     virtual CProdukt1 *makeSchrei()  { return new CSchafSchrei(m_name); }
     virtual CProdukt2 *makeProdukt() { return new CSchafProdukt;        }
  private:
     string m_name;
};

class CKuhFabrik : public CAbstrFabrik {
  public:
     CKuhFabrik(string name) : m_name(name) { }
     virtual ~CKuhFabrik() { }
     virtual CProdukt1 *makeSchrei()  { return new CKuhSchrei(m_name); }
     virtual CProdukt2 *makeProdukt() { return new CKuhProdukt;        }
  private:
     string m_name;
};
```

```
//.............................................................. CTier
class CTier {
  public:
    CTier(CAbstrFabrik* f)
        : fabrik(f), schrei(f->makeSchrei()), prod(f->makeProdukt()) { }
    ~CTier() {
        delete prod;
        delete schrei;
        delete fabrik;
    }
    void wasTustDu() { schrei->ichMache(prod); }
  private:
    CAbstrFabrik *fabrik;
    CProdukt1    *schrei;
    CProdukt2    *prod;
};
//.............................................................. main
int main(void) {
   CTier bauernHof[] = { new CSchafFabrik("Molly"),
                         new CKuhFabrik("Emma"),
                         new CKuhFabrik("Marta"),
                         new CSchafFabrik("Lammi"),
                         new CSchafFabrik("Huepf") };
   for (unsigned i = 0; i < sizeof(bauernHof) / sizeof(*bauernHof); i++)
      bauernHof[i].wasTustDu();
}
```

Programm 28.5 liefert die folgende Ausgabe:

```
Schaf Molly: Maeh; ich liefere  Wolle
Kuh Emma: Muh; ich liefere  Milch
Kuh Marta: Muh; ich liefere  Milch
Schaf Lammi: Maeh; ich liefere  Wolle
Schaf Huepf: Maeh; ich liefere  Wolle
```

Erweitern einer abstrakten Fabrik um einen neuen Objekttyp

Um einen neuen Objekttyp, wie z. B. eine Klasse `CHuhn`, in einer abstrakten Fabrik aufzunehmen, muss man nur Folgendes hinzufügen:

- Eine neue von `CProdukt1` abgeleitete Klasse `CHuhnSchrei` mit der speziell für `CHuhn` überschriebenen Methode `ichMache()`.
- Eine neue von `CProdukt2` abgeleitete Klasse `CHuhnProdukt` mit der speziell für `CHuhn` überschriebenen Methode `ichLiefere()`.
- Eine neue von `CAbstrFabrik` abgeleitete Klasse `CHuhnFabrik`, die die beiden Methoden `makeSchrei()` und `makeProdukt()` speziell für ein Huhn überschreibt.

Programm 28.6 verdeutlicht die dabei erforderlichen Änderungen nochmals.

Programm 28.6 – `fabrik3a.cpp`:
Hinzufügen einer neuen Klasse CHuhn zu Programm 28.5

```
//............................ identisch zu Programm 28.5
class CHuhnSchrei : public CProdukt1 {
  public:
     CHuhnSchrei(string name) : m_name(name) { }
     virtual ~CHuhnSchrei() { }
  private:
     string m_name;

     virtual void ichMache(CProdukt2 *p) {
        cout << "Huhn " << m_name << ": Gacker, Gacker; ich liefere ";
        p->ichLiefere();
     }
};
//............................ identisch zu Programm 28.5
class CHuhnProdukt : public CProdukt2 {
  public:
     void ichLiefere() { cout << " Eier" << endl; }
};
//............................ identisch zu Programm 28.5
class CHuhnFabrik : public CAbstrFabrik {
  public:
     CHuhnFabrik(string name) : m_name(name) { }
     virtual ~CHuhnFabrik() { }
     virtual CProdukt1 *makeSchrei()  { return new CHuhnSchrei(m_name); }
     virtual CProdukt2 *makeProdukt() { return new CHuhnProdukt;        }
  private:
     string m_name;
};
//............................ identisch zu Programm 28.5
//.................................................................... main
int main(void) {
   CTier bauernHof[] = { new CSchafFabrik("Molly"),
                         new CHuhnFabrik("Glocke"),
                         new CKuhFabrik("Marta"),
                         new CHuhnFabrik("Lotte"),
                         new CSchafFabrik("Huepf") };
   for (unsigned i = 0; i < sizeof(bauernHof) / sizeof(*bauernHof); i++)
      bauernHof[i].wasTustDu();
}
```

Programm 28.6 liefert dann die folgende Ausgabe:

```
Schaf Molly: Maeh; ich liefere  Wolle
Huhn Glocke: Gacker, Gacker; ich liefere  Eier
Kuh Marta: Muh; ich liefere  Milch
Huhn Lotte: Gacker, Gacker; ich liefere  Eier
Schaf Huepf: Maeh; ich liefere  Wolle
```

Übung: Einsatz einer abstrakten Fabrik

Programm 28.7 zeigt, wie man unterschiedliche Klassen zum Zeichnen durch den Benutzer auswählen lassen kann.

Programm 28.7 – `diffzeich.cpp`:
Auswählen unterschiedlicher Klassen zum Zeichnen durch Benutzer

```
#include <iostream>
using namespace std;
class CGraphObj {
  public:
    CGraphObj() { m_id = m_zaehle++; }
    virtual void zeichne()  = 0;
  protected:
    int          m_id;
    static int   m_zaehle;
};
int CGraphObj::m_zaehle = 0;

class CKreis : public CGraphObj {
  public:
    void zeichne() { cout << "Kreis    " << m_id << endl; }
};
class CQuadrat : public CGraphObj {
  public:
    void zeichne() { cout << "Quadrat  " << m_id << endl; }
};
class CEllipse : public CGraphObj {
  public:
    void zeichne() { cout << "Ellipse  " << m_id << endl; }
};
class CRechteck : public CGraphObj {
  public:
    void zeichne() { cout << "Rechteck " << m_id << endl; }
};
int main(void) {
   char antwort;
   cout << "Einfach (e) oder Flexibel (f): "; cin >> antwort;
   CGraphObj *figur[3];
   if (antwort == 'e') {
      figur[0] = new CKreis;
      figur[1] = new CQuadrat;
      figur[2] = new CKreis;
   } else {
      figur[0] = new CEllipse;
      figur[1] = new CRechteck;
      figur[2] = new CEllipse;
   }
   for (int i=0; i < 3; i++)
      figur[i]->zeichne();
}
```

Mögliche Abläufe des Programms 28.7 sind:

```
Einfach (e) oder Flexibel (f): e ⏎
Kreis    0
Quadrat  1
Kreis    2
```

```
Einfach (e) oder Flexibel (f): f ⏎
Ellipse  0
Rechteck 1
Ellipse  2
```

Was müsste man zu Programm 28.7 hinzufügen, damit man die folgende `main()`-Funktion verwenden kann, und dann dieses neue Programm `diffzeich2.cpp` das gleiche Ablaufverhalten wie Programm 28.7 hat?

```
int main(void)
{
   char antwort;

   cout << "Einfach (e) oder Flexibel (f): ";  cin >> antwort;
   CFabrik *fabrik;
   if (antwort == 'e')
      fabrik = new CEinfachFabrik;
   else
      fabrik = new CVariabelGraphFabrik;

   CGraphObj *figur[3];
   figur[0] = fabrik->createRundes();
   figur[1] = fabrik->createEckiges();
   figur[2] = fabrik->createRundes();
   for (int i=0; i < 3; i++)
      figur[i]->zeichne();
}
```

28.3.2 Fabrikmethode (factory method)

Das klassenbasierte Erzeugungsmuster *Fabrikmethode (factory method)*, das auch unter dem Namen *virtueller Konstruktor (virtual constructor)* bekannt ist, bietet eine Schnittstelle zum Erzeugen eines Objekts an, wobei jedoch erst die Unterklassen entscheiden, von welcher Klasse das jeweils zu erzeugende Objekt ist.

Motivation für das Entwurfsmuster „Fabrikmethode"

Motivation für dieses Muster ist im GoF-Buch ein so genanntes *Framework* für Anwendungen, die gleichzeitig mehrere Dokumente anzeigen können. Dieses Framework verwendet dabei die beiden abstrakten Klassen `Application` und `Document`, die miteinander wie in Abbildung 28.4 assoziiert sind:

- `Application` ist dabei für die Erzeugung neuer Dokumente zuständig.
- Von den beiden abstrakten Klassen `Application` und `Document` werden anwendungsspezifische Klassen abgeleitet.

- Soll in `MyApplication` ein neues `MyDocument`-Objekt erzeugt werden, tritt folgendes Problem auf: *Framework* muss Objekte erzeugen, kennt aber nur die abstrakte Basisklasse `Application`, von der es keine Objekte anlegen darf.
- Das Fabrikmethode-Muster löst dieses Problem, indem die Unterklassen von `Application` die virtuelle Methode `createDocument()` so überschreiben, dass diese Methode ein `MyDocument`-Objekt zurückliefert.
- Sobald einmal ein Objekt zu `MyApplication` angelegt ist, kann dieses anwendungsspezifische Dokumente erzeugen, ohne deren genaue Klasse zu kennen.
- Die Methode `createDocument()` nennt man *Fabrikmethode*, da sie für die „Fabrikation" eines Objekts verantwortlich ist.

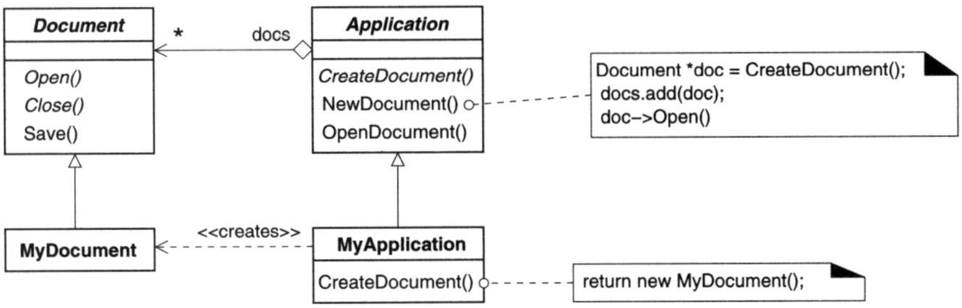

Abbildung 28.4: Beispiel für die Fabrikmethode

Programm 28.8 – `fabrik4.cpp`:
Teilweise Realisierung der Fabrikmethode aus Abbildung 28.4

```
#include <string>
#include <vector>
#include <iostream>
using namespace std;
//.......................................... Document (Abstrakte Basisklasse)
class Document {
  public:
     Document(const string& name) { m_name = name; }
     virtual ~Document() { }
     virtual void Open()  = 0;
     virtual void Close() = 0;
     string GetName() { return m_name; }
  private:
     string m_name;
};
//.......................................... MyDocument (Abgeleitete Klasse)
class MyDocument : public Document {
  public:
     MyDocument(const string& name) : Document(name) { }
     virtual ~MyDocument() { }
     void Open()  { cout << "   MyDocument::Open("  << GetName() <<")" <<endl; }
     void Close() { cout << "   MyDocument::Close(" << GetName() <<")" <<endl; }
};
```

```
//............................................................ Application
class Application {
  public:
    Application()          { cout << "Application, ";          }
    virtual ~Application() { cout << "~Application" << endl; }
    virtual Document* CreateDocument(const string&) = 0; //...virtuelle Methode
    void NewDocument(const string& name)  {
       cout << "Application::NewDocument()" << endl;
       Document *doku = CreateDocument(name); // Konstr. ruft virt. Meth. auf
       docs.push_back(doku);
       doku->Open();
    }
    void OpenDocument(unsigned i) {
       if (i < docs.size())
          docs[i]->Open();
    }
    void ReportDocs() {
       cout << ".....Application::ReportDocs()" << endl;
       for (unsigned i=0; i < docs.size(); i++)
          cout << "       " << docs[i]->GetName() << endl;
    }
  private:
    vector<Document*>  docs; // Framework verwendet Basisklasse 'Document'
};
//........................................ MyApplication (Abgeleitete Klasse)
class MyApplication : public Application {
  public:
    MyApplication()  { cout << "MyApplication" << endl; }
    ~MyApplication() { cout << "~MyApplication, ";      }
    //... Definition zur virtuellen Methode in Basisklasse Application
    Document* CreateDocument(const string& name) {
       cout << "   MyApplication::CreateDocument()" << endl;
       return new MyDocument(name);
    }
};
//................................................................... main
int main(void) {
  MyApplication  myApp; // Framework
   myApp.NewDocument("hauptteil");
   myApp.NewDocument("eins");
   myApp.NewDocument("zwei");
   myApp.ReportDocs();
}
```

Programm 28.8 liefert die folgende Ausgabe:

```
Application, MyApplication
Application::NewDocument()
   MyApplication::CreateDocument()
   MyDocument::Open(hauptteil)
```

```
Application::NewDocument()
   MyApplication::CreateDocument()
   MyDocument::Open(eins)
Application::NewDocument()
   MyApplication::CreateDocument()
   MyDocument::Open(zwei)
......Application::ReportDocs()
      hauptteil
      eins
      zwei
~MyApplication, ~Application
```

Allgemeines zum Entwurfsmuster „Fabrikmethode“

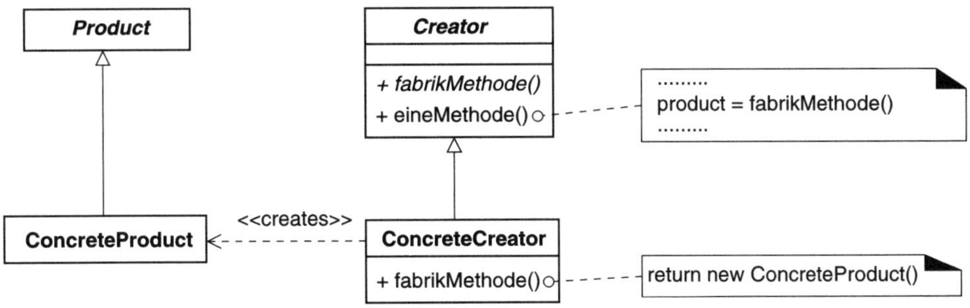

Abbildung 28.5: Allgemeine Struktur des Fabrikmethode-Musters

- **Grundidee der Fabrikmethode:**
  Definieren einer Klassenschnittstelle mit Operationen zum Erzeugen eines Objekts, wobei jedoch die Unterklassen entscheiden, von welcher Klasse das zu erzeugende Objekt ist. Fabrikmethoden ermöglichen es somit einer Klasse, die Erzeugung von Objekten an Unterklassen zu delegieren.
- **Teilnehmer:**
  - `Product` (`Document`)
    definiert die Schnittstelle der Objekte, die von der Fabrikmethode erzeugt werden.
  - `ConcreteProduct` (`MyDocument`):
    implementiert die Schnittstelle von `Product`.
  - `Creator` (`Application`)
    * deklariert die Fabrikmethode, die ein `Product`-Objekt zurückliefert. `Creator` kann möglicherweise eine Defaultimplementierung der Fabrikmethode definieren, die ein vordefiniertes `ConcreteProduct`-Objekt erzeugt und liefert.
    * kann Fabrikmethode aufrufen, um `Product`-Objekt zu erzeugen.
  - `ConcreteCreator` (`MyApplication`)
    überschreibt die Fabrikmethode, so dass diese ein Objekt von `ConcreteProduct` zurückliefert.

- **Anwendbarkeit:**
  Das Entwurfsmuster *Fabrikmethode* wird verwendet, wenn eine Klasse
  - die Objekte, die sie erzeugen soll, nicht im Voraus kennen kann.
  - benötigt wird, deren Unterklassen selbst bestimmen, welche Objekte sie erzeugen.
- **Verwandte Muster:**
  - `AbstractFactory`-Klassen (siehe Seite 652) werden oft mit *Fabrikmethoden* implementiert.
  - *Fabrikmethoden* werden meist in *Schablonenmethoden* (*template methods*; siehe Seite 721) aufgerufen.

Beispiel zum Entwurfsmuster „Fabrikmethode"

Programm 28.9 – `fabrik5.cpp`:
Weiteres Demoprogramm zum Fabrikmethode-Muster

```
#include <string>
#include <vector>
#include <iostream>
using namespace std;
//................................................ CTier (entspricht Product)
class CTier {
  public:
     CTier(string name) : m_name(name) { }
     virtual ~CTier() {}
     virtual void ichLiefere() = 0;
     virtual void ichMache()   = 0;
     string GetName() { return m_name; }
  private:
     string m_name;
};
//.................................. Von CTier (Product) abgeleitete Klassen
class CSchaf : public CTier {
  public:
     CSchaf(string name) : CTier(name) { }
     virtual void ichLiefere() { cout << "Als Schaf liefere ich Wolle "; }
     virtual void ichMache()   { cout << "... und mache: Maeh" << endl;  }
};
class CKuh : public CTier {
  public:
     CKuh(string name) : CTier(name) { }
     virtual void ichLiefere() { cout << "Als Kuh liefere ich Milch "; }
     virtual void ichMache()   { cout << "... und mache: Muh" << endl; }
};
//............................................................... Creator
class Creator {
  public:
     virtual ~Creator() { }
     virtual CTier *fabrikMethode(const string& typ, const string&) = 0;
     void neuesTier(const string& typ, const string& name) {
```

```
         tiere.push_back(fabrikMethode(typ, name)); // Aufruf fabrikMethode()
      }
      void zeigeTiere() {
         for (unsigned i=0; i < tiere.size(); i++) {
            cout << tiere[i]->GetName() << ": ";
            tiere[i]->ichLiefere();
            tiere[i]->ichMache();
         }
      }
      CTier *GetTier(unsigned i) {
         return ( i < tiere.size() ) ? tiere[i] : new CSchaf("Dummy-Schaf");
      }
   private:
      vector<CTier*> tiere;
};
//........................... ConcreteCreator (Von Creator abgeleitete Klasse)
class ConcreteCreator : public Creator {
   public:
      virtual ~ConcreteCreator() { }
      //... Definition zur virtuellen Methode in Basisklasse Creator
      CTier* fabrikMethode(const string& typ, const string& name) {
         if (typ == "Schaf") return new CSchaf(name);
         if (typ == "Kuh")   return new CKuh(name);
         cerr << "Unbekanntes Tier: " << typ << endl;
         exit(1);
      }
};
//............................................................... main
int main(void) {
   ConcreteCreator  zoo;
    zoo.neuesTier("Schaf", "Molly");
    zoo.neuesTier("Kuh",   "Gerta");    zoo.neuesTier("Kuh",   "Marta");
    zoo.neuesTier("Schaf", "Lammi");    zoo.neuesTier("Schaf", "Huepf");
    zoo.zeigeTiere();
    cout << "----------------------------------------------------" << endl;
    CTier *einTier = zoo.GetTier(2);
    cout << einTier->GetName() << ": ";
    einTier->ichLiefere();
    einTier->ichMache();
}
```

Programm 28.9 liefert die folgende Ausgabe:

```
Molly: Als Schaf liefere ich Wolle ... und mache: Maeh
Gerta: Als Kuh liefere ich Milch ... und mache: Muh
Marta: Als Kuh liefere ich Milch ... und mache: Muh
Lammi: Als Schaf liefere ich Wolle ... und mache: Maeh
Huepf: Als Schaf liefere ich Wolle ... und mache: Maeh
-----------------------------------------------------
Marta: Als Kuh liefere ich Milch ... und mache: Muh
```

28.3.3 Singleton

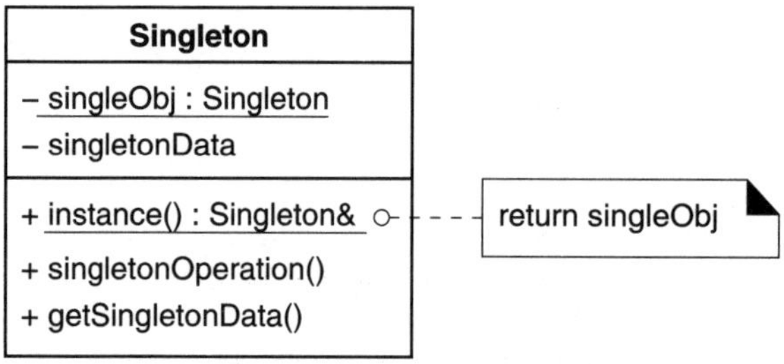

Abbildung 28.6: Allgemeine Struktur des Singleton-Musters

- **Grundidee des Singleton-Musters:**
  Sicherstellen, dass zu einer Klasse nur genau ein Objekt angelegt wird.
- **Teilnehmer:**
  - `Singleton`
    * definiert eine statische Methode `instance()`, mit der ein Klient auf das einzige Objekt zu dieser Klasse zugreifen kann.
    * ist eventuell für die Erzeugung des einzigen Objekts zu sich selbst zuständig.
- **Anwendbarkeit:**
  Das Entwurfsmuster *Singleton* wird verwendet, wenn
  - es genau ein Objekt zu einer Klasse geben muss, auf das die Klienten über eine festgelegte Methode (z. B. `instance()`) zugreifen sollen.
  - das einzige Objekt durch Bildung von Unterklassen erweiterbar sein soll und es Klienten möglich sein soll, das erweiterte Objekt ohne Modifikation ihres Codes zu verwenden.
- **Verwandte Muster:**
  - Viele Entwurfsmuster können unter Verwendung des *Singleton*-Musters implementiert werden, wie z. B. *Abstrakte Fabrik* (siehe Seite 652), *Erbauer* (siehe Seite 666) oder *Prototyp* (siehe Seite 671).

Mögliche Realisierung des Entwurfsmusters „Singleton“

Programm 28.10 – `singleton.cpp`:
Mögliche Realisierung des Singleton-Musters

```
#include <iostream>
using namespace std;

class Singleton
{
 public:
     static Singleton& instance() { return einzigArtig; }
     int  getWert()               { return singleData;  }
     void setWert(int d)          { singleData = d;     }
```

```
private:
    static Singleton einzigArtig; // statisches Memberobj. der eigenen Klasse
    int              singleData;

    Singleton(int d) : singleData(d) { // privater Konstruktor
       cout << ".... Singleton-Objekt angelegt" << endl;
    }
    Singleton& operator=(Singleton&); // Ausschalten des Zuweisungsoperators
    Singleton(const Singleton&);      // Ausschalten des Kopierkonstruktors
};
Singleton Singleton::einzigArtig(123); // hier wird einzige Instanz angelegt,
                                       // danach keine weiteren Instanzen mögl.
int main(void)
{
   //... Kein Anlegen eines zweiten Singleton-Objekts mögl. (privater Konstr.)
   // Singleton zweitesObj(2); // würde Compilerfehler liefern

   Singleton& einsRef = Singleton::instance(); // Zugriff nur über instance()
   cout << einsRef.getWert() << endl;

   Singleton& zweiRef = Singleton::instance();
   zweiRef.setWert(999);

   cout << einsRef.getWert() << endl;
   cout << zweiRef.getWert() << endl;
}
```

Würde man den Konstruktor, Kopierkonstruktor und Zuweisungsoperator nicht durch die `private`-Deklaration ausschalten, so wäre das Anlegen weiterer Objekte dieser Klasse möglich, Programm 28.10 liefert die folgende Ausgabe:

```
.... Singleton-Objekt angelegt
Programmstart in main()
123
999
999
```

Anlegen des Singleton-Objekts erst beim ersten instance()-Aufruf

Kapitel A.14 auf Seite 986 zeigt, dass die Reihenfolge der Initialisierung von statischen Objekten, die sich in unterschiedlichen Programmdateien befinden, nicht festgelegt ist. Dies kann zu schwerwiegenden Problemen führen, wenn die Klassen untereinander von der Initialisierungs-Reihenfolge abhängig sind. Natürlich kann dieses Problem auch beim *Singleton*-Muster auftreten.

Es werden in diesem Kapitel A.14 Techniken vorgestellt, mit denen man die Reihenfolge der Initialisierung von statischen Objekten steuern kann. Auf Seite 990 werden dazu statische Objekte in einer Funktion verwendet, so dass die Initialisierung dieser Objekte verzögert wird, bis man das erste Mal diese Funktion aufruft. Die gleiche Technik kann man natürlich auch beim *Singleton*-Muster anwenden, wie es in Programm 28.11 gezeigt ist.

Programm 28.11 – `singleton2.cpp`:
Automatisches Anlegen des Singleton-Objekts beim ersten instance()-Aufruf

```
#include <iostream>
using namespace std;
class Singleton {
  public:
     static Singleton& instance() {
        static Singleton einzigArtig(123); // lokales statisches Obj.
        return einzigArtig;
     }
     int  getWert()        { return singleData;  }
     void setWert(int d)   { singleData = d;     }
 private:
     int  singleData;
     Singleton(int d)  : singleData(d) { // privater Konstruktor
        cout << ".... Singleton-Objekt angelegt" << endl;
     }
     Singleton& operator=(Singleton&); // Ausschalten des Zuweisungsoperators
     Singleton(const Singleton&);      // Ausschalten des Kopierkonstruktors
};
int main(void) { /* identisch zu Programm 28.10 */ }
```

Programm 28.11 liefert die folgende Ausgabe, an der erkennbar ist, dass das `Singleton`-Objekt erst beim ersten `instance()`-Aufruf angelegt wird:

```
Programmstart in main()
.... Singleton-Objekt angelegt
123
999
999
```

28.3.4 Erbauer (builder)

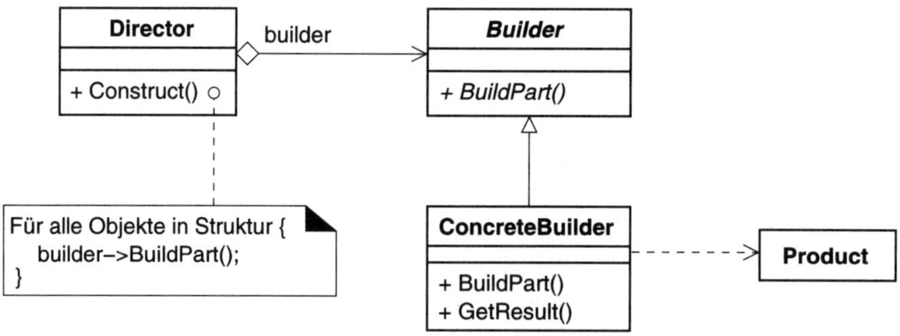

Abbildung 28.7: Allgemeine Struktur des Erbauer-Musters

Das Entwurfsmuster *Erbauer* ähnelt dem der *Abstrakten Fabrik*. Der Hauptunterschied zwischen den Entwurfsmustern *Erbauer* und einer *Abstrakten Fabrik* ist, dass ein *Erbauer* ein Objekt in mehreren aufeinanderfolgenden Schritten erzeugt („zusammenbaut"), während eine *Abstrakte Fabrik* dies in einem Schritt tut.

- **Grundidee des Erbauer-Musters:**
  Trennen des Erzeugens eines komplexen Objekts von dessen Repräsentation, so dass derselbe Erzeugungsprozess unterschiedliche Repräsentationen erzeugen kann.
- **Teilnehmer:**
  - `Builder`
    definiert eine abstrakte Schnittstelle `BuildPart()` für das Erzeugen von Bestandteilen des `Product`-Objekts.
  - `ConcreteBuilder`
    * erzeugt und fügt Teile des Produkts zusammen, indem sie die von `Builder` geerbte Schnittstelle `BuildPart()` implementiert.
    * definiert und verwaltet die von ihm erzeugte Repräsentation.
    * stellt eine Methode `GetProduct()` zur Verfügung, um das gefertigte Produkt zurückzuliefern.
  - `Director`
    erzeugt ein Objekt unter Verwendung der `Builder`-Schnittstelle.
  - `Product`
    * repräsentiert das komplexe Produkt (Objekt), das gerade schrittweise zusammengebaut wird.
    * `ConcreteBuilder` ist dabei für die interne Repräsentation des Produkts und dessen Zusammenbau zuständig.
    * schließt die Klassen, die die einzelnen Bestandteile definieren, und die Schnittstellen ein, die für den Zusammenbau des Produkts benötigt werden.
- **Anwendbarkeit:**
  Das Entwurfsmuster *Erbauer* wird verwendet, wenn
  - der Algorithmus zum Erzeugen eines komplexen Objekts unabhängig von den Teilen sein soll, aus denen das Objekt besteht und wie sie zusammengesetzt werden.
  - verschiedene Repräsentationen des anzulegenden Objekts möglich sein sollen.
- **Verwandte Muster:**
  - Wie bereits erwähnt, ähnelt das Entwurfsmuster *Erbauer* dem der *Abstrakten Fabrik* (siehe Seite 652), wobei jedoch das *Erbauer*-Muster ein Objekt in mehreren aufeinanderfolgenden Schritten erzeugt („zusammenbaut"), während eine *Abstrakte Fabrik* dies in einem Schritt tut.
  - Oft baut das *Erbauer*-Muster ein *Kompositum* (siehe Seite 678) zusammen.

Beispiel zum Entwurfsmuster „Erbauer"

Als Beispiel zum Erbauer-Muster soll hier die Konstruktion unterschiedlicher Autotypen dienen: Ein Auto z. B. besteht aus Rädern, Motor und Karosserie. Die Bestandteile liegen als verschiedene Klassen vor (z. B. einfacher und starker Motor).

Die Klasse `CDirector` konstruiert ein Fahrzeug, indem sie ein Objekt der Erbauerklassen `CLimousineBauer`, `CGelaendewagenBauer` oder `CCabrioletBauer` erhält, die alle drei von einer abstrakten Basisklasse `CAutoBauer` abgeleitet sind. Die Klasse `CDirector` stellt dann das Produkt (hier Fahrzeug) her, indem sie die Erbauermethoden `baueRaeder()`, `baueKarosserie()` und `baueMotor()` aufruft.
Abbildung 28.8 zeigt das Klassendiagramm zum Erbauer-Muster für dieses Auto.

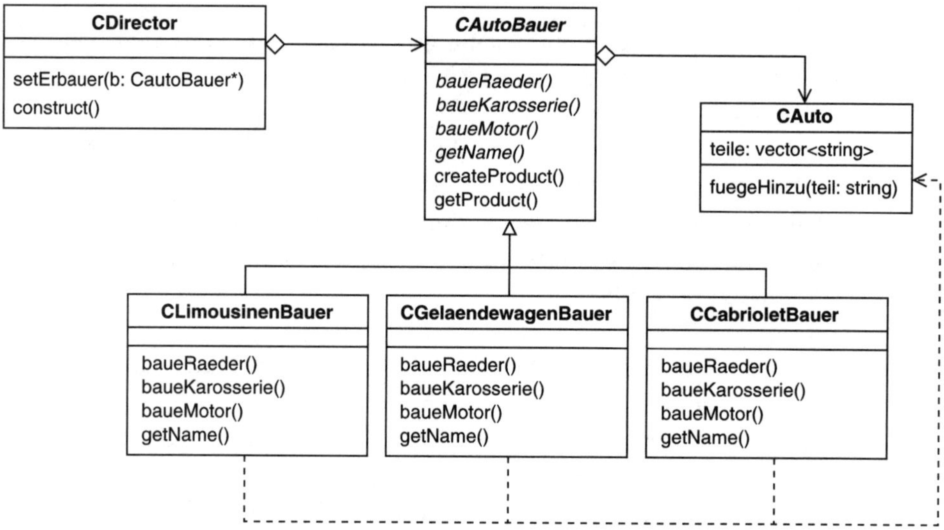

Abbildung 28.8: Erbauer-Muster zur Konstruktion unterschiedlicher Autos

Programm 28.12 – `erbauer.cpp`:
Realisierung des Erbauer-Musters aus Abbildung 28.8

```
#include <string>
#include <vector>
#include <map>
#include <iostream>
using namespace std;

class CAuto {
     friend ostream& operator<< (ostream& os, const CAuto& car) {
        os << "{ ";
        for (unsigned i = 0; i < car.teile.size(); ++i)
           os << car.teile[i] << ", ";
        return os << "}";
     }
  public:
     void fuegeHinzu(const string& name) { teile.push_back(name); }
  private:
     vector<string> teile;
};
```

```
class CAutoBauer {
  public:
    CAutoBauer() { product = 0; }
    void createProduct() { product = new CAuto; }
    virtual void baueRaeder()        = 0;
    virtual void baueKarosserie()    = 0;
    virtual void baueMotor()         = 0;
    virtual string getName() const = 0;
    CAuto *getProduct() {
      CAuto* temp = product;
      product = 0;
      return temp;
    }
  protected:
    CAuto *product;
};
class CLimousineBauer : public CAutoBauer {
  public:
    void baueRaeder()        { product->fuegeHinzu("4 normale Raeder");        }
    void baueKarosserie()    { product->fuegeHinzu("Limousinen-Karosserie"); }
    void baueMotor()         { product->fuegeHinzu("einfacher Motor");         }
    string getName() const { return "Limousine";                              }
};
class CGelaendewagenBauer : public CAutoBauer {
  public:
    void baueRaeder()        { product->fuegeHinzu("4 off-road Raeder");            }
    void baueKarosserie()    { product->fuegeHinzu("hoehergelegte Karosserie"); }
    void baueMotor()         { product->fuegeHinzu("starker Motor");                }
    string getName() const { return "Gelaendewagen";                                }
};
class CCabrioletBauer : public CAutoBauer {
  public:
    void baueRaeder()        { product->fuegeHinzu("4 normale Raeder");        }
    void baueKarosserie()    { product->fuegeHinzu("Cabriolet-Karosserie"); }
    void baueMotor()         { product->fuegeHinzu("einfacher Motor");         }
    string getName() const { return "Cabriolet";                              }
};
class CDirector {
  public:
    CDirector() { erbauer = 0; }
    void setErbauer(CAutoBauer *b) { erbauer = b; }
    void construct() {
      erbauer->createProduct();
      erbauer->baueRaeder();
      erbauer->baueKarosserie();
      erbauer->baueMotor();
    }
  private:
    CAutoBauer *erbauer;
};
```

```
CAuto *baueEinAuto(CDirector& dir, CAutoBauer *erbauer) {
   dir.setErbauer(erbauer);
   dir.construct();
   CAuto *b = erbauer->getProduct();
   cout << "... Baue eine(n) " << erbauer->getName() << endl;
   return b;
}
int main(void) {
   map <string, unsigned> bestellung; // Erzeugen einer Bestellung von Autos
   bestellung["limousine"]     = 3;
   bestellung["gelaendewagen"] = 2;
   bestellung["cabriolet"]     = 1;

   vector<CAuto*> autos; //.... Autos zusammenbauen lassen
   CAutoBauer *l = new CLimousineBauer;
   CAutoBauer *g = new CGelaendewagenBauer;
   CAutoBauer *c = new CCabrioletBauer;

   CDirector direktor;
   map<string, unsigned>::iterator it = bestellung.begin();
   while (it != bestellung.end()) {
      CAutoBauer *erbauer;
      if      (it->first == "limousine")     erbauer = l;
      else if (it->first == "gelaendewagen") erbauer = g;
      else if (it->first == "cabriolet")     erbauer = c;
      for (unsigned i = 0; i < it->second; ++i)
         autos.push_back(baueEinAuto(direktor, erbauer));
      ++it;
   }
   delete l;
   delete g;
   delete c;
   for (unsigned i=0; i < autos.size(); ++i) // Ausgabe der zusammengebauten Autos
      cout << *autos[i] << endl;
}
```

Programm 28.12 liefert die folgende Ausgabe:

```
... Baue eine(n) Cabriolet
... Baue eine(n) Gelaendewagen
... Baue eine(n) Gelaendewagen
... Baue eine(n) Limousine
... Baue eine(n) Limousine
... Baue eine(n) Limousine
{ 4 normale Raeder, Cabriolet-Karosserie, einfacher Motor, }
{ 4 off-road Raeder, hoehergelegte Karosserie, starker Motor, }
{ 4 off-road Raeder, hoehergelegte Karosserie, starker Motor, }
{ 4 normale Raeder, Limousinen-Karosserie, einfacher Motor, }
{ 4 normale Raeder, Limousinen-Karosserie, einfacher Motor, }
{ 4 normale Raeder, Limousinen-Karosserie, einfacher Motor, }
```

Übung: Unterschiedliche Erbauer als Stack und als Queue

Erstellen Sie ein Programm `erbauer2.cpp`, das 10 Zahlen über zwei unterschiedliche Erbauer einmal in einem Stack und einmal in einer Queue ablegen lässt. Geben Sie dazu den fehlenden Code zu folgender `main()`-Funktion im Programm `erbauer2.cpp` an.

```
//... hier fehlenden Code angeben
int main(void) {
  StackBuilder s;
   Director dir(&s);    dir.construct(); s.getResult().gibAus();
  QueueBuilder q;
   dir.setBuilder(&q); dir.construct(); q.getResult().gibAus();
}
```

Das Programm `erbauer2.cpp` sollte dann z. B. die folgende Ausgabe liefern:

```
9, 8, 7, 6, 5, 4, 3, 2, 1, 0,
0, 1, 2, 3, 4, 5, 6, 7, 8, 9,
```

28.3.5 Prototyp (prototype)

Das Entwurfsmuster *Prototyp* wird immer dann verwendet, wenn die Erzeugung weiterer Instanzen einer Klasse teuer ist und sich die Objekte ähneln.

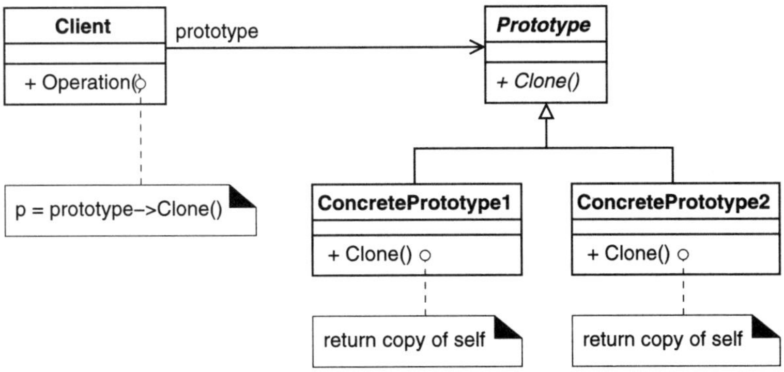

Abbildung 28.9: Allgemeine Struktur des Prototyp-Musters

- **Grundidee des Prototyp-Musters:**
  Erzeugen eines neuen Objekts zu einer Klasse, indem man ein bestehendes klont und das geklonte Objekt an die entsprechenden Bedürfnisse anpasst.
- **Teilnehmer:**
  - `Prototype`: deklariert eine Schnittstelle, um sich selbst zu klonen.
  - `ConcreteProtype`: implementiert Operation, um sich selbst zu klonen.
  - `Client`: erzeugt ein neues Objekt, indem es einen Prototyp auffordert, sich selbst zu klonen.
- **Anwendbarkeit:**
  Das Entwurfsmuster *Prototyp* wird verwendet, wenn ein System unabhängig

davon sein soll, wie seine Produkte erzeugt, zusammengesetzt und repräsentiert werden, und wenn

- die Klassen zu erzeugender Objekte erst zur Laufzeit spezifiziert werden, beispielsweise durch dynamisches Laden, oder
- vermieden werden soll, dass eine Klassenhierarchie von Fabriken erstellt wird, die parallel zur Klassenhierarchie der Produkte verläuft, oder
- Exemplare einer Klasse nur wenige unterschiedliche Zustandskombinationen haben können. Es ist eventuell bequemer, eine entsprechende Anzahl von Prototypen einzurichten und sie zu klonen, statt die Objekte einer Klasse jedesmal von Hand mit dem richtigen Zustand zu erzeugen.

- **Verwandte Muster:**
  - Eine *Abstrakte Fabrik* (siehe Seite 652) kann einen Satz von *Prototypen* enthalten, um diese zu klonen und als Produkte zurückzuliefern.
  - Bei Designs, die sehr viel das *Kompositum*-Muster (siehe Seite 678) und das `Dekorierer`-Muster (siehe Seite 692) verwenden, kann das *Prototyp*-Muster wertvolle Dienste leisten.

Beispiel zum Entwurfsmuster „Prototyp“

Programm 28.13 ist ein Demonstrationsbeispiel zum Entwurfsmuster *Prototyp*.

Programm 28.13 – `prototyp.cpp`:
Prototyp-Muster zum Klonen von Personen und Autos

```
#include <string>
#include <list>
#include <iostream>
#include <iomanip>
using namespace std;
//........................................................... CPrototype
class CPrototype {
  public:
     virtual CPrototype *Clone() const = 0;
};
//.............................................................. CPerson
class CPerson : public CPrototype {
  public:
     virtual ~CPerson() { }
     virtual CPerson *Clone() const { return new CPerson(); }
     void init(string name, unsigned alter) {
        m_name  = name;
        m_alter = alter;
     }
     string   getName()  const { return m_name;  }
     unsigned getAlter() const { return m_alter; }
  private:
     string   m_name;
     unsigned m_alter;
};
```

```
//............................................................. CAuto
class CAuto : public CPrototype {
  public:
     virtual ~CAuto() { }
     virtual CAuto *Clone() const { return new CAuto(); }
     void init(string marke, unsigned speed) {
        m_marke  = marke;
        m_geschw = speed;
     }
     string   getMarke()  const { return m_marke;  }
     unsigned getGeschw() const { return m_geschw; }
  private:
     string   m_marke;
     unsigned m_geschw;
};
//...................................................... CPrototypeFabrik
class CPrototypeFabrik {
  public:
     CPrototypeFabrik() : m_person(new CPerson), m_auto(new CAuto) { }
     virtual ~CPrototypeFabrik() {
        delete m_person;
        delete m_auto;
        cerr << "..Clone-Station hat ihre Clones geloescht" << endl;
     }
     virtual CPerson *machePerson(string name = "Mustermann",
                                  unsigned alter = 25) const {
        CPerson *person = m_person->Clone();
        person->init(name, alter);
        return person;
     }
     virtual CAuto *macheAuto(string marke = "Allround",
                              unsigned speed = 180) const {
        CAuto *car = m_auto->Clone();
        car->init(marke, speed);
        return car;
     }
  private:
     CPerson *m_person;
     CAuto   *m_auto;
};
int main(void) {
  CPrototypeFabrik fabrik;
   list<CPrototype *> personenAutos;
   personenAutos.push_back(fabrik.machePerson("Mueller", 52));
   personenAutos.push_back(fabrik.macheAuto("VW-Golf", 210));
   personenAutos.push_back(fabrik.macheAuto("Mercedes", 240));
   personenAutos.push_back(fabrik.machePerson("Maier", 34));
   personenAutos.push_back(fabrik.machePerson("Schmitt", 19));
   personenAutos.push_back(fabrik.macheAuto());
   personenAutos.push_back(fabrik.machePerson());
```

```
  list<CPrototype *>::iterator it = personenAutos.begin();
   for (it = personenAutos.begin(); it != personenAutos.end(); it++) {
      CPerson *p;
      CAuto   *a;
      if ( (p = dynamic_cast<CPerson*>(*it)) )
         cout << setw(15) << p->getName() << setw(5) << p->getAlter() << endl;
      else if ( (a = dynamic_cast<CAuto*>(*it)) )
         cout << setw(15) << a->getMarke() << setw(5) << a->getGeschw() << endl;
   }
}
```

Programm 28.13 liefert die folgende Ausgabe:

```
        Mueller   52
        VW-Golf  210
       Mercedes  240
          Maier   34
        Schmitt   19
       Allround  180
     Mustermann   25
..Clone-Station hat ihre Clones geloescht
```

Verwendung eines Prototyp-Managers

Programm 28.14 verwendet einen *Prototyp-Manager,* der für die Verwaltung der Prototypen zuständig ist. Abbildung 28.10 zeigt das zugehörige Klassendiagramm.

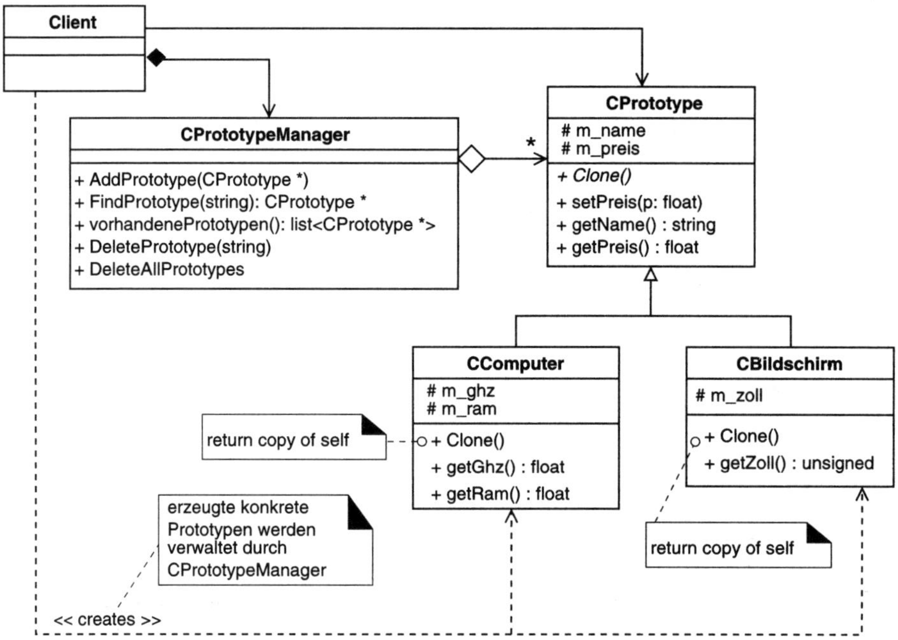

Abbildung 28.10: Einsatz eines Prototyp-Managers in Programm 28.14

Programm 28.14 – `prototyp2.cpp`:
Verwendung eines Prototyp-Managers

```
#include <list>
#include <iostream>
#include <iomanip>
using namespace std;
class CPrototype {
  public:
     CPrototype(const string& nam, float preis) : m_name(nam), m_preis(preis) { }
     virtual ~CPrototype() { }
     virtual CPrototype *Clone() const = 0;
     void   setPreis(float preis) { m_preis = preis; }
     string getName()  const { return m_name;   }
     float  getPreis() const { return m_preis;  }
  protected:
     string m_name;
     float  m_preis;
};
class CComputer : public CPrototype {
  public:
     CComputer(const string& nam, float preis, float ghz, float ram)
           : CPrototype(nam, preis), m_ghz(ghz), m_ram(ram) { }
     virtual ~CComputer() { }
     virtual CPrototype *Clone() const { return new CComputer(*this); }
     float getGhz() const { return m_ghz; }
     float getRam() const { return m_ram; }
  protected:
     float m_ghz;
     float m_ram; // in Giga
};
class CBildschirm : public CPrototype {
  public:
     CBildschirm(const string& nam, float preis, unsigned zoll)
           : CPrototype(nam, preis), m_zoll(zoll) { }
     virtual ~CBildschirm() { }
     virtual CPrototype *Clone() const { return new CBildschirm(*this); }
     unsigned getZoll() const         { return m_zoll; }
  protected:
      unsigned m_zoll;
};
class CPrototypeManager {
  public:
     CPrototypeManager() { DeleteAllPrototypes(); }
     virtual ~CPrototypeManager() { DeleteAllPrototypes(); }
     void AddPrototype(CPrototype *prototype) {
        if (prototype) { // Wenn Prototype existiert -> zur Liste hinzufügen
           if (FindPrototype(prototype->getName()) != 0) // bereits exist.
              DeletePrototype(prototype->getName());     // Prototyp-Obj. löschen
           prototypen.push_back(prototype);
        }
```

```
    }
    CPrototype *FindPrototype(const string& label) const {
      CPrototype *rueckgabe = 0;
      list<CPrototype *>::const_iterator it;
      for (it = prototypen.begin(); it != prototypen.end(); it++)
          if (label == (*it)->getName()) {
             rueckgabe = *it;
             break;
          }
      return rueckgabe;
    }
    list<CPrototype *> vorhandenePrototypen() const {
      list<CPrototype *> rueckgabe;
      list<CPrototype *>::const_iterator it;
      for (it = prototypen.begin(); it != prototypen.end(); it++)
         rueckgabe.push_back(*it);
      return rueckgabe;
    }
    void DeletePrototype(const string& label) {
      CPrototype *p = 0;
      list<CPrototype *>::iterator it;
      for (it = prototypen.begin(); it != prototypen.end(); it++)
         if (label == (*it)->getName()) {
            delete (p = *it);
            it = prototypen.erase(it);
            break;
         }
    }
    void DeleteAllPrototypes() {
      CPrototype *p = 0;
      list<CPrototype *>::iterator it;
      for (it = prototypen.begin(); it != prototypen.end(); it++)
         delete (p = *it);
      prototypen.clear(); // Inhalt der ganzen Liste loeschen
    }
  protected:
    list <CPrototype *>prototypen;
};
void ausgabeListe(list<CPrototype *> liste) {
   list<CPrototype *>::iterator it = liste.begin();
   for (it = liste.begin(); it != liste.end(); it++) {
     CComputer   *c;
     CBildschirm *b;
     cout << setw(15) << (*it)->getName() << setw(10) << (*it)->getPreis();
     if ( (c = dynamic_cast<CComputer*>(*it)) )
        cout << setw(10) << c->getGhz() << setw(10) << c->getRam() << endl;
     else if ( (b = dynamic_cast<CBildschirm*>(*it)) )
        cout << setw(10) << b->getZoll() << endl;
   }
}
```

```
int main(void)
{
   CPrototypeManager prototypManager;
   //.... Erzeugen/Hinzufügen zweier Computer- und eines Bildschirm-Prototyps
   CComputer *computer1 = new CComputer("Supermaschine", 1989.56, 7.4, 11.2);
    prototypManager.AddPrototype(computer1);
   CComputer *computer2 = new CComputer("Antik", 17.99, 0.5, 0.128);
    prototypManager.AddPrototype(computer2);
   CBildschirm *bildschirm1 = new CBildschirm("FlachTop", 399.72, 22);
    prototypManager.AddPrototype(bildschirm1);
   //.... Suchen nach Prototyp 'Antik' und Preis ändern
   CPrototype *proto = prototypManager.FindPrototype("Antik");
   if (proto) { // wenn gefunden, dann klonen und als neuen Prototyp hinzufügen
      CPrototype *neuProto = proto->Clone();
      neuProto->setPreis(29.84); // neuer Sammlerpreis
      prototypManager.AddPrototype(neuProto);
   }
   //.... Ausgeben einer Liste der vorhandenen Prototypen
   cout << "......................... Vorhandene Prototypen" << endl;
   ausgabeListe(prototypManager.vorhandenePrototypen());
   //.... Anlegen des Lagerbestands mittels Klonens
   list<CPrototype *> lager;
   lager.push_back(prototypManager.FindPrototype("Supermaschine")->Clone());
   lager.push_back(prototypManager.FindPrototype("Supermaschine")->Clone());
   lager.push_back(prototypManager.FindPrototype("Supermaschine")->Clone());
   lager.push_back(prototypManager.FindPrototype("Antik")->Clone());
   lager.push_back(prototypManager.FindPrototype("Antik")->Clone());
   lager.push_back(prototypManager.FindPrototype("FlachTop")->Clone());
   lager.push_back(prototypManager.FindPrototype("FlachTop")->Clone());
   lager.push_back(prototypManager.FindPrototype("FlachTop")->Clone());
   cout << "............................ Im Lager vorhanden" << endl;
   ausgabeListe(lager);
}
```

Programm 28.14 liefert die folgende Ausgabe:

```
........................... Vorhandene Prototypen
  Supermaschine   1989.56       7.4       11.2
       FlachTop    399.72        22
          Antik     29.84       0.5      0.128
.............................. Im Lager vorhanden
  Supermaschine   1989.56       7.4       11.2
  Supermaschine   1989.56       7.4       11.2
  Supermaschine   1989.56       7.4       11.2
          Antik     29.84       0.5      0.128
          Antik     29.84       0.5      0.128
       FlachTop    399.72        22
       FlachTop    399.72        22
       FlachTop    399.72        22
```

28.4 Strukturmuster (structural patterns)

28.4.1 Kompositum (composite)

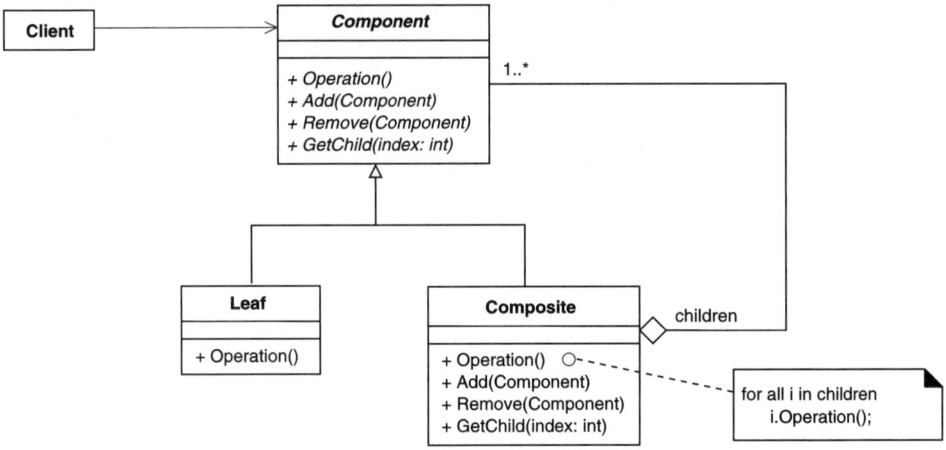

Abbildung 28.11: Allgemeine Struktur des Kompositum-Musters

- **Grundidee des Kompositum-Musters:**
  Zusammenfügen von Objekten zu Baumstrukturen, um *Teil-Ganzes-Hierarchien* zu repräsentieren. Das *Kompositum*-Muster ermöglicht es Klienten, sowohl einzelne Objekte als auch Kompositionen von Objekten einheitlich zu behandeln.
- **Teilnehmer:**
  - `Component`
    * deklariert Schnittstelle für Objekte in der zusammengefügten Struktur und implementiert eventuell ein Default-Verhalten für die allen Klassen gemeinsame Schnittstelle.
    * deklariert eine Schnittstelle zum Zugriff auf und zur Verwaltung von Kindkomponenten.
    * definiert optional eine Schnittstelle zum Zugriff auf das Elternobjekt einer Komponente innerhalb der rekursiven Struktur und implementiert sie, falls dies angebracht erscheint.
  - `Leaf`
    * repräsentiert Blattobjekte (ohne Kinder) in der Komposition.
    * definiert Verhalten für die primitiven Objekte in der Komposition.
  - `Composite`
    * definiert Verhalten für Komponenten, die Kindobjekte haben können und speichert Kindobjekt-Komponenten.
    * implementiert Operationen der `Component`-Schnittstelle, die Kindobjekt-bezogen sind.
  - `Client`
    manipuliert Objekte in Komposition über `Component`-Schnittstelle.

- **Anwendbarkeit:**
  Das Entwurfsmuster *Kompositum* wird verwendet, wenn
  - man *Teil-Ganzes-Hierarchien* von Objekten repräsentieren möchte.
  - es Klienten möglich sein soll, die Unterschiede zwischen zusammengesetzten und einzelnen Objekten zu ignorieren. Klienten behandeln alle Objekte in der zusammengesetzten Struktur einheitlich.
- **Verwandte Muster:**
  - Das *Kompositum*-Muster wird für *Zuständigkeitsketten* (*chain of responsibility*; siehe Seite 744) verwendet.
  - Das *Dekorierer*-Muster (siehe Seite 692) wird oft mit dem *Kompositum*-Muster benutzt.
  - Das *Iterator*-Muster (siehe Seite 711) kann benutzt werden, um ein *Kompositum* zu traversieren.
  - Das *Besucher*-Muster (*visitor*; siehe Seite 754) kann benutzt werden, um Operationen und Verhaltensweisen zu lokalisieren, die ansonsten über das *Kompositum* und seine Blattobjekte verstreut wären.

Ein typischer Einsatzfall für das Kompositum-Muster ist eine Objektstruktur, wie sie in Abbildung 28.12 dargestellt ist.

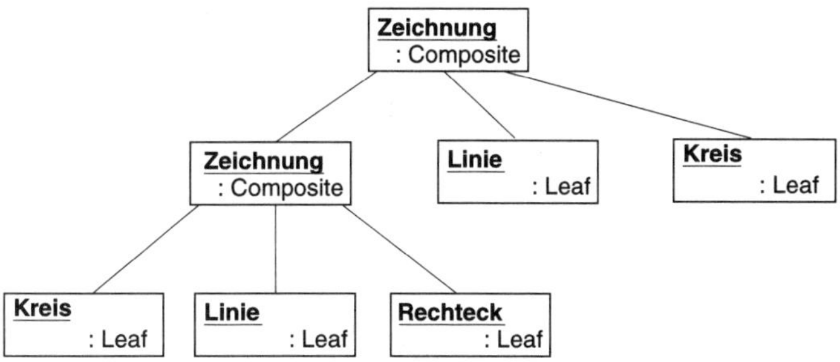

Abbildung 28.12: Typische Objektstruktur für den Einsatz des Kompositum-Musters

Programm 28.15 – `kompositum.cpp`:
Demoprogramm zum Kompositum-Muster

```
#include <iostream>
#include <iomanip>
using namespace std;
class Component {
  public:
     virtual void traverse(int) = 0;
};
class Leaf : public Component {
  public:
     Leaf(int wert) : m_wert(wert) { }
     void traverse(int tiefe) { cout << m_wert << " "; }
  private:
     int  m_wert;
};
```

```
class Composite : public Component {
  public:
     Composite() : m_anzahl(0) { }
     void add(Component *elem) { m_children[m_anzahl++] = elem; }
     void traverse(int tiefe) {
        cout << endl << setw(tiefe*4) << " " << tiefe << ": ";
        for (int i=0; i < m_anzahl; i++)
           m_children[i]->traverse(tiefe+1);
     }
  private:
     Component *m_children[99];
     int        m_anzahl;
};
int main(void) {
   int i;
   Composite  containers[4];
   for (i=0; i < 4; i++) {
      containers[i].add( new Leaf(2 * i) );
      containers[i].add( new Leaf(2 * i + 1) );
   }
   containers[2].add( &(containers[3]) );    containers[1].add( &(containers[2]) );
   containers[0].add( &(containers[1]) );    containers[0].add( &(containers[2]) );
   containers[0].add( &(containers[3]) );
   for (i=3; i >= 0; i--) {
      cout << "Container" << i << ": ";
      containers[i].traverse(1);
      cout << endl;
   }
}
```

Programm 28.15 liefert die folgende Ausgabe:

```
Container3:
    1: 6 7
Container2:
    1: 4 5
        2: 6 7
Container1:
    1: 2 3
        2: 4 5
            3: 6 7
Container0:
    1: 0 1
        2: 2 3
            3: 4 5
                4: 6 7
        2: 4 5
            3: 6 7
        2: 6 7
```

28.4.2 Fassade (facade)

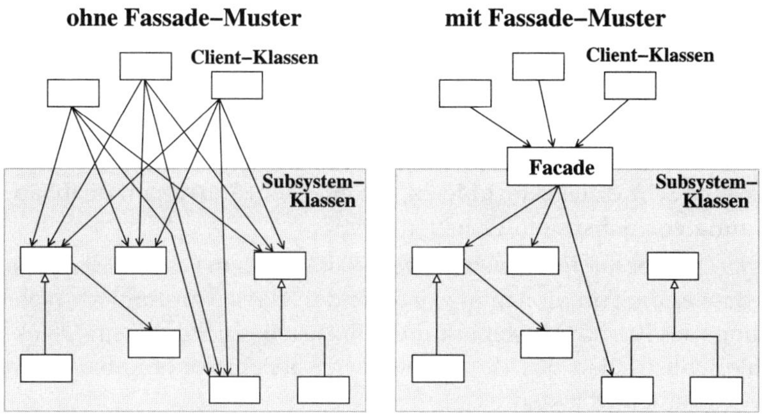

Abbildung 28.13: Allgemeine Struktur des Fassade-Musters

- **Grundidee des Fassade-Musters:**
  Anbieten einer einheitlichen Schnittstelle zu einer Menge von Schnittstellen eines Subsystems. Die Fassadenklasse definiert eine abstrakte Schnittstelle, die die Benutzung des Subsystems vereinfacht.
- **Teilnehmer:**
  - `Facade`
    * weiß, welche Subsystemklassen für eine Anfrage zuständig sind.
    * delegiert Anfragen von Klienten an die jeweils zuständigen Objekte im Subsystem.
  - `Subsystemklassen`
    * implementieren die Funktionalität des Subsystems.
    * führen vom `Facade`-Objekt zugewiesene Aufgaben durch.
    * kennen das `Facade`-Objekt nicht, was bedeutet, dass sie keine Referenzen auf dieses besitzen.
- **Anwendbarkeit:**
  Das Entwurfsmuster *Fassade* wird verwendet, wenn
  - man eine einfache Schnittstelle zu einem komplexen Subsystem anbieten möchte. Subsysteme werden im Laufe ihrer Entwicklung oft komplexer. Die meisten Muster, wendet man sie an, führen zu kleineren Klassen. Dies macht das Subsystem leichter wiederverwendbar und einfacher anpassbar. Eine Fassade kann eine einfache voreingestellte Sicht auf das Subsystem bieten, die den meisten Klienten genügt. Nur Klienten, die eine größere Anpassbarkeit benötigen, müssen hinter die Fassade schauen.
  - es viele Abhängigkeiten zwischen den Klienten und den Implementierungsklassen einer Abstraktion gibt. Die Einführung einer Fassade entkoppelt die Subsysteme von Klienten und anderen Subsystemen, was sich positiv auf die Unabhängigkeit und die Portabilität des Subsystems auswirkt.

- man seine Subsysteme in Schichten aufteilen möchte. Man verwendet eine Fassade, um einen Eintrittspunkt zu jeder Subsystemschicht zu definieren. Hängen die Subsysteme voneinander ab, kann man deren Abhängigkeiten untereinander vereinfachen, indem man sie ausschließlich über ihre Fassade miteinander kommunizieren lässt.

- **Verwandte Muster:**
  - Die *abstrakte Fabrik* (siehe Seite 652) kann mit dem *Fassade*-Muster verwendet werden, um eine Schnittstelle anzubieten, die eine vom Subsystem unabhängige Erzeugung von Subsystem-Objekten erlaubt.
  - Das *Vermittler*-Muster (*mediator*; siehe Seite 748) ähnelt dem *Fassade*-Muster in der Weise, dass es die Funktionalität existierender Klassen abstrahiert. Während allerdings das *Fassade*-Muster nur die Schnittstelle zu Subsystem-Objekten abstrahiert, abstrahiert das *Vermittler*-Muster beliebige Kommunikation zwischen verwandten Objekten.
  - Das *Iterator*-Muster (siehe Seite 711) kann benutzt werden, um ein *Kompositum* zu traversieren.
  - Da meist nur ein *Fassade*-Objekt benötigt wird, sind *Fassade*-Objekte meist auch *Singletons* (siehe Seite 664).

Programm 28.16 – `fassade.cpp`:
Demoprogramm zum Fassade-Muster

```
#include <iostream>
using namespace std;
class Rohbau {
  public:
    void durchfuehren()    { m_zustand = Anfangen;           }
    bool zustandPruefen() { return ++m_zustand == Fertig; }
  private:
    enum Schritte { Anfangen, Aushub, Fudament, Kanalanschluss, Kellermauern,
                    Kellerdecke, Ergeschossmauern, Erdgeschossdecke,
                    Stock1mauern, Stock1Decke, Giebelmauern, Dachgeruest,
                    Richtfestorganisieren, Dacheindecken, Fertig  };
    int m_zustand;
};
class Innenausbau {
  public:
    void durchfuehren()    { m_zustand = Anfangen;           }
    bool zustandPruefen() { return ++m_zustand == Fertig; }
  private:
    enum Schritte { Anfangen, Fenstereinsetzen, Estrich, Elektroinstallieren,
                    Heizungsanitaer, Innenputz, Waendestreichen, Bodenbelag,
                    Fertig  };
    int m_zustand;
};
class Einrichtung {
  public:
    void durchfuehren()    { m_zustand = Anfangen;           }
    bool zustandPruefen() { return ++m_zustand == Fertig; }
```

```
  private:
     enum Schritte { Anfangen, Einbaukueche, Lampenmontieren,
                     Einziehen, Einzugsfeier, Fertig     };
     int m_zustand;
};
class Fassade {
  public:
     Fassade() : m_zaehl(0) { }
     void durchfuehren() { m_zustand = Anfangen; }
     bool zustandPruefen() {
        m_zaehl++;
        if (m_zustand == Anfangen) {
           m_zustand++; rohbau.durchfuehren();
           cout << "............................Fassade Anfang" << endl;
        } else if (m_zustand == Roh) {
           if (rohbau.zustandPruefen()) {
              cout << "      Rohbau fertig: " << m_zaehl << " Durchgaenge" << endl;
              m_zustand++; innenAusbau.durchfuehren();
           }
        } else if (m_zustand == Innen) {
           if (innenAusbau.zustandPruefen()) {
              cout << "Innenausbau fertig: " << m_zaehl << " Durchgaenge" << endl;
              m_zustand++; einrichtung.durchfuehren();
           }
        } else if (m_zustand == Einricht) {
           if (einrichtung.zustandPruefen()) {
              cout << "Einrichtung fertig: " << m_zaehl << " Durchgaenge" << endl;
              cout << "............................Fassade Ende" << endl;
              return true; // Haus fertig
           }
        }
        return false; // Haus noch nicht ganz fertig
     }
     int wievieleSchritte() { return m_zaehl; }
  private:
     enum Schritte { Anfangen, Roh, Innen, Einricht };
     int  m_zustand, m_zaehl;
     Rohbau      rohbau;
     Innenausbau innenAusbau;
     Einrichtung einrichtung;
};
int main(void)
{
   Fassade hausbau;

   hausbau.durchfuehren ();
   while (!hausbau.zustandPruefen()) // so lange, bis Haus vollständig fertig
      ;
   cout << "Insgesamt: " << hausbau.wievieleSchritte() << " Durchgaenge" << endl;
}
```

Programm 28.16 verwendet eine Klasse `Fassade`, um die komplexen Schritte eines Hausbaus zu verstecken. Im richtigen Leben wäre es sicher auch für einen Bauherrn, der kein Baufachmann ist, empfehlenswert, eine entsprechende Fachperson zu engagieren, die ihm die ganzen komplexen und nicht leicht nachvollziehbaren Koordinierungsschritte abnimmt, so dass er nur mit dieser „Fassaden-Person" kommunizieren muss, und sich nicht mit den Handwerkern herumschlagen muss. Dies spart Zeit und Ärger. Programm 28.16 liefert die folgende Ausgabe:

```
..............................Fassade Anfang
     Rohbau fertig: 15 Durchgaenge
Innenausbau fertig: 23 Durchgaenge
Einrichtung fertig: 28 Durchgaenge
..............................Fassade Ende
Insgesamt: 28 Durchgaenge
```

28.4.3 Proxy

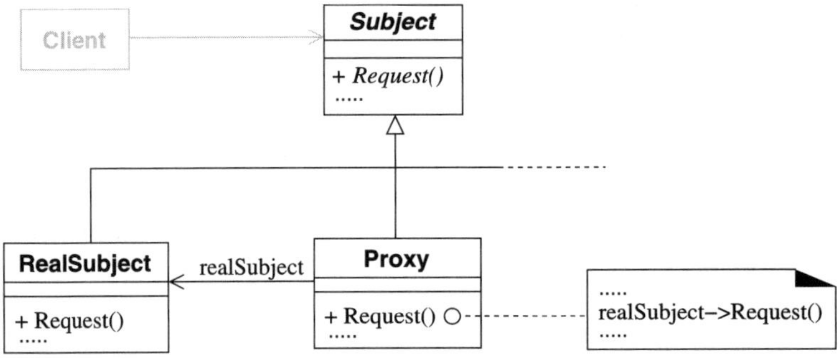

Abbildung 28.14: Allgemeine Struktur des Proxy-Musters

- **Grundidee des Proxy-Musters:**
  Kontrollieren des Zugriffs auf ein Objekt mit Hilfe eines vorgeschalteten Stellvertreterobjekts.
- **Teilnehmer:**
  - `Proxy`
    * unterhält eine Referenz, die es `Proxy` ermöglicht, auf `RealSubject` zuzugreifen. Das Proxy kann dabei die Schnittstelle von `Subject` verwenden, wenn diese mit der von `RealSubject` identisch ist.
    * bietet eine Schnittstelle, die mit der von `Subject` identisch ist, so dass ein Proxy für das eigentliche Subjekt eingesetzt werden kann.
    * kontrolliert den Zugriff auf das eigentliche `Subject` und ist potentiell dafür zuständig, es zu erzeugen und zu löschen.
    * *Remote-Proxies* sind dafür verantwortlich, eine Anfrage und ihre Argumente zuerst zu kodieren, bevor sie diese dann an das entsprechende `RealSubject`-Objekt schicken.

  * *Virtuelle Proxies (virtual proxies)* können zusätzliche Information über das eigentliche `RealSubject` zwischenspeichern, so dass sie den Zeitpunkt des Zugriffs steuern können.
  * *Schutzproxies (protection proxies)* prüfen, ob der Aufrufer genügend Rechte für einen Zugriff auf `RealSubject` besitzt.
- `Subject`
  definiert die gemeinsame Schnittstelle von `RealSubject` und `Proxy`, so dass ein Proxy überall dort benutzt werden kann, wo ein `RealSubject` erwartet wird.
- `RealSubject`
  definiert das eigentliche Objekt, das durch `Proxy` repräsentiert wird.

- **Anwendbarkeit:**
  Das Entwurfsmuster *Proxy* wird immer dann verwendet, wenn man statt eines einfachen Zeigers auf ein Objekt, eine flexiblere und intelligentere Referenz auf ein Objekt haben möchte. Typische solche Anwendungsfälle sind:
  - Ein *remote proxy* stellt einen lokalen Stellvertreter für ein Objekt in einem anderen Adressraum zur Verfügung.
  - Ein *virtual proxy* erzeugt Objekte, deren Anlegen zeit- und speicherintensiv ist, nur dann, wenn diese wirklich benötigt werden.
  - Ein *protection proxy* kontrolliert den Zugriff auf das Originalobjekt. Solche Proxies sind nützlich, wenn Objekte über unterschiedliche Zugriffsrechte verfügen sollen.
  - Eine *Smart-Reference* ist ein Ersatz für einen einfachen Zeiger, der zusätzliche Aktionen ausführt, wenn auf das Objekt zugegriffen wird, wie z. B.:
    * Zählen der Referenzen (*Reference-Counting*) auf das eigentliche Objekt, so dass man es automatisch freigeben kann, wenn keine Referenzen mehr auf das Objekt existieren (auch *Smart-Pointer* genannt).
    * Verzögertes Laden eines statischen Objekts erst dann, wenn das erste Mal auf ihn zugegriffen wird.
    * Testen, ob ein Objekt für den Zugriff gesperrt ist, bevor darauf zugegriffen wird. Dies ermöglicht exklusiven Zugriff auf ein Objekt.
- **Verwandte Muster:**
  - *Adapter* (siehe Seite 689): Während *Adapter* angepasste Schnittstellen zu einem Objekt zur Verfügung stellen, bietet ein *Proxy* dieselbe Schnittstelle wie sein `Subject`-Objekt an.
  - *Dekorierer* (*decorator*; siehe Seite 692): Während *Dekorierer* zusätzliche Verantwortlichkeiten einem oder mehreren Objekten zuteilen, kontrolliert ein *Proxy* den Zugriff zu einem Objekt.

Beispiel zum Entwurfsmuster „Proxy“

Programm 28.17 – `proxy.cpp`:
Demoprogramm zum Proxy-Muster

```
#include <string>
#include <iostream>
using namespace std;
```

```
class Subject {
  public:
     virtual void Request(string name) = 0;
};
class RealSubject : public Subject {
  public:
     void Request(string name) { cout << "Zutritt fuer " << name << endl; }
};
class Proxy : public Subject {
  public:
     Proxy() : realSubject(0) { }
     void Request(string name) {
       if (name != "Vorstand") { //... protection proxy
          cout << ".... kein Zutritt fuer " << name << endl;
          return;
       }
       if (realSubject == 0) { // wird erst bei Bedarf angelegt (virtual proxy)
          realSubject = new RealSubject();
          cout << "realSubject angelegt; ";
       }
       realSubject->Request(name);
     }
  private:
     RealSubject *realSubject;
};
int main(void) {
  Proxy *p = new Proxy();
   p->Request("Prokurist");
   p->Request("Chef");
   p->Request("Vorstand");
   p->Request("Vorstand");
}
```

Programm 28.17 liefert die folgende Ausgabe:

```
.... kein Zutritt fuer Prokurist
.... kein Zutritt fuer Chef
realSubject angelegt; Zutritt fuer Vorstand
Zutritt fuer Vorstand
```

Weiteres Beispiel zum Entwurfsmuster „Proxy“

Programm 28.18 – `proxy2.cpp`:
Weiteres Demoprogramm zum Proxy-Muster

```
#include <string>
#include <iostream>
using namespace std;
class SubjectImage {
  public:
     virtual void draw() = 0;
```

```
};
class RealImage : public SubjectImage {
  public:
     RealImage(string name ) : m_name(name) { }
     virtual ~RealImage() { }
     void draw() { cout << "   Einblenden Bild: " << m_name << endl; }
  private:
    string m_name;
};
class Proxy : public SubjectImage {
  public:
     Proxy(string name) : m_name(name), m_image(0) { }
     virtual ~Proxy() { }
     void draw() { getImage()->draw(); }
  protected:
     RealImage *getImage() {
        if (m_image == 0) {
           cout << "...Lade Bild: " << m_name << ";  ";
           m_image = new RealImage(m_name);
        }
        return m_image;
     }
  private:
     string     m_name;
     RealImage *m_image;
};
int main(void) {
   int     i;
   string bildNamen[] = { "Eins", "Zwei", "Drei", "Vier", "Fuenf", "Sechs" };
   const int bildZahl = sizeof(bildNamen) / sizeof(*bildNamen);
   Proxy  *bilder[bildzahl];
   for (i=0; i < bildZahl; i++)
      bilder[i] = new Proxy(bildNamen[i]);
   for (i=0; i < 10; i++)
      bilder[rand()%bildZahl]->draw();
}
```

Programm 28.18 liefert z. B. die folgende Ausgabe:

```
...Lade Bild: Zwei;     Einblenden Bild: Zwei
...Lade Bild: Fuenf;     Einblenden Bild: Fuenf
...Lade Bild: Vier;     Einblenden Bild: Vier
   Einblenden Bild: Zwei
...Lade Bild: Sechs;     Einblenden Bild: Sechs
   Einblenden Bild: Zwei
   Einblenden Bild: Fuenf
...Lade Bild: Eins;     Einblenden Bild: Eins
   Einblenden Bild: Vier
   Einblenden Bild: Zwei
```

Übung: Simulation eines File-Puffers

Da Ein-/Ausgaben auf Dateien sehr teuer sind, werden diese nicht direkt durchgeführt, sondern in einem internen Puffer gehalten, der erst dann physikalisch auf das jeweilige Gerät geschrieben wird, wenn er überläuft. Ein solcher File-Puffer soll im folgenden Programm `proxy3.cpp` mittels eines *Proxy*-Musters nachgebildet werden. Ergänzen Sie dazu dieses Programm um die fehlenden Klassen.

```
#include <cstring>
#include <iostream>
using namespace std;
#define PUFFSIZE 10
class Subject { /* .... */ };
class RealSubject : public Subject { /* .... */ };
class Proxy : public Subject { /* .... */ };
int main(void) {
  Proxy *p = new Proxy();
  char text[100];
  int  gesamt = 0;
   for (int i=1; i<=10; i++) {
      int anzahl = rand()%10+1;
      gesamt += anzahl;
      for (int j=0; j < anzahl; j++)
         text[j] = 'A'+rand()%26;
      text[anzahl] = 0;
      p->schreibe(text);
      cout << "....an Proxy wurden " << anzahl << " Zeichen geschickt"
           << " (interne Pufferbelegung: " << p->getPufferLen() << ")" << endl;
   }
   delete p;
   cout << "....Insgesamt wurden " << gesamt << " Zeichen geschickt" << endl;
}
```

Das Programm `proxy3.cpp` sollte z. B. die folgende Ausgabe liefern:

```
....an Proxy wurden 4 Zeichen geschickt (interne Pufferbelegung: 4)
WLRBMQBHCD
....an Proxy wurden 6 Zeichen geschickt (interne Pufferbelegung: 0)
....an Proxy wurden 1 Zeichen geschickt (interne Pufferbelegung: 1)
....an Proxy wurden 4 Zeichen geschickt (interne Pufferbelegung: 5)
ROWKKHIDDQ
....an Proxy wurden 7 Zeichen geschickt (interne Pufferbelegung: 2)
....an Proxy wurden 4 Zeichen geschickt (interne Pufferbelegung: 6)
....an Proxy wurden 3 Zeichen geschickt (interne Pufferbelegung: 9)
SCXRJMWFRS
....an Proxy wurden 4 Zeichen geschickt (interne Pufferbelegung: 3)
....an Proxy wurden 4 Zeichen geschickt (interne Pufferbelegung: 7)
JYBDBEFARC
....an Proxy wurden 9 Zeichen geschickt (interne Pufferbelegung: 6)
BYNECD
....Insgesamt wurden 46 Zeichen geschickt
```

28.4.4 Adapter

Abbildung 28.15 zeigt hier die beiden allgemeinen Klassendiagramme zum *Adapter*-Muster, das manchmal auch als *Wrapper*-Muster bezeichnet wird.

Klassenadapter: verwendet Mehrfachvererbung, um eine Schnittstelle an eine andere anzupassen

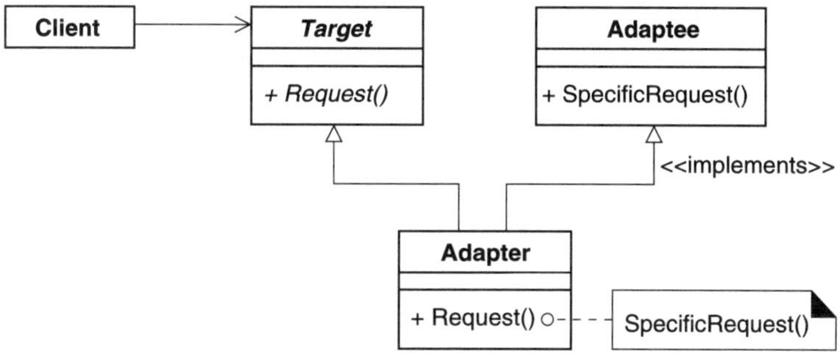

Objektadapter: verwendet Komposition, um eine Schnittstelle an eine andere anzupassen

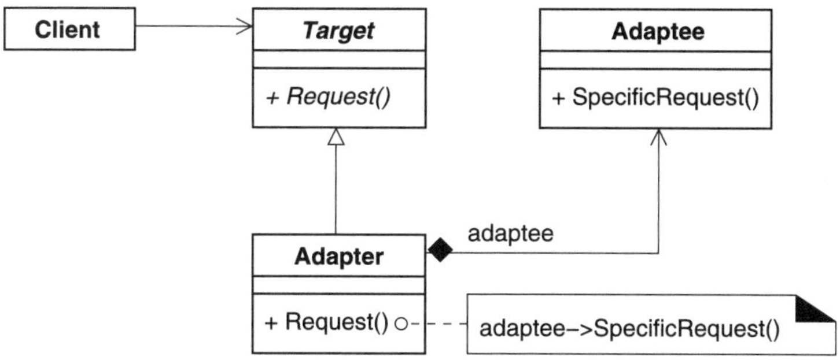

Abbildung 28.15: Klassendiagramme zu beiden Adapter-Mustern

- **Grundidee des Adapter-Musters:**
  Anpassen der Schnittstelle einer Klasse an eine andere Schnittstelle, die der Klient benutzen kann. Das *Adapter*-Muster ermöglicht es, dass Klassen zusammenarbeiten, die wegen inkompatibler Schnittstellen ansonsten nicht miteinander zusammenarbeiten könnten.
- **Teilnehmer:**
  - `Target`
    definiert vom Klienten benutzte anwendungsspezifische Schnittstelle.
  - `Client`
    arbeitet mit Objekten zusammen, die der Zielschnittstelle entsprechen.
  - `Adaptee` (*Adaptierte Klasse*)
    definiert eine existierende Schnittstelle, die anzupassen ist.
  - `Adapter`
    passt Schnittstelle der anzupassenden Klasse `Adaptee` an Zielschnittstelle an.

- **Anwendbarkeit:**
  Das Entwurfsmuster *Adapter* wird verwendet, wenn
  - man eine existierende Klasse verwenden will, deren Schnittstelle aber nicht der benötigten Schnittstelle entspricht.
  - man eine wiederverwendbare Klasse erstellen will, die mit unabhängigen oder nicht vorhersehbaren Klassen zusammenarbeiten soll, deren Schnittstellen nicht notwendigerweise kompatibel sind.
  - (*nur für Objektadapter*) man verschiedene existierende Unterklassen benutzen möchte, aber es mühsam oder nicht pratikabel ist, die Schnittstellen jeder einzelnen Unterklasse durch Ableiten anzupassen. Ein Objektadapter ist in der Lage, die Schnittstelle seiner Basisklasse anzupassen.
- **Verwandte Muster:**
  - Das *Brücke*-Muster (*bridge*; siehe Seite 700) ähnelt dem Objektadapter, wobei jedoch das *Brücke*-Muster dazu gedacht ist, eine Schnittstelle von ihrer Implementierung zu entkoppeln, so dass diese leicht und unabhängig voneinander variiert werden können. Ein *Adapter* dagegen ist für die Anpassung der Schnittstelle eines existierendes Objekts zuständig.
  - Das *Dekorierer*-Muster (*decorator*; siehe Seite 692) teilt zusätzliche Verantwortlichkeiten einem oder mehreren Objekten zu und ist somit für die Applikation transparenter als ein *Adapter*. So unterstützt z. B. ein *Dekorierer* rekursive Komposition, was bei einem *Adapter* nicht möglich ist.
  - Das *Proxy*-Muster (siehe Seite 684) schaltet ein Stellvertreterobjekt dem eigentlichen Objekt vor, ändert aber nicht dessen Schnittstelle, was das *Adapter*-Muster tut.

Nehmen wir an, dass Sie eine Grafikbibliothek zur Verfügung haben, in der eine Methode `draw()` zum Zeichnen von Rechtecken vorhanden ist. Diese Methode benötigt zum Zeichnen die Koordinaten der linken oberen und der rechten unteren Ecke des Rechtecks als Argumente. Allerdings benötigen wir in unserem Programm eine Methode `draw()`, bei der man die Koordinaten der linken oberen Ecke angibt, und dann die Breite und Höhe dieses Rechtecks.

Beispiel zur Realisierung eines Klassen-Adapters

Programm 28.19 – `adapter.cpp`:
Klassenadapter zu einer draw()-Methode

```
#include <iostream>
using namespace std;
class CRechteck {
  public:
     virtual void draw(int x, int y, int breite, int hoehe) const = 0;
};
class CAltRechteck {
  public:
     void oldDraw(int x1, int y1, int x2, int y2) const {
        cout << "oldDraw(" << x1 << "," << y1 << ","
                           << x2 << "," << y2 << ")" << endl;
     }
```

```
};
class CRechteckAdapter : public CRechteck, private CAltRechteck {
  public:
    virtual void draw(int x, int y, int breite, int hoehe) const {
      cout << "   draw(" << x << "," << y << ","
                            << breite << "," << hoehe << ")" << endl;
      oldDraw(x, y, x+breite, y+hoehe);
    }
};
int main(void) {
   CRechteck *r = new CRechteckAdapter();
   r->draw(150, 210, 120, 100);
   cout << "-------------------------" << endl;
   r->draw(30, 30, 100, 200);
}
```

Beispiel zur Realisierung eines Objekt-Adapters

Programm 28.20 zeigt eine Lösung zu dieser Aufgabenstellung mit einem Objektadapter, wobei der Code bis auf die Klasse `CRechteckAdapter` völlig identisch zum Programm 28.19 ist.

Programm 28.20 – `adapter2.cpp`:
Objektadapter zu einer draw()-Methode

```
//................................. siehe Programm~28.19
class CRechteckAdapter : public CRechteck {
  public:
    virtual void draw(int x, int y, int breite, int hoehe) const {
      cout << "   draw(" << x << "," << y << ","
                            << breite << "," << hoehe << ")" << endl;
      altRechteck.oldDraw(x, y, x+breite, y+hoehe);
    }
  private:
    CAltRechteck altRechteck;
};
//................................. siehe Programm~28.19
```

Sowohl Programm 28.19 als auch Programm 28.20 liefert die folgende Ausgabe:

```
   draw(150,210,120,100)
oldDraw(150,210,270,310)
-------------------------
   draw(30,30,100,200)
oldDraw(30,30,130,230)
```

Übung: Adapter für deutsches Zeitformat in das amerikanische

Fügen Sie zum folgenden Programmausschnitt eine Adapter-Klasse `USTime` hinzu, die das deutsche Zeitformat an das amerikanische anpasst.

```
#include <ctime>
#include <iostream>
using namespace std;
class GermanTime {
  public:
     char *getTime() {
        static char puffer[20];
        time_t zeit;
        time(&zeit);
        strftime(puffer, 20, "%H.%M", localtime(&zeit) );
        return puffer;
     }
};
//............. class USTime ist hier zu erstellen
int main(void) {
   USTime  usTime;
   cout << "American time is " << usTime.getTime() << endl;
}
```

Erstellen Sie zu dieser Aufgabenstellung zwei Programmvarianten:

- `adapter3.cpp` – Realisierung der Klasse `USTime` als Klassenadapter.
- `adapter4.cpp` – Realisierung der Klasse `USTime` als Objektadapter.

Beide Programme sollten dann z. B. die folgende Ausgabe liefern:

```
  German time is 17.24
American time is 5:24 PM
```

28.4.5 Dekorierer (decorator)

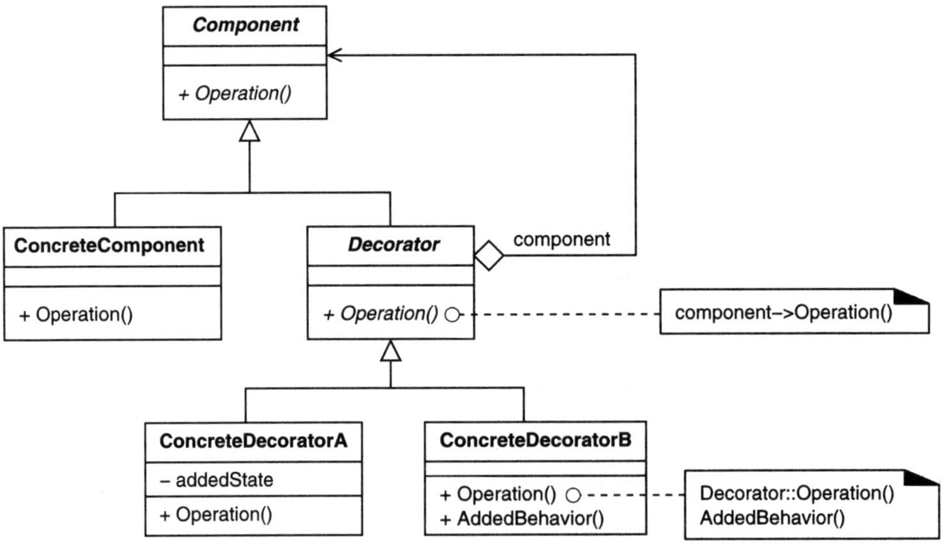

Abbildung 28.16: Allgemeine Struktur des Dekorierer-Musters

- **Grundidee des Dekorierer-Musters:**
  Dynamisches Erweitern eines Objekts um zusätzliche Zuständigkeiten. Dekorierer sind eine flexible Alternative zur Unterklassenbildung, um die Funktionalität einer Klasse zu erweitern.
- **Teilnehmer:**
  - `Component`
    definiert die Schnittstelle zu den Objekten, deren Verantwortlichkeiten dynamisch erweitert werden können.
  - `ConcreteComponent`
    definiert ein Objekt, dessen Verantwortlichkeiten dynamisch erweitert werden können.
  - `Decorator`
    verwaltet eine Referenz auf ein `Component`-Objekt und definiert auch eine Schnittstelle, die der `Component`-Schnittstelle entspricht.
  - `ConcreteDecorator`
    fügt der Komponente zusätzliche Verantwortlichkeiten hinzu.
- **Anwendbarkeit:**
  Das Entwurfsmuster *Dekorierer* wird verwendet,
  - um einzelnen Objekten zusätzliche Verantwortlichkeiten dynamisch hinzuzufügen, ohne dass andere Objekte davon betroffen werden.
  - um Verantwortlichkeiten hinzuzufügen, die man wieder entfernen kann.
  - wenn die Erweiterung mittels Unterklassenbildung unpraktisch ist.
    Dies kann z. B. der Fall sein,
    * wenn eine nicht überschaubare Anzahl von Unterklassen notwendig wäre, um jede denkbare Kombination abzudecken.
    * wenn eine Klassendefinition versteckt ist oder aus anderen Gründen zum Ableiten nicht verfügbar ist.
- **Verwandte Muster:**
  - *Adapter* (siehe Seite 689): Während ein *Adapter* zu einem Objekt eine neue Schnittstelle zur Verfügung stellt, ändert ein *Dekorierer* lediglich die Verantwortlichkeiten eines Objekts.
  - *Kompositum* (*composite*; siehe Seite 678): Ein *Dekorierer* kann als ein degeneriertes *Kompositum* angesehen werden, das nur eine Komponente besitzt. Allerdings fügt ein *Dekorierer* zusätzliche Verantwortlichkeiten hinzu und ist nicht für Objekt-Aggregationen vorgesehen.
  - *Strategie*-Muster (*strategy*; siehe Seite 740): Ein *Dekorierer* ermöglicht es, das Aussehen eines Objekts zu ändern, während das *Strategie*-Muster das interne Verhalten eines Objekts variieren kann.

Beispiel zum Entwurfsmuster „Dekorierer“

Programm 28.21 ist ein Demoprogramm zum *Dekorierer*-Muster. Abbildung 28.17 zeigt das zugehörige Klassendiagramm.

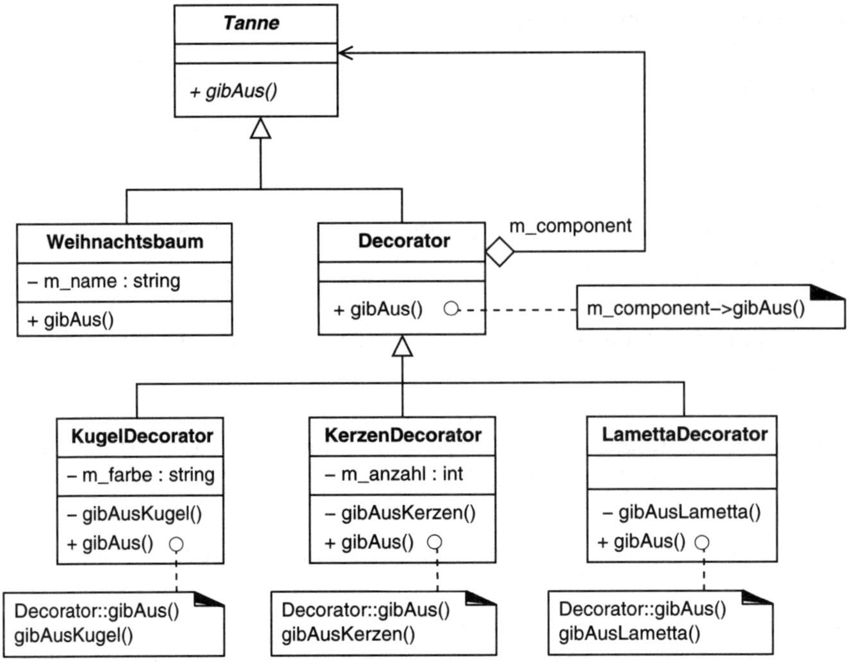

Abbildung 28.17: Dekorierer-Muster in Programm 28.21

Programm 28.21 – `dekorierer.cpp`:
Demoprogramm zum Dekorierer-Muster

```
#include <string>
#include <iostream>
using namespace std;
class Tanne {
  public:
     virtual void gibAus() = 0;
};
class Decorator : public Tanne {
  public:
     Decorator(Tanne* comp) : m_component(comp) { }
     virtual void gibAus() { m_component->gibAus(); }
  private:
     Tanne *m_component;
};
class KugelDecorator : public Decorator {
  public:
     KugelDecorator(Tanne* comp, string f) : Decorator(comp), m_farbe(f) { }
     virtual ~KugelDecorator() { }
     virtual void gibAus() {
        Decorator::gibAus();
        gibAusKugel();
     }
  private:
```

```
        void    gibAusKugel() { cout << "    " << m_farbe << " Kugeln" << endl; }
        string m_farbe;
};
class KerzenDecorator : public Decorator {
    public:
        KerzenDecorator(Tanne* comp, int n) : Decorator(comp), m_anzahl(n) { }
        virtual void gibAus() {
            Decorator::gibAus();
            gibAusKerzen();
        }
    private:
        int  m_anzahl;
        void gibAusKerzen() { cout << "    " << m_anzahl << " Kerzen" << endl; }
};
class LamettaDecorator : public Decorator {
    public:
        LamettaDecorator(Tanne* comp) : Decorator(comp) { }
        virtual void gibAus() {
            Decorator::gibAus();
            gibAusLametta();
        }
    private:
        void gibAusLametta() { cout << "    mit Lametta" << endl; }
};
class Weihnachtsbaum : public Tanne {
    public:
        Weihnachtsbaum(string name) : m_name(name) { }
        virtual ~Weihnachtsbaum() { }
        virtual void gibAus() {
            cout << "Weihnachtsbaum " << m_name << ": " << endl;
        }
    private:
        string m_name;
};
int main(void) {
    Tanne *baum[2];
    baum[0] = new KerzenDecorator(new Weihnachtsbaum("Sparta"), 3);
    baum[1] = new KugelDecorator(
                    new KerzenDecorator(
                        new KugelDecorator(
                            new LamettaDecorator(
                                new Weihnachtsbaum("DeLuxe")), "rote"), 20), "blaue");
    for (int i=0; i < 2; i++)
        baum[i]->gibAus();
}
```

Programm 28.21 liefert die folgende Ausgabe:

```
Weihnachtsbaum Sparta:
    3 Kerzen
```

```
Weihnachtsbaum DeLuxe:
   mit Lametta
   rote Kugeln
   20 Kerzen
   blaue Kugeln
```

Abbildung 28.18 zeigt, wie das `baum[1]`-Objekt in Programm 28.21 mittels der einzelnen Decorator-Klassen konfiguriert wird.

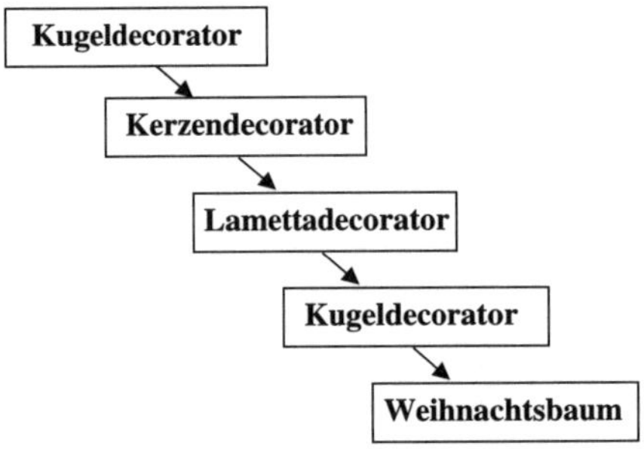

Abbildung 28.18: Wiederholte Anwendung der Dekorierer-Muster in Programm 28.21

Weiteres Beispiel zum Entwurfsmuster „Dekorierer"

Programm 28.22 ist ein weiteres Demoprogramm zum *Dekorierer*-Muster. Hier existiert eine Klasse `CZaehler` mit den drei Methoden:

- `count()` – inkrementiert den aktuellen Zählerstand ohne Berücksichtigung eines Modulus.
- `state()` – liefert den aktuellen Zählerstand.
- `reset()` – setzt den Zählerstand auf 0.

Benötigt wird nun aber zum einen eine Zählerklasse `CModZaehler`, die mit einstellbarem Modulus zählt. Zudem wird noch eine Zählerklasse `CSchrittZaehler` benötigt, die bei jedem `count()`-Aufruf mit einer festlegbaren Schrittweite zählt. Mittels des Dekorierer-Musters lassen sich dann beide Klassen kombinieren, wie es in Programm 28.22 gezeigt ist.

Programm 28.22 – `dekorierer2.cpp`:
Weiteres Demoprogramm zum Dekorierer-Muster

```
#include <iomanip>
#include <iostream>
using namespace std;
//.............................................................. Component
class Component {
  public:
     virtual int  count() = 0;
     virtual int  state() = 0;
     virtual void reset() = 0;
};
```

```
//............................................................... Decorator
class Decorator : public Component {
  public:
    Decorator(Component *c) : m_component(c) { }
    virtual int  count() { return m_component->count(); }
    virtual int  state() { return m_component->state(); }
    virtual void reset() { m_component->reset();        }
  private:
    Component *m_component;
};
//.............................................................. CModZaehler
class CModZaehler : virtual public Decorator {
  public:
    CModZaehler(Component *c, int m) : Decorator(c), m_modulus(m)  {}
    int  count() {
       if (Decorator::count() % m_modulus == 0)
          Decorator::reset();
       return Decorator::state();
    }
    int  state() { return Decorator::state(); }
    void reset() { Decorator::reset();        }
  protected:
    int m_modulus;
};
//........................................................... CSchrittZaehler
class CSchrittZaehler : virtual public Decorator {
  public:
    CSchrittZaehler(Component *c, int n=1) : Decorator(c), m_schritte(n) { }
    int  count() {
       for (int i=0; i < m_schritte-1; i++)
          Decorator::count();
       return Decorator::count();
    }
    int  state() { return Decorator::state(); }
    void reset() { Decorator::reset();        }
  protected:
    int m_schritte;
};

//................................................................. CZaehler
class CZaehler : public Component {
  public:
    CZaehler(int z=0) : m_zaehler(z) { }
    virtual int  count() { return ++m_zaehler; }
    virtual int  state() { return m_zaehler;   }
    virtual void reset() { m_zaehler = 0;      }
  private:
    int m_zaehler;
};
```

```
int main(void) {
   int  i;
   CModZaehler      modulo4(new CZaehler, 4);
   CSchrittZaehler schritt2(new CZaehler, 2);
   CSchrittZaehler modulo8_schritt2( new CModZaehler(new CZaehler, 8), 2 );
   CSchrittZaehler modulo10_schritt5( new CModZaehler(new CZaehler, 10), 5 );
   cout << setw(40) << "Modulo-4-Zaehler:  ";
   for (i=0; i < 10; i++)
      cout << modulo4.count() << ", ";
   cout << endl << setw(40) << "Zaehler mit Schrittweite 2:  ";
   for (i=0; i < 10; i++)
      cout << schritt2.count() << ", ";
   cout << endl << setw(40) << "Modulo-8-Zaehler (Schrittweite 2):  ";
   for (i=0; i < 10; i++)
      cout << modulo8_schritt2.count() << ", ";
   cout << endl << setw(40) << "Modulo-10-Zaehler (Schrittweite 5):  ";
   for (i=0; i < 10; i++)
      cout << modulo10_schritt5.count() << ", ";
}
```

Programm 28.22 liefert die folgende Ausgabe:

```
                    Modulo-4-Zaehler:  1, 2, 3, 0, 1, 2, 3, 0, 1, 2,
          Zaehler mit Schrittweite 2:  2, 4, 6, 8, 10, 12, 14, 16, 18, 20,
   Modulo-8-Zaehler (Schrittweite 2):  2, 4, 6, 0, 2, 4, 6, 0, 2, 4,
  Modulo-10-Zaehler (Schrittweite 5):  5, 0, 5, 0, 5, 0, 5, 0, 5, 0,
```

Übung: Vermeiden von Klassen-Explosion mit Dekorierer-Muster

Programm 28.23 zeigt eine Version, bei der Klassen mit Kombinationen aus zuvor definierten Klassen konfiguriert werden sollen. Dieses Programm zeigt dabei nur maximal mögliche Dreier-Kombinationen. Würde man aber 10er-Kombinationen zulassen, so würde dies bei dieser Vorgehensweise zwangsläufig zu einer Explosion von Klassen führen, da man für jede mögliche Kombination eine Klasse bilden müsste.

Programm 28.23 – `dekokombi.cpp`:
Wie könnte eine Klassenexplosion hier mit dem Dekorierer-Muster vermieden werden?

```
#include <iostream>
using namespace std;

class A { public: virtual void out() { cout << "A, "; } };

class A1 : public A {
  public:    virtual void out() { A::out(); out1(); }
  protected: void out1() { cout << "1, "; }
};
class A2 : public A {
  public:    virtual void out() { A::out(); out2(); }
  protected: void out2() { cout << "2, "; }
};
```

```
class A3 : public A {
  public:    virtual void out() { A::out(); out3(); }
  protected: void out3() { cout << "3, "; }
};
// class A4 : public A { ... };
// class A5 : public A { ... };
// ........
class A12 : public A1, public A2 {
  public:
     virtual void out() { A1::out(); A2::out2(); }
};
class A13 : public A1, public A3 {
  public:
     virtual void out() { A1::out(); A3::out3(); }
};
class A23 : public A2, public A3 {
  public:
     virtual void out() { A2::out(); A3::out3(); }
};
class A123 : public A1, public A2, public A3 {
  public:
     virtual void out() { A1::out(); A2::out2(); A3::out3(); }
};
// class A14   : public A1, public A4 { ... };
// class A15   : public A1, public A5 { ... };
// class A124  : public A1, public A2, public A4 { ... };
// class A1245 : public A1, public A2, public A4, public A5 { ... };
// .......... Explosion der Klassen aufgrund möglicher Kombinationen
int main(void)
{
   A1    a1;
   A12   a12;
   A23   a23;
   A123  a123;

   a1.out();   cout << endl;
   a12.out();  cout << endl;
   a23.out();  cout << endl;
   a123.out(); cout << endl;
}
```

Programm 28.23 liefert die folgende Ausgabe:

```
A, 1,
A, 1, 2,
A, 2, 3,
A, 1, 2, 3,
```

Erstellen Sie ein Programm `dekokombi2.cpp`, das diese Explosion von Klassen wie in Programm 28.23 vermeidet.

28.4.6 Brücke (bridge)

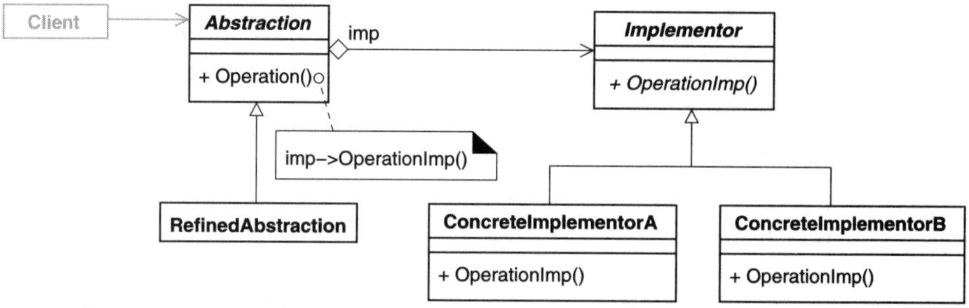

Abbildung 28.19: Allgemeine Struktur des Brücke-Musters

- **Grundidee des Brücke-Musters:**
  Entkoppeln einer Abstraktion von ihrer Implementierung, so dass beide unabhängig voneinander variiert werden können.
- **Teilnehmer:**
  - `Abstraction`
    * definiert die Schnittstelle der Abstraktion.
    * verwaltet eine Referenz auf ein Objekt vom Typ `Implementor`.
  - `RefinedAbstraction` (*Verfeinerte Abstraktion*)
    erweitert die durch `Abstraction` definierte Schnittstelle.
  - `Implementor`
    definiert die Schnittstelle für die Implementierungsklassen. Diese Schnittstelle muss nicht genau der Schnittstelle von `Abstraction` entsprechen, wobei sich beide Schnittstellen sogar erheblich voneinander unterscheiden können. Typischerweise bietet die Schnittstelle von `Implementor` nur primitive Operationen, während `Abstraction` komplizierte Operationen auf Basis dieser Primitiven definiert.
  - `ConcreteImplementor`
    implementiert die `Implementor`-Schnittstelle.
- **Anwendbarkeit:**
  Das Entwurfsmuster *Brücke* wird verwendet, wenn
  - man eine feste Verbindung zwischen Abstraktion und ihrer Implementierung vermeiden möchte. Dies kann z. B. sein, wenn die Implementierung zur Laufzeit auswählbar sein soll.
  - sowohl die Abstraktion als auch ihre Implementierungen durch Unterklassenbildung erweiterbar sein sollen. Das *Brücke*-Muster ermöglicht es in diesem Fall, verschiedene Abstraktionen und Implementierungen zu kombinieren und unabhängig voneinander zu erweitern.
  - Änderungen in der Implementierung einer Abstraktion keine Auswirkungen auf Klienten haben sollen. So ist keine erneute Kompilierung des Codes der Klienten erforderlich.

- (C++) man die Implementierung einer Abstraktion vollständig vor ihren Klienten verstecken möchte. In C++ ist die Repräsentation einer Klasse in der Klassenschnittstelle sichtbar.
- man eine Implementierung von mehreren Objekten aus gemeinsam nutzen möchte, möglicherweise unter Verwendung von Referenzzählung (*reference counting*), und dieser Sachverhalt vor dem Klienten verborgen werden soll.

- **Verwandte Muster:**
  - Eine *Abstrakte Fabrik* (siehe Seite 652) kann eine bestimmte *Brücke* erzeugen und konfigurieren.
  - Das *Adapter*-Muster (siehe Seite 689) ist dafür vorgesehen, nicht verwandte Klassen zusammenarbeiten zu lassen. Es wird üblicherweise bei Systemen verwendet, nachdem diese entworfen worden. Das *Brücke*-Muster dagegen wird verwendet, um bereits beim Entwurf Abstraktionen und Implementierungen voneinander zu entkoppeln, um diese dann unabhängig voneinander variieren zu können.

Beispiel zum Entwurfsmuster „Brücke"

Programm 28.24 ist ein Demoprogramm zum *Brücke*-Muster. Abbildung 28.20 zeigt das zugehörige Klassendiagramm.

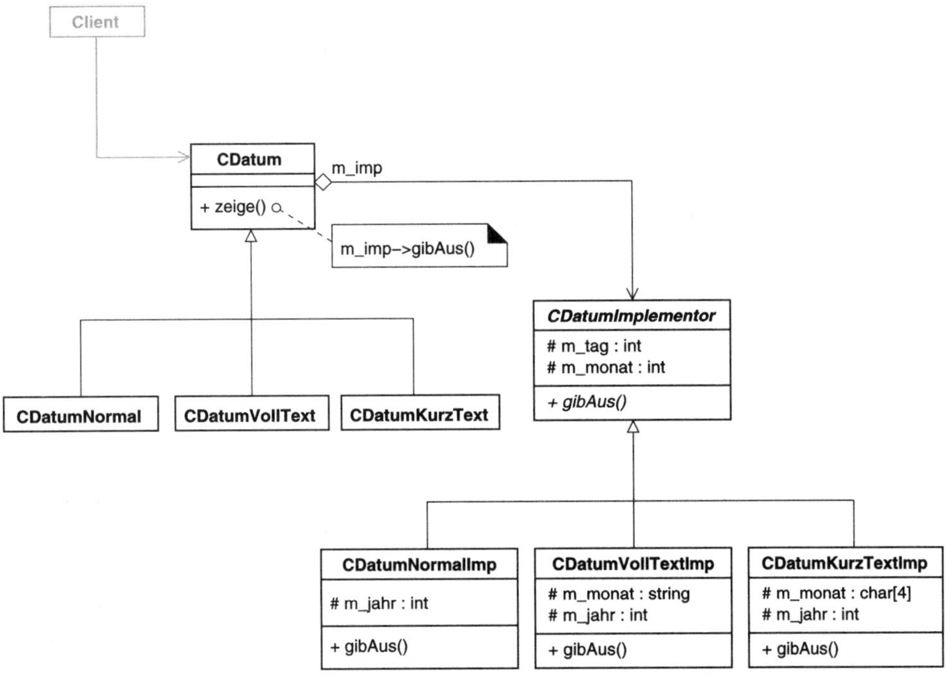

Abbildung 28.20: Brücke-Muster in Programm 28.24

Programm 28.24 – `bruecke.cpp`:
Demoprogramm zum Brücke-Muster

```
#include <cstring>
#include <iomanip>
#include <iostream>
using namespace std;
char *monatName[] = { "",
   "Januar", "Februar", "Maerz",     "April",    "Mai",      "Juni",
   "Juli",   "August",  "September", "Oktober", "November", "Dezember" };
//....................................... CDatumImplementor (Basis-Implementor)
class CDatumImplementor {
  public:
     CDatumImplementor(int t, int m) : m_tag(t), m_monat(m) { }
     virtual void gibAus() {
        cout << setw(2) << m_tag << "." << setw(2) << m_monat << endl; }
  protected:
     int m_tag, m_monat;
};
//.......................................................... CDatumNormalImp
class CDatumNormalImp : public CDatumImplementor {
  public:
     CDatumNormalImp(int t, int m, int j) : CDatumImplementor(t, m), m_jahr(j) { }
     virtual void gibAus() {
        cout << setw(2) << m_tag << "." << setw(2) << m_monat
             << "." << m_jahr << endl;                       }
  protected:
     int m_jahr;
};
//.......................................................... CDatumVollTextImp
class CDatumVollTextImp : public CDatumImplementor {
  public:
     CDatumVollTextImp(int t, int m, int j) : CDatumImplementor(t, m) {
        m_monat = monatName[m];
        m_jahr = j;
     }
     virtual ~CDatumVollTextImp() { }
     virtual void gibAus() {
        cout << setw(2) << m_tag << "." << m_monat << "." << m_jahr << endl; }
  protected:
     string m_monat;
     int    m_jahr;
};
//.......................................................... CDatumKurzTextImp
class CDatumKurzTextImp : public CDatumImplementor {
  public:
     CDatumKurzTextImp(int t, int m, int j) : CDatumImplementor(t, m) {
        strncpy(m_monat, monatName[m], 3);
        m_jahr = j;
     }
```

```
    virtual void gibAus() {
      cout << setw(2) << m_tag << "." << m_monat << "." << m_jahr << endl;
    }
  protected:
    char m_monat[4];
    int  m_jahr;
};
//.................................................... CDatum (Abstraction)
class CDatum {
  public:
    CDatum() { }
    CDatum(int t, int m) : m_imp(new CDatumImplementor(t, m )) { }
    virtual void zeige() { m_imp->gibAus(); }
  protected:
    CDatumImplementor *m_imp;
};
//...................................... CDatumNormal (RefinedAbstraction)
class CDatumNormal : public CDatum {
  public:
    CDatumNormal(int tag, int monat, int jahr) {
      m_imp = new CDatumNormalImp(tag, monat, jahr); }
};
//..................................... CDatumVollText (RefinedAbstraction)
class CDatumVollText : public CDatum {
  public:
    CDatumVollText(int tag, int monat, int jahr) {
      m_imp = new CDatumVollTextImp(tag, monat, jahr); }
};
//..................................... CDatumKurzText (RefinedAbstraction)
class CDatumKurzText : public CDatum {
  public:
    CDatumKurzText(int tag, int monat, int jahr) {
      m_imp = new CDatumKurzTextImp(tag, monat, jahr); }
};
int main(void) {
   CDatum *datum[4];
   datum[0] = new CDatum(14, 12);
   datum[1] = new CDatumNormal(14, 12, 2006);
   datum[2] = new CDatumVollText(14, 12, 2006);
   datum[3] = new CDatumKurzText(14, 12, 2006);
   for (int i=0; i < 4; i++)
     datum[i]->zeige();
}
```

Programm 28.24 liefert die folgende Ausgabe:

```
14.12
14.12.2006
14.Dezember.2006
14.Dez.2006
```

Weiteres Beispiel zum Entwurfsmuster „Brücke“

Programm 28.25 verwendet das *Brücke*-Muster, um während der Laufzeit des Programms zu entscheiden, ob der dort angebotene Stack als Array oder als Liste zu realisieren ist.

Programm 28.25 – `bruecke2.cpp`:
Zur Programmlaufzeit entscheiden, ob Stack als Liste oder Array zu realisieren ist

```
#include <iostream>
using namespace std;
enum ImplementierungsArt { alsArray, alsListe };
class CStackImp {
  public:
     virtual ~CStackImp() { };
     virtual void push(int) = 0;
     virtual int  pop()     = 0;
     virtual bool isEmpty() = 0;
     virtual bool isFull()  = 0;
};
class CArrayImp : public CStackImp {
  public:
     CArrayImp(int size) : m_array(new int[size]), m_size(size), m_pos(0) { }
     virtual ~CArrayImp() { delete m_array; }
     void push(int wert) { if (!isFull()) m_array[m_pos++] = wert; }
     int  pop()     { return (isEmpty()) ? 0 : m_array[--m_pos]; }
     bool isEmpty() { return m_pos == 0;                          }
     bool isFull()  { return m_pos == m_size;                     }
  private:
     int  *m_array, m_size, m_pos;
};
class CNode {
  public:
     CNode(int wert, CNode *next) : m_wert(wert), m_next(next) { }
     int    getValue() { return m_wert; }
     CNode *getNext()  { return m_next; }
  private:
     int   m_wert;
     CNode *m_next;
};
class CListImp : public CStackImp {
  public:
     CListImp() { m_head = NULL; }
     virtual ~CListImp() {
        CNode  *current = m_head, *previous;
        while (current) {
           previous = current;
           current = current->getNext();
           delete previous;
        }
     }
```

```
    void push(int wert) { m_head = new CNode(wert, m_head); }
    int  pop() {
       if (isEmpty()) return 0;
       CNode*  temp = m_head;
       int     wert = m_head->getValue();
       m_head = m_head->getNext();
       delete temp;
       return wert;
    }
    bool isEmpty() { return m_head == 0; }
    bool isFull()  { return false;       }
  private:
    CNode *m_head;
};
class CStack {
  public:
    CStack(ImplementierungsArt typ = alsArray, int size=10) {
      switch (typ) {
         case alsListe: imp = new CListImp();       break;
         default:       imp = new CArrayImp(size); break;
      }
    }
    virtual ~CStack()   { delete imp;           }
    void push(int wert) { imp->push(wert);      }
    int  pop()          { return imp->pop();    }
    bool isEmpty()      { return imp->isEmpty(); }
    bool isFull()       { return imp->isFull();  }
  private:
    CStackImp *imp;
};
int main(void) {
   unsigned i;
   CStack stack1(alsArray, 4), stack2, stack3(alsListe);
   for (i=1; i < 10; i++) {
      stack1.push(i);   stack2.push(i);   stack3.push(i);
   }
   cout << "Array stack1: ";
   for (i=1; i < 10 ; i++) cout << stack1.pop() << "  ";
   cout << endl << "Array stack2: ";
   for (i=1; i < 10 ; i++) cout << stack2.pop() << "  ";
   cout << endl << "Liste stack3: ";
   for (i=1; i < 10 ; i++) cout << stack3.pop() << "  ";
   cout << endl;
}
```

Programm 28.25 liefert die folgende Ausgabe:

```
Array stack1: 4  3  2  1  0  0  0  0  0
Array stack2: 9  8  7  6  5  4  3  2  1
Liste stack3: 9  8  7  6  5  4  3  2  1
```

28.4.7 Fliegengewicht (flyweight)

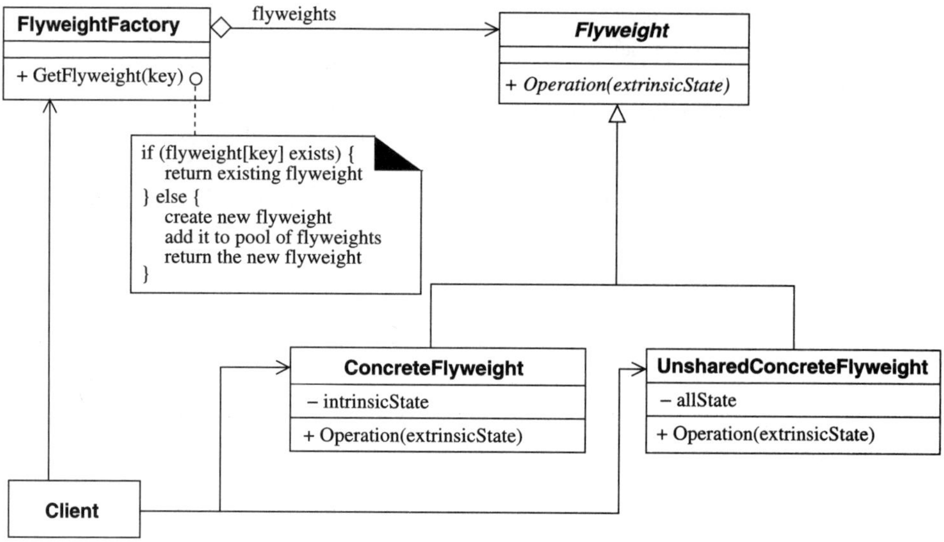

Abbildung 28.21: Allgemeine Struktur des Fliegengewicht-Musters

Das Objektdiagramm in Abbildung 28.22 zeigt, wie Fliegengewichte gemeinsam genutzt werden können.

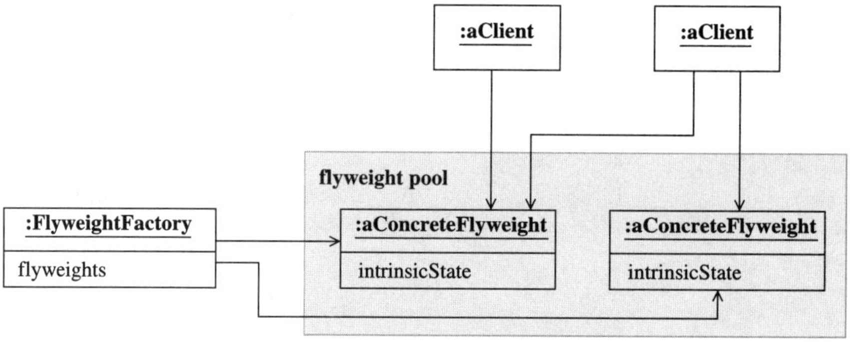

Abbildung 28.22: Gemeinsame Nutzung von Fliegengewichten

- **Grundidee des Fliegengewicht-Musters:**
  Gemeinsames Nutzen kleiner Objekte, um die Anzahl von Objekt-Instanzen zu verringern.
- **Teilnehmer:**
  - `Flyweight`
    deklariert eine Schnittstelle, durch die Fliegengewichte einen weiteren externen Zustand erhalten und verarbeiten können.
  - `ConcreteFlyweight`
    * implementiert die `Flyweight`-Schnittstelle und beinhaltet die gemeinsamen inneren Zustände, wenn solche vorhanden sind.

  * Ein `ConcreteFlyweight` muss gemeinsam nutzbar (*sharable*) sein. Jeder Zustand, den es beinhaltet, muss ein innerer (*intrinsic*) sein.

- `UnsharedConcreteFlyweight`
  Nicht alle von `Flyweight` abgeleiteten Klassen müssen gemeinsam genutzt werden. Die `Flyweight`-Schnittstelle ermöglicht eine gemeinsame Nutzung, erzwingt sie aber nicht. Es ist üblich, dass ab bestimmten Hierarchieebenen in der Objektstruktur `UnsharedConcreteFlyweight`-Objekte, die nicht gemeinsam genutzt werden, `ConcreteFlyweight`-Objekte als Kindobjekte besitzen.
- `FlyweightFactory`
  * erzeugt und verwaltet die `Flyweight`-Objekte.
  * stellt sicher, dass `Flyweight`-Objekte wirklich gemeinsam genutzt werden. Fordert ein Klient ein `Flyweight`-Objekt an, dann liefert die `FlyweightFactory` ein bereits existierendes Exemplar oder erzeugt ein neues, wenn ein solches noch nicht existiert.
- `Client`
  * unterhält Referenz(en) auf `Flyweight`-Objekt(e).
  * berechnet oder speichert den externen (*extrinsic*) Zustand der Fliegengewichte.

- **Anwendbarkeit:**
  Ob die Verwendung des *Fliegengewicht*-Musters Vorteile mit sich bringt, hängt sehr stark vom jeweiligen Anwendungsfall ab. Man sollte das *Fliegengewicht*-Muster nur anwenden, wenn *alle* folgenden Bedingungen zutreffen:
  - Eine Applikation verwendet eine große Anzahl von Objekten.
  - Die Speicherkosten sind allein aufgrund der Anzahl von Objekten groß.
  - Ein Großteil des Objektzustands kann in den Kontext verlagert und somit extern (*extrinsic*) gemacht werden.
  - Viele Gruppen von Objekten können durch relativ wenige gemeinsam nutzbare Objekte ersetzt werden, sobald einmal der extern (*extrinsic*) Zustand entfernt wurde.
  - Die Applikation hängt nicht von der Identität der Objekte ab.
- **Verwandte Muster:**
  - Das *Fliegengewicht*-Muster wird oft mit dem *Kompositum*-Muster (*composite*; siehe Seite 678) kombiniert, um eine logische hierarchische Struktur zu implementieren.
  - Oft ist es empfehlenswert, *Zustands*- (*state*; siehe Seite 732) und *Strategie*-Objekte (*strategy*; siehe Seite 740) als *Fliegengewichte* zu implementieren.

Beispiel zum Entwurfsmuster „Fliegengewicht“

Programm 28.26 – `fliegengewicht.cpp`: Demoprogramm zum Fliegengewicht-Muster

```
#include <string>
#include <map>
#include <iostream>
```

```
using namespace std;
class Flyweight {
  public:
     virtual void Operation(int extrinsic) = 0;
};
class ConcreteFlyweight : public Flyweight {
  public:
     ConcreteFlyweight(string intrinsic) : m_intrinsic(intrinsic) { }
     virtual ~ConcreteFlyweight() { }
     void Operation(int extrinsic) {
        cout << extrinsic << ": " << m_intrinsic << ";     ";
     }
  private:
     string m_intrinsic;
};
class UnsharedConcreteFlyweight : public Flyweight {
  public:
     void Operation(int extrinsic) { cout << extrinsic << ";     "; }
};
class FlyweightFactory {
  public:
     Flyweight *GetFlyweight(string key) {
        map<string, ConcreteFlyweight*>::iterator it;
        it = m_pool.find(key);
        if (it == m_pool.end())
           return m_pool[key] = new ConcreteFlyweight(key);
        return it->second;
     }
     void ShowPool(void) {
        map<string, ConcreteFlyweight*>::iterator it;
        cout << "Aktuell im Pool: ";
        for (it = m_pool.begin(); it != m_pool.end(); it++)
           cout << it->first << ", ";
        cout << endl;
     }
  private:
     map<string, ConcreteFlyweight*> m_pool;
};
int main(void) {
   int extrinsic = 10;
  FlyweightFactory *f = new FlyweightFactory();
  Flyweight *fEins = f->GetFlyweight("Eins");
   fEins->Operation(++extrinsic); f->ShowPool();
  Flyweight *fZwei = f->GetFlyweight("Zwei");
   fZwei->Operation(++extrinsic); f->ShowPool();
  Flyweight *fDrei = f->GetFlyweight("Drei");
   fDrei->Operation(++extrinsic); f->ShowPool();
  UnsharedConcreteFlyweight *fu = new UnsharedConcreteFlyweight();
   fu->Operation(++extrinsic); f->ShowPool();
}
```

Programm 28.26 liefert die folgende Ausgabe:

```
11: Eins;     Aktuell im Pool: Eins,
12: Zwei;     Aktuell im Pool: Eins, Zwei,
13: Drei;     Aktuell im Pool: Drei, Eins, Zwei,
14;    Aktuell im Pool: Drei, Eins, Zwei,
```

Weiteres Beispiel zum Entwurfsmuster „Fliegengewicht“

Programm 28.27 – `fliegengewicht2.cpp`:
Weiteres Demoprogramm zum Fliegengewicht-Muster

```
#include <map>
#include <iostream>
using namespace std;
//........................................................... Flyweight
class Character {
  public:
    Character(char symb, int w, int h) : symbol(symb), width(w), height(h) { }
    virtual void Draw(int pointSize) = 0;
  protected:
    char symbol;
    int  width, height;
};
//.................................................... ConcreteFlyweights
class CharacterA : public Character {
  public:
    CharacterA() : Character('A', 120, 100) { }
    void Draw(int pointSize) {
       cout << "A (" << width << ", " << height << "): " << pointSize;
    }
};
class CharacterB : public Character {
  public:
    CharacterB() : Character('B', 140, 100) { }
    void Draw(int pointSize) {
       cout << "B (" << width << ", " << height << "): " << pointSize;
    }
};
//... class CharacterC : public Character {
//... class CharacterD : public Character {
//... class CharacterE : public Character {
//..................
class CharacterZ : public Character {
  public:
    CharacterZ() : Character('Z', 100, 100) { }
    void Draw(int pointSize) {
       cout << "Z (" << width << ", " << height << "): " << pointSize;
    }
};
```

```
//............................................................ FlyweightFactory
class CharacterFactory {
  public:
    Character *GetCharacter(char key) {
      Character *character = m_pool[key]; // lazy initialization
      if (character == 0) {
        switch (key) {
          case 'A': character = new CharacterA(); break;
          case 'B': character = new CharacterB(); break;
          //...
          case 'Z': character = new CharacterZ(); break;
        }
        m_pool[key] = character;
      }
      return character;
    }
    void ShowPool(void) {
      map<char, Character*>::iterator it;
      cout << ";   Aktuell im Pool: ";
      for (it = m_pool.begin(); it != m_pool.end(); it++)
          cout << it->first << ", ";
      cout << endl;
    }
  private:
    map<char, Character*> m_pool;
};
//..................................................................... main
int main(void) {
   char document[] = {'Z', 'A', 'B', 'B', 'A'};
   CharacterFactory *f = new CharacterFactory();
   int pointSize = 10; // extrinsic state

   for (unsigned i=0; i < sizeof(document) / sizeof(*document); i++) {
      Character *character = f->GetCharacter(document[i]);
      if (i==2) pointSize = 18;
      character->Draw(pointSize);
      f->ShowPool();
   }
}
```

Programm 28.27 liefert die folgende Ausgabe:

```
Z (100, 100): 10;   Aktuell im Pool: Z,
A (120, 100): 10;   Aktuell im Pool: A, Z,
B (140, 100): 18;   Aktuell im Pool: A, B, Z,
B (140, 100): 18;   Aktuell im Pool: A, B, Z,
A (120, 100): 18;   Aktuell im Pool: A, B, Z,
```

28.5 Verhaltensmuster (behavioral patterns)

28.5.1 Iterator

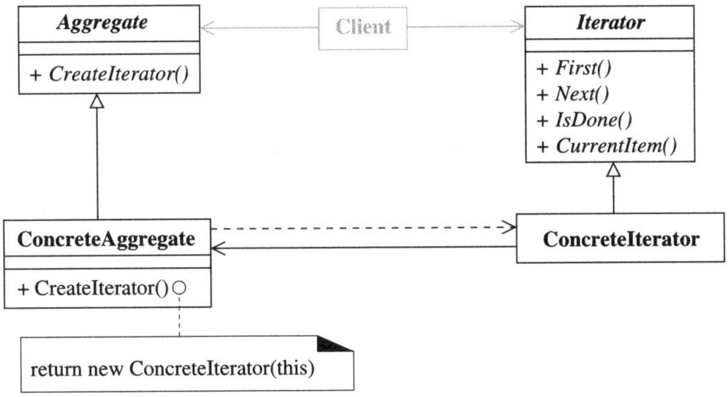

Abbildung 28.23: Allgemeine Struktur des Iterator-Musters

- **Grundidee des Iterator-Musters:**
  Ermöglichen eines sequentiellen Zugriffs auf die Elemente in einem Aggregat-Objekt, ohne seine zugrundeliegende Repräsentation offenzulegen.
- **Teilnehmer:**
  - `Iterator`
    definiert Schnittstelle zum Zugriff auf und zum Traversieren von Elementen.
  - `ConcreteIterator`
    * implementiert die Schnittstelle von `Iterator`.
    * enthält immer die aktuelle Position während der Traversierung des Aggregat-Objekts.
  - `Aggregate`
    definiert eine Schnittstelle zum Erzeugen eines `Iterator`-Objekts.
  - `ConcreteAggregate`
    implementiert Methode zum Erzeugen eines `ConcreteIterator`-Objekts, indem es ein Objekt der entsprechenden `ConcreteIterator`-Klasse zurückgibt.
- **Anwendbarkeit:**
  Das Entwurfsmuster *Iterator* wird verwendet, um
  - den Zugriff auf den Inhalt eines Aggregat-Objekts zu ermöglichen, ohne dabei seine interne Struktur offenzulegen.
  - mehrfache gleichzeitige Traversierungen von Aggregat-Objekten zu ermöglichen.
  - einheitliche Schnittstelle zum Traversieren unterschiedlicher Aggregat-Strukturen anzubieten, also um eine polymorphe Iteration zu ermöglichen.
- **Verwandte Muster:**
  - *Kompositum* (*composite*; siehe Seite 678): Iteratoren werden oft verwendet, um rekursive Strukturen wie das *Kompositum*-Muster zu traversieren.

- *Fabrikmethode* (siehe Seite 658): Polymorphe Iteratoren verwenden *Fabrikmethoden*, um geeignete Iterator-Unterklassen zu erzeugen.
- *Memento* (siehe Seite 769): Ein *Iterator* kann das *Memento*-Muster verwenden, um einen Zustand bei der Iteration festzuhalten, wobei der *Iterator* das *Memento* intern speichert.

Beispiel zum Entwurfsmuster „Iterator"

Programm 28.28 ist ein Demoprogramm zum *Iterator*-Muster. Es ermöglicht Vorwärts- bzw. Rückwärts-Traversieren eines Arrays mittels Iteratoren.

Programm 28.28 – `iterator.cpp`:
Demoprogramm zum Iterator-Muster

```
#include <string>
#include <vector>
#include <iostream>
using namespace std;

class Iterator {
  public:
     virtual void First() = 0;
     virtual void Next() = 0;
     virtual string CurrentItem() const = 0;
     virtual bool IsDone() const = 0;
};
class Aggregate {
  public:
     virtual Iterator *CreateForwardIterator()  = 0;
     virtual Iterator *CreateBackwardIterator() = 0;
};
class ConcreteAggregate : public Aggregate {
  public:
     Iterator *CreateForwardIterator();
     Iterator *CreateBackwardIterator();
     virtual ~ConcreteAggregate() { }
     void   Add(string str) { element.push_back(str); }
     int    Count()         { return element.size();  }
     string Get(int index)  { return element[index];  }
  private:
     vector<string> element;
};
class ForwardIterator : public Iterator { //... ConcreteIterator
  public:
     ForwardIterator(ConcreteAggregate *aggregate)
                              : m_aggregate(aggregate), m_zaehl(0) {}
     void   First() { m_zaehl = 0; }
     void   Next()  { m_zaehl++;   }
     string CurrentItem() const { return m_aggregate->Get(m_zaehl);      }
     bool   IsDone() const      { return m_zaehl >= m_aggregate->Count(); }
```

```
  private:
    ConcreteAggregate *m_aggregate;
    int               m_zaehl;
};
class BackwardIterator : public Iterator { //... ConcreteIterator
  public:
    BackwardIterator(ConcreteAggregate *aggregate)
                              : m_aggregate(aggregate), m_zaehl(0) {}
    void   First() { m_zaehl = m_aggregate->Count() - 1; }
    void   Next()  { m_zaehl--;                        }
    string CurrentItem() const { return m_aggregate->Get(m_zaehl);}
    bool   IsDone() const      { return m_zaehl < 0;           }
  private:
    ConcreteAggregate *m_aggregate;
    int               m_zaehl;
};
Iterator *ConcreteAggregate::CreateForwardIterator() {
   return new ForwardIterator(this);
}
Iterator *ConcreteAggregate::CreateBackwardIterator() {
   return new BackwardIterator(this);
}
int main(void) {
   ConcreteAggregate *a = new ConcreteAggregate();
   a->Add("Eins");
   a->Add("Zwei");
   a->Add("Drei");
   a->Add("Vier");
   a->Add("Five");
    //............................................ Vorwärts durchlaufen
   ForwardIterator *it = new ForwardIterator(a); // Vorwärts-Iterator anlegen
   for (it->First(); !it->IsDone(); it->Next()) // Iterieren durch Aggregate
      cout << it->CurrentItem() << ", ";
   cout << endl;
    //... Iterieren (in 2-er Schritten)
   for (it->First(); !it->IsDone(); it->Next(), it->Next())
      cout << it->CurrentItem() << ", ";
   cout << endl;
    //............................................ Rückwärts durchlaufen
   BackwardIterator *rit = new BackwardIterator(a); // Rückwärts-Iterator
   for (rit->First(); !rit->IsDone(); rit->Next()) // Iterieren durch Aggregate
      cout << rit->CurrentItem() << ", ";
}
```

Programm 28.28 liefert die folgende Ausgabe:

```
Eins, Zwei, Drei, Vier, Five,
Eins, Drei, Five,
Five, Vier, Drei, Zwei, Eins,
```

Weiteres Beispiel zum Entwurfsmuster „Iterator“

Programm 28.29, das das Iterieren eines binären Baums zeigt, ist ein weiteres Demoprogramm zum *Iterator*-Muster.

Programm 28.29 – `iterator2.cpp`*:*
Weiteres Demoprogramm zum Iterator-Muster

```
#include <cstdlib>
#include <ctime>
#include <vector>
#include <iostream>
using namespace std;
class Node {
     friend class BinBaum;
     friend class ForwardIterator;
     friend ostream& operator<< (ostream& os, Node& n) { return os << n.m_wert; }
  public:
     Node() : m_links(0), m_rechts(0) { }
  private:
     int   m_wert;
     Node *m_links, *m_rechts;
};
class Iterator {
 public:
    virtual void First() = 0;
    virtual void Next() = 0;
    virtual bool isDone() const = 0;
    virtual int  CurrentItem() const = 0;
};
class BinBaum {
     friend class ForwardIterator;
  public:
     BinBaum() : m_wurzel(0) { }
     Iterator *CreateForwardIterator();
     void Add(int wert) {
        if (m_wurzel == 0) {
           m_wurzel = new Node;
           m_wurzel->m_wert = wert;
        } else
           Add(wert, m_wurzel);
     }
     void traverse() { traverse(m_wurzel); }
  private:
     Node  *m_wurzel;
     void Add(int wert, Node *knoten ) {
        if (wert < knoten->m_wert)
           if (knoten->m_links == 0) {
              knoten->m_links = new Node();
              knoten->m_links->m_wert = wert;
           } else
              Add(wert, knoten->m_links );
```

```
        else if (knoten->m_rechts == 0) {
                knoten->m_rechts = new Node();
                knoten->m_rechts->m_wert = wert;
            } else
                Add(wert, knoten->m_rechts );
    }
    void traverse(Node *knoten) {
        if (knoten->m_links != 0)  traverse(knoten->m_links);
        cout << knoten->m_wert << ", ";
        if (knoten->m_rechts != 0) traverse(knoten->m_rechts);
    }
};
class ForwardIterator : public Iterator {
  public:
    ForwardIterator(BinBaum *baum) : m_nextNode(0), m_baum(baum) { }
    virtual ~ForwardIterator() { }
    void First() {
        macheArray(m_baum->m_wurzel);
        m_nextNode = 0;
    }
    void Next() { m_nextNode++; }
    bool isDone() const      { return m_nextNode >= (int)m_array.size(); }
    int  CurrentItem() const { return m_array[m_nextNode]->m_wert;        }
  private:
    int              m_nextNode;
    BinBaum         *m_baum;
    vector<Node *>   m_array;
    void macheArray(Node *knoten) { // überträgt binären Baum in einen Vektor
        if (knoten->m_links != 0) macheArray(knoten->m_links);
        m_array.push_back(knoten);
        if (knoten->m_rechts != 0) macheArray(knoten->m_rechts);
    }
};
Iterator *BinBaum::CreateForwardIterator() { return new ForwardIterator(this); }
int main(void) {
   BinBaum  *binTree = new BinBaum();
   srand(time(0));
   cout << "                Eintrag:  ";
   for (int i=0, wert; i < 12; i++) {
      cout << (wert = rand() % 50 + 10) << ", ";
      binTree->Add(wert);
   }
   cout << endl << "    Normal Durchlauf:  ";
   binTree->traverse();
   cout << endl << "  Vorwaerts-Iterator:  ";
   ForwardIterator *it = new ForwardIterator(binTree);
   for (it->First(); !it->isDone(); it->Next())
      cout << it->CurrentItem() << ", ";
}
```

Programm 28.29 liefert z. B. die folgende Ausgabe:

```
           Eintrag:  14, 30, 21, 37, 55, 28, 48, 36, 20, 39, 47, 47,
   Normal Durchlauf:  14, 20, 21, 28, 30, 36, 37, 39, 47, 47, 48, 55,
 Vorwaerts-Iterator:  14, 20, 21, 28, 30, 36, 37, 39, 47, 47, 48, 55
```

Übung: Rückwärtiges Traversieren eines Binärbaums

Erstellen Sie ein Programm `iterator3.cpp`, das das Programm 28.29 dahingehend ergänzt, dass es auch ein Rückwärts-Traversieren des Binärbaums erlaubt, wie es die folgende `main()`-Funktion zeigt:

```
//.........................
int main(void) {
   //............ identisch zu Programm 28.29
   cout << endl << "Rueckwaerts-Iterator:  ";
   BackwardIterator *rit = new BackwardIterator(binTree);
   for (rit->First(); !rit->isDone(); rit->Next())
      cout << rit->CurrentItem() << ", ";
   cout << endl;
}
```

Programm `iterator3.cpp` sollte dann z. B. die folgende Ausgabe liefern:

```
             Eintrag:  34, 45, 57, 20, 23, 23, 11, 32, 48, 57, 34, 55,
     Normal Durchlauf:  11, 20, 23, 23, 32, 34, 34, 45, 48, 55, 57, 57,
   Vorwaerts-Iterator:  11, 20, 23, 23, 32, 34, 34, 45, 48, 55, 57, 57,
 Rueckwaerts-Iterator:  57, 57, 55, 48, 45, 34, 34, 32, 23, 23, 20, 11,
```

28.5.2 Beobachter (observer)

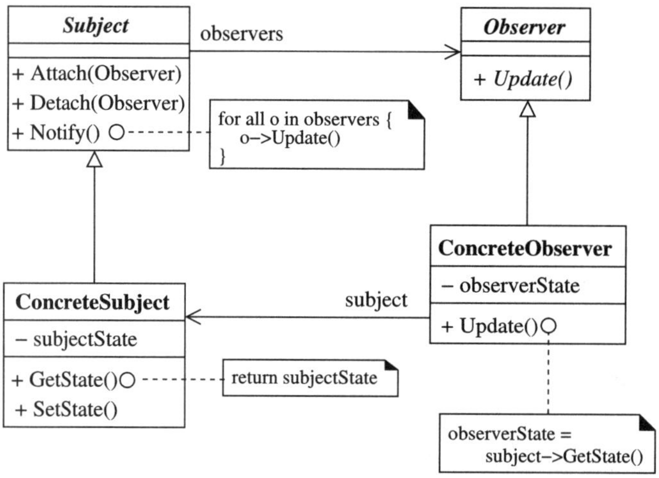

Abbildung 28.24: Allgemeine Struktur des Beobachter-Musters

- **Grundidee des Beobachter-Musters:**
  Definieren einer *1-zu-n*-Abhängigkeit zwischen Objekten, so dass die Änderung des Zustands eines Objekts dazu führt, dass alle abhängigen Objekte benachrichtigt und automatisch aktualisiert werden.
- **Teilnehmer:**
  - `Subject`
    * kennt seine `Observer`-Objekte. Ein `Subject` kann durch eine beliebige Anzahl von *Observern* beobachtet werden.
    * bietet eine Schnittstelle zum An- (`Attach()`) und Abmelden (`Detach()`) von Beobachtern.
  - `Observer`
    definiert eine Schnittstelle `Update()` für Objekte, die über Änderungen in einem `Subject` benachrichtigt werden sollen.
  - `ConcreteSubject`
    * speichert den für `ConcreteObserver` relevanten Zustand.
    * benachrichtigt seine Beobachter, wenn sich sein Zustand ändert.
  - `ConcreteObserver`
    * enthält eine Referenz auf ein `ConcreteSubject`-Objekt.
    * speichert den Zustand, der mit dem des `Subject`-Objekts konsistent bleiben soll.
    * implementiert die `Observer`-Schnittstelle `Update()`.
- **Anwendbarkeit:**
  Das Entwurfsmuster *Beobachter* wird verwendet, wenn
  - eine Abstraktion zwei Aspekte besitzt, von denen der eine von dem anderen abhängt. Die Kapselung dieser Aspekte in unterschiedlichen Objekten ermöglicht es dann, diese unabhängig voneinander zu variieren und wiederzuverwenden.
  - die Änderung eines Objekts die Änderung anderer Objekte verlangt und man nicht weiß, wie viele Objekte von dieser Änderung betroffen sind.
  - ein Objekt in der Lage sein soll, andere Objekte zu benachrichtigen, ohne Annahmen darüber treffen zu dürfen, wer diese anderen Objekte sind. So erreicht man, dass man diese Objekte nicht eng aneinander koppeln muss.
- **Verwandte Muster:**
  - *Vermittler* (*mediator*; siehe Seite 748): Man kann einen *Vermittler* zwischen `Subject` und `Observer` schalten, um komplexe Änderungsanforderungen zu kapseln.

Beispiel zum Entwurfsmuster „Beobachter"

Programm 28.30 – `beobachter.cpp`:
Demoprogramm zum Beobachter-Muster

```
#include <set>
#include <iostream>
using namespace std;
```

```
class Observer {
  public:
     virtual void Update() = 0;
};
class Subject {
  public:
     void Attach(Observer *observer) { observers.insert(observer); }
     void Detach(Observer *observer) { observers.erase(observer);  }
     void Notify() {
        set<Observer*>::iterator it;
        for (it = observers.begin(); it != observers.end(); it++)
           (*it)->Update();
     }
  private:
     set<Observer*> observers;
};
class ConcreteSubject : public Subject {
  public:
     void   SetState(string wert) { subjectState = wert; }
     string GetState()            { return subjectState; }
  private:
      string subjectState;
};
class ConcreteObserver : public Observer {
  public:
     ConcreteObserver(ConcreteSubject *s, string n) : subject(s), name(n) { }
     virtual ~ConcreteObserver() { }
     void Update() {
        observerState = subject->GetState();
        cout << "Observer " << name << " ---> Zustand: " << observerState <<endl;
     }
  private:
     ConcreteSubject *subject;
     string name;
     string observerState;
};
int main(void) {
   ConcreteSubject *s = new ConcreteSubject();
   ConcreteObserver *c1 = new ConcreteObserver( s, "1" ),
                    *c2 = new ConcreteObserver( s, "2" ),
                    *c3 = new ConcreteObserver( s, "3" );
   s->Attach(c1);
   s->Attach(c2);
   s->Attach(c3);
   s->SetState("Eins");
   s->Notify();
   s->Detach(c2);
   s->SetState("Zwei");
   s->Notify();
}
```

Programm 28.30 liefert die folgende Ausgabe:

```
Observer 1 ---> Zustand: Eins
Observer 2 ---> Zustand: Eins
Observer 3 ---> Zustand: Eins
Observer 1 ---> Zustand: Zwei
Observer 3 ---> Zustand: Zwei
```

Weiteres Beispiel zum Entwurfsmuster „Beobachter"

Programm 28.45 ist ein weiteres Demoprogramm zum *Beobachter*-Muster. Es entkoppelt das `View`-Objekt von dem `Model`-Objekt. `View`-Objekte registrieren sich mittels `Attach()` selbst beim `Model`-Objekt, damit dieses sie bei entsprechenden Änderungen mittels `Notify()` und ihrer eigenen Methode `Update()`, die von `Notify()` aufgerufen wird, darüber informiert. In `Update()` erfragen diese `View`-Objekte dann vom `Model`-Objekt die neuen Werte.

Programm 28.31 – `beobachter2.cpp`:
Weiteres Demoprogramm zum Beobachter-Muster

```
#include <vector>
#include <iostream>
using namespace std;
class View;
class Model {
  public:
     void Attach(View* v) { m_views.push_back(v);     }
     int  GetState()      { return m_zustand;         }
     void SetState(int s) { m_zustand = s; Notify(); }
     void Notify();
  private:
     int              m_zustand;
     vector<View*>    m_views;
};
class View {
  public:
     virtual void Update() = 0;
  protected:
     Model *m_model;
};
class GraphikView : public View {
  public:
     GraphikView(Model *m) { m_model = m; m_model->Attach( this );      }
     void Update() { cout << "....Grafik: " << m_model->GetState();     }
};
class TabellenView : public View {
  public:
     TabellenView(Model *m) { m_model = m; m_model->Attach( this );             }
     void Update() { cout << "; Tabelle: " << m_model->GetState() << endl; }
};
```

```
void Model::Notify() {
    for (unsigned i=0; i < m_views.size(); i++)
        m_views[i]->Update();
}
class Control {
    public:
        Control() : gv(&m), tv(&m) { }
        int exec() {
            int wert;
            for (unsigned i=1; i <= 3; i++) {
                cout << "Neuer Wert: ";
                cin >> wert;
                m.SetState(wert);
            }
            return 0;
        }
    private:
        Model       m;
        GraphikView gv;
        TabellenView tv;
};
int main(void) {
    Control contrl;
    return contrl.exec();
}
```

Ein möglicher Ablauf von Programm 28.31 ist:

```
Neuer Wert: 50 ⏎
....Grafik: 50; Tabelle: 50
Neuer Wert: 200 ⏎
....Grafik: 200; Tabelle: 200
Neuer Wert: 19 ⏎
....Grafik: 19; Tabelle: 19
```

Übung: Beobachter-Muster für verschiedene Zahlenkonvertierer

Ergänzen Sie das folgende Programm `beobachter3.cpp` um die fehlenden Klassen, so dass es mittels des *Beobachter*-Musters die drei verschiedenen Zahlen-Konvertierer benachrichtigt, wenn eine neue zu konvertierende Zahl vorliegt.

```
#include <set>
#include <iostream>
using namespace std;
//...... hier die fehlenden Klassen einfügen
int main(void) {
  Subject  *s = new Subject();
  int      zahl;
   s->Attach(new HexObserver(s));
   s->Attach(new OctObserver(s));
   s->Attach(new DualObserver(s));
```

```
   while (1) {
      cout << "..........Ganze Zahl (0=Ende): ";  cin >> zahl;
      if (zahl == 0)
         break;
      s->SetState(zahl);
   }
}
```

Ein möglicher Ablauf des Programms `memento3.cpp` wäre z. B.:

```
..........Ganze Zahl (0=Ende): 10 ↵
 Hexa: 0xa
Oktal: 012
 Dual: 1010
..........Ganze Zahl (0=Ende): -1 ↵
 Hexa: 0xffffffff
Oktal: 037777777777
 Dual: 11111111111111111111111111111111
..........Ganze Zahl (0=Ende): 128 ↵
 Hexa: 0x80
Oktal: 0200
 Dual: 10000000
..........Ganze Zahl (0=Ende): 0 ↵
```

28.5.3 Schablonenmethode (template method)

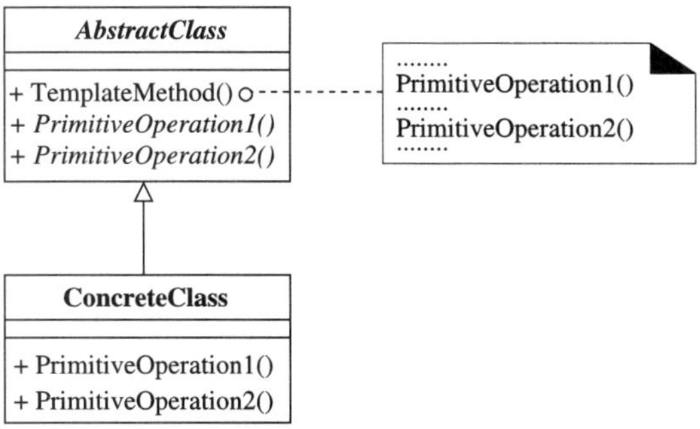

Abbildung 28.25: Allgemeine Struktur des Schablonenmethode-Musters

- **Grundidee des Schablonenmethode-Musters:**
  Definieren eines Grundgerüsts eines Algorithmus in einer Methode und Delegieren spezifischer Schritte eines Algorithmus an die jeweiligen Unterklassen. Die Schablonenmethode ermöglicht es Unterklassen, bestimmte Schritte eines Algorithmus zu überschreiben, ohne seine Struktur zu verändern.
- **Teilnehmer:**
  - `ConcreteClass`
    implementiert die *primitiven Operationen*, die die für den jeweiligen Algorithmus erforderlichen unterklassenspezifischen Schritte durchführen.

- `AbstractClass`
  * definiert *abstrakte primitive Operationen*, die von `ConcreteClass`-Unterklassen definiert werden, um einzelne Schritte eines Algorithmus zu implementieren.
  * implementiert eine Schablonenmethode (`TemplateMethod()`), die das Grundgerüst des Algorithmus definiert. Die Schablonenmethode ruft sowohl *primitive Operationen* als auch in `AbstractClass` oder anderen Klassen definierte Methoden auf.

- **Anwendbarkeit:**
  Das Entwurfsmuster *Schablonenmethode* wird verwendet,
  - um die invarianten Teile eines Algorithmus nur einmal festlegen zu müssen, und es dann Unterklassen zu überlassen, das variierende Verhalten zu implementieren.
  - wenn gemeinsames Verhalten von Unterklassen in einer allgemeinen Klasse untergebracht werden soll, um doppelten Code zu vermeiden.
  - um Erweiterungen durch Unterklassen zu kontrollieren. Man kann eine Schablonenmethode so definieren, dass sie „Einschubmethoden" an bestimmten Stellen aufruft und somit Erweiterungen nur an diesen Stellen zulässt.
- **Verwandte Muster:**
  - *Fabrikmethoden* (siehe Seite 658) werden meist durch *Schablonenmethoden* aufgerufen.
  - *Strategie*-Muster (*strategy*; siehe Seite 740): Während *Schablonenmethoden* Vererbung verwenden, um Teile eines Algorithmus zu variieren, verwenden *Strategie*-Muster Delegation, um einen ganzen Algorithmus zu variieren.

Beispiel zum Entwurfsmuster „Schablonenmethode"

Programm 28.32 – `schablone.cpp`:
Demoprogramm zum Schablonenmethoden-Muster

```
#include <iostream>
using namespace std;
class AbstractClass {
  public:
     void templateMethod() {
        schritt1();  // fest vorgegebenes Standardverhalten
        schritt2();  // fest vorgegebenes Standardverhalten
        schritt3();  // muss in ConcreteClass implementiert werden (rein virt.)
        schritt4();  // kann in ConcreteClass überschrieben werden (virtuell)
     }
  private:
     void schritt1() { cout << "AbstractClass::schritt1 (fix)" << endl; }
     void schritt2() { cout << "AbstractClass::schritt2 (fix)" << endl; }
     virtual void schritt3() = 0; // rein virtuell (definiert in Unterklassen)
  protected:
     virtual void schritt4() { cout << "AbstractClass::schritt4" << endl; }
};
```

```
class ConcreteClass : public AbstractClass {
  private:
     void schritt3() { cout << "....ConcreteClass::schritt3" << endl; }
     void schritt4() {
        AbstractClass::schritt4();
        cout << "....ConcreteClass::schritt4" << endl;
     }
};
int main(void) {
   ConcreteClass  c;
   c.templateMethod();
}
```

Programm 28.32 liefert die folgende Ausgabe:

```
AbstractClass::schritt1 (fix)
AbstractClass::schritt2 (fix)
....ConcreteClass::schritt3
AbstractClass::schritt4
....ConcreteClass::schritt4
```

Weiteres Beispiel zum Entwurfsmuster „Schablonenmethode"

Programm 28.33 – `nichtschablone2.cpp`:
Sortierprogramm ohne Schablonenmethoden-Muster

```
#include <cstdlib>
#include <ctime>
#include <vector>
#include <iostream>
using namespace std;
class Abwaerts { //..... Einfacher Bubble-Sort
  public:
     void sort(vector<int> &v, unsigned n) {
        for (unsigned i = 0; i < n-1; i++)
           for (unsigned j = i+1; j < n; j++)
              if (v[i] < v[j]) { int h=v[i]; v[i]=v[j]; v[j]=h; }
     }
};
class Aufwaerts { //..... Einfacher Bubble-Sort
  public:
     void sort(vector<int> &v, unsigned n) {
        for (unsigned i = 0; i < n-1; i++)
           for (unsigned j = i+1; j < n; j++)
              if (v[i] > v[j]) { int h=v[i]; v[i]=v[j]; v[j]=h; }
     }
};
int main(void) {
   int          i;
   vector<int> array;
   srand(time(0));
```

```
    for (i=0; i < 10; i++) {
        array.push_back(rand() % 10);
        cout << array[i] << " ";
    }
    cout << endl;
  Abwaerts  abObj;
    abObj.sort(array, array.size());
    for (i=0; i < 10; i++)
        cout << array[i] << ' ';
    cout << endl;
  Aufwaerts  aufObj;
    aufObj.sort(array, array.size());
    for (i=0; i < 10; i++)
        cout << array[i] << ' ';
}
```

Programm 28.33 liefert z. B. die folgende Ausgabe:

```
4 2 5 1 5 7 5 9 7 6
9 7 7 6 5 5 5 4 2 1
1 2 4 5 5 5 6 7 7 9
```

Programm 28.34 – `schablone2.cpp`:
Sortierprogramm mit Schablonenmethoden-Muster

```
#include <cstdlib>
#include <ctime>
#include <vector>
#include <iostream>
using namespace std;
class Sort { //......................................... Sort (AbstractClass)
  public:
     void sort(vector<int> &v, unsigned n) {
        for (unsigned i = 0; i < n-1; i++)
           for (unsigned j = i+1; j < n; j++)
              if (tauschNoetig(v[i], v[j])) { int h=v[i]; v[i]=v[j]; v[j]=h; }
     }
  private:
     virtual bool tauschNoetig(int,int) = 0;
};
class Abwaerts : public Sort { //..... Abwaerts und Aufwaerts (ConcreteClass)
  private:
     bool tauschNoetig(int a, int b) { return (a < b); }
};
class Aufwaerts : public Sort {
  private:
     bool tauschNoetig(int a, int b) { return (a > b); }
};
int main(void) { /*..... identisch zu Programm 28.33 */ }
```

Programm 28.34 leistet das Gleiche wie Programm 28.33.

28.5.4 Befehl (command)

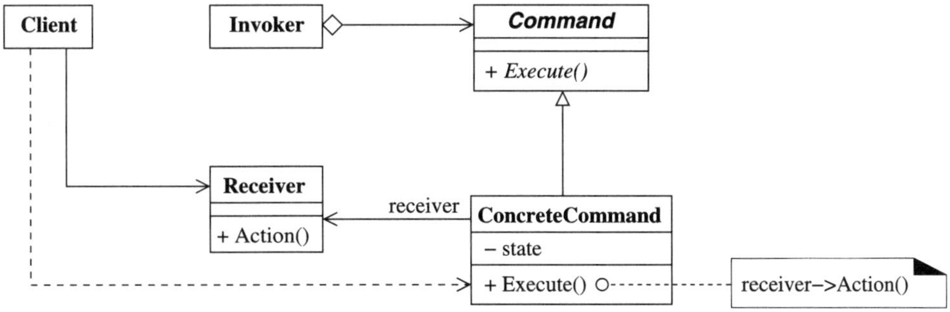

Abbildung 28.26: Allgemeine Struktur des Befehls-Musters

- **Grundidee des Befehls-Musters:**
  Einkapseln einer Anforderung (Befehl) in ein Objekt. Dies ermöglicht es, Klienten mit verschiedenen Anforderungen zu parametrisieren, Operationen in eine Queue (Warteschlange) zu stellen, ein Logbuch zu führen und Operationen rückgängig zu machen.
- **Teilnehmer:**
  - `Command`
    deklariert eine Schnittstelle zum Ausführen einer Operation.
  - `ConcreteCommand`
    * definiert Verbindung zwischen `Receiver`-Objekt und Aktion.
    * implementiert die Ausführmethode (z. B. `Execute()`), welche die entsprechende(n) Operation(en) des `Receiver`-Objekts aufruft.
  - `Client`
    erzeugt `ConcreteCommand`-Objekt und setzt dessen `Receiver`-Objekt.
  - `Invoker`
    fordert `Command`-Objekt auf, entsprechende Anforderung auszuführen.
  - `Receiver`
    weiß, wie die Operationen, die zur Ausführung einer Anforderung erforderlich sind, auszuführen sind.
- **Anwendbarkeit:**
  Das Entwurfsmuster *Befehl* wird immer dann verwendet, wenn
  - Objekte mit einer auszuführenden Aktion zu parametrieren sind. Dies ist vergleichbar mit einer *Callback-Funktion* in einer prozeduralen Sprache. *Callback-Funktionen*, wie z. B. `atexit()` in C, sind Operationen, die man irgendwo registriert, um sie dann zu einem späteren Zeitpunkt ausführen zu lassen. Befehlsobjekte sind ein objektorientierter Ersatz für *Callbacks*.
  - man Anforderungen zu unterschiedlichen Zeitpunkten spezifizieren, in eine Warteschlange einreihen und ausführen lassen möchte.
  - man *Undo* (Rückgängigmachen) bzw. *Redo* (Wiederherstellen) von Operationen unterstützen möchte. Die *Execute()*-Methode einer Befehlsklasse kann

dazu Zustände speichern, um solche *Undo-* bzw. *Redo*-Operationen zu ermöglichen. Die `Command`-Klasse muss hier eine eigene *Unexecute()*-Methode anbieten, welche die Auswirkung des vorigen *Execute()*-Aufrufs rückgängig macht. Einmal ausgeführte Befehlsobjekte können dazu in einer *History*-Liste gespeichert werden, die man vorwärts und rückwärts durchlaufen kann.

- man das Mitprotokollieren von Änderungen unterstützen möchte, so dass im Falle eines Absturzes wieder erneut am Absturzpunkt aufgesetzt werden kann. Indem man die Schnittstelle um Operationen zum Laden und Speichern erweitert, kann man ein fortlaufendes Logbuch der Änderungen anlegen. Um das System dann nach einem Absturz wiederherzustellen, ist dann das Laden von gespeicherten Befehlsobjekten von der Platte und ihre erneute Ausführung mittels der *Execute()*-Operation erforderlich.
- man ein System mittels komplexer Operationen strukturieren möchte, die aus primitiven Operationen aufgebaut werden. Solch eine Struktur findet sich oft in Informationssystemen, die *Transaktionen* unterstützen. Eine Transaktion kapselt eine Menge von Datenänderungen. Das *Befehls*-Muster ermöglicht es, solche Transaktionen zu modellieren. Befehlsobjekte besitzen eine gemeinsame Schnittstelle, die es ihnen ermöglicht, alle Transaktionen auf die gleiche Weise aufzurufen. Das *Befehls*-Muster erleichtert es zudem, das System um neue Transaktionen zu erweitern.

- **Verwandte Muster:**
  - *Kompositum*-Muster (*composite;* siehe Seite 678) kann verwendet werden, um so genannte *Makrokommandos* zu implementieren.
  - *Memento*-Muster (siehe Seite 769) kann verwendet werden, um Zustände für *Undo*-Operationen zu speichern.

Beispiel zum Entwurfsmuster „Befehl"

Programm 28.35 – `befehl.cpp`:
Demoprogramm zum Befehls-Muster

```
#include <vector>
#include <iostream>
using namespace std;
//........................................................ Rechner (Receiver)
class Rechner {
  public:
     Rechner() : m_gesamt(0) { }
     void Operation(char opertor, int operand) {
        switch (opertor) {
           case '+': m_gesamt += operand; break;
           case '-': m_gesamt -= operand; break;
           case '*': m_gesamt *= operand; break;
           case '/': m_gesamt /= operand; break;
        }
        cout << "Ergebnis = " << m_gesamt << " (nach "
             << opertor << " " << operand << ")" << endl;
     }
```

```
  private:
     int m_gesamt;
};
class Command { //.............................................. Command
  public:
     virtual void Execute()   = 0;
     virtual void UnExecute() = 0;
};
//..................................... RechnerBefehl (ConcreteCommand)
class RechnerBefehl : public Command {
  public:
     RechnerBefehl(Rechner *rechner, char opertor, int operand )
        : m_rechner(rechner), m_opertor(opertor), m_operand(operand) { }
     void Execute()   { m_rechner->Operation(m_opertor, m_operand);       }
     void UnExecute() { m_rechner->Operation(Undo(m_opertor), m_operand); }
  private:
     Rechner *m_rechner;
     char     m_opertor;
     int      m_operand;
     char Undo(char opertor) {
        switch (m_opertor) { //... Umkehrung der jeweiligen Operation
           case '+': return '-';
           case '-': return '+';
           case '*': return '/';
           case '/': return '*';
           default:  return ' ';
        }
     }
};
class Invoker { //.............................................. Invoker
  public:
     Invoker() : m_rechner(new Rechner), m_current(0) { }
     void Redo(int wieviel) {
        cout << "........... Wiederherstellen " << wieviel << " Mal" << endl;
        for (int i = 0; i < wieviel; i++)
           if (m_current < m_befListe.size())
              m_befListe[m_current++]->Execute();
     }
     void Undo( int wieviel ) {
        cout << "........... Rueckgaengig " << wieviel << " Mal" << endl;
        for (int i = 0; i < wieviel; i++)
           if (m_current > 0)
              m_befListe[--m_current]->UnExecute();
     }
     void Rechne(char opertor, int operand) {
        Command *command = new RechnerBefehl(m_rechner, opertor, operand);
        command->Execute();
        m_befListe.push_back(command); // zur Befehlsliste hinzufügen
        m_current++;
     }
```

```
  private:
     Rechner          *m_rechner;
     vector<Command*> m_befListe;
     int              m_current;
};
int main(void) {
  Invoker *aufrufer = new Invoker();
   aufrufer->Rechne( '+', 80 );
   aufrufer->Rechne( '-', 50 );
   aufrufer->Rechne( '*', 10 );
   aufrufer->Rechne( '/', 2 );
   aufrufer->Undo(4); //... Undo und Redo
   aufrufer->Redo(3);
}
```

Programm 28.35 liefert die folgende Ausgabe:

```
Ergebnis = 80 (nach + 80)
Ergebnis = 30 (nach - 50)
Ergebnis = 300 (nach * 10)
Ergebnis = 150 (nach / 2)
............ Rueckgaengig 4 Mal
Ergebnis = 300 (nach * 2)
Ergebnis = 30 (nach / 10)
Ergebnis = 80 (nach + 50)
Ergebnis = 0 (nach - 80)
............ Wiederherstellen 3 Mal
Ergebnis = 80 (nach + 80)
Ergebnis = 30 (nach - 50)
Ergebnis = 300 (nach * 10)
```

Weiteres Beispiel zum Entwurfsmuster „Befehl"

Programm 28.36 ist ein weiteres Demoprogramm zum *Befehls*-Muster.

Programm 28.36 – `befehl2.cpp`:
Weiteres Demoprogramm zum Befehls-Muster

```
#include <string>
#include <queue>
#include <iostream>
using namespace std;
//............................................................... Datei
class Datei {
  public:
     Datei(string name) : m_name(name) { }
     void zip()   { cout << "... zip "   << m_name << endl; }
     void unzip() { cout << "... unzip " << m_name << endl; }
     void exec()  { cout << "... exec "  << m_name << endl; }
  private:
     string m_name;
};
```

```
//......................................................................... Command
class Command {
    typedef void (Datei::* Action )();
  public:
    Command(Datei *d, Action a) { m_receiver = d; m_action = a; }
    virtual void execute()      { (m_receiver->*m_action)();    }
  private:
    Datei  *m_receiver;
    Action  m_action;
};
//............................................................................ main
int main(void) {
   queue<Command*> que;
   que.push(new Command(new Datei("readme.txt"),  &Datei::zip ));
   que.push(new Command(new Datei("sourcen.zip"), &Datei::unzip));
   que.push(new Command(new Datei("prog.cpp"),    &Datei::zip));
   que.push(new Command(new Datei("fax.exe"),     &Datei::exec));
   que.push(new Command(new Datei("archiv.zip"),  &Datei::unzip));

   while (!que.empty()) {
      que.front()->execute();
      que.pop();
   }
}
```

Programm 28.36 liefert die folgende Ausgabe:

```
... zip readme.txt
... unzip sourcen.zip
... zip prog.cpp
... exec fax.exe
... unzip archiv.zip
```

Makrokommandos beim Entwurfsmuster „Befehl"

Programm 28.37 zeigt, wie man mittels *Befehls*-Muster so genannte *Makrokommandos*, die sich aus mehreren Teilkommandos zusammensetzen, realisieren kann.

Programm 28.37 – `befehl3.cpp`:
Makrokommandos beim Befehls-Muster

```
#include <cstdlib>
#include <ctime>
#include <string>
#include <vector>
#include <iostream>
using namespace std;
class Rechner {
  public:
    Rechner(int wert)  { m_wert = m_letztWert = wert;                  }
    int  getErgebnis() { return m_wert;                                 }
    void plusEins()    { m_letztWert = m_wert++;              gibAus(); }
```

```
    void minusEins()    { m_letztWert = m_wert--;                gibAus(); }
    void doppelt()      { m_letztWert = m_wert; m_wert *= 2;      gibAus(); }
    void haelfte()      { m_letztWert = m_wert; m_wert /= 2;      gibAus(); }
    void quadrat()      { m_letztWert = m_wert; m_wert *= m_wert; gibAus(); }
    void undo()         { m_wert = m_letztWert;                   gibAus(); }
  private:
    int m_wert, m_letztWert;
    void gibAus() { cout << m_wert << endl; }
};
class Command {
  public:
    virtual void Execute() = 0;
    virtual void add(Command *) { }
  protected:
    Command() { }
};
class EinfachCommand : public Command {
  public:
    EinfachCommand(Rechner *receiver, void (Rechner::*action)(), string name) {
      m_receiver = receiver;
      m_action   = action;
      m_name     = name;
    }
    virtual ~EinfachCommand() { }
    virtual void Execute() { cout << m_name << ": "; (m_receiver->*m_action)(); }
  protected:
    Rechner *m_receiver;
    void (Rechner::*m_action)();
    string m_name;
};
class MacroCommand : public Command {
  public:
    MacroCommand(string name) { m_name = name; }
    virtual ~MacroCommand() { }
    void add(Command *kdo) { kdoListe.push_back(kdo); }
    virtual void Execute() {
      cout << "Makrokommando" << m_name << ":" << endl;
      for (unsigned i = 0; i < kdoListe.size(); i++)
        kdoListe[i]->Execute();
    }
  private:
    vector<Command *> kdoListe;
    string m_name;
};
int main(void)
{
   int     zufall;
   Rechner *object = new Rechner(100);
   vector<Command *>cmds;
```

```
   cmds.push_back(new EinfachCommand(object, &Rechner::plusEins,  "plusEins"));
   cmds.push_back(new EinfachCommand(object, &Rechner::minusEins, "minusEins"));
   cmds.push_back(new EinfachCommand(object, &Rechner::doppelt,   "doppelt"));
   cmds.push_back(new EinfachCommand(object, &Rechner::haelfte,   "haelfte"));
   cmds.push_back(new EinfachCommand(object, &Rechner::quadrat,   "quadrat"));
   cmds.push_back(new EinfachCommand(object, &Rechner::undo,      "undo"));

   Command *macroKdo = new MacroCommand("1");
   macroKdo->add(cmds[0]);
   macroKdo->add(cmds[2]);
   macroKdo->add(cmds[1]);
   cmds.push_back(macroKdo);

   macroKdo = new MacroCommand("2"); // Makro-Makrokommando
   macroKdo->add(cmds[3]);
   macroKdo->add(cmds[6]);
   cmds.push_back(macroKdo);
   srand(time(0));
   for (int i=1; i<=10; i++) {
      zufall = rand()%cmds.size();
      if (zufall == 6 || zufall == 7)
         cout << "---------- ";
      cmds[zufall]->Execute();
      if (zufall == 6 || zufall == 7)
         cout << "------------------" << endl;
   }
}
```

Programm 28.37 liefert z. B. die folgende Ausgabe:

```
doppelt: 200
plusEins: 201
quadrat: 40401
---------- Makrokommando1:
plusEins: 40402
doppelt: 80804
minusEins: 80803
------------------
undo: 80804
haelfte: 40402
---------- Makrokommando2:
haelfte: 20201
Makrokommando1:
plusEins: 20202
doppelt: 40404
minusEins: 40403
------------------
haelfte: 20201
doppelt: 40402
minusEins: 40401
```

28.5.5 Zustand (state)

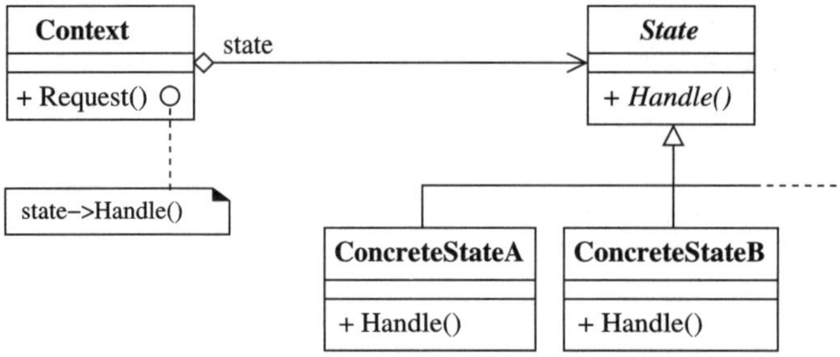

Abbildung 28.27: Allgemeine Struktur des Zustands-Musters

- **Grundidee des Zustands-Musters:**
  Einem Objekt ermöglichen, sein Verhalten zu ändern, wenn sein interner Zustand sich ändert, so als ob das Objekt seine Klasse gewechselt hätte.
- **Teilnehmer:**
  - `Context`
    * definiert die Schnittstelle, die für Klienten von Interesse ist.
    * enthält ein Objekt zu einer `ConcreteState`-Unterklasse, die den aktuellen Zustand definiert.
  - `State`
    definiert eine Schnittstelle zur Kapselung des Verhaltens, das einem bestimmten Zustand des `Context`-Objekts zugeteilt ist.
  - `ConcreteState`-Unterklassen
    jede Unterklasse implementiert ein Verhalten, das einem Zustand des `Context`-Objekts zugeteilt ist.
- **Anwendbarkeit:**
  Das Entwurfsmuster *Zustand* wird verwendet, wenn
  - das Verhalten eines Objekts von seinem Zustand abhängt, und es sein Verhalten zur Laufzeit und in Abhängigkeit von diesem Zustand ändern muss.
  - Operationen sehr umfangreiche mehrteilige Bedingungsanweisungen besitzen, die vom Objektzustand abhängen. Dieser Zustand wird üblicherweise durch eine oder mehrere Aufzählungskonstanten repräsentiert. Oft enthalten mehrere Operationen dieselbe Struktur von Bedingungsanweisungen. Das Zustandsmuster verlagert jeden Zweig der Bedingungsanweisung in eine eigene Klasse. Dies ermöglicht es dann, den Objektzustand als ein eigenständiges Objekt zu behandeln, der unabhängig von anderen Objekten variiert werden kann.
- **Verwandte Muster:**
  - *Fliegengewicht*-Muster (*flyweight*; siehe Seite 706) legen fest, wann und wie *Zustands*-Objekte gemeinsam genutzt werden können.
  - *Zustands*-Objekte sind oft *Singletons* (siehe Seite 664).

Beispiel zum Entwurfsmuster „Zustand"

Programm 28.38 ist ein Demoprogramm zum *Zustands*-Muster.

Programm 28.38 – `zustand.cpp`: Demoprogramm zum Zustands-Muster

```
#include <cstdlib>
#include <ctime>
#include <iostream>
using namespace std;
string zahlen[] = { "null",  "eins",  "zwei",   "drei", "vier",
                    "fuenf", "sechs", "sieben", "acht", "neun" };
class Context;
class State {
  public:
     virtual void vorwaerts(Context*, int)   = 0;
     virtual void rueckwaerts(Context*, int) = 0;
  protected:
     void schalteUm(Context *);
};
class Numerisch : public State { //........ ConcreteState
  public:
     void vorwaerts(Context *c, int zahl) {
        char str[10];
        sprintf(str, "%d", zahl);
        cout <<  "Vorwaerts (" << zahl << "): ";
        for (unsigned i=0; i<strlen(str); i++)
           cout << str[i]-'0' << " - ";
        cout << endl;
        schalteUm(c);
     }
     void rueckwaerts(Context *c, int zahl) {
        cout <<  "Rueckwaerts (" << zahl << "): ";
        while (zahl > 0) {
           cout << zahl%10 << " - ";
           zahl /= 10;
        }
        cout << endl;
        schalteUm(c);
     }
};
class Worte : public State { //........ ConcreteState
  public:
     void vorwaerts(Context *c, int zahl) {
        char str[10];
        sprintf(str, "%d", zahl);
        cout <<  "Vorwaerts (" << zahl << "): ";
        for (unsigned i=0; i<strlen(str); i++)
           cout << zahlen[str[i]-'0'] << " - ";
        cout << endl;
        schalteUm(c);
```

```
    }
    void rueckwaerts(Context *c, int zahl) {
       cout << "Rueckwaerts (" << zahl << "): ";
       while (zahl > 0) {
          cout << zahlen[zahl%10] << " - ";
          zahl /= 10;
       }
       cout << endl;
       schalteUm(c);
    }
};
class Context {
    friend class State;
  public:
    Context() : m_aktuell(0) {
       zustand[0] = new Numerisch();
       zustand[1] = new Worte();
    }
    void vorwaerts()   { zustand[m_aktuell]->vorwaerts(this, rand() % 1000);   }
    void rueckwaerts() { zustand[m_aktuell]->rueckwaerts(this, rand() % 1000); }
  private:
    State *zustand[2];
    int    m_aktuell;
};
void State::schalteUm(Context *c) { c->m_aktuell++; c->m_aktuell %= 2; }
int main(void) {
   Context counter;
   srand(time(0));
   for (int i=1; i <= 10; i++) {
      if (rand() % 2)
         counter.vorwaerts();
      else
         counter.rueckwaerts();
   }
}
```

Programm 28.38 liefert z. B. die folgende Ausgabe:

```
Rueckwaerts (627): 7 - 2 - 6 -
Rueckwaerts (764): vier - sechs - sieben -
Vorwaerts (569): 5 - 6 - 9 -
Rueckwaerts (877): sieben - sieben - acht -
Vorwaerts (433): 4 - 3 - 3 -
Vorwaerts (641): sechs - vier - eins -
Vorwaerts (681): 6 - 8 - 1 -
Rueckwaerts (494): vier - neun - vier -
Vorwaerts (219): 2 - 1 - 9 -
Vorwaerts (677): sechs - sieben - sieben -
```

Weiteres Beispiel zum Entwurfsmuster „Zustand“

Programm 28.39 ist ein weiteres Demoprogramm zum *Zustands*-Muster. Es erwartet auf der Kommandozeile eine Gleitpunkt- bzw. Gleitkommazahl entsprechend der C-Syntax, die es dann syntaktisch analysiert und auswertet. Die folgende Tabelle zeigt dazu den Zustandsautomaten:

Zustand	Token (x)	Aktion	Folgezustand
START	Ziffer	w = x; v = 1	VOR
START	+ | -	v = (x=='-') ? -1 : 1	VOR1
VOR1	Ziffer	w = v*x	VOR
VOR	Ziffer	w = w*10 + v*x	VOR
VOR	, | .	e = 0	NACH1
VOR	e | E	v = 1	EXP
VOR	ENDE	return w	OK
NACH1	Ziffer	w = w*10 + v*x; e−−	NACH
NACH	Ziffer	w = w*10 + v*x; e−−	NACH
NACH	e | E	w = w*10^e; v = 1	EXP
NACH	ENDE	return w*10^e	OK
EXP	Ziffer	e = x	EXPN
EXP	+ | -	if (x=='-') v = -1	EXP1
EXP1	Ziffer	e = v*x	EXPN
EXPN	Ziffer	e = e*10 + v*x	EXPN
EXPN	ENDE	return w*10^e	OK

Programm 28.39 – `zustand2.cpp`:
Parsen einer Gleitpunkt-/Gleitkommazahl mit dem Zustands-Muster

```
#include <cctype>
#include <cmath>
#include <string>
#include <iomanip>
#include <iostream>
using namespace std;
enum { ZIFFER, VORZEICHEN, KOMMA, EXPO, REST, ENDE };
class Context {
  public:
     void     exec(string);
     string   eingabe;
     unsigned pos;
     int      v, e;
     char     c;
     double   w;
  private:
     int naechstZeichen() {
        if (pos >= eingabe.length()) return ENDE;
        c = eingabe[pos++];
        if (c == '-' || c == '+')      return VORZEICHEN;
        else if (isdigit(c))           return ZIFFER;
        else if (c == '.' || c == ',') return KOMMA;
        else if (tolower(c) == 'e')    return EXPO;
        return REST;
     }
};
```

```
class Zustand {
  public:
    Zustand(Context *c) { k = c; }
    virtual Zustand *bearbeite(int token) = 0;
  protected:
    Context *k;
};

class FEHLER : public Zustand {
  public:
    FEHLER(Context *c) : Zustand(c) { }
    Zustand *bearbeite(int token){
       cerr << k->eingabe << endl
            << setw(k->pos-1) << "^" << "  Unerlaubte Gleitpunktzahl" << endl;
       return 0;
    }
};

class OK : public Zustand {
  public:
    OK(Context *c) : Zustand(c) { }
    Zustand *bearbeite(int token){
       cout << "....  Erlaubte Gleitpunktzahl: "
            << setprecision(10) << setiosflags(ios::fixed) << k->w << endl;
       return 0;
    }
};

class EXPN : public Zustand {
  public:
    EXPN(Context *c) : Zustand(c) { }
    Zustand *bearbeite(int token){
       switch (token) {
          case ZIFFER: k->e = k->e*10 + k->v*(k->c-'0'); return this;
          case ENDE:   k->w *= ::pow(10, k->e);          return new OK(k);
          default:     return new FEHLER(k);
       }
    }
};
class EXP1 : public Zustand {
  public:
    EXP1(Context *c) : Zustand(c) { }
    Zustand *bearbeite(int token) {
       switch (token) {
          case ZIFFER: k->e = k->v * (k->c-'0'); return new EXPN(k);
          default:     return new FEHLER(k);
       }
    }
};
```

```
class EXP : public Zustand {
  public:
     EXP(Context *c) : Zustand(c) { }
     Zustand *bearbeite(int token) {
        switch (token) {
           case ZIFFER:     k->e = k->c-'0';               return new EXPN(k);
           case VORZEICHEN: if (k->c == '-') k->v = -1; return new EXP1(k);
           default:         return new FEHLER(k);
        }
     }
};

class NACH : public Zustand {
  public:
     NACH(Context *c) : Zustand(c) { }
     Zustand *bearbeite(int token) {
        switch (token){
           case ZIFFER: k->w = k->w*10 + k->v*(k->c-'0'); k->e--; return this;
           case EXPO:   k->w *= ::pow(10, k->e); k->v = 1;  return new EXP(k);
           case ENDE:   k->w *= ::pow(10, k->e);            return new OK(k);
           default:     return new FEHLER(k);
     }
  }
};

class NACH1 : public Zustand {
  public:
     NACH1(Context *c) : Zustand(c) { }
     Zustand *bearbeite(int token) {
        switch (token) {
           case ZIFFER: k->w = k->w*10+k->v*(k->c-'0'); k->e--; return new NACH(k);
           default:     return new FEHLER(k);
        }
     }
};

class VOR : public Zustand {
  public:
     VOR(Context *c) : Zustand(c) { }
     Zustand *bearbeite(int token) {
        switch (token) {
            case ZIFFER: k->w = k->w*10 + k->v*(k->c-'0'); return this;
            case KOMMA:  k->e = 0;                         return new NACH1(k);
            case EXPO:   k->v = 1;                         return new EXP(k);
            case ENDE:   return new OK(k);
            default:     return new FEHLER(k);
        }
     }
};
```

```
class VOR1 : public Zustand {
  public:
     VOR1(Context *c) : Zustand(c) { }
     Zustand *bearbeite(int token) {
        switch (token){
           case ZIFFER: k->w = k->v*(k->c-'0'); return new VOR(k);
           default:     return new FEHLER(k);
        }
     }
};
class START : public Zustand {
  public:
     START(Context *c) : Zustand(c) { }
     Zustand *bearbeite(int token) {
        switch (token) {
            case VORZEICHEN: k->v = (k->c == '+') ? 1 : -1; return new VOR1(k);
            case ZIFFER:     k->w = k->c -'0'; k->v = 1;    return new VOR(k);
            default:         return new FEHLER(k);
        }
     }
};
void Context::exec(string str) {
   pos = 0;
   eingabe = str;
   Zustand *z = new START(this);
   while (z != 0)
      z = z->bearbeite(naechstZeichen());
   delete z;
}
int main(int argc, char *argv[]) {
   if (argc < 2) {
      cerr << "usage: " << argv[0] << " gltpktzahl(en)" << endl;
      return 1;
   }
   Context *k = new Context();
   for (int i=1; i < argc; i++)
      k->exec(argv[i]);
}
```

Mögliche Abläufe des Programms 28.39 sind:

```
zustand2 0.234e+10 3,14E-7 8,452 3.2e-+4 5,3e2,3 7e-3 ⏎
.... Erlaubte Gleitpunktzahl: 2340000000.0000000000
.... Erlaubte Gleitpunktzahl: 0.0000003140
.... Erlaubte Gleitpunktzahl: 8.4520000000
3.2e-+4
     ^ Unerlaubte Gleitpunktzahl
5,3e2,3
     ^ Unerlaubte Gleitpunktzahl
.... Erlaubte Gleitpunktzahl: 0.0070000000
```

Übung: Zustands-Muster zu einem vorgegebenen Zustandsautomaten

Ergänzen Sie das folgende Programm `zustand3.cpp` um die fehlenden Klassen, so dass es mittels des *Zustands*-Musters den in der folgenden Tabelle gezeigten Zustandsautomaten realisiert.

Zustand	Folgezustand bei Ereignis		
	rot	blau	gelb
X	X	Y	Z
Y	Y (kein Wechsel)	X	Z
Z	Z (kein Wechsel)	Z (kein Wechsel)	Y

```
#include <string>
#include <iostream>
using namespace std;

enum ereignis  rot, blau, gelb ;

//.................... hier die fehlenden Klassen einfügen

int main(void)
{
   Kontext c;
   c.setState(Y::instance());
   ereignis event[] = { rot,  blau, blau, gelb, gelb,
                        gelb, gelb, rot,  blau, blau };

   for (unsigned i=0; i < sizeof(event) / sizeof(*event); i++)
      if (event[i] == rot)
         c.rot();
      else if (event[i] == blau)
         c.blau();
      else if (event[i] == gelb)
         c.gelb();
}
```

Das Programm `zustand3.cpp` sollte dann folgende Ausgabe liefern:

```
Y, rot  ==> ... kein Zustandswechsel
Y, blau ==> X
X, blau ==> Y
Y, gelb ==> Z
Z, gelb ==> Y
Y, gelb ==> Z
Z, gelb ==> Y
Y, rot  ==> ... kein Zustandswechsel
Y, blau ==> X
X, blau ==> Y
```

28.5.6 Strategie (strategy)

Abbildung 28.28 zeigt die allgemeine Struktur des *Strategie*-Musters.

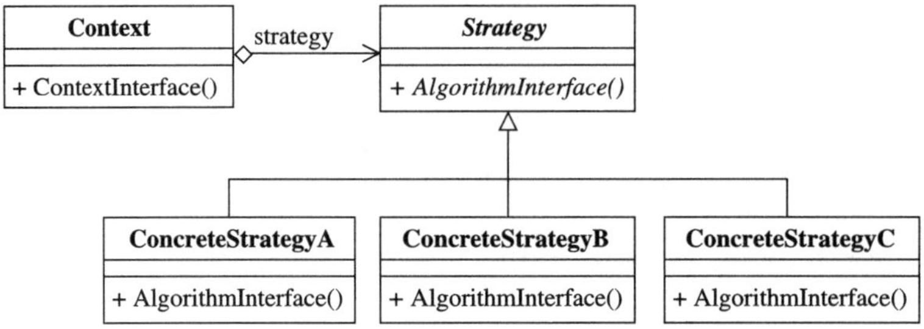

Abbildung 28.28: Allgemeine Struktur des Strategie-Musters

- **Grundidee des Strategie-Musters:**
  Definieren einer Familie von Algorithmen, diese einzeln kapseln und austauschbar machen. Das *Strategie*-Muster ermöglicht es, den Algorithmus unabhängig von den Klienten, die ihn verwenden, zu variieren.
- **Teilnehmer:**
  - `Strategy`: deklariert gemeinsame Schnittstelle für die zur Verfügung stehenden Algorithmen. Das `Context`-Objekt benutzt diese dann, um einen `ConcreteStrategy`-Algorithmus aufzurufen.
  - `ConcreteStrategy`: implementiert den jeweiligen Algorithmus unter Verwendung der `Strategy`-Schnittstelle.
  - `Context`
    * wird mit einem `ConcreteStrategy`-Objekt konfiguriert.
    * enthält eine Referenz auf ein `Strategy`-Objekt.
    * kann eine Schnittstelle definieren, die `Strategy`-Objekten den Zugriff auf ihre Daten ermöglicht.
- **Anwendbarkeit:**
  Das Entwurfsmuster *Strategie* wird verwendet, wenn
  - sich viele verwandte Klassen nur in ihrem Verhalten unterscheiden. `Strategy`-Objekte bieten eine Möglichkeit, eine Klasse mit einer von mehreren möglichen Verhaltensweisen zu konfigurieren.
  - unterschiedliche Varianten eines Algorithmus benötigt werden. Beispielsweise könnte man Algorithmen definieren, die unterschiedliche Vor- und Nachteile bei der Performanz bzw. an Speicherplatzverbrauch besitzen.
  - ein Algorithmus Daten für den Klienten unsichtbar machen soll. So kann man komplexe algorithmenspezifische Datenstrukturen verstecken.
  - eine Klasse unterschiedliche Verhaltensweisen definiert und diese dann mittels mehrfacher Bedingungsanweisungen realisiert sind. Statt dieser vielen Bedingungsanweisungen kann man zusammenhängende Zweige von Bedingungsanweisungen in eine eigene *Strategie*-Klasse verlagern.
- **Verwandte Muster:**
  - *Strategie*-Objekte ergeben oft gute *Fliegengewichte* (siehe Seite 706).

Beispiele zum Entwurfsmuster „Strategie“

Programm 28.40 – `strategie.cpp`:
Demoprogramm zum Strategie-Muster

```
#include <iostream>
using namespace std;
class Strategy {
  public:
     virtual void AlgorithmInterface() = 0;
};
class ConcreteStrategyA : public Strategy {
  public:
     void AlgorithmInterface() { cout << "Bubble-Sort (StrategyA)" << endl; }
};
class ConcreteStrategyB : public Strategy {
  public:
     void AlgorithmInterface() { cout << "Quick-Sort (StrategyB)" << endl; }
};
class ConcreteStrategyC : public Strategy {
  public:
     void AlgorithmInterface() { cout << "Merge-Sort (StrategyC)" << endl; }
};
class Context {
  public:
     Context(Strategy *s) : strategy(s) { }
     void ContextInterface() { strategy->AlgorithmInterface(); }
  private:
     Strategy *strategy;
};
int main(void) {
   Context *sort1 = new Context(new ConcreteStrategyA());
    sort1->ContextInterface();
   Context *sort2 = new Context(new ConcreteStrategyB());
    sort2->ContextInterface();
   Context *sort3 = new Context(new ConcreteStrategyC());
    sort3->ContextInterface();
}
```

Programm 28.40 liefert die folgende Ausgabe:

```
Bubble-Sort (StrategyA)
Quick-Sort (StrategyB)
Merge-Sort (StrategyC)
```

Programm 28.41 – `strategie2.cpp`:
Weiteres Demoprogramm zum Strategie-Muster

```
#include <fstream>
#include <string>
#include <iomanip>
#include <iostream>
```

```
using namespace std;
enum strategyTyp { Links, Rechts, Mitte };

class Strategy {
  public:
     Strategy(int breite) : m_breite(breite) { }
     void fmt() {
        string zeile, wort;
        ifstream eing("text.txt");
        while (eing >> wort) { // überliest alle whitespaces (Leerz, Tabs, Neuez.)
           if (zeile.length() + wort.length() + 1 >= m_breite) {
              cout << "|";
              justify(zeile);
              cout << "|" << endl;
              zeile.clear();
           } else if (!zeile.empty())
              zeile += " ";
           zeile += wort;
        }
        cout << "|";
        justify(zeile);
        cout << "|" << endl;
     }
protected:
   unsigned  m_breite;
private:
   virtual void justify(string zeile) = 0;
};
class LinksBuendig : public Strategy {
  public:
     LinksBuendig(int breite) : Strategy(breite) { }
  private:
     void justify(string zeile) {
        cout << setiosflags(ios::left) << zeile
             << setw(m_breite-zeile.length()) << "";
     }
};
class RechtsBuendig : public Strategy {
  public:
     RechtsBuendig(int breite) : Strategy(breite) { }
  private:
     void justify(string zeile) {
        cout << resetiosflags(ios::left) << setiosflags(ios::right)
             << setw(m_breite) << zeile << resetiosflags(ios::right);
     }
};
class Zentriert : public Strategy {
  public:
     Zentriert(int breite) : Strategy(breite) { }
  private:
```

```
      void justify(string zeile) {
         int l = (m_breite - zeile.length())/2,
             r = int(float(m_breite - zeile.length())/2 + 0.5);
         cout << setiosflags(ios::left) << setw(l) << "" << zeile << setw(r) << "";
      }
};
class Context {
  public:
     Context() : m_strategy(0) { }
     void setStrategy(strategyTyp typ, int breite) {
        delete m_strategy;
        if      (typ == Links)  m_strategy = new LinksBuendig(breite);
        else if (typ == Rechts) m_strategy = new RechtsBuendig(breite);
        else if (typ == Mitte)  m_strategy = new Zentriert(breite);
     }
     void formatiere() { m_strategy->fmt(); }
  private:
     Strategy*  m_strategy;
};
int main(void) {
  Context  test;
   for (int i=30; i<=60; i+=30) {
      cout << "----- Links (Breite = " << i << ") -------------------" << endl;
      test.setStrategy(Links, i);  test.formatiere();
      cout << "----- Rechts (Breite = " << i << ") ------------------" << endl;
      test.setStrategy(Rechts, i); test.formatiere();
      cout << "----- Mitte (Breite = " << i << ") -------------------" << endl;
      test.setStrategy(Mitte, i);  test.formatiere();
   }
}
```

Hat die Datei `text.txt` z. B. den folgenden Inhalt:

```
Das Strategie-Muster ermoeglicht es, eine
Familie von Algorithmen zu definieren, diese einzelnen zu kapseln und
austauschbar zu
machen.
```

so liefert Programm 28.41 die folgende Ausgabe:

```
----- Links (Breite = 30) -------------------
|Das Strategie-Muster          |
|ermoeglicht es, eine Familie  |
|von Algorithmen zu            |
|definieren, diese einzelnen   |
|zu kapseln und austauschbar   |
|zu machen.                    |
----- Rechts (Breite = 30) ------------------
|          Das Strategie-Muster|
|  ermoeglicht es, eine Familie|
```

```
|            von Algorithmen zu|
|   definieren, diese einzelnen|
|   zu kapseln und austauschbar|
|                     zu machen.|
----- Mitte (Breite = 30) -------------------
|     Das Strategie-Muster      |
| ermoeglicht es, eine Familie |
|      von Algorithmen zu       |
| definieren, diese einzelnen  |
| zu kapseln und austauschbar  |
|          zu machen.           |
----- Links (Breite = 60) -------------------
|Das Strategie-Muster ermoeglicht es, eine Familie von       |
|Algorithmen zu definieren, diese einzelnen zu kapseln und   |
|austauschbar zu machen.                                     |
----- Rechts (Breite = 60) ------------------
|       Das Strategie-Muster ermoeglicht es, eine Familie von|
|   Algorithmen zu definieren, diese einzelnen zu kapseln und|
|                                     austauschbar zu machen.|
----- Mitte (Breite = 60) -------------------
|   Das Strategie-Muster ermoeglicht es, eine Familie von    |
| Algorithmen zu definieren, diese einzelnen zu kapseln und  |
|                 austauschbar zu machen.                    |
```

28.5.7 Zuständigkeitskette (chain of responsibility)

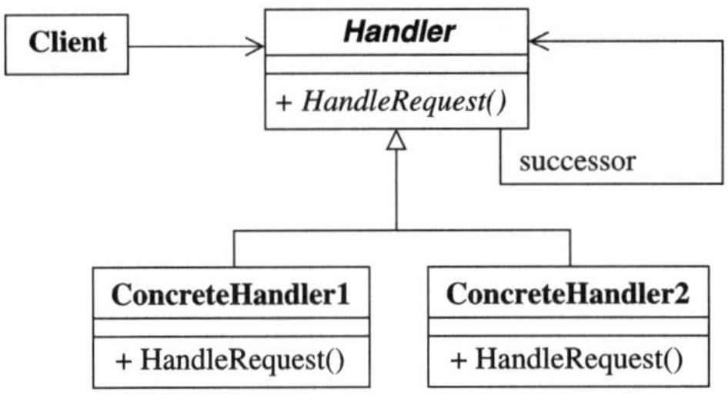

Abbildung 28.29: Allgemeine Struktur des Zuständigkeitskette-Musters

- **Grundidee des Zuständigkeitskette-Musters:**
  Entkoppeln eines Senders einer Anforderung von dem Empfänger dieser Anforderung, indem man mehr als einem Objekt die Möglichkeit gibt, die Anforderung zu bearbeiten. Dies wird dadurch realisiert, dass das empfangende Objekt die Anforderung an ein nächstes Objekt in einer Kette (Liste) von Objekten weiterreicht, bis ein Objekt die Anforderung bearbeitet.
- **Teilnehmer:**
  - `Handler`
    * definiert eine Schnittstelle zur Bearbeitung von Anforderungen.
    * (optional) implementiert Verbindung zum Nachfolgeobjekt in der Kette.

- `ConcreteHandler`
  * arbeitet genau die Anforderung ab, für die er zuständig ist.
  * kann auf seinen Nachfolger zugreifen.
  * wenn das jeweilige `ConcreteHandler`-Objekt die Anforderung bearbeiten kann, tut es dies auch, anderenfalls leitet es die Anforderung an das Nachfolgeobjekt weiter.
- `Client`
  schickt eine Anforderung an ein `ConcreteHandler`-Objekt in der Kette.

- **Anwendbarkeit:**
  Das Entwurfsmuster *Zuständigkeitskette* wird immer dann verwendet, wenn
  - mehr als ein Objekt eine Anforderung bearbeiten können soll und dasjenige Objekt, das dies tut, nicht von vornherein bekannt ist. Dieses Objekt muss dann zur Laufzeit automatisch bestimmt werden.
  - man eine Anforderung an eines von mehreren Objekten schicken möchte, ohne den Empfänger explizit anzugeben.
  - die Menge der Objekte, die eine Anforderung bearbeiten sollen, dynamisch festgelegt werden soll.
- **Verwandte Muster:**
  - Das Muster *Zuständigkeitskette* wird oft in Verbindung mit dem *Kompositum*-Muster (*composite*; siehe Seite 678) verwendet. Dabei kann die Eltern-Komponente als Nachfolger in der Kette agieren.

Beispiele zum Entwurfsmuster „Zuständigkeitskette"

Programm 28.42 – `zustaendkette.cpp`:
Demoprogramm zum Zuständigkeitskette-Muster

```
#include <string>
#include <iostream>
using namespace std;

class Handler {
  public:
     virtual void HandleRequest(int request) = 0;
     void SetSuccessor(Handler *successor) { this->successor = successor; }
  protected:
     Handler *successor;
};
class ConcreteHandler1 : public Handler {
  public:
     void HandleRequest(int request) {
        if (request >= 0 && request < 10)
           cout << "ConcreteHandler1 bearbeitet: " << request << endl;
        else if (successor != 0)
           successor->HandleRequest(request);
     }
};
```

```
class ConcreteHandler2 : public Handler {
  public:
    void HandleRequest(int request) {
      if (request >= 10 && request < 20)
        cout << "ConcreteHandler2 bearbeitet: " << request << endl;
      else if (successor != 0)
        successor->HandleRequest(request);
    }
};
class ConcreteHandler3 : public Handler {
  public:
    void HandleRequest(int request) {
      if (request >= 20 && request < 30)
        cout << "ConcreteHandler3 bearbeitet: " << request << endl;
      else if (successor != 0)
        successor->HandleRequest(request);
    }
};
class Request {
  public:
    Request(int requestType, string requestParameters) {
      iRequestType = requestType;
      strRequestParameters = requestParameters;
    }
  private:
    int iRequestType;
    string strRequestParameters;
};
int main(void) {
    Handler *h1 = new ConcreteHandler1();
    Handler *h2 = new ConcreteHandler2();
    Handler *h3 = new ConcreteHandler3();
    h1->SetSuccessor(h2);
    h2->SetSuccessor(h3);

    int requests[] = { 7, 25, 17, 21, 18, 3, 19, 20 };
    for (unsigned i=0; i < sizeof(requests) / sizeof(*requests); i++)
      h1->HandleRequest(requests[i]);
}
```

Programm 28.42 liefert die folgende Ausgabe:

```
ConcreteHandler1 bearbeitet: 7
ConcreteHandler3 bearbeitet: 25
ConcreteHandler2 bearbeitet: 17
ConcreteHandler3 bearbeitet: 21
ConcreteHandler2 bearbeitet: 18
ConcreteHandler1 bearbeitet: 3
ConcreteHandler2 bearbeitet: 19
ConcreteHandler3 bearbeitet: 20
```

Programm 28.43 – `zustaendkette2.cpp`:
Weiteres Demoprogramm zum Zuständigkeitskette-Muster

```
#include <cstdlib>
#include <ctime>
#include <iomanip>
#include <iostream>
using namespace std;
//........................................................... Muenze (Handler)
class Muenze {
  public:
     Muenze(int wert, Muenze *m=0) : next(m), m_betrag(wert), m_zaehl(0) { }
     void accept( int muenze ) {
        if (muenze == m_betrag)
           m_zaehl++;
        else if (next)
           next->accept(muenze);
     }
     void report() {
        cout << setw(2) << m_betrag << "-Cent: " << m_zaehl << endl;
        if (next != 0)
           next->report();
     }
  private:
     Muenze *next;
     int    m_betrag, m_zaehl;
};
//............................ Cent25, Cent10, Cent5, Cent1 (ConcreteHandler)
class Cent25 : public Muenze {
  public:
     Cent25(Muenze *m=0) : Muenze(25, m) { }
};
class Cent10 : public Muenze {
  public:
     Cent10(Muenze *m=0) : Muenze(10, m) { }
};
class Cent5 : public Muenze {
  public:
     Cent5(Muenze *m=0) : Muenze(5, m) { }
};
class Cent1 : public Muenze {
  public:
     Cent1(Muenze *m=0) : Muenze(1, m) { }
};
//.......................................................................... main
int main(void) {
   Muenze *cent25 = new Cent25();
   Muenze *cent10 = new Cent10(cent25);
   Muenze *cent5  = new Cent5(cent10);
   Muenze *cent1  = new Cent1(cent5);
```

```
    int         muenze, gesamt = 0;
    static int muenzen[4] = { 1, 5, 10, 25 };

    srand(time(0));
    for (int i=0; i < 10; i++) {
        cout << (muenze = muenzen[rand()%4]) << ", ";
        cent1->accept(muenze);
        gesamt += muenze;
    }
    cout << endl << "Insgesamt: " << gesamt/100 << ","
         << (gesamt%100 < 10 ? "0" : "") << gesamt%100 << endl;
    cent1->report();
}
```

Programm 28.43 liefert z. B. die folgende Ausgabe:

```
10, 10, 5, 25, 10, 1, 10, 25, 25, 1,
Insgesamt: 1,22
 1-Cent: 2
 5-Cent: 1
10-Cent: 4
25-Cent: 3
```

28.5.8 Vermittler (mediator)

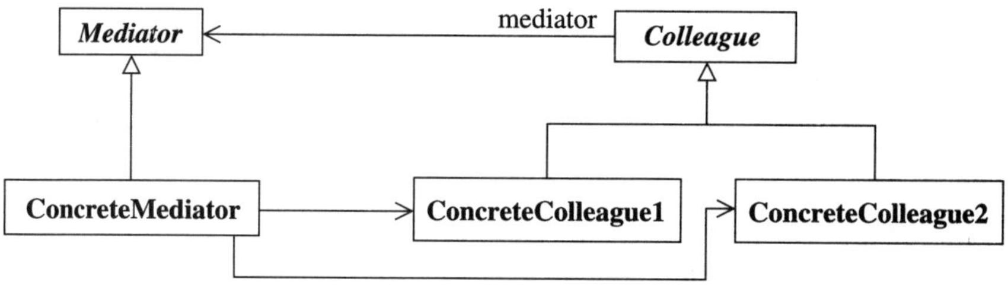

Abbildung 28.30: Allgemeine Struktur des Vermittler-Musters

- **Grundidee des Vermittler-Musters:**
  Definieren eines Objekts, das das Zusammenspiel einer Menge von Objekten in sich kapselt. Vermittler fördern losere Kopplung, indem sie Objekte davon abhalten, aufeinander explizit Bezug zu nehmen. So wird es ermöglicht, dass man Interaktionen zwischen Objekten unabhängig von diesen variieren kann.
- **Teilnehmer:**
  - `Mediator`
    definiert Schnittstelle für die Kommunikation mit `Colleague`-Objekte.
  - `ConcreteMediator`
    * implementiert das Kooperationsverhalten durch Koordinierung der `Colleague`-Objekte.
    * kennt und verwaltet seine `Colleague`-Objekte.

- `Colleague`-Klassen
  - jede `Colleague`-Klasse kennt ihr `Mediator`-Objekt.
  - jedes `Colleague`-Objekt kommuniziert immer mit seinem `Mediator` statt direkt mit anderen `Colleague`-Objekten.
- **Anwendbarkeit:**
  Das Entwurfsmuster *Vermittler* wird verwendet, wenn
  - man eine Menge von Objekten hat, die in wohldefinierter, aber komplexer Weise miteinander kommunizieren.
  - die Wiederverwendbarkeit eines Objekts gering ist, da es sich auf viele andere Objekte bezieht und mit ihnen kommuniziert.
  - ein Verhalten vorliegt, das unter mehreren Klassen verteilt ist, und dieses leicht anpassbar sein soll, ohne dass man viele Unterklassen bilden muss.
- **Verwandte Muster:**
  - Das *Fassade*-Muster (siehe Seite 681) unterscheidet sich vom *Vermittler* darin, dass es ein Subsystem abstrahiert, indem es eine geeignetere Schnittstelle bereitstellt. Dabei geschieht die Kommunikation einkanalig: *Fassade*-Objekte schicken Anforderungen an die Subsystemklassen und nicht umgekehrt. Das *Vermittler*-Muster dagegen ermöglicht ein kooperatives Verhalten, wobei die Kommunikation mehrkanalig sein kann.
  - `Colleague`-Objekte können mit dem `Mediator`-Objekt unter Verwendung des *Beobachter*-Musters (*observer*; siehe Seite 716) kommunizieren.

Beispiel zum Entwurfsmuster „Vermittler“

Programm 28.44 – `vermittler.cpp`:
Demoprogramm zum Vermittler-Muster

```
#include <string>
#include <iostream>
using namespace std;
class Colleague;
class Mediator {
  public:
     virtual void Sende(string nachricht, Colleague *kollege) = 0;
};
class Colleague {
  public:
     Colleague(Mediator *mediator) : m_mediator(mediator) { }
  protected:
     Mediator *m_mediator;
};
class ConcreteColleague1 : public Colleague {
  public:
     ConcreteColleague1(Mediator *mediator) : Colleague(mediator) { }
     void Sende(string nachricht)      {
        cout << "Kollege1 schickt: " << nachricht << endl;
        m_mediator->Sende(nachricht, this);
     }
```

```
    void Empfange(string nachricht) {
        cout << "Kollege1 empfaengt: " << nachricht << endl;
    }
};
class ConcreteColleague2 : public Colleague {
  public:
    ConcreteColleague2(Mediator *mediator) : Colleague(mediator) { }
    void Sende(string nachricht)   {
        cout << "Kollege2 schickt: " << nachricht << endl;
        m_mediator->Sende(nachricht, this);
    }
    void Empfange(string nachricht) {
        cout << "Kollege2 empfaengt: " << nachricht << endl;
    }
};
class ConcreteMediator : public Mediator {
  public:
    void Sende(string nachricht, Colleague *kollege) {
      if (kollege == m_kollege1)
         m_kollege2->Empfange(nachricht);
      else
         m_kollege1->Empfange(nachricht);
    }
    ConcreteColleague1 *m_kollege1;
    ConcreteColleague2 *m_kollege2;
};
int main(void) {
   ConcreteMediator    *m  = new ConcreteMediator();
   ConcreteColleague1 *k1 = new ConcreteColleague1(m);
   ConcreteColleague2 *k2 = new ConcreteColleague2(m);

   m->m_kollege1 = k1;
   m->m_kollege2 = k2;
   k1->Sende("Hallo, wie geht es denn so?");
   k2->Sende("Mir geht es eigentlich ganz gut");
}
```

Programm 28.44 liefert die folgende Ausgabe:

```
Kollege1 schickt: Hallo, wie geht es denn so?
Kollege2 empfaengt: Hallo, wie geht es denn so?
Kollege2 schickt: Mir geht es eigentlich ganz gut
Kollege1 empfaengt: Mir geht es eigentlich ganz gut
```

Weiteres Beispiel zum Entwurfsmuster „Vermittler“

Programm 28.45 ist ein weiteres Demoprogramm zum *Vermittler*-Muster. Es entkoppelt die Interaktion zwischen den Klassen `Person` und `Verein`, indem es ein `Mediator`-Objekt dazwischenschaltet, so dass diese beiden Klassen sich nicht gegenseitig kennen müssen.

Programm 28.45 – `vermittler2.cpp`:
Weiteres Demoprogramm zum Vermittler-Muster

```
#include <vector>
#include <set>
#include <map>
#include <string>
#include <iomanip>
#include <iostream>
using namespace std;

class Mediator;
class Verein;
class Person {
  public:
     Person(string name, Mediator *m) : m_name(name), m_mediator(m) { }
     string getName() const { return m_name; }
     void ausgabeVerein();
  private:
     string   m_name;
     Mediator *m_mediator;
};
class Verein {
  public:
     Verein(string name, Mediator *m) : m_name(name), m_mediator(m) { }
     string getName() const { return m_name; }
     void ausgabePerson();
  private:
     string   m_name;
     Mediator *m_mediator;
};
class Mediator {
  public:
     void addPerson(Person *person) { m_person.insert(person); }
     void addVerein(Verein *verein) { m_verein.insert(verein); }
     void map(Person *person, Verein *verein) {
        set<Person*>::iterator it1;
        set<Verein*>::iterator it2;
        if ((it1 = m_person.find(person)) != m_person.end() &&
            (it2 = m_verein.find(verein)) != m_verein.end()) {
           m_mapPerson.insert(make_pair((*it1)->getName(), (*it2)->getName()));
           m_mapVerein.insert(make_pair((*it2)->getName(), (*it1)->getName()));
        }
     }
     void ausgabePerson(Verein *v) {
        multimap<string,string>::iterator it = m_mapVerein.find(v->getName());
        cout << setw(15) << v->getName() << ": ";
        for ( ; it != m_mapVerein.end() && it->first == v->getName(); it++)
           cout << it->second << ", ";
        cout << endl;
     }
```

```
    void ausgabeVerein(Person *p) {
      multimap<string,string>::iterator it = m_mapPerson.find(p->getName());
      cout << setw(7) << p->getName() << ": ";
      for ( ; it != m_mapPerson.end() && it->first == p->getName(); it++)
        cout << it->second << ", ";
      cout << endl;
    }
  private:
    set <Person*> m_person;
    set <Verein*> m_verein;
    multimap<string, string> m_mapPerson, m_mapVerein;
};
void Person::ausgabeVerein() { m_mediator->ausgabeVerein(this); }
void Verein::ausgabePerson() { m_mediator->ausgabePerson(this); }
int main(void) {
   unsigned        i, j;
   vector<Person *> person;
   vector<Verein *> verein;
   Mediator        *vermittler = new Mediator();
   person.push_back(new Person("Hans", vermittler));
   person.push_back(new Person("Anja", vermittler));
   person.push_back(new Person("Jana", vermittler));
   person.push_back(new Person("Emil", vermittler));
   verein.push_back(new Verein("Linuxfanclub", vermittler));
   verein.push_back(new Verein("Gartenverein", vermittler));
   verein.push_back(new Verein("Wandervoegel", vermittler));
   verein.push_back(new Verein("Kulturverein", vermittler));
   for (i = 0; i < person.size(); i++) vermittler->addPerson(person[i]);
   for (i = 0; i < verein.size(); i++) vermittler->addVerein(verein[i]);
   for (i = 0; i < verein.size(); i++)
     for (j = 0; j <= i; j++)
       vermittler->map(person[j], verein[i]);
   cout << "Verein:" << endl;
   for (i = 0; i < verein.size(); i++) verein[i]->ausgabePerson();
   cout << "Person:" << endl;
   for (i = 0; i < person.size(); i++) person[i]->ausgabeVerein();
   for (i = 0; i < person.size(); i++) delete person[i];
   for (i = 0; i < verein.size(); i++) delete verein[i];
}
```

Programm 28.45 liefert die folgende Ausgabe:

```
Verein:
   Linuxfanclub: Hans,
   Gartenverein: Hans, Anja,
   Wandervoegel: Hans, Anja, Jana,
   Kulturverein: Hans, Anja, Jana, Emil,
Person:
   Hans: Linuxfanclub, Gartenverein, Wandervoegel, Kulturverein,
   Anja: Gartenverein, Wandervoegel, Kulturverein,
```

```
Jana: Wandervoegel, Kulturverein,
Emil: Kulturverein,
```

Ohne Dazwischenschalten eines *Vermittlers* wären die beiden Klassen `Person` und `Verein` eng aneinander gekoppelt gewesen, wie es in Programm 28.46 gezeigt ist.

Programm 28.46 – `keinvermittler.cpp`:
Version zum Programm 28.45 ohne Vermittler-Muster

```
#include <string>
#include <vector>
#include <iomanip>
#include <iostream>
using namespace std;
class Verein;
class Person {
  public:
     Person(string name) : m_name(name) { }
     string getName() const     { return m_name;            }
     void addVerein(Verein *v) { m_verein.push_back(v); }
     void ausgabeVerein();
  private:
     string           m_name;
     vector<Verein*> m_verein; // muss nun Verein kennen
};
class Verein {
  public:
     Verein(string name) : m_name(name) { }
     string getName() const     { return m_name;            }
     void addPerson(Person *p) { m_person.push_back(p); }
     void ausgabePerson();
  private:
     string           m_name;
     vector<Person*> m_person; // muss nun Person kennen
};
void Person::ausgabeVerein() {
   cout << setw(7) << m_name << ": ";
   for (unsigned i=0; i < m_verein.size(); i++)
      cout << m_verein[i]->getName() << ", ";
   cout << endl;
}
void Verein::ausgabePerson() {
   cout << setw(15) << m_name << ": ";
   for (unsigned i=0; i < m_person.size(); i++)
      cout << m_person[i]->getName() << ", ";
   cout << endl;
}
int main(void) {
   unsigned          i, j;
   vector<Person *> person;
   vector<Verein *> verein;
```

```
    person.push_back(new Person("Hans"));
    person.push_back(new Person("Anja"));
    person.push_back(new Person("Jana"));
    person.push_back(new Person("Emil"));
    verein.push_back(new Verein("Linuxfanclub"));
    verein.push_back(new Verein("Gartenverein"));
    verein.push_back(new Verein("Wandervoegel"));
    verein.push_back(new Verein("Kulturverein"));
    for (i = 0; i < verein.size(); i++)
        for (j = 0; j <= i; j++) {
            verein[i]->addPerson(person[j]);
            person[j]->addVerein(verein[i]);
        }
    cout << "Verein:" << endl;
    for (i = 0; i < verein.size(); i++) verein[i]->ausgabePerson();
    cout << "Person:" << endl;
    for (i = 0; i < person.size(); i++) person[i]->ausgabeVerein();
    for (i = 0; i < person.size(); i++) delete person[i];
    for (i = 0; i < verein.size(); i++) delete verein[i];
}
```

28.5.9 Besucher (visitor)

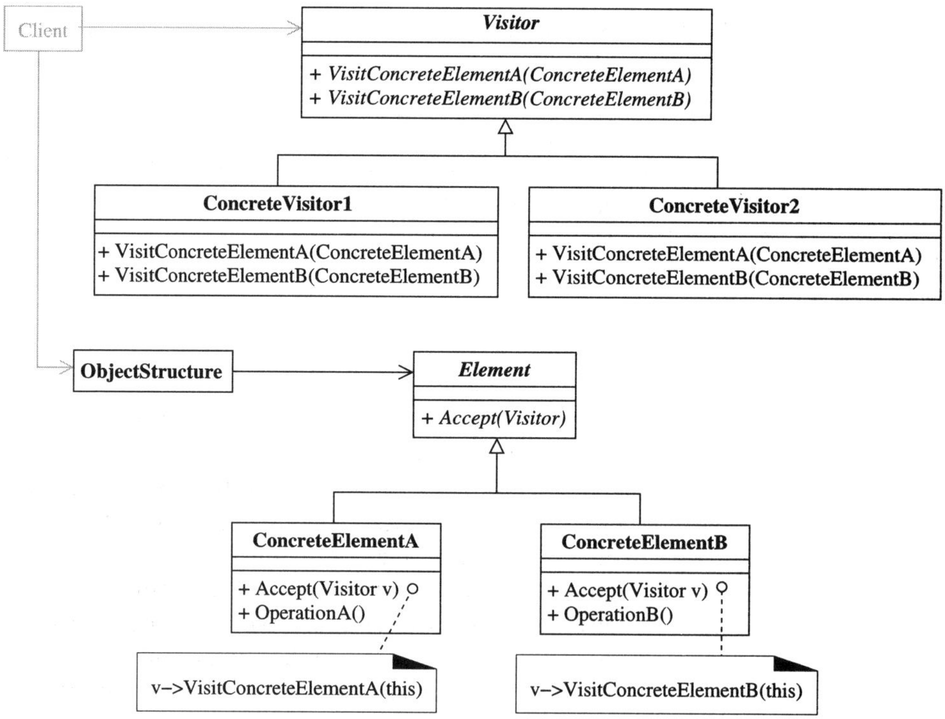

Abbildung 28.31: Allgemeine Struktur des Besucher-Musters

- **Grundidee des Besucher-Musters:**
  Kapseln einer auf den Elementen einer Objektstruktur auszuführenden Operation als ein Objekt. So kann man eine neue Operation definieren, ohne die Klassen, die ein *Besucher* bearbeitet, ändern zu müssen.
- **Teilnehmer:**
  - `Visitor`
    deklariert für jede `ConcreteElement`-Klasse in der `ObjectStructure` eine Methode `Visit()`. Der Name der Methode und ihre Signatur identifizieren dabei die Klasse, die die `Visit()`-Methode des Besuchers (*visitors*) aufruft. Dies ermöglicht es dem Besucher, die konkrete Klasse des besuchten Elements zu bestimmen. Der Besucher kann dann unter Verwendung der konkreten Schnittstelle direkt auf das entsprechende Element zugreifen.
  - `ConcreteVisitor`
    implementiert jede von der `Visitor`-Klasse deklarierte Methode. Jede Methode realisiert dabei einen Teil des Algorithmus, der für die entsprechende Klasse des Objekts in der Struktur definiert ist. `ConcreteVisitor` liefert den Kontext für den Algorithmus und speichert dessen lokalen Zustand. Dieser Zustand enthält häufig die während der Traversierung der Struktur angesammelten Ergebnisse.
  - `Element`
    definiert eine Methode `Accept()` mit einem `Visitor`-Argument.
  - `ConcreteElement`
    implementiert jeweils eine Methode `Accept()` mit einem `Visitor`-Argument.
  - `ObjectStructure`
    * kann seine Elemente aufzählen.
    * bietet möglicherweise eine abstrakte Schnittstelle an, die es dem Besucher erlaubt, die Elemente zu besuchen.
    * kann entweder ein *Kompositum* oder ein Container wie z. B. eine `list` oder eine `set` sein.
- **Anwendbarkeit:**
  Das Entwurfsmuster *Besucher* wird verwendet, wenn
  - eine Objektstruktur viele Klassen von Objekten mit unterschiedlichen Schnittstellen enthält und man Operationen auf diesen Objekten ausführen möchte, die von ihren konkreten Klassen abhängen.
  - viele unterschiedliche und nicht miteinander verwandte Operationen auf den Objekten einer Objektstruktur ausgeführt werden müssen und man deren Klassen nicht mit diesen Operationen zusätzlich „belasten" möchte. Das *Besucher*-Muster ermöglicht es, verwandte Operationen zusammenzufassen, indem man sie in einer einzigen Klasse definiert. Wird die Objektstruktur von mehreren Anwendungen gemeinsam genutzt, sollte man das *Besucher*-Muster verwenden, um Operationen nur in jenen Anwendungen zu verwenden, die sie wirklich benötigen.
  - sich die Klassen, die eine Objektstruktur definieren, selten ändern, man aber häufig neue Operationen für die Struktur definieren möchte. Das Ändern der

Klassen der Objektstruktur erfordert eine Neudefinition der Schnittstellen aller Besucherklassen, was sehr aufwändig sein kann. Ändert sich die Objektstruktur häufig, ist es wahrscheinlich besser, die Operationen in diesen Klassen zu definieren.

- **Verwandte Muster:**
  - *Kompositum*-Muster (*composite*; siehe Seite 678): *Besucher* können verwendet werden, um eine Operation auf eine Objektstruktur anzuwenden, die als *Kompositum* realisiert ist.
  - *Interpreter*-Muster (siehe Seite 762): *Besucher* können verwendet werden, um *Interpreter*-Operationen durchzuführen.

Beispiele zum Entwurfsmuster „Besucher“

Programm 28.47 – `besucher.cpp`:
Demoprogramm zum Besucher-Muster

```
#include <set>
#include <iostream>
using namespace std;
class ConcreteElementA;
class ConcreteElementB;

class Visitor {
  public:
     virtual void VisitConcreteElementA(ConcreteElementA *concreteElementA) = 0;
     virtual void VisitConcreteElementB(ConcreteElementB *concreteElementB) = 0;
};
class ConcreteVisitor1 : public Visitor {
  public:
     void VisitConcreteElementA(ConcreteElementA *concreteElementA) {
        cout << "concreteElementA besuchte ConcreteVisitor1" << endl;
     }
     void VisitConcreteElementB(ConcreteElementB *concreteElementB) {
        cout << "concreteElementB besuchte ConcreteVisitor1" << endl;
     }
};
class ConcreteVisitor2 : public Visitor {
  public:
     void VisitConcreteElementA(ConcreteElementA *concreteElementA) {
        cout << "concreteElementA besuchte ConcreteVisitor2" << endl;
     }
     void VisitConcreteElementB(ConcreteElementB *concreteElementB) {
        cout << "concreteElementB besuchte ConcreteVisitor2" << endl;
     }
};
class Element {
  public:
     virtual void Accept(Visitor *visitor) = 0;
};
```

```
class ConcreteElementA : public Element {
  public:
     void Accept(Visitor *visitor) { visitor->VisitConcreteElementA(this); }
     void OperationA() { cout << "ConcreteElementA::OperationA()" << endl; }
};
class ConcreteElementB : public Element {
  public:
     void Accept(Visitor *visitor) { visitor->VisitConcreteElementB(this); }
     void OperationB() { cout << "ConcreteElementB::OperationB()" << endl; }
};

class ObjectStructure {
  public:
     void Attach(Element *elem) { elemente.insert(elem); }
     void Detach(Element *elem) { elemente.erase(elem);  }
     void Accept(Visitor *visitor) {
        set<Element*>::iterator it;
        for (it = elemente.begin(); it != elemente.end(); it++)
           (*it)->Accept(visitor);
     }
  private:
     set<Element*> elemente;
};

int main(void)
{
   ObjectStructure *o = new ObjectStructure();
   ConcreteElementA *ca = new ConcreteElementA();
   ConcreteElementB *cb = new ConcreteElementB();
   o->Attach(ca);
   o->Attach(cb);

   ConcreteVisitor1 *v1 = new ConcreteVisitor1();
   ConcreteVisitor2 *v2 = new ConcreteVisitor2();
   o->Accept(v1);
   o->Accept(v2);
   ca->OperationA();
   cb->OperationB();
}
```

Programm 28.47 liefert die folgende Ausgabe:

```
concreteElementA besuchte ConcreteVisitor1
concreteElementB besuchte ConcreteVisitor1
concreteElementA besuchte ConcreteVisitor2
concreteElementB besuchte ConcreteVisitor2
ConcreteElementA::OperationA()
ConcreteElementB::OperationB()
```

Programm 28.48 – `besucher2.cpp`:
Zweites Demoprogramm zum Besucher-Muster

```
#include <iostream>
using namespace std;
class Tulpe;
class Rose;
class Visitor {
  public:
     virtual void visit( Tulpe& ) = 0;
     virtual void visit( Rose& ) = 0;
};
class Blume { //....................................... Blume (Element)
  public:
     virtual void accept( Visitor& ) = 0;
};
class Tulpe : public Blume { //.................. Tulpe (ConcreteElement)
  public:
     void accept(Visitor& v) { v.visit(*this); }
     void jahreszeit()       { cout << "Tulpe blüht im Frühling" << endl; }
};
class Rose : public Blume { //.................... Rose (ConcreteElement)
  public:
     void accept(Visitor& v) { v.visit(*this); }
     void eigenschaft()      { cout << "Rose hat Stacheln" << endl; }
};
class Zaehl : public Visitor { //................ Zaehl (ConcreteVisitor)
  public:
     Zaehl() { m_anzTulpe = m_anzRose = 0; }
     virtual void visit(Tulpe&) { m_anzTulpe++; }
     virtual void visit(Rose&)  { m_anzRose++;  }
     void ausgabe() {
        cout << "Tulpe: " << m_anzTulpe << "; Rose: " << m_anzRose << endl; }
  private:
     int  m_anzTulpe, m_anzRose;
};
class Speziell : public Visitor { //.......... Wieviele (ConcreteVisitor)
  public:
     virtual void visit(Tulpe& r) { r.jahreszeit();  }
     virtual void visit(Rose& b)  { b.eigenschaft(); }
};
int main(void) {
   Blume *array[] = { new Tulpe, new Rose, new Rose, new Tulpe, new Tulpe, 0 };
   Zaehl    zaehler;
   Speziell spez;
   for (int i=0; array[i] != 0; i++) {
      array[i]->accept(zaehler);
      array[i]->accept(spez);
   }
   zaehler.ausgabe();
}
```

Programm 28.48 liefert die folgende Ausgabe:

```
Tulpe blüht im Frühling
Rose hat Stacheln
Rose hat Stacheln
Tulpe blüht im Frühling
Tulpe blüht im Frühling
Tulpe: 3; Rose: 2
```

Programm 28.49 – besucher3.cpp:
Drittes Demoprogramm zum Besucher-Muster

```
#include <iostream>
using namespace std;
int  aktuell = 0;
class Eins;
class Zwei;
class Kommando { //.................................... Kommando (Visitor)
  public:
     virtual void visit(Eins*) { cout << "...Fehler" << endl; }
     virtual void visit(Zwei*) { cout << "...Fehler" << endl; }
};
class Weiter : public Kommando { //............... Weiter (ConcreteVisitor)
  public:
     void visit(Eins*)    { aktuell=1; cout << "Eins (Weiter) --> Zwei" <<endl; }
     void visit(Zwei *z) { cout << "Zwei (Weiter) --> "; Kommando::visit(z);    }
};
class Halt : public Kommando { //.................. Halt (ConcreteVisitor)
  public:
     void visit(Eins *e) { cout << "Eins (Halt) --> "; Kommando::visit(e);     }
     void visit(Zwei*)    { aktuell=0; cout << "Zwei (Halt) --> Eins" << endl; }
};
class Zustand { //...................................... Zustand (Element)
  public:
     virtual void accept(Kommando *c) = 0;
};
class Eins : public Zustand { //................... Eins (ConcreteElement)
  public:
     void accept(Kommando *k) { k->visit(this); }
};
class Zwei : public Zustand { //................... Zwei (ConcreteElement)
  public:
     void accept(Kommando *k) { k->visit(this); }
};
int main(void) {
   Zustand *zust[] = { new Eins, new Zwei };
   Kommando *kdo[] = { new Halt, new Weiter, new Halt, new Halt, new Weiter, 0};
   for (int i=0; kdo[i] != 0; i++)
      zust[aktuell]->accept(kdo[i]);
}
```

Programm 28.49 liefert die folgende Ausgabe:

```
Eins (Halt) --> ...Fehler
Eins (Weiter) --> Zwei
Zwei (Halt) --> Eins
Eins (Halt) --> ...Fehler
Eins (Weiter) --> Zwei
```

Zu Programm 28.49 ist noch Folgendes anzumerken:

- Wenn neue `Kommando`-Klassen hinzugefügt werden, ist keinerlei Änderung im Code der `Zustand`-Klassen erforderlich.
- Werden jedoch neue `Zustand`-Klassen hinzugefügt, so muss jede `Kommando`-Klasse geändert werden. In diesem Fall ist das *Besucher*-Muster nicht die richtige Wahl.

Programm 28.50 – `besucher4.cpp`:
Viertes Demoprogramm zum Besucher-Muster

```
#include <string>
#include <vector>
#include <iostream>
using namespace std;
class Primitive;
class Link;
class Composite;
class Visitor {
  public:
     virtual void visit(Primitive*) = 0;
     virtual void visit(Link*)      = 0;
     virtual void visit(Composite*) = 0;
};
class Component {
  public:
     Component(string name) : m_name(name) { }
     virtual ~Component() { }
     virtual void accept(Visitor*) = 0;
     virtual void ausgabe(string text) { cout << m_name << text; }
     virtual void add(Component*)  { };
  protected:
      string m_name;
};
class Primitive : public Component {
  public:
     Primitive(string name) : Component(name) { }
     virtual ~Primitive() { }
     void accept(Visitor *v) { v->visit(this); }
};
class Link : public Component {
  public:
     Link(string name, Component *ele) : Component(name), linkElement(ele) { }
     virtual ~Link() { }
```

```
      void accept(Visitor *v) { v->visit(this);      }
      Component *getSubject() { return linkElement; }
   private:
      Component *linkElement;
};
class Composite : public Component {
   public:
      Composite(string name) : Component(name) { }
      virtual ~Composite() { }
      void accept(Visitor *v)  { v->visit(this);       }
};
class PrintVisitor : public Visitor {
   public:
      void visit(Primitive *node) { node->ausgabe(" ...wird gedruckt\n");  }
      void visit(Composite *node) { node->ausgabe("    nicht gedruckt\n"); }
      void visit(Link *node) {
         node->ausgabe(" --> ");
         Component *n = node->getSubject();
         if (typeid(*n) == typeid(Link)) visit((Link*)n);
         else if (typeid(*n) == typeid(Composite)) visit((Composite*)n);
         else if (typeid(*n) == typeid(Primitive)) visit((Primitive*)n);
      }
};
class CountVisitor : public Visitor {
   public:
      void visit(Primitive *node) { node->ausgabe(" ...Bytes gezaehlt\n"); }
      void visit(Composite *node) { node->ausgabe("    nicht gezaehlt\n"); }
      void visit(Link *node)      { node->ausgabe("    nicht gezaehlt\n"); }
};
int main(void) {
   PrintVisitor printObj;
   CountVisitor countObj;
   Composite    dir("Directory");
   Primitive    datei1("eins"), datei2("zwei");
   Link         alias1("Verweis1", &datei1 );
   Link         alias2("Verweis2", &alias1 );
   Component *array[] = { &dir, &datei1, &datei2, &alias1, &alias2, 0 };

   for (int p = 0; array[p] != 0; p++)
      array[p]->accept(&printObj);
   cout << "---------------------------------------------------" << endl;
   for (int i = 0; array[i] != 0; i++)
      array[i]->accept(&countObj);
}
```

Programm 28.50 liefert die folgende Ausgabe:

```
Directory    nicht gedruckt
eins ...wird gedruckt
zwei ...wird gedruckt
```

```
Verweis1 --> eins ...wird gedruckt
Verweis2 --> Verweis1 --> eins ...wird gedruckt
----------------------------------------------
Directory    nicht gezaehlt
eins ...Bytes gezaehlt
zwei ...Bytes gezaehlt
Verweis1    nicht gezaehlt
Verweis2    nicht gezaehlt
```

28.5.10 Interpreter

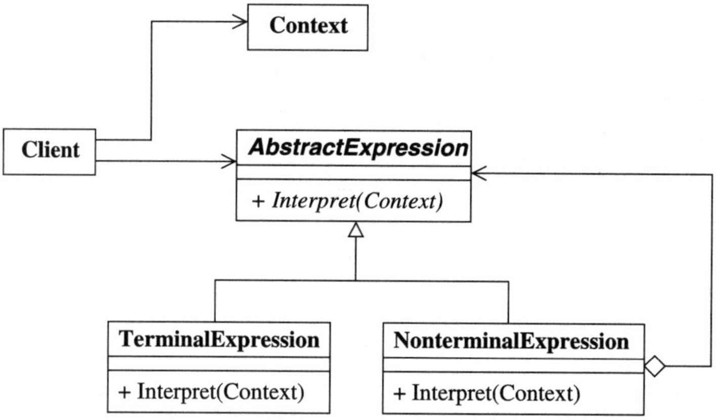

Abbildung 28.32: Allgemeine Struktur des Interpreter-Musters

- **Grundidee des Interpreter-Musters:**
  Definieren einer Grammatik sowie eines Interpreters für eine vorgegebene Sprache. Der Interpreter verwendet dabei die definierte Grammatik, um Sätze aus der Sprache zu interpretieren.
- **Teilnehmer:**
  - `Context`
    enthält die für den Interpreter globalen Informationen.
  - `AbstractExpression`
    deklariert eine abstrakte `Interpret()`-Methode für alle Knoten im abstrakten *Parse-Tree* (Syntaxbaum).
  - `TerminalExpression`
    * implementiert die `Interpret()`-Methode zu den einzelnen terminalen Symbolen in der Grammatik.
    * es ist für jedes terminale Symbol in einem Satz ein Objekt dieser Klasse erforderlich.
  - `NonterminalExpression`
    * für jede Regel „$\texttt{R ::= R}_1\ \texttt{R}_2\ \ldots\ \texttt{R}_n$" in der Grammatik wird eine derartige Klasse benötigt.

    * unterhält `AbstractExpression`-Membervariablen für jedes der Symbole R_1 bis R_n.
    * implementiert die `Interpret()`-Methode für nichtterminale Symbole der Grammatik. `Interpret()` ruft sich üblicherweise selbst rekursiv für die Variablen auf, die R_1 bis R_n repräsentieren.
  - `Client`
    * erzeugt (oder erhält) einen abstrakten *Parse-Tree* (Syntaxbaum), der einen bestimmten Satz in der von der Grammatik definierten Sprache repräsentiert. Der abstrakte *Parse-Tree* wird aus den Objekten der Klassen `NonterminalExpression`- und `TerminalExpression` zusammengesetzt.
    * ruft die `Interpret()`-Methode auf.
- **Anwendbarkeit:**
  Das Entwurfsmuster *Interpreter* wird immer dann verwendet, wenn man eine Sprache interpretieren muss und sich die Ausdrücke dieser Sprache als abstrakte *Parse-Trees* (Syntaxbäume) darstellen lassen. Das Entwurfsmuster *Interpreter* ist empfehlenswert, wenn
  - die Grammatik einfach ist. Bei komplexen Grammatiken wird die Klassenhierarchie zu groß und nicht mehr handhabbar. In diesem Fall sind Parsergeneratoren (wie z. B. `lex` und `yacc`) eine bessere Alternative.
  - die Performance unkritisch ist. Ist die Performance von Wichtigkeit, sind wieder Parsergeneratoren zu verwenden.
- **Verwandte Muster:**
  - *Kompositum*-Muster (*composite*; siehe Seite 678): Der abstrakte *Parse-Tree* ist eine Instanz des *Kompositum*-Musters.
  - *Fliegengewicht*-Muster (*flyweight*; siehe Seite 706): legt fest, wie die terminalen Symbole im abstrakten *Parse-Tree* gemeinsam genutzt (*shared*) werden können.
  - *Iterator*-Muster (siehe Seite 711): Der *Interpreter* kann einen Iterator verwenden, um die Struktur zu traversieren.
  - *Besucher*-Muster (*visitor*; siehe Seite 754): kann benutzt werden, um das Verhalten in jedem Knoten des abstrakten *Parse-Tree* in einer Klasse zu unterhalten.

Beispiel: Rechner mit rückwärtiger polnischer Notation

Programm 28.51 – `interpreter.cpp`:
Demoprogramm zum Interpreter-Muster

```
#include <string>
#include <stack>
#include <vector>
#include <iostream>
using namespace std;
class Context {
  public:
     Context() { }
     void Put(int n)  { m_stack.push(n); }
```

```
    int  Get()          { int n = m_stack.top(); m_stack.pop(); return n; }
  private:
    stack<int> m_stack;
};
class AbstractExpression {
  public:
    virtual void Interpret(Context *c) = 0;
};
class NonTerminalExpression : public AbstractExpression {
  public:
    NonTerminalExpression() { }
    virtual ~NonTerminalExpression() { }
    void Add(AbstractExpression *e) { expr.push_back(e); }
    void Interpret(Context *c) {
       for (unsigned i=0; i< expr.size(); i++)
          expr[i]->Interpret(c);
    }
  protected:
    vector<AbstractExpression*> expr; // für die Expressions
};
class IntegerExpression : public AbstractExpression {
  public:
    IntegerExpression(int n) { m_zahl = n; }
    void Interpret(Context *c) {
       c->Put(m_zahl);
       cout << "...pushed " << m_zahl << endl;
    }
  private:
    int  m_zahl;
};
class AddTerminalExpression : public AbstractExpression {
  public:
    void Interpret(Context *c) {
       int  z1 = c->Get(), z2 = c->Get(), ergeb = z2+z1;
       c->Put(ergeb);   // Ergebnis zurück auf Stack
       cout << "...pushed " << z2 << "+" << z1 << " --> " << ergeb << endl;
    }
};
class SubTerminalExpression : public AbstractExpression {
  public:
    void Interpret(Context *c) {
       int   z1 = c->Get(), z2 = c->Get(), ergeb = z2-z1;
       c->Put(ergeb);   // Ergebnis zurück auf Stack
       cout << "...pushed " << z2 << "-" << z1 << " --> " << ergeb << endl;
    }
};
class MultTerminalExpression : public AbstractExpression {
  public:
    void Interpret(Context *c) {
       int   z1 = c->Get(), z2 = c->Get(), ergeb = z2*z1;
```

```
        c->Put(ergeb);   // Ergebnis zurück auf Stack
        cout << "...pushed " << z2 << "*" << z1 << " --> " << ergeb << endl;
    }
};
class DivTerminalExpression : public AbstractExpression {
  public:
    void Interpret(Context *c) {
        int   z1 = c->Get(), z2 = c->Get(), ergeb = z2/z1;
        c->Put(ergeb);   // Ergebnis zurück auf Stack
        cout << "...pushed " << z2 << "/" << z1 << " --> " << ergeb << endl;
    }
};
class Parser {
  public:
    void Parse(string s) {
        if (s.empty()) return;
        cout << "......................... " << s << endl;
        //.... Wurzel des Parse-Tree
        NonTerminalExpression *nonTerminal = new NonTerminalExpression();
        s.append("\n"); // Ende kennzeichnen
        int  zahl;
        unsigned n1 = s.find_first_of("1234567890+-*/"),
                 n2 = s.find_first_not_of("1234567890+-*/", n1);
        while (n1 != string::npos) {
           string token = s.substr(n1, n2-n1);
           s = s.substr(n2);
           if ((zahl = atoi(token.c_str())) != 0)
              nonTerminal->Add(new IntegerExpression(zahl));
           else if (token == "+")
              nonTerminal->Add(new AddTerminalExpression());
           else if (token == "-")
              nonTerminal->Add(new SubTerminalExpression());
           else if (token == "*")
              nonTerminal->Add(new MultTerminalExpression());
           else if (token == "/")
              nonTerminal->Add(new DivTerminalExpression());
           n1 = s.find_first_of("1234567890+-*/");
           n2 = s.find_first_not_of("1234567890+-*/", n1);
        }
        nonTerminal->Interpret(new Context());
        delete nonTerminal;
    }
};
int main(void) {
   Parser parser;
   parser.Parse("24 35 +");
   parser.Parse("5 12 32 - *");
   parser.Parse("50 40 + 12 -3 - /");
   parser.Parse("145___2___3____4_____5____*____  +____*_____-");
}
```

Programm 28.51 liefert die folgende Ausgabe:

```
........................ 24 35 +
...pushed 24
...pushed 35
...pushed 24+35 --> 59
........................ 5 12 32 - *
...pushed 5
...pushed 12
...pushed 32
...pushed 12-32 --> -20
...pushed 5*-20 --> -100
........................ 50 40 + 12 -3 - /
...pushed 50
...pushed 40
...pushed 50+40 --> 90
...pushed 12
...pushed -3
...pushed 12--3 --> 15
...pushed 90/15 --> 6
........................ 145___2___3____4_____5____*____  +____*_____-
...pushed 145
...pushed 2
...pushed 3
...pushed 4
...pushed 5
...pushed 4*5 --> 20
...pushed 3+20 --> 23
...pushed 2*23 --> 46
...pushed 145-46 --> 99
```

Weiteres Beispiel: Umwandeln römischer Zahlen in arabische

Programm 28.52 – `interpreter2.cpp`:
Weiteres Demoprogramm zum Interpreter-Muster

```
#include <string>
#include <vector>
#include <iomanip>
#include <iostream>
using namespace std;
class Context {
  public:
    Context(string r="0") : m_romzahl(r) { }
    void   setNewRomzahl(string r)  { m_romzahl = r; m_arabzahl = 0; }
    void   setRomzahl(string r)     { m_romzahl = r;                 }
    void   addArabzahl(int a)       { m_arabzahl += a;               }
    string getRomzahl()  { return m_romzahl;  }
    int    getArabzahl() { return m_arabzahl; }
  private:
    string m_romzahl;
```

```
    int    m_arabzahl;
};
//........................................... Expression (AbstractExpression)
class Expression {
  public:
    bool Interpret(Context *context) {
       bool nochmal = false;
       string romZahl = context->getRomzahl();
       if (romZahl.length() == 0 )
          return false;
       if (romZahl.compare(0, 2, Neun()) == 0) { // ab 0. Pos. 2 Zeichen vergl.
          context->addArabzahl(9 * Faktor());
          context->setRomzahl(romZahl = romZahl.substr(2));
          nochmal = true;
       } else if (romZahl.compare(0, 2, Vier()) == 0) {
          context->addArabzahl(4 * Faktor());
          context->setRomzahl(romZahl = romZahl.substr(2));
          nochmal = true;
       } else if (romZahl.compare(0, 1, Fuenf()) == 0) {
          context->addArabzahl(5 * Faktor());
          context->setRomzahl(romZahl = romZahl.substr(1));
          nochmal = true;
       }
       while (romZahl.compare(0, 1, Eins()) == 0) {
          context->addArabzahl(1 * Faktor());
          context->setRomzahl(romZahl = romZahl.substr(1));
          nochmal = true;
       }
       return nochmal;
    }
  protected:
    virtual string Eins()  = 0;
    virtual string Vier()  = 0;
    virtual string Fuenf() = 0;
    virtual string Neun()  = 0;
    virtual int Faktor()   = 0;
};
//..................................................... TerminalExpressions
class TausendExpression : public Expression {
  public:
    string Eins()  { return "M";  }
    string Vier()  { return " ";  }
    string Fuenf() { return " ";  }
    string Neun()  { return " ";  }
    int Faktor()   { return 1000; }
};
class HundertExpression : public Expression {
  public:
    string Eins()  { return  "C"; }
    string Vier()  { return "CD"; }
```

```
    string Fuenf() { return  "D"; }
    string Neun()  { return "CM"; }
    int Faktor()   { return 100;  }
};
class ZehnExpression : public Expression {
  public:
    string Eins()  { return  "X"; }
    string Vier()  { return "XL"; }
    string Fuenf() { return  "L"; }
    string Neun()  { return "XC"; }
    int Faktor()   { return 10;   }
};
class EinsExpression : public Expression {
  public:
    string Eins()  { return "I";  }
    string Vier()  { return "IV"; }
    string Fuenf() { return  "V"; }
    string Neun()  { return "IX"; }
    int Faktor()   { return 1;    }
};
int main(void) {
  vector <Expression *> parse;  //.... Erstellen des Parse-Tree
  parse.push_back(new TausendExpression());
  parse.push_back(new HundertExpression());
  parse.push_back(new ZehnExpression());
  parse.push_back(new EinsExpression());
   Context *context = new Context();
   string romZahlen[] = { "MMCD", "MCMXCVIII", "MMMCMXCIX", "MDCLXVIIII",
                          "CXC",  "MDCLXVI",   "DCCLXXXVIII" };
   for (unsigned i = 0; i < sizeof(romZahlen) / sizeof(*romZahlen); i++) {
      context->setNewRomzahl(romZahlen[i]);
      for (unsigned j=0; j < parse.size(); j++)
         while (parse[j]->Interpret(context))
            ;
      cout << setw(20) << romZahlen[i] << " = " << context->getArabzahl() <<endl;
   }
}
```

Programm 28.52 liefert die folgende Ausgabe:

```
              MMCD = 2400
         MCMXCVIII = 1998
         MMMCMXCIX = 3999
        MDCLXVIIII = 1669
               CXC = 190
           MDCLXVI = 1666
       DCCLXXXVIII = 788
```

28.5.11 Memento

Abbildung 28.33 zeigt die allgemeine Struktur des *Memento*-Musters.

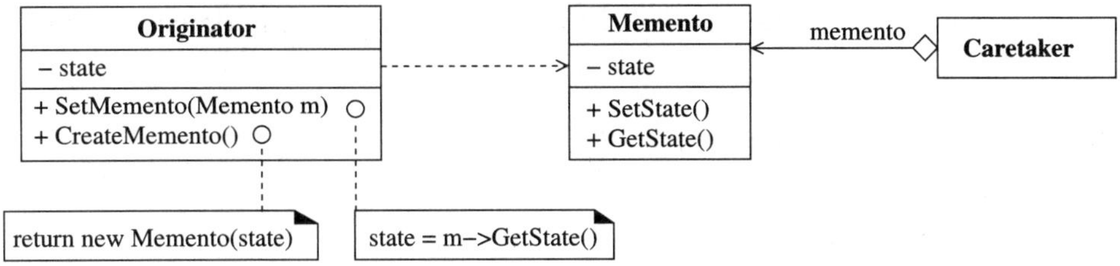

Abbildung 28.33: Allgemeine Struktur des Memento-Musters

- **Grundidee des Memento-Musters:**
  Externes Sichern des internen Zustands eines Objekts ohne seine Kapselung zu verletzen, so dass das Objekt später in diesen Zustand zurückversetzt werden kann.
- **Teilnehmer:**
  - `Memento`
    speichert den internen Zustand des `Originator`-Objekts und schützt gegen Zugriffe anderer Objekte (außer dem `Originator`-Objekt). *Mementos* besitzen zwei Schnittstellen;
    * Ein `Caretaker`-Objekt sieht vom `Memento` lediglich eine eingeschränkte Schnittstelle, um das `Memento` nur an andere Objekte weitergeben zu können.
    * Ein `Originator`-Objekt dagegen sieht eine umfangreichere Schnittstelle, die es ihm ermöglicht, auf alle benötigten Daten zuzugreifen, um sich selbst in seinen vorigen Zustand zurückzuversetzen. Idealerweise kann nur das `Originator`-Objekt, das das `Memento` erzeugt hat, auf dessen internen Zustand zugreifen.
  - `Originator`
    * erzeugt ein `Memento`-Objekt, das eine Momentaufnahme seines aktuellen internen Zustands enthält.
    * verwendet das `Memento`, um einen internen Zustand wiederherzustellen.
  - `Caretaker`
    * ist für die Aufbewahrung des `Memento`-Objekts zuständig.
    * greift niemals auf den Inhalt des `Memento`-Objekts zu.
- **Anwendbarkeit:**
  Das Entwurfsmuster *Memento* wird verwendet, wenn
  - eine Momentaufnahme eines Zustands eines Objekts oder Teile davon zwischengespeichert werden müssen, so dass es zu einem späteren Zeitpunkt in diesen Zustand zurückversetzt werden kann, und wenn
  - eine direkte Schnittstelle zum Ermitteln des Zustands Implementierungsdetails offenlegen und damit die Kapselung des Objekts aufbrechen würde.

- **Verwandte Muster:**
  - *Befehls*-Muster (*command*; siehe Seite 725): *Befehls*-Muster können *Mementos* verwenden, um Zustände für *Undo*-Operationen zu unterhalten.
  - *Iterator*-Muster (siehe Seite 711): *Mementos* können für das Iterieren verwendet werden.

Beispiel zum Entwurfsmuster „Memento“

Programm 28.53 – `memento.cpp`:
Demoprogramm zum Memento-Muster

```
#include <string>
#include <iostream>
using namespace std;
class Memento {
  public:
    Memento(string s) : state(s) {
      cout << "....Zustand '" << state << "'gespeichert" << endl;
    }
    void   SetState(string s) { state = s;     }
    string GetState()         { return state; }
  private:
    string state;
};
class Caretaker {
  public:
    Memento *GetMemento()           { return memento; }
    void     SetMemento(Memento *m) { memento = m;     }
  private:
    Memento *memento;
};
class Originator {
  public:
    Originator() : state("Nichts") { }
    void   SetState(string s) {
      cout << "Neuer Zustand '" << (state = s) << "'" << endl;
    }
    string GetState()         { return state;          }
    Memento *CreateMemento()  { return new Memento(state); }
    void SetMemento(Memento *memento) {
      state = memento->GetState();
      cout << "....Zustand '" << state << "' wiederhergestellt" << endl;
    }
  private:
    string state;
};
int main(void) {
   Originator *o = new Originator();
   o->SetState("Eins");
```

```
   Caretaker *c = new Caretaker();
   c->SetMemento(o->CreateMemento());

   o->SetState("Zwei"); // Zustand verändern
   o->SetState("Drei");
   o->SetMemento(c->GetMemento()); // alten Zustand wiederherstellen
   cout << "Zustand nun wieder '" << o->GetState() << "'" << endl;
}
```

Programm 28.53 liefert die folgende Ausgabe:

```
Neuer Zustand 'Eins'
....Zustand 'Eins'gespeichert
Neuer Zustand 'Zwei'
Neuer Zustand 'Drei'
....Zustand 'Eins' wiederhergestellt
Zustand nun wieder 'Eins'
```

Weiteres Beispiel zum Entwurfsmuster „Memento“

Programm 28.54 ist ein weiteres Demoprogramm zum *Memento*-Muster.

Programm 28.54 – `memento2.cpp`:
Weiteres Demoprogramm zum Memento-Muster

```
#include <cstdlib>
#include <ctime>
#include <string>
#include <iomanip>
#include <iostream>
using namespace std;
class Rechner;
//............................................................. Memento
class Memento {
    friend class Rechner;
  public:
    Memento(int wert) { m_state = wert; }
  private:
    int  m_state;
};
//............................................................. Rechner
class Rechner {
  public:
    Rechner(int wert) : m_wert(wert) { cout << "Startwert: " << wert << endl; }
    void doppelt() { m_wert *= 2;    }
    void haelfte() { m_wert /= 2;    }
    int  getWert() { return m_wert; }
    Memento *createMemento()            { return new Memento(m_wert); }
    void  reinstateMemento(Memento* m) { m_wert = m->m_state ;        }
  private:
    int m_wert;
};
```

```
//.................................................................... Kommando
class Kommando {
    typedef void (Rechner::* Action)();
  public:
    Kommando(Rechner *empf, Action a, string name)
          : m_empfaenger(empf), m_action(a), m_name(name) { }
    virtual ~Kommando() { }
    virtual void execute() {
       cout << setw(10) << m_name << ":  ";
       m_memento[m_nr] = m_empfaenger->createMemento();
       m_kdo[m_nr] = this;
       if (m_nr > m_letztNr)
          m_letztNr = m_nr;
       m_nr++;
       (m_empfaenger->*m_action)();
    }
    static void undo() {
       cout << setw(10) << "undo" << ":  ";
       if (m_nr == 0) {
          cout << "(nicht moeglich) ";
          return;
       }
       m_kdo[m_nr-1]->m_empfaenger->reinstateMemento(m_memento[m_nr-1]);
       m_nr--;
    }
    void static redo() {
       cout << setw(10) << "redo" << ":  ";
       if (m_nr > m_letztNr) {
          cout << "(nicht moeglich) ";
          return;
       }
       (m_kdo[m_nr]->m_empfaenger->*(m_kdo[m_nr]->m_action))();
       m_nr++;
    }
  protected:
    Rechner         *m_empfaenger;
    Action           m_action;
    string           m_name;
    static Kommando *m_kdo[100];
    static Memento  *m_memento[100];
    static int       m_nr, m_letztNr;
};

//...................................................... Statische Definitionen
Kommando* Kommando::m_kdo[100];
Memento*  Kommando::m_memento[100];
int       Kommando::m_nr = 0;
int       Kommando::m_letztNr = -1;
```

```
int main(void) {
   Rechner *rechner = new Rechner(100); // 100 ist Startwert
   Kommando *kdo[3];
   kdo[1] = new Kommando(rechner, &Rechner::doppelt, "doppelt");
   kdo[2] = new Kommando(rechner, &Rechner::haelfte, "haelfte");
   while (1) {
      int zufall = rand() % 6;
      if (zufall >= 1 && zufall <= 2) {
         kdo[1]->execute();
         cout << setw(8) << rechner->getWert() << endl;
      } else if (zufall >= 3 && zufall <= 4) {
         kdo[2]->execute();
         cout << setw(8) << rechner->getWert() << endl;
      } else if (zufall == 5) {
         while (rand() % 4) {
            Kommando::undo();
            cout << setw(8) << rechner->getWert() << endl;
         }
         while (rand() % 4) {
            Kommando::redo();
            cout << setw(8) << rechner->getWert() << endl;
         }
      } else
         break;
   }
}
```

Programm 28.54 liefert z. B. die folgende Ausgabe:

```
Startwert: 100
   doppelt:       200
   doppelt:       400
   haelfte:       200
   doppelt:       400
   doppelt:       800
   doppelt:      1600
      undo:       800
      undo:       400
      undo:       200
      undo:       400
      undo:       200
      undo:       100
      redo:       200
      undo:       100
      undo:  (nicht moeglich)       100
      redo:       200
      redo:       400
      redo:       200
      redo:       400
   haelfte:       200
```

Übung: Mementos zur gleichzeitigen Verwaltung mehrerer Spieler

Ergänzen Sie das folgende Programm `memento3.cpp` um die fehlenden Klassen, so dass es mittels *Mementos* einen Spieleserver realisiert, der gleichzeitig mehrere Spieler bedienen kann.

```
#include <cstdlib>
#include <ctime>
#include <string>
#include <iostream>
using namespace std;
#define MAX  3

//...... hier die fehlenden Klassen einfügen

//.............................................................................. main
int main(void) {
   Spiel      spielLeiter;
   Spieler    spieler[MAX];
   int        beendeteSpiele = 0;
   int        rateZahl, ret;
   Memento *mem[MAX];
   for (unsigned i=0; i < MAX; i++) {
      cout << "Dein Name: " ;
      cin >> spieler[i].name;
      mem[i] = spielLeiter.anmelden();
   }
   srand(time(0));
   while (beendeteSpiele != MAX) {
      for (unsigned s=0; s < MAX; s++) {
         if (spieler[s].fertig)
            continue;
         cout << spieler[s].name
              << " (" << spieler[s].min << '-'<< spieler[s].max << "): ";
         cin >> rateZahl;
         if ((ret = spielLeiter.auswerten(mem[s], rateZahl)) == 0) {
            cout << ".... Zahl erraten" << endl;
            spieler[s].fertig = true;
            beendeteSpiele++;
         } else if (ret < 0) {
            cout << ".... zu niedrig" << endl;
            spieler[s].min = rateZahl+1;
         } else {
            cout << ".... zu hoch" << endl;
            spieler[s].max = rateZahl-1;
         }
      }
   }
   for (unsigned i=0; i < MAX; i++)
      delete mem[i];
}
```

Ein möglicher Ablauf des Programms `memento3.cpp` wäre z. B.:

```
Dein Name: hans ↵
Dein Name: anna ↵
Dein Name: emil ↵
hans (1-20): 10 ↵
.... zu hoch
anna (1-20): 10 ↵
.... zu hoch
emil (1-20): 10 ↵
.... zu niedrig
hans (1-9): 5 ↵
.... zu hoch
anna (1-9): 5 ↵
.... zu niedrig
emil (11-20): 16 ↵
.... zu niedrig
hans (1-4): 3 ↵
.... zu niedrig
anna (6-9): 7 ↵
.... Zahl erraten
emil (17-20): 18 ↵
.... Zahl erraten
hans (4-4): 4 ↵
.... Zahl erraten
```

Teil VI

Portable GUI-Programmierung mit Qt

Bevor wir uns unseren Fallbeispielen im nächsten Kapitel widmen, wird hier eine kurze Einführung in die *Qt-Klassenbibliothek* gegeben, da diese in den Projekten des nächsten Teils zur GUI-Programmierung[1] verwendet wird.

- **Kapitel 29 – Allgemeines zu Qt**
  Dieses Kapitel klärt zunächst einmal, was Qt überhaupt ist und welche Vorteile Qt gegenüber anderen GUI-Produkten besitzt, bevor der wichtige Qt-Begriff *Widget* eingeführt wird. Danach wird dann kurz auf die bei Qt mitgelieferte Dokumentation eingegangen, bevor anschließend auf die Generierung von Qt-Programmen eingegangen wird.
- **Kapitel 30 – Grundlegende Konzepte und Konstrukte von Qt**
  In diesem Kapitel wird anhand einfach nachvollziehbarer Beispielprogramme ein Überblick über die wesentlichen Konzepte und Konstrukte von Qt gegeben. Dazu wird zuerst der grundsätzliche Aufbau eines Qt-Programms vorgestellt, bevor das wichtige *Signal/Slot-Konzept* von Qt erläutert wird.
- **Kapitel 31 – Ein Malprogramm und ein grafisches Solitär-Spiel**
  In diesem umfangreicheren Kapitel wird zunächst ein kleines Malprogramm zum Zeichnen mit der Maus auf dem Bildschirm erstellt, das dann in den folgenden Abschnitten schrittweise erweitert wird, um so den Leser mit wichtigen Qt-Elementen vertraut zu machen. Dabei werden unter anderem auch *High-Level-* und *Low-Level-Events* vorgestellt.
  Abschließend zu diesem Kapitel wird das Solitär-Spiel aus Kapitel 26.9 auf Seite 616 grafisch realisiert, wobei für uns hier der *Model-View-Control*-Entwurf sehr von Vorteil ist, da wir die Regeln vollständig übernehmen können und nur den grafischen Teil neu realisieren müssen.
- **Kapitel 32 – Ein Überblick zu den Qt-Widgets**
  Hier wird ein kurzer Überblick über die wichtigsten Qt-Widgets gegeben, wobei auch auf allgemeine Widget-Methoden und Konventionen eingegangen wird, die für alle Klassen zutreffen, die von `QWidget` abgeleitet sind. Zudem geht dieses Kapitel auch auf unterschiedliche Widget-Stile ein.

---

[1] GUI steht für ***Graphical User Interface***

Natürlich kann in diesem Teil Qt nicht vollständig beschrieben werden, da dies den Rahmen dieses Buches sprengen würde. Stattdessen werden nur die wesentlichen Aspekte von Qt kurz vorgestellt, um in den nachfolgenden Projekten eine plattformunabhängige GUI-Programmierung durchzuführen. Werden bei der späteren Vorstellung der Projekte Qt-Konstrukte verwendet, die nicht weitgehend selbsterklärend sind, so wird an den entsprechenden Stellen eine Erklärung zu diesen Qt-Konstrukten eingeschoben.

Leser, die an einer tiefergehenden Erklärung von Qt interessiert sind, seien auf das beim *millin Verlag* erschienene Buch *Das Qt-Buch – Plattformunabhängige GUI-Programmierung unter Linux/Unix/Windows* verwiesen.

Kapitel 29

Allgemeines zu Qt

29.1 Was ist Qt und warum Qt?

Qt ist eine portable C++-Klassenbibliothek zur GUI-Programmierung

Qt ist eine von der norwegischen Firma *Trolltech* entwickelte C++-Klassenbibliothek, die eine einfache und portable GUI-Programmierung ermöglicht. Manche Programmierer behaupten sogar, dass Qt die einfachste GUI-Programmierung überhaupt unter den vielen angebotenen GUI-Toolkits erlaubt. Daneben sind mit Qt entwickelte Programme sowohl unter allen Linux/Unix- wie allen Windows-Systemen lauffähig. Qt unterstützt nämlich folgende Plattformen:

- **MS/Windows** – *95, 98, NT 4.0, ME, 2000* und *XP*
- **Unix/X11** – *Linux, Sun Solaris, HP-UX, Compaq Tru64 UNIX, IBM AIX, SGI IRIX* und *viele andere UNIX-Derivate*
- **Macintosh** – *Mac OS X*
- **Embedded** – *Linux Plattformen mit Framebuffer-Unterstützung*

Qt ist ein GUI-Toolkit

GUI-Toolkits sind in der Microsoft-Windows-Welt kaum bekannt, dafür aber umso mehr in der Unix-Welt. Der Grund hierfür ist, dass die Windows-GUI-Schnittstelle API schon von sich aus eine High-Level-Schnittstelle ist, die z. B. Buttons, Laufbalken oder Funktionen zum Ändern von Farben und Fonts anbietet.

Anders verhält sich dagegen die unter Unix angebotene Schnittstelle des X Window Systems, die zwar sehr flexibel ist, aber nur *Low-Level-Funktionen* anbietet, wie z. B. zum Zeichnen primitiver Grafiken (Linien, Rechtecke usw.) oder zum Setzen der Hinter- und Vordergrundfarbe. Diese X-Window-Schnittstelle bietet keine *High--level-Funktionen* zum Erzeugen von Buttons, Laufbalken, Dialogboxen usw. Dies ist der Grund, warum verschiedene Toolkits entwickelt wurden, um die GUI-Programmierung unter Unix zu vereinfachen. Der bekannteste Toolkit dürfte *Motif* sein, was nicht nur ein Toolkit, sondern auch eine Spezifikation für ein bestimmtes „look-and-feel" ist. Allerdings ist die Verwendung von Motif sehr schwierig und äußerst mühsam, was sich daran erkennen lässt, dass Motif-Programme wesentlich länger sind als Qt-Programme, die das Gleiche leisten. Nichtsdestotrotz ist Motif

ein Standard. Qt ist nun ein GUI-Toolkit, der dieses look-and-feel von Motif mit einer wesentlich einfacheren GUI-Programmierschnittstelle zur Verfügung stellt.
Nun noch einmal zurück zum Windows-API, das Funktionen anbietet, um GUI-Elemente (wie Buttons, Menüs usw.) zu erzeugen, Farben zu ändern usw. Diese API-Schnittstelle ist zwar wesentlich einfacher als das direkte Programmieren des X Window System, aber sie ist immer noch nicht benutzerfreundlich genug.
Daneben existieren noch die *Microsoft Foundation Classes* (MFC), die zwar High-Level-Funktionen anbieten, aber doch sehr komplex in ihrer Verwendung sind. Bei der Benutzung von MFC muss der Benutzer immer noch sehr viel Zeit aufwenden, um eine Bedienoberfläche zu erzeugen, statt sich auf den eigentlichen Kern seiner Aufgabe zu konzentrieren.
Qt ist nun ein so genanntes *application framework*, das alle die eben erwähnten Nachteile vermeidet. Unter einem Framework versteht man ein komplettes Programmiersystem, das dem Programmierer die Low-Level-Arbeiten abnimmt. Dazu stellt es ihm eine Bibliothek von Klassen zur Verfügung, so dass er sich Objekte definieren kann, die genau ein *User-interface*-Element repäsentieren (wie z. B. einen Button oder ein Menü), und er so über die vom Programmiersystem bereitgestellten Konstrukte alle Anwenderinteraktionen mit diesen Elementen verwalten kann.

Vorteile von Qt

Für die Verwendung von Qt bei der Entwicklung neuer Software sprechen die folgenden Vorzüge von Qt:

- *Qt ist für Unix-Systeme (wie Linux, FreeBSD oder Solaris)* und auch für *Windows-Systeme* frei, wenn man freie Software für diese Systeme schreibt.
- *Qt ist portabel und einfach:* Programme, die mit Qt geschrieben werden, sind sowohl unter Linux/Unix als auch unter Windows lauffähig, was z. B. für MFC nicht gilt, denn mit MFC entwickelte Programme sind nur unter Windows-Systemen lauffähig. Zudem stufen viele Programmierer, die sowohl mit MFC als auch mit Qt gearbeitet haben, Qt als einfacher ein.
- *Qt ist schnell:* Programme, die mit Qt geschrieben sind, laufen sehr schnell ab.

29.2 Der Begriff „Widget"

Qt arbeitet mit so genannten *Widgets*. Dieser Begriff wird unter Unix für Windows (Fenster) verwendet: „Widget" ist eine Wortschöpfung aus den beiden Begriffen „Window" und „Gadget" (entspricht *Controls* unter Windows-Betriebssystemen). Nahezu alles, was man auf einer in Qt geschriebenen Oberfläche sieht, ist ein Widget: Buttons, Laufbalken, Dialogboxen usw. Widgets können ihrerseits wieder Subwidgets enthalten, wie z. B. Buttons oder Texteingabefelder in einer Dialogbox.
In Qt ist ein Widget ein Objekt einer Klasse, die von der Klasse `QWidget` abgeleitet ist. Qt enthält viele vordefinierte Widgets, allerdings kann der Qt-Programmierer auch seine eigenen Widgets definieren.

29.3 Die Qt-Online-Dokumentation

29.3.1 Qt-Online-Dokumentation im HTML-Format

Qt bietet eine hervorragende Online-Dokumentation im HTML-Format an. Deswegen ist es in dieser Qt-Einführung auch nicht notwendig, eine Qt-Referenz anzugeben, da mit jeder Qt-Distribution eine vollständige Online-Qt-Referenz mitgeliefert wird. Um diese Online-Dokumentation zu lesen, muss ein Webbrowser wie z. B. *Netscape Navigator, Internet Explorer* oder *Opera* verwendet werden. Andere Browser, wie z. B. *arena* oder *lynx* unter Linux sind auch möglich, da die Qt-Online-Dokumentation weder spezielle HTML-Konstrukte verwendet noch Java oder JavaScript voraussetzt.

Im Browser ist dann zuerst die Datei `index.html` im Verzeichnis `doc` der entsprechenden Qt-Installation zu öffnen, um die Titelseite der Qt-Dokumentation einzublenden (siehe auch Abbildung 29.1). Unter Linux/Unix-Systemen meist:
`/usr/lib/qt/doc/html` bzw. `/usr/lib/qt3/doc/html` oder auch
`/usr/local/qt/doc/html` bzw. `/usr/local/qt3/doc/html`

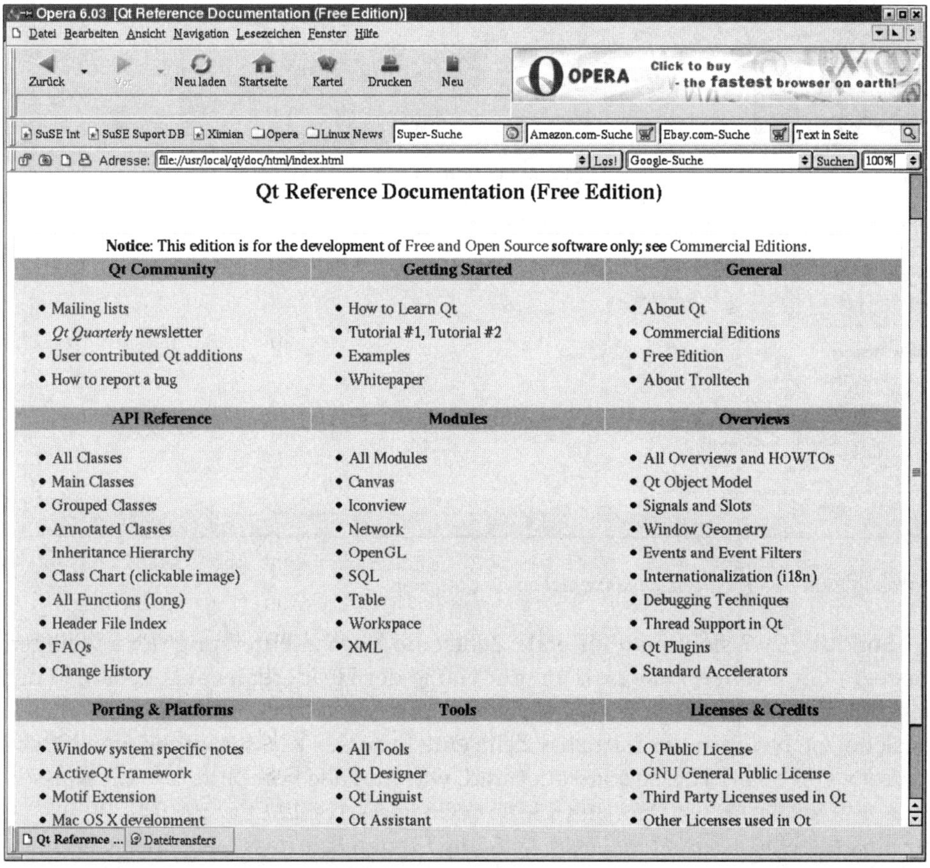

Abbildung 29.1: Startseite der Qt-Referenz-Dokumentation

Um einen Eindruck zu bekommen, wie der Qt-Klassenbaum organisiert ist, sollte man zunächst den Punkt (Link) *Annotated Classes* anklicken. Man bekommt dann eine Liste aller Qt-Klassen, die `public` sind, mit einer einzeiligen Kurzbeschreibung angezeigt. Später, nachdem man mit Qt etwas mehr vertraut ist, kann man dann meist direkt von der Startseite zum Punkt *All Classes* wechseln. Die dann eingeblendete Liste enthält keine Kurzbeschreibung und zeigt mehr Klassen auf einer Seite. Neben diesen beiden Punkten existieren unter anderem noch die beiden Punkte *Main Classes* (Liste der wichtigsten Klassen) und *Grouped Classes* (Liste von Gruppen, wobei bei Anklick der entsprechenden Gruppe die zu dieser Gruppe gehörigen Klassen eingeblendet werden).

Um einen ersten Eindruck über die Beschreibung der einzelnen Klassen zu bekommen, kann man nach dem Klick auf *Annotated Classes* z. B. auf den Link *QButton* klicken. `QButton` ist die Klasse, die für die Erzeugung von Buttons und deren Interaktionen mit dem Programm zuständig ist (siehe auch Abbildung 29.2).

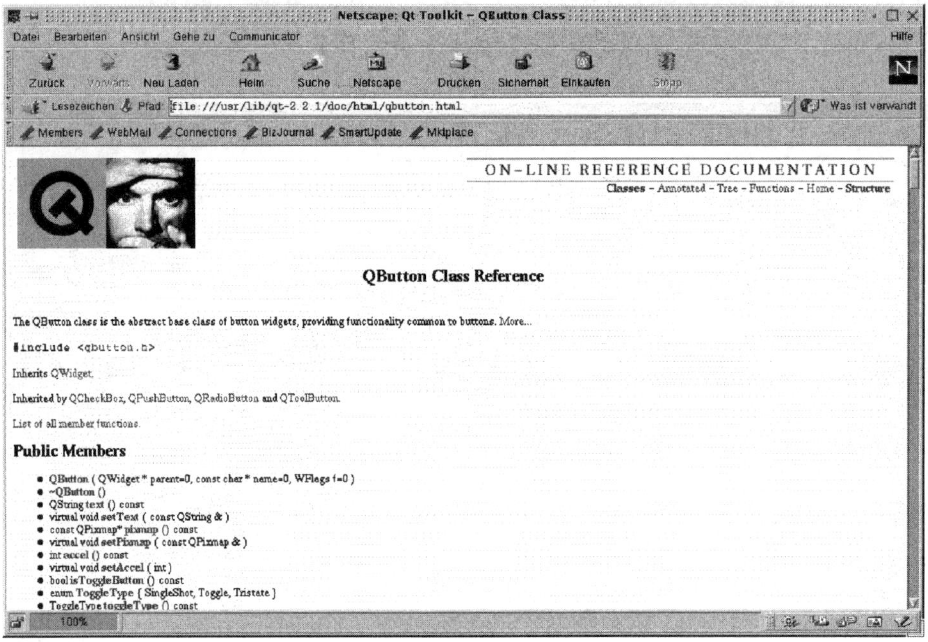

Abbildung 29.2: Die Referenz-Dokumentation für `QButton`

In Abbildung 29.2 sieht man als erste Zeile eine Kurzbeschreibung der jeweiligen Klasse. In der zweiten Zeile ist dann der Name der Headerdatei angegeben, in der diese Klasse definiert ist. Es folgt der Name der Basisklasse, von der diese Klasse abgeleitet ist, bevor in der nächsten Zeile eine Liste der Klassen angegeben ist, die ihrerseits von dieser Klasse abgeleitet sind, was im Falle von `QButton` die Klassen `QCheckBox`, `QPushButton`, `QRadioButton` und `QToolButton` sind.

Der Link *List of all member functions* ist wichtig für den Fall, dass man einen Überblick über alle Memberfunktionen haben möchte, also nicht nur die Memberfunktionen, die in der Klasse selbst definiert sind, sondern auch über die, welche diese Klasse von ihren übergeordneten Klassen erbt.

Anschließend folgt eine Liste aller *Public Members*, die direkt in dieser Klasse definiert sind, sowie etwaige Listen von *Public Slots*, *Signals* oder *Protected Members*, die diese Klasse anbietet.
Nach diesen Listen wird eine detaillierte Beschreibung der entsprechenden Klasse gegeben, die oft ganze Beispiele enthält, wie diese Klasse zu verwenden ist.

29.3.2 Der Qt-Assistant

Der *Qt-Assistant* ist eine Online-Hilfe, mit der man schnell und leicht nach benötigten Informationen zu Qt suchen kann.
Unter Windows ist der Qt-Assistant als Menüeintrag im Qt-Menü des entsprechenden Compilers verfügbar. Unter Linux/Unix muss man das Programm `assistant` in einer Terminalemulation wie z. B. `xterm` oder `konsole` aufrufen.
Nach dem Start des Qt-Assistant wird ein Fenster eingeblendet, in dem sich oben eine Menü- und eine Werkzeugleiste befindet. Links darunter befindet sich ein Navigationsfenster mit Karteikarten und rechts darunter das Fenster mit der entsprechenden Beschreibung. Abbildung 29.3 zeigt einen Screenshot zum Qt-Assistant.

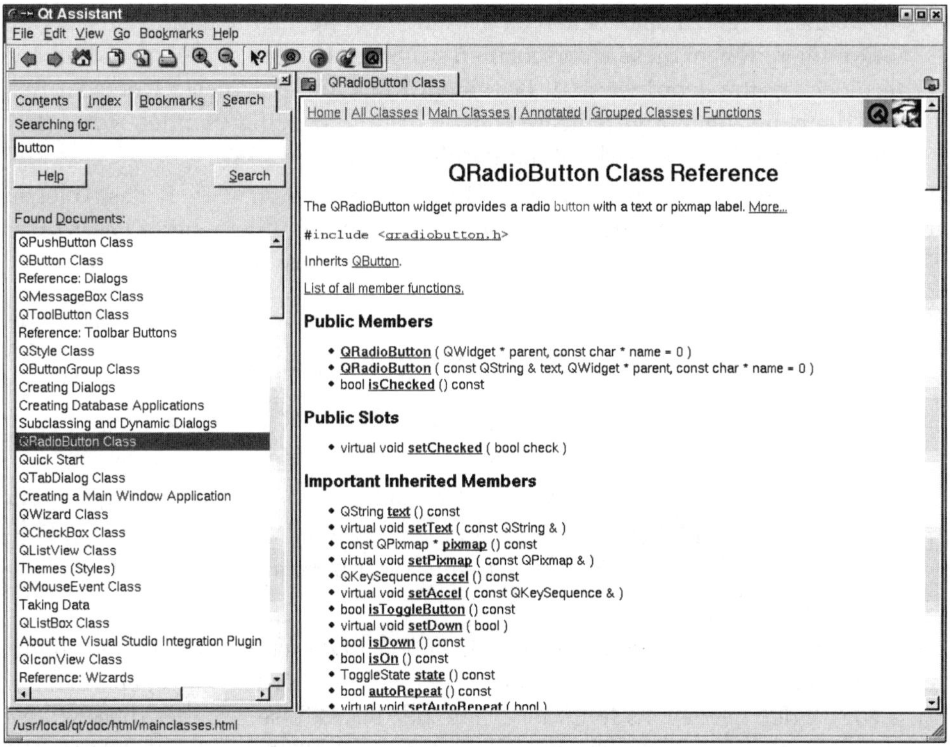

Abbildung 29.3: Der Qt-Assistant

Der Qt-Assistant verhält sich weitgehend wie ein Webbrowser, indem er unter anderem Folgendes unterstützt:

- *Links (Verweise) auf andere Dokumentationsseiten*: Bei einem Klick auf einen solchen unterstrichenen Link wird die entsprechende Seite eingeblendet.

- *Buttons zum Navigieren (vor- und rückwärts) in bereits besuchten Seiten*: Dazu werden in der linken oberen Ecke der Werkzeugleiste zwei Buttons angeboten.
- *Anlegen von Lesezeichen*

Neben diesen Webbrowserfähigkeiten ermöglicht der Qt-Assistant auch ein schnelles Suchen nach Begriffen in der Qt-Online-Dokumentation:

- *Suchen im Index:* Dazu muss man im linken unteren Navigationsfenster nur die Karteikarte *Index* anklicken und im Eingabefeld `Look For:` (`Suchen nach:`) den entsprechenden Begriff eingeben. Dabei unterstützt der Qt-Assistant inkrementelles Suchen, was bedeutet, dass schon während der Eingabe automatisch auf den ersten Begriff positioniert wird, der mit der bisher eingegebenen Zeichenkombination beginnt. Dieser Begriff wird dabei als markiert angezeigt. Mit einem Doppelklick oder Drücken der ↵-Taste lässt sich die zu diesem Begriff gehörige Beschreibung im Fenster rechts dazu einblenden.
- *Suchen nach Begriffen in der ganzen Dokumentation:* Dazu muss man im linken unteren Navigationsfenster nur die Karteikarte *Search* anklicken und im Texteingabefeld `Searching For:` (`Suche nach:`) die entsprechenden Begriffe eingeben. Nach Drücken der ↵-Taste werden unterhalb des Texteingabefelds die Überschriften zu allen Seiten eingeblendet, in denen die gesuchten Begriffe vorkommen, wobei diese Überschriften nach der Häufigkeit des Vorkommens der Suchbegriffe geordnet sind. Bei einem Klick auf eine dieser Überschriften wird dann die zugehörige Seite im Fenster rechts dazu eingeblendet, wobei dort die gesuchten Begriffe markiert dargestellt werden.

Daneben bietet der Qt-Assistant noch weitere Möglichkeiten, wie z. B. das Anlegen von Profiles. Hierauf wird hier nicht näher eingegangen. Interessierte Leser seien hier auf die Online-Dokumentation zum Qt-Assistant verwiesen.

29.4 Kompilieren von Qt-Programmen

Um Qt-Programme zu kompilieren, existieren mehrere Möglichkeiten:

1. die direkte Eingabe der Kommandozeile, was mit der Zeit sehr mühsam ist.
2. das Arbeiten mit dem Tool `qmake` und Makefiles, was für Qt-Anfänger unter Linux/Unix zu empfehlen ist.
3. das Verwenden einer IDE (*Integrated Development Environment*), wie z. B.
   - *Visual C++ IDE* (unter Windows-Systemen):
     Für Qt-Anfänger unter Windows ist diese IDE empfehlenswert.
   - *KDevelop* unter Linux:
     Bei Verwendung von *KDevelop* verliert allerdings gerade der Qt-Anfänger sehr schnell den Überblick, da hier automatisch viel Code erzeugt wird, was sicherlich für das Erlernen von Qt nicht sehr hilfreich ist.

29.4.1 Direkte Eingabe der Kommandozeile

Hier wird nur exemplarisch die Programmgenerierung für den *Visual C++*-Compiler (auf Windows-Betriebssystemen) und den Compiler *GNU C++* (auf Unix-Systemen) vorgestellt. Daneben existieren weitere Möglichkeiten der Programmgenerierung, wie z. B. für den Compiler *Borland* C++ (auf Windows-Betriebssystemen) und für nahezu alle in der Unix-Welt bekannten Compiler. Diese werden hier nicht alle vorgestellt. Jedoch entspricht die Programmgenerierung auch für diese Compiler im Wesentlichen der hier vorgestellten Vorgehensweise.

Kompilieren mit dem Microsoft Visual-C++-Compiler

Arbeitet man unter einem Windows-Betriebssystem mit dem Microsoft *Visual-C++*-Compiler, muss man die folgende Kommandozeile eingeben, wenn Qt im Directory `c:\qt` installiert wurde:

```
cl -Ic:\qt\include prog.cpp c:\qt\lib.qt.lib user32.lib gdi32.lib comdlg32.lib
  ole32.lib imm32.lib wsock32.lib ⏎
```

Der obige Text ist in einer einzigen Zeile ohne ⏎ einzugeben; er wurde hier nur aus Platzgründen in zwei Zeilen angegeben. Anhängig von den Einstellungen, die man während der Installation von Qt vorgenommen hat, kann die Bibliotheksdatei auch einen anderen Namen als *qt* haben. Nach dem Kompilieren kann man das Programm starten, indem man nur den Programmnamen eingibt:

```
prog ⏎
```

Kompilieren mit dem Unix-Compiler c++ bzw. g++

Auf Unix-Systemen sollte zunächst die Environmentvariable `QTDIR` auf den Pfad gesetzt werden, der die Qt-Dateien enthält. Dies erreicht man am besten mit einem entsprechenden Eintrag in der Datei `~/.profile`:

- Bei Verwendung der *Bourne-Shell*:

```
export QTDIR=/usr/lib/qt      oder
export QTDIR=/usr/lib/qt3     oder
export QTDIR=/usr/local/qt    oder
export QTDIR=/usr/local/qt3   oder ....
```

- und bei Verwendung der *C-Shell*:

```
setenv QTDIR=/usr/lib/qt      oder
setenv QTDIR=/usr/lib/qt3     oder
setenv QTDIR=/usr/local/qt    oder
setenv QTDIR=/usr/local/qt3   oder ....
```

Da der Inhalt der Datei `~/.profile` erst wieder beim nächsten Anmelden ausgewertet wird, hat man hier nun zwei Möglichkeiten:

- Abmelden und wieder anmelden, um `~/.profile` erneut lesen zu lassen.
- Eingabe der folgenden Kommandozeile, womit man auch den neuen Inhalt der Datei `~/.profile` auswerten lassen kann:

```
source ~/.profile ⏎
```

Dieses explizite Bekanntmachen des Inhalts von ~/.profile ist nur erforderlich, wenn während einer Sitzung der Inhalt dieser Datei geändert wurde. Mit dem nächsten Anmelden wird deren Inhalt automatisch gelesen, und damit ist auch der Inhalt der Variablen QTDIR bekannt, weshalb dieses Setzen von QTDIR auch nur einmal erfolgen muss.
Um ein Qt-Programm dann zu kompilieren, muss man Folgendes eingeben:

```
c++ -I$QTDIR/include -L$QTDIR/lib -lqt -o prog prog.cpp ⏎
```

Abhängig vom jeweiligen Unix-System kann diese Kommandozeile auch etwas anders aussehen. Die obige Kommandozeile gilt jedenfalls für alle Systeme, die den GNU C++-Compiler verwenden, wobei meist auch der Name g++ statt c++ verwendet werden kann.
Nach dem Kompilieren kann man das Programm starten, indem man nur den Programmnamen mit einem vorangestellten ./ angibt:

```
./prog ⏎
```

29.4.2 Arbeiten mit dem Tool qmake und Makefiles

Dieses Kapitel beschreibt das von der Firma *Trolltech* bereitgestellte Tool qmake, mit dem man sich automatisch Makefiles aus seinen Qt-Quellprogrammen generieren lassen kann.
Das Tool qmake ist Freeware und ein einfach zu benutzendes Tool, um Makefiles für Qt-Software-Projekte automatisch generieren zu lassen. Qt unterstützt über 50 verschiedene C- bzw. C++-Compiler auf Linux/Unix- und Microsoft-Windows-Systemen. qmake erzeugt automatisch für den jeweils benutzten Compiler geeignete Makefiles, wobei es auch automatisch Aufrufe des *Meta Object Compilers* moc erzeugt, wenn dies erforderlich ist. Das moc-Programm extrahiert Meta-Informationen aus den C++-Quelldateien und erzeugt hierzu eine C++-Datei mit Datentabellen.

Setzen der Environmentvariable QMAKESPEC

Bevor man qmake verwenden kann, muss die Variable QMAKESPEC auf den Namen des entsprechenden Compilers gesetzt werden, den man benutzt, wobei Folgendes gilt:

```
QMAKESPEC=<qtdir>/mkspecs/<compilername>
```

Für *<qtdir>*[1] ist hierbei das Qt-Directory und für *<compilername>* der entsprechende Compilername einzusetzen.
Benutzt man z. B. den *Microsoft Visual* C++-Compiler und man hat Qt im Directory c:\qt installiert, kann man die Environmentvariable z. B. wie folgt setzen:

```
set QMAKESPEC=c:\qt\mkspecs\win32-msvc
```

[1] Das Setzen der Environmentvariablen QTDIR ist auch hier erforderlich; siehe auch Seite 785

Unter Unix/Linux-Systemen erreicht man das Setzen der Variablen `QMAKESPEC` mit einem Eintrag in der Datei ∼/`.profile`, wie z. B.:

```
export QMAKESPEC=/usr/lib/qt/mkspecs/linux-g++ (GNU-C++) oder
export QMAKESPEC=/usr/local/qt/mkspecs/hpux-cc (HP-UX-C Compiler)
```

C-Shell-Benutzer müssen statt `export` hierbei `setenv` angeben.
Hierbei ist nur zu beachten, dass die Datei ∼/`.profile` erst wieder beim nächsten Anmelden ausgewertet wird, außer man lässt sie explizit mit dem Aufruf:

```
source ~/.profile ↵
```

auswerten. Welche Angaben für < *compilername* > möglich sind, kann man im Directory <*qtdir*>`/mkspecs` nachschlagen.

Einfache Benutzung von qmake

Hat man eine kleine Qt-Applikation entwickelt, die sich aus einer C++-Headerdatei und zwei C++-Quelldateien zusammensetzt, muss man zuerst eine Projektdatei (mit der Endung `.pro`) erstellen, wie z. B. `myprog.pro` und anschließend `qmake` aufrufen, um ein Makefile zu generieren, bevor man dann `make` aufrufen kann:

```
$ cat myprog.pro ↵
CONFIG  += qt warn_on release
HEADERS =  hello.h
SOURCES =  hello.cpp main.cpp
TARGET  =  hello
$
```

Um sich nun das entsprechende `Makefile`[2] erstellen zu lassen, muss man dann nur noch Folgendes aufrufen:

```
qmake -o Makefile myprog.pro ↵
```

Nachdem das `Makefile` automatisch erstellt wurde, muss man

- unter Windows-Systemen nur:

  ```
  nmake ↵
  ```

- und unter Linux/Unix-Systemen nur:

  ```
  make ↵
  ```

aufrufen, um ein ausführbares Programm zu generieren.
Benutzer von *Visual Studio* unter Windows-Systemen können sich mit dem folgenden Aufruf auch eine `.dsp`-Datei erzeugen lassen, wie z. B.:

```
qmake -t vcapp -o myprog.dsp myprog.pro
```

---

[2] `make` und Makefiles werden in „make“ von Helmut Herold (Addison-Wesley) beschrieben.

Möchte man in einer `.pro`-Datei die Namen, die zu einem Eintrag gehören, zwecks besserer Lesbarkeit in eigenen Zeilen angeben, so muss man das Zeilenfortsetzungszeichen \ als letztes Zeichen in der Vorgängerzeile angeben, wie z. B.:

```
$ cat myprog.pro ⏎
CONFIG  += qt warn_on release
HEADERS =  hello.h
SOURCES =  hello.cpp \
           main.cpp
TARGET  =  hello
$
```

Alternativ könnte man auch Folgendes angeben:

```
$ cat myprog.pro ⏎
CONFIG  += qt warn_on release
HEADERS =  hello.h
SOURCES += hello.cpp
SOURCES += main.cpp
TARGET  =  hello
$
```

Die `CONFIG`-Zeile informiert `qmake` über die Konfigurationen, die für die jeweilige Applikation gefordert sind. Der Operator += wird hier benutzt, um diese Konfigurationsoptionen zu eventuell anderen bereits vorhandenen hinzuzufügen. Der Operator = würde solche vorhandenen Konfigurationsoptionen einfach überschreiben. Mögliche Konfigurationsoptionen werden nachfolgend genauer erläutert.
Zeilen-Kommentare lassen sich in einer `.pro`-Datei mit dem Zeichen # einleiten.

Konfiguration mit der Variablen CONFIG

Folgende wichtige Schlüsselwörter können unter anderem der `CONFIG`-Variablen zugewiesen werden:

- Compiler-Optionen:

`release`	Bei Kompilierung die Optimierung einschalten
`debug`	Bei Kompilierung Debug-Informationen hinzufügen
`warn_on`	Compiler soll so viele Warnungen wie möglich ausgeben
`warn_off`	Compiler soll so wenige Warnungen wie möglich ausgeben

- Typ der zu erstellenden Applikation bzw. Bibliothek:

`qt`	Es soll eine Qt-Applikation bzw. Qt-Bibliothek erstellt werden, wobei die Qt-Headerdateien und die Qt-Bibliothek benötigt werden
`opengl`	Es werden Headerdateien und Bibliotheken von OpenGL benötigt
`thread`	Es soll *multithreaded*-Applikation bzw. -Bibliothek erstellt werden
`x11`	Es soll eine X11-Applikation bzw. -Bibliothek erstellt werden
`windows`	Es soll eine Windows-Applikation erstellt werden (nur bei `app`)
`dll`	Es soll ein shared-Objekt bzw. eine DLL erstellt werden
`staticlib`	Es soll eine statische Bibliothek erstellt werden (nur bei `lib`)

Ein Beispiel für eine `CONFIG`-Angabe, wenn die Applikation sowohl Qt als auch OpenGL benutzt und Debug-Information bereitgestellt werden soll, ist:

```
CONFIG += qt opengl debug
```

Weitere qmake-Variablen

Wir haben schon die qmake-Variablen `HEADERS`, `SOURCES` und `CONFIG` kennengelernt. Nachfolgend werden nun noch einige weitere wichtige qmake-Variablen vorgestellt:

- **`TEMPLATE` – Art des generierenden Makefiles**
  Der Variablen `TEMPLATE`, die festlegt, welche Art von Makefile zu generieren ist, können unter anderem folgende Schlüsselwörter zugewiesen werden:

Schlüsselwort	generiert Makefile für die Erzeugung von ...
`app`	Applikationen (Voreinstellung)
`lib`	Bibliotheken
`vcapp`	*Visual Studio*-Projektdateien, die eine Applikation erzeugen
`vclib`	*Visual Studio*-Projektdateien, die eine Bibliothek erzeugen

- **`DEFINES` – Konstantendefinitionen für den Compileraufruf**

```
DEFINES += EURO GERMAN
```

  bewirkt, dass beim Compileraufruf diese Konstanten in der Kommandozeile definiert werden:

```
  ..... -DEURO -DGERMAN ...
```

- **`DEF_FILE` – Zu inkludierende `.def`-Datei (nur unter Windows)**
- **`DESTDIR` – Zieldirectory für das zu generierende Programm**

```
DESTDIR = ../../bin
```

- **`DLLDESTDIR` – Zieldirectory für die zu generierende DLL-Datei**
- **`INCLUDEPATH` – Zusätzliche include-Directories**
  Hiermit können zusätzliche Pfade angegeben werden, die der Compiler nach include-Dateien durchsuchen soll (Option `-I` beim Compileraufruf).

```
INCLUDEPATH = c:\msdev\include d:\stl\include
```

- **`FORMS` – Mit Qt-Designer erzeugte `.ui`-Dateien**
- **`LIBS` – Zusätzliche Bibliotheken, die dazu zu linken sind**

```
unix:LIBS += -lmath -L/usr/local/lib
win32:LIBS += c:\mylibs\math.lib
```

- **`MOC_DIR` – Zieldirectory für die generierten `moc`-Dateien**

```
unix:MOC_DIR = ../myproject/tmp
win32:MOC_DIR = c:\myproject\tmp
```

- **`OBJECTS_DIR` – Zieldirectory für die generierten Objektdateien**

```
unix:OBJECTS_DIR = ../myproject/tmp
win32:OBJECTS__DIR = c:\myproject\tmp
```

- **`TARGET` – Name des zu generierenden Programms**
  Unter Windows wird `.exe` hinzugefügt.

Plattform-spezifische Angaben

Möchte man Quelldateien, die plattformabhängig sind, auch als solche in der .pro-Datei festlegen, so ist dies z. B. wie folgt möglich:

```
CONFIG  += qt debug
HEADERS += hello.h
SOURCES += hello.cpp
SOURCES += main.cpp
win32 {
    SOURCES += hellowin.cpp
}
unix {
    SOURCES += hellounix.cpp
}
```

Ruft man qmake mit dieser .pro-Datei unter Windows auf, wird hellowin.cpp zu der Liste von Quelldateien hinzugefügt, während hellounix.cpp unter Unix-Systemen hinzugefügt wird. Um plattformspezifische Variablen zu setzen, kann man diesen auch das Präfix unix: bzw. win32: voranstellen, wie z. B.:

```
SOURCES         =   common.cpp  # gilt für alle Plattformen
unix:SOURCES    +=  unix.cpp    # zusätzliche Quelldatei für Unix
win32:SOURCES   +=  win32.cpp   # zusätzliche Quelldatei für Windows
unix:LIBS       +=  -lm         # auf Unix/Linux benötigt man die math-Bibliothek
```

Aufruf von qmake

qmake hat die folgende Aufrufsyntax:

qmake [*option(en)*] *projekt-datei(en)*

Einige wichtige Optionen sind dabei:

- -o *file* Ausgabe in Datei *file* schreiben
- -project qmake soll eine Projektdatei erzeugen; Sind keine .h- oder .cpp-Dateien angegeben, so sucht qmake im aktuellen Directory sowie in allen Subdirectories (bei Angabe von -r) nach .h- und .cpp-Dateien (außer moc_*.cpp).

Ein Beispiel für einen typischen qmake-Aufruf ist:

```
qmake myprog.pro -o Makefile
```

Hat man in seiner .pro-Datei Folgendes angegeben:

```
release:SOURCES = hello.cpp main.cpp
debug:SOURCES   = hello.cpp main.cpp debuginfo.cpp
```

kann man über den Aufruf steuern, ob ein Makefile für eine Debug-Version mit der Quelldatei debuginfo.cpp oder eine Release-Version ohne diese Quelldatei zu erzeugen ist:

```
qmake myprog.pro "CONFIG+=debug" -o Makefile  oder aber
qmake myprog.pro "CONFIG+=release" -o Makefile
```

Dies war ein kurze Einführung in qmake. Näheres kann in der Qt-Online-Dokumentation nachgeschlagen werden.

Kapitel 30

Grundlegende Konzepte und Konstrukte von Qt

Dieses Kapitel gibt einen Überblick über die wesentlichen Konzepte und Konstrukte von Qt.

30.1 Grundsätzlicher Aufbau eines Qt-Programms

Unser erstes Qt-Programm 30.1 erzeugt ein kleines Window mit einem Text in der Mitte, über und unter dem sich ein Button befindet (siehe Abbildung 30.1). Beide Buttons sind für die Beendigung des Programms gedacht, wobei der obere Button schon aktiviert wird, sobald man auf ihm nur die Maustaste drückt, und der untere Button erst nach einem vollständigen Klick (Drücken und Loslassen).

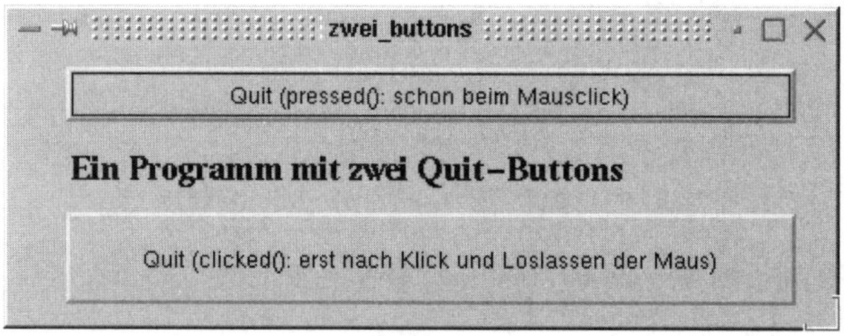

Abbildung 30.1: Window zum Programm 30.1 (zweibuttons.cpp)

Programm 30.1 – `zweibuttons.cpp`:
Erstes Qt-Programm mit einem Window, das zwei Buttons und Text enthält

```
#include <qapplication.h>    //... in jedem Qt-Programm notwendig
#include <qlabel.h>          //... für Klasse QLabel
#include <qpushbutton.h>     //... für Klasse QPushbutton
#include <qfont.h>           //... für Klasse QFont

```

```
 6 int main( int argc, char* argv[] )
 7 {
 8       // Instantiierung eines QApplication-Objekts; immer notwendig
 9    QApplication myapp( argc, argv );
10
11       // Hauptwidget, in dem Buttons und Text untergebracht werden.
12    QWidget* mywidget = new QWidget();
13          //... horizontale, vertikale Position, Breite, Höhe in Pixel
14    mywidget->setGeometry( 200, 100, 450, 150 );
15
16       // Instantiierung eines ersten Buttons
17    QPushButton* erster_button = new QPushButton(
                    "Quit (pressed(): schon beim Mausklick)", mywidget );
18          // Rel. Position (30,10) in mywidget (400 breit, 30 hoch)
19    erster_button->setGeometry( 30, 10, 400, 30 );
20          //... Tritt Signal 'pressed' bei erster_button auf, ist der
21          //... SLOTcode 'quit' (Verlassen des Programms) aufzurufen
22    QObject::connect( erster_button, SIGNAL(pressed()), &myapp, SLOT(quit()) );
23
24       // Instantiierung eines Labels (nur Text)
25    QLabel* mylabel =new QLabel( "Ein Programm mit zwei Quit-Buttons", mywidget);
26          // Rel. Position (30,40) in mywidget (400 breit, 50 hoch)
27    mylabel->setGeometry( 30, 40, 400, 50 );
28    mylabel->setFont(QFont("Times", 18, QFont::Bold) );
29
30       // Instantiierung eines zweiten Buttons
31    QPushButton* zweiter_button = new QPushButton(
               "Quit (clicked(): erst nach Klick und Loslassen der Maus)", mywidget );
32          // Rel. Position (30,90) in mywidget (400 breit, 50 hoch)
33    zweiter_button->setGeometry( 30, 90, 400, 50 );
34          // Tritt Signal 'clicked' bei zweiter_button auf, ist der
35          // SLOTcode 'quit' (Verlassen des Programms) aufzurufen
36    QObject::connect( zweiter_button, SIGNAL(clicked()), &myapp, SLOT(quit()) );
37
38    myapp.setMainWidget( mywidget ); // 'mywidget' ist das Hauptwidget
39    mywidget->show();      // Zeige Hauptwidget mit seinen Subwidgets an
40    return myapp.exec(); // Übergabe der Kontrolle an Methode 'exec'
41                         // von QApplication
42 }
```

Nachfolgend einige Erläuterungen zu diesem Programm:

- **Zeilen 1 – 4: Inkludieren der Qt-Headerdateien**
  In den meisten Fällen haben die Qt-Headerdateien den gleichen Namen (ohne `.h`) wie die entsprechenden Klassennamen, die dort deklariert sind.
- **Zeile 9: `QApplication myapp( argc, argv )`**
  Dieses Objekt ist für das ganze *Event-Handling* verantwortlich und wird immer in Qt-Programmen benötigt. Die Übergabe der Kommandozeilenargumente an den Konstruktor des `QApplication`-Objekts ist notwendig, da `QApplication` einige spezielle Kommandozeilenoptionen kennt, die es – wenn solche

angegeben sind – selbst auswertet und dann aus `argv` mit Dekrementierung von `argc` entfernt. Eine solche spezielle Qt-Option ist z. B. `-style`, die es dem Aufrufer ermöglicht, einen speziellen Widget-Stil als Voreinstellung für die Applikation festzulegen. Bietet das Anwendungsprogramm eigene Kommandozeilenargumente an, sollte es diese grundsätzlich erst nach der Instantiierung des `QApplication`-Objekts auswerten.

- **Zeile 12: `QWidget* mywidget = new QWidget()`**
  Diese Anweisung erzeugt das Hauptwidget `mywidget`, das als Container für die später erzeugten Subwidgets (Text und zwei Buttons) dient.
- **Zeile 14: `mywidget->setGeometry( 200, 100, 450, 150 )`**
  Die horizontalen und vertikalen Positionen (die ersten beiden Argumente) sind immer relativ zum Elternwidget. Da `mywidget` als Hauptwidget kein Elternwidget hat, beziehen sich die hier angegebenen Koordinaten auf den ganzen Bildschirm, während sie sich bei den folgenden Anweisungen relativ auf die linke obere Ecke ihres Hauptwidgets (Objekt `mywidget`) beziehen:

```
19    erster_button->setGeometry( 30, 10, 400, 30 );
27    mylabel->setGeometry( 30, 40, 400, 50 );
33    zweiter_button->setGeometry( 30, 90, 400, 50 );
```

  Der dritte Parameter legt dabei die Breite und
  der vierte die Höhe des betreffenden Widgets in Pixel fest.
- **Zeile 17: `QPushButton* erster_button = new QPushButton( "Quit (pressed(): schon beim Mausklick)", mywidget)`**
  Mit dieser Anweisung wird ein erster Button erzeugt. Der erste Parameter des Konstruktors `QPushButton` legt den Button-Text und der zweite das Elternwidget fest, in dem dieser Button (hier `mywidget`) erscheinen soll.
- **Zeile 22: `QObject::connect( erster_button, SIGNAL(pressed()), &myapp, SLOT(quit()) )`**
  Mit der Methode `connect()` (von Klasse `QObject`) wird als Reaktion auf Eintreffen des Signals `pressed()` (von `erster_button`) die vordefinierte Slotroutine `quit()` eingerichtet, die das Programm sofort beendet.
- **Zeilen 25, 27, 28:**

```
// Zeile 25: erzeugt ein Label (1. Parameter legt den Label-Text und der
             2. Parameter das Elternwidget (mywidget) für das Label fest.)
  QLabel* mylabel =new QLabel("Ein Programm mit zwei Quit-Buttons", mywidget);
// Zeile 27: Mit der von Klasse QWidget geerbten Methode setGeometry() wird
//           rel. Position dieses Labels im Hauptwidget (mywidget) festgelegt.
  mylabel->setGeometry( 30, 40, 400, 50 );
// Zeile 28: legt mit Methode setFont() den Zeichensatz unter Verwendung der
//           Klasse QFont für den auszugebenden Text fest.
  mylabel->setFont(QFont("Times", 18, QFont::Bold) );
```

- **Zeilen 31, 33, 36:**

```
// Zeile 31: Einrichten eines 2. Pushbuttons
  QPushButton* zweiter_button = new QPushButton(
        "Quit (clicked(): erst nach Klick und Loslassen der Maus)", mywidget);
```

```
// Zeile 33: Festlegen der relativen Position dieses Buttons
   zweiter_button->setGeometry( 30, 90, 400, 50 );
// Zeile 36: Wenn zweiter_button das vordefinierte Signal clicked() schickt,
             wird die vordefinierte Slotroutine quit() ausgeführt, was zur
             sofortigen Beendigung des Programms führt. Anders als das Signal
             pressed() wird Signal clicked() erst dann ausgelöst, wenn nach
             Drücken der Maustaste auf Button diese wieder losgelassen wird.
   QObject::connect( zweiter_button, SIGNAL(clicked()), &myapp, SLOT(quit()) );
```

- **Zeile 38: `myapp.setMainWidget(mywidget)`**
  Hiermit wird dem `QApplication`-Objekt mitgeteilt, dass `mywidget` die Rolle des Hauptwidgets übernimmt. Die Besonderheit eines Hauptwidgets ist, dass das jeweilige Programm vollständig beendet wird, wenn man dieses Hauptwidget schließt. Legt man nicht mit `setMainWidget()` ein Hauptwidget fest und der Benutzer schließt das entsprechende Widget mit einem Mausklick auf den *Schließen*-Button (meist rechts oben in der Titelleiste der Fenster), so wird zwar das Widget vom Bildschirm entfernt, aber das Programm läuft im Hintergrund weiter, was unnötigerweise die CPU belastet. Wenn man in einem Programm mehr als ein Hauptwidget benötigt, so kann man die Beendigung des Programms erzwingen, wenn das letzte Fenster geschlossen wird. Dazu muss man die folgende Zeile im Programm angeben:

  ```
  QObject::connect( qApp, SIGNAL( lastWindowClosed() ), qApp, SLOT( quit() ) );
  ```

  qApp ist immer ein globaler Zeiger auf das `QApplication`-Objekt.
- **Zeile 39: `mywidget->show()`**
  legt fest, dass das Hauptwidget mit allen seinen Subwidgets auf dem Bildschirm anzuzeigen ist. Hier ist zu erwähnen, dass jedes Widget entweder sichtbar oder aber auch versteckt (nicht sichtbar) sein kann. Die Voreinstellung ist, dass Widgets, die keine Subwidgets von einem anderen sichtbaren Widget sind, unsichtbar bleiben.
- **Zeile 40: `return myapp.exec()`**
  Mit dieser letzten Anweisung wird die vollständige Kontrolle des Programmablaufs an das zu Beginn erzeugte `QApplication`-Objekt `myapp` übergeben.

Hier können wir also festhalten, dass unsere Qt-Programme von nun an die folgende Grundstruktur haben:

```
#include <q...h>
   ....
int main( int argc, char* argv[] ) {
   QApplication myapp( argc, argv );
   QWidget* mywidget = new QWidget();
   mywidget->setGeometry( x_pos, y_pos, breite, hoehe );
   .......
   myapp.setMainWidget( mywidget );
   mywidget->show();
   return myapp.exec();
}
```

30.2 Das Signal-Slot-Konzept von Qt

Hier wird zunächst ein zweites Qt-Programm erstellt, um an diesem das wichtige Signal-Slot-Konzept von Qt zu verdeutlichen, bevor ein weiteres Programmbeispiel aufzeigt, wie man sich eigene Slots in Qt definieren kann.

30.2.1 Erhöhen/Erniedrigen von LCD-Nummern

Das hier vorgestellte Programm 30.2 erzeugt ein kleines Window, in dem in der Mitte eine 7-Segment-LCD-Nummer angezeigt wird, die sich sowohl über den darüber angezeigten Schiebebalken (*Slider*) als auch über die beiden darunter angezeigten Buttons erhöhen bzw. erniedrigen lässt (siehe Abbildung 30.2).

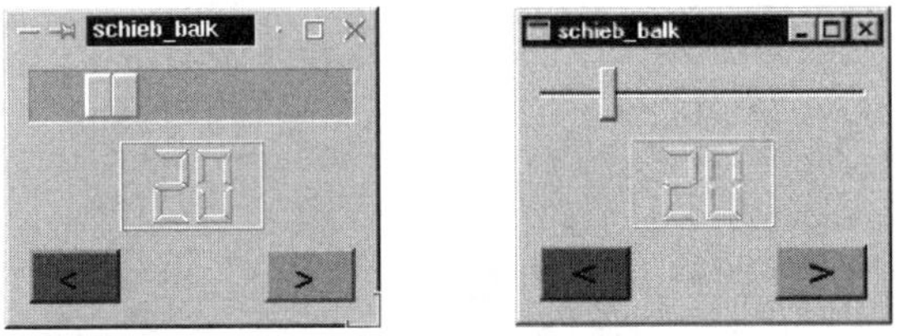

Abbildung 30.2: In- bzw. Dekrementieren einer LCD-Nummer über Schiebebalken bzw. Buttons (im Motif- und Windows-Stil)

Im Programm 30.2 sind neu eingeführte Konstrukte fett hervorgehoben.

Programm 30.2 – `schiebbalk.cpp`:
LCD-Nummer, die mit Schiebebalken bzw. Buttons verändert werden kann

```
#include <qapplication.h>
#include <qpushbutton.h>
#include <qslider.h>
#include <qlcdnumber.h>

int main( int argc, char* argv[] )
{
   QApplication myapp( argc, argv );

   QWidget* mywidget = new QWidget();
   mywidget->setGeometry( 400, 300, 200, 150 );

   //.... Erzeugen eines Schiebebalkens
   QSlider* myslider = new QSlider( 0,  // kleinstmögl. Wert
                                   99,  // grösstmögl. Wert
                                    1,  // Schrittweite
                                   20,  // Startwert
                                   QSlider::Horizontal,  // Richtung
                                   mywidget );           // Elternwidget
   myslider->setGeometry( 10, 10, 180, 30 );

   //.... Erzeugen eines Objekts zur Anzeige einer LCD-Nummer
   QLCDNumber* mylcdnum = new QLCDNumber( 2,            // Ziffernzahl
```

```
                                 mywidget ); // Elternwidget
    mylcdnum->setGeometry( 60, 50, 80, 50 );
    mylcdnum->display( 20 ); // zeige Startwert an

    // Verbinde Schiebebalken und Nummernanzeige
    QObject::connect( myslider, SIGNAL( valueChanged( int ) ),
                      mylcdnum, SLOT( display( int ) ) );

    // Zwei Buttons zum schrittweisen Erhöhen und
    // Erniedrigen der Schiebebalken-Werte
    QPushButton* decrement = new QPushButton( "<", mywidget );
     decrement->setGeometry( 10, 110, 50, 30 );
     decrement->setFont(QFont("Times", 18, QFont::Bold) );
     decrement->setPaletteBackgroundColor( Qt::red );

    QPushButton* increment = new QPushButton( ">", mywidget );
     increment->setGeometry( 140, 110, 50, 30 );
     increment->setFont(QFont("Times", 18, QFont::Bold) );
     increment->setPaletteBackgroundColor( Qt::green );

    // Verbinde das clicked()-Signal der Buttons mit den Slots, die
    // den Schiebebalken-Wert erhöhen bzw. erniedrigen
    QObject::connect( decrement, SIGNAL( clicked() ),
                      myslider, SLOT( subtractStep() ) );
    QObject::connect( increment, SIGNAL( clicked() ),
                      myslider, SLOT( addStep() ) );
    myapp.setMainWidget( mywidget );
    mywidget->show();
    return myapp.exec();
}
```

Zur Erläuterung:

```
    mylcdnum->display( 20 ); // zeige Startwert an
```

Hiermit wird festgelegt, dass beim ersten Einblenden des `mylcdnum`-Widgets als Startwert `20` zu verwenden ist. `display()` ist eigentlich keine Methode der Klasse `QLCDNumber`, sondern ein von dieser Klasse zur Verfügung gestellter Slot. Wie diese Anweisung aber zeigt, können Slots genauso wie Methoden verwendet werden, was umgekehrt nicht gilt: Methoden können nicht wie Slots in einem `connect()`-Aufruf mit einem Signal verbunden werden.

```
    QObject::connect( myslider, SIGNAL( valueChanged( int ) ),
                      mylcdnum, SLOT( display( int ) ) );
```

Hiermit wird festgelegt, dass bei Änderung des Schiebebalkens die Slotroutine `display(int)` mit dem aktuellem Schiebebalken-Wert aufzurufen ist. Bei jeder Änderung des Schiebebalkens schickt das `myslider`-Widget das Signal `valueChanged(int)` mit dem aktuellem Schiebebalken-Wert als Argument geschickt, das dann als Argument an `display(int)` weitergeleitet wird.

```
    decrement->setPaletteBackgroundColor( Qt::red );
    increment->setPaletteBackgroundColor( Qt::green );
```

Mit diesen beiden Anweisungen wird für den Button `decrement` als Hintergrundfarbe rot und für den Button `increment` grün festgelegt.

```
  QObject::connect( decrement, SIGNAL( clicked() ),
                    myslider, SLOT( subtractStep() ) );
  QObject::connect( increment, SIGNAL( clicked() ),
                    myslider, SLOT( addStep() ) );
```

Dieser Codeausschnitt legt fest, dass beim Schicken des Signals `clicked()` von einem der beiden Buttons `decrement` bzw. `increment` die vordefinierte Slotroutine `subtractStep()` bzw. `addStep()` des `myslider`-Widgets auszuführen ist.
Die einzelnen Qt-Klassen bieten unterschiedliche Signale und Slotroutinen an, die sich mit `QObject::connect` verbinden lassen. Im Programm 30.2 wurden die in Abbildung 30.3 gezeigten Signal-/Slotverbindungen zwischen den einzelnen Objekten eingerichtet.

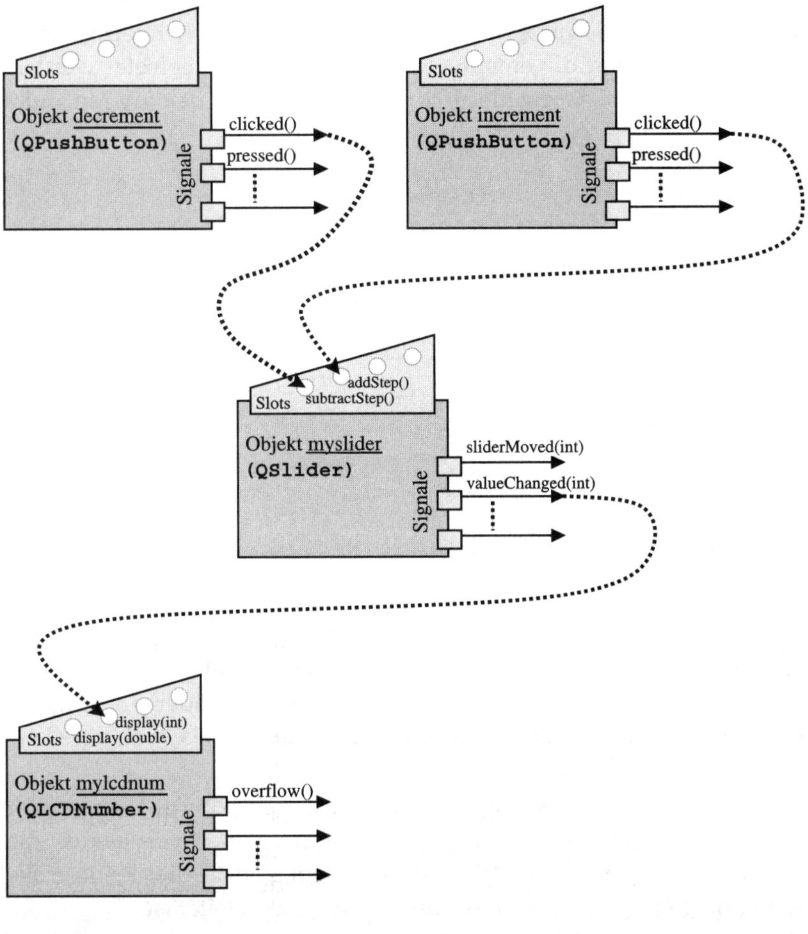

Abbildung 30.3: Signal-/Slotverbindungen im Programm 30.2

30.2.2 Ändern einer Schriftgröße mit Textanzeige

Hier wird gezeigt, wie man sich eigene Slots definieren kann und was bei der Generierung des Programms zu beachten ist. Das hier vorgestellte Programm 30.3 ist eine Erweiterung zum vorherigen Programm `schiebbalk.cpp`, indem es die angezeigte LCD-Nummer als Schriftgröße interpretiert und das Aussehen eines Textes mit dieser Schriftgröße exemplarisch rechts anzeigt (siehe Abbildung 30.4).

Abbildung 30.4: Schiebebalken und Buttons zum Ändern der Schriftgröße mit Textanzeige

Für dieses Programm 30.3 soll ein eigener Slot definiert werden, der immer aufzurufen ist, wenn der Schiebebalken-Wert sich ändert. Dieser Slot ist für die Darstellung des Textes mit der neuen Schriftgröße, die dem Schiebebalken-Wert entspricht, zuständig. Für das Signal-Slot-Konzept hat Qt einige neue Schlüsselwörter eingeführt, die vom Präprozessor in die entsprechende C++-Syntax übersetzt werden. Um sich Klassen zu definieren, die eigene Slots und/oder Signale deklarieren, muss folgende Qt-Syntax eingehalten werden:

```
Class MyClass : public QObject {
   Q_OBJECT
    ....
signals:
    //.... hier werden die entsprechenden Signale deklariert, wie z.B.:
      void  buchstabe_a_gedrueckt();
public slots:
    //.... hier werden die public Slots deklariert, wie z.B.:
      void  lasse_text_blinken();
private slots:
    //.... hier werden die privaten Slots deklariert, wie z.B.:
      void  ich_bin_interner_slot();
  //.... Weitere Deklarationen sind hier möglich
}
```

Bei der Deklaration von Slots und Signalen sind die folgenden Punkte zu beachten:

1. **Deklaration von Slots und Signalen ist nur in Klassen erlaubt**
   Die Deklaration einer Funktion, die als Slotroutine dienen soll, oder eines Signals außerhalb einer Klasse ist also nicht möglich, was im übrigen ja auch der C++-Philosophie widersprechen würde.
2. **Klassen mit eigenen Slots bzw. Signalen müssen von `QObject` abgeleitet sein.** Da man beim Programmieren mit Qt ohnehin Klassen verwendet, die direkt oder indirekt von der Klasse `QWidget` abgeleitet sind, ist dies keine große Einschränkung, da `QWidget` seinerseits von `QObject` abgeleitet ist.
3. **Klassen mit eigenen Slots bzw. Signalen müssen `Q_OBJECT` aufrufen**
   Hinter dem Makro `Q_OBJECT` darf kein Semikolon angegeben werden.

Mit diesen Kenntnissen können wir uns nun eine eigene Klasse `Schrift` definieren, die von der Klasse `QLabel` abgeleitet ist und einen eigenen Slot `stelle_neu_dar(int)` zur Neuanzeige des Textes (mit dem Wert des Schiebebalkens als Schriftgröße) anbietet. Dazu erstellen wir eine eigene Headerdatei `textgroes.h`:

```
#include <qlabel.h>
class Schrift : public QLabel {
   Q_OBJECT    // notwendig, da Schrift Slots enthält
public:
   Schrift( char const* text, QWidget *parent ) : QLabel( text, parent )  { }
public slots:
   void stelle_neu_dar( int groesse ) {
      setFont(QFont("Times", groesse) );
      repaint();
   }
};
```

Im Slot `stelle_neu_dar(int groesse)` wird als neue Schriftgröße für den Text der über den Parameter `groesse` gelieferte Wert eingestellt. Mit der Methode `repaint()` wird dann veranlasst, dass der Text in diesem Label auch mit diesem neuen Font wirklich angezeigt wird. Mit dieser neuen Klassendefinition können wir nun unser Programm `textgroes.cpp` erstellen. Hier sind die gegenüber dem vorherigen Programm 30.2 neu hinzugekommenen Konstrukte fett hervorgehoben.

Programm 30.3 – `textgroes.cpp`:
Schiebebalken und zwei Buttons zum Ändern der Größe eines Textes

```
#include ..... // siehe Programm textgroes.cpp
......
#include <qlabel.h>
#include "textgroes.h" // enthält neue Klasse 'Schrift'
                       // mit eigenem Slot 'stelle_neu_dar'
int main( int argc, char* argv[] )
{
   QApplication myapp( argc, argv );

   QWidget* mywidget = new QWidget();
   mywidget->setGeometry( 400, 300, 460, 150 );

   //.... Erzeugen eines Schiebebalkens
   QSlider* myslider = new QSlider(  0,  // kleinstmögl. Wert
                                    99,  // grösstmögl. Wert
                                     1,  // Schrittweite
                                    20,  // Startwert
                                    QSlider::Horizontal,  // Richtung
                               mywidget );        // Elternwidget
   myslider->setGeometry( 10, 10, 180, 30 );

   //.... Erzeugen eines Widgets zur Anzeige von LCD-Nummern
   QLCDNumber* mylcdnum = new QLCDNumber( 2,            // Ziffernzahl
                                          mywidget ); // Elternwidget
```

```
27      mylcdnum->setGeometry( 60, 50, 80, 50 );
28      mylcdnum->display( 20 ); // zeige Startwert an
29
30      // Verbinde Schiebebalken und Nummernanzeige
31      QObject::connect( myslider, SIGNAL( valueChanged( int ) ),
32                        mylcdnum, SLOT( display( int ) ) );
33
34      // Zwei Buttons zum schrittweisen Erhöhen und
35      // Erniedrigen der Schiebebalken-Werte
36      QPushButton* decrement = new QPushButton( "<", mywidget );
37       decrement->setGeometry( 10, 110, 50, 30 );
38       decrement->setFont(QFont("Times", 18, QFont::Bold) );
39       decrement->setPaletteBackgroundColor( Qt::red );
40
41      QPushButton* increment = new QPushButton( ">", mywidget );
42       increment->setGeometry( 140, 110, 50, 30 );
43       increment->setFont(QFont("Times", 18, QFont::Bold) );
44       increment->setPaletteBackgroundColor( Qt::green );
45
46      // Verbinde das clicked()-Signal der Buttons mit den Slots, die
47      // den Schiebebalken-Wert erhöhen bzw. erniedrigen
48      QObject::connect( decrement, SIGNAL( clicked() ),
49                        myslider, SLOT( subtractStep() ) );
50      QObject::connect( increment, SIGNAL( clicked() ),
51                        myslider, SLOT( addStep() ) );
52
53      // Label zur Anzeige der Schrift(-grösse)
54      Schrift* anzeige = new Schrift( "Text", mywidget );
55      anzeige->setGeometry( 200, 10, 250, 130 );
56      anzeige->setFont(QFont("Times", 20) );
57      anzeige->setPaletteBackgroundColor( Qt::white );
58
59      // Verbinde Schiebebalken und Label (für Textanzeige)
60      QObject::connect( myslider, SIGNAL( valueChanged( int ) ),
61                        anzeige, SLOT( stelle_neu_dar( int ) ) );
62
63      myapp.setMainWidget( mywidget );
64      mywidget->show();
65      return myapp.exec();
66  }
```

Nachfolgend werden nun die neuen Anweisungen, die zum Verständnis von Programm 30.3 benötigt werden, näher erläutert:

- **Zeile 54:** Hier wird zunächst ein Objekt `anzeige` der Klasse `Schrift` angelegt, was ein Label-Widget ist, da die Klasse `Schrift` von der Klasse `QLabel` abgeleitet ist. In diesem Label wird der Text „Text" angezeigt.
- **Zeile 55:** legt die Position und Größe des Widgets `anzeige` fest, und
- **Zeile 56:** legt den zu verwendenden Font des auszugebenden Textes fest.

- **Zeile 57:** Hier wird als Hintergrundfarbe für das Label-Widget `anzeige` die Farbe „Weiß" (`Qt::white`) festgelegt.
- **Zeilen 60 und 61:** legen fest, dass bei Änderung des Schiebebalken-Werts, was durch Schicken des Signals `valueChanged(int)` angezeigt wird, die von `anzeige` definierte Slotroutine `stelle_neu_dar(int)` aufzurufen ist, was zu einer Anzeige des Textes mit der neuen Schriftgröße führt, die dem Schiebebalken-Wert entspricht.

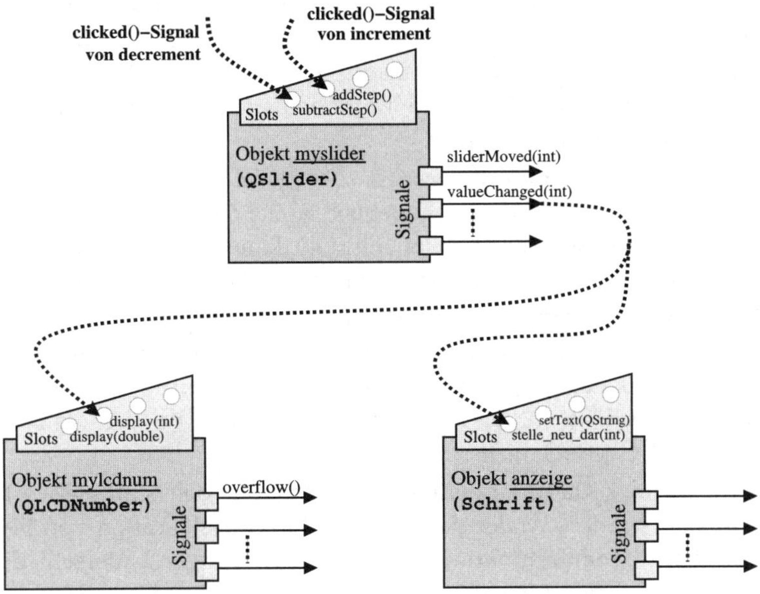

Abbildung 30.5: Signal-/Slotverbindungen im Programm 30.3

Immer wenn man Klassen definiert, die eigene Slots und/oder Signale definieren, muss man diese zunächst mit dem bei der Qt-Distribution mitgelieferten *Meta-Object-Compiler* (`moc`) kompilieren. Verwendet man `qmake` zum Erstellen des `Makefiles`, so erkennt dieses Tool automatisch, dass ein entsprechender `moc`-Aufruf im `Makefile` generiert werden muss. Nehmen wir z. B. für unser Programm hier die folgende Datei `textgroes.pro`:

```
CONFIG  += qt warn_on release
SOURCES  = textgroes.cpp
HEADERS  = textgroes.h
TARGET   = textgroes
```

und rufen dann **qmake textgroes.pro -o Makefile**
auf, so wird ein `Makefile` generiert. Ein anschließender `make`-Aufruf führt dann zur Generierung eines ausführbaren Programms.
Neben dem expliziten Dazulinken einer von einem `moc`-Aufruf erzeugten `moc`-Datei besteht auch die Möglichkeit, eine solche `moc`-Datei mithilfe von

`#include "`*`mocdatei`*`.cpp"`

in der entsprechenden Quelldatei zu inkludieren.

30.2.3 Regeln für die Deklaration eigener Slots und Signale

Hier werden nochmals wichtige Regeln, die beim Signal-Slot-Konzept gelten, zusammengefasst. Sie ergänzen die auf Seite 798 aufgeführte Liste.

1. Slots können wie jede andere C++-Methode deklariert und implementiert werden. Slots sind eigentlich Methoden, die auch wie diese außerhalb eines `connect()`-Aufrufs direkt aufgerufen werden können. Umgekehrt können Methoden nicht als Argument eines `connect()`-Aufrufs angegeben werden.
2. Bei der Definition von Slots muss nur zuvor das Schlüsselwort `slots` zum entsprechenden Schutztyp-Schlüsselwort `public` bzw. `private` hinzugefügt werden. Natürlich ist es auch möglich, `protected slots:` zu definieren und diese als `virtual` zu deklarieren. Während Methoden auch `static` deklariert sein können, ist dies bei Slots nicht erlaubt.
3. Slots können wie Methoden Parameter besitzen. Es ist dabei nur zu beachten, dass das bei einem `connect()`-Aufruf angegebene Signal die gleichen Parametertypen besitzt wie der entsprechende Slot. Ein Slot kann dabei jedoch auch weniger Parameter haben als das mit ihm verbundene Signal, wenn er diese vom Signal gelieferten Parameter nicht alle benötigt.
4. Die Syntax für Slot-Namen entspricht der für Methoden. Einige Programmierer betten jedoch die Zeichenkette `slot` in den Namen von Slots ein, um diese sofort als Slots identifizieren zu können. Dieser Konvention folgt Qt bei den Namen seiner vordefinierten Slots jedoch nicht.
5. Um eigene Signale in einer Klasse zu definieren, muss zuvor das Schlüsselwort `signals:` angegeben werden. Andernfalls entspricht die Deklaration von Signalen der von anderen Memberfunktionen, mit einem wichtigen Unterschied, dass Signale nur deklariert und niemals direkt implementiert werden dürfen.
6. Zum Senden eines Signals in einer Komponente steht das Qt-Schlüsselwort `emit` zur Verfügung. Wenn z. B. das Signal `void farbe_geaendert(int)` in der Klassendefinition deklariert wurde, wäre z. B. folgender Aufruf möglich:

   ```
   emit farbe_geaendert(173);
   ```

7. Die Verbindung von Signalen und Slots erfolgt mit `QObject::connect()`. Diese Methode wird in überladenen Varianten angeboten, hier aber werden wir nur die statische Variante mit vier Parametern verwenden:

   ```
   QObject::connect( signal_object,          // Objekt, das das Signal schickt
             SIGNAL(signal_name(...)), // Signal, das mit Slot zu verbinden
             slot_object,              // Objekt, das Signal empfängt
             SLOT(slot_name(...)) );   // Slot, der mit Signal zu verbinden
   ```

   Es können sowohl eine beliebige Anzahl von Slots mit einem Signal als auch umgekehrt eine beliebige Anzahl von Signalen mit einem Slot verbunden werden. Da die Reihenfolge, in der Slots aufgerufen werden, bisher noch nicht von Qt festgelegt ist, kann man sich nicht darauf verlassen, dass Slots auch in der Reihenfolge aufgerufen werden, in der sie mittels `connect()` mit Signalen verbunden wurden.

8. Bei den SIGNAL- und SLOT-Routinen sind immer nur Typen als Parameter erlaubt. Ein häufiger Fehler ist, dass hier versucht wird, einen Wert statt eines Typs anzugeben, wie z. B. im Folgenden, wo versucht wird, bei Auswahl des vierten Menüpunkts die Slotroutine `quit()` aufzurufen:

```
QObject::connect( menu, SIGNAL( activated( 4 ) ), // Falsch
                  qApp, SLOT( quit( int ) ) );
```

Dieser Code ist zwar naheliegend, aber nicht erlaubt. Stattdessen muss Folgendes angegeben werden:

```
QObject::connect( menu, SIGNAL( activated( int ) ), // Richtig
                  qApp, SLOT( menuBehandle( int ) ) );
```

In der Slotroutine `menuBehandle()` muss dann der übergebene Parameter ausgewertet werden, wie z. B.

```
void menuBehandle(int meuPkt) {
   switch (menuPkt) {
      ...
      case 3: qApp->quit();
      ...
   }
}
```

30.3 Farben in Qt

Festlegen einer Farbe über den RGB-Wert

Jede Farbe setzt sich aus drei Werten zusammen: einem roten, grünen und blauen Anteil. Jeder dieser Werte liegt üblicherweise im Wertebereich von `0` bis `255`:

RGB-Wert	Farbe	RGB-Wert	Farbe	RGB-Wert	Farbe
`(0, 0, 0)`	schwarz	`(255, 255, 255)`	weiss	`(255, 0, 0)`	rot
`(0, 255, 0)`	grün	`(0, 0, 255)`	blau	`(x, x, x)`	grau

Die Angabe des gleichen Wertes für alle drei Farbkomponenten ergibt immer Grau: je niedriger der Wert `x` dabei ist, um so dunkler ist das Grau. Um sich ein eigenes Farbobjekt zu erzeugen, kann man die Klasse `QColor` verwenden, wie z. B.:

```
QColor mittelgrau( 128, 128, 128 );      QColor pink( 255, 0, 255 );
QColor gelb( 255, 255, 0 );              QColor hellgrau( 210, 210, 210 );
```

Die RGB-Werte zu einer Farbe lassen sich mit folgenden von der Klasse `QColor` angebotenen Methoden erfragen:

- `int red()`
  `int green()`
  `int blue()`
  liefern den RGB-Wert der roten, grünen oder blauen Komponente einer Farbe.
- `QRgb QColor::rgb()`
  liefert RGB-Wert als `QRgb`-Objekt, was einem `unsigned int`-Wert entspricht.

In diesem Fall lassen sich die jeweiligen Komponenten des RGB-Werts mit folgenden Methoden ermitteln:
`int qRed(QRgb rgb)`
`int qGreen(QRgb rgb)`
`int qBlue(QRgb rgb)`

- Zum Setzen einer Farbe über RGB-Werte bietet `QColor` folgende Methoden an:
  `setRgb(int r, int g, int b)`
  `setRgb(QRgb rgb)`

Festlegen einer Farbe über den HSV-Wert

Das HSV-Farbmodell ist – im Gegensatz zum RGB-Farbmodell – mehr an der menschlichen Sichtweise einer Farbe orientiert, wie z. B. an Aussagen wie „dunkler als", „stärkerer Farbton als", „das Gegenteil von" usw. Das HSV-Farbmodell arbeitet dabei wie das RGB-Farbmodell mit drei Komponenten:

- *H (Hue/Färbung)*: ist ein Wert zwischen `0` und `359`, wenn die Farbe nicht grau ist, oder bedeutungslos (Wert `-1`), wenn die Farbe grau ist. *Hue* repräsentiert den Winkel auf einem gedachten Farbenrad: Rot hat den Wert (Winkel) `0`, Grün den Wert `120` und Blau den Wert `240`, Rot ist dann auch wieder `0`.
- *S (Saturation/Sättigung)*: ist ein Wert zwischen `0` und `255`, und je größer dieser Wert ist, um so stärker wirkt die entsprechende Farbe auf das menschliche Auge. Graue Farben haben einen Wert nahe bei `0`, und sehr starke Farben einen Wert nahe bei `255`.
- *V (Value/Wert)*: ist ein Wert zwischen `0` und `255` und repräsentiert die Helligkeit einer Farbe: `0` steht für schwarz und der Wert `255` für die hellst mögliche Farbe in diesem Zusammenhang.

Für keine Farben liefert Qt den H-Wert -1. Wenn man einen zu großen H-Wert verwendet, projiziert Qt diesen Wert automatisch in den erlaubten Bereich mittels *modulo 360*, wie z. B. H-Wert 360 → 0, 720 → 0 und 520 → 160.

HSV-Wert	Farbe
`(0, 255, 255)`	rot (pur)
`(350, 255, 180)`	dunkelrot (mit leichtem Violett-Farbton); identisch zu `(-10, 255, 180)`
`(300, 100, 250)`	helles Violett
`(h, s, 255)`	lachsrot (h=`350-359` oder `0-10`, v=`50-10`)

Um sich nun ein eigenes Farbobjekt über einen HSV-Wert zu erzeugen, kann man wieder `QColor` verwenden, wobei man die HSV-Werte als die ersten drei Argumente angibt und als viertes Argument die Konstante `QColor::Hsv`, wie z. B.:

```
QColor rot( 0, 255, 255, QColor::Hsv );
QColor dunkelrot( 350, 255, 180, QColor::Hsv );
QColor hellviolett(300, 100, 250, QColor::Hsv );
```

Bezüglich HSV-Werte zu einer Farbe bietet `QColor` folgende Methoden an:

- `getHsv(int *h, int *s, int *v)`
- `setHsv(int h, int s, int v)`

Festlegen einer Farbe über vordefinierte QColor-Objekte

Qt stellt 19 vordefinierte `QColor`-Objekte zur Verfügung:

`Qt::black`	`Qt::white`	`Qt::darkGray`	`Qt::gray`
`Qt::lightGray`	`Qt::red`	`Qt::green`	`Qt::blue`
`Qt::cyan`	`Qt::magenta`	`Qt::yellow`	`Qt::darkRed`
`Qt::darkGreen`	`Qt::darkBlue`	`Qt::darkCyan`	`Qt::darkMagenta`
`Qt::darkYellow`	`Qt::color0`	`Qt::color1`	

```
QColor dunkelBlau( Qt::darkBlue );        QColor hellGrau( Qt::lightGray );
```

Die beiden Farben `color0` (Pixelwert `0`) und `color1` (Pixelwert verschieden von `0`) sind spezielle Farben, die für das Zeichnen in Bitmaps verwendet werden.

Festlegen einer Farbe über einen vordefinierten Farbennamen

Da alle X11-Systeme eine eigene Farbendatenbank (Datei `rgb.txt`) anbieten, in der viele Farbennamen (als Strings) angeboten werden, zu denen der entsprechende RGB-Wert mitgespeichert ist, können auch diese Farbennamen direkt verwendet werden, wie z. B.:

```
QColor koenigsBlau( "RoyalBlue" );
QColor dunkelRot( "DarkRed" );
```

Unter Windows-Systemen liefert Qt diese Datei `rgb.txt` mit, so dass auch dort diese unter X11 angebotenen Farbennamen verwendet werden können.

Farbenwahl über RGB- bzw. HSV-Schiebebalken

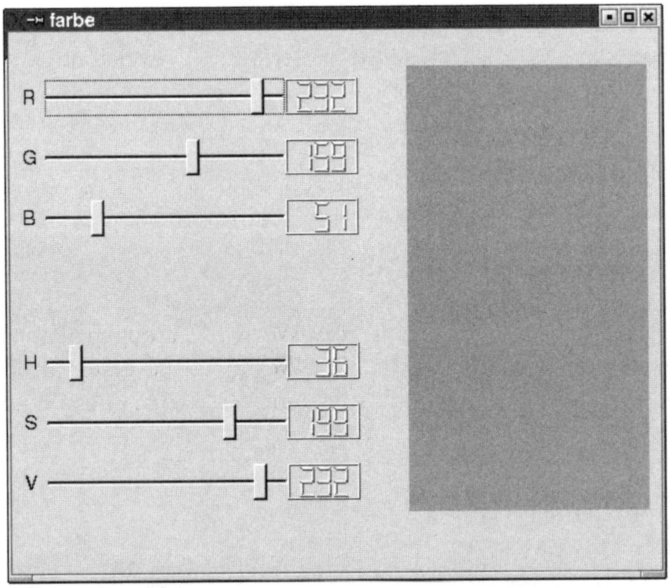

Abbildung 30.6: Anzeige einer Farbe über RGB- bzw. HSV-Schiebebalken

Programm 30.4 ermöglicht es dem Benutzer, sich die zu einem bestimmten RGB- oder auch die zu einem entsprechenden HSV-Wert gehörige Farbe anzeigen zu lassen. Um die einzelnen RGB- bzw. HSV-Werte zu ändern, stehen ihm jeweils drei Schiebebalken zur Verfügung. Ändert der Benutzer einen RGB-Wert, so werden automatisch die drei HSV-Schiebebalken auf die zugehörigen HSV-Werte gesetzt, was umgekehrt natürlich auch gilt: wird ein HSV-Wert geändert, so werden die RGB-Schiebebalken entsprechend angepasst (siehe auch Abbildung 30.6).

Programm 30.4 – `farbe.cpp`:
Anzeige einer Farbe über drei RGB- bzw. drei HSV-Schiebebalken

```
#include <qapplication.h>
#include <qpushbutton.h>
#include <qslider.h>
#include <qlcdnumber.h>
#include <qlabel.h>
class SchiebLCD : public QWidget {
   Q_OBJECT   // notwendig, da eigene Slots enthalten sind
public:
   SchiebLCD(int oben, int nr, QWidget *par, const char* nam) : QWidget(par, nam) {
      nummer = nr;
      QLabel* name = new QLabel( this ); //......... Erzeugen eines Text-Labels
      name->setText( text );
      name->setGeometry( 1, 10, 15, 30 );
        //............... Erzeugen eines Schiebebalkens
      schiebbalk = new QSlider( 0, oben, // min-/max-Wert
                                1, 0,     // Schrittweite u. Startwert
                           QSlider::Horizontal, this ); // Ausrichtung u. Elternwidget
      schiebbalk->setGeometry( 20, 10, 200, 30 );
        //............... Erzeugen einer LCD-Anzeige
      lcdzahl = new QLCDNumber( 3, this ); // maximal 3 Ziffern
      lcdzahl->setGeometry( 220, 10, 60, 30 );
      lcdzahl->display( 0 );
        //............... Verbinde Schiebebalken und LCD-Anzeige
      QObject::connect( schiebbalk, SIGNAL( valueChanged( int ) ),
                        this, SLOT( aktualisiereSchiebLCD( int ) ) );
   }
signals:
   void farbeGeaendert( int nr, int wert );
public slots:
   void aktualisiereSchiebLCD( int wert ) {
      schiebbalk->setValue( wert );
      lcdzahl->display( wert );
      emit farbeGeaendert( nummer, wert ); // Signal farbeGeaendert schicken
   }
private:
   int         nummer;
   QSlider*    schiebbalk;
   QLCDNumber* lcdzahl;
};
```

```
class farbeRgbHsv : public QWidget {
   Q_OBJECT   // notwendig, da eigene Slots enthalten sind
public:
   farbeRgbHsv( QWidget *parent ) : QWidget( parent ) { //... Konstruktor
      int i;
        //................ Initialisierungen
      for ( i=0; i<3; i++)
          rgbFarbe[i] = 0;
        //................ Erzeugen einer Farbanzeige
      farbAnzeige = new QLabel( this );
      farbAnzeige->setGeometry( 330, 30, 200, 370 );
        //................ Erzeugen von drei Schiebebalken für RGB
      const char * rgbText[] = { "R", "G", "B" };
      for ( i=0; i<3; i++ ) {
         rgb[i] = new SchiebLCD( 255, i, this, rgbText[i] );
         rgb[i]->setGeometry( 10, 30+i*50, 300, 60 );
         QObject::connect( rgb[i], SIGNAL( farbeGeaendert( int, int ) ),
                           this, SLOT( rgbNeueFarbe( int, int ) ) );
      }
        //................ Erzeugen von drei Schiebebalken für HSV
      const char * hsvText[] = { "H", "S", "V" };
      for ( i=0; i<3; i++ ) {
         hsv[i] = new SchiebLCD( i==0 ? 359 : 255, i+3, this, hsvText[i] );
         hsv[i]->setGeometry( 10, 250+i*50, 300, 60 );
         QObject::connect( hsv[i], SIGNAL( farbeGeaendert( int, int ) ),
                           this, SLOT( hsvNeueFarbe( int, int ) ) );
      }
      rgb[0]->aktualisiereSchiebLCD( 255 ); // Für Farbenanzeige (rot) zu Beginn
   }
public slots:
   void rgbNeueFarbe( int nr, int wert ) { //... rgbNeueFarbe
      if ( rgbFarbe[nr] != wert ) {
         int  h, s, v;
         rgbFarbe[ nr ] = wert;
         QColor neueRgbFarbe( rgbFarbe[0], rgbFarbe[1], rgbFarbe[2] );
         farbAnzeige->setPaletteBackgroundColor( neueRgbFarbe );
         neueRgbFarbe.getHsv( &h, &s, &v );
         hsv[0]->aktualisiereSchiebLCD( hsvFarbe[0] = h );
         hsv[1]->aktualisiereSchiebLCD( hsvFarbe[1] = s );
         hsv[2]->aktualisiereSchiebLCD( hsvFarbe[2] = v );
      }
   }
   void hsvNeueFarbe( int nr, int wert ) { //... hsvNeueFarbe
      if ( hsvFarbe[nr-3] != wert ) {
         int r, g, b;
         hsvFarbe[ nr-3 ] = wert;
         QColor neueHsvFarbe( hsvFarbe[0], hsvFarbe[1], hsvFarbe[2], QColor::Hsv );
         farbAnzeige->setPaletteBackgroundColor( neueHsvFarbe );
         neueHsvFarbe.getRgb( &r, &g, &b );;
         rgb[0]->aktualisiereSchiebLCD( rgbFarbe[0] = r );
```

```
            rgb[1]->aktualisiereSchiebLCD( rgbFarbe[1] = g );
            rgb[2]->aktualisiereSchiebLCD( rgbFarbe[2] = b );
        }
    }
private:
    QLabel    *farbAnzeige;
    int        rgbFarbe[3], hsvFarbe[3];
    SchiebLCD *rgb[3],     *hsv[3];
};
#include "farbe.moc"
int main( int argc, char* argv[] ) {
    QApplication myapp( argc, argv );
    farbeRgbHsv* mywidget = new farbeRgbHsv( 0 );
    mywidget->setGeometry( 100, 100, 540, 450 );
    myapp.setMainWidget( mywidget );
    mywidget->show();
    return myapp.exec();
}
```

Kapitel 31

Ein Malprogramm und ein grafisches Solitär-Spiel

In diesem Kapitel soll unter Zuhilfenahme der Klasse `QPainter` ein kleines Malprogramm zum Zeichnen mit der Maus auf dem Bildschirm erstellt werden, welches in den folgenden Abschnitten dann schrittweise erweitert wird.
Die Klasse `QPainter` bietet Methoden zum Zeichnen grafischer Figuren wie Linien, Kreise, Rechtecke, Bezier-Kurven usw. an. Zusätzlich unterstützt sie verschiedene Koordinatensysteme und geometrische Transformationen, wie z. B. Rotieren, Vergrößern, Verkleinern usw.
Bevor wir uns nun an die Realisierung unseres Malprogramms wagen, müssen wir hier zunächst etwas in die Qt-Philosophie von Events eintauchen, da Qt zwischen High-Level- und Low-Level-Events unterscheidet:

- *High-Level-Events* (*semantic events*)
  sind Ereignisse, die eine semantische Bedeutung haben, wie z. B. ein Mausklick auf einen Button oder auf einen Menüpunkt. Solche High-Level-Events werden in Qt über *Signale* gemeldet, die sich mit einem Slot verbinden lassen.
- *Low-Level-Events* (*syntactic events*)
  sind dagegen Ereignisse, die lediglich eine syntaktische Bedeutung haben, wie z. B. ein Mausklick in einem Zeichenfenster. Einem solchen Event kann keine eindeutige Bedeutung zugeordnet werden: Soll bei einem Mausklick in einem Zeichenfenster ein Pixel gemalt werden oder aber ist dies als der Startpunkt einer Linie zu interpretieren oder...? Solche Low-Level-Events wie Mausklick, Mausbewegung, Tastendruck usw. werden in Qt über *virtuelle Methoden* gemeldet.

31.1 Eine erste einfache Version eines Malprogramms

Nun aber zu unserer ersten Version des Malprogramms `malprog1.cpp` (siehe Programm 31.1), das den Benutzer durch Ziehen der Maus bei gedrückter Maustaste am Bildschirm zeichnen lässt (siehe auch Abbildung 31.1).

Abbildung 31.1: Malfenster nach einem Zeichnen mit gedrückter Maustaste

Programm 31.1 – `malprog1.cpp`*:*
Erste, einfache Version eines Malprogramms

```
#include <qapplication.h>
#include <qwidget.h>
#include <qpainter.h>
#include <qpixmap.h>

//------------------------------------ class MalFenster --------------
class MalFenster : public QWidget
{
public:
   MalFenster() {
      setBackgroundMode( NoBackground ); // bei Neumalen nicht löschen
   }

protected:
      //... Diese virtuelle Methode wird aufgerufen, wenn Benutzer
      //... auf eine Maustaste in diesem Fenster klickt
   virtual void mousePressEvent( QMouseEvent* event) {
      letztepos = event->pos(); // Speichere die Koordinaten vom Event
   }

      //... Diese virtuelle Methode wird aufgerufen, wenn Benutzer
      //... die Maus bei gedrückter Taste bewegt
   virtual void mouseMoveEvent( QMouseEvent* event) {
      QPainter wMaler; // erzeugt QPainter-Obj. zum Zeichnen im Window
      QPainter pMaler; // erzeugt QPainter-Obj. zum Zeichnen im Puffer

      wMaler.begin( this );    // Start des Zeichnens im Window
      pMaler.begin( &puffer ); // Start des Zeichnens im Puffer

      wMaler.drawLine( letztepos, event->pos() ); // Linie im Window
      pMaler.drawLine( letztepos, event->pos() ); // Linie im Puffer

```

```
        wMaler.end();   // Beendigung des Zeichnens im Window
        pMaler.end();   // Beendigung des Zeichnens im Puffer

        letztepos = event->pos();  // merkt sich die akt. Mausposition
    }

        //... Diese virtuelle Methode wird immer aufgerufen, wenn ein
        //... neues Malen erforderlich ist, z.B. wenn das Bild durch
        //... ein anderes Fenster verdeckt wurde und nun wieder
        //... sichtbar sein soll.
    virtual void paintEvent( QPaintEvent* ) {
        bitBlt( this, 0, 0, &puffer ); // kopiert Pufferbild auf Bildsch.
    }

        //... Diese virtuelle Methode wird immer aufgerufen, wenn die
        //... Fenstergrösse sich ändert.
    virtual void resizeEvent( QResizeEvent* event ) {
        QPixmap save( puffer );      // Sichern des Bildes im Puffer 'save'
        puffer.resize( event->size() ); // Puffergrösse auf neue
                                        // Bildgrösse setzen
        puffer.fill( white );  // Inh. des Puffers weiss überschreiben
        bitBlt( &puffer, 0, 0, &save ); // Temporären Puffer 'save' in
                                        // Puffer 'puffer' kopieren.
    }

private:
    QPoint      letztepos;
    QPixmap     puffer;
};

//------------------------------------------------- main -------------
int main( int argc, char* argv[] )
{
    QApplication myapp( argc, argv );

    MalFenster* mywidget = new MalFenster();
    mywidget->setGeometry( 50, 50, 400, 400 );

    myapp.setMainWidget( mywidget );
    mywidget->show();
    return myapp.exec();
}
```

In diesem Programm wird eine Klasse `MalFenster` definiert, die von `QWidget` abgeleitet ist, wobei die vier virtuellen Methoden `mousePressEvent()`, `mouseMoveEvent()`, `paintEvent()` und `resizeEvent()` in dieser Klasse reimplementiert werden. Der Konstruktor ruft nur `setBackgroundMode(NoBackground)` auf, um das Flackern zu reduzieren, wenn das Window auf dem Bildschirm neu angezeigt werden muss.

Die virtuelle Methode mousePressEvent()

Diese virtuelle Methode wird immer dann aufgerufen, wenn der Benutzer über der Malfläche auf eine Maustaste drückt. Die hier neu implementierte Methode merkt sich dann in der `private`-Variablen `letztepos` die aktuelle Mausposition (`event->pos()`).

Die virtuelle Methode mouseMoveEvent()

Die virtuelle Methode `mouseMoveEvent()` wird immer dann aufgerufen, wenn der Benutzer über der Malfläche die Maus bei gedrückter Maustaste bewegt. Soll diese Methode auch aufgerufen werden, wenn die Maus ohne gedrückte Maustaste bewegt wird, muss man zuvor die Methode `setMouseTracking(true)` aufrufen. In dieser neu implementierten Methode wird eine Linie von der zuletzt gemerkten Mausposition (in `letztepos`) zu der aktuellen Mausposition gezeichnet:

```
    virtual void mouseMoveEvent( QMouseEvent* event) {
       QPainter wMaler; // erzeugt QPainter-Obj. zum Zeichnen im Window
       QPainter pMaler; // erzeugt QPainter-Obj. zum Zeichnen im Puffer

       wMaler.begin( this );    // Start des Zeichnens im Window
       pMaler.begin( &puffer ); // Start des Zeichnens im Puffer

       wMaler.drawLine( letztepos, event->pos() ); // Linie im Window
       pMaler.drawLine( letztepos, event->pos() ); // Linie im Puffer

       wMaler.end();    // Beendigung des Zeichnens im Window
       pMaler.end();    // Beendigung des Zeichnens im Puffer

       letztepos = event->pos();  // merkt sich die akt. Mausposition
    }
```

Dieser Code bedarf einer Erklärung: die meisten von Qt bereitgestellten Widgets, wie z. B. Buttons oder Schiebebalken, können sich nach einem Verdecken durch ein anderes Window und anschließendem Aufdecken wieder selbst neu darstellen, da sie alle erforderlichen Daten dazu selbst verwalten. Andere Widgets dagegen, wie z. B. eine Malfläche (`QPainter`-Widget), sind dazu nicht in der Lage, da die erforderlichen Daten zum Neuzeichnen von Qt nicht verwaltet werden. Bei solchen Widgets ist es also in der Verantwortung des Programmierers, die entsprechenden Daten selbst zu sichern, um bei Bedarf ein solches Widget neu darzustellen. Im obigen Code wird dies dadurch realisiert, dass jedes Zeichnen einer Linie nicht nur auf dem Bildschirm durchgeführt wird, sondern parallel dazu in einem Puffer, der somit immer eine aktuelle Kopie der am Bildschirm gezeigten Malfläche enthält. Qt stellt für das Zeichnen in einem Puffer die Klasse `QPixmap` zur Verfügung. Um nun das Zeichnen sowohl am Bildschirm als auch in einem Puffer durchführen zu lassen, wurden in der obigen Methode zwei `QPainter`-Objekte definiert:

```
       QPainter wMaler; // erzeugt QPainter-Obj. zum Zeichnen im Window
       QPainter pMaler; // erzeugt QPainter-Obj. zum Zeichnen im Puffer
```

Um in einem `QPainter`-Objekt zu zeichnen, muss dieses zuerst geöffnet werden:

```
    wMaler.begin( this );      // Start des Zeichnens im Window
    pMaler.begin( &puffer ); // Start des Zeichnens im Puffer
```

Bei der dazu von `QPainter` angebotenen Methode `begin()` muss die Adresse eines `QPaintDevice`-Objekts (wie z. B. eines `QWidget`- oder eines `QPixmap`-Objekts) angegeben werden. Das Zeichnen der Linie in beiden geöffneten `QPainter`-Objekten erfolgt dabei mit den beiden folgenden Zeilen:

```
    wMaler.drawLine( letztepos, event->pos() ); // Linie im Window
    pMaler.drawLine( letztepos, event->pos() ); // Linie im Puffer
```

Nach dem Abschluss der Zeichenoperationen müssen beide `QPainter`-Objekte wieder geschlossen werden, und dann noch die neue Mausposition als Startpunkt für die nächste zu zeichnende Linie gemerkt werden:

```
    wMaler.end();    // Beendigung des Zeichnens im Window
    pMaler.end();    // Beendigung des Zeichnens im Puffer
    letztepos = event->pos();  // merkt sich die akt. Mausposition
```

Die virtuelle Methode paintEvent()

`paintEvent()` wird immer dann aufgerufen, wenn eine neue Darstellung eines `QPainter`-Objekts notwendig ist. In dieser neu implementierten Methode wird nur die im Puffer gespeicherte Kopie des Bildes in das Window kopiert:

```
virtual void paintEvent( QPaintEvent* ) {
    bitBlt( this, 0, 0, &puffer ); // kopiert Pufferbild auf Bildsch.
}
```

Hierzu wird die von der Klasse `QPaintDevice` angebotene Funktion `bitBlt()` verwendet, mit der man rechteckige Bildbereiche kopieren kann. Da durch den Kopiervorgang die Malfläche vollständig überschrieben wird, ist kein vorheriges Löschen der Malfläche notwendig, was auch durch den Aufruf von `setBackgroundMode(NoBackground)` im `MalFenster`-Konstruktor festgelegt wurde.

Die virtuelle Methode resizeEvent()

Die virtuelle Methode `resizeEvent()` wird immer dann aufgerufen, wenn sich die Fenstergröße ändert. In dieser neu implementierten Methode wird sichergestellt, dass der Puffer immer die gleiche Größe wie die am Bildschirm angezeigte Malfläche hat.

```
virtual void resizeEvent( QResizeEvent* event ) {
    QPixmap save( puffer );      // Sichern des Bildes im Puffer 'save'
    puffer.resize( event->size() ); // Puffergrösse auf neue
                                    // Bildgrösse setzen
    puffer.fill( white );  // Inh. des Puffers weiss überschreiben
    bitBlt( &puffer, 0, 0, &save ); // Temporären Puffer 'save' in
                                    // Puffer 'puffer' kopieren.
}
```

Hier wird zunächst der Pufferinhalt in einen temporären Puffer namens `save` kopiert, bevor die Größe des eigentlichen Puffers der neuen Größe der Malfläche angepasst wird. Um sicherzustellen, dass ein nun etwas größerer Puffer keine undefinierten Werte beinhaltet, wird der Puffer mit weißen Pixeln gefüllt, bevor zuletzt der temporäre Puffer `save` in den aktuellen Puffer zurückkopiert wird. Diese Methode `resizeEvent()` wird im übrigen das erste Mal aufgerufen, wenn in `main()` die Geometrie des Fensters festgelegt wird:

```
69    mywidget->setGeometry( 50, 50, 400, 400 );
```

Danach wird sie immer nur dann aufgerufen, wenn der Benutzer die Größe des Malfensters verändert.

31.2 Eine erweiterte Version des Malprogramms

In dieser zweiten Version des Malprogramms soll folgende zusätzliche Funktionalität zum Malprogramm hinzugefügt werden:

- Bewegt der Benutzer die Maus bei gedrückter rechter Maustaste, sind dickere Linien zu zeichnen als bei gedrückter linker bzw. mittlerer Maustaste.
- Es soll auch ein Malen mit anderen Farben als schwarz möglich sein. Der Benutzer kann eine neue Farbe durch Drücken einer der folgenden Tasten einstellen: W=weiß, S=schwarz, R=rot, B=blau, G=grün und L=gelb.
- Bei einem Doppelklick auf eine Maustaste soll die Malfläche gelöscht werden.

Um diese zusätzliche Funktionalität zu erreichen, sind die folgenden Änderungen im Programm 31.1 erforderlich: Nach der Zeile 60 ist eine weitere `private`-Variable zu definieren, die immer die aktuell eingestellte Farbe beinhaltet:

```
QColor  farbe;
```

Da die voreingestellte Farbe bei Programmbeginn schwarz sein soll, muss dieser Variablen `farbe` im `MalFenster`-Konstruktor *nach Zeile 10* diese Farbe zugewiesen werden.

```
farbe = black;
```

Um bei Eingabe einer der oben angegebenen Tasten eine neue Farbe einzustellen, muss die virtuelle Methode `keyPressEvent()` reimplementiert werden, z. B. indem man den folgenden Code ab *Zeile 57* im Programm 31.1 hinzufügt:

```
      //... Diese virtuelle Methode wird immer aufgerufen, wenn
      //... eine Taste auf der Tastatur gedrückt wird
   virtual void keyPressEvent( QKeyEvent* event ) {
      switch( event->key() ) {
         case Key_W:  farbe = white;  break;
         case Key_S:  farbe = black;  break;
         case Key_R:  farbe = red;    break;
         case Key_B:  farbe = blue;   break;
         case Key_G:  farbe = green;  break;
```

```
        case Key_L:  farbe = yellow; break;
    }
}
```

Alle von Qt angebotenen Tastencodes haben Namen, die mit `Key_` beginnen, und können in der Headerdatei `<qkeycode.h>` nachgeschlagen werden. Ansonsten sollte dieser Codeausschnitt selbsterklärend sein. Um nun bei gedrückter rechter Maustaste dicker malen zu lassen als bei einer anderen gedrückten Maustaste, muss in der Methode `mouseMoveEvent()` *in Zeile 29* von Programm 31.1 folgender Code hinzugefügt werden:

```
if ( event->state() & RightButton ) {  // bei rechter Maustaste
    QPen stift;                        // dicker malen
    stift.setWidth( 15 );     // Stiftdicke auf 15 setzen
    stift.setColor( farbe ); // Stiftfarbe setzen
    wMaler.setPen( stift );  // Stift für Window setzen
    pMaler.setPen( stift );  // Stift für Puffer setzen
} else {
    wMaler.setPen( farbe );  // Stiftfarbe für Window setzen
    pMaler.setPen( farbe );  // Stiftfarbe für Puffer setzen
}
```

Hiermit wird festgelegt, dass bei gedrückter rechter Maustaste ein `QPen`-Objekt `stift` erzeugt wird, das als Stiftdicke nicht `1`, sondern `15` benutzt. Unabhängig von der gedrückten Maustaste wird hier nun die in `farbe` gespeicherte Farbe als Zeichenfarbe verwendet.
Zuletzt muss nun folgender Codeausschnitt im `protected`-Teil der Klasse `MalFenster` hinzugefügt werden, um bei einem doppelten Mausklick die Malfläche löschen zu lassen:

```
virtual void mouseDoubleClickEvent( QMouseEvent* ) {
   puffer.fill( white ); // Übermale parallel geführt. Puffer weiss
   bitBlt( this, 0, 0, &puffer ); // und kopiere ihn über das Window
}
```

31.3 Dritte Version des Malprogramms mit Menüs

In der dritten Version des Malprogramms wollen wir nun Menüs hinzufügen, wie dies in Abbildung 31.2 gezeigt ist.
Die einzelnen Submenüs (Popupmenüs) zu dieser Menüleiste sind in Abbildung 31.3 gezeigt.
Ein Klick auf den Submenü-Eintrag *About Malprog* zeigt die im linken Teil von Abbildung 31.4 gezeigte Nachricht an, und ein Klick auf den Submenü-Eintrag *About Qt* blendet die im rechten Teil von Abbildung 31.4 gezeigte Nachricht ein.
Um Menüs zu erzeugen, stellt Qt die beiden Klassen `QMenuBar` (zum Anlegen einer Menüleiste) und `QPopupMenu` (zum Eintragen von Menüeinträgen) zur Verfügung, die beide von der Basisklasse `QMenuData` abgeleitet sind. Eine Menüleiste enthält die einzelnen Menüs, die `QPopupMenu`-Objekte sind. Diese Menüs können ihrerseits wieder andere Submenüs enthalten, die wiederum `QPopupMenu`-Objekte sind.

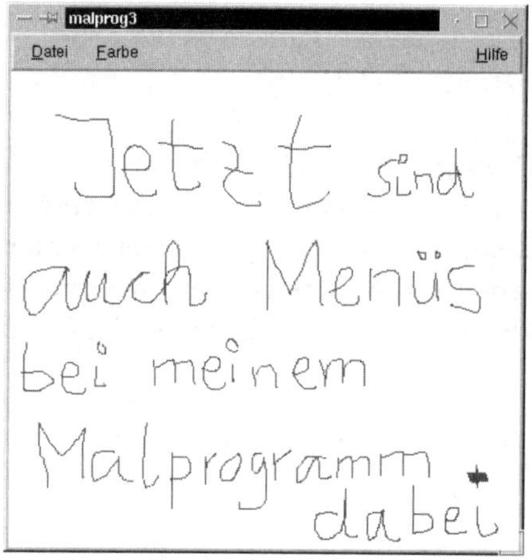

Abbildung 31.2: Dritte Version des Malprogramms mit einer Menüleiste

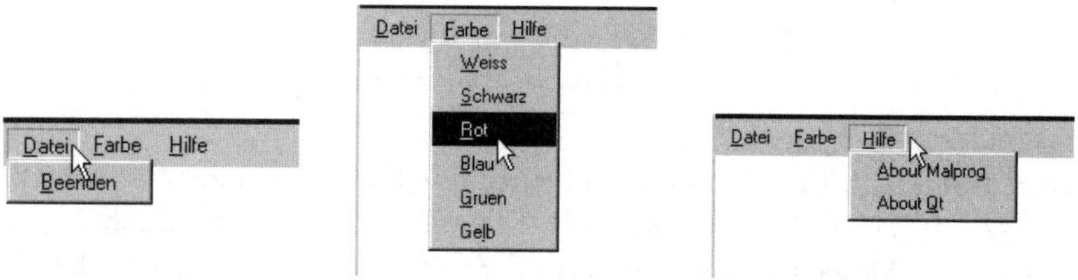

Abbildung 31.3: Die Submenüs zu der Menüleiste in Abbildung 31.2

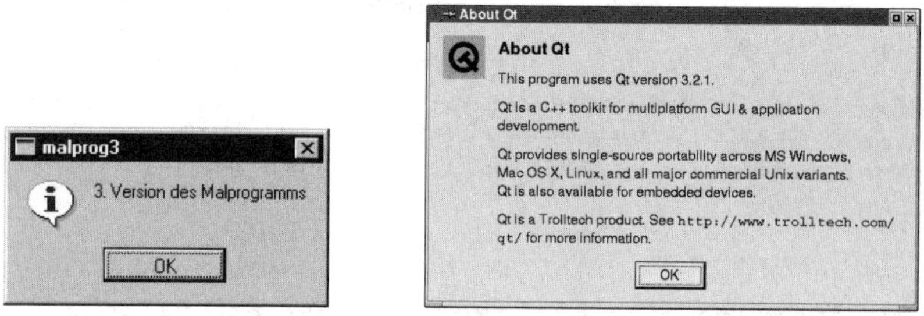

Abbildung 31.4: Eingeblendete Widgets bei den beiden Submenü-Einträgen im Hilfe-Menü

Daneben ist es auch möglich, Popup-Menüs direkt einzublenden, z. B. wenn der Benutzer die rechte Maustaste drückt. Nun zur Realisierung der Menüs, wobei wieder nur die Änderungen gegenüber der zweiten Version des Malprogramms vorgestellt werden.

Inkludieren zusätzlicher Headerdateien

Zunächst müssen wir folgende Headerdateien zusätzlich inkludieren:

```
#include <qmenubar.h>
#include <qpopupmenu.h>
#include <qmessagebox.h>
```

Vergabe von Farbkennungen und Erzeugen des Menüs im Konstruktor

Anschließend müssen so genannte Kennungen (*IDs*) für die einzelnen Farben eingeführt werden, bevor der Konstruktor entsprechend erweitert wird, um die Menüs einzurichten. Nachfolgend sind die neu hinzuzufügenden Zeilen fett hervorgehoben:

```
enum { WEISS, SCHWARZ, ROT, BLAU, GRUEN, GELB };  // Kennungen
class MalFenster : public QWidget {
   Q_Object  // notwendig, da MalFenster nun Slots enthält
public:
  MalFenster() {
      farbe = black;
      setBackgroundMode( NoBackground ); // beim Neumalen nicht löschen
      dateimenu = new QPopupMenu; //... erzeugt ein Datei-Menü
       dateimenu->insertItem( "&Beenden", qApp, SLOT( quit() ) );
      farbemenu = new QPopupMenu; //... erzeugt ein Farbe-Menü
       farbemenu->insertItem( "&Weiss",   WEISS );
       farbemenu->insertItem( "&Schwarz", SCHWARZ );
       farbemenu->insertItem( "&Rot",     ROT );
       farbemenu->insertItem( "&Blau",    BLAU );
       farbemenu->insertItem( "&Gruen",   GRUEN );
       farbemenu->insertItem( "Ge&lb",    GELB );
      QObject::connect( farbemenu, SIGNAL( activated( int ) ),
                        this,      SLOT( farbeMenuSlot( int ) ) );
      hilfemenu = new QPopupMenu; //... erzeugt ein Hilfe-Menü
       hilfemenu->insertItem( "&About Malprog", this, SLOT( AboutSlot() ));
       hilfemenu->insertItem( "About &Qt", this, SLOT( AboutQtSlot() ) );
      menubalken = new QMenuBar( this ); //... erzeugt einen Menü-Balken
       menubalken->insertItem( "&Datei", dateimenu );
       menubalken->insertItem( "&Farbe", farbemenu );
       menubalken->insertSeparator();
       menubalken->insertItem( "&Hilfe", hilfemenu );
  }
~MalFenster() { } // noch kein Code für den Destruktor
```

In diesem Konstruktor werden zunächst die einzelnen Menüs erzeugt. Zuerst wird dabei der Menüeintrag für das *Datei*-Menü mit den folgenden Codezeilen erzeugt:

```
dateimenu = new QPopupMenu; //... erzeugt ein Datei-Menü
dateimenu->insertItem( "&Beenden", qApp, SLOT( quit() ) );
```

Die von `QMenuData` angebotene Methode `insertItem()` zum Einfügen von Menüeinträgen in einem Menü wird in vielen überladenen Varianten angeboten. Hier jedenfalls wird mit dieser Methode ein Menüeintrag *Beenden* kreiert. Durch Voranstellen von `&` kann man ein Zeichen festlegen, das beim Einblenden des Popupmenüs unterstrichen angezeigt wird. Solche Zeichen werden als Tastatur-Kurzbefehle (*Shortcuts*) bezeichnet, da nach dem Einblenden des entsprechenden Popupmenüs der entsprechende Menüeintrag dann nicht nur mit der Maus, sondern auch durch Eingabe dieses unterstrichenen Zeichens über die Tastatur direkt ausgewählt werden kann.

Als zweites Argument wird hier bei der Methode `insertItem()` die globale Variable `qApp` angegeben, die in `<qapplication.h>` definiert ist. Diese Variable enthält immer einen Zeiger auf das ganze `QApplication`-Objekt. Das dritte Argument legt die Slotroutine fest, die auszuführen ist, wenn dieser Menüeintrag vom Benutzer angewählt wird. In diesem Fall ist also `quit()` für das `QApplication`-Objekt durchzuführen, was somit zur Beendigung des Programms führt.

Mit folgenden Codezeilen werden die Menüeinträge für das *Farbe*-Menü erzeugt:

```
farbemenu = new QPopupMenu; //... erzeugt ein Farbe-Menü
farbemenu->insertItem( "&Weiss",   WEISS );
farbemenu->insertItem( "&Schwarz", SCHWARZ );
farbemenu->insertItem( "&Rot",     ROT );
farbemenu->insertItem( "&Blau",    BLAU );
farbemenu->insertItem( "&Gruen",   GRUEN );
farbemenu->insertItem( "Ge&lb",    GELB );
QObject::connect( farbemenu, SIGNAL( activated( int ) ),
                  this,      SLOT( farbeMenuSlot( int ) ) );
```

Hier wird eine andere Variante der Methode `insertItem()` zum Einfügen von Menüeinträgen verwendet: Wie zuvor legt das erste Argument den anzuzeigenden Text mit *Shortcut*-Buchstaben fest. Das zweite Argument legt hier nun aber eine Kennung (*ID*) fest, die dem entsprechenden Menüeintrag zuzuordnen ist. Abschließend wird dann das gesamte `farbemenu` über das Signal `activated(int)` mit der noch zu definierenden Slotroutine `farbeMenuSlot(int)` verbunden. Der Parameter des Signals `activated(int)` identifiziert dabei den entsprechenden Menüeintrag, der vom Benutzer ausgewählt wurde. In der weiter unten vorgestellten Slotroutine `farbeMenuSlot(int)` kann dann die von der Benutzerwahl abhängige Aktion durchgeführt werden.

Mit folgenden Codezeilen werden beide Menüeinträge für das *Hilfe*-Menü erzeugt:

```
hilfemenu = new QPopupMenu; //... erzeugt ein Hilfe-Menü
hilfemenu->insertItem( "&About Malprog", this, SLOT( AboutSlot() ));
hilfemenu->insertItem( "About &Qt", this, SLOT( AboutQtSlot() ) );
```

Hier werden die Slotroutinen, die bei Auswahl eines Menüeintrags aufzurufen sind, anders als zuvor, wieder direkt beim Aufruf der Methode `insertItem()` angegeben. Beide Slotroutinen werden weiter unten noch definiert.

Nachdem nun alle Menüs erzeugt sind, kann man eine Menüleiste anlegen und die einzelnen Menüs mit der Methode `insertItem()` dort einfügen, was mit den folgenden Codezeilen erreicht wird.

```
menubalken = new QMenuBar( this ); //... erzeugt einen Menü-Balken
menubalken->insertItem( "&Datei", dateimenu );
menubalken->insertItem( "&Farbe", farbemenu );
menubalken->insertSeparator();
menubalken->insertItem( "&Hilfe", hilfemenu );
```

Mit der von `QMenuData` angebotenen Methode `insertSeparator()` können in Popupmenüs horizontale Trennlinien zwischen einzelnen Menüpunkten festgelegt werden. Bei `QMenuBar`-Objekten hat die Methode `insertSeparator()` im Windows-Stil überhaupt keine Auswirkung, während sie im Motif-Stil bewirkt, dass die restlichen Menüeinträge (hier *Hilfe*) rechtsbündig in der Menüleiste angezeigt werden.

Definieren von Slotroutinen und benötigter private-Variablen

Nun müssen noch die einzelnen Slotroutinen und entsprechende `private`-Variablen für die Popupmenüs und die Menüleiste definiert werden. Die dazu erforderlichen Codezeilen, die man am Ende der `MalFenster`-Klasse einfügen muss, sind nachfolgend gezeigt, wobei jedoch nur die fettgedruckten Zeilen wirkliche neue Zeilen sind:

```
private slots:
   void AboutSlot() {
      QMessageBox::information( this, "malprog3",
                                 "3. Version des Malprogramms\n");
   }
   void AboutQtSlot()    { QMessageBox::aboutQt( this, "About Qt" ); }
   void farbeMenuSlot( int farbeId ) {
      switch( farbeId ) {
         case WEISS:   farbe = white;  break;
         case SCHWARZ: farbe = black;  break;
         case ROT:     farbe = red;    break;
         case BLAU:    farbe = blue;   break;
         case GRUEN:   farbe = green;  break;
         case GELB:    farbe = yellow; break;
      }
   }
private:
   QPoint      letztepos;
   QPixmap     puffer;
   QColor      farbe;
   QMenuBar*    menubalken;
   QPopupMenu*  dateimenu;
   QPopupMenu*  farbemenu;
   QPopupMenu*  hilfemenu;
};
#include "malprog3.moc"  // notwendig, da eigene Slots definiert wurden
```

In der ersten definierten Slotroutine `AboutSlot()` wird eine so genannte `QMessageBox` eingeblendet, die das Aussehen hat, wie es im linken Teil von Abbildung 31.4 gezeigt ist.

```
void AboutSlot() {
      QMessageBox::information( this, "malprog3",
                                 "3. Version des Malprogramms\n");
}
```

Weitere von der Klasse `QMessageBox` angebotene statische Methoden neben `information()` sind `question()`, `warning()` und `critical()`. Üblicherweise übergibt man dabei als erstes Argument das Elternwidget, als zweites den Fenstertitel und als letzes Argument den im `QMessageBox`-Widget anzuzeigenden Text. In der Slotroutine `AboutQtSlot()` wird eine weitere von `QMessageBox` angebotene statische Methode aufgerufen:

```
void AboutQtSlot()    { QMessageBox::aboutQt( this, "About Qt" ); }
```

`aboutQt()` liefert Informationen zu Qt (siehe rechter Teil von Abbildung 31.4). Die letzte fehlende Slotroutine ist `farbeMenuSlot(int)`, die bei Auswahl eines Eintrags aus dem *Farbe*-Menü angesprungen wird.

```
void farbeMenuSlot( int farbeId ) {
   switch( farbeId ) {
      case WEISS:   farbe = white;  break;
      case SCHWARZ: farbe = black;  break;
      case ROT:     farbe = red;    break;
      case BLAU:    farbe = blue;   break;
      case GRUEN:   farbe = green;  break;
      case GELB:    farbe = yellow; break;
   }
}
```

Die vom Signal `activated(int)` über den Parameter gelieferte Kennung identifiziert den entsprechenden Menüeintrag, so dass hier über eine `switch`-Anweisung leicht die vom Benutzer im Menü ausgewählte Farbe eingestellt werden kann. Hier wäre auch eine andere Vorgehensweise denkbar: Man definiert sich ein Array mit den Farben:

```
QColor farb_array[] = { white, black, red, blue, green, yellow };
```

und benutzt dann die gelieferte Kennung als Index für dieses Array, so dass diese Slotroutine wie folgt verkürzt werden könnte:

```
void farbeMenuSlot( int farbeId ) { farbe = farb_array[farbeId]; }
```

31.4 Vierte Version des Malprogramms mit Laufbalken

Das Malprogramm soll nun weiter ausgebaut werden, so dass die Malfläche nicht nur auf die Größe des Anwendungsfensters begrenzt ist. Durch Hinzufügen von vertikalen und horizontalen Laufbalken kann dabei der Benutzer auf einer Malfläche malen, die wesentlich größer als das angezeigte Malfenster ist. Mit der von Qt angebotenen Klasse `QScrollView` können sehr leicht einem Widget Laufbalken zugeordnet werden. Wenn wir z. B. in unserem Malprogramm für das Anwendungsfenster ein eigenes Widget namens `malfenster` erstellen:

```
MalFenster* malfenster = new MalFenster();
malfenster->setGeometry( 50, 50, 400, 400 );
```

und im Konstruktor der Klasse `MalFenster` ein eigenes Subwidget `malflaeche` für das eigentliche Malen erzeugen, das wesentlich größer als sein Elternwidget `malfenster` ist:

```
malflaeche = new MalFlaeche();
malflaeche->setGeometry( 0, 0, 1000, 1000 );
```

dann lassen sich im Konstruktor von `MalFenster` dem `malflaeche`-Subwidget Laufbalken wie folgt zuordnen:

```
   scrollview = new QScrollView( this );
   scrollview->setGeometry( 0, menubalken->height(),
                            width(), height() - menubalken->height());
```

Nun muss man nur noch das Subwidget angeben, auf das sich die Laufbalken beziehen:

```
scrollview->addChild( malflaeche );
```

Programm 31.2 zeigt diese Version unseres Malprogramms mit Laufbalken (siehe auch Abbildung 31.5).

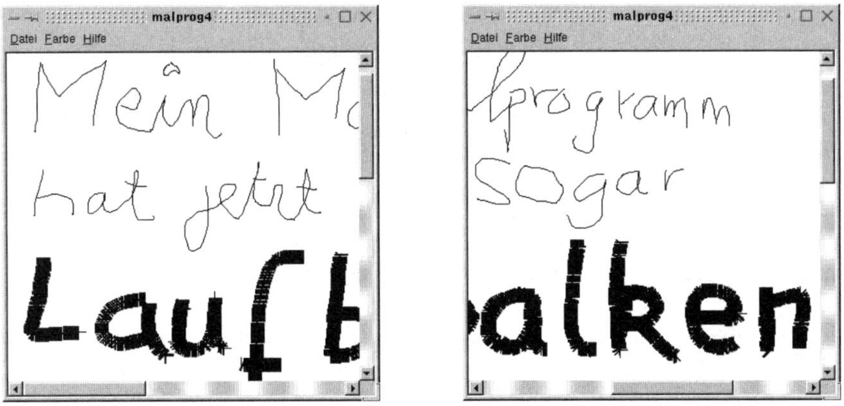

Abbildung 31.5: Aussehen der vierten Versions des Malprogramms mit Laufbalken

Programm 31.2 – `malprog4.cpp`:
Vierte Version des Malprogramms mit Menüs und Laufbalken

```
.....
#include <qscrollview.h>
enum { WEISS, SCHWARZ, ROT, BLAU, GRUEN, GELB };
class MalFlaeche : public QWidget { //................. Klasse MalFlaeche
   Q_OBJECT  // notwendig, da MalFlaeche Slots enthält
public:
   MalFlaeche() {
       farbe = black;
       setBackgroundMode( NoBackground ); // beim Neumalen nicht löschen
   }
   ~MalFlaeche() { } // noch kein Code für den Destruktor
```

```
public slots:
   void setzeFarbe( QColor neu_farbe ) { farbe = neu_farbe; }
protected:
      //... Diese virtuelle Methode wird immer aufgerufen, wenn Benutzer
      //... auf eine Maustaste über diesem Fenster klickt
   virtual void mousePressEvent( QMouseEvent* event) {
      letztepos = event->pos(); // Speichere die Koordinaten vom Event
   }
      //... Diese virtuelle Methode wird immer aufgerufen, wenn Benutzer
      //... die Maus bei gedrückter Taste bewegt
   virtual void mouseMoveEvent( QMouseEvent* event) {
      QPainter wMaler; // erzeugt QPainter-Object zum Zeichnen im Window
      QPainter pMaler; // erzeugt QPainter-Object zum Zeichnen im Puffer
      wMaler.begin( this );    // Start des Zeichnens im Window
      pMaler.begin( &puffer ); // Start des Zeichnens im Puffer
      if ( event->state() & RightButton ) {  // bei rechter Maustaste
         QPen stift;                         // dicker malen
         stift.setWidth( 15 );    // Stiftdicke auf 15 setzen
         stift.setColor( farbe ); // Stiftfarbe setzen
         wMaler.setPen( stift );  // Stift für Window setzen
         pMaler.setPen( stift );  // Stift für Puffer setzen
      } else {
         wMaler.setPen( farbe );  // Stiftfarbe für Window setzen
         pMaler.setPen( farbe );  // Stiftfarbe für Puffer setzen
      }
      wMaler.drawLine( letztepos, event->pos() ); // Linie im Window
      pMaler.drawLine( letztepos, event->pos() ); // Linie im Puffer
      wMaler.end();   // Beendigung des Zeichnens im Window
      pMaler.end();   // Beendigung des Zeichnens im Puffer
      letztepos = event->pos();  // merkt sich die akt. Mausposition
   }
      //... Diese virtuelle Methode wird immer aufgerufen, wenn ein neues Malen
      //... erforderlich ist, z.B. wenn das Bild durch ein anderes Fenster
      //... verdeckt wurde und nun wieder sichtbar sein soll.
   virtual void paintEvent( QPaintEvent* ) {
      bitBlt( this, 0, 0, &puffer ); // kopiert Puffer-Bild auf Bildschirm
   }
      //... Diese virtuelle Methode wird immer aufgerufen, wenn die
      //... Fenstergrösse sich ändert.
   virtual void resizeEvent( QResizeEvent* event ) {
      QPixmap save( puffer );          // Sichern Bild im Puffer 'save'
      puffer.resize( event->size() ); // Puffer auf neue Bildgrösse setzen
      puffer.fill( white );  // Inh. des Puffers mit weiss überschreiben
      bitBlt( &puffer, 0, 0, &save ); // Temp. Puffer save nach puffer kopieren
   }
      //... Diese virtuelle Methode wird immer bei Maus-Doppelklick aufgerufen
   virtual void mouseDoubleClickEvent( QMouseEvent* ) {
      puffer.fill( white );  // Übermale mitgeführten Puffer weiss
      bitBlt( this, 0, 0, &puffer ); // und kopiere ihn über das Window
   }
```

```
      //... Diese virtuelle Methode wird immer aufgerufen, wenn
      //... eine Taste auf der Tastatur gedrückt wird
   virtual void keyPressEvent( QKeyEvent* event ) {
      switch( event->key() ) {
         case Key_W:  farbe = white;  break;
         case Key_S:  farbe = black;  break;
         case Key_R:  farbe = red;    break;
         case Key_B:  farbe = blue;   break;
         case Key_G:  farbe = green;  break;
         case Key_L:  farbe = yellow; break;
      }
   }
private:
   QPoint      letztepos;
   QPixmap     puffer;
   QColor      farbe;
};
class MalFenster : public QWidget { //................ Klasse MalFenster
   Q_OBJECT  // notwendig, da MalFenster Slots enthält
public:
   MalFenster() {
       dateimenu = new QPopupMenu; //... erzeugt ein Datei-Menü
        dateimenu->insertItem( "&Beenden", qApp, SLOT( quit() ) );
       farbemenu = new QPopupMenu; //... erzeugt ein Farbe-Menü
        farbemenu->insertItem( "&Weiss",   WEISS );
        farbemenu->insertItem( "&Schwarz", SCHWARZ );
        farbemenu->insertItem( "&Rot",     ROT );
        farbemenu->insertItem( "&Blau",    BLAU );
        farbemenu->insertItem( "&Gruen",   GRUEN );
        farbemenu->insertItem( "Ge&lb",    GELB );
       QObject::connect( farbemenu, SIGNAL( activated( int ) ),
                         this,      SLOT( farbeMenuSlot( int ) ) );
       hilfemenu = new QPopupMenu; //... erzeugt ein Hilfe-Menü
        hilfemenu->insertItem( "&About Malprog", this, SLOT( AboutSlot()));
        hilfemenu->insertItem( "About &Qt", this, SLOT( AboutQtSlot() ) );
       menubalken = new QMenuBar( this ); //... erzeugt einen Menü-Balken
        menubalken->insertItem( "&Datei", dateimenu );
        menubalken->insertItem( "&Farbe", farbemenu );
        menubalken->insertSeparator();
        menubalken->insertItem( "&Hilfe", hilfemenu );
       malflaeche = new MalFlaeche();
        malflaeche->setGeometry( 0, 0, 1000, 1000 );
       scrollview = new QScrollView( this );
        scrollview->setGeometry( 0, menubalken->height(),
                                 width(), height() - menubalken->height());
        scrollview->addChild( malflaeche );
       QObject::connect( this,       SIGNAL( farbeGeaendert( QColor ) ),
                         malflaeche, SLOT( setzeFarbe( QColor ) ) );
   }
   ~MalFenster() { } // noch kein Code für den Destruktor
```

```
private slots:
   void AboutSlot() {
      QMessageBox::information( this, "malprog4", "4. Version des Malprogramms\n");
   }
   void AboutQtSlot()   { QMessageBox::aboutQt( this, "About Qt" ); }
   void farbeMenuSlot( int farbeId ) {
      switch( farbeId ) {
         case WEISS:   emit farbeGeaendert( white );  break;
         case SCHWARZ: emit farbeGeaendert( black );  break;
         case ROT:     emit farbeGeaendert( red );    break;
         case BLAU:    emit farbeGeaendert( blue );   break;
         case GRUEN:   emit farbeGeaendert( green );  break;
         case GELB:    emit farbeGeaendert( yellow ); break;
      }
   }
signals:
   void farbeGeaendert( QColor );
protected:
   virtual void resizeEvent( QResizeEvent* ) {
      scrollview->setGeometry( 0, menubalken->height(),
                               width(), height() - menubalken->height() );
   }
private:
   QMenuBar*     menubalken;
   QPopupMenu   *dateimenu, *farbemenu, *hilfemenu;
   QScrollView* scrollview;
   MalFlaeche*  malflaeche;
};
#include "malprog4.moc"
int main( int argc, char* argv[] ) { /*.... siehe Programm 31.1 (malprog1.cpp) */ }
```

Programm 31.2 enthält einige wichtige Änderungen gegenüber der dritten Version:

- Um zu verhindern, dass die Menüleiste auch dem Laufbalken zugeordnet ist, was äußerst ungeschickt wäre, wurde die vorherige Klasse `MalFenster` in `MalFlaeche` (eigentliche Malfläche) umbenannt und eine neue Klasse `MalFenster` eingeführt, die das Hauptwidget darstellt, dem die Menüleiste und die Malfläche als Subwidgets zugeordnet werden. Die Klasse `MalFlaeche` behielt dabei alle Methoden, die sich auf das eigentliche Zeichnen beziehen. Nur das Anlegen der Menüs und die dazugehörigen Slots wurden vom Konstruktor der Klasse `MalFlaeche` an den Konstruktor der Klasse `MalFenster` abgegeben.
- Zusätzlich ist der Konstruktor der Klasse `MalFenster` für die Erzeugung eines `MalFlaeche`-Objekts und der Laufbalken zuständig:

```
malflaeche = new MalFlaeche();
malflaeche->setGeometry( 0, 0, 1000, 1000 );
scrollview = new QScrollView( this );
scrollview->setGeometry( 0, menubalken->height(),
                         width(), height() - menubalken->height());
scrollview->addChild( malflaeche );
```

➤ Während die beiden Slotroutinen `AboutSlot()` und `AboutQtSlot()` unverändert von der Klasse `MalFlaeche` in die Klasse `MalFenster` verschoben werden konnten, waren bei der Slotroutine `farbeMenuSlot()` doch einige Änderungen erforderlich, da die `private`-Variable `farbe` sinnvollerweise weiterhin der Klasse `MalFlaeche` zugeordnet bleiben sollte. Um nun von der Slotroutine `farbeMenuSlot()`, die immer bei Auswahl einer neuen Farbe durch den Benutzer aufgerufen wird, die `private`-Variable `farbe` der Klasse `MalFlaeche` entsprechend setzen zu lassen, schickt diese Methode ein Signal `farbeGeaendert(QColor)`:

```
void farbeMenuSlot( int farbeId ) {
   switch( farbeId ) {
      case WEISS:   emit farbeGeaendert( white );  break;
      case SCHWARZ: emit farbeGeaendert( black );  break;
      case ROT:     emit farbeGeaendert( red );    break;
      case BLAU:    emit farbeGeaendert( blue );   break;
      case GRUEN:   emit farbeGeaendert( green );  break;
      case GELB:    emit farbeGeaendert( yellow ); break;
   }
}
```

Dieses Signal `farbeGeaendert(QColor)` wird im `MalFenster`-Konstruktor mit der neuen Slotroutine `setzeFarbe(QColor)` der Klasse `MalFlaeche` verbunden:

```
QObject::connect( this,       SIGNAL( farbeGeaendert( QColor ) ),
                  malflaeche, SLOT( setzeFarbe( QColor ) ) );
```

Auf diese Weise wurde die Auswahl einer neuen Farbe klar von dem Setzen und der Verwendung der Farbe getrennt, was bei eventuellen späteren Erweiterungen sehr von Vorteil sein kann, da man dieses Signal dann auch an andere Slotroutinen, die sich auch in anderen Klassen befinden können, weiterleiten kann.

➤ Eine letzte wichtige Änderung gegenüber der Vorgängerversion ist noch die Neuimplementierung der virtuellen Methode `resizeEvent()` für die Klasse `MalFenster`:

```
virtual void resizeEvent( QResizeEvent* ) {
   scrollview->setGeometry( 0, menubalken->height(),
                            width(), height() - menubalken->height() );
}
```

31.5 Fünfte Version des Malprogramms mit netten Erweiterungen

In dieser fünften Version des Malprogramms sollen die folgenden Erweiterungen hinzugefügt werden:

- In der Menüleiste soll die Pinseldicke über ein zusätzliches Popupmenü ausgewählt werden können, das entsprechende Linien mit der jeweiligen Dicke anzeigt (siehe auch linkes Bild in Abbildung 31.6).
- Bei einem Klick auf die rechte Maustaste innerhalb der Malfläche soll ein Popupmenü eingeblendet werden, das eine neue Pinselfarbe einstellen bzw. auch das ganze gemalte Bild löschen lässt (siehe auch rechtes Bild in Abbildung 31.6).
- Ein Verschieben der Laufbalken soll nicht nur mit der Maustaste, sondern auch von der Tastatur mit `Bild ↑`, `Bild ↓`, `↑`, `↓`, `→` und `←` möglich sein.
- Ein Vergrößern bzw. Verkleinern der Pinseldicke soll nicht nur über das Menü, sondern auch mit den Tasten `>` (Größer) und `<` (Kleiner) möglich sein.
- Ein Zeichnen mit der linken Maustaste bei gedrückter `Shift ⇑`-Taste bewirkt, unabhängig von eingestellter Pinseldicke, ein Malen mit der Stiftdicke 10.

Abbildung 31.6: Wesentliche Erweiterungen in der fünften Versions des Malprogramms

Programm 31.3 – `malprog5.cpp`:
Fünfte Version des Malprogramms (wesentliche Änderungen fett hervorgehoben)

```
.....
#include <qcursor.h>
enum { WEISS, SCHWARZ, ROT, BLAU, GRUEN, GELB };
class MalFenster;
//----------------------------------------- class MalFlaeche --------------
class MalFlaeche : public QWidget {
   Q_OBJECT  // notwendig, da MalFlaeche Slots enthält
public:
   MalFlaeche( MalFenster *);
   ~MalFlaeche() { delete popupmenu; } // löscht Popup-Menü
   QColor getFarbe()  { return farbe;  }
   int    getBreite() { return breite; }
public slots:
   void setzeFarbeBreite( QColor neue_farbe, int neue_breite ) {
      farbe  = neue_farbe;
      breite = neue_breite;
   }
```

```
   void sendeFarbeGeaendertSignal( int menupunkt ) {
      switch ( menupunkt ) {
         case WEISS:   emit stiftGeaendert( white, breite );  break;
         case SCHWARZ: emit stiftGeaendert( black, breite );  break;
         case ROT:     emit stiftGeaendert( red, breite );    break;
         case BLAU:    emit stiftGeaendert( blue , breite);   break;
         case GRUEN:   emit stiftGeaendert( green, breite );  break;
         case GELB:    emit stiftGeaendert( yellow, breite ); break;
      }
   }
   void sendeBreiteGeaendertSignal( int breite ) {
      emit stiftGeaendert( farbe, breite );
   }
   void sendeBreiteTasteGeaendertSignal( int delta ) {
      if (breite+delta >= 1 && breite+delta <= 20)
         emit stiftGeaendert( farbe, breite+delta );
   }
protected:
   virtual void mousePressEvent( QMouseEvent* event) {
      if ( event->button() == RightButton )
         popupmenu->exec( QCursor::pos() );
      else
         letztepos = event->pos(); // Speichere die Koordinaten vom Event
   }
   virtual void mouseMoveEvent( QMouseEvent* );
   virtual void paintEvent( QPaintEvent* ) {
      bitBlt( this, 0, 0, &puffer ); // kopiert Puffer-Bild auf Bildschirm
   }
   virtual void mouseDoubleClickEvent( QMouseEvent* ) {
      LoescheFlaecheSlot();
   }
   virtual void resizeEvent( QResizeEvent* event ) {
      QPixmap save( puffer );
      puffer.resize( event->size() );
      puffer.fill( white );
      bitBlt( &puffer, 0, 0, &save );
   }
private slots:
   void LoescheFlaecheSlot() {
      puffer.fill( white );  // Übermale parallel mitgeführten Puffer weiss
      bitBlt( this, 0, 0, &puffer ); // und kopiere ihn über das Window
   }
signals:
   void stiftGeaendert( QColor, int );
private:
   QPoint      letztepos;
   QColor      farbe;
   QPixmap     puffer;
   int         breite;
   QPopupMenu* popupmenu;
```

```
};
//---------------------------------------- class MalFenster -------------
class MalFenster : public QWidget {
   Q_OBJECT  // notwendig, da MalFenster Slots enthält
public:
   MalFenster();
   ~MalFenster() { }
public slots:
   void AendereMenu( QColor farbe, int breite ) {
      QPixmap pixmap( 40, breite);
      pixmap.fill( farbe );
      menubalken->changeItem( pixmap, breitemenu_id );
      for (int i=1; i<=20; i++) {
         pixmap.resize( 40, i);
         pixmap.fill( farbe );
         breitemenu->changeItem( pixmap, breitemenusub_id[i] );
      }
      menubalken->repaint();
   }
   virtual void keyPressEvent( QKeyEvent* event ) {
      switch (event->key()) {
         case Key_Up    :  scrollview->scrollBy(  0, -10);  break;
         case Key_Down  :  scrollview->scrollBy(  0,  10);  break;
         case Key_Left  :  scrollview->scrollBy(-10,   0);  break;
         case Key_Right:   scrollview->scrollBy( 10,   0);  break;
         case Key_PageUp: scrollview->scrollBy(
                                0, -QMAX(scrollview->contentsHeight()/10, 10) );
                                                          break;
         case Key_PageDown: scrollview->scrollBy(
                                0, QMAX(scrollview->contentsHeight()/10, 10) );
                                                          break;
         case Key_W:  emit farbeTasteGedrueckt(WEISS);     break;
         case Key_S:  emit farbeTasteGedrueckt(SCHWARZ);   break;
         case Key_R:  emit farbeTasteGedrueckt(ROT);       break;
         case Key_B:  emit farbeTasteGedrueckt(BLAU);      break;
         case Key_G:  emit farbeTasteGedrueckt(GRUEN);     break;
         case Key_L:  emit farbeTasteGedrueckt(GELB);      break;
         case Key_Less     : emit breiteTasteGedrueckt(-1); break;
         case Key_Greater: emit breiteTasteGedrueckt(1);   break;
      }
   }
private slots:
   void AboutSlot() {
      QMessageBox::information( this, "malprog", "5. Version des Malprogramms\n");
   }
   void AboutQtSlot()    { QMessageBox::aboutQt( this, "About Qt" ); }
signals:
   void farbeTasteGedrueckt( int );
   void breiteTasteGedrueckt( int );
protected:
```

```
   virtual void resizeEvent( QResizeEvent* ) {
      scrollview->setGeometry( 0, menubalken->height(),
                              width(), height() - menubalken->height() );
   }
private:
   QMenuBar*    menubalken;
   QPopupMenu  *dateimenu, *farbemenu, *breitemenu, *hilfemenu;
   int          breitemenu_id, breitemenusub_id[30];
   QScrollView* scrollview;
   MalFlaeche*  malflaeche;
};
#include "malprog5.moc"
MalFlaeche::MalFlaeche(MalFenster *m) { //.............. MalFlaeche-Konstruktor
   farbe = black;   // voreingestellte Farbe ist schwarz
   setBackgroundMode( NoBackground );
   breite = 4;       // voreingestellte Pinselbreite ist 4
   popupmenu = new QPopupMenu; // erzeugt ein Popup-Menü
   QPixmap pixmap( 40, 20);
   pixmap.fill( white );  popupmenu->insertItem( pixmap, WEISS);
   pixmap.fill( black );  popupmenu->insertItem( pixmap, SCHWARZ );
   pixmap.fill( red );    popupmenu->insertItem( pixmap, ROT );
   pixmap.fill( blue );   popupmenu->insertItem( pixmap, BLAU );
   pixmap.fill( green );  popupmenu->insertItem( pixmap, GRUEN );
   pixmap.fill( yellow ); popupmenu->insertItem( pixmap, GELB );
   popupmenu->insertItem( "&Clear", this, SLOT( LoescheFlaecheSlot() ) );
   QObject::connect( popupmenu, SIGNAL( activated( int ) ),
                     this,      SLOT( sendeFarbeGeaendertSignal( int ) ) );
   QObject::connect( this, SIGNAL( stiftGeaendert( QColor, int ) ),
                     this, SLOT( setzeFarbeBreite( QColor, int ) ) );
   QObject::connect( this, SIGNAL( stiftGeaendert( QColor, int ) ),
                     m,    SLOT( AendereMenu( QColor, int ) ) );
}
//---------------------------- mouseMoveEvent für MalFlaeche -------------
void MalFlaeche::mouseMoveEvent( QMouseEvent* event ) {
   QPainter wMaler; // erzeugt  QPainter-Object zum Zeichnen im Window
   QPainter pMaler; // erzeugt  QPainter-Object zum Zeichnen im Puffer
   wMaler.begin( this );     // Start des Zeichnens im Window
   pMaler.begin( &puffer ); // Start des Zeichnens im Puffer
   if ( (event->state() & LeftButton) && (event->state() & ShiftButton) ) {
      wMaler.setPen( QPen(farbe, 10) ); // Neue Zeichenstiftfarbe festlegen
      pMaler.setPen( QPen(farbe, 10) );
   } else {
      wMaler.setPen( QPen(farbe, breite) ); // Neue Zeichenstiftfarbe festlegen
      pMaler.setPen( QPen(farbe, breite) );
   }
   wMaler.drawLine( letztepos, event->pos() ); // zeichnet Linie im Window
   pMaler.drawLine( letztepos, event->pos() ); // zeichnet Linie im Puffer
   wMaler.end();   // Beendigung des Zeichnens im Window
   pMaler.end();   // Beendigung des Zeichnens im Puffer
   letztepos = event->pos();  // merkt sich die akt. Mausposition
```

```
}
//------------------------------ Konstruktor für MalFenster -------------
MalFenster::MalFenster() {
   malflaeche = new MalFlaeche(this);
   malflaeche->setGeometry( 0, 0, 1000, 1000 );
   dateimenu = new QPopupMenu; //... erzeugt ein Datei-Menü
    dateimenu->insertItem( "&Beenden", qApp, SLOT( quit() ) );
   farbemenu = new QPopupMenu; //... erzeugt ein Farbe-Menü
    farbemenu->insertItem( "&Weiss",   WEISS );
    farbemenu->insertItem( "&Schwarz", SCHWARZ );
    farbemenu->insertItem( "&Rot",     ROT );
    farbemenu->insertItem( "&Blau",    BLAU );
    farbemenu->insertItem( "&Gruen",   GRUEN );
    farbemenu->insertItem( "Ge&lb",    GELB );
   QObject::connect( farbemenu,  SIGNAL( activated( int ) ),
                     malflaeche, SLOT( sendeFarbeGeaendertSignal( int ) ) );
   breitemenu = new QPopupMenu; //... erzeugt ein Breite-Menü
   for (int i=1; i<=20; i++) {
      QPixmap pixmap( 40, i);
      pixmap.fill( malflaeche->getFarbe() );
      breitemenusub_id[i] = breitemenu->insertItem( pixmap, i );
   }
   QObject::connect( breitemenu, SIGNAL( activated( int ) ),
                     malflaeche, SLOT( sendeBreiteGeaendertSignal( int ) ) );
   hilfemenu = new QPopupMenu; //... erzeugt ein Hilfe-Menü
    hilfemenu->insertItem( "&About Malprog", this, SLOT( AboutSlot() ) );
    hilfemenu->insertItem( "About &Qt", this, SLOT( AboutQtSlot() ) );
   menubalken = new QMenuBar( this ); //... erzeugt einen Menü-Balken
    menubalken->insertItem( "&Datei", dateimenu );
    menubalken->insertItem( "&Farbe", farbemenu );
   QPixmap pixmap( 40, malflaeche->getBreite() );
    pixmap.fill( malflaeche->getFarbe() );
    breitemenu_id = menubalken->insertItem( pixmap, breitemenu );
   menubalken->insertSeparator();
    menubalken->insertItem( "&Hilfe", hilfemenu );
   scrollview = new QScrollView( this );
    scrollview->setGeometry( 0, menubalken->height(),
                             width(), height() - menubalken->height() );
    scrollview->addChild( malflaeche );
   QObject::connect( malflaeche, SIGNAL( stiftGeaendert( QColor, int ) ),
                     malflaeche, SLOT( setzeFarbeBreite( QColor, int ) ) );
   QObject::connect( malflaeche, SIGNAL( stiftGeaendert( QColor, int ) ),
                     this,       SLOT( AendereMenu( QColor, int ) ) );
   QObject::connect( this,       SIGNAL( farbeTasteGedrueckt( int ) ),
                     malflaeche, SLOT( sendeFarbeGeaendertSignal( int ) ) );
   QObject::connect( this,       SIGNAL( breiteTasteGedrueckt( int ) ),
                     malflaeche, SLOT( sendeBreiteTasteGeaendertSignal( int )));
}
int main( int argc, char* argv[] ) { /*.... siehe Programm 31.1 (malprog1.cpp) */ }
```

Nachfolgend werden die wichtigsten Neuheiten in Programm 31.3 kurz erläutert:

Einfügen von Pixmaps in die Menüleiste

Eine erste wichtige Neuheit ist das Einfügen von Pixmaps in Menüs und in der Menüleiste. Dies geschieht mit folgenden Codezeilen im Konstruktor der Klasse `MalFenster`:

```
breitemenu = new QPopupMenu; //... erzeugt ein Breite-Menü
for (int i=1; i<=20; i++) {
   QPixmap pixmap( 40, i);
   pixmap.fill( malflaeche->getFarbe() );
   breitemenusub_id[i] = breitemenu->insertItem( pixmap, i );
}
QObject::connect( breitemenu, SIGNAL( activated( int ) ),
                  malflaeche, SLOT( sendeBreiteGeaendertSignal( int ) ) );
.......
  //... zeigt aktuelle Pinselstärke als Linie mit entsprechender Dicke
  //... in der Menüleiste an
 QPixmap pixmap( 40, malflaeche->getBreite() );
 pixmap.fill( malflaeche->getFarbe() );
 breitemenu_id = menubalken->insertItem( pixmap, breitemenu );
```

Slot zur Anzeige der aktuellen Pinselfarbe und -stärke in der Menüleiste

In der Klasse `MalFenster` wird auch eine eigene Slotroutine `AendereMenu()` angeboten, die immer dann aufgerufen wird, wenn sich die Farbe oder die Breite des Malpinsels geändert hat. Diese Slotroutine ist dafür verantwortlich, dass die aktuelle Pinselfarbe und -stärke in der Menüleiste als Pixmap für die Auswahl der Pinselstärke angezeigt wird.

```
void AendereMenu( QColor farbe, int breite ) {
   QPixmap pixmap( 40, breite);
   pixmap.fill( farbe );
   menubalken->changeItem( pixmap, breitemenu_id );
   for (int i=1; i<=20; i++) {
      pixmap.resize( 40, i);
      pixmap.fill( farbe );
      breitemenu->changeItem( pixmap, breitemenusub_id[i] );
   }
   menubalken->repaint();
}
```

Popupmenü bei rechtem Mausklick in der Malfläche

Eine zweite wichtige Neuheit ist das Popupmenü, das eingeblendet wird, wenn die rechte Maustaste über der Malfläche gedrückt wird. Dieses so genannte Kontextmenü wird im Konstruktor der Klasse `MalFlaeche` erzeugt:

```
popupmenu = new QPopupMenu; // erzeugt ein Popup-Menü
QPixmap pixmap( 40, 20);
pixmap.fill( white );  popupmenu->insertItem( pixmap, WEISS);
```

```
pixmap.fill( black );  popupmenu->insertItem( pixmap, SCHWARZ );
pixmap.fill( red );    popupmenu->insertItem( pixmap, ROT );
pixmap.fill( blue );   popupmenu->insertItem( pixmap, BLAU );
pixmap.fill( green );  popupmenu->insertItem( pixmap, GRUEN );
pixmap.fill( yellow ); popupmenu->insertItem( pixmap, GELB );
popupmenu->insertItem( "&Clear", this, SLOT( LoescheFlaecheSlot() ) );
QObject::connect( popupmenu, SIGNAL( activated( int ) ),
                  this,      SLOT( sendeFarbeGeaendertSignal( int ) ) );
```

Man kann erkennen, dass solche Kontext-Popupmenüs – wie andere Menüs auch – `QPopupMenu`-Objekte sind. Anders als andere Menüs werden diese Menüs jedoch nicht mit der Methode `insertItem()` in der Menüleiste untergebracht, sondern erst bei Bedarf (hier bei einem Klick auf die rechte Maustaste) mit `exec()` bzw. `popup()` eingeblendet:

```
virtual void mousePressEvent( QMouseEvent* event) {
   if ( event->button() == RightButton )
      popupmenu->exec( QCursor::pos() ); // QCursor::pos() = aktuelle Mauspos.
   else
      letztepos = event->pos(); // Speichere die Koordinaten vom Event
}
```

Während die Methode `exec()` blockierend ist, was bedeutet, dass sie erst zurückkehrt, wenn der Benutzer einen der Menüeinträge ausgewählt hat oder aber an einer anderen Stelle auf eine Maustaste klickt, wirkt die Methode `popup()` nicht blockierend, was bedeutet, dass sie sofort zurückkehrt, wenn das auslösende Ereignis (hier rechter Mausklick) entweder mit Auswahl eines Menüeintrags oder auch nicht beendet wird.
Soll ein solches Kontextmenü immer in einem bestimmten Widget an der gleichen Position eingeblendet werden, muss man die Koordinaten dieses Widgets mit der Methode `QWidget::mapToGlobal()` in globale Koordinaten umrechnen lassen, wobei man dieser Methode dann die relativen Koordinaten, an denen das Kontextmenü anzuzeigen ist, als Argumente übergibt, wie z. B.:

```
popupmenu->exec( widget->mapToGlobal( QPoint(20, 20) ) );
```

Diese Anweisung legt fest, dass das Kontextmenü 20 Pixel rechts und 20 Pixel tief von der linken oberen Ecke des *`widget`* anzuzeigen ist.

Verschieben der Laufbalken über die Tastatur

Eine weitere wichtige Neuheit in der fünften Version unseres Malprogramms ist die Möglichkeit des Verschiebens der Laufbalken nicht nur mit der Maustaste, sondern auch über die Tastatur mit den Tasten [Bild↑], [Bild↓], [↑], [↓], [→] und [←]. Dies wird mit folgendem Code erreicht:

```
virtual void keyPressEvent( QKeyEvent* event ) {
   switch (event->key()) {
      case Key_Up   :  scrollview->scrollBy(  0, -10);  break;
      case Key_Down :  scrollview->scrollBy(  0,  10);  break;
```

```
        case Key_Left :  scrollview->scrollBy(-10,    0); break;
        case Key_Right:  scrollview->scrollBy( 10,    0); break;
        case Key_PageUp: scrollview->scrollBy(
                       0, -QMAX(scrollview->contentsHeight()/10, 10) );
                                                          break;
        case Key_PageDown: scrollview->scrollBy(
                       0, QMAX(scrollview->contentsHeight()/10, 10) );
                                                          break;
        case Key_W:   emit farbeTasteGedrueckt(WEISS);     break;
        case Key_S:   emit farbeTasteGedrueckt(SCHWARZ);   break;
        case Key_R:   emit farbeTasteGedrueckt(ROT);       break;
        case Key_B:   emit farbeTasteGedrueckt(BLAU);      break;
        case Key_G:   emit farbeTasteGedrueckt(GRUEN);     break;
        case Key_L:   emit farbeTasteGedrueckt(GELB);      break;
        case Key_Less    : emit breiteTasteGedrueckt(-1);  break;
        case Key_Greater: emit breiteTasteGedrueckt(1);    break;
    }
}
```

Hier wird die von der Klasse `QScrollView` angebotene Methode `scrollBy()` verwendet, um das den Laufbalken zugeordnete Widget (hier: `malflaeche`) mit den entsprechenden Cursortasten zu verschieben. Beim Drücken der Tasten [Bild ↑] bzw. [Bild ↓] wird das Sichtfenster auf der Malfläche um ein Zehntel ihrer ganzen vertikalen Länge nach oben bzw. unten verschoben oder, wenn dies nicht mehr möglich ist, nur um 10 Pixel. Im obigen Codeausschnitt ist auch das Vergrößern und Verkleinern der Pinseldicke über die Tasten [>] und [<] realisiert.

Zeichnen mit Stärke 10 bei gedrückter linker Maustaste und Shift-Taste

Eine letzte wichtige Neuheit in der fünften Version unseres Malprogramms ist das Zeichnen mit der Pinselstärke 10, unabhängig von der gerade eingestellten Pinselstärke, wenn der Benutzer die Maus bei gedrückter linker Maustaste und gedrückter [Shift ⇑]-Taste bewegt. Dies wird durch den folgenden Code in der virtuellen Methode `mouseMoveEvent()` in der Klasse `MalFlaeche` erreicht:

```
if ( (event->state() & LeftButton) && (event->state() & ShiftButton) ) {
   wMaler.setPen( QPen(farbe, 10) ); // Neue Zeichenstiftfarbe festlegen
   pMaler.setPen( QPen(farbe, 10) );
} else {
   wMaler.setPen( QPen(farbe, breite) ); // Neue Zeichenstiftfarbe festlegen
   pMaler.setPen( QPen(farbe, breite) );
}
```

Die neuen Methoden getFarbe() und getBreite() in Klasse MalFlaeche

Diese beiden neuen Methoden `getFarbe()` und `getBreite()` dienen zum Erfragen der aktuell gesetzten Farbe und Breite. Die erste Methode wird im Konstruktor der Klasse `MalFenster` zum Anlegen eines Breitemenüs (mit allen verfügbaren Pinseldicken und der aktuell gesetzten Farbe) in der Menüleiste benötigt:

```
breitemenu = new QPopupMenu; //... erzeugt ein Breite-Menü
for (int i=1; i<=20; i++) {
   QPixmap pixmap( 40, i);
   pixmap.fill( malflaeche->getFarbe() );
   breitemenusub_id[i] = breitemenu->insertItem( pixmap, i );
}
QObject::connect( breitemenu, SIGNAL( activated( int ) ),
                  malflaeche, SLOT( sendeBreiteGeaendertSignal( int ) ) );
```

Daneben werden diese beiden Methoden im `MalFenster`-Konstruktor noch zum Eintragen der aktuell gesetzten Pinseldicke und Farbe in der Menüleiste benötigt:

```
QPixmap pixmap( 40, malflaeche->getBreite() );
pixmap.fill( malflaeche->getFarbe() );
breitemenu_id = menubalken->insertItem( pixmap, breitemenu );
```

Neues Signal in der Klasse MalFlaeche für die Farb- und Breitenänderung

In der Klasse `MalFlaeche` wird ein eigenes Signal definiert, das geschickt wird, wenn die aktuelle Farbe oder Breite sich ändert:

```
signals:
   void stiftGeaendert( QColor, int );
```

Neue Slotroutinen in der Klasse MalFlaeche

```
void setzeFarbeBreite( QColor neue_farbe, int neue_breite ) {
   farbe  = neue_farbe;
   breite = neue_breite;
}
void sendeFarbeGeaendertSignal( int menupunkt ) {
   switch ( menupunkt ) {
      case WEISS:   emit stiftGeaendert( white, breite );  break;
      ..........
      case GELB:    emit stiftGeaendert( yellow, breite ); break;
   }
}
void sendeBreiteGeaendertSignal( int breite ) {
   emit stiftGeaendert( farbe, breite );
}
void sendeBreiteTasteGeaendertSignal( int delta ) {
   if (breite+delta >= 1 && breite+delta <= 20)
      emit stiftGeaendert( farbe, breite+delta );
}
```

Die Slotroutine `setzeFarbeBreite()` wird sowohl in Klasse `MalFlaeche` als auch in Klasse `MalFenster` mit dem Signal `stiftGeaendert()` verbunden:

```
QObject::connect( this, SIGNAL( stiftGeaendert( QColor, int ) ),  // MalFlaeche
                  this, SLOT( setzeFarbeBreite( QColor, int ) ) );
QObject::connect( malflaeche, SIGNAL(stiftGeaendert(QColor, int)), // MalFenster
                  malflaeche, SLOT( setzeFarbeBreite(QColor, int)));
```

Die Slotroutine `sendeFarbeGeaendertSignal()` wird im Konstruktor der Klasse `MalFlaeche` mit dem Signal `activated()` des jeweiligen Kontext-Popupmenüs verbunden, das bei einem Klick auf die rechte Maustaste eingeblendet wird:

```
QObject::connect( popupmenu, SIGNAL( activated( int ) ),
                  this,      SLOT( sendeFarbeGeaendertSignal( int ) ) );
```

Daneben wird die Slotroutine `sendeFarbeGeaendertSignal()` noch im Konstruktor der Klasse `MalFenster` mit dem Signal `activated()` des Farbmenüs aus der Menüleiste und dem Signal `farbeTasteGedrueckt()` verbunden, das geschickt wird, wenn der Benutzer eine neue Farbe über das Kontextmenü bzw. über die Eingabe einer entsprechenden Taste auswählt:

```
QObject::connect( farbemenu,  SIGNAL( activated( int ) ),
                  malflaeche, SLOT( sendeFarbeGeaendertSignal( int ) ) );
QObject::connect( this,       SIGNAL( farbeTasteGedrueckt( int ) ),
                  malflaeche, SLOT( sendeFarbeGeaendertSignal( int ) ) );
```

31.6 Eine letzte Version mit Speichern und Laden von Bildern

In der letzten Version des Malprogramms (`malprog6.cpp`) soll noch das Abspeichern eines gemalten Bilds in einer Datei sowie das Laden eines gespeicherten Bilds realisiert werden. Dazu wird dem Benutzer ein `QFileDialog`-Objekt (siehe Abbildung 31.7) eingeblendet. In Programm 31.4 sind die neu hinzugekommenen bzw. geänderten Konstrukte fett hervorgehoben.

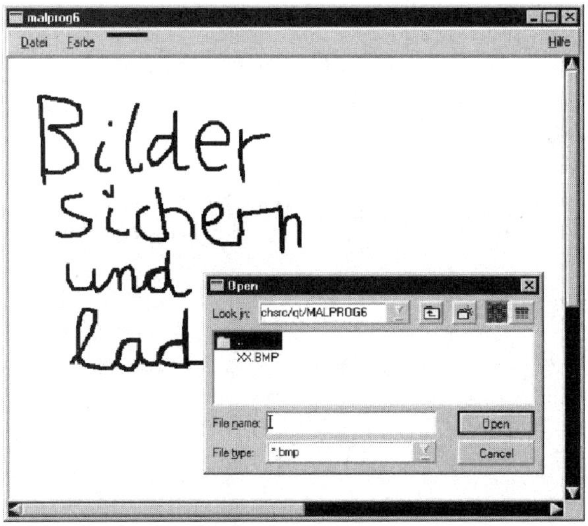

Abbildung 31.7: Letzte Version mit Speichern und Laden von Bilddateien

Programm 31.4 – `malprog6.cpp`: Letzte Version des Malprogramms mit Speichern/Laden von Bilddateien

```
....
#include <qfiledialog.h>
enum { WEISS, SCHWARZ, ROT, BLAU, GRUEN, GELB };
class MalFenster;
//---------------------------------------- class MalFlaeche -------------
class MalFlaeche : public QWidget {
   Q_OBJECT  // notwendig, da MalFlaeche Slots enthält
public:
   MalFlaeche( MalFenster *);
   ~MalFlaeche() { delete popupmenu; } // löscht Popup-Menü
   QColor getFarbe()  { return farbe;  }
   int    getBreite() { return breite; }
   bool   istGesichert() { return gesichert; }
public slots:
   void setzeFarbeBreite(QColor neue_farbe, int neue_breite) { //.. siehe Prog. 31.3
   void sendeFarbeGeaendertSignal( int menupunkt )   { //... siehe Programm 31.3
   void sendeBreiteGeaendertSignal( int breite )     { //... siehe Programm 31.3
   void sendeBreiteTasteGeaendertSignal( int delta ) { //... siehe Programm 31.3
   void LoadSlot( const char* dateiname ) {
      if ( !puffer.load( dateiname ) )
         QMessageBox::warning( 0, "Load error", "Kann Datei nicht laden" );
      repaint();
   }
   void SaveSlot( const char* dateiname ) {
      if ( !puffer.save( dateiname, "BMP" ) )
         QMessageBox::warning( 0, "Save error", "Kann Datei nicht speichern" );
      else
         gesichert = true;
   }
protected:
   virtual void mousePressEvent( QMouseEvent* event)  { //... siehe Programm 31.3
   virtual void mouseMoveEvent( QMouseEvent* );
   virtual void paintEvent( QPaintEvent* )            { //... siehe Programm 31.3
   virtual void mouseDoubleClickEvent( QMouseEvent* ) { LoescheFlaecheSlot(); }
   virtual void resizeEvent( QResizeEvent* event )    { //... siehe Programm 31.3
private slots:
   void LoescheFlaecheSlot() { //... siehe Programm 31.3
signals:
   void stiftGeaendert( QColor, int );
private:
   QPoint      letztepos;
   QColor      farbe;
   int         breite;
   bool        gesichert;
   QPixmap     puffer;
   QPopupMenu* popupmenu;
};
```

```
//--------------------------------------- class MalFenster -------------
class MalFenster : public QWidget {
   Q_OBJECT  // notwendig, da MalFenster Slots enthält
public:
   MalFenster();
   ~MalFenster() { }
public slots:
   void AendereMenu( QColor farbe, int breite )   { //... siehe Programm 31.3
   virtual void keyPressEvent( QKeyEvent* event ) { //... siehe Programm 31.3
private slots:
   void AboutSlot()    { //... siehe Programm 31.3
   void AboutQtSlot() { QMessageBox::aboutQt( this, "About Qt" ); }
   void LoadSlot() {
      if ( !malflaeche->istGesichert() )
         if (!QMessageBox::information( this, "Speichern?",
                    "Bild ist noch nicht gespeichert", "Sichern", "Nicht sichern" ) )
            SaveSlot();
      QString dateiname = QFileDialog::getOpenFileName( ".", "*.bmp", this );
      if ( !dateiname.isEmpty() )
         emit load( dateiname );
   }
   void SaveSlot() {
      QString dateiname = QFileDialog::getSaveFileName( ".", "*.bmp", this );
      if ( !dateiname.isEmpty() )
         emit save( dateiname );
   }
   void QuitSlot() {
      if ( !malflaeche->istGesichert() )
         if (!QMessageBox::information( this, "Speichern?",
                    "Bild ist noch nicht gespeichert", "Sichern", "Nicht sichern" ) )
            SaveSlot();
      qApp->quit();
   }
signals:
   void farbeTasteGedrueckt( int );
   void breiteTasteGedrueckt( int );
   void load( const char* );
   void save( const char* );

protected:
   virtual void resizeEvent( QResizeEvent* ) { //... siehe Programm 31.3
private:
   QMenuBar*    menubalken;
   QpopupMenu  *dateimenu, *farbemenu, *breitemenu, *hilfemenu;
   int          breitemenu_id, breitemenusub_id[30];
   QScrollView* scrollview;
   MalFlaeche*  malflaeche;
};
#include "malprog6.moc"
```

```
//------------------------------ Konstruktor für MalFlaeche -------------
MalFlaeche::MalFlaeche(MalFenster *m) {
   farbe = black;    // voreingestellte Farbe ist schwarz
   breite = 4;       // voreingestellte Pinselbreite ist 4
   gesichert = true; // zu Beginn noch keine Änderungen
   setBackgroundMode( NoBackground );
   popupmenu = new QPopupMenu; // erzeugt ein Popup-Menü
   //... Rest (siehe Programm 31.3)
}
//--------------------------- mouseMoveEvent für MalFlaeche -------------
void MalFlaeche::mouseMoveEvent( QMouseEvent* event ) {
   //... siehe Programm 31.3
   gesichert = false;
}
//------------------------------ Konstruktor für MalFenster -------------
MalFenster::MalFenster() {
   malflaeche = new MalFlaeche(this);
    malflaeche->setGeometry( 0, 0, 1000, 1000 );
   dateimenu = new QPopupMenu; //... erzeugt ein Datei-Menü
   dateimenu->insertItem( "&Laden",   this, SLOT( LoadSlot() ) );
   dateimenu->insertItem( "&Sichern", this, SLOT( SaveSlot() ) );
   dateimenu->insertSeparator();
   dateimenu->insertItem( "&Beenden", this, SLOT( QuitSlot() ) );
   farbemenu = new QPopupMenu; //... erzeugt ein Farbe-Menü
     //... siehe Programm 31.3
   QObject::connect( malflaeche, SIGNAL( stiftGeaendert( QColor, int ) ),
                     malflaeche, SLOT( setzeFarbeBreite( QColor, int ) ) );
   QObject::connect( malflaeche, SIGNAL( stiftGeaendert( QColor, int ) ),
                     this,       SLOT( AendereMenu( QColor, int ) ) );
   QObject::connect( this,       SIGNAL( farbeTasteGedrueckt( int ) ),
                     malflaeche, SLOT( sendeFarbeGeaendertSignal( int ) ) );
   QObject::connect( this,       SIGNAL( breiteTasteGedrueckt( int ) ),
                     malflaeche, SLOT( sendeBreiteTasteGeaendertSignal( int )));
   QObject::connect( this,       SIGNAL( save( const char* ) ),
                     malflaeche, SLOT( SaveSlot( const char* ) ) );
   QObject::connect( this,       SIGNAL( load( const char* ) ),
                     malflaeche, SLOT( LoadSlot( const char* ) ) );
}
int main( int argc, char* argv[] ) { /* siehe Programm 31.1 (malprog1.cpp) */ }
```

Die neuen Konstrukte in Programm 31.4 werden nachfolgend erläutert:

Zusätzliche Headerdatei, private-Variable und public-Methode

Zunächst musste `<qfiledialog.h>` inkludiert werden. Desweiteren wurde eine `private`-Variable `gesichert` in der Klasse `MalFlaeche` hinzugefügt, die anzeigt, ob ein Bild bereits gespeichert wurde oder nicht. Sobald an einem Bild Veränderungen vorgenommen werden, wird diese Variable auf `false` gesetzt. Um von der Klasse `MalFenster` aus den aktuellen Wert dieser Variablen zu erfragen, wurde eine Methode `istGesichert()` zur Klasse `MalFlaeche` hinzugefügt.

Neue Slotroutinen in MalFlaeche zum Laden bzw. Speichern des Bilds

Neu hinzugekommen zur Klasse `MalFlaeche` sind auch folgende Slotroutinen:

```
void LoadSlot( const char* dateiname ) {
   if ( !puffer.load( dateiname ) )
      QMessageBox::warning( 0, "Load error", "Kann Datei nicht laden" );
   repaint();
}
void SaveSlot( const char* dateiname ) {
   if ( !puffer.save( dateiname, "BMP" ) )
      QMessageBox::warning( 0, "Save error", "Kann Datei nicht speichern" );
   else
      gesichert = true;
}
```

Diese beiden Methoden sind für das Laden bzw. Speichern eines Bilds zuständig. Dazu rufen sie die von der Klasse `QPixmap` angebotenen Methoden `load()` und `save()` auf. Sollte die entsprechende Operation nicht erfolgreich sein, was an dem Rückgabewert `false` erkennbar ist, wird eine Warnung ausgegeben. Ist beim Laden kein Bildformat angegeben, versucht Qt automatisch zu erkennen, um welches Bildformat es sich bei der entsprechenden Datei handelt. Beim Speichern geben wir das sowohl unter Windows- wie auch Unix-Systemen verfügbare Bildformat BMP an. Diese beiden Slotroutinen werden aufgerufen, wenn das Signal `load()` bzw. das Signal `save()` geschickt wird, was durch die beiden folgenden Anweisungen im `MalFenster`-Konstruktor festgelegt wird:

```
QObject::connect( this,        SIGNAL( save( const char* ) ),
                  malflaeche, SLOT( SaveSlot( const char* ) ) );
QObject::connect( this,        SIGNAL( load( const char* ) ),
                  malflaeche, SLOT( LoadSlot( const char* ) ) );
```

Neue Slotroutinen in Klasse MalFenster zur Auswahl eines Dateinamens

Um Benutzern den Dateinamen eines zu speichernden bzw. zu ladenden Bildes auswählen zu lassen, wurden folgende Slotroutinen zu `MalFenster` hinzugefügt:

```
void LoadSlot() {
   if ( !malflaeche->istGesichert() )
      if (!QMessageBox::information( this, "Speichern?",
              "Bild ist noch nicht gespeichert", "Sichern", "Nicht sichern" ) )
         SaveSlot();
   QString dateiname = QFileDialog::getOpenFileName( ".", "*.bmp", this );
   if ( !dateiname.isEmpty() )
      emit load( dateiname );
}
void SaveSlot() {
   QString dateiname = QFileDialog::getSaveFileName( ".", "*.bmp", this );
   if ( !dateiname.isEmpty() )
      emit save( dateiname );
}
```

In der Slotroutine `SaveSlot()` wird mit der von der Klasse `QFileDialog` angebotenen Methode `getSaveFileName()` ein `QFileDialog`-Widget eingeblendet, das dem Benutzer die Auswahl bzw. die Eingabe eines Dateinamens ermöglicht (ähnlich zu Abbildung 31.7). Ist der vom Benutzer ausgewählte und von dieser Methode zurückgelieferte Dateiname nicht leer, wird das Signal `save(dateiname)` geschickt, was zum Aufruf der zuvor vorgestellten Methode `SaveSlot(dateiname)` in der Klasse `MalFlaeche` führt.
In der Slotroutine `LoadSlot()` wird zunächst überprüft, ob das gerade angezeigte Bild seit der letzten Sicherung verändert wurde. Wenn dies der Fall ist, wird der Benutzer zunächst gefragt, ob er das aktuelle Bild vor dem Laden eines neuen Bilds sichern möchte. Wenn ja, wird zunächst die Slotroutine `SaveSlot()` aufgerufen. Danach wird in jedem Fall mit der von der Klasse `QFileDialog` angebotenen Methode `getOpenFileName()` ein `QFileDialog`-Widget eingeblendet, das dem Benutzer die Auswahl bzw. die Eingabe einer zu ladenden Datei ermöglicht (siehe auch Abbildung 31.7). Ist der vom Benutzer ausgewählte Dateiname und der von dieser Methode zurückgelieferte Dateiname nicht leer, wird das Signal `load(dateiname)` geschickt, was zum Aufruf der zuvor vorgestellten Methode `LoadSlot(dateiname)` in der Klasse `MalFlaeche` führt.

Neue Slotroutine QuitSlot() in Klasse MalFenster

Eine weitere in der Klasse `MalFenster` hinzugefügte Slotroutine ist die folgende, die aufgerufen wird, wenn der Benutzer das Programm über den Menüeintrag *Datei → Beenden* beenden möchte:

```
void QuitSlot() {
   if ( !malflaeche->istGesichert() )
      if (!QMessageBox::information( this, "Speichern?",
              "Bild ist noch nicht gespeichert", "Sichern", "Nicht sichern" ) )
         SaveSlot();
   qApp->quit();
}
```

In dieser Slotroutine wird zunächst überprüft, ob das gerade angezeigte Bild seit der letzten Sicherung verändert wurde. Ist dies der Fall, wird der Benutzer zunächst gefragt, ob er das aktuelle Bild vor dem Beenden des Programms sichern möchte. Wenn ja, wird zunächst die Slotroutine `SaveSlot()` aufgerufen. Danach wird in jedem Fall mit Aufruf der Methode `quit()` das Programm beendet.

Erweiterung des Datei-Menüs

Als Letztes muss das *Datei*-Menü im `MalFenster`-Konstruktor erweitert werden:

```
dateimenu->insertItem( "&Laden",   this, SLOT( LoadSlot() ) );
dateimenu->insertItem( "&Sichern", this, SLOT( SaveSlot() ) );
dateimenu->insertSeparator();
dateimenu->insertItem( "&Beenden", this, SLOT( QuitSlot() ) );
```

31.7 Grafisches Solitär-Spiel

In diesem Kapitel wird das Solitär-Spiel aus Kapitel 26.9 auf Seite 616 grafisch realisiert, wobei für uns hier der *Model-View-Control*-Entwurf sehr von Vorteil ist, da wir die Regeln vollständig übernehmen können und nur den grafischen Teil neu realisieren müssen.
Unverändert aus Kapitel 26.9 auf Seite 616 können wir die folgenden Programme übernehmen:

- Programm 31.12 (`karte.h`) von Seite 617.
- Programm 31.13 (`kartenstapel.h`) von Seite 618.
- Programm 31.14 (`model.h`) von Seite 619.
- Programm 31.15 (`model.cpp`) von Seite 619.

Änderungen sind nur in den folgenden Programmen erforderlich:

- Programm 31.11 (`kartbild.h`) von Seite 617.
- Programm 31.18 (`mainsolitaer.cpp`) von Seite 624.
- Programm 31.16 (`cntrlview.h`) von Seite 622.
- Programm 31.17 (`cntrlview.cpp`) von Seite 622.

Neue Headerdatei für die unterschiedlichen Kartenbilder

headerdatei 31.5 zeigt die grafische Variante zu `kartbild.h` von Seite 617.

Programm 31.5 – `kartbild2.h`:
Headerdatei für die unterschiedlichen grafischen Kartenbilder

```
#include <qpixmap.h>
enum werteArt  { as, konig, dame,  bube, zehn, neun, acht, sieb,
                 sechs, fuenf, vier, drei, zwei, empty };
enum farbeArt  { kreuz, pik, herz, karo, nichts };
class CBild {
  public:
     CBild(int wert, int farbe) {
        QString dateiName;
        if (wert >= 0 && wert < 13 && farbe >= 0 && farbe < 4)
           dateiName.sprintf("%d.bmp", wert*4 + farbe + 1);
        else if (wert == 13 && farbe == 0)
           dateiName = "leer.bmp";
        else
           dateiName = "back.bmp";
        m_bild.load( dateiName );
        m_bild.resize( m_bild.width(), m_bild.height() );
     }
     QPixmap& get() { return m_bild; }
  private:
     QPixmap m_bild;
};
```

Grafische Realisierung von Controller und View

Headerdatei 31.6 zeigt die grafische Variante zu `cntrlview.h` von Seite 622.

Programm 31.6 – `cntrlview2.h`:
Headerdatei für grafischen Controller und View mit Mausunterstützung

```
#include "model.h"
#include <qwidget.h>
#include <qlabel.h>
#define MAX_ANZAHL  20
class CController;
class CtrlStapel : public QLabel {
  public:
     CtrlStapel(CModel *m, CController *c, QWidget *parent)
          : QLabel(parent), model(m), control(c) { }
  protected:
     CModel      *model;
     CController *control;
     bool        movable;
     QPoint      oldPos;
     void add(QPixmap& b, bool bewegbar) { movable = bewegbar; setPixmap(b);
                                            adjustSize();       show();         }
};
class CDeckStapel : public CtrlStapel {
  public:
     CDeckStapel(CModel *m, CController *c, QWidget *parent)
          : CtrlStapel(m, c, parent) { }
     void add(QPixmap& b, bool bewegbar) {
        CtrlStapel::add(b, bewegbar); setGeometry(20, 20, width(), height());
     }
  private:
     virtual void mousePressEvent(QMouseEvent *);
};
class CZiehStapel : public CtrlStapel {
  public:
     CZiehStapel(CModel *m, CController *c, QWidget *parent)
          : CtrlStapel(m, c, parent) { }
     void add(QPixmap& b, bool bewegbar) {
        CtrlStapel::add(b, bewegbar); setGeometry(90, 20, width(), height());
     }
  private:
     virtual void mousePressEvent(QMouseEvent *);
     virtual void mouseMoveEvent(QMouseEvent *);
     virtual void mouseReleaseEvent(QMouseEvent *);
};
class CAblageStapel : public CtrlStapel {
  public:
     CAblageStapel(int n, CModel *m, CController *c, QWidget *parent)
          : CtrlStapel(m, c, parent), nr(n) { }
     void add(QPixmap& b, bool bewegbar) {
        CtrlStapel::add(b, bewegbar); setGeometry(300+nr*100,20, width(),height());
```

```
    }
  private:
    int nr;
    virtual void mousePressEvent(QMouseEvent *);
    virtual void mouseMoveEvent(QMouseEvent *);
    virtual void mouseReleaseEvent(QMouseEvent *);
};
class CLegeStapel : public CtrlStapel {
  public:
    CLegeStapel(int n, int p, CModel *m, CController *c, QWidget *parent)
          : CtrlStapel(m, c, parent), nr(n), pos(p) { }
    void add(QPixmap& b, bool bewegbar) {
       CtrlStapel::add(b, bewegbar);
       setGeometry((nr+1)*100, 150+((pos==0) ? 30 : pos*30), width(),height());
    }
  private:
    int      nr, pos, z;
    QWidget *w[MAX_ANZAHL];
    virtual void mousePressEvent(QMouseEvent *);
    virtual void mouseMoveEvent(QMouseEvent *);
    virtual void mouseReleaseEvent(QMouseEvent *);
};
class CController : public QWidget {
   Q_OBJECT
  public:
    CController();
    void zeigeDeckStapel();
    void zeigeZiehStapel();
    void zeigeAblageStapel(int nr);
    void zeigeLegeStapel(int nr);
    void zeigeKarten();
  protected:
    CModel        *model;
    CBild         *rueckSeite, *leerFeld;
    CDeckStapel   *deckStapel;
    CZiehStapel   *ziehStapel[2];
    CAblageStapel *ablageStapel[4][2];
    CLegeStapel   *legeStapel[7][MAX_ANZAHL];
  public slots:
    void neuesSpiel(void);
};
```

Programm 31.7 zeigt die grafische Variante zu `cntrlview.cpp` von Seite 622.

Programm 31.7 – `cntrlview2.cpp`: Implementierung für grafischen Controller und View mit Mausunterstützung

```
#include "cntrlview2.h"
#include <qapplication.h>
#include <qpushbutton.h>
```

```
CController::CController() : QWidget(0), model(new CModel) {
   int  i, j;
   leerFeld    = new CBild(13, 0);
   rueckSeite = new CBild(13, 1);

   QPushButton *neuSpiel = new QPushButton("Neues Spiel", this);
   QPushButton *quit     = new QPushButton("Quit", this);

   setGeometry(20, 20, 800, 700);
   neuSpiel->setGeometry(20, 600, 100, 30);
   quit->setGeometry(20, 650, 100, 30);
   QObject::connect( neuSpiel, SIGNAL( clicked() ), this, SLOT( neuesSpiel() ) );
   QObject::connect( quit, SIGNAL( clicked() ), qApp, SLOT( quit() ) );
   deckStapel = new CDeckStapel(model, this, this);
   for (i=0; i < 2; i++)
      ziehStapel[i] = new CZiehStapel(model, this, this);
   for (i=0; i < 4; i++)
      for (j=0; j < 2; j++)
         ablageStapel[i][j] = new CAblageStapel(i, model, this, this);
   for (i=0; i < 7; i++)
      for (j=0; j < 20; j++)
         legeStapel[i][j] = new CLegeStapel(i, j, model, this, this);
}
void CController::neuesSpiel(void) {
   int  i, j;
   model->neuesSpiel();
   for (i=0; i < 4; i++)
      for (j=0; j < 2; j++)
         ablageStapel[i][j]->hide();
   for (i=0; i < 7; i++)
      for (j=MAX_ANZAHL-1; j >= 0; j--) {
         legeStapel[i][j]->hide(); legeStapel[i][j]->lower();
      }
   zeigeKarten();
}
void CDeckStapel::mousePressEvent(QMouseEvent *) {
   model->naechsteZiehen();
   control->zeigeDeckStapel();  control->zeigeZiehStapel();
}
void CZiehStapel::mousePressEvent(QMouseEvent *) { if (movable) raise(); }
void CZiehStapel::mouseMoveEvent(QMouseEvent *e) {
   if (movable) move( mapToParent(e->pos()) );
}
void CZiehStapel::mouseReleaseEvent(QMouseEvent *e) {
   if (movable) {
      QPoint position = mapToParent(e->pos());
      int x = (position.x() - 250)/100;
      if (x >= 0 && x < 4 && position.y() <= 150) {
         model->ziehenAblegen(x);
         if (model->fertig()) control->neuesSpiel();
```

```
            control->zeigeAblageStapel(x);
        } else {
            x = (position.x() - 50)/100;
            if (x >= 0 && x < 7 && position.y() > 150) {
                model->ziehenLegen(x);
                if (model->fertig()) control->neuesSpiel();
                control->zeigeLegeStapel(x);
            }
        }
        control->zeigeZiehStapel();
    }
}
void CLegeStapel::mousePressEvent(QMouseEvent *e) {
    if (movable) {
        int  i, kartZahl = model->getLegeStapel(nr).getKartenZahl();
        z = 0;  w[0] = this;  QPoint koord = mapToParent(e->pos());
        for (i = pos+1; i <= kartZahl; i++)
            w[++z] = parentWidget()->childAt(koord=QPoint(koord.x(), koord.y()+30));
        for (i = 0; i <= z; i++)
            w[i]->raise();
        oldPos = mapToParent(e->pos());
    }
}
void CLegeStapel::mouseMoveEvent(QMouseEvent *e) {
    if (movable) {
        QPoint koord = mapToParent(e->pos());
        w[0]->move(koord);
        for (int i = 1; i <= z; i++)
            w[i]->move(koord = QPoint(koord.x(), koord.y()+30));
    }
}
void CLegeStapel::mouseReleaseEvent(QMouseEvent *e) {
    if (movable) {
        QPoint position = mapToParent(e->pos());
        move( mapToParent(oldPos) );
        int x = (position.x() - 50)/100;
        if (x >= 0 && x < 7 && position.y() > 150)  {
            int kartZahl = model->getLegeStapel(nr).getKartenZahl();
            model->umlegen(nr, x, kartZahl - pos + 1);
            if (model->fertig()) control->neuesSpiel();
            control->zeigeLegeStapel(x);
        } else {
            x = (position.x() - 250)/100;
            if (x >= 0 && x < 4 && position.y() <= 150) {
                model->ablegen(nr, x);
                if (model->fertig()) control->neuesSpiel();
                control->zeigeAblageStapel(x);
            }
        }
        control->zeigeLegeStapel(nr);
```

```
    }
}
void CAblageStapel::mousePressEvent(QMouseEvent *e) {
    if (movable) {
        raise();
        oldPos = mapToParent(e->pos()) + QPoint(geometry().topLeft());
    }
}
void CAblageStapel::mouseMoveEvent(QMouseEvent *e) {
    if (movable) move( mapToParent(e->pos()) );
}
void CAblageStapel::mouseReleaseEvent(QMouseEvent *e) {
    if (movable) {
        QPoint position = mapToParent(e->pos());
        move( mapToParent(oldPos) );
        int x = (position.x() - 50)/100;
        if (x >= 0 && x < 7 && position.y() > 150) {
            model->zurueckLegen(nr, x);
            if (model->fertig()) control->neuesSpiel();
            control->zeigeLegeStapel(x);
        }
        control->zeigeAblageStapel(nr);
    }
}
void CController::zeigeDeckStapel() {
    if (!model->getZiehStapel(0).leer())
        deckStapel->add(rueckSeite->get(), false);
    else
        deckStapel->add(leerFeld->get(), false);
}
void CController::zeigeZiehStapel() {
    int kartZahl = model->getZiehStapel(1).getKartenZahl();
    if (kartZahl >= 1)
        ziehStapel[0]->add(
            model->getZiehStapel(1).getKarte(kartZahl-1).bild()->get(), false);
    ziehStapel[1]->add(
        model->getZiehStapel(1).getOberste().bild()->get(), true);
}
void CController::zeigeAblageStapel(int nr) {
    int kartZahl = model->getAblageStapel(nr).getKartenZahl();
    if (kartZahl >= 1)
        ablageStapel[nr][0]->add(
            model->getAblageStapel(nr).getKarte(kartZahl-1).bild()->get(), false);
    ablageStapel[nr][1]->add(
        model->getAblageStapel(nr).getOberste().bild()->get(), kartZahl >= 1);
}
void CController::zeigeLegeStapel(int nr) {
    int i, kartZahl = model->getLegeStapel(nr).getKartenZahl();
    if (model->getLegeStapel(nr).leer())
        legeStapel[nr][0]->add(leerFeld->get(), false);
```

```
    else
        for (i=1; i <= kartZahl; i++) {
            if (model->getLegeStapel(nr).istSichtbar(i)) {
                legeStapel[nr][i]->add(
                    model->getLegeStapel(nr).getKarte(i).bild()->get(), true);
                legeStapel[nr][i]->raise();
            } else
                legeStapel[nr][i]->add(rueckSeite->get(), false);
        }
    for (i=kartZahl+1; i < 20; i++)
        legeStapel[nr][i]->hide();
}
void CController::zeigeKarten() {
    int i;
    zeigeDeckStapel();
    zeigeZiehStapel();
    for (i=0; i < 4; i++) zeigeAblageStapel(i);
    for (i=0; i < 7; i++) zeigeLegeStapel(i);
}
```

main-Funktion zum Solitär-Spiel

Programm 31.8 zeigt die grafische Variante zu `mainsolitaer.cpp` von Seite 624.

Programm 31.8 – `mainsolitaer2.cpp`:
main-Funktion zum grafischen Solitär-Spiel

```
#include "cntrlview2.h"
#include <qapplication.h>

int main(int argc, char *argv[]) {
    QApplication a( argc, argv );
    CController *myController = new CController;
    a.setMainWidget( myController );
    myController->show();
    return a.exec();
}
```

Kompilieren, Linken und Testen des Solitär-Spiels

Nun müssen wir die einzelnen Programmdateien zum Solitär-Spiel noch kompilieren und linken. Dazu erstellen wir uns die folgende Projektdatei `solitaer.pro`:

```
CONFIG  += qt warn_on release
HEADERS = kartbild2.h     \
          karte.h         \
          kartenstapel.h \
          model.h         \
          cntrlview2.h
SOURCES = model.cpp           \
          cntrlview2.cpp      \
          mainsolitaer2.cpp
TARGET  = solitaer
```

und rufen anschließend **qmake solitaer.pro** auf. Nun ist nur noch `make` aufzurufen:

```
> make ⏎
.......
> ./solitaer ⏎      [Nun können wir unser Solitär-Spiel aufrufen]
```

Die Abbildungen 31.8 und 31.9 zeigen zwei Screenshots zum grafischen Solitär-Spiel.

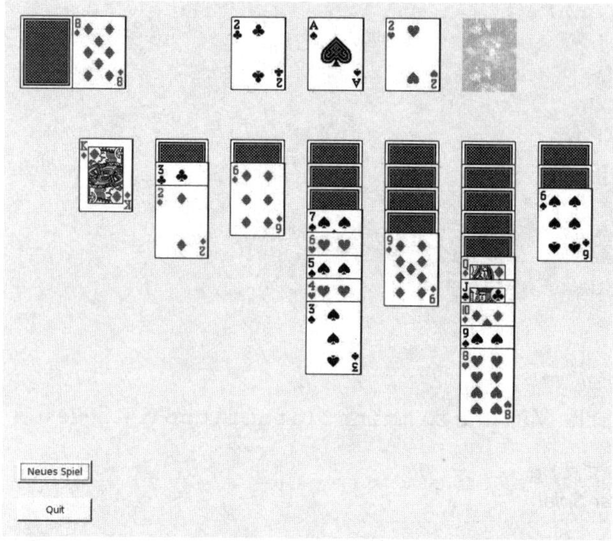

Abbildung 31.8: Solitär-Spiel ziemlich am Anfang

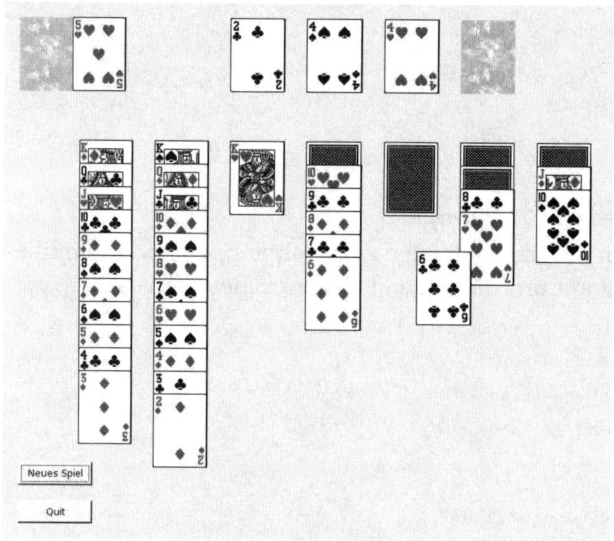

Abbildung 31.9: Solitär-Spiel etwas später

Kapitel 32

Ein Überblick zu den Qt-Widgets

32.1 Die wesentlichen Qt-Widgets

Dieses Kapitel gibt einen Überblick über wichtige von Qt angebotene Widgets. Für weitere nicht so oft benötigte Widgets sei hier auf die Qt-Online-Dokumentation verwiesen, auf die früher oder später jeder Qt-Programmierer zurückgreifen muss.

Buttons

`QPushButton`	Pushbutton mit einem Text oder einer Pixmap als Label
`QRadioButton`	Radiobutton mit Text oder Pixmap als Label. Radiobuttons erlauben dem Benutzer, aus mehreren Alternativen eine auszuwählen.
`QCheckBox`	Checkbox mit einem Text oder einer Pixmap als Label. Checkboxen erlauben dem Benutzer, aus mehreren Alternativen keine, eine oder auch mehrere auszuwählen.
`QButtonGroup`	Mehrere zu einer Gruppe zusammengefasste Buttons.

Auswahl-Widgets

`QListBox`	Liste von Alternativen, die durchblättert werden kann.
`QComboBox`	Kombination aus einem Button und einer Listbox.

Schiebebalken-, Drehknopf- und Spinbox-Widgets

`QSlider`	Horizontaler oder vertikaler Schiebebalken.
`QDial`	Drehknopf zum Einstellen eines Wertes.
`QSpinBox`	Texteingabefeld mit zwei Pfeil-Buttons zum Erhöhen bzw. Erniedrigen der Zahl im Texteingabefeld; direkte Eingabe der gewünschten Zahl im Texteingabefeld ist dabei auch möglich.
`QDateEdit`	Spinbox zur Eingabe eines Datums.
`QTimeEdit`	Spinbox zur Eingabe einer Zeit.
`QDateTimeEdit`	Spinbox zur Eingabe eines Datums und einer Zeit.

Texteingabe

`QLineEdit`	Einzeiliges Texteingabefeld.
`QTextEdit`	Editor mit RichText-Unterstützung.

Widgets zum Anzeigen von Informationen

`QLabel`	Anzeige von Text, Pixmaps, Vektorgrafiken oder Animationen.
`QTextBrowser`	Komfortable Anzeige von Text im RichText-Format mit Hypertext-Navigation und automatischen Laufbalken bei größeren Texten.
`QLCDNumber`	Anzeige für Zahlen oder Texte in 7-Segment-LCD-Darstellung.
`QIconView`	Widget mit verschiebbaren Icons.

Menüs

`QMenuData`	Basisklasse für `QMenuBar` und `QPopupMenu`. Diese Klasse enthält Methoden zum Einfügen von Menüpunkten.
`QMenuBar`	Horizontale Menüleiste zum Einfügen von Menüeinträgen.
`QPopupMenu`	Popupmenüs, die bei rechtem Mausklick bzw. bei Klick auf einen Menüpunkt in der Menüleiste eingeblendet werden.

Hauptfenster mit Menüleiste, Werkzeugleisten, Statuszeile und Hilfstexten

`QMainWindow`	Typisches Hauptfenster für eine Applikation mit einer Menüleiste, einer oder mehreren Werkzeugleisten und einer Statuszeile.
`QToolBar`	Verschiebbare Werkzeugleiste, in der `QToolButton`-Objekte in Form von Pixmaps oder als Text eingefügt werden können.
`QToolButton`	Pushbuttons für eine Werkzeugleiste (der Klasse `QToolBar`).
`QToolTip`	Einblenden einer kurzen Information zu einem Widget, wie z. B. zu einem Pushbutton in einer Werkzeugleiste.
`QToolTipGroup`	Einblenden einer kurzen Information zu einem Widget mit gleichzeitiger Anzeige einer längeren Hilfsinformation in der Statuszeile.
`QWhatsThis`	Einblenden umfangreicherer Information zu einem Widget, wie z. B. zu einem Menüpunkt oder zu einem Werkzeugleisten-Button.
`QStatusBar`	Horizontale Statuszeile zur Anzeige von Statusmeldungen.

Füllbalken

`QProgressBar`	Horizontaler Füllbalken (zur Fortschrittsanzeige).
`QProgressDialog`	Dialogfenster mit Text, Füllbalken und *Cancel*-Button.

Listenansichten

`QListView`	Widget zum Anzeigen von Informationen in Baumform.
`QListViewItem`	Einträge in einem `QListView`-Widget.

Fenster mit Laufbalken (Scrollviews)

`QScrollView`	Widget mit einer Fensterfläche, zu der zwei Laufbalken hinzugefügt sind, die automatisch verwaltet werden.
`QScrollBar`	Vertikale oder horizontale Laufbalken als eigene Widgets.

Tabellen

`QGridView`	Anzeige von Information in Tabellenform.
`QTable`	Komfortable Tabellen im Spreadsheet-Stil.

32.2 Allgemeine Widget-Methoden

Alle zuvor vorgestellten Widgets sind von der Klasse `QWidget` abgeleitet und bieten somit auch die Methoden, Slots und Signale dieser Klasse an. Einige wichtige solcher allgemeinen Methoden sind:

`setEnabled(bool enable)`
: legt fest, ob Widget Benutzerinteraktionen zulässt.

`setFont(QFont& font)`
: legt den Zeichensatz für Textausgaben fest. Die Klasse `QFont` bietet die folgenden Konstruktoren an:

```
QFont(QString& family, int size=12,
          int weight=Normal, bool italic=false)
QFont(QFont&)
```

`setPalette(QPalette & p)`
: legt die im Widget zu verwendende Farbpalette fest.

`setGeometry(int x, int y, int w, int h)`
`setGeometry(QRect& r)`
: legen Position des Widgets im Elternwidget bzw. auf dem Bildschirm fest. Die Klasse `QRect` bietet folgende Konstruktoren an:

```
QRect(QPoint& topleft, QPoint& bottomright)
QRect(QPoint& topleft, QSize& size)
QRect(int left, int top, int width, int height)
```

Die Klasse `QPoint` bietet folgenden Konstruktor an:

```
QPoint(int xpos, int ypos)
```

und die Klasse `QSize` bietet folgenden Konstruktor an:

```
QSize(int w, int h)
```

`setMinimumSize(int w, int h)`
`setMaximumSize(int w, int h)`
`setMinimumSize(QSize& s)`
`setMaximumSize(QSize& s)`
`setMinimumWidth(int minw)`
`setMaximumWidth(int maxw)`
`setMinimumHeight(int minh)`
`setMaximumHeight(int maxh)`
: legen minimale/maximale Größe, Breite und Höhe fest, auf die Widget verkleinert/vergrößert werden kann.

`QSize minimumSizeHint()`
`QSize sizeHint()`
: liefern eine Empfehlung für die (minimale) Größe des Widgets, oder aber eine ungültige Größe, wenn dies nicht möglich ist.

`bool QSize::isValid()`
: liefert `true`, wenn sowohl Breite als auch Höhe des Widgets größer oder gleich `0` ist, ansonsten liefert diese Methode `false`.

32.3 Parameter-Konventionen für Konstruktoren

Die meisten Qt-Konstruktoren für Widgets, die von `QWidget` abgeleitet sind, verfügen über eine gleiche Teil-Schnittstelle, nämlich die folgenden Parameter, die auch immer in dieser Reihenfolge vorliegen:

`QWidget *parent=0`	Elternwidget
`const char *name=0`	interner Widgetname (für Debugging-Zwecke)
`WFlags f=0`	Widgetflags; nur bei Toplevel-Widgets

Da die Default-Werte dieser Parameter `0` sind, kann man Toplevel-Widgets ohne Angabe jeglicher Argumente beim Aufruf des Konstruktors erzeugen. Bei Widgets, die keine Toplevel-Widgets sind, muss immer zumindest das Elternwidget (*parent*) angegeben werden. Einige Klassen bieten weitere überladene Konstruktoren an, die zusätzliche Parameter besitzen, wie z. B. Text, der in einem Widget anzuzeigen ist. Grundsätzlich hält sich Qt jedoch an die Konvention, dass sich zusätzliche Parameter in einem Konstruktor immer vor den drei obigen Standard-Parametern befinden. Um dies für Konstruktoren weiter zu verdeutlichen, sind nachfolgend einige Beispiele für Widget-Konstruktoren aufgelistet:

```
QWidget( QWidget *parent=0, const char *name=0, WFlags f=0 )

QPushButton( QWidget *parent, const char *name=0 )
QPushButton( const QString& text, QWidget *parent, const char *name=0 )

QCheckBox( QWidget *parent, const char *name=0 )
QCheckBox( const QString& text, QWidget *parent, const char *name=0 )

QSlider( QWidget *parent, const char *name=0 )
QSlider( Orientation orientation, QWidget* parent, const char *name=0 )
QSlider( int minValue, int maxValue, int pageStep, int value,
         Orientation orientation, QWidget *parent, const char *name=0 )

QListBox( QWidget *parent=0, const char *name=0, WFlags f=0 )
```

32.4 Der Widget-Stil

Qt ist in der Lage, Widgets im Windows-Stil unter Linux/Unix oder aber auch Widgets im Motif-Stil unter Windows anzuzeigen. Es ist sogar möglich, Widgets mit unterschiedlichen Stilen in einer Anwendung zu mischen, was allerdings nicht empfehlenswert ist. Zum Festlegen des zu verwendenden Widget-Stils gibt es mehrere Möglichkeiten:

1. durch Aufruf von
   `setStyle(new QWindowsStyle())` oder
   `setStyle(new QMotifStyle())`
   für das entsprechende Widget.
2. durch Aufruf der statischen Methoden
   `QApplication::setStyle(new QWindowsStyle())` bzw.
   `QApplication::setStyle(new QMotifStyle())`

Dadurch wird als Voreinstellung für alle Widgets der entsprechende Stil festgelegt. Dies sollte aber erfolgen, bevor bereits ein Widget erzeugt wurde, andernfalls ist eine Neudarstellung aller existierenden Widgets notwendig, was doch einige Zeilen Code erfordert.

3. durch Angabe einer der Optionen `-style=windows` oder `-style=motif` auf der Kommandozeile beim Programmaufruf. Diese Möglichkeit funktioniert jedoch nur, wenn keine der beiden vorherigen Möglichkeiten verwendet wird.

Neben den beiden hier erwähnten Stilarten `QWindowsStyle` (`-style=windows`) und `QMotifStyle` (`-style=motif`) bietet Qt noch weitere Stilarten (*look and feel*) an, die in folgender Tabelle gezeigt sind:

Klasse (Option)	**Stilart**
`QMotifPlusStyle (-style=motifplus)`	Verbessertes Motif-look-and-feel
`QCDEStyle (-style=cde)`	CDE (Common Desktop Environment)
`QSGIStyle (-style=sgi)`	SGI-look-and-feel
`QPlatinumStyle (-style=platinum)`	Platinum (ähnlich MacIntosh-Stil)
`QMacStyle (-style=mac)`	Aqua-Stil von MacOS X
`QXPStyle (-style=xp)`	Windows XP-Stil auf Windows XP
`QCompactStyle (-style=compact)`	für Qt/Embedded (ähnlich `QWindowsStyle`)

Ruft man z. B. Programm 32.3 (`textgroes.cpp`) wie folgt auf:
textgroes -style=motif
so blendet es ein Fenster im Motif-Stil ein, wie es links in Abbildung 32.1 gezeigt ist. Ruft man aber z. B. Programm 32.3 (`textgroes.cpp`) wie folgt auf:
textgroes -style=platinum
so blendet es ein Fenster im Platinum-Stil ein, wie es rechts in Abbildung 32.1 gezeigt ist.

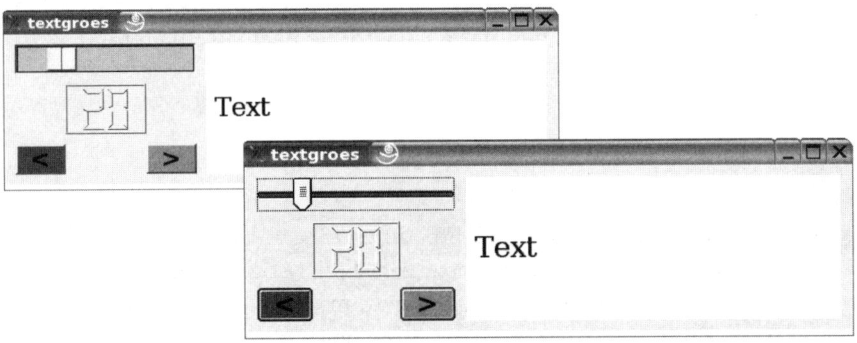

Abbildung 32.1: Fenster zu Programm 32.3 (textgroes.cpp): links im Motif-Stil, rechts im Platinum-Stil

Hier wurde eine kurze Einführung in die wesentlichen Konzepte und Konstrukte von Qt gegeben. Dieser Einblick sollte ausreichen, um den in den folgenden Projekten benutzten Qt-Code zu verstehen. Werden bei der späteren Vorstellung der Projekte Qt-Konstrukte verwendet, die nicht weitgehend selbsterklärend sind, so wird an den entsprechenden Stellen eine Erklärung zu diesen Qt-Konstrukten eingeschoben.

32.5 Übungen

Zufällige RGB-Farben

Erstellen Sie ein Programm `rgbzufall.cpp`, das einen Pushbutton über eine Anzeige (`QLabel`) einblendet. Bei jedem Klick auf diesen Pushbutton soll dann in der darunterliegenden Anzeige eine neue Farbe mit zufällig ermittelten RGB-Werten angezeigt werden, wobei die entsprechenden RGB-Werte auch als Text anzuzeigen sind (siehe auch Abbildung 32.2).

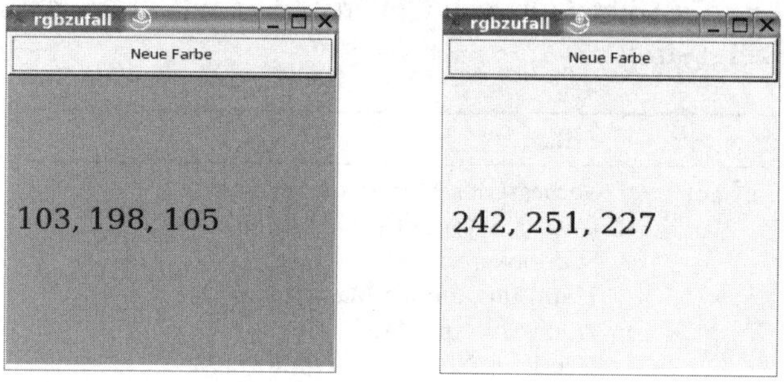

Abbildung 32.2: Zufällige RGB-Farben

Ziehen von Lottozahlen

Erstellen Sie ein Programm `lottoqt.cpp`, das visuell das Ziehen von 6 Lottozahlen mit einer Zusatzzahl simuliert. Bei jedem Klick auf den Pushbutton „Ziehen" soll dabei eine Zahl gezogen werden (siehe auch links in Abbildung 32.3). Nachdem alle sieben Zahlen gezogen sind, muss der Pushbutton „Ziehen" mit der Methode `setDisabled(true)` deaktiviert werden, um weiteres Zeihen von Zahlen zu unterbinden (siehe auch rechts in Abbildung 32.3). Benutzen Sie hierbei die Qt-Online-Dokumentation, um eventuell benötigte Konstrukte nachzuschlagen.

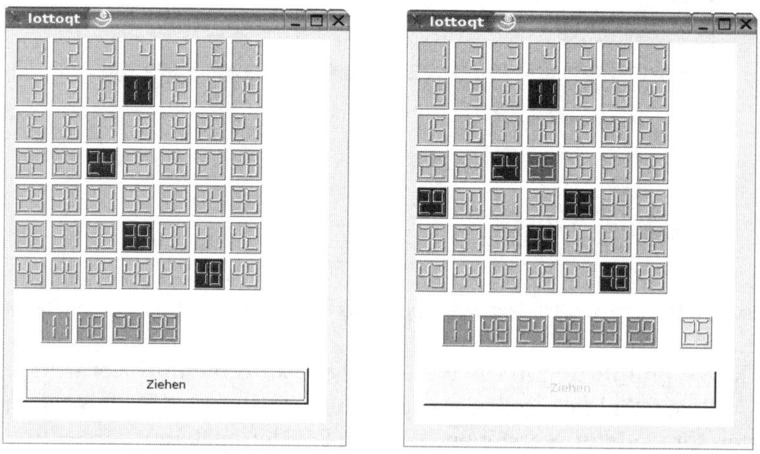

Abbildung 32.3: Ziehen von Lottozahlen

Synchronisierte Anzeige verschiedener Zahlensysteme

Erstellen Sie ein Programm `lcdwandel.cpp`, das in vier verschiedenen `QLCDNumber`-Widgets die gleiche LCD-Nummer anzeigt, allerdings jeweils in einem anderen Zahlensystem (Dual, Oktal, Dezimal und Hexadezimal). Jedes `QLCDNumber`-Widget ist dabei mit einem Schiebebalken versehen. Ändert man eine dieser LCD-Zahlen mit dem zugehörigen Schiebebalken, so werden automatisch die anderen drei LCD-Nummern (einschließlich ihres Schiebebalkens) entsprechend angepasst (siehe Abbildung 32.4). Verwenden Sie hierbei wieder die Qt-Online-Dokumentation.

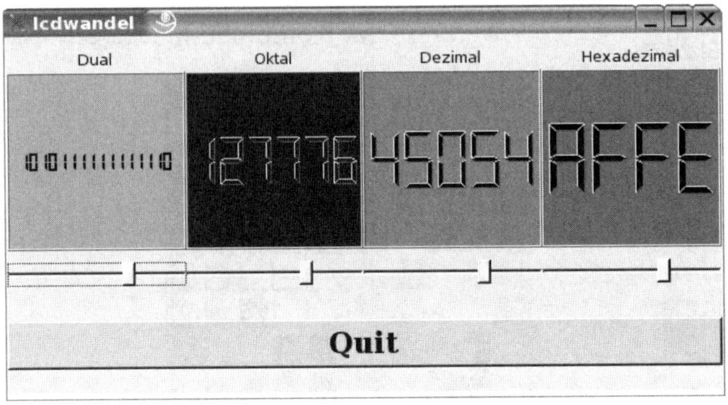

Abbildung 32.4: Synchronisierte LCD-Nummern in verschiedenen Zahlensystemen

Rasterung in einer Zeichenfläche

Erstellen Sie ein Programm `raster.cpp`, das es dem Benutzer erlaubt, auf einer Zeichenfläche (mit Laufbalken) eine Rasterung zeichnen zu lassen. Die Farbe der Rasterung soll er dabei über ein Popupmenü in der Menüleiste (siehe auch links in Abbildung 32.5) einstellen können und die Breite der Rasterung mittels der Tasten [>] (Größer) und [<] (Kleiner) vergrößern bzw. verkleinern können (siehe auch rechts in Abbildung 32.5).

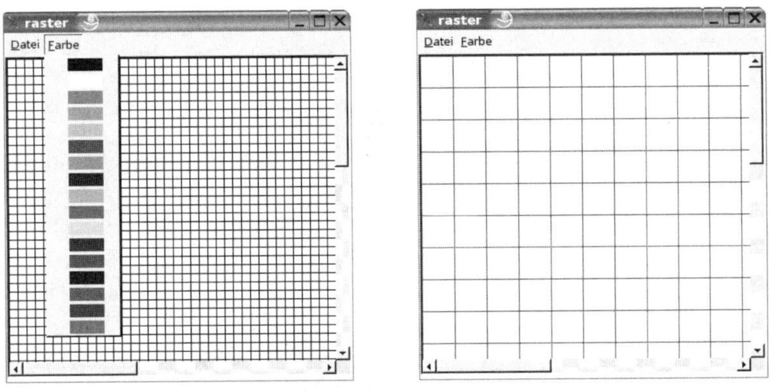

Abbildung 32.5: Einstellen einer Rasterung auf einer Zeichenfläche

Grafisches Mastermind-Spiel gegen den Computer

Bei der Übung auf Seite 283 musste ein Programm `moo.cpp` erstellt werden, das versucht, eine vom Spieler (Anwender) gedachte Zahl zu erraten.
Realisieren Sie dieses auch als Mastermind bzw. Superhirn bekannte Spiel im Programm `mastermind.cpp` nun grafisch, wie es in Abbildung 32.6 gezeigt ist.

Während des Spiels

Programm hat Kombination erraten

Abbildung 32.6: Einstellen einer Rasterung auf einer Zeichenfläche

Teil VII

Fallbeispiele

Zum Abschluss dieses Buches wollen wir in diesem Teil etwas komplexere Aufgabenstellungen vorstellen und damit verdeutlichen, was objektorientierte Programmierung mit C++ bedeutet.
An dieser Stelle war ein kleiner Spagat notwendig zwischen einem Umfang, der im Rahmen eines Buches Sinn macht, und einem Umfang, bei dem Objektorientierung erst richtig zur Geltung kommt. Der Leser soll hier an wirkliche C++-Projekte herangeführt werden. Aus diesem Grund haben wir bewusst professionelle Techniken eingesetzt, auch wenn diese vielleicht an der einen oder anderen Stelle etwas „overdesigned" wirken, wenn man nur das eine Fallbeispiel an sich betrachtet. Vielleicht erschrickt der eine oder andere Leser zunächst auch, wenn er den Quellcode allein betrachtet, und fragt sich, wie man auf solch einen Ansatz kommt. Im Grunde genommen ist es jedoch nur eine Kombination aus all den Prinzipien, die wir im Laufe des Buches erläutert haben. Sehen Sie dieses Kapitel als Chance, einen Einstieg in die Lösung komplexerer Aufgabenstellungen zu bekommen.
Dieses Kapitel enthält keine separaten Übungen. Als Übung kann sich der Leser selbst überlegen, wie er mit der Aufgabenstellung umgegangen wäre bzw. zunächst versuchen, das Problem selbst zu lösen, bevor er verfolgt, wie das Fallbeispiel gelöst wurde. Weitere Übungen bestehen darin, die Fallbeispiele durch weitere, eigene Features zu ergänzen.

Kapitel 33

Einige nützliche Klassen vorweg

Bevor wir uns den einzelnen Fallbeispielen widmen, wollen wir einige allgemein gültige Klassen vorstellen, die wir in den Fallbeispielen nutzen wollen.
Diese Klassen sind so allgemein gültig, dass sie nicht nur für unsere Fallbeispiele nützlich sind, sondern auch sehr gut in Projekten eingesetzt werden können, um auch dort die Arbeit zu erleichtern. Diese Klassen sind es daher auch wert, in einer Bibliothek hinterlegt zu werden.
Wir werden in den folgenden Kapiteln auch die Implementierung der Klassen zeigen und erläutern, da man daran sehr viel lernen kann. Sie müssen die Implementierung der Klassen jedoch nicht notwendigerweise verstehen, um sie einsetzen zu können. Sollten Sie die Implementierung der Klassen daher auf Anhieb nicht verstehen, so können Sie trotzdem mit der Lektüre des Buches fortfahren und einfach akzeptieren, dass die Klassen wie beschrieben funktionieren.

33.1 Der Clone-Pointer

Schnittstellenprinzip bewirkt arbeiten mit Basisklassen-Zeigern

Wendet man das Schnittstellenprinzip in C++ konsequent an, so bedeutet dies für den Nutzer einer Klasse, dass er mit Basispointern arbeitet. Die dahinter liegenden (von der Basisklasse abgeleiteten) Klassen sind für den Nutzer nicht von Interesse. Basispointer sind auch die Voraussetzung für Polymorphismus.

Ownership muss zu jedem Zeitpunkt klar geregelt sein

Es kommt also in Programmen zwangsläufig häufig vor, dass man viel mit Pointern arbeiten muss. Damit ist allerdings ein großes Problem verbunden: Man muss als Anwender darauf achten, dass das Ownership zu jedem Zeitpunkt klar definiert ist, sonst kann es vorkommen, dass man mit einem Pointer arbeitet, der bereits nicht mehr gültig ist.

Eine Lösung hierfür ist Exclusive Ownership mittels Klonen

Eine Lösung hierfür ist es, dass jeder, der mit einem Objekt arbeiten will, mit einer eigenen Kopie des Objekts arbeitet, was dann zu *Exclusive Ownership* (siehe auch Kapitel 26.7 auf Seite 592) führt. Dies kann so realisiert werden, dass in der Basisklasse eine virtuelle Methode `Clone()` vorgesehen wird, die eine Kopie des eigenen Objekts zurückliefert, wie es der folgende Codeausschnitt zeigt:

```
class CBase {
  public:
     virtual CBase *Clone()=0;
     virtual void Print()=0;
     virtual ~CBase() { }
};
//-----------------------------------------------------------------
class CA : public CBase {
  public:
     CA(int D=0) { m_D = D; };
     void Print() {
        cout << "CA" << m_D << "--> myAdress: " << this << endl;
     }
     virtual CBase *Clone() { return new CA(*this); }
     virtual ~CA() { }
  private:
     int m_D;
};
//-----------------------------------------------------------------
class CB : public CBase {
  public:
     CB(int D=0) { m_D = D; }
     void Print() {
        cout << "CB" << m_D << "--> myAdress: " << this << endl;
     }
     virtual CBase *Clone() { return new CB(*this); }
     virtual ~CB() { }
  private:
     int m_D;
};
```

Durch diese Vorgehensweise hat nun der Anwender der Bibliothek zu jeder Zeit die Möglichkeit, sich eine Kopie eines Objekts zu erzeugen. Durch den Polymorphismus bei der Methode `Clone()` bekommt er dabei nicht ein Objekt der Basisklasse (in unserem Fall `CBase`), sondern ein Objekt vom gleichen Typ des vorhandenen Objekts (in unserem Fall `CA` bzw. `CB`).

Nutzer mittels eines Clone-Pointers Verantwortung abnehmen

Dieser Klassenentwurf ermöglicht es dem Anwender, Exclusive Ownership zu benutzen. Allerdings ist der Anwender dafür verantwortlich, dass er die Methode `Clone()` korrekt benutzt. Um ihn von dieser Arbeit zu entlasten und damit Fehler zu vermeiden, kann man einen Smart Pointer zur Verfügung stellen, der diese Arbeit automatisch übernimmt. Smart Pointer wurden bereits in Kapitel 26.7 (Seite 597) vorgestellt und werden nochmals detaillierter in Kapitel B.17 (Seite 1144) behandelt. Wir nennen diesen Smart Pointer hier *Clone-Pointer*, weil er automatisch im Hindergrund dafür sorgt, dass er stets mit einem Klon des Objekts arbeitet, auf das er zeigt. Abbildung 33.1 verdeutlicht den Unterschied zwischen einer Zuweisung eines Objekts an einen normalen Basispointer und einer Zuweisung eines Objekts an einen Clone-Pointer. Wie man in Abbildung 33.1 sieht, ist der Clone-Pointer über eine Templateklasse (`CClonePtr`) realisiert.

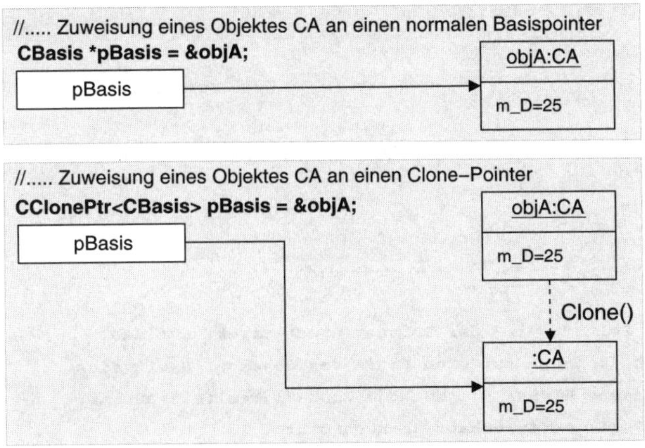

Abbildung 33.1: Zuweisung eines Objekts CA an normalen Basispointer bzw. an Clone-Pointer

Anforderungen an einen Clone-Pointer

Damit der Clone-Pointer ein in sich schlüssiges Verhalten aufweist, muss er folgendermaßen realisiert werden:

- Beim *Erzeugen eines Objekts* muss er das übergebene Objekt kopieren und den Pointer auf die Kopie speichern.
- Beim *Zuweisen eines Objekts* muss er ein bereits bestehendes Objekt löschen, eine Kopie des zuzuweisenden Objekts erstellen und den Pointer darauf speichern.
- Beim *Zerstören des Clone-Pointers* muss er auch den Klon, den er referenziert, löschen.
- Zur besseren Handhabung überlädt er folgende Operatoren:
  - NOT-Operator `!`,
  - Dereferenzierungsoperatoren `->` und `*` und
  - cast-Operator

Implementierung des Clone-Pointers

Programm 33.1 – `ClonePtr.h`:
Implementierung des Clone-Pointers

```
#ifndef TRACE_CL /* Makro für Trace-Anweisungen */
   #define TRACE(var)
#else
   #include <typeinfo>
   #define TRACE(text) cerr << text << " " << typeid(ObjType).name() << endl;
#endif
```

```
//==============================================================
// Globale Funktionen, um die Abhängigkeit zu den geforderten
// Methoden des Clone-Pointers (CClonePtr) zu entkoppeln.
template<class ObjType>
ObjType *ClonePtr(const ObjType *pPtr) {
   TRACE("         ClonePtr()-Aufruf fuer")
   ObjType *P = const_cast<ObjType *>(pPtr);
   return P->Clone();
}
template<class ObjType>
void DeletePtr(ObjType *pPtr) {
   TRACE("         DeletePtr()-Aufruf fuer")
   delete pPtr;
}
//==============================================================
// Die Clone-Pointer Klasse:
// Bei einer Zuweisung an den Pointer wird der Pointer nicht direkt auf das
// zugewiesene Objekt gestellt, sondern auf eine Kopie des Objekts. Damit dies
// mögl. ist, muss die zugewiesene Klasse die Methode Clone() realisieren bzw.
// die globale Funktion ClonePtr() entsprechend überschreiben.
template<class ObjType>
class CClonePtr {
  public:
     CClonePtr<ObjType>(const ObjType *pPtr=0) { //................ Konstruktor
        TRACE("+++CClonePtr-Konstruktor fuer")
        m_pPtr = 0;
        Init(pPtr);
     }
     CClonePtr<ObjType>(const CClonePtr<ObjType> &Ptr) { //... Kopierkonstruktor
        TRACE("+++CClonePtr-KopierKonstruktor fuer")
        m_pPtr = 0;
        Init(Ptr);
     }
     ~CClonePtr<ObjType>() { //... Destruktor
        TRACE("---CClonePtr-Destruktor fuer")
        Init(0);
     }
     //............................................. Zuweisungsoperatoren
     // sowohl Zuweisung eines Pointers mögl. als auch Zuweisung eines Wertes.
     // Es wird dann automatisch dessen Adresse als Pointer verwendet.
     const CClonePtr<ObjType> &operator =(const ObjType *pPtr) {
        TRACE("   CClonePtr = Pointer vom Typ");
        Init(pPtr);
        return *this;
     }
     const CClonePtr<ObjType> &operator =(const ObjType &Ptr) {
        TRACE("   CClonePtr = Objekt vom Typ")
        Init(&Ptr);
        return *this;
     }
```

```
   const CClonePtr<ObjType> &operator =(const CClonePtr<ObjType> &Ptr) {
      TRACE("   CClonePtr = anderen CClonePtr vom Typ")
      Init(Ptr);
      return *this;
   }
   //......................................... Dereferenzierungsoperatoren
   ObjType* operator ->() const {
      TRACE("   -> auf Pointer vom Typ")
      return m_pPtr;
   }
   ObjType& operator* () const {
      TRACE("   * auf Pointer vom Typ")
      return *m_pPtr;
   }
   //.................................................... NOT-Operator
   bool operator !() const {
      TRACE("   ! (NOT) auf Typ")
      return !m_pPtr;
   }
   //................................................... cast-Operator
   // Rückgabetyp beim cast-Operator ist automatisch Referenz auf Typ,
   // der angegeben ist; er entfällt daher beim Funktionskopf.
   operator ObjType* () const {
      TRACE("   Casting auf Pointer vom Typ")
      return m_pPtr;
   }
   //..................................................................
   ObjType* Ptr() const { return m_pPtr; } // um Pointer direkt zu erfragen
   ObjType *Clone() const { // um die Clone-Funktion selbst aufzurufen
      return !m_pPtr ? 0 : ClonePtr(m_pPtr);
   }
 private:
   ObjType *m_pPtr; //... der gekapselte Pointer
   void Init(const ObjType *pPtr) {
      if (m_pPtr) DeletePtr(m_pPtr);
      m_pPtr = 0;
      if (pPtr) m_pPtr = ClonePtr(pPtr);
   }
};
```

Für Programm 33.1 gilt Folgendes:

- Die eigentliche Arbeit des Clone-Pointers leistet die Methode `Init()`, die von allen Konstruktoren und Zuweisungsoperatoren aufgerufen wird. `Init()` ruft die Templatefunktionen `ClonePtr()` und `DeletePtr()` auf.
- Das Klonen des Objekts (`ClonePtr()`) und das Löschen des Klons (`DeletePtr()`) wurden in eine globale Templatefunktion ausgelagert, um den Clone-Pointer noch flexibler zu gestalten. Auf diese Weise können auch Klassenbäume adaptiert werden, die ein anderes Löschen bzw. eine andere Art des Klonens benötigen. So könnte es z. B. sein, dass es einen Klassenbaum

gibt, der auch über einen Clone-Mechanismus verfügt, allerdings hierzu eine Methode mit Namen `Klonen()` statt `Clone()` verwendet. Da die beiden Funktionen ausgelagert sind, muss dann nur passend für diesen Klassenbaum eine Funktion `ClonePtr()` mit der Signatur der entsprechenden Basisklasse implementiert werden. Dies ist möglich, da konkret definierte Funktionen allgemein formulierte Templatefunktionen überschreiben.

- Aus Test- und Nachvollziehbarkeitsgründen wird ein Makro `TRACE` verwendet, so dass bei entsprechender Definition Trace-Ausgaben möglich sind.

Verwenden und Testen des Clone-Pointers

Programm 33.2 – `mainclone.cpp`:
Verwenden des Clone-Pointers

```
#define TRACE_CL // Test-Ausgaben einschalten
#include "ClonePtr.h"
#include <iostream>
using namespace std;
#ifdef TRACE_CL /* Makro für Trace-Anweisungen */
   #define TRACE2(text) cerr << text << endl;
#endif
class CBase {
  public:
     virtual CBase *Clone()=0;
     virtual void Print(const char *)=0;
     virtual ~CBase() { }
};
class CA : public CBase {
  public:
     CA(int D=0) { m_D = D; };
     void Print(const char *nam) {
        cout << "     " << nam << ": CA(" << m_D << ") : " << this << endl;
     }
     virtual CBase *Clone() {
        TRACE2("+++++Clone CA ")
        return new CA(*this);
     }
     virtual ~CA() { TRACE2("-----Destruktor von CA") }
  private:
     int m_D;
};
class CB : public CBase {
  public:
     CB(int D=0) { m_D = D; }
     void Print(const char *nam) {
        cout << "     " << nam << ": CB(" << m_D << ") : " << this << endl;
     }
     virtual CBase *Clone() {
        TRACE2("+++++Clone CB")
        return new CB(*this);
```

```
    }
    virtual ~CB() { TRACE2("-----Destruktor von CB") }
  private:
    int m_D;
};
int main(void) {
   CClonePtr<CBase> pBasis;
   CA objA(25);
   CB objB(7);
   cerr << endl << "Referenzieren von objA(25)..." << endl;
   pBasis = &objA;
   objA.Print("objA");
   pBasis->Print("pBasis");
   cerr << endl << "Und nun objB(7)..." << endl;
   pBasis = objB;
   objB.Print("objB");
   pBasis->Print("pBasis");
   cerr << "===================Programmende===========" << endl;
}
```

Programm 33.2 liefert z. B die folgende Ausgabe:

```
+++CClonePtr-Konstruktor fuer 5CBase

Referenzieren von objA(25)...
   CClonePtr = Pointer vom Typ 5CBase
        ClonePtr()-Aufruf fuer 5CBase
+++++Clone CA
     objA: CA(25) : 0xbffff120
   -> auf Pointer vom Typ 5CBase
     pBasis: CA(25) : 0x804b008

Und nun objB(7)...
   CClonePtr = Objekt vom Typ 5CBase
        DeletePtr()-Aufruf fuer 5CBase
-----Destruktor von CA
        ClonePtr()-Aufruf fuer 5CBase
+++++Clone CB
     objB: CB(7) : 0xbffff110
   -> auf Pointer vom Typ 5CBase
     pBasis: CB(7) : 0x804b008
===================Programmende===========
-----Destruktor von CB
-----Destruktor von CA
---CClonePtr-Destruktor fuer 5CBase
        DeletePtr()-Aufruf fuer 5CBase
-----Destruktor von CB
```

Diese Ausgabe verdeutlicht

- an den Adressen, dass die Objekte `objA` und `objB` tatsächlich geklont wurden

- und der Clone-Pointer selbst für das Löschen des von ihm angelegten Klons sorgt, wenn dieser – bedingt durch Zuweisung eines anderen Objekts bzw. durch eine eigene Zerstörung – nicht mehr benötigt wird.

Einsatz und Nutzen von Clone-Pointern

- Clone-Pointer können dazu eingesetzt werden, um mit dem referenzierten Objekt nicht im Original, sondern mit einer Kopie davon zu arbeiten. Auf diese Weise ist die Nutzung des Objekts von der Existenz des Original-Objekts *zeitlich entkoppelt*.
- Dies ist vor allem dann interessant, wenn eine Komponente ein Objekt erzeugt und als Ergebnis einen Pointer darauf liefert, über den dann die aufrufende Komponente mit dem erzeugten Objekt arbeiten kann. Arbeitet die Nutzer-Komponente mit einer Kopie, so ist eine Zerstörung der Fabrik-Komponente für sie irrelevant, im anderen Fall unter Umständen jedoch tödlich.

33.2 Der Reference-Pointer

Es gibt Fälle, in denen man nicht mit der Kopie eines Objekts arbeiten kann oder will (schon allein aus Performance-Gründen). Referenzieren dann mehrere Pointer ein und dasselbe Objekt, so besteht für das Objekt *Common Ownership* und es stellt sich die Frage: Wer löscht das Objekt?

Reference-Pointer – Komfortabler Smart Pointer mit Reference-Counting

Am besten verfährt man hier nach der Devise: „Der Letzte macht das Licht aus". Damit man weiß, wer der Letzte ist, muss ein Zähler mitgeführt werden, der entsprechend inkrementiert und dekrementiert wird.
In Kapitel 26.7 auf Seite 597 wurde dieses Problem anhand eines Ringpuffers bereits diskutiert und ein Smart Pointer für Reference-Counting vorgestellt.
Dieser Smart Pointer soll nun etwas komfortabler werden, denn bei der Klasse `CRefPtr` auf Seite 597 musste die Klasse, die als Template-Parameter angegeben wurde, über die Methoden `AddRef()` und `ReleaseRef()` verfügen.
Um eine Implementierung zu erreichen, die keinerlei Anforderungen an die referenzierte Klasse stellt, außer dass der Destruktor `public` sein muss, ist ein Zähler für die Referenzen (Pointer) im Reference-Pointer selbst zu hinterlegen. Natürlich handelt es sich nicht um einen, sondern um mehrere Zähler, da jedes Objekt, das referenziert wird, seinen eigenen Zähler benötigt.

Map, die für jede Objekt-Adresse einen Zähler mitführt

Da die Adressen der referenzierten Objekte eindeutig sind, ist hier eine Map naheliegend, die für jede Objekt-Adresse einen Zähler mitführt; siehe dazu auch Abbildung 33.2.

Verwaltung der Map durch eine Basisklasse CRefCntrBase

Da die Map die zentrale Verwaltung für alle Objekte ist, muss sie in der Klasse `CRefPtr` `static` sein. Sie darf aber nicht direkt in der Templateklasse definiert

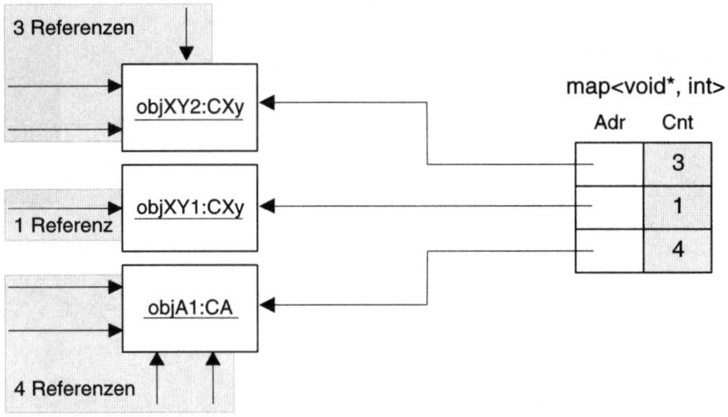

Abbildung 33.2: Prinzip der Map im Reference-Pointer

sein, weil sie sonst für jede parametrisierte Klasse neu vorhanden wäre. Daher wird eine Basisklasse `CRefCntrBase` eingeführt, die die Verwaltung der Map übernimmt. Die Methoden hierin sind `protected`, denn die Klasse ist speziell für `CRefPtr` entworfen, und ein allgemeiner `public` Zugriff von außen soll daher nicht möglich sein.

Programm 33.3 – `RefCntrBase.h`:
Die Basisklasse CRefCntrBase

```
#include <map>
using namespace std;
//=============================================================================
// Basisklasse, spez. für CRefPtr, die eigentliches Reference-Counting übernimmt
//
class CRefCntrBase {
  protected:
     CRefCntrBase();
     ~CRefCntrBase();
     bool AddRef(void *p);
     bool ReleaseRef(void *p);
  private:
     // m_pCntrMap ist ein Pointer, weil sichergestellt sein muss, dass die Map
     // existiert, wenn erstes Mal darauf zugegriffen wird. Ein Zugriff zwischen
     // zwei statischen Objekten kann zum Fehler führen, da die Reihenfolge der
     // Konstruktorenaufrufe dann vom Linker bestimmt wird.
     static map<void *,int> *m_pCntrMap;
};
```

Beachten Sie, dass in Programm 33.3 die Map (`m_pCntrMap`) als Pointer definiert ist. Der Grund hierfür ist, dass sichergestellt sein muss, dass die Map existiert, wenn das erste Mal darauf zugegriffen wird. Ein Zugriff zwischen zwei statischen Objekten könnte jedoch zum Fehler führen, da die Reihenfolge der Konstruktoraufrufe für statische Objekte vom Linker bestimmt wird. Beispielsweise gäbe es sonst Probleme, wenn ein statischer Reference-Pointer vor der Map angelegt werden würde.

Programm 33.4 – `RefCntrBase.cpp`: Implementierung der Basisklasse CRefCntrBase

```
#define TRACE_REF // Test-Ausgaben einschalten
#include "RefCntrBase.h"
#include <iostream>
using namespace std;
#ifdef TRACE_REF /* Makro für Trace-Anweisungen */
   #define TRACE2(var) var
#else
   #define TRACE2(var)
#endif
map<void *,int> *CRefCntrBase::m_pCntrMap=0;
CRefCntrBase::CRefCntrBase()  {}
CRefCntrBase::~CRefCntrBase() {}
//-----------------------------------------------------------------------------
bool CRefCntrBase::AddRef(void *p) {
   if (!m_pCntrMap && (m_pCntrMap = new map<void*,int>()) == 0)
      return false;
   (*m_pCntrMap)[p]++;
   TRACE2(cerr << "      AddRef, Wert nun: " << (*m_pCntrMap)[p] << endl;)
   return true;
}
// Counter-Map wird dann gelöscht, wenn letzter Referenz-Pointer gelöscht wird
bool CRefCntrBase::ReleaseRef(void *p) {
   if (!m_pCntrMap)
      return false;
   map<void*,int>::iterator i=m_pCntrMap->find(p);
   if (i != m_pCntrMap->end()) {
      i->second--;
      TRACE2(cerr << "      ReleaseRef, Wert nun: " << i->second << endl;)
      if (i->second==0) {
         m_pCntrMap->erase(i);
         if (m_pCntrMap->empty()) {
            delete m_pCntrMap;
            TRACE2(cerr << "Map geloescht! " << endl;)
            m_pCntrMap = 0;
         }
         return true;
      }
   }
   return false;
}
```

Realisierung des Reference-Pointers (Klasse CRefPtr)

Programm 33.5 – `RefPtr.h`: Implementierung des Reference-Pointers (CRefPtr)

```
#include "RefCntrBase.h"
#ifndef TRACE_REF /* Makro für Trace-Anweisungen */
   #define TRACE(var)
```

```
#else
   #include <typeinfo>
   #define TRACE(text) cerr << text << " " << typeid(ObjType).name() << endl;
#endif
// Globale Fkt, um Löschen des referenzierten Objekts flexibler zu gestalten.
template<class ObjType>
void DeleteRefPtr(ObjType *Ptr) {
   TRACE("        DeleteRefPtr()-Aufruf fuer")
   delete Ptr;
}
//============================================== Die Reference-Pointer Klasse:
// Beim Referenzieren eines Objekts über einen Reference-Pointer wird Zähler
// für die referenzierte Objektadresse inkrementiert. Wird der Pointer wieder
// einem anderen Objekt zugewiesen, so wird der Zähler für das ursprünglich
// referenzierte Objekt wieder dekrementiert, auch im Destr. des Ref.-Pointers.
// Tatsächlich gelöscht wird das referenzierte Objekt erst, wenn zugehöriger
// Zähler 0 wird. Dies geschieht über globale Templatefunktion DeleteRefPtr(),
// die bei Bedarf überschrieben werden kann. Der Reference-Pointer verfügt
// also sozusagen über eine automatische Garbage Collection
template<class ObjType>
class CRefPtr  : public CRefCntrBase {
  public:
     CRefPtr<ObjType>(const ObjType *pPtr=0) { //................... Konstruktor
        TRACE("+++CRefPtr-Konstruktor fuer")
        m_pPtr = 0;
        Init(pPtr);
     }
     template<class ParamType>
     CRefPtr<ObjType>(const CRefPtr<ParamType> &Ptr) { //. Konstr. (Unterklasse)
        TRACE("+++CRefPtr-Konstruktor mit Init. einer Unterklasse fuer ")
        m_pPtr = 0;
        Init(Ptr.Ptr());
     }
     ~CRefPtr<ObjType>() { //.................................... Destruktor
        TRACE("---CRefPtr-Destruktor fuer")
        Init(0);
     }
     //................................................... Kopierkonstruktor
     CRefPtr<ObjType>(const CRefPtr<ObjType> &Ptr) : CRefCntrBase() {
        TRACE("+++CRefPtr-KopierKonstruktor fuer")
        m_pPtr = 0;
        Init(Ptr);
     }
     //................................................ Zuweisungsoperatoren
     template<class ParamType>
     const CRefPtr<ObjType> &operator =(const CRefPtr<ParamType> &Ptr) {
        TRACE("   CRefPtr = Unterklasse fuer")
        Init(Ptr.Ptr());
        return *this;
     }
```

```
    const CRefPtr<ObjType> &operator =(const CRefPtr<ObjType> &Ptr) {
      TRACE("   CRefPtr = anderen CRefPtr vom Typ")
      Init(Ptr);
      return *this;
    }
    const CRefPtr<ObjType> &operator =(const ObjType *pPtr) {
      TRACE("   CRefPtr = 'normalen' Pointer fuer")
      Init(pPtr);
      return *this;
    }
    //.......................................... Dereferenzierungsoperatoren
    ObjType* operator ->() const {
      TRACE("   -> auf Pointer vom Typ")
      return m_pPtr;
    }
    ObjType& operator *() const {
      TRACE("   * auf Pointer vom Typ")
      return *m_pPtr;
    }
    //.................................................. Weitere Operatoren
    bool operator !() const {
      TRACE("   ! (NOT) auf Typ")
      return !m_pPtr;
    }
    operator ObjType *() const {
      TRACE("   Casting auf Pointer vom Typ")
      return m_pPtr;
    }
    //.....................................................................
    ObjType* Ptr() const { return m_pPtr; } // um Pointer direkt zu erfragen
  private:
    ObjType *m_pPtr; //... der gekapselte Pointer
   void Init(const ObjType *pPtr) {
     if (pPtr==m_pPtr) // Nur was tun, wenn wirklich nötig
       return;
     // Aktuell referenziertes Obj. freigeben; dabei prüfen, ob letzte Freigabe
     if (m_pPtr && ReleaseRef(m_pPtr))
       DeleteRefPtr(m_pPtr); // referenziertes Objekt löschen
     // Wenn pPtr ein neues Objekt ist, Zugriffszähler auf neues Obj. erhöhen
     if ( (m_pPtr = const_cast<ObjType *>(pPtr)) )
       AddRef(m_pPtr);
   }
};
```

In Programm 33.5 nimmt die Methode `Init()` – analog zum Clone-Pointer – eine zentrale Rolle ein. Hier werden die Methoden der Basisklasse `AddRef()` und `ReleaseRef()` entsprechend aufgerufen. Zum Löschen des referenzierten Objekts wird auch hier wieder eine globale Templatefunktion verwendet, so dass bei Bedarf ein spezielles Löschen, das über einen `delete`-Aufruf hinausgehen muss, jederzeit implementiert werden kann.

Verwenden und Testen des Reference-Pointers

Wir wollen anhand von Programm 33.6 zunächst die prinzielle Wirkungsweise des Reference-Pointers verdeutlichen, bevor wir auf einige besondere Konstruktoren und Zuweisungsoperatoren näher eingehen. In Programm 33.6 wurde dazu wieder das „Tracen" eingeschaltet.

Programm 33.6 – `mainrefptr.cpp`:
Verwendung des Reference-Pointers (CRefPtr)

```
#define TRACE_REF(var) var
#include "RefPtr.h"
#include <iostream>
using namespace std;
//-------------------------------------------------------------
#ifdef TRACE_REF /* Makro für Trace-Anweisungen */
   #define TRACE3(text) cerr << text << endl;
#endif

class CBase {
  public:
     virtual CBase *Clone()=0;
     virtual void Print(const char *)=0;
     virtual ~CBase() { }
};
//-------------------------------------------------------------
class CA : public CBase {
  public:
     CA(int D=0) { m_D = D; };
     void Print(const char *nam) {
        cout << "      " << nam << ": CA(" << m_D << ") : " << this << endl;
     }
     virtual CBase *Clone() {
        TRACE3("+++++Clone CA ")
        return new CA(*this);
     }
     virtual ~CA() { TRACE3("-----Destruktor von CA") }
  private:
     int m_D;
};
//-------------------------------------------------------------
class CB : public CBase {
  public:
     CB(int D=0) { m_D = D; }
     void Print(const char *nam) {
        cout << "      " << nam << ": CB(" << m_D << ") : " << this << endl;
     }
     virtual CBase *Clone() {
        TRACE3("+++++Clone CB")
        return new CB(*this);
     }
```

```
    virtual ~CB() { TRACE3("-----Destruktor von CB") }
  private:
    int m_D;
};
//----------------------------------------------------------------
int main(void) {
   CRefPtr<CA>    pRefA = new CA(66);
   CRefPtr<CBase> pRefBase1,
                  pRefBase2 = new CB(33);
   //............ Ausgabe von pRefA (CA) und pRefBase2 (CB)
   cout << endl << "pRefA(CA) und pRefBase2 (CB):" << endl;
   pRefA->Print("pRefA");
   pRefBase2->Print("pRefBase2");
   //.......................... pRefBase1 auf pRefA stellen
   cout << endl << "pRefBase1 (pRefBase1=pRefA): " << endl;
   pRefBase1 = pRefA;     // hier CA
   pRefBase1->Print("pRefBase1");
   //...................... nun zeigt pRefBase1 auf pRefBase2
   cout << endl <<" pRefBase1 (pRefBase1=pRefBase2): " << endl;
   pRefBase1 = pRefBase2; // hier CB
   pRefBase1->Print("pRefBase1");
   //... Nun stellen wir pRefBase2 auf pRefA --> CB nicht mehr referenziert
   cout << endl << "pRefBase2 (pRefBase2=pRefA): " << endl;
   pRefBase2 = pRefA;
   pRefBase2->Print("pRefBase2");
   cerr << "===================Programmende============" << endl;
}
```

Programm 33.6 verwendet die Klassen `CA`, `CB` und `CBase`, die bereits bei der Demonstration des Clone-Pointers eingesetzt wurden und hier der Einfachheit halber wieder benutzt wurden. Das bedeutet aber nicht, dass der Reference-Pointer nur für Klassen eingesetzt werden kann, die zueinander über eine Vererbungshierarchie in Beziehung stehen; er kann für jede beliebige Klasse eingesetzt werden. Nachdem man die beiden Programmdateien kompiliert und gelinkt hat, wie z. B.:
c++ -o mainrefptr mainrefptr.cpp RefCntrBase.cpp
liefert der Aufruf von **mainrefptr** z. B. die folgende Ausgabe:

```
+++CRefPtr-Konstruktor fuer 2CA
     AddRef, Wert nun: 1
+++CRefPtr-Konstruktor fuer 5CBase
+++CRefPtr-Konstruktor fuer 5CBase
     AddRef, Wert nun: 1

pRefA(CA) und pRefBase2 (CB):
   -> auf Pointer vom Typ 2CA
     pRefA: CA(66) : 0x804d008
   -> auf Pointer vom Typ 5CBase
     pRefBase2: CB(33) : 0x804d3f0

pRefBase1 (pRefBase1=pRefA):
```

```
   CRefPtr = Unterklasse fuer 5CBase
     AddRef, Wert nun: 2
   -> auf Pointer vom Typ 5CBase
     pRefBase1: CA(66) : 0x804d008

 pRefBase1 (pRefBase1=pRefBase2):
   CRefPtr = anderen CRefPtr vom Typ 5CBase
   Casting auf Pointer vom Typ 5CBase
     ReleaseRef, Wert nun: 1
     AddRef, Wert nun: 2
   -> auf Pointer vom Typ 5CBase
     pRefBase1: CB(33) : 0x804d3f0

pRefBase2 (pRefBase2=pRefA):
   CRefPtr = Unterklasse fuer 5CBase
     ReleaseRef, Wert nun: 1
     AddRef, Wert nun: 2
   -> auf Pointer vom Typ 5CBase
     pRefBase2: CA(66) : 0x804d008
===================Programmende============
---CRefPtr-Destruktor fuer 5CBase
     ReleaseRef, Wert nun: 1
---CRefPtr-Destruktor fuer 5CBase
     ReleaseRef, Wert nun: 0
        DeleteRefPtr()-Aufruf fuer 5CBase
-----Destruktor von CB
---CRefPtr-Destruktor fuer 2CA
     ReleaseRef, Wert nun: 0
Map geloescht!
        DeleteRefPtr()-Aufruf fuer 2CA
-----Destruktor von CA
```

Diese Ausgabe verdeutlicht sehr schön das Inkrementieren und Dekrementieren der referenzierten Objekte und zeigt, wann die Objekte und die Map gelöscht werden. Anhand der Adressen-Ausgaben wird das *Common Ownership* deutlich.

Einige Erläuterungen zum Programm 33.6

- **Automatische Garbage Collection**
  In Programm 33.6 wird mit `new` Speicher dynamisch angelegt, der vom Reference-Pointer automatisch im Hintergrund gelöscht wird, wenn das Objekt nicht mehr referenziert wird. Man könnte hier von einer *automatischen Garbage Collection* sprechen. Ein expliziter `delete`-Aufruf auf einen Reference-Pointer darf daher nie ausgeführt werden!
- **Templatemethode für Zuweisungsoperator in Klasse `CRefPtr`**
  In Programm 33.6 haben wir sowohl einen Reference-Pointer einer Basisklasse (`CRefPtr<CBase> pRefBase1`) als auch einen Reference-Pointer einer abgeleiteten Klasse verwendet (`CRefPtr<CA> pRefA`). Wie selbstverständlich haben wir dem Reference-Pointer der Basisklasse den Pointer der abgeleiteten Klasse

zugewiesen (`pRefBase1=pRefA`), was ja auch für „normale" Pointer möglich ist. Damit dies aber auch bei einem Smart Pointer möglich ist, muss der Smart Pointer entsprechende Zuweisungsoperatoren und Konstruktoren zur Verfügung stellen. Das Problem ist, dass der Typ des Zuweisungsoperators dem Typ des zugewiesenen Objekts entsprechen muss, d. h. es müsste hier so viele geben, wie es abgeleitete Klassen von der Basis gibt. Da dies sehr viel Implementierungsaufwand bedeuten würde und für die Zukunft nicht flexibel wäre, bietet sich hierfür eine Template-Methode an, die das Problem allgemein löst, wie in unserer Implementierung in Programm 33.5 geschehen.

Wie dieses Kapitel gezeigt hat, besitzt der Reference-Pointer als Smart Pointer viel „Intelligenz" und Sie können sich vielleicht vorstellen, dass er die Arbeit sehr erleichtern kann. Er und der Clone-Pointer lösen im Hintergrund automatisch die Speicherproblematiken, die mit Zeigern zwangsläufig immer verbunden sind. Benutzer dieser Klassen haben damit den Kopf frei, um sich auf die Lösung ihrer eigentlichen Problemstellung zu konzentrieren.

33.3 Abschließende Bemerkung

Wie wir gesehen haben, kann objektorientierte Vorgehensweise auch so aussehen, dass man durch geeignete Hilfsklassen zunächst „kleine" Probleme löst und aus der Welt schafft, bevor man sich den applikationsspezifischen Klassen widmet. Natürlich ist es hierbei von Vorteil, wenn man da auf einen entsprechenden Erfahrungsschatz bzw. entsprechende Bibliotheken zurückgreifen kann, denn oftmals sind Probleme verwaltungstechnischer Natur allgemein gültig zu lösen.
Wie bei der prozeduralen Programmierung gibt es also auch bei der objektorientierten Programmierung immer zwei Wege, sich einer Lösung zu nähern:

- *top down* Hierbei wird das große Problem schrittweise in kleinere zerlegt.
- *bottom up* Hierbei werden kleine Probleme gelöst und mit Hilfe der vielen kleinen Lösungen größere Funktionseinheiten gebildet.

Oft wechseln sich die beiden Lösungswege in der Praxis während der Entwicklung ab, was man dann auch als *Jo-Jo-Effekt* bezeichnet (nach dem Spiel Jo-Jo, bei dem es ständig auf und ab geht).

Kapitel 34

Funktionsplotter

34.1 Aufgabenstellung

Im technischen Umfeld sind Funktionsplotter sehr interessant. Funktionsplotter ermöglichen die grafische Darstellung einer mathematischen Funktion. Beispielsweise stellt sich die mathematische Funktion

`y = f(x) = 3+2 * x`

wie in Abbildung 34.1 dar.

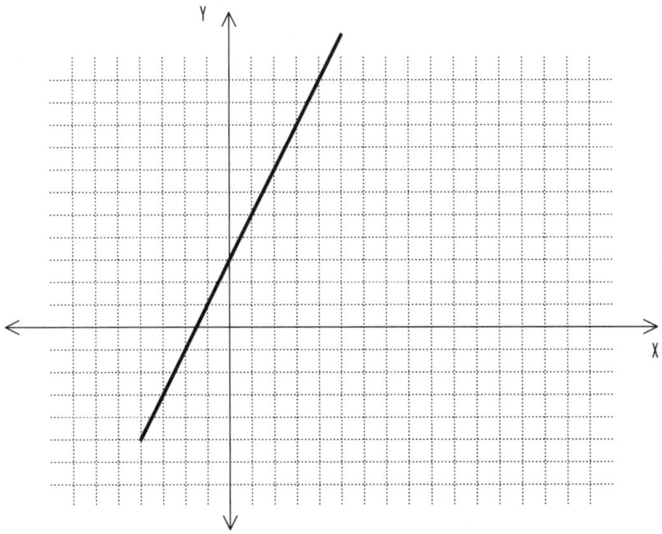

*Abbildung 34.1: Darstellung von f(x) = 3+2 * x*

Aufgabe ist es nun, eine solche Funktionsplotter-Applikation zu erstellen. Die Herausforderung hierbei ist, dass die jeweilige mathematische Funktion vom Anwender als String eingegeben werden können soll. Die Applikation muss also den String so zerlegen, dass sie intern damit rechnen kann.

34.2 Analyse

34.2.1 GUI-Prototyp

Der Funktionsplotter wird als GUI-Applikation realisiert. Daher bietet es sich an, die GUI (Benutzeroberfläche) näher zu beleuchten und diese zur Klärung der Aufgabenstellung heranzuziehen. Dies kann entweder durch schematische Zeichnungen geschehen oder durch eine Prototyp-Applikation, die nur die Elemente in der GUI zeigt, jedoch über keinerlei Funktionalität verfügt. Dadurch wird sowohl für den Entwickler als auch für den Kunden die Vorstellung vom fertigen Produkt konkreter, was für die Aufgabenklärung nur dienlich ist.
Unsere Funktionsplotter-Applikation soll sich in etwa wie in Abbildung 34.2 am Bildschirm repräsentieren.

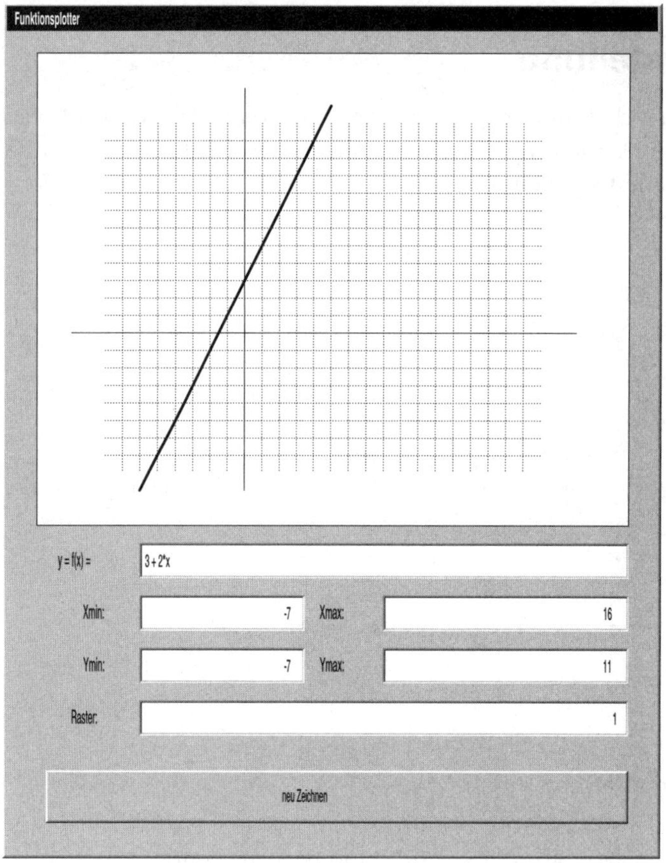

Abbildung 34.2: Schematischer Aufbau der GUI zum Funktionsplotter

Aus der Oberfläche lassen sich nun Use-Cases ableiten. Natürlich sollten im Gegenzug die Use-Cases auch noch unabhängig von der Oberfläche betrachtet werden und im Anschluss daran die Oberfläche darauf hin überprüft werden.

34.2.2 Use-Cases

Hier lassen sich z. B. zwei Anwendungsfälle finden; siehe Abbildung 34.3.

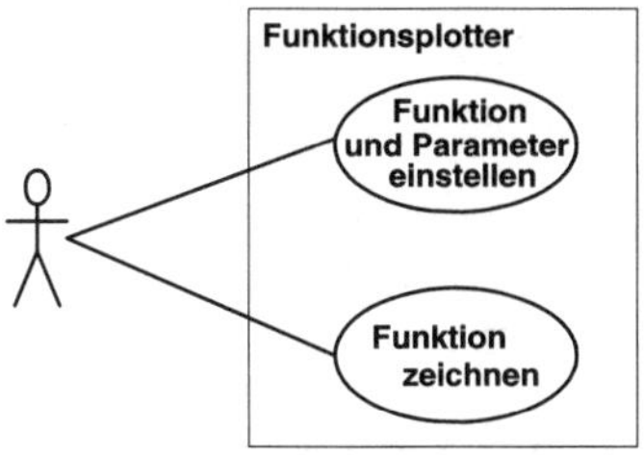

Abbildung 34.3: Anwendungsfalldiagramm zum Funktionsplotter

Nachfolgend werden diese beiden Anwendungsfälle näher beschrieben:

- *Funktion und Parameter einstellen:* In diesem Fall verändert der Anwender die Daten, die zur Berechnung der Funktion verwendet werden. Dies sind:
  - String, der die Funktion beschreibt (`f(x)`)
  - Berechneter und dargestellter Wertebereich für die x (`Xmin` und `Xmax`)
  - Dargestellter Wertebereich für die y (`Ymin` und `Ymax`)
  - Schrittweite beim dargestellten Raster (für x- und y-Achse gleich)
- *Funktion zeichnen:* Der Funktionsstring wird ausgewertet und die Funktion entsprechend der eingestellten Parameter gezeichnet.

34.2.3 Anforderungen

Die Anforderungen an den Funktionsplotter könnten in einem eigenen Dokument, z. B. einer Anforderungsspezifikation, festgehalten werden. Diese würde sinnigerweise das Use-Case-Diagramm und das Layout der Oberfläche enthalten bzw. referenzieren. Zudem könnten dort z. B. folgende weitere Punkte geklärt sein:

- Betriebssystem, unter dem die Applikation laufen soll (bei uns Linux/Unix und Windows); daher wird Qt eingesetzt.
- Geforderte Flexibilität für die Zukunft, z. B. Achsenbeschriftungen, dreidimensionale Funktionen darstellbar, Farben, ... usw.

34.2.4 Domain-Problem

Innerhalb eines Wertebereichs für x müssen korrespondierende Werte für y berechnet und grafisch dargestellt werden. Berechnung und entsprechende Darstellung müssen also mehrmals (für jeden Wert des Wertebereichs) durchgeführt werden, da die berechneten Werte für die Darstellung in das Darstellungsfenster zu projizieren sind.

Das Grundsätzliche Problem (Domain-Problem) besteht darin, dass die Funktion und die Parameter intern so zur Verfügung stehen sollten, dass die Berechnung und Darstellung effektiv läuft. Dazu muss der Funktionsstring, der vom Anwender vorgegeben wird, in eine passende Struktur zerlegt werden.

34.2.5 Architekturmodell

Bei dieser Aufgabenstellung bietet sich ein klassisches *MVC-Design* an. Die Berechnung kann von der Darstellung getrennt betrachtet werden. Ein anderer View für die Rechenergebnisse (z. B. Ausgabe auf der Konsole) ist jederzeit denkbar.

34.3 OOA-Modell/Grob-Design

34.3.1 Erstes Klassenmodell

Unsere bisherigen Überlegungen könnten zu einem ersten Klassenmodell führen, wie es in Abbildung 34.4 dargestellt ist. Da unser Projekt keinen allzu großen Umfang hat (zumindest im Vergleich zu den meisten industriellen Projekten), verschwimmen hier die Phasen Analyse und Grob-Design ineinander, d. h. unsere Überlegungen sind bereits so weit gediehen, dass unser erstes Klassenmodell in Abbildung 34.4 bereits ein Grob-Design darstellt.

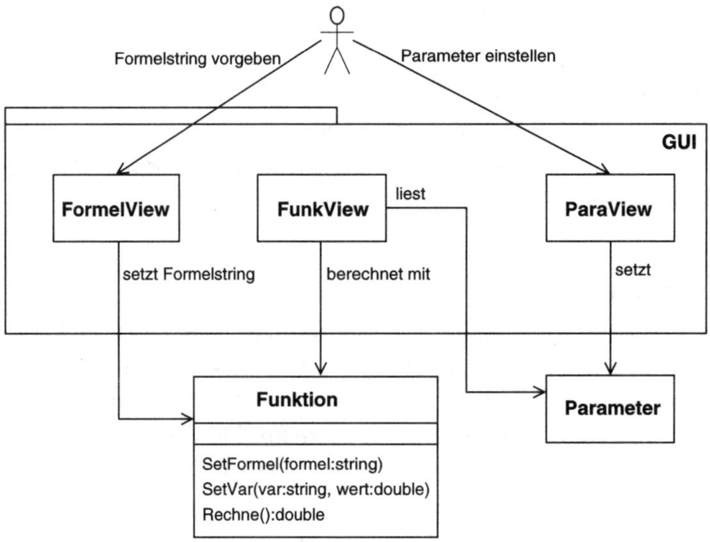

Abbildung 34.4: Erstes Klassenmodell (OOA) zum Funktionsplotter

Die Klassen FormelView, FunkView und ParaView für GUI

Die Klassen `FormelView`, `FunkView` und `ParaView` beziehen sich auf die GUI und werden daher unter Benutzung von Qt gelöst. Die Klassen haben dabei folgende Bedeutung:

- `FormelView` verwaltet das Editfeld, in dem der String für die Funktion/Formel eingegeben wird. Der String selbst wird jedoch von der GUI-unabhängigen Klasse `Funktion` verwaltet.
- `ParaView` übernimmt die Schnittstelle zum Anwender bezüglich der eingestellten Parameter. Die Parameter selbst werden jedoch von der GUI-unabhängigen Klasse `Parameter` verwaltet.

- `FunkView` berechnet die einzelnen Funktionswerte und stellt die resultierende grafische Funktion im dafür vorgesehenen Fenster dar. Die Berechnung erfolgt mit Hilfe der GUI-unabhängigen Klasse `Funktion`. Hierbei wird zunächst mit der Methode `Funktion::SetVar()` der jeweilige Wert für die Unbekannte vorgegeben (wie z. B. `SetVar("x", 2)`) und anschließend mit der Methode `Funktion::Rechne()` der resultierende Funktionswert erfragt. Dieser kann dann im Koordinatensystem entsprechend eingetragen werden. Die Wertegrenzen für die Berechnung und die Darstellung erfragt `FunkView` von der GUI-unabhängigen Klasse `Parameter`, die die Parameter verwaltet.

Von GUI unabhängige Klassen Funktion und Parameter

Die Klassen `Funktion` und `Parameter` sind also völlig unabhängig von der GUI (MVC-Design) und haben folgende Bedeutung:

- `Funktion` verwaltet den Funktionsstring, so dass damit gerechnet werden kann.
- `Parameter` verwaltet die Parameter.

Klassen in Abbildung 34.4 sind Komponenten (keine C++-Klassen)

- Bei Abbildung 34.4 handelt es sich um unser erstes Klassenmodell. Die hierin vorkommenden Klassen müssen daher nicht zwangsläufig Klassen im Sinne von C++ sein. Vielmehr werden sich die C++-Klassen erst durch weitere designtechnische Betrachtungen ergeben. Daher haben wir hier auch bei den Klassennamen das Präfix "C" weggelassen und werden im Folgenden statt von Klassen von Komponenten sprechen, wenn wir die Klassen aus Abbildung 34.4 meinen.
- Der Begriff *Komponente* soll in diesem Zusammenhang ausdrücken, dass es sich allgemein um ein Stück Software handelt; er macht hier keinerlei Aussage darüber, wie viele Klassen darin enthalten sind und hat in diesem Kontext auch nichts mit einer bestimmten Realisierungstechnik (Dll, COM/CORBA oder Ähnliches) zu tun.
- Statt des Klassensymbols hier jeweils das Package-Symbol zu verwenden, erschien uns an diesen Stellen zu übertrieben, und man sollte einfach auch klar unterscheiden zwischen den Klassen der Analyse und den Klassen des Feindesigns bzw. der Implementierung.

34.3.2 Grobplanung – Meilensteine

Wir nehmen hier folgende Grobplanung vor:

- **Erster Meilenstein: Realisierung von `Funktion` als Konsolen-Applikation**
  Wir beginnen mit der Entwicklung der internen Struktur für den Funktionsstring (`Funktion`), da diese uns derzeit noch unklar ist, aber von essentieller Bedeutung ist (vgl. Domain-Problem).
  Unser erster Meilenstein ist daher die Realisierung dieses Software-Teils als Konsolen-Applikation.
- **Zweiter Meilenstein: Applikation mit einer ansprechenden GUI**
  Der zweite Meilenstein ist dann die eigentliche Applikation mit einer ansprechenden GUI.

- **Versionsplanung**
  Da der Faktor *Time-To-Market* nicht unerheblich ist, sehen wir für unsere Applikation mehrere Versionen vor, die schrittweise erweitert werden.
  - **1. Version besitzt nur Grundfunkionalität**
    In einer ersten Version beschränken wir uns auf die vier Grundrechenarten (Addition, Subtraktion, Multiplikation, Division) und Potenzieren, inklusive Klammersetzung natürlich. Laut unserer Spezifikation gibt es außerdem in dieser Version nur eine Unbekannte im Funktionsstring und es wird vorerst auf Druckfunktionalität verzichtet.
  - **Weitere Versionen mit entsprechend erweiterter Funktionalität**
    Natürlich geht es in dem Buch auch darum, den Umfang nicht ins Unermessliche steigen zu lassen. Aber in der Praxis ist es äußerst wichtig, bereits in der Analysephase eine Versionsplanung vorzunehmen. Sie macht deutlich, an welchen Stellen auf jeden Fall Flexibilität gefragt ist.

34.4 Realisierung der Komponente Funktion

Das Entscheidende an `Funktion` ist die Verwaltung des Funktionsstrings, so dass damit gerechnet werden kann, d. h. der String muss interpretiert werden können. Dies geschieht in zwei Schritten:

1. **Lexikalische Analyse**
   Zerlegung des Strings in einzelne interpretierbare Teile (*Tokens*). Wir werden hier im weiteren Verlauf des Buches vom *Lexer* sprechen.
2. **Syntaktische Analyse**
   Interpretieren der einzelnen Tokens, sie in Zusammenhang stellen (Prioritäten der Operatoren) und damit das Rechnen ermöglichen. Dies ist die eigentliche Aufgabe eines so genannten *Parsers*[1]. Wir werden daher hier auch im weiteren Verlauf des Buches vom *Parser* sprechen.

34.4.1 Der Lexer

Der *Lexer* zerlegt den vorgegebenen String in einzelne Tokens und erstellt als Ergebnis eine Liste von Tokens. Jedem Token kann er dabei eine Wertigkeit und auch einen Tokentyp zuteilen, wie es Abbildung 34.5 verdeutlicht.

Tokentypen für unseren Lexer

In einem Funktionsstring können als Tokentypen vorkommen:

- Zahlen (`Zahl`)
- Operatoren (`Op`)
- Variablen (`Var`)
- Whitespaces (unsichtbare Zeichen, z. B. Leerzeichen, Return, Tab) Diese haben eine Sonderstellung, da sie nicht in die Tokenliste aufgenommen werden.

[1] Manche Fachleute sprechen auch allgemein von einem *Parser*, wenn sie streng genommen eine Komponente meinen, in der Lexer und Parser zusammen realisiert sind.

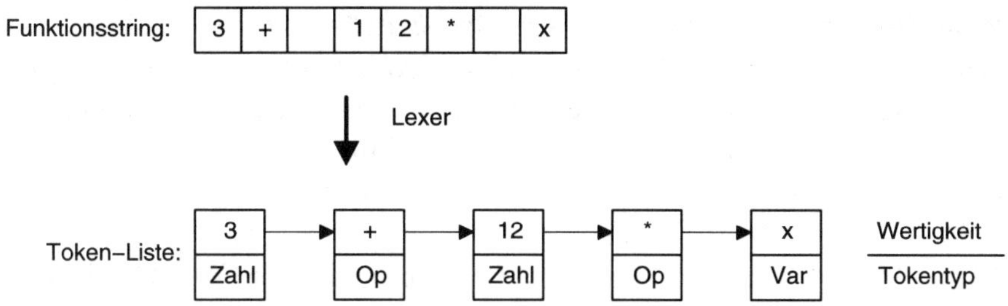

Abbildung 34.5: Aufgabe eines Lexers

Ein Token als Element der Liste ist also ein Paar aus Wertigkeit und Tokentyp.
Damit bieten sich bei Einsatz der STL folgende Typ-Definitionen in der Klasse an:

```
typedef pair<string,int> Token;
typedef list<Token> TokenList;
```

Tokenzerlegung erfolgt durch Anwenden von Regeln mittels „try and error“

Wie kann nun die Zerlegung des Strings in Tokens geschehen? Wir verwenden hier das Prinzip *„try and error“*, indem wir versuchen, unterschiedliche Token-Regeln auf den String anzuwenden. Die Regeln werden nacheinander durchlaufen, wobei jede Regel versucht, einen Token vom String abzutrennen. Schlägt dies fehl, so ist die nächste Regel an der Reihe. Das Verfahren läuft so lange, bis der String vollständig zerlegt ist bzw. im Fehlerfall keine Regel mehr greift. Abbildung 34.6 veranschaulicht das Prinzip.

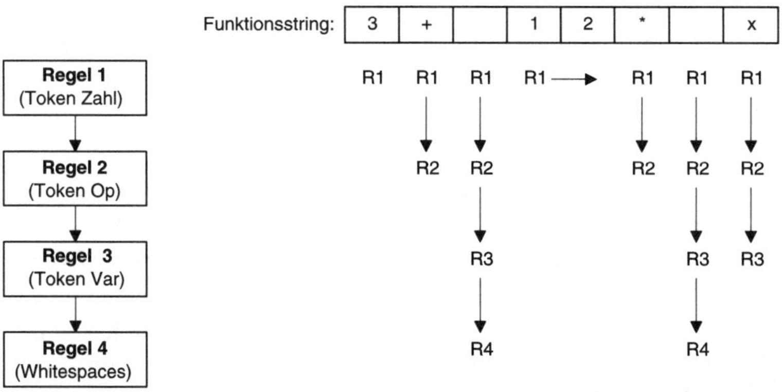

Abbildung 34.6: Anwenden der Regeln beim Lexer

In Abbildung 34.6 kann auf das erste Zeichen die Regel 1 angewendet werden. Beim zweiten Zeichen ist Regel 1 nicht erfolgreich, denn es kann hieraus kein `Zahl`-Token gebildet werden, daher kommt Regel 2 an die Reihe, die erfolgreich ist. Beim dritten Zeichen ist erst Regel 4 erfolgreich. Zeichen vier und fünf werden von Regel 1 extrahiert und daraus ein `Zahl`-Token gebildet usw.

Verwaltung der Regeln über eine gemeinsame Schnittstelle ILexer

Es bietet sich damit an, auch die Regeln in einer verketteten Liste zu hinterlegen, die dann entsprechend durchlaufen wird. Damit alle Regeln gemeinsam verwaltet werden können, sollten Sie über eine gemeinsame Schnittstelle verfügen, die wir `ILexer` nennen. `ILexer` sollte folgende Methoden besitzen:

- `Scannen()`
  Diese Methode scannt den Funktionsstring nach ihren Regeln. Wenn sie Erfolg hat, extrahiert sie die betreffenden Zeichen aus dem String. Dies kann dadurch geschehen, dass sie einen Anfang-Iterator entsprechend weiterschaltet. Die Token-Regeln benötigen als Parameter außerdem die Tokenliste, an die sie den aus den extrahierten Zeichen gebildeten Token anhängen. Die Schnittstellen-Methode `Scannen()` benötigt daher folgende Parameter:

  ```
  iterator&  begin, // Iterator auf den Beginn des Strings
  iterator&  end,   // Iterator auf das Ende des Strings
  string&    funk,  // der Funktionsstring
  TokenList& L      // die Tokenliste, an die das Token gehängt wird
  ```

  Über den Rückgabewert der Methode `Scannen()` wird mitgeteilt, ob der Scanversuch erfolgreich war.
- `Clone()`
  Es bietet sich an, die Elemente der Liste als Clone-Pointer zu realisieren, damit die Liste die Regeln im *Exclusive Ownership* vorliegen hat. Damit dies möglich ist, müssen die Regeln über die Methode `Clone()` verfügen.

Nachfolgend suchen wir nun die Klassen für die Implementierung der Regeln:

Bei Regel 1 bis Regel 3 verläuft das Scannen nach dem gleichen Prinzip

- Es wird im String nach gültigen Zeichen für den zu bildenden Token gesucht. Wird die Regel fündig, extrahiert sie die Zeichen aus dem String, bildet daraus einen Token und hängt ihn an die Tokenliste an. Der String wird im Gegenzug um die extrahierten Zeichen verkürzt.
- Ein Token kann aus mehreren Zeichen bestehen (z. B. mehrstellige Zahl). Es kann dabei einen Unterschied machen, ob das Zeichen an erster Stelle oder an einer folgenden Stelle steht, z. B. ist bei Variablen an erster Stelle nur ein Buchstabe erlaubt, in der Folge jedoch Ziffern und Buchstaben.
- Damit lässt sich für Regel 1 bis Regel 3 eine Klasse `CSequenz` definieren, die aus dem Funktionsstring mehrere Zeichen extrahieren und daraus einen Token bilden kann, der dann in die Tokenliste eingefügt wird.
- Da wir beim Extrahieren für die Gültigkeit zwischen Start- und Folgezeichen unterscheiden, hat diese Klasse als Attribut entsprechend zwei Strings, die die gültigen Zeichen enthalten. Außerdem besitzt sie als Attribut den Tokentyp, der beim Token mit eingetragen wird.
  Die entsprechenden Attributwerte werden von drei Instanzen für Regel1 bis Regel3 beim Anlegen über den Konstruktor gesetzt.

Abbildung 34.7 zeigt das zugehörige Klassendiagramm:

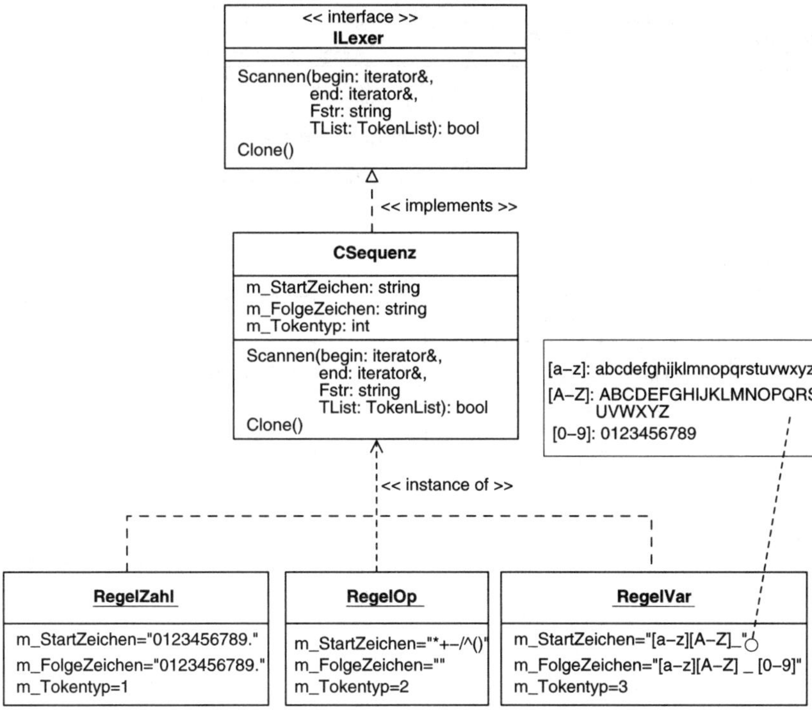

Abbildung 34.7: Klassen- und Objektdiagramm zu CSequenz (Regel1 - Regel3)

Unterschied beim Scannen für Regel 4

Für Regel 4 unterscheidet sich das Scannen insofern, dass kein Token gebildet wird, sondern die Whitespaces einfach extrahiert werden. Da wir also eine andere Implementierung von Scannen benötigen, führen wir hier eine eigene Klasse `CSkip` ein, die diese Aufgabe wahrnimmt.
Damit kommen wir insgesamt zu dem Klassendiagramm in Abbildung 34.8.

Klassendiagramm aus Abbildung 34.8 ähnelt Strategie-Entwurfsmuster

In Abbildung 34.8 lässt sich ansatzweise das so genannte Entwurfsmuster *Strategie (strategy)* entdecken, das allgemein eine Struktur wie in Abbildung 34.9 hat.
Hinsichtlich des Stragiemusters gilt Folgendes:

- Zweck des Strategiemusters ist es, eine Familie von Algorithmen zu definieren, wobei jeder einzelne Algorithmus gekapselt und damit austauschbar wird.
- Damit ermöglicht es das Strategiemuster, den Algorithmus unabhängig von den ihn genutzten Klienten zu variieren.
- In unserem Fall ist die Strategie das Scannen, das unterschiedlich verlaufen kann. Der Kontext für das Scannen ist bei uns der zu scannende String und die Tokenliste, die bei uns allerdings als Parameter an das Scannen übergeben werden. Diese hier in eine eigene Kontext-Klasse auszulagern und dann eine Kontext-Schnittstelle zur Verfügung zu stellen, die den Strategieobjekten den Zugriff auf die Kontext-Daten ermöglicht, wäre an dieser Stelle „overdesigned".

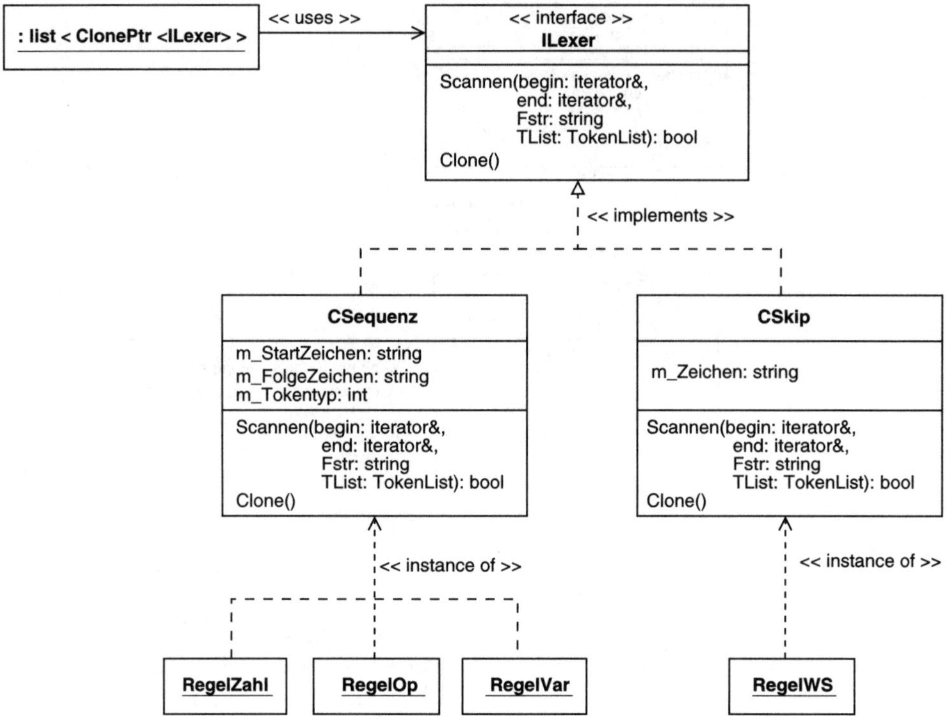

Abbildung 34.8: Klassendiagramm zur Regelliste für den Lexer

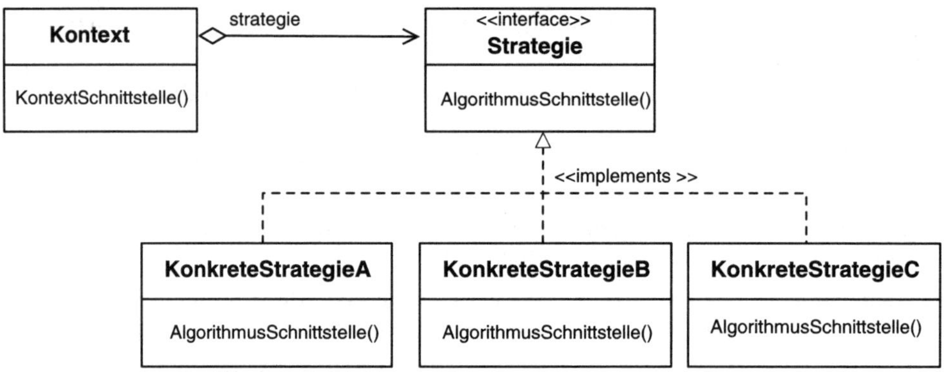

Abbildung 34.9: Struktur des Strategiemusters

Wir wollen nun unser Klassenmodell aus Abbildung 34.8 in C++-Code umsetzen, um zunächst einmal den Lexer zu testen, bevor wir uns mit dem Parser näher auseinander setzen.

Die Schnittstellenklasse ILexer

Programm 34.1 – `ILexer.h`:
Die Schnittstellenklasse ILexer

```
#ifndef INC_ILEXER
#define INC_ILEXER

#include <string>
#include <map>
#include <list>
using namespace std;

#include "ClonePtr.h"

class ILexer
{
  public:
    typedef string::iterator iterator;
    typedef pair<string,int> Token;
    typedef list<Token> TokenList;

    virtual ~ILexer() { };
    virtual bool Scannen(iterator &begin, iterator &end,
                         string &funk, TokenList &L)=0;
    virtual ILexer * Clone()=0;
};
typedef CClonePtr<ILexer> ILexerPtr;

#endif
```

Realisierung der Klasse CSequenz

In Programm 34.2 haben wir aus Platzgründen die vollständige Implementierung der Klasse `CSequenz` in der Headerdatei vorgenommen. In der Praxis würde man die Implementierung der Methoden in einer eigenen Datei `Sequenz.cpp` vornehmen.

Programm 34.2 – `Sequenz.h`:
Realisierung der Klasse CSequenz

```
#ifndef INC_SEQUENZ
#define INC_SEQUENZ
#include "ILexer.h"

class CSequenz : public ILexer {
  public:
     CSequenz(int TokenType, string StartZeichen, string FolgeZeichen) {
        m_StartZeichen = StartZeichen;
        m_FolgeZeichen = FolgeZeichen;
        m_TokenType    = TokenType;
     }
     virtual ~CSequenz() { }
```

```
    //...................... Implementierung von Schnittstelle ILexer
    virtual bool Scannen(iterator &begin, iterator &end,
                         string   &funk, TokenList &L) {
       iterator it = begin;
       string   NewToken;
         //...Erstes Zeichen der Sequenz
       if (m_StartZeichen.find(*it)==string::npos)
          return false;
         //...Folgezeichen lesen bis keines mehr kommt...
       NewToken += *it;
       for (++it; it!=end; ++it) {
          if (m_FolgeZeichen.find(*it)==string::npos)
             break;
          NewToken += *it;
       }
       begin = it;
       L.push_back( Token(NewToken, m_TokenType) );
       return true;
    }
    virtual ILexer *Clone() { return new CSequenz(*this); }
  private:
    string  m_StartZeichen, m_FolgeZeichen, m_NewToken;
    int     m_TokenType;
};
#endif
```

In Programm 34.2 wird die Methode `find()` der STL-Klasse `string` verwendet. Diese liefert als Returnwert nicht wie die `find()`-Methoden der anderen Container einen Iterator, sondern die Position, an der das Zeichen das erste Mal gefunden wurde. Wird das Zeichen nicht gefunden, ist der Rückgabewert `string::npos`.

Realisierung der Klasse CSkip

In Programm 34.3 haben wir wieder aus Platzgründen die vollständige Implementierung der Klasse `CSkip` in der Headerdatei vorgenommen. In der Praxis würde man die Implementierung der Methoden in einer eigenen Datei `Skip.cpp` vornehmen.

Programm 34.3 – `Skip.h`:
Realisierung der Klasse CSkip

```
#ifndef INC_SKIP
#define INC_SKIP

#include "ILexer.h"

class CSkip : public ILexer
{
  public:
    CSkip(string Zeichen) { m_Zeichen=Zeichen; }
    virtual ~CSkip() { }
```

```
    //....................... Implementierung von Schnittstelle ILexer
    virtual bool Scannen(iterator &begin, iterator &end,
                         string &funk, TokenList &L) {
        bool ret=false;
        iterator it;
        for (it=begin; it!=end; ++it) {
            if (m_Zeichen.find(*it)==string::npos) // kein Whitesp. mehr --> break
                break;
            ret = true;
        }
        begin = it; // Whitespaces entfernen
        return ret;
    }
    virtual ILexer * Clone() { return new CSkip(*this); }

  private:
    string m_Zeichen; // zu übergehende Zeichen
};
#endif
```

Durchlaufen der Regel-Liste mittels einer globalen Funktion

Den Algorithmus zum Durchlaufen der Regel-Liste legen wir in eine globale Funktion mit Namen `ScanString()`. Es lohnt sich hier nicht, nur wegen eines Algorithmus eine neue Klasse zu definieren, noch dazu da der Algorithmus ziemlich allgemein gültig ist. Objektorientiert zu programmieren bedeutet nicht, dass auf „Biegen und Brechen" alles in Klassen verpackt werden muss. Auch die STL verwendet für ihre Algorithmen globale Funktionen (siehe Kapitel 21.7 auf Seite 513). Programm 34.4 zeigt die Deklaration und Programm 34.5 die Implementierung der globalen Funktion `ScanString()`.

Programm 34.4 – `ParserHelper.h`:
Deklaration der globalen Funktion ScanString()

```
#ifndef INC_PARSERHELPER
#define INC_PARSERHELPER
#include "ILexer.h"
extern void ScanString(string& str, list<ILexerPtr>& RegelList,
                       ILexer::TokenList& Tok);
#endif
```

Programm 34.5 – `ParserHelper.cpp`:
Implementierung der globalen Funktion ScanString()

```
#include "ILexer.h"
#include "ParserHelper.h"

void ScanString(string& str, list<ILexerPtr>& RegelList, ILexer::TokenList& Tok) {
   // Anfang und Ende des Funktionsstrings
   string::iterator begin = str.begin();
   string::iterator end   = str.end();
```

```
   do { // Funktionsstring zeichenweise scannen und Regeln nacheinander anwenden
      list<ILexerPtr>::iterator it;
      for (it=RegelList.begin(); it != RegelList.end(); ++it)
         // Wenn Scan-Versuch der entspr. Regel erfolgreich war -> break
         if ((*it)->Scannen(begin, end, str, Tok) )
            break;
      // Wenn keine Regel erfolgreich war -> Zeichen wegwerfen
      if (it==RegelList.end())
         ++begin;
   } while(begin!=end); // Solange noch Zeichen im String
}
```

Mini-Test unserer Lexer-Komponente

Mit Hilfe der `main()`-Funktion in Programm 34.6 testen wir nun unseren Lexer. Bitte beachten Sie, dass dieses `main()` keinen vollständigen Komponententest darstellt. Hierzu müssten wesentlich mehr Testfälle abgedeckt werden. Dies würde den Rahmen des Buches jedoch sprengen; daher testen wir unsere Klassen und Komponenten hier immer nur minimal.

Programm 34.6 – `MiniTestLexer.cpp`:
Mini-Test unserer Lexer-Komponente

```
#include "ILexer.h"
#include "Skip.h"
#include "Sequenz.h"
#include "ParserHelper.h"
#include <string>
#include <algorithm>
#include <iostream>
#include <iomanip>   // f. setw
using namespace std;
enum Tokentyp_e { ZAHL=1, OPERATOR, NAME }; //... Enum für Tokentyp
//-------------------------------- globale Funktion zum Ausgeben der Tokenliste
void Print(ILexer::Token &T) {
   cout << setw(5) << T.first<< " - " << T.second << endl;
}
//---------------------------------------------------------------------- main
int main(void) {
   //Lexer bauen... nur zu Testzwecken....
   //............................................. Strings für die Regeln
   string Txt   = "abcdefghijklmnopqrstuvwxyzABCDEFGHIJKLMNOPQRSTUVWXYZ_",
          Z     = "0123456789",
          Komma = ".",
          Op    = "*+-/^()",
          Leer  = " \t";
   //.......................................................... Die Regeln
   CSequenz RegelZahl(ZAHL,Z+Komma,Z+Komma);
   CSequenz RegelOp(OPERATOR,Op,"");
   CSequenz RegelVar(NAME,Txt,Txt+Z);
   CSkip    RegelWS(Leer);
```

```
    //.................................................... Die Regel-Liste
    list<ILexerPtr> Regeln;  // Liste aus ILexer-Clone-Pointer
    Regeln.push_back(&RegelZahl);
    Regeln.push_back(&RegelOp);
    Regeln.push_back(&RegelVar);
    Regeln.push_back(&RegelWS);

    list<ILexer::Token> Tokens;                //... Die Tokenliste
    string  FunkStr(" 3+ 12 *   (x +1) ");  //... Der Funktionsstring
    ScanString(FunkStr,Regeln,Tokens);       //... Tokenliste generieren:
    cout << "Die Tokenliste (Token - typ): " << endl; //... Tokenliste ausgeben
    for_each(Tokens.begin(),Tokens.end(),Print);
}
```

Kompiliert und linkt man nun die entsprechenden Programmdateien, wie z. B.:
g++ -o MiniTestLexer MiniTestLexer.cpp RefCntrBase.cpp ParserHelper.cpp
so liefert der Aufruf **./MiniTestLexer** die folgende Ausgabe:

```
Die Tokenliste (Token - typ):
     3 - 1
     + - 2
    12 - 1
     * - 2
     ( - 2
     x - 3
     + - 2
     1 - 1
     ) - 2
```

Unser Lexer zerlegt also den Funktionsstring richtig in einzelne Tokens. Nun können wir uns an den Parser heranwagen.

34.4.2 Der Parser

Der Parser setzt die einzelnen Tokens aus der Tokenliste zueinander in semantische Beziehung und ermöglicht die Berechnung.

Baumstruktur für Funktionsterme

Betrachtet man die Berechnung eines mathematischen Terms, so erfolgt diese schrittweise, indem für jede Operation ein Ergebnis gebildet wird und dieses Ergebnis in die nächste Operation einfließt. Beispielsweise wird der Term `3+5*6` wie in Abbildung 34.10 aufgelöst.

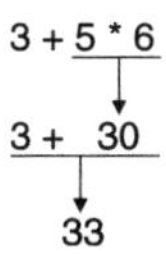

*Abbildung 34.10: Schrittweise Berechnung des Terms 3+5*6*

Wie in Abbildung 34.10 gezeigt, müssen bei der schrittweisen Auflösung die Prioritäten der Operatoren berücksichtigt werden, wie z. B. „Punkt-vor-Strich“. Hier bietet sich eine Baumstruktur an, die die einzelnen Elemente des Terms (die Tokens) nach der Reihenfolge, in der sie zu berechnen sind, sortiert hält. Eine solche Baumstruktur würde für obigen Term `3+5*6` wie in Abbildung 34.11 gezeigt aussehen.

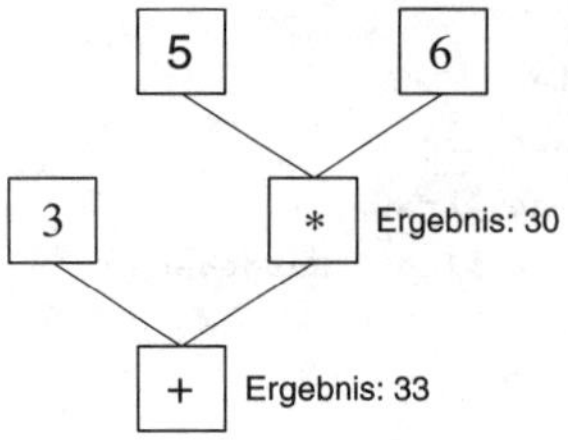

*Abbildung 34.11: Baumstruktur für den Term 3+5*6*

Die Baum-Elemente oder auch „Knoten“ verfügen alle über ein Ergebnis:

- Bei Operatoren ist dies das Ergebnis der Operation aus linken und rechten Nachbarn über dem Knoten, und
- bei einem Wert ist das Ergebnis der Wert selbst.

Klassendiagramm zu Baumknoten

Somit ließe sich zur gemeinsamen Verwaltung der Knoten eine Schnittstelle `INode` definieren, die eine Methode `Erg()` zur Ermittlung des Ergebnisses enthält. Da wegen Polymorphismus die verwalteten Knoten-Objekte Pointer sein müssen, bietet sich auch hier wieder die Verwendung des Clone-Pointers an, so dass wir uns um das Speichermanagement des Baumes nicht weiter kümmern müssen. Für die Baumstruktur kommen wir damit zu dem Klassendiagramm in Abbildung 34.12.

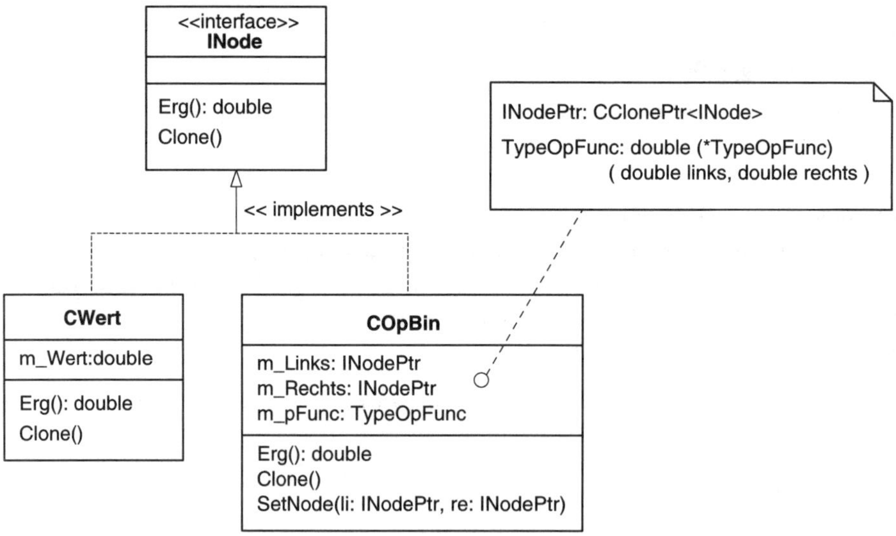

Abbildung 34.12: Klassendiagramm zu Baumknoten

Für Abbildung 34.12 gilt Folgendes:

- *Clone-Pointer für den linken und rechten Nachbarn (`CClonePtr<INode>`)*
  Hierfür führen wir die Typbezeichnung `INodePtr` ein.
- *Funktionspointer auf jeweilige Berechnungsfunktion reduziert Klassenzahl*
  Die ebenfalls neue Typbezeichnung `TypeOpFunc` ist ein Funktionspointer auf eine `double`-Funktion mit zwei Parametern vom Typ `double`. Diese benötigen wir für das Attribut `m_pFunc`. Hierin speichern wir die Adresse der Funktion, die für die Ergebnisberechnung des jeweiligen Operators zuständig ist.
  Auf diese Weise reduzieren wir die Anzahl der Klassen deutlich,
  - denn die binären Operatoren +, -, *, / können so als Objekte der einen Klasse `COpBin` realisiert werden, indem sie bei ihrer Konstruktion die Berechnungsfunktion als Pointer mit übergeben. Andernfalls hätten wir nur wegen der unterschiedlichen Berechnungsfunktion eine eigene Klasse einführen müssen, was die Anzahl der Klassen unnötig explodieren lässt.
  - Auch für die unären Operatoren +, -, ^ lässt sich die Klasse `COpBin` einsetzen, wobei dann der rechte Operator einfach nicht ausgewertet wird.

Realisierung der Klassen aus Abbildung 34.12 in C++

Unsere bisherigen Designüberlegungen wollen wir nun in C++-Code umsetzen. Die Programme 34.7 bis 34.9 zeigen die Realisierung der beiden Klassen `INode` und `COpBin` für die Baumstruktur, wie sie in Abbildung 34.12 entworfen wurden. Das erste Programm 34.7, das die Schnittstellenklasse `INode` realisiert, enthält dabei bereits einige Typdefinitionen bezüglich der Schnittstelle `INode`, nämlich `NodeMap` für die Map der Assoziation zwischen `string` in Tokenliste und korrespondierenden Teilbäumchen. Zudem wird auch zur besseren Lesbarkeit die Typdefinition `INodePtr` eingeführt.

- **Realisierung der Klasse `INode` und `COpBin` in C++**

Programm 34.7 – `INode.h`:
Definition der Schnittstelle INode in C++

```
#ifndef INC_INODE
#define INC_INODE
#include "ClonePtr.h"
#include <map>
#include <string>
using namespace std;

class INode
{
  public:
    typedef map<string,CClonePtr<INode> > NodeMap;
    virtual ~INode() {};
    virtual INode* Clone() = 0;
    virtual double Erg()   = 0;
};
typedef CClonePtr<INode> INodePtr;
#endif
```

Programm 34.8 – `OpBin.h`:
Definition der Klasse COpBin in C++

```
#ifndef INC_OPBIN
#define INC_OPBIN
#include "INode.h"
#include "Wert.h"

class COpBin : public INode
{
  public:
    typedef double (*TypeOpFunc)(double links, double rechts);
    COpBin(TypeOpFunc pFunk);
    virtual ~COpBin() { }
    void SetNode(INodePtr links, INodePtr rechts) {
        m_Links  = links;
        m_Rechts = rechts;
    }
    //... Implementierung von Schnittstelle INode
    virtual INode* Clone() { return new COpBin(*this);                    }
    virtual double Erg()   { return m_pFunc(m_Links->Erg(),m_Rechts->Erg()); }

  private:
    INodePtr m_Links;    // linker Nachbar (Operand)
    INodePtr m_Rechts;   // rechter Nachbar (Operand)
    TypeOpFunc m_pFunc;  // Pointer für berechnende Funktion
};

#endif
```

Programm 34.9 – `OpBin.cpp`:
Fehlende Methoden-Implementierung zur Klasse COpBin in C++

```
#include "OpBin.h"
COpBin::COpBin(TypeOpFunc pFunc) { m_pFunc=pFunc; }
```

Bezüglich der Klasse `CWert` stellen wir zunächst noch einige Überlegungen an.

Map und Common Ownership für Variablennamen

Letzten Endes stellen auch Variablen, wie z. B. `x`, nur einen Wert dar, der jedoch zur Laufzeit des Programms geändert werden kann. Am einfachsten kann dies dadurch realisiert werden, indem für das Attribut `CWert::m_Wert` *Common Ownership* gilt, d. h. es handelt sich nicht um einen `double`-Wert, sondern um einen Zeiger auf einen `double`-Wert. Die referenzierte Variable wird dann beim Aufbau des Baums von außen vorgegeben und könnte z. B. in einer Map hinterlegt sein, die zu jedem Bezeichner die zugehörige Variable speichert. Abbildung 34.13 zeigt, wie die Speicherstruktur für den Term `3+12*X` aussehen könnte.

In Abbildung 34.13 gibt es eine Map, die zu jeder Variablen ein korrespondierendes `CWert`-Objekt verwaltet. Dieses `CWert`-Objekt referenziert nun den gleichen Wert wie das `CWert`-Objekt im Baum.

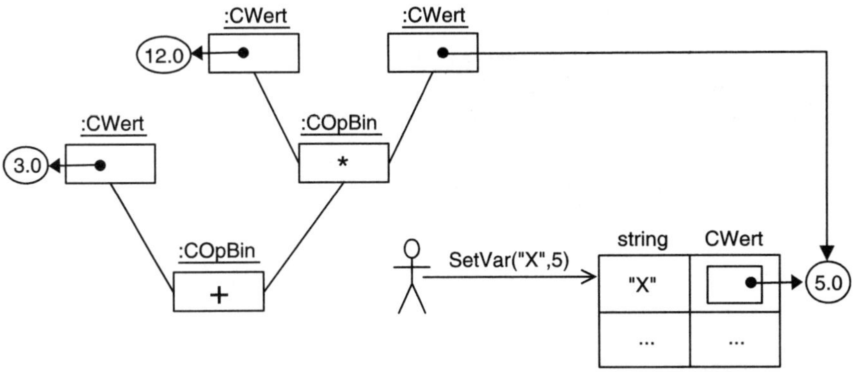

Abbildung 34.13: Variable in Baumstruktur

- **Common Ownership für Variablennamen mittels Reference-Pointer**
  Um das *Common Ownership* für `CWert::m_Wert` zu realisieren, verwenden wir am besten unseren Reference-Pointer, da er für uns das Speichermanagement im Hintergrund übernimmt. Mit ihm ist dann trotzdem eine Zuweisung wie `m_Wert=12` möglich. Unsere Klasse `CWert` würde dann wie in Abbildung 34.14 aussehen.

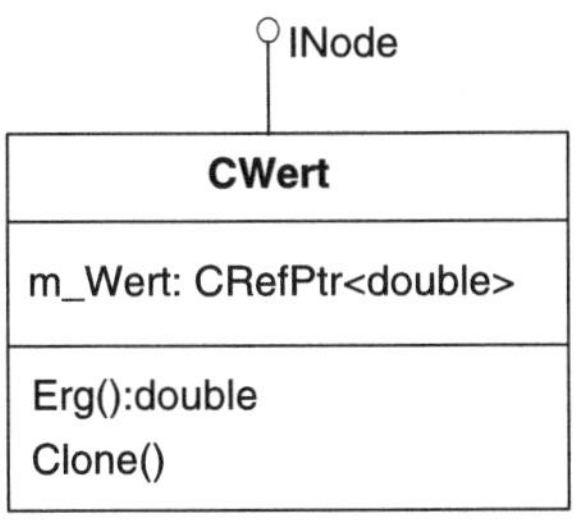

Abbildung 34.14: Klassendiagramm zur Klasse CWert

- **Realisierung der Klasse `CWert` in C++**
  In Programm 34.10 wurde wieder aus Platzgründen die vollständige Implementierung der Klasse `CWert` in der Headerdatei vorgenommen. In der Praxis würde man die Implementierung der Methoden in einer eigenen Datei `Wert.cpp` vornehmen.

Programm 34.10 – `Wert.h`:
Definition der Klasse CWert in C++

```
#ifndef INC_WERT
#define INC_WERT
#include "INode.h"
#include "RefPtr.h"
class CWert : public INode {
  public:
     CWert(double  Wert) { m_Wert = new double(Wert); }
     CWert() {}
```

```
    virtual ~CWert() {}
    //.... Implementierung Schnittstelle INode
    virtual INode* Clone() { return new CWert(*this); }
    virtual double Erg()   { return (double)(*this);  }
    //.... Operatoren
    CWert& operator =(const double &W) {
       if (!m_Wert)
          m_Wert = new double();
       *m_Wert=W;
       return *this;
    }
    operator double() { // Cast-Operator
       if (!!m_Wert) // dopp. Negierung-->kein Überladen von bool-cast nötig
         return *m_Wert;
       return 0.0;
    }
  private:
    CRefPtr<double> m_Wert; // Common Ownership, damit Wert verändert werden
                            // kann (nötig, wenn es eine Variable ist)
};
#endif
```

Anwenden der Regeln beim Parser

Die eigentliche Aufgabe des Parsers ist die Umwandlung der Tokenliste in eine korrespondierende Baumstruktur, wie dies Abbildung 34.15 zeigt.

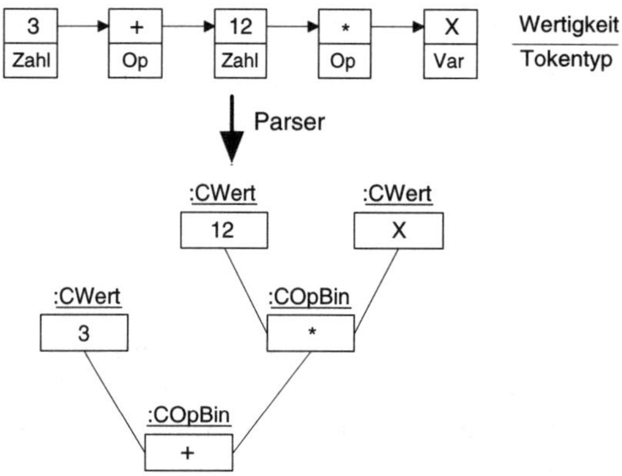

Abbildung 34.15: Aufgabe des Parsers

Ähnlich zum Lexer wenden wir der Reihe nach Regeln auf die Tokenliste an und bauen so schrittweise unsere Baumstruktur auf, wie es Abbildung 34.16 zeigt. Wir gehen hier so vor, wie wir auch in der Mathematik einen Term auflösen würden. Beim Term `2*3+4*5` würden wir zunächst alle Multiplikationen auflösen, bevor wir die Addition ausführen. Es wird also erst eine Regel (hier Multiplikation) vollständig auf den Term ausgeführt, bevor die nächste Regel an die Reihe kommt.

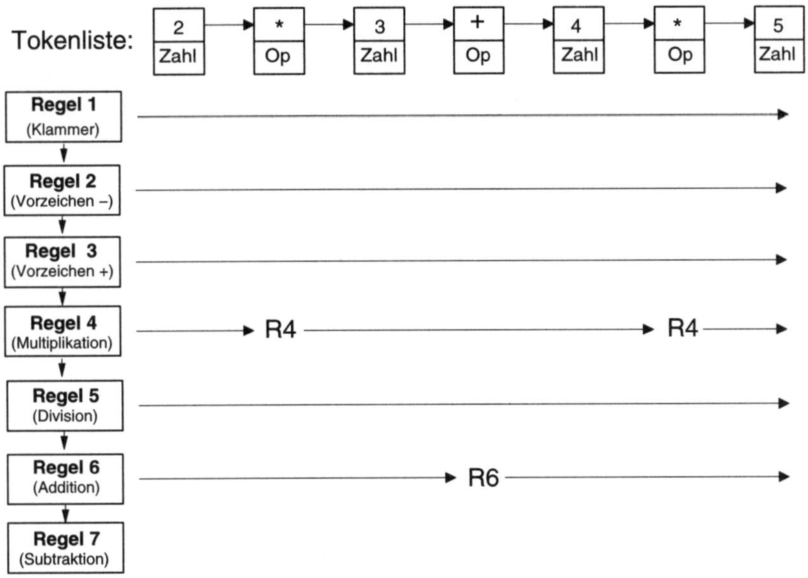

Abbildung 34.16: Anwenden der Regeln beim Parser

Unterschied dieses Verfahrens beim Parser zu dem beim Lexer

Wie Abbildung 34.16 zeigt, unterscheidet sich dieses Verfahren im Ablauf von dem beim Lexer, bei dem für jedes Zeichen jede Regel neu durchlaufen wurde. Hier wird erst eine Regel vollständig abgearbeitet, bevor die nächste Regel die Tokenliste vollständig weiterbearbeitet. Die Prioritäten der Operatoren lassen sich damit leicht durch die Reihenfolge der Regeln in der Liste steuern. In Abbildung 34.16 kommt daher zuerst die Regel für die Auflösung der Klammer (Regel 1), danach die unären Operatoren für Vorzeichen (Regel 2+3), hiernach gemäß „Punkt-vor-Strich" die „Punkt"-Operatoren (Regel 4+5) und erst am Ende dann die „Strich"-Operatoren (Regel 6+7).

Modifizieren der Regeln während Anwendung der Regeln

Worüber Abbildung 34.16 hinwegtäuscht, ist, dass die Tokenliste während der Anwendung der Regeln modifiziert wird. Denn jede Regel bildet Teilbäumchen und hängt diese statt der herausgelösten Tokens ein. Nach Anwendung der Regel 4 (Multiplikation) könnte sich unsere Tokenliste z. B. wie in Abbildung 34.17 darstellen.

Neuer Tokentyp Baum

Wie in Abbildung 34.17 zu sehen ist, muss es für die Zwischenschritte bei der Generierung einen neuen Tokentyp `Baum` geben, der auf einen herausgelösten Teilbaum verweist. Daraus folgt, dass es eine Assoziation geben muss zwischen dem String in der Tokenliste und dem zugehörigen Baum, also ein Objekt der Klasse `map<string, INodePtr>`.

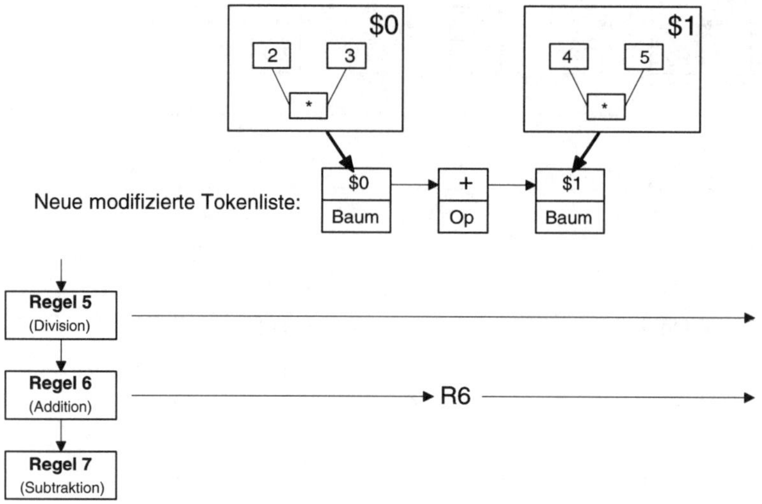

Abbildung 34.17: Veränderung der Tokenliste während Parser-Lauf

Regel 2 bis Regel 7 arbeiten nach gleichem Prinzip

Betrachten wir nun die einzelnen Regeln genauer, so stellen wir fest, dass Regel 2 bis Regel 7 nach einem gleichen Schema verfahren:

- Sie suchen in der Tokenliste nach ihrem Operatorzeichen. Wenn sie es gefunden haben, so bauen sie einen Teilbaum. Dazu betrachten sie die Tokenzeichen links und rechts vom gefundenen Operatorzeichen und tragen diese entsprechend im Teilbaum ein.
- Es wird dann ein eindeutiger String für den Teilbaum generiert.
- Der Teilbaum wird unter dem String in der zentralen Map hinterlegt und ein neuer Token mit dem String und dem Typ `Baum` in die Tokenliste eingetragen.
- Die Token, aus denen der Baum gebildet wurde, werden dafür aus der Tokenliste entfernt.

Regel 1 (Auflösen der Klammern) ist ein Sonderfall

Beim Auflösen der Klammern (Regel 1) ist das Prinzip etwas anders:

- Es werden alle Token zwischen der letzten „Klammer auf" und der ersten „Klammer zu" herausgetrennt.
- Auf resultierende Teil-Tokenliste sind dann wieder alle Regeln anzuwenden.

Klassenentwurf für die Parser-Regeln

Da alle Regeln in einer Liste verwaltet werden und damit über eine gemeinsame Schnittstelle verfügen müssen, bietet sich z. B. ein Klassenentwurf an, wie er in Abbildung 34.18 gezeigt ist.

Wie in Abbildung 34.18 zu sehen ist, enthält die Schnittstelle `IParser` die Methode `Clone()`, damit auch die Parser-Regeln als Clone-Pointer verwendet werden können. Die Methode `IParser::Parsen()` besitzt folgende Parameter:

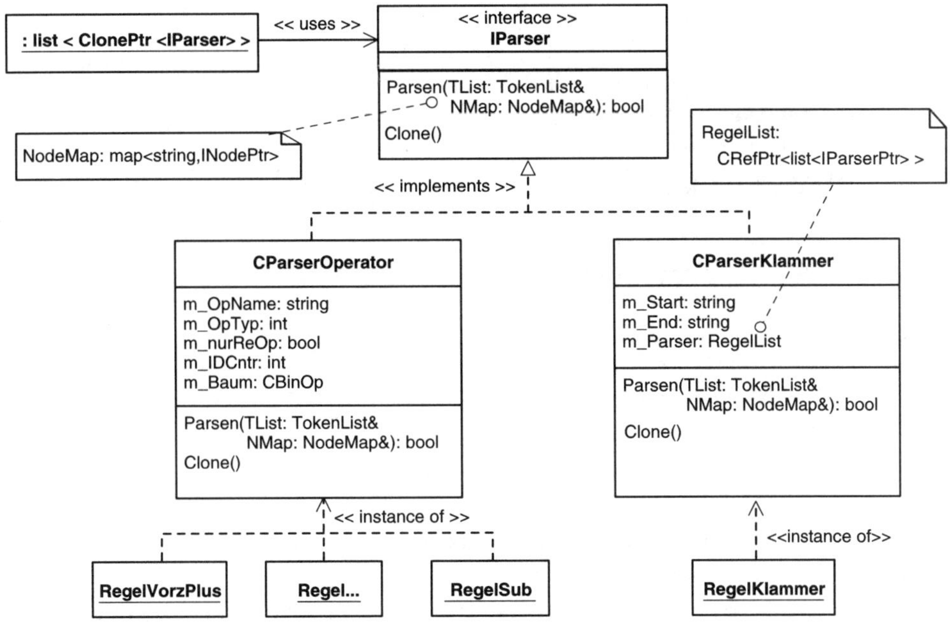

Abbildung 34.18: Klassenentwurf für die Parser-Regeln

- `TList: TokenList&` – *Liste der Tokens, die zu parsen ist.* Dies ist am Anfang die Tokenliste, die der Lexer erstellt hat. Während des Parser-Laufes kann diese dann als Tokens auch Teilbäume enthalten. Die Tokenliste wird *Call-by-Reference* übergeben, da die Parser-Regel diese im Erfolgsfall bearbeitet.
- `NMap: NodeMap&` – *Zentrale Map, in der die Assoziation zwischen String im Baum-Token unter dem zugehörigen Teilbäumchen (`INodePtr`) hinterlegt ist.* Diese Map wird *Call-by-Reference* übergeben, da die Parser-Regel im Erfolgsfall dort einen Eintrag für das generierte Teilbäumchen vornimmt.

Realisierung der Klassen aus Abbildung 34.18 in C++

- **Realisierung der Schnittstellenklasse `IParser` in C++**

  Programm 34.11 enthält bereits wieder korrespondierende Typdefinitionen zur Schnittstelle `IParser`, um die Lesbarkeit im Quellcode zu erhöhen.

Programm 34.11 – `IParser.h`:
Definition der Schnittstellenklasse IParser in C++

```
#ifndef INC_IPARSER
#define INC_IPARSER
#include <list>
#include <map>
#include <string>
#include "ILexer.h"
#include "ClonePtr.h"
#include "RefPtr.h"
#include "INode.h"
```

```
class IParser {
  public:
     typedef pair<string,int> Token;
     typedef ILexer::TokenList TokenList;
     typedef TokenList::iterator iterator;
     typedef map<string,INodePtr> NodeMap;
     virtual ~IParser() { }
     //... Schnittstellen-Methoden
     virtual bool Parsen(TokenList &L, NodeMap &NMap)=0;
     virtual     IParser *Clone()=0;
};
typedef CClonePtr<IParser>          IParserPtr;
typedef CRefPtr<list<IParserPtr> > ParserListRef;
#endif
```

- **Realisierung der Klasse `CParserOperator` in C++**

Zur Implementierung der Methode `Parsen()` benötigt `CParserOperator` folgende Attribute, die dann beim Konstruktor-Aufruf eines `CParserOperator`-Objekts angegeben werden können:

- `m_OpName: string` – Tokenstring, nach dem in Tokenliste gesucht wird.
- `m_OpTyp: int` – Der zum Tokenstring gehörige Tokentyp.
- `m_nurReOp: bool` – Flag, das angibt, ob nur der rechte Operand ausgewertet werden soll, d. h. ob es sich um eine Regel für einen unären Operator, wie z. B. Vorzeichen, handelt.
- `m_IDCntr: int` – Zähler zur Generierung eines eindeutigen Namens, mit dem von Regel generiertes Teilbäumchen in Map eingetragen wird.
- `m_Baum: CBinOp` – Vorlage für das bei Erfolg zu generierende `CBinOp`-Objekt (Teilbaum für Operation). Z. B. muss für Multiplikations-Regel ein `CBinOp`-Objekt als Vorlage beim Konstruktor übergeben werden, das auf eine Berechnungsfunktion für Multiplikation verweist.

Programm 34.12 – `ParserOperator.h`:
Definition der Klasse CParserOperator in C++

```
#ifndef INC_PARSEROPERATOR
#define INC_PARSEROPERATOR
#include "IParser.h"
#include "ClonePtr.h"
#include "INode.h"
#include "OpBin.h"
#include <math.h>
class CParserOperator : public IParser  {
  public:
     CParserOperator(string OpName, int OpType, COpBin &Op, bool nurReOp)
        : m_OpName(OpName), m_OpType(OpType),
          m_nurReOp(nurReOp), m_IDCntr(0), m_Baum(Op) { }
     virtual ~CParserOperator() { }
     //... Implementierung der Schnittstelle IParser
     virtual bool Parsen(TokenList &L, NodeMap &NMap);
     virtual IParser* Clone() { return new CParserOperator(*this); };
```

```
  private:
    string m_OpName;  // Operator-Bezeichnung aus Token
    int    m_OpType;  // Operatortyp aus Token
    bool   m_nurReOp; // binärer Operator?
    int    m_IDCntr;  // Zähler zur Generierung eines eindeutigen Strings
    COpBin m_Baum; // Welches Bäumchen generiert werden soll,
                   // z.B. *-Bäumchen für Multiplikation
    INodePtr SetWert(string &str, NodeMap &NMap) {
      NodeMap::iterator It=NMap.find(str);
      if (It != NMap.end()) // Kommt String in Map vor?
        return It->second; // INodePtr aus der Map zurückgeben
      // String nicht in Map -> neuen CWert mit String als Zahl
      return &CWert(atof(str.c_str()));
    }
    void SetTreeNode(string &links, string &rechts, NodeMap &NMap) {
      // Aus String INode-Elemente machen und in Baum setzen
      INodePtr Nlinks  = SetWert(links,NMap);
      INodePtr Nrechts = SetWert(rechts,NMap);
      m_Baum.SetNode(Nlinks, Nrechts);
    }
};
//-------------------------Hilfsfunktion zum Anlegen der einzelnen Operatoren
extern IParserPtr GenParserOperator(double (*pF)(double,double), const char*op,
                                    int Typ, bool nurReOp=false);
//------------------------------globale Berechnungsfunktionen für Operatoren
inline double add_op(double o1,double o2) { return  o1+o2;  }
inline double sub_op(double o1,double o2) { return  o1-o2;  }
inline double div_op(double o1,double o2) { return  o1/o2;  }
inline double mul_op(double o1,double o2) { return  o1*o2;  }
inline double sin_op(double o1,double o2) { return sin(o2); }
#endif
```

Programm 34.13 – `ParserOperator.cpp`:
Fehlende Methoden-Implementierung zur Klasse CParserOperator in C++

```
#include <algorithm>
#include "ParserOperator.h"
#include "OpBin.h"
bool CParserOperator::Parsen(TokenList &L, NodeMap &NMap) {
  iterator begin = L.begin(), // Iteratoren für die Tokenliste
           end   = L.end(), ItOp, Itlinks;
  bool nurRechterOperand;

  //... 1. Solange nach Operator suchen, bis der erste gefunden wird
  Itlinks = ItOp = begin;
  for (Itlinks = ItOp = begin; ItOp != end && ItOp->first != m_OpName; ++ItOp)
    Itlinks=ItOp;
  if (ItOp==end)  // der Operator ist nicht in der Liste
     return false;
```

```
    //... 2. Operator wurde gefunden -> rechtes Element bestimmen
    iterator Itrechts=ItOp;
    Itrechts++;
    if (Itrechts==end) // wenn rechtes Element Ende ist -> irgendwas falsch
      return false;
    // Ist der gefundene Operator ein unärer oder ein binärer Operator?
    // unär, wenn links neben Op. noch ein Op // (z.B. ...25*-1...) oder
    // wenn Op. an 1. Pos. (z.B -1*25...)
    nurRechterOperand = Itlinks->second==m_OpType || Itlinks==ItOp;
    if(nurRechterOperand != m_nurReOp) // passe 'ich' zur gefundenen Operatorart
       return false;
    // Bäumchen mit richtigen Werten belegen
    SetTreeNode(Itlinks->first, Itrechts->first, NMap);
    // eindeutigen Namen für neuen Operanden erzeugen und Baum in Map eintragen
    char name[255];
    sprintf(name,"$%x_%x",this,m_IDCntr++);
    NMap[name]=m_Baum; // Bäumchen in Map eintragen (durch ClonePtr wird
                       // eigene Kopie eingetragen)
    if (!nurRechterOperand) // Überflüssige Elemente aus der TokenListe löschen
       L.erase(Itlinks);
    L.erase(Itrechts);
    // generierten Variablen-Namen in die TokenListe eintragen
    ItOp->second = -1;
    ItOp->first  = name;
    return true;
}
// globale Hilfsfkt zum Anlegen eines Parser-Operators (mit Vorlagenbäumchen)
IParserPtr GenParserOperator(double (*pF)(double,double), const char *OpName,
                             int OpTyp, bool nurRechterOp) {
   COpBin OpBin(pF);  // Vorlagenbäumchen (kann lokal angelegt werden und dann
                      // beim Konstruieren an P übergeben werden, da ClonePtr)
   CParserOperator P(OpName, OpTyp, OpBin, nurRechterOp);
   return &P;  // möglich, da Returnwert ClonePtr ist
}
```

Anhand der Programme 34.12 und 34.13 wollen wir die Generierung des Teilbaumes noch einmal genauer betrachten.

- **`m_Baum` besitzt Vorlagenbaum, der mit entsprechender Berechnungsfunktion verbunden ist:** Die Klasse `CParserOperator` besitzt im Attribut `m_Baum` einen Vorlagenbaum, der mit der richtigen Berechnungsfunktion verbunden ist. Für die Multiplikations-Regel muss z. B. ein Teilbaum generiert werden, der als Wurzel ein `CBinOp`-Objekt hat, das über eine Multiplikationsberechnung verfügt. Bei der Divisions-Regel dagegen muss das `CBinOp`-Objekt über eine Divisionsberechnung verfügen. Der entsprechende Vorlagenbaum, d. h. genau genommen ein entsprechendes `CBinOp`-Objekt, wird daher beim Konstruktoraufruf der Regel mit übergeben. Hierfür gibt es eine eigene Funktion `GenParserOperator()`, die ein entsprechendes Vorlagenbäumchen anlegt und erst dann das Regel-Objekt (`P` in der Funktion) mit diesem Vorlagenbäumchen konstruiert.

- **Wertebelegung der Bäumchen**
  Ein weiterer interessanter Punkt in Programm 34.12 ist dann die Wertebelegung des Bäumchens, denn beim Parsen wird zunächst der linke und rechte Operand ermittelt, der in der Tokenliste noch als String vorhanden ist. Die `private`-Methode `SetTreeNode()` generiert mit Hilfe der Funktion `SetWert()` aus den Strings die Operanden in Form von `INodePtr`.
  Ein Operand kann dabei sein:
  * anderes Teilbäumchen, das dann in `NMap` unter dem String eingetragen wäre.
  * Zahl, deren Wert dann aus dem String mit `atof()` ermittelt werden kann. Da `atof()` als Parametertyp ein `char*` erwartet, muss dieser von der Klasse `string` mit Hilfe der Methode `c_str()` erfragt werden. Zu der Zahl wird dann ein entsprechendes `CWert`-Objekt angelegt, das vom Typ her bekanntlich auch ein `INode` ist.
  * Variable, wobei der Zusammenhang zwischen Variablenname (`string`) und entsprechendem `CWert`-Objekt auch in einer Map hinterlegt ist. Da ein `CWert` ein `INode` ist, können auch die Variablen-Assoziationen in `NMap` hinterlegt werden, so dass nur noch `NMap` betrachtet werden muss.
- Ein dritter wichtiger Punkt ist die Generierung eines eindeutigen Strings, unter dem das Bäumchen in die zentrale Map (`NMap`) eingetragen wird. Hierzu wird ein Zähler verwendet. Da dieser in jedem Objekt vorkommt, genügt er alleine nicht, sondern er wird zusammen mit der Objektadresse verknüpft, um eindeutig zu sein. Alternativ hätte das Attribut `m_IDCntr` auch `static` implementiert werden können, dann müsste es allerdings in der Basisklasse definiert sein, da der Zähler über alle Regeln (auch zukünftige) eindeutig sein muss. Es wäre jedoch unschön, wenn die Schnittstellenklasse `IParser` Daten besitzen würde, da eine Schnittstellenklasse per Definition nur aus abstrakten Methoden besteht.

- **Realisierung der Klasse `CParserKlammer` in C++**
  In Programm 34.14 haben wir wieder aus Platzgründen die vollständige Implementierung der Klasse `CParserKlammer` in der Headerdatei vorgenommen.

Programm 34.14 – `ParserKlammer.h`:
Definition der Klasse CParserKlammer in C++

```
#include "IParser.h"
#include "ParserHelper2.h"
#include <algorithm>
class CParserKlammer   : public IParser {
  public:
     CParserKlammer(string Start, string End, ParserListRef &P) {
        m_Start  = Start;
        m_End    = End;
        m_Parser = P;
     }
     virtual ~CParserKlammer() {}
     //... Implementierung der Schnittstelle IParser
     bool Parsen(TokenList &L, NodeMap &NMap) {
```

```
        // Iteratoren für die Tokenliste
        iterator begin=L.begin(),
                 end = L.end(), It,
                 StartIt=end;  // enthält stets die letzte 'Klammer auf'
        for (It=begin; It!=end; ++It) {
          if (It->first==m_Start) // Position von 'Klammer auf' speichern
            StartIt=It;
          if (It->first==m_End && StartIt!=end ) { // Suche erste 'Klammer zu'
            TokenList Tmp;
            // Alles zwischen letzter Klammer auf und erster Klammer zu
            // umkopieren in Tmp und aus L löschen inkl. 'Klammer auf'
            for (StartIt=L.erase(StartIt); StartIt!=It;
                 StartIt=L.erase(StartIt))
              Tmp.push_back(*StartIt);
            // Aus Tmp-Tokenliste Bäumchen generieren
            ParseTokens(Tmp,*m_Parser,NMap);
            // Wurzel des Bäumchens aus Klammerausdruck an *It zuweisen,
            // wobei *It auf 'Klammer zu' von Orginal-Tokenliste L zeigt.
            *It = Tmp.front();
            return true;
          }
        }
        return false; // Keine 'Klammer zu' gefunden
    }
    virtual IParser *Clone() { return new CParserKlammer(*this); }
  private:
    string m_Start; // Zeichen für 'Klammer auf'
    string m_End;   // Zeichen für 'Klammer zu'
    ParserListRef m_Parser; // Regelliste
};
```

Die `Parsen()`-Methode der Klasse `CParserKlammer` ist etwas einfacher, da diese lediglich ein Stück Tokenliste heraustrennt und das eigentliche Parsen den anderen Regeln überlässt. Die Klasse `CParserKlammer` benötigt für ihre Implementierung von `Parsen()`:

- `m_Start: string` – Zeichen für „Klammer auf"
  Dies ist ein String, damit (für zukünftige Anwendungen) auch Klammerungen wie << ... >> möglich wären.
- `m_End: string` – Zeichen für „Klammer zu"
  ist korrespondierend zu `m_Start` ein String.
- `m_Parser: RegelList` – Die Liste mit den Parserregeln
  Diese benötigt die Methode, da sie für den Klammerausdruck eine temporäre Tokenliste erstellt und darauf die Parserregeln anwenden lässt. Die Liste mit den Parserregeln wird aus Performance-Gründen als Reference-Pointer übergeben.

- **Durchlaufen der Regeln mittels globaler Funktionen**
  Den Algorithmus zum Durchlaufen der Regeln legen wir in die globale Funktion `ParseTokens()`, die wir wie `ScanString()` in das Modul 34.15 legen.

Programm 34.15 – `ParserHelper2.cpp`:
Definition der globalen Hilfsfunktionen ScanString() und ParseTokens()

```
#include "ILexer.h"
#include "ParserHelper2.h"

//------------------------------------------------------------ScanString
void ScanString(string& str,
                list<ILexerPtr>& RegelList,
                ILexer::TokenList& Tok)
{
   string::iterator begin = str.begin(); // Anfang und Ende des Fktsstrings
   string::iterator end   = str.end();
   do { // Fktsstring zeichenweise scannen und Regeln nacheinander anwenden
      list<ILexerPtr>::iterator It;
      for(It=RegelList.begin();It!=RegelList.end();++It)
         if ( (*It)->Scannen(begin,end,str,Tok) ) // Scan-Versuch entspr. Regel
            break;                                // erfolgreich -> break
      if (It==RegelList.end()) // Keine Regel erfolgreich -> Zeichen wegwerfen
         ++begin;
   } while (begin!=end); // Solange noch Zeichen im String
}

//------------------------------------------------------------ParseTokens
void ParseTokens(IParser::TokenList &Tok,
                 list<IParserPtr> &parser,
                 IParser::NodeMap &NMap)
{
  // Eine Regel nach der anderen anwenden
  for (list<IParserPtr>::iterator It=parser.begin(); It!=parser.end(); ++It)
     while( (*It)->Parsen(Tok,NMap) )
        ;
}
```

Programm 34.16 – `ParserHelper2.h`:
Deklaration der globalen Hilfsfunktionen ScanString() und ParseTokens()

```
#ifndef INC_PARSERHELPER
#define INC_PARSERHELPER

#include "ILexer.h"
#include "IParser.h"

extern void ScanString(string& str,
                       list<ILexerPtr>& RegelList,
                       ILexer::TokenList& Tok);

extern void ParseTokens(IParser::TokenList& Tok,
                        list<IParserPtr>& parser,
                        IParser::NodeMap& NMap);
#endif
```

Mini-Test unseres Parsers

Um unseren Parser zu testen, erweitern wir `main()` aus Programm 34.6, mit dem wir unseren Lexer testeten.

Programm 34.17 – `MiniTestParser.cpp`: Mini-Test unseres Parsers

```
#include "ILexer.h"
#include "Skip.h"
#include "Sequenz.h"
#include "ParserHelper2.h"
#include "IParser.h"                // f. Parser
#include "ParserKlammer.h"          // f. Parser
#include "ParserOperator.h"         // f. Parser
#include <string>
#include <algorithm>
#include <iostream>
#include <iomanip>   // f. setw
using namespace std;
enum Tokentyp_e { ZAHL=1, OPERATOR, NAME }; //... Enum für Tokentyp

//-------------------------------- globale Funktion zum Ausgeben der Tokenliste
void Print(ILexer::Token &T) {
   cout << setw(5) << T.first<< " - " << T.second << endl;
}
//---------------------------------------------------------------------------- main
int main(void) {
   //--------------------------------- Lexer bauen... nur zu Testzwecken....
   //.............................................. Strings für die Regeln
   string  Txt   = "abcdefghijklmnopqrstuvwxyzABCDEFGHIJKLMNOPQRSTUVWXYZ_",
           Z     = "0123456789",
           Komma = ".",
           Op    = "*+-/^()",
           Leer  = " \t";
   //.......................................................... Die Regeln
   CSequenz RegelZahl(ZAHL, Z+Komma, Z+Komma);
   CSequenz RegelOp(OPERATOR, Op, "");
   CSequenz RegelVar(NAME, Txt, Txt+Z);
   CSkip    RegelWS(Leer);
   //...................................................... Die Regel-Liste
   list<ILexerPtr> Regeln;  // Liste aus ILexer-Clone-Pointer
   Regeln.push_back(&RegelZahl);
   Regeln.push_back(&RegelOp);
   Regeln.push_back(&RegelVar);
   Regeln.push_back(&RegelWS);
   list<ILexer::Token> Tokens;                    //... Die Tokenliste
   string  FunkStr(" 12+ 2 *        (x +1) "); //... Der Funktionsstring
   cout << "Der Funktionsstring: f(x)= " << FunkStr << endl;
   ScanString(FunkStr, Regeln, Tokens);     //... Tokenliste generieren
   cout << "Die Tokenliste (Token - typ): " << endl; //... Tokenliste ausgeben
   for_each(Tokens.begin(), Tokens.end(), Print);
```

```
    //-------------------------------------------------------------------- Parser
    CRefPtr<list<IParserPtr> > ParserRegeln = new list<IParserPtr>();
    ParserRegeln->push_back( &CParserKlammer("(",")",ParserRegeln) ); // (...)
    ParserRegeln->push_back( GenParserOperator(sub_op,"-",OPERATOR,true) ); // -
    ParserRegeln->push_back( GenParserOperator(add_op,"+",OPERATOR,true) ); // +
    ParserRegeln->push_back( GenParserOperator(pow,    "^",OPERATOR) ); // Potenz
    ParserRegeln->push_back( GenParserOperator(mul_op,"*",OPERATOR) ); // Multipl.
    ParserRegeln->push_back( GenParserOperator(div_op,"/",OPERATOR) ); // Divis.
    ParserRegeln->push_back( GenParserOperator(add_op,"+",OPERATOR) ); // Addition
    ParserRegeln->push_back( GenParserOperator(sub_op,"-",OPERATOR) ); // Subtr.
    //.......................................................... Wertemap setzen
    map<string,CWert> Values;
    Values["x"]=CWert(0);
    //................. Initialisieren der KnotenMap mit den Variablen (Values)
    IParser::NodeMap NodeMap;
    map<string,CWert>::iterator i;
    for (i=Values.begin(); i!=Values.end(); ++i)
       NodeMap[i->first]=&i->second;
    //.................................................... Ausführen des Parsers
    ParseTokens(Tokens, *ParserRegeln, NodeMap);
    // was an erster Stelle bei Tokens steht, ist Name des gesamten Funktionsbaums
    INodePtr Baum = NodeMap[Tokens.front().first];
    //......................................... Werte berechnen und ausgeben
    cout << endl << "Die berechneten Werte ( x:  f(x)):" << endl;
    for (int x=0; x < 10; x++) {
       Values["x"]=x;  // geht wegen double Cast-Operator bei CWert
       cout << x << ": " << setw(5) << Baum->Erg() << endl;
    }
}
```

Um bei unserem Test keine störenden Testausgaben durch die Clone- und Reference-Pointer zu erhalten, empfiehlt es sich, das „Tracing“ in Programm 34.4 (`RefCntrBase.cpp`) auszuschalten, indem man dort die erste Zeile auskommentiert:

```
// #define TRACE_REF // Test-Ausgaben einschalten
```

Kompiliert und linkt man nun die entsprechenden Programmdateien, wie z. B.:
**g++ -o MiniTestParser MiniTestParser.cpp ParserHelper2.cpp **
ParserOperator.cpp OpBin.cpp RefCntrBase.cpp
so liefert der Aufruf **./MiniTestParser** die folgende Ausgabe:

```
Der Funktionsstring: f(x)=  12+ 2 *        (x +1)
Die Tokenliste (Token - typ):
   12 - 1
    + - 2
    2 - 1
    * - 2
    ( - 2
    x - 3
    + - 2
```

```
      1 - 1
      ) - 2
Die berechneten Werte ( x:  f(x)):
0:    14
1:    16
2:    18
3:    20
4:    22
5:    24
6:    26
7:    28
8:    30
9:    32
```

In Programm 34.17 halten wir die Variablen-Map (`Values`) von der Teilbäumchen-Map (`NodeMap`) aus verwaltungstechnischen Gründen getrennt. Nur für die Generierung des Bäumchens kopieren wir vorher die Variablen-Assoziationen in die Teilbäumchen-Map.

34.4.3 Überbau über Lexer und Parser

Da die Benutzung von Lexer und Parser ziemlich komplex wirkt, wollen wir das Generieren der Baumstruktur nun in eine eigene Klasse `CTreeGenerator` verpacken, die dem Nutzer der Klasse eine einfache Schnittstelle zur Verfügung stellt. Diese Klasse könnte wie in Abbildung 34.19 aussehen.

CTreeGenerator
m_Baum: INodePtr m_Values: map<string,CWert> m_Lexer: list<ILexerPtr> m_Parser: CRefPtr<list<IParserPtr> >
SetFunktion(str: string): bool SetValue(name:string, wert: double): bool Erg(): double

Abbildung 34.19: Klassendiagramm zu CTreeGenerator

Die Klasse `CTreeGenerator` ermöglicht nun eine einfache Nutzung:

- `SetFunktion()` – *Vorgabe des Funktionsstrings*: Die Klasse generiert intern dann eine Baumstruktur, die sie sich in `m_Baum` merkt.
- `Erg()` – *Abfragen des Ergebnisses, das sich für die gesetzten Variablenwerte aus Funktionsstring ergibt:* Die Klasse delegiert intern dann an `m_Baum->Erg()`.
- `SetValue()`, z. B. `SetValue("X", 5)` – *Wert für eine Variable vorgeben*: Die Klasse nimmt intern dann einen entsprechenden Eintrag in der Map `m_Values` vor, in der alle Variablen hinterlegt sind.

Zur Generierung des Bäumchens benötigt die Klasse intern die Regel-Liste für den Lexer (`m_Lexer`) und die Regel-Liste für den Parser (`m_Parser`), die sie im Konstruktor mit Regel-Objekten belegt.

Realisierung der Klasse CTreeGenerator in C++

Programm 34.18 – `TreeGenerator.h`:
Definition der Klasse CTreeGenerator in C++

```
#include "INode.h"
#include "IParser.h"
#include "ILexer.h"
#include "Wert.h"
#include <list>
#include <string>
using namespace std;
class CTreeGenerator  {
   enum { ZAHL, NAME, OPERATOR, };
public:
   CTreeGenerator();
   virtual ~CTreeGenerator() { }
   bool SetFunktion(string &str);
   bool SetValue(string &str, double Value) {
      m_Values[str] = Value;
      return true;
   }
   double Erg() {
      if (!m_Baum)
         return 0.0;
      return m_Baum->Erg();
   }
private:
   INodePtr           m_Baum;   // Die Wurzel des Baums
   map<string,CWert> m_Values; // Variablen-Map
   list<ILexerPtr>            m_Lexer;
   CRefPtr<list<IParserPtr> > m_Parser;
   void GenNewValues(list<IParser::Token> &Tokens);
};
```

Programm 34.19 – `TreeGenerator.cpp`:
Fehlende Methoden-Implementierung zur Klasse CTreeGenerator in C++

```
#include "TreeGenerator.h"
#include "Skip.h"
#include "Sequenz.h"
#include "ParserHelper2.h"
#include "ParserOperator.h"
#include "ParserKlammer.h"
#include <math.h>
CTreeGenerator::CTreeGenerator() {
   //.............................................. Strings für die Regeln
   string  Zeichen     = "abcdefghijklmnopqrstuvwxyzABCDEFGHIJKLMNOPQRSTUVWXYZ_",
           Ziffern     = "0123456789",
           Komma       = ".",
           Operatoren  = "*+-/^()",
           Leerzeichen = " \t";
```

```
    //........................................................ Die Lexer-Regeln
    m_Lexer.push_back( &CSequenz(NAME, Zeichen, Zeichen+Ziffern) );
    m_Lexer.push_back( &CSequenz(ZAHL, Ziffern+Komma, Ziffern+Komma) );
    m_Lexer.push_back( &CSequenz(OPERATOR, Operatoren, "") );
    m_Lexer.push_back( &CSkip(Leerzeichen) );
    m_Parser = new list<IParserPtr>(); // Parserliste anlegen
    //....................................................... Die Parser-Regeln
    m_Parser->push_back( &CParserKlammer("(",")",m_Parser) ); // (...)
    m_Parser->push_back( GenParserOperator(sub_op,"-",OPERATOR,true) ); // -
    m_Parser->push_back( GenParserOperator(add_op,"+",OPERATOR,true) ); // +
    m_Parser->push_back( GenParserOperator(pow,    "^",OPERATOR) ); // Potenz
    m_Parser->push_back( GenParserOperator(mul_op,"*",OPERATOR) ); // Multipl.
    m_Parser->push_back( GenParserOperator(div_op,"/",OPERATOR) ); // Divis.
    m_Parser->push_back( GenParserOperator(add_op,"+",OPERATOR) ); // Addition
    m_Parser->push_back( GenParserOperator(sub_op,"-",OPERATOR) ); // Subtr.
}
bool CTreeGenerator::SetFunktion(string &str) {
    list<IParser::Token> Tokens;     //...Liste von Tokens des Parsers
    ScanString(str,m_Lexer,Tokens); //... Scannen der Funktion
    // Sicherstellen, dass alle Bezeichner in m_Values sind, bevor Parser startet
    GenNewValues(Tokens);
    //...................Initialisieren der NodeMap mit den Variablen/(m_Values)
    IParser::NodeMap NMap;
    map<string,CWert>::iterator it;
    for (it=m_Values.begin(); it!=m_Values.end(); ++it)
       NMap[it->first] = &it->second;
    //.................................................. Ausführen des Parsers
    ParseTokens(Tokens,*m_Parser,NMap);
    // Was an erster Stelle bei Tokens steht, ist Name des gesamten Funktionsbaums
    m_Baum=NMap[Tokens.front().first];
    return true;
}
void CTreeGenerator::GenNewValues(list<IParser::Token> &Tokens) {
    // Tokenliste nach Bezeichnern durchsuchen und in
    // m_Values eintragen, falls noch nicht vorhanden.
    list<IParser::Token>::iterator It;
    for (It=Tokens.begin(); It!=Tokens.end(); ++It)
       if (It->second==NAME) {
          string str=It->first;
          if(m_Values.find(str)==m_Values.end())
             m_Values[It->first]=0.0;
       }
}
```

Nachfolgend noch einige Erläuterungen zur Klasse `TreeGenerator.cpp`:

- Die `private`-Methode `GenNewValues()`:

  Da in der Schnittstelle der Klasse `CTreeGenerator` das Setzen des Funktionsstrings getrennt vom Setzen der Werte erfolgt, ist es auch möglich, dass `SetFunktion()` vor `SetValue()` aufgerufen wird. Wenn die Einträge in die Werte-Map `m_Values` nur bei `SetValue()` erfolgen würde, wäre dies ein Problem, da die Werte für die Variablen in der `NodeMap` stehen müssen, bevor die Generierung des Baumes erfolgt. Daher wird vor der Generierung des Baumes (Parsen) die eigens dafür konzipierte `private`-Methode `GenNewValues()` aufgerufen, die die Tokenliste nach Variablen durchsucht und in `m_Values` einträgt, falls sie dort noch nicht vorhanden sind.

- Keine Abhängigkeit in der Reihenfolge der Methodenaufrufe:
  Grundsätzlich gilt, dass eine Klasse stets so realisiert sein sollte, dass zwischen den Methodenaufrufen keine Abhängigkeit in der Reihenfolge besteht! Denn Benutzungsfehler sind später sehr schwer zu finden, daher sollten sie – wo immer es möglich ist – von vornherein ausgeschaltet werden.

Klasse CFunktion – Verstecken weiterer interner Komponenten

Die Klasse `CTreeGenerator` verfügt zwar schon über eine gut zu benutzende Anwenderschnittstelle, allerdings sind hier die internen Komponenten *Lexer* und *Parser* und noch der *Strukturbaum* zu erkennen. Sollen diese auch noch versteckt werden, so kann vor die Klasse `CTreeGenerator` eine weitere Klasse gelegt werden. Wir nennen diese Klasse `CFunktion`.

Programm 34.20 zeigt die Realisierung der Klasse `CFunktion`, wobei wir wieder aus Platzgründen die vollständige Implementierung der Klasse `CFunktion` in der Headerdatei vorgenommen haben. In der Praxis würde man die Implementierung der Methoden in einer eigenen Datei `Funktion.cpp` vornehmen.

Programm 34.20 – `Funktion.h`:
Definition der Klasse CFunktion in C++

```
#ifndef INC_FUNKTION
#define INC_FUNKTION
#include "RefPtr.h"
#include "TreeGenerator.h"
#include <string>

class CFunktion  {
  public:
     CFunktion()           { m_Gen=new CTreeGenerator(); }
     virtual ~CFunktion() { }
     bool SetFunktion(const char *str) {
        if (str==0 || !m_Gen)
           return false;
        string tmp=str;
        return m_Gen->SetFunktion(tmp);
     }
     bool SetValue(const char *str,double Value) {
        if (!m_Gen)
           return false;
        string tmp = str;
        return m_Gen->SetValue(tmp,Value);
     }
     double Erg() { return (!m_Gen) ? 0.0 : m_Gen->Erg(); }
```

```
   private:
      CRefPtr<CTreeGenerator>  m_Gen;
};
#endif
```

Nachfolgend noch einige Erläuterungen zu Programm 34.20:

- die Implementierung der Methoden von `CFunktion` besteht lediglich darin, dass sie die Anfragen an ein `CTreeGenerator`-Objekt delegiert.
- Im praktischen Einsatz hat es sich als nützlich erwiesen, die Schnittstelle einer Klasse, die sich insgesamt als Schnittstelle einer Komponente darstellt, unabhängig von jeglicher Bibliothek zu halten. Die Klasse `CFunktion` enthält daher in ihrer Schnittstelle nur noch reine Konstrukte der Sprache C++, wobei selbst auf die Verwendung von STL-Klassen hier verzichtet wird. Anstatt der Klasse `string` wird in den Methoden-Parametern von `CFunktion` nur noch der Typ `char*` verwendet.

Mini-Test der Klasse CFunktion

Um unsere Klasse `CFunktion` zu testen, verwenden wir Programm 34.21, das auch die nach außen einfache Benutzung der Klasse `CFunktion` verdeutlicht.

Programm 34.21 – `MiniTestFunktion.cpp`:
Mini-Test der Klasse CFunktion

```
#include <iostream>
#include "Funktion.h"

int main(void) {
   CFunktion F;
   char *str=" X +20+50";
   F.SetFunktion(str);
   F.SetValue("X", 10);
   cout << "Werteliste zu f(x) = " << str << ": " << endl;
   for (int i=1; i <= 5; ++i) {
      F.SetValue("X", i);
      cout << i << ": " << F.Erg() << endl;
   }
}
```

Kompiliert und linkt man nun die entsprechenden Programmdateien, wie z. B.:
**g++ -o MiniTestFunktion MiniTestFunktion.cpp TreeGenerator.cpp \
RefCntrBase.cpp ParserOperator.cpp OpBin.cpp ParserHelper2.cpp**
so liefert der Aufruf **./MiniTestFunktion** die folgende Ausgabe:

```
Werteliste zu f(x) =  X +20+50:
1: 71
2: 72
3: 73
4: 74
5: 75
```

Entwurfsmuster Fassade – Verstecken der Interna von Klassen nach außen

Dieses Prinzip, die Interna der Klasse nach außen zu verstecken und dem Nutzer nur das Wesentliche zur Verfügung zu stellen und zu zeigen, wird auch als Fassade bezeichnet. Die *Fassade (facade)* ist ein Entwurfsmuster mit dem Zweck, eine einheitliche Schnittstelle zu einer Menge von Schnittstellen eines Subsystems zu bieten. Eine Fassade arbeitet daher meist mit mehreren Klassen zusammen, an die sie die gestellten Anfragen ihrer Klienten delegiert, wie dies Abbildung 34.20 zeigt.

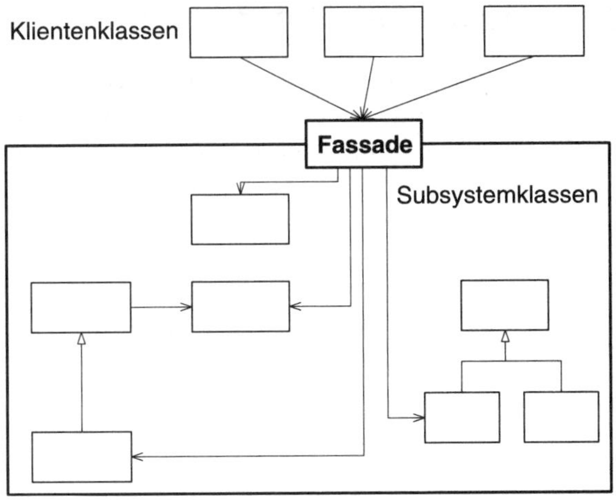

Abbildung 34.20: Struktur des Entwurfsmusters Fassade

34.4.4 Reflexion

- **Einfache Benutzung und leichte Erweiterbarkeit**
  Nach außen ist unsere Komponente `Funktion` einfach zu benutzen. Intern verfügt sie über eine zukunftsträchtige Struktur. Es können leicht neue Regeln definiert werden, und die Funktionalität von Lexer und Parser kann so einfach erweitert werden. Auch der Baum könnte leicht um neue Typen erweitert werden. Durch die Variablen-Map ist es möglich, auch Funktionsstrings mit mehreren Unbekannten vorzugeben, z. B. zum Zeichnen von dreidimensionalen Kurven.
- **Gute Performance**
  Wichtig an der gewählten Struktur ist auch, dass sie an der entscheidenden Stelle Performance bringt, nämlich wenn es um das Berechnen der Werte geht. Denn die Prioritäten der Operatoren liegen dann bereits durch den Baum vor und müssen nicht mit jeder Berechnung neu ermittelt / geparst werden.
- **Vereinfachte Implementierung durch Clone- und Reference-Pointer**
  Die Implementierung haben wir uns an vielen Stellen dadurch vereinfacht, indem wir unsere Smart-Pointer, den Clone-Pointer und den Reference-Pointer verwendet haben. Diese haben uns davon entlastet, an sämtlichen Stellen über das Speichermanagement nachdenken zu müssen. So konnten wir uns auf die eigentliche Problemstellung konzentrieren und schrittweise Objekte und Klassen ausfindig machen.

- **Leichte Realisierung in einer anderen objektorientierten Sprache**
  Natürlich macht sich die Verwendung von Smart-Pointern und STL-Klassen als Typen auch im Klassendiagramm bemerkbar. Insofern ist das Design im Klassendiagramm nicht unabhängig von der Programmiersprache. Die aufgezeigten Strukturen hätten sich aber ohne Weiteres auch mit einer anderen objektorientierten Sprache realisieren lassen.

34.5 Realisierung der Komponente Parameter

Aufgabe der Komponente `Parameter` ist es, die Parameter `Xmin`, `Xmax`, `Ymin`, `Ymax` und `Raster` zu verwalten. Da es sich hier nur um fünf Daten handelt, sehen wir hier lediglich eine Klasse vor, die die Verwaltung dieser Daten übernimmt. Diese Klasse nennen wir `CParameter`. Sie enthält die Parameter als Attribute und verfügt über entsprechende `Set()`- und `Get()`-Methoden.

Programm 34.22 – `Parameter.h`:
Realisierung der Klasse CParameter

```
class CParameter  {
  public:
     CParameter() {
        m_Xmin = m_Ymin = -10;
        m_Xmax = m_Ymax = 10;
        m_Raster = 1;
     }
     virtual ~CParameter() { }
     double GetXmin()   { return m_Xmin;   } // Erfragen der verwalteten Daten
     double GetXmax()   { return m_Xmax;   }
     double GetYmin()   { return m_Ymin;   }
     double GetYmax()   { return m_Ymax;   }
     double GetRaster(){ return m_Raster; }
     void SetXmin(double V)   { m_Xmin = V;   } // Setzen der verwalteten Daten
     void SetXmax(double V)   { m_Xmax = V;   }
     void SetYmin(double V)   { m_Ymin = V;   }
     void SetYmax(double V)   { m_Ymax = V;   }
     void SetRaster(double V) { m_Raster = V; }
  private:
     double m_Xmax, m_Xmin, m_Ymax, m_Ymin, m_Raster; // Die verwalteten Daten
};
```

Erläuterungen zum Programm 34.22:

- Die Verwaltung der Daten ist in Programm 34.22 minimal gewählt. In einem Kunden-Projekt könnte die Verwaltung der Daten auch komplexer aussehen. Z. B. würde es Sinn machen, beim Setzen der Daten eine Plausibilitätsprüfung durchzuführen, etwa dass `Xmin` < `Xmax` sein muss. Es stellt sich dann natürlich sofort die Frage, was im Fehlerfall passiert:
  Eine Möglichkeit wäre, dass der Wert `Xmax` so lange zurückgewiesen wird, bis `Xmin` entsprechend korrigiert wurde. Natürlich müsste dieser Zustand im Modell dann an der Oberfläche entsprechend visualisiert werden, was aber dann

nicht Aufgabe von CParameter wäre. CParameter würde hier höchstens ein Flag für die Anzeige vorsehen, das darüber Auskunft gibt, ob die Werte gültig sind, d. h. in welchem Zustand sich das Modell befindet. Dieses Flag müsste dann vom View-Anteil abgefragt und visualisiert werden.

- Wie wir bereits in Kapitel 26.9 auf Seite 612 erläutert haben, ist der Grundgedanke bei einem MVC-Design, dass das Modell vom View entkoppelt ist. Denn das Modell kann anderen Gliederungsaspekten folgen, als dies für den View gilt. Da die Verwaltung der Daten im Modell liegt, ist dieses auch für die Konsistenz der Daten zuständig und sollte dafür sorgen, dass es insgesamt stets in einem definierten Zustand ist.
- In unserem Fallbeispiel wollen wir aus Gründen der Übersichtlichkeit und des Umfangs auf solche Plausibilitätsprüfungen verzichten. Außerdem waren sie streng genommen in unserer Spezifikation für den Funktionsplotter nicht gefordert. Das mag hier vielleicht etwas lächerlich erscheinen, aber gerade die prinzipielle Fehlerbehandlung, d. h. wie sich das System im Fehlerfall nach außen präsentiert, sollte in einer Spezifikation berücksichtigt werden. Denn je nach Projekt kann dies ein entscheidender Punkt sein, und die Spezifikation dient schließlich häufig als Vertragsgrundlage.
- Ein weiterer Grund, die Verwaltung der Daten nicht in der GUI vorzunehmen, ist, dass die Daten auch anderweitig manipuliert werden könnten. Beispielsweise könnte es eine Konfigurationsdatei für die Daten geben, oder die Daten könnten via externer Schnittstelle von anderen Applikationen abgefragt werden.

34.6 Realisierung der GUI-Komponenten

Aus Portabilitätsgründen haben wir uns (bereits in der Analysephase) für die Klassenbibliothek Qt entschieden. Wenn wir nun die GUI betrachten, so stellen wir fest, dass wir dafür folgende Widgets benötigen:

- Sechs Objekte von QLineEdit (Texteingabefeld) für Xmin, Xmax, Ymin, Ymax, Raster und den Funktionsstring.
- Ein Widget für die Darstellung der grafischen Funktion, das wir als eigenes Qt-Widget erstellen werden.
- Ein Main-Widget, das die anderen Widgets enthält.

Betrachten wir einmal das Zusammenspiel von Xmin und der Klasse CParameter. Um eine Wertänderung im Editfeld an das Modell weiterzumelden, würde im einfachsten Fall das Signal vom QLineEdit-Objekt mit einem Slot in CParameter verbunden werden. Damit wäre CParameter dann aber bereits Qt-spezifisch und nicht mehr unabhängig von der Oberfläche. Um dies zu vermeiden, führen wir eine weitere Klasse ein, die hier die Mittlerrolle zwischen GUI und Modell übernimmt. Vom MVC-Gedanken her kommt hier der *Controller* ins Spiel, der die Ablaufsteuerung übernimmt, d. h. z. B. festlegt, was zu tun ist, wenn der Anwender den Xmin-Wert verändert hat und den Qt-Button „Neu Zeichnen" anklickt. Die Klasse, die diesen Part übernimmt, nennen wir CFunktCtrl.

Klassenmodell zum Funktionsplotter

Damit lässt sich ein Klassenmodell aufstellen, wie es in Abbildung 34.21 gezeigt ist.

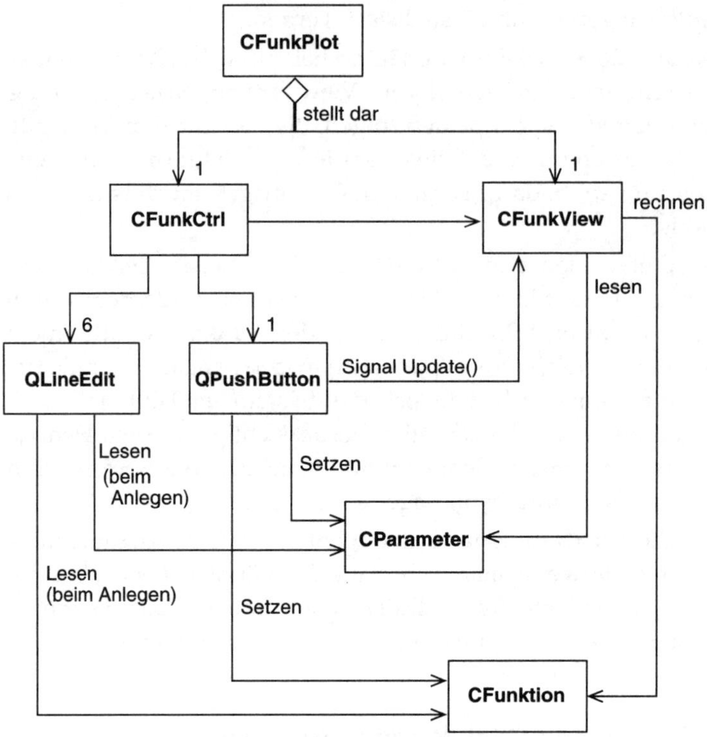

Abbildung 34.21: Klassenmodell zum Funktionsplotter

Die neuen Klassen in Abbildung 34.21 haben folgende Bedeutung:

- `CFunkPlot`: Dies ist das Main-Widget für die Applikation.
- `CFunkCtrl`: Dies ist der Controller, der die Ablaufsteuerung der Applikation übernimmt. Die Kommunikation mit den Qt-Objekten erfolgt über Signal-Slot-Prinzip und die mit den GUI-unabhängigen Klassen mittels Methodenaufruf.
- `QPushButton`: Diese Qt-Klasse wird für den „Neu Zeichnen"-Button in der Applikation verwendet. Das Drücken des Buttons (Signal `clicked()`) bewirkt das neue Zeichnen der Funktion durch `CFunkView`.
- `QLineEdit`: Diese Qt-Klasse wird für die Editfelder von `Xmin`, `Xmax`, `Ymin`, `Ymax`, `Raster` und dem Funktionsstring verwendet. Änderungen in den Editfeldern werden nicht sofort ausgewertet, sondern erst, wenn der Button „Neu Zeichnen" gedrückt wird.
- `CFunkView`: Dieses Widget zeichnet die grafische Funktion in einem Koordinatensystem. Dazu liest es die Parameterwerte aus `CParameter` und berechnet die Werte mit Hilfe von `CFunktion`. Damit es dies tun kann, werden ihm von `CFunkCtrl` Reference-Pointer auf die entsprechenden `CParameter`- und `CFunktion`-Objekte übermittelt.

Die folgenden Programme zeigen nun die Umsetzung unseres Klassenmodells aus Abbildung 34.21 in C++. Wir beginnen dieses Mal mit `main()` und anschließend mit der Main-Widgetklasse `CFunkPlot`, bevor wir uns den Klassen `CFunkCtrl` und `CFunkView` widmen. Aus Platzgründen haben wir bei diesen Programmen oft die Implementierung teilweise oder sogar vollständig in den Headerdateien vorgenommen. In der Praxis würde man die Implementierung der Methoden in einer eigenen `.cpp`-Datei vornehmen.

main() zur Funktionsplotter-Applikation

Programm 34.23 – `FktsPlotter.cpp`:
main() zur Funktionsplotter-Applikation

```
#include <qapplication.h>
#include "FunkPlot.h"

int main(int argc, char *argv[]) {
   QApplication a(argc,argv);
   CFunkPlot *funkplot = new CFunkPlot();
   a.setMainWidget(funkplot);
   funkplot->show();
   return a.exec();
}
```

Realisierung des Main-Widgets CFunkPlot

Programm 34.24 – `FunkPlot.h`:
Realisierung des Main-Widgets CFunkPlot

```
#include <qwidget.h>
#include <qlayout.h>
#include "FunkCtrl.h"
#include "FunkView.h"
class CFunkPlot : public QWidget { // CFunkPlot ist main-Widget der Applikation
  public:
     CFunkPlot(QWidget *parent=0, const char *name=0) : QWidget(parent, name) {
        m_pView = new CFunkView(this); //....... CFunkView und CFunkCtrl anlegen
        m_pCtrl = new CFunkCtrl(m_pView, this);
        QVBoxLayout *topLayout = new QVBoxLayout( this );
        topLayout->addWidget(m_pView);
        topLayout->addWidget(m_pCtrl);
     }
     ~CFunkPlot() { }
  private:
     CFunkView   *m_pView;
     CFunkCtrl   *m_pCtrl;
};
```

Einige Erläuterungen zu Programm 34.24:

- **Anlegen eines `CFunkView`- und eines `CFunkCtrl`-Objekts**
  Im Konstruktor von `CFunkplot` wird zunächst ein Objekt der Klasse `CFunk-View` und dann ein Objekt der Klasse `CFunkCtrl` angelegt. Dem `CFunkCtrl`-

Objekt wird dabei noch die Adresse des `CFunkView`-Objekts als Argument übergeben, damit das `CFunkCtrl`-Objekt den View, den es ja triggern muss, kennt.

- **Positionieren der Objekte mittels Layout-Manager**
  Danach werden diese beiden angelegten Objekte im Main-Widget `CFunkPlot` mittels eines Layout-Managers positioniert. Dies könnten wir mit `setGeometry()` tun, allerdings wären dann die Positionen fest, so dass bei einer Vergrößerung des Widgets `CFunkPlot` die darin enthaltenen Widgets in ihrer Größe und Position fix bleiben. Um nun die enthaltenen Widgets automatisch an die Größe des Container-Widgets anzupassen, verfügt Qt über Layout-Klassen. Daher legen wir ein Objekt `topLayout` der Klasse `QVBoxLayout` an (`V` steht für *vertikal*), das für die vertikale Anordnung der Widgets in `CFunkPlot` zuständig ist (Parameter `this`):

```
QVBoxLayout *topLayout = new QVBoxLayout( this ); // Layout-Widget
```

Mit den nächsten beiden Anweisungen:

```
topLayout->addWidget(m_pView); // Einfügen von m_pView in Layout-Widget
topLayout->addWidget(m_pCtrl); // Einfügen von m_pCtrl in Layout-Widget
```

werden nun unsere `CFunkView`- und `CFunkCtrl`-Objekte dem Layout-Objekt `topLayout` zugeordnet, d. h. die Größe und Position der `m_pView`- und `m_pCtrl`-Widgets übernimmt nun `topLayout`.

Realisierung des Controllers (Klasse CFunkCtrl)

Betrachten wir nun die Klasse `CFunkCtrl` in Programm 34.25, die die Ablaufsteuerung unseres Funktionsplotters wahrnimmt.

Programm 34.25 – `FunkCtrl.h`:
Realisierung des Controllers (Klasse CFunkCtrl)

```
#include <qwidget.h>
#include <qlineedit.h>
#include <qpushbutton.h>
#include <qlabel.h>
#include <qlayout.h>
#include "FunkView.h"
#include "Parameter.h"
#include "Funktion.h"
class CFunkCtrl : public QWidget {
   Q_OBJECT
public:
   CFunkCtrl(CFunkView *ctrlView, QWidget *p) : QWidget(p) {
      m_CtrlView = ctrlView;
      m_Param = new CParameter();
      m_Funk  = new CFunktion();
      //........... QGridLayout für CFunkCtrl (5 Zeilen, 4 Spalten, Abstand 4)
      m_topLayout = new QGridLayout(this, 5, 4, 10, 10);
      //........................................ Editfeld für Funktionsstring
      m_pFunk = new QLineEdit(this);
```

```
      m_topLayout->addWidget(new QLabel(" y=f(x)= ", this), 0, 0);
      m_topLayout->addMultiCellWidget(m_pFunk, 0,0, 1,3); // 0.Zeile; 1.-3.Spalte
      //....................... Editfelder für XMin, XMax, YMin, YMax und Raster
      m_pXMin = new QLineEdit(QString::number(m_Param->GetXmin()), this);
       m_topLayout->addWidget(new QLabel(" XMin= ", this), 1,0); // 1.Zeile,0.Sp.
       m_topLayout->addWidget(m_pXMin, 1, 1);                    // 1.Zeile,1.Sp.
      m_pXMax = new QLineEdit(QString::number(m_Param->GetXmax()), this);
       m_topLayout->addWidget(new QLabel(" XMax= ", this), 1, 2); // 1.Zeile,2.Sp.
       m_topLayout->addWidget(m_pXMax, 1, 3);                     // 1.Zeile,3.Sp.
      m_pYMin = new QLineEdit(QString::number(m_Param->GetYmin()), this);
       m_topLayout->addWidget(new QLabel(" YMin= ", this), 2,0); // 2.Zeile,0.Sp.
       m_topLayout->addWidget(m_pYMin, 2, 1);                    // 2.Zeile,1.Sp.
      m_pYMax = new QLineEdit(QString::number(m_Param->GetYmax()), this);
       m_topLayout->addWidget(new QLabel(" YMax= ", this), 2, 2); // 2.Zeile,2.Sp.
       m_topLayout->addWidget(m_pYMax, 2, 3);                     // 2.Zeile,3.Sp.
      m_pRaster = new QLineEdit(QString::number(m_Param->GetRaster()), this);
       m_topLayout->addWidget(new QLabel(" Raster= ", this), 3,0);// 3.Zeile,0.Sp.
       m_topLayout->addWidget(m_pRaster, 3, 1);                   // 3.Zeile,1.Sp.
      //.......................................................... Pushbutton
      m_Update= new QPushButton("Neu Zeichnen",this);
       m_topLayout->addMultiCellWidget(m_Update, 4, 4, 0, 3); // 4.Zeile, 0.-3.Sp.
       connect(m_Update, SIGNAL(clicked()), this, SLOT(UpdateGui()) );
      m_CtrlView->SetF(m_Funk);
      m_CtrlView->SetP(m_Param);
   }
   virtual ~CFunkCtrl() { }
private slots:
   // FunkView neu zeichnen lassen (Slot für Buttonklick auf "neu Zeichnen")
   void UpdateGui() {
      if ( !m_pFunk->text().isEmpty() ) {
         m_Funk->SetFunktion(m_pFunk->text());
         m_Param->SetXmin(m_pXMin->text().toDouble());
         m_Param->SetXmax(m_pXMax->text().toDouble());
         m_Param->SetYmin(m_pYMin->text().toDouble());
         m_Param->SetYmax(m_pYMax->text().toDouble());
         m_Param->SetRaster(m_pRaster->text().toDouble());
         m_CtrlView->Update();
      }
   }
private:
   CFunkView    *m_CtrlView;
   QGridLayout  *m_topLayout;
   QLineEdit    *m_pFunk;
   QLineEdit    *m_pXMin, *m_pXMax;
   QLineEdit    *m_pYMin, *m_pYMax;
   QLineEdit    *m_pRaster;
   QPushButton  *m_Update;
   CRefPtr<CParameter> m_Param;
   CRefPtr<CFunktion>  m_Funk;
};
```

Nachfolgend einige Erläuterungen zum Konstruktor in Programm 34.25:

- **Anlegen von Objekten zu den Klassen `CFunktion` und `CParameter`**
  Diese werden hier dann am Ende des Konstruktors mit den Methoden `SetF()` und `SetP()` dem `CFunkView`-Objekt `m_CtrlView` mitgeteilt, das eine Referenz hierauf zum Zeichnen der Funktion benötigt.
- **Tabellen-Layout für die Editfelder und den Pushbutton**

```
m_topLayout = new QGridLayout(this, 5, 4, 10, 10);
```

  Hiermit wird zunächst ein Layout-Manager zum `CFunkCtrl`-Objekt in Form einer Tabelle mit 5 Zeilen und 4 Spalten angelegt. Die beiden letzten Argumente legen die Abstände zum Rand und der einzelnen Widgets untereinander fest.
- **Anlegen der Editfelder und Labels sowie Einordnen im Tabellen-Layout**
  - *Anlegen der Editfelder:*
    Hier werden nun die einzelnen `QLineEdit`-Objekte (Editfelder) zum Funktionsstring, und zu `Xmin`, `Xmax`, `Ymin`, `Ymax` und `Raster` angelegt. Sind diese vorzubesetzen, wie z. B. bei `Xmin`, `Xmax`, `Ymin`, `Ymax` und `Raster`, wird deren voreingestellter Wert über das `CParameter`-Objekt `m_Param` erfragt. Da die `Get`-Methoden der Klasse `CParameter` `double`-Werte liefern, aber der `QLineEdit`-Konstruktor ein `QString`-Argument erwartet, werden diese mit der statischen Methode `number()` von `QString` in ein `QString`-Objekt konvertiert, wie z. B:

```
m_pXMax = new QLineEdit(QString::number(m_Param->GetXmax()), this);
```

  - *Anlegen der Labels zur Beschriftung der Editfelder:*
    Um die einzelnen `QLineEdit`-Objekte (Editfelder) zu beschriften, wird zu jedem von diesen ein `QLabel`-Objekt mit einer entsprechenden Beschriftung angelegt, das jedoch direkt an den Layout-Manager übergeben wird.
  - *Einordnen der Editfelder und Labels im Tabellen-Layout:*
    Dies erfolgt mit den beiden `QGridLayout`-Methoden:
    * `addWidget()` (Einordnen in einer bestimmten Zelle)

```
//... Einordnen in 1. Zeile und 2. Spalte (Zählung beginnt bei 0)
  m_topLayout->addWidget(new QLabel(" XMax= ", this), 1, 2);
//... Einordnen in 1. Zeile und 3. Spalte (Zählung beginnt bei 0)
  m_topLayout->addWidget(m_pXMax, 1, 3);
```

    * `addMultiCellWidget()` (Einordnen über mehrere Zellen)

```
//... Einordnen in 0. Zeile und von Spalte 1 bis 3
  m_topLayout->addMultiCellWidget(m_pFunk, 0,0, 1,3);
```

    Die Methode `addMultiCellWidget()` besitzt folgenden Prototyp:

```
addMultiCellWidget(QWidget *w, int fromRow, int toRow,
                               int fromCol, int toCol)
```

- **Anlegen der Pushbuttons und Verbinden mit der Slotroutine `UpdateGui()`**
  Nachfolgend einige Erläuterungen zur privaten Slotroutine `UpdateGui()` in Programm 34.25:
  - Die private Slotroutine `UpdateGui()` wird immer dann aufgerufen, wenn der Pushbutton „Neu Zeichnen" gedrückt wird.
  - Sie führt nur Aktionen aus, wenn das Funktionsstring-Editfeld nicht leer ist.
  - Sie setzt zunächst mit den `Set`-Methoden der `CFunktion`- und `CParameter`-Objekte `m_Funk` und `m_Param` den Funktionsstring und die Parameter, indem sie die entsprechenden Editfelder ausliest und bei Bedarf zuvor mit `toDouble()` in `double`-Werte umwandelt, wie z. B:

    ```
    m_Funk->SetFunktion(m_pFunk->text());
    m_Param->SetXmin(m_pXMin->text().toDouble());
    ```

  - Als letztes ruft sie mit

    ```
    m_CtrlView->Update();
    ```

    die Methode `Update()` des `CFunkView`-Objekts `m_CtrlView` auf, um die Funktion mit den neuen Werten aus den Editfeldern zeichnen zu lassen.

Realisierung der View (Klasse CFunkView)

Nun wollen wir uns ansehen, wie das Zeichnen der Funktion in `CFunkView` geschieht.

Programm 34.26 – `FunkView.h`:
Definition der Klasse CFunkView

```
#include <qwidget.h>
#include <qpainter.h>
#include "RefPtr.h"
#include "Parameter.h"
#include "Funktion.h"
class CFunkView : public QWidget {
 public:
   CFunkView(QWidget *parent, const char *name=0) : QWidget(parent,name) {
      setMinimumSize(500, 500);
      m_Rand=30;
   }
   ~CFunkView() { }
   void SetF(CRefPtr<CFunktion> &F)  { m_F = F;           }
   void SetP(CRefPtr<CParameter> &P) { m_P = P; Calc(); }
   virtual void paintEvent(QPaintEvent * ) {
      QPainter p(this);
      Calc();
      Draw(p);
   }
   void Update() { // zum Neuzeichnen der Funktion
      Calc();
      QPainter p(this);
      Draw(p);
```

```
    }
  private:
    CRefPtr<CFunktion> m_F;
    CRefPtr<CParameter> m_P;
    int     m_Rand;
    double  m_OffsetXView, m_OffsetYView;
    double  m_XStepView,   m_YStepView;
    double  m_XFaktor,     m_YFaktor;
    void Calc();
    void Draw(QPainter &p);
};
```

Programm 34.27 – `FunkView.cpp`:
Implementierung der beiden Methoden Draw() und Calc() zu CFunkView

```
#include <qpainter.h>
#include "FunkView.h"
#include <math.h>
#include <qpen.h>
#include <qcolor.h>
//------------------------------------------------------------------------------------
void CFunkView::Draw (QPainter &p) {
   if (!m_P || !m_F)
      return;
   //................................ Weisse Fläche für Koordinatensystem
   QPen PenNot(NoPen);
   QBrush BrWhite(QColor(255,255,255));
   p.setBrush(BrWhite);
   p.setPen(PenNot);
   p.drawRect(m_Rand, m_Rand, width()-m_Rand*2, height()-m_Rand*2);
   //............................. Stifte für Gitter, Achsen und Funktion
   QPen PenGray(QColor(163,163,192));
   QPen PenBlack(QColor(0,0,0));
   QPen PenBlue(QColor(0,0,255));
   //.................................. Vertikale Linien für Gitter malen
   double x, Xpos;
   p.setPen(PenGray);
   for (x = m_P->GetXmin(); x <= m_P->GetXmax(); x += m_XStepView) {
      p.setPen(PenGray);
      Xpos = x*m_XFaktor + m_OffsetXView;
      if (x > -m_XStepView/2 && x < m_XStepView/2)
         p.setPen(PenBlack);  // Y-Achse
      p.moveTo(int(Xpos), int(m_Rand));
      p.lineTo(int(Xpos), int(height()-m_Rand));
   }
   //................................ Horizontale Linien für Gitter malen
   double y, Ypos;
   for (y = m_P->GetYmin(); y <= m_P->GetYmax(); y += m_YStepView) {
      p.setPen(PenGray);
      Ypos = height() - (y*m_YFaktor+m_OffsetYView);
```

```
        if (y > -m_YStepView/2 && y < m_YStepView/2)
            p.setPen(PenBlack);  // X-Achse
        p.moveTo(int(m_Rand), int(Ypos));
        p.lineTo(int(width()-m_Rand), int(Ypos));
    }
    //........................................................ Funktion malen
    p.setPen(PenBlue);
    // Zeichenfläche auf den weissen Bereich beschränken
    p.setClipRect(m_Rand, m_Rand, width()-m_Rand*2, height()-m_Rand*2);
    bool moveFlag=true;  // erste Mal beim Zeichnen nur moveTo(), dann LineTo()
    for (int ix=m_Rand; ix<width()-m_Rand; ++ix) {
        x = (ix-m_OffsetXView) * 1./m_XFaktor;
        m_F->SetValue("X", x);
        m_F->SetValue("x", x);
        y = m_F->Erg();
        Ypos = height() - (y*m_YFaktor+m_OffsetYView);
        if (!moveFlag) p.lineTo(int(ix), int(Ypos));
        else           p.moveTo(int(ix), int(Ypos));
        moveFlag=false;
    }
}
void CFunkView::Calc() {
    if (!m_P)
        return;
    //......................... Höhe und Breite des weissen Bereichs bestimmen
    int  W = width()  - 2*m_Rand;
    int  H = height() - 2*m_Rand;
    //....................... Höhe und Breite des mathemat. Bereichs bestimmen
    double DeltaX = m_P->GetXmax() - m_P->GetXmin();
    double DeltaY = m_P->GetYmax() - m_P->GetYmin();
    //..... Verhältnis zw. Ausgabe- und mathem. Bereich bestimmen, sowie Offset
    m_XFaktor = W / DeltaX;
    m_YFaktor = H / DeltaY;
    m_OffsetXView = -(m_XFaktor*m_P->GetXmin()) + m_Rand;
    m_OffsetYView = -(m_YFaktor*m_P->GetYmin()) + m_Rand;
    //.......................................................... Rasterauflösung
    if ( (m_XStepView = m_P->GetRaster()) <= 0)
        m_XStepView = 1;
    if ( (m_YStepView = m_P->GetRaster()) <= 0)
        m_YStepView = 1;
}
```

Nachfolgend einige Erläuterungen zu den Programmen 34.26 und 34.27:

- Zum Neuzeichnen der Funktion steht Methode `Update()` zur Verfügung und Zeichnen selbst wird in `private`-Methode `Draw()` vorgenommen, die auch von Methode `paintEvent()` aufgerufen wird. Wie wir aus Kapitel 31.1 vom Malprogramm-Beispiel wissen, wird die Methode `paintEvent()` von Qt aufgerufen, wenn ein Neuzeichnen des Fensterinhaltes nötig ist.

- **Umrechnen der mathematischen Koordinaten in Bildkoordinaten**
  Beim Zeichnen müssen die mathematischen Koordinaten in korrespondierende Punkte innerhalb des Widgets umgerechnet werden; siehe Abbildung 34.22.

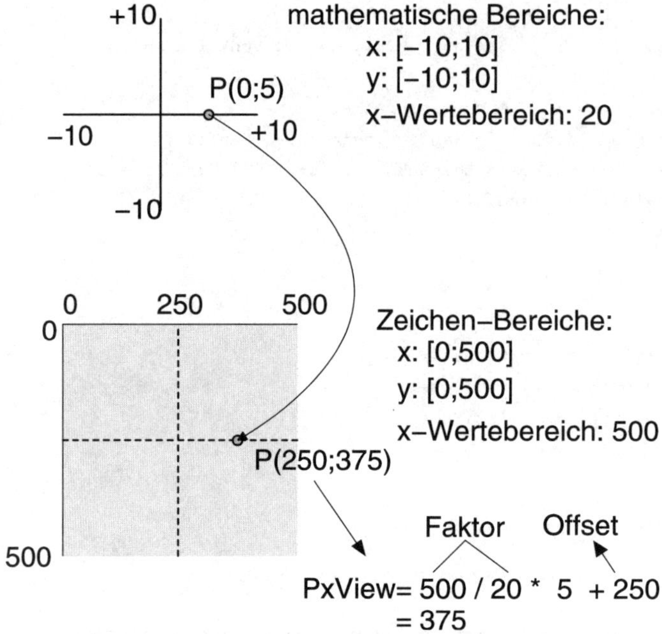

Abbildung 34.22: Umrechnung mathematischer Bereich in Zeichenbereich

Zur Umrechnung wird also je Achse (x und y) ein Streckungs/Stauchungsfaktor benötigt, der den mathematischen Bereich auf den Zeichenbereich abbildet, sowie ein Offsetwert für die richtige Stelle im Koordinatensystem des Zeichenbereichs. Die Faktoren (`m_XFaktor` und `m_YFaktor`) und die Offsetwerte (`m_OffsetXView` und `m_OffsetYView`) werden in der Methode `Calc()` berechnet.

34.7 Systemtest

Kompilieren und Linken unserer Programmdateien

- **Erstellen einer Qt-Projektdatei:**
  Zunächst erstellen wir uns folgende Qt-Projektdatei `FktsPlotter.pro`:

```
CONFIG  += qt warn_on release
HEADERS  = RefPtr.h        \
           Parameter.h     \
           Funktion.h      \
           RefCntrBase.h   \
           FunkPlot.h      \
           FunkCtrl.h      \
           FunkView.h
```

```
SOURCES  = FktsPlotter.cpp     \
           RefCntrBase.cpp     \
           ParserOperator.cpp \
           OpBin.cpp           \
           ParserHelper2.cpp   \
           TreeGenerator.cpp   \
           FunkView.cpp
TARGET   = FktsPlotter
```

- **Erzeugen eines Makefiles mit `qmake`:** Anschließend rufen wir `qmake` auf, um ein Makefile zu generieren: Um sich nun das entsprechende `Makefile`[2] erstellen zu lassen, muss man dann nur noch Folgendes aufrufen:

```
qmake -o Makefile FktsPlotter.pro ⏎
```

- **Aufrufen von `(n)make` zum Generieren des Programms:** Nachdem das `Makefile` automatisch erstellt wurde, muss man
  - unter Windows-Systemen nur:

  ```
  nmake ⏎
  ```

  - und unter Linux/Unix-Systemen nur:

  ```
  make ⏎
  ```

  aufrufen, um ein ausführbares Programm zu generieren.

Starten und einfaches Testen des generierten Programms

Um einen vollständigen Systemtest durchführen zu können, würden wir eine komplette Anforderungsspezifikation benötigen, die festlegt, wie das System in allen Punkten reagieren soll. Unser Systemtest ist hier nur ganz minimal. Wir beschränken uns darauf, eine Funktion und Parameter vorzugeben und erwarten dann die richtige grafische Darstellung, wenn wir auf den Pushbutton drücken.
Zum Starten müssen wir nur das nun generierte Programm `FktsPlotter` aufrufen. Es blendet dann ein Widget ein, wie es links in Abbildung 34.23 gezeigt ist. Wie man links in Abbildung 34.23 sieht, enthalten die Editfelder beim Start der Applikation bereits Defaultwerte. Diese kommen aus dem Modell (`CParameter`). Nun geben wir eine Funktion und neue Parameter in die Editfelder ein und erwarten dann die richtige grafische Darstellung, wenn wir auf den Pushbutton drücken. Das rechte Widget in Abbildung 34.23 zeigt das Ergebnis.
Vergrößern wir das Funktionsplotter-Widget, so passen sich aufgrund unserer Layout-Manager alle Subwidgets automatisch der neuen Größe an, wie es Abbildung 34.24 zeigt.

---

[2] `make` und Makefiles werden in „make" von Helmut Herold (Addison-Wesley) beschrieben.

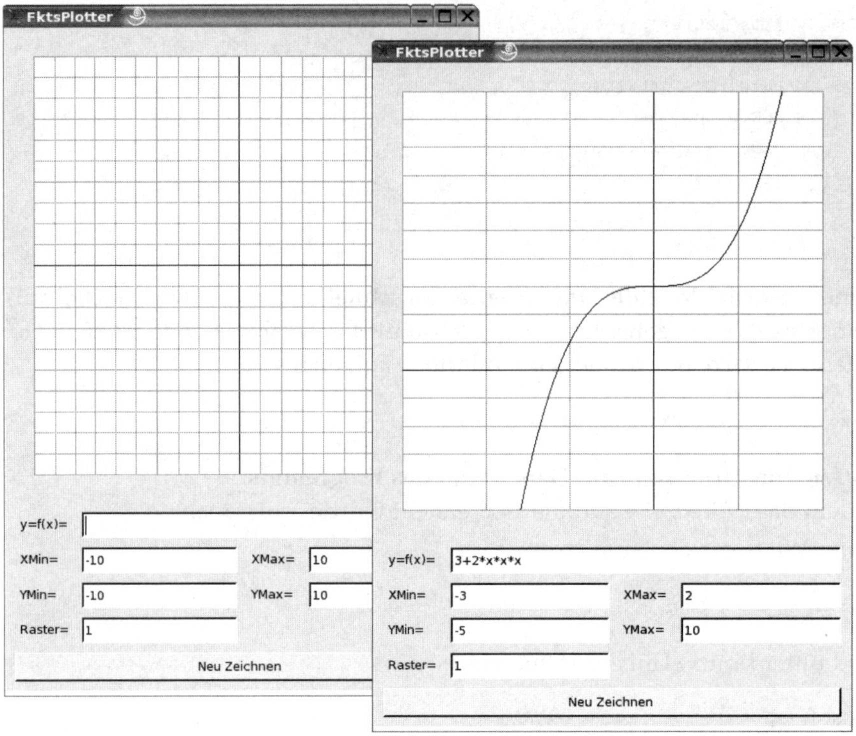

Abbildung 34.23: Funktionsplotter nach Programmstart und Eingabe eines Testfalls

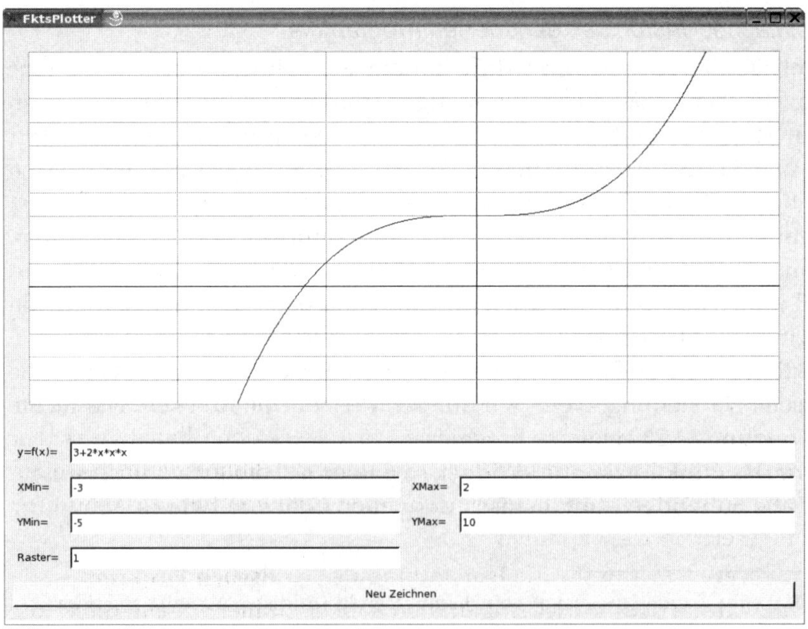

Abbildung 34.24: Automatisches Anpassen der Subwidgets bei Größenänderungen

34.8 Reflexion und Ausblick

Dieses Fallbeispiel sollte einen groben Überblick darüber geben, wie in einem Projekt vorgegangen werden kann, um ein objektorientiertes Produkt zu erhalten.

- **Schrittweise Vorgehensweise ermöglicht Auflösen von Komplexität**
  Wichtig ist dabei, dass nicht versucht wird, das Problem vollständig auf einmal zu umreißen und zu lösen, sondern dass hierbei schrittweise objektorientiert vorgegangen wird. Objektorientierung hilft uns, Komplexität aufzulösen und dabei dennoch ein erweiterbares System zu erhalten. Dies geschieht vor allem durch eine angemessene Design-Struktur, die an den entscheidenden Stellen Flexibilität zulässt.
- **Finden erweiterbarer Strukturen**
  Wir haben an der Stelle begonnen zu entwickeln, an der wir das größte Problem sahen und anfänglich nicht wussten, wie dies zu lösen ist, der Funktionsparser an sich. Dort sind wir wieder schrittweise vorgegangen und haben Strukturen gefunden, die auch für zukünftige Einsätze erweiterbar wären (die Regelliste, der Funktionsbaum).
  Wir haben den problemorientierten Teil also so strukturiert, wie es dort Sinn macht, und haben die GUI dabei völlig außen vor gelassen. Über die prinzipielle Schnittstelle zwischen GUI und problemorientierten Teil hatten wir uns vorher in der anfänglichen Analyse des Gesamtsystems kurz Gedanken gemacht. Die GUI setzt einen Funktionsstring (`SetFunktion()`), sie gibt die Werte für die Unbekannten vor (`SetVar()`) und will dann das Ergebnis wissen (`Erg()`).
- **Strikte Trennung zwischen GUI und problemorientierten Teil**
  Durch die strikte Trennung zwischen GUI und problemorientierten Teil konnten wir letzteren bereits mit einer Konsolen-Applikation testen. Erst im zweiten Schritt haben wir uns dann genauere Gedanken über den Aufbau der GUI gemacht.
- **MVC als als Software-Architektur**
  Vielleicht erschien es an der einen oder anderen Stelle etwas übertrieben, dass wir als Software-Architektur ein MVC-Design eingesetzt haben und z. B. so zur Verwaltung der Parameter eigens eine GUI-unabhängige Klasse `CParameter` verwendet haben. Uns war es jedoch wichtig, ein Gefühl für eine Struktur zu vermitteln, die auch für größere Projekte noch tauglich ist. In größeren Projekten würde das MVC-Design allerdings noch deutlicher eingesetzt werden, d. h. beispielsweise, dass sich der Controller nicht nur auf eine Klasse beschränken würde, der View die Daten des Modells in der Regel ohne Beteiligung des Controllers darstellen würde und der Einfluss der GUI-Bibliothek noch weiter reduziert werden würde. Hier gäbe es noch eine Reihe von Entwurfsmustern, die dabei eingesetzt werden könnten.
- **Eventuell mehrere Klassen für die Darstellung der grafischen Funktion**
  Auch die Darstellung der grafischen Funktion haben wir hier auf ein Minimum beschränkt und lediglich in der Klasse `CFunkView` abgehandelt. Würde man hier noch weitere Features einführen, wie z. B. Achsenbeschriftungen oder Farb-

auswahl, so sollte die Klasse `CFunkView` nicht weiter „aufgeblasen" werden, sondern stattdessen die Aufgabe der Kurvendarstellung selbst wieder objektorientiert als eigene, wiederverwendbare Komponente betrachtet werden. Das folgende Fallbeispiel zeigt, wie dies geschehen könnte.

Kapitel 35

Diagrammer-Bibliothek

35.1 Aufgabenstellung

Es gibt diverse Applikationen, die zur Darstellung von Wertepaaren ein Kurvendiagramm benutzen, z. B. Darstellung von Messwerten, Aktienkursverläufen, Statistiken, mathematischen Funktionen usw. Aufgabe ist es nun, eine Klassenbibliothek zu implementieren, mit der sich ein Kurvendiagramm leicht erstellen lässt.

35.2 Analyse

Bei der Aufgabenstellung handelt es sich eher um ein strukturelles Problem, dessen Klassen vollständig in der Oberfläche angesiedelt sind. Die Aufgabenstellung ist vergleichbar mit einer Grafikbibliothek, die zeichenbare Elemente zur Verfügung stellt. Es handelt sich hier nicht um eine vollständige Applikation, sondern vielmehr um eine Software-Komponente.

35.2.1 Use-Cases

Der User (Akteur) ist in diesem Fall nicht der Anwender der Applikation, sondern eine Klasse innerhalb der Applikation, die die Klassenbibliothek nutzt. Aus Sicht der Applikation könnten sich Anwendungsfälle aufstellen lassen, wie sie in Abbildung 35.1 dargestellt sind und im Folgenden beschrieben werden.

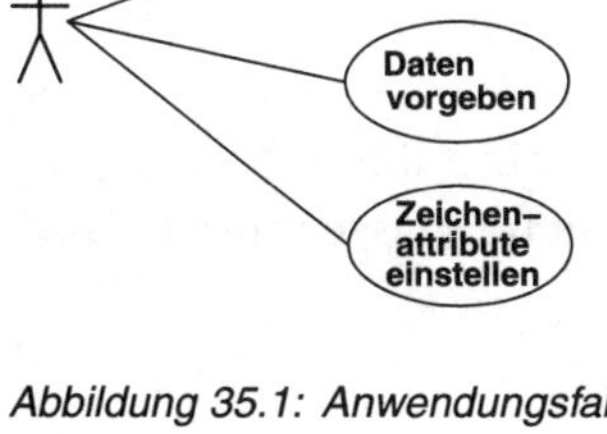

Abbildung 35.1: Anwendungsfalldiagramm zum Diagrammer

- *Diagramm zeichnen:*
  Das Diagramm wird mit allen seinen Bestandteilen gezeichnet. Bestandteile eines Diagrammes sind z. B.:
  - Die Achsen
  - Das Raster
  - Die Funktion
- *Daten vorgeben:*
  Zum Zeichnen der Diagramm-Bestandteile werden Daten benötigt. Hier muss es eine oder mehrere Schnittstellen zwischen Zeichenelementen und Daten geben.
- *Zeichenattribute einstellen:*
  Beim Zeichnen sollen Zeichenattribute beachtet werden, die von außen einstellbar sind, wie z. B. Stift-Farbe.

35.2.2 Anforderungen

Die Anforderungen lassen sich zum einen aus den definierten Use-Cases ableiten, zum anderen könnten beispielsweise folgende nicht-funktionale Anforderungen hinzukommen:

- Die Diagrammer-Bibliothek soll sowohl unter Windows als auch Linux/Unix einsetzbar sein, weshalb hier Qt verwendet wird.
- Die Struktur der Klassenbibliothek soll möglichst flexibel sein, so dass auch andere Diagrammelemente oder Attribute hinzukommen können.

35.2.3 Domain-Problem

Das Domain-Problem liegt bei dieser Aufgabenstellung in der Struktur der Klassenbibliothek, die ein hohes Maß an Flexibilität zulassen muss. Unser erstes Klassenmodell wird daher bereits ein Design-Klassenmodell sein.

35.3 Design

Verwenden des Kompositum-Entwurfsmusters

Wir haben bereits festgestellt, dass die Aufgabenstellung stark an eine Grafikbibliothek erinnert. Zudem haben wir im ersten Use Case (*Diagramm zeichnen*) einige Diagrammbestandteile festgehalten. Es bietet sich demnach hier an, das *Kompositum*-Entwurfsmuster anzuwenden, wie es in Abbildung 35.2 gezeigt ist.

Durch das Kompositum in Abbildung 35.2 besteht das Zeichnen des Diagrammes also darin, dass die einzelnen Bestandteile gezeichnet werden. Es könnten nun auch mehrere Kurven ins Diagramm eingezeichnet werden, indem das `CDrList`-Objekt dann mehrere Objekte der Klasse `CDrPlot` enthält. Auch ein völlig neuer Diagramm-Bestandteil könnte leicht hinzukommen (z. B. eine Werte-Menge, bei der es zu einem x-Wert mehrere y-Werte geben kann); die neue Klasse müsste dann nur die Schnittstelle `IDraw` implementieren.

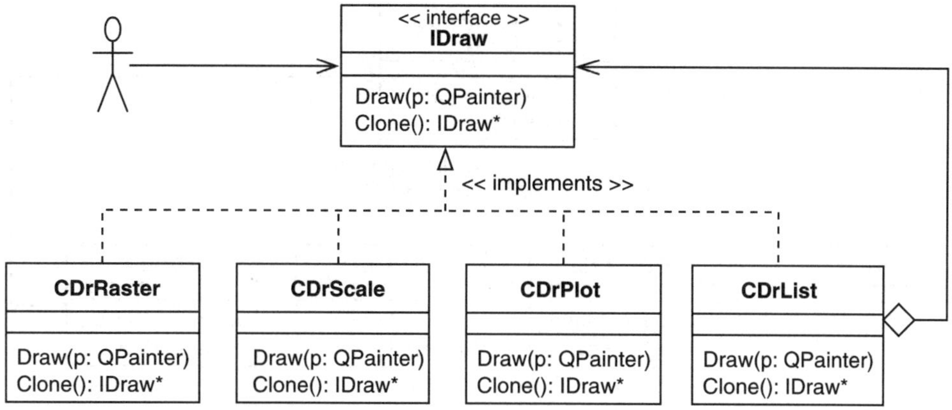

Abbildung 35.2: Klassendiagramm zu Use Case „Diagramm zeichnen"

Erläuterungen zum Klassendiagramm in Abbildung 35.2:

- **`QPainter`-Parameter bei `Draw()` macht Ausgabemedium frei wählbar**
  Die Methode `Draw()` zum Zeichnen der Elemente hat einen `QPainter`-Parameter. Dieser Parameter legt fest, wie gezeichnet wird und wohin gezeichnet wird. Auf diese Weise könnte als Ausgabemedium später auch der Drucker benutzt werden, denn ein `QPainter`-Objekt ist verbunden mit einem `QPaintDevice`-Objekt, und die Klasse `QPaintDevice` wird erweitert von der Klasse `QPrinter`, die für die Druckerausgabe zuständig ist.
- **Methode `Clone()` zum Einsatz von Clone-Pointern**
  Die Methode `Clone()` haben wir vorgesehen, damit wir für unseren Diagrammer auch Clone-Pointer einsetzen können.

Skalierungsschnittstelle IScale zur Projektion der Werte auf Bildschirm

Als Nächstes stellt sich die Frage, woher die `Draw()`-Methoden ihre Daten bekommen, die sie zum Zeichnen benötigen. Betrachten wir hier `CDrRaster`, so benötigt diese Klasse zum Zeichnen auf jeden Fall `Xmin`, `Xmax`, `Ymin` und `Ymax`, und zwar alle bezogen auf die Bildschirmposition. Dasselbe trifft für `CDrScale` und `CDrPlot` zu. Es macht also Sinn, hier eine neue Klasse einzuführen, die die Umrechnung zwischen den tatsächlichen Daten und den Bildschirmpositionen übernimmt. Wie diese Umrechnung stattfindet, hängt von der gewünschten Skalierung ab. Diese muss nicht immer linear sein, z. B. wäre auch eine logarithmische Skalierung denkbar oder eine Skala, an der Tage angetragen sind. Wir haben hier also unterschiedliche Realisierungen einer Skalierungsschnittstelle.

Abbildung 35.3 zeigt das resultierende Klassendiagramm.

Da die Skalierung für die x- und y-Achse unterschiedlich sein kann, bezieht sich `IScale` auf eine Skala. Folglich verwenden `CDrRaster`, `CDrScale` und `CDrPlot` jeweils zwei Objekte vom Typ `IScale`. Durch Einführung der Schnittstelle `IScale` können auch in der Zukunft noch weitere Skalierungs-Strategien realisiert werden, ohne dass dies die anderen Klassen tangiert.

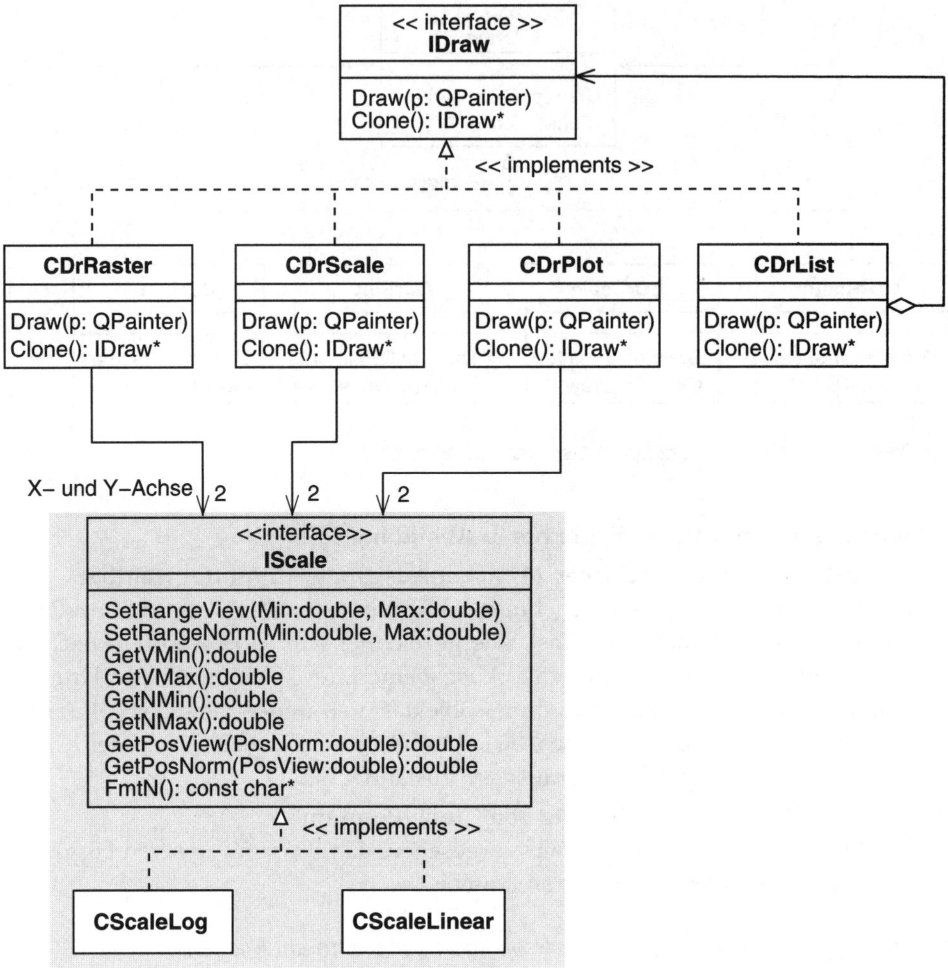

Abbildung 35.3: Diagrammer-Bibliothek: Schnittstelle IScale

Die Schnittstelle `IScale` besitzt folgende Methoden, wobei der Normwert der tatsächliche Wert ist:

`SetRangeView()` : Setzen der Min-/Max-Werte des Zeichenbereichs

`SetRangeNorm()` : Setzen der Min-/Max-Normwerte

`GetVMin()`, `GetVMax()` : Erfragen der Min-/Max-Werte des Zeichenbereichs

`GetNMin()`, `GetNMax()` : Erfragen der Min-/Max-Normwerte

`GetPosView()` : Umrechnung eines Normwertes in Darstellungswert

`GetPosNorm()` : Umrechnung eines Darstellungswertes in Normwert

`FmtN()` : Formatierung für Normwert zur Achsenbeschriftung, z. B. "%1.2f"

Schnittstelle IWertepaar für x- und y-Werte

Eine weitere Schnittstelle ist an der Stelle denkbar, wo es um die im Diagramm dargestellten Werte geht, also beispielsweise bei `CDrPlot`. Die Aufgabe von `CDrPlot` ist es, Wertepaare im Diagramm miteinander in einer Kurve zu verbinden. Um die Wertepaare zu erhalten, bedient sich die Klasse der Schnittstelle `IWertepaar`, die zu einem vorgegebenen x-Wert den zugehörigen y-Wert liefert. Wir erhalten damit ein Klassendiagramm, wie es in Abbildung 35.4 gezeigt ist.

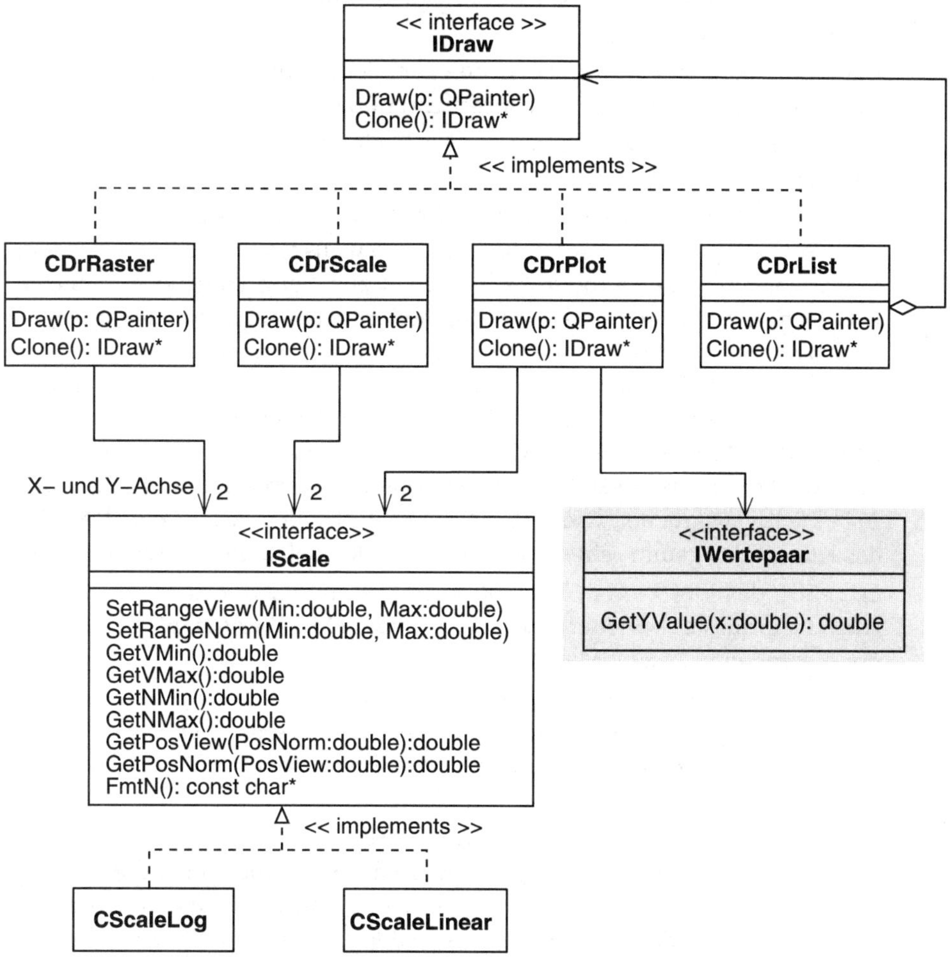

Abbildung 35.4: Diagrammer-Bibliothek: Schnittstelle IWertepaar

Die Schnittstelle `IWertepaar` enthält eine Methode `GetYValue()`, mit der zu dem angegebenen x-Wert der korrespondierende y-Wert erfragt werden kann. Die Klasse `CDrPlot` arbeitet nun mit einem Objekt vom Typ `IWertepaar` zusammen.

Unsere Diagrammer-Bibliothek aus Sicht eines Nutzers

Unsere Diagrammer-Bibliothek stellt nun schon einen brauchbaren Baukasten zur Verfügung. Wollte nun ein Widget als Client unsere Bibliothek nutzen (z. B. `CFunkView` aus Kapitel 34.6), so müsste der Client in etwa Folgendes tun:

1. *Das Diagramm aus den einzelnen Bausteinen zusammenbauen.*
   Dies geschieht typischerweise im Konstruktor des Clients oder einer `Init()`-Methode:
   - Zwei Objekte vom Typ `IScale` für die Achsen anlegen, wie z. B. zwei Objekte von `CScaleLinear`.
   - Ein Objekt vom Typ `IWertepaar` anlegen. Bei `CFunkView` könnte dies eine Klasse sein, die `CFunktion` entsprechend nutzt.
   - Die Bestandteile des Diagrammes, wie z. B. ein `CDrRaster`-, ein `CDrScale`- und ein `CDrPlot`-Objekt, anlegen.
   - Den Bestandteilen des Diagrammes die `IScale`-Objekte mitteilen, die sie benutzen sollen. Die Klassen müssten also jeweils noch eine `IScale`-Membervariable und eine Methode `SetScale()` zum Setzen der Skalen besitzen, was nicht explizit in Abbildung 35.4 notiert wurde, da dort lediglich die Assoziationsbeziehungen zwischen den Klassen gezeigt wurden.
     Es ist also stets eine Frage der Granularität, wie detailliert das Klassenmodell erstellt wird. Oft kommt auch während der Implementierung noch die eine oder andere Methode hinzu. Wichtig ist, dass man sich vor der Implementierung über die grundsätzliche Struktur Gedanken macht und die zentralen Aspekte herausarbeitet, wie z. B. wo die Schnittstellen liegen. Wie detailliert das Klassendiagramm sein muss, hängt von den beteiligten Entwicklern ab.
   - `CDrPlot` das Objekt vom Typ `IWertepaar` mitteilen, das es nutzen soll. Auch hier müsste es wieder eine entsprechende Membervariable und korrespondierend eine `Set()`-Methode geben.
   - Die bisher konstruierten und konfigurierten Bestandteile des Diagrammes zum fertigen Diagramm zusammenbauen, indem sie in einer `CDrList` hinterlegt werden. Die Klasse `CDrList` muss hier eine entsprechende `Add()`-Methode zur Verfügung stellen.
2. *Die Min- und Max-Werte für die Skalierung vorgeben.*
   Diese Werte liegen meist im Modell und müssen dann vorher von diesem erfragt werden (bei `CFunkView` war dies `CParameter`). Wann dies geschieht, hängt von der Applikation ab: Dies könnte direkt bei jeder Änderung der entsprechenden Daten im Modell geschehen, spätestens jedoch unmittelbar vor dem Zeichnen des Diagrammes.
3. *Zeichnen des Diagrammes:*
   Das Zeichnen des Diagrammes beschränkt sich auf eine `Draw()`-Botschaft an das `CDrList`-Objekt, das die einzelnen Bestandteile verwaltet und daher das Diagramm repräsentiert.

Basisklasse CDrAttribut für Zeichenattribute

Was in unserem Baukasten jetzt noch fehlt, sind die Zeichenattribute. Diese werden bei Qt vor dem Zeichnen im `QPainter`-Objekt gesetzt. Demnach könnte das Zeichnen grundsätzlich folgendermaßen realisiert werden:

```
Draw(QPainter& p) {
   p.save();       // Qt: QPainter-Zustand speichern für späteres restore()
   setAttribut(p); // neue Attribute in p setzen
   Zeichnen(p);     // Zeichnung mit neuen Attributen (in p)
   p.restore();   // Qt: Ursprünglichen QPainter-Zustand, der zuletzt mit save()
                  // gesichert wurde, wiederherstellen
}
```

Da dies bei allen Diagrammer-Bestandteilen der Fall ist, können wir eine Basisklasse einfügen, die diese Aufgabe übernimmt. Diese Basisklasse nennen wir `CDrAttribut`. Sie implementiert nun die von `IDraw` geforderte Methode `Draw()` und fordert dafür von ihren Unterklassen die Methode `DrawIntern()`, die im obigen Codefragment `Zeichnen()` entspricht. Abbildung 35.5 zeigt das resultierende Klassendiagramm, das nun also eine Mischung aus Klassenvererbung (auch Implementierungsvererbung) und Schnittstellenvererbung ist.

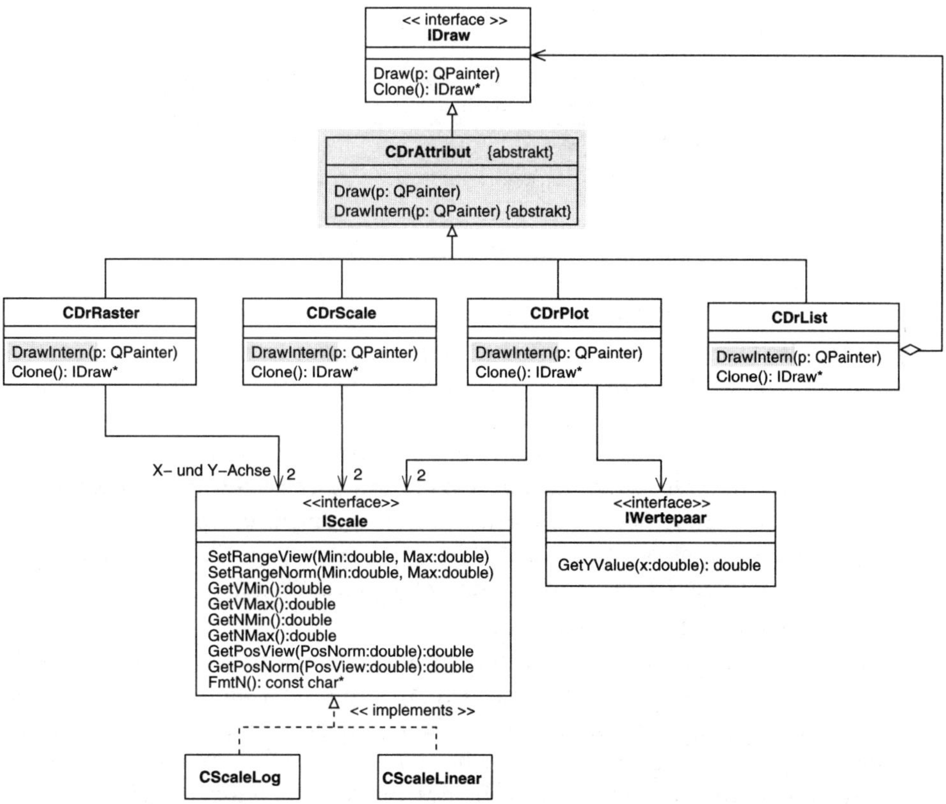

Abbildung 35.5: Diagrammer-Bibliothek: Basisklasse CDrAttribut

Klassen für Zeichenattribute

Macht man sich nun näher Gedanken über `setAttribut()`, so stellt man fest, dass es sich auch um mehrere Attribute handeln könnte, die hier gesetzt werden müssen, z. B. Pen und Brush. Es wäre also gut, wenn wir hier auch eine Liste von Attributen statt nur eines verwenden könnten, wie dies ein *Kompositum* ermöglicht. Diese Erkenntnis bauen wir in unser Klassendiagramm ein, wie es in Abbildung 35.6 gezeigt ist, wobei hier aus Platzgründen nur der obere Teil des bisherigen Klassenmodells dargestellt wird.

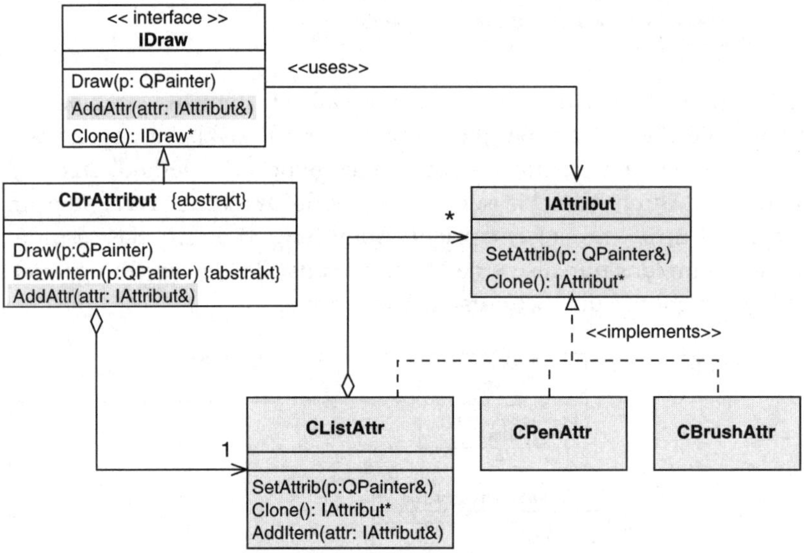

Abbildung 35.6: Diagrammer-Bibliothek: Klassen für Zeichenattribute

Einige Erläuterungen zum Klassendiagramm in Abbildung 35.6:

- **Schnittstelle `IAttribut` ermöglicht Hinzufügen weiterer Attribute**
  In Abbildung 35.6 ist es durch die Schnittstelle `IAttribut` jederzeit möglich, weitere Zeichenattribute hinzuzufügen, z. B. eine Font-Klasse. Die Schnittstelle `IAttribut` besitzt die Methode `SetAttrib()`, die ein `QPainter`-Objekt als Parameter hat. Dieses `QPainter`-Objekt muss *Call-by-Reference* übergeben werden, da die Implementierungsklassen dieses Objekt entsprechend modifizieren. Daneben besitzt `IAttribut` wieder die Methode `Clone()`, damit für Attribut-Objekte der Clone-Pointer eingesetzt werden kann.
- **`CListAttr` verwaltet Liste von Attributen**
  Damit `CDrAttribut` beliebig viele Attribute setzen kann, muss es lediglich `CListAttr` aggregieren, das beliebig viele Attribute verwalten kann. Ein Aufruf von `CDrAttribut::AddAttr()` wird dann delegiert an `CListAttr::AddItem()`. Es macht auch Sinn, die Methode `AddAttr()` auch zur Schnittstelle `IDraw` hinzuzufügen, denn aus Sicht des Bibliotheks-Nutzers gehören zum Zeichnen auch einstellbare Zeichenattribute.

Variabilität nach außen mit Call-back-Schnittstelle IEnumAttrib

Wenn die Zeichenattribute aber von Diagrammer-Klassen verwaltet werden, stellt sich als Nächstes die Frage, wie die Zeichenattribute nach außen gereicht werden können, damit der Applikations-User z. B. die Farben einstellen kann. Auch hierfür sollte eine bzw. auch mehrere Schnittstellen zur Verfügung gestellt werden.

Wir haben unser Design bisher so gestaltet, dass die Anzahl der Attribute variabel ist. Diese Variabilität wollen wir auch nach außen geben. Eine Möglichkeit wäre, die Attributliste an sich nach außen zu geben. Eine andere Möglichkeit ist es, eine *Call-back-Schnittstelle* `IEnumAttrib` einzuführen. *Call-back* bedeutet wörtlich, dass jemand zurückgerufen wird, in unserem Fall ein Objekt vom Typ `IEnumAttrib`. Die *Call-back-Schnittstelle* legt dabei fest, welche Methodenaufrufe es für den Rückruf gibt. In unserem Fall ist es eine Methode `Attrib()`, mit der ein Attribut mitgeteilt wird. Die Schnittstelle `IEnumAttrib` kann z. B. von der Klasse `CListAttr` verwendet werden, damit ein Objekt die von der Liste verwalteten Zeichenattribute erfragen kann, wie es Abbildung 35.7 zeigt. Wie das Sequenzdiagramm in Abbildung 35.7 zeigt, schickt das aufrufende Objekt einem `CListAttr`-Objekt mit `EnumAttrib(Recalled)` die Botschaft: „Teile alle deine Attribute dem Objekt `Recalled` mit". Daraufhin ruft das `CListAttr`-Objekt beim `Recalled`-Objekt die Methode `Attrib()` auf, und zwar für jedes Attribut, was im Sequenzdiagramm durch den `*` vor `Attrib()` ausgedrückt wird.

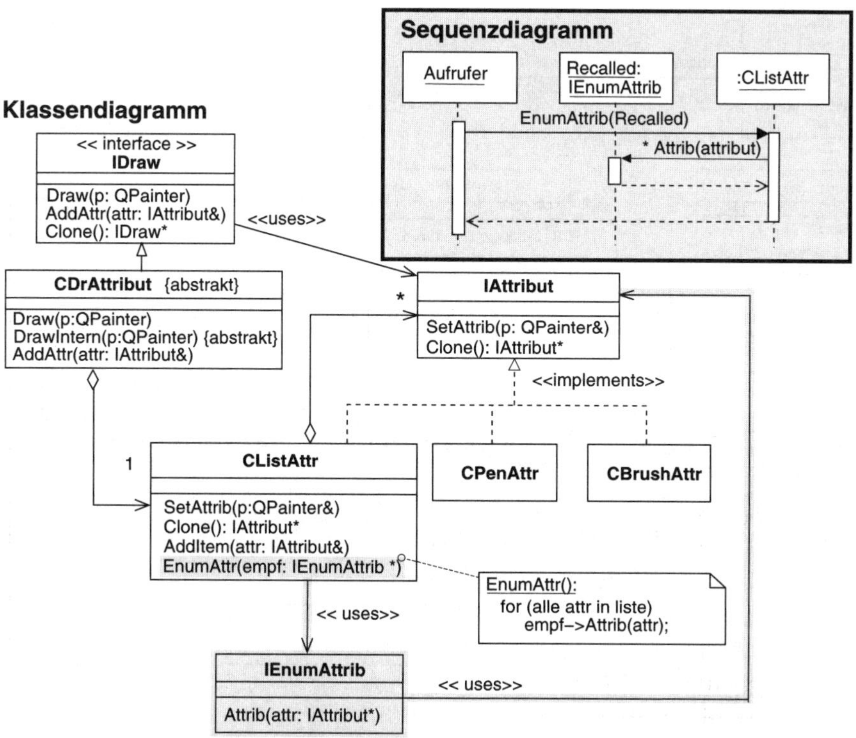

Abbildung 35.7: Diagrammer-Bibliothek: Schnittstelle IEnumAttrib

Setzen der Attribute von außen mit Common Ownership

Eine derartige `EnumAttrib()`-Methode, wie sie `CListAttr` verwendet, wäre aber auch für einen Client der Diagrammer-Bibliothek denkbar. Denn, wie wir gesehen haben, übernimmt das Anlegen der Objekte ja nicht die Bibliothek selbst, sondern der Client der Bibliothek. Die Bibliothek stellt nur die Klassen zur Verfügung.
Also werden auch die Zeichenattribute im Client angelegt und könnten damit auch direkt dort erfragt werden. Beispielsweise könnte die Klasse `CFunkView` aus Kapitel 34.6 die Farbstifte anlegen. Eine andere Klasse, die die Farb-Einstellung in einem Dialog übernimmt, könnte dann die Attribute direkt vom `CFunkView`-Objekt erfragen. Was die Diagrammer-Bibliothek dann hier lediglich leistet, ist die Definition einer entsprechenden Schnittstelle.
Wie erreichen wir es nun, dass die Attribute von außen nicht nur erfragt, sondern auch gesetzt werden können? Dies ist beim genaueren Hinsehen lediglich eine Frage des Ownerships. Verwenden wir für die Zeichenattribute und deren Weiterreichung konsequent *Common Ownership*, so ergibt sich dies von selbst. Wir setzen daher an den entscheidenden Stellen unseren Reference-Pointer ein und erhalten damit ein Klassenmodell wie in Abbildung 35.8. Wie wir in Abbildung 35.8 sehen, müssen zum einen die Daten selbst in den Attribut-Klassen, z. B. `CPenAttr` und `CBrushAttr`, in Common Ownership vorliegen, zum anderen muss auch die Weitergabe dieser Daten über `IEnumAttrib` mit Common Ownership realisiert werden.

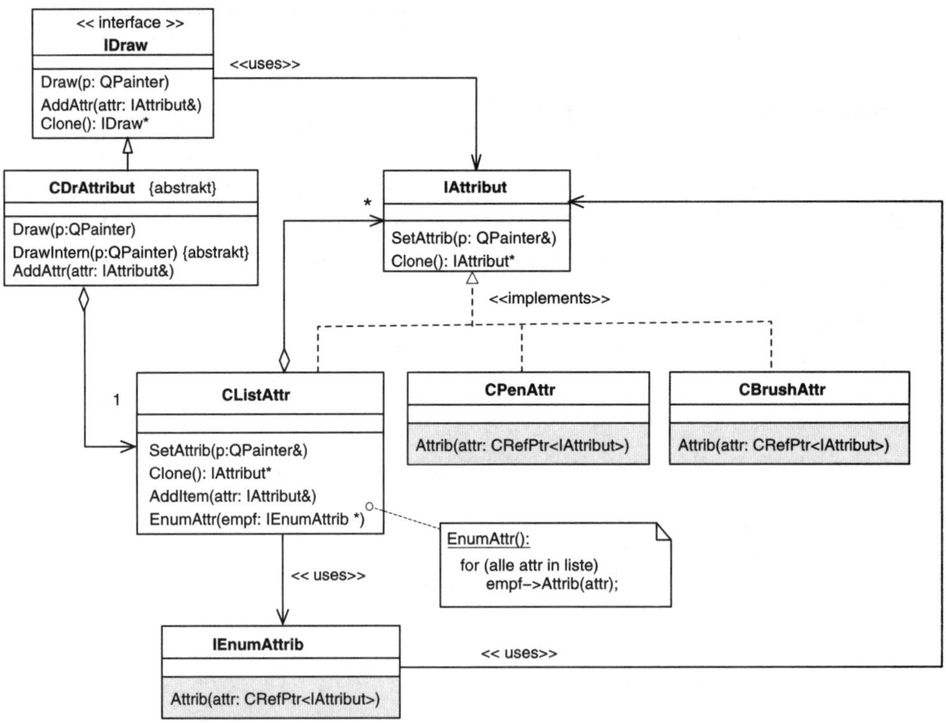

Abbildung 35.8: Diagrammer-Bibliothek: Common Ownership bei Attribut-Daten

Unterschiedliche Schnittstellen für Daten der Attribute

Machen wir uns über das Einstellen der Daten noch genauere Gedanken, so stellen wir fest, dass diese zwischen den Attribut-Klassen differieren können, z. B. besitzt ein `QPen` eine Farbe, eine Stiftdicke und einen Linienstil, während es bei einem `QBrush` nur Farbe und Muster gibt. Es wäre nun schön, wenn man als Nutzer der Attribut-Klassen abfragen könnte, welche Daten eingestellt werden können. Dies kann am einfachsten dadurch geschehen, indem das Einstellen von Farbe, Stiftdicke usw. auf unterschiedliche Schnittstellen aufgeteilt wird. Attribute, die eine Farbe einstellen können, würden dann z. B. zusätzlich die Schnittstelle `IColorAttr` implementieren, wie es in Abbildung 35.9 dargestellt ist.

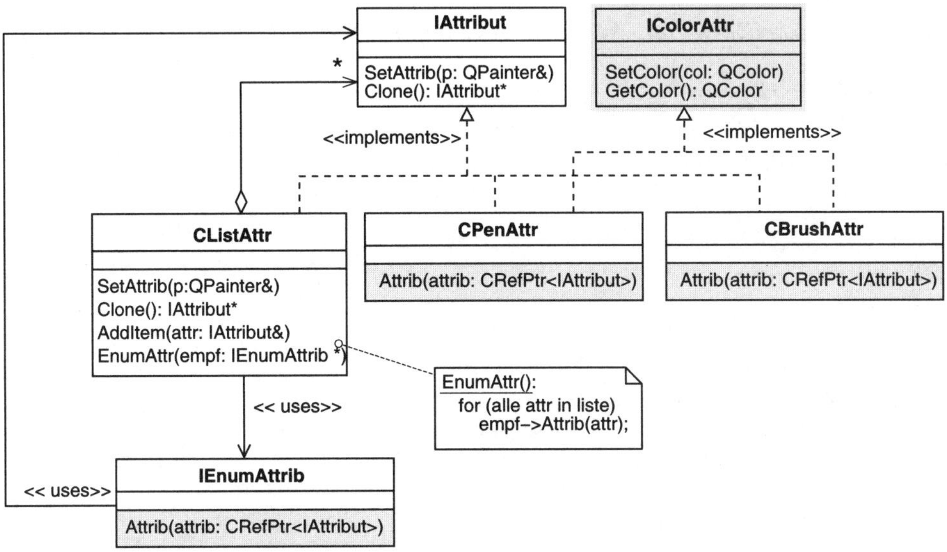

Abbildung 35.9: Diagrammer-Bibliothek: Schnittstelle IColorAttr

Wie Abbildung 35.9 zeigt, implementiert sowohl `CPenAttr` als auch `CBrushAttr` das Interface `IColorAttr`, da bei beiden eine Farbe eingestellt werden kann. Würde nun noch ein weiteres Interface `ILineStyle` für den Linienstil eingeführt werden, so würde dieses dagegen nur von `CPenAttr` implementiert werden.

Mit Hilfe von `dynamic_cast` kann zur Laufzeit jederzeit abgefragt werden, ob das vorliegende Attribut-Objekt von einem bestimmten Typ ist, also ob es sich z. B. um ein `IColorAttr` handelt oder nicht.

Unser Design hat nun einen Stand erreicht, der unsere minimalen Anforderungen erfüllt. Wir wollen daher an dieser Stelle jetzt einen Schlussstrich ziehen – auch wenn für eine Diagrammer-Bibliothek noch weitere Features und Klassen denkbar wären – und uns der Implementierung widmen.

35.4 Implementierung

In den folgenden Programmen haben wir aus Platz- und Übersichtlichkeitsgründen in einem Buch meist die Implementierung der Methoden *inline* in den Headerdateien vorgenommen. In der Praxis würde man die Implementierung der Methoden in eigenen .cpp-Dateien vornehmen.

Realisierung der Klassen aus den Abbildungen 35.8 und 35.9

Betrachten wir zunächst Abbildung 35.8 und Abbildung 35.9. Die in diesen Diagrammen dargestellten Klassen implementieren wir von oben nach unten, wobei wir die Abhängigkeiten berücksichtigen.

Die Schnittstelle IDraw zum Zeichnen des Diagrammes

Programm 35.1 – `IDraw.h`:
Realisierung der Schnittstelle IDraw

```
#ifndef INC_IDRAW
#define INC_IDRAW
#include <qpainter.h>
#include "ClonePtr.h"
#include "IAttribut.h"
class IDraw {
  public:
     virtual ~IDraw() { }
     virtual void Draw(QPainter &p)=0;
     virtual void AddAttr(IAttribut &Attr)=0;
     virtual IDraw* Clone()=0;
};
typedef CClonePtr<IDraw> IDrawPtr;
#endif
```

Die Schnittstelle IAttribut

Programm 35.2 – `IAttribut.h`:
Realisierung der Schnittstelle IAttribut

```
#ifndef INC_IATTRIBUT
#define INC_IATTRIBUT

#include <qpen.h>
#include <qbrush.h>
#include <qpainter.h>

class IAttribut {
  public:
    IAttribut() { }
    virtual ~IAttribut() { }
    virtual void setAttrib(QPainter &p)=0;
    virtual IAttribut *Clone()=0;
};
#endif
```

Die Schnittstelle IColorAttr zum Setzen der Farbe bei Farbattributen

Programm 35.3 – `IColorAttr.h`:
Realisierung der Schnittstelle IColorAttr

```
#ifndef INC_ICOLORATTR
#define INC_ICOLORATTR
#include <qcolor.h>
class IColorAttr {
  public:
     virtual ~IColorAttr() { }
     virtual void SetColor(QColor &col)=0;
     virtual QColor GetColor()=0;
     virtual const char *GetName()=0;
};
#endif
```

Wir haben in Programm 35.3 die Schnittstelle `IColorAttr` um die Methode `GetName()` ergänzt. Diese Methode liefert eine Bezeichnung für das Attribut und kann in der Oberfläche z. B. als Beschriftung des korrespondierenden Einstellbuttons benutzt werden. Beachten Sie, dass wir die Diagrammer-Bibliothek gerade entwickeln. Hier kann es leicht passieren, dass die eine oder andere Methode noch hinzukommt, wegfällt oder modifiziert wird. Nach Abschluss der Entwicklung und Freigabe der ersten Produktversion, ist es jedoch sehr gefährlich, eine Schnittstelle noch zu ändern, denn die Änderung einer Schnittstelle hat Auswirkungen auf alle Klassen, die die Schnittstelle implementieren, und im gewissen Maße auch auf die Klassen, die die Schnittstelle nutzen; siehe auch Kapitel 26.4 auf Seite 578.

Die Klassen CPenAttr und CBrushAttr

Die Schnittstellen `IAttribut` und `IColorAttribut` werden von den nachfolgend vorgestellten Klassen `CPenAttr` und `CBrushAttr` implementiert.

Programm 35.4 – `PenAttr.h`:
Realisierung der Klasse CPenAttr

```
#ifndef INC_PENATTR
#define INC_PENATTR
#include "IAttribut.h"
#include "IColorAttr.h"
#include "RefPtr.h"
#include <qpen.h>
class CPenAttr : public IAttribut, public IColorAttr {
  public:
     CPenAttr(QPen Pen, const char *Name=0) {
        SetPen(Pen);
        m_Name = new QString( Name ? Name : "Unbenannt");
     }
     virtual ~CPenAttr() { }
     void SetPen(QPen &Pen) { m_Pen = new QPen(Pen); }
     virtual void SetColor(QColor &Col) { if (!!m_Pen) m_Pen->setColor(Col); }
     virtual QColor GetColor() { return !m_Pen ? QColor(0,0,0) : m_Pen->color(); }
```

```
    virtual const char *GetName() { return *m_Name; }
    //.... Implementierung von IAttribut
    virtual void setAttrib(QPainter &p) { if (m_Pen) p.setPen(*m_Pen); }
    virtual IAttribut *Clone() { return new CPenAttr(*this); }
  private:
    CRefPtr<QPen>    m_Pen;
    CRefPtr<QString> m_Name;
};
#endif
```

Programm 35.5 – `BrushAttr.h`:
Realisierung der Klasse CBrushAttr (Analog zu CPenAttr)

```
#ifndef INC_BRUSHATTR
#define INC_BRUSHATTR
#include "IAttribut.h"
#include "IColorAttr.h"
#include "RefPtr.h"
#include <qbrush.h>

class CBrushAttr : public IAttribut, public IColorAttr
{
  public:
    CBrushAttr(QBrush Br, const char *Name=0) {
       SetBrush(Br);
       m_Name = new QString( Name ? Name : "Unbenannt");
    }
    virtual ~CBrushAttr() { }
    void SetBrush(QBrush &Br) { m_Brush = new QBrush(Br); }
    //... Implementierung von IColorAttr
    virtual void SetColor(QColor &Col) {
       if (!!m_Brush)
          m_Brush->setColor(Col);
    }
    virtual QColor GetColor() { return !m_Brush ? QColor(0,0,0)
                                                : m_Brush->color(); }
    virtual const char *GetName() { return *m_Name; }
    //... Implementierung von IAttribut
    virtual void setAttrib(QPainter &p) {
       if (m_Brush)
          p.setBrush(*m_Brush);
    }
    virtual IAttribut *Clone() { return new CBrushAttr(*this); }

  private:
    CRefPtr<QBrush> m_Brush;
    CRefPtr<QString> m_Name;
};
#endif
```

Die Implementierung der Attributen-Liste CListAttr

Programm 35.6 – `ListAttr.h`:
Realisierung der Klasse CListAttr

```
#ifndef INC_LISTATTR
#define INC_LISTATTR
#include "IAttribut.h"
#include "ListAttr.h"
#include "ClonePtr.h"
#include "RefPtr.h"
#include "IEnumAttrib.h"
#include <list>    // STL
using namespace std;
// Definition von CListAttrSTLList
class CListAttrSTLList : public list<CClonePtr<IAttribut > > { };
class CListAttr : public IAttribut {
  public:
    CListAttr() : m_List(*new CListAttrSTLList) { }
    virtual ~CListAttr() { delete &m_List; }
    //... Kopierkonstruktor und Zuweisungsoperator
    CListAttr(const CListAttr &L) : IAttribut(), m_List(*new CListAttrSTLList) {
      *this = L;
    }
    const CListAttr& operator= (const CListAttr &L) {
      m_List=L.m_List;
      return *this;
    }
    //... Implementierung der Schnittstelle IAttribut
    virtual void setAttrib(QPainter &p) {
      CListAttrSTLList::iterator i; // delegieren an Attribute in der Liste
      for (i=m_List.begin(); i!=m_List.end(); ++i)
        (*i)->setAttrib(p);
    }
    virtual IAttribut *Clone() { return new CListAttr(*this); }
    //... Hinzufügen eines Attributs in die Liste
    void AddItem(IAttribut &Attr) { m_List.push_back(&Attr); }
    //... Attribute über Call-back Schnittstelle IEnumAttrib mitteilen
    void EnumAttr(IEnumAttrib *pA) {
      CListAttrSTLList::iterator i;
      for (i=m_List.begin(); i != m_List.end(); ++i) {
        // Aus Clone-Pointer Reference-Pointer machen, dazu neuen Klon anlegen
        // Adr. wird dann nicht vom Clone-, sondern vom Ref.-Pointer verwaltet
        CRefPtr<IAttribut> tmp(i->Clone());
        pA->Attrib(tmp);
      }
    }
  private:
    CListAttrSTLList &m_List;
};
#endif
```

Wie Programm 35.6 zeigt, aggregiert die Klasse `CListAttr` ein Objekt der Klasse `CListAttrSTLList`. Es handelt sich hier um eine Klasse, die lediglich von der STL-Klasse `list` abgeleitet wurde. Damit steht der Funktionsumfang der STL-Klasse über diese Klasse vollständig zur Verfügung.
Da es sich bei der Membervariablen `m_List` um eine Referenz handelt, sollte – wie bei Zeigern auch – an tiefe Objektkopien gedacht werden. Daher sind der Kopierkonstruktor und der Zuweisungsoperator entsprechend zu überladen.
Die Methode `EnumAttr()` teilt über die Methode `IEnumAttrib()::Attrib()` alle Attribute der Liste mit. Da die Methode `Attrib()` als Parameter einen Reference-Pointer benötigt, muss aus dem Clone-Pointer ein Reference-Pointer gemacht werden. Dazu wird ein neuer Klon angelegt, der dann dem Reference-Pointer übergeben wird. Es darf auf keinen Fall einfach die Adresse des Clone-Pointers an den Reference-Pointer übergeben werden, da die Adresse sonst von beiden verwaltet wird, was bei der Speicherfreigabe dann sicherlich schief gehen würde.

Die Schnittstelle IEnumAttrib

Programm 35.7 – `IEnumAttrib.h`:
Realisierung der Schnittstelle IEnumAttrib

```
#ifndef INC_IENUMATTRIB
#define INC_IENUMATTRIB
#include "IAttribut.h"
#include "RefPtr.h"
class IEnumAttrib {
  public:
     virtual ~IEnumAttrib() { }
     virtual void Attrib(CRefPtr<IAttribut> &pA)=0;
};
#endif
```

Realisierung der Klasse CDrAttribut

`CListAttr` wird aggregiert von der Klasse `CDrAttribut`, der wir uns nun in Programm 35.8 widmen wollen.

Programm 35.8 – `DrAttribut.h`:
Realisierung der Klasse CDrAttribut

```
#ifndef INC_DRATTRIBUT
#define INC_DRATTRIBUT
#include "IDraw.h"
#include "ListAttr.h"
class CDrAttribut : public IDraw {
  public:
     CDrAttribut() { }
     virtual ~CDrAttribut() { }
     //... (Teilweise) Implementierung von IDraw
     virtual void Draw(QPainter &p) {
        p.save();
        m_List.setAttrib(p);
        DrawIntern(p);
```

```
        p.restore();
    }
    virtual void AddAttr(IAttribut &Attr) { m_List.AddItem(Attr); }
  protected:
    virtual void DrawIntern(QPainter &p)=0;
  private:
    CListAttr m_List;
};
#endif
```

Die abstrakte Klasse `CDrAttribut` implementiert von der Schnittstelle `IDraw` die Methoden `AddAttr()` und `Draw()`. In `Draw()` setzt sie zunächst alle Zeichenattribute, bevor sie die abstrakte Methode `DrawIntern()` aufruft. Die Implementierung von `DrawIntern()` fordert sie damit von ihren Unterklassen.
Im Folgenden wollen wir uns die Implementierung der in Abbildung 35.5 auf Seite 933 gezeigten Unterklassen von `CDrAttribut` ansehen.

Realisierung der Klasse CDrRaster

Programm 35.9 – `DrRaster.h`:
Realisierung der Klasse CDrRaster

```
#ifndef INC_DRRASTER
#define INC_DRRASTER
#include <qpainter.h>
#include "DrAttribut.h"
#include "RefPtr.h"
#include "IScale.h"
#define MAX(A,B) ( ( (A) > (B) ) ? (A) : (B) )
#define MIN(A,B) ( ( (A) < (B) ) ? (A) : (B) )
class CDrRaster : public CDrAttribut  {
  public:
    CDrRaster() { }
    virtual ~CDrRaster() { }
    void SetScale(CRefPtr<IScale> XScale, CRefPtr<IScale> YScale) {
        m_XScale = XScale;
        m_YScale = YScale;
    }
    //... Implementierung der abstrakten Methode von CDrAttribut
    virtual void DrawIntern(QPainter &p) {
        if (!m_XScale || !m_YScale)
            return;
        double VMinX = MIN(m_XScale->GetVMin(), m_XScale->GetVMax());
        double VMaxX = MAX(m_XScale->GetVMax(), m_XScale->GetVMin());
        double VMinY = MIN(m_YScale->GetVMin(), m_YScale->GetVMax());
        double VMaxY = MAX(m_YScale->GetVMax(), m_YScale->GetVMin());
        p.drawRect(int(VMinX), int(VMinY), int(VMaxX-VMinX), int(VMaxY-VMinY));
        for (double x=0.0; x<=m_XScale->GetStepVCntr(); ++x) {
            p.moveTo(int(m_XScale->GetStepV(x)), int(m_YScale->GetVMin()));
            p.lineTo(int(m_XScale->GetStepV(x)), int(m_YScale->GetVMax()));
        }
```

```
        for (double y=0.0; y<=m_YScale->GetStepVCntr(); ++y) {
           p.moveTo(int(m_XScale->GetVMin()), int(m_YScale->GetStepV(y)));
           p.lineTo(int(m_XScale->GetVMax()), int(m_YScale->GetStepV(y)));
        }
      }
      //... (Rest-)Implementierung von IDraw
      virtual IDraw* Clone() { return new CDrRaster(*this); }
   private:
      CRefPtr<IScale> m_XScale;
      CRefPtr<IScale> m_YScale;
};
#endif
```

Wie Programm 35.9 zeigt, besitzt die Klasse `CDrRaster` zwei Objekte vom Typ `IScale`, nämlich `m_XScale` zu Berechnungen der x-Achse und `m_YScale` zu Berechnungen der y-Achse. In der Methode `DrawIntern()` wird zunächst ein Rechteck gezeichnet und dann darin die vertikalen und horizontalen Linien. Sämtliche Werte werden dabei von `IScale` ermittelt.

Damit muss die Schnittstelle `IScale` noch Methoden für die Schrittweite beim Raster bereitstellen (`GetStep...()`). Dies wurde in Abbildung 35.5 bisher noch nicht berücksichtigt.

Realisierung der Schnittstelle IScale

Die Schnittstelle `IScale` muss demnach wie in Programm 35.10 definiert werden.

Programm 35.10 – `IScale.h`:
Realisierung der Schnittsrelle IScale

```
#ifndef INC_ISCALE
#define INC_ISCALE
class IScale {
   public:
      virtual ~IScale() { }
      virtual void SetRangeView(double Min, double Max)=0;
      virtual void SetRangeNorm(double Min, double Max)=0;
      virtual double GetPosView(double PosNorm)=0;
      virtual double GetPosNorm(double PosView)=0;
      virtual double GetVMin()=0;
      virtual double GetNMin()=0;
      virtual double GetNMax()=0;
      virtual double GetVMax()=0;
      virtual double GetStepV(double Pos)=0;
      virtual double GetStepN(double Pos)=0;
      virtual double GetStepVCntr()=0;
      virtual double GetStepNCntr()=0;
      virtual const char *FmtN()=0;
};
#endif
```

Klasse CScaleLinear – Eine Implementierung der Schnittstelle IScale

Eine Implementierung der Schnittstelle `IScale` bietet die Klasse `CScaleLinear`, die in Programm 35.11 gezeigt wird.

Programm 35.11 – `ScaleLinear.h`:
Realisierung der Klasse CScaleLinear

```
#ifndef INC_SCALELINIEAR
#define INC_SCALELINIEAR

#include "IScale.h"
#include <math.h>
#include <stdio.h>

#define MAX_SCALE  100000

class CScaleLinear : public IScale
{
public:
   CScaleLinear() {
      m_VMin = m_NMin = 0;
      m_VMax = m_NMax = 1;
      m_VFaktor = m_NFaktor = 1;
      m_VStep = m_NStep = 0.1;
   }
   // Implementierung der Schnittstelle IScale
   virtual void SetRangeView(double Min, double Max) {
      if (m_VMin==Min && m_VMax==Max)
         return;
      m_VMin = Min;
      m_VMax = Max;
      Calc();
   }
   virtual void SetRangeNorm(double Min, double Max) {
      if (m_NMin==Min && m_NMax==Max)
         return;
      m_NMin = Min;
      m_NMax = Max;
      Calc();
   }
   virtual double GetVMin() { return m_VMin; }
   virtual double GetVMax() { return m_VMax; }
   virtual double GetNMin() { return m_NMin; }
   virtual double GetNMax() { return m_NMax; }
   virtual double  GetPosView(double PosNorm) {
                              return m_VMin+(PosNorm-m_NMin)*m_VFaktor; }
   virtual double  GetPosNorm(double PosView) {
                              return m_NMin+(PosView-m_VMin)*m_NFaktor; }
   virtual double GetStepVCntr() { return m_VStepCntr; }
   virtual double GetStepNCntr() { return m_NStepCntr; }
   virtual double GetStepV(double Lfnr) { return m_OffsetStepV+Lfnr*m_VStep; }
```

```
    virtual double GetStepN(double Lfnr) { return m_OffsetStepN+Lfnr*m_NStep; }
    virtual const char *FmtN() { return "%1.1f"; }
private:
    double m_VStepCntr,      m_NStepCntr;
    double m_VStep,          m_NStep;
    double m_VMin, m_VMax, m_NMin, m_NMax;
    double m_VFaktor,        m_NFaktor;
    double m_OffsetStepV,  m_OffsetStepN;
    double CalcRaster10(double AnzahlTeilung, double DeltaN, double Raster=100000) {
      if (AnzahlTeilung<=0.)                return 1;
      if (DeltaN/Raster>AnzahlTeilung)      return Raster;
      if (DeltaN/(Raster/2)>AnzahlTeilung) return Raster/2;
      if (DeltaN/(Raster/5)>AnzahlTeilung) return Raster/5;
      return CalcRaster10(AnzahlTeilung, DeltaN, Raster/10);
    }
    void Calc() {
      m_VFaktor = m_NFaktor = 1;
      double DeltaV = m_VMax - m_VMin;
      double DeltaN = m_NMax - m_NMin;
      if (DeltaV != 0.0)
        m_NFaktor = DeltaN/DeltaV;
      if (DeltaN != 0.0)
        m_VFaktor = DeltaV/DeltaN;
      m_NStep = CalcRaster10(fabs(DeltaV/60.), fabs(DeltaN));
      m_VStep = m_NStep*m_VFaktor;
      m_OffsetStepN = ceil(m_NMin/fabs(m_NStep))*fabs(m_NStep);
      m_OffsetStepV = GetPosView(m_OffsetStepN);
      m_VStepCntr = fabs((m_VMax-m_OffsetStepV)/m_VStep);
      m_NStepCntr = fabs((m_NMax-m_OffsetStepN)/m_NStep);
    }
};
#endif
```

Die Klasse `CScaleLinear` aus Programm 35.11 besitzt für die meisten der abgefragten Werte der Schnittstelle `IScale` eine Membervariable. Die `Get()`-Methoden beschränken sich daher auf eine `return`-Anweisung. Berechnet werden die Werte bei den `Set()`-Methoden mit Hilfe der `private`-Methode `Calc()`. Besondere Aufmerksamkeit verdient die Berechnung der Rasterschrittweite. Hier ist es wichtig, dass ein vorgegebener Abstandswert nicht unterschritten wird, denn ist die View-Fläche sehr gering und das Raster zu eng, so kann es leicht passieren, dass man nur noch Rasterstriche sieht. Die Berechnung der Rasterschritte übernimmt die `private`-Methode `CalcRaster10()`. Sie ermittelt rekursiv sinnvolle Rasterteilungen im Zehnersystem, d. h. Einteilungen nach jedem zweiten, fünften oder zehnten Wert. In der Methode `Calc()` wird mit der Anweisung

```
m_NStep = CalcRaster10(fabs(DeltaV/60.),fabs(DeltaN));
```

vorgegeben, dass ein Rasterabstand 60 Pixel nicht unterschreiten soll.

Klasse CDrScale – Weiterer Nutzer der Schnittstelle IScale

Eine weitere Klasse, die die Schnittstelle `IScale` nutzt, ist neben `CDrRaster` die Klasse `CDrScale`, die ein Koordinatensystem zeichnet.

Programm 35.12 – `DrScale.h`:
Realisierung der Klasse CDrScale

```
#ifndef INC_DRSCALE
#define INC_DRSCALE
#include <qpainter.h>
#include <math.h>
#include <stdlib.h>
#include "DrAttribut.h"
#include "RefPtr.h"
#include "IScale.h"

#define MAX(A,B) ( ( (A) > (B) ) ? (A) : (B) )
#define MIN(A,B) ( ( (A) < (B) ) ? (A) : (B) )
class CDrScale : public CDrAttribut {
public:
   CDrScale() { }
   virtual ~CDrScale() { }
   void SetScale(CRefPtr<IScale> XScale, CRefPtr<IScale> YScale) {
      m_XScale = XScale;
      m_YScale = YScale;
   }

   virtual void DrawIntern(QPainter &p) {
      if (!m_XScale || !m_YScale)
         return;
      //... Achsen (Null-Positionen) einzeichnen
      double NullPosX = m_XScale->GetPosView(0);
      double NullPosY = m_YScale->GetPosView(0);
      CalcNullPos(m_XScale, NullPosX);
      CalcNullPos(m_YScale, NullPosY);
      p.moveTo(int(m_XScale->GetVMin()), int(NullPosY));
      p.lineTo(int(m_XScale->GetVMax()), int(NullPosY));
      p.moveTo(int(NullPosX), int(m_YScale->GetVMin()));
      p.lineTo(int(NullPosX), int(m_YScale->GetVMax()));
      //... Achsen-Beschriftungen
      QString str;
      for (double x=0.0; x<=m_XScale->GetStepVCntr(); ++x) {
         p.save();
         double Pos = m_XScale->GetStepN(x);
         str.sprintf(m_XScale->FmtN(),Pos);
         p.translate(m_XScale->GetStepV(x), MAX(m_YScale->GetVMax(),
                     m_YScale->GetVMin())+5);
         p.rotate(60); //... Text an x-Achse drehen
         p.drawText(0,0,str);
         p.restore();
      }
```

```
        for (double y=0.0; y<=m_YScale->GetStepVCntr(); ++y) {
            double Pos = m_YScale->GetStepN(y);
            str.sprintf(m_YScale->FmtN(), Pos);
            p.drawText(int(m_XScale->GetVMax()+3), int(m_YScale->GetStepV(y)), str);
        }
    }
    virtual IDraw* Clone() { return new CDrScale(*this); }
private:
    CRefPtr<IScale> m_XScale;
    CRefPtr<IScale> m_YScale;
    void CalcNullPos(CRefPtr<IScale> &S, double &Null) {
        Null = S->GetPosView(0);
        double VMin = MIN(S->GetVMin(), S->GetVMax());
        double VMax = MAX(S->GetVMin(), S->GetVMax());
        if (Null<VMin || Null>VMax)
            Null=S->GetVMin();
    }
};
#endif
```

Die entscheidende Methode in Programm 35.12 ist `DrawIntern()`. Hier werden zunächst die Achsen selbst gezeichnet. Dazu muss die Nullposition berechnet werden, wozu eine eigene kleine `private`-Hilfsmethode `CalcNullPos()` geschrieben wurde. Nach dem Zeichnen der Achsen erfolgt die Achsenbeschriftung, die hier am Rand des Koordinatensystems und nicht direkt an den Achsen erfolgt, damit die Beschriftung nicht durch die nachfolgenden Texte verdeckt wird, wird der Text an der x-Achse um 60 Grad gedreht (`p.rotate(60)`).

Schnittstellenklasse IWertePaar und Klasse CDrPlot

Eine weitere Klasse, die beim Zeichnen die Schnittstelle `IScale` benutzt, ist die Klasse `CDrPlot`, die eine Kurve zeichnet. Für die dargestellten Werte bedient sie sich außerdem der Schnittstelle `IWertePaar`, die Programm 35.13 zeigt.

Programm 35.13 – `IWertePaar.h`:
Realisierung der Schnittstellenklasse IWertePaar

```
#ifndef INC_IWERTEPAAR
#define INC_IWERTEPAAR

class IWertePaar {
  public:
     virtual ~IWertePaar() { }
     virtual double GetYValue(double x)=0;
};
#endif
```

Die Klasse `CDrPlot` aggregiert nun ein Objekt vom Typ `IWertePaar`, wie es Programm 35.14 zeigt.

Programm 35.14 – `DrPlot.h`:
Realisierung der Klasse CDrPlot

```
#ifndef INC_DRPLOT
#define INC_DRPLOT
#include <qpainter.h>
#include "DrAttribut.h"
#include "RefPtr.h"
#include "IScale.h"
#include "IWertePaar.h"
#define MAX(A,B) ( ( (A) > (B) ) ? (A) : (B) )
#define MIN(A,B) ( ( (A) < (B) ) ? (A) : (B) )
class CDrPlot : public CDrAttribut
{
public:
   CDrPlot() { }
   virtual ~CDrPlot() { }
   void SetScale(CRefPtr<IScale> XScale, CRefPtr<IScale> YScale) {
      m_XScale = XScale;
      m_YScale = YScale;
   }
   void SetWertePaar(CRefPtr<IWertePaar> WertePaar) { m_WertePaar=WertePaar; }
   //... Implementierungen der abstrakten Basisklassen
   virtual void DrawIntern(QPainter &p) {
      if (!m_WertePaar || !m_XScale || !m_YScale)
         return;
      p.save();   // wegen setClipRect
      // Zeichenbereich einschränken auf Viewfläche (mit setClipRect())
      double VMinX = MIN(m_XScale->GetVMin(), m_XScale->GetVMax());
      double VMaxX = MAX(m_XScale->GetVMax(), m_XScale->GetVMin());
      double VMinY = MIN(m_YScale->GetVMin(), m_YScale->GetVMax());
      double VMaxY = MAX(m_YScale->GetVMax(), m_YScale->GetVMin());
      p.setClipRect(int(VMinX), int(VMinY), int(VMaxX-VMinX), int(VMaxY-VMinY));
      //... Zu ersten Wert gehen
      double x = m_XScale->GetPosNorm(VMinX);
      double y = m_WertePaar->GetYValue(x);
      p.moveTo(int(VMinX), int(m_YScale->GetPosView(y)));
      //... Weitere Werte berechnen lassen, und dahin zeichnen
      for (x=VMinX; x<=VMaxX; ++x) {
         y = m_WertePaar->GetYValue(m_XScale->GetPosNorm(x));
         p.lineTo(int(x), int(m_YScale->GetPosView(y)));
      }
      p.restore(); // wegen setClipRect
   }
   virtual IDraw* Clone() { return new CDrPlot(*this); }
private:
   CRefPtr<IScale>      m_XScale;
   CRefPtr<IScale>      m_YScale;
   CRefPtr<IWertePaar>  m_WertePaar;
};
#endif
```

In Programm 35.14 wird in der Methode `DrawIntern()` zunächst der Zeichenbereich im `QPainter`-Objekt mit der Methode `setClipRect()` eingeschränkt. Würde dies nicht geschehen, so würden auch die y-Werte, die außerhalb des View-Bereichs liegen, im Widget dargestellt werden. Da das `QPainter`-Objekt damit verändert wird, wird es vor der Operation gesichert und nach dem Zeichnen wieder in den ursprünglichen Zustand gebracht (`p.restore()`).

Realisierung der Klasse CDrList

Als letzte `IDraw`-Klasse fehlt noch `CDrList`, die ihrerseits beliebig viele `IDraw`-Objekte aufnehmen kann.

Programm 35.15 – `DrList.h`:
Realisierung der Klasse CDrList

```
#ifndef INC_DRLIST
#define INC_DRLIST
#include <list>
#include "DrAttribut.h"
using namespace std;
class CDrStlList : public list<IDrawPtr> { };
class CDrList : public CDrAttribut {
 public:
   CDrList() : m_List(*new CDrStlList()) { }
   virtual ~CDrList() { delete &m_List; }
   // Kopierkonstruktor und Zuweisungsoperator
   CDrList(const CDrList &L) : CDrAttribut(), m_List(*new CDrStlList()) {
      m_List = L.m_List;
   }
   const CDrList& operator= (const CDrList &L) {
      m_List = L.m_List;
      return *this;
   }
   void AddItem(IDraw &Ptr) { m_List.push_back(&Ptr); }
   virtual void DrawIntern(QPainter &p) {
      CDrStlList::iterator It; // Zeichnen delegieren an Objekte in der Liste
      for (It=m_List.begin(); It!=m_List.end(); ++It)
         (*It)->Draw(p);
   }
   virtual IDraw* Clone() { return new CDrList(*this); }
 private:
   CDrStlList& m_List;
};
#endif
```

Wie Programm 35.15 zeigt, ist die Klasse `CDrList` analog zur Klasse `CListAttr` (siehe Programm 35.6) implementiert. Auch hier gibt es wieder eine Membervariable `m_List`, die eine Referenz der eigenen Klasse `CDrStlList` ist.
Die Diagrammer-Bibliothek hat nun einen Umfang, mit dem eine Kurve in einem Koordinatensystem mit linearen Achsen gezeichnet werden kann. Die Farben der Achsen, des Rasters und der Kurve können dabei eingestellt werden.

35.5 Komponententest

Auch an dieser Stelle wollen wir nur einen minimalen abschließenden Test durchführen. Diesen Test bezeichnen wir als „Komponententest“, da es sich hier um eine Bibliothek handelt, die wir auch als Komponente eines Systems ansehen könnten. Der Begriff „Systemtest“ist wohl an dieser Stelle weniger geeignet.
Um unsere Bibliothek testen zu können, benötigen wir eine *Testrahmen-Applikation* (engl. *Testframe*). In der Praxis kann es hier leicht vorkommen, dass der *Testframe* umfangreicher wird als die zu testende Software selbst.

Angepasste Klasse CFunkView für Diagrammer

Wir werden hier auf unseren Funktionsplotter aus dem vorherigen Kapitel zurückgreifen und die dort vorhandene Klasse `CFunkView` als Client für unsere Bibliothek einsetzen. `CFunkView` muss dazu, wie in Programm 35.16 gezeigt, angepasst werden.

Programm 35.16 – `FunkView2.h`:
Angepasste Klasse CFunkView für Diagrammer

```
#ifndef INC_FUNKVIEW2
#define INC_FUNKVIEW2
#include <qwidget.h>
#include <qpainter.h>
#include <math.h>
#include <qpen.h>
#include <qcolor.h>
#include ..... // alle zuvor vorgestellten Headerdateien
using namespace std;
class CFunkView : public QWidget {
   Q_OBJECT
public:
   CFunkView(QWidget *parent=0, const char *name=0) : QWidget(parent,name) {
      m_PenSkalen = new CPenAttr( QPen(QColor(red)), "Achsenfarbe" );
      m_PenPlot   = new CPenAttr( QPen(QColor(blue), 2), "Kurvenfarbe" );
      m_PenRaster = new CPenAttr( QPen(QColor(gray)), "Rasterfarbe" );
      setMinimumSize(500, 500);
      m_XScale = new CScaleLinear();
      m_YScale = new CScaleLinear();
      m_F = new CWerteFunk();
   }
   ~CFunkView() { }
   void SetF(CRefPtr<CFunktion> &F)  { m_F->SetFunktion(F, "x"); }
   void SetP(CRefPtr<CParameter> &P) { m_P = P;                  }
   virtual void paintEvent(QPaintEvent *) {
      QPainter p(this);
      Draw(p);
   }
   virtual void Draw(QPainter &p) {
      // Fläche für View überzeichnen
      QPen PenNot(NoPen);
```

```
      QBrush BrWhite(QColor(200, 200, 100));
      p.setBrush(BrWhite);
      p.setPen(PenNot);
      int m_Rand = 1;
      p.drawRect(m_Rand, m_Rand, width()-m_Rand*2, height()-m_Rand*2);
      Init();
      m_XScale->SetRangeNorm( m_P->GetXmin(), m_P->GetXmax() );
      m_YScale->SetRangeNorm( m_P->GetYmin(), m_P->GetYmax() );
      m_XScale->SetRangeView( 30, width()-60 );
      m_YScale->SetRangeView( height()-60, 30 );
      m_List->Draw(p);
   }
   void EnumAttrib(IEnumAttrib *pA) {
      pA->Attrib(m_PenSkalen);
      pA->Attrib(m_PenPlot);
      pA->Attrib(m_PenRaster);
   }
public slots:
   void Update() {
      QPainter p(this);
      Draw(p);
   }
private:
   CRefPtr<CWerteFunk>  m_F;
   CRefPtr<CParameter>  m_P;
   CRefPtr<IScale>      m_XScale;
   CRefPtr<IScale>      m_YScale;
   CRefPtr<CDrList>     m_List;
   CRefPtr<IAttribut>   m_PenSkalen, m_PenPlot, m_PenRaster;
   void Init() {
      if (!!m_List || !m_F || !m_P)
         return;
      m_List = new CDrList();
      CDrRaster R;
      CDrScale  S;
      CDrPlot   P;
      R.AddAttr(*m_PenRaster);
      P.AddAttr(*m_PenPlot);
      S.AddAttr(*m_PenSkalen);
      P.SetScale(m_XScale, m_YScale);
      P.SetWertePaar(m_F);
      R.SetScale(m_XScale, m_YScale);
      S.SetScale(m_XScale, m_YScale);
      m_List->AddItem(R);
      m_List->AddItem(S);
      m_List->AddItem(P);
   }
};
#endif
```

Wie Programm 35.16 zeigt, enthält `CFunkView` alle Objekte zum Zusammenbau des Diagrammes:

- X- und Y-Achse des Koordinatensystems:

```
CRefPtr<IScale>     m_XScale;
CRefPtr<IScale>     m_YScale;
```

- Liste für Draw-Objekte `CRaster`, `CSkale`, `CPlot`:

```
CRefPtr<CDrList>    m_List;
```

- Zeichenfarben für Skalen, Kurve und Raster:

```
CRefPtr<IAttribut>  m_PenSkalen;
CRefPtr<IAttribut>  m_PenPlot;
CRefPtr<IAttribut>  m_PenRaster;
```

Weitere Erläuterungen zur Klasse `CFunkView`:

- Im Konstruktor müssen die Objekte zu den Attributen angelegt werden, die als Pointer vorhanden sind. Der Zusammenbau des Diagrammes aus den einzelnen Objekten geschieht dann in der `private`-Methode `Init()`.
- Die Methode `Draw()` übernimmt das Zeichnen des `CFunkView`-Widgets. Hier werden zunächst die Min- und Max- Werte aus dem Modell ermittelt und zusammen mit den Ausmaßen des Widgets an die Skalenberechnung übergeben. Erst dann geschieht das Zeichnen durch Delegation an `m_List`.
- Erwähnenswert ist noch die Methode `EnumAttrib()`. Da die Attribute zum Zusammenbau in `Init()` einzeln benötigt werden, macht es bei `CFunkView` keinen Sinn, eine `CListAttr` zu verwenden. Um die Attribute nun zum Einstellen über die Schnittstelle `IEnumAttrib` verfügbar zu machen, implementiert `CFunkView` sein eigenes `EnumAttrib()`.
- Die Min- und Max-Werte des Rechenbereichs kommen aus dem Modell (Attribut `m_P`). Zur Berechnung der Werte wird ein Objekt der Klasse `CWerteFunk` verwendet (Attribut `m_F`). Diese Klasse implementiert die Schnittstelle `IWertePaar`, die von `CDrPlot` verwendet wird, und aggregiert hierzu ein Objekt der Klasse `CFunktion`, wie es Programm 35.17 zeigt.

Die Klasse CWerteFunk – Implementierung der Schnittstelle IWertePaar

Programm 35.17 – `WerteFunk.h`:
Realisierung der Klasse CWerteFunk

```
#ifndef INC_WERTEFUNK
#define INC_WERTEFUNK

#include "IWertePaar.h"
#include "RefPtr.h"
#include "Funktion.h"

#include <qstring.h>
```

```
class CWerteFunk  : public IWertePaar
{
  public:
    CWerteFunk()  { m_VarName = "x";  }
    ~CWerteFunk() { }
    void SetFunktion(CRefPtr<CFunktion> F, QString VarName) {
        m_pFunk   = F;
        m_VarName = VarName;
    }
    //... Implementierung von Schnittstelle IWertePaar
    virtual double GetYValue(double x) {
       m_pFunk->SetValue(m_VarName, x);
       return m_pFunk->Erg();
    }
  private:
    CRefPtr<CFunktion> m_pFunk;
    QString            m_VarName;
};
#endif
```

Die Klasse CAttrView – Dialog zum Einstellen der Zeichenattribute

Dass die Farben vom Applikations-User eingestellt werden können, ist nicht Aufgabe von `CFunkView`. Hierfür implementieren wir in unserer Testframe-Applikation eine eigene Klasse mit Namen `CAttrView`. `CAttrView` soll ein kleiner Dialog sein, der für jedes Attribut einen Button enthält, wie es links in Abbildung 35.10 gezeigt ist. Beim Klick auf einen Farb-Attribut-Button soll der bei Qt vorhandene Farbauswahl-Dialog (Klasse `QColorDialog`) eingeblendet werden, dessen Aussehen rechts in Abbildung 35.10 gezeigt ist.

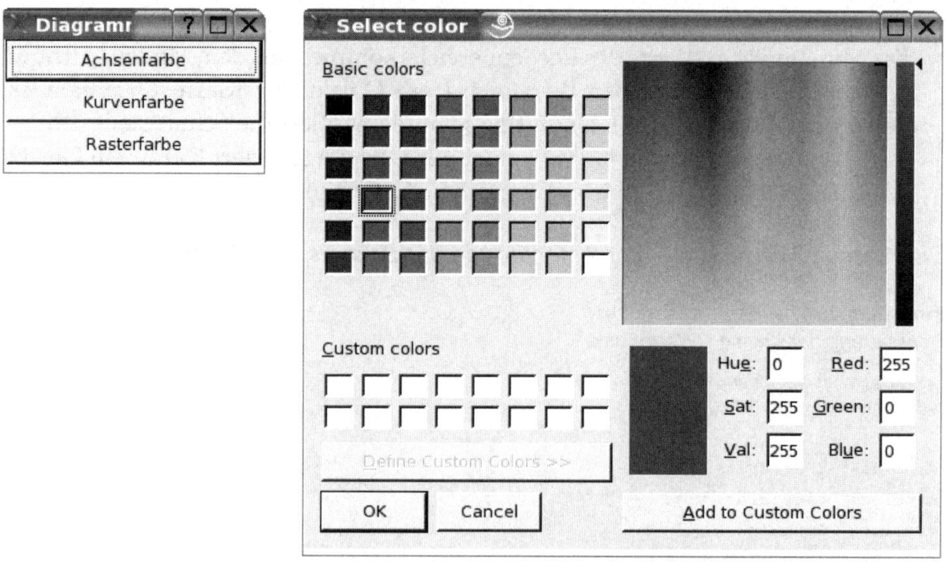

Abbildung 35.10: Buttons zum Einstellen der Zeichenattribute und Qt-Farbauswahl-Dialog

Programm 35.18 – `AttrView.h`:
Realisierung der Klasse CAttrView

```
#ifndef INC_ATTRVIEW
#define INC_ATTRVIEW
#include <qpushbutton.h>
#include <qbuttongroup.h>
#include <qlayout.h>
#include <qdialog.h>
#include <qcolor.h>
#include <qcolordialog.h>
#include "IAttribut.h"
#include "IEnumAttrib.h"
#include "IColorAttr.h"
#include "AttrView.h"
#include "RefPtr.h"
#include <vector>
using namespace std;
class CAttrView : public QDialog, public IEnumAttrib {
   Q_OBJECT
public:
   CAttrView(QWidget *parent=0, const char *name=0) : QDialog(parent, name) {
      hide();
      m_pL  = new QVBoxLayout(this);
      m_Grp = new QButtonGroup(this);
      connect(m_Grp, SIGNAL(clicked(int)), this, SLOT(ChangeColor(int)));
   }
   virtual ~CAttrView() { }
   virtual void Attrib(CRefPtr<IAttribut> &pA) {
      // Überprüfen, ob Attribut ein Color-Attribut ist
      CRefPtr<IColorAttr> pC = dynamic_cast<IColorAttr *>(pA.Ptr());
      if (!!pC) {
         m_Colors.push_back(pC);
         QHBoxLayout *pH = new QHBoxLayout();
         m_pL->addLayout(pH);
         QPushButton *pPush = new QPushButton(pC->GetName(), this);
         pH->addWidget(pPush);
         m_Grp->insert(pPush, m_Colors.size()-1);
      }
   }
public slots:
   void show() { QWidget::show(); }
   void ChangeColor(int ID) {
      QColor col = QColorDialog::getColor(m_Colors[ID]->GetColor());
      if (col.isValid()) { // Dialog-Ende mit OK
         m_Colors[ID]->SetColor(col);
         emit ClickUpdate(); // NeuZeichnen veranlassen
      }
   }
signals:
   void ClickUpdate();
```

```
private:
   QButtonGroup   *m_Grp;
   QVBoxLayout    *m_pL;
   vector<CRefPtr< IColorAttr> > m_Colors;
};
#endif
```

Erläuterungen zum Programm 35.18:

- Die Klasse `CAttrView` ist von `QDialog` abgeleitet, da sie sich als kleiner Dialog präsentieren soll.
- Außerdem ist sie von `IEnumAttrib` abgeleitet, da sie diese Schnittstelle implementiert. Über die Schnittstelle `IEnumAttrib` bekommt `CAttrView` die Attribute mitgeteilt (Methode `Attrib()`).
  - Mittels `dynamic_cast` wird hierbei überprüft, ob es sich um ein Farb-Attribut handelt.
  - Ist dies der Fall, so wird das Farb-Attribut in dem STL `vector`-Objekt `m_Colors` gespeichert und dafür ein Pushbutton mit entsprechender Bezeichnung angelegt. Dieser Pushbutton wird außerdem der `QButtonGroup m_Grp` zugeordnet. Als ID (zweiter Parameter) wird dabei der Index des zugehörigen `IColorAttr`-Objekts in `m_Colors` gewählt. Bei einem Klick auf einen Button einer Buttongroup wird diese ID von Qt als Parameter an die Slot-Methode übergeben.
- Klickt der Anwender nun auf einen Button der Buttongroup `m_Grp`, so wird die Slot-Methode `ChangeColor()` aufgerufen.
  - Mit der `static`-Methode `QColorDialog::getColor()` wird der Qt-Farbauswahl-Dialog eingeblendet. Der Rückgabewert enthält die vom User ausgewählte Farbe. Wird der Dialog mit *Cancel* beendet, so ist dieser Rückgabewert ungültig, was mit der Methode `isValid()` überprüft werden kann.
  - Wurde eine gültige Farbe eingestellt, so muss ein Neuzeichnen des Views veranlasst werden, was durch das Signal `ClickUpdate()` geschieht.

Verbindung zwischen Applikation (CFunkCtrl) und CAttrView-Objekt

Was nun noch fehlt, sind die Verbindungen zwischen der Applikation, dem `CAttrView`-Objekt und dem `CFunkView`-Objekt. Diese werden im Konstruktor des Applikationsobjektes (Klasse `CFunkCtrl`) vorgenommen, wie dies die fett markierten Anweisungen in Programm 35.19 zeigen.

Programm 35.19 – `FunkCtrl2.h`:
Geändertes Programm zu FunkCtrl.h

```
#include ..... // siehe Programm FunkCtrl.h auf Seite 916
#include "FunkView2.h"
#include "AttrView.h"

class CFunkCtrl : public QWidget
{
   Q_OBJECT
public:
```

```
   CFunkCtrl(CFunkView *ctrlView, QWidget *p) : QWidget(p) {
      m_CtrlView = ctrlView;
      m_Param = new CParameter();
      m_Funk  = new CFunktion();
      //............ QGridLayout für CFunkCtrl (4 Zeilen, 4 Spalten, Abstand 4)
      m_topLayout = new QGridLayout(this, 4, 4, 10, 10);
      //.......................................... Editfeld für Funktionsstring
      m_pFunk = new QLineEdit(this);
      m_topLayout->addWidget(new QLabel(" y=f(x)= ", this), 0, 0);
      m_topLayout->addMultiCellWidget(m_pFunk, 0,0, 1,3); // 0.Zeile; 1.-3.Spalte
      //.......... Editfelder für XMin, XMax, YMin, YMax (keines mehr für Raster)
      m_pXMin = new QLineEdit(QString::number(m_Param->GetXmin()), this);
      m_topLayout->addWidget(new QLabel(" XMin= ", this), 1,0); // 1.Zeile,0.Sp.
      m_topLayout->addWidget(m_pXMin, 1, 1);                    // 1.Zeile,1.Sp.
      m_pXMax = new QLineEdit(QString::number(m_Param->GetXmax()), this);
      m_topLayout->addWidget(new QLabel(" XMax= ", this), 1, 2); // 1.Zeile,2.Sp.
      m_topLayout->addWidget(m_pXMax, 1, 3);                     // 1.Zeile,3.Sp.
      m_pYMin = new QLineEdit(QString::number(m_Param->GetYmin()), this);
      m_topLayout->addWidget(new QLabel(" YMin= ", this), 2,0); // 2.Zeile,0.Sp.
      m_topLayout->addWidget(m_pYMin, 2, 1);                    // 2.Zeile,1.Sp.
      m_pYMax = new QLineEdit(QString::number(m_Param->GetYmax()), this);
      m_topLayout->addWidget(new QLabel(" YMax= ", this), 2, 2); // 2.Zeile,2.Sp.
      m_topLayout->addWidget(m_pYMax, 2, 3);                     // 2.Zeile,3.Sp.
      //............................................... Pushbutton zum Zeichnen
      m_Update= new QPushButton("Neu Zeichnen", this);
      m_topLayout->addMultiCellWidget(m_Update, 3,3, 0,1); // 3.Zeile, 0.-1.Sp.
      connect(m_Update, SIGNAL(clicked()), this, SLOT(UpdateGui()) );
      m_CtrlView->SetF(m_Funk);
      m_CtrlView->SetP(m_Param);
      //.......................................... Pushbutton für Einstellungen
      m_Einstell = new QPushButton("Einstellung", this);
      m_topLayout->addMultiCellWidget(m_Einstell, 3,3, 2,3); // 3.Zeile, 2.-3.Sp.
      CAttrView *m_pAttr = new CAttrView(this);
      connect(m_Einstell, SIGNAL(clicked()),     m_pAttr,    SLOT(show()));
      connect(m_pAttr,    SIGNAL(ClickUpdate()), m_CtrlView, SLOT(repaint()));
      m_CtrlView->EnumAttrib(m_pAttr);
   }
   virtual ~CFunkCtrl() { }
private slots:
   void UpdateGui() {  /* identisch zu Programm FunkCtrl.h auf Seite 916 */ }
private:
   CFunkView    *m_CtrlView;
   QGridLayout  *m_topLayout;
   QLineEdit    *m_pFunk, *m_pXMin, *m_pXMax, *m_pYMin, *m_pYMax;
   QPushButton  *m_Update;
   QPushButton  *m_Einstell;
   CRefPtr<CParameter> m_Param;
   CRefPtr<CFunktion>  m_Funk;
};
#endif
```

Kleine Änderungen im Programm FunkPlot.h

In Programm 35.24 (`Funkplot.h`) sind lediglich die beiden neuen Headerdateien zu inkludieren, wie es der Ausschnitt des Programms 35.20 zeigt.

Programm 35.20 – `FunkPlot2.h`:
Geändertes Programm zu CFunkPlot.h

```
#include "FunkCtrl2.h" // statt #include "FunkCtrl.h"
#include "FunkView2.h" // statt #include "FunkView.h"
//... Rest identisch zu Programm 35.24 (FunkPlot.h) auf Seite 915
```

main() zur Diagrammer-Applikation

Programm 35.21 – `Diagrammer.cpp`:
main() zur Diagrammer-Applikation

```
#include <qapplication.h>
#include "FunkPlot2.h" // Einziger Unterschied zu FktsPlotter.cpp (auf Seite 915)
int main(int argc, char *argv[]) {
   QApplication a(argc,argv);
   CFunkPlot *funkplot = new CFunkPlot();
   a.setMainWidget(funkplot);
   funkplot->show();
   return a.exec();
}
```

Kompilieren und Linken unserer Programmdateien

- **Erstellen einer Qt-Projektdatei:**
  Zunächst erstellen wir uns folgende Qt-Projektdatei `Diagrammer.pro`:

```
CONFIG  += qt warn_on release
HEADERS = RefPtr.h  Parameter.h  Funktion.h  RefCntrBase.h  IDraw.h        \
          IAttribut.h  IColorAttr.h  PenAttr.h  BrushAttr.h  ListAttr.h   \
          IEnumAttrib.h  DrAttribut.h  DrRaster.h  IScale.h  ScaleLinear.h \
          DrScale.h  IWertePaar.h  DrPlot.h  DrList.h  FunkView2.h         \
          WerteFunk.h  AttrView.h  FunkPlot2.h   FunkCtrl2.h
SOURCES = Diagrammer.cpp  RefCntrBase.cpp  ParserOperator.cpp \
          OpBin.cpp  ParserHelper2.cpp  TreeGenerator.cpp
TARGET  = Diagrammer
```

- **Erzeugen eines Makefiles mit qmake:** Anschließend rufen wir `qmake` auf, um ein Makefile zu generieren: Um sich nun das entsprechende `Makefile` erstellen zu lassen, muss man dann nur noch Folgendes aufrufen:

```
qmake -o Makefile Diagrammer.pro ⏎
```

- **Aufrufen von `(n)make` zum Generieren des Programms:**
  Nachdem das `Makefile` automatisch erstellt wurde, muss man
  - unter Windows-Systemen nur **nmake**
  - und unter Linux/Unix-Systemen nur **make**

  aufrufen, um ein ausführbares Programm zu generieren.

Starten und einfaches Testen des generierten Programms

Zum Starten müssen wir nur das nun generierte Programm `Diagrammer` aufrufen. Es blendet dann ein Widget ein, wie es links in Abbildung 35.11 gezeigt ist. Wir geben dann als Funktion „`x*x-2`" vor und verändern als ersten kleinen Test die Größe des Fensters. Die Rasterung muss sich dann entsprechend anpassen, was sie auch tut, wie es rechts in Abbildung 35.11 gezeigt ist.

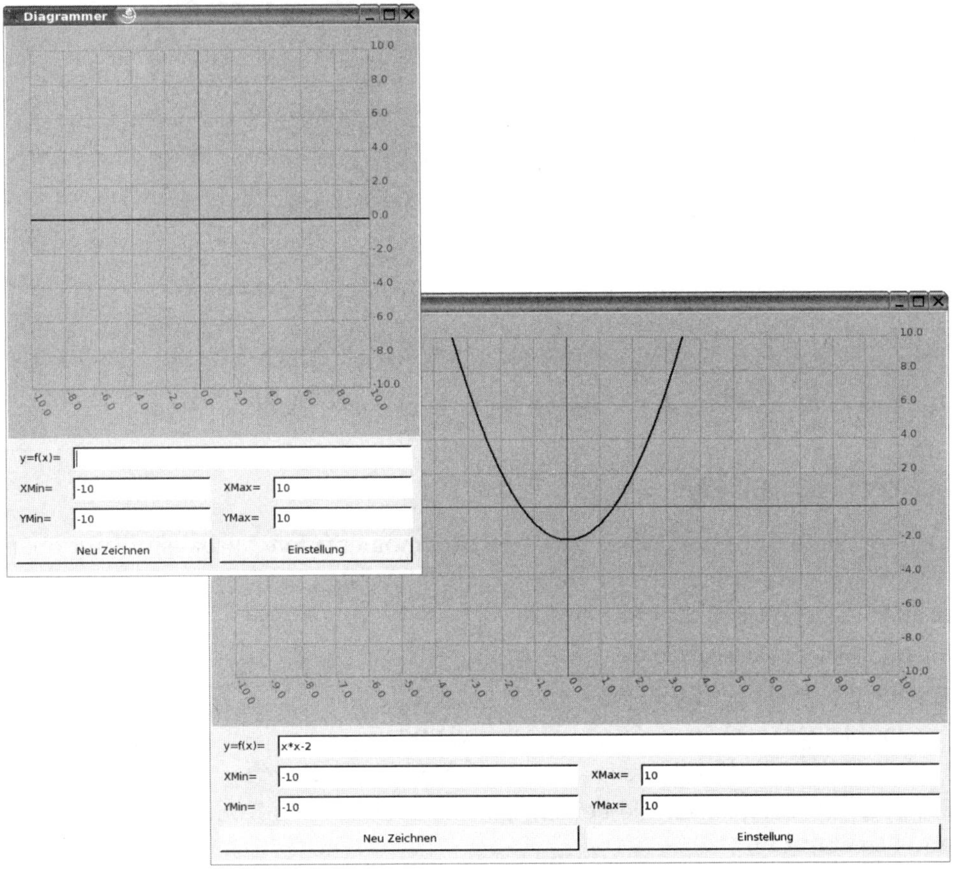

Abbildung 35.11: Testframe: Funktionsplotter zur Diagrammer-Bibliothek am Anfang und nach Eingabe einer Funktion, sowie Ändern der Fenstergröße

Als nächsten kleinen Test ändern wir die Farbe des Rasters auf weiß, die Kurvenfarbe auf schwarz und die Achsenfarbe auf blau, indem wir auf den Button Einstellung drücken. Es öffnet sich ein kleiner Dialog gemäß Abbildung 35.10. Hier klicken wir dann nacheinander auf die drei Buttons, um über die dabei eingeblendeten Qt-Farbauswahl-Dialoge die zuvor erwähnten Farben auszuwählen. Unser Diagramm hat dann ein Aussehen wie es in Abbildung 35.12 gezeigt ist. Damit betrachten wir unseren minimalen Komponententest insgesamt als erfolgreich abgeschlossen.

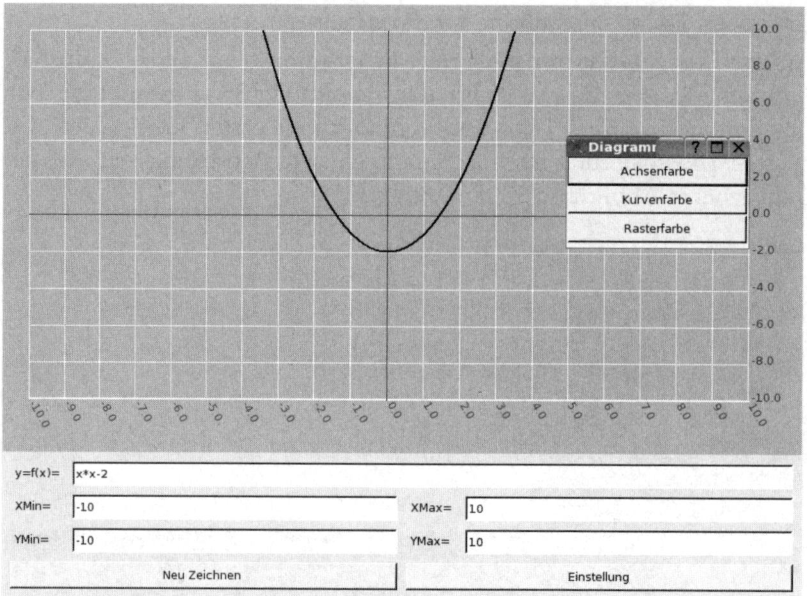

Abbildung 35.12: Testframe nach Ändern der Farben für die Kurve, Raster und Achsen

35.6 Reflexion

Unsere Diagrammer-Bibliothek verfügt in der momentanen Ausbaustufe nur über wenige konkret implementierte Klassen. So gibt es nur

- eine Rasterklasse (`CDrRaster`),
- eine Achsenklasse (`CDrScale`),
- eine Plotterklasse (`CDrPlot`),
- eine Skalierungsklasse (`CScaleLinear`) und
- zwei Zeichenattributklassen (`CPenAttr` und `CBrushAttr`).

Daneben existieren noch die beiden Listenklassen für die Komposita (`CDrList` und `CListAttr`).

Wichtig ist jedoch die flexible Struktur der Bibliothek, die durch die vielen Schnittstellenklassen erreicht wird. Damit gibt es an folgenden Stellen Flexibilität:

- Es sind beliebige Diagrammelemente denkbar (`IDraw`). Ein Diagramm ist dabei nicht festgelegt auf Achsen, auch eine Tortengrafik wäre machbar.
- Es sind beliebige Skalierungen denkbar (`IScale`). Damit könnte auch eine Datumsachse definiert werden.
- Es sind beliebige Zeichenattribute denkbar (`IAttribut`).
- Die Abfrage der Attribute kann durch die *Call-back-Schnittstelle* `IEnumAttrib` von jeder Klasse erfolgen.

Die Diagrammer-Bibliothek legt damit eine Basis für einen Baukasten, mit dem ein beliebiges Diagramm individuell erstellt werden kann.

Kapitel 36

Reflexion und Ausblick

In unseren Fallbeispielen haben wir gezeigt, wie prinzipiell vorgegangen werden kann, um Probleme objektorientiert schrittweise zu lösen. Wichtig ist, die Komplexität des Problems aufzulösen. Dazu sollten zunächst die grundlegenden Probleme identifiziert und gelöst werden.
Um den Kopf von verwaltungstechnischen Problemen frei zu halten, sind Smart-Pointer ein hilfreiches Mittel. Auch Containerklassen, wie sie die STL zur Verfügung stellt (z. B. `list` oder `map`), sind hier sehr hilfreich.
Wichtig ist auch eine Struktur, die überall dort Schnittstellen vorsieht, an denen Flexibilität erwünscht ist. In diesem Zusammenhang haben wir auch die Technik der *Call-back-Schnittstelle* vorgestellt, mit der eine Klasse ihre Informationen allgemein, auch an eine ihr nicht direkt bekannte Klasse, weitergeben kann.
Unsere Fallbeispiele waren zwar umfangreicher als alle kleinen Beispiele und Übungen in den Kapiteln vorher. Sie sind aber vom Umfang her im Vergleich zu vielen industriellen Projekten immer noch sehr klein. Einige UML-Konstrukte sind hier gar nicht benötigt worden, wie z. B. CRC-Karten oder Aktivitätsdiagramme. Auch der Sinn der Use-Case-Diagramme wird erst bei größeren Projekten wirklich erkennbar. Die objektorientierte Sichtweise auf eine Problemstellung und das prinzipielle Vorgehen bei deren Lösung konnte man jedoch auch bei unseren Fallbeispielen schon gut erkennen. Größere Fallbeispiele hätten den Rahmen dieses Buches völlig gesprengt. Es ist auch nicht davon auszugehen, dass Anfänger in der Objektorientierung mit einem Großprojekt beauftragt werden; vielmehr werden sie dort mitarbeiten und kleine Teile / Komponenten hierfür erstellen. Bei der Mitarbeit in Projekten wird die Objektorientierung im Laufe der Zeit immer mehr spürbar und greifbar werden.
Hilfreich ist es auch, bestehende objektorientierte Bibliotheken genauer unter die Lupe zu nehmen. Auch hier kann man viele Prinzipien angewendet sehen, z. B. bei Qt: die Klasse `QPainter` als allgemeines Ausgabemedium oder bei der STL: der Einsatz von Templates für Containerklassen und die Iteratoren als eigene Subklassen für den jeweiligen Container.
Letzten Endes ist Objektorientierung eine Philosophie, die man verinnerlichen muss und die das Denken des Entwicklers bestimmen sollte - so natürlich wie das Kleinkind seine Welt in Objekten begreift, ohne groß darüber nachzudenken.

Anhang A

Weitere Konstrukte und Konzepte von C++

Hier werden weitere C++-Konstrukte und -Konzepte vorgestellt, die zwar wichtig sind, aber nicht unbedingt für ein einfaches Programmieren in C++ erforderlich sind.

A.1 Neue logische und bitweise Operatoren

Da in vielen nicht westlichen Kulturkreisen Zeichen wie &, |, ^ usw. nicht vorhanden sind, mussten Programmierer aus diesen Kulturkreisen für diese Zeichen die „grausamen" C-Trigraphs verwenden, wie z. B. für | die Zeichenkombination ??! oder für ^ die Zeichenkombination ??' usw. Dies war nicht nur störend, sondern machte Programme auch schwerer lesbar. In C++ wurden deshalb die folgenden neuen Schlüsselwörter eingeführt:

neues Schlüsselwort	identisch zu	Bedeutung
and	&&	logisches AND
or	||	logisches OR
not	!	logisches NOT
not_eq	!=	ungleich
bitand	&	bitweises AND
and_eq	&=	bitweiser AND-Zuweisungsoperator
bitor	|	bitweises OR
or_eq	|=	bitweiser OR-Zuweisungsoperator
xor	^	bitweises XOR
xor_eq	^=	bitweiser XOR-Zuweisungsoperator
compl	~	Einerkomplement

A.2 Keine Angabe von struct, union und enum bei Deklarationen

Wenn in C ein `struct`-, `union`- oder `enum`-Datentyp mit einem Namen versehen wurde, so können Datenobjekte dieses Typs nur unter Angabe des entsprechenden Schlüsselworts und des Typnamens deklariert werden, wie z. B.:

```
struct komplex {
   float real_teil;
   float imag_teil;
};
union person {
   bool bart;
   int  kinder_geburten;
};
struct komplex zahl1, zahl2;
union  person  einwohner[10000];
```

Da die ständige Angabe des entsprechenden Schlüsselworts bei den jeweiligen Deklarationen sehr lästig ist, benutzte man in C `typedef`, um sich einen neuen Typnamen ohne das jeweilige Schlüsselwort zu definieren, so dass man bei der Deklaration das entsprechende Schlüsselwort weglassen konnte, wie z. B.:

```
typedef struct komplex komplex; // Neuer Typname: komplex
typedef union  person  person;  // Neuer Typname: person

komplex zahl1, zahl2; // Nun Deklaration ohne entspr. Schlüsselwort
person  einwohner[10000];
```

Alle Typnamen einschließlich der mit `typedef` neu definierten werden vom C-Compiler in einem „Namensraum" untergebracht und müssen deshalb auch untereinander eindeutig sein. Dafür kann man dann bei den Deklarationen auch das Schlüsselwort `struct`, `union` bzw. `enum` weglassen.
Da sich in C++ anders als in C alle Typnamen einschließlich der `struct`-, `union`- und `enum`-Namen im gleichen Namensraum befinden, müssen diese sich untereinander unterscheiden. Dafür kann aber in C++ das entsprechende Schlüsselwort bei der Deklaration auch ohne zusätzliche Neudefinition mit `typedef` weggelassen werden, wie dies das nächste Beispiel verdeutlicht:

```
struct koordinate {
   int x;
   int y;
};
struct koordinate punkt;   // in ANSI C so gefordert (auch in C++ mögl.)

koordinate punkt;    // neu in C++: Schlüsselwort 'struct' nicht erforderlich
```

Dies bedeutet allerdings auch, dass in C++ der gleiche Typname nur in einer und nicht in mehreren dieser drei C-Konstrukte vergeben werden darf.

A.3 Neue Variante zum Initialisieren von Variablen

In C++ können auch weiterhin wie in C Variablen bei ihrer Definition initialisiert werden, wie z. B.:

```
int   zaehler = 1;  // in C und C++ möglich
float pi = 3.14159; // ...................
```

Neben dieser Art der Initialisierung lässt C++ aber auch noch eine weitere Form der Initialisierung zu, bei der man den Initialwert nach dem Variablennamen in Klammern angibt, wie z. B.:

```
int   zaehler(1);   // nur in C++ möglich
float pi(3.14159); // .................
```

A.4 Strengere Typüberprüfung in C++

Prototyp muss beim Aufruf einer Funktion bekannt sein

Während C beim Aufruf einer Funktion, deren Prototyp unbekannt ist, implizit als Rückgabetyp `int` für diese Funktion annimmt, und der entsprechende Compiler den Benutzer eventuell lediglich warnt, ist dies in C++ ein Fehler.

Kein implizites Casting bei Zuweisung von void-Zeigern an andere Zeiger

Während eine direkte Zuweisung eines `void`-Zeigers an einen anderen Zeiger ohne explizites Casting in C++ nicht erlaubt ist, ist umgekehrt die Zuweisung eines Zeigers eines beliebigen Typs an einen `void`-Zeiger auch weiterhin in C++ erlaubt.

enum-Typen sind eigene Typen

Während in C den Namen in einer `enum`-Liste einfach nur ganze Zahlen zugeteilt werden, handelt es sich in C++ bei `enum`-Typen um eigene neue Typen, deren Name im entsprechenden Gültigkeitsbereich nun vergeben ist, und auch nicht anderweitig (wie z. B. für Variablen- oder Funktionsnamen) verwendet werden darf.
Daneben ist aber C++ bei `enum`-Variablen auch wesentlicher typ-strenger als C. Dies soll anhand der folgenden Deklarationen näher erläutert werden:

```
enum  apfel, melone, kirsche, birne, banane  obst;
obst = melone;
obst++; // In C, aber nicht in C++ erlaubt
```

In C++ sind z. B. für `enum`-Variablen keine Inkrement- und Dekrementoperatoren erlaubt, da dies zwei Konvertierungen erfordern würde:

1. **Konvertierung vom `enum`-Typ nach `int` (ist erlaubt)**
   Dies macht auch Sinn, da man ja einem Namen einen festen `int`-Wert zuteilen kann, und hier auch eine eindeutige sinnvolle Beziehung vorhanden ist. Bei vorheriger Deklaration spricht nichts dagegen, dem `apfel` die Kennung `0`, der `melone` die Kennung 1 usw. zuzuteilen, so dass im obigen Code durch die Konvertierung die Variable `obst` den Wert 1 erhält.

2. **Rückkonvertierung von `int` in den enum-Typ (ist nicht erlaubt)**
   Nach dem Inkrementieren des entsprechenden Werts (hier auf 2), müsste der `int`-Wert wieder zurück in den `enum`-Typ konvertiert werden, und das ist nicht erlaubt, da ein `enum`-Typ etwas anderes als ein `int` ist. Dies macht auch Sinn, da semantisch das Inkrement von `melone` nicht eine `kirsche` ist.

Programm A.1, das sich mit einem C-Compiler fehlerfrei kompilieren lässt, demonstriert diese strengere Typüberprüfung in C++.

Programm A.1 – `typstreng.c`:
Strengere Typüberprüfung in C++

```
1  enum jahreszeit { fruehling, sommer, herbst, winter };
2
3  int main(void) {
4     enum jahreszeit j;
5     int   i = 10;                    // erlaubt in C | erlaubt in C++
6     void *voidZgr = &i;              //      x       |      x
7     int  *int1Zgr = (int *)voidZgr;  //      x       |      x
8     int  *int2Zgr = voidZgr;         //      x       |   Fehler
9
10    printf("Hallo\n"); // In C++ Fehler, da Prototyp (aus <stdio.h>) fehlt
11
12    for (j=fruehling; j<=winter; j++) // in C++ kein ++ auf enum-Typ erlaubt
13       printf("%d ", j);
14    printf("\n");
15 }
```

Programm A.1 ließe sich mit einem C-Compiler fehlerfrei kompilieren und würde dann folgende Ausgabe liefern:

```
Hallo
0 1 2 3
```

Ein C++-Compiler würde dagegen für Programm A.1 z. B. folgende Fehler melden:

```
typstreng.c: 8: error: invalid conversion from 'void*' to 'int*'
typstreng.c:10: error: 'printf' undeclared (first use this function)
typstreng.c:12: error: no 'operator++(int)' declared for postfix '++'
```

A.5 Das Schlüsselwort const in C++

A.5.1 Gleiche Regeln für const in C++ und C

In C++ gelten für `const` weiterhin die gleichen Regeln wie in C:

```
const int *zgr_auf_konstante; // 1. Variante
int const *zgr_auf_konstante; // 2. Variante (identisch zur 1. Variante)
int i = 1;
int* const konstanter_zgr_auf_variable = &i;
const int* const konstanter_zgr_auf_konstante = &i; // 1. Variante
int const* const konstanter_zgr_auf_konstante = &i; // 2. Variante (ident. zur 1.)
```

Hier ist erkennbar, dass man das Schlüsselwort `const` nicht unbedingt am Anfang angeben muss. Bei der zweiten Variante wird es sogar deutlicher, was wirklich konstant ist, da hier immer gilt: *Konstant ist, was vor `const` steht.*

Konstante Parameter und Rückgabewerte

Wie in C kann man auch in C++ `const`-Parameter angeben, wie z. B.:

```
void fkt(const int i)
{
   i++; // führt zu Compiler-Fehler
}
```

Solche `const`-Deklarationen von Werteparametern sind aber für den Aufrufer dieser Funktion verwirrend, da sowieso ein *call-by-value* hier stattfindet. Eigentlich will sich hier der Ersteller der Funktion lediglich auf die sichere Seite begeben, indem er den Parameter als `const` deklariert, um so sicherzustellen, dass ihm der Compiler einen Fehler meldet, wenn er versucht, den Parameter zu ändern, was ja keine Auswirkung auf die übergebene Variable außerhalb dieser Funktion hat.
Um in C++ den Aufrufer der Funktion nicht durch einen `const`-Werteparameter zu verwirren, kann sich dort der Ersteller der Funktion die gleiche Prüfung durch den Compiler einrichten, indem er einen normalen nicht-`const` Werteparameter angibt, dem er in der Funktion einer lokalen `const`-Referenzvariablen zuweist, die er dann statt dem Parameter verwendet:

```
void fkt(int x)
{
   const int& i = x;
   i++; // führt zu Compiler-Fehler
}
```

Es ist vielen C-Programmierern wahrscheinlich nicht bekannt, dass man auch Rückgabewerte von Funktionen als `const` deklarieren kann, wie z. B.:

```
int       fkt1() { return 10; }

const int fkt2() { return 20; }

int main(void)
{
  const int konst = fkt1(); // erlaubt
  int       var   = fkt2(); // auch erlaubt
}
```

Für Rückgabewerte, die einen fest vorgegebenen Datentypen wie `int`, `double` usw. haben, macht diese `const`-Deklaration wenig Sinn, da hier sowieso eine Konstante zurückgegeben wird, weswegen man hier auch dieses überflüssige Schlüsselwort `const` weglassen sollte. Interessant werden `const`-Rückgabewerte erst bei selbst definierten Klassen, die in späteren Kapiteln vorgestellt werden.

Konstante Zeigerparameter

Wie in C sind auch in C++ `const`-Zeigerparameter erlaubt:

```
void ausgabe(const char *text) {
   text[2] = 'x'; // liefert Compiler-Fehler in C++
}
void ausgabe2(char *const text)
{
   text++; // liefert Compiler-Fehler in C++
}
void ausgabe2(const char *const text)
{
   text[2] = 'x'; // liefert Compiler-Fehler in C++
   text++;        // liefert Compiler-Fehler in C++
}
```

Initialisieren von Konstanten mit Eingabewerten

Sowohl in C als auch in C++ kann man konstante Variablen mit Werten initialisieren, die der Benutzer eingibt, wie es im folgenden Programm `consteing.c` gezeigt ist:

```
#include <stdio.h>
int main(void) {
   const int zeich = getchar();
   printf("%c (Ascii: %d)\n", zeich, zeich);
   // zeich = 'a'; nicht mehr möglich
}
```

A.5.2 C++ ist bei const typ-strenger als C

Für folgenden Codeausschnitt würde ein C++-Compiler für Zeile 4 einen Fehler melden, was ein C-Compiler nicht tun würde:

```
1 int       i = 10;
2 const int c = 20;
3 int *zgr1 = &i; // erlaubt, da i nicht const: int* = int*
4 int *zgr2 = &c; // In C++ nicht erlaubt, da c const ist: int* = const int*
5 int *zgr3 = (int*)&c; // erlaubt, aber kein guter Stil: int* = (int*)const int*
```

Für folgendes Programm `constpararueck.c` würde der C-Compiler für die Zeilen 5, 6, 32, 33, 34 und 35 nur Warnungen melden, während ein C++-Compiler die gleichen Zeilen als Fehler werten würde.

```
1 void fkt1(int *zgr) { }
2
3 void fkt2(const int *konstZgr) {
4   int i = *konstZgr; // erlaubt: kopiert den Wert
5   *konstZgr = 10;       // nicht erlaubt
6   int *zgr = konstZgr; // nicht erlaubt
7 }
8
```

```
 9 const char* fkt3() {
10   return "String aus fkt3()"; // liefert Adresse des static-Zeichenarrays
11 }
12
13 const int* const fkt4() {
14   static int i;
15   return &i;
16 }
18 int main() {
19    int          var = 0;
20    int         *zgr = &var;
21    const int *konstZgr = &var;
22
23    //... Folgende Anweisungen sind alle erlaubt
24    fkt1(zgr);
25    fkt2(zgr);
26    fkt2(konstZgr);
27    const char *konstZgr2            = fkt3();
28    const int  *const konstZgrkonst = fkt4();
29    const int  *konstZgr3            = fkt4();
30
31    //... Folgendes ist nicht erlaubt
32    fkt1(konstZgr);
33    char *zgr2 = fkt3();
34    int  *zgr3 = fkt4();
35    *fkt4() = 1;
36 }
```

Nachfolgend die Fehlermeldungen eines C++-Compilers:

```
constpararueck.c:5: error: assignment of read-only location
constpararueck.c:6: error: invalid conversion from 'const int*' to 'int*'
constpararueck.c:32: error: invalid conversion from 'const int*' to 'int*'
constpararueck.c:33: error: invalid conversion from 'const char*' to 'char*'
constpararueck.c:34: error: invalid conversion from 'const int* const' to 'int*'
constpararueck.c:35: error: assignment of read-only location
```

A.5.3 const-Definitionen in Headerdateien

Während globale nicht-`const`-Definitionen außerhalb von Funktionen implizit einen globalen Gültigkeitsbereich haben, so dass auf sie auch in anderen Programmdateien zugegriffen werden kann, gilt dies nicht für `const`-Definitionen. In C++ haben nämlich `const`-Definitionen außerhalb von Funktionen einen Gültigkeitsbereich, der auf die entsprechende Programmdatei beschränkt ist, so dass auf diese nicht in einer anderen Programmdatei zugegriffen werden kann.
Hat man z. B. die beiden folgenden Programmdateien:

- `constpi1.c`

```
const double pi = 3.1415;
```

➤ constpi2.c

```
#include <stdio.h>
const double pi = 3.14;
int main(void) {
   printf("Pi=%lf\n", pi);
}
```

so würde das Kompilieren und Linken mit einem C-Compiler, wie z. B.:
cc constpi1.c constpi2.c zu einer Linker-Fehlermeldung führen, wie z. B.:

```
....: multiple definition of 'pi'
```

Ein Kompilieren und Linken mit einem C++-Compiler dagegen wäre erfolgreich:
g++ constpi1.c constpi2.c und das Programm würde dann Folgendes ausgeben:

```
Pi=3.140000
```

Gute Compiler nützen diese Regel, dass globale `const`-Objekte implizit dateilokal sind, aus, und reservieren dafür keinen eigenen Speicherplatz, sondern setzen an den entsprechenden Stellen nur den zugehörigen konstanten Wert ein. Wird allerdings im Programm die Adresse eines `const`-Objekts implizit oder explizit benötigt, so muss der Compiler in jedem Fall einen eigenen Speicherplatz für das `const`-Objekt zur Verfügung stellen.
Diese C++-Regel für globale `const`-Objekte hat auch den Vorteil, dass man `const`-Definitionen in Headerdateien angeben kann, ohne dass es zu Konflikten kommt, da ja jedes Inkludieren dieser Headerdatei diese `const`-Definition dateilokal für die entsprechende Programmdatei macht.
Möchte man, dass eine `const`-Definition auch in anderen Programmdateien bekannt ist, muss man diese als `extern` definieren bzw. deklarieren:

➤ externconst.h

```
extern const double pi; // Deklaration
       const int    november = 11; // Definition
```

➤ externconst1.c

```
#include <stdio.h>
#include <math.h>
#include "externconst.h"
const double pi = 4*atan(1);
extern void ausgabe(void);
int main(void) {
   printf("Pi = %lf, November=%d\n", pi, november);
   ausgabe();
}
```

➤ externconst2.c

```
#include <stdio.h>
#include "externconst.h"
void ausgabe(void) { printf("Pi = %lf, November=%d\n", pi, november); }
```

Kompiliert und linkt man `externconst1.c` und `externconst2.c`, wie z. B. **g++ externconst1.c externconst2.c**, so liefert das Programm folgende Ausgabe:

```
Pi = 3.141593, November=11
Pi = 3.141593, November=11
```

A.5.4 Initialisieren globaler const-Namen mit Ausdrücken

Während in C globale `const`-Definitionen außerhalb von Funktionen mit Konstanten zu initialisieren sind, können in C++ hier auch Ausdrücke zum Initialisieren angegeben werden. So könnte z. B. das folgende Programm `constausdr.c` nur mit einem C++-Compiler, aber nicht mit einem C-Compiler kompiliert werden:

```
#include <math.h>
const double pi = 4*atan(1); // nicht in C möglich
int main(void) {
   printf("Pi = %lf\n", pi);
}
```

A.5.5 Konstante Referenzparameter und Rückgabewerte

In C++ sind Referenzen neu hinzugekommen. Programm A.2 verdeutlicht, welche Auswirkung das Schlüsselwort `const` auf Referenzparameter und Referenzen als Rückgabewerte hat.

Programm A.2 – `constref.cpp`:
Konstante Referenzparameter und konstante Rückgabewerte

```
#include <stdio.h>

int array[] = { 0, 1, 2, 3, 4, 5, 6, 7, 8, 9 };
void fkt1(const int& konstRef) {
   // konstRef++; // nicht erlaubt
}
// void fkt2(int& const konstRef) { } // const für int& nicht erlaubt
     int& fkt3(void) { return array[2]; }
const int& fkt4(void) { return array[2]; }
int main(void) {
   fkt3() = 1000; // erlaubt
   for (int i=0; i<10; i++)
      printf("%d, ", array[i]);
   printf("\n");
   // fkt4() = 2000; // nicht erlaubt, da const-Referenz als Rückgabe
}
```

Programm A.2 liefert die folgende Ausgabe:

```
0, 1, 1000, 3, 4, 5, 6, 7, 8, 9,
```

A.6 Abfangen von Fehlern bei new mit set_new_handler()

`m/c/realloc()` liefern `NULL`, wenn sie den geforderten Speicher nicht reservieren können. `new` dagegen liefert entweder einen gültigen Zeiger oder erzeugt im Fehlerfalle eine so genannte *Exception*[1]. Möchte man diese *Exception* abfangen, muss man sich eine eigene Fehlerbehandlungsfunktion (ohne Parameter und ohne Rückgabewert) erstellen. Einrichten lässt sich diese Fehlerbehandlungsfunktion mit der Funktion `set_new_handler()`. Wird keine solche Fehlerbehandlungsfunktion installiert, wird das Programm beim Auftreten einer *Exception* bedingt durch ein fehlgeschlagenes `new` beendet. Programm A.3 demonstriert das Einrichten einer eigenen Fehlerbehandlungsfunktion mit der Funktion `set_new_handler()`.

Programm A.3 – `newhandler.cpp`:
Einrichten einer eigenen Fehlerbehandlungsfunktion mit set_new_handler()

```
#include <stdio.h>
#include <stdlib.h>
#include <iostream>
using namespace std;
void speicher_mangel(void) { fprintf(stderr, "Speicherplatzmangel\n"); exit(1); }
int main(void) {
   unsigned long bytes = 0;
   int  *zgr;
   set_new_handler(speicher_mangel);
   while (true) {
      zgr = new int [1000000];
      bytes += 1000000 * sizeof(int);
      printf("%lu Bytes alloziert\n", bytes);
   }
}
```

Programm A.3 liefert dann z. B. folgende Ausgabe:

```
4000000 Bytes alloziert
8000000 Bytes alloziert
............
............
3080000000 Bytes alloziert
Speicherplatzmangel
```

Richtet man sich eine solche eigene Fehlerbehandlungsfunktion ein, muss man nicht bei jedem `new` überprüfen, ob der Speicherplatz erfolgreich alloziert werden konnte, da diese Einrichtung für das ganze Programm gültig ist, und bei Speicherplatzmangel diese Funktion automatisch aufgerufen wird.

---

[1] Ausnahmesituation; siehe auch Kapitel 20 auf Seite 457.

A.7 Weiteres zu Referenzen

A.7.1 Referenzen unterscheiden sich von Zeigern

Referenzen unterscheiden sich von Zeigern in folgenden Punktgen:

- **void-/NULL-Zeiger sind erlaubt, aber keine void-/NULL-Referenzen**
- **Anders als Zeiger sind Referenzen immer konstant,** da Referenzen nach ihrer Initialisierung nicht mehr verändert werden können, um z. B. eine andere Variable zu referenzieren. Man kann sich Referenzen wie konstante Zeiger vorstellen, die automatisch (ohne Angabe von *) dereferenziert werden:

```
int  a;
void *ptr;       // void-Zeiger erlaubt
void &vref = a; // void-Referenzen nicht erlaubt
int *ptr2  = NULL; // NULL-Zeiger erlaubt
int  &nref = NULL; // NULL-Referenzen nicht erlaubt
int *const zgr = &a; // const-Zeiger in C mit Initialisierung
int &ref = a;         // Referenz auf Variable a
   *zgr = 2004;  //... Diese beiden Anweisungen leisten das Gleiche
   ref  = 2004;  //.........................................
```

So können Referenzen beispielsweise nicht wie normale Zeiger (ohne **const**) verwendet werden, um ein ganzes Array elementweise durch ständiges Weiterpositionieren der Referenz auf das nachfolgende Arrayelement zu durchlaufen.

Programm A.4 – refkeinzgr.cpp:
Zeiger erlauben das Durchlaufen eines Arrays, aber Referenzen nicht

```
#include <stdio.h>
void ausgabe(int array[])
{
   for (int i=0; i<10; i++)
      printf("%d - ", array[i]);
   printf("\n");
}
int main(void)
{
  int   array[10];       // Integer-Array
  int*  zgr = array;     // 'zgr' auf erstes Element von 'array'
  int&  ref = array[0]; // 'ref' referenziert erstes Elem. von 'array'
  int*  &refzgr = zgr;  // Referenz auf Zeiger
   for (int i=0; i<10; i++)  // Durchlaufen des Arrays mit Zeiger und
      *zgr++ = (i+1)*10;     // mit Werten initialisieren
   ausgabe(array);
   zgr = array;
   for (int i=0; i<10; i++)  // Durchlaufen des Arrays über die Referenz auf
      *refzgr++ = i+1;       // einen Zeiger und mit Werten initialisieren
   ausgabe(array);
   for (int i=0; i<10; i++)  // Versuch des Array-Durchlaufens über Referenz
      ref++;                 // --> 10-maliges Inkrementieren des 1. Elements
   ausgabe(array);
}
```

Programm A.4 liefert die folgende Ausgabe:

```
10 - 20 - 30 - 40 - 50 - 60 - 70 - 80 - 90 - 100 -
1 - 2 - 3 - 4 - 5 - 6 - 7 - 8 - 9 - 10 -
11 - 2 - 3 - 4 - 5 - 6 - 7 - 8 - 9 - 10 -
```

A.7.2 Nur konstante Referenzen auf Konstanten erlaubt

Nicht konstante Referenzen dürfen nicht mit Konstanten initialisiert werden:

```
double &pi1   = 3.1415; // alle falsch (keine Referenzen auf Konstanten erlaubt)
double &pi2   = 4*atan(1);
int    &maxz  = MAX;
char   &zeich = 'J';
```

Konstante Referenzen, die mit dem Schlüsselwort `const` deklariert werden, dürfen dagegen sehr wohl mit Konstanten initialisiert werden, da hier das Schlüsselwort `const` festlegt, dass der entsprechende Wert, mit dem sie initialisiert werden, nicht über diese Referenz geändert werden kann, wie es der nachfolgende Ausschnitt aus Programm `refkonst.cpp` zeigt:

```
const double &pi1   = 3.1415; // mit const Referenzen auf Konstanten erlaubt
const double &pi2   = 4*atan(1);
const int    &maxz  = MAX;
const char   &zeich = 'J';
```

Konstante Referenzen sind somit mit *konstanten Zeigern auf konstante Werte* vergleichbar.

A.7.3 Referenzen auf Zeiger sind erlaubt

Im Programm A.4 wurde bereits gezeigt, dass Referenzen auf Zeiger erlaubt sind:

```
   int* &refzgr = zgr;  // Referenz auf Zeiger
```

Verwendet man jedoch statt des Zeiger-Operators * die Array-Notation, so muss man beachten, dass der Referenzoperator niedrigere Priorität als die eckigen Klammern hat, weshalb man Klammern verwenden muss, wenn man eine Referenz für ein ganzes Array erzeugen will, wie es in Programm A.5 gezeigt ist.

Programm A.5 – `refeckig.cpp`:
Referenzen auf ganze Arrays bzw. auf einzelne Arrayelemente

```
#include <stdio.h>
void ausgabe(int array[]) {
   for (int i=0; i<10; i++)
      printf("%d - ", array[i]);
   printf("\n");
}
int main(void) {
   int zahlen[10];
   int (&zahlenRef)[10] = zahlen; // 'zahlenRef' = Alias fuer Array 'zahlen'
                                  // (Ref. auf Anfangsadr. des Arrays 'zahlen')
```

```
   /* Arrays von Referenzen sind nicht erlaubt, weshalb folg. Angabe falsch ist:
        int &zahlenRef[10] = zahlen; // 'zahlenRef' = Array von int-Referenzen
           entspr.: int &(zahlenRef[10]) = ...  */
   int* const &zahlenZgr = zahlen; // 'zahlenZgr' = Alias für '&zahlen[0]'
                                   // hier ist Schlüsselw. const erforderlich,
                                   // da Anfangsadr. eines Arrays konstant ist
                                   // und somit keine Veränderung des Ref.werts
                                   // wie z.B. 'zahlenZgr++' erlaubt ist
   int &sieben = zahlen[7];  // Referenz auf Element 'zahlen[7]'
   for (int i=0; i<10; i++)
      zahlenRef[i] = i+1;
   ausgabe(zahlen);
   for (int i=0; i<10; i++)
      zahlenZgr[i] = i*i;
   ausgabe(zahlen);
   sieben = 4711;
   ausgabe(zahlen);
}
```

Programm A.5 liefert die folgende Ausgabe:

```
1 - 2 - 3 - 4 - 5 - 6 - 7 - 8 - 9 - 10 -
0 - 1 - 4 - 9 - 16 - 25 - 36 - 49 - 64 - 81 -
0 - 1 - 4 - 9 - 16 - 25 - 36 - 4711 - 64 - 81 -
```

A.7.4 Referenzadressen und Referenzen auf Referenzen

Programm A.6 verdeutlicht, dass Zeiger auf Adressen von Referenzen und weitere Referenzen auf Referenzen erlaubt sind. Zudem zeigt Programm A.6, dass ein Zeiger immer einen Speicherplatz mit einer eigenen Adresse belegt, während die Adresse einer Referenz immer die Adresse der Variablen ist, die sie referenziert.

Programm A.6 – `refzgr.cpp`:
Zeiger auf Adressen von Referenzen und Referenzen auf Referenzen

```
#include <stdio.h>

int main(void) {
  int  var = 100;
  int& ref1 = var;
  int& ref2 = ref1;      // Referenz auf andere Referenz
  int *zgrRef = &ref1;   // Zeiger auf (Adresse von) Referenz
   printf("var=%d, ref1=%d, ref2=%d, *zgrRef=%d\n", var, ref1, ref2, *zgrRef);
   ref2 = 200;
   printf("var=%d, ref1=%d, ref2=%d, *zgrRef=%d\n", var, ref1, ref2, *zgrRef);
   *zgrRef = 400;
   printf("var=%d, ref1=%d, ref2=%d, *zgrRef=%d\n", var, ref1, ref2, *zgrRef);
   printf("&var=%p, &ref1=%p, &ref2=%p, zgrRef=%p\n", &var, &ref1, &ref2, zgrRef);
   printf("&zgrRef=%p\n", &zgrRef);
}
```

Programm A.6 liefert z. B. die folgende Ausgabe:

```
var=100, ref1=100, ref2=100, *zgrRef=100
var=200, ref1=200, ref2=200, *zgrRef=200
var=400, ref1=400, ref2=400, *zgrRef=400
&var=0xbffff224, &ref1=0xbffff224, &ref2=0xbffff224, zgrRef=0xbffff224
&zgrRef=0xbffff218
```

A.7.5 Einschränkungen bei Referenzen

1. Arrays von Referenzen sind nicht erlaubt
2. Zeiger auf Referenzen sind nicht erlaubt
3. Referenzen auf Bitfelder sind nicht erlaubt

Folgender Codeausschnitt (aus Programm `refverbot.cpp`) soll diese Einschränkungen nochmals verdeutlichen:

```
struct {
   unsigned int alter     : 8;
   unsigned int kinderZahl: 4;
} person;
int  var;
char *zahlwort[4] = { "null", "eins", "zwei", "drei" };
int& ref = var;

int& refArray[4] = zahlwort; // Arrays von Referenzen nicht erlaubt
int *zgrRef1 = ref;          // Zeiger auf Referenzen nicht erlaubt
unsigned int& refBitfeld = person.alter; // Ref. auf Bitfelder nicht erlaubt
```

A.7.6 extern-Referenzen in Headerdateien

Es wurde früher erwähnt, dass eine Referenz bei ihrer Deklaration initialisiert werden muss. Hierbei gibt es jedoch eine Ausnahme, nämlich wenn eine Referenz als `extern` deklariert wird, was wohl üblicherweise in einer Headerdatei erfolgt. Wird eine Referenz als `extern` deklariert, muss sie nicht initialisiert werden. Die Initialisierung muss dann einmal an anderer Stelle erfolgen.

Programm A.7 – `refextern.h`:
extern-Referenz ohne Initialisierung

```
extern int& ref; // keine Initialisierung bei extern
```

Programm A.8 – `refextern.cpp`:
extern-Referenz wird erst hier initialisiert

```
#include <stdio.h>
#include "refextern.h"
int  x   = 123;
int& ref = x; // Initialisierung erfolgt erst hier
int main(void) {
   printf(" x = %d,  ref = %d\n", x, ref);
}
```

Programm A.8 liefert dann folgende Ausgabe:

```
x = 123,  ref = 123
```

A.8 Anonyme Unions in Strukturen

Wenn man in C eine Struktur deklariert, in der eine `union` enthalten ist, dann muss man an diese `union` einen eigenen Namen vergeben, über den ihre Komponenten angesprochen werden, wie es das folgende Programm `anonymunion1.c` zeigt:

```
#include <stdio.h>
struct person {
   char *vorname, *nachname;
   union {
     int    hat_kinder_geboren;
     float  bart_laenge;
   } details; /* Name erforderlich */
};
int main(void) {
  struct person frau, mann;
   frau.details.hat_kinder_geboren = 5;
   mann.details.bart_laenge = 3.7;
}
```

In C++ wurde diese Regel etwas abgeschwächt: Man kann den Namen bei der `union` auch weglassen (*anonyme union*) und dann die Komponenten der `union` wie Komponenten der Struktur ansprechen. Das folgende Programm `anonymunion2.cpp` verdeutlicht dies nochmals.

```
#include <stdio.h>
struct person {
   char *vorname, *nachname;
   union {
     int    hat_kinder_geboren;
     float  bart_laenge;
   }; // kein Name vergeben
};
int main(void) {
  struct person frau, mann;
   frau.hat_kinder_geboren = 5;
   mann.bart_laenge = 3.7;
}
```

Dies ist in C++ möglich, da die Komponenten der anonymen Union im selben Namensraum wie die der Struktur liegen. Allerdings bedeutet dies auch, dass Komponentennamen eindeutig unterscheidbar sein müssen.

A.9 Deklarationen in switch-, if- und while-Anweisungen

Wenn auch nicht so häufig benötigt wie bei `for`-Schleifen, so können aus Kompatibilitätsgründen Variablen auch in `if`-, `switch`- und `while`-Anweisungen definiert werden, wie dies hier für `switch`- und `if`-Anweisungen gezeigt wird.

Variablen-Deklarationen innerhalb von switch-Anweisungen

In `switch`-Anweisungen hat eine Variable, die innerhalb der `switch`-Anweisung deklariert wird, einen Gültigkeitsbereich, der sich von der Deklarationsstelle bis zum Ende der `switch`-Anweisung erstreckt, wie es Programm A.9 zeigt.

Programm A.9 – `switchdekl.cpp`:
Deklarieren von Variablen in switch-Anweisungen

```
#include <stdio.h>
#include <string.h>
#include <ctype.h>
int main(void) {
   switch (char zeich = tolower(getchar())) {
       case 'a':
       case 'e':
       case 'i':
       case 'o':
       case 'u':
           printf("Vokal: %c\n", zeich);       break;
       case EOF:
           printf("EOF\n");                    break;
       default:
           printf("Zeichen war: %c\n", zeich); break;
   }
   int monat;
   printf("Gib Monatsnummer ein: ");  scanf("%d", &monat);
   switch (monat) {
      case 1:
         char name[20];                  // Gültigkeitsbereich von name
         strcpy(name, "Januar");         //       .....
         goto ende; // :-((              //       .....
      case 2:                            //       .....
         strcpy(name, "Februar");        //       .....
         goto ende; // :-((              //       .....
      default:                           //       .....
         strcpy(name, "unbekannt");      //       .....
      ende: // grausam, ich weiss        //       .....
         printf("%2d: %s\n", monat, name); //     .....
   }
}
```

Variablen-Deklarationen innerhalb von if-Anweisungen

Programm A.10 zeigt, dass man auch in einem `if`-Ausdruck eine Variable deklarieren kann, die dann nur innerhalb der `if`-Anweisung (einschließlich dem `else`-Teil) zur Verfügung steht.

Programm A.10 – `ifdekl.cpp`:
Deklarieren von Variablen in if-Anweisungen

```
#include <stdio.h>
#include <stdlib.h>
#include <ctype.h>
#include <string.h>
#include <time.h>
int func(void) { return rand()%10; }
int main(void) {
   srand(time(0));
   if (int x = func())
      printf("%d ist grösser als 0\n", x);
   else
      printf("%d ist 0\n", x);
   //... hier (nach der if-Anweisung) existiert x nicht mehr
   //...... Folg. liefert Compilerfehler, da Deklaration nicht in () stehen darf
   // if ((char z = tolower(getchar())) && strchr("aeiou", z))
   //    printf("Vokal: %c\n", z);
   // else
   //    printf("kein Vokal: %c\n", z);

   //...... 1. mögl. Codearound: geschachtelte if-Anweisung
   if (char z = tolower(getchar()))
      if (strchr("aeiou", z))
         printf("Vokal: %c\n", z);
      else
         printf("kein Vokal: %c\n", z);
   //...... 2. mögl. Codearound: Blockbildung
   {
      char z = tolower(getchar());
      if (z && strchr("aeiou", z))
         printf("Vokal: %c\n", z);
      else
         printf("kein Vokal: %c\n", z);
   }
}
```

Programm A.10 zeigt unter anderem auch zwei Techniken, mit denen man die Restriktion, dass Deklarationen nicht innerhalb von Klammern angegeben werden dürfen, umgehen kann.

A.10 Unions in C++

Ebenso wie Strukturen können in C++ auch Unions Memberfunktionen, Konstruktoren, Destruktoren, Schlüsselwörter `public:`,`private:`,`protected:` enthalten. Dabei gilt weitgehend das Gleiche wie für Strukturen. Programm A.11 verdeutlicht dies.

Programm A.11 – `unions1.cpp`:
Unions in C++

```
 1 #include<iostream>
 2 using namespace std;
 3
 4 union myUnion
 5 {
 6 public:
 7    myUnion(int i)    { m_i = i; } // Konstruktoren
 8    myUnion(double d) { m_d = d; }
 9    ~myUnion()        { cout << "Destruktor, "; } // Destruktor
10    int    getWert1(void);
11    double getWert2(void);
12 private:
13    int    m_i;
14    double m_d;
15 };
16        int    myUnion::getWert1(void) { return this->m_i; }
17 inline double myUnion::getWert2(void) { return m_d;       }
18
19 int main(void) {
20   myUnion u1(123),
21           u2(3.1415);
22   cout << u1.getWert1() << endl;
23   cout << u2.getWert2() << endl;
24    //... hier keine Möglichkeit, falsche Aufrufe abzufangen
25   cout << u1.getWert2() << endl;
26   cout << u2.getWert1() << endl;
27 }
```

Programm A.11 liefert die folgende Ausgabe:

```
123
3.1415
-1.99662      (<--- unsinnige Ausgabe)
-1065151889   (<--- unsinnige Ausgabe)
Destruktor, Destruktor,
```

Die Zeilen 25 und 26 in Programm A.11 zeigen jedoch auch gleich ein Problem bei einer solchen Verwendung von Unions in C++. Man kann nicht verhindern, dass ein Nutzer einer solchen Union über eine Memberfunktion auf das falsche Element in der Union zugreift und so wahrscheinlich ein nicht gewünschtes Verhalten seines Programms erhält.

Um solche Zugriffe auf falsche Elemente in einer Union zu unterbinden, kann man die entsprechende Union als anonyme Union in eine Struktur einbetten und über `enum`-Konstanten den Zugriff auf das richtige Element steuern, wie es in Programm A.12 gezeigt ist.

Programm A.12 – `unions2.cpp`:
Sichere Union-Zugriffe mittels einer Wrapper-Struktur

```
#include <iostream>
using namespace std;

struct WrapperStruct
{
public:
   WrapperStruct(char c)     { vartyp = zeich;      this->c = c; }
   WrapperStruct(int i)      { vartyp = ganzZahl;   this->i = i; }
   WrapperStruct(double d) { vartyp = gltpktZahl; this->d = d; }
   void print(void) {
      switch (vartyp) {
         case zeich:      cout << "Zeichen: "      << c << endl; break;
         case ganzZahl:   cout << "ganze Zahl: "   << i << endl; break;
         case gltpktZahl: cout << "Gleitpkt-Zahl: " << d << endl; break;
      }
   }
private:
   enum { zeich, ganzZahl, gltpktZahl } vartyp;
   union { //.... Anonyme Union
      char   c;
      int    i;
      double d;
   };
};
int main(void) {
   WrapperStruct u1('x'), u2(123), u3(3.1415);
   u1.print();
   u2.print();
   u3.print();
}
```

Programm A.12 liefert die folgende Ausgabe:

```
Zeichen: x
ganze Zahl: 123
Gleitpkt-Zahl: 3.1415
```

Man kann in C++ den Namen bei einer `union` auch weglassen (*anonyme Union*) und kann dann die Komponenten der `union` wie Komponenten der Struktur ansprechen; siehe auch Kapitel A.8 auf Seite 977. Dies ist in C++ möglich, da die Komponenten der anonymen Union im selben Namensraum wie die der Struktur liegen. Allerdings bedeutet dies auch, dass Komponentennamen eindeutig unterscheidbar sein müssen.

A.11 Gleiches Objekt als konstantes und nicht-konstantes

Programm A.13 zeigt zwei Techniken, mit denen man unter Verwendung einer Referenz ein Objekt gleichzeitig als konstantes sowie als nicht konstantes Objekt behandeln kann.

Programm A.13 – `monat2.cpp`:
Gleiches Objekt sowohl als konstantes als auch als nicht-konstantes verwenden

```
#include <iostream>
#include <cstring>
using namespace std;

class CMonat
{
 public:
   CMonat() { m_nr = 0;  m_name = 0; }

   void print(void) const { // const-Memberfunktion
      cout << m_nr << ". Monat ist "<< m_name << endl;
   }
   void set(int nr, char *name) { // nicht const, da sie Objekt verändert
      m_nr = nr;
      m_name = new char[strlen(name)+1];
      strcpy(m_name, name);
   }
 private:
   int  m_nr;
   char *m_name;
};
int main(void)
{
    //... Konstantes Objekt mit nicht-konstanter Referenz auf dieses Objekt
   const CMonat apr;  //... Konstantes Objekt
   ((CMonat &)apr).set(4, "April"); // const-Qualifizierung temporär aufheben
   apr.print(); // apr = konst. Objekt;  print(): konst. Memberfunktion

    //... Nicht-konstantes Objekt mit konstanter Referenz auf dieses Objekt
   CMonat dez;                  //... kein konstantes Objekt
   const CMonat& dez_ref = dez; //... Konstante Referenz auf Objekt
   dez.set(12, "Dezember"); //... Veränderung über nicht-konst. Objekt möglich
   dez_ref.print(); //... Zugriff auf konst. Memberfunktion über konst. Referenz
}
```

Diese vorgestellten Techniken werden in zwei Fällen angewendet:

- wenn Objekt nur temporär zu ändern ist und danach diese Änderung wieder rückgängig gemacht wird
- wenn eine Veränderung des Objekts für den Benutzer nicht von Interesse ist

A.12 Das Schlüsselwort mutable

Neben den beiden zuvor vorgestellten Techniken zum Durchbrechen der Restriktion, dass in konstanten Objekten keinerlei Veränderung der Objektkomponenten möglich ist, gibt es eine weitere Technik, die explizit von C++ mit dem Schlüsselwort `mutable` (veränderbar) zur Verfügung gestellt wird. Qualifiziert man Membervariablen mit diesem Schlüsselwort, so können diese auch in einem konstanten Objekt verändert werden. Für Programm A.14 würde z. B. der Compiler die folgenden Fehlermeldungen ausgeben:

```
mutable.cpp:15: increment of member 'CMonat::m_nr' in read-only structure
mutable.cpp:16: assignment of member 'CMonat::m_nr' in read-only structure
```

Programm A.14 – `mutable.cpp`:
Unerlaubtes Ändern von Membervariablen in konstanten Objekten/Memberfunktionen

```
 1 #include <iostream>
 2 using namespace std;
 3
 4 const char *monatName[] = { "",
 5    "Januar", "Februar", "Maerz",     "April",    "Mai",      "Juni",
 6    "Juli",   "August",  "September", "Oktober", "November", "Dezember" };
 7 class CMonat {
 8  public:
 9    CMonat(int nr) { m_nr = nr; }
10
11    void print(void) const {
12       cout << m_nr << ". Monat ist " << monatName[m_nr] << endl;
13    }
14    void naechsterMonat(void) const {
15       if (++m_nr > 12)
16          m_nr = 1;
17    }
18  private:
19    int  m_nr;
20 };
21 int main(void) 24  {
22    const CMonat monat1(7);
23    monat1.print();
24
25    const CMonat monat2(monat1);
26    monat2.naechsterMonat();
27    monat2.print();
28 }
```

Damit Programm A.14 fehlerfrei kompiliert werden kann, muss man nur die 19. Zeile wie folgt ändern:

```
19    mutable int  m_nr;
```

Programm A.14 liefert dann die folgende Ausgabe:

```
7. Monat ist Juli
8. Monat ist August
```

Ein Anwendungsfall von `mutable` könnte sein, dass Methoden eines konstanten Objekts mitzählen, wie oft sie aufgerufen werden; siehe Programm A.15.

Programm A.15 – `mutable2.cpp`:
Memberfunktionen eines konstanten Objekts zählen ihre Aufrufe mit

```
#include <iostream>
#include <ctime>
using namespace std;
class CMutable {
  public:
     CMutable(char *nam) : m_zaehl1(0), m_zaehl2(0) { strcpy(m_name, nam); }
     void meth1(void) const { cout << m_name << "::meth1, "; ++m_zaehl1; }
     void meth2(void) const { cout << m_name << "::meth2, "; ++m_zaehl2; }
     void print(void) const {
        cout << m_name << ":"
             << "  meth1: " << m_zaehl1 << ", meth2: " << m_zaehl2 << endl;
     }
  private:
     char m_name[20];
     mutable int m_zaehl1, m_zaehl2;
};
int main(void) {
   const CMutable a("a"), b("b");
   srand(time(0));
   for (int i=1; i<=10; i++)
      switch (rand()%4) {
         case 0: a.meth1(); break;
         case 1: a.meth2(); break;
         case 2: b.meth1(); break;
         case 3: b.meth2(); break;
      }
   cout << endl;
   a.print();
   b.print();
}
```

Programm A.15 liefert z. B. die folgende Ausgabe:

```
a::meth1, a::meth1, a::meth1, b::meth1, b::meth1, b::meth2, a::meth2,
b::meth2, a::meth1, b::meth1,
a:  meth1: 4, meth2: 1
b:  meth1: 3, meth2: 2
```

Mit `mutable` kann gezielt festgelegt werden, welche Membervariablen verändert werden können und welche nicht. Jedoch geht dadurch auch die `const`-Eigenschaft von Objekten verloren, was in größeren Projekten nicht unbedingt der Klarheit dient und den Klassenentwurf eventuell für den Nutzer verkompliziert.

A.13 Globale und lokale statische Objekte

Für globale bzw. lokale statische Objekte gilt Folgendes:

- Globale Objekte, ob statisch oder nicht, werden immer mit Konstruktor-Aufrufen angelegt, bevor `main()` aufgerufen wird. Erst nachdem `main()` sich beendet hat, werden sie durch Destruktor-Aufrufe wieder freigegeben.
- Statische lokale Objekte in Funktionen werden nur einmal beim ersten Aufruf der entsprechenden Funktion mithilfe von Konstruktor-Aufrufen angelegt. Wie globale Objekte, so werden auch sie erst wieder dann durch Destruktor-Aufrufe freigegeben, nachdem `main()` sich beendet hat.
- Nicht-statische lokale Objekte in Funktionen werden bei jedem Aufruf der entsprechenden Funktion durch Konstruktor-Aufrufe angelegt und bei jedem Verlassen der Funktion mittels Destruktor-Aufrufen wieder freigegeben.

Grundsätzlich gilt auch hier wieder, dass die Destruktor-Aufrufe in umgekehrter Reihenfolge zu den entsprechenden Konstruktor-Aufrufen stattfinden.

Programm A.16 – `staticobj.cpp`:
Globale und lokale statische Objekte

```
#include <iostream>
using namespace std;

class K
{
 public:
    K(char z)  { m_z = z;  cout << "Konstruktor: " << m_z << endl; }
    ~K()       {           cout << "Destruktor: "  << m_z << endl; }
 private:
    char m_z;
};

static K obj_a1('A'); // Globales statisches Objekt
K obj_a2('a');        // Globales nicht-statisches Objekt
void fkt1() { static K obj_b('B'); } // Lokales statisches Objekt
void fkt2() { static K obj_c('C'); } // Lokales statisches Objekt
void fkt3() {        K obj_d('d'); } // Lokales nicht-statisches Objekt

int main(void)
{
   cout << "... Am Anfang von main" << endl;
   fkt1();
   fkt1();

   // fkt2() wird nicht aufgerufen --> auch kein Anlegen des Objekts obj_c

   fkt3();
   fkt3();
   cout << "... Am Ende von main" << endl;
}
```

Programm A.16 liefert die folgende Ausgabe:

```
Konstruktor: A
Konstruktor: a
... Am Anfang von main
Konstruktor: B
Konstruktor: d
Destruktor: d
Konstruktor: d
Destruktor: d
... Am Ende von main
Destruktor: B
Destruktor: a
Destruktor: A
```

A.14 Initialisierungs-Reihenfolge bei statischen Definitionen

In einer Programmdatei (Übersetzungseinheit) findet die Initialisierung von statischen Objekten in der Reihenfolge statt, in der die entsprechenden Definitionen angegeben sind. Genauso ist hierbei sichergestellt, dass die Freigabe durch Destruktor-Aufrufe in umgekehrter Reihenfolge zur Initialisierung vonstatten geht.

Undefinierte Initialisierungs-Reihenfolge bei mehreren Programmdateien

Hat man aber mehrere Programmdateien (Übersetzungseinheiten), ist die Reihenfolge der Initialisierung von statischen Objekten, die sich in unterschiedlichen Programmdateien befinden, nicht mehr festgelegt. Dies kann zu schwerwiegenden Problemen führen. Ein einfaches Beispiel soll dies verdeutlichen.

➤ statorder1.cpp

```
extern int y;
int x = y + 1;
```

➤ statorder2.cpp

```
#include <iostream>
using namespace std;

extern int x;
int y = x + 1;

int main(void) {
   cout << "x=" << x << endl << "y=" << y << endl;
}
```

Kompilieren und linken wir diese beiden Programme z. B. wie folgt:
g++ -Wall statorder1.cpp statorder2.cpp
liefert die ausführbare Datei folgende Ausgabe:

```
x=2
y=1
```

Kompilieren und linken wir diese beiden Programme z. B. aber wie folgt:
g++ statorder2.cpp statorder1.cpp
liefert die ausführbare Datei folgende Ausgabe:

```
x=1
y=2
```

Für alle statischen Objekte gilt grundsätzlich, dass sie zuerst mit 0 initialisiert werden, bevor die angegebene Initialisierung stattfindet. So ist bei den obigen Beispielen sichergestellt, dass sowohl x als auch y zunächst mit 0 initialisiert werden. Die Reihenfolge der explizit angegebenen Initialisierungen ist jedoch nicht festgelegt.
Nachfolgend ist ein weiteres Beispiel gezeigt, bei dem Klassen untereinander von der Initialisierungs-Reihenfolge abhängig sind.

Programm A.17 – initabh1.h:
Eine Klasse K1

```
#ifndef INITABH1_H
#define INITABH1_H
#include <iostream>
class K1 {
 public:
    K1()                   { x = 123; std::cout << "K1, ";              }
    K1(const K1& k)        { x = k.x; std::cout << "K1(copy), ";        }
    void print() const {           std::cout << "x(K1)=" << x << ", "; }
 private:
    int  x;
};
#endif
```

Programm A.18 – initabh2.h:
Eine von Klasse K1 abhängige Klasse K2

```
#ifndef INITABH2_H
#define INITABH2_H
#include "initabh1.h"
class K2 {
 public:
    K2(const K1& obj) {
       std::cout << "K2, ";
       obj1 = new K1(obj);
       print();
    }
    void print() const { obj1->print(); }
 private:
    K1  *obj1;
};
#endif
```

Um eine mögliche falsche Initialisierungs-Reihenfolge zu demonstrieren, wird Programm A.19 verwendet.

Programm A.19 – `abhproblem.cpp`:
Demoprogramm zur falschen Initialisierungs-Reihenfolge

```
#include "initabh2.h"
using namespace std;
// Liefert Wert, so dass sie global (zum Initialisieren) aufrufbar ist
int striche() {
   cout << endl << "................................" << endl;
   return 1;
}
//.................................................... Falsche Reihenfolge
extern K1 obj1;
K2 obj2(obj1); // hier wird erst K2 angelegt (K1 noch nicht initialisiert)
K1 obj1;
int dummy1 = striche();
//................................................... Richtige Reihenfolge
K1 obj_a;
K2 obj_b(obj_a);
int dummy2 = striche();

int main(void) { }
```

Programm A.19 liefert die folgende Ausgabe:

```
K2, K1(copy), x(K1)=0, K1,
..................................
K1, K2, K1(copy), x(K1)=123,
..................................
```

Vermeiden einer falschen Initialisierungs-Reihenfolge

Um solche falschen Initialisierungs-Reihenfolgen zu vermeiden, gibt es mehrere Möglichkeiten, die nachfolgend kurz vorgestellt werden:

1. **Vermeiden von Abhängigkeiten bei statischen Initialisierungen**
   Wenn dies möglich ist, so ist dies sicherlich die beste Lösung.
2. **Statische Initialisierungen in einer Datei**
   So kann man explizit die Reihenfolge der Initialisierungen festlegen.
3. **Eine eigene Initialisierungsklasse in Headerdatei**
   Kann man die beiden ersten Möglichkeiten nicht anwenden, da man z. B. eine Bibliothek erstellt, wo man nicht sicherstellen kann, wie diese Bibliothek von Programmierern verwendet wird, könnte man eine eigene Initialisierungsklasse in der Bibliotheks-Headerdatei unterbringen:

   Programm A.20 – `initclass.h`:
   Eigene Initialisierungs-Klasse in Headerdatei

   ```
   #ifndef INITCLASS_H
   #define INITCLASS_H
   #include <iostream>
   ```

```
extern int x; // Deklarationen (keine Definitionen)
extern int y;
class CInit {
 public:
   CInit() {
      std::cout << "CInit-Konstruktor" << std::endl;
      if (initZaehler++ == 0) { // Nur beim ersten Anlegen initialisieren
         std::cout << "....Initialisierung findet statt" << std::endl;
         x = 10;
         y = 20;
      }
   }
   ~CInit() {
      std::cout << "CInit-Destruktor" << std::endl;
      if (--initZaehler == 0) { // beim letzten Objekt ---> Aufräumarbeiten
         std::cout << "....Aufräumarbeiten finden statt" << std::endl;
         //............
      }
   }
 private:
   static int initZaehler;
};
//.... Anlegen eines dateilokalen Init-Objekts für jede Programmdatei,
//.... die diese Headerdatei inkludiert
static CInit init;
#endif
```

Programm A.21 enthält dann die Definitionen für `x`, `y` und `initZaehler`.

Programm A.21 – `initclass.cpp`:
Definitionen zu den Deklarationen in Headerdatei

```
#include  "initclass.h" // inkludiert auch ein
                        // statisches (dateilokales) CInit-Objekt init
//... Definitionen zu initclass.h (werden alle drei auf 0 gesetzt)
int x;
int y;
int CInit::initZaehler;
```

Zum Testen nehmen wir noch die beiden folgenden Programme:

- `initprog1.cpp`

```
#include "initclass.h"
```

- `initprog2.cpp`

```
#include "initclass.h"
using namespace std;
int main(void) {
   cout << "---Am Anfang von main" << endl;
   cout << "---Am Ende von main" << endl;
}
```

Kompilieren und linken wir diese Programme, wie z. B.:
g++ initclass.cpp initprog1.cpp initprog2.cpp
dann liefert das ausführbare Programm folgende Ausgabe:

```
CInit-Konstruktor
....Initialisierung findet statt
CInit-Konstruktor
CInit-Konstruktor
---Am Anfang von main
---Am Ende von main
CInit-Destruktor
CInit-Destruktor
CInit-Destruktor
....Aufräumarbeiten finden statt
```

Nun ist die Initialisierungs-Reihenfolge immer gleich, denn wenn durch das Inkludieren der Headerdatei `initclass.h` das erste `init`-Objekt von der Klasse `CInit` angelegt wird, werden die Initialisierungen von `x` und `y` in der angegebenen Reihenfolge im Konstruktor `CInit()` durchgeführt, da zu diesem Zeitpunkt die private Membervariable `initZaehler` den Wert 0 hat.
Weitere Initialisierungen dieser statischen Variablen `x` und `y` finden nicht mehr statt, da bei jedem neuen Anlegen eines `init`-Objekts von der Klasse `CInit` (bedingt durch Inkludieren der Headerdatei `initclass.h`) die private Membervariable `initZaehler` nicht mehr den Wert 0 hat und jedesmal weiter hochgezählt wird.
Entsprechend werden erforderliche Aufräumarbeiten erst durchgeführt, wenn das letzte `init`-Objekt der Klasse `CInit` freigegeben wird, da dann die private Membervariable `initZaehler` auf den Wert 0 heruntergezählt wurde.
Diese Technik kann nicht nur für statische Variablen mit Grunddatentypen (wie in diesem Beispiel gezeigt), sondern auch für Klassen angewendet werden. In diesem Fall sollte man keine Konstruktoren und keine Destruktoren für die zu initialisierenden statischen Klassen-Objekte angeben, sondern die entsprechenden Klassen mit Memberfunktionen ausstatten, die eine dynamische Initialisierung und entsprechende Freigabe ermöglichen.
Eine andere Möglichkeit ist die Verwendung von Zeigern auf Objekten in der Initialisierungs-Klasse, die man dann mit `new` kreiert.

4. **Statische funktionslokale Objekte für jede Initialisierungs-Abhängigkeit**
Die hier gezeigte Technik ist eleganter als die vorherige. Hier definiert man für jede Initialisierungs-Abhängigkeit ein statisches Objekt in einer Funktion, die eine Referenz auf dieses Objekt als Rückgabewert liefert. Ein Zugriff auf ein solches funktionslokales statisches Objekt ist dann nur möglich, indem man die entsprechende Funktion aufruft. Sollte dieses Objekt nun Abhängigkeiten auf andere statische funktionslokale Objekte haben, muss es die zugehörigen Funktionen aufrufen. So stellt man sicher, dass die entsprechenden Objekte in einer vorgegebenen Reihenfolge initialisiert werden, da ja statische funktionslokale Objekte genau einmal angelegt werden, und zwar immer beim ersten Aufruf der Funktion, in der sie angegeben sind. Hier wollen wir die Abhängigkeit der Klassen in Programm A.17 (`initabh1.h`) und A.18 (`initabh2.h`) verwenden,

und das Problem aus Programm A.19 (`abhproblem.cpp`) mit dieser Technik lösen. Dazu erstellen wir die folgenden Dateien:

- `initfunk1.h`:

```
#ifndef INIT_FUNK1_H
#define INITFUNK1_H
#include "initabh1.h"
extern K1& fkt1();
#endif
```

- `initfunk1.cpp`:

```
#include "initfunk1.h"
K1& fkt1() {
   static K1 obj1;
   return obj1;
}
```

- `initfunk2.h`:

```
#ifndef INIT_FUNK2_H
#define INITFUNK2_H
#include "initabh2.h"
extern K2& fkt2();
#endif
```

- `initfunk2.cpp`:

```
#include "initfunk1.h"
#include "initfunk2.h"
K2& fkt2() {
   static K2 obj2(fkt1());
   return obj2;
}
```

Die einzige Möglichkeit, hier ein statisches Objekt zu erhalten, ist der Aufruf der dazu angebotenen Funktionen, die dann die entsprechende Initialisierung der dazugehörigen Objekte in jedem Fall richtig durchführen. Um dies zu testen, verwenden wir das folgende Programm `abhnoproblem.cpp`:

```
#include "initfunk2.h"
int main(void) {
   K2& o2 = fkt2(); // auch wenn K2-Objekt zuerst angelegt wird
                    // --> Reihenfolge auch richtig
   std::cout << std::endl;
}
```

Kompilieren und linken wir diese Programme, wie z. B.:
g++ abhnoproblem.cpp initfunk1.cpp initfunk2.cpp
dann liefert das ausführbare Programm folgende Ausgabe:

```
K1, K2, K1(copy), x(K1)=123,
```

A.15 Geschachtelte Klassen

Klassen können auch innerhalb von anderen Klassen definiert werden, und zwar im `public`-, im `protected`- oder im `private`-Teil.

A.15.1 Zugriffserlaubnisse bei geschachtelten Klassen

Eine äußere Klasse hat keine besonderen Privilegien hinsichtlich geschachtelter Klassen in ihr, also auch keine Zugriffsrechte auf deren `private`-Elemente:

```
class Aussen {
  public:
     class A { //... sichtbar ausserhalb und innerhalb von Aussen
       public:
          A() {}          // sichtbar ausserhalb und innerhalb von Aussen
          void Afkt() {} // sichtbar ausserhalb und innerhalb von Aussen
       private:
          int Avar; // nur sichtbar für Member von A (nicht für Aussen oder B)
     };
  private:
     class B   // nur sichtbar innerhalb von Aussen
     {         // (auf public-Elemente können auch A-Member zugreifen)
       public:
          B() {}          // nur sichtbar innerhalb von Aussen (auch für A-Member)
          void Bfkt() {} // nur sichtbar innerhalb von Aussen (auch für A-Member)
       private:
          int Bvar; //... nur sichtbar für Member von B (nicht für Aussen oder A)
     };
};
```

- Geschachtelte Klassen können als Member der umgebenden Klasse angesehen werden, wobei aber die Member von geschachtelten Klassen keine Member der umgebenden Klasse sind. Deshalb kann z. B. ein Member der Klasse `Aussen` nicht direkt auf `A::Afkt()` zugreifen, da ja ein `Aussen`-Objekt nicht automatisch auch ein `A`- oder `B`-Objekt ist. Die geschachtelten Klassen sind nur als Typnamen, aber nicht als Objekte verfügbar. Möchte ein Member einer umgebenden Klasse auf ein Member einer geschachtelten Klasse zugreifen, muss dazu explizit ein Objekt in der umgebenden Klasse angelegt werden:

```
class Aussen {
  public:
       void f1(void) { innenObj.innenFkt(); } // möglich
    // void f2(void) { Innen::innenFkt();    } // nicht möglich
  private:
     class Innen {
       public:
          void innenFkt() {}
     };
     Innen innenObj;
};
```

- Möchte man einer umgebenden Klasse Zugriff auf `private`-Elemente ihrer geschachtelten Klasse oder aber umgekehrt geschachtelten Klassen Zugriffe auf `private`-Elemente der umgebenden Klasse gewähren, müssen die entsprechenden Klassen als Freunde definiert werden (siehe auch Seite 995).

A.15.2 Definition und Deklaration geschachtelter Klassen

- Memberfunktionen von geschachtelten Klassen können sowohl *inline* als auch außerhalb definiert werden.
- Werden Memberfunktionen geschachtelter Klassen außerhalb der umgebenden Klasse definiert, muss mit mehrfacher Angabe des Scope-Operators `::` der volle „Pfadname" angegeben werden. Gleiches gilt auch für die Initialisierung von statischen Membervariablen in geschachtelten Klassen.
- Da Member einer Klasse einander kennen, können geschachtelte Klassen auf die `public`-Member anderer geschachtelten Klassen zugreifen.

Programm A.22 – `schachtel1.cpp`:
Demoprogramm zur Definition von geschachtelten Klassen

```
#include <iostream>
using namespace std;

class Aussen {
  public:
     class A {
         public:
            void Afkt1() { cout << "Afkt1(): " << stat << ", "; } // inline
            void Afkt2(); // nicht inline
            static int stat;
     };
     class B {
         public:
            void Bfkt1() { cout << "Bfkt1(): " << A::stat << ", "; } // inline
            void Bfkt2(); // nicht inline
     };
     void aussenFkt1() { cout << "aussenFkt1(): " << A::stat << endl;  } // inline
   A  objA;
   B  objB;
};
void Aussen::A::Afkt2() { cout << "Afkt2(): " << stat << endl; } // nicht inline
void Aussen::B::Bfkt2() { cout << "Bfkt2(): " << A::stat << endl; } // nicht inline
int  Aussen::A::stat = 100;
void statWert(void) { cout << "statWert: " << Aussen::A::stat << endl; }
int main(void) {
  Aussen obj;
   obj.aussenFkt1();
   obj.objA.Afkt1();  obj.objA.Afkt2();
   obj.objB.Bfkt1();  obj.objB.Bfkt2();
   statWert();
}
```

Programm A.22 liefert dann folgende Ausgabe:

```
aussenFkt1(): 100
Afkt1(): 100, Afkt2(): 100
Bfkt1(): 100, Bfkt2(): 100
statWert: 100
```

Verwenden geschachtelte Klassen andere geschachtelte Klassen, um z. B. Zeiger auf diese als Member zu besitzen, so muss die entsprechende Klasse zu diesem Zeitpunkt bekannt sein. Dies ist möglich, indem man die entsprechende geschachtelte Klasse vorher definiert. Gibt es jedoch zirkulare Bezüge, so muss man eine Forward-Deklaration der entsprechenden geschachtelten Klassen verwenden:

```
class Aussen {
  private:
     class Innen2;  // FORWARD-Deklaration
     class Innen1 {
         Innen2  *zgr;  // zeigt auf Innen2-Objekte
     };
     class Innen2 {
         Innen1  *ptr;  // zeigt auf Innen1-Objekte
     };
};
```

Programm A.23 – `schachtelstack.h`:
Stack mit geschachtelter Listen-Klasse

```
#include <iostream>
using namespace std;
class CStack {
 public:
    CStack() : kopf(0) { }
    ~CStack() { if (kopf != 0) { cerr << "Stack nicht leer" << endl; exit(1); } }
    void  push(void *w) { kopf = new Liste(w, kopf); }
    void *pop(void) {
       if (kopf == 0) return 0;
       void  *rueckgabe = kopf->wert;
       Liste *altKopf = kopf;
       kopf = kopf->next;
       delete altKopf;
       return rueckgabe;
    }
 private:
    class Liste { // geschachtelte Listenklasse
       public:
          Liste(void *w, Liste *n) : wert(w), next(n) { }
          ~Liste() { }
          void  *wert;
          Liste *next;
    } *kopf;
};
```

Programm A.24 – `schachtelstack.cpp`:
Verwenden des Stacks mit geschachtelter Listen-Klasse

```
#include "schachtelstack.h"
int main(void) {
   CStack text, ganz; // zwei CStack-Objekte
   char zeile[100], *s; //.................... Verwendung des Stacks für Strings
   while (cin.getline(zeile, 100) != 0)
      text.push(strcpy(new char [strlen(zeile)+1], zeile));
   while ((s = (char*)text.pop()) != 0) {
      cout << s << ", ";
      delete s;
   }
   cout << endl;
   double *zahl; //..................... Verwendung des Stacks für ganze Zahlen
   cin.clear(); // löscht EOF-Flag
   while (cin.getline(zeile, 100) != 0)
      ganz.push(new double(atof(zeile)));
   while ((zahl = (double *)ganz.pop()) != 0) {
      cout << *zahl << ", ";
      delete zahl;
   }
}
```

Möglicher Ablauf des Programms `schachtelstack.cpp`:

```
wie gehts denn so ⏎
Hans ⏎
Hallo ⏎
Strg-D
Hallo, Hans, wie gehts denn so,
2.5 ⏎
13.4 ⏎
0.345 ⏎
5 ⏎
Strg-D
5, 0.345, 13.4, 2.5,
```

A.15.3 Zugriff auf private Member in geschachtelten Klassen

Möchte man folgende Zugriffe erlauben:

Zugriff von ...	auf `private`-Elemente ...
einer umgebenden Klasse	ihrer geschachtelten Klasse
geschachtelten Klassen	anderer geschachtelter Klassen
geschachtelten Klassen	der umgebenden Klasse

müssen die Klassen, denen ein Zugriff auf eigene `private`-Elemente gestattet werden soll, als Freunde deklariert werden.

Zugriff umgebender Klassen auf private-Elemente ihrer inneren Klassen

```
class Aussen {
  public:
    class A {
        friend class Aussen; // Aussen ist friend-Klasse zu A
      public:
        int getWert();
      private:
        static int statA;
    };
    int getWert() {
      A::statA = B::statB; // nur möglich, da Aussen friend zu A und B
      return outStat;
    }

  private:
    class B {
        friend class Aussen; // Aussen ist friend-Klasse zu B
      public:
        int getWert();
      private:
        static int statB;
    };

    static int outStat;
};
```

Zugriff geschachtelter Klassen auf private-Elemente anderer Klassen

```
class Aussen {
    class B;  // FORWARD_Deklaration
  public:
    class A {
        friend class Aussen; // Aussen ist friend-Klasse zu A
        friend class B;      // B ist friend-Klasse zu A
      public:
        int getWert() {
          Aussen::outStat = B::statB; // nur mögl., da A
                                      // friend zu Aussen und B ist
          return statA;
        }
      private:
        static int statA;
    };
    friend class A; // A ist friend zu Aussen
    int getWert() {
      A::statA = B::statB; // nur möglich, da Aussen friend zu A und B ist
      return outStat;
    }
```

```
  private:
     class B {
           friend class Aussen; // Aussen ist friend-Klasse zu B
           friend class A;      // A ist friend-Klasse zu B
        public:
           int getWert() {
              Aussen::outStat = A::statA; // nur mögl., da B
                                          // friend zu Aussen und A ist
              return statB;
           }
        private:
           static int statB;
     };
     friend class B; // B ist friend zu Aussen
     static int outStat;
};
```

Zugriff geschachtelter Klassen auf private-Elemente umgebender Klassen

Programm A.25 verdeutlicht dies, indem es die geschachtelte Klasse `Innen` in der Klasse `Aussen` als Freund deklariert. Die Klasse `Aussen` enthält ein `int`-Array, auf das nun auch die Klasse `Innen` Zugriff hat. Da die Klasse `Innen` eine eigene Klasse von `Aussen` ist, kann man mehr als ein Objekt dazu anlegen, um diese Objekte unterschiedliche Teile des Arrays bearbeiten zu lassen.

Programm A.25 – `schachtel2.cpp`:
Zugriff von geschachtelten Klassen auf private-Elemente der umgebenden Klasse

```
#include <iostream>
const unsigned  max = 10;
class Aussen {
 public:
    void init(void) {
       for (unsigned i=0; i < max; i++)
          array[i] = 0;
    }
    class Innen;          // FORWARD-Deklaration
    friend class Innen; // Innen ist Friend-Klasse zu Aussen
    class Innen {
      private:
         Aussen *aus;
         int    *zgr;
      public:
         void init(Aussen *aus);
         void next(void);
         void prev(void);
         void first(void) { zgr = &(aus->array[0]);        }
         void last(void)  { zgr = &(aus->array[max - 1]); }
         int  get(void)   { return *zgr; }
         void set(int i)  { *zgr = i;    }
    };
```

```
 private:
    int array[max];
};
void Aussen::Innen::init(Aussen *out) {
   aus = out;
   zgr = out->array;
}
void Aussen::Innen::next(void) {
   if (zgr < &(aus->array[max - 1]))
      zgr++;
}
void Aussen::Innen::prev(void) {
   if (zgr > &(aus->array[0]))
      zgr--;
}
int main(void) {
   Aussen        aus;
   Aussen::Innen in1, in2;
   unsigned i;

   aus.init();
   in1.init(&aus);
   in2.init(&aus);
   for (i = 0; i < max/2; i++) {
      in1.set(i+1);
      in1.next();
   }
   in1.first();
   in2.last();
   for (i = max-1; i >= max/2; i--) {
      in2.set(in1.get()*10);
      in1.next();
      in2.prev();
   }
   in1.first();
   std::cout << "in1 (vorwärts)  : ";
   for (i = 0; i < max; i++) {
      std::cout << in1.get() << ", ";
      in1.next();
   }
   std::cout << std::endl;
   in2.last();
   std::cout << "in2 (rückwärts): ";
   for (i = 0; i < max; i++) {
      std::cout << in2.get() << ", ";
      in2.prev();
   }
   std::cout << std::endl;
}
```

Programm A.25 liefert dann folgende Ausgabe:

```
in1 (vorwärts) : 1, 2, 3, 4, 5, 50, 40, 30, 20, 10,
in2 (rückwärts): 10, 20, 30, 40, 50, 5, 4, 3, 2, 1,
```

A.15.4 Information Hiding mittels geschachtelter Klassen

Manchmal möchte man gewisse Daten und Methoden einer Klasse vor dem Nutzer dieser Klasse verstecken, da diese eventuell wichtige Informationen enthalten, die geheim bleiben sollen. Das können z. B. firmeninterne Informationen sein, die auf keinen Fall der Konkurrenz zugänglich gemacht werden sollen, oder z. B. auch Hinweise auf einen verwendeten Verschlüsselungsalgorithmus, die in jedem Fall geheim bleiben müssen.

In solchen Fällen kann man bei der entsprechenden Klasse in der Headerdatei eine Forward-Deklaration zu einer geschachtelten Klasse angeben, zu der man einen Zeiger als Member anbietet, so dass dem Nutzer dieser Klasse lediglich die `public`-Methoden bekannt gemacht werden, die er über den zur Verfügung gestellten Zeiger aufrufen kann. Die Implementierung der geschachtelten Klasse mit allen nicht der Öffentlichkeit zur Verfügung stehenden Daten und Methoden bringt man dann in einer `.cpp`-Datei unter. Dem Kunden wird dann nur noch die zugehörige kompilierte Objektdatei geliefert.

Wollte man z. B. einen Zufallszahlengenerator anbieten, so würde man den Nutzer dieser Klasse `ZufallGen` z. B. die Headerdatei aus Programm A.26 zur Verfügung stellen.

Programm A.26 – `zufallgen.h`:
Die Klasse ZufallGen mit nur den nach außen sichtbaren Informationen

```
class ZufallGen {
 public:
    void      init(void);
    unsigned  rand(void);
    void      del(void);
 private:
    class Geheim; // nur eine Klassendeklaration
                  // (versteckt private-Daten und -Methoden)
    Geheim *zgr; // Zeiger zum Zugriff auf die drei public-Methoden
};
```

Die nicht nach außen sichtbare Information ist hier dann in der Klasse `Geheim` versteckt, deren Implementierung sich im Programm A.27 befindet.

Programm A.27 – `zufallgen.cpp`:
Implementierung zur geschachtelten Klasse Geheim

```
#include  <ctime>
#include  "zufallgen.h"

#define  m   100000000
#define  m1      10000
#define  b          31
```

```
#define  c          55
static unsigned  z[c];
static unsigned  index;
//......................Definition der versteckten ZufallGen-Daten und -Methoden
class ZufallGen::Geheim {
 public:
   //................................. Einfacher Zufallszahlengenerator
   void srandEinfach(void) { zahl = time(0); }
   unsigned randEinfach(void) {
      zahl = zahl * 1103515245 + 1234565;
      return zahl &= 0x7fffffff;
   }
   //.............................. Komplexerer Zufallszahlengenerator
   void srandKomplex(void) {
      for (z[index=0]=time(0); index < c; index++)
         z[index] = (mult(z[index-1], b) + 1) % m;
   }
   unsigned randKomplex(void) {
      index = (index+1) % c;
      z[index] = (z[(index+23) % c] + z[(index+c-1) % c]) % m;
      zahl = ((z[index]/m1)*time(0))/m1;
      return zahl;
   }
 private:
   unsigned int zahl;
   unsigned  mult(unsigned p, unsigned q) {
      unsigned  p1 = p/m1, p0 = p%m1, q1 = q/m1, q0 = q%m1;
      return (((p0*q1 + p1*q0) % m1) * m1 + p0*q0) % m;
   }
};
//..............................Implementierung der public-ZufallGen-Methoden
void ZufallGen::init(void) {
   zgr = new Geheim;
   zgr ->srandEinfach();     // Diesen Zufallsgenerator oder aber auch
   // zgr ->srandKomplex(); // evtl. anderen Zufallszahlengenerator verwenden
}
unsigned ZufallGen::rand(void) {
   return zgr->randEinfach(); // Diesen Zufallsgenerator oder aber auch
   // zgr ->randKomplex();    // evtl. anderen Zufallszahlengenerator verwenden
   return zgr->randKomplex();
}
void  ZufallGen::del(void) {
   delete zgr;
}
```

Nachdem man Programm A.27 kompiliert hat, wie z. B.:
g++ -c zufallgen.cpp
kann man die kompilierte Objektdatei `zufallgen.o` zusammen mit der Headerdatei `zufallgen.h` an den Kunden ausliefern. Zum Testen des Zufallsgenerators wird Programm A.28 verwendet.

Programm A.28 – `zufallgenmain.cpp`: main-Funktion zum Testen des Zufallsgenerators

```
#include <iostream>
#include <iomanip>
#include "zufallgen.h"
using namespace std;

#define SIM_LAEUFE 1000000
int wuerfel[6] = {0};

int main(void) {
   ZufallGen z;

   z.init();
   for (int i=0; i<SIM_LAEUFE; i++)
      wuerfel[z.rand()%6]++;
   z.del();

   for (int j=0; j<6; j++)
      cout << j+1 << ": " << wuerfel[j] << " (" << setprecision(4)
           << static_cast<double>(wuerfel[j])/SIM_LAEUFE*100 << " %)" << endl;
}
```

Nun kann man das Programm zusammenlinken:
g++ zufallgenmain.cpp zufallgen.o
Das ausführbare Programm liefert dann z. B. folgende Ausgabe:

```
1: 166292 (16.63 %)
2: 166357 (16.64 %)
3: 167390 (16.74 %)
4: 166847 (16.68 %)
5: 166318 (16.63 %)
6: 166796 (16.68 %)
```

A.15.5 Vermeiden überflüssiger Kompilierungen

Dieses Unterbringen von geschachtelten Klassen in einer `.cpp`-Datei bringt noch einen weiteren Vorteil mit sich. Wenn man etwas im `public`- oder `private`-Teil einer Klassendefinition in einer Headerdatei ändert, müssen alle `.cpp`-Dateien, die diese Headerdatei inkludieren, neu kompiliert werden.
Bei größeren Projekten treten gerade in den Anfangsphasen häufig Änderungen in der internen Realisierung (Implementierung) auf, wie z. B. Hinzufügen einer neuen Methode oder Membervariablen. Solche Compilerläufe können in größeren Projekten Stunden dauern, weswegen man versucht, sie zu minimieren.
Möchte man z. B. bei dem Zufallszahlengenerator aus dem vorherigen Kapitel einen anderen Algorithmus testen, muss man nur im Programm A.27 (`zufallgen.cpp`) Folgendes ändern:

```
void ZufallGen::init(void) {
    zgr = new Geheim;
    zgr ->srandKomplex(); // nun diesen Zufallszahlengenerator verwenden
}
unsigned ZufallGen::rand(void) {
    zgr ->randKomplex();  // nun diesen Zufallszahlengenerator verwenden
    return zgr->randKomplex();
}
```

Die Headerdatei `zufallgen.h` hat sich damit nicht geändert, so dass auch nicht das davon abhängige Programm A.28 (`zufallgenmain.cpp`) neu kompiliert werden muss, sondern stattdessen weiterhin die Objektdatei `zufallgenmain.o` zum Linken verwendet werden kann.
Hätte man aber in der Headerdatei A.26 (`zufallgen.h`) die Methoden `srandEinfach()`, `randEinfach()`, `srandKomplex()` und `randKomplex()` als `public`-Methoden in der Klasse `ZufallGen` deklariert, dann hätte man jedenfalls auch das Programm A.28 (`zufallgenmain.cpp`) ändern und neu kompilieren müssen. Die hier verwendete Technik ermöglicht somit das Ändern der Implementierung, ohne dass die Schnittstelle in der Headerdatei geändert werden muss, und somit eine Neukompilierung der von dieser Headerdatei abhängigen Programmdateien vermieden werden kann.

A.16 Rekursive Assoziationen

Rekursive Assoziationen liegen vor, wenn Objekte derselben Klasse miteinander in Beziehung stehen. Dabei müssen zwei unterschiedliche Objekte der Klasse miteinander verbunden sein, da sonst keine Assoziation notwendig wäre. Bei rekursiven Assoziationen müssen immer die Rollennamen angegeben werden, da sonst die Beziehung nicht deutlich wird. In allen anderen Assoziationsformen ist die Angabe der Rollennamen optional. Abbildung A.1 zeigt eine rekursive Assoziation, die z. B. wie in Programm A.29 in C++ umgesetzt werden könnte.

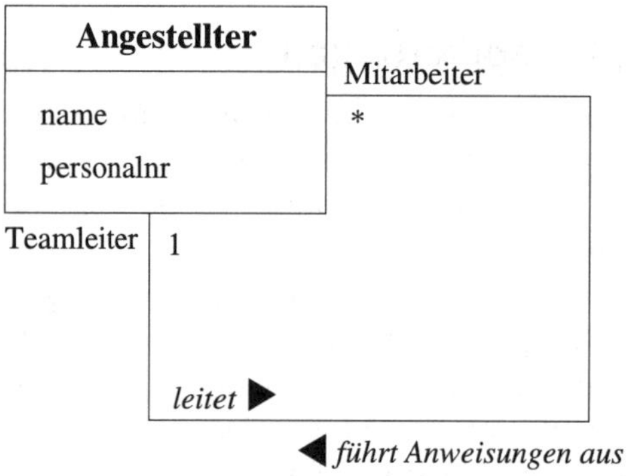

Abbildung A.1: Rekursive Assoziation

Programm A.29 – `rekassoz.cpp`:
Mögliche C++-Realisierung der rekursiven Assoziation in Abbildung A.1

```
#include <iostream>
#include <cstring>
using namespace std;

class CAngestellter {
 public:
    // Konstruktor; wird nur direkt zum Anlegen des Teamleiters aufgerufen
    // Für die Mitarbeiter des Teams wird dieser Konstruktor dann in der
    // Methode 'neuerMitarbeiter()' aufgerufen
   CAngestellter(char *nam, char *nr) : direkt(true), anzahl(0), teamLeiter(0) {
      strcpy(name, nam);
      strcpy(personalnr, nr);
   }
   void neuerMitarbeiter(char *nam, char *nr) {
      if (anzahl >= 0) {
         mitarbeiter[anzahl] = new CAngestellter(nam, nr);
         strcpy(mitarbeiter[anzahl]->name, nam);
         strcpy(mitarbeiter[anzahl]->personalnr, nr);
         mitarbeiter[anzahl]->direkt = false;
         mitarbeiter[anzahl]->teamLeiter = this;
         anzahl++;
      }
   }
   void print(int nr=-1) {
      if (nr < 0) {
         cout << name << " (" << personalnr << ")\n"; // Ausgabe des Teamleiters
         for (int i=0; i<anzahl; i++) // Ausgabe aller weiteren
            mitarbeiter[i]->print(i); // Mitarbeiter des Teams
      } else if (direkt) // Ausgabe des Mitarbeiters mit 'nr'
         cout << "    " << nr << ": " << mitarbeiter[nr]->name << "("
              << mitarbeiter[nr]->personalnr
              << "; Chef: " << mitarbeiter[nr]->teamLeiter->name << ")\n";
      else // Ausgabe des jeweiligen Mitarbeiters bei rekursivem Aufruf
         cout << "..." << nr << ": " << name << " (" << personalnr << ")\n";
   }
 private:
   char name[100];
   char personalnr[100];
   bool direkt;
   int  anzahl;
   CAngestellter *teamLeiter;
   CAngestellter *mitarbeiter[100];
};
int main(void) {
   CAngestellter team("Bigboss", "007"); // legt den Teamleiter an

   team.neuerMitarbeiter("Hacker", "4711"); // Hinzufügen von Mitarbeiter
   team.neuerMitarbeiter("Zocker", "123");
```

```
    team.print();
    cout << "--------------------------\n";
    team.print(1);
    cout << "--------------------------\n";
    team.print(0);
}
```

Programm A.29 liefert die folgende Ausgabe:

```
Bigboss (007)
...0: Hacker (4711)
...1: Zocker (123)
...2: Nachtarbeiter (567)
--------------------------
   1: Zocker(123; Chef: Bigboss)
--------------------------
   0: Hacker(4711; Chef: Bigboss)
```

Abbildung A.2 zeigt eine rekursive Assoziation zu einer hierarchischen Objektstruktur, die rekursiv aufgebaut ist.

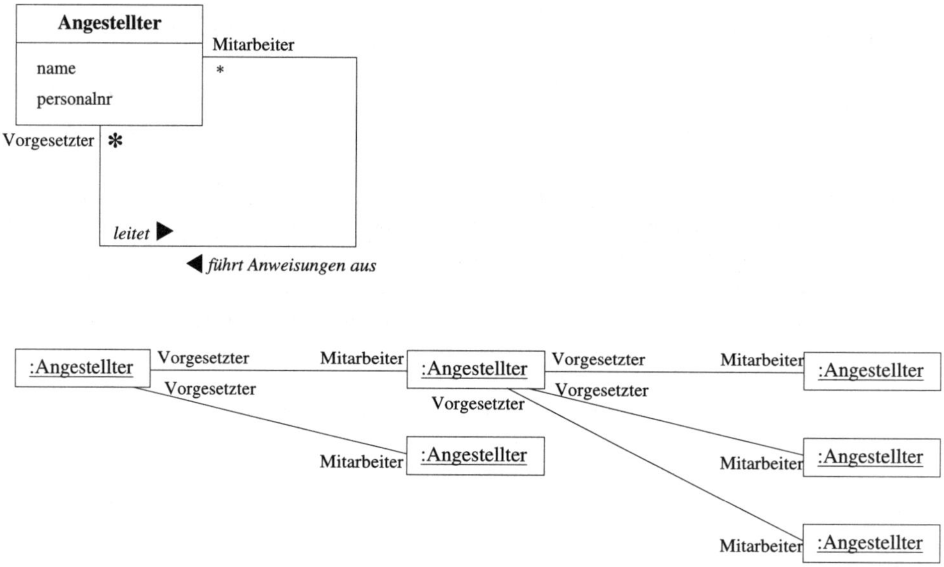

Abbildung A.2: Rekursive Assoziation zu einer hierarchischen Objektstruktur

Rekursive Assoziationen (einschließlich Aggregationen und Kompositionen) lassen sich durch Einführung einer zusätzlichen Klasse auflösen. Als Beispiel soll hier die Buchung eines Geldbetrags von einem Konto auf ein anderes Konto dienen. Links in Abbildung A.3 ist die rekursive Darstellung einer Buchung und rechts die entsprechend aufgelöste Rekursion durch Einführung einer zusätzlichen Klasse `CBuchung` gezeigt.

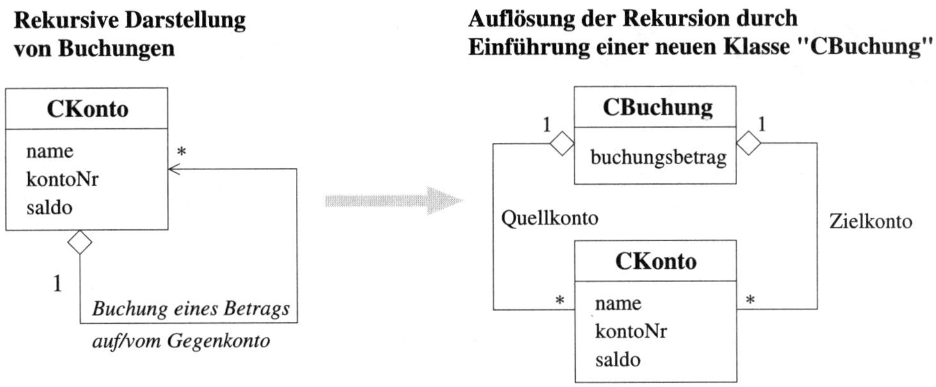

Abbildung A.3: Buchungen zwischen Konten (rekursiv und nicht rekursiv)

Eine mögliche Realisierung in C++ des linken Teils von Abbildung A.3 zeigt das Programm A.30. Dieses Programm führt jedoch nicht nur Buchungen durch, sondern merkt sich über die Arrays `m_gegenKonto` und `m_buchBetrag` die jeweiligen Buchungsvorgänge auf den Konten, so dass es in der Lage ist, alle durchgeführten Buchungen auf den einzelnen Konten nachträglich auszugeben.

Programm A.30 – `buchungrek.cpp`:
Mögliche C++-Realisierung der rekursiven Aggregation in Abbildung A.3

```
#include <iostream>
#include <iomanip>
#include <cstring>
using namespace std;

class CKonto {
 public:
   CKonto(char *name, char *nr) : m_saldo(0), m_buchNr(0) {
      strcpy(m_name, name);
      strcpy(m_nr, nr);
   }
   void buchung( CKonto& gegenKto, float betrag ) {
      m_gegenKto[m_buchNr] = &gegenKto;
      gegenKto.m_gegenKto[gegenKto.m_buchNr] = this;
      m_saldo                 += betrag;
      gegenKto.m_saldo    -= betrag;
      m_buchBetrag[m_buchNr] = betrag;
      gegenKto.m_buchBetrag[gegenKto.m_buchNr] = -betrag;
      gegenKto.m_buchNr++;
      m_buchNr++;
   }
   void print(void) {
      cout << "Kontostand: " << m_name << " (" << m_nr << ") : "
           << setw(10) << setprecision(2) << setiosflags(ios::fixed)
           << setiosflags(ios::showpos)   << m_saldo
           << resetiosflags(ios::showpos) << endl;
```

```
      for (int i=0; i<m_buchNr; i++)
         cout << setw(10) << i+1 << ": " << setprecision(2) << setw(8)
              << setiosflags(ios::fixed) << m_buchBetrag[i]
              << (m_buchBetrag[i]>0 ? " <--- " : " ---> ") << m_gegenKto[i]->m_name
              << " (" << m_gegenKto[i]->m_nr << ")" << endl;
      cout << "-----------------------------------------" << endl;
   }
 private:
   char    m_name[100], m_nr[100];
   float   m_saldo, m_buchBetrag[1000];
   CKonto *m_gegenKto[1000]; // nur für 1000 Buchungen ausgelegt
   int     m_buchNr;
};
int main(void) {
   CKonto hans("Hans", "123"), anja("Anja", "456"), toni("Toni", "789");
    hans.buchung(anja, -1000);
    anja.buchung(toni, +200);
    toni.buchung(anja, +500);
    hans.buchung(toni, +400);
   hans.print();
   anja.print();
   toni.print();
}
```

Programm A.30 liefert die folgende Ausgabe:

```
Kontostand: Hans (123) :    -600.00
         1: -1000.00 ---> Anja (456)
         2:   400.00 <--- Toni (789)
-----------------------------------------
Kontostand: Anja (456) :    +700.00
         1:  1000.00 <--- Hans (123)
         2:   200.00 <--- Toni (789)
         3:  -500.00 ---> Toni (789)
-----------------------------------------
Kontostand: Toni (789) :    -100.00
         1:  -200.00 ---> Anja (456)
         2:   500.00 <--- Anja (456)
         3:  -400.00 ---> Hans (123)
-----------------------------------------
```

Das Programm A.31 zeigt eine mögliche Realisierung des rechten Teils von Abbildung A.3 in C++. Dieses Programm führt jedoch – genauso wie Programm A.30 – nicht nur Buchungen durch, sondern merkt sich in der Klasse `CBuchung` zu jeder Buchung die beiden jeweils beteiligten Konten (in `m_quellKonto` und `m_zielKonto`) und den Buchungsbetrag (in `m_buchBetrag`). So ist es möglich, sich über die Methode `print()` der Klasse `CBuchung` einzelne oder auch alle stattgefundenen Buchungen auf den einzelnen Konten ausgeben zu lassen.

Da die Klasse `CKonto` ihrerseits ein Zeigerarray `m_buchungen` unterhält, das zu jeder stattgefundenen Buchung auf dem jeweiligen Konto einen Zeiger auf die jeweilige Buchung enthält, kann man sich auch nur die auf einem Konto stattgefundenen Buchungen ausgeben lassen. Dazu bietet die Klasse `CKonto` die Methode `print()` an.

Da die Klasse `CBuchung` nur Zeiger auf die jeweils an einer Buchung beteiligten Konten enthält, wirkt sich eine Änderung von Kontendaten (wie z. B. anderer Name oder andere Kontonummer) auch sofort auf bereits stattgefundene Buchungen aus. Es hängt vom konkreten Anwendungsfall ab, ob dies erwünscht ist oder nicht.

Programm A.31 – `buchung.cpp`:
Mögliche C++-Realisierung der nicht-rekursiven Aggregation in Abbildung A.3

```
#include <iostream>
#include <iomanip>
#include <cstring>
using namespace std;
class CKonto; // Forward-Deklaration
class CBuchung {
 public:
   void buche( CKonto *von, CKonto *nach, float betrag );
   void print( int nr );
   CKonto& getQuellKonto(void) { return *m_quellKonto; }
   CKonto& getZielKonto(void)  { return *m_zielKonto;  }
   float   getBetrag(void)     { return m_buchBetrag;  }
 private:
   CKonto *m_quellKonto, *m_zielKonto;
   float  m_buchBetrag;
};
class CKonto {
 public:
   CKonto(char *name, char *nr) : m_saldo(0), m_buchNr(0) { set(name, nr); }
   char *getName(void) { return m_name; }
   char *getNr(void)   { return m_nr;   }
   void buche( float betrag, CBuchung *buchung ) {
      m_saldo += betrag;
      m_buchungen[m_buchNr++] = buchung;
   }
   void print(void) {
      cout << "Kontostand: " << m_name << " (" << m_nr << "): "
           << setw(10) << setprecision(2) << setiosflags(ios::fixed)
           << setiosflags(ios::showpos)   << m_saldo
           << resetiosflags(ios::showpos) << endl;
      for (int i=0; i<m_buchNr; i++) {
         CKonto von  = m_buchungen[i]->getQuellKonto();
         CKonto nach = m_buchungen[i]->getZielKonto();
         cout << setw(10) << i+1 << ": " << setprecision(2)
              << setiosflags(ios::fixed) << setw(8) << m_buchungen[i]->getBetrag();
         if ( !strcmp(m_nr, von.m_nr) && !strcmp(m_name, von.m_name) )
            cout << " ---> " << nach.m_name << " (" << nach.m_nr << ")" << endl;
         else
            cout << " <--- " << von.m_name << " (" << von.m_nr << ")" << endl;
```

```
      }
      cout << "----------------------------------------" << endl;
   }
   void set(char *name, char *nr) {
      strcpy(m_name, name);
      strcpy(m_nr, nr);
   }
 private:
   char      m_name[100], m_nr[100];
   float     m_saldo;
   CBuchung *m_buchungen[1000]; // nur für 1000 Buchungen ausgelegt
   int       m_buchNr;
};
void CBuchung::buche( CKonto *von, CKonto *nach, float betrag ) {
   m_quellKonto = von;
   m_zielKonto  = nach;
   m_quellKonto->buche( -betrag, this );
   m_zielKonto->buche( betrag, this );
   m_buchBetrag = betrag;
}
void CBuchung::print( int nr ) {
   cout << nr << ": " << setprecision(2) << setw(8) << m_buchBetrag << ": "
      << m_quellKonto->getName() << " (" << m_quellKonto->getNr() << ") ---> "
      << m_zielKonto->getName()  << " (" << m_zielKonto->getNr() << ")" <<endl;
}
int main(void) {
   CKonto hans("Hans", "123"), anja("Anja", "456"), toni("Toni", "789");
   CBuchung buchung[1000]; // nur für 1000 Buchungen ausgelegt

   buchung[0].buche( &hans, &anja, 1000 );
   buchung[1].buche( &toni, &anja, 200 );
   buchung[2].buche( &anja, &toni, 500 );
   buchung[3].buche( &toni, &hans, 400 );
   hans.print();
   anja.print();
   toni.print();
   for (int i=0; i<4; i++)
      buchung[i].print(i+1);

   anja.set("Anni", "444" );
   toni.set("Lars", "555" );
   cout << endl << "=============================================";
   cout << endl << " Nach Änderung der Konten von Anja und Toni";
   cout << endl << "=============================================" << endl;
   hans.print();
   anja.print();
   toni.print();
   for (int i=0; i<4; i++)
      buchung[i].print(i+1);
}
```

Programm A.31 liefert die folgende Ausgabe:

```
Kontostand: Hans (123):    -600.00
         1:  1000.00 ---> Anja (456)
         2:   400.00 <--- Toni (789)
------------------------------------------
Kontostand: Anja (456):    +700.00
         1:  1000.00 <--- Hans (123)
         2:   200.00 <--- Toni (789)
         3:   500.00 ---> Toni (789)
------------------------------------------
Kontostand: Toni (789):    -100.00
         1:   200.00 ---> Anja (456)
         2:   500.00 <--- Anja (456)
         3:   400.00 ---> Hans (123)
------------------------------------------
1:  1000.00: Hans (123) ---> Anja (456)
2:   200.00: Toni (789) ---> Anja (456)
3:   500.00: Anja (456) ---> Toni (789)
4:   400.00: Toni (789) ---> Hans (123)

===============================================
 Nach Änderung der Konten von Anja und Toni
===============================================
Kontostand: Hans (123):    -600.00
         1:  1000.00 ---> Anni (444)
         2:   400.00 <--- Lars (555)
------------------------------------------
Kontostand: Anni (444):    +700.00
         1:  1000.00 <--- Hans (123)
         2:   200.00 <--- Lars (555)
         3:   500.00 ---> Lars (555)
------------------------------------------
Kontostand: Lars (555):    -100.00
         1:   200.00 ---> Anni (444)
         2:   500.00 <--- Anni (444)
         3:   400.00 ---> Hans (123)
------------------------------------------
1:  1000.00: Hans (123) ---> Anni (444)
2:   200.00: Lars (555) ---> Anni (444)
3:   500.00: Anni (444) ---> Lars (555)
4:   400.00: Lars (555) ---> Hans (123)
```

A.17 Aspekte beim Entwurf einer Klassenhierarchie

Bei der Grafikbibliothek wurde die Betrachtungsweise gewählt, dass alle geometrischen Figuren über einen Mittelpunkt verfügen, wobei dann für die einzelnen Figuren jeweils die Deltas zum Mittelpunkt gespeichert werden.

Alternatives Design mit Start- und Endpunkt für die Grafikbibliothek

Viele grafische Benutzeroberflächen gehen jedoch von einem anderen Ansatz aus. Zum Zeichnen der Figuren müssen meist konkrete Punkte (und keine Deltas) angegeben werden. Das Zeichnen einer Linie, eines Rechtecks und eines Kreises kann dann z. B. dadurch geschehen, dass ein Startpunkt und ein Endpunkt angegeben werden, wie z. B. beim Aufziehen eines Kreises. Hier klickt der Anwender auf die erste Position und während er die Maus bewegt, zieht sich ein Rechteck auf, innerhalb dessen ein Kreis - genau genommen eine Ellipse - gezeichnet wird. Abbildung A.4 stellt diesen Sachverhalt dar.

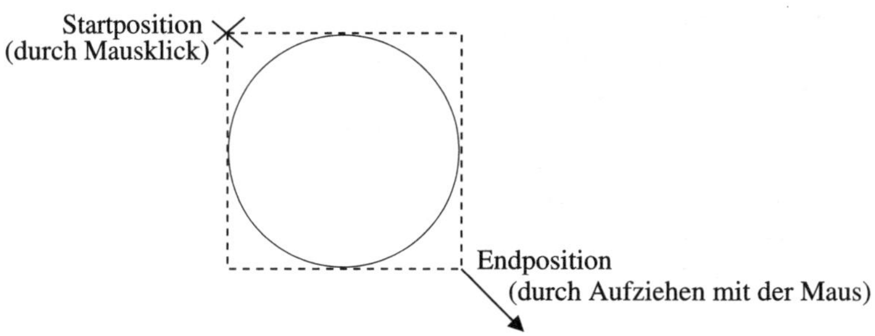

Abbildung A.4: Häufige Funktionsweise beim Zeichnen eines Kreises

Wenn man bereits weiß, dass zur Realisierung der eigenen Grafikbibliothek auf eine bestehende Bibliothek für eine konkrete Benutzeroberfläche aufgesetzt wird, wäre unser erster Ansatz aus Kapitel 17.2 ziemlich umständlich, weil aus den gespeicherten Deltas dann erst wieder Punkte berechnet werden müssten. In diesem Fall wäre also ein Ansatz wie in Abbildung A.5 vorteilhafter.
Auch bei diesem Ansatz lässt sich das Verschieben verallgemeinert in der Basisklasse abhandeln, da dann einfach die beiden Punkte (Start- und Endpunkt) verschoben werden. Die abgeleiteten Klassen benötigen hier keine zusätzlichen Daten, da sie durch Start- und Endpunkt bereits vollständig beschrieben sind; nur das Zeichnen an sich muss unterschiedlich geschehen.

Weiteres Design ohne Vererbung der Start- und Endpunkte

Dieser gewählte Ansatz hat jedoch den Nachteil, dass sich nicht jede beliebige Figur – wie z. B. ein Dreieck – durch einen Start- und Endpunkt beschreiben lässt. Die interne Verwaltung der Daten sollte daher vielleicht besser aus der Basisklasse genommen werden und jeder Figur individuell zugeordnet werden. Freilich besitzt jede Figur eine Position, aber diese lässt sich nicht bei jeder Figur über nur einen Punkt so abhandeln, dass sie dann auch performant gezeichnet werden kann.

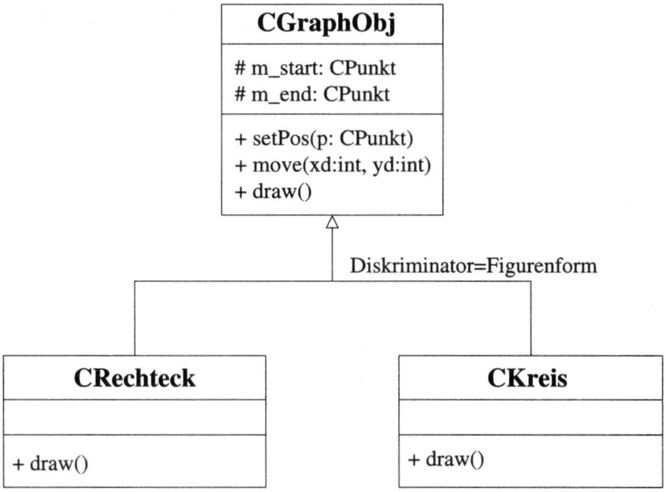

Abbildung A.5: Zweiter Entwurf (`CGraphObj` mit Start- und Endpunkt)

Abbildung A.6 zeigt nun einen weiteren Ansatz.

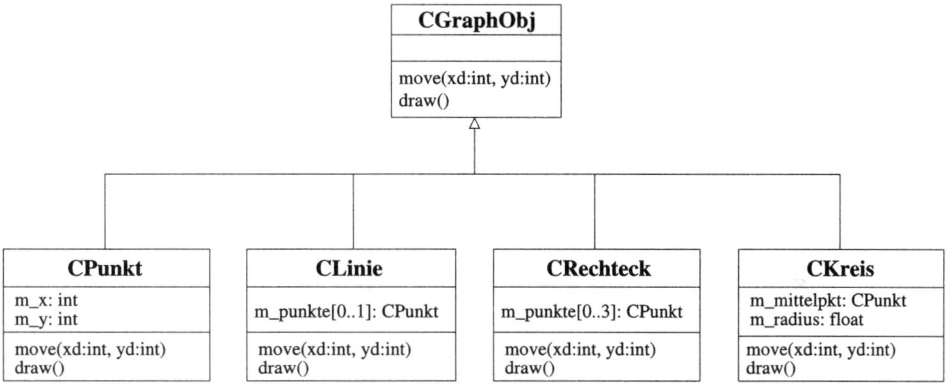

Abbildung A.6: Dritter Entwurf (`CPunkte` in Unterklassen)

Dieser Ansatz betont den geometrischen Aspekt, und dies sogar noch stärker als der erste Ansatz mit dem Mittelpunkt und den Deltas. Nachfolgend soll dieser Entwurf aus Abbildung A.6 nochmals näher betrachtet werden:

- **Figuren basieren auf Punkte**
  Der Punkt spielt in der Geometrie eine wichtige Rolle. Ein Punkt kann verschoben, gespiegelt und um einen anderen Punkt rotiert werden. Wird eine Figur über Punkte definiert, kann die Rotation einer Figur sehr leicht dadurch realisiert werden, dass die einzelnen Punkte der Figur rotiert werden. Eine Rotation mit dem ersten Ansatz lässt sich sicherlich nicht so einfach umsetzen.
- **Leichtes Ersetzen der Klasse `CRechteck` durch eine Klasse `CVieleck`**
  Bei diesem Design könnte nun noch die Klasse `CRechteck` durch eine Klasse `CVieleck` ausgetauscht werden, die allgemein eckige Figuren repräsentiert. Es

würde dann jedoch trotzdem Sinn machen, die Klasse `CLinie` beizubehalten, weil eine Linie im Gegensatz zu einem Vieleck kein Füllmuster besitzt und das Zeichnen daher anders erfolgt. Solche zukünftigen Aspekte sollte man stets mitbedenken.

- **Nicht ratsam ist Aufnehmen eines Punktes in Basisklasse `CGraphObj`**
  Sehr gefährlich wäre ein Design, bei dem ein Punkt bereits in der Basisklasse `CGraphObj` definiert wird, obwohl die mathematische Aussage *„Jede Figur hat mindestens einen Punkt"*. dafür sprechen würde. Die Punkte hätten aber dann unterschiedliche Bedeutung: Beim Kreis wäre dies der Mittelpunkt, beim Rechteck vielleicht die linke, obere Ecke und bei der Linie der Startpunkt. So ein Design wird schnell sehr unübersichtlich. Es darf nicht vergessen werden, dass jedes Objekt einen Zustand besitzt, der über die Attributwerte repräsentiert wird. Die Methoden einer Klasse sollten dafür sorgen, dass ein Objekt dieser Klasse nicht in einen unstabilen Zustand gelangen kann (siehe auch Kapitel 15.4.5 auf Seite 189). Mit jeder Vererbungsstufe, bei der Daten vererbt werden, wird dies jedoch schwieriger, denn die Unterklasse verfügt ja nicht nur über ihre eigenen Attribute, sondern auch über die geerbten Attribute. Sie muss also darauf achten, dass sie nicht konträr zu den Implementierungen der Basisklasse läuft. Die Daten zwischen Ober- und Unterklasse sollten daher klar aufgeteilt sein und keine semantischen Abhängigkeiten untereinander besitzen.
  Es sollte grundsätzlich nie ein Datum allein nur aus dem Grund in die Basisklasse gezogen werden, um Implementierung zu sparen oder eine Eigenschaft allen abgeleiteten Klassen zur Verfügung zu stellen. Das Bearbeiten des einen Punktes kann bei einer Linie sicherlich nicht getrennt von dem anderen Punkt der Linie betrachtet werden. Daher sollten die Punkte hier nicht aufgeteilt sein auf Ober- und Unterklasse.
- **Linienfarbe und -form in Basisklasse `CGraphObj` wäre sinnvoll**
  Beispielsweise könnte `CGraphObj` noch über eine Liniefarbe und -form (gestrichelt, gepunktet usw.) verfügen. Die Verwaltung der Linienfarbe und -form würde hier in der Basisklasse `CGraphObj` Sinn machen, da sie für alle Grafikobjekte gleich ist.

Keine Zusicherungen in abgeleiteten Klassen zu Attributen in Basisklasse

Um dies zu verdeutlichen, soll die Grafikbibliothek[2] um ein Quadrat erweitert werden. Da es sich bei einem Quadrat um eine spezielle Form eines Rechtecks handelt, liegt es nahe, die Klasse `CQuadrat` als eine Spezialisierung der Klasse `CRechteck` anzugeben. In einem Quadrat müssen die beiden Seiten gleich lang sein, was als Zusicherung {`m_xd==m_xd`} in Abbildung A.7 angegeben ist.
Kritikpunkte am Design in der Abbildung A.7 sind z. B.:

- **Redundantes Attribut `m_yd` in der Klasse `CQuadrat`**
  Objekte der Klasse `CQuadrat` enthalten dabei ein redundantes Attribut (den Abstand `m_yd`), denn die Angabe des x-Abstandes `m_xd` vom Mittelpunkt

[2] Der Einfachheit halber wird hier beim ersten Ansatz der Grafikbibliothek geblieben. In der Praxis sollte man natürlich keinen Aufwand scheuen, wenn man feststellt, dass sich ein anderes Design besser eignet. Aber hier soll ja keine GUI und keine Rotation der Figuren angeboten werden.

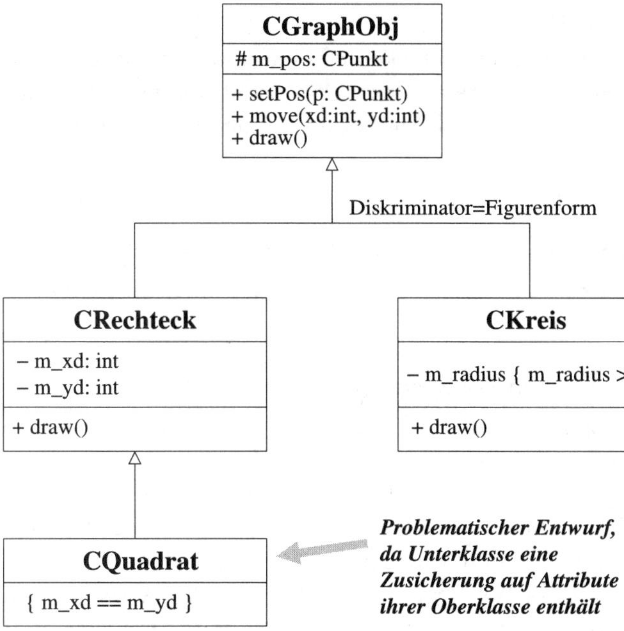

Abbildung A.7: Quadrat als Spezialisierung von Rechteck

würde genügen. Diese Redundanz kann man nicht vermeiden, da ein Quadrat eine Spezialform des Rechtecks ist.

- ***„Rechteck als eine Spezialisierung von Quadrat"* ist auch problematisch**
  Um die Redundanz zu vermeiden, könnte man das Rechteck als eine Spezialisierung von Quadrat realisieren, wobei die Klasse `CQuadrat` nur den x-Abstand `m_xd` enthält, und die von ihr abgeleitete Unterklasse `CRechteck` zusätzlich noch den y-Abstand `m_yd`. Auch wenn dies Speicherplatzeinsparungen bringt, so ist doch von einem solchen Entwurf abzuraten, da man in diesem Fall keinen vernünftigen Diskriminator finden könnte. Ein weiteres Argument gegen einen solchen Entwurf *„Rechteck als Spezialisierung von Quadrat"* ist die Tatsache, dass dies nicht der Realität entspricht. Der Satz *„Ein Rechteck ist ein Quadrat"* ist nicht sehr sinnvoll.
- **Keine Garantie bei Zusicherungen in Unterklassen auf Oberklassen**
  Mag die Zusicherung {`m_xd==m_xd`} in der Unterklasse `CQuadrat` auf Attribute ihrer Oberklasse in diesem einfachen Beispiel noch überschaubar sein, so ist generell davon abzuraten, da Unterklassen, die solche Zusicherungen enthalten, nicht garantieren können, dass sich auch alle Operationen der Oberklassen daran halten. Diese Operationen kennen diese Zusicherungen nicht einmal, da nur in Richtung der Unterklassen vererbt wird und nicht umgekehrt.

Nachfolgend sind einige Tipps gegeben, wie man die so eben beschriebene Problematik vermeiden kann.

Methoden statt einer eigenen Klasse

Eine bessere und einfachere Lösung, um Rechtecke und Quadrate unterscheiden zu können, ist, dass man überhaupt keine eigene Klasse `CQuadrat` anbietet und stattdessen in der Klasse `CRechteck` einfach eine Methode `istQuadrat()` hinzufügt:

```
bool istQuadrat() { return m_xd==m_yd; }
```

Wird Unterscheidung zwischen Rechteck und Quadrat überhaupt benötigt?

Die Frage ist auch, inwieweit der Unterschied zwischen Rechteck und Quadrat überhaupt eine Rolle spielt.

Eigenschaft als Attribut oder als Methode realisieren?

Ein weiterer Aspekt, der beim Klassenentwurf berücksichtigt werden sollte, ist, ob es sich bei einer Eigenschaft um ein Attribut oder eine Methode handelt. In manchen Fällen ist es besser, eine Methode statt eines Attributes zu verwenden. Methoden haben den Vorteil, dass sie ein Verhalten beschreiben, das in den abgeleiteten Klassen anders implementiert werden kann, während ein Attribut nur über einen Wert verfügt. Beispielsweise verfügt jedes Tier über eine Fortbewegungsart, die je nach Tierart unterschiedlich ist. Wird die Fortbewegungsart als Methode realisiert und nicht als einfacher String, so beschränkt sich der Unterschied zwischen Schwimmen, Fliegen, Laufen usw. nicht nur auf die Ausgabe des Strings, sondern kann tatsächlich – wie auch in der Natur – völlig anders realisiert werden.

Eine Methode ist auch eine gute Wahl, wenn die Beurteilung einer Fähigkeit von anderen Faktoren (Attributen) abhängt. Als Beispiel sollen die Grafikobjekte eine Eigenschaft besitzen, an der erkennbar ist, ob das vorliegende Grafikobjekt punktsymmetrisch ist. Auf den ersten Blick drängt sich hier ein Flag `m_PktSymFlag` in der Basisklasse `CGraphObj` auf, das in den entsprechenden Unterklassen auf `true` oder `false` gesetzt wird. Allerdings darf hier nicht übersehen werden, dass sich die Symmetrie z. B. bei einem Vieleck schlagartig ändern kann, wenn ein Punkt des Vielecks umpositioniert wird. Es muss dann ständig daran gedacht werden, dass das Attribut `m_PktSymFlag` umgesetzt werden muss, damit der insgesamte Zustand des Objektes wieder stimmt. Erschwerend kommt hinzu, dass das Flag in der Basisklasse definiert ist und so in der Klassenbeschreibung der konkreten Figur gar nicht so offensichtlich ist. Übersichtlicher ist es sicherlich, wenn man auf das Attribut `m_PktSymFlag` verzichtet und stattdessen eine Methode `istPSymmetrisch()` einführt, die auf Anfrage mitteilt, ob die jeweilige Figur punktsymmetrisch ist. Unser Klassendiagramm könnte dann wie in Abbildung A.8 aussehen.

In Abbildung A.8 wurde beim Rechteck für die Abstände `m_xd` und `m_yd` eine Klasse `CPaar` eingeführt, die dann auch beim Vieleck verwendet wird, um die einzelnen Abstände der Eckpunkte zum Mittelpunkt aufzunehmen. Die Methode `istPSymmetrisch()` wird lediglich in der Klasse `CVieleck` überschrieben, da ein Rechteck und ein Kreis immer punktsymmetrisch sind.

Im Zweifelsfall Methoden statt Attribute verwenden

Ist man sich nicht sicher, ob man besser ein Attribut oder eine Methode einsetzen sollte, so ist im Zweifelsfall die Methode die bessere Wahl, da der Zustand eines

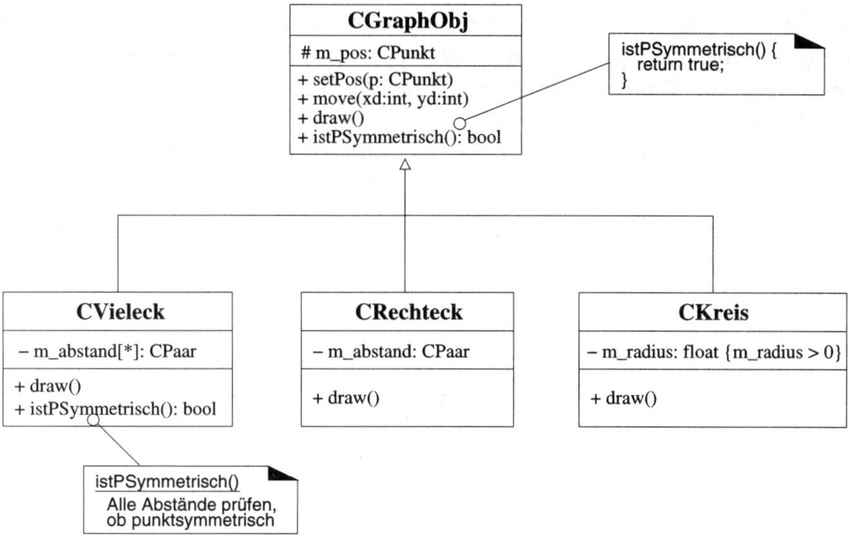

Abbildung A.8: Realisierung der Punktsymmetrie bei Grafikobjekten

Objektes immer über seine Attributwerte repräsentiert wird. Jedes neu hinzukommende Attribut kann daher die möglichen Zustände eines Objektes erhöhen, womit das Objekt unübersichtlicher werden kann, noch dazu wenn das Attribut sehr hoch oben in der Vererbungshierarchie angesiedelt ist.

Um die Übersichtlichkeit zu wahren, gilt als Faustregel ohnehin, dass die Vererbungshierarchie bei Klassen, die Attribute enthalten, eine Tiefe von drei Stufen nicht überschreiten sollte.

Vererbung ist kein Allheilmittel

Grundsätzlich sollte die Generalisierung und Spezialisierung nicht nur unter Gesichtspunkten wie Speicherplatzeinsparungen oder Redundanzvermeidungen, sondern mit einem entsprechenden Weitblick vorgenommen werden. Ein solcher Weitblick sollte mögliche Konsequenzen und Auswirkungen miteinbeziehen, was oft nicht sehr einfach ist.

Vererbung ist nur ein Prinzip, das beim Design von Programmen eingesetzt werden kann. Daneben existieren aber auch andere Alternativen, wie z. B. *Delegation* oder *Aggregation*. Viele Designer überschätzen das Prinzip der Vererbung und versuchen es oft zwanghaft in Situationen anzuwenden, in denen der Einsatz von anderen Entwürfen wesentlich vorteilhafter wäre.

Vererbung oder Komposition

Sowohl bei der Vererbung als auch bei der Komposition werden „Subobjekte" einer anderen Klasse in der neuen Klasse eingebettet. Ebenso verwenden beide Initialisierungslisten, um diese „Subobjekte" anzulegen und zu initialisieren.

Es stellt sich nun die Frage, worin sich diese beiden Konstrukte unterscheiden, und wann sie jeweils eingesetzt werden:

- *Komposition („Hat-Beziehung")* setzt man ein, wenn man die Eigenschaften einer Klasse vollständig in einer anderen einbetten, und nicht nur deren Schnittstelle verwenden möchte. Ein Beispiel hierzu ist ein Auto:
  *Ein Auto **hat** vier Reifen*
  Hier würde man ein Array von vier `Reifen` als Membervariable in der Klasse `Auto` deklarieren.
- *Vererbung („Ist-Beziehung")* setzt man ein, wenn man eine vorgegebene Schnittstelle übernehmen und erweitern möchte. Ein Beispiel hierzu ist unsere kleine Grafikbibliothek:
  *Ein Kreis **ist** ein Grafikobjekt*
  Hier würde man die `Kreis`-Klasse von der allgemeinen `GraphObj`-Klasse ableiten, um die Grundfunktionalität von Grafikobjekten zu übernehmen, und dann diese um die Kreis-Eigenheiten erweitern.

A.18 Rein virtuelle Definitionen

A.18.1 Rein virtuelle Methoden-Definitionen

Es ist erlaubt, dass man auch für eine rein virtuelle Methode in der Basisklasse eine Definition angibt. In diesem Fall kann zwar weiterhin kein Objekt von einer solchen abstrakten Basisklasse angelegt werden, und die rein virtuelle Methode muss auch weiterhin in den abgeleiteten Klassen implementiert werden, wenn es möglich sein soll, dass von diesen abgeleiteten Klassen Objekte angelegt werden können.
Hierbei ist noch zu erwähnen, dass rein virtuelle Methoden, zu denen Definitionen in der Basisklasse zur Verfügung gestellt werden, nicht *inline* definiert werden dürfen.
Solche rein virtuellen Methoden, zu denen Definitionen in der Basisklasse angegeben sind, haben zwei Vorteile:

1. Man kann Code nur einmal in der abstrakten Basisklasse angeben, den die abgeleiteten Klassen durch Aufruf der entsprechenden Basisklassen-Methode gemeinsam nutzen können, ohne dass sie ihn jeweils immer wieder neu duplizieren müssen.
2. Virtuelle Methoden, zu denen „Default-Code" in der Basisklasse angegeben ist, lassen sich leicht in rein virtuelle Methoden ändern (Anfügen von `=0`), ohne dass man den restlichen existierenden Code ändern muss. So lassen sich z. B. sehr schnell abgeleitete Klassen lokalisieren, die keine vorgegebenen virtuellen Methoden neu implementieren, da der Compiler dann entsprechende Fehlermeldungen produzieren würde.

Programm A.32 – `reinvirtdef.cpp`:
Demonstrationsprogramm zu rein virtuellen Definitionen

```
#include <iostream>

using namespace std;
```

```
class CTier {
 public:
    virtual void ichBin(void)  const = 0;
    virtual void ichKann(void) const = 0;
    // virtual void ichBin() const = 0 {} // rein virt. Def. nicht inline mögl.
};
void CTier::ichBin() const { //... Definition rein virt. Meth. ausserhalb erlaubt
   cout << "Ich bin ein Tier und ";
}
void CTier::ichKann() const { //... Definition rein virt. Meth. ausserh. erlaubt
   cout << "kann mich bewegen: ";
}
class CHund : public CTier {
 public:
     //... Aufrufen der rein virtuellen Definitionen
    void ichBin()   const { CTier::ichBin();  }
    void ichKann()  const { CTier::ichKann(); }
     //... Neue Funktion
    void ichMache() const { cout << "Wau-Wau" << endl; }
};
class CKatze : public CTier {
 public:
     //... Aufrufen der rein virtuellen Definitionen
    void ichBin()   const { CTier::ichBin();  }
    void ichKann()  const { CTier::ichKann(); }
     //... Neue Funktion
    void ichMache() const { cout << "Miau" << endl; }
};
int main(void) {
   CHund  wotan;
    wotan.ichBin();  wotan.ichKann();  wotan.ichMache();
   CKatze  micki;
    micki.ichBin();  micki.ichKann();  micki.ichMache();
   // CTier woll_milch_schwein; // weiterhin nicht möglich
}
```

Programm A.32 liefert die folgende Ausgabe:

```
Ich bin ein Tier und kann mich bewegen: Wau-Wau
Ich bin ein Tier und kann mich bewegen: Miau
```

A.18.2 Rein virtuelle Destruktor-Definitionen

Mittels rein virtueller Definitionen ist es auch möglich, rein virtuelle Destruktoren anzugeben. Dies ist z. B. nützlich, wenn man verhindern möchte, dass von einer Basisklasse, die keine Methoden hat, ein Objekt angelegt werden kann. In diesem Fall müsste man eine virtuelle „Dummy-Methode" für diese Klasse einführen, um so diese Klasse als abstrakt einzustufen. Das überflüssige Hinzufügen einer solchen virtuellen „Dummy-Methode“ kann man mittels einer rein virtuellen Destruktor-Definition umgehen.

Programm A.33 – `reinvirtdestr.cpp`:
Demonstrationsprogramm zu rein virtuellen Destruktor-Definitionen

```
#include <iostream>
class Basis {
 public:
    virtual ~Basis() = 0;
};
Basis::~Basis() { std::cout << "~Basis" << std::endl; } // Definition
class Sub : public Basis {
 public:
    ~Sub() { std::cout << "~Sub, "; }
};
int main(void) {
   Basis *bZgr = new Sub;
   delete bZgr;
}
```

Programm A.33 liefert die folgende Ausgabe:

```
~Sub, ~Basis
```

A.19 Mehrdeutigkeiten bei virtuellen Basisklassen

Auch bei virtuellen Basisklassen können bei der Mehrfachvererbung Mehrdeutigkeiten auftreten, wenn in den geerbten Klassen gleiche Namen vorkommen.
So würde z. B. für das Programm A.34 der Compiler einen Fehler melden.

Programm A.34 – `mehrdeutig.cpp`:
Fehlerhaftes Programm mit einer nicht auflösbaren Mehrdeutigkeit

```
class Basis {
 public:
    virtual ~Basis() {}
};
class A : virtual public Basis {
 public:
    void f(void) {}
};
class B : virtual public Basis {
 public:
    void f(int) {}
};
class AB : public A, public B {};
int main(void) {
   AB obj;
   obj.f(3); //... hier Compilerfehler
}
```

Da die Klasse `AB` zweimal die Funktion `f()` erbt, kann der Compiler sich nicht entscheiden, welche er nehmen soll. Die Signatur ist hier irrelevant, da die Namens-Auflösung vor der Auswertung von überladenen Funktionen stattfindet.

Möglichkeiten zum Auflösen von Mehrdeutigkeiten

Programm A.35 zeigt mehrere Möglichkeiten, mit denen man solche Mehrdeutigkeiten auflösen kann.

Programm A.35 – `mehrdeutig2.cpp`:
Möglichkeiten zum Auflösen von Mehrdeutigkeiten

```
#include <iostream>
using namespace std;
class Basis {
 public:
    virtual ~Basis() {}
};
class A : virtual public Basis {
 public:
    void f(void) { cout << "A::f(), "; }
};
class B : virtual public Basis {
 public:
    void f(int x) { cout << "B::f(" << x << ")" << endl; }
};
class AB1 : public A, public B {
  using B::f; //...................... 1. Möglichkeit: using-Direktive
};
class AB2 : public A, public B {
 public:
   void f(void)   A::f();   //...... 2. Möglichkeit: eigene Funktionen f()
   void f(int x) { B::f(x); }
};
class AB3 : public A, public B { };
int main(void) {
   AB1 obj1;
   obj1.f(1); //... ruft B::f(1) auf
   AB2 obj2;
   obj2.f();  //... ruft A::f() auf
   obj2.f(2); //... ruft B::f(2) auf
   AB3 obj3;
   //........ 3. Möglichkeit: Angabe des Klassennamens mit Scope-Operator
   obj3.A::f(); //... ruft A::f() auf
   obj3.B::f(3); //... ruft B::f(3) auf
}
```

Programm A.35 liefert die folgende Ausgabe:

```
B::f(1)
A::f(), B::f(2)
A::f(), B::f(3)
```

Keine Mehrdeutigkeiten bei gleichen Namen auf unterschiedlichen Stufen in Vererbungshierarchie

Erbt eine Klasse gleiche Namen, die sich auf verschiedenen Ebenen in der Vererbungshierarchie befinden, so tritt keine Mehrdeutigkeit auf, da hier dann das *Dominanzprinzip* gilt: Der Name, der sich in der Vererbungshierarchie am nähesten zu der entsprechenden abgeleiteten Klasse befindet, dominiert in diesem Fall. Programm A.36 verdeutlicht dieses Dominanzprinzip.

Programm A.36 – `mehrdeutig3.cpp`:
Möglichkeiten zum Auflösen von Mehrdeutigkeiten

```
#include <iostream>
using namespace std;
class Basis {
 public:
    virtual ~Basis() { }
    virtual void f(void) { cout << "Basis::f()" << endl; }
};
class A : virtual public Basis {
 public:
    void f(void) { cout << "A::f()" << endl; }
};
class B : virtual public Basis { };
class AB : public A, public B  { };

int main(void) {
   AB obj;
   obj.f(); //... ruft A::f() auf
}
```

Programm A.36 liefert die folgende Ausgabe:

```
A::f()
```

Abbildung A.9 verdeutlicht nochmals das Dominanzprinzip in Programm A.36.

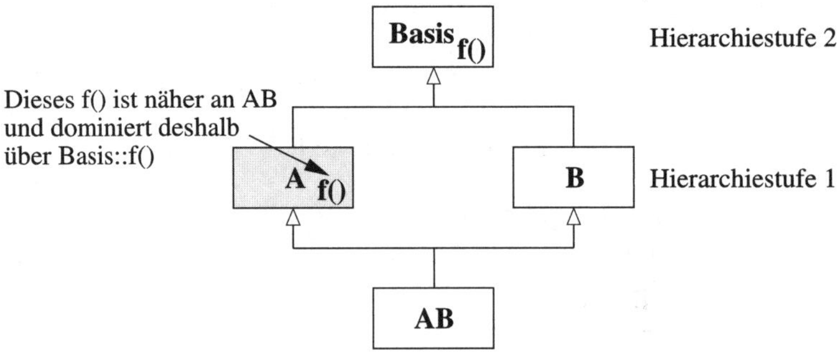

Abbildung A.9: Dominanzprinzip im Programm A.36

In Programm A.37 treten wieder auf Grund des Dominanzprinzips keine Mehrdeutigkeiten auf; siehe auch Abbildung A.10.

Programm A.37 – `mehrdeutig4.cpp`:
Möglichkeiten zum Auflösen von Mehrdeutigkeiten

```
#include <iostream>
using namespace std;

class Basis {
 public:
    virtual ~Basis() {}
    virtual void f(void) { cout << "Basis::f()" << endl; }
};
class A : virtual public Basis {
 public:
    virtual ~A() {}
    virtual void f(void) { cout << "A::f()" << endl; }
};
class B : virtual public A {
 public:
    void f(void) { cout << "B::f()" << endl; }
};
class C : public B { };
class BasisC : virtual public C, virtual public Basis { };

int main(void) {
   B *zgr = new BasisC;
   zgr->f();
}
```

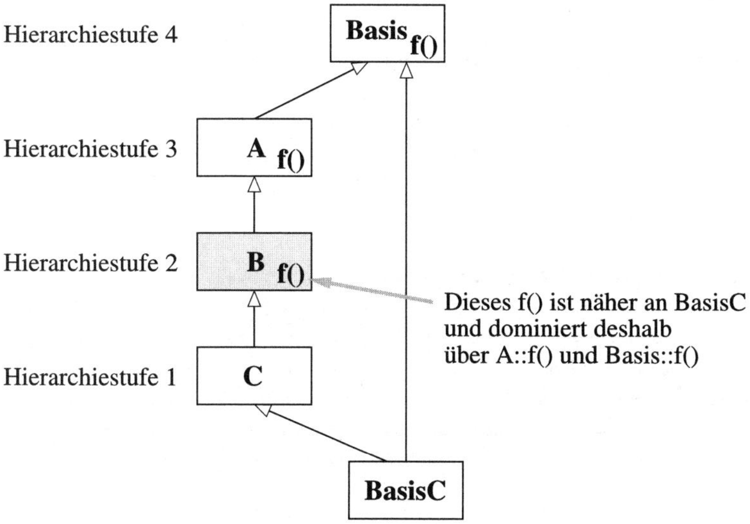

Abbildung A.10: Dominanzprinzip im Programm A.37

Programm A.37 liefert folgende Ausgabe:

```
B::f()
```

A.20 Überblick über die überladbaren binären Operatoren

Binäre Operatoren, die als Memberfunktionen überladen werden können

Programm A.38 zeigt anhand eines Beispiels, welche binären Operatoren als Memberfunktionen überladen werden können.

Programm A.38 – `binovmember.h`:
Operatoren, die als Memberfunktionen überladen werden können

```
#ifndef BINOVMEMBER_H
#define BINOVMEMBER_H
#include <iostream>
#include <iomanip>

class Byte {
 public:
   Byte(unsigned char byte = 0) : b(byte) {}
   //................. Konstante Memberfunktionen, die keine Änderungen vornehmen
   const Byte operator+ (const Byte& rechts) const { return Byte(b + rechts.b); }
   const Byte operator- (const Byte& rechts) const { return Byte(b - rechts.b); }
   const Byte operator* (const Byte& rechts) const { return Byte(b * rechts.b); }
   const Byte operator/ (const Byte& rechts) const {
      if (rechts.b == 0) {
         std::cerr << "Division durch 0 (Operator /)" << std::endl;
         return Byte(); // 0-Byte zurückgeben
      }
      return Byte(b / rechts.b);
   }
   const Byte operator% (const Byte& rechts) const {
      if (rechts.b == 0) {
         std::cerr << "Division durch 0 (Operator %)" << std::endl;
         return Byte(); // 0-Byte zurückgeben
      }
      return Byte(b % rechts.b);
   }
   const Byte operator^ (const Byte& rechts) const { return Byte(b ^ rechts.b);  }
   const Byte operator& (const Byte& rechts) const { return Byte(b & rechts.b);  }
   const Byte operator| (const Byte& rechts) const { return Byte(b | rechts.b);  }
   const Byte operator<<(const Byte& rechts) const { return Byte(b << rechts.b); }
   const Byte operator>>(const Byte& rechts) const { return Byte(b >> rechts.b); }
   //..................... Zuweisungen nehmen Änderungen vor und liefern Referenz
   Byte& operator= (const Byte& rechts) { // nur als Memberfunktion möglich
      if (this == &rechts) return *this;
      b = rechts.b;
      return *this;
   }
   Byte& operator+= (const Byte& rechts) { b += rechts.b; return *this; }
   Byte& operator-= (const Byte& rechts) { b -= rechts.b; return *this; }
   Byte& operator*= (const Byte& rechts) { b *= rechts.b; return *this; }
```

```
    Byte& operator/= (const Byte& rechts) {
        if (rechts.b == 0)
            std::cerr << "Division durch 0 (Operator /)" << std::endl;
        else
            b /= rechts.b;
        return *this;
    }
    Byte& operator%= (const Byte& rechts) {
        if (rechts.b == 0)
            std::cerr << "Division durch 0 (Operator %)" << std::endl;
        else
            b %= rechts.b;
        return *this;
    }
    Byte& operator^=  (const Byte& rechts) { b ^= rechts.b;  return *this; }
    Byte& operator&=  (const Byte& rechts) { b &= rechts.b;  return *this; }
    Byte& operator|=  (const Byte& rechts) { b |= rechts.b;  return *this; }
    Byte& operator>>= (const Byte& rechts) { b >>= rechts.b; return *this; }
    Byte& operator<<= (const Byte& rechts) { b <<= rechts.b; return *this; }
    //.................................................. Vergleichsoperatoren
    bool operator== (const Byte& rechts) const { return b == rechts.b; }
    bool operator!= (const Byte& rechts) const { return b != rechts.b; }
    bool operator<  (const Byte& rechts) const { return b <  rechts.b; }
    bool operator>  (const Byte& rechts) const { return b >  rechts.b; }
    bool operator<= (const Byte& rechts) const { return b <= rechts.b; }
    bool operator>= (const Byte& rechts) const { return b >= rechts.b; }
    bool operator&& (const Byte& rechts) const { return b && rechts.b; }
    bool operator|| (const Byte& rechts) const { return b || rechts.b; }

    void print(void) const {
        for (int i=7; i>=0; i--)
            std::cout << ((b>>i)&1);
        std::cout << " (" << std::setw(3) << int(b) << ")";
    }
  private:
    unsigned char b;
};
#endif
```

Um die in Programm A.38 als Memberfunktionen überladenen Operatoren zu testen, wird Programm A.39 verwendet.

Programm A.39 – `binovmember.cpp`:
Testen der überladenen Operatoren aus Programm A.38

```
#include "binovmember.h"
using namespace std;

#define BINOP(OP) \
    a.print(); cout << setfill(' ') << setw(3) << #OP << " "; \
    b.print(); cout << " = "; (a OP b).print(); cout << endl;
```

```
#define BINZUWEIS(OP) \
    cout << "a="; a.print(); cout << "; "; \
    cout << "b="; b.print(); cout << "; "; \
    cout << "a " #OP " b:  "; (a OP b).print(); cout << endl;
#define VERGLEICH(OP) \
    a.print(); cout << setfill(' ') << setw(3) << #OP << " "; \
    b.print(); cout << ((a OP b) ? " = true" : " = false"); cout << endl;

int main(void) {
   Byte a, b;

   a = 12; b = 9;
   cout << "---------------------------------------- Binäre Operatoren" << endl;
   BINOP(+) BINOP(-) BINOP(*) BINOP(/) BINOP(%)
   BINOP(^) BINOP(&) BINOP(|) BINOP(<<) BINOP(>>)
   cout << "------------------------------------ Zuweisungs-Operatoren" << endl;
   BINZUWEIS(+=) BINZUWEIS(-=) BINZUWEIS(*=) BINZUWEIS(/=)  BINZUWEIS(%=)
   BINZUWEIS(^=) BINZUWEIS(&=) BINZUWEIS(|=) BINZUWEIS(>>=) BINZUWEIS(<<=)
   BINZUWEIS(=) // Zuweisungsoperator
   cout << "----------------------------------------------- Vergleiche" << endl;
   a = 12; b = 9;
   VERGLEICH(<) VERGLEICH(>) VERGLEICH(==) VERGLEICH(!=) VERGLEICH(<=)
   VERGLEICH(>=) VERGLEICH(&&) VERGLEICH(||)
   cout << "-------------------------------------- a = (b - a) + a * b;" << endl;
   cout << "a="; a.print();
   cout << "; b="; b.print();
   a = (b - a) + a * b;
   cout << ";  a = "; a.print(); cout << endl;
   cout << "------------------------------------------------ a = b = c;" << endl;
   Byte c = 123;
   cout << "a="; a.print();
   cout << "; b="; b.print();
   cout << "; c="; c.print();
   a = b = c;
   cout << ";  a="; a.print(); cout << endl;
}
```

Programm A.39 liefert die folgende Ausgabe:

```
---------------------------------------- Binäre Operatoren
00001100 ( 12)  + 00001001 (  9) = 00010101 ( 21)
00001100 ( 12)  - 00001001 (  9) = 00000011 (  3)
00001100 ( 12)  * 00001001 (  9) = 01101100 (108)
00001100 ( 12)  / 00001001 (  9) = 00000001 (  1)
00001100 ( 12)  % 00001001 (  9) = 00000011 (  3)
00001100 ( 12)  ^ 00001001 (  9) = 00000101 (  5)
00001100 ( 12)  & 00001001 (  9) = 00001000 (  8)
00001100 ( 12)  | 00001001 (  9) = 00001101 ( 13)
00001100 ( 12) << 00001001 (  9) = 00000000 (  0)
00001100 ( 12) >> 00001001 (  9) = 00000000 (  0)
```

```
------------------------------------- Zuweisungs-Operatoren
a=00001100 ( 12); b=00001001 (  9); a += b:  00010101 ( 21)
a=00010101 ( 21); b=00001001 (  9); a -= b:  00001100 ( 12)
a=00001100 ( 12); b=00001001 (  9); a *= b:  01101100 (108)
a=01101100 (108); b=00001001 (  9); a /= b:  00001100 ( 12)
a=00001100 ( 12); b=00001001 (  9); a %= b:  00000011 (  3)
a=00000011 (  3); b=00001001 (  9); a ^= b:  00001010 ( 10)
a=00001010 ( 10); b=00001001 (  9); a &= b:  00001000 (  8)
a=00001000 (  8); b=00001001 (  9); a |= b:  00001001 (  9)
a=00001001 (  9); b=00001001 (  9); a >>= b:  00000000 (  0)
a=00000000 (  0); b=00001001 (  9); a <<= b:  00000000 (  0)
a=00000000 (  0); b=00001001 (  9); a = b:  00001001 (  9)
------------------------------------------------- Vergleiche
00001100 ( 12)  < 00001001 (  9) = false
00001100 ( 12)  > 00001001 (  9) = true
00001100 ( 12) == 00001001 (  9) = false
00001100 ( 12) != 00001001 (  9) = true
00001100 ( 12) <= 00001001 (  9) = false
00001100 ( 12) >= 00001001 (  9) = true
00001100 ( 12) && 00001001 (  9) = true
00001100 ( 12) || 00001001 (  9) = true
------------------------------------ a = (b - a) + a * b;
a=00001100 ( 12); b=00001001 (  9);  a = 01101001 (105)
------------------------------------------------- a = b = c;
a=01101001 (105); b=00001001 (  9); c=01111011 (123);  a=01111011 (123)
```

Binäre Operatoren, die als globale Funktionen überladen werden können

Programm A.40 zeigt anhand eines Beispiels, welche binären Operatoren als globale überladen werden können. In Programm A.40 ist erkennbar, dass der Zuweisungsoperator nicht mittels einer globalen Funktion überladen werden kann.

Programm A.40 – `binovglobal.h`:
Operatoren, die als globale Funktionen überladen werden können

```
#ifndef BINOVGLOBAL_H
#define BINOVGLOBAL_H
#include <iostream>
#include <iomanip>
class Byte {
 public:
   Byte(unsigned char byte = 0) : b(byte) {}
   //.............. Konstante globale Funktionen, die keine Änderungen vornehmen
   friend const Byte operator+ (const Byte& links, const Byte& rechts);
   friend const Byte operator- (const Byte& links, const Byte& rechts);
   friend const Byte operator* (const Byte& links, const Byte& rechts);
   friend const Byte operator/ (const Byte& links, const Byte& rechts);
   friend const Byte operator% (const Byte& links, const Byte& rechts);
   friend const Byte operator^ (const Byte& links, const Byte& rechts);
   friend const Byte operator& (const Byte& links, const Byte& rechts);
   friend const Byte operator| (const Byte& links, const Byte& rechts);
```

```
    friend const Byte operator<<(const Byte& links, const Byte& rechts);
    friend const Byte operator>>(const Byte& links, const Byte& rechts);
    //.................... Zuweisungen nehmen Änderungen vor und liefern Referenz
    friend Byte& operator+= (Byte& links, const Byte& rechts);
    friend Byte& operator-= (Byte& links, const Byte& rechts);
    friend Byte& operator*= (Byte& links, const Byte& rechts);
    friend Byte& operator/= (Byte& links, const Byte& rechts);
    friend Byte& operator%= (Byte& links, const Byte& rechts);
    friend Byte& operator^= (Byte& links, const Byte& rechts);
    friend Byte& operator&= (Byte& links, const Byte& rechts);
    friend Byte& operator|= (Byte& links, const Byte& rechts);
    friend Byte& operator>>=(Byte& links, const Byte& rechts);
    friend Byte& operator<<=(Byte& links, const Byte& rechts);
     // Folg. nicht mögl., da Zuweisungsoperator nur als Memberfkt. überladbar
     // friend Byte& operator=  (Byte& links, const Byte& rechts);
    friend bool operator== (const Byte& links, const Byte& rechts); // Vergleichsop.
    friend bool operator!= (const Byte& links, const Byte& rechts);
    friend bool operator<  (const Byte& links, const Byte& rechts);
    friend bool operator>  (const Byte& links, const Byte& rechts);
    friend bool operator<= (const Byte& links, const Byte& rechts);
    friend bool operator>= (const Byte& links, const Byte& rechts);
    friend bool operator&& (const Byte& links, const Byte& rechts);
    friend bool operator|| (const Byte& links, const Byte& rechts);

    void print(void) const {
       for (int i=7; i>=0; i--)
          std::cout << ((b>>i)&1);
       std::cout << " (" << std::setw(3) << int(b) << ")";
    }
  private:
    unsigned char b;
};
#endif
```

Programm A.41 – `binovglobal.cpp`:
Implementierung der entsprechenden globalen friend-Funktionen

```
#include "binovglobal.h"

//.................. Konstante globale Funktionen, die keine Änderungen vornehmen
const Byte operator+ (const Byte& l, const Byte& r) { return Byte(l.b + r.b); }
const Byte operator- (const Byte& l, const Byte& r) { return Byte(l.b - r.b); }
const Byte operator* (const Byte& l, const Byte& r) { return Byte(l.b * r.b); }
const Byte operator/ (const Byte& l, const Byte& r) {
  if (r.b == 0) {
     std::cerr << "Division durch 0 (Operator /)" << std::endl;
     return Byte(); // 0-Byte zurückgeben
  }
  return Byte(l.b / r.b);
}
```

```
const Byte operator% (const Byte& l, const Byte& r) {
   if (r.b == 0) {
      std::cerr << "Division durch 0 (Operator %)" << std::endl;
      return Byte(); // 0-Byte zurückgeben
   }
   return Byte(l.b % r.b);
}
const Byte operator^ (const Byte& l, const Byte& r) { return Byte(l.b ^ r.b);  }
const Byte operator& (const Byte& l, const Byte& r) { return Byte(l.b & r.b);  }
const Byte operator| (const Byte& l, const Byte& r) { return Byte(l.b | r.b);  }
const Byte operator<<(const Byte& l, const Byte& r) { return Byte(l.b << r.b); }
const Byte operator>>(const Byte& l, const Byte& r) { return Byte(l.b >> r.b); }
//........................ Zuweisungen nehmen Änderungen vor und liefern Referenz
Byte& operator+=(Byte& l, const Byte& r) { l.b += r.b; return l; }
Byte& operator-=(Byte& l, const Byte& r) { l.b -= r.b; return l; }
Byte& operator*=(Byte& l, const Byte& r) { l.b *= r.b; return l; }
Byte& operator/=(Byte& l, const Byte& r) {
   if (r.b == 0)
      std::cerr << "Division durch 0 (Operator /)" << std::endl;
   else
      l.b /= r.b;
   return l;
}
Byte& operator%=(Byte& l, const Byte& r) {
   if (r.b == 0)
      std::cerr << "Division durch 0 (Operator %)" << std::endl;
   else
      l.b %= r.b;
   return l;
}
Byte& operator^= (Byte& l, const Byte& r) { l.b ^= r.b;  return l; }
Byte& operator&= (Byte& l, const Byte& r) { l.b &= r.b;  return l; }
Byte& operator|= (Byte& l, const Byte& r) { l.b |= r.b;  return l; }
Byte& operator>>=(Byte& l, const Byte& r) { l.b >>= r.b; return l; }
Byte& operator<<=(Byte& l, const Byte& r) { l.b <<= r.b; return l; }
//..................................................... Vergleichsoperatoren
bool operator==(const Byte& l, const Byte& r) { return l.b == r.b; }
bool operator!=(const Byte& l, const Byte& r) { return l.b != r.b; }
bool operator< (const Byte& l, const Byte& r) { return l.b <  r.b; }
bool operator> (const Byte& l, const Byte& r) { return l.b >  r.b; }
bool operator<=(const Byte& l, const Byte& r) { return l.b <= r.b; }
bool operator>=(const Byte& l, const Byte& r) { return l.b >= r.b; }
bool operator&&(const Byte& l, const Byte& r) { return l.b && r.b; }
bool operator||(const Byte& l, const Byte& r) { return l.b || r.b; }
```

Um die als globale Funktionen überladenen Operatoren zu testen, wird das Programm `binovglobaltest.cpp`[3] verwendet, das bis auf das Inkludieren der

[3] Aus Platzgründen hier nicht gezeigt

Headerdatei `binovglobal.h` statt `binovmember.h` und einem Verzicht auf Test des Zuweisungsoperators völlig identisch zum Programm A.39 ist.
Kompiliert und linkt man die Programme A.41 und `binovglobaltest.cpp`, so liefert das ausführbare Programm bis auf die Zeile mit der Zuweisung die gleiche Ausgabe wie das Programm A.39.

A.21 Überblick über die überladbaren unären Operatoren

Programm A.42 zeigt anhand eines Beispiels, welche unären Operatoren als Memberfunktionen bzw. als globale Funktionen überladen werden können.

Programm A.42 – `unaerov.cpp`:
Unäre Operatoren als Memberfunktionen und globale Funktionen überladen

```
#include <iostream>
#include <iomanip>
using namespace std;

#define UNOP(OP)  cout << "y="; y.print(); cout << ";  x = " << #OP << "y: "; \
                  x = OP y; x.print(); cout << endl;

#define UNOP2(OP) cout << "y="; y.print(); cout << ";  x = y" << #OP << ": "; \
                  x = y OP; x.print(); cout << endl;

//------------------------------------- Unäre Operatoren als Methodenfunktionen
class Byte1 {
 public:
   Byte1(unsigned char bb = 0) : b(bb) {}
   //................. Konstante Memberfunktionen, die keine Änderungen vornehmen
   const Byte1& operator+ () const { return *this; /* Vorz. + keine Wirkung */  }
   const Byte1  operator- () const { return Byte1(-b);                          }
   const Byte1  operator~ () const { return Byte1(~b);                          }
   const Byte1  operator! () const { return Byte1(!b);                          }
         Byte1 *operator& ()       { return this;                               }
   //................ Präfix/Postfix nehmen Änderungen vor: keine const Parameter
   const Byte1& operator++ ()    { b++; return *this;          }
   const Byte1& operator-- ()    { --b; return *this;          }
   const Byte1  operator++ (int) { Byte1 tmp(b); b++; return tmp; }
   const Byte1  operator-- (int) { Byte1 tmp(b); --b; return tmp; }
   void print(void) const {
      for (int i=7; i>=0; i--)
         std::cout << ((b>>i)&1);
      std::cout << " (" << std::setw(3) << int(b) << ")";
   }
 private:
   signed char b;
};
```

```
//----------------------------------- Unäre Operatoren als globale Funktionen
class Byte2 {
 public:
   Byte2(signed char byte = 0) : b(byte) {}
   //.............. Konstante globale Funktionen, die keine Änderungen vornehmen
   friend const Byte2& operator+ (const Byte2& x);
   friend const Byte2  operator- (const Byte2& x);
   friend const Byte2  operator~ (const Byte2& x);
   friend const Byte2  operator! (const Byte2& x);
   friend       Byte2 *operator& (      Byte2& x);
   //............... Postfix/Präfix nehmen Änderungen vor: keine const Parameter
   friend const Byte2& operator++ (Byte2& x);      // Präfix:
   friend const Byte2& operator-- (Byte2& x);      // Präfix:
   friend const Byte2  operator++ (Byte2& x, int); // Postfix:
   friend const Byte2  operator-- (Byte2& x, int); // Postfix:
   void print(void) const {
      for (int i=7; i>=0; i--)
         std::cout << ((b>>i)&1);
      std::cout << " (" << std::setw(3) << int(b) << ")";
   }
 private:
   signed char  b;
   Byte2        *myThis() { return this; }
};
//................. Konstante globale Funktionen, die keine Änderungen vornehmen
const Byte2& operator+(const Byte2& x) { return x; /* Vorz. + keine Wirkung */  }
const Byte2  operator-(const Byte2& x) { return Byte2(-x.b);                    }
const Byte2  operator~(const Byte2& x) { return Byte2(~x.b);                    }
const Byte2  operator!(const Byte2& x) { return !x.b;                           }
      Byte2 *operator&(      Byte2& x) { return x.myThis(); /* &x wäre rekurs.*/}
//................. Präfix/Postfix nehmen Änderungen vor: keine const Parameter
const Byte2& operator++(Byte2& x)      { x.b++; return x;                  }
const Byte2& operator--(Byte2& x)      { x.b--; return x;                  }
const Byte2  operator++(Byte2& x, int) { Byte2 tmp(x.b); x.b++; return tmp; }
const Byte2  operator--(Byte2& x, int) { Byte2 tmp(x.b); x.b--; return tmp; }

int main(void) {
 cout << "------------------- Unäre Operatoren als Methodenfunktionen" << endl;
 { Byte1 x, y(10);
   UNOP(+)  UNOP(-)  UNOP(~)   UNOP(!)
   UNOP(++) UNOP(--) UNOP2(++) UNOP2(--)
   cout << "&x=" << &x << "; " << "&y=" << &y << endl;
 }
 cout << "------------------- Unäre Operatoren als globale Funktionen" << endl;
 { Byte2 x, y(10);
   UNOP(+)  UNOP(-)  UNOP(~)   UNOP(!)
   UNOP(++) UNOP(--) UNOP2(++) UNOP2(--)
   cout << "&x=" << &x << "; " << "&y=" << &y << endl;
 }
}
```

Programm A.42 liefert die folgende Ausgabe:

```
------------------- Unäre Operatoren als Methodenfunktionen
y=00001010 ( 10);  x = +y: 00001010 ( 10)
y=00001010 ( 10);  x = -y: 11110110 (-10)
y=00001010 ( 10);  x = ~y: 11110101 (-11)
y=00001010 ( 10);  x = !y: 00000000 (  0)
y=00001010 ( 10);  x = ++y: 00001011 ( 11)
y=00001011 ( 11);  x = --y: 00001010 ( 10)
y=00001010 ( 10);  x = y++: 00001010 ( 10)
y=00001011 ( 11);  x = y--: 00001011 ( 11)
&x=0xbffff227; &y=0xbffff226
------------------- Unäre Operatoren als globale Funktionen
y=00001010 ( 10);  x = +y: 00001010 ( 10)
y=00001010 ( 10);  x = -y: 11110110 (-10)
y=00001010 ( 10);  x = ~y: 11110101 (-11)
y=00001010 ( 10);  x = !y: 00000000 (  0)
y=00001010 ( 10);  x = ++y: 00001011 ( 11)
y=00001011 ( 11);  x = --y: 00001010 ( 10)
y=00001010 ( 10);  x = y++: 00001010 ( 10)
y=00001011 ( 11);  x = y--: 00001011 ( 11)
&x=0xbffff226; &y=0xbffff227
```

A.22 (Named) return value optimization

Wir wollen uns hier nochmals die Rückgabe von `const`-Objekten etwas genauer ansehen. Nehmen wir z. B. den `operator+`, der sein Ergebnis als `const`-Objekt mit folgender Anweisung zurückgibt:

```
const Byte operator+ (const Byte& l, const Byte& r) {
   return Byte(l.b + r.b);
}
```

In diesem Fall wird ein temporäres Objekt ohne Namen kreiert und zurückgegeben. Der Compiler kann hier erkennen, dass der einzige Zweck dieses Objekts seine Rückgabe ist. Dies macht er sich zu Nutze, indem er das Objekt direkt an der Stelle kreiert, an der der Aufrufer den Rückgabewert erwartet. Diese Optimierung durch den Compiler wird als *„return value optimization (RVO)"* bezeichnet.
Betrachten wir den folgenden Codeausschnitt:

```
const Byte operator+ (const Byte& l, const Byte& r) {
   Byte temp(l.b + r.b); // Anlegen eines benannten lokalen Objekts
   //... evtl. weitere Anweisungen
   return temp; // Rückgabe des benannten lokalen Objekts
}
```

Hier muss der Compiler zuerst das lokale Objekt `temp` mittels Konstruktoraufruf anlegen. Bevor er das lokale Objekt mittels `return` zurückgeben kann, muss er es mittels des Kopierkonstruktors an die Stelle kopieren, an der der Aufrufer den Rückgabewert erwartet. Irgendwann erkannte man, dass sich der Compiler auch hier den Aufruf des Kopierkonstruktors ersparen kann, wenn alle `return`-Anweisungen in dieser Funktion das gleiche lokale Objekt zurückgeben. In diesem Fall wird wie zuvor bei der RVO das lokale Objekt direkt an der Stelle kreiert, an der der Aufrufer den Rückgabewert erwartet. Diese Optimierung wird als *„named return value optimization (NRVO)"* bezeichnet.

A.23 Überladen der Cast-Operatoren

Auch die Cast-Operatoren zur expliziten Konvertierung von Datentypen sind Operatoren und können für eine Klasse neu definiert werden, also überladen werden.

Regeln für das Überladen der Cast-Operatoren

Für die Operatorfunktionen, die den jeweiligen Cast-Operator überladen, gilt Folgendes:

- Sie müssen Memberfunktionen sein, können also keine globalen Funktionen sein.
- Sie dürfen keinen Parameter besitzen, da das Objekt selbst der einzige Operand ist.
- Sie dürfen keinen Rückgabetyp haben, da dieser bereits durch den Namen der Operatorfunktion selbst festgelegt ist. Dies bedeutet also nicht, dass sie keinen Rückgabewert haben, sondern lediglich, dass hier der Typ des Rückgabewerts durch den Namen der Operatorfunktion festgelegt ist.
- Sie müssen einen Wert des entsprechenden Typs (Name der Operatorfunktion) zurückgeben. Überlädt man also z. B. den Cast-Operator `char *`, so muss man auch einen `char`-Zeiger zurückgeben, und nicht etwa einen `int`-Wert.
- Es können nur Standarddatentypen (wie `int()`, `double()` usw.) oder selbst definierte Klassentypen überladen werden.
- Das Überladen von Arraytypen ist nicht erlaubt.

Programm A.43 zeigt das Überladen des Cast-Operators `int()`, der dort die Sekundenzahl zu einer Uhrzeit (Klasse `CZeit`) liefert.

Programm A.43 – `zeitsek.cpp`:
Überladen des Cast-Operators int() für eine Uhrzeit

```
#include <iostream>
using namespace std;
//-------------------------------------------------------------------------- CZeit
class CZeit {
  public:
     CZeit(int h=0, int m=0, int s=0) : m_std(h), m_min(m), m_sek(s) { }
     operator int() const { return m_std*3600 + m_min*60 + m_sek; }
     int getStd(void) const { return m_std; }
     int getMin(void) const { return m_min; }
     int getSek(void) const { return m_sek; }
  private:
     int m_std, m_min, m_sek;
};
```

```
//------------------------------------------------------------------ operator<<
ostream &operator<<(ostream& os, const CZeit& z) {
   return os << z.getStd() << ":" << z.getMin() << ':' << z.getSek();
}
//------------------------------------------------------------------------ main
int main(void)
{
   CZeit mittag(12, 0, 0); // Mittag, punkt 12 Uhr
   cout << "Mittags sind " << (int)mittag << " Sekunden vergangen" << endl;

   cout << "20 Sek. später sind " << (int(mittag)+20) << " Sek. vorbei" << endl;

   CZeit ziemlichFrueh(4, 26, 17);
   cout << "Zwischen " << ziemlichFrueh << " und Mittags liegen "
        << (int)mittag - (int)ziemlichFrueh << " Sekunden" << endl;
}
```

Programm A.43 liefert die folgende Ausgabe:

```
Mittags sind 43200 Sekunden vergangen
20 Sek. später sind 43220 Sek. vorbei
Zwischen 4:26:17 und Mittags liegen 27223 Sekunden
```

Hätte man den überladenen Cast-Operator außerhalb der Klasse definiert, so hätte man Folgendes angeben müssen:

```
class CZeit {
  public:
     CZeit(int std=0, int min=0, int sek=0) { weiseZu(std, min, sek); }

     operator int() const;
     ...
};

CZeit::operator int() const { return m_std*3600 + m_min*60 + m_sek; }
```

Programm A.43 zeigt unter anderem auch, dass in C++ neben `(int)`*ausdruck* – wie bereits in Kapitel 11 auf Seite 85 erwähnt – mit `int(`*ausdruck*`)` eine neue Variante des Castings hinzugekommen ist:

```
cout << "Mittags sind " << (int)mittag << ...; // alte Variante

cout << "20 Sek. später sind " << (int(mittag)+20) << ...; // neue Variante
```

Die zweite Casting-Alternative, die neu in C++ ist, kann allerdings nur verwendet werden, wenn der Typname nur aus einem Wort besteht. So kann sie z. B. nicht für den Cast-Operator `char*(...)` benutzt werden. Hier ist nur die alte C-Variante `(char*)...` erlaubt.

Typkonvertierungs-Konstruktoren

Man kann auch Konstruktoren benutzen, um eine explizite bzw. implizite Typkonvertierung durchführen zu lassen.

Ist für eine Klasse `K` ein Konstruktor definiert, der mit einem Parameter vom Typ `T` aufgerufen werden kann, dann wird dieser als *Typkonvertierungs-Konstruktor* bezeichnet und implizit aufgerufen, wenn eine Typumwandlung `T` → `K` erforderlich ist. Dabei wird ein temporäres Objekt der Klasse `K` erzeugt.
Programm A.44, das keinen einzigen überladenen Cast-Operator besitzt, ermöglicht es trotzdem den Cast-Operator zu verwenden, da in diesem Fall der entsprechende Konstruktor bzw. Zuweisungsoperator für die betreffende Klasse aufgerufen wird.

Programm A.44 – `bruchcast.cpp`:
Explizite und implizite Typkonvertierung mit Konstruktoren

```
#include <iostream>
using namespace std;
//------------------------------------------------------------ Klasse CBruch
class CBruch {
  public:
     CBruch(int z=1, int n=1) : m_zaehler(z), m_nenner(n) {
        cout << "Konstruktor: " << m_zaehler << "/" << m_nenner << ";  ";
     }
     void mult(const CBruch& b) {
        m_zaehler *= b.m_zaehler;
        m_nenner  *= b.m_nenner;
     }
     void print(const char *name) const {
        cout << name << ": " << m_zaehler << "/" << m_nenner << endl;
     }
     void fkt(const CBruch& b) const { b.print("temp. Objekt"); }

  private:
     int  m_zaehler, m_nenner;
};
int main(void) {
    CBruch  b1, b2=2, b3=3; //... 3 Konstruktoraufrufe
    cout << endl;
    b1 = 5;          // Konstruktoraufruf; entspr.: b1 = CBruch(5);
    b1.print("b1");
    b2 = (CBruch)7.2; // Cast-Operator resultiert in Konstruktoraufruf;
                      // entspr.: b2 = CBruch(7.2);
                      // 7.2 wird autom. in int konvertiert: b2 = CBruch(7);
    b2.print("b2");
    b3 = CBruch(10);  // Cast-Operator resultiert in Konstruktoraufruf;
                      // entspr.: b3 = CBruch(10); <-- Konstr.aufruf
    b3.print("b3");
    b3.mult(14.9); // implizite Konvertierung;
                   // entspr.: b3.mult(CBruch(14.9));
                   // 14.9 wird autom. in int konvertiert: b3.mult(CBruch(14));
    b3.print("b3");
    b3.fkt(50); // Vor Aufruf von fkt() wird ein temp. Objekt erzeugt und dessen
                // Konstruktor der Wert 50 übergeben.
}
```

Programm A.44 liefert die folgende Ausgabe, an der erkennbar ist, dass bei Angabe des Cast-Operators der entsprechende Konstruktor aufgerufen wird:

```
Konstruktor: 1/1;  Konstruktor: 2/1;  Konstruktor: 3/1;
Konstruktor: 5/1;  b1: 5/1
Konstruktor: 7/1;  b2: 7/1
Konstruktor: 10/1;  b3: 10/1
Konstruktor: 14/1;  b3: 140/1
Konstruktor: 50/1;  temp. Objekt: 50/1
```

Situationen, in denen Typkonvertierungs-Konstruktoren nicht ausreichen

Während bei Konstruktoren die Ziel-Klasse die Konvertierung durchführt, wird die Konvertierung bei überladenen Cast-Operatoren in der Quellen-Klasse durchgeführt, so dass Cast-Operatoren mehr Konvertierungsmöglichkeiten bieten. Das Überladen von Cast-Operatoren wird notwendig, wenn Konstruktoren nicht ausreichen, um eine explizite bzw. implizite Typkonvertierung durchzuführen:

- Eine Klasse `K` bietet keinen Konstruktor an, der mit einem Parameter vom erforderlichen Typ `T` aufgerufen werden kann.
- Konstruktoren erlauben keine implizite Typkonvertierung von einer Klasse in einen Standarddatentyp.
- Konstruktoren erlauben keine implizite Typkonvertierung von einem benutzerdefinierten Typ (mit `enum` oder `typedef`) in einen Standarddatentyp, da benutzerdefinierte Typen keine Klassen sind.

Beispiel – Konvertierung von einer Klasse in einen Standarddatentyp

Programm A.45 überlädt den Cast-Operator `double()`, um den Gleitkommawert eines Bruches aus der Klasse `CBruch` zu erhalten. Eine solche Konvertierung ist über Konstruktoren nicht möglich.

Programm A.45 – `bruchcast2.cpp`:
Eigener Cast-Operator double() zur Konvertierung einer Klasse in Standarddatentyp

```
#include <cstdio>
#include <iostream>
using namespace std;

class CBruch {
  public:
     CBruch(int z=1, int n=1) : m_zaehler(z), m_nenner(n) {
        cout << "Konstruktor: " << m_zaehler << "/" << m_nenner << ";  ";
     }
     operator double() const { return (double)m_zaehler/m_nenner; }
     void print(const char *name) const {
        cout << name << ": " << m_zaehler << "/" << m_nenner << " = ";
     }
  private:
     int  m_zaehler, m_nenner;
};
```

```
void printGanzZahl(char *name, int zahl) {
    cout << name << " = " << zahl << endl;
}
int main(void) {
    CBruch  b1(1,4), b2(2,3), b3(14,5);
    double  d1, d2, d3;
    cout << endl;
    d1 = (double)b1;  //... explizites Casting
    b1.print("b1"); cout << d1 << endl;
    d2 = double(b2);  //... explizites Casting
    b2.print("b2"); cout << d2 << endl;
    d3 = b3;  //... implizites Casting
    b3.print("b3"); cout << d3 << endl;
    d2 = (double)b1 + b3; //... explizites + implizites Casting
    printf("b2 + b3: %g\n", b2 + b3); // %g bewirkt implizites Casting
    int z = b3;  //... implizites Casting: CBruch b3 --> double --> int
    cout << "z = " << z << endl;
    printGanzZahl("b3+5", b3+5); // impliz. Casting: CBruch b3 --> double --> int
}
```

Programm A.45 liefert die folgende Ausgabe:

```
Konstruktor: 1/4;  Konstruktor: 2/3;  Konstruktor: 14/5;
b1: 1/4 = 0.25
b2: 2/3 = 0.666667
b3: 14/5 = 2.8
b2 + b3: 3.46667
z = 2
b3+5 = 7
```

Beispiel – Kein Konstruktor mit einem Parameter vom geeigneten Typ

Programm A.46 überlädt die Cast-Operatoren zur Konvertierung zwischen Klassen. In diesem Programm hätten die Konstruktoren zur Konvertierung nicht ausgereicht, da kein Konstruktor mit einem geeigneten Parameter des Typs vorhanden ist, der zu konvertieren ist.

Programm A.46 – `bruchcast3.cpp`:
Überladene Cast-Operatoren bei Fehlen geeigneter Typkonvertierungs-Konstruktoren

```
#include <iostream>
using namespace std;
class CPunkt; // Forward-Deklaration
class CBruch {
  public:
     CBruch(int z=1, int n=1) : m_zaehler(z), m_nenner(n) {
        cout << "  CBruch(" << m_zaehler << "/" << m_nenner << ");";
     }
     operator CPunkt() const;
     void print(const char *name) const {
        cout << " " << name << ": " << m_zaehler << "/" << m_nenner << endl;
     }
```

```
  private:
    int  m_zaehler, m_nenner;
};
class CPunkt {
  public:
     CPunkt(int x=1, int y=1) : m_x(x), m_y(y) {
        cout << "  CPunkt(" << m_x << "/" << m_y << ");";
     }
     operator CBruch() const;

     void print(const char *name) const {
        cout << " " << name << ": " << m_x << "/" << m_y << endl;
     }
  private:
     int  m_x, m_y;
};
//----------------------------------------------------- CBruch::operator CPunkt()
CBruch::operator CPunkt() const {
   cout << "......casting CPunkt(" << m_zaehler << "," << m_nenner << ")" <<endl;
   return CPunkt(m_zaehler, m_nenner);
}
//----------------------------------------------------- CBruch::operator CBruch()
CPunkt::operator CBruch() const {
   cout << "......casting CBruch(" << m_x << "," << m_y << ")" << endl;
   return CBruch(m_x, m_y);
}
int main(void) {
    CBruch  b1(2,5), b2;
    CPunkt  p1, p2(7,9), p3(3,2); cout << endl;
    p1 = (CPunkt)b1; //... explizites Casting
    p1.print("p1 = (CPunkt)b1");
    b2 = CBruch(p2); //... explizites Casting
    b2.print("b2 = CBruch(p2)");
    p2 = b1; //... implizites Casting
    p2.print("p2 = b1");
    b2 = p3; //... implizites Casting
    b2.print("b2 = p3");
}
```

Programm A.46 liefert die folgende Ausgabe:

```
  CBruch(2/5);  CBruch(1/1);  CPunkt(1/1);  CPunkt(7/9);  CPunkt(3/2);
......casting CPunkt(2,5)
  CPunkt(2/5); p1 = (CPunkt)b1: 2/5
......casting CBruch(7,9)
  CBruch(7/9); b2 = CBruch(p2): 7/9
......casting CPunkt(2,5)
  CPunkt(2/5); p2 = b1: 2/5
......casting CBruch(3,2)
  CBruch(3/2); b2 = p3: 3/2
```

Überladen von Cast-Operatoren nur im Notfall

Grundsätzlich gilt, dass man mit dem Überladen von Cast-Operatoren sehr sorgsam umgehen sollte. Um sich vor Überraschungen bedingt durch die stattfindenden impliziten Konvertierungen zu schützen, empfiehlt es sich im Zweifelsfall immer einen expliziten Cast anzugeben, wie dies z. B. im Programm A.47 gezeigt ist, das ein Rechnen mit römischen Zahlen ermöglicht.

Programm A.47 – `romzahl.cpp`:
Rechnen mit römischen Zahlen

```
#include <cstring>
#include <iostream>
#include <iomanip>
using namespace std;
struct {
   char  *symbol;
   int   wert;
} rom[] = { "I",    1,    "IV",  4,    "V",   5,    "IX", 9,
            "X",   10,    "XL", 40,    "VL", 45,    "IL", 49,
            "L",   50,    "XC", 90,    "VC", 95,    "IC", 99,
            "C",  100,    "CD", 400,   "LD", 450,   "XD", 490,
            "VD", 495,    "ID", 499,   "D",  500,   "CM", 900,
            "LM", 950,    "XM", 990,   "VM", 995,   "IM", 999,   "M", 1000 };
const int anzahl = sizeof(rom) / sizeof(*rom);
//------------------------------------------------------------------------ CRomZahl
class CRomZahl {
 public:
   CRomZahl(int zahl) { //... Algorithmus zur Umwandlung: römisch --> arabisch
      m_arabZahl = zahl;
      m_romZahl[0] = 0;
      for (int i=anzahl-1; i>=0; i--) {
         for (int j=0; j<zahl/rom[i].wert; j++)
            strcat(m_romZahl, rom[i].symbol);
         zahl %= rom[i].wert;
      }
   }
   CRomZahl(const char *str) { //... Algorithm. zur Umwandl: arabisch --> römisch
      int j = 0;
      strcpy(m_romZahl, str);
      m_arabZahl = 0;
      while (str[j]) {
         for (int i=anzahl-1; i>=0; i--) {
            int len = strlen(rom[i].symbol);
            if (!strncmp(&str[j], rom[i].symbol, len)) {
               m_arabZahl += rom[i].wert;
               j += len;
            }
         }
      }
   }
```

```
    operator int() const { return m_arabZahl; } //... Überladene Cast-Operatoren
    operator char*()     { return m_romZahl;  }
  private:
    char m_romZahl[10000];
    int  m_arabZahl;
};
//----------------------------------------------------------------------- main
int  main(void)
{
    CRomZahl z1(249);
    CRomZahl z2("MXLVII");
    CRomZahl z3("MIM");

     //...Anwenden der überladenen Cast-Operatoren
    cout << setw(10) << (int)z1   << " = " << (char*)z1 << endl
         << setw(10) << (char*)z2 << " = " << (int)z2   << endl
         << setw(10) << (char*)z3 << " = " << int(z3)   << endl
         << "--------------------------" << endl;

     //...Rechenoperationen mit römischen Zahlen
    CRomZahl z4 = (int)z1 + (int)z2;
    cout << setw(10) << (char*)z4 << " = "
         << static_cast<char *>(z1) << " + " << (char*)z2 << endl
         << setw(10) << int(z4) << " = "
         << int(z1)   << " + " << (int)z2 << endl
         << "--------------------------" << endl;

    CRomZahl z5 = (int)z2 - int(z1);
    cout << setw(10) << (char*)z5 << " = " << int(z5) << endl
         << "--------------------------" << endl;

    int zahl = (int)z3 - int(z2);
    cout << setw(10) << (char*)z3 << " - " << (char*)z2 << " = " << zahl << endl
         << setw(10) << (int)z3 << " - " << (int)z2
         << " = " << (char *)CRomZahl(zahl) << endl;
}
```

Programm A.47 liefert die folgende Ausgabe:

```
       249 = CCIL
    MXLVII = 1047
       MIM = 1999
--------------------------
    MCCVCI = CCIL + MXLVII
      1296 = 249 + 1047
--------------------------
  DCCVCIII = 798
--------------------------
       MIM - MXLVII = 952
      1999 - 1047 = LMII
```

A.24 Mehrdeutigkeiten bei überladenen Cast-Operatoren

Überladene Cast-Operatorfunktionen werden nicht nur bei expliziter Angabe des Cast-Operators, sondern auch automatisch (implizit) aufgerufen, wenn dies erforderlich ist. So wird z. B. bei Zuweisungen, bei denen der Typ des Ausdrucks nicht dem der Variable entspricht, implizit die Cast-Operatorfunktion des Variablentyps aufgerufen. Folgende Probleme können bei impliziten Konvertierungen auftreten:

- Es kann zu Mehrdeutigkeiten kommen.
- Es ist nicht mehr offensichtlich, wann und wie welche Konvertierungen erfolgen.

Mehrdeutigkeiten bei überladenen Cast-Operatoren und anderen Operatoren

Überlädt man gleichzeitig Cast-Operatoren und andere Operatoren, kann dies zu Mehrdeutigkeiten führen, so dass der Compiler einen Fehler meldet.

Programm A.48 – `zeitsek2.cpp`:
Mehrdeutigkeit zwischen den Operatoren + und int()

```
#include <iostream>
using namespace std;
//--------------------------------------------------------------- CZeit
class CZeit {
  public:
     CZeit(int h=0, int m=0, int s=0) : m_std(h), m_min(m), m_sek(s) { }

     operator int() const { return m_std*3600 + m_min*60 + m_sek; }

     CZeit operator+ (const CZeit& z) {
        int sek = (m_std+z.m_std)*3600 + (m_min+z.m_min)*60 + m_sek+z.m_sek;
        int rest = sek % 3600;

        return CZeit(sek/3600, rest/60, rest%60);
     }
private:
   int m_std, m_min, m_sek;
};
//---------------------------------------------------------------- main
int main(void)
{
   CZeit mittag(12, 0, 0); // Mittag, punkt 12 Uhr
   cout << "Mittags sind " << (int)mittag << " Sekunden vergangen" << endl;

   CZeit nachmittag = mittag + 3; //... <-- Hier meldet der Compiler Fehler
        //... Er hat die Qual der Wahl zw. den beiden folg. Interpretationen
        //       CZeit nachmittag = mittag + CZeit(3);
        //       CZeit nachmittag = (int)mittag + 3;
   cout << "... und 3 Stunden später sind es "
        << (int)nachmittag << " Sekunden" << endl;
}
```

Für das Programm A.48 würde der Compiler z. B. den folgenden Fehler melden:

```
zeitsek2.cpp:26: error: ambiguous overload for 'operator+' in 'mittag + 3'
zeitsek2.cpp:26: error: candidates are: operator+(int, int) <built-in>
zeitsek2.cpp:10: error:                 CZeit CZeit::operator+(const CZeit&)
```

In Zeile 26 liegt eine Mehrdeutigkeit vor, die der Compiler nicht auflösen kann:

1. `CZeit nachmittag = mittag + ` **`CZeit(3)`**:
   würde das richtige Ergebnis liefern:

```
Mittags sind 43200 Sekunden vergangen
... und 3 Stunden später sind es 54000 Sekunden
```

2. `CZeit nachmittag = ` **`(int)`**`mittag + 3`:
   würde ein falsches Ergebnis liefern:

```
Mittags sind 43200 Sekunden vergangen
... und 3 Stunden später sind es 155530800 Sekunden
```

Hier hätten folgende Konvertierungen und Berechnungen stattgefunden:

```
CZeit nachmittag = (int)mittag + 3
CZeit nachmittag = 43200 + 3
CZeit nachmittag = 43203
CZeit nachmittag = CZeit(43203) // entspricht 43203 Stunden
```

Programm A.49 – `bruchcast4.cpp`:
Mehrdeutigkeit zwischen den Operatoren + und double()

```
#include <iostream>
using namespace std;
//---------------------------------------------------------- Klasse CBruch
class CBruch {
  public:
     CBruch(int z=1, int n=1) : m_zaehler(z), m_nenner(n) { }

     CBruch(double z) : m_zaehler(int(z*1000000)), m_nenner(1000000) {
        cout << "CBruch(double)" << endl;
     }

     operator double() const {
        cout << "double()-Casting" << endl;
        return (double)m_zaehler/m_nenner;
     }

     CBruch operator+ (const CBruch& b) {
        cout << "operator+()" << endl;
        return CBruch(m_zaehler* b.m_nenner + b.m_zaehler*m_nenner,
                      m_nenner * b.m_nenner);
     }

  private:
```

```
24     int  m_zaehler, m_nenner;
25 };
26 //------------------------------------------------------------ main
27 int main(void)
28 {
29     CBruch  b1(3,5);
30     double  d1;
31
32     d1 = b1 + 2.5; //... <-- Hier meldet der Compiler Fehler
33         //... Er hat die Qual der Wahl zw. den beiden folg. Interpretationen
34         //        d1 = (double)b1 + 2.5;
35         //        d1 = b1 + CBruch(2.5);
36     cout << "d1 = b1 + 2.5 = " << d1 << endl;
37 }
```

Für das Programm A.49 würde der Compiler z. B. den folgenden Fehler melden:

```
bruchcast4.cpp:32: error: ambiguous overload for 'operator+' in 'b1 + 2.5e+0'
bruchcast4.cpp:32: error: candidates are: operator+(double, double) <built-in>
bruchcast4.cpp:17: error:                 CBruch CBruch::operator+(const CBruch&)
```

In der Zeile 32 liegt nämlich eine Mehrdeutigkeit vor, die der Compiler nicht auflösen kann. Hätte man statt Zeile 32 eine der beiden folgenden Zeilen angegeben, dann würde keine Mehrdeutigkeit mehr vorliegen und das Programm würde in beiden Fällen das richtige Ergebnis liefern:

1. `d1 =` **`(double)`**`b1 + 2.5`:
   In diesem Fall hätte Programm A.49 folgende Ausgabe geliefert:

   ```
   double()-Casting
   d1 = b1 + 2.5 = 3.1
   ```

2. `d1 = b1 +` **`CBruch(2.5)`**:
   In diesem Fall hätte Programm A.49 folgende Ausgabe geliefert:

   ```
   CBruch(double)
   operator+()
   double()-Casting
   d1 = b1 + 2.5 = 3.1
   ```

Vermeiden solcher Mehrdeutigkeiten

Um solche Mehrdeutigkeiten zu vermeiden, ist es meistens am besten, entweder den Cast-Operator oder aber die anderen Operatoren zu überladen, jedoch nicht beide gleichzeitig.

Konstruktoren gleichen Namens wie Cast-Operatoren

Standardmäßig definiert ein Konstruktor mit einem Argument auch eine implizite Konvertierung. Für manche Klassen ist dies ideal, wie z. B. für unsere `CBruch`-Klasse:

```
CBruch b = 2; // Initialisiere b mit CBruch(2)
```

In anderen Situationen dagegen ist die implizite Konvertierung unerwünscht und eventuell sehr verwirrend.
Überlädt man nämlich Cast-Operatoren, so kann dies zu schwer nachvollziehbaren Programmen führen, wenn gleichzeitig auch ein Konstruktor gleichen Namens wie der Cast-Operator existiert, da ein Konstruktor mit einem Parameter (und eventuellen weiteren Parametern mit Default-Werten) als Typkonvertierungs-Konstruktor gilt, der auch zur expliziten bzw. impliziten Konvertierung herangezogen wird.

Programm A.50 – `zeitsek3.cpp`:
Überladener gleichnamiger Cast-Operator und Konstruktor

```
#include <iostream>
using namespace std;
class CZeit;
//--------------------------------------------------------------------- CSek
class CSek {
  public:
     CSek(const CZeit& z);
  private:
     int m_gesamtSek;
};
//-------------------------------------------------------------------- CZeit
class CZeit {
  public:
     CZeit(int h=0, int m=0, int s=0) : m_std(h), m_min(m), m_sek(s) { }
     int getStd(void) const { return m_std; }
     int getMin(void) const { return m_min; }
     int getSek(void) const { return m_sek; }

     operator CSek() const { cout << "cast" << endl; return CSek(*this); }
  private:
     int m_std, m_min, m_sek;
};
//---------------------------------------------------------------- CSek::CSek
CSek::CSek(const CZeit& z) {
   cout << "CSek(" << z.getStd() << ":"
                << z.getMin() << ":" << z.getSek() << ") = "
        << (m_gesamtSek = z.getStd()*3600 + z.getMin()*60 + z.getSek()) << endl;
}
//---------------------------------------------------------------------- fkt
void fkt(const CSek s) { }
//--------------------------------------------------------------------- main
int main(void) {
   CZeit mittag(12, 0, 0);
   CZeit mitterNacht;
   CZeit feierAbend(18, 30, 0);
   CSek sekunden(mittag); // nur Konstruktor-Aufrufe und kein Cast-Operator
   sekunden = mitterNacht;
   fkt(feierAbend);
   sekunden = (CSek)mittag;
}
```

Programm A.50 liefert die folgende Ausgabe, an der erkennbar ist, dass immer der Konstruktor von `CSek` und niemals der gleichnamige überladene Cast-Operator aus der Klasse `CZeit` aufgerufen wird:

```
CSek(12:0:0) = 43200
CSek(0:0:0) = 0
CSek(18:30:0) = 66600
CSek(12:0:0) = 43200
```

1. Lösungsmöglichkeit – Eigene Methode statt überladenem Cast-Operator

Um solche schwer nachvollziehbaren Zweideutigkeiten zu vermeiden, sollte man gleichnamige Konstruktoren und Cast-Operatoren vermeiden, und stattdessen eine eigene Methode für die Konvertierung mit einem anderen Namen anbieten. Man müsste z. B. Programm A.50 so ändern, wie es in Programm A.51 gezeigt ist.

Programm A.51 – `zeitsek3a.cpp`:
Eigene Methode für die Konvertierung

```
..........
class CZeit {
  public:
     CZeit(int h=0, int m=0, int s=0) : m_std(h), m_min(m), m_sek(s) { }
     ......
     CSek zeitInSek() const {
        cout << "...casting und nun entspr. Konstruktoraufruf: ";
        return CSek(*this);
     }
  private:
     int m_std, m_min, m_sek;
};
..........
int main(void) {
   CZeit mittag(12, 0, 0);
   CZeit mitterNacht;
   CZeit feierAbend(18, 30, 0);
   CSek sekunden(mittag.zeitInSek()); // Aufruf der entspr. Methode zur Konvert.
   sekunden = mitterNacht.zeitInSek();
   fkt(feierAbend.zeitInSek());
   sekunden = (CSek)mittag.zeitInSek();
}
```

Nun sind die Zweideutigkeiten beseitigt, da nun explizit beim Aufruf angegeben wird, was gewünscht wird, so dass Programm A.50 dann folgende Ausgabe liefert:

```
...casting und nun entspr. Konstruktoraufruf: CSek(12:0:0) = 43200
...casting und nun entspr. Konstruktoraufruf: CSek(0:0:0) = 0
...casting und nun entspr. Konstruktoraufruf: CSek(18:30:0) = 66600
...casting und nun entspr. Konstruktoraufruf: CSek(12:0:0) = 43200
```

Allgemein gilt, dass ein Konstruktor `K::K(X)` genauso eine Konvertierung von `X` nach `K` darstellt wie ein überladener Cast-Operator `X::operator K()`.

2. Lösungsmöglichkeit – explicit-Konstruktoren

Eine andere Möglichkeit, um implizite Konvertierungen durch Konstruktoren zu verhindern, ist, dass man die entsprechenden Konstruktoren mit `explicit` deklariert.
Ein solcher `explicit`-Konstruktor kann dann nur noch explizit aufgerufen werden und wird niemals für eine implizite Konvertierung verwendet.
Ändert man z. B. Programm A.50 wie in Programm A.52 gezeigt, so verhindert man Aufrufe des Konstruktors `CSek()` zur impliziten Konvertierung.

Programm A.52 – `zeitsek3b.cpp`:
Ausschalten der Typkonvertierungs-Fähigkeit von Konstruktoren mit explicit

```
#include <iostream>
using namespace std;
class CZeit;
class CSek {
  public:
    explicit CSek(const CZeit& z);
  private:
    int m_gesamtSek;
};
class CZeit {
  public:
    .........
    operator CSek() const {
       cout << "...casting und nun entspr. Konstruktoraufruf: ";
       return CSek(*this);
    }
  private:
    int m_std, m_min, m_sek;
};
.........
int main(void) {
   CZeit mittag(12, 0, 0);
   CZeit mitterNacht;
   CZeit feierAbend(18, 30, 0);
   CSek sekunden(mittag);  // normaler Konstruktor-Aufruf
   sekunden = mitterNacht; // Cast-Operator
   fkt(feierAbend);        // Cast-Operator
   sekunden = mittag;      // Cast-Operator
}
```

Dass nun keine Aufrufe des Konstruktors `CSek()` zur impliziten Konvertierung mehr stattfinden, kann man an folgender Ausgabe durch das Programm A.52 erkennen:

```
CSek(12:0:0) = 43200
...casting und nun entspr. Konstruktoraufruf: CSek(0:0:0) = 0
...casting und nun entspr. Konstruktoraufruf: CSek(18:30:0) = 66600
...casting und nun entspr. Konstruktoraufruf: CSek(12:0:0) = 43200
```

Mehrdeutigkeiten bei überladenen Cast-Operatoren für skalare Typen

Implizite Konvertierungen finden auch an Stellen statt, an denen der Compiler einen skalaren Typ (`bool`, `int`, `double`, `char` usw.) erwartet. Wenn z. B. ein Objekt `obj` zur Klasse `K` existiert, so wird der Compiler bei einer Angabe wie

```
if (obj) { ... }
```

versuchen, das Objekt `obj` in einen `int`- und dann in einen `bool`-Wert zu konvertieren, da in der `if`-Klammer der Wert eines skalaren Typs (hier `bool`) verlangt ist. Es können hier nun folgende Fehlerfälle auftreten:

- **Klasse enthält mehrere Cast-Operatoren mit Rückgabe von skalaren Werten**
  Enthält die Klasse `K` mehrere überladene Cast-Operatoren, die als Ergebnis einen skalaren Wert liefern (wie z. B. `int()` und `double()`), so meldet der Compiler einen Fehler, da er nicht entscheiden kann, welcher der überladenen Cast-Operatoren hier anzuwenden ist.
- **Klasse enthält keinen Cast-Operator mit Rückgabe eines skalaren Werts**
  Enthält die Klasse `K` überhaupt keinen überladenen Cast-Operator, der als Ergebnis einen skalaren Wert liefert, resultiert diese `if`-Abfrage ebenfalls in einem Fehler, da der Compiler nicht wissen kann, wie er das Objekt `obj` in einen skalaren Wert konvertieren soll.

Es muss also in diesem Fall genau einen überladenen Cast-Operator in der Klasse `K` geben, der einen skalaren Wert liefert. Programm A.53 demonstriert diese auftretende Mehrdeutigkeit bei mehreren überladenen skalaren Cast-Operatoren nochmals.

Programm A.53 – `zeitsek4.cpp`:
Mehrdeutigkeit bei mehreren überladenen skalaren Cast-Operatoren

```
#include <iostream>
using namespace std;
//---------------------------------------------------------------- CZeit
class CZeit {
  public:
     CZeit(int h=0, int m=0, int s=0) : m_std(h), m_min(m), m_sek(s) {
        m_gesamtSek = m_std*3600 + m_min*60 + m_sek;
     }
     operator int()    const { return m_gesamtSek;               }
     operator double() const { return m_gesamtSek/86400.0 * 100; }

  private:
     int m_std, m_min, m_sek, m_gesamtSek;
};
//----------------------------------------------------------------- main
int main(void)
{
   CZeit abends(19, 20, 0);
   CZeit achtUhr(8, 0, 0);

   if (abends >= 0.5) //...richtig:  if ((double)abends >= 0.5)
```

```
22        cout << "Mittag vorbei (" << (double)abends << "% des Tages)" << endl;
23
24     if (achtUhr <= 43400) //...richtig:  if ((int)achtUhr <= 43400)
25        cout << "Mittag war noch nicht: (" << (int)achtUhr << " Sek.)" << endl;
26  }
```

Für das Programm A.53 würde der Compiler z. B. folgende Fehler melden:

```
zeitsek4.cpp:21: error: ambiguous overload for 'operator>=' in 'abends >= 5.0e-1'
zeitsek4.cpp:21: error: candidates are: operator>=(double, double) <built-in>
zeitsek4.cpp:21: error:                 operator>=(int, double) <built-in>

zeitsek4.cpp:24: error: ambiguous overload for 'operator<=' in 'achtUhr <= 43400'
zeitsek4.cpp:24: error: candidates are: operator<=(double, int) <built-in>
zeitsek4.cpp:24: error:                 operator<=(int, int) <built-in>
```

Würde man in den Zeilen 21 und 24 die auskommentierten richtigen Anweisungen mit explizitem Casting angeben, könnte dieses Programm fehlerfrei kompiliert werden und es würde folgende Ausgabe liefern:

```
Mittag vorbei (80.5556% des Tages)
Mittag war noch nicht: (28800 Sek.)
```

A.25 Implizite Typkonvertierung und Cast-Operatoren

Nachfolgend werden Regeln vorgestellt, nach denen implizite Konvertierungen durchgeführt werden:

Stufenweise Konvertierung bei impliziter Typkonvertierung

Es kommt vor, dass für eine direkte Konvertierung von einem Typ `X` in den Typ `Y` kein Cast-Operator bzw. Konstruktor zur Verfügung steht. Stehen allerdings in diesem Fall Cast-Operatoren bzw. Konstruktoren zur Konvertierung von `X` in einen Zwischentyp `Z` und zur Konvertierung von `Z` nach `Y` zur Verfügung, so erkennt dies der Compiler und konvertiert `X` über `Z` in den Zieltyp `Y`:

```
class X { ... operator Z(); ...  } // X --> Z; keine direkte Konvert.: X --> Y
class Z { ... operator Y(); ...  } // Z --> Y
class Y { ...                    }

X x;
Y y;

y = x; // intern nicht mögl.:  y = Y(x);
       // stattdessen:  y = Y( Z( x ) ); /* X --> Z --> Y */
```

Programm A.54 demonstriert das Konvertieren über einen Zwischenschritt, indem es zur Konvertierung der Klasse `CBruch` in `int` zunächst den überladenen Cast-Operator `double()` der Klasse `CBruch` anwendet, um dann den erhaltenen `doub-`

`le`-Wert mit dem Standard-Konvertierungsoperator `int()` in einen `int`-Wert zu konvertieren.

Programm A.54 – `implcast1.cpp`:
Konvertieren von CBruch über double in int

```
#include <iostream>
using namespace std;
class CBruch {
     friend ostream& operator<< (ostream& os, const CBruch& b) {
        return os << b.m_zaehler << "/" << b.m_nenner;
     }
  public:
     CBruch(int z=1, int n=1) : m_zaehler(z), m_nenner(n) {
        cout << "CBruch(" << z << "/" << n << "); ";
     }
     operator double() const {
        double d = (double)m_zaehler/m_nenner;
        cout << m_zaehler << "/" << m_nenner << " --> (double)" << d << " --> ";
        return d;
     }
  private:
     int  m_zaehler, m_nenner;
};
int main(void) {
    CBruch  b1(19,4), b2(10,3), b3(12,13);
    int     i1, i2, i3;

    cout << endl << endl;
    i1 = (int)b1;  //... explizites Casting: CBruch --> double --> int
    cout << "i1 = " << i1 << endl;

    i2 = int(b2);  //... explizites Casting: CBruch --> double --> int
    cout << "i2 = " << i2 << endl;

    i3 = b3;       //... implizites Casting: CBruch --> double --> int
    cout << "i3 = " << i3 << endl << endl;

    b3 = i1;       //... impliz. Casting mit Konstruktor: b3 = CBruch(i1);
    cout << " i1 = " << i1 << " --> b3 = " << b3 << endl;
}
```

Programm A.54 liefert die folgende Ausgabe:

```
CBruch(19/4); CBruch(10/3); CBruch(12/13);

19/4 --> (double)4.75 --> i1 = 4
10/3 --> (double)3.33333 --> i2 = 3
12/13 --> (double)0.923077 --> i3 = 0

CBruch(4/1);  i1 = 4 --> b3 = 4/1
```

Benutzerdefinierte Cast-Operatoren werden nur bei Bedarf verwendet

Wenn eine implizite Konvertierung erforderlich wird, versucht der Compiler diese zunächst über eine Standard-Konvertierung durchzuführen. Gibt es keine solche, versucht er es mit dem entsprechenden benutzerdefinierten Cast-Operator, der dann natürlich vorhanden sein muss.
Programm A.55 demonstriert diese Regel nochmals.

Programm A.55 – `implcast2.cpp`:
Standardkonvertierung hat Vorrang vor benutzerdefinierten Cast-Operatoren

```
#include <iostream>
using namespace std;
//---------------------------------------------------------- Klasse CZahl
class CZahl
{
  public:
     CZahl(double z) : m_zahl(z) { cout << "Konstruktor: " << z << "; "; }

     double getZahl(void) { return m_zahl; }

     operator double() const {
        cout << "my_double(" << m_zahl << "); ";
        return m_zahl;
     }
  private:
     double  m_zahl;
};
//------------------------------------------------- Zwei print()-Versionen
void print1(double zahl) { cout << "print1: " << zahl        << endl; }
void print2(CZahl z)     { cout << "print2: " << z.getZahl() << endl; }
//--------------------------------------------------------------------- main
int main(void)
{
   print1(3.14);  //... Standard-Konvertierung
   print1(1025);  //... Standard-Konvertierung
   print1(double(CZahl(32.44)));  //... benutzerdef. Konvertierung zu double()
   cout << "------------------------------------" << endl;
   print2((CZahl)47.11); //... Verwendung der über den Konstruktor CZahl
   print2(CZahl(12.34));  //... benutzerdefinierten Konvertierung
}
```

Programm A.55 liefert die folgende Ausgabe:

```
print1: 3.14
print1: 1025
Konstruktor: 32.44; my_double(32.44); print1: 32.44
------------------------------------
Konstruktor: 47.11; print2: 47.11
Konstruktor: 12.34; print2: 12.34
```

Nach Ermittlung der beteiligten Typen findet implizite Konvertierung statt

Sobald die Typen für beide Seiten einer Initialisierung oder Zuweisung ermittelt sind, wird die implizite Konvertierung durchgeführt.
Programm A.56 demonstriert diese Regel.

Programm A.56 – `implcast3.cpp`:
Nach Ermittlung der Typen findet implizite Konvertierung statt

```
#include <iostream>
using namespace std;

//----------------------------------------------------------- Klasse CReal
class CReal {
  public:
     CReal(double zahl = 0) : z(zahl) { }
     operator int()    { cout << "int("    << z << ")\n"; return (int)z; }
     operator double() { cout << "double(" << z << ")\n"; return z;      }
  private:
     double  z;
};
//------------------------------------------------------------------- main
int main(void) {
    CReal x(3.14), y(12.56);

    double d = x; // d = x.double();
    int    i = x; // i = x.int();

    d = y; // d = y.double();
    i = y; // i = y.int();
}
```

Programm A.56 liefert die folgende Ausgabe:

```
double(3.14)
int(3.14)
double(12.56)
int(12.56)
```

Programm A.57 demonstriert diese Regel nochmals, indem es zeigt, dass der Typ der rechten Seite erst dann ermittelt ist, wenn der vollständige Ausdruck ausgewertet ist.

Programm A.57 – `implcast4.cpp`:
Typ der rechten Seite erst nach Auswertung bekannt

```
#include <iostream>
using namespace std;
//-------------------------------------------------------- Klasse CQuadrat
class CQuadrat {
     friend ostream& operator<< (ostream& os, const CQuadrat& q) {
        return os << q.m_zahl << endl;
     }
```

```
  public:
     CQuadrat(int z = 0) : m_zahl(z*z) { cout << "CQuadrat(" << z << "); "; }

     CQuadrat operator+ (const CQuadrat& q) {
        CQuadrat ret = *this;
        cout << m_zahl << " + " << q.m_zahl << "; ";
        ret.m_zahl += q.m_zahl;
        return ret;
     }
  private:
     int m_zahl;
};
//------------------------------------------------------------------ main
int main(void) {
    CQuadrat quad1 = 2 + 5;  // normale int-Addition --> Konstruktoraufruf von
                             // quad1(7) --> Wert 49 (7*7) wird dort abgelegt
    cout << "quad1 = " << quad1;
    CQuadrat quad2 = CQuadrat(2) + 5; // 1. Anlegen von zwei temp. CQuadrat-
                                      //    Objekten mit 4 (2*2) und 25 (5*5)
                                      // 2. Aufruf des CQuadrat +-Operators
                                      //    liefert CQuadrat-Objekt mit Wert 29
                                      // 3. Zuweisen des gelieferten CQuadrat-Obj.
    cout << "quad2 = " << quad2;
}
```

Programm A.57 liefert die folgende Ausgabe:

```
CQuadrat(7); quad1 = 49
CQuadrat(5); CQuadrat(2); 4 + 25; quad2 = 29
```

Maximal ein eigener indirekter Cast-Operator bei impliziter Konvertierung

Bei einer impliziten Konvertierung darf maximal ein indirekter benutzerdefinierter Cast-Operator beteiligt sein.

Programm A.58 – `implcast5.cpp`:
Maximal ein eigener indirekter Cast-Operator

```
#include <iostream>
using namespace std;
//------------------------------------------------------------ Klasse Nord
class Nord {
   public:
      Nord(const char *s) { cout << "Nord, " << s;  }
};
//------------------------------------------------------------ Klasse Sued
class Sued {
   public:
      Sued(Nord n) { cout << "Sued, "; }
};
//------------------------------------------------------------------- fkt()
void fkt(Sued s) { cout << "fkt, "; }
```

```
15 //------------------------------------------------------------------- main
16 int main(void)
17 {
18    fkt("Hans, "); // Fehler: zwei benutzerdef. Konvertierungen erforderl.:
19                   //         fkt( Sued( Nord("Hans") ) );
20 
21    fkt( Sued( Nord("Hans, ") ) ); // erlaubt, da explizite Typkonvertierung
22    cout << endl;
23    fkt( Nord("Emil, ") ); // entspr.: fkt( Sued( Nord("Emil") ) );
24    cout << endl;
25    fkt( Sued("Anna, ") ); // entspr.: fkt( Sued( Nord( "Anna" ) ) );
26    cout << endl;
27 }
```

Für Programm A.58 meldet der Compiler z. B. folgenden Fehler:

```
implcast5.cpp: In function 'int main()':
implcast5.cpp:18: error: conversion from 'const char*' to non-scalar type 'Sued'
                  requested
```

Kommentiert man im Programm A.58 die Zeile 18 aus, liefert es folgende Ausgabe:

```
Nord, Hans, Sued, fkt,
Nord, Emil, Sued, fkt,
Nord, Anna, Sued, fkt,
```

Mehrdeutigkeiten resultieren in Compiler-Fehler

Sind zwei oder mehr gleichberechtigte Konvertierungen möglich, meldet der Compiler einen Fehler.

Programm A.59 – `implcast6.cpp`:
Mehrdeutigkeiten resultieren in Compiler-Fehler

```
#include <iostream>
using namespace std;
//------------------------------------------------------------ Klasse Nord
class Nord {
   public:
      Nord(int z) { cout << "Nord(" << z << "), ";   }
};
//----------------------------------------------------------- Klasse Mitte
class Mitte {
   public:
      Mitte(int z) { cout << "Mitte(" << z << "), "; }
};
//------------------------------------------------------------- nordMitt()
void nordMitt(Nord n)  { cout << "nordMitt(Nord), ";  }
void nordMitt(Mitte m) { cout << "nordMitt(Mitte), "; }
//------------------------------------------------------------------- main
int main(void)
{
```

```
19     nordMitt(20); // Fehler: mehrdeutig:  nordMitt(Nord(20));
20                   //               oder:  nordMitt(Mitte(20));
21     nordMitt(Nord(20));  // erlaubt
22     cout << endl;
23     nordMitt(Mitte(20)); // erlaubt
24     cout << endl;
25 }
```

Für Programm A.59 meldet der Compiler z. B. folgenden Fehler:

```
implcast6.cpp:19: error: call of overloaded 'nordMitt(int)' is ambiguous
implcast6.cpp:14: error: candidates are: void nordMitt(Nord)
implcast6.cpp:15: error:                 void nordMitt(Mitte)
```

Kommentiert man im Programm A.59 die Zeile 19 aus, liefert es folgende Ausgabe:

```
Nord(20), nordMitt(Nord),
Mitte(20), nordMitt(Mitte)
```

A.26 Überladen der Operatoren new und delete

Auch die Operatoren `new` und `delete` können überladen werden. Neben der Möglichkeit, `new` und `delete` pro Klasse mit eigener Semantik zu implementieren, kann auch die globale Bedeutung von `new` und `delete` überladen werden.

Überladen des new-Operators in einer Klasse

Die beiden Operatoren `new` und `delete` überlädt man dann für eine Klasse, wenn man die Speicherallozierung für Objekte dieser Klasse selbst in die Hand nehmen möchte. Beim Überladen des Operators `new` muss Folgendes beachtet werden:

- Der Rückgabetyp muss `void *` sein.
- Der Rückgabewert von `new` muss die Adresse sein, an der das zu erzeugende Objekt abgelegt wird.
- Der Operator `new` wird immer vom Compiler automatisch mit seinem ersten Parameter aufgerufen, der die Länge des zu allozierenden Objekts in Bytes angibt. Weitere Parameter sind optional.
- Sind weitere Parameter definiert, müssen die zugehörigen Argumente beim Aufruf direkt nach `new` in Klammern angegeben werden: `new(arg1, arg2, ...)` *`klasse(...)`*. Dies ist notwendig, um sie von Konstruktorargumenten zu unterscheiden.
- Es ist erlaubt, mehrere Versionen des `new`-Operators anzugeben, solange die Versionen untereinander eindeutig sind, also durch ihre Parameter unterschieden werden können.
- Auf den globalen vordefinierten `new`-Operator kann jederzeit mit `::new` zugegriffen werden.

Somit hat der Operator `new` folgenden Prototyp:

```
void* operator new (size_t [, weitere Parameter]);
```

`size_t` ist ein vordefinierter ganzzahliger Typ in der Headerdatei `<cstddef>`, die man beim Überladen des new-Operators inkludieren sollte. Man kann sich diesen Typ als `unsigned long` vorstellen.

Einfaches Überladen des Operators new

Programm A.60 demonstriert ein einfaches Überladen des new-Operators für eine Klasse.

Programm A.60 – newdel1.cpp:
Einfaches Überladen des new-Operators für eine Klasse

```
#include <cstddef>
#include <iostream>
using namespace std;

class CDreiZahl {
  public:
     void *operator new(size_t bytes) {
        void *zgr = new char[bytes]; // Allozieren Speicherplatz für 3 int-Var.

        cout << ".... Bytes = " << bytes << endl;
        ((int*)zgr)[0] = 1; // Initialisieren des allozierten Speicherplatzes
        ((int*)zgr)[1] = 2;
        ((int*)zgr)[2] = 3;

        return zgr; // Rückgabe der Anfangsadresse des alloz. Speicherplatzes
     }

     int eins, zwei, drei;
};

int main(void)
{
   CDreiZahl *dZahl;

   dZahl = new CDreiZahl;

   cout << dZahl->eins << ", " << dZahl->zwei << ", " << dZahl->drei << endl;
}
```

Im Programm A.60 wurde das Prinzip der Kapselung verletzt, indem die Membervariablen dort als `public` eingestuft wurden. Dies wurde hier absichtlich getan, um das Programm möglichst einfach zu gestalten und das Überladen des new-Operators zu verdeutlichen. Grundsätzlich sollte man natürlich das Prinzip der Kapselung in objektorientierten Programmen nicht verletzen.
Programm A.60 liefert die folgende Ausgabe:

```
.... Bytes = 12
1, 2, 3
```

Beim Aufruf von `new CDreiZahl` im Programm A.60 werden die folgenden Aktionen durchgeführt:

1. Zuerst wird die überladene Funktion `operator new` mit einem Argument aufgerufen, das die Größe des jeweiligen Objekts implizit angibt, was hier der Wert `12` (`12` Bytes für 3 `int`-Variablen) ist. In der überladenen Funktion `operator new` wird dann der benötigte Speicherplatz von 12 Bytes alloziert, bevor die drei `int`-Variablen über die Adresse des allozierten Speicherplatzes (`zgr`) initialisiert werden.
2. Mit der Rückgabe der Adresse des allozierten Speicherplatzes wird der Default-Konstruktor mit dieser Adresse aufgerufen. Da kein Konstruktor definiert wurde, hat dies hier keinerlei Wirkung und es werden folglich auch keine Aktionen für diese Adresse durchgeführt, was auch nicht notwendig ist, da die Membervariablen des Objekts `dZahl` bereits im Operator `new` initialisiert wurden.

Dass der Default-Konstruktor mit der von `operator new` zurückgegebenen Adresse aufgerufen wird, soll Programm A.61 verdeutlichen, das die gleiche Ausgabe wie Programm A.60 liefert.

Programm A.61 – `newdel2.cpp`:
Impliziter Aufruf des Default-Konstruktors mit von new-Operator gelieferten Adresse

```
#include <cstddef>
#include <iostream>
using namespace std;

class CDreiZahl {
  public:
     CDreiZahl() : eins(1), zwei(2), drei(3) { } // Default-Konstruktor

     void *operator new(size_t bytes) {
        void *zgr = new char[bytes]; // Allozieren Speicherplatz für 3 int-Var.
        cout << ".... Bytes = " << bytes << endl;
         //... hier nun keine Initialisierung des allozierten Speicherplatzes
        return zgr; // Rückgabe der Anfangsadresse des alloz. Speicherplatzes
     }

     int eins, zwei, drei;
};

int main(void)
{
   CDreiZahl *dZahl;

   dZahl = new CDreiZahl;

   cout << dZahl->eins << ", " << dZahl->zwei << ", " << dZahl->drei << endl;
}
```

Überladene operator new()-Funktionen sind statisch

Überladene `operator` new-Funktionen sind statische Memberfunktionen der entsprechenden Klasse. Dies hat zwei Konsequenzen:

- Sie haben keinen versteckten `this`-Zeiger und kennen nicht die anderen Member der Klasse, da es ja die Aufgabe von `operator new` ist, erst Speicher für ein Objekt dieser Klasse zu allozieren. Dies ist auch der Grund, warum in Programm A.60 nicht auf die Membervariablen `eins`, `zwei` und `drei` in der Operatorfunktion new zugegriffen werden konnte. Stattdessen musste man die betreffenden Membervariablen über die Adresse des allozierten Speicherplatzes direkt ansprechen:

```
((int*)p)[0] = 1; //... statt: eins = 1;
((int*)p)[1] = 2; //... statt: zwei = 2;
((int*)p)[2] = 3; //... statt: drei = 3;
```

- Man kann den `operator new` einer Klasse direkt aufrufen, ohne dass man dazu zuerst ein Objekt dieser Klasse anlegen muss.

Programm A.62 – `newdel3.cpp`:
Überladene new-Operatorfunktionen sind statische Memberfunktionen

```
#include <cstddef>
#include <iostream>
using namespace std;

class CDreiZahl {
  public:
     CDreiZahl(void) : eins(1), zwei(2), drei(3) {
        cout << "....Default-Konstruktor: ";
     }
     CDreiZahl(const CDreiZahl *d) {
        cout << "....Zeiger-Konstruktor: ";
        eins = d->eins+10;
        zwei = d->zwei+20;
        drei = d->drei+30;
     }
     void *operator new(size_t bytes) {
        cout << "....new-Operator (" << bytes << "); initial. mit 0" << endl;
        void *zgr = new char[bytes];
        return memset(zgr, 0, bytes); // ganzen Speicherplatz mit 0 initial.
     }
     int eins, zwei, drei;
};
int main(void) {
   CDreiZahl *dZahl1 = new CDreiZahl;
   cout << dZahl1->eins << ", " << dZahl1->zwei << ", " << dZahl1->drei << endl;

   cout << "-------------- Anlegen von dZahl2 über Adresse von dZahl1" << endl;
   CDreiZahl dZahl2(dZahl1);
   cout << dZahl2.eins << ", " << dZahl2.zwei << ", " << dZahl2.drei << endl;
```

```
    cout << "----------- Anlegen von dZahl3 über statischen new-Aufruf" << endl;
    void *zgr = CDreiZahl::operator new(sizeof(CDreiZahl));
    CDreiZahl dZahl3((CDreiZahl*)zgr);
    cout << dZahl3.eins  << ", " << dZahl3.zwei  << ", " << dZahl3.drei << endl;
}
```

Programm A.62 liefert die folgende Ausgabe:

```
....new-Operator (12); initial. mit 0
....Default-Konstruktor: 1, 2, 3
-------------- Anlegen von dZahl2 ueber Adresse von dZahl1
....Zeiger-Konstruktor: 11, 22, 33
----------- Anlegen von dZahl3 ueber statischen new-Aufruf
....new-Operator (12); initial. mit 0
....Zeiger-Konstruktor: 10, 20, 3
```

Überladen von new mit mehr als einem Parameter (placement new)

Die Funktion `operator new` kann auch mit mehr als einem Argument aufgerufen werden. Es gilt dann Folgendes:

- Der erste Parameter wird immer implizit vom Compiler gesetzt. Dieser Parameter vom Typ `size_t` enthält immer die Anzahl der allozierenden Bytes für ein Objekt dieser Klasse.
- Sind weitere Parameter definiert, müssen die zugehörigen Argumente beim Aufruf direkt nach `new` in Klammern angegeben werden: `new(arg1, arg2, ...) `*`klasse(...)`*. Dies ist notwendig, um sie von Konstruktorargumenten zu unterscheiden.

Manchmal wird das Überladen von `new` auch dazu benutzt, um ein Objekt an einer bestimmten Adresse zu platzieren, die nicht durch die automatische Freispeicherverwaltung beschafft wurde, was man auch als *placement new* bezeichnet. Auf ein solches Objekt darf dann natürlich auch nicht das Standard-`delete` angewendet werden.

Programm A.63 verdeutlicht ein solches *placement new*.

Programm A.63 – `newdel4.cpp`:
Einfaches placement new

```
#include <cstddef>
#include <cstring>
#include <iostream>
using namespace std;
//------------------------------------------------------------ Klasse CZeichk
class CZeichk {
    friend ostream &operator<<(ostream& os, const CZeichk& z) {
       return os << z.m_str << endl;
    }
  public:
    CZeichk(const char *str) { strcpy(m_str, str); }
    CZeichk()                { *m_str = 0;         }
    void *operator new(size_t s, void *adr) { return adr;       }
    void *getCharAdr(int i)                 { return &m_str[i]; }
```

```
  private:
    char m_str[100];
};
//---------------------------------------------------------------------- main
int main(void) {
  CZeichk array[4];

  new(array+2) CZeichk("Regenwurm"); // Platzieren in array[2]
  for (int i=0; i<4; i++)
     cout << i << ": " << array[i];
  cout << "----------------" << endl;
  new(array[2].getCharAdr(5)) CZeichk("schirm"); // Platzieren ab array[2][5]
  for (int i=0; i<4; i++)
     cout << i << ": " << array[i];
}
```

Programm A.63 liefert die folgende Ausgabe:

```
0:
1:
2: Regenwurm
3:
----------------
0:
1:
2: Regenschirm
3:
```

Programm A.64 ist ein weiteres Demonstrationsbeispiel zu zusätzlichen Parametern beim new-Operator.

Programm A.64 – `newdel5.cpp`:
Demonstrationsbeispiel zu zusätzlichen Parametern beim new-Operator

```
#include <cstddef>
#include <cstdarg>
#include <iostream>
using namespace std;

class CDreiZahl {
  public:
    CDreiZahl(int a=1, int b=2, int c=3) : eins(a), zwei(b), drei(c) {
      cout << " ---> Konstruktor: ";
    }
    void *operator new(size_t bytes, int one, int two, int three) {
      cout << "1. new-Operator (" << bytes << "):  ";
      void *zgr = new char[bytes];
      ((int*)zgr)[0] = one;
      ((int*)zgr)[1] = two;
      ((int*)zgr)[2] = three;
      return zgr;
    }
```

```
    void *operator new(size_t bytes, const char *fmt, ...) {
        va_list  az;
        va_start(az, fmt);
        cout << "2. new-Operator (" << bytes << "):  ";
        vprintf(fmt, az);
        va_end(az);
        return memset(new int[bytes], 0, bytes); // Speicherplatz mit 0 initial.
    }
    int eins, zwei, drei;
};
int main(void) {
    //... Aufrufen des 1. überladenen new-Operators
   CDreiZahl *dZahl1 = new(1, 2, 3) CDreiZahl;
   cout << dZahl1->eins << ", " << dZahl1->zwei << ", " << dZahl1->drei << endl;
    //... Aufrufen des 2. überladenen new-Operators
   CDreiZahl *dZahl2 = new("%s = %f", "3 * PI", 3*3.14) CDreiZahl(10, 20, 30);
   cout << dZahl2->eins << ", " << dZahl2->zwei << ", " << dZahl2->drei << endl;
    //... Aufrufen des 2. überladenen new-Operators
   CDreiZahl *dZahl3 = new("%d * %d = %d", 5, 3, 5*3) CDreiZahl(100, 200, 300);
   cout << dZahl3->eins  << ", " << dZahl3->zwei  << ", " << dZahl3->drei << endl;
}
```

Programm A.64 liefert die folgende Ausgabe:

```
1. new-Operator (12):   ---> Konstruktor: 1, 2, 3
2. new-Operator (12):  3 * PI = 9.420000 ---> Konstruktor: 10, 20, 30
2. new-Operator (12):  5 * 3 = 15 ---> Konstruktor: 100, 200, 300
```

Überladen des delete-Operators in einer Klasse

Beim Überladen des Operators `delete` muss Folgendes beachtet werden:

- Er hat keinen Rückgabewert.
- Der Typ des ersten Parameters ist `void *` und wird beim Aufruf des Operators `delete` implizit vom Compiler auf die Adresse des freizugebenden Objekts gesetzt. Ein weiterer Parameter vom Typ `size_t` kann optional deklariert werden und wird dann beim Aufruf automatisch mit der Bytezahl des Objekts besetzt, dessen Speicherplatz freizugeben ist.
- Auf vordefinierten globalen `delete`-Operator kann jederzeit mit `::delete` zugegriffen werden.

Somit hat der Operator `delete` folgenden Prototyp:

```
void* operator delete (void *);
```

oder

```
void* operator delete (void * [, size_t]);
```

Die überladene Funktion `operator delete` wird aufgerufen, nachdem der Destruktor für die entsprechende Klasse aufgerufen wurde. Ruft man also z. B.

```
delete zgr;
```

auf, wobei `zgr` die Adresse eines Objekts der Klasse `X` mit überladenem `delete`-Operator ist, so resultieren daraus implizit die folgenden Aufrufe:

```
X::~X(zgr); // Aufruf des Destruktors; führt entspr. Aktionen für den
            // Speicherplatz aus, auf den zgr zeigt.
X::operator delete(zgr, sizeof(*zgr));
```

Programm A.65 verdeutlicht diesen impliziten Aufruf des Destruktors bei einem expliziten Aufruf von `delete` nochmals.

Programm A.65 – `newdel6.cpp`:
Impliziter Aufruf des Destruktors bei explizitem delete-Aufruf

```
#include <cstddef>
#include <cstdlib>
#include <iostream>
using namespace std;

class CDreiZahl
{
  public:
     CDreiZahl() : eins(1), zwei(2), drei(3) { cout << "Konstruktor: ";  }
     ~CDreiZahl()                            { cout << "Destruktor --> ";}
     void *operator new(size_t bytes) {
        cout << "operator new(" << bytes << ") --> ";
        return malloc(bytes);
     }
     void operator delete(void *zgr, size_t bytes) {
        cout << "operator delete(" << bytes << ")" << endl;
        free(zgr);
     }
     int eins, zwei, drei;
};

int main(void)
{
   CDreiZahl *dZahl = new CDreiZahl;
   cout << dZahl->eins << ", " << dZahl->zwei << ", " << dZahl->drei << endl;
   delete dZahl;
}
```

Programm A.65 liefert die folgende Ausgabe:

```
operator new(12) --> Konstruktor: 1, 2, 3
Destruktor --> operator delete(12)
```

Würde man in Programm A.65 mit globalem `new` / `delete` statt mit `malloc()` / `free()` Speicherplatz allozieren und freigeben, so muss man sich bewusst sein, dass beim Aufruf des globalen `delete` nochmals implizit der Destruktor für das betreffende Objekt aufgerufen wird. Programm A.66 verdeutlicht dies nochmals.

Programm A.66 – `newdel7.cpp`:
Impliziter Aufruf des Destruktors bei Aufruf des globalen delete in „operator delete"

```
#include <cstddef>
#include <iostream>
using namespace std;
class CDreiZahl {
  public:
     CDreiZahl() : eins(1), zwei(2), drei(3) { cout << "Konstruktor: ";   }
     ~CDreiZahl()                            { cout << "Destruktor --> "; }
     void *operator new(size_t bytes) {
        cout << "operator new(" << bytes << ") --> ";
        void *zgr = new char[bytes];
        return zgr;
     }
     void operator delete(void *zgr, size_t bytes) {
        cout << "operator delete(" << bytes << ")" << endl;
        ::delete (CDreiZahl *)zgr; // Aufruf globales delete
     }
     int eins, zwei, drei;
};
int main(void) {
   CDreiZahl *dZahl = new CDreiZahl;
   cout << dZahl->eins << ", " << dZahl->zwei << ", " << dZahl->drei << endl;
   delete dZahl;
   cout << endl << "=======" << endl;
}
```

Programm A.66 liefert die folgende Ausgabe:

```
operator new(12) --> Konstruktor: 1, 2, 3
Destruktor --> operator delete(12)
Destruktor -->
=======
```

Wie die Ausgabe erkennen lässt, wird der Destruktor `~CDreiZahl` zweimal aufgerufen: einmal bedingt durch den expliziten Aufruf von `delete` und einmal bedingt durch den globalen Aufruf von `::delete` in `operator delete`.

Unterschiede zwischen new/delete und operator new/delete

Es bestehen Gemeinsamkeiten, aber auch Unterschiede zwischen den Aufrufen von `new/delete` und `operator new/delete`, die in Tabelle A.1 gezeigt sind.

	ruft auf	
	überladenen ...-Operator	**Konstruktor bzw. Destruktor**
`new`	new	Konstruktor
`delete`	delete	Destruktor
`operator new`	new	
`operator delete`	delete	

Tabelle A.1: Implizite Aufrufe bei new/delete und operator new/delete

Aus Tabelle A.1 wird ersichtlich, dass nur im Falle von `new`- bzw. `delete`-Aufrufen auch implizit der Konstruktor bzw. Destruktor aufgerufen wird, was für Aufrufe von `operator new` bzw. `operator delete` nicht zutrifft.
Benötigt man also in einem Programm einen `n` Byte langen Speicherplatz, der nicht mit einem entsprechenden Konstruktoraufruf zu initialisieren ist, und man möchte nicht `malloc()`, `calloc()` und `free()` verwenden, besorgt man sich ihn mit

```
void *x = operator new(n);
```

und gibt diesen dann später wieder frei mit

```
operator delete(x);
```

Programm A.67 – `newdel8.cpp`:
Unterschiede zwischen „operator new" und „new" bzw. „operator delete" und „delete"

```
#include <cstdlib>
#include <iostream>
using namespace std;
class CDreiZahl {
  public:
     CDreiZahl() : eins(1), zwei(2), drei(3) { cout << "Konstruktor: ";   }
     ~CDreiZahl()                           { cout << "Destruktor --> "; }
     void *operator new(size_t bytes) {
        cout << "new(" << bytes << ") --> ";
        return calloc(bytes, 1); // alloziert mit 0 initialisierten Speicherpl.
     }
     void operator delete(void *zgr, size_t bytes) {
        cout << "delete(" << bytes << ")" << endl;
        free(zgr);
     }
     int eins, zwei, drei;
};
int main(void) {
   CDreiZahl *dZahl1 = new CDreiZahl; //... Aufruf von new und delete
   cout << dZahl1->eins << ", " << dZahl1->zwei << ", " << dZahl1->drei << endl;
   delete dZahl1;
   cout << "-----------------------------------" << endl;
      //... Aufruf von operator new und operator delete
   CDreiZahl *dZahl2 = (CDreiZahl*)CDreiZahl::operator new(sizeof(CDreiZahl));
   cout << dZahl2->eins << ", " << dZahl2->zwei << ", " << dZahl2->drei << endl;
   CDreiZahl::operator delete(dZahl2, sizeof(CDreiZahl));
}
```

Programm A.67 liefert die folgende Ausgabe:

```
new(12) --> Konstruktor: 1, 2, 3
Destruktor --> delete(12)
-----------------------------------
new(12) --> 0, 0, 0
delete(12)
```

Überladen der globalen Operatoren new und delete (nicht empfehlenswert)

Es ist zwar möglich, die globalen Operatoren `new` und `delete` zu überladen, aber davon ist abzuraten. Der Grund dafür ist, dass so manche Bibliothek ihrerseits die globalen Operatoren `new` und `delete` überlädt. Wird nun eine eigene globale Überladung vorgenommen, so kann es zu Inkonsistenzen kommen, weil die Bibliotheksfunktionen und -klassen davon ausgehen, dass ihre Version von `new` und `delete` zum Einsatz kommt, was dann allerdings nicht zutrifft.
Der Vollständigkeit halber zeigt aber Programm A.68 das Überladen der globalen Operatoren `new` und `delete`.

Programm A.68 – `newdel9.cpp`:
Überladen der globalen Operatoren new und delete

```
#include <cstdio>
// #include <iostream> // nicht verwenden, da iostream-Objekte (cin, cout, ...)
                       // mit new und delete angelegt bzw. gelöscht werden
void *operator new(size_t bytes) {
   printf("new(%d) --> ", bytes);
   int *zgr = (int *)malloc(bytes);
   if (!zgr) {
      fprintf(stderr, "Speicherplatzmangel\n");
      exit(1);
   }
   return zgr;
}
void operator delete(void *zgr) {
   printf(" --> delete\n");
   free(zgr);
}
class K {
  public:
     K()  { printf("K "); }
     ~K() { printf("~K "); }
  private:
     int m[100];
};
int main(void) {
  int *zgr = new int(47); printf("%d", *zgr); delete zgr;
  K *obj = new K;         printf(" --> "); delete obj;
  K *array = new K[5];    printf(" --> "); delete [] array;
}
```

Programm A.68 liefert die folgende Ausgabe:

```
new(4) --> 47 --> delete
new(400) --> K  --> ~K  --> delete
new(2004) --> K K K K K  --> ~K ~K ~K ~K ~K  --> delete
```

A.27 Überladen von new[] und delete[] in einer Klasse

Es können auch die beiden Operatoren `new[]` und `delete[]` überladen werden. Überlädt man beide Versionen, so muss man immer beachten, dass man in einem konkreten Anwendungsfall die richtige der beiden Versionen verwendet.
Hierbei gelten folgende Regeln, an die man sich immer halten sollte:

- Verwendet man `new`, um Speicherplatz für ein Objekt zu allozieren, sollte man dieses Objekt auch unbedingt wieder mit `delete` freigeben.
- Verwendet man `new[]`, um Speicherplatz zu allozieren, sollte man diesen Speicherplatz unbedingt auch wieder mit `delete[]` freigeben.

Diese vier Operatoren sollten in folgenden Situationen verwendet werden:

- **`operator new` – Speicherallozierung für ein Objekt**
  Der Operator `new` wird verwendet, um Speicher für ein einzelnes Objekt oder einen einfachen Wert zu allozieren. Bei einem Objekt wird in diesem Fall der entsprechende Konstruktor aufgerufen.
- **`operator delete` – Freigabe eines mit new allozierten Speichers**
  Der Operator `delete` wird verwendet, um einen mit `new` allozierten Speicher wieder freizugeben. Bei einem Objekt wird in diesem Fall der entsprechende Destruktor aufgerufen.
- **`operator new[]` – Speicherallozierung für mehrere Objekte**
  Der Operator `new[]` wird verwendet, um Speicher für mehrere hintereinanderliegende Objekte oder einfache Werte zu allozieren. Bei Objekten wird dabei der entsprechende Default-Konstruktor für jedes einzelne Objekt aufgerufen.
- **`operator delete[]` – Freigabe eines mit `new[]` allozierten Speichers**
  Der Operator `delete[]` wird verwendet, um einen mit `new[]` allozierten Speicher wieder freizugeben. Während bei Objekten der entsprechende Destruktor für jedes einzelne Objekt aufgerufen wird, wird bei Zeigern kein Destruktor aufgerufen. Folglich werden beim Löschen eines Arrays von Zeigern mit `delete[]` nur die Zeiger selbst freigegeben, aber nicht die Speicherplätze, auf die diese zeigen. Die Freigabe der Speicherplätze, auf die die Zeiger zeigen, muss deshalb explizit vor dem Aufruf von `delete[]` erfolgen.

Die Operatoren `new[]` and `delete[]` dürfen nur in Klassen überladen werden; ein globales Überladen dieser Operatoren ist nicht erlaubt.

Überladen des new[]-Operators in einer Klasse

Zum Überladen von `new[]` in einer Klasse `K` gibt es folgende Möglichkeiten:

```
class K {
   public:
      //................................ normale Form
      void *operator new[](size_t bytezahl); //  - Rückgabetyp: void *
                                             //  - ein Parameter vom Typ size_t
      //................................ Form mit zusätzl. Parametern
      void *operator new[](size_t bytezahl, unsigned para1, ...);
};
```

Wird `new[]` aufgerufen, enthält `bytezahl` die Anzahl der Bytes, die für die geforderte Anzahl von Objekten zu allozieren sind. Es gibt nun mehrere Möglichkeiten, den erforderlichen Speicherplatz in `operator new[]` zu allozieren, wie z. B.:

- Allozieren der Objekte:

```
::new K [bytezahl / sizeof(K)]
```

- Allozieren der erforderlichen Bytes:

```
::new char [bytezahl]  // 1. Möglichkeit oder aber auch
malloc(bytezahl)       // 2. Möglichkeit
```

- Allozieren der erforderlichen Bytes einschließlich Initialisierung:

```
memset(new char[bytezahl], 0, bytezahl); // Initialisiert Speicherplatz mit 0
calloc(bytezahl, 1) // 2. Möglichkeit (initial. auch Speicherplatz mit 0)
```

Solche überladenen `new[]`-Operatoren werden automatisch in Anweisungen wie

```
K *obj = new K[14];
```

aufgerufen. Beim Überladen des Operators `new[]` können auch zusätzliche Parameter angegeben werden, wie z. B:

```
void *K::operator new[](size_t bytezahl, int zahl1, int zahl2) {
  unsigned n = bytezahl / sizeof(K);
  K *obj = ::new K[n];
   for (unsigned i = 0; i < n; i++) { //... Für alle allozierten Objekte
      obj[i].m_wert1 = zahl1;  // Wert 'zahl1' der Membervar. m_wert1 zuweisen
      obj[i].m_wert2 = zahl2;  // Wert 'zahl2' der Membervar. m_wert2 zuweisen
   }
   return obj;
}
```

Um diesen überladenen `new[]`-Operator aufzurufen, müssen nur die entsprechenden Argumente für die Parameter `zahl1` und `zahl2` nach `new` in Klammern angegeben werden, wie z. B.:

```
K *array = new(100,50) K[14];
```

Mit dieser Anweisung werden 14 Objekte der Klasse `K` erzeugt, wobei in jedem dieser Objekte die Membervariable `m_wert1` auf `100` und die Membervariable `m_wert2` auf `50` gesetzt wird.

Programm A.69 – `newdel10.cpp`:
Demonstrationsprogramm zum Überladen des new[]-Operators

```
#include <cstddef>
#include <cstdlib>
#include <iostream>
using namespace std;
class CDreiZahl {
    friend ostream &operator<<(ostream& os, const CDreiZahl* z) {
```

```
        for (int i=0; i < z->n; i++)
            os << i << ": " << z[i].eins << ", " << z[i].zwei << ", " << z[i].drei
               << " (" << z->id << ")" << endl;
        return os << "-----------------------------------" << endl;
    }
  public:
    void *operator new[](size_t bytes, int nr) {
        int n = bytes / sizeof(CDreiZahl);
        CDreiZahl *zgr;
        cout << "operator new(" << bytes << " Bytes, " << n << " Objekte)" <<endl;
        switch (nr) {
            case 1: zgr = ::new CDreiZahl[n];                              break;
            case 2: zgr = (CDreiZahl*)malloc(bytes);                       break;
            case 3: zgr = (CDreiZahl*)::new char[bytes];                   break;
            case 4: zgr = (CDreiZahl*)memset(new char[bytes], 0, bytes); break;
        }
        for (int i=0; i<n; i++) {
            zgr[i].n   = n;
            zgr[i].id = nr;
            zgr[i].eins = i+nr*10;
            zgr[i].zwei = i+nr*20;
            zgr[i].drei = i+nr*30;
        }
        return zgr;
    }
private:
    int  n, id, eins, zwei, drei; // benötigen 20 Bytes (5 mal 4 für int)
};
int main(void) {
   CDreiZahl *dZahl1 = new(1) CDreiZahl[2];   cout << dZahl1;
   CDreiZahl *dZahl2 = new(2) CDreiZahl[3];   cout << dZahl2;
   CDreiZahl *dZahl3 = new(3) CDreiZahl[4];   cout << dZahl3;
}
```

Programm A.69 liefert die folgende Ausgabe:

```
operator new(40 Bytes, 2 Objekte)
0: 10, 20, 30 (1)
1: 11, 21, 31 (1)
-----------------------------------
operator new(60 Bytes, 3 Objekte)
0: 20, 40, 60 (2)
1: 21, 41, 61 (2)
2: 22, 42, 62 (2)
-----------------------------------
operator new(80 Bytes, 4 Objekte)
0: 30, 60, 90 (3)
1: 31, 61, 91 (3)
2: 32, 62, 92 (3)
3: 33, 63, 93 (3)
```

Überladen des delete[]-Operators in einer Klasse

Auch der `operator delete []` lässt sich in einer Klasse `K` überladen, wobei man folgende überladenen Varianten anbieten kann:

```
class K {
  public:
    void operator delete[](void *zgr) {
      ::delete  [] reinterpret_cast<K *>(zgr); // Aufruf globales ::delete[]
    }
    void operator delete[](void *zgr, size_t bytes) {
      ::delete  [] reinterpret_cast<K *>(zgr); // Aufruf globales ::delete[]
    }
};
```

Programm A.70 – `newdel11.cpp`:
Demonstrationsprogramm zum Überladen des delete[]-Operators

```
#include <iostream>
using namespace std;
class K1 {
  public:
    void *operator new[](size_t bytes) {
      int n = bytes / sizeof(K1);
      cout << "operator new(" << bytes << " Bytes, " << n << " Obj.)" << endl;
      return ::new K1[n];
    }
    void operator delete[](void *zgr) {
      cout << "operator delete()" << endl;
      ::delete  [] reinterpret_cast<K1 *>(zgr); // globales ::delete[]
    }
  private:
    int  eins, zwei, drei;
};
class K2 {
  public:
    void *operator new[](size_t bytes) {
      int n = bytes / sizeof(K2);
      cout << "operator new(" << bytes << " Bytes, " << n << " Obj.)" << endl;
      return ::new K2[n];
    }
    void operator delete[](void *zgr, size_t bytes) {
      cout << "operator delete(" << bytes << " Bytes)" << endl;
      ::delete  [] reinterpret_cast<K2 *>(zgr); // globales ::delete[]
    }
  private:
    int  eins, zwei, drei;
};
int main(void) {
   K1 *arr1 = new K1[10];  delete [] arr1;
   K2 *arr2 = new K2[10];  delete [] arr2;
}
```

Programm A.70 liefert die folgende Ausgabe:

```
operator new(120 Bytes, 10 Obj.)
operator delete()
operator new(124 Bytes, 10 Obj.)
operator delete(124 Bytes)
```

A.28 Überladen des Komma-Operators

Die Komma-Operatorfunktion wird aufgerufen, wenn nach ihr ein Objekt eines Typs angegeben ist, für den sie definiert ist. Für die Kommas in der Argumentliste einer Funktion wird sie z. B. nicht aufgerufen.

Programm A.71 – `kommaoverload.cpp`:
Überladen des Komma-Operators

```
#include <iostream>
using namespace std;
class Danach {
 public:
    Danach(char n) : z(n) {}
    char getZ(void) const { return z; }
 private:
    char z;
};
class Davor {
 public:
    Davor(char n) : z(n) {}
    const Davor& operator, (const Danach& x) const {
       cout << " Davor::Komma-Operator: " << z << ", " << x.getZ() << endl;
       return *this;
    }
    char getZ(void) const { return z; }
 private:
    char z;
};
Danach& operator, (int wert, Danach& y) {
   cout << "Danach::Komma-Operator: " << wert << ", " << y.getZ() << endl;
   return y;
}
class InitListe {
 public:
   InitListe(int *start) : zeiger(start) {}
   InitListe operator, (int x) {
      *zeiger = x;
      return InitListe(zeiger + 1);
   }
 private:
   int *zeiger;
};
```

```
class Array {
 public:
   Array(int n) : anz(n), werte(new int[n]) { }
   InitListe operator= (int x) {
      werte[0] = x;
      return InitListe(werte + 1);
   }
   void print(void) const {
      for (int i=0; i<anz; i++)
         cout << werte[i] << ", ";
      cout << endl;
   }
 private:
   int anz, *werte;
};
int main(void) {
  Davor   a('a');
  Danach  b('b'), c('c');
   a, b;   // 1. Aufruf des Komma-Operators
   100, c; // 2. Aufruf des Komma-Operators
   Array array1(5);
   array1 = 1, 2, 3, 4, 5;
   array1.print();
   Array array2(10);
   array2 = 10, 20, 30, 40, 50, 60, 70, 80, 90, 100;
   array2.print();
}
```

Programm A.71 liefert die folgende Ausgabe:

```
 Davor::Komma-Operator: a, b
Danach::Komma-Operator: 100, c
1, 2, 3, 4, 5,
10, 20, 30, 40, 50, 60, 70, 80, 90, 100,
```

A.29 Verschiedene Typen für Rückgabe und Parameter bei Templates

Bei Funktionstemplates mit unterschiedlichen Templatetypen für die Parameter und den Rückgabewert sollte man den Rückgabetyp zuerst angeben. Gibt man ihn nicht als ersten Typ an, muss man beim Aufruf den Rückgabetyp explizit in den spitzen Klammern an der entsprechenden Stelle festlegen.

Programm A.72 – `functempl5.cpp`:
Unterschiedliche Typen für Rückgabewert und Parameter

```
template<typename R, typename P>
R fkt1(const P& p) { return R(p); }
```

```
template<typename P, typename R>
R fkt2(const P& p) { return R(p); }

int main(void) {
    int   i = 10;
    float f = fkt1<float>(i); // möglich
          i = fkt1<int>(f);   // möglich
    // f = fkt2<float>(i); // nicht möglich
    // i = fkt2<int>(f);    // nicht möglich
    f = fkt2<int, float>(i); // möglich
    i = fkt2<float, int>(f); // möglich
}
```

A.30 Funktionsinstanzen zu Templates durch Deklaration

Funktionen zu Templates lassen sich auch explizit erzeugen, indem man das Schlüsselwort `template` gefolgt vom Funktionsprototyp mit den entsprechenden Parametertypen für die *`Platzhalter`* angibt. Anders als bei normalen Funktionsprototypen muss man hier nach dem Funktionsnamen in spitzen Klammern den gewünschten Typ angeben, der für den Platzhalter im Funktionstemplate einzusetzen ist; siehe auch Programm A.75.
So ist es möglich, dass man sich die entsprechenden Funktionen nur einmal erzeugen lässt, indem man diese `template`-Prototypen in einer eigenen Datei angibt, so dass sie auch nur einmal durch den Compiler erzeugt werden müssen, und nicht jedesmal bei den entsprechenden Aufrufen in den verschiedenen Modulen. Dies führt zu einer schnelleren Kompilierung der jeweiligen Module.
Dieses explizite Erzeugen von Funktionen zu Templates mittels Deklarationen soll hier anhand eines Beispiels verdeutlicht werden. Die Klasse `CBruch` wird dabei in der Headerdatei `bruchtempl.h` (siehe Programm A.73) definiert.

Programm A.73 – `bruchtempl.h`:
Die Klasse CBruch

```
#include  <iostream>
using namespace std;
class CBruch {
 public:
    CBruch( int z = 1, int n = 1 ) : m_zaehler(z), m_nenner(n) { }
    void print(void) { cout << m_zaehler << "/" << m_nenner << endl; }
    const CBruch operator+= (const CBruch& b) {
        m_zaehler = m_zaehler* b.m_nenner + b.m_zaehler*m_nenner;
        m_nenner  = m_nenner * b.m_nenner;
        return *this;
    }
 private:
    int m_zaehler, m_nenner;
};
```

Programm A.74 zeigt das Funktionstemplate und Programm A.75 zeigt die Prototyp-Deklarationen, die zur Erzeugung der entsprechenden Funktionen führen.

Programm A.74 – `summearray.h`:
Das Funktionstemplate summeArray

```
template <typename T>
T summeArray(T array[], unsigned n) {
   T summe = 0;
   for (unsigned i=0; i < n; i++)
       summe += array[i];
   return summe
}
```

Programm A.75 – `summearray.cpp`:
Explizites Erzeugen von Funktionen zum Funktionstemplate summeArray mit Prototyp-Deklarationen

```
#include  "summearray.h"
#include  "bruchtempl.h"

template  int     summeArray<int>    (int[],     unsigned);
template  double  summeArray<double>(double[],  unsigned);
template  CBruch  summeArray<CBruch>(CBruch[],  unsigned);
```

Programm A.76 ruft nun die unterschiedlichen Funktionen zum Funktionstemplate `summeArray` auf.

Programm A.76 – `functempl1a.cpp`:
Aufsummieren der Werte von Arrays mit unterschiedlichen Elementtypen mittels Funktionstemplate

```
#include  <iostream>
#include  "summearray.h"
#include  "bruchtempl.h"
using namespace std;

int main(void) {
   int    ganz [5] =  10, 20, 30, 40, 50                        ;
   double gebr [4] =  3.14, 12.43, 7.0, 2.0                     ;
   CBruch bruch[3] =  CBruch(1,2), CBruch(3,4), CBruch(3,2) ;

   cout << "Summe von ganz : " << summeArray(ganz, 5) << endl;
   cout << "Summe von gebr : " << summeArray(gebr, 4) << endl;
   CBruch sum = summeArray(bruch, 3);
   cout << "Summe von bruch: "; sum.print();
}
```

Nachdem man die beiden Programme A.76 und A.75 kompiliert und gelinkt hat, wie z. B.: **g++ -o functempl1a functempl1a.cpp summearray.cpp**
liefert das Programm `functempl1a` die gleiche Ausgabe wie das Programm `functempl1.cpp` auf Seite 434.

A.31 Funktionsinstanzen zu Templates bei Funktionszeigern

Funktionen zu Funktionstemplates werden nicht nur beim Aufruf erzeugt, sondern auch wenn die Adresse eines solchen Funktionstemplates einem Funktionszeiger zugewiesen wird. Programm A.77 ist hierzu ein Demonstrationsprogramm.

Programm A.77 – `functemplzgr.cpp`:
Funktionszeiger und Funktionstemplates

```
#include <iostream>
using namespace std;

template <typename T>
T summeArray(T array[], unsigned n) {
   T summe = 0;
   for (unsigned i=0; i < n; i++)
       summe += array[i];
   return summe;
}

int main(void) {
   int    ganz[5] = { 10, 20, 30, 40, 50          };
   double gebr[4] = { 3.14, 12.43, 7.0, 2.0       };
   long   lang[3] = { 1234567, -1000000, 99999999 };

   cout << "Summe von ganz: " << summeArray(ganz, 5)  << endl;
   cout << "Summe von gebr: " << summeArray(gebr, 4)  << endl;
   long (*langFktZgr)(long[], unsigned) = summeArray;
   cout << "Summe von lang: " << (*langFktZgr)(lang, 3) << endl;
}
```

Programm A.77 liefert folgende Ausgabe:

```
Summe von ganz: 150
Summe von gebr: 24.57
Summe von lang: 100234566
```

A.32 Member-Templates

Klassentemplates oder Funktionstemplates können auch in anderen Klassen bzw. Klassentemplates definiert werden. Solche geschachtelten Klassen- und Funktionstemplates werden als *Member-Templates* bezeichnet. Programm A.78 ist ein Demonstrationsbeispiel zu Klassentemplates.

Programm A.78 – `membertempl1.cpp`:
Demoprogramm zu Member-Templates

```
#include <iostream>
using namespace std;
```

```
template<typename T1>
class Aussen {
  public:
      template<typename T2> // Member-Klassentemplate
      class Innen {
        public:
           T1  var1; // Templateparameter umgebender Klasse verwendbar
           T2  var2;
      };
      template<typename T3> // Member-Funktionstemplate
      T3 fkt(const T3& a, const T3& b) {
         T3  fktVar = a + b;
         cout << a << " + " << b << " = " << fktVar << endl;
         return fktVar;
      }
};
int main(void) {
   Aussen<double> d1; d1.fkt(2.3, 3.4);
   Aussen<int>     i1; i1.fkt(2, 3);
}
```

Programm A.78 liefert die folgende Ausgabe:

```
2.3 + 3.4 = 5.7
2 + 3 = 5
```

Für Member-Templates gelten folgende Regeln:

- Member-Templates können die eigenen und die Templateparameter aus den umgebenden Klassentemplates verwenden, wie es Programm A.78 für `var1` im Klassentemplate `Innen` zeigt.
- Für Member-Templates gelten die gleichen Zugriffsregeln wie für andere Member auch. So können z. B. in Programm A.78 die `Aussen`-Objekte `d1` und `i1` das `public`-Funktionstemplate `fkt()` aufrufen. Funktionen zu solchen Member-Funktionstemplates werden allerdings erst dann angelegt, wenn auch die entsprechende Funktion aufgerufen wird, und nicht bereits beim Anlegen eines Objekts zu einem solchen Klassentemplate.
- Jede beliebige Funktion kann als Member-Funktionstemplate definiert werden. So können z. B. auch Konstruktoren als Funktionstemplates definiert werden, wie es in Programm A.79 gezeigt ist.

Programm A.79 – `membertempl2.cpp`:
Konstruktor als Member-Template

```
#include <iostream>
using namespace std;
template <typename T1>
class Aussen {
  public:
     template <typename T2> // Member-Konstruktortemplate
     Aussen(const T2& startWert) { m2 = T1(startWert + 0.5); }
```

```
      void set(const T1& wert)  { m1 = wert;                         }
      void print(void)          { cout << m1 << ", " << m2 << endl; }
   private:
      T1 m1;
      T1 m2;
};
int main(void) {
   Aussen<int>    obj1(3.54);  obj1.set(20);   obj1.print();
   Aussen<double> obj2(20);    obj2.set(20.6); obj2.print();
}
```

Programm A.79 liefert die folgende Ausgabe:

```
20, 4
20.6, 20.5
```

- Member-Templates können *inline* oder aber auch außerhalb ihrer umgebenden Klasse definiert werden. Werden sie außerhalb definiert, muss die Template-Parameterliste des umgebenden Klassentemplates vor der Template-Parameterliste des Member-Templates angegeben werden, wie es in Programm A.80 gezeigt ist.

Programm A.80 – `membertempl3.cpp`:
Definition von Member-Templates außerhalb der Klasse

```
#include <iostream>
using namespace std;
template<typename T1>
class Aussen {
  public:
      template<typename T2> // Deklaration des Member-Klassentemplates Innen
      class Innen;

      template<typename T3> // Deklaration des Member-Funktionstemplates
      T3 fkt(const T3& a, const T3& b);
};
//............................ Definition des Member-Klassentemplates Innen
template<typename T1> template<typename T2>
class Aussen<T1>::Innen { // Angabe von T2 hier nicht erforderlich
 public:
    T1  var1;
    T2  var2;
};
//............................ Definition des Member-Funktionstemplates fkt
template<typename T1> template<typename T3>
T3 Aussen<T1>::fkt(const T3& a, const T3& b) {
    T3  fktVar = a + b;
    cout << a << " + " << b << " = " << fktVar << endl;
    return fktVar;
}
```

```
int main(void) {
   Aussen<double> d1;  d1.fkt(2.3, 3.4);
   Aussen<int>    i1;  i1.fkt(2, 3);
}
```

Programm A.80 liefert die gleiche Ausgabe wie Programm A.78.

➤ Die Definition eines Objekts zu einem geschachtelten Klassentemplate instantiiert ein Objekt zur umgebenden Klasse und ein darin geschachteltes Objekt zum Member-Template. Programm A.81 verdeutlicht dies.

Programm A.81 – `membertempl4.cpp`:
Objektinstanz zu geschachteltem Klassentemplate instantiiert Objekt zur umgebenden Klasse

```
#include <iostream>
#include <typeinfo>
using namespace std;
template<typename A>
class Aussen {
 public:
    template<typename I>
    class Innen {
       public:
          void fkt();
    };
};
//........................ Definition des Innen-Member-Funktionstemplates fkt
template<typename A> template<typename I>
void Aussen<A>::Innen<I>::fkt() {
   cout << "      A (Aussen-Typ): " << typeid(A).name()      << endl;
   cout << "      I (Innen-Typ)  : " << typeid(I).name()      << endl;
   cout << "Innen (Vollst. Typ): " << typeid(*this).name() << endl;
}
int main(void) {
   Aussen<int>::Innen<bool> obj;
   obj.fkt();
}
```

Programm A.81 liefert z. B. die folgende Ausgabe:

```
      A (Aussen-Typ): i
      I (Innen-Typ)  : b
Innen (Vollst. Typ): N6AussenIiE5InnenIbEE
```

Die Namen für die Typen sind abhängig vom verwendeten Compiler. Sie bedeuten hier Folgendes:

```
      A (Aussen-Typ): int
      I (Innen-Typ)  : bool
Innen (Vollst. Typ): Aussen<int>::Innen<bool>
```

➤ Member-Funktionstemplates können nicht `virtual` deklariert werden.

A.32.1 Klassentemplates mit Freunden

Klassentemplates können andere Klassen oder Funktionen als Freunde deklarieren. Hierbei ist zu unterscheiden, ob es sich bei den Freunden um normale Klassen bzw. Funktionen/Methoden oder aber um Klassen- bzw. Funktionstemplates handelt.

Normale Freunde, die keine Templates sind

Ein Klassentemplate kann andere Funktionen oder Klassen bzw. Memberfunktionen anderer Klassen als Freunde deklarieren. Solche Freunde haben dann Zugriff auf alle Elemente (auch die `private`-und `protected`-Elemente) des Klassentemplates. Werden in Klassentemplates Memberfunktionen anderer Klassen als Freunde deklariert, muss zu diesem Zeitpunkt natürlich das Interface der zugehörigen Klasse bekannt sein, was bedeutet, dass der Compiler die zugehörige Klassendefinition bereits kennen muss.

Programm A.82 – `templfriend1.cpp`:
Normale (nicht-Template-)Freunde in Klassentemplates

```
#include <iostream>
using namespace std;
class A {
 public:
    void print(void);
};
class B {
 public:
    void print(void);
};
template<typename T> //........................... Klassentemplate mit Freunden
class KTempl {
    friend class A;              // ganze Klasse A ist Freund
    friend void  B::print(void); // Memberfunktion als Freund
    friend void  global(void);   // globale Funktion als Freund
 public:
    KTempl(const T& wert) : m_wert(wert) {}
 private:
    T m_wert;
};
void A::print(void) {
   KTempl<int> obj(10);
   cout << obj.m_wert << ",  ";
}
void B::print(void) {
   KTempl<double> obj(20.5);
   cout << obj.m_wert << ",  ";
}
void global(void) { //..................... globale Funktion (Freund zu KTempl)
   KTempl<int> obj(30);
   cout << obj.m_wert << ",  ";
}
```

```
int main(void) {
   A  objA;  objA.print();
   B  objB;  objB.print();
   global(); cout << endl;
}
```

Programm A.82 liefert die folgende Ausgabe:

```
10,  20.5,  30,
```

Freunde, die selbst Templates sind

Hier unterscheidet man zwischen:

- *Bound*-Freunde:
  Hier werden die Typparameter des Klassentemplates auch für die befreundeten Templates verwendet, so dass eine „Eins-zu-Eins"-Beziehung zwischen den Klassentemplate-Parametern und den Template-Parametern der befreundeten Klassentemplates und Funktions- bzw. Methodentemplates besteht; siehe auch Programm A.83.
- *Unbound*-Freunde:
  Hier werden für die Freunde eigene Templateparameter festgelegt, die nicht denen des Klassentemplates entsprechen; siehe Programm A.84.

Bound-Freunde

Programm A.83 demonstriert so genannte *bound*-Freunde, bei denen eine „Eins-zu-Eins"-Beziehung zwischen den Klassentemplate-Parametern und den Template-Parametern der befreundeten Klassentemplates und Funktions- bzw. Methodentemplates besteht.

Programm A.83 – `templfriend2.cpp`:
Bound-Freunde

```
#include <iostream>
using namespace std;
template<typename T> class KTempl; // FORWARD-Deklaration des Klassentemplates

template<typename T> //.................................... amigoKlasse
class amigoKlasse {
 public:
   amigoKlasse(const T& wert) {  obj.m_wert = wert; }
   void print(void) { cout << obj.m_wert << ",  "; }
 private:
   KTempl<T> obj;
};
template<typename T> //.......................................... Klasse
class Klasse {
 public:
   void print(const T& wert) { obj.m_wert = wert; cout << obj.m_wert <<",  "; }
 private:
   KTempl<T> obj;
};
```

```
//......................... Definition der globalen Funktion (Freund zu KTempl)
template<typename T> void amigoFkt(const T& wert) {
   KTempl<T> obj;
   obj.m_wert = wert;
   cout << obj.m_wert << ",  ";
}
template<typename T> //..................... Klassentemplate mit Bound-Freunden
class KTempl {
    friend class amigoKlasse<T>; // ganzes Klassentempl. amigoKlasse ist Freund
    friend void  Klasse<T>::print(const T&); // Memberfunktion als Freund
    friend void  amigoFkt<T>(const T&);      // globale amigoFkt als Freund
 private:
    T m_wert;
};
int main(void) {
   amigoKlasse<int>objA(10);  objA.print();
   Klasse<double> objK;       objK.print(20.5);
   amigoFkt(30);              cout << endl;
}
```

Programm A.83 liefert die folgende Ausgabe:

```
10,  20.5,  30,
```

Unbound-Freunde

Programm A.84 zeigt so genannte *unbound*-Freunde, bei denen für die Freunde eigene Templateparameter festgelegt werden, die nicht denen des entsprechenden Klassentemplates entsprechen.

Programm A.84 – `templfriend3.cpp`: Unbound-Freunde

```
#include <iostream>
using namespace std;
template<typename T> class KTempl; // FORWARD-Deklaration des Klassentemplates
template<typename A, typename B> //............................... amigoKlasse
class amigoKlasse {
 public:
    amigoKlasse(const A& w1, const B& w2) : m(w1) { obj.m_wert = w2; }
    void print(void) { cout << "(" << m << ", " << obj.m_wert << "),  "; }
 private:
    A          m;
    KTempl<B> obj;
};
template<typename A, typename B> //..................................... Klasse
class Klasse {
 public:
    void print(const A& w1, const B& w2, const B& w3) {
       obj1.m_wert = w2;
       obj2.m_wert = w3;
       cout << "(" << w1 << ", " << obj1.m_wert << ", " << obj2.m_wert << "),  ";
```

```
    }
 private:
    KTempl<B> obj1;
    KTempl<B> obj2;
};
//......................... Definition der globalen Funktion (Freund zu KTempl)
template<typename A, typename B> void amigoFkt(const A& w1, const B& w2) {
   KTempl<B> obj;
   obj.m_wert = w2;
   cout << "(" << w1 << ", " << obj.m_wert << "), ";
}
//....................................... Klassentemplate mit Unbound-Freunden
template<typename T>
class KTempl {
    template<typename A, typename B>
    friend class amigoKlasse;
//    template<typename A, typename B> // unterstützen nicht alle Compiler
//    friend void Klasse<A, B>::print(const A&, const B&, const B&);
    template<typename A, typename B>
    friend void amigoFkt(const A&, const B&);
 private:
    T m_wert;
};
int main(void) {
   amigoKlasse<int, double> objA(10, 5.5); objA.print();
//  Klasse<double, char>    objK;         objK.print(3.14, 'X', 'Y');
   amigoFkt(30, 2.1234);  cout << endl;
}
```

Programm A.84 liefert die folgende Ausgabe:

```
(10, 5.5),  (30, 2.1234),
```

A.32.2 Klassentemplates und Vererbung

Von einem Klassentemplate kann eine normale Klasse abgeleitet werden. Nehmen wir das folgende Klassentemplate, das als Basis bei der Vererbung verwendet werden soll:

```
template<typename T>
class BasisTempl {
  public:
     BasisTempl(T const &t) : m(t) { }
  private:
     T const &t;
};
```

Gibt man beim Ableiten für die Templateparameter der Basis konkrete Typen an, wird eine Klasse zum Klassentemplate `BasisTempl` angelegt und die abgeleitete Klasse `Sub` wird eine normale Klasse, die kein Klassentemplate mehr ist:

```
class Sub : public BasisTempl<int> {
  public:
     Sub(int x) : BasisTempl(x) {}
     .... // weitere Methoden
};
....
Sub obj(5); // Sub ist nun eine normale Klasse (kein Klassentemplate mehr)
```

Mit dieser Technik ist es möglich, sich zu Klassentemplates normale Klassen erzeugen zu lassen, die die Funktionalität der Klassentemplates erweitern.

Ableiten eines Klassentemplates von einem anderen Klassentemplate

Von einem Klassentemplate kann ein anderes Klassentemplate abgeleitet werden. Folgendes Klassentemplate soll hier als Basis bei der Vererbung verwendet werden:

```
template<typename T>
class BasisTempl
{
  public:
     BasisTempl(T const &t) : m(t) { }
  private:
     T const &t;
};
```

Reicht man beim Ableiten die Templateparameter der Basisklasse an die abgeleitete Klasse weiter, erhält man ein neues Klassentemplate `Sub` zum Klassentemplate `BasisTempl`:

```
template<typename T>
class Sub : public BasisTempl<T>
{
  public:
     Sub(T const &t) : BasisTempl(t) {}
     .... // weitere Methoden
};
```

Mit dieser Technik ist es möglich, sich zu Klassentemplates neue Klassentemplates erzeugen zu lassen, die die Funktionalität des Basis-Klassentemplates erweitern.

Ableiten eines Klassentemplates von einer normalen Klasse

Eine normale Klasse kann Basisklasse für ein Klassentemplate sein. Dies ermöglicht es, dass man sich eine normale Klasse mit einer Grundfunktionalität erstellt, in der man alle Methoden und Datenelemente unterbringt, die nicht von irgendeinem Typparameter abhängig sind, wie es Programm A.85 zeigt.

Programm A.85 – `templerb.h`:
Klasse mit typunabhängiger Grundfunktionalität

```
#include <cstring>
#include <iostream>
using namespace std;
```

```
//....................................... Basisklasse mit Grundfunktionalität
class CArray
{
   public:
      CArray(const char *name="NN", unsigned max=10)
                        : m_name(new char[strlen(name)+1]), m_max(max) {
         strcpy(m_name, name);
      }
      const char *getName(void) { return m_name; }
      unsigned    getMax(void)  { return m_max;  }
   private:
      char     *m_name;
      unsigned m_max;
};
```

Von einer solchen Klasse mit einer gewissen Grundfunktionalität kann man nun Klassentemplates ableiten, in denen man diese Grundfunktionalität nicht mehr neu implementieren muss, wie es in Programm A.86 gezeigt ist.

Programm A.86 – `templerb.cpp`:
Ableiten von Klassentemplates von einer normalen Klasse mit einer Grundfunktionalität

```
#include "templerb.h"

//... 1.abgeleitetes Klassentemplate von erweiterbarer Basisklasse (eindim.)
template <typename T>
class CArrayTempl : public CArray
{
   public:
      CArrayTempl(const T& init, const char *name="NN", unsigned max=10)
                                                  : CArray(name, max) {
         m_array = new T[max];
         for (unsigned i=0; i < max; i++)
             m_array[i] = init;
      }
      T& operator[](unsigned index) {
         if (index >= getMax()) {
            cerr << "    ----> Ungültiger Index: " << index << endl;
            exit(1);
         }
         return m_array[index];
      }
      void print(void) {
         for (unsigned i=0; i < getMax(); i++)
             cout << m_array[i] << ", ";
         cout << endl;
      }
   private:
      T  *m_array;
};
```

```
//.. 2.abgeleitetes Klassentemplate von erweiterbarer Basisklasse (zweidim.)
template <typename T>
class CMatrixTempl : public CArray
{
   public:
      CMatrixTempl(unsigned zeilen, const char *name="NN", unsigned max=10)
                                   : CArray(name, max), m_zeilen(zeilen) {
         m_matrix = new T*[zeilen];
         for (unsigned i=0; i < max; i++)
             m_matrix[i] = new T[max];
      }
      T& operator()(unsigned i, unsigned j) {
         if (i >= m_zeilen || j >= getMax()) {
            cerr << "    ----> Ungültiger Index: " << i << ", " << j << endl;
            exit(1);
         }
         return m_matrix[i][j];
      }
      void print(void) {
         for (unsigned i=0; i < m_zeilen; i++) {
            for (unsigned j=0; j < getMax(); j++)
                cout << m_matrix[i][j] << ", ";
            cout << endl << "    ";
         }
      }
   private:
      T        **m_matrix;
      unsigned m_zeilen;
};
int main(void) {
   unsigned i, j;

   CArrayTempl<int> iTab(0, "iTab", 10);
   for (i=0; i < iTab.getMax(); i++)
      iTab[i] = i*10;
   cout << iTab.getName() << ":" << endl << "    ";
   iTab.print();
   CArrayTempl<double> dTab(3.14, "dTab", 5);
   cout << dTab.getName() << ":" << endl << "    ";
   dTab.print();
   CArrayTempl<char> cTab('X');
   cout << cTab.getName() << ":" << endl << "    ";
   cTab.print();
   CMatrixTempl<double> dMat(5, "dMat", 8);
   for (i=0; i < 5; i++)
      for (j=0; j < dMat.getMax(); j++)
         dMat(i,j) = (i+1)*10 + j;
   cout << dMat.getName() << ":" << endl << "    ";
   dMat.print();
}
```

Programm A.86 liefert die folgende Ausgabe:

```
iTab:
   0, 10, 20, 30, 40, 50, 60, 70, 80, 90,
dTab:
   3.14, 3.14, 3.14, 3.14, 3.14,
NN:
   X, X, X, X, X, X, X, X, X, X,
dMat:
   10, 11, 12, 13, 14, 15, 16, 17,
   20, 21, 22, 23, 24, 25, 26, 27,
   30, 31, 32, 33, 34, 35, 36, 37,
   40, 41, 42, 43, 44, 45, 46, 47,
   50, 51, 52, 53, 54, 55, 56, 57,
```

A.32.3 Geschachtelte Klassen in Klassentemplates

Wird in einem Klassentemplate eine neue geschachtelte Klasse definiert, so ist diese Klasse automatisch ein Klassentemplate, das die Template-Typparameter des umgebenden Klassentemplates benutzen kann.

Programm A.87 – `templschachtel.cpp`: Geschachtelte Klassen in Klassentemplates

```
#include <iostream>
using namespace std;
template<typename T, int max=5>
class CArray {
 public:
    T& operator[](int index) { return s.m_array[index]; }
    class StepByStep { //........... Geschachtelte Klasse im Klassentemplate
          friend class CArray<T,max>; // Klassentemplate ist Freund
       private:
          StepByStep() : m_anfang(m_array), m_ende(&m_array[max]),
                         m_aktuell(m_array) {}
          T  m_array[max], *m_anfang, *m_ende, *m_aktuell;
    };
    T  *anfang()       { return s.m_anfang; }
    T  *ende()         { return s.m_ende;   }
    T& operator*()     { return *s.m_aktuell; }
    T& operator++()    { ++s.m_aktuell; return *s.m_aktuell; }
 private:
    StepByStep   s; // Memberobjekt zur geschachtelten Klasse
};
int main(void) {
   int  i, *iZgr;
   CArray<int,10> iArr;
   for (i=0; i < 10; i++)
      iArr[i] = i*10;
   for (iZgr=iArr.anfang(); iZgr != iArr.ende(); iZgr++)
      cout << *iZgr << ", ";
```

```
   cout << endl;
   double  *dZgr;
   CArray<double> dArr;
   for (dZgr=dArr.anfang(); dZgr != dArr.ende(); dZgr++)
       *dZgr = double(++i)/10;
   for (i=0; i < 5; i++)
      cout << dArr[i] << ", ";
}
```

Da in Programm A.87 die geschachtelte Klasse `StepByStep` einen `private`-Konstruktor hat und das umgebende Klassentemplate `CArray` als Freund deklariert ist, ist es nur Objekten des umgebenden Klassentemplates erlaubt, Objekte zu der inneren Klasse `StepByStep` anzulegen. Programm A.87 liefert folgende Ausgabe:

```
0, 10, 20, 30, 40, 50, 60, 70, 80, 90,
1.1, 1.2, 1.3, 1.4, 1.5,
```

A.33 Exceptions in Konstruktoren

Bei Auftreten einer Exception wird für alle erfolgreich ausgeführten Konstruktoren der entsprechende Destruktor aufgerufen, jedoch gilt auch:
Für nicht erfolgreich ausgeführte Konstruktoren wird auch kein Destruktor aufgerufen!

Programm A.88 – `exception16.cpp`:
Kein Destruktoraufruf für nicht erfolgreiche Konstruktoren

```
#include <iostream>
using namespace std;
class Klasse {
 public:
   Klasse(char *name, bool exc=false) : m_name(new char[strlen(name)+1]) {
      strcpy(m_name, name); cout << m_name << endl;
      if (exc) throw m_name;
   }
   ~Klasse() { cout << "~" << m_name << endl; delete m_name; }
 private:
   char *m_name;
};
int main(void) {
   try {
      Klasse eins("eins");
      Klasse zwei("zwei", true); // löst Exception aus
      cout << "Ich werde nicht mehr ausgeführt" << endl;
   } catch (const char *nam) {
      cout << "...Exception abgefangen für " << nam << endl;
   }
}
```

Da beim Anlegen des Objekts `zwei` der Konstruktor bedingt durch Auftreten einer Exception nicht erfolgreich ausgeführt wird, wird auch zu diesem Objekt nicht der Destruktor aufgerufen, wie die folgende Ausgabe zeigt:

```
eins
zwei
~eins
...Exception abgefangen für zwei
```

Der fehlende Aufruf des Destruktors bei nicht erfolgreichem Konstruktoraufruf kann zu „Speicherleichen" führen, wie es in Programm A.88 auch geschieht.
Es gibt mehrere Möglichkeiten, solche „Speicherleichen" zu vermeiden, von denen nachfolgend zwei vorgestellt werden.

Abfangen von Exceptions im Konstruktor mit Speicherfreigabe

Programm A.89 – `exception17.cpp`:
Abfangen von Exceptions im Konstruktor mit Speicherfreigabe

```
#include <cstring>
#include <iostream>
using namespace std;
class Klasse {
 public:
    Klasse(char *name, bool exc=false) {
       try {
          m_name = new char[strlen(name)+1];
          strcpy(m_name, name);
          cout << m_name << endl;
          if (exc) throw m_name;
       } catch (...) {  }
    }
    ~Klasse() {
       cout << "~" << m_name << endl;
       delete m_name; // Freigabe des allozierten Speicherplatzes
    }
 private:
    char *m_name;
};
int main(void) {
   Klasse eins("eins");
   Klasse zwei("zwei", true);
}
```

Programm A.89 liefert die folgende Ausgabe, an der erkennbar ist, dass nun auch der Destruktor für `zwei` aufgerufen wird:

```
eins
zwei
~zwei
~eins
```

Funktions-try-Blöcke

Eine andere Möglichkeit, um Exceptions in Konstruktoren abzufangen, ist die Verwendung von Funktions-`try`-Blöcken. Es ist nämlich in C++ möglich, bei Funktionen statt der einfachen Klammerung eines Funktionskörpers mit `{...}` den ganzen Funktionskörper in einem `try`-Block gefolgt von einem oder mehreren `catch`-Blöcken unterzubringen, wie z. B.:

```
void funktionsname(...) // keine öffnende { hier
   try {
      //... Funktionsanweisungen
   } catch (...) {
      ....
   }
```

Das Gleiche ist dann natürlich auch bei Methoden zu einer Klasse möglich. Da ein Konstruktor auch eine Methode ist, ist dies auch dort möglich, wobei hier die Besonderheit gilt, dass eine eventuelle Initialisierungsliste erst nach dem Schlüsselwort `try`, aber vor der öffnenden geschweiften Klammer anzugeben ist:

```
konstruktorname(...) // keine öffnende { hier
   try : Initialisierungsliste {
      //... Funktionsanweisungen
   } catch (...) {
      ....
   }
```

Programm A.90 – `exception18.cpp`:
Funktions-try-Blöcke

```
#include <cstring>
#include <iostream>
using namespace std;
class Klasse {
 public:
   Klasse(char *name, bool exc=false) // hier keine {
      try : m_name(new char[strlen(name)+1]) { // Initialisierungsliste nach try
         strcpy(m_name, name);
         cout << m_name << endl;
         if (exc) throw m_name;
      } catch (...) {
         cout << "~" << m_name << endl;
         delete m_name;
      }
   ~Klasse() {
      cout << "~" << m_name << endl;
      delete m_name;
   }
 private:
   char *m_name;
};
```

```
int main(void) // hier keine {
   try { // geschachtelte try-Blöcke
      try {
         Klasse eins("eins");
      } catch (...) { cout << "eins-Exception abgefangen" << endl; }
      try {
         Klasse zwei("zwei", true);
      } catch (...) { cout << "zwei-Exception abgefangen" << endl; }
   } catch (...) {
      cout << "äussere try-Exception abgefangen" << endl;
   }
```

Programm A.90 demonstriert in `main()` auch, dass man `try`-Blöcke schachteln kann, was hier auch notwendig ist, da man zu einer Funktion nur einen `try`-Block angeben darf. Programm A.90 liefert die folgende Ausgabe:

```
eins
~eins
zwei
~zwei
zwei-Exception abgefangen
```

Übung

Programm A.91 – `exceptkonstr.cpp`:
Was gibt dieses Programm aus?

```
#include <iostream>
#include <cstddef>
using namespace std;
//.................................................................. Eins
class Eins {
 public:
    Eins()  { cout << "Eins"  << endl; }
    ~Eins() { cout << "~Eins" << endl; }
};
//.................................................................. Zwei
class Zwei {
 public:
   void *operator new(size_t) {
      cout << "new Zwei" << endl;
      throw 2;
   }
   void operator delete(void *zgr) {
      cout << "delete Zwei" << endl;
      ::operator delete(zgr);
   }
};
//.............................................................. EinsZwei
class EinsZwei {
 public:
```

```
    EinsZwei(int anz = 1) {
        cout << "EinsZwei" << endl;
        zgr1 = new Eins[anz];
        zgr2 = new Zwei;
    }
    ~EinsZwei() {
        cout << "~EinsZwei" << endl;
        delete [] zgr1; // Löschen des Arrays
        delete zgr2;
    }
  private:
    Eins *zgr1;
    Zwei *zgr2;
};
//........................................................................ main
int main(void) {
   try {
      EinsZwei obj(3);
   } catch (int wert) { cout << "int abgefangen: " << wert << endl; }
}
```

Können Sie eine eventuell in Programm A.91 vorhandene Schwäche erkennen?

A.34 Exceptions in Destruktoren

Programm A.92 – exception19.cpp:
Exception im Destruktor

```
#include <iostream>
using namespace std;
class Mensch {
  public:
     Mensch(unsigned i) : m_alter(i) {}
     ~Mensch() { cerr << "Mensch " << m_alter << endl; throw 10; }
  private:
     unsigned m_alter;
};
class Single {
  public:
     Single(int i) : mensch(i) {}
  private:
     Mensch mensch;
};
class Ehe {
  public:
     Ehe(int m, int f) : mann(m), frau(f) {}
  private:
     Mensch mann, frau;
};
```

```
int main(void)
{
    try {
        cerr << "...Lege Single an" << endl;
        Single single(35);
        cerr << "...Nach dem Anlegen von Single" << endl;
    } catch (...) { cerr << "...Single: alles ok" << endl; }

    try {
        cerr << "...Lege Ehe an" << endl;
        Ehe ehe(45, 41);
        cerr << "...Nach dem Anlegen von Ehe" << endl;
    } catch (...) { cerr << "...Ehe: alles ok" << endl; }
}
```

Wenn der Destruktor für das Objekt `single` aufgerufen wird, wird zuerst der Destruktor für die Membervariable `mensch` aufgerufen. Dieser Destruktor-Aufruf wird durch eine Exception abgebrochen, die im Programm durch das `catch` nach dem ersten `try`-Block abgefangen wird. Soweit ist noch alles wie erwartet.
Das Problem tritt auf, wenn der Destruktor für das Objekt `ehe` aufgerufen wird, denn hier wird zunächst der Destruktor für seine Membervariable `frau` aufgerufen, der nun aber wieder durch eine Exception abgebrochen wird, die durch das `catch` nach dem zweiten `try`-Block abgefangen werden sollte. Da das Programm nun den Destruktor der Klasse `Ehe` verlassen hat, wird automatisch noch der Destruktor für die korrekt erzeugte Membervariable `mann` aufgerufen. Da der Destruktor für `mann` auch wieder eine Exception schickt, aber die Programmausführung zwischenzeitlich den `try`-Block verlassen hat, ist der Programmfluss hier völlig durcheinander und das Programm hat keine andere Möglichkeit mehr, als `terminate()` aufzurufen, um sich anormal zu beenden, was sich auch an folgender Ausgabe durch das Programm A.92 erkennen lässt:

```
...Lege Single an
...Nach dem Anlegen von Single
Mensch 35
...Single: alles ok
...Lege Ehe an
...Nach dem Anlegen von Ehe
Mensch 41
Mensch 45
Abgebrochen
```

Abfangen von Exceptions im Destruktor

Eine einfache Möglichkeit, solche Programmabstürze zu vermeiden, ist – wie bei Konstruktoren auch – das Abfangen von möglichen Exceptions im Destruktor selbst, so dass der Destruktor niemals vorzeitig verlassen wird. Dazu müssten wir die Klasse `Mensch` im Programm A.92 nur wie folgt ändern:

```
class Mensch {
  public:
     Mensch(unsigned i) : m_alter(i) {}
     ~Mensch() {
         try { cerr << "Mensch " << m_alter << endl; throw 10;
         } catch (...) { cerr << "...~Mensch-Exception abgefangen" << endl; }
     }
  private:
     unsigned m_alter;
};
```

Programm A.92 würde sich dann richtig verhalten, was an folgender Ausgabe erkennbar ist:

```
...Lege Single an
...Nach dem Anlegen von Single
Mensch 35
...~Mensch-Exception abgefangen
...Lege Ehe an
...Nach dem Anlegen von Ehe
Mensch 41
...~Mensch-Exception abgefangen
Mensch 45
...~Mensch-Exception abgefangen
```

A.35 Exceptions versus setjmp()/longjmp()

A.35.1 setjmp()/longjmp() ist nicht für Objekte ausgelegt

Wird die Funktion `setjmp()` direkt aufgerufen, speichert sie alle relevanten Informationen über den aktuellen Prozessorzustand (Befehlszähler, Register, Stackpointer usw.) in der übergebenen `jmp_buf`-Variablen und kehrt dann mit dem Rückgabewert `0` zurück. In diesem Fall verhält sie sich wie eine normale Funktion. Ein späterer Aufruf von `longjmp()` mit der entsprechenden `jmp_buf`-Variablen stellt dann den früheren Prozessorzustand wieder her, so dass die Programmausführung wieder an der Stelle fortgesetzt wird, an der der vorherige `setjmp()`-Aufruf stattfand, wobei jedoch `setjmp()` hier bei der Rückkehr nicht den Wert `0`, sondern den als zweites Argument angegebenen Wert zurückliefert. So kann man im Code überprüfen, ob `setjmp()` von einem direkten Aufruf oder aber über einen indirekten Aufruf bedingt durch `longjmp()` zurückkehrt. Leser, die an weiteren Erläuterungen zu `setjmp()` und `longjmp()` interessiert sind, seien hier auf das Buch *„C-Programmierung unter Linux/Unix und Windows"* verwiesen.
Das Problem in C++ ist nun aber, dass `longjmp()` nicht für Objekte ausgelegt ist, so dass es keine Destruktoren für die lokalen Objekte aufruft, wenn es über mehrere Funktionen in einer Aufrufhierarchie zurückspringt. Ein ähnliches Problem tritt übrigens auch auf, wenn man innerhalb einer Funktion mit `goto` die Definition eines lokalen Objekts überspringt. In diesem Fall wird der Konstruktor für dieses Objekt nicht aufgerufen, was natürlich zu einem undefinierten Verhalten führt.

A.35.2 Exceptions sind für Objekte ausgelegt

In C++ sind Exceptions für Objekte ausgelegt, so dass bei ihrer Verwendung auch für alle lokalen Objekte die entsprechenden Destruktoren aufgerufen werden. Somit ersetzen sie die alten C-Funktionen `setjmp()` und `longjmp()`.
Programm A.93 verdeutlicht, dass bei einem entsprechenden `longjmp()`-Aufruf in einer Funktion keine Destruktoraufrufe für die lokalen Objekte der übersprungenen Funktionen stattfinden, während dies sehr wohl bei Exceptions geschieht.

Programm A.93 – `exception20.cpp`:
Keine Destruktoraufrufe bei setjmp()/longjmp()

```
#include <iostream>
#include <csetjmp>
using namespace std;
//------------------------------------------------------------ mit setjmp/longjmp
jmp_buf jmpBuf;

class A {
  public:
     A()  { cout << "A"  << endl; }
     ~A() { cout << "~A" << endl; }

     void fkt(void) {
        cout << "fkt(A)" << endl;
        longjmp(jmpBuf, 0); // Rückkehr nach main (zum setjmp-Aufruf)
     }
};
class B {
  public:
     B()  { cout << "B"  << endl; }
     ~B() { cout << "~B" << endl; }

     void fkt(void) {
        A objA;
        cout << "   fkt(B), ";
        objA.fkt();
     }
};

//----------------------------------------------------------------- mit Exceptions
class X {
  public:
     X()  { cout << "X"  << endl; }
     ~X() { cout << "~X" << endl; }
     void fkt(void) {
        cout << "fkt(X)" << endl;
        throw 1; // Exception auslösen
        cout << "Diese Anweisung wird niemals ausgeführt" << endl;
     }
};
```

```
class Y {
  public:
     Y()  { cout << "Y"  << endl; }
     ~Y() { cout << "~Y" << endl; }
     void fkt(void) {
        X objX;
        cout << "   fkt(Y), ";
        objX.fkt();
     }
};
//-------------------------------------------------------------------- main
int main(void) {
   {  cout << "------- mit setjmp/longjmp" << endl;
      B objB;
      if (setjmp(jmpBuf) == 0)
         objB.fkt();
   }
   {  cout << "------- mit Exceptions" << endl;
      Y objY;
      try {
         objY.fkt();
      } catch (...) {}
   }
}
```

An der folgenden Ausgabe des Programms A.93 ist erkennbar, dass bei `setjmp()` / `longjmp()` keine Destruktoraufrufe für die lokalen Objekte der übersprungenen Funktionen stattfinden, während dies sehr wohl bei Exceptions geschieht:

```
-------- mit setjmp/longjmp
B
A
   fkt(B), fkt(A)
~B                         [Es fehlt der Destruktoraufruf für A]
-------- mit Exceptions
Y
X
   fkt(Y), fkt(X)
~X                         [Destruktoraufruf für X findet hier statt]
~Y
```

Übung

Programm A.94 – `setlongjmp.cpp`:
Was gibt dieses Programm aus?

```
#include <iostream>
#include <csetjmp>

using namespace std;
```

```
class K {
  public:
     K()  { cout << "---  K" << endl; }
     ~K() { cout << "--- ~K" << endl; }
};

jmp_buf marke;

void fkt(void) {
   K obj;
   cout << "fkt()" << endl;
   longjmp(marke, 10);
}

int main(void) {
   if(setjmp(marke) == 0) {
      cout << "Los gehts" << endl;
      fkt();
   } else
      cout << "Fertig, oder?" << endl;
}
```

Können Sie eine eventuell in Programm A.94 vorhandene Schwäche erkennen? Wenn ja, so sollten Sie diese beseitigen, indem Sie ein entsprechendes Programm `nosetlongjmp.cpp` erstellen.

A.36 Exception-Spezifikationen bei Vererbung

Da Exception-Spezifikationen Teil der Funktionsdeklaration sind, müssen diese konsistent in einer Vererbungshierarchie bleiben:

- Ist zu einer Basisklassen-Methode eine `throw()`-Liste angegeben, dürfen beim Überschreiben dieser Methode in einer abgeleiteten Klasse keine neuen Exceptions von anderen Typen in der `throw()`-Liste hinzugefügt werden, da damit die *„ist-ein"*-Beziehung der abgeleiteten Klasse zur Basisklasse verletzt würde.
- Es ist aber erlaubt, nur einige oder auch keine Exceptions aus der `throw()`-Liste der Basisklasse in einer gleichnamigen Methode in einer abgeleiteten Klasse anzugeben.
- Es ist auch erlaubt, eine neue Exception in der `throw()`-Liste in der abgeleiteten Methode anzugeben, wenn für diese Exception eine *„ist-ein"*-Beziehung gilt: *Neue Exception ist eine Exception aus der Liste in der Basisklassen-Methode.*

Programm A.95 verdeutlicht diese Regeln nochmals:

Programm A.95 – `erbexception.cpp`:
Regeln für Exception-Spezifikationen bei Vererbung

```
#include <iostream>
#include <exception>
using namespace std;

```

```
 5 class Basis {
 6   public:
 7      class BasisExc {};
 8      class SubExc : public BasisExc {};
 9      virtual void falsch1() throw(BasisExc) { throw BasisExc(); }
10      virtual void falsch2() throw(SubExc)   { throw SubExc();   }
11      virtual void falsch3() throw(BasisExc) { throw BasisExc(); }
12      virtual void ok()      throw(BasisExc) { throw BasisExc(); }
13 };
14 class Sub : public Basis {
15   public:
16       //....................... In Basis nur BasisExc, nun alle erlaubt
17      virtual void falsch1()                  { throw BasisExc(); }
18       //.............................. BasisExc "ist-nicht-ein" SubExc
19      virtual void falsch2() throw(BasisExc)  { throw BasisExc(); }
20       //.............. In Basis BasisExc, nun zusätzl bad_alloc erlaubt
21      virtual void falsch3() throw(bad_alloc) { throw bad_alloc(); }
22       //.................................... SubExc "ist-ein" BasisExc
23      virtual void ok()      throw(SubExc)    { throw SubExc();    }
24 };
```

Der Compiler würde in Programm A.95 für die Zeilen 17, 19 und 21 Fehler melden.

Anhang B

Nützliche Programmiertechniken

B.1 Verhindern unerlaubter Arrayzugriffe mit Referenzen

Programm B.1 zeigt, wie man sich mit Funktionen, die Referenzen als Rückgabewerte liefern, gegen unerlaubte Speicherzugriffe in fremden Speicher schützen kann.

Programm B.1 – `refschutz.cpp`*:*
Schützen vor unerlaubten Speicherzugriffen mit Referenzen und gekapselten Arrays

```
#include <stdio.h>
#include <stdlib.h>

#define GROESSE 20

int &getElement(int index) {
   static int array[GROESSE]; // statisch gekapseltes lokales Array, das
                              // nach außen nicht sichtbar ist.

   if (index < 0 || index >= GROESSE) { // Progr.abbruch bei ungültigem Index
      fprintf(stderr, "Unerlaubter Index: %d\n", index);
      exit(1);
   }
   return array[index];
}
int main(void) {
   int i, zahl;

   for (i=0; i < GROESSE; i++)
      getElement(i) = i * i;

   printf("Quadratzahl zu: ");
   scanf("%d", &zahl);
   printf("  = %d\n", getElement(zahl));
}
```

Mögliche Ablaufbeispiele des Programms B.1 sind:

```
Quadratzahl zu: 15 ⏎
  = 225
```

```
Quadratzahl zu: -1 ⏎
Unerlaubter Index: -1
```

```
Quadratzahl zu: 56 ⏎
Unerlaubter Index: 56
```

B.2 Zweidimensionale dynamische Arrays in C++

Es können auch mehrere Dimensionen nach `new` angegeben werden, wobei jedoch *nur die erste* Dimension variabel sein darf. Bei mehrdimensionalen Arrays müssen die anderen Dimensionen fest (konstant) sein. Programm B.2 zeigt, wie man in C++ zweidimensionale dynamische Arrays anlegen kann.

Programm B.2 – `dynmatrix.cpp`:
Anlegen von zweidimensionalen dynamischen Arrays in C++

```
#include <stdio.h>

int main(void) {
   int zeilen, spalten, i, j;

   printf("Wie viele Zeilen: ");   scanf("%d", &zeilen);
   printf("Wie viele Spalten: ");  scanf("%d", &spalten);
   //... zweidim. Array mit fester Spaltenzahl (10) und variabler Zeilenzahl
   //.........................................................................
   int (*const matrix1)[10] = new int[zeilen][10]; // Zeiger auf int[10]
   for (i=0; i<zeilen; i++)
      for (j=0; j<10; j++)
         matrix1[i][j] = i*10 + (j+1);
   for (i=0; i<zeilen; i++) {
      for (j=0; j<10; j++)
         printf("%5d", matrix1[i][j]);
      printf("\n");
   }
   delete [] matrix1; // Freigeben der ganzen Matrix
   printf("--------------------------------------------------\n");
   //... zweidim. Array mit variabler Spaltenzahl und fester Zeilenzahl (10)
   //.........................................................................
   int *matrix2[10]; // Array mit 10 int-Zeigern

   for (i=0; i<10; i++) {
      matrix2[i] = new int[spalten];
      for (j=0; j<spalten; j++)
         matrix2[i][j] = i*10 + (j+1);
   }
```

```
   for (i=0; i<10; i++) {
      for (j=0; j<spalten; j++)
         printf("%5d", matrix2[i][j]);
      printf("\n");
   }
   for (i=0; i<10; i++)
      delete [] matrix2[i]; // Freigeben des Platzes, auf den Spaltenzeiger zeigen
   printf("------------------------------------------------\n");

   //... zweidim. Array mit variabler Spalten- und Zeilenzahl
   //.............................................................
   int **const matrix3 = new int* [zeilen]; // Zeiger-Zeiger

   for (i=0; i<zeilen; i++) {
      matrix3[i] = new int [spalten];
      for (j=0; j<spalten; j++)
         matrix3[i][j] = i*10 + (j+1);
   }
   for (i=0; i<zeilen; i++) {
      for (j=0; j<spalten; j++)
         printf("%5d", matrix3[i][j]);
      printf("\n");
   }
   for (i=0; i<zeilen; i++) // Freigeben des Platzes, auf den Spaltenzeiger zeigen
      delete [] matrix3[i];
   delete [] matrix3; // Freigeben der Spaltenzeiger selbst
}
```

Ein mögliches Ablaufbeispiel des Programms B.2 ist:

```
Wie viele Zeilen: 3 ⏎
Wie viele Spalten: 5 ⏎
    1    2    3    4    5    6    7    8    9   10
   11   12   13   14   15   16   17   18   19   20
   21   22   23   24   25   26   27   28   29   30
------------------------------------------------
    1    2    3    4    5
   11   12   13   14   15
   21   22   23   24   25
   31   32   33   34   35
   41   42   43   44   45
   51   52   53   54   55
   61   62   63   64   65
   71   72   73   74   75
   81   82   83   84   85
   91   92   93   94   95
------------------------------------------------
    1    2    3    4    5
   11   12   13   14   15
   21   22   23   24   25
```

B.3 Eigene realloc()-Funktion mit new und delete

In C++ existiert kein Operator zur Funktion `realloc()`, um einen allozierten Speicherplatz zu vergrößern bzw. zu verkleinern. Dies muss der Programmierer selbst bewerkstelligen, indem er einen Speicherplatz der neuen Größe mit `new` alloziert, dann die Daten aus dem alten Speicherplatz in den neuen kopiert, bevor er den alten Speicherplatz mit `delete []` freigibt. Programm B.3 zeigt eine mögliche Realisierung einer solchen eigenen `realloc()`-Funktion mit `new` und `delete`.

Programm B.3 – `realloc.cpp`:
Eigene realloc()-Funktion mit new und delete

```
#include <stdio.h>

//................................................................myrealloc
char *myrealloc(char *alt, unsigned neuGroesse)
{
   static unsigned altGroesse = 0;
   char *tmp = new char [neuGroesse]; // neuen Speicherplatz allozieren

   if (alt != 0)
      for (unsigned i=0; i < altGroesse; i++) // alten Speicher in neuen kopieren
         tmp[i] = alt[i];
   delete [] alt; // alten Speicherplatz freigeben
   printf("....Alte/Neue Groesse in Bytes: %2d/%2d:  ", altGroesse, neuGroesse);
   altGroesse = neuGroesse;
   return tmp;
}
//.....................................................................main
int main(void) {
   unsigned i;

   int *array = (int *)myrealloc(0, 5*sizeof(int));
   for (i=0; i < 5; i++)
      array[i] = i;
   for (i=0; i < 5; i++)
      printf("%d, ", array[i]);
   printf("\n");

   array = (int *)myrealloc((char *)array, 10*sizeof(int)); // Vergrössern
   for (i=5; i < 10; i++)
      array[i] = i;
   for (i=0; i < 10; i++)
      printf("%d, ", array[i]);
   printf("\n");

   array = (int *)myrealloc((char *)array, 2*sizeof(int)); // Verkleinern
   for (i=0; i < 2; i++)
      printf("%d, ", array[i]);
   printf("\n");
}
```

Programm B.3 liefert die folgende Ausgabe:

```
....Alte/Neue Groesse in Bytes:  0/20:  0, 1, 2, 3, 4,
....Alte/Neue Groesse in Bytes: 20/40:  0, 1, 2, 3, 4, 5, 6, 7, 8, 9,
....Alte/Neue Groesse in Bytes: 40/ 8:  0, 1,
```

B.4 Referenzen als Aliase bei geschachtelten Strukturen

Referenzen können auch nützlich eingesetzt werden, um für Zugriffe auf verschachtelte Teile einer Struktur Abkürzungen einzuführen, wie z. B.:

```
typedef struct {
   int tag, monat, jahr;
} Geburtstag;

typedef struct {
   char        name[40];
   char        wohnort[40];
   Geburtstag  gebtag;
} Persdaten;

Persdaten  mitarbeiter;
int &GebJahr = mitarbeiter.gebtag.jahr;  // Referenz auf eine Strukturvariable
....
GebJahr = 1987; // einfacher Zugriff auf Strukturvariable
```

B.5 Kopierkonstruktor und Zuweisungsoperator ausschalten

Es gibt Situationen, in denen man den Kopierkonstruktor und Zuweisungsoperator ausschalten muss, damit keine Kopie des Objekts bzw. eine Zuweisung dieses Objekts an ein anderes Objekt möglich ist. Eine solche Situation liegt z. B. vor, wenn ein Objekt einer Klasse fest mit einer Datei verbunden ist, die beim Anlegen des Objekts geöffnet wird, und so einen `private`-Dateizeiger (*Filepointer*) auf diese Datei besitzt. In diesem Fall wäre ein Kopieren oder Zuweisen dieses Objekts fatal, da nun über den kopierten Dateizeiger von zwei Objekten auf die gleiche Datei zugegriffen werden kann, was sicher im Chaos enden wird. Eine andere Situation liegt vor, wenn eine Klasse eine Referenz als Membervariable enthält, denn dann kann der Zuweisungsoperator nicht seine Aufgabe erfüllen.
In solchen Fällen kann man z. B. folgende Vorgehensweisen wählen:

Implementieren als private „Dummies"

Hierbei schaltet man den Kopierkonstruktor und den Zuweisungsoperator aus, indem man beide als `private`-Memberfunktionen definiert, die eine leere Anweisungsliste { } besitzen. Versucht dann ein Benutzer der Klasse den Kopierkonstruktor oder Zuweisungsoperator aufzurufen, meldet der Compiler einen Fehler. Programm B.4, das Fehlermeldungen in unterschiedlichen Dateien mitprotokolliert, zeigt diese Technik.

Programm B.4 – `errorlog.cpp`:
Klasse `CErrorLog` zum Mitprotokollieren von Fehlern in Dateien

```
#include <iostream>
#include <cstdlib>
#include <ctime>
#include <cstdio>
using namespace std;
class CErrorLog {
 public:
   CErrorLog(char* fname) {
      if ( (m_dz = fopen(fname,"a")) == 0)
         cerr << "Fehler beim Oeffnen der Datei..." << endl;
   }
   ~CErrorLog() {
      if (m_dz && fclose(m_dz))
         cerr << "Fehler beim Schliessen der Datei..." << endl;
   }
   void Log(int nr) {
      if(m_dz) {
         time_t t;
         time( &t ); // Sekunden seit 1.1.1970
         fprintf(m_dz, "Fehlernr: %5d  %s", nr, asctime(localtime(&t)));
      }
   }
 private:
      // Kopierkonstruktor und Zuweisungsoperator sind hier private,
      // um Objektkopien zu verhindern, die bei dieser Klasse keinen Sinn
      // machen und fatal wären (Dateizeiger!)
   CErrorLog(const CErrorLog& log)             { }
   CErrorLog& operator=(const CErrorLog& log) { }
   FILE *m_dz;  // Dateizeiger
};
int main(void) {
  CErrorLog liste22("log22.txt"),
            liste123("log123.txt");
  int nr;  // zufällige Fehlernummer
   srand(time(0));  // Zufallszahlengenerator initialisieren
   while (getchar() == '\n') {
      nr = rand()%1000;
      if(!(nr % 2))
         liste22.Log(nr);   // Fehler der Kategorie 22
      else
         liste123.Log(nr);  // Fehler der Kategorie 123
   }
}
```

Startet man das Programm B.4 und drückt dann einige Mal mit ein paar Sekunden Verzögerung die ↵-Taste, bevor man das Programm mit Eingabe eines beliebigen Zeichens beendet, wie z. B.:

```
↵
...
↵
x ↵
```

so könnten die beiden Dateien `log22.txt` und `log123.txt` z. B. den folgenden Inhalt haben:

- `log22.txt`:

```
Fehlernr:   406   Tue Jun 15 16:45:59 2004
Fehlernr:   788   Tue Jun 15 16:46:00 2004
Fehlernr:   826   Tue Jun 15 16:46:02 2004
Fehlernr:   244   Tue Jun 15 16:46:10 2004
```

- `log123.txt`:

```
Fehlernr:   423   Tue Jun 15 16:46:04 2004
Fehlernr:   909   Tue Jun 15 16:46:06 2004
Fehlernr:   347   Tue Jun 15 16:46:09 2004
Fehlernr:   295   Tue Jun 15 16:46:11 2004
```

Deklarieren, aber nicht Definieren

Wählt man diese Vorgehensweise, führt es zu einem Linker-Fehler, wenn der Benutzer der Klasse den Kopierkonstruktor oder Zuweisungsoperator benutzen will. Programm B.5 verdeutlicht, dass Referenzen nur über Initialisierungslisten beim Konstruktor initialisiert werden können, und nachträglich keine Zuweisung mehr an Referenzen möglich ist. Somit macht die Bereitstellung eines Zuweisungsoperators bei Klassen, die Referenzen als Membervariablen besitzen, nur wenig Sinn. Zudem verdeutlicht dieses Programm, dass bei einer Klasse mit Referenz-Membervariablen alle Objekte dieser Klasse auf den gleichen Wert zeigen.

Programm B.5 – `refzuweis.cpp`:
Falsches Überladen des Zuweisungsoperators bei Klassen mit Referenz-Membervariablen

```
#include <stdio.h>

class MitRef {
   public:
      MitRef(int x=0)  : ref(x)  { }
      MitRef(const MitRef& copyObj)  : ref(copyObj.ref) {
         *this = copyObj;
      }
      MitRef& operator=(const MitRef& rechtOp) {
         ref = rechtOp.ref; // Referenz nach Initialisierung nicht mehr änderbar
         return *this;
      }
      void print(void) { printf("%d\n", ref); }
```

```
    private:
        int &ref; // Bei Referenz-Membervar. keine Zuweisung mögl.
};

int main(void)
{
    MitRef r1(10),
           r2(20);
    r1.print();
    r2.print();
    r2 = r1;
    r1.print();
    r2.print();
}
```

Programm B.5 liefert z. B. folgende Ausgabe:

```
20
20
-1073745456
-1073745456
```

Soll also die unsinnige Zuweisung in Programm B.5 unterbunden werden, kann man den Zuweisungsoperator lediglich deklarieren, aber nicht definieren, wie es in Programm B.6 gezeigt ist.

Programm B.6 – `refzuweis2.cpp`:
Zuweisungsoperator nur deklarieren, nicht definieren

```
#include <stdio.h>
class MitRef {
    public:
        MitRef(int x=0) : ref(x)                   {                    }
        MitRef(const MitRef& copyObj) : ref(copyObj.ref) { *this = copyObj; }
        MitRef& operator=(const MitRef& rechtOp); // keine Definition
        void print(void) { printf("%d\n", ref); }
    private:
        int &ref; // Bei Referenz-Membervar. keine Zuweisung mögl.
};
int main(void) {
    MitRef r1(10), r2(20);
    r2 = r1; // führt zu Linker-Fehler, da Def. des Zuweisungsoperators fehlt
}
```

Der Versuch in Programm B.6, den Zuweisungsoperator zu verwenden, führt zu einer Fehlermeldung durch den Linker.
Bei den beiden hier vorgestellten Techniken wird ausgeschlossen, dass der Compiler seine Standard-Operation durchführt und so eine unbrauchbare „flache" Kopie erzeugt.

B.6 Klassen, die nur eine Objekt-Instanz erlauben

Unter Verwendung eines privaten Konstruktors und einer statischen Membervariablen der eigenen Klasse kann man sicherstellen, dass zu einer Klasse nur ein und nicht mehrere Objekte angelegt werden können. Programm B.7, das nur das Anlegen eines Objekts der Klasse `Singleton` erlaubt, demonstriert diese Technik.

Programm B.7 – `singleobj.cpp`:
Verhindern des mehrfachen Kreierens von Objekten einer Klasse

```
......
class Singleton {
 public:
   static Singleton* instanz() { return &einzigartig; }
   int getWert() const         { return m_data;       }
 private:
   static Singleton einzigartig; // statische Membervariable der eigenen Klasse
   int              m_data;
   Singleton(int wert) { m_data = wert; } // privater Konstruktor
   Singleton(const Singleton&); // Ausschalten des Kopierkonstruktors
};
Singleton Singleton::einzigartig(1);
int main(void) {
  //... Keine Kreierung eines zweiten Singleton-Objekts möglich
  // Singleton zweitesObj(2); // würde Compilerfehler liefern
    //... Zugriff auf Singleton-Objekt ist wie folgt möglich:
  cout << Singleton::instanz()->getWert() << endl;
}
```

Nachdem der Compiler das private und statische Objekt `einzigartig` nach der Klassendeklaration mit

```
Singleton Singleton::einzigartig(1);
```

angelegt und initialisiert hat, besteht keine Möglichkeit mehr, ein weiteres Objekt dieser Klasse anzulegen, da deren Konstruktor ja `private` ist.
Würde man den Kopierkonstruktor nicht ausschalten, so wäre das Anlegen weiterer Objekte dieser Klasse möglich, wie es in Programm B.8 gezeigt ist:

Programm B.8 – `singleobj2.cpp`:
Kein Ausschalten des Kopierkonstruktors erlaubt weiteres Anlegen von Objekten

```
......
class Singleton {
 public:
   static Singleton* instanz() { return &einzigartig; }
   int    getWert() const      { return m_data;       }
 private:
   static Singleton einzigartig; // statische Membervariable der eigenen Klasse
   int              m_data;
   Singleton(int wert) { m_data = wert; } // privater Konstruktor
//   Singleton(const Singleton&); // kein Ausschalten des Kopierkonstruktors
};
```

```
Singleton Singleton::einzigartig(1);

int main(void) {
  cout << Singleton::instanz()->getWert() << endl;
  //... Anlegen neuer Objekte möglich, wenn Kopierkonstr. nicht ausgeschaltet
  Singleton zwei = *Singleton::instanz();
  Singleton drei(*Singleton::instanz());
  cout << zwei.instanz()->getWert() << endl; // würde 1 ausgeben
  cout << drei.instanz()->getWert() << endl; // würde 1 ausgeben
}
```

Das Sicherstellen, dass von einer Klasse nur ein Objekt angelegt wird, bezeichnet man auch als *Singleton*-Pattern.

B.7 Copy-on-Write mittels Referenzzähler

In manchen Situationen ist es nicht sinnvoll, bei jedem Aufruf des Kopierkonstruktors und des Zuweisungsoperators eine vollständige tiefe Kopie durchzuführen. Treten solche Situationen auf, dann ist ein solches überflüssiges Duplizieren vor allen Dingen bei sehr großen Objekten sehr zeitaufwändig. Um in solchen Situationen ein überflüssiges Duplizieren zu vermeiden, kann man folgende Vorgehensweise wählen:

- **Referenzzähler in der Klasse**
  Dieser Referenzzähler zählt immer mit, wie viele Objekt-Zeiger gerade auf ein Objekt zeigen. Jeder Aufruf des Kopierkonstruktors und Zuweisungsoperators bedeutet dann, dass ein neuer Zeiger auf dieses Objekt angelegt wird, was man durch das Inkrementieren des Referenzzählers festhält. Beim Freigeben eines Zeigers auf ein solches Objekt wird dann entsprechend der Referenzzähler dekrementiert, wobei das Objekt selbst freigegeben (gelöscht) wird, wenn der Referenzzähler den Wert 0 annimmt, da dann keine weiteren Zeiger mehr vorhanden sind, und somit das Objekt seine Existenzberechtigung verliert.
- **Copy-on-Write bei Änderungen am Objekt**
  Versucht einer der Zeiger, das Objekt selbst zu ändern, dann würde dies bedeuten, dass diese Änderung für alle Objekt-Zeiger vorgenommen wird. Erst in diesem Fall, dass ein Zeiger versucht, das Objekt zu ändern, wird eine Kopie für dieses Objekt erstellt, dessen neue Adresse dann der betreffende Zeiger erhält. Dieses Verfahren nennt man *copy-on-write* (oder auch *COW-Verfahren*). Man muss hierbei lediglich beachten, dass ein Kopieren des Objekts nur dann wirklich notwendig ist, wenn aktuell mehrere Zeiger auf dieses Objekt zeigen, was sich aber leicht am Referenzzähler erkennen lässt, der dann ja einen Wert größer als 1 besitzt.

Programm B.9 – `cow.cpp`:
Copy-on-Write mittels Referenzzähler

```
#include <cstring>
#include <iostream>
using namespace std;
```

```
//............................................................... Besitzer
class Besitzer {
 public:
    //.... Besitzer kann nur dynamisch alloziert werden
   static Besitzer *make(const char *name) { return new Besitzer(name); }
   Besitzer(const Besitzer& b) : refzaehl(1) { //.... Besitzer-Kopierkonstr.
      strcpy(name, "Kopie von ");
      strcat(name, b.name);
      print("Kopierkonstr.: ");
   }
   ~Besitzer() { print("Lösche Besitzer  : "); }
   void attach(void) { ++refzaehl; print("Attach Besitzer: "); }
   void detach(void) {
      if (refzaehl == 0) { cerr << "kein Objekt mehr vorhanden" << endl; return; }
      print("Detach Besitzer: ");
      if (--refzaehl == 0) delete this; // Falls kein Besitzer mehr --> Löschen
   }
   Besitzer *copyOnWrite(void) {
      if (refzaehl == 1) {
         cout << "keine Kopie von " << name << "" << endl;
         return this;
      }
      cout << "erstelle Kopie von " << name << "" << endl;
      --refzaehl;
      return new Besitzer(*this); // Duplizieren mit Kopierkonstr.
   }
   void rename(const char *neuName) { // ändert Inhalt
      char text[100];
      sprintf(text, "Besitzer %s" umbenannt in: ", name);
      strcpy(name, neuName);
      print(text);
   }
   void print(const char *text = "") const {
      cout << text << "" << name << "", rz=" << refzaehl << endl;
   }
 private:
   char name[100];
   int  refzaehl;
   Besitzer(const char *nam) : refzaehl(1) { // privater Konstruktor
      strcpy(name, nam);
      cout << "angelegt: " << "" << name << "", rz = " << refzaehl << " ---> ";
   }
};
//................................................................... Auto
class Auto {
 public:
   Auto(Besitzer *b, const char *name) : eigentuemer(b) {
      strcpy(eName, name);
      print("angelegt: ");
   }
```

```
   Auto(const Auto& a) : eigentuemer(a.eigentuemer) { // Auto-Kopierkonstruktor
      strcpy(eName, "Kopie zu "); strcat(eName, a.eName);
      eigentuemer->attach();
      print("Kopierkonstr.: ");
   }
   Auto& operator= (const Auto& a) { //................ Auto-Zuweisungsoperator
      if (&a != this) { //... keine Selbstzuweisung möglich
         strcpy(eName, a.eName); strcat(eName, " zugewiesen");
         eigentuemer->detach();        // Alten Besitzer entfernen
         eigentuemer = a.eigentuemer; // Zuweisung der Adresse
         eigentuemer->attach();        // Hinzufügen des neuen Besitzers
      } else
         cout << "   keine Aktion" << endl;
      return *this;
   }
   ~Auto() { print("Auto-Destruktor: "); eigentuemer->detach(); }
    //... 1. Copy-on-write: bei Modifizieren des Inhalts
   void renameBesitzer(const char *neuName) {
      eigentuemer = eigentuemer->copyOnWrite();
      eigentuemer->rename(neuName);
   }
    //... 2. Copy-on-write: auch, wenn man anderen Zugriff auf Objekt gewährt
   Besitzer *getBesitzer() {
      eigentuemer = eigentuemer->copyOnWrite();
      return eigentuemer;
   }
   void print(const char *text="") const {
      cout << text << "[" << eName << "]: ";
      eigentuemer->print();
   }
 private:
   Besitzer *eigentuemer;
   char      eName[100];
};
//................................................................... main
int main(void) {
   Auto      VW(Besitzer::make("Hans"), "VW"),
         Kaefer(Besitzer::make("Anna"), "Kaefer");
   cout << endl;
   cout << "..... vor: Auto Beetle(VW);" << endl;
   Auto Beetle(VW);
   cout << ".... nach: Auto Beetle(VW);" << endl;
   VW.print("      VW: ");
   Kaefer.print("  Kaefer: ");
   Beetle.print("  Beetle: "); cout << endl;

   cout << "..... vor: Kaefer = VW;" << endl;
   Kaefer = VW;
   cout << ".... nach: Kaefer = VW;" << endl;
   VW.print("      VW: ");
```

```
    Kaefer.print("    Kaefer: ");
    Beetle.print("    Beetle: "); cout << endl;

    cout << "..... vor: Beetle = Beetle;" << endl;
    Beetle = Beetle; //... Versuch der Selbstzuweisung
    cout << ".... nach: Beetle = Beetle;" << endl;
    VW.print("        VW: ");
    Kaefer.print("    Kaefer:  ");
    Beetle.print("    Beetle: "); cout << endl;

    cout << "..... vor: Beetle.getBesitzer()->rename(Ëmil");" << endl;
    Beetle.getBesitzer()->rename("Emil");
    cout << ".... nach: Beetle.getBesitzer()->rename(Ëmil");" << endl;
    cout << endl;

    Auto Volkswagen(Besitzer::make("Boris"), "Volkswagen");
    cout << "..... vor: Volkswagen.getBesitzer()->rename(Ïvan");" << endl;
    Volkswagen.getBesitzer()->rename("Ivan");
    cout << ".... nach: Volkswagen.getBesitzer()->rename(Ïvan");" << endl;
    cout << endl;
}
```

Programm B.9 soll nachfolgend etwas erläutert werden:

- Klasse `Besitzer`
  - ist das Objekt, auf das ein `Auto`-Objekt zeigt.
  - enthält einen `public`-Kopierkonstruktor, um zu einem existierenden Besitzer einen neuen Besitzer zu erzeugen.
  - enthält einen `private`-Konstruktor, so dass keine `Besitzer`-Objekte direkt von anderen Klassen angelegt werden können.
  - enthält eine statische Methode `make()`, die den `private`-Konstruktor aufruft. So kann man auch von anderen Klassen über diese Methode sich `Besitzer`-Objekte erzeugen lassen.
  - enthält einen Referenzzähler, der im `private`-Konstruktor und im `public`-Kopierkonstruktor auf 1 gesetzt wird.
  - inkrementiert den Referenzzähler in der Methode `attach()`.
  - dekrementiert den Referenzzähler in den Methoden `detach()` und `copyOnWrite()`. Sollte der Referenzzähler in der Methode `detach()` 0 werden, wird das Objekt freigegeben.
  - enthält eine Methode `copyOnWrite()`, die für den Fall, dass der Referenzzähler größer als 1 ist, eine Kopie zum entsprechenden `Besitzer`-Objekt erstellt, und einen Zeiger auf diese Kopie zurückliefert.
  - enthält Methode `rename()`, die eine Änderung am Objekt vornimmt.
- Klasse `Auto`
  - enthält einen Kopierkonstruktor, der keinen neuen Speicherplatz für den `Besitzer` anfordert, sondern stattdessen den des alten Besitzers benutzt. Da nun ein weiteres Auto auf den gleichen Besitzer zeigt, ruft der Kopierkon-

struktor die Methode `Besitzer::attach()` auf, um für diesen Besitzer den Referenzzähler inkrementieren zu lassen.

- enthält überladenen Zuweisungsoperator, der zuerst den vorherigen Besitzer mittels `Besitzer::detach()` für das Auto entfernt (Dekrementieren des Referenzzählers), bevor er die Adresse des neuen Besitzers zuweist und dann den neuen Besitzer mittels `Besitzer::attach()` eintragen lässt (Inkrementieren des Referenzzählers).
- enthält die Methoden `renameBesitzer()` und `getBesitzer()`, die beide zuerst die Methode `Besitzer::copyOnWrite()` aufrufen, da sie entweder das entsprechende `Besitzer`-Objekt ändern oder aber abkoppeln lassen, da sie eine eigene Kopie haben wollen, was bei Rückgabe eines Zeigers auf das Objekt sinnvoll ist.
- enthält einen Destruktor, der `Besitzer::detach()` für den zugehörigen Besitzer aufruft, um den Referenzzähler dieses Besitzer zu dekrementieren, und den Besitzer eventuell freizugeben, wenn Referenzzähler 0 wird.

Programm B.9 liefert die folgende Ausgabe:

```
angelegt: "Hans", rz = 1 ---> angelegt: [VW]: "Hans", rz=1
angelegt: "Anna", rz = 1 ---> angelegt: [Kaefer]: "Anna", rz=1

..... vor: Auto Beetle(VW);
Attach Besitzer: "Hans", rz=2
Kopierkonstr.: [Kopie zu VW]: "Hans", rz=2
.... nach: Auto Beetle(VW);
      VW: [VW]: "Hans", rz=2
   Kaefer: [Kaefer]: "Anna", rz=1
   Beetle: [Kopie zu VW]: "Hans", rz=2

..... vor: Kaefer = VW;
Detach Besitzer: "Anna", rz=1
Lösche Besitzer  : "Anna", rz=0
Attach Besitzer: "Hans", rz=3
.... nach: Kaefer = VW;
      VW: [VW]: "Hans", rz=3
   Kaefer: [VW zugewiesen]: "Hans", rz=3
   Beetle: [Kopie zu VW]: "Hans", rz=3

..... vor: Beetle = Beetle;
   keine Aktion
.... nach: Beetle = Beetle;
      VW: [VW]: "Hans", rz=3
   Kaefer:  [VW zugewiesen]: "Hans", rz=3
   Beetle: [Kopie zu VW]: "Hans", rz=3

..... vor: Beetle.getBesitzer()->rename("Emil");
erstelle Kopie von "Hans"
Kopierkonstr.: "Kopie von Hans", rz=1
Besitzer "Kopie von Hans" umbenannt in: "Emil", rz=1
```

```
.... nach: Beetle.getBesitzer()->rename("Emil");

angelegt: "Boris", rz = 1 ---> angelegt: [Volkswagen]: "Boris", rz=1
..... vor: Volkswagen.getBesitzer()->rename("Ivan");
keine Kopie von "Boris"
Besitzer "Boris" umbenannt in: "Ivan", rz=1
.... nach: Volkswagen.getBesitzer()->rename("Ivan");

Auto-Destruktor: [Volkswagen]: "Ivan", rz=1
Detach Besitzer: "Ivan", rz=1
Lösche Besitzer  : "Ivan", rz=0
Auto-Destruktor: [Kopie zu VW]: "Emil", rz=1
Detach Besitzer: "Emil", rz=1
Lösche Besitzer  : "Emil", rz=0
Auto-Destruktor: [VW zugewiesen]: "Hans", rz=2
Detach Besitzer: "Hans", rz=2
Auto-Destruktor: [VW]: "Hans", rz=1
Detach Besitzer: "Hans", rz=1
Lösche Besitzer  : "Hans", rz=0
```

B.8 Das Huhn-Ei-Problem

Beim *Huhn-Ei-Problem* (Was war zuerst?) treten Abhängigkeiten zwischen den Klassen auf, so dass die eine Klasse die andere kennen muss und umgekehrt. Dies kann zu Problemen bei der Kompilierung führen. Nehmen wir die folgenden beiden Headerdateien:

```
#ifndef HUHN /*.................................................... huhn.h */
#define HUHN
#include "ei.h" //... Um Klasse Ei bekannt zu machen
class Huhn {
  public:
     void print(Ei& e);
     char *name() { return "Huhn"; }
};
#endif
```

```
#ifndef EI /*...................................................... ei.h */
#define EI
#include "huhn.h" //... Um Klasse Huhn bekannt zu machen
class Ei {
  public:
     void print(Huhn& h);
     char *name() { return "Ei"; }
};
#endif
```

Die zugehörigen einfachen Implementierungen befinden sich in den beiden folgenden .cpp-Dateien:

```
//............................................... huhn.cpp
#include "huhn.h"
#include <iostream>
using namespace std;

void Huhn::print(Ei& e) {
   cout << "Ich bin das Huhn und bin entschlüpft dem: " << e.name() << endl;
};
```

```
//.................................................. ei.cpp
#include "ei.h"
#include <iostream>
using namespace std;

void Ei::print(Huhn& h) {
   cout << "Ich bin das Ei und aus mir entschlüpft das: " << h.name() << endl;
};
```

Würde man diese beiden .cpp-Dateien kompilieren, würde der Compiler Fehler melden. Wir wollen dies anhand des Programms huhn.cpp nachvollziehen:

1. Inkludieren der Headerdatei huhn.h.
2. Inkludieren der Headerdatei ei.h (in huhn.h), da die Konstante HUHN noch nicht definiert ist.
3. Versuch, die Headerdatei huhn.h (in ei.h) zu inkludieren, da die Konstante EI noch nicht definiert ist. Jedoch schlägt dieser Versuch, huhn.h zu inkludieren, fehl, da zwischenzeitlich (in Punkt 2) die Konstante HUHN definiert ist.
4. Auswerten (Parsen) der Klasse Ei. Beim Auswerten (Parsen) der Klasse Ei trifft der Compiler in der Memberfunktion print() auf den Referenzparameter der Klasse Huhn, die er noch nicht kennt, da er ja huhn.h noch nicht vollständig ausgewertet hat. Dies führt dann zu einer Fehlermeldung durch den Compiler.

Dieses *Huhn-Ei-Problem* hier kann man lösen, indem man Forward-Deklarationen für die fremden Klassen vor der eigenen Klassendefinition einfügt, und die entsprechende fremde Headerdatei nach der eigenen Klassendefinition inkludiert:

```
#ifndef HUHN /*.......................................... Neues huhn2.h */
#define HUHN
class Ei; //... Forward-Deklaration, um Klasse Ei bekannt zu machen

class Huhn {
  public:
     void print(Ei& e);
     char *name() { return "Huhn"; }
};

#include "ei2.h" //... Um Klasse Ei zu inkludieren

#endif
```

```
#ifndef EI /*............................................ Neues ei2.h */
#define EI
class Huhn; //... Forward-Deklaration, um Klasse Huhn bekannt zu machen
class Ei {
  public:
     void print(Huhn& h);
     char *name() { return "Ei"; }
};
#include "huhn2.h" //... Um Klasse Huhn zu inkludieren
#endif
```

Die hier vorgestellte Technik funktioniert jedoch nur, wenn Aggregationen zu anderen Klassen (Referenzen und Zeiger) vorliegen, und die Memberfunktionen nicht *inline* sind und keine anderen Klassen als Werte-Parameter oder aber als Rückgabewerte besitzen. Liegen Kompositionen zu anderen Klassen vor oder sind `inline`-Memberfunktionen vorhanden, funktioniert diese Technik nicht.

B.9 private- und protected-Ableitungen

Nachfolgend werden kurz zwei Anwendungsfälle vorgestellt, in denen man Unterklassen `private` bzw. `protected` von einer Basisklasse ableitet.

private-Ableitung für eigene gekapselte Klasse mit spezieller Funktionalität

Eine `private`-Ableitung von einer Basisklasse nimmt man vor, wenn eine abgeleitete Klasse die Basisklasse nicht einfach erweitert, sondern in wesentlichen Teilen neu definiert, denn bei dieser Ableitungsform werden alle Elemente der Basisklasse `private` und sind somit nach außen verdeckt. Von außen kann bei dieser Vorgehensweise nur noch auf die selbst definierten `public`-Elemente in der abgeleiteten Klasse zugegriffen werden. Ein Beispiel für einen solchen Anwendungsfall ist z. B. eine Klasse `String` zur Darstellung und Bearbeitung beliebig langer Strings. Von dieser Klasse könnte man nun eine eigene Klasse `GrossZahl` ableiten, die beliebig lange Zahlen repräsentiert. Hier muss verhindert werden, dass der Benutzer mittels einer `String`-Memberfunktion ein Nicht-Ziffernzeichen einfügt. Mit einer `private`-Ableitung kann man hier sicherstellen, dass nur `public`-Memberfunktionen aus der Klasse `GrossZahl` aufgerufen werden können. Diese Memberfunktionen prüfen dann – anders als die `String`-Memberfunktionen – jedes Zeichen, und verhindern so, dass Nicht-Ziffernzeichen eingefügt werden können. Soll trotz einer `private`-Ableitung eine Funktion `f()` aus der Basisklasse aufrufbar sein, kann man sie explizit „durchreichen", wie z. B.:

```
class Sub : private Basis {
   public:
      int f(int w)  return Basis::f(w);
};
```

Eine andere Möglichkeit, die geerbten Zugriffsrechte in einer abgeleiteten Klasse zu ändern, ist die Angabe des entsprechenden Elementnamens (Membervariable oder -funktion) unter `public`, wie z. B.:

```
class Sub : private Basis {
  public:
      Basis::f;
};
```

Hierbei ist nur die Änderung von geerbten `private`-Komponenten nach `public` oder `protected` möglich. Diese Form ist jedoch mit der Einführung von Namensräumen (*namespaces*) (siehe Kapitel 23 auf Seite 537) heute veraltet, da man nun Folgendes angeben kann:

```
class Sub : private Basis {
  public:
      using Basis::f;
};
```

protected-Ableitung bei Klassen, die wiederum als Basisklassen dienen

Die `protected`-Ableitung wird nur in den wenigen Fällen verwendet, wo die abgeleitete Klasse im wesentlichen als Basis für weitere Ableitungen dienen soll und die sichtbaren Elemente der Basisklasse nur intern benötigt werden, aber auf sie von außen nicht zugegriffen werden darf.

B.10 Unbekannte Basisklassen

Möchte man, dass bei einer abgeleiteten Klasse die Basisklasse dem Nutzer nicht bekannt sein soll, dieser aber doch Memberfunktionen aus dieser Basisklasse nutzen können kann, hat man folgende Möglichkeiten:

1. Erweiterung der abgeleiteten Klasse um eigene Memberfunktionen, die intern die entsprechenden Basisklassen-Methoden aufrufen, wie z. B.:

```
//.... In Headerdatei
class Sub : public Basisklasse { // für Nutzer ist nur diese Klasse Sub sichtbar
 public:
    ......
    void subMethode(void);
};
...
//.... In .cpp-Datei die versteckte Implementierung
void Sub::subMethode(void) { Basisklasse::basisMethode(); }
```

2. Ableiten einer weiteren Subklasse von der abgeleiteten Klasse, wie z. B.:

```
//.... In Headerdatei
class SubSub : public Sub { // für Nutzer ist nur diese Klasse SubSub sichtbar
 public:
    SubSub(....) : Sub(...) {  ... }
    ......
    void subMethode(void);
};
//.... In .cpp-Datei die versteckte Implementierung
void SubSub::subMethode(void) { Basisklasse::basisMethode(); }
```

Diese Vorgehensweise ist erforderlich, wenn die abgeleitete Klasse nicht geändert werden kann, da sie z. B. nicht zur Verfügung steht oder aber automatisch durch einen Generator erstellt wird. Bei Klassen, die durch Generatoren erstellt werden, macht eine Änderung der generierten Klasse wenig Sinn, denn mit dem nächsten Generatorlauf werden diese Änderungen wieder überschrieben.

Programm B.10 verdeutlicht diese beiden Techniken, wobei es aus Platzgründen hier die entsprechenden Methoden *inline* definiert. In der Praxis würde man diese natürlich in der `.cpp`-Implementierungsdatei definieren und somit verstecken.

Programm B.10 – `basisunbek.cpp`:
Unbekannte Basisklasse für Nutzer einer abgeleiteten Klasse

```
#include <iostream>
using namespace std;
class Basis { //.................................................Klasse Basis
 public:
   void ausgeben() { cout << "Basis, "; }
};
class Sub1 : public Basis { //.....................Name der Basisklasse bekannt
 public:
   void ausgeben() { cout << "Sub" << endl; }
};
class Sub2 : public Basis { // 1. Möglichk. (bei für Nutzer unbekannten Basisnamen)
 public:
   void ausgebenBasis() { Basis::ausgeben();      }
   void ausgeben()      { cout << "Sub" << endl; }
};
class Sub3 : public Basis { // 2. Möglichk. (bei für Nutzer unbekannten Basisnamen)
 public:
   void ausgeben()      { cout << "Sub" << endl; }
};
class SubSub3 : public Sub3 {
 public:
   void ausgebenBasis() { Basis::ausgeben();      }
};
int main(void) {
   Sub1 s1; //......................... Basisklasse hier bekannt
   s1.Basis::ausgeben(); s1.ausgeben();
   Sub2 s2; //............Basisklasse unbekannt (1. Möglichkeit)
   s2.ausgebenBasis();    s2.ausgeben();
   SubSub3 s3; //.........Basisklasse unbekannt (2. Möglichkeit)
   s3.ausgebenBasis();    s3.ausgeben();
}
```

Programm B.10 liefert die folgende Ausgabe:

```
Basis, Sub
Basis, Sub
Basis, Sub
```

B.11 protected-Konstruktor verhindert Objekt-Instanzen

Manchmal werden Klassen benötigt, die ausschließlich als Basisklassen für weitere Vererbung verwendet werden sollen. In diesem Fall kann man durch Unterbringen des Konstruktors im `protected`-Teil verhindern, dass explizit Objekte von solchen Klassen angelegt werden.

Programm B.11 – `protectkonstr.cpp`:
protected-Konstruktor, um Klassen nur als Basisklassen verwenden zu können

```
#include <iostream>
#include <iomanip>
using namespace std;

class Rechteck {
  protected:
    Rechteck(int b, int h) : m_breite(b), m_hoehe(h) {
      cout << "    +" << setfill('-') << setw(m_breite+1) << "+" << endl;
      for (int i=2; i<m_hoehe; i++)
        cout << "    |" << setfill(' ') << setw(m_breite+1) << "|" << endl;
      cout << "    +" << setfill('-') << setw(m_breite+1) << "+" <<endl <<endl;
    }
  private:
    int m_breite, m_hoehe;
};
class Quadrat : public Rechteck {
  public:
    Quadrat(int len) : Rechteck(len, len) { }
};
int main(void) {
  // Rechteck r(10, 5); nicht möglich, da Konstruktor 'protected' ist
  Quadrat quad1(4);
  Quadrat quad2(7);
}
```

Programm B.11 liefert die folgende Ausgabe:

```
    +----+
    |    |
    |    |
    +----+

    +-------+
    |       |
    |       |
    |       |
    |       |
    |       |
    +-------+
```

B.12 Einsatz von virtuellen und nicht virtuellen Basisklassen

In diesem Kapitel wird anhand von zwei Beispielen gezeigt, wann der Einsatz von virtuellen Basisklassen sinnvoll ist und wann nicht.

Ein fliegendes Auto mittels virtueller Basisklassen

Abbildung B.1 zeigt eine Vererbungshierarchie zu einem von Daniel Düsentrieb entwickelten Luftauto.

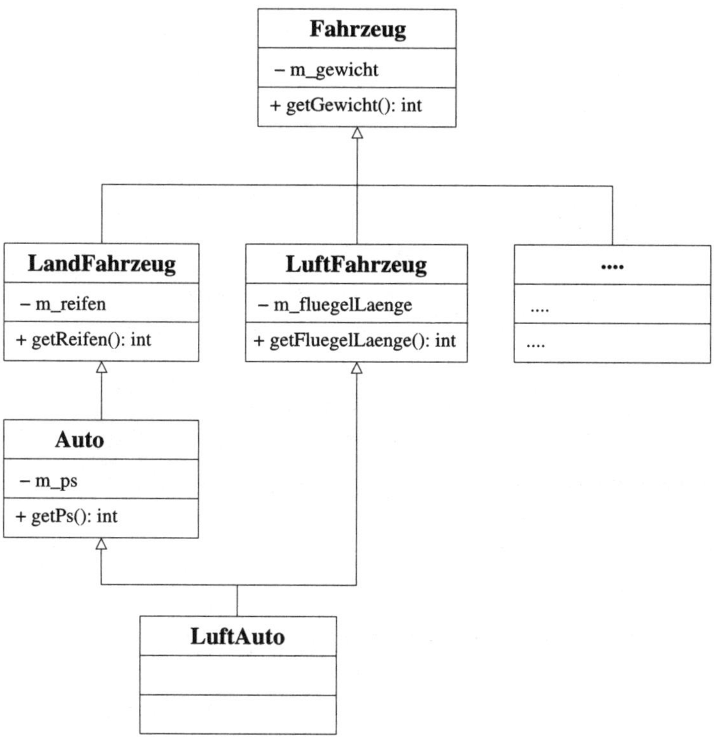

Abbildung B.1: Klassendiagramm zu einem fliegenden Auto

In Abbildung B.1 wird Folgendes ausgedrückt:

- Alle Fortbewegungsmittel haben ein Gewicht, das als Membervariable `m_gewicht` in der Basisklasse `Fahrzeug` angelegt wird.
- Landfahrzeuge (`LandFahrzeug`) haben zusätzlich Räder (`m_reifen`).
- Luftfahrzeuge (`LuftFahrzeug`) haben zusätzlich eine Flügelspannweite (`m_fluegelLaenge`).
- Einige Landfahrzeuge (`Auto`) sind zusätzlich mit einer gewissen Leistung motorisiert (`m_ps`).
- Daniel Düsentriebs fliegendes Auto (`LuftAuto`) ist nun ein `LuftFahrzeug` und gleichzeitig ein `Auto`, wobei es aber nur **ein Gewicht** hat. Es sollte also in diesem Fall eine **virtuelle Ableitung** vorgenommen werden.

Programm B.12 – `luftauto.cpp`:
C++-Realisierung zum Klassendiagramm aus Abbildung B.1

```
#include <iostream>
//-----------------------------------------------------------------------------
class Fahrzeug {
  public:
     Fahrzeug(int g) : m_gewicht(g) { }
     int getGewicht() { return m_gewicht; }
  private:
     int m_gewicht;
};
//-----------------------------------------------------------------------------
class LandFahrzeug : virtual public Fahrzeug {
  public:
     LandFahrzeug(int g, int r) : Fahrzeug(g), m_reifen(r) { }
     int getReifen() { return m_reifen; }
  private:
     int m_reifen;
};

//-----------------------------------------------------------------------------
class LuftFahrzeug : virtual public Fahrzeug {
  public:
     LuftFahrzeug(int g, int f) : Fahrzeug(g), m_fluegelLaenge(f) { }
     int getFluegelLaenge() { return m_fluegelLaenge; }
  private:
     int m_fluegelLaenge;
};
//-----------------------------------------------------------------------------
class Auto : public LandFahrzeug {
  public:
     Auto(int g, int r, int ps) : Fahrzeug(g), LandFahrzeug(g, r), m_ps(ps) {}
     int getPs() { return m_ps; }
  private:
     int m_ps;
};
//-----------------------------------------------------------------------------
class LuftAuto : public Auto, public LuftFahrzeug {
  public:
     LuftAuto(int g, int r, int ps, int f)
        : Fahrzeug(g), Auto(g, r, ps), LuftFahrzeug(g, f) {}
};
int main(void) {
  LuftAuto flugAuto(1000, 4, 250, 120);
   std::cout << "Daniel Düsentriebs fliegendes Auto:" << std::endl << " wiegt "
             << flugAuto.getGewicht() << " Kg, hat "
             << flugAuto.getReifen() << " Reifen, eine Flügellänge von "
             << flugAuto.getFluegelLaenge() << " cm und "
             << flugAuto.getPs() << " PS" << std::endl;
}
```

Programm B.12 liefert die folgende Ausgabe:

```
Daniel Düsentriebs fliegendes Auto:
 wiegt 1000 Kg, hat 4 Reifen, eine Flügellänge von 120 cm und 250 PS
```

Ein Lkw besteht aus Zugmaschine und aus Anhänger (keine virtuelle Basisklasse)

Abbildung B.2 zeigt eine Vererbungshierarchie zu einem Lkw.

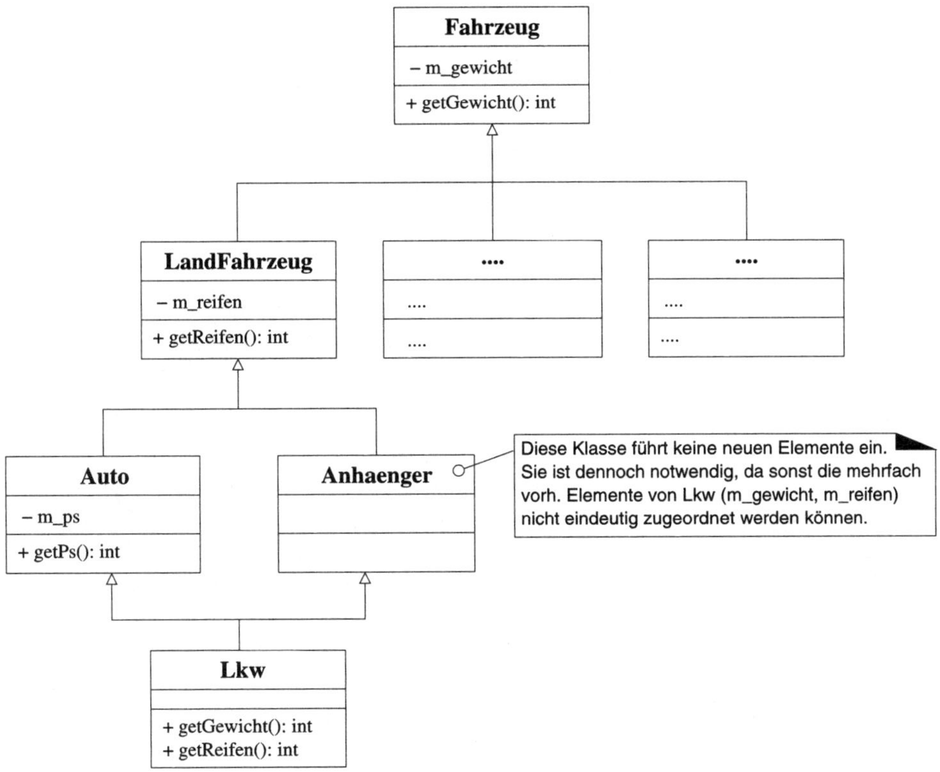

Abbildung B.2: Klassendiagramm zu einem Lkw mit Anhänger

In Abbildung B.2 wird Folgendes ausgedrückt:

- Ein Lkw besteht aus einer Zugmaschine (`Auto`) und einem Anhänger (`Anhaenger`), die beide von `LandFahrzeug` abgeleitet sind.
- Um das Gesamtgewicht und die Gesamtzahl der Räder des Lkws zu ermitteln, müssen die Einzelgewichte und die Zahl der Räder jeweils aufsummiert werden. Es sollte in diesem Fall also **keine virtuelle Vererbung** vorgenommen werden.

Programm B.13 zeigt die C++-Realisierung zur Abbildung B.2.

Programm B.13 – `zugauto.cpp`:
C++-Realisierung zum Klassendiagramm aus Abbildung B.2

```
#include <iostream>
using namespace std;

class Fahrzeug {
```

```
   public:
      Fahrzeug(int g) : m_gewicht(g) { }
      int getGewicht() { return m_gewicht; }
   private:
      int m_gewicht;
};
class LandFahrzeug : public Fahrzeug {
   public:
      LandFahrzeug(int g, int r) : Fahrzeug(g), m_reifen(r) { }
      int getReifen() { return m_reifen; }
   private:
      int m_reifen;
};
class Auto : public LandFahrzeug {
   public:
      Auto(int g, int r, int ps) : LandFahrzeug(g, r), m_ps(ps) {}
      int getPs() { return m_ps; }
   private:
      int m_ps;
};
class Anhaenger : public LandFahrzeug {
   public:
      Anhaenger(int g, int r) : LandFahrzeug(g, r) { }
};
class Lkw : public Auto, public Anhaenger {
   public:
      Lkw(int gewAuto, int gewAnh, int radAuto, int radAnh, int ps)
         : Auto(gewAuto, radAuto, ps), Anhaenger(gewAnh, radAnh) { }
      int getGewicht() { return Auto::getGewicht() + Anhaenger::getGewicht(); }
      int getReifen()  { return Auto::getReifen()  + Anhaenger::getReifen();  }
};
int main(void) {
   Lkw brummi(3000, 2000, 6, 4, 1500);

   cout << "Der Lkw Brummi:" << endl
        << "  wiegt insgesamt: " << brummi.getGewicht()
        << " Kg (Auto: "        << brummi.Auto::getGewicht()
        << ", Anhänger: "       << brummi.Anhaenger::getGewicht() << ")" << endl
        << "  hat insgesamt: "  << brummi.getReifen()
        << " Reifen (Auto: "    << brummi.Auto::getReifen()
        << ", Anhänger: "       << brummi.Anhaenger::getReifen() << ")" << endl
        << "  Seine Leistung ist: " << brummi.getPs() << " PS" << endl;
}
```

Programm B.13 liefert die folgende Ausgabe:

```
Der Lkw Brummi:
  wiegt insgesamt: 5000 Kg (Auto: 3000, Anhänger: 2000)
  hat insgesamt: 10 Reifen (Auto: 6, Anhänger: 4)
  Seine Leistung ist: 1500 PS
```

B.13 Mehrfachvererbung nur in speziellen Situationen

Mehrfachvererbung sollte man – wenn möglich – am besten vermeiden, da dies Programme doch erheblich verkompliziert. Mehrfachvererbung wird auch als das „Goto der 90er Jahre" bezeichnet.

Mehrfachvererbung wurde in C++ eingeführt, um Probleme lösen zu können, die in speziellen Situationen auftreten. Eine solche spezielle Situation liegt z. B. vor, wenn man Klassen benutzt, zu denen die Quelldateien nicht verfügbar sind. Dies ist z. B. der Fall, wenn man eine Bibliothek käuflich erwirbt, bei der man nur die menschenlesbaren Headerdateien (Schnittstellen) und die nicht menschenlesbaren Objektdateien (Implementierung) erhält. In solchen Fällen kann man die vorgegebenen Klassen selbst nicht ändern, aber mittels Ableitung erweitern. Nehmen wir an, dass wir die Headerdatei aus Programm B.14 käuflich erworben haben.

Programm B.14 – `bibl.h`:
Headerdatei zu einer käuflich erworbenen Klassenbibliothek

```
#ifndef BIBL_H
#define BIBL_H

class Bibl {
 public:
    void fkt() const; // nicht virtuell
    virtual void vfkt() const;
    ~Bibl();        // kein virtueller Destruktor
    //.. Hinzugefügter Kommentar (natürlich nicht in Original-Headerdatei
    //.... es fehlen dringend benötigte virtuelle Funktionen
};
class Bibl1 : public Bibl {
 public:
    void fkt() const;
    void vfkt() const;
    ~Bibl1();
};
void x(const Bibl&); // Globale Funktionen mit Referenzparameter auf Basisklasse
void y(const Bibl&);
//....... weitere Deklarationen
#endif
```

An den beiden globalen Funktionen `x()` und `y()` in Programm B.14 ist erkennbar, dass diese Bibliothek mit polymorphen Objekten eingesetzt werden kann.

Diese erworbene Klassenbibliothek soll nun verwendet werden, um eine eigene Applikation zu erstellen, die die Basisklasse aus der Bibliothek polymorph benutzt. Dabei stellt man nun fest, dass die erworbene Basisklasse aus der Bibliothek nicht die Funktionalität anbietet, die man benötigt, wie z. B.:

- nicht-virtuelle Memberfunktionen (hier `fkt()`) benötigt man virtuell.
- es fehlen dringend benötigte virtuelle Funktionen (wie z. B. eine Memberfunktion `neu()`)

In solchen Fällen ist Mehrfachvererbung sehr hilfreich, um die hier aufgetretenen Probleme zu lösen.

Der Vollständigkeit halber zeigt Programm B.15 die Quelldatei zur Implementierung, die jedoch nicht verfügbar sein soll, da sie nicht im gekauften Paket enthalten ist. Stattdessen hat man nur die entsprechende kompilierte Objektdatei (z. B. `bibl.o` oder `bibl.obj`) bzw. die Bibliothek `bibl.lib` erhalten.

Programm B.15 – `bibl.cpp`:
Nicht verfügbare Quelldatei zur Implementierung der Klassen aus bibl.h

```
#include <iostream>
#include "bibl.h"
using namespace std;

void Bibl::fkt()  const { cout << "Bibl::fkt()"  << endl; }
void Bibl::vfkt() const { cout << "Bibl::vfkt(), ";       }
     Bibl::~Bibl()      { cout << "~Bibl, ";              }
void Bibl1::fkt()  const { cout << "Bibl1::fkt()"  << endl; }
void Bibl1::vfkt() const { cout << "Bibl1::vfkt(), ";       }
     Bibl1::~Bibl1()     { cout << "~Bibl1, ";              }

void x(const Bibl& a) { a.vfkt(); a.fkt(); }
void y(const Bibl& b) { b.vfkt(); b.fkt(); }
```

Die Probleme mit den beiden nicht änderbaren Klassen `Bibl` und `Bibl1` der gekauften Bibliothek sind nun Folgende:

1. Der Destruktor ist nicht virtuell.
2. Die Funktion `fkt()` ist nicht virtuell.
3. Eine dringend benötigte Funktion `neu()` fehlt.
4. Die alte Funktionalität der Bibliothek soll weiterhin über die Funktionen `x()` und `y()` nutzbar sein.

Um diese Probleme zu lösen, entwirft man eine vollständig neue Klasse mit den gewünschten Deklarationen. Eine weitere neue Klasse leitet man dann mehrfach von der eigenen neuen Klasse und der entsprechenden Bibliotheksklasse ab, wie es z. B. in Programm B.16 gezeigt ist.

Programm B.16 – `mix.cpp`:
Lösen der Probleme mit der erworbenen Bibliothek

```
#include <iostream>
#include "bibl.h"
using namespace std;

class NeuKlasse { // Neue Klasse mit den gewünschten Deklarationen
 public:
    virtual void fkt()  const = 0; //... nun rein virtuell
    virtual void vfkt() const = 0; //... nun rein virtuell
    virtual ~NeuKlasse() { cout << "~NeuKlasse, "; } // Destr. nun virtuell
    virtual void neu() const = 0; // neu hinzugefügte virtuelle Funktion
};
```

```
class MixKlasse : public NeuKlasse, public Bibl1 {
 public:
    void fkt()  const { cout << "MixKlasse::fkt(), ";  Bibl1::fkt();  }
    void vfkt() const { cout << "MixKlasse::vfkt(), "; Bibl1::vfkt(); }
    void neu()  const { cout << "MixKlasse::neu(), " << endl;         }
    ~MixKlasse()      { cout << "~MixKlasse, ";                       }
};
int main(void) {
  MixKlasse& mix = *new MixKlasse;
  NeuKlasse& nk  = mix; //... Aufwärts-Casting (upcasting)
   cout << "...Aufruf von fkt()  : ";  nk.fkt(); // Gewünschtes Verhalten
   cout << "...Aufruf von neu()  : ";  nk.neu(); // Aufruf der neuen Funktion
   cout << "...Aufruf von x(mix): ";  x(mix); // Weiterhin altes Verhalten
   cout << "...Aufruf von y(mix): ";  y(mix); // Weiterhin altes Verhalten
   //... Löschen des allozierten Speicherplatz über Referenz
   cout << "...Lösche nk          : ";  delete &nk; // Richtiges Verhalten
}
```

Abbildung B.3 zeigt nochmals die Vererbungshierarchie in Programm B.16.

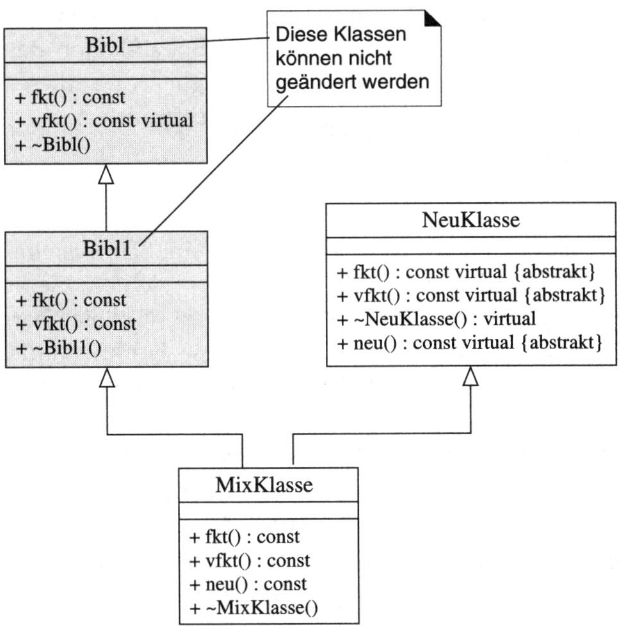

Abbildung B.3: Vererbungshierarchie in Programm B.16

Entscheidend in Programm B.16 ist das Aufwärts-Casting (*upcasting*), so dass man über `NeuKlasse` auf die betreffenden Memberfunktionen zugreifen kann:

```
MixKlasse& mix = *new MixKlasse;
NeuKlasse& nk  = mix; //... Aufwärts-Casting (upcasting)
```

Nachdem man Programm B.16 kompiliert und gelinkt hat, wie z. B.:
g++ -o mix mix.cpp bibl.o

liefert es die folgende Ausgabe:

```
...Aufruf von fkt()  : MixKlasse::fkt(), Bibl1::fkt()
...Aufruf von neu()  : MixKlasse::neu(),
...Aufruf von x(mix): MixKlasse::vfkt(), Bibl1::vfkt(), Bibl::fkt()
...Aufruf von y(mix): MixKlasse::vfkt(), Bibl1::vfkt(), Bibl::fkt()
...Lösche nk         : ~MixKlasse, ~Bibl1, ~Bibl, ~NeuKlasse,
```

B.14 Schnittstellen

Ein Design, das von Mehrfachvererbung Gebrauch macht, kann sehr schnell unübersichtlich werden, besonders dann, wenn in der Basisklasse Membervariablen vorhanden sind. Aus diesem Grund sollte Mehrfachvererbung mit Daten sehr überlegt eingesetzt werden. Mehrfachvererbung ist jedoch sehr sinnvoll und nötig im Zusammenhang mit Schnittstellen, die in diesem Kapitel vorgestellt werden.

Was sind Schnittstellenklassen?

Schnittstellen spielen eine entscheidende Rolle beim objektorientierten Entwurf. Der Begriff der *Schnittstelle* muss in diesem Zusammenhang neu betrachtet werden. Unter einer Schnittstelle versteht man im weitesten Sinne die Spezifikation des externen Verhaltens eines Elements. Es interessiert dabei lediglich, *was* dieses Element an Funktionalität bietet, jedoch *nicht, wie* das Element dies realisiert.

Beispiele für Schnittstellen im Alltag

- Geräte bzw. Automaten
  Jedes Gerät bzw. jeder Automat besitzt in der Regel mindestens eine Schnittstelle, die Schnittstelle zum Bediener. Für den Bediener repräsentiert sich ein Gerät über Knöpfe, Drehschalter, Displays usw. am Gehäuse. Hieran wird sichtbar, welche Funktionen das Gerät zur Verfügung stellt. Wie diese Funktionalität jedoch im Gehäuse realisiert ist, interessiert den Bediener nicht.
- Arbeitsaufträge
  Erteilt der Vorgesetzte seinem Mitarbeiter einen Arbeitsauftrag, interessiert es ihn normalerweise nicht, wie die Arbeit im Einzelnen durchgeführt wird. Er gibt nur die Rahmenbedingungen vor und erwartet dann das Ergebnis. Der Arbeitsauftrag mit seinen Parametern stellt dabei die (Kommunikations-)-Schnittstelle zwischen dem Vorgesetzten und dem Mitarbeiter dar.

Beispiele für Schnittstellen in C

- Funktionsdeklaration / Prototyp
  Der Prototyp einer Funktion stellt die Schnittstelle zwischen dem Aufrufer der Funktion und der Realisierung der Funktion dar. Den Aufrufer der Funktion braucht die Implementierung im Funktionsrumpf nicht zu interessieren.
- Modultechnik
  Die als extern deklarierten Prototypen in der Headerdatei stellen die Schnittstelle eines Moduls dar.

Schnittstellen in C++ sind public-Operationen in Klassenspezifikation

Überträgt man die C-Definition für Schnittstellen auf Klassen, so wäre die Schnittstelle einer Klasse die Klassenspezifikation in der Headerdatei. Die Implementierung in der `.cpp`-Datei würde dann der versteckten Implementierung entsprechen. Allerdings führt C++ die Zugriffsspezifizierer ein. Da es bei Schnittstellen stets um das externe Verhalten geht, reduziert sich die Schnittstelle einer Klasse damit auf die `public`-Elemente, d. h. normalerweise auf die Operationen einer Klasse.
Eine mögliche Definition einer Schnittstelle in C++ wäre damit:
Die Schnittstelle einer Klasse bzw. eines Objektes ist die Menge aller Signaturen, die von den `public`-Operationen einer Klasse definiert werden.

Schnittstellenklassen sind (rein) abstrakte Klassen in C++

Führt man den Schnittstellen-Gedanken konsequent weiter, d. h. dass nur das „was" interessiert und nicht das „wie", so lassen sich sogar Schnittstellenklassen definieren, die lediglich eine Schnittstelle festlegen, jedoch keine Aussage über die Implementierung treffen. Schnittstellenklassen entsprechen (rein) abstrakten Klassen, die ausschließlich abstrakte Operationen definieren.
Zum Beispiel ließe sich eine Schnittstelle „Traceable" vorstellen, die festlegt, über welche Methoden eine Klasse verfügen muss, die *„traceable"* ist.
„traceable" bedeutet hier, dass ein Objekt dieser Klasse seine Werte auf `stderr` ausgeben kann. Die Schnittstelle könnte in einer Schnittstellenklasse `ITraceable`[1] definiert sein. Klassen, die diese Schnittstelle zur Verfügung stellen (man spricht hier von „implementieren"), würden sich dann von der abstrakten Schnittstellenklasse ableiten. Abbildung B.4 zeigt dies beispielhaft.

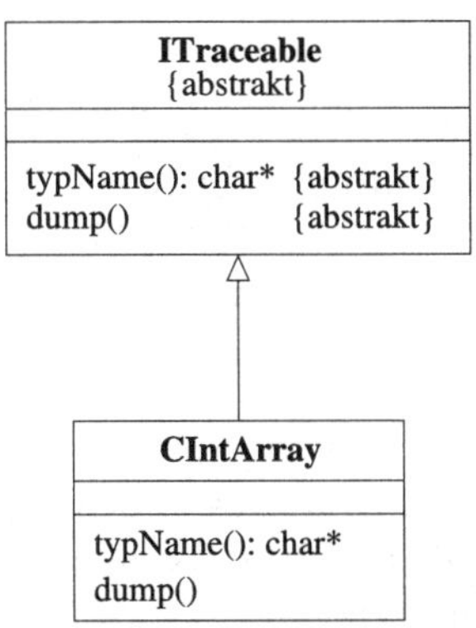

Abbildung B.4: Schnittstellenklassen sind rein abstrakte Klassen

In Abbildung B.4 implementiert die Klasse `CIntArray` die Schnittstelle `ITraceable`, d. h. sie verfügt über die dort festgelegten Methoden. `CIntArray` kann darüber hinaus auch noch weitere Methoden besitzen. Aber dass `CIntArray` die Schnittstelle `ITraceable` implementiert, sagt aus, dass sie auf jeden Fall über das

[1] Häufig werden für Schnittstellenklassen eigene Namenskonventionen verwendet, um sie von einer gewöhnlichen Klasse unterscheiden zu können. Man verwendet hier häufig das Präfix „`I`" (*interface*) statt dem Präfix „`C`" (*class*) beim Klassennamen.

Verhalten verfügt, *„traceable"* zu sein. Der Funktionsumfang, der hierzu nötig ist, ist in `ITraceable` festgelegt.

B.14.1 Schnittstellen in der UML

Da Schnittstellen in der objektorientierten Welt eine große Rolle spielen, gibt es in der UML eigene Notationen dafür.

Die Stereotypen «interface» und «realize» in UML

- Das Stereotyp `«interface»`
  In der UML werden Schnittstellenklassen wie gewöhnliche Klassen notiert, sie tragen jedoch das Stereotyp `«interface»`.
- Abstrakte Operationen werden vorausgesetzt.
  Ihre Operationen müssen nicht als `{abstract}` gekennzeichnet werden, da dies immer Voraussetzung ist und somit implizit angenommen wird.
- Das Stereotyp `«realize»`
  Die Beziehung zwischen der Klasse, die die Schnittstelle implementiert, und der Schnittstellenklasse wird mit dem Stereotyp `«realize»` gekennzeichnet.
- Verfeinerungsbeziehung wird durch gestrichtelten Pfeil ausgedrückt.
  Es handelt sich hier um eine so genannte *Verfeinerungsbeziehung*, die in der UML als *gestrichelter Generalisierungspfeil* notiert wird. Verfeinerungsbeziehungen sind Beziehungen zwischen gleichartigen Elementen, aber unterschiedlichen Detaillierungsgrades. Der Pfeil zeigt in Richtung der Schnittstellenklasse.

Abbildung B.5 zeigt oben eine UML-Notation für Schnittstellenklassen.

Die „Lolli"-Variante in UML

Eine andere Möglichkeit, die Implementierung einer Schnittstelle darzustellen, ist die Notation mit dem *„Lolli"-Symbol*, was ein kleiner nicht ausgefüllter Kreis ist, der durch eine Linie mit der Klasse verbunden ist, die die Schnittstelle anbietet. Am Kreis wird dabei der Name der Schnittstelle angegeben, der dem Namen der zugehörigen Schnittstellenklasse entspricht. Abbildung B.5 zeigt unten die entsprechende Lolli-Notation.

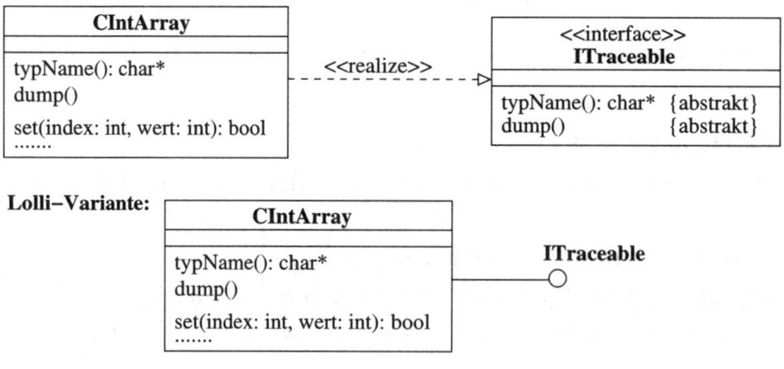

Abbildung B.5: UML-Notation für Schnittstellenklassen

Das Stereotyp «use» zwischen Nutzern und Anbietern in UML

Die Lolli-Variante hat den Nachteil, dass die Schnittstelle nicht detailliert angezeigt wird, sondern nur deren Name. Hier kann nicht (wie bei der `«realize»`-Variante) abgelesen werden, welche Operationen die Schnittstelle beinhaltet. Die Lolli-Variante wird daher hauptsächlich dann verwendet, wenn die Betonung darauf liegt, wer eine Schnittstelle zur Verfügung stellt und wer sie nutzt.

Abbildung B.6 verdeutlicht dies. Die Beziehung zwischen Nutzer und Anbieter einer Schnittstelle kann durch eine Abhängigkeitsbeziehung (gestrichelter Pfeil) mit dem Stereotyp `«use»` ausgedrückt werden.

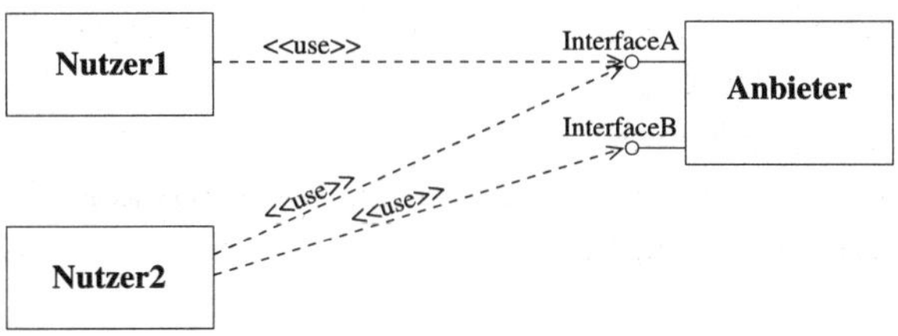

Abbildung B.6: UML-Schnittstelle zwischen Nutzern und Anbietern

Gemeinsame Schnittstelle ermöglicht gemeinsame Verwaltung

Implementieren unterschiedliche Objekte die gleiche Schnittstelle, so können sie gemeinsam verwaltet werden. In Abbildung B.7 arbeitet `CTracer` mit Objekten, die die Schnittstelle `ITraceable` implementieren. Welche Objekte dies konkret sind, ist für `CTracer` irrelevant. Für diese Klasse ist nur entscheidend, dass das entsprechende Objekt über die Schnittstelle `ITraceable` verfügt. Das Kapitel 26.4 auf Seite 578 vertieft diesen wichtigen objektorientierten Grundgedanken.

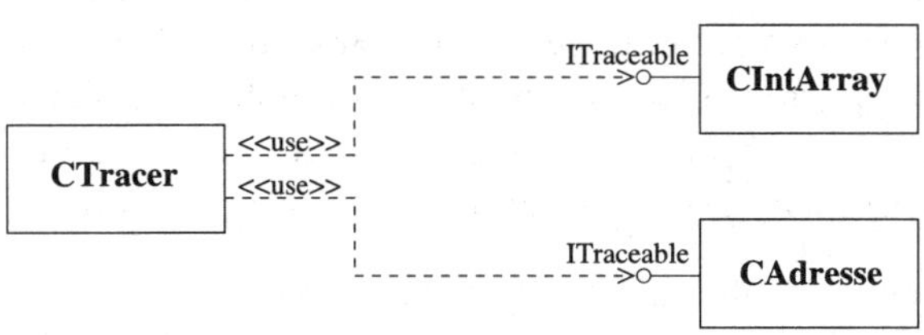

Abbildung B.7: Gemeinsame Schnittstelle ermöglicht gemeinsame Verwaltung

Klasse und Typ eines Objekts

Die objektorientierte Literatur unterscheidet zwischen der Klasse und dem Typ eines Objektes:

- **Klasse eines Objekts beschreibt, wie das Objekt implementiert ist**
- **Typen eines Objekts sind die im Objekt realisierten Schnittstellen**
  - *Ein Objekt kann mehrere Typen besitzen,* je nachdem wie viele Schnittstellen es realisiert.
  - *Objekte verschiedener Klassen können denselben Typ haben,* wenn sie die gleichen Schnittstellen realisieren.

- Natürlich besteht ein Zusammenhang zwischen Klasse und Typ: Die Klasse definiert die Operationen, die ein Objekt ausführen kann, und legt somit ebenfalls den Typ fest.

Um den Unterschied zwischen Typ und Klasse eines Objekts zu verdeutlichen, nehmen wir folgende Ergänzungen in unserer Grafikbibliothek vor:

- Es wird eine weitere Schnittstelle `IDrawable` eingeführt. Klassen, die diese implementieren, können sich zeichnen. Implementiert wird diese Schnittstelle von `CGraphObj`.
- `CGraphObj` soll nun aber zusätzlich noch die Schnittstelle `ITraceable` implementieren, wie dies in Abbildung B.8 dargestellt ist.

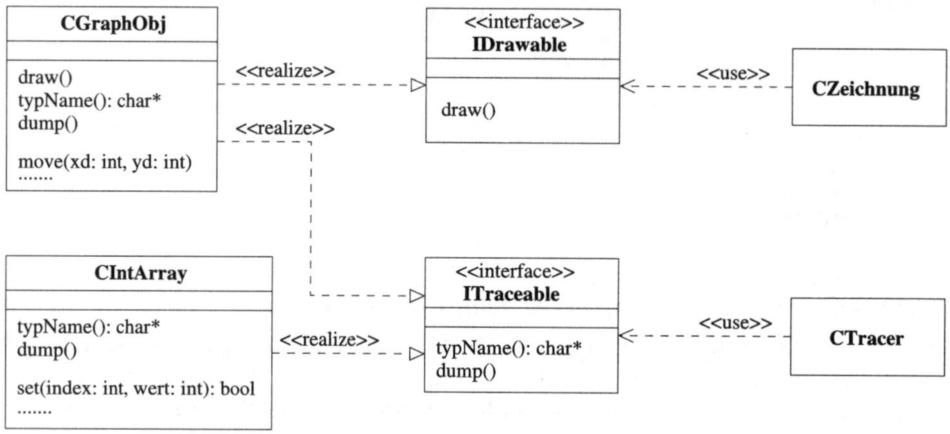

Abbildung B.8: `CGraphObj` implementiert mehrere Schnittstellen

Für die Abbildung B.8 gilt Folgendes:

- Die Klasse `CGraphObj` hat die Typen `IDrawable` und `ITraceable`.
- Die Klasse `CIntArray` hat nur den Typ `ITraceable`.
- `CZeichnung` verwaltet Objekte vom Typ `IDrawable`.
- `CTracer` verwaltet Objekte vom Typ `ITraceable`.

Abbildung B.9 zeigt nun den Zusammenhang zwischen `IDrawable`, `ITraceable`, `CGraphObj` und deren abgeleiteten Klassen `CRechteck` und `CKreis`, wobei Folgendes gilt:

- Ein Objekt `rect1` der Klasse `CRechteck` (abgeleitet von `CGraphObj`) kann in den beiden Listen `CZeichnung` und `CTracer` verwaltet werden, da es vom Typ her sowohl `IDrawable` als auch `ITraceable` ist.
- Es ist dabei unwichtig, in welcher Ebene der Vererbungshierarchie die in der Schnittstelle geforderten Methoden implementiert werden. Eine Implementierung der Methode `draw()` existiert bereits in der Basisklasse `CGraphObj`. Die Methode `dump()` ist dagegen in `CGraphObj` noch abstrakt und wird erst in `CRechteck` implementiert. `CGraphObj` implementiert somit nur einen Teil der geforderten Schnittstelle wirklich selbst, die Implementierung der restlichen Methoden „fordert" es von seinen Unterklassen, d. h. sie bleiben in `CGraphObj` abstrakt.

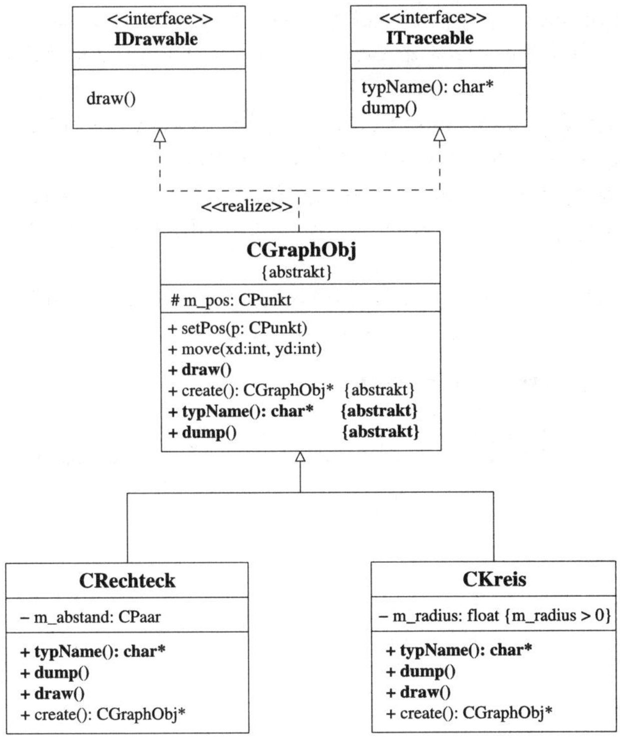

Abbildung B.9: `CGraphObj` implementiert nur einen Teil der Schnittstellen wirklich

B.14.2 Schnittstellenklassen in C++

- Schnittstellenklassen werden in C++ über *rein abstrakte Basisklassen* realisiert.
- Die Klasse, die eine Schnittstelle implementiert, leitet sich von der Schnittstellenklasse ab.
- Implementiert ein Objekt mehrere Schnittstellen, wird dies in C++ über Mehrfachvererbung nachgebildet, was hier nicht problematisch ist, da Schnittstellenklassen ausschließlich aus abstrakten Operationen bestehen.

Nachfolgend wird gezeigt, wie sich Abbildung B.9 in C++ umsetzen lässt.

Die Schnittstellenklassen IDrawable und ITraceable

Hier werden nur entsprechende `.h`-Dateien benötigt, da Schnittstellenklassen über keinerlei Implementierung verfügen:

- `idrawable.h` – Schnittstellenklasse `IDrawable`

```
#ifndef IDRAWABLE_H
#define IDRAWABLE_H
class IDrawable {
  public:
     virtual void draw()=0;
};
#endif
```

➤ `itraceable.h` – Schnittstellenklasse `ITraceable`

```
#ifndef ITRACEABLE_H
#define ITRACEABLE_H
class ITraceable {
  public:
     virtual char* typName()=0;
     virtual void dump()=0;
};
#endif
```

B.14.3 Die Klassen der Grafikbibliothek

Programm B.17 zeigt die Klassen der Grafikbibliothek. Aus Platz- und Übersichtlichkeitsgründen wurde dabei auch die Implementierung der einzelnen Methoden mit in die Headerdatei `sgraphik.h` übernommen. Üblicherweise wird man die Implementierung in einer eigenen `.cpp`-Datei vornehmen.

Programm B.17 – `sgraphik.h`:
Grafikbibliothek mit Schnittstellen IDrawable und ITraceable

```
#ifndef SGRAPHIK_H
#define SGRAPHIK_H
#include <iostream>
#include "idrawable.h"
#include "itraceable.h"
using namespace std;
class CPunkt {
 public:
   CPunkt(int x=0, int y=0) : m_x(x), m_y(y) { }
   void setPoint(CPunkt p)            { m_x = p.m_x; m_y = p.m_y;                      }
   void movePoint(int dX=0, int dY=0) { m_x += dX; m_y += dY;                          }
   void drawPoint()            { cout << "P(x,y) = " << m_x << ", " << m_y << endl; }
   int  getX() { return m_x; }
   int  getY() { return m_y; }
 private:
   int m_x, m_y;
};
class CPaar {
 public:
   void set(int dX, int dY) { m_deltaX = dX; m_deltaY = dY; }
   int  getX() { return m_deltaX; }
   int  getY() { return m_deltaY; }
 private:
   int m_deltaX, m_deltaY;
};
class CGraphObj : public IDrawable, public ITraceable {
 public:
   CGraphObj(int x=0, int y=0) { m_pos.setPoint(CPunkt(x, y)); }
   void setPos(CPunkt p)       { m_pos.setPoint(p);            }
   void move(int dX, int dY)   { m_pos.movePoint(dX, dY);      }
```

```
   virtual void  draw()        { m_pos.drawPoint();          }
   //... Implementierung von Unterklassen fordern
   virtual CGraphObj* create() = 0;
   virtual char *typName() = 0;
   virtual void  dump() = 0;
 protected:
   CPunkt m_pos;
};
class CRechteck: public CGraphObj {
 public:
   CRechteck(int Xm=0, int Ym=0, int Xd=1, int Yd=1) : CGraphObj(Xm, Ym) {
      m_abstand.set(Xd, Yd);
   }
   virtual void draw() {
      CGraphObj::draw();
      cout << "   Rechteck(xd,yd) = " << m_abstand.getX() << ", "
                                      << m_abstand.getY() << endl;
   }
   //... Implementierung von create(), typName(), dump()
   virtual CGraphObj* create() { return new CRechteck;  }
   virtual char *typName()     { return "Ein Rechteck"; }
   virtual void  dump() {
      cerr << "  (" << m_pos.getX() << ", " << m_pos.getY() << ") -- ("
           << m_abstand.getX() << ", " << m_abstand.getY() << ")" << endl;
   }
 private:
   CPaar m_abstand;
};
class CKreis: public CGraphObj {
 public:
   CKreis(int Xm=0, int Ym=0, int Radius=1) : CGraphObj(Xm, Ym), m_radius(Radius)
   { }
   virtual void draw() {
      CGraphObj::draw();
      cout << "   Kreis(radius) = " << m_radius << endl;
   }
   //... Implementierung von create(), typName(), dump()
   virtual CGraphObj* create() { return new CKreis;  }
   virtual char *typName()     { return "Ein Kreis"; }
   virtual void  dump() {
      cerr << "  (" << m_pos.getX() << ", " << m_pos.getY() << ") -- ("
           << m_radius << ")" << endl;
   }
 private:
   int m_radius;
};
#endif
```

Die Klasse CIntArray

Programm B.18 zeigt die Klasse `CIntArray`. Aus Platz- und Übersichtlichkeitsgründen wurde auch hier wieder die Implementierung der einzelnen Methoden mit in die Headerdatei `intArray.h` übernommen. Üblicherweise würde man die Implementierung in einer eigenen `intarray.cpp`-Datei vornehmen.

Programm B.18 – `intArray.h`:
Klasse CIntArray mit Schnittstelle ITraceable

```
#ifndef INTARRAY_H
#define INTARRAY_H

#include <iostream>
#include "itraceable.h"
using namespace std;

class CIntArray : public ITraceable {
 public:
   CIntArray(int n) : m_wert(new int[n]), m_anz(m_wert ? n : 0) {
      for (int i=0; i<m_anz; i++)
          m_wert[i] = 0;
   }
   virtual ~CIntArray() { if (m_wert) delete m_wert; }
   bool set(int pos, int wert) {
      if (pos >= m_anz)
         return false;
      m_wert[pos] = wert;
      return true;
   }
   bool get(int pos, int& wert) {
      if (pos >= m_anz)
         return false;
      wert = m_wert[pos];
      return true;
   }
   //... Implementierung ITraceable
   virtual char *typName() { return "Ein IntArray"; }
   virtual void  dump() {
      for (int i=0; i<m_anz; i++)
         cerr << m_wert[i]  << " ";
      cerr << endl;
   }
 private:
   int *m_wert;  // gekapseltes Array
   int m_anz;    // Anzahl Elemente
};
#endif
```

Die Klasse CZeichnung

Programm B.19 zeigt die Klasse `CZeichnung`. Statt einer Liste enthält sie hier der Einfachheit halber intern ein einfaches Array mit festen Einträgen. Hierin verwaltet sie `IDrawable`-Zeiger[2].

Aus Platz- und Übersichtlichkeitsgründen wurde auch hier wieder die Implementierung der einzelnen Methoden mit in die Headerdatei `zeichnung.h` übernommen. Üblicherweise würde man die Implementierung in einer eigenen `zeichnung.cpp`-Datei vornehmen.

Programm B.19 – `zeichnung.h`:
Klasse CZeichnung verwaltet IDrawable-Objekte

```
#ifndef ZEICHNUNG_H
#define ZEICHNUNG_H

#include <iostream>
#include "idrawable.h"

#define ANZ      4    // Anzahl Elemente in der Liste
class CZeichnung {
 public:
   CZeichnung() {
      for (int i=0; i<ANZ; i++)
         m_liste[i] = NULL;
   }
   virtual ~CZeichnung() {}
   bool set(int pos, IDrawable* p) {
      if (pos >= ANZ)
         return false;
      m_liste[pos] = p;
      return true;
   }
   bool get(int pos, IDrawable* & p) {
      if (pos >= ANZ)
         return false;
      p = m_liste[pos];
      return true;
   }
   void print() {
      for (int i=0; i < ANZ; i++)
         if (m_liste[i]) {
            std::cout << "---------------------------" << std::endl;
            m_liste[i]->draw();
         }
   }
 private:
   IDrawable* m_liste[ANZ];
};
#endif
```

[2] Die Zeiger sind Voraussetzung für Polymorphismus.

Die Klasse CTracer

Programm B.20 zeigt die Klasse `CTracer`, die analog zur Klasse `CZeichnung` ausgelegt ist. Statt einer Liste enthält sie hier der Einfachheit halber intern ein einfaches Array mit festen Einträgen. Hierin verwaltet sie `ITraceable`-Zeiger. Aus Platz- und Übersichtlichkeitsgründen wurde auch hier wieder die Implementierung der einzelnen Methoden mit in die Headerdatei `tracer.h` übernommen. Üblicherweise würde man die Implementierung in einer eigenen `tracer.cpp`-Datei vornehmen.

Programm B.20 – `tracer.h`:
Klasse CTracer verwaltet ITraceable-Objekte

```
#ifndef TRACER_H
#define TRACER_H
#include "itraceable.h"
#include <iostream>
#define ANZ       4   // Anzahl Elemente in der Liste
class CTracer {
 public:
   CTracer() {
      for (int i=0; i < ANZ; i++)
         m_liste[i] = 0;
   }
   virtual ~CTracer() { }
   bool set(int pos, ITraceable* p) {
      if (pos >= ANZ)
         return false;
      m_liste[pos] = p;
      return true;
   }
   bool get(int pos, ITraceable* & p) {
      if (pos >= ANZ)
         return false;
      p = m_liste[pos];
      return true;
   }
   void print() {
      for (int i=0; i < ANZ; i++)
         if (m_liste[i]) {
            std::cerr << "---------------------------------" << std::endl;
            std::cerr << m_liste[i]->typName() << ": ";
            m_liste[i]->dump();
         }
   }
 private:
   ITraceable *m_liste[ANZ];
};
#endif
```

main-Funktion zum Testen des Programms

Programm B.21 zeigt eine `main`-Funktion zum Testen des Entwurfs.

Programm B.21 – `schnittstelle.cpp`:
Einsatz von CZeichnung und CTracer

```
#include <iostream>
#include "zeichnung.h"
#include "tracer.h"
#include "sgraphik.h"
#include "intArray.h"
int main(void) {
  CZeichnung zeichnung;
  CTracer    tracer;
  CRechteck r1(1, 2), r2(3, 4);
  CKreis    k1(5, 6);
  CIntArray a1(2), a2(5);
   a1.set(0, 1);
   a1.set(1, 6);
   a1.set(2, 8);   // ungültigen Index fängt CIntArray ab
   a2.set(0, 134);

   zeichnung.set(0, &r1);
   zeichnung.set(1, &k1);
   // zeichnung.set(2, &a2); // nicht möglich, da CIntArray nicht drawable ist!
   tracer.set(0, &a1);
   tracer.set(1, &a2);
   tracer.set(2, &r2);  // möglich, da Rechteck traceable ist
   std::cout << "......Drucke Zeichnung:" << std::endl;
   zeichnung.print();
   std::cerr << std::endl << "......Drucke Tracer-Liste: "<< std::endl;
   tracer.print();
}
```

Programm B.21 liefert die folgende Ausgabe:

```
......Drucke Zeichnung:
---------------------------
P(x,y) = 1, 2
   Rechteck(xd,yd) = 1, 1
---------------------------
P(x,y) = 5, 6
   Kreis(radius) = 1

......Drucke Tracer-Liste:
-------------------------------
Ein IntArray: 1 6
-------------------------------
Ein IntArray: 134 0 0 0 0
-------------------------------
Ein Rechteck:   (3, 4) -- (1, 1)
```

B.14.4 Vererbung von Schnittstellen

Vererbungsbeziehungen sind natürlich auch zwischen Schnittstellenklassen möglich. Man spricht davon, dass eine Schnittstelle eine andere Schnittstelle erweitert. Die UML sieht dafür sogar eine eigene Bezeichnung vor, das Stereotyp «`extend`». Dabei ist zu beachten, dass bei einer Erweiterung einer Schnittstelle nur weitere abstrakte Operationen hinzugefügt werden dürfen und die Semantik der Schnittstellen-Oberklasse nicht eingeschränkt werden darf.

In unserem Beispiel könnte die Schnittstelle `IDrawable` um einige Attribute für das Zeichnen, wie z. B. Farbeinstellungen erweitert werden. Hierfür wird eine eigene Schnittstellenklasse `IAttrDrawable` vorgesehen, die von `IDrawable` abgeleitet ist. Abbildung B.10 zeigt die zugehörige UML-Notation.

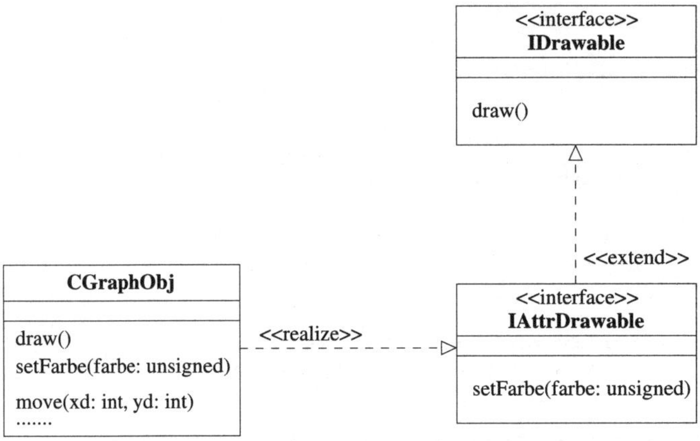

Abbildung B.10: UML-Notation zur Erweiterung von Schnittstellen

In Abbildung B.10 implementiert `CGraphObj` nun die Schnittstelle `IAttrDrawable`, die die Schnittstelle `IDrawable` erweitert. Daher muss `CGraphObj` die Methoden `draw()` und `setFarbe()` zur Verfügung stellen.

Klassen- oder Schnittstellenvererbung

Das Problem bei C++ ist, dass es für Schnittstellen kein eigenes Sprachkonstrukt gibt. Schnittstellen sind eher eine Sache des objektorientierten Entwurfs als eine Sache von C++. Daher streiten sich die Geister manchmal darüber, was eine Schnittstelle in C++ ist:

- Umfasst die Schnittstelle bereits die zur Verfügung stehenden Methoden? oder
- Ist eine Schnittstelle eine Schnittstellenklasse, die nur abstrakte Methoden enthält?

Um eine gemeinsame Verwaltung von „traceable"-Objekten zu erhalten, hätte auch gewöhnliche Vererbung eingesetzt werden können, wie es in Abbildung B.11 gezeigt ist.

Bei gewöhnlicher Vererbung kann dann die Basisklasse `CTraceable` bereits Standardimplementierungen von `typName()` und `dump()` zur Verfügung stellen. Inwieweit dies sinnvoll ist, ist eine andere Frage und hängt stets vom Anwendungsfall ab.

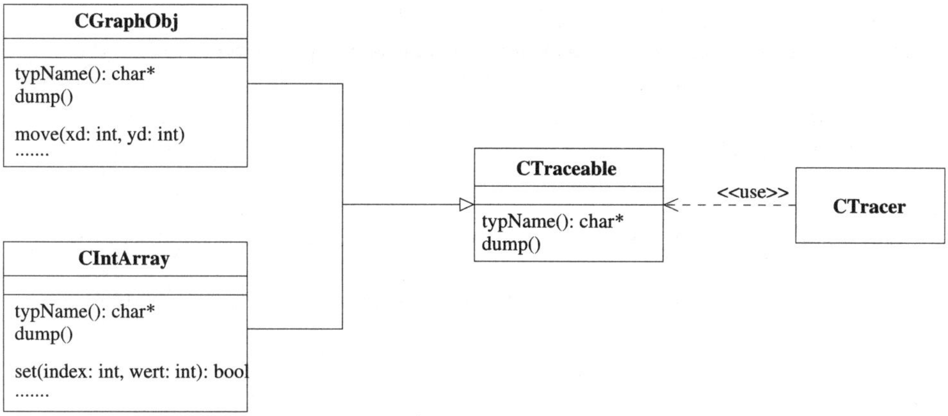

Abbildung B.11: Schnittstellen mit Klassenvererbung

Die objektorientierte Literatur unterscheidet an dieser Stelle die Begriffe *Klassenvererbung* und *Schnittstellenvererbung*.
Bei Klassenvererbung (ganz gewöhnliche Vererbung in C++) liegt der Schwerpunkt vor allem darauf, implementierten Code wiederzuverwenden. Im Gegensatz dazu beschreibt die Schnittstellenvererbung, wann ein Objekt anstelle eines anderen Objektes verwendet werden kann.
In C++ ist der Übergang zwischen Schnittstellen- und Klassenvererbung fließend, da beide das Sprachmittel „Vererbung" verwenden.
Beide, Klassen- und Schnittstellenvererbung, haben ihre Vor- und Nachteile; und da der Übergang zwischen beiden in C++ fließend ist, ist auch manchmal eine Mischform sinnvoll.
Das Kapitel 26.4 auf Seite 578 geht auf diese Aspekte näher ein.

Übung – Schnittstelle ISprechweise für unterschiedliche Dialekte

In der Übung auf Seite 351 wurde die Klasse `CFranke` von `CMensch` abgeleitet und die Methode `sprechen()` überlagert. Wäre es vorteilhafter gewesen, stattdessen eine Schnittstelle `ISprechweise` zu definieren, die von `CFranke` entsprechend implementiert worden wäre? Wenn ja, warum?

Übung – Eine allgemein verwendbare verkettete Liste

Entwickeln und implementieren Sie ein Klassenmodell, das es anderen C++-Programmen mit einem Minimum an Erweiterung ermöglicht, eine verkettete Liste als Speicherstruktur für ihre Objekte zu verwenden. Die Herausforderung ist hier also, dass der Typ der verwalteten Objekte nicht fest vorgegeben ist. Als Beispiel möge Programm B.22 dienen, das Punkte für ein Polygon in der Liste einhängt und ausgibt.

Programm B.22 – `polymain.cpp`:
Anlegen und Ausgeben der Punkte eines Polygons über eine verkettete Liste

```
#include "liste.h"
#include "pkt.h"
#include "polygon.h"

int main(void) {
   CPolygon poly; // Polygon anlegen; noch nicht festgelegt, wie gross es wird

   poly.einfuegen( CPunkt(0,4) ); // mit jedem neuen Punkt wächst der Polygonzug
   poly.einfuegen( CPunkt(3,7) );
   poly.einfuegen( CPunkt(5,5) );
   poly.einfuegen( CPunkt(3,4) );
   poly.einfuegen( CPunkt(5,2) );
   poly.einfuegen( CPunkt(3,0) );

   poly.ausgeben(); // Polygon zeichnen
   //... hier wird der Destruktor von poly durchlaufen und rekursiv der
   //... gesamte Polygonzug mit allen gespeicherten Punkten gelöscht
}
```

Programm B.23 zeigt die Klasse `CPolygon`.

Programm B.23 – `polygon.h`:
Die Klasse CPolygon

```
#ifndef POLYGON_H
#define POLYGON_H

#include <iostream>
#include "liste.h"
#include "pkt.h"

class CPolygon {
 public:
   CPolygon() { }
   virtual ~CPolygon() { }
   void ausgeben()              { print(m_list.getHead());    }
   bool einfuegen(CPunkt pkt) { return(m_list.insert(pkt)); }
 private:
   CListe m_list;

   void print(CListElem* pElem) {
      if (pElem) {
         print(pElem->getNext());
         pElem->getObj()->show();
         std::cout << std::endl;
      }
   }
};
#endif
```

Programm B.22 liefert dann folgende Ausgabe:

```
P(0, 4)
P(3, 7)
P(5, 5)
P(3, 4)
P(5, 2)
P(3, 0)
```

Möchte man nun statt der Punkte eines Polygons Strings mittels der verketteten Liste verwalten, so sollte dies mit einem Minimum an Aufwand möglich sein. Man müsste nun statt der Headerdatei `pkt.h` (Klasse `CPunkt`) eine Headerdatei `str.h` mit einer Klasse `CStr` erstellen und die Headerdatei `polygon.h` – wie in Programm B.24 gezeigt – ändern.

Programm B.24 – `strliste.h`:
Die Klasse CStrListe

```
#ifndef STRLISTE_H
#define STRLISTE_H

#include <iostream>
#include "liste.h"
#include "str.h"

class CStrListe {
  public:
    CStrListe() { }
    virtual ~CStrListe() { }
    void ausgeben()             { print(m_list.getHead());     }
    bool einfuegen(CStr str) { return(m_list.insert(str)); }
  private:
    CListe m_list;

    void print(CListElem* pElem) {
        if (pElem) {
            print(pElem->getNext());
            pElem->getObj()->show();
            std::cout << std::endl;
        }
    }
};
#endif
```

Man könnte dann z. B. Programm `stringmain.cpp` verwenden, um Strings über die allgemein verwendbare verkettete Liste verwalten zu lassen.

Programm B.25 – `stringmain.cpp`:
Anlegen und Ausgeben von Strings über eine verkettete Liste

```
#include "liste.h"
#include "str.h"
#include "strliste.h"
int main(void) {
  CStrListe strList; // StrListe anlegen; noch nicht festgelegt, wie viele
   strList.einfuegen( CStr("Hans") ); // mit jedem neuen String wächst Liste
   strList.einfuegen( CStr("Antonia") );
   strList.einfuegen( CStr("Hans Peter") );
   strList.einfuegen( CStr("Michaela") );
   strList.einfuegen( CStr("Kerstin") );
   strList.einfuegen( CStr("Marie Luise") );
   strList.ausgeben(); // Stringliste ausgeben
   //.... hier wird der Destruktor von strList durchlaufen und rekursiv
   //.... die gesamte Stringliste mit allen gespeicherten Strings gelöscht
}
```

Programm B.22 liefert dann folgende Ausgabe:

```
Hans
Antonia
Hans Peter
Michaela
Kerstin
Marie Luise
```

B.15 Assoziative Arrays durch Überladen des Indexoperators

Da für den Parameter bei der Operatorfunktion des Indexoperators beliebige Typen erlaubt sind, lassen sich auch so genannte *assoziative Arrays* realisieren, bei denen nicht über ganzzahlige Indizes, sondern über String-Indizes auf die einzelnen Elemente zugegriffen wird, wie z. B.:

```
einwohner["europa"] = einwohner["italien"] + einwohner["belgien"] + ...;
```

Programm B.26 zeigt nicht nur, wie man in C++ so genannte *assoziative Arrays* (Arrays mit String-Indizes) realisieren kann, sondern auch, wie man für Strings die Operatoren + und += bzw. den Operator == überladen kann, um Strings zusammenzufügen bzw. zu vergleichen.

Programm B.26 – `assozarray.cpp`:
Realisierung assoziativer Arrays durch Überladen des Indexoperators

```
#include <iostream>
#include <cstring>
using namespace std;
```

```
//---------------------------------------------------------------- Klasse CStr
class CStr {
   friend const CStr operator+ (const char* str1, const CStr& str2);
 public:
   CStr(const char *str = 0) : m_str(strdupl(str)) { } //.......... Konstruktor
   ~CStr() { //................................................... Destruktor
      if (m_str) {
         delete[] m_str;
         m_str = 0;
      }
   }
   CStr(const CStr& other) : m_str(strdupl(other.m_str)) { } //... Kopierkonstr.
   CStr& operator=(const CStr& other) { //.................. Zuweisungsoperator
      if (this != &other) {
         delete m_str;
         m_str = strdupl(other.m_str);
      }
      return *this;
   }
   const CStr operator+ (const CStr& str2) const { //............... Operator +
      return m_str + str2; // Aufruf glob. Funktion, die ohnehin da sein muss
   }
   CStr& operator+= (const CStr& str2) { //......................... Operator +=
      *this = *this + str2; // +Operator aufrufen
      return *this;
   }
   bool operator== (const CStr& str2) const { //......... Vergleichsoperator ==
      return !strcmp(this->m_str, str2.m_str);
   }
   void print(void) { cout << m_str << endl; }

 private:
   char *m_str;
   char *strdupl(const char *str) {
      return str ? strcpy(new char[strlen(str)+1], str) : 0;
   }
};
//------------------------------------------------------- Globale Funktionen
const CStr operator+ (const char* str1, const CStr& str2) {
  char* chNeu;
   if ( (chNeu = new char[strlen(str1)+strlen(str2.m_str)+1]) ) {
      strcpy(chNeu, str1);
      strcat(chNeu, str2.m_str);
      CStr str(chNeu);
      delete[] chNeu;
      return str;
   } else
      return CStr();   // leeres CStr-Objekt
}
```

```
//------------------------------------------------------------- Klasse CPaar
class CPaar {
  public:
    void  setIndex(CStr index) { m_index = index;  }
    CStr& getIndex(void)       { return m_index;   }
    CStr& getInhalt(void)      { return m_inhalt;  }
  private:
    CStr  m_index, m_inhalt;
};
//--------------------------------------------------------- Klasse CTextArray
class CTextArray {
 public:
   CTextArray(int max) : m_zaehl(0), m_max(max), m_array(new CPaar[max]) { }
   CStr& operator[] (const CStr& index) {
      for (int i=0; i<m_zaehl; i++)
         if (m_array[i].getIndex() == index)
            return m_array[i].getInhalt();
      if (m_zaehl < m_max) {
         m_array[m_zaehl].setIndex(index);
         return m_array[m_zaehl++].getInhalt();
      }
   }
 private:
   int   m_zaehl, m_max;
   CPaar *m_array;
};
//--------------------------------------------------------------------- main
int main(void) {
   CTextArray  textarray(20);
   textarray["Columbus"] =
        "  Am 12. Oktober 1492 betrat eine Gruppe von spanischen Seeleuten\n"
        "  unter der Führung des Genuesers Cristoforo Colombo, der sich\n"
        "  Cristobal Colon nannte, eine kleine Insel, nachdem sie den\n"
        "  atlantischen Ozean in westliche Richtung überquert hatten.\n"
        "  Was sie nicht wissen konnten:\n"
        "  Die kleine, von den Eingeborenen Guanahani genannte Insel,\n"
        "  gehört zu den Bahamas, einer Inselkette, die einem den Europäern\n"
        "  bis dahin unbekanntem Kontinent vorgelagert ist.\n";
   textarray["Karl, der Grosse (kurz)"] =
        "  Karl übernahm nach dem Tode seines Vaters Pippin, des Kleinen,\n"
        "  768 Titel und Regierung als König der Franken gemeinsam mit\n"
        "  seinem Bruder Karlmann und nach dessen Tod 771 die Alleinherrschaft.\n";
   textarray["Karl, der Grosse"] =  textarray["Karl, der Grosse (kurz)"] +
        "  Er nahm den aus Rom geflohenen Papst Leo III. bei sich auf,\n"
        "  bestätigte dem Papst die Herrschaft über den Kirchenstaat und\n"
        "  wurde am 25. Dez. 800 in Rom durch Papst Leo zum Kaiser gekrönt.\n";
   textarray["Columbus"] += "  Die Eingeborenen hatten für diesen Kontinent\n"
                            "  keinen Namen, Europa nannte ihn: Amerika.\n";
   cout << "Columbus:" << endl;
   textarray["Columbus"].print();
```

```
    CStr karlGros = textarray["Karl, der Grosse"];
    cout << "Karl, der Grosse:" << endl;
    karlGros.print();
}
```

Programm B.26 liefert die folgende Ausgabe:

```
Columbus:
  Am 12. Oktober 1492 betrat eine Gruppe von spanischen Seeleuten
  unter der Führung des Genuesers Cristoforo Colombo, der sich
  Cristobal Colon nannte, eine kleine Insel, nachdem sie den
  atlantischen Ozean in westliche Richtung überquert hatten.
  Was sie nicht wissen konnten:
  Die kleine, von den Eingeborenen Guanahani genannte Insel,
  gehört zu den Bahamas, einer Inselkette, die einem den Europäern
  bis dahin unbekanntem Kontinent vorgelagert ist.
  Die Eingeborenen hatten für diesen Kontinent
  keinen Namen, Europa nannte ihn: Amerika.

Karl, der Grosse:
  Karl übernahm nach dem Tode seines Vaters Pippin, des Kleinen,
  768 Titel und Regierung als König der Franken gemeinsam mit
  seinem Bruder Karlmann und nach dessen Tod 771 die Alleinherrschaft.
  Er nahm den aus Rom geflohenen Papst Leo III. bei sich auf,
  bestätigte dem Papst die Herrschaft über den Kirchenstaat und
  wurde am 25. Dez. 800 in Rom durch Papst Leo zum Kaiser gekrönt.
```

Übung – Binärbaum mittels eines assoziativen Arrays

Erstellen Sie ein Programm `wortstat.cpp`, das zu Textdateien, die beim Aufruf auf der Kommandozeile angegeben sind, eine alphabetisch geordnete Wortstatistik erstellt, was bedeutet, dass zu jedem Wort die Häufigkeit seines Vorkommens in den angegebenen Textdateien ausgegeben wird. Verwenden Sie zur Lösung dieser Aufgabenstellung einen Binärbaum. Hat man z. B. die folgenden Texte in den Dateien `text1.txt` und `text2.txt`:

- `text1.txt`:

```
Heute sind die Voraussetzungen für eine gute Tat
sehr günstig; solche Voraussetzungen wünscht man sich.
Nur weiter so bis Ende des Jahres;
vielleicht auch einen guten Umsatz, der dreistellig ist;
dann werden sich auch schwarze Zahlen sehen lassen;
Jeder kann etwas dazu beitragen.
```

- `text2.txt`:

```
Heute wünscht man sich Voraussetzungen, die sich bis Ende
des Jahres günstig auswirken. So soll es sein und
wir wünschen einen guten Jahresabschluss.
Der Umsatz, der besser sein könnte, möge sich weiter erhöhen,
und dann sehen wir in eine rosige Zukunft.
Nun wollen wir das Jammern lassen und jeder soll das tun, was
er kann.
```

und man ruft das Programm `wortstat` wie folgt auf:
wortstat text1.txt text2.txt, so sollte es z. B. Folgendes ausgegeben werden:

```
auch                   :    2
auswirken              :    1
beitragen              :    1
besser                 :    1
bis                    :    2
...........................
wir                    :    3
wollen                 :    1
wünschen               :    1
wünscht                :    2
zahlen                 :    1
zukunft                :    1
```

Der Zugriff auf den Binärbaum soll mittels eines assoziativen Arrays erfolgen, wie es im nachfolgenden Programm `wortstat.cpp` gezeigt ist.

```
#include <iostream>
#include <iomanip>
#include <cstring>
#include <cctype>
using namespace std;
class CArray {  ..... };
int main(int argc, char *argv[]) {
   char *wort, *trennzeichen = ".,;-:+*~''=)(/{}[]&%$!?<>|\\#\"\t\n ", zeile[500];
   FILE *dz;
   CArray binBaum;
   for (int i=1; i<argc; i++) {
      if ( (dz = fopen(argv[i], "r")) == 0) {
         cerr << "Kann Datei '" << argv[i] << "' nicht öffnen" << endl;
         continue;
      }
      while (fgets(zeile, 500, dz) != 0) {
         wort = strtok(zeile, trennzeichen);
         while (wort != 0) {
            for (unsigned j=0; j<strlen(wort); j++)
               wort[j] = tolower(wort[j]);
            binBaum[wort]++;
            wort = strtok(0, trennzeichen);
         }
      }
      fclose(dz);
   }
   cout << binBaum.getFirst();
}
```

Ihre Aufgabe ist es nun, die fehlende Klasse `CArray` anzugeben, wobei Sie den Index-Operator `[]` so überladen müssen, dass man mittels String-Indizes die einzelnen Wörter im Binärbaum ansprechen kann.

B.16 Einfacherer Code mit Funktions-Objekten

Programm B.27, das in einem unsortierten Array linear nach einem String sucht, zeigt, wie man mittels Funktions-Objekten den Code vereinfachen kann, was aber auch zu einer langsameren Programmausführung führt, da man hier die entsprechende Funktion nicht wie bei Funktionszeigern direkt aufruft, sondern nur über einen weiteren Zwischenschritt.

Programm B.27 – `funkobj.cpp`:
Teilstring-Objekt durch Überladen des Funktionsoperators

```
#include <iostream>
#include <cstring>
#include <cstdlib>
using namespace std;
const int size = 100000;
const int len  = 10;
#define SUCH_ZAHL 1000 // evtl. erhöhen
void *linear_suche(const void *such_elem,
                   void *start, size_t *anzahl, size_t elem_groesse,
                   int(*vergl)(const void *, const void *))          {
   char *zgr = (char *)start;
   for (unsigned i=0; i<*anzahl; i++) {
      if (!vergl(zgr, such_elem))
         return ((char *)start+(i*elem_groesse));
      zgr += elem_groesse;
   }
   return 0;
}
class Name {
 public:
   Name() {
     for (unsigned i=0; i < len-1; i++)
        name[i] = 'a' + ::rand()%26;
     name[len-1] = 0;
   }
   bool operator!= (const Name& r) const { return !strcmp(this->name, r.name); }
   bool operator() (const Name& r) const { return *this != r; } // Funktionsop.
   const char *getName(void) const { return name; }
 private:
   char name[10];
};
int vergl_fkt(const void *zgr1, const void *zgr2) {
   return *(Name**)zgr1 != *(Name**)zgr2;
}
const Name *nameSuche(Name *start, size_t anzahl, const Name& suchName) {
   for (unsigned i=0; i<anzahl; i++)
      if (suchName(start[i]))  // Aufruf des überladenen Funktionsoperators
         return start + i;
   return 0;
}
```

```
int main(void) {
   Name    arr[size];
   Name    suche = arr[size-1]; // immer nach String am Ende suchen
   char    *gefunden;
   clock_t start, ende;

   //.................................. Suchen mit Funktionszeiger
   start = clock();
   for (unsigned i=0; i < SUCH_ZAHL; i++)
      gefunden = (char *)linear_suche(&suche, &arr, (size_t *)&size,
                                      sizeof(Name), vergl_fkt);
   ende = clock();
   cout << "....Ohne Funktions-Objekt:"
        << (double(ende)-start)/CLOCKS_PER_SEC << " Sek." << endl;

   //.................................. Suchen mit Funktions-Objekt
   start = clock();
   for (unsigned i=0; i < SUCH_ZAHL; i++)
      gefunden = (char *)nameSuche(arr, size, suche)->getName();
   ende = clock();
   cout << "....Mit Funktions-Objekt: "
        << (double(ende)-start)/CLOCKS_PER_SEC << " Sek." << endl;
}
```

Programm B.27 liefert die folgende Ausgabe:

```
....Ohne Funktions-Objekt:14.82 Sek.
....Mit Funktions-Objekt: 23.25 Sek.
```

B.17 Smart- und Referenz-Pointer

Smart-Pointer

Wie in Programm B.14 gezeigt, erlaubt das Überladen des Pfeiloperators `->` es, normale Objekte unter Verwendung der Zeigersemantik anzusprechen, und wird häufig zur Realisierung so genannter *Smart-Pointer* („Intelligente Zeiger“) verwendet. Programm B.28 verdeutlicht die Funktionsweise solcher Smart-Pointer.

Programm B.28 – `smartptr.cpp`:
Smart-Pointer durch Überladen des Pfeiloperators ->

```
#include <iostream>
using namespace std;

class CBruch {
  public:
     CBruch(int z=1, int n=1) : m_zaehler(z), m_nenner(n) { }
     void print(void) { cout << m_zaehler << "/" << m_nenner; }
  private:
     int m_zaehler, m_nenner;
};
```

```
class CSmartPtr {
  public:
    CSmartPtr(CBruch *zgr = 0) : m_ptr(zgr) { } //... Defaultkonstruktor
    ~CSmartPtr() { //... Destruktor
        if (m_ptr) {
          cout << "...m_ptr für CBruch(";
          m_ptr->print();
          cout << ") wird freigegeben" << endl;
          delete m_ptr;
          m_ptr = 0;
        }
    }
    CSmartPtr(const CSmartPtr &zgr) : m_ptr(zgr.m_ptr) { } //... Kopierkonstr.
    const CSmartPtr& operator= (const CSmartPtr &zgr) {    //... Zuweisungsop.
      m_ptr = zgr.m_ptr;
      return zgr;
    }
    CBruch* operator->() { return m_ptr;    } //... Pfeiloperator
    CBruch& operator*()  { return *m_ptr;   } //... Sternoperator
  private:
    CBruch *m_ptr;
};
int main(void) {
   {
     CSmartPtr b(new CBruch(3, 5)); // nicht: CBruch *b(new CBruch(3, 5));
     b->print();   cout << endl;
     (*b).print(); cout << endl;
     // delete b; <-- nicht mehr notwendig
   }
}
```

Programm B.28 liefert die folgende Ausgabe:

```
3/5
3/5
...m_ptr für CBruch(3/5) wird freigegeben
```

Wie aus Programm B.28 ersichtlich wird, ist die Klasse `CSmartPtr` lediglich eine „Hülle" um den richtigen Zeiger `CBruch *m_ptr`. Sie delegiert alle Operationen mittels `operator->()` bzw. mit `operator*()` an ihr Memberobjekt `m_ptr`. So besitzt z. B. die Klasse `CSmartPtr` keine Methode `print()` und trotzdem kann diese Methode für diese Klasse aufgerufen werden, da sie lediglich mittels `operator->()` an `m_ptr` (Klasse `CBruch`) weitergeleitet wird.

In Programm B.28 sind die Vorteile von Smart-Pointern erkennbar:

- *Automatisches Löschen des Speicherplatzes*, auf den sie zeigen, wenn sie nicht mehr benötigt werden.
- *Automatische Initialisierung*, da man sie nicht explizit mit `0` initialisieren muss; diese Aufgabe übernimmt ihr Default-Konstruktor, so dass sich der Programmierer nicht mehr darum kümmern muss.

Referenz-Pointer

Häufigen Einsatz finden Smart-Pointer, um so genannte *Referenz-Pointer* einzuführen. Bei Referenz-Pointern zählt man mit, wie viele Zeiger im Moment auf ein Objekt zeigen. Erst wenn der letzte Referenz-Pointer, der auf das Objekt zeigt, zerstört wird, wird bei dieser Technik auch das Objekt selbst entfernt.

Programm B.29 verdeutlicht diese Technik.

Programm B.29 – `refptr.cpp`:
Demonstrationsprogramm zu Referenz-Pointern

```
#include <cstring>
#include <iomanip>
#include <iostream>
using namespace std;
int zeile;
//............................................................... CRefPtr
class CRefPtr {
  public:
    CRefPtr(char *name=0) : m_count(new int(1)) { //.... Default-Konstruktor
       if (name != 0) {
          m_ptr = new char[strlen(name)+1];
          strcpy(m_ptr, name);
       } else
          m_ptr = 0;
       cout << zeile << ": " << m_ptr << *m_count << " (Def)" << endl;
    }
    CRefPtr(const CRefPtr& p) //......................... Copy-Konstruktor
                    : m_ptr(p.m_ptr), m_count(p.m_count) {
       ++*m_count; // Verweiszähler erhöhen
       cout << zeile << ": " << m_ptr << *m_count << " (Copy)" << endl;
    }

    ~CRefPtr() { release(); } //............................... Destruktor

    CRefPtr& operator= (const CRefPtr& p) { //......... Zuweisungsoperator
       if (this != &p) {         // verhindert Zuweisung an sich selbst
          release();             // bei letzt. Verweis altes Obj. zerstören
          m_ptr = p.m_ptr;       // neues Objekt übernehmen
          m_count = p.m_count;   // Zähler vom neuen Objekt übernehmen
          ++*m_count;            // Verweiszähler erhöhen
       }
       cout << zeile << ": " << m_ptr << *m_count << " (=)" << endl;
       return *this;
    }
    char* operator-> () const { return m_ptr;  } //.......... Pfeiloperator

  private:
    char *m_ptr;   // Zeiger auf das eigentliche Objekt
    int  *m_count; // Verweis auf die Anzahl der darauf verweisenden Zeiger
```

```
    void release() {
        --*m_count; // Verweiszähler erniedrigen
        cout << zeile << ": " << m_ptr << *m_count << " (release)";
        if (*m_count == 0) { // falls kein Verweis mehr vorhanden
            delete m_ptr;     // Objekt zerstören
            delete m_count;   // Zähler zerstören
            m_ptr = 0;
            cout << " <-- geloescht";
        }
        cout << endl;
    }
};
//..................................................................... main
int main(void) {
    zeile = __LINE__; CRefPtr zgr1("zgr1: ");
    cout << "-------------------------------------------" << endl;
    {
        zeile = __LINE__; CRefPtr zgr2("zgr2: "); // Lokaler CRefPtr
        zeile = __LINE__; CRefPtr zgr3("zgr3: "); // Lokaler CRefPtr
        zeile = __LINE__; CRefPtr zgr4("zgr4: "); // Lokaler CRefPtr
        zeile = __LINE__; CRefPtr zgr5("zgr5: "); // Lokaler CRefPtr
        cout << "-------------------------------------------" << endl;
        zeile = __LINE__; zgr2 = zgr1; // löscht zgr2 und erhöht zgr1-Refzähler
        zeile = __LINE__; zgr3 = zgr1; // löscht zgr3 und erhöht zgr1-Refzähler
        zeile = __LINE__; zgr4 = zgr1; // löscht zgr4 und erhöht zgr1-Refzähler
        zeile = __LINE__ + 1;
        cout << "-------------------------------------------" << endl;
    } // hier wird zgr5 gelöscht und Refzähler für zgr1 3 mal dekrementiert
    cout << "-------------------------------------------" << endl;
    zeile = __LINE__ + 1;
}
```

Programm B.29 liefert die folgende Ausgabe:

```
55: zgr1: 1 (Def)
-------------------------------------------
58: zgr2: 1 (Def)
59: zgr3: 1 (Def)
60: zgr4: 1 (Def)
61: zgr5: 1 (Def)
-------------------------------------------
63: zgr2: 0 (release) <-- geloescht
63: zgr1: 2 (=)
64: zgr3: 0 (release) <-- geloescht
64: zgr1: 3 (=)
65: zgr4: 0 (release) <-- geloescht
65: zgr1: 4 (=)
-------------------------------------------
67: zgr5: 0 (release) <-- geloescht
67: zgr1: 3 (release)
```

```
67: zgrl: 2 (release)
67: zgrl: 1 (release)
------------------------------------------
71: zgrl: 0 (release) <-- geloescht
```

Übung – Lager-Verwaltung mit Referenz-Pointern

Um diese Übung zu lösen, sollten Sie zuerst das Kapitel B.17 auf Seite 1144 lesen, das Smart- und Referenz-Pointer behandelt. Erstellen Sie ein Programm `regallager.cpp`, in dem Sie Referenz-Pointer auf die einzelnen Artikel setzen, bevor Sie dann diese Referenz-Pointer zufällig in zwei Regalen und einem Lager ablegen. Dabei soll natürlich ein Artikel (Referenz-Pointer) auch mehrfach abgelegt werden, wie z. B. in einem Regal und im Lager oder sogar zugleich in beiden Regalen und im Lager. Danach sollen die einzelnen Artikel (Referenz-Pointer) zufällig aus den beiden Regalen und dem Lager entnommen werden, wobei dann immer der aktuelle Referenzzähler für den jeweiligen Artikel mit anzuzeigen ist. Geben Sie zur Lösung dieser Aufgabenstellung im folgenden Programm `regallager.cpp` die fehlenden Klassendefinitionen an.

```
#include .......
using namespace std;

class CData
{
  public:
     ......

  private:
     int  m_count;
     char *m_artikel;
};

class CRefPtr
{
  public:
     ......
  private:
     CData *m_ptr;
     ......
};

class CPlatz
{
  public:
     ......
  private:
     CRefPtr *m_slots;
     int     m_size, m_anzahl;
     char    m_name[20];
};
```

```
int main(int argc, char* argv[]) {
 char *art[] = { "Schere", "Stift", "Papier", "Tinte",  "Ordner" };
 srand(time(0));
  CPlatz regal1("Regal1", 2); // 3 verschiedene Plätze anlegen
  CPlatz regal2("Regal2", 3);
  CPlatz lager("Lager", 5);
   for (int i=0; i<5; i++) {   // Die 3 Plätze zufällig füllen
      CRefPtr artPtr = new CData(art[i]);
      if (rand()%3 < 1) regal1.put(artPtr);
      if (rand()%3 < 1) regal2.put(artPtr);
      lager.put(artPtr);
   }
   regal1.print(0);
   regal2.print(0);
   lager.print(0);
  CRefPtr refPtr;
   while (!regal1.leer() || !regal2.leer() || !lager.leer()) {
      int  z;
      bool ok;
      switch (z=rand()%3) {
         case 0: ok = regal1.get(refPtr, art[rand()%5]); break;
         case 1: ok = regal2.get(refPtr, art[rand()%5]); break;
         case 2: ok = lager.get(refPtr, art[rand()%5]); break;
      }
      if (ok) {
         cout << "................................................" << endl;
         regal1.print((z==0) ? refPtr->getName() : 0);
         regal2.print((z==1) ? refPtr->getName() : 0);
         lager.print( (z==2) ? refPtr->getName() : 0);
      }
   }
}
```

Das Programm `regallager.cpp` sollte dann z. B. die folgende Ausgabe liefern:

```
    Regal1:   Stift(2)
    Regal2:  Papier(2)  Tinte(2)
     Lager:  Schere(1)  Stift(2) Papier(2)  Tinte(2) Ordner(1)
................................................
    Regal1:   Stift(2)
    Regal2:  Papier(2)  Tinte(2)
     Lager:  Schere(1)  Stift(2)  Tinte(2) Ordner(1) ---> Papier
................................................
    Regal1:   Stift(2)
    Regal2:  Papier(1)  Tinte(2)
     Lager:  Schere(1)  Stift(2) Ordner(1) ---> Tinte
................................................
    Regal1:   Stift(2)
    Regal2:   Tinte(1) ---> Papier
     Lager:  Schere(1)  Stift(2) Ordner(1)
```

```
---------Papier nachbestellen---
.................................................
    Regal1:  ---> Stift
    Regal2:    Tinte(1)
     Lager:  Schere(1)  Stift(2) Ordner(1)
.................................................
    Regal1:
    Regal2:    Tinte(1)
     Lager:  Schere(1)  Stift(1)  ---> Ordner
---------Ordner nachbestellen---
.................................................
    Regal1:
    Regal2:  ---> Tinte
     Lager:  Schere(1)  Stift(1)
---------Tinte nachbestellen---
.................................................
    Regal1:
    Regal2:
     Lager:    Stift(1)  ---> Schere
---------Schere nachbestellen---
.................................................
    Regal1:
    Regal2:
     Lager:  ---> Stift
---------Stift nachbestellen---
```

B.18 Initialisieren zweidimensionaler Arrays mit Templates

Dimensionen von Arrays werden nicht automatisch an Funktionstemplates übergeben, außer der Parameter ist ein Zeiger oder eine Referenz auf ein Array.

Programm B.30 – `functempl6.cpp`:
Initialisierung zweidimensionaler Arrays mittels Funktionstemplates

```
#include <iostream>
using namespace std;
template<unsigned A, unsigned B, typename T>
void fkt1(T array[A][B]) {
   for (unsigned i = 0; i < A; ++i)
      for (unsigned j = 0; j < B; ++j)
         array[i][j] = T();
   cout << "fkt1: array[" << A << "," << B << "] = " << sizeof(T [A][B]) << endl;
}
template<unsigned A, unsigned B, typename T>
void fkt2(T (&array)[A][B]) { // Referenz-Parameter
   for (unsigned i = 0; i < A; ++i)
      for (unsigned j = 0; j < B; ++j)
         array[i][j] = T();
```

```
    cout << "fkt2: array[" << A << "," << B << "] = " << sizeof(array) << endl;
}
template<unsigned A, unsigned B, typename T>
void fkt3(T (*array)[A][B]) { // Zeiger-Parameter
    for (unsigned i = 0; i < A; ++i)
        for (unsigned j = 0; j < B; ++j)
            (*array)[i][j] = T();
    cout << "fkt3: array[" << A << "," << B << "] = " << sizeof(*array) << endl;
}
int main(void) {
    int  a[10][40];
    fkt1<10,40>(a); // <10, 40> muss hier angegeben werden
    fkt2(a);     // Hier werden Dimensionen mit übergeben
    fkt3(&a);    // Hier werden auch Dimensionen mit übergeben
}
```

Programm B.30 liefert folgende Ausgabe:

```
fkt1: array[10,40] = 1600
fkt2: array[10,40] = 1600
fkt3: array[10,40] = 1600
```

Die beiden Funktionstemplates `fkt2` und `fkt3` zeigen somit eine elegante Möglichkeit, um mehrdimensionale Arrays zu initialisieren.

B.19 Weniger Speicherverbrauch mittels lazy initialization

Programm B.31 verwendet eine Klasse `CWrapper`, die als Membervariable einen Zeiger auf die Klasse `CArray` besitzt. Die Allozierung eines `CArray`-Objekts erfolgt dabei nicht im Konstruktor, sondern erst beim erstmaligen Zugriff (über den Indexoperator `[]`), was man auch mit *lazy initialization* bezeichnet. Diese Technik kann verwendet werden, wenn man eine Vielzahl von Objekten erzeugt, aber nicht auf alle im Programm zugreift. Hieraus resultiert dann weniger Speicherverbrauch.

Programm B.31 – `classlazy.cpp`: Demoprogramm zu lazy initialization

```
#include <iostream>
using namespace std;
template<typename T, int max = 20> //................... Klassentemplate CArray
class CArray {
 public:
    T& operator[](int index) {
        if (index < 0 || index >= max) {
            cerr << "    ----> Ungültiger Index: " << index << endl; exit(1);
        }
        return m_array[index];
    }
```

```
 private:
    T  m_array[max];
};
class GanzZahl { //.......................................... Klasse GanzZahl
 public:
    GanzZahl(int wert = 0) : i(wert) {}
    int getZahl(void) const { return i; }
 private:
    int i;
};
class GleitZahl { //......................................... Klasse GleitZahl
 public:
    GleitZahl(double wert = 0) : d(wert) {}
    double getZahl(void) const { return d; }
 private:
    double d;
};
template <typename T> //............................ Funktionstemplate print()
void print(T array, const char *text) {
   cout << text << ": ";
   for (int i=0; i < array.getMax(); i++)
      cout << array[i].getZahl() << ", ";
   cout << endl;
}
template<typename T, int max = 10> //................. Klassentemplate CWrapper
class CWrapper {
 public:
    CWrapper() : zgr(0) { }
    T& operator[](int index) {
       if (index < 0 || index >= max) {
          cerr << "    ----> Ungültiger Index: " << index << endl;
          exit(1);
       }
       if (!zgr) {
          cout << "....CArray jetzt erst erzeugt: ";
          zgr = new CArray<T, max>;
       }
       return (*zgr)[index];
    }
    int getMax(void) { return max; }
    ~CWrapper() { delete zgr; }
 private:
    CArray<T, max> *zgr;
};
int main(void) {
   int  i;
   CWrapper<GanzZahl> ganz1;
   cout << "nach ganz1-Definition" << endl;
   for (i=0; i < ganz1.getMax(); i++)
      ganz1[i] = i;
```

```
   print(ganz1, "ganz1");
   CWrapper<GanzZahl, 5> ganz2;
   cout << "nach ganz2-Definition" << endl;
   for (i=0; i < ganz2.getMax(); i++)
      ganz2[i] = i*10;
   print(ganz2, "ganz2");
   CWrapper<GleitZahl, 7> gleit1;
   cout << "nach gleit1-Definition" << endl;
   for (i=0; i < gleit1.getMax(); i++)
      gleit1[i] = i/10.0;
   print(gleit1, "gleit1");
}
```

Programm B.31 liefert die folgende Ausgabe:

```
nach ganz1-Definition
....CArray jetzt erst erzeugt: ganz1: 0, 1, 2, 3, 4, 5, 6, 7, 8, 9,
nach ganz2-Definition
....CArray jetzt erst erzeugt: ganz2: 0, 10, 20, 30, 40,
nach gleit1-Definition
....CArray jetzt erst erzeugt: gleit1: 0, 0.1, 0.2, 0.3, 0.4, 0.5, 0.6,
```

B.20 Klassentemplates als Typen bei anderen Klassentemplates

Man kann beim Erzeugen von Klassen zu Klassentemplates als Typen auch andere Klassentemplates verwenden. Programm B.32 leistet das Gleiche wie das Programm B.31, nur dass es die Klassen `GanzZahl` und `GleitZahl` durch ein Klassentemplate `Zahl` ersetzt, und sich dann die entsprechende „Zahlen-Klasse" beim Anlegen der `CWrapper`-Objekte über das Klassentemplate `Zahl` erzeugen lässt.

Programm B.32 – `classclasstempl.cpp`:
Klassentemplates als Typen bei anderen Klassentemplates

```
#include <iostream>
using namespace std;
template<typename T, int max = 20>
class CArray { /* siehe Programm B.31 */ }
template<typename T> //................................. Klassentemplate Zahl
class Zahl {
 public:
    Zahl(T wert = 0) : w(wert) {}
    T getZahl(void) const { return w; }
 private:
    T  w;
};
template<typename T, int max = 10> class CWrapper { /* siehe Programm B.31 */ }
template <typename T>
```

```
void print(T array, const char *text) { /* siehe Programm B.31 */ }
int main(void) {
   int  i;
   CWrapper< Zahl<int> > ganz1; // hier Leerzeichen zwischen > > erforderlich
   cout << "nach ganz1-Definition" << endl;
   for (i=0; i < ganz1.getMax(); i++)
      ganz1[i] = i;
   print(ganz1, "ganz1");
   CWrapper<Zahl<int>, 5> ganz2;
   cout << "nach ganz2-Definition" << endl;
   for (i=0; i < ganz2.getMax(); i++)
      ganz2[i] = i*10;
   print(ganz2, "ganz2");
   CWrapper<Zahl<double>, 7> gleit1;
   cout << "nach gleit1-Definition" << endl;
   for (i=0; i < gleit1.getMax(); i++)
      gleit1[i] = i/10.0;
   print(gleit1, "gleit1");
}
```

B.21 Klassentemplates mit Klassentemplate-Parametern

Es ist auch möglich, Klassentemplates mit Klassentemplate-Parametern zu definieren, wie es in Programm B.33 gezeigt ist, in dem das Klassentemplate `CArray` ein dynamisch erweiterbares Array für beliebige Typen realisiert.

Programm B.33 – `templdynarray.cpp`: Klassentemplate mit Klassentemplate-Parametern

```
#include <iostream>
using namespace std;
template<typename T> //................................. Klassentemplate CArray
class CArray { // Ein dynamisch erweiterbares Array
 public:
   CArray() : count(0), daten(new T[capacity = 10]) { }
   ~CArray() { delete [] daten; }
   void push_back(const T& t) { //......... Element am Ende anhängen
      if (count == capacity) { // Array bei Bedarf vergrössern
         unsigned neuCapacity = capacity + 10;
         T *neuDaten = new T[neuCapacity];
         for (unsigned i = 0; i < count; ++i)
            neuDaten[i] = daten[i];
         delete [] daten;
         daten    = neuDaten;
         capacity = neuCapacity;
      }
      daten[count++] = t;
   }
```

```
    T *begin() { return daten;         }
    T *end()   { return daten + count; }
 private:
    unsigned  capacity;
    unsigned  count;
    T         *daten;
};
template<typename T, template<class> class Folge> //... Klassentemplate Container
class Container {
 public:
    void append(const T& t) { folge.push_back(t);    }
    T *begin()              { return folge.begin(); }
    T *end()                { return folge.end();   }
 private:
    Folge<T> folge;
};
int main(void)
{
   Container<int, CArray> intWerte;
   for (unsigned i=10; i<=100; i+=10)
      intWerte.append(i);
   for (int *zgr1 = intWerte.begin(); zgr1 != intWerte.end(); zgr1++)
      cout << *zgr1 << ", ";
   cout << endl;
   Container<double, CArray> doubleWerte;
   for (double d=1; d<=7; d++)
      doubleWerte.append(1.0/d);
   for (double *zgr2 = doubleWerte.begin(); zgr2 != doubleWerte.end(); zgr2++)
      cout << *zgr2 << ", ";
}
```

Programm B.33 liefert die folgende Ausgabe:

```
10, 20, 30, 40, 50, 60, 70, 80, 90, 100,
1, 0.5, 0.333333, 0.25, 0.2, 0.166667, 0.142857,
```

Das Klassentemplate `Container` erwartet zwei Parameter:

- den Typ der Elemente, die im Container aufzunehmen sind, und
- eine Datenstruktur, die die Elemente sequentiell speichert. Diese Datenstruktur `Folge` wird dabei als Klassentemplate festgelegt:

```
template<typename T, template<class> class Folge>
```

Man hätte dem Parameter für `Folge` auch einen Namen geben können, wie z. B.

```
template<typename T, template<class F> class Folge>
```

Dies ist aber überflüssig, da dieser Name nirgendwo benötigt wird. Entscheidend ist nur, dass es sich bei `Folge` um ein Klassentemplate mit einem Typ-Parameter `T` handelt.

Im Klassentemplate von `Container` muss man in jedem Fall die Membervariable `folge` als Klassentemplate definieren:

```
Folge<T> folge;
```

In Programm B.33 wurde als Klassentemplate für `Conatiner` das Klassentemplate von `CArray` übergeben:

```
.....
Container<int, CArray> intWerte;
.....
Container<double, CArray> doubleWerte;
.....
```

Man hätte auch eine andere Datenstruktur übergeben können, wie es nachfolgend zur Demonstration gezeigt ist:

```
#include <iostream>
using namespace std;
template<typename T, unsigned default_ = 5> //.......... Klassentemplate CArray
class CArray {  /* siehe Programm B.33 */ }
template<typename T> //.................................. Klassentemplate CPair
class CPair { // Ein Paar
 public:
    CPair() : count(0) { }
    void push_back(const T& t) { //........ m_x und m_y setzen
       if (count < 2)
          daten[count++] = t;
    }
    T *begin() { return daten;          }
    T *end()   { return daten + count; }
 private:
    T        daten[2];
    unsigned count;
};
template<typename T, template<class> class Folge> //.. Klassentemplate Container
class Container { /* siehe Programm B.33 */ }
int main(void) {
   //....... siehe Programm B.33
   Container<int, CPair> intPaar;
   intPaar.append(50);
   intPaar.append(100);
   for (int *zgr3 = intPaar.begin(); zgr3 != intPaar.end(); zgr3++)
      cout << *zgr3 << ", ";
}
```

Programm B.33 würde dann folgende Ausgabe liefern:

```
10, 20, 30, 40, 50, 60, 70, 80, 90, 100,
1, 0.5, 0.333333, 0.25, 0.2, 0.166667, 0.142857,
50, 100
```

Klassentemplates mit Klassentemplate-Parametern und Nicht-Typparametern

Auch bei Klassentemplates mit Klassentemplate-Parametern ist die zuätzliche Angabe von Nicht-Typparametern erlaubt, wie es in Programm B.34 gezeigt ist, das ein statisches Array verwendet, dessen Grösse über einen zusätzlichen Template-Parameter festgelegt wird.

Programm B.34 – `templstatarray.cpp`:
Klassentemplate mit Klassentemplate- und Nicht-Typparametern

```
#include <iostream>
using namespace std;
template<typename T, unsigned n> // Extra Parameter für Grösse
class CArray { // Ein statisches Array
 public:
    CArray() : count(0) { }
    void push_back(const T& t) { //......... Element am Ende anhängen
       if (count < n) daten[count++] = t;
    }
    T *begin() { return daten;         }
    T *end()   { return daten + count; }
 private:
    unsigned  count;
    T         daten[n];
};
template<typename T, unsigned n, template<class,unsigned> class Folge>
class Container {
 public:
    void append(const T& t) { folge.push_back(t);    }
    T *begin()              { return folge.begin(); }
    T *end()                { return folge.end();   }
 private:
    Folge<T,n> folge; // übergebenes n verwenden
};
int main(void) {
   Container<int, 10, CArray> intWerte;
   for (unsigned i=10; i<=100; i+=10)
      intWerte.append(i);
   for (int *zgr1 = intWerte.begin(); zgr1 != intWerte.end(); zgr1++)
      cout << *zgr1 << ", ";
   cout << endl;
   Container<double, 7, CArray> doubleWerte;
   for (double d=1; d<=7; d++)
      doubleWerte.append(1.0/d);
   for (double *zgr2 = doubleWerte.begin(); zgr2 != doubleWerte.end(); zgr2++)
      cout << *zgr2 << ", ";
}
```

Programm B.34 liefert die folgende Ausgabe:

```
10, 20, 30, 40, 50, 60, 70, 80, 90, 100,
1, 0.5, 0.333333, 0.25, 0.2, 0.166667, 0.142857,
```

Klassentemplates mit Klassentemplate-Parametern und Default-Werten

Klassentemplate-Parameter können auch mit Default-Argumenten kombiniert werden. Dabei ist lediglich zu beachten, dass der Compiler bei den inneren Parametern eines Klassentemplate-Parameters nicht die Default-Werte berücksichtigt, weshalb man diese erneut explizit angeben muss.

Programm B.35 – `templstatarray2.cpp`:
Klassentemplate mit Klassentemplate-Parametern und Default-Werten

```
#include <iostream>
using namespace std;
template<typename T, unsigned n = 10> // Default-Argument
class CArray { // Ein statisches Array
 public:
    CArray() : count(0) { }
    void push_back(const T& t) { //......... Element am Ende anhängen
       if (count < n) daten[count++] = t;
    }
    T *begin() { return daten;         }
    T *end()   { return daten + count; }
 private:
    unsigned  count;
    T         daten[n];
};
template<typename T, template<class, unsigned = 10> class Folge>
class Container {
 public:
    void append(const T& t) { folge.push_back(t);    }
    T *begin()              { return folge.begin(); }
    T *end()                { return folge.end();   }
 private:
    Folge<T> folge; // Default-Wert wird benutzt
};
int main(void) {
   Container<int, CArray> intWerte;
   for (unsigned i=10; i<=100; i+=10)
      intWerte.append(i);
   for (int *zgr1 = intWerte.begin(); zgr1 != intWerte.end(); zgr1++)
      cout << *zgr1 << ", ";
   cout << endl;
   Container<double, CArray> doubleWerte;
   for (double d=1; d<=7; d++)
      doubleWerte.append(1.0/d);
   for (double *zgr2 = doubleWerte.begin(); zgr2 != doubleWerte.end(); zgr2++)
      cout << *zgr2 << ", ";
}
```

In Programm B.35, das die gleiche Ausgabe wie Programm B.34 liefert, muss der Default-Wert in folgender Zeile wiederholt angegeben werden:

```
   template<typename T, template<class, unsigned = 10> class Folge>
```

Literaturverzeichnis

Die Programiersprache C

C Programming Language; Brian W. Kernighan, Dennis M. Ritchie; Prentice Hall

Kernighan und Ritchie sind die Erfinder von C und beschreiben in diesem Buch den ersten C-Standard.

http://gcc.gnu.org/

Diese Webseite ist die Homepage für GNU C Compiler `gcc` und `g++`.

C-Programmierung unter Linux, Unix und Windows; Helmut Herold; millin Verlag

Dieses Buch begnügt sich nicht mit der Vorstellung der einzelnen C-Sprachelemente, sondern vermittelt auch Einblicke in wichtige Grundlagen der Informatik. Darüber hinaus werden zu den einzelnen C-Konstruktionen effektive Programmiertechniken aus der Praxis und typische Anwendungsgebiete im Detail vorgestellt. Zu den wichtigsten Themen finden sich zudem vielfältige Tipps sowie Hinweise zur Vermeidung von „Fallgruben", die in C leider nicht allzu selten sind. Mit der im Rahmen dieses Buches entwickelten Grafikbibliothek LCGI (Linux C Graphics Interface) ist eine einfache Grafikprogrammierung unter Linux möglich. Am Ende jedes Kapitels finden sich Übungen, die dem Leser eine Selbstkontrolle der jeweils erworbenen Kenntnisse ermöglichen.

C-Kompaktreferenz; Helmut Herold; Addison-Wesley Verlag

Dieses Buch ist eine Kurzfassung zur Programmiersprache C, die für das schnelle Nachschlagen von C-Funktionen, C-Konstrukten und allgemeinen Algorithmen konzipiert wurde. Es beschreibt kurz und prägnant die einzelnen C-Konstrukte und standardisierten Headerdateien. Zudem stellt es wesentliche Programmiertechniken, wichtige Algorithmen und nützliche Programme vor, die beim tagtäglichen Programmieren hilfreich sein können.

Die Programmiersprache C++

The C++-Programming Language; Bjarne Stroustrup; Addison-Wesley Verlag

In diesem Buch präsentiert der Autor *Bjarne Stroustrup*, Urheber von C++, die vollständige Spezifikation für die Programmiersprache C++ und die Standardbibliothek.

Die Standardbibliothek von C++; Helmut Herold; Addison-Wesley Verlag
Die C++-Standardbibliothek ist eine Klassenbibliothek, deren Schwerpunkt auf allgemein gültigen Datenstrukturen und Algorithmen liegt. In diesem eBook *„Die C++-Standardbibliothek"* (siehe auch Seite 20) wird die C++-Standardbibliothek mit ihrem Kernstück, der *Standard Template Library (STL)*, ausführlich anhand vieler Beispielprogramme aus Anwendersicht vorgestellt, um dem Leser ein schnelles Verständnis und Nachschlagen der einzelnen Komponenten und Konstrukte der C++-Standardbibliothek zu ermöglichen.

Effektiv C++ programmieren; Scott Meyers; Addison-Wesley Verlag
In diesem Buch werden 50 Richtlinien vorgestellt, die man einhalten sollte, um klaren, korrekten und effizienten C++-Code zu erzeugen.

Mehr Effektiv C++ programmieren; Scott Meyers; Addison-Wesley Verlag
Dieses Buch stellt 35 weitere Regeln zu C++ vor, die sehr hilfreich sind, um Programm und Design zu verbessern.

Unified Modeling Language

http://www.uml.org/
Dies ist die Homepage zu UML.

Entwurfsmuster (Design Patterns)

Design Patterns; E. Gamma, R. Helm, R. Johnson, J. Vlissides; Addison-Wesley Verlag
Dies ist das Standardwerk zu Design Patterns, das man scherzhaft auch *„The GoF-Book"* nennt, wobei *GoF* für *„Gang of Four"* (*Viererbande*) steht. Im GoF-Buch werden 23 Lösungen zu bestimmten Problemklassen präsentiert.

Die C++-Bibliothek Qt zur portablen GUI-Programmierung

http://www.trolltech.com/
Dies ist die Homepage der Firma *Trolltech*, die Qt entwickelt hat.

Das Qt-Buch – Portable GUI-Programmierung unter Linux, Unix, Windows; Helmut Herold; millin Verlag
Dieses Buch stellt die Qt-Klassenbibliothek vor, mit der sich leicht Grafik-Oberflächen entwerfen lassen, die plattformunabhängig sind und ohne jeglichen Portierungsaufwand unter den heute weit verbreiteten Betriebssystemen Linux/Unix und Windows verwendet werden können.

Allgemein zu Linux/Unix

Linux-Unix Grundlagen; Helmut Herold; Addison-Wesley Verlag
Dieses Buch ist eine Einführung in das Betriebssystem Unix und geht insbesondere auf das immer beliebtere und frei verfügbare System Linux ein. Es macht den Leser anhand von leicht nachvollziehbaren Beispielen mit den grundlegenden Linux/Unix-Kommandos und -Konzepten vertraut.

Linux-Unix-Grundlagenreferenz; Helmut Herold; Addison-Wesley Verlag
In diesem Buch werden die wichtigsten Linux/Unix-Kommandos nach Anwendungsfällen gegliedert und anhand kleiner Beispiele wird deren typischer Einsatz beschrieben. Eine alphabetische Kommandoübersicht hilft dem Leser, nach einzelnen Kommandos zu suchen und sich so schnell zurecht zu finden.

Linux-Unix Shells; Helmut Herold; Addison-Wesley Verlag
Dieses Buch behandelt die fünf heute am weitest verbreiteten Unix-Shells: Bourne-Shell, Korn-Shell, C-Shell, bash und tcsh. Es beschreibt die einzelnen Shells und ihre Konstrukte ausführlich und leicht nachvollziehbar anhand von über 200 Shell-Programmbeispielen, die online über den Verlag zu beziehen sind. Die meisten Unix-Systeme bieten standardgemäß mehrere Shells, manche Systeme wie Linux bieten standardgemäß sogar alle fünf Shells an.

make – das Werkzeug zur automatischen Generierung von Programmen; Helmut Herold; Addison-Wesley Verlag
Ein Softwarepaket besteht aus mehreren Modulen, die durch ein Netz von Abhängigkeiten miteinander verbunden sind. Nimmt man an einer Stelle dieses Pakets Änderungen vor, werden mit Hilfe von `make` alle von Änderungen betroffenen Module automatisch kompiliert. Anwender, Softwareentwickler und Administratoren erfahren hier alles über die zu Grunde liegende Technik, die Funktionsweise und die Anwendungsgebiete von `make`. Darüber hinaus stellt dieses Buch auch fortgeschrittene Themen wie Techniken für das Projektmanagement oder die automatische Makefile-Generierung vor.

Linux-Unix Kurzreferenz; Helmut Herold; Addison-Wesley Verlag
Dieses Buch ist eine Kurzreferenz zu den Büchern *Linux-Unix Grundlagen, Linux-Unix Shells, make, awk & sed, lex & yacc* und *Linux-Unix Systemprogrammierung*. Es enthält neben der Beschreibung wichtiger Linux/Unix-Kommandos und -Tools auch eine Kurzfassung zu allen typischen Aufrufformen der zur Systemprogrammierung benötigten Funktionen. Die Systemaufrufe werden dabei ebenso wie alle C-Funktionen nicht nur kurz vorgestellt, sondern oft wird noch ein kleiner Codeausschnitt angegeben, der zeigt, wie diese Funktionen zu verwenden sind.

Systemprogrammierung unter Linux/Unix

Advanced Programming in the Unix Environment; W. R. Stevens; Addison-Wesley Verlag
Dies ist das Standardwerk zum Programmieren unter Unix. Es beschreibt die gesamte Breite der Systemaufrufe von BSD4.3 über SVR4 bis zum POSIX-Standard.

Linux-Unix Systemprogrammierung; Helmut Herold; Addison-Wesley Verlag
Das Buch wendet sich an alle, die mehr über die Interna von Linux/Unix wissen möchten. Es behandelt die Systemprogrammierung unter Linux/Unix und gibt auch Einblicke in die Datenstrukturen und Algorithmen, um dem interessierten Leser die Realisierung von Systemaufrufen und Betriebssystemkonzepten an einem konkreten System zu verdeutlichen. Aufgrund der

über 200 Beispiel- und Übungsprogramme eignet sich dieses Buch sowohl zum Selbststudium als auch zum Nachschlagen. Neu hinzugekommen sind in der dritten Auflage ein Kapitel zur Netzwerkprogrammierung mit Sockets und ein Kapitel zur Threadprogrammierung.

Index

Symbole

A

B

C

D

E

F

Q

R

S

T

U

V

W

X

Z